U0113772

本书受中国历史研究院学术出版经费资助

清代国家统一史（上册）

History of National Unification in Qing Dynasty

邢广程　李大龙　主编

中国社会科学出版社

图书在版编目（CIP）数据

清代国家统一史：全 2 册／邢广程，李大龙主编．—北京：中国社会科学出版社，2023. 4

ISBN 978 – 7 – 5227 – 0652 – 8

Ⅰ. ①清… Ⅱ. ①邢… ②李… Ⅲ. ①中国历史—研究—清代 Ⅳ. ①K249. 07

中国版本图书馆 CIP 数据核字(2022)第 134801 号

出 版 人　赵剑英
项目统筹　王　茵
责任编辑　孙　萍　李凯凯
特约编辑　范晨星　郭　鹏　吴丽平　刘　芳
责任校对　赵雪姣
责任印制　王　超

出　　版　中国社会科学出版社
社　　址　北京鼓楼西大街甲 158 号
邮　　编　100720
网　　址　http://www.csspw.cn
发 行 部　010 – 84083685
门 市 部　010 – 84029450
经　　销　新华书店及其他书店

印刷装订　北京君升印刷有限公司
版　　次　2023 年 4 月第 1 版
印　　次　2023 年 4 月第 1 次印刷

开　　本　710 × 1000　1/16
印　　张　85.25
字　　数　1105 千字
定　　价　388.00 元（全二册）

邢广程，第十四届全国人大代表、外事委员会委员，中国社会科学院学部委员，中国历史研究院中国边疆研究所所长、研究员。法学博士，中国社会科学院大学、武汉大学、云南大学、上海外国语大学博士生导师，博士后合作导师。第八届国务院学位委员会世界史学科评议组成员。中国中俄关系史研究会会长、中华民族团结进步协会边疆工作委员会主任、中国新兴经济体研究会副会长。全国马克思主义理论研究和建设工程专家，入选国家“万人计划”哲学社会科学领军人才、全国文化名家暨“四个一批”人才、新世纪“百千万人才”工程，享受国务院政府特殊津贴。国家社科基金评审专家、国家出版基金评审专家。《中国社会科学》杂志编委、《中国边疆史地研究》编委会主任、《中国边疆学》集刊主编。2013 年获俄罗斯“普希金奖章”，2020 年被授予俄罗斯科学院远东分院“荣誉博士”称号。主要研究方向为苏联历史、俄罗斯及中亚问题、周边国际环境和中国边疆问题。

李大龙，中国社会科学院中国历史研究院中国边疆研究所编审，国家与疆域理论研究室主任、《中国边疆史地研究》主编，中国社会科学院大学特聘教授、博士生导师。全国出版行业领军人物，享受国务院政府特殊津贴，入选国家“万人计划”哲学社会科学领军人才、全国文化名家暨“四个一批”人才。云南大学、西北大学兼职教授，兼任中国民族史学会副会长等职。主要研究方向为中国疆域理论、古代边疆管理机构、历代治边思想与实践、汉唐边疆史、高句丽历史等。

内容简介

本书是中国历史研究院成立后首批重大项目和国家社会科学基金项目“清代国家统一史”的最终成果。全书从“国家统一”视角展开，在充分吸收清史研究最新成果的基础上，以丰富的历史资料为基础，从时间、空间、制度等不同维度系统阐述了清代国家实现统一，巩固和维护统一的历程；从巩固和维护统一的视角全面论述了清代治理边疆的史实，呈现了清代国家统一的全貌；梳理了清代经略边疆的过程，并对其得失作了客观的评价。多民族国家中国有着悠久的历史，是由生息繁衍在中华大地上的众多民族共同缔造的。清代进一步巩固了多民族国家中国的大一统格局，是多民族国家中国疆域的定型时期，正确诠释清代统一多民族国家形成与发展的历史具有重要的学术价值和现实意义。

中国历史研究院学术出版资助项目
出版说明

为了贯彻落实习近平总书记致中国社会科学院中国历史研究院成立贺信精神，切实履行好统筹指导全国史学研究的职责，中国历史研究院设立“学术出版资助项目”，面向全国史学界，每年遴选资助出版坚持历史唯物主义立场、观点、方法，系统研究中国历史和文化，深刻把握人类发展历史规律的高质量史学类学术成果。入选成果经过了同行专家严格评审，能够展现当前我国史学相关领域最新研究进展，体现了我国史学研究的学术研究水平。

中国历史研究院愿与全国史学工作者共同努力，把“中国历史研究院学术出版资助项目”打造成为中国史学学术成果出版的高端平台；在传承、弘扬中国优秀史学传统的基础上，加快构建具有中国特色的历史学学科体系、学术体系、话语体系，推动新时代中国史学繁荣发展，为实现“两个一百年”奋斗目标、实现中华民族伟大复兴的中国梦贡献史学智慧。

中国历史研究院

2020 年 4 月

总目录

上册

下 册

上册目录

总　　章

统一多民族国家中国有着悠久的历史，是生息繁衍在中华大地的众多民族，包括已经消失在历史长河中的民族共同缔造的。清代是多民族国家中国疆域的定型时期，而清朝的国家治理政策集中国历代王朝之大成，正确诠释清代统一多民族国家形成与发展的历史，对于今天铸牢中华民族共同体意识有着十分重要的现实意义。

第一节　学术价值与现实意义

我国学界有关清代中国历史的研究已经取得了丰硕成果，但多数是从断代史或通史的视角进行阐述，鲜有从国家统一的角度对清代多民族国家形成与发展的历史进行总结，而对近代大片领土丧失的高度关注以及国外学者对清朝历史的肆意解读，更是影响了对清代国家统一历史的全面认识，客观阐述清代国家统一史及其在多民族国家中国形成与发展中的贡献已迫在眉睫。

一　研究评述

肇端于春秋时期的“大一统”思想，在秦汉时期成为主导中国政治走向的主要思想，历代各朝奉行不悖，均将实现国家统一作为最高的政治理想并积极付诸实践。[①] 追求和实践“大一统”理想由此成为“中国历史的基本特点”[②]，甚至有国外学者将其径直称呼为“中国的世界观”[③]。统一多民族国家形成与发展的漫长历史进程中，统一与割据交织出现，但总的历史趋势是统一，即使割据时期的统治者其政治理想亦多是从正统性、以中原地区为核心的疆域（地理空间）以及获取民心的道德基础等维度来追求“大一统”。[④]

我国作为一个多民族国家，并非自古以来就长期保持大一统的局面，而是经过统一与分裂的交替反复，最终形成的。“到明清时期，中原和边疆不但在政治上，而且在经济上和文化上出现了明显的一体化趋势，使国家统一不但成为政治的需要，而且成为经济和文化发展的必然。清朝的大统一，实际上是数千年中国社会历史趋势的必然产物，是中国历史演变的必然结果”[⑤]。特别是起于黑水白山间的满洲继承了“大一统”思想，冲破了“华夷之辨”的桎梏，历经康雍乾三朝，至乾隆中叶平定新疆南北两路，完成了国家的统一，虽然局部地区未达到中国疆域历史上的最远点，但在总体上远迈汉唐元明各朝。

清朝实现国家统一的历程，应自入关前计起，努尔哈赤、皇太极父子渐次削平女真诸部，通过结盟、联姻及军事手段先后降服了科尔沁、内喀尔喀五部、鄂尔多斯、察哈尔等漠南蒙古诸部，并与喀尔喀部、雄踞青藏的和硕特部建立了政治或宗教联系。因此在清

---

① 参见白寿彝主编《中国通史》第1卷，上海人民出版社1989年版，第93页。另关于“大一统”思想的形成，参见李元晖、李大龙《“大一统”思想的形成与实践——多民族国家中国疆域的形成和发展》，《西北民族大学学报》2016年第1期。

② 参见卜宪群《谈我国历史上的“大一统”思想与国家治理》，《中国史研究》2018年第2期。

③ 参见［美］吉尔伯特·罗兹曼主编《中国的近代化》，江苏人民出版社1995年版，第50页。

④ 参见杨念群《“天命”如何转移：清朝“大一统”观再诠释》，《清华大学学报》2020年第6期；杨念群《论“大一统”观的近代形态》，《中国人民大学学报》2018年第1期。

⑤ 参见高翔《在历史的深处》，中国社会科学出版社2012年版，第55—56页。

朝入关前，女真建立的后金政权已经实现了局部的统一，为定鼎中原，统一中华大地奠定了基础。明清鼎革后，清朝作为中国历史上的正统王朝，接续传统，秉承“既得中原，势当混一”的方针，康熙朝通过会盟、战争等方式将蒙古喀尔喀部、西藏、台湾统一于清朝的版图内，雍正朝通过“改土归流”强化了对西南地区的管理，乾隆朝结束了对准噶尔割据政权旷日持久的战争、平定了大小和卓叛乱，统一了西北地区，实现了中华大地的“大一统”。统一多民族的清朝，面对多元的边疆格局，因地制宜，因俗而治，实施了一系列有效的统治举措，除了在边疆地区设立将军、都统、办事大臣等职权不同的职官体系外，在内外扎萨克蒙古实行盟旗制度，在新疆兼用扎萨克制、伯克制，在西藏重视宗教领袖及其噶厦的作用等等。同时在边疆地区广泛设置卡伦、驿站、军台等军政建置作为巩固和维护统一的手段。在“大一统”格局中边疆地区因经济、文化存在区域差异的背景下，清朝持“齐其政不易其俗，修其教不易其宜”的治理理念，通过灵活的措施实现了对边疆民族地区的有效管理，在深度和广度上超越了历代王朝。[①] 边疆治理的成功，进而有效地维系了清朝“大一统”政治格局。即使在清朝晚期内忧外患的冲击下，清朝仍在“大一统”的格局中重视边疆、开发边疆，只是因客观环境的变化，其成效尚待研究阐述。

鉴于清朝实现“大一统”的历史和现实意义，下面秉持“新时代坚持和发展中国特色社会主义，更加需要系统研究中国历史和文化，更加需要深刻把握人类发展历史规律，在对历史的深入思考中汲取智慧、走向未来”[②] 的学术导向，拟分不同时段从清朝统一的观念、清朝统一的过程、维系统一的制度以及统一局面遭受的挑

---

① 参见成崇德《清朝边疆统一论》，《清史研究》2009 年第 3 期。

② 习近平：《总结历史经验揭示历史规律把握历史趋势　加快构建中国特色历史学学科体系学术体系话语体系》，《人民日报》2019 年 1 月 4 日第 1 版。

战和瓦解几个方面对百余年来学界对清朝统一的相关研究做一简要回顾。拘囿于客观条件，主要以大陆学界的著述为主。

（一）清朝覆亡到新中国成立前的清代国家统一史研究

1. 通论中的清朝统一史

辛亥革命后，因清朝的历史与现实联系紧密，且循易代修史之传统，成为学界关注较多的领域。关于清史的著述种类繁多，其中或因政见不同，或因所本理论相异，清朝灭亡的最初十余年关于清朝的通论性著述有十多种，但大都流于揭露宫闱秘事，或从“驱除鞑虏、恢复中华”的清末革命立场攻讦清朝的统治，亦有持遗民心态否定革命、一味辩护清朝的著述。[①] 直至孟森系列著述的问世才将清史研究引入学术的正轨。[②] 其中孟森在《清朝前纪》[③] 中考察了“满洲”族名之渊源、建州建置之沿革以及努尔哈赤的数辈先祖等问题，厘清了清朝统一中华大地前在东北的史实，肯定了清朝“大一统”的功绩，“清一代武功文治，幅员人材，皆有可观”[④]。对此，何龄修先生评价为“这一研究揭破了三百年来对历史的讳饰、捏造，意义重大。客观事实有力地说明，与辛亥革命时期的观念（虽然那种观念在当时起过积极作用）相反，清朝君临全国是中国民族内部统治民族地位的递嬗变换，不是异民族的入侵”[⑤]，在学术研究中将清朝纳入中国历史正统王朝的谱系。

萧一山所著《清代通史》是一部影响甚巨的断代史。清朝覆亡

---

① 参见吴曾祺《清史纲要》，商务印书馆1913年版；汪荣宝、徐国英《清史讲义》，商务印书馆1913年版；刘法曾《清史纂要》，上海中华书局1914年版；蔡郕《清代史论》，上海会文堂书局1915年版等。值得一提的是日本学者稻叶君山的《清朝全史》之中译本出版。

② 参见钞晓鸿、郑振满《二十世纪清史研究》，《历史研究》2003年第3期；高翔：《五十年来的清史研究》，《清史论丛》1999年号，河北教育出版社1999年版。

③ 参见孟森《清朝前纪》，商务印书馆1930年版。

④ 孟森：《明清史讲义》下，中华书局1981年版，第364页。

⑤ 何龄修：《中国近代清史学科的一位杰出奠基人——试论孟森的清史研究成就，为纪念他的诞辰一百二十周年而作》，《清史论丛》第8辑，中华书局1991年版。

后，在国内尚无体例完备的断代清史的背景下，日本学者稻叶君山的《清朝全史》由但焘翻译于1914年出版。[①] 时人评价："日人《清朝全史》谬慭累竹，而移译以还，风行海内。吾邦史界消沉，深可慨焉。"[②] 有鉴于此，萧一山潜心著史，尽管其依旧称"清史亦可谓中国民族革命史，以其与民族革命之源流相始终耳"，但萧氏以一己之力，在当时资料稀缺的情况下，尽力搜求史料，完成了一部系统反映清朝历史的著作，且无论从篇幅上还是体例上都胜于同时代的著作。[③] 该书对清朝"大一统"的格局有如下叙述："清自辽左建国，疆域次第扩张：统一满洲，臣服东海，降朝鲜、灭内蒙，西向与明争天下。及入关破贼，奠都北京，大河以北，为所役属。破金陵，取浙江、福建，而威令及于闽粤；下四川、湖南、广西，入云贵，自是本部统一，而十八省之根基成矣。察哈尔之败亡也，漠南各部藩属翎戴，世守勿替；乌斯藏之来朝也，因其宗教，封其剌麻，是为旧藩。康熙间归抚之喀尔喀、雍正间底定之青海，是为新藩。皆建官分属，久隶职司。乾隆武功丕昭，荡平准回二部……疆域之扩张，亘古殆无其匹已！"虽然作者因史观拘囿，将平定"三藩"叛乱和统一台湾划入近代革命的叙事范畴，但作者主张"清史是清代的中国史，而非爱新觉罗王朝史"[④]，以及高度肯定清朝统一的历史功绩，均有其值得称道之处。同时，书中对清朝维护统一多民族国家所采取的措施，诸如盟旗制度、土司制度、驻防大臣以及金瓶掣签等亦分不同章节予以考述。受时局影响，作者对清中期以降，帝国主义的侵略，清朝逐步丧失国土、"大一统"局面渐趋瓦解的过程尤为关注。

---

① ［日］稻叶君山：《清朝全史》，但焘译，上海中华书局1914年版。

② 李泰棻：《序言》，载萧一山《清代通史》，中华书局1923年版。

③ 钞晓鸿、郑振满在《二十世纪的清史研究》（《历史研究》2003年第3期）中认为"若从篇幅部头而言，在此后的半个世纪里，还没有一部同类著作可与其抗衡"。

④ 钞晓鸿、郑振满：《二十世纪的清史研究》，《历史研究》2003年第3期。

《清史稿》是民国时期按照为前朝修史之传统，由当时政府组织编修的“正史”。自1914年由北洋政府设清史馆选聘人员开始纂修，“踵二十四史沿袭之旧例，成二百余年传信之专书”[①]，至1928年仓促成书。因受编撰者的史观以及资料所囿，加之未曾系统校改，以致舛误颇多，长期以来饱受诟病。不过，以其536卷、800余万字的篇幅而言，详备程度在民国官私所撰的清代通史类著作中首屈一指，从了解清朝由黑水白山逐渐统一中华大地的过程，以及治理边疆的成效角度来看，仍有重要参考价值。只因《清史稿》的主要纂修者以“遗老”心态刻意避讳的缘故，对清中叶以来，遭受帝国主义侵略的过程，即清朝“大一统”局面如何逐步瓦解的过程语焉不详。[②]

民国时期各种思潮蜂拥而至，但无论是站在守旧的立场歌颂，还是站在革命的立场贬损，清朝作为中国历史谱系中的重要部分已不容置疑，且对清朝的“大一统”局面亦以肯定为主流。较之通论性著作对史料、史观等方面的要求，此一时段涉及清朝统一史内容的专题研究更加丰硕。

2. 专题研究

清朝巩固统一的措施。自道光以降出现的边疆危机并未随着清朝的覆亡而消失，在边疆危机演化为中华民族危亡的时代背景下，民国时期学界出现了研究边疆的热潮，其中一个重要领域即是对清代边疆治理和开发的探究，即清朝维护“大一统”政治格局的政治、军事、文化举措。

首先从清朝中央政策层面探析边疆治理的有郑鹤声《前清康雍乾时代之理藩政策》[③] 以及佚名《清代理藩部之组织及职掌》[④]《清

---

① 《大总统发布设置清史馆令》，《政府公报》660号，载中国第二历史档案馆编《中华民国史档案资料汇编　第三辑　文化》，江苏古籍出版社1991年版，第569页。

② 参见戴逸《〈清史稿〉的纂修及其缺陷》，《清史研究》2002年第1期。

③ 郑鹤声：《前清康雍乾时代之理藩政策》，《边政公论》1943年第3—5期。

④ 《清代理藩部之组织及职掌》，《考试院公报》1934年第1期。

代之理藩院》[1]，粗略梳理了作为管理边疆民族地区事务的专门机构——理藩院的职官和职掌，并通过与历代治边措施简单比对，肯定了理藩院在清朝维护边疆统一的积极作用。同时也有从有清一代贯通视角考察治边策略、维护国家统一成效进行阐述和评价的著述，如陈芳芝《清代边制述略》认为“清代为中国大一统朝代之一。武功之盛，疆域之光，超乎汉唐。其边徼建置，虽多取法于唐，而其经营缔造，且多凌驾前代”[2]，肯定了清朝“大一统”政治格局的意义以及治理边疆的成效，且认为清“取法于唐”。此一时段，学界逐渐走出了狭隘的民族主义史学范畴，对清代的“大一统”政治格局以及较之历代对边疆更为有效的治理措施给予客观公正的评价，“惟清代崛起边疆，颇明治理之道”。[3]

这一时期，结合治理边疆、整合“国族”的时代需求，[4] 对清朝在不同地区采取的治理、开发措施亦有大量专门研究。下面分东北、内蒙古、新疆、青藏、西南、海疆几个方面概述。

因清朝肇基于东北，东北是女真—满洲部族统一全国的策源地，是清史研究的重要领域，以及 20 世纪初期日本的步步入侵，在民国边疆研究的热潮中，许多学者秉持以史救国的理念，对东北史地研究尤为关注。[5] 在资料稀缺的研究条件下，成果参差不齐，

---

① 《清代之理藩院》，《蒙藏月报》1934 年第 3 期。

② 陈芳芝：《清代边制述略》，《燕京学报》1948 年第 34 期。另外参见王文萱《清代边疆行政》，《政治季刊》1939 年第 2 期；玄默《清代边政通考》，《蒙藏月报》1941 年第 1 期；楚明善《清代之治边制度与政策》，《边政公论》1941 年第 2 期。

③ 楚明善：《边政回忆与展望》，《边政公论》1945 年第 1 期。

④ 1936 年，时任蒙藏委员会委员长黄慕松应教育部之邀作题为“我国边政问题”的报告，其后整理出版时，按语中称“边政问题，实为我国现在一重要问题”。参见黄慕松《我国边政问题》，《蒙藏月报》1936 年第 1 期。

⑤ 除前文提及的孟森等人外，尚有傅斯年《东北史纲初稿》，国立中央研究院出版委员会 1932 年版；蒋廷黻《最近三百年东北外患史》，国立清华大学 1932 年版；李絜非《东北小史》，中国文化服务社 1942 年版；郑天挺《清史探微》，独立出版社 1946 年版；方修德《东北地方开发沿革及其民族》，开明书店 1948 年版。

主要的贡献是在民族危亡之际的救国意识，以及“大一统”叙史的视域，彻底摈弃了民族主义革命史观中“十八省”为“中国”的激进观念。在发覆满洲先祖、勾勒女真统一之外，关于清代开发东北的著述主要集中于移民领域。谢国桢所著之《清初流人开发东北史》认为清前期“谪戍”是“迁民实边”的政策，流徙的人物对东北的开发做出了巨大贡献。[①] 刘选民《清代东三省移民与开垦》一文，在追述秦汉在东北建置移民的基础上，考察了清代不同时期的东北移民政策以及地域分布，同时考察了清朝在东北三省治理机构的沿革。[②]

关于清代治理蒙古举措的研究主要集中在盟旗制度等领域。王文萱《清代蒙古地方政府之研究》、曾崇慧《清代内外蒙古盟旗之划分》、景璇《清代内蒙行政制度考》介绍了清代统一蒙古诸部之经过，对盟旗制度的建置沿革进行了梳理。札奇斯钦《近代蒙古政治地位之变迁》阐明了蒙古之于清朝统治者盟友的地位以及有清一代较国内其他民族地位优越的史实。[③] 华企云《蒙古问题》梳理了清朝统一蒙古的过程和治理蒙古诸部的措施以及清末喀尔喀蒙古在杭达多尔济等贵族策动下的独立事件等，但将清朝和蒙古对等看待，此为其局限性。[④]

时人观念，“我国边地，莫不重要，而以新疆为甚，因其连蒙跨藏，不特为我国西北之屏障，且为亚洲之中原，而又系欧亚交通之孔道也”，[⑤] 特别是在政府开发西北的号召中，一时或赴新疆考

---

① 谢国桢：《清初流人开发东北史》，开明书店1948年版。

② 刘选民：《清代东三省移民与开垦》，《史学年报》1938年第5期。

③ 参见王文萱《清代蒙古地方政府之研究》，《边声月刊》1938年第1期；曾崇慧《清代内外蒙古盟旗之划分》，《西北论衡》1939年第3期；景璇《清代内蒙行政制度考》，《边声月刊》1938年第1卷第2期；札奇斯钦《近代蒙古政治地位之变迁》，《国闻周报》1937年5月3日。

④ 华企云：《蒙古问题》，《边事研究》1936年第4卷第2期。

⑤ 黄慕松：《我国边政问题》，《蒙藏月报》1936年第1期。

察，赴伏案探究史实，成为学术时潮，其中对清代统一新疆及其治理过程颇为重视。曾问吾《中国历代经营西域史》、沈达铭《清代经营伊犁纪》初步梳理了清朝平定天山南北的史实，同时对清朝设置以伊犁将军为首的军府制度予以考察。① 左宗棠收复新疆是清朝维护"大一统"局面的重要举措，同时也是近代中国内忧外患中维护祖国统一的壮举。方骧《左文襄公治理新疆政策之研究》、刘克让《左宗棠经营新疆纪要》、蒋君章《左宗棠与西北经营》从不同层面探析了左宗棠用兵西北之策略以及收复新疆之后的善后措施和革新举措。② 陈祖源《清代开发新疆失败之处及其原因》一文则反思了清代的治疆政策。③ 总体来看，因拘囿于史料，对其中一些重要问题缺乏必要的论述，但其从国家统一视角的研究路径值得肯定。

在清代治理开发西藏的著述中，既有宏观的制度考证著述，亦有从具体时段、具体事件着眼的考证。黄奋生《清代设置驻藏大臣考》分创设、发展、定制、衰微四个阶段梳理了制度的发展脉络，认为"有清一代对于蒙藏之文治武功，达到了鼎盛的时期"，对驻藏大臣在维护国家统一层面发挥的历史作用予以高度评价。④ 丁实存《清代驻藏大臣考》侧重于论述西藏的政教背景、驻藏大臣职权等问题，同时对历任驻藏大臣进行了初步考订。⑤ 罗友仁《乾隆时福将军治理西藏之办法》、丁实存《清圣祖驱准保藏用兵始末》分

---

① 曾问吾：《中国历代经营西域史》，《边事研究》1935 年第 2—5 期；沈达铭：《清代经营伊犁纪》，《西北通讯》1948 年第 1 期。

② 参见方骧《左文襄公治理新疆政策之研究》，《边铎》1935 年第 2 卷第 1 期；刘克让《左宗棠经营新疆纪要》，《力行》1942 年第 5 期；蒋君章《左宗棠与西北经营》，《三民主义半月刊》1943 年第 2 期。在民族危亡之际，该时段高度评价左宗棠收复新疆的著述较多，如黎小苏《左宗棠经营新疆（为新疆建设六十周年纪念做）》，《陕行会刊》1944 年 10 月第 8 卷第 5 期等。

③ 参见陈祖源《清代开发新疆失败之处及其原因》，《珞珈》1934 年第 3 期。

④ 参见黄奋生《清代设置驻藏大臣考》，《边政公论》1941 年第 2 期。

⑤ 参见丁实存《清代驻藏大臣考》，《边政公论》1942 年第 11—12 期。

别选取一个时段，对中央王朝推进统一进程以及对西藏实施有效治理进行了论述。①

宓贤璋、郑鹤声等②从长时段综合考察清代对西南边疆的治理，同时，土司制度是民国时期清代开发西南边疆史领域的研究重点。佘贻泽《清代之土司制度》综合考察了滇黔桂川一带苗、彝、瑶等民族土司制度，在详细参考档案资料、西南各省方志的基础上，考证了各地土司的职权、承袭、铨选、贡赋等问题。特别是在“土司与边防及清廷之对付策略”一节，注意到土司割据对地方治理的违碍，从维护“大一统”国家秩序的角度对清朝“改土归流”予以积极的评价，“因此而使数千年来之苗患瑶乱得以安辑”。③ 胡巨川《西康土司考》、林耀华《川康北界的嘉戎土司》、鲍锡瓒《清代乾隆时云南省所属土司考》④ 等就某一具体区域土司制度的考证对学界深入了解清朝治理西南的措施有所裨益。

关于清代海疆的研究，主要成果集中于统一台湾、开发海南岛以及清朝和琉球关系几个方面。张宗芳《台湾设置沿革考》、李震明《台湾建置沿革志略》，从统一多民族国家视角考察了历代开发和治理台湾，尤详于清代。⑤ 谢东闵《清代之台湾地方行政制度》则是专门探究清代置官设府治理台湾的文章。该文从康熙朝统一台湾至清末建省，分五个时段阐述了有清一代台湾建置的嬗变。⑥ 周

---

① 参见罗友仁《乾隆时福将军治理西藏之办法》，《边事研究》1935 年第 1 卷第 2 期；丁实存《清圣祖驱准保藏用兵始末》，《康导月刊》1945 年第 6 卷第 5—8 期。

② 宓贤璋：《清代如何治理西南少数民族》，《益世报·边疆》1939 年 1 月 16 日；郑鹤声：《清代对于西南宗族之抚绥》，《边政公论》1943 年第 6—8 期。

③ 佘贻泽：《清代之土司制度》，《禹贡》1935 年第 5 期。

④ 胡巨川：《西康土司考》，《西北问题季刊》1936 年第 1—2 期；林耀华：《川康北界的嘉戎土司》，《边政公论》1947 年第 2 期；鲍锡瓒：《清代乾隆时云南省所属土司考》，《水路地图审查委员会会刊》1947 年第 3 辑。

⑤ 张宗芳：《台湾设置沿革考》，《河北第一博物院半月刊》1933 年第 48 期；李震明：《台湾建置沿革志略》，《台湾月刊》1947 年第 7 期。

⑥ 参见谢东闵《清代之台湾地方行政制度》，《台湾民生报》1945 年第 5 期。

国钧《清代台湾的垦治》、胡寄馨《清代台湾稻米之生产及其输入内地》、徐方幹《清代台湾之糖业》等从不同角度探讨了清代开发台湾及其社会经济状况。[①] 民国时期连横《台湾通史》[②]、汤子炳《台湾史纲》先后付梓出版。其中连横以秉笔直书之撰史态度、爱国保种之民族精神为宗旨完成的通史著作，记录了隋大业元年（605 年）至清光绪二十一年（1895 年），台湾千余年的历史，对清朝在台湾的建置制度叙述尤为详备。连横《台湾通史》的价值已经超越了学术范畴，因其成书于日本殖民时期，更加反映了台湾人民渴望祖国统一的心态。自出版以来，两岸出版机构多次重印，“它已经成为台湾民众‘中国认同’的一种象征，成为促进两岸同胞凝聚力与向心力的桥梁和纽带”[③]。

江应樑《历代治黎与开化海南黎苗之研究》、王兴瑞《历代治黎政策检讨》勾勒了历史上中央政府开发治理海南岛的史实。王兴瑞《清代海南岛的汉黎交易》则从经济史角度，探析了清代海南岛的民族贸易。[④] 第二次世界大战后，琉球问题以及由于美国操作下衍生的钓鱼岛问题，成为时人关注的焦点。胡寄馨《明清时代中国与琉球之政治经济及文化关系》和姚枬《中国与琉球的关系》专门讨论了历史上中国和琉球的关系。[⑤]

因传统中国之战略，或者说边疆治理政策，重西北，轻海疆，

---

① 周国钧：《清代台湾的垦治》，《社会科学》（福建永安）1945 年第 2—3 期；胡寄馨：《清代台湾稻米之生产及其输入内地》，《社会科学》（福建永安）1947 年第 3—4 期；徐方幹：《清代台湾之糖业》，《台湾糖业季刊》1948 年第 2 期。

② 连横：《台湾通史》，台湾通史社 1919 年版；汤子炳：《台湾史纲》，台湾印刷纸业有限公司 1946 年版。

③ 袁韵：《论连横〈台湾通史〉的编纂思想》，《台湾研究》2018 年第 3 期。

④ 江应樑：《历代治黎与开化海南黎苗之研究》，《新亚细亚》1937 年第 4 期；王兴瑞：《历代治黎政策检讨》，《珠海学报》1948 年第 1 集；王兴瑞：《清代海南岛的汉黎交易》，《社会科学论丛》1937 年第 2 期。

⑤ 胡寄馨：《明清时代中国与琉球之政治经济及文化关系》，《中央日报》1946 年 11 月 9 日；姚枬：《中国与琉球的关系》，《亚洲世纪》1947 年第 3 期。

虽自近代以来随着列强屡由沿海侵入，朝野对海陆疆之态度有所改观，但及至民国，学界探究边疆史地仍以西北为重。因此，在关于清朝统一进程、治理开发边疆的研究中，对蒙古、新疆、西藏关注较多，成果丰硕。

清朝“大一统”政治格局的形成和瓦解。如前文所述，在鸦片战争以来出现的边疆危机持续刺激下，不同学术背景的学者纷纷投入边疆研究，其中涉猎清朝统一问题的亦为数不少。“在这个国家民族危急的关头，我国的人民一般感觉到我们社会的各方面都需要一番缜密的检讨及精细的研究。”[①] 当时的学人对清朝的疆域形成，即“大一统”局面的出现和鸦片战争以来领土主权丧失，即统一局面的瓦解有较多的成果问世。下面主要从疆域史和“痛史”两个维度来阐述当时学界对清朝的统一和瓦解的研究和理解。

在疆域沿革类著述中，研究者通过探究清朝的疆域盈缩，反映满洲如何从东北逐步统一全国的进程和“大一统”局面的出现及其在道光朝开始逐渐衰解的过程。其中统一边疆是该时段多数著作的重要内容。葛绥成在《中国近代边疆沿革考》中称，“惟自近代百年来，大受各帝国主义者的侵略，外交屡次失败，国土日蹙”，因此作者搜求当时刊出的清代条约等文档结合魏源《圣武记》等清人著述，对清朝经营边疆、列强步步进逼先后签订不平等割地条约的过程进行了较为综合的研究。[②] 顾颉刚、史念海《中国疆域沿革史》，有关清代的部分，从入关前叙述起，进而论述统一蒙古、藏，清代“大一统”版图的形成，以及鸦片战争后国土的沦丧。[③] 童书

---

① 《艺文丛书总序》，载蒋廷黻《中国近代史》，商务印书馆 1938 年版。

② 参见葛绥成《中国近代边疆沿革考》，中华书局 1931 年版。

③ 参见顾颉刚、史念海《中国疆域沿革史》，长沙商务印书馆 1938 年版。对该书的写作背景，史念海先生在六十年后致辛德勇的信中称，“此书写作时，日本军阀的侵略已经极端猖獗。现在的北京，那时称为北平。北平已成为危城，动辄一夕数惊”。参见史念海《我与疆域沿革史》，载王兆成主编《历史学家茶座》第 4 辑，山东人民出版 2006 年版，第 115 页。

业《中国疆域沿革略》一书第一篇第十二章“清及民国之疆域范围”，第二篇第八章“省制之始之完成”，第三篇“四裔民族对边疆地区的行政制度和地理予以探析”。通过研究，童氏对清朝的“大一统”局面和广袤的疆域评价如下，清朝“声威之盛，越汉驾唐，上比烈于有元焉。自鸦片之战，国威顿挫，降及光宣，疆土日蹙”[①]。

以上著述在述及蒙古等边疆民族的族源及与历代中央王朝的关系时，或拘囿于传统“华夷之辨”，或将其置于过分西化的学术范畴内探讨，总之有失偏颇。但瑕不掩瑜，在“大一统”视域下考察边疆区域渐次纳入清朝版图，其中体现的中华文化内涵和重在肯定统一的意义仍值得重视。

近代以来列强通过一系列不平等条约割占了我国大片土地，在这一过程中，清朝的统一局面逐渐被销蚀。帝国主义的侵略和民族危机并未随着清朝的覆亡而消失，在清朝丧失的主权和领土未能收回的情况下，日本侵华的野心逐渐暴露，步骤逐渐加紧。在这一时代背景下，学人通过撰述以道光以降不平等条约中的割地赔款、强迫开埠通商等侵害领土主权，破坏国家统一为主要内容的著述来表达爱国情怀。因此有学者将此类题材的著述径直命名为《国耻史》和《帝国主义侵华史》。[②]

民国时期关于清代统一史的相关研究，因处于学科的滥觞阶段、资料的发现阶段，且拘囿于方法、理论以及史观，特别是在近

---

① 童书业：《中国疆域沿革略》，开明书店1946年版。

② 主要有赵玉森：《国耻小史》，中国图书公司1920年版；蒋恭民：《国耻史》，中华书局1928年版；黄孝先：《中国国耻史略》，商务印书馆1928年版；贾逸君：《中国国耻地理》，北平文化学社1930年版；曹增美：《国耻小史》，商务印书馆1930年版；吕思勉：《国耻小史》，中华书局1933年版；梁心：《国耻史要》，日新舆地学社1933年版；梁心：《国耻史要》，日新舆地学社1933年版；蒋坚忍：《日本帝国主义侵略中国史》，上海联合书店1930年版；章勃：《日本对华之交通侵略》，上海商务印书馆1931年版；李温民：《日本侵略中国史》，北平东华书店1932年版；李白英：《日本帝国主义侵略中国史》，上海大同书局1933年版；吴兆名：《日本帝国主义与中国》，上海商务印书馆1934年版。

代以来列强环伺入侵形成的民族救亡图存的撰史风潮影响下，取得了一定的成绩，同时也存在较多的问题。自孟森等人的成果问世后，学界逐渐走出了狭隘民族主义的史观，对清朝统一中国之于中华民族的贡献形成了客观公正的认识，积极评价清朝在开拓、治理边疆方面的贡献是主流学术观点。具体呈现的学术状况是宏观论述清朝统一全国及其意义的著述较多，边疆开发方面的研究尚处于发轫阶段。关于清朝统一局面在列强侵略下逐渐瓦解的过程，是该时段学人关注的另一重点领域，著述最为丰硕。当然学术水平参差不齐，甚至有部分论者在涉及边疆民族的论述中仍不脱“华夷之辨”的窠臼。

（二）新中国成立到改革开放前的清代国家统一史研究

“20 世纪下半叶，随着新中国的成立，学术研究发生了革命性的飞跃，传统史学、实证史学中的唯心主义成分被抛弃，在继承中国史学优良传统的基础上，史学界全面确立了辩证唯物主义和历史唯物主义的指导地位，清史学随之进入一个更加科学、更加理性的新时代。”[①] 同时，随着国内与国际政治形势的变化，“冷战”两大阵营对抗、20 世纪 60 年代“中苏交恶”以及国内“文化大革命”的爆发都在一定程度上对清史研究产生了深刻影响。在波诡云谲的国际形势和艰难曲折的国内形势下，除注重阶级斗争、强调意识形态等学术背景，“维护国家统一在当时具有重要的现实意义”[②]，涉及清朝统一史方面的研究亦有鲜明的时代特征。下面将该时段的研究情况做一简述。

1. 对清朝统一的总体性论述

在新中国坚持统一多民族国家准则和尊崇国内各民族一律平等及肯定共同开发、统一国家的历史贡献原则下，摒弃了“华夷之

---

① 高翔：《五十年来的清史研究》，《清史论丛》1999 年号，河北教育出版社 1999 年版。

② 钞晓鸿、郑振满：《二十世纪的清史研究》，《历史研究》2003 年第 3 期。

辨”陈旧观念中视满洲为“外族”，视清朝为征服王朝的错误论说。学界主流开始积极评价清朝在中国历史上的地位，肯定其为“大一统”国家奠基的历史贡献。商鸿逵认为“在十七、十八世纪之间约三个世纪当中，疆域辽阔、人口众多的多民族的统一的封建中国获得了进一步的巩固和加强。这是通过康熙平定三藩、降服台湾和战胜准噶尔三大事件实现的”[①]，对清朝前期康雍乾三朝统一全国做出了肯定。刘大年也认为“清朝以前的封建王朝，从来没有在这样广袤的版图上长期有效地统一过”[②]。

同一时期，在关于“疆域”“民族”等问题的学术讨论中，翦伯赞、范文澜、白寿彝等史学家均从唯物史观出发，认为满洲在入主中原后迅速封建化，并顺应我国历史发展的内在规律，经过多次战争，最终完成了国家的“大一统”。特别是在“大一统”局面下，实现了以中原民族为中心的又一次民族大融合，以及在统一政权下实现了从边疆到中原的经济、文化的充分交流。[③]

在清朝维护统一的措施或者对清朝统一的评价问题上，郑天挺认为“清朝统一全国后，对各民族施行的政策，加强了他们对中央的向心力，边疆与中央政府的关系及各民族间经济文化的联系加强了，统一多民族的国家巩固发展了，祖国辽阔的疆土主要在清代奠定”。在抵御和反抗外来侵略者方面的贡献，清朝对西方殖民主义的入侵始终保持警惕、防范和加以限制，在各个方面进行了尖锐的斗争，否则西方的入侵一定来得更早。[④] 之所以有如此论断，是因

---

① 商鸿逵：《论康熙平定三藩》，《历史教学》1963 年第 8 期。

② 刘大年：《论康熙》，《历史研究》1961 年第 3 期。

③ 参见范文澜《试论中国自秦汉时成为统一国家的原因》，《历史研究》1954 年第 3 期；翦伯赞《关于处理中国史上的民族关系问题》，《中央民族学院学报》1979 年第 1—2 期；白寿彝《论历史上祖国国土问题的处理》，《光明日报》1951 年 5 月 19 日；吕振羽《中国历史上民族关系的几个问题》，《学术月刊》1963 年第 1 期。

④ 参见郑天挺《清史简述》，中华书局 1980 年版（该书虽于 1980 年付梓，实则是郑先生 1962 年在中央党校的讲义）。

为从民国开始，学界一直有一种观点认为清朝的腐朽造成了清末中国不断被列强蚕食、民族生存危如累卵的局面。如此看来，郑天挺先生的论断起到了正本清源的作用。

在对清朝的历史地位以及统一全国的评价上，这一时期虽然有学者从阶级斗争叙述范畴内，把清朝统治者的诸项军政措施批评为民族压迫的手段和抑制中国社会经济发展进程的因素，“那些历史书上把清政府的统治看作外国对中国的征服；认为清初的统治破坏了中国社会生产力，阻滞了社会经济的发展；并且发动了残酷的征服战争，狂热扩张领土”①。甚至尚钺在《清代前期中国社会之停滞、变化和发展》一文中认为满洲入关以及清朝的统治延缓了中国社会经济的发展。但该时段学界主流观点是积极评价清朝在巩固统一多民族国家层面的巨大贡献，特别是“平定三藩，全国统一”，社会安定，经济快速恢复，“大一统”的实现“在客观效果上却因此形成一个统一的多民族的地大物博的近代中国”②。

2. 专题研究

关于边疆统一与治理方面的研究，这一时期在民国基础上继续开展，但学术理论产生了较大变化，关注点也有改变。以列强侵华史为代表的学术研究热潮对于清朝“大一统”政治格局受到挑战乃至瓦解和清朝为抵御外侮、维护统一采取的措施进行了多层面的探析。

边疆统一与治理。该时段在新中国各民族一律平等的观点下开展的涉及清朝统一、治理边疆的研究，其特点之一是肯定清朝统一

① 引叙自刘大年《论康熙》，《历史研究》1961 年第 3 期。袁良义《论康熙的历史地位——对刘大年同志〈论康熙〉一文的商榷》（《北京大学学报》1962 年第 2 期）一文在“阶级斗争”“反满派地主”等问题上质疑刘大年的观点，但对顺应历史潮流形成的多民族统一国家——清朝以及康熙皇帝在缔造统一国家的功绩予以较高的评价。

② 商鸿逵：《略论清初经济恢复和巩固的过程及其成就》，《北京大学学报》1957 年第 2 期。

边疆民族地区的历史意义。如周一良、周良霄、许大龄、商鸿逵等学者在《西藏是我国领土不可分割的一部分》一文指出，“清军入关后，西藏在祖国统一的大家庭里，和新疆、青海以及内地汉族居住区域的关系进一步密切起来”[①]。清朝统一边疆后，各民族经济、文化的交流发展以及版图的底定和中华民族的进一步凝聚逐渐成为学界的共识。[②] 特点之二是该时段的研究注重从中央的视角探析清朝的治边机构和措施，即清朝为维护边疆统一而实施的举措。理藩院作为清朝处理边政的主要机构，其维护统一的作用和施政流程、功效是学者关注的重点。[③] 此外，在清朝治理边疆的制度层面，盟旗制度、土司制度、伯克制度在台湾地区因循民国的学术脉络关注者较多[④]，而大陆学者此一时段在“农民战争”“阶级斗争”等学术背景的影响下，尝试从清朝统一边疆后民族关系及边疆各族人民为维护“大一统”国家的贡献等层面探析多民族国家的形成和巩固。

值得一提的是，清代边疆开发逐渐纳入研究范畴，如林恩显《清代新疆垦务研究》、黄时鉴《论清末清政府对内蒙古的“移民实边”政策》、郭廷以《甲午战前的台湾经营》、赵中孚《移民与东三省北部的农业开发》等论述基本涵盖了清朝的海陆边疆地区，但或因拘囿于资料、史观，该时段的观点均有偏颇。如黄时鉴在论

① 周一良、周良霄、许大龄、商鸿逵：《西藏是我国领土不可分割的一部分》，载北京大学历史系编辑《北大史学论丛》，高等教育出版社 1958 年版。

② 参见朱永嘉《清代在西藏的重要措施》，《学术月刊》1959 年第 6 期；董彦平《唐元明清四朝对西藏政策》，《国大宪政年刊》1967 年；赵春晨《十八世纪中期清朝统一新疆地区的历史意义》，《新疆历史论文集》1977 年。

③ 杨正孝：《清代理藩院之理藩政策》，《民族与华侨论文集》1976 年第 2 期；吕士朋：《清代的理藩院——兼论清代对蒙藏回诸族的统治》，（台湾）《东海大学历史学报》1977 年第 1 期。

④ 参见林恩显《清代新疆的札萨克制度研究》，《中国地方文献年刊》1977 年；陈耀祖《明清两代之改土归流》，《边政学报》1964 年第 3 期；刘义棠《伯克制度研究》，（台湾）《政大学报》1965 年第 11 期；等等。

及清末内蒙古的“移民实边”政策，径直以“阶级斗争”观分析该问题，认为《辛丑条约》签订后，清政府俨然是帝国主义的“走狗”，在内蒙古的放垦行为是满汉封建统治者对内蒙古人民进行阶级和民族压迫掠夺的政策。事实上，“移民实边”政策实行的背景，有清朝偿还巨额赔款的压力，以及政策实施过程中存在过激和适当的行为，但更应该重视统一多民族国家中蒙汉民族长期以来经济上的交往趋势，以及清朝通过这一政策增强内蒙古各盟旗力量以抵御列强蚕食初衷的考量。①

帝国主义侵华史。新中国成立以后，在马克思主义和唯物史观指导下，对近代以来自鸦片战争开始直至清朝覆亡，西方帝国主义依靠坚船利炮肆意侵略我国的惨痛历史予以重新梳理和诠释。帝国主义的侵略深刻地改变了中国历史演进的轨迹，胡绳在《中国近代历史的分期问题》中将道光二十年（1840年）爆发的中英“鸦片战争”作为中国近代史的开端，成为学术界公认的中国历史研究分期节点，并将该段历史的发展线索概括为中国半殖民地化和半封建化过程以及人民群众反帝反封建的过程。② 其中因西方帝国主义入侵逐渐沦为半殖民地以及各族人民英勇抗击外来侵略的历史，正是清朝“大一统”局面在外力强劲的干涉下逐渐瓦解以及各族人民为维护国家统一、免受奴役的历史进程。

揭示自鸦片战争以来帝国主义通过军事手段，迫使清朝签订不平等条约，从而破坏我国领土主权完整、攫取经济利益等内容为主的帝国主义侵华史研究成为中国近代史研究中的重要领域。从1951年开始，中国史学会陆续编辑出版了《鸦片战争》《中法战争》

---

① 林显恩：《清代新疆垦务研究》，《中华文化复兴月刊》1972年第5卷第8—10期；黄时鉴：《论清末清政府对内蒙古的“移民实边”政策》，《内蒙古大学学报》1964年第2期；郭廷以：《甲午战前的台湾经营》，《大陆杂志》1952年第5卷第9—11期；赵中孚：《移民与东三省北部的农业开发》，《“中研院”近代史研究所集刊》1972年第3期。

② 胡绳：《中国近代历史的分期问题》，《历史研究》1954年第1期。

《中日战争》《义和团》等以研究帝国主义侵华史的专题资料[①]，在此基础上产生了一批从宏观层面揭露列强侵华的著作。其中丁名楠等著的《帝国主义侵华史》第一卷，是全面系统研究从1840年鸦片战争到1895年中日甲午战争期间，列强侵略中国历史的著作。该书在系统梳理侵华战争和不平等条约等内容外，还特别强调帝国主义的经济、文化侵略同样不能忽视。[②] 此外，还有分别揭露英、法、日等列强侵略中国的著作问世。英国作为老牌帝国主义国家，先后染指我国海陆边疆。该时段出现的相关成果主要有刘培华的《鸦片战争》、佘素《清季英国侵略西藏史》、余绳武和刘存宽合著的《十九世纪的香港》、蒋孟引的《第二次鸦片战争》等专著。[③] 牟安世的《中法战争》是新中国成立后，第一部有关中法战争的专著。刘大年《美国侵华史》系统梳理了美国侵华的全过程。卿汝楫在大量利用美国官方档案的基础上完成了《美国侵华史》。戚其章的《甲午战争史》专门探讨了日本在甲午战争中给中国带来的沉重侵害。中国社会科学院近代史研究所编著的《日本侵华七十年史》中，利用较大的篇幅梳理了近代以来至1911年清朝覆亡前，日本在军事、经济、文化等方面对中国侵略的历史。[④]

"中苏交恶"后，因政治论战的需要，该时段在清朝抗击沙俄、抵御外侮、维护国家统一方面出现了大量著述，成为当时的学术热点。大量揭露近代以来沙俄及西方列强侵吞中国边疆进而瓦解清朝

---

① 参见中国史学会《鸦片战争》，神州国光社1954年版；《中法战争》，新知识出版社1955年版；《中日战争》，新知识出版社1956年版；《义和团》，神州国光社1953年版。

② 参见丁名楠等《帝国主义侵华史》，人民出版社1973年版。

③ 参见刘培华《鸦片战争》，中国青年出版社1962年版；佘素《清季英国侵略西藏史》，世界知识出版社1959年版；余绳武、刘存宽《十九世纪的香港》，中华书局1994年版；蒋孟引《第二次鸦片战争》，生活·读书·新知三联书店1965年版。

④ 参见牟安世《中法战争》，上海人民出版社1955年版；刘大年《美国侵华史》，华北大学出版社1949年版；卿汝楫《美国侵华史》，人民出版社1952年版；戚其章《甲午战争史》，人民出版社1990年版；中国社会科学院近代史研究所编《日本侵华七十年史》，中国社会科学出版社1992年版。

“大一统”格局的研究成果刊布，各地编撰了多种“沙俄侵华史”梳理了沙俄东扩后在逐渐侵吞我国东北、北方、西北边疆的史实。[①]同时也有对清与俄系列条约的专门研究，从《尼布楚条约》签订至近代《瑷珲条约》《北京条约》以及同光年间的中俄勘界约文均有涉及。[②]

此外，该时段探析边疆各族人民反抗外来侵略，维护国家统一史实的著述也不少。如周伟洲《塔什库尔干地区各族人民抗击外来侵略者的英勇斗争——兼斥苏修所谓“继承浩罕遗产论”》揭露了沙俄以继承中亚浩罕国领土的名义强占萨雷阔勒岭以西二万多平方公里的史实，并对抗击屡次入侵的浩罕和沙俄的清朝地方官、柯尔克孜与塔吉克人民的英勇行为予以肯定。[③] 王宗维《我国西北边疆各族人民反抗沙俄侵略的英勇斗争》则重点探析了北疆各族人民在“火烧贸易圈”及反对沙俄侵占伊犁等事件中的爱国主义行为。[④] 杨旸、傅朗云《十七世纪达斡尔族人民的抗俄斗争》梳理了世居东北边疆的达斡尔族人民在守卫家园、反抗侵略的史实。[⑤] 尽管因论战需要，措辞难免偏颇，但对梳理清朝“大一统”局面在沙俄及列强侵逼下逐渐瓦解的历史过程有一定裨益。同时通过探析边疆各族人民的反侵略行为，从另一个侧面证明了清朝“大一统”观念已深入各族人心。

---

① 较有代表性的著作有复旦大学《沙俄侵华史》编写组《沙俄侵华史》，上海人民出版社1975年版；中国社会科学院近代史研究所编《沙俄侵华史》，人民出版社1976年版；吉林师大历史系编《沙俄侵华史简编》，吉林人民出版社1976年版。

② 参见莫修道《论尼布楚条约》，《法学研究》1958年第1期；钟锷《历史真相不容歪曲——关于〈中俄尼布楚条约〉的几个问题》，《历史研究》1975年第2期；《中俄瑷珲条约割去我国黑龙江以北的广大领土》，《学习》1977年第4期；《〈中俄北京条约〉割去我国乌苏里江以东广大领土》，《学习》1977年第5期；张大军《中俄伊犁交涉与改订条约签订》，《春秋》1974年第3、5期；张大军《新疆北段中俄国界研究》（一二三），《中山学术文化集刊》1974年第14—16期。

③ 参见周伟洲《塔什库尔干地区各族人民抗击外来侵略者的英勇斗争——兼斥苏修所谓“继承浩罕遗产论”》，《西北大学学报》1978年第1期。

④ 参见王宗维《我国西北边疆各族人民反抗沙俄侵略的英勇斗争》，《西北大学学报》1978年第2期。

⑤ 参见杨旸、傅朗云《十七世纪达斡尔族人民的抗俄斗争》，《吉林师大学报》1977年第Z2期。

如果说新中国成立后，在秉持各民族平等、国家统一的原则下，积极肯定边疆各族人民在统一多民族国家构建中的历史贡献，那么在重视阶级斗争史、农民战争史以及社会形态等领域研究的学术背景下，对清朝统一全国的进程、维护统一的措施以及“大一统”局面的瓦解等问题则缺少关注。

（三）改革开放以来的清代国家统一史研究

改革开放后学术逐渐繁荣，从事清史研究的多处专门机构渐次设立，《清史研究》《清史论丛》《中国边疆史地研究》等专门性学术刊物的创办和大型学术讨论会的持续举办共同推动清史研究走向繁荣，而涉及清朝统一史的研究亦呈现新的面貌。

1. 对清朝统一全国的总体性评价

从1980年鄂世镛等撰写的《清史简编》出版以来，关于清朝的通史性著作近20种[①]，均有专门章节讨论清朝统一历史的相关问题，清朝实现国家统一、奠定近代中国版图以及近代以来抵御外侮的历史贡献进一步得到了学界的公认。王思治概括为“有清一代，国家统一大业的完成，使清王朝幅员辽阔，气势恢宏，成为亚洲头等强国，也是世界强国之一，并奠定了近代中国的版图，留给今人一份宝贵遗产”[②]。但在一些问题上仍存在分歧，如清朝统一战争的性质、统一完成的标志以及对统一效果的评估。

赵轶峰《论清统一的局限性》在肯定清朝统一恢复社会、经济秩序，加强中央政府对边疆地区行政管理效能等积极因素外，认为清朝极端强化了封建中央专制政治制度以及为维护统治采取的保守

① 李治亭于2018年在《改革开放40年学术回顾与反思》（《社会科学战线》2018年第8期）中统计有17种，近两年又有数种问世，其中影响较大的有戴逸主编《简明清史》，人民出版社1980年版；李洵、薛虹主编《明清史》，辽宁人民出版社1985年版；李洵、薛虹主编《清代全史》（10卷），辽宁民族出版社1991年版。

② 王思治：《简论清代的国家统一》，《光明日报》2000年9月29日C3版，该文其后收入王思治《清史述论》，故宫出版社2016年版。

经济政策，阻滞了社会经济的发展，使中国封建经济处于徘徊状态。① 顾诚《南明史》涉及清朝统一战争的性质等问题，认为清朝取代明朝，统一全国并非历史的必然，同时对清朝统一全国在政治、经济上的历史功绩提出质疑，认为清朝作为生产力较为低下的东北满洲部族联合部分汉族官绅窃取了明末农民军的革命果实，其后推行的民族压迫政策激起了社会的动荡，进而认为清朝统一格局下的“康乾盛世”亦系学界构建的产物。② 陈梧桐强调明末清初南明及各地汉族人民抗清正义性和历史功绩的同时，反对清史学界将清军入关以及其后的系列战争视为统一战争的观点。③

在其后清史学界对顾、陈等类似观点的商榷中，李治亭的观点最具代表性。李治亭从国家统一层面出发，认为明清时期是西方殖民者逐渐东来的历史时期，“实现国家统一是当务之急”，主张从统一与分裂之于中国的利害角度出发看待清朝的统一，而不能一味地以狭隘的满汉民族观来进行批判。④

近年来，学界对清代“大一统”思想的认识逐渐深化，如李大龙、李元晖认为，相较于历代王朝，清朝“大一统”政治格局的构建，在塑造“臣民”（国民）、弥合族群的同时，中国也由王朝国家向近代主权国家转型。⑤ 特别是在清朝“大一统”思想形成、“大一统”国家的缔建过程等方面也出现了较多的论述。李大龙、刘正寅等人注意到了清朝“大一统”思想的形成对中国疆域底定方面发挥的作用，而杨念群则从清朝入关后面临的“正统性”危机这一历史背景出发，认为“清帝首先强调清朝对广大疆域占有远迈前

① 赵轶峰：《论清统一的局限性》，《史学集刊》1986 年第 1 期。

② 参见顾诚《南明史》，中国青年出版社 1997 年版。

③ 陈梧桐：《明史研究的若干问题》，《人民日报》1998 年 6 月 20 日。

④ 参见李治亭《南明史辨——评〈南明史〉》，《史学集刊》1998 年第 1 期。

⑤ 参见李大龙、李元晖《游牧行国体制与王朝藩属互动研究》，内蒙古大学出版社 2018 年版。

代，以突出‘正统观’因素中的‘大一统’的重要性”，以“统一”来应对传统“夷夏之辨”的思想。[①] 而刘凤云、张一驰、吕文利、李金飞、苍铭等从历史书写角度出发，探析清朝官方在“一统志”和地方志编撰过程中体现的“大一统”思想。[②] 李治亭《清帝“大一统”论》认为清朝皇帝积极主张的“大一统”政治理念，在当时建立统一多民族国家实践成功之外，也可资鉴当下之“治国、巩固国家之统一”[③]。学界从不同层面探析清朝“大一统”思想，对于我们深刻理解清朝大一统局面的形成具有较大的参考价值，虽对清朝“大一统”思想在政治、经济、文化等领域的影响评价不一，但主流观点是肯定其在塑造统一多民族国家方面的积极意义。

清朝完成统一的标志或时间，关系到如何理解清朝的历史地位以及统一多民族国家所涵盖的范围等问题。受传统史学观念影响，民国以来学界在论述清朝统一的相关问题时，多数学者将平定“三藩”作为完成统一的标志。[④] 这一观点在新中国成立后虽逐渐被摒弃，但真正将乾隆中叶清军平定准噶尔和大小和卓叛乱，实现“大一统”这一观念纳入清朝统一全国的叙述范畴且为学界普遍接受是在20世纪90年代后。如王戎笙等主编的《清代全史》在不同分册辟有“清初的统一大业”“统一漠北与青海”“边疆少数民族的进

---

① 参见李元晖、李大龙《“大一统”思想的形成与实践——多民族国家中国疆域的形成和发展》，《西北民族大学学报》2016年第1期；刘正寅《“大一统”思想与中国古代疆域的形成》，《中国边疆史地研究》2010年第2期；杨念群《“天命”如何转移：清朝“大一统”观再诠释》，《清华大学学报》2020年第6期。其中值得注意的是，在众多阐述清代“大一统”的著述中，李大龙从疆域理论维度、杨念群从清代政治史、思想史维度出发，各自形成了一个叙述系列。

② 参见张一驰、刘凤云《清代“大一统”政治文化的构建——以〈盛京通志〉的纂修与传播为例》，《中国人民大学学报》2018年第6期；李金飞《清代疆域“大一统”观念的变革——以〈大清一统志〉为中心》，《中国边疆史地研究》2020年第2期；吕文利《试论元明清〈一统志〉的思想内涵及纂修方式》，《中国地方志》2020年第4期；苍铭、张薇《〈皇清职贡图〉的“大一统”与“中外一家”思想》，《云南师范大学学报》2019年第3期。

③ 参见李治亭《清帝“大一统”论》，《云南师范大学学报》2015年第6期。

④ 陈生玺、杜家骥：《清史研究概说》，天津教育出版社1991年版，第228页。

一步统一”等章节叙述清朝统一的历史，其中认为“康熙皇帝经过十年的努力，终于平定三藩，收复台湾，完成了统一祖国的大业，揭开了清朝历史新的一页”，将乾隆年间清朝统一天山南北视为边疆民族地区的进一步统一。[①] 在王思治《简论清代的国家统一》等著述发表后，关于乾隆中叶最终完成国家统一的观点得到学界的公认。此外，在关于中国历史上统一与分裂及所谓的“局部统一”等问题的讨论中，虽然学界主流观点认为“统一是中国历史的主流，有利于社会的发展和进步”，但也有从其他角度看待该问题的新颖观点，诸如以统一与分裂的时间长短评判中国历史主流；从统一政权存在的弊病或者消极因素出现，以“中性”的态度评判历史上的统一和分裂问题；如何看待区域割据政权。这些观点对清朝统一史的叙述形成了挑战，高翔认为“自秦朝统一六国后，作为中国经济文化重心的中原区域，在以后的主要时段大体维持了统一的局面，这恐怕是难以否定的事实。与此同时，边疆少数民族地区和中原地区的联系日渐紧密。到明清时期，中原和边疆不但在政治上，而且在经济上和文化上出现了明显的一体化趋势，使国家统一不但成为政治的需要，而且成为经济和文化发展的必然。清朝的大一统，实际上是数千年中国社会历史趋势的必然产物，是中国历史演变的必然结果”。在回应关于“统一与分裂”诸种新说的同时，对中国历史的发展趋势以及清朝统一的历史意义给予客观、深刻的阐述。[②]

2. 专题研究

关于统一进程的研究。顺治朝通过系列战争，消弭了南明诸王朝，阶段性地完成了统一。康熙初年清朝面临的形势是，西南地区“三藩”离心倾向日益严重、台湾仍在郑氏控制下对抗清朝、准噶尔贵族割据西北，且不断骚扰喀尔喀、持续向青藏等处施加影响。

① 参见王戎笙主编《清代全史》第2、4卷，辽宁人民出版社1991年版。

② 参见高翔《在历史的深处》，中国社会科学出版社2012年版。

清朝历经康雍乾三朝渐次敉平西南、西北，最终完成了统一。改革开放后，学界对清朝统一进程的研究成果丰硕，但重点集中在平定“三藩”、统一台湾以及平定西北准噶尔几个方面。

关于吴三桂发动的起兵反清事件，学界主流观点认为是破坏国家统一的叛乱行为，特别是苏和平在《试论清初三藩的性质及其叛乱失败的原因》一文中将此置于康熙年间沙俄入侵、国内矛盾重重的背景中评析，认为“在这样的历史背景下，三藩的叛乱只能是加剧民族矛盾，阻碍社会经济的恢复发展，并破坏祖国的统一，给外国侵略者以可乘之机”[①]。但也有学者提出了其他看法，滕新才认为，“三藩”对于清朝统治者来说是叛乱，但同时“具有反抗民族压迫、维护民族平等的性质，具有恢复明朝社稷、实建汉家天下的企图”。[②] 此说在学界影响甚微，事实上如葛兆光所言：“吴三桂和他的部下未必是‘怀念故国’而拥戴大明，他们起事恐怕只是为了‘撤藩’而反清。”[③] 即是为维护自身利益采取分裂行动。“三藩”研究的代表性著作是刘凤云的《清代三藩研究》，作者从中国的分封制度入手，认为分封制在初期短暂的作用失效后，是一种严重威胁国家统一的政策措施。进而从清初异姓封王、“三藩”的崛起和叛乱、清朝出兵平定过程等方面综合探讨了“三藩”从产生到危及清朝统治以及最终败亡的历史。从其他角度论述该问题的专题论文数量较多，总的来看，在进入 21 世纪后，学界厘清了清朝平定“三藩”的过程，并形成了较为一致的观点，认为平定“三藩”为清朝巩固多民族国家的统一、抵制早期殖民主义势力的入侵奠定了基础。[④]

---

① 苏和平：《试论清初三藩的性质及其叛乱失败的原因》，《社会科学》1984 年第 5 期。

② 滕新才：《吴三桂反清性质新探》，《四川师范大学学报》1990 年第 5 期。

③ 葛兆光：《乱臣、英雄抑或叛贼？——从清初朝鲜对吴三桂的各种评价说起》，《中国文化研究》2012 年春之卷。

④ 刘凤云：《清代三藩研究》，中国人民大学出版社 1994 年版。

康熙二十二年（1683 年）清朝将台湾纳入多民族统一国家的版图，隶属福建省，此举在巩固国家领土完整方面具有十分重要的历史意义。改革开放后在清朝统一台湾问题上产生了大量的研究著述，以梳理统一过程和阐述统一的意义为主，其中接续对明清之际人物评判研究的学术传统，关于施琅在统一台湾过程中以及其后力主保台的功绩研究较多。陈梧桐辩证地认为施琅“综其一生，施琅功大于过”，就是鉴于他在统一台湾的贡献而言。此外，关于统一台湾的意义，在各类著述中均积极的肯定，除其之于“大一统”格局形成的重要性外，同时促成了清朝迁界政策的废除和海禁的逐渐松弛。

历经康雍乾三朝的平准战争以及清朝统一天山南北，最终完成一统大业，是这一时段关于清朝统一进程研究中的重点问题，其中关于相关人物的评价、统一过程及统一的意义等尤为得到关注。关于准噶尔首领噶尔丹、阿睦尔撒纳、噶尔丹策零等人，学术界一直存在不同的评价。杜荣坤依据“客观上是否有利于民族团结、祖国统一；是否有利于本民族社会经济的发展；是否有利于对外来侵略势力的反抗和斗争”，认为噶尔丹统治的准噶尔应该是国内的一个割据政权，那么噶尔丹并不是民族英雄，而是分裂割据的首领。[①]至于阿睦尔撒纳，旋降即叛，同样存在分裂民族、破坏统一局面的行径。[②] 此后，学界主流一直认可杜荣坤关于准噶尔首领的评价观点。但在“局部统一论”的观点中，认为准噶尔政权是在卫拉特联盟基础上形成“汗国”，当时清朝的统一势力并未触及该区域，因此不存在分裂或分裂政权，如此一来噶尔丹的历史评价同样需要重新考量。如黑龙等学者支持此说，但质疑者则认为“分裂不但是对政权而言，更重要的是对国家而言，准噶尔自古就系中国的一部

---

① 参见杜荣坤《关于准噶尔历史人物评价问题》，《中国蒙古史学会论文选集》1980 年。

② 参见郭蕴华《阿睦尔撒纳叛乱及清政府的平叛斗争》，《新疆大学学报》1979 年 Z1 期。

分，尽管清初它没有宣布脱离中国的行为，但是，国家毕竟是一个具有内涵的政治范畴，需要有一个中央政府作为其代表”，而清朝作为中国合法的中央政府，从康熙朝以后即已获得大多数中国人的承认，此时准噶尔割据一方，不是挑起叛乱，应该被视为严重的分裂行为。[①]

因汉、蒙古、满文档案的刊布，这一时段深入研究清朝统一准噶尔及新疆的著述大量出现，如齐木德道尔吉、乌云毕力格利用满蒙文档案对康熙皇帝亲征噶尔丹的过程做了详尽的研究，其后黑龙遵循这一范式进一步推进了该问题的研究。[②] 2012 年中国边疆史地研究中心、中国第一历史档案馆合编的《清代新疆满文档案汇编》的出版将乾隆朝统一天山南北历史进程推向了边疆史地研究中的一个新高潮。

关于清朝统一新疆的意义，长期以来学术界一直积极肯定其历史功绩，特别是 20 世纪末随着清史研究的不断深入，学界逐渐以乾隆朝统一新疆替换了原来将平定“三藩”、统一台湾作为清朝完成大一统的标志。如高翔认为“而就国家统一的最后完成，则发生于 18 世纪中叶，这就是乾隆二十四年统一新疆的历史性事件”，并将其看作清朝进入“全盛”状态的标志。在此基础上，王希隆、杨代成认为清朝再度统一新疆，“不仅进一步奠定了我国的西北边疆，促进了新疆多民族聚居格局的发展与各民族之间的交往交流，推动了新疆社会政治、经济的进步，保障了丝绸之路的畅通无阻，还体现了中华民族长期整合发展的历史趋势，具

---

① 参见成崇德《清代前期边疆通论（上）》，《清史研究》1996 年第 3 期；黑龙《准噶尔蒙古与清朝关系史研究（1672—1697）》，上海古籍出版社 2015 年版；高翔《五十年来的清史研究》，《清史论丛》1999 年号。

② 齐木德道尔吉：《昭莫多之战以后的噶尔丹》，《蒙古史研究》第四辑，内蒙古大学出版社 1993 年版；《首次亲征噶尔丹时的康熙皇帝》，1999 年《第二届国际满学研讨会上的论文集（上）》；乌云毕力格：《十七世纪蒙古史论考》，内蒙古人民出版社 2009 年版；黑龙：《准噶尔蒙古与清朝关系史研究（1672—1697）》，上海古籍出版社 2015 年版。

有重要的历史意义”。[①]

维护统一措施的研究。在清朝如何统驭边疆，维护统一多民族国家的措施方面，改革开放后形成了大量的研究成果，特别是1983年中国边疆史地研究中心的成立以及《中国边疆史地研究》的创刊，在组织科研、刊布成果、整理史料等方面做了许多工作。40多年来，关于清朝边疆政策，抑或治边策略方面产生了丰硕的成果，其中既有从宏观方面贯通性探讨有清一代边疆政策的专著，也有针对某个专题，如理藩院、边疆驻扎大臣制度、盟旗制度、土司制度以及满蒙联姻、藏传佛教之于蒙藏政治等问题的著述。

在对清代维护边疆统一的措施，即边疆治理的宏观研究方面，马汝珩、马大正主编《清代的边疆政策》综合介绍了清朝的边疆施政内容和机构，就系统性而言，是清代边疆政策研究领域的代表性著作。马大正主编的《中国边疆经略史》第八、九两编专门探究清代的边疆经略、边疆政策以及边疆管理机构，具体从分析清代统一边疆的四种模式入手，详尽地阐述了清朝在北部、西北、西南以及东南海疆等不同区域实行的边疆民族政策。该书体例完备，且集合了当时相关领域的前沿成果，代表了当时清代边疆政策研究的最高水平。成崇德《清代边疆民族研究》中编专门研究清代边疆民族政策，除行政管理制度与立法管理外，该书最突出的特点是观照了藏传佛教对蒙古政治的影响。[②]

在具体领域的研究上，理藩院作为清朝专门处理民族事务的机构，一直受到学界的持续关注，其中赵云田长期专注这一领域研

① 高翔：《五十年来的清史研究》，《清史论丛》1999年号；王希隆、杨代成：《清朝统一新疆及其历史意义》，《中国边疆史地研究》2019年第1期。

② 马汝珩、马大正主编：《清代的边疆政策》，中国社会科学出版社1994年版；马大正主编：《中国边疆经略史》，中州古籍出版社2000年版；成崇德：《清代边疆民族研究》，故宫出版社2015年版。

究，认为“理藩院在政治、军事方面促进了清代多民族统一国家的发展巩固外，还不同程度地促进了少数民族地区与中原内地的经济交流，促进了边疆少数民族的经济发展”[①]。随着学术研究的发展，近年来关于理藩院的研究从制度梳理逐渐深入《理藩院则例》在边疆地区的实施效果以及与当地惯用法的调适问题。而张永江则从礼仪制度的视角，通过对比礼部和理藩院两大机构管理边疆族群的不同分工，探讨了清朝在区分族群、整合多族群文化方面的努力。[②]如上文所述，在涉及清代边疆民族治理的综合性著述中，关于理藩院的叙述也不少，其旨要亦有提及，此处不赘述。

在对清代边疆治理政策的具体研究中，土司制度是其中的一个重点。改革开放前关于土司，特别是对“改土归流”的评价学术分歧较大。在该时段关于土司制度的研究中，王锺翰《雍正西南改土归流始末》在详尽梳理雍正年间改土归流史实的基础上，认为该政策对抑制地方势力，维护国家统一层面有积极意义。王锺翰的观点得到学界的认可，成为此后评判“改土归流”政策的主流观点。覃树冠《清代广西的改土归流》、刘东海《雍正朝在鄂西的改土归流》、伍新福《试论湘西苗区“改土归流”——兼析乾嘉苗民起义的原因》等文章分别探析了西南地区次级地域的改土归流情况，其中覃树冠认为清朝在广西的改土归流政策并不彻底，部分出于“以夷制夷”目的留存的土司，没有在社会经济的发展中自然消亡，甚至延续至民国。刘东海对鄂西的改土归流予以积极的评价，认为其具有时代的进步性，但因汉族移民和汉文化的进入，强化了当地的封建意识。与覃、刘二文相异，伍新福将乾嘉苗民起义的根源归咎于改土归流，该时段学界持类似观

---

① 赵云田：《中国治边机构史》，中国藏学出版社2002年版。

② 张永江：《礼仪与政治：清朝礼部与理藩院对非汉族群的文化治理》，《清史研究》2019年第1期。

点者较少。李世愉《清代土司制度论考》阐述了土司制度“在清代走向衰落的原因、过程、具体表现、特点，以及这种衰落对西南边疆地区治理所产生的影响”，认为雍正朝“改土归流”，通过废除土司和改造、完善土司制度，加强了对西南边疆的统治，对西南边疆地区治理的成功，在整个边疆治理中占有重要位置。[①]近年来，又有不少著述从新的视角审视土司制度，段金生探析了顺康两朝对西南土司的政策，苍铭对清朝往广西土司区选派官员的问题进行了细致研究，而方铁则依据新史料，探讨了雍正朝“改土归流”的原因、策略以及效用等问题，在肯定其积极意义的同时，也指出了过程中一些粗暴行径产生的负面影响。[②]

清朝在蒙藏及新疆的治理政策方面，改革开放以来有大量高水平的著述刊布。《蒙古民族通史》第4卷梳理了编旗设佐以及会盟制度的完善过程，并且指出因“旗”是王公的世袭领地，清朝为监督各地盟旗于战略要冲设立了将军、都统等驻扎大臣，同时对卡伦、鄂博、台站等服务于清朝统治的机构、制度做了详细的介绍。《西藏通史·清代卷》对清朝西藏的政教合一制度、驻藏大臣制度予以探析。在边疆军事驻防及职官问题上，管守新《清代新疆军府制度研究》对清代在新疆设置的以伊犁将军为首的驻扎大臣制度进行了综合探讨，从梳理制度入手，评析了这一军政体系在清朝统治新疆的功用，认为在职权划分和南北布控等方面存在较多的问题。刘蒙林《清代绥远城八旗驻防研究》探析了绥远城八旗从右玉北迁

---

① 王锺翰：《雍正西南改土归流始末》，《清史新考》，辽宁大学出版社1997年版；覃树冠：《清代广西的改土归流》，《广西师范大学学报》1985年第1期；刘东海：《雍正朝在鄂西的改土归流》，《鄂西大学学报》1987年第4期；伍新福：《试论湘西苗区“改土归流”——兼析乾嘉苗民起义的原因》，《民族研究》1986年第1期；李世愉：《清代土司制度论考》，中国社会科学出版社1998年版。

② 段金生：《土司政治与王朝治边：清初的云南土司及其治理》，《民族研究》2019年第2期；苍铭：《清前期烟瘴对广西土司区汉官选派的影响》，《中国边疆史地研究》2015年第3期；方铁：《清雍正朝改土归流的原因、策略与效用》，《河北学刊》2012年第3期。

的原委、内部衙门的设置情况。此外，周卫平《新疆官制边吏研究》探讨了清代新疆官制与边吏的设置、权限、职责、任免等问题，以及不同时期对社会所产生的不同作用[①]。

对清朝统驭蒙古诸部的另一项制度——满蒙联姻进行了研究。华立将有清一代的满蒙联姻梳理为四个阶段，并且认为通过这一措施，满蒙贵族在政治、血缘、经济、文化等方面建立了密切的联系。杜家骥《清朝满蒙联姻研究》对蒙古不同部落与清朝的联姻情况予以综合探析，进而认为“姻亲”在清朝维护北部边疆统治方面发挥了巨大作用。台湾学者庄吉发对清朝前期融合满汉制度、成功经略边疆、成就“大一统”局面给予高度评价，“经过清朝长期的统治，满汉畛域，逐渐消弭，各部族之间，日益融合，满汉蒙回藏及其他少数部族都成为中华民族的成员终于奠定版图辽阔多民族统一国家的基础”。[②]

关于治理边疆的法制例律方面。王东平《清代回疆法律制度研究：1759—1884》、白京兰《一体与多元：清代新疆法律研究（1759—1911 年）》基本厘清了清朝在新疆施用法律方面的框架，对于了解清朝的治疆方略及维系西陲统一等方面有重要的参考价值。[③] 在清代蒙古法治史方面，《蒙古律例》是学界持续关注的问题。尤其值得注意的是，随着档案文书的整理出版，出现了大量深入论述清朝在蒙古地区法律施行问题的著述。[④] 近年

① 参见乌云毕力格等《蒙古民族通史》第 4 卷，内蒙古大学出版社 2000 年版；杨强《清代蒙古盟旗制度》，民族出版社 2004 年版；定宜庄《清代八旗驻防制度研究》，天津古籍出版社 1992 年版；管守新《清代新疆军府制度研究》，新疆大学出版社 2002 年版；刘蒙林《清代绥远城八旗驻防研究》，内蒙古大学出版社 2017 年版；周卫平《清代新疆官制边吏研究》，新疆人民出版社 2014 年版。

② 杜家骥：《清朝满蒙联姻研究》，中国人民大学出版社 2003 年版；庄吉发：《清高宗十全武功研究》“绪论”，中华书局 1987 年版。

③ 参见王东平《清代回疆法律制度研究：1759—1884》，黑龙江教育出版社 2014 年版；白京兰《一体与多元：清代新疆法律研究（1759—1911 年）》，中国政法大学出版社 2013 年版。

④ 参见赵云田《〈蒙古律例〉及其与〈理藩院则例〉》，《清史研究》1995 年第 3 期；达力扎布《〈蒙古律例〉及其与〈理藩院则例〉的关系》，《清史研究》2003 年第 4 期。

来，学界如对《西宁青海番夷成例》等区域性法律文书的研究亦有较大的突破。[①]

纵观改革开放以来关于清朝统一史相关问题的研究，主要呈现以下特征：一是对清朝统一全国的历史地位和意义的评价更加多元和深刻；二是对清朝实现统一的过程在大量档案材料整理刊布的基础上形成了扎实的研究，如平定“三藩”、统一新疆等问题；三是对实现“大一统”后清朝维护统一的措施以及治理边疆的方略等方面无论在选题上，还是研究深度上均有极大的拓展和突破，特别是在诸如土司制度、边疆驻防体系等方面成就尤为显著。

当然该时段的相关研究也存在一些不足，特别是在20世纪80年代以来西方社会科学理论大量引进的背景下，包括历史学科在内的传统人文研究领域在研究范式上常常束缚于“水土不服”的舶来框架内，尤其是在广泛涉及边疆民族历史文化的清朝统一史研究领域。因缺乏独立的学术话语，以致在应对西方的学术挑战时，常常陷入“矛”与“盾”皆无所持的境地。

（四）“新清史”与“清朝统一史”

近年来在学界引起广泛关注的“新清史”与“清朝统一史”关涉颇大，此处略做叙述。所谓的“新清史”是20世纪80年代美国中国学界出现的一种旨在颠覆传统、重新构建清朝历史叙事体系的学术思潮。关于“新清史”的争论从1996年罗友枝批驳何炳棣《再观清代——论清代在中国历史上的重要性》主张的清朝“汉化”问题开始，其后随着柯娇燕《半透明之镜：清帝国意识形态的历史与认同》、欧立德《满洲之道：八旗制度与清代的族群认同》、罗友枝《最后的皇族：清代宫廷社会史》、路康乐《满与汉：清末民初族群关系与政治权力（1861—1928）》所谓的

---

① 张科：《〈西宁青海番夷成例〉实效问题探析》，《中国边疆史地研究》2020年第4期。

"新清史"四书的出版，逐渐引起关注。[①] 进入21世纪，中国学界开始关注该问题，特别是中国人民大学清史研究所选择国外"新清史"部分具有代表性的文章编译汇成《清朝的国家认同："新清史"研究与争鸣》一书，引起学界讨论的热潮。[②] 近年来，汪荣祖与姚大力针对"新清史"的论战以及李治亭、钟焓等人的回应使该问题的影响溢出清史学界。[③]

"新清史"所提出的"强调全球化的视角"，"强调满洲因素的重要性"，及"强调使用满语和其他少数民族语言的重要性"等观点，与我国学者多强调民族融合、政治整合和文化交流，特别是肯定清朝完成"大一统"政治格局的积极意义等观点形成鲜明对比。如路康乐《满与汉：清末民初族群关系与政治权力（1861—1928）》一书，在混淆时空的基础上，过分强调甚至是夸大满、汉矛盾，即通过揭示"满汉畛域"来凸显旗人有别于汉人的身份认同。这些问题在涉及清代边疆历史的研究上表现得更为明显，其中米华健将清朝视为"内亚草原帝国"，即由满洲、蒙古、汉、藏、回五块组成，进而将清朝治理新疆的模式与大英帝国管理印度殖民地以及沙俄管理中亚相比较。濮德培将清朝解释为是一个"早期现代帝国"，认为清朝治下的新疆是帝国扩张的结果。这些论断，实

---

① 参见 Evelyn S. Rawski，"Reenvisioning the Qing：The Significance of the Qing Period in Chinese History"，*The Journal of Asian Studies*，Vol. 55，No. 4（Nov.，1996）；Pamela Kyle Crossley，*A Translucent Mirror*：*History and Identity in Qing Imperial Ideology*，University of California Press，2000；Mark C. Elliott. *The Manchu Way*：*The Eight Banners and Ethnic Identity in Late Imperial China*，Stanford University Press，2001；Evelyn S. Rawski，*The Last Emperors*，*A Social History of Qing Imperial Institutions*，University of California Press，1998；Edward J. M. Rhoads，*Manchus and Han*：*Ethnic Relations and Political Power in Late Qing and Early Republican China*，*1861 – 1928*，University of Washington Press，2000。

② 刘凤云、刘文鹏编：《清朝的国家认同——"新清史"研究与争鸣》，中国人民大学出版社2010年版。

③ 参见汪荣祖编《清帝国性质的再商榷——回应"新清史"》，中华书局2020年版；等等。

质上都在或明或暗地质疑清朝在中国历史谱系中的地位。[①]

中国学界逐渐认识到“新清史”已“超出纯粹学术研究的范畴，而表现出鲜明的政治性”，有学者将其源头追溯至20世纪上半叶出现的“征服王朝说”“骑马民族国家”等学说。孙江认为美国“新清史”与日本满蒙学界的研究路径有密切的关系，其目的都是要解构中国历史的传统话语体系，刘凤云甚至认为“这个理论，让‘新清史’对中国这个国家而言，具有潜在的颠覆性”[②]。

这种去“中国中心”观，以满洲人为中心，通过内亚视角解释清史，解构中国历史的学术流派之所以能在中国引起强烈的反响，并有部分拥趸，反映了改革开放以来历史学科受西方社会科学影响之深，同时需要反思近代以来“民族国家”等理论传入导致的认识混乱。由起于东北边疆的族群——满洲人建立的统一多民族的清朝，不仅在中国历史谱系中占有重要的地位，而且直接继承和奠定了中国的疆域版图。因不同的地理、人文背景以及相异的学术环境，中西方理论对此存在巨大差异，因此需要在了解和借鉴西方理论的同时，从中国传统和本土出发构建清史研究的学科体系、学术体系及话语体系尤为重要。

总体来看，经过几辈学人百余年的辛勤耕耘，对清朝统一史的基本脉络有了细致的梳理，并在一些重要领域取得了重大突破，在一些主要问题上形成了相对一致的观点。关于清朝统一史的成果虽多，但分布在政治史、民族史、思想史、边疆史等领域，缺乏一个整体考量的视角。此外，无论是民国，还是新中国成立以来，各个时段因时代的拘囿，存在选题分布不均衡，以及对同一问题的评判

---

① 参见［美］米华健《嘉峪关外：1759—1864年新疆的经济、民族和清帝国》，贾建飞译，香港中文大学出版社2017年版；Peter C. Perdue. *China Marches West: The Qing conquest of Central Eurasia*. Harvard University Press, 2005。

② 参见刘凤云《理论与方法的推陈出新：清史研究三十年》，《史学月刊》2013年第1期；李大龙《有关清史及清代边疆研究的几点认识》，《中国史研究动态》2016年第6期等。

不一等现象，需要将既有成果统合一处，融会贯通，同时加强薄弱领域的研究。鉴于此，以国家统一的视角，以近百年丰厚的学术积淀为基础，编撰一部综合展现起于黑水白山的女真（满洲）部族在17世纪上半叶至18世纪中叶将各族人民统一到清朝中央政权中，其后通过各种灵活有效的治理方略，将“大一统”国家维系至20世纪初这段历史的著作十分必要。

“历史是一面镜子，鉴古知今，学史明智”，通过编撰“清朝统一史”，充分挖掘多民族“大一统”国家形成的历史经验，总结清朝治理边疆的措施和方略，以期为新时代提升边疆治理能力、增强中华文化认同等提供可靠的学术支撑。

二　内涵、视角、框架设计与基本史料

历史学界对清代历史的研究可谓是取得了丰硕成果，尽管有学者认为在清史定位上国内学界尤其是清史学界已经形成了“学术共识”,[①] 但实际情况并没有如此乐观，一个很重要的体现即是近些年来“新清史”的观点在国际国内学界肆意传播且在国内学界还有一定影响力，说明国内的清史研究还是存在短板，而研究的碎片化和在“民族国家”视阈下传统的历代王朝话语体系存在的漏洞则为这些肆意歪曲清朝历史乃至中国历史所谓“学说”的流传提供了有利条件。在此情况下，有关清代历史的“三大体系”建设不仅是学科发展的需要，也是当今中国经济社会发展的现实需要。

（一）“三大体系”建设与清代国家统一史

2016年5月17日，习近平总书记在哲学社会科学工作座谈会上明确指出：“我国是哲学社会科学大国，研究队伍、论文数量、

① 参见李治亭《改革开放中的清史研究40年》，《社会科学战线》2018年第8期。

政府投入等在世界上都是排在前面的，但目前在学术命题、学术思想、学术观点、学术标准、学术话语上的能力和水平同我国综合国力和国际地位还不太相称。”“只有以我国实际为研究起点，提出具有主体性、原创性的理论观点，构建具有自身特质的学科体系、学术体系、话语体系，我国哲学社会科学才能形成自己的特色和优势。”[①] 这虽然是针对我国哲学社会科学整体而言的，但也准确指出了当今我国历史学界尤其是清史研究学界存在的问题和应该肩负的重要责任。

由于缔造清朝的满洲人在中国传统的族群认识体系中不属于“华夏”而是属于“东夷”，尽管清朝集历代王朝之大成，实现了多民族国家中国的“大一统”，《清史稿》的作者称之为“自兹以来，东极三姓所属库页岛，西极新疆疏勒至于葱岭，北极外兴安岭，南极广东琼州之崖山，莫不稽颡内向，诚系本朝。于皇铄哉！汉、唐以来未之有也”[②]，但从雍正皇帝撰著《大义觉迷录》为清朝“正统”地位的合法性进行辩驳，到清末“驱除鞑虏”的口号出现在“兴中会”的章程中代表着革命党人早期的政治主张，这些都已经充分说明对清朝“中国正统”地位的质疑是一直存在于中华大地上的。而从“排满”到主张“五族共和”观念的转变，则反映了如何处理与清朝的关系以及如何认定满洲人在中华民族中的地位问题也一度是困扰北洋和南京时期中华民国政府的大问题。而伴随着近代以来西方殖民势力的东来和鸦片战争的爆发，清朝在历代王朝基础上构建起来的“天朝”体系土崩瓦解，不仅通过缔结国际条约的形式致使大片领土沦丧，“丧权辱国”的帽子被牢牢地戴在清朝头上，或多或少地影响着国人对清朝在多民族国家形成与发展过程所具有的“底定”作用给予应有的评价。在这种情况下，尽管

---

① 习近平：《在哲学社会科学工作座谈会上的讲话》，人民出版社 2016 年版，第 15、19 页。

② 《清史稿》卷 54《地理一》，中华书局 1976 年版。下同，不再注版本信息。

清朝属于中国历代王朝序列是学界多数学者的普遍做法，但“民族国家”语境下出现的“大汉族主义”同样严重影响着国人对清朝历史地位的认同，甚至出现了否认清朝而承认明朝为“中国正统”的观念。围绕清朝历史定位而出现的乱象，为国外“新清史”强调清朝的“满洲”特点，进而将清朝称为“征服王朝”，并将其从中国历史中剥离的观点，提供了肆意传播的土壤。作为中国最后一个封建王朝，清朝的“中国王朝”定位是毋庸置疑的，因为其不仅实现了清代国家统一，将中国疆域在历代王朝疆域基础上有了进一步拓展，而且通过实施积极有效的管理制度、确立逐渐完备的法律体系等一系列制度和措施，巩固着国家的统一，并以康熙二十八年（1689 年）签订《尼布楚条约》为开端，以中国的名义和俄罗斯等邻国明确领土边界，将中国从传统王朝国家带到了现代主权国家行列。对清朝历史定位出现分歧的深层次原因就在于，尽管我们有了以历代王朝支撑起来的历史话语体系，但历代王朝的建立者并非全部是属于“华夏”或“汉族”群体建立的政权，由此在“民族国家”视阈下审视中国，中国是“华夏”或称为“汉族”缔造的国家，还是中华大地上众多民族共同缔造的国家就成为一个难以做出完善学理解释的问题，出现重大分歧也是一种正常现象。在这种情况下，围绕清代历史而展开的“三大体系”建设，尤其是构建符合中国历史发展实际的清代国家统一史话语体系，不仅仅是单纯的学术问题，更是一种史观建构，既是广大国人认识中国历史的现实需要，也是国人理解清代历史乃至现代诸多边疆现实问题的需要。

（二）基本内涵、诠释视角与框架设计

作为多民族国家的中国有着悠久的历史，是生息繁衍在中华大地上的众多民族共同缔造的。这已经是中国学界的广泛共识。“中国”一词的含义虽然是丰富的，但其所指称的具体区域由先秦时期

指称“京师”,[①] 秦汉时期发展为指称中原地区，最终在《尼布楚条约》中指称清代多民族国家，而当今则指称中华人民共和国，基本反映着多民族国家中国形成与发展的轨迹。当今的多民族国家中国是从历史上发展而来的，其中清代是多民族国家中国由传统王朝国家向近现代主权国家转型的一个关键阶段。“清代国家统一史”即是多民族国家从分裂到统一、再分裂再统一不断壮大的视角下对清代多民族国家中国由明代中华大地的不完全统一到清朝如何实现和巩固中华大地的“大一统”以及近代以来在列强的蚕食鲸吞下如何维持“大一统”做出系统诠释。

中国历史上即有编写国家统一史记述多民族国家形成与发展的传统。《史记》虽然没有设置“地理志”记述汉代的疆域，但《汉书》则设置有《地理志》专门记述汉朝的疆域情况，并将其源头追溯到禹设九州，由此成为唐代之前对国家政区记述以“地理志”的形式出现在史书之中的传统。而自唐代出现了《元和郡县图志》后，其后宋代有《太平寰宇记》《元丰九域志》《舆地广记》《舆地纪胜》记述宋代“一统”疆域，元代开始撰著有《大元大一统志》，为明清两代所继承。明清两朝也都有官方修纂的《大明一统志》《大清一统志》等专门记述王朝的疆域，尤其是清朝，先后刊布了康熙、乾隆、嘉庆三部《大清一统志》，详述大清王朝的疆域沿革和政区设置，以体现清代国家的“大一统”盛世状况。

从《汉书·地理志》概述西汉“大一统”王朝疆域到21世纪的今天，有关中国疆域形成与发展的诠释取得了丰硕的成果。但是，这些成果多数是按照王朝沿革的顺序对历代王朝的疆域做具体阐述，之后叠加在一起即冠之以“中国疆域史”，少有作者对历代

---

① “中国”一词最早以“宅兹中国”出现在1963年宝鸡出土的青铜器何尊的铭文中，先秦典籍《诗经·大雅》中则有“惠此中国，以绥四方”，而《毛诗注疏》则称“中国，京师也”。

王朝疆域的内在关联等诸多问题做出学理性探讨。如历代王朝的建立者不同，历代王朝的疆域多以中原地区为中心盈缩不定，且并没有一个王朝以“中国”为其国号，何以最终成为中国疆域的组成部分？将这些王朝的疆域都视为“中国疆域”的内在逻辑是什么？等等。遗憾的是已有的疆域史著作对于上述这些问题都没有给出一个完善的甚至能够自圆其说的学理性解答。由此中国疆域形成与发展理论的探讨也构成了中国疆域研究的短板，边疆政权在中国疆域形成中的作用得不到一个合理的学理解释，“长城以北非中国”等观点由之肆意流行，解构着中国传统的以王朝为系列建构的话语体系，同时也制约着中国边疆乃至整个中国历史话语体系的建构。这也是仅仅几人构成的美国“新清史”之所以能够对中国史学界形成严重冲击的一个重要原因。与此同时，当今世界，尽管国家的领土主权可以通过国际法得到一定程度的有效保障，但领土和海洋权益的纷争依然是影响国与国关系的重要因素。目前不少邻国将我国边疆地区历史上一些政权的历史纳入其国史，事实上也构成了对我国历史叙述体系的挑战，而我国提出的“一带一路”倡议虽然得到了世界上很多国家的积极响应，而要实现包括“民心相通”在内的“五通”，进而构建“人类命运共同体”，也需要有中国特色的疆域理论话语体系作学理支撑，化解与邻国在历史上边疆政权归属问题上的纷争。话语体系的建构，以往的研究为我们提供了稳固的基础，但一厢情愿地在历代王朝历史语境基础上构建起来的话语体系，在“民族国家”理论的冲击下不仅被自己人扣上了“大汉族主义”的帽子，更是难以得到国内外学界的广泛认同，话语体系的建构现在迫切需要的是理论和方法的创新。

有关中国疆域形成与发展的研究有着悠久的历史，也取得了丰硕成果。观已有的论著，由于施用的理论和方法不同，叙述方式的建构也存在差异，大体上可以分为历代王朝为主的叙述体系、清朝疆域为基础和中华人民共和国疆域为基础等数种类别的观点。以历代王朝的疆域为叙述体系是中国疆域研究的传统和一般方式。就已有的疆域史著作而言，无论是在20世纪三四十年代出版的数部通论性著作，还是21世纪初期出版的通论性著作，尽管在细节上存在差异，但基本是以历代王朝疆域构建为叙述体系，顾颉刚、史念海《中国疆域沿革史》即是其中的代表作。而主编《中国历史地图集》的谭其骧先生则主张以18世纪50年代到19世纪90年代鸦片战争以前清代中国版图作为历史时期中国疆域的叙述方式。挑起1951年“历史上中国疆域”大讨论的白寿彝先生是反对“在历代皇朝的疆域里兜圈子”的，进而提出了“用中华人民共和国的国土范围来处理历史上的国土问题”[①] 的观点，并以此来指导其主编的《中国通史》。因为在当时“很多学者都参与了这次大讨论，多数与白寿彝的观点较为一致”,[②] 故而自此之后，以中华人民共和国疆域为基础上溯叙述中国疆域形成与发展的论著逐渐增多，也成为一种主要的叙述方式。但是，这种叙述方式也遭到了一些学者的质疑，最主要的原因是中华人民共和国的疆域是经过近代以来殖民势力中断中国疆域形成进程并蚕食鲸吞之后的结果，并不能如实反映历史上中国疆域的发展情况，其中葛剑雄反对的理由最有代表性。他认为:“能不能就用今天中华人民共和国的领土为范围呢? 显然也不妥当。因为由于100多年来帝国主义的侵略和掠夺，中国已有100多万平方公里的土地被攫取……”[③] 实际上，以中华人民共和国的疆域构建叙述体系的论著也多认识到了这一点，所以在具体叙述过程中基本都进行了修订。即将活动在中华人民共和国疆域的民族或政权的历史视为中国历史的基础上，对于疆域外的民族或政权

---

① 白寿彝:《论历史上祖国国土问题的处理》,《光明日报》1951年5月5日。该文后来被收入《中国民族关系史论文集》(上)，民族出版社1982年版。

② 达力扎布主编:《中国民族史研究60年》，中央民族大学出版社2010年版，第39页。

③ 葛剑雄:《中国历代疆域的变迁》，商务印书馆1997年版，第6页。

的历史会视其和当时历代王朝关系的具体情况而定。如果归属历代王朝管辖或联系密切，则将其纳入叙述范围，如果没有则不在叙述范围之内。《中国民族关系史纲要》即采用的是此叙述方式。而有些学者则是直接阐明了这一做法，认为："凡是生活在今天中国疆域内的民族以及历史上生活在今天疆域内而今天已经消失了的民族都是中华民族的组成部分，他们的历史（外来民族迁入之前的历史另作别论）都是中国历史的组成部分，他们在历史上活动的地区及其建立政权的疆域也都是中国历史上疆域的组成部分。按照这一原则，结合历史上中原政权与边疆民族及其政权的隶属关系，以及边疆民族对中华思想文化的心理认同等条件综合考查，不难对中国历史上的疆域问题得出比较正确的结论。"①

当今世界存在的200多个国家和地区，主权国家是其基本样态，而民族国家则属于特例。即便是对外号称为"民族国家"的国家，实际上也都没有完成国内国民的"单一民族"的整合，多名不副实，和当今我国的情况并没有本质不同，实为多民族国家。因此从传统王朝国家向主权国家转变的视阈诠释当今世界众多国家疆域的历史，尤其是中国疆域形成与发展的历史应该是更加适合历史的实际。

主权的概念和理论产生于17世纪的欧洲。学术界一般把其源头追溯到《威斯特伐利亚和约》的订立。1648年欧洲16个国家、66个神圣罗马帝国名义下的王国的109位代表参加了在威斯特伐利亚奥斯纳布鲁克和明斯特两个城市召开的和会，分别达成了《神圣罗马皇帝与瑞典女王以及他们各自盟国之间和平条约》和《神圣罗马皇帝与法兰西国王以及他们各自盟国之间和平条约》，统称为《威斯特伐利亚和约》。该和约订立的基本原则是：

① 赵永春：《关于中国历史上疆域问题的几点认识》，《中国边疆史地研究》2002年第3期。

> 为了基督教、普遍的和平以及永久、真正和诚挚的和睦，各缔约方应努力保障他方的福祉、荣耀与利益，因而为神圣罗马帝国下的和平与友谊、法兰西的繁荣，增进良好与诚信的睦邻关系。（第 1 条）永远宽恕在战争中各自无论何时何地所作所为，不再以任何方式加害或不允许加害他方，并完全废止战前或战时所为。（第 2 条）各方和睦相处，永不为敌。（第 3 条）今后如发生神圣罗马帝国与法兰西之间的争端，双方均应恪守义务不再相互为敌。（第 4 条）涉及双方争端应约定仲裁员解决，或以条约结束该争端。（第 5 条）在和睦相处的基础上各国充分享有其权利。（第 6 条）应恢复原状的占有领地，即便有合法的例外理由，也不应阻碍恢复原状，而由法官裁定。（第 7 条）裁定领地占有者及恢复原状的范围应根据先有的一般规则，并为以后的重要案件提供依据。（第 8 条）神圣罗马帝国下各国君主权利应予恢复。

从这一原则与和约的具体条款分析，《威斯特伐利亚和约》的主要目的是确立法国的霸主地位以及各国的边界，结束欧洲长达30年的战争，所以后世学者一般认为："威斯特伐利亚和会及其签订的和约是现代的实在国际法，即现代国际条约的起点。该和约是为了调整欧洲各国，主要是法国、瑞典、奥地利、西班牙等国的关系，确立法国的霸主地位。""和约承认德意志各诸侯国享有独立的主权，承认了荷兰、瑞士为独立国，在实践上第一次肯定了格劳秀斯在《战争与和平法》所提出的国家主权、国家领土与国家独立等原则是国际关系准则。"①

---

①　张乃根：《国际法原理》（第 2 版），复旦大学出版社 2012 年版，第 16—19 页。另参见黄德明《〈威斯特伐利亚和约〉及其对国际法的影响》，《法学评论》1992 年第 5 期；李明倩《〈威斯特伐利亚和约〉研究——以近代国际法的形成为中心》，商务印书馆 2017 年版；等等。

对于《威斯特伐利亚和约》的认识国内学界一般将其和“民族国家”的起源对接，但也有学者认为：“学界主流传统观点认为该条约明确规定了主权原则，建立了近代国家体系，划分了欧洲国家的界限，从而体现出国际法是列国间而非列国上之法，是近代国际法的历史起点。”[①] 也就是说，无论是从《威斯特伐利亚和约》的具体内容还是主流传统观点，该和约都应该被视为是“主权国家”理论形成的源头，这也是国外学界的普遍认识。

值得特别指出的是，《威斯特伐利亚和约》带给欧洲社会的变化是由传统国家（Traditional State）向现代国家（Nation State）的转变，而后者则被政治学/社会学学者尤其是我国学者翻译为“民族—国家”，或直接称为“民族国家”。安东尼·吉登斯在《民族—国家与暴力》中对“Nation State”有一个界定，译者即是将其翻译为：“民族—国家存在于由他民族—国家所组成的联合体之中，它是统治的一系列制度模式，它对业已划定边界（国界）的领土实施行政垄断，它的统治靠法律以及对内外部暴力工具的直接控制而得以维护。”[②] 但是，伴随“主权国家”而出现的应该是“国民”而非“民族”，将“Nation State”译为“国民国家”似乎更加准确，一方面符合安东尼·吉登斯的原意，另一方面也符合欧洲历史发展的实际。因为“国家”和“民族”尽管都属于人类共同体性质的概念，但往往是不重合的，二者既有联系也有区别。这也是译者在后记中特意说明的原因：“保留作者对（nation-state）一词中 nation 和 state 间联系和区别的强调，我也保留了民族和国家这两个

---

① 李明倩：《〈威斯特伐利亚和约〉研究——以近代国际法的形成为中心》，商务印书馆 2017 年版，第 1 页。

② ［英］安东尼·吉登斯：《民族—国家与暴力》，胡宗泽等译，生活·读书·新知三联书店 1998 年版，第 147 页。

词汇之间的小横线。”[①] 也就是说，“民族”和“国家”是两个不同性质的概念，并不能形成完全对应，构成“国家”的“联合体”可以是单一“民族”，也可以是诸多“民族”，但只有“国家”才有“主权”，“民族”则没有。所以，即便是主张“超越国家”的英国学者霍夫曼也不得不“坚持这样的观点，国家和主权总是联系在一起的”[②]。而与“主权国家”相比，“民族国家”并非国家的一般形态，当今世界众多国家属于主权国家的形态也反映了这一点，这也是近现代以来国际法中屡屡强调“国家主权”而非“民族国家主权”的重要原因。

构成近现代主权国家的三大要素是主权、领土和人民。[③] 这既是当今学界的一般认识，也是国际法对“主权国家”做出的保障承诺。但恰如霍夫曼所言“主权并非国家与生俱来的产物”，“国家随着时间的变化而变化并在此过程中产生了主权。但是只有我们承认所有国家声称对强制力的合法垄断（尽管是以不同的方式），我们才能理解这一点。并且也就是对国家强制力合法垄断的宣称使得国家出现了主权”。[④] 而如前述，欧洲的“主权国家”是从“传统国家”演变而来的，这是安东尼·吉登斯的认识，该说法应该基本符合欧洲历史发展的实际。那么，如果按照“主权国家”的要求审视亚洲尤其是中华大地，情况又会如何呢？通过谈判与邻国签订国际条约确定领域主权，在东亚中华大地上是出现在康熙二十八年

---

① ［英］安东尼·吉登斯：《民族—国家与暴力》，胡宗泽等译，生活·读书·新知三联书店1998年版，第426页。另关于Nation与汉语词汇的对译及其带给中国学界的混乱，参见朱伦《西方的“族体”概念系统——从“族群”概念在中国的应用错位说起》，《中国社会科学》2005年第4期。

② ［英］约翰·霍夫曼：《主权》，陆彬译，吉林人民出版社2005年版，第2页。

③ 1933年12月26日在乌拉圭蒙特维多的第七届美洲国家国际会议上，美国、古巴、尼加拉瓜、巴西等19个美洲国家签署了《国家权利和义务公约》，其第1条规定，国家作为国际法主体应具有常住人口、确定的领土、政府、与其他国家建立关系的能力4个资格条件。

④ ［英］约翰·霍夫曼：《主权》，陆彬译，吉林人民出版社2005年版，第4页。

（1689 年），时间比《威斯特伐利亚和约》的订立时间只不过晚了 41 年，而更令人难以置信的是主权国家所要求的主权、领土和人民三大要素与构成中华大地上传统的“天下观”的主体因素皇权、“天下”（版图）与“夷夏”有着惊人的相同属性，且东亚从传统王朝国家到近现代主权国家的演变也发生在这一时期。故而，从疆域属性的视角看，欧亚大陆在大致相同的时期都出现了从传统国家向主权国家的转变这一发展趋势，差别只是欧洲是摆脱了“神权”的控制而演变为主权国家，而亚洲的中国则依然是一种自然转变，“皇权”的主导地位并没有发生变化。

从王朝国家向主权国家转变的视域解读中国疆域的形成与发展史是符合中国历史实际的。与此同时，通过这一视角来解读中国疆域形成与发展的历史，也可以规避“民族国家”理论带给我们的诸如众多历代王朝谁能够代表中国，中国是“多民族国家”还是“民族国家”之类很多难以疏解的困扰，我们对中国疆域形成与发展的认识也会得出不同以往的新见解，有助于我们构建适合中国疆域形成与发展历史的话语体系。

按照从王朝国家到主权国家的视阈审视中国疆域的形成与发展，康熙二十八年（1689 年）《尼布楚条约》的签订是一个转折的节点，之前的中国疆域应该属于“有疆无界”即没有明确“国界线”的“传统国家”状态，该条约签订之后，清朝皇帝的“天下”开始有了明确的被国际法承认的具有近现代主权国家特点的“国界”。《尼布楚条约》签订之后，清朝在雍正五年（1727 年）和俄罗斯又签订了《布连斯奇界约》《恰克图界约》《阿巴哈依界约》《色楞额界约》；在乾隆三十三年（1768 年）签订了《修改恰克图界约第十条》，乾隆五十七年（1792 年）再签《恰克图市约》等。[①] 同时，清朝在这

① 有关清朝和邻国签订的边界条约，参见王铁崖编《中外旧约章汇编》第一册，生活·读书·新知三联书店 1957 年版。

一时期还谋求和属国朝鲜及廓尔喀划定“边界”。[①] 遗憾的是，清朝试图和邻国与属国明确“边界”的努力并没有完全实现就被1840年欧洲殖民势力带来的鸦片战争中断了，而清朝和越南、缅甸等属国的划界则是英国、法国等殖民者强加给清朝的。[②] 在鸦片战争带来的亡国灭种的威胁面前，清朝也并没有坐以待毙，如前述，而是利用宪政改革的机会打出了构建“国民国家”的旗号来重振国威，其后采取的一系列新政改革虽然没有完全遏制住殖民者对中国疆域的“蚕食鲸吞”，却为中华民国取代清王朝提供了思想和现实基础。1912年成立的中华民国尽管以“五族共和”为旗号，且有“中华民族是一个”的讨论和普遍认识，但实际情况则是一如有学者所指出的：“从《中华民国宪法草案》到《中华民国约法》，再到《中华民国宪法》，其中均对中华民国国民的权利与义务做出了更为全面和详细的规定，而且这种规定是不分种族的。”[③] 其试图将中华民国境内的“五族”整合为“国民”的目的十分明显。1949年成立的中华人民共和国，不仅通过谈判签订边界条约的形式和绝大多数邻国明确了边界，将中国疆域“底定”为今天的960万平方公里领土，而且也在宪法中明确表明中华人民共和国成立后“中国人民掌握了国家的权力，成为国家的主人”，“中华人民共和国是全

① 有关清朝和属国朝鲜的划界，参见徐德源《穆克登碑的性质及其凿立地点与位移述考——近世中朝边界争议的焦点》，《中国边疆史地研究》1997年第1期；刁书仁《康熙年间穆克登查边定界考辨》，《中国边疆史地研究》2003年第3期等。有关清朝和廓尔喀的边界划定，参见张永攀《乾隆末至光绪初藏哲边界相关问题研究》，《中国边疆史地研究》2016年第3期等。

② 法国于1885年4月强迫清朝签订了《越南条款》，其后在此基础上通过一系列的勘界活动明确了清朝与越南的“边界”。1876年10月英国和清朝签订的《烟台条约》（又称《滇案条约》《中英会议条款》）最早涉及缅甸事务，1886年6月签订的《缅甸条款》则是双方针对缅甸签署的专门性条约，而1894年1月英国迫使清王朝签订的《续议滇缅界务商务条款》则以经纬度的方式议定了清王朝与缅甸的“边界”。上述条约在王铁崖编《中外旧约章汇编》（第一册）中都有收录，同时关于英国和清朝划界的情况，也可参见朱昭华《中缅边界问题研究》，黑龙江教育出版社2013年版。

③ 张健：《制度移植的动力与困境——北洋军阀时期中华民族共同体的构建路径与效应分析》，《中国边疆史地研究》2019年第2期。

国各族人民共同缔造的统一的多民族国家”[①]。明确“中国人民”是“国家的主人”而非某一个具体的民族。值得特别指出的是尽管在这期间存在着中国是否是“中华民族”的“民族国家”的不同认识，但不能否认的是1949年前的中华民国和1949年之后的中华人民共和国都是主权国家的事实。

多民族国家中国的形成与发展经历了漫长的发展历程，历代王朝的更替虽然在其中起到了重要作用，但生息繁衍在边疆地区的族群与政权也发挥着不可替代的作用，其中兴起于东北边疆的满洲人建立的清朝通过实现中华大地更大范围的“大一统”。清朝集历代王朝之大成，不仅在历代王朝疆域基础上实现了中华大地更大范围的“大一统”，而且继承和发展了历代王朝在国家治理尤其是边疆治理方面的诸多经验，在治理理念、治理方式等诸多方面多有创建，清代是多民族国家的定型时期。清代中国多民族国家实现了由传统王朝国家向近现代主权国家的转变，因此《清代国家统一史》在这一视角转变下将清代国家统一史分为实现国家统一、巩固国家统一和维护国家统一三个大的时段进行阐述。大体以如下标准进行具体阶段划分：从入关一直到乾隆二十四年（1759年）平定大小和卓为实现国家统一阶段；从乾隆二十五年（1760年）至道光十九年（1839年）为巩固国家统一阶段；从鸦片战争开始至清朝灭亡为止（1840—1911年），为维护国家统一阶段。

《清代国家统一史》的框架设计围绕“国家统一”展开，系统阐述清代实现、巩固和维护国家统一的历史过程和总结其边疆经略得失。全书共设十三章内容，其中“总章”阐述选题的缘由、以往的研究、阐述视角、基本资料及传统“大一统”思想的形成与发展等；第一章从时间维度概述清代实现、巩固和维护国家统一的过

① 《中华人民共和国宪法》，人民出版社2018年版，第6页。

程；第二章从空间维度阐述清代实现、巩固和维护国家统一的过程；第三章从制度维度系统阐述清代实现、巩固和维护国家统一的制度建设；第四章从宏观层面概述清代边疆开发的历程；第五章至第十一章分别聚焦东北、蒙古地区、新疆、西藏、西南边疆、海疆和台湾等，在概述清代经略的基础上总结其得失；第十二章为全书的总结，在各章尤其是第四章到第十一章经略得失阐述的基础上，对清代实现、巩固和维护国家统一的历史进行总结并做出宏观评价。

框架设计的基本原则是：第一章至第三章是总体概括阐述，以从时间、空间、制度等不同维度宏观系统诠释清代实现、巩固和维护国家统一的历程，而第四章则从巩固和维护统一的视角整体揭示清代开发边疆的主要活动，以给读者概要展现清代国家统一的全貌。第五章到第十一章分地区阐述清代经略边疆的过程及得失，基于各地区政治、人文等情况各异，撰写者又都是各方面有深厚研究基础的专家，在保证完整体现阐述主旨的前提下各章在体例上可以有不同特点。同时各章应恪守各自的阐述视角，尽可能减少不必要的重复。

（三）与《清代国家统一史》有关的基本资料

下面分官修史籍、私人著述、档案资料、碑刻及其他资料四部分将涉及清代国家统一史的资料做一简要梳理介绍。

1. 官修史籍

清史资料十分浩繁，各种形态和形式的资料大量留存，如全宗档案、地契家谱等，但就权威性、系统性、完整性而言，清朝官修的史书仍是坚实的基础性资料。

《清实录》：天聪元年（1627 年），清太宗敕谕编撰太祖实录，至清朝覆亡时共修成太祖、太宗、世祖、圣祖、世宗、高宗、仁宗、宣宗、文宗、穆宗十朝实录，加上 1927 年编撰完成的《清德宗实录》和《满洲实录》，共12部。历朝实录体例一致，时间贯通，作为历史资料的长编，记载了各朝政治、军事、经济、文化、外交等诸项事宜，是编写清代国家统一史的基本参考资料。但相较于档案，实录的缺陷就是根据帝王意志在史料的取舍上主观性强，甚至有篡改的问题。其中需要注意的一点是，《清德宗实录》记事简略，应以《光绪朝东华录》补之。《光绪朝东华录》为朱寿朋所辑，220卷。因其成书在《清德宗实录》前，且朱氏取材于邸抄、报刊，故可信度较高。

《清史稿》：民国初年，北京政府循例为前朝修史，于1914年设清史馆，聘前清遗老赵尔巽为总裁，历经14年，于1927年在尚未修订完毕时出版。因时间仓促，《清史稿》在材料的取舍上存在较大问题，加之参编人员多为清朝“遗民”，史观陈腐，甫一出版，便招致诟病。因其内容丰富，并对史料做了初步梳理，仍有值得肯定和重视之处，其中部分志书中关于清末边疆地区行政建置和嬗变的记载值得参考。

《清会典》：会典是专门记载政府职掌、官员政令、职官制度等内容的史籍，对于了解当时的政策施行、司法、经济等问题十分重要。清朝先后五次纂修会典，分别为康熙《大清会典》、雍正《大清会典》、乾隆《大清会典》、嘉庆《大清会典》、光绪《大清会典》。具体内容包括会典、则例、图说等部分，编写遵循“以官统事，以事隶官”的原则，即以政府机构为纲目，将与其相关的政事罗列于下。

“清三通”：《清朝文献通考》，乾隆十二年（1747年）续修马端临《文献通考》，乾隆二十六年（1761年）为避免历代和当朝体例方面的冲突，下旨分别编写《续文献通考》《清朝通考》。其中根据实际情况，《清朝通考》增加了八旗和外藩蒙古方面的内容。《清朝通典》，乾隆三十二年（1767年）开始纂修，分食货、选举、职官、礼、乐、兵、刑、州郡和边防九部分，共100卷。《清朝通志》，乾隆十二年开始编撰，体例在郑樵《通志》的基础上根据清朝的实际情况作了调整，删除“纪传”，修成后全书126卷。“清三通”主要记载了清朝政治制度、经济等方面的内容，其中《清朝通考》史料最为丰富，具有重要的参考价值。

“方略”：清朝通常在战事告竣，收集与事件相关的档案文书，包括上谕、奏折等，修撰方略。每一事编撰一书，以编年体写法，详述事件的原委。因其是档案文书的汇编，因此有较高的史料价值。与清代国家统一史相关的主要有以下几种：《皇清开国方略》《平定罗刹方略》《平定察哈尔方略》《平定三逆方略》《平定海寇方略》《亲征平定朔漠方略》《平定金川方略》《平定两金川方略》《平定准噶尔方略》《钦定巴勒布纪略》《廓尔喀纪略》《钦定平定回疆剿擒逆裔方略》等。

“方志”：《大清一统志》，清朝循元、明例，先后三次修撰《大清一统志》，从康熙、雍正、乾隆、嘉庆至道光五朝，修成康熙《大清一统志》、乾隆《钦定大清一统志》、嘉庆《重修大清一统志》。因《大清一统志》是在各省通志的基础上汇集而成，载有各地山川、形势、户口、地亩、钱粮、风俗、人物、疆域等内容，反映了清朝大一统的局面，且对研究具体问题有较高的史料价值。除涵盖全国的“一统志”外，各省方志中与清代国家统一史相关的也较多，如《西域图志》，全名为《钦定皇舆西域图志》，乾隆二十一年（1756年）开始编撰，二十七年（1762年）完成，其后于乾隆四十七年（1782年）增加了部分内容。全书52卷，记载了新疆的山川、水文、官制、兵防、屯政、贡赋、钱法、学校、艺术等内容，对了解清朝治理新疆有重要的参考价值。《卫藏通志》记载了清前期西藏的疆域、山川、宗教、钱粮、贸易等事项，是一种重要的西藏地方志，对编写清代国家统一史有一定参考价值。

涉外档案资料汇编：《筹办夷务始末》，专门记载外交事务，其中《筹办夷务始末》（道光朝）共80卷，记载了鸦片战争以及其后的对英交涉事务，收录了大量上谕、奏折、信札、中英往来文书等资料。《筹办夷务始末》（咸丰朝）共80卷，记事从道光三十年（1850年）到咸丰十一年（1861年），收录了大量未刊上谕和奏折，具有极高的史料价值。《筹办夷务始末》（同治朝）共100卷，记事从咸丰十一年至同治十三年（1874年）。《清季外交史料》：系军机章京王彦威抄录军机处档案有关外交的史料，先撰成《洋务始末》一书，内容涵盖光绪元年（1875年）至光绪三十年（1904年）的外交事务。其子王亮补齐光绪朝后四年的材料，又编成《宣统朝外交史料》，合称《清季外交史料》。这类资料对了解清朝与列强交涉的过程，以及帝国主义"蚕食鲸吞"我国领土的情况具有重要的史料价值，能够反映清朝"大一统"局面遭受的巨大挑战。

2. 私人著述

与清朝统一边疆问题相关的私人著述数量可观，特别是在西北舆地学兴起后，出现了关注西北领域的热潮，同时产生了一批上乘的著述，可补正史记载之不足。

《圣武记》：魏源撰，成书于道光二十二年（1842年），是对清朝军事史的总结，全书14卷，前10卷记述清朝发生的重要战争，后4卷为兵制，其中包括《开国龙兴记》《康熙勘定三藩记》《国朝绥服蒙古记》《康熙亲征噶尔丹记》《雍正两征厄鲁特记》《乾隆荡平准部记》《乾隆勘定回疆记》《乾隆绥服西属国记》《道光重定回疆记》《国朝俄罗斯盟聘记》等篇。该书收录了清朝统一边疆的相关史料，并附有自己的观点，具有重要参考价值。《皇朝武功纪盛》，撰述者赵翼曾充任军机章京，熟悉上谕、奏疏，全书共4卷，内容包括康熙平定"三藩"和准噶尔部噶尔丹的战争等事。《皇朝藩部要略》：祁韵士撰，张穆等补校，成书于道光年间，共22卷，分内蒙古、外蒙古、厄鲁特、回部、西藏五部分，其中蒙古部分最详细，是了解清代蒙古建置的重要资料。《新疆图志》：清末新疆巡抚袁大化修，王树枏等纂，成书于宣统三年（1823年），全书共116卷。该书在编撰过程中除了利用档案资料外，大量参引其他书目以及考古、民族资料，遇有抵牾之处，予以考证，对于了解新疆历史以及清朝的治理措施有较高的参考价值。《回疆通志》：和宁撰，成书于嘉庆九年（1804年），全书共12卷，主要内容为清代南疆山川、道里、建置、官制、兵制、钱粮、卡伦、军台等军政建置和事务。另有永贵撰《新疆回部志》，两书对了解清代南疆的政治、经济、文化有重要参考价值。《新疆识略》：嘉庆十五年（1810年）徐松谪伊犁，受伊犁将军松筠之命编撰，道光元年（1821年），松筠以该书上呈，御赐《钦定新疆识略》，全书共12卷，除循例记载新疆的情况外，还记述了邻近藩部，如哈萨克、布鲁特等部的信息。《小方壶斋舆地丛钞》：王锡祺编，正编分12帙，补编、再补编各12帙，合计收录1500余种书籍，包括方志、游记等，涉及清朝边疆地区的不在少数。《清代琉球纪录集辑、续辑》：收录张学礼《使琉球记》《中山纪略》；王士禛《琉球人太学始末》；徐葆光《中山传信录》；赵文楷《槎上存稿》；李鼎元《使琉球记》；黄景福《中山见闻辨异》；姚文栋《琉球说略》；王韬《琉球朝贡考》《琉球向归日本辨》以及佚名《琉球实录》，对于探析清朝与琉球关系价值重大。

3. 档案资料

民国时期内阁大库档案的发现，是近代历史研究中的大事，从此档案作为研究清史重要资料的观念逐渐确立。李光涛从1931年开始至1947年，先后整理出版甲乙丙丁四编《明清史料》。《清光绪朝中法交涉史料》11册（1933年）、《清宣统朝中日交涉史料》3册（1933年）以及“三藩”专题档案《清三藩史料》6册

（1931 年）等出版。北京大学国学门 1922 年 5 月成了内阁大库整理档案会，利用科学的方法整理研究内阁档案，因此大量涉及清代统一史的档案资料得以公布。同时罗振玉编《天聪朝臣工奏议》、吴丰培辑《清季筹藏奏牍》等关涉边疆统一的档案也先后出版。新中国成立后，档案整理工作也快速开展，先后编辑出版了不少关于清朝统一或清代边疆相关的档案集。改革开放后出版种类增多，出版速度加快，其中包括多语文档案和编译档案，由中国第一历史档案馆等单位合编《清代边疆满文档案目录》（1999 年）、《清初五世达赖喇嘛档案史料选编》（2000 年）、《乾隆朝军机处随手登记档》（2000 年）、《清代鄂伦春满汉文档案汇编》（2001 年）、《清代西迁新疆察哈尔蒙古满文档案全译》（2004 年）、《清内阁蒙古堂档》（2006 年）、《清内秘书院蒙古文档案汇编》（2006 年）、《军机处满文准噶尔使者档译编》（2009 年），2012 年中国第一历史档案馆和中国边疆史地研究中心合编 273 册《清代新疆满文档案汇编》等出版。档案资料虽利用程序烦琐，释读存在难度，但作为第一手资料，史料价值极高，特别是在涉及边疆民族地区的研究领域。

4. 碑刻及其他资料

通常来讲，在清史研究对文献资料较为重视，但在论述清朝实现统一的历程和意义时，矗立于太庙和边疆各处的“纪功碑”显得格外重要。勒石纪功是汉唐边塞战争结束后彰显功勋的行为，清朝继承此举，在统一边疆的战争结束后，皇帝御制碑文，以满蒙汉等文字镌刻，或立于太庙，或置于边疆。据文献记载，为纪念康熙末年清军入藏驱准的功绩，康熙六十年（1721 年）皇帝亲自撰写碑文，以满蒙汉藏四体镌刻，雍正二年（1724 年）立《御制平定西藏碑》于布达拉宫门前。乾隆朝，平定准噶尔的过程中撰写了 4 通碑文，分别是：“平定准噶尔告成太学碑”“平定准噶尔勒铭伊犁之碑”“平定准噶尔勒铭格登山之碑”，以及乾隆二十三年平定阿睦尔撒纳叛乱后撰写的“平定准噶尔后勒铭伊犁之碑”。平定大小和卓叛乱后，乾隆皇帝御制数通碑文，分别是“平定回部告成太学碑”“实胜寺后记”“平定回部勒铭叶尔奇木碑”“平定回部勒铭伊西洱库尔淖儿之碑”。虽然其中一些石碑已破坏，但碑文基本都有留存，是进一步探究清代大一统意义的珍贵材料。

第二节　传统“大一统”思想与清代的继承与发展

中华大地上生息繁衍的众多民族及其所建政权，尤其是历代王朝对疆域“大一统”的持续追求是多民族国家中国得以形成和发展的重要原因。“大一统”思想虽然形成于先秦时期的中原地区并为秦汉王朝所实践，但东晋之后为更多来自边疆地区的民族所继承和发展，鲜卑人建立的北魏、契丹人建立的辽与女真人建立的金先后在“大一统”思想的指引下实现了对中国北部地区的“一统”，进而分别为隋唐“大一统”和蒙古人建立的元朝实现“大一统”提供了思想和实践经验。在“大一统”思想的指导下明朝在实现中原地区“一统”的基础上也积极经略辽阔的边疆地区，而清朝则集传统的“大一统”思想及实践之大成，不仅实现了中华大地的“大一统”，而且将多民族中国从传统王朝国家带到了近现代主权国家行列。

一　先秦时期“大一统”思想的萌芽

东面和东南面是大海，北面是蒙古高原及其以北的西伯利亚，西有葱岭，西南有喜马拉雅山脉，这是中华大地自成一个单元的独特的地理特征。多民族国家中国形成和发展于中华大地上，而伴随着农耕族群所建政权的出现，最迟在先秦时期独具特色的“大一统”思想开始萌芽。先秦时期“大一统”思想的萌芽源自在夏商基础上形成的周朝的服事制统治理念和族群观念。

“大一统”一词，首先于《春秋公羊传·隐公元年》中：“春王正月，元年者何，君之始年也，春者何岁之始也。王者孰谓，谓文王也。曷为先言王而后言正月，王正月也。何言乎王正月，大一统也。”[①] 对于“大一统”的含义，后世尤其是汉代开始有不同的诠释，但唐人颜师古“一统者，万物之统皆归于一也。……此言诸侯皆系统天子，不得自专也”的解释切中了其要义。即“大一统”是对理想中的以“天子”为核心的“天下”政治秩序的描述，是一种政治理想。“大一统”思想的萌芽是在有中国特色的天下观和服事制基础上出现的，是中华文明的核心内容，主导着中华大地的人群从分散走向凝聚，不断壮大，“滚雪球”一样促成了中华民族的形成与发展；疆域不断从分裂走向统一，“中国”一词，也由最初指称狭小的“王畿”（京师）不断拓展，秦汉以后指称以“郡县”代称的中原地区，最终在康熙二十八年（1689 年）清朝和俄罗斯签订的《尼布楚条约》中成为清朝多民族国家的简称。可以说，生活在中华大地上诸多政权和人群对“大一统”理想的持续追求为清代国家统一提供了牢固的基础。

“普天之下，莫非王土；率土之滨，莫非王臣”，这一最早见于《诗经·北山》中的记述是“大一统”思想的另一种表达，同时也是先秦时期中华大地上古人天下观的核心内容。“天下”是先秦时期中原地区农耕人群对自己生息繁衍的环境范围认知的描述，同时也是对“天子”施政疆域的指称，并有理想中的“天下”和现实中的王朝疆域两种不同的含义。“天下”的人群是由“中国，戎夷五方之民”构成，是先秦时期形成的观念，而对“天下”进行治

---

① 《春秋公羊传注疏》卷 1，吉林出版集团 2005 年影印版，第 1 页。

理的理念则是在西周时期已经完善的服事制。

“五方之民”的记述见于《礼记·王制》:“凡居民材,必因天地寒暖燥湿,广谷大川异制。民生其间者异俗,刚柔轻重迟速异齐,五味异和,器械异制,衣服异宜。修其教不异其俗,齐其政不易其宜。中国、戎、夷五方之民,皆有性也,不可推移。东方曰夷,被发文身,有不火食者矣。南方曰蛮,雕题交趾,有不火食者矣。西方曰戎,被发衣皮,有不粒食者矣。北方曰狄,衣羽毛穴居,有不粒食者矣。中国、夷、蛮、戎、狄,皆有安居、和味、宜服、利用、备器,五方之民,言语不通,嗜欲不同。达其志,通其欲,东方曰寄,南方曰象,西方曰狄鞮,北方曰译。”① 这一依据自然环境所造成的在衣、食、住、行、语言等生产生活上的差异对人群进行划分的原则与方法是中国传统夷夏观的核心内容。尽管当今学者多以当代民族观念对其进行评价,但难以否认的是这一原则和方法与近代以来传入中国的强调“种族”差别的“民族国家”理论是截然不同的,最大的差别即是在传统的夷夏观中,“夏”和“夷”的身份是通过环境的改变、文化的交流实现转化,而正是这一点为中华大地上族群之间的交流、交往、交融提供了宽松的社会环境。

先秦时期的“五方之民”,随着秦汉王朝“大一统”的实现及对农耕族群的凝聚和整合,夏人、商人、周人被整合为秦人,进而发展为汉人,一般以“中国”“华夏”“诸夏”“中华”等称之,而蛮夷戎狄则往往被合称为“夷狄”“四夷”“夷”,中华大地的人群呈现为二元结构的两大群体。但东晋以后,随着匈奴、鲜卑、羯、氐、羌内迁中原地区,其建立政权的行为在话语体系中被称为“五胡乱华”,由此孰为“华”、何为“夷”则成为中华大地上各政

① 叶绍钧选注,王延模校订:《礼记》,商务印书馆2018年版,第33—34页。

权争夺“正统”而互相攻击的有力武器，掌握话语权的一方往往视自己为“华”，而处于劣势的另一方则一般被视为“夷”。其后，随着北魏、辽、金等王朝“正统”地位的被承认，在建立元朝的蒙古人眼中，建立这些王朝的传统被视为“夷”的鲜卑、契丹、女真等则都被视为“汉人”，而代元而立的明朝则在“恢复中华”和“华夷一体”的旗号下对辖境内众多人群开始整合，于是在永乐皇帝给日本的诏书中有了“中华人”[①] 的自称。由“五方之民”发展而来的中国传统的族群观，既强调“华夷之辨”，也强调“华夷一体”和“用夏变夷”是中国传统族群观的突出特点，不仅为“大一统”思想的形成提供了坚实的理论基础，而且“华”“夷”互换，也为“大一统”思想的继承与发展提供了更为宽松的政治环境。

用于指导先秦时期构建统治体系的服事制最迟在西周时期就已经完善了，但对其记载是以追述的方式出现在《国语·周语上》中的：“夫先王之制，邦内甸服，邦外侯服，侯卫宾服，蛮夷要服，戎狄荒服。甸服者祭，侯服者祀，宾服者享，要服者贡，荒服者王。日祭、月祀、时享、岁贡、终王，先王之训也。有不祭则修意，有不祀则修言，有不享则修文，有不贡则修名，有不王则修德，序成而有不至则修刑。于是乎有刑不祭，伐不祀，征不享，让不贡，告不王；于是乎有刑罚之辟，有攻伐之兵，有征讨之备，有威让之令，有文告之辞。布令陈辞而又不至，则增修于德而无勤民于远，是以近无不听，远无不服。”[②] 后世历朝各代包括今天的学者对这一记述有很多诠释，但多是认为其是在周朝的具体统治方式的前提下，机械地按照500里为一服的方形间隔距离来诠释西周的服事制，进而依据其缺乏实施环境而加以否定或视其为一种难以实施

---

① 《明史》卷322《外国三·日本传》，中华书局1974年版。下同，不再注版本信息。

② 叶玉麟选注，陈晓强校订：《国语》，商务印书馆2018年版，第13—15页。

的理想。但实际上这种认识是值得斟酌的，因为上述阐述并非严格的方形或圆形固化的具体统治模式，而是先秦时期形成的指导周朝构建以“周王”和其直接管辖区域“王畿”（中国）为中心的天下秩序的指导思想。在具体实施过程中，周王通过册封诸多同姓、异姓乃至非华夏诸侯的方式建立起“天下”统治体系，周王和这些诸侯的关系则按照亲疏不同将其分为甸服、侯服、宾服、要服和荒服不同的等级，同时赋予其日祭、月祀、时享、岁贡、终王等不同的权利与义务，最终达到维护周王在“天下”政治体系中的核心地位，以构筑起“近无不听，远无不服”以周王为核心的“大一统”秩序。

萌芽于先秦时期的“大一统”思想不仅指导西周构建起了以“周王”为核心、以服事制为特征的天下秩序，而且成为推动中国多民族国家的形成与发展起着异乎寻常重要作用的指导思想。通过先秦时期的实践，我们大致可以将先秦时期“大一统”思想萌芽的主要内容做如下归纳。

一是“周王”是“大一统”政治秩序的核心，其所在的“王畿”被视为“中国”，进而催生了“中国”概念的形成。“中国，京师也”，是《毛诗注疏》对周王居住在“王畿”的记述，同时也是对“周王”居住的“王畿”是“天下”政治中心的另类表述。这一表述不仅屡屡出现在先秦时期的典籍之中，而且“宅兹中国”一语也出现在1963年宝鸡出土的青铜器何尊上面的铭文中。

二是“大一统”政治秩序是以“王畿”为核心、诸侯为“藩屏”的服事制体系。就西周时期的“大一统”政治体制而言，“周王”对“王畿”之外地区的治理由分封各地的诸侯具体实施，周王通过服事制体系规范和诸侯的关系，以维持“大一统”政治秩序的运行。

三是生息繁衍在中华大地上的人群，按照生产生活方式的不同，被划分为中国、东夷、北狄、西戎、南蛮等“五方之民”，分别由周王和诸侯实施不同方式的管辖。

值得特别指出的是，“大一统”思想不仅为其后出现的秦汉等中原农耕王朝所继承和发展，同时也为源出于边疆的尤其是北部草原地区的游牧族群所承袭并得到更大发展，这也是为什么出现在中华大地上的众多政权没有一个简称为“中国”，而“中国”却成为清朝之后多民族中国的简称，而中华文明也在频繁的政权轮替中不仅没有毁灭而且持续发展的重要原因。可以说，历代王朝的建立者虽然不同，直接管辖的疆域也存在差异，但对“大一统”的持续追求是推动多民族国家中国形成和发展的主要动力。

二　秦汉“大一统”思想的形成与实践

秦朝立国短暂，只能筑长城抵御匈奴的南下，但秦王嬴政结束春秋以来诸侯割据的局面并确立中央集权最终导致了“大一统”思想的形成并为后代所继承和发展。由秦朝的出现而形成的“大一统”思想有以下几个主要特点。

一是“天子（皇帝）”成为“大一统”天下秩序的权力核心。公元前221年秦王嬴政并六国在时人眼中是实现了开创性的“一统”：“昔者五帝地方千里，其外侯服夷服诸侯或朝或否，天子不能制。今陛下兴义兵，诛残贼，平定天下，海内为郡县，法令由一统，自上古以来未尝有，五帝所不及。”因此建议秦王嬴政上尊号为“泰皇”，但嬴政最终决定：“去‘泰’，著‘皇’，采上古‘帝’位号，号曰‘皇帝’。”自称“始皇帝”，谋“传之无穷”。而值得特别注意的是秦王嬴政虽然自诩开创了“皇帝”之始，但却认为“周得火德，秦代周德”[①]，将秦朝的“大一统”和先秦时期

① 《史记》卷6《秦始皇本纪》，中华书局1959年版。下同，不再注版本信息。

的周朝联系在一起，视为先秦时期“大一统”的延续。秦王嬴政的这一做法，为后世历朝各代统治者所继承，其后中华大地的政治格局呈现在分裂与统一交替出现的过程中不断凝聚和壮大，“大一统”思想起着重要的主导作用。

二是秦朝废分封立郡县的举措使“中国”（中原地区）有了凝聚为一体的趋势，不仅使“中国”成为“大一统”思想具体实践的核心区域，而且拥有“中国”和继承与发展“大一统”政治秩序成为评价后世王朝是否为“正统”的基础标准，这是当今“中国”之所以能够成为多民族国家简称的重要源头。司马迁的《史记》对秦王嬴政立秦之后将“大一统”思想付诸实践的结果有概要记述：“分天下以为三十六郡，郡置守、尉、监。更名民曰‘黔首’。……一法度衡石丈尺。车同轨。书同文字。地东至海暨朝鲜，西至临洮、羌中，南至北向户，北据河为塞，并阴山至辽东。”[①] 从36郡到40个郡，郡县行政体制的划一不仅保证了秦朝中央政令的贯彻，而且先秦时期“大一统”思想谋求的“六合同风”也随着文字、度量衡等在郡县区域的推行让先秦时期处于割据状态的中原地区有了实现的可能，而“皇帝”管辖的“中国”也由“王畿”（京师）拓展到了整个郡县涵盖的区域，为后世“大一统”王朝的建构树立了一个标杆和标准，也成为后世“大一统”思想的核心内容。

三是“大一统”天下秩序下的人群由“五方之民”演变为“华夏”（中国）与“夷狄”的二元结构。由生产生活方式的不同而被划分为“五方之民”生息繁衍在中华大地上的人群也随着秦朝中央集权的出现而在交流交往交融中发生了变化，一方面秦王嬴政的“西戎”身份被“中国”认同，并在“秦”的称呼下将春秋战

---

① 参见《史记》卷6《秦始皇本纪》。

国时期因为诸侯政权的存在而划分的不同人群整合为“秦人”，另一方面“五方之民”的划分虽然依然存在，但却被进一步划分为“中国”（秦人）和“四夷”两大群体。

代秦而立的西汉在武帝之前，以汉高祖刘邦为首的君臣受制于长期战争带来的“百业待兴”的国力，不得已满足于用“和亲”政策确立起与匈奴的“兄弟”之国关系，以及用册封和“约”的形式确立起和南越、东越、闽越、卫氏朝鲜的“外臣”和“藩臣”关系，进而保证了“大一统”政治格局的形成并为其后汉武帝时期的发展提供了基础。而秦始皇确立起来的“皇帝（天子）”在这一体系中的核心位置则被进一步强化诠释为“天无二日，土无二王”，以致汉高祖刘邦见太公执“父子礼”被视为“乱天下法”的行为。[①]

但是，经过多年的“休养生息”，公元前141年即位的西汉武帝执掌的西汉王朝国力已经发生了翻天覆地的变化，史书载：“武帝之初七十年间，国家亡事，非遇水旱，则民人给家足，都鄙廪庾尽满，而府库余财。京师之钱累百钜万，贯朽而不可校。太仓之粟陈陈相因，充溢露积于外，腐败不可食。”[②] 富强的国力和在和亲状态下匈奴对北疆时时寇扰带来的威胁并没有彻底改观且一直存在形成强烈的反差，尽管在建元六年（前135年）大行王恢提出改变对匈奴的和亲政策，但由于在御史大夫韩安国的反对下并没有得到更多大臣的赞同，汉武帝只能依然遵循前代旧制，以和亲维持与匈奴的关系，不过其已经有了构建更大范围“大一统”王朝以改变这种状况的想法。同年，为处理闽越、南越与东越之间的纷争，汉武帝在淮南王刘安的反对下出兵调节并取得了满意的效果，事后在派遣大臣就出兵调节百越政权之间矛盾的做法向刘安做了解释，其中

---

① 《史记》卷8《高祖本纪》。

② 《汉书》卷24《食货志》，中华书局1962年版。下同，不再注版本信息。

“……夫兵固凶器，明主之所重出也，然自五帝三王禁暴止乱，非兵，未之闻也。汉为天下宗，操杀生之柄，以制海内之命，危者望安，乱者卬治”①，即凸显了其“大一统”思想已经形成并在传统观念基础上有了进一步发展。应该说，“汉为天下宗”的意识更加确定了汉朝在“天下”的核心地位，但这一秩序的合法性尤其是“皇帝（天子）”在这一秩序中的核心地位还是需要有一个完善的理论诠释来支撑，而这一任务的完成即是儒士谋臣应该担负的重任。于是我们在史书中看到了汉武帝征召儒士贤良的记载。《汉书·武帝纪》记载：元光二年（前133年）“诏贤良……于是董仲舒、公孙弘等出焉。”而董仲舒、公孙弘等儒士的出现满足了汉武帝的这一愿望，而董仲舒在《春秋公羊传》基础上对“大一统”的诠释留存在了《汉书·董仲舒传》中。

也就是说，以往学界对“大一统”的探讨基本是从董仲舒开始有本末倒置之嫌，应该是先有了汉武帝“汉为天下宗”的意识，才有了董仲舒等对《春秋公羊传》“大一统”的诠释，而汉武帝的意识在传统“大一统”思想基础上是有突破的，其视野已经不再局限于“中国”这一核心区域。这也可以理解为什么汉代之前并没有人对《春秋公羊传》给予过多关注，而在汉武帝时期才得到重视，其原因是西汉武帝时期有了构建“大一统”国家的需要，西汉不少大臣和儒士开始对“大一统”做出不同的解释。

对“大一统”做出系统诠释且为后代所推崇的是汉武帝时期的大臣董仲舒。董仲舒认为：“春秋大一统者，天地之常经，古今之通谊也。今师异道，人异论，百家殊方，指意不同，是以上亡以持一统；法制数变，下不知所守。”② 董仲舒从天、地、人和谐的视角解读以“皇帝”为核心的天下秩序的正当性，可以视为是对“汉

---

① 《汉书》卷64上《严助传》。

② 《汉书》卷56《董仲舒传》。

为天下宗”观念做出理论上的进一步完善。董仲舒的诠释对后世影响很大，但是被后人忽视且几乎没有人提及的历史事实，却是汉武帝在董仲舒诠释《春秋公羊传》“大一统”的同时，即开始将“大一统”思想付诸构建“大一统”王朝的实践。元光二年（前133年），汉武帝采纳雁门马邑豪聂壹的建议，遣兵30万设伏于马邑，欲以马邑诱匈奴单于，围而歼之，虽然没有成功，但开启了与匈奴长达数十年的战争，遗憾的是“外臣”[①] 匈奴的目的没有实现。元鼎五年（前112年），兴兵讨伐反叛的南越相吕嘉，灭南越国，“遂以其地为儋耳、珠崖、南海、苍梧、郁林、合浦、交阯、九真、日南九郡”[②]。将郡县制推广到了今越南中部地区。卫氏朝鲜王杀西汉辽东郡东部都尉涉何，元封二年（前109年）汉武帝兴兵朝鲜，翌年“遂定朝鲜为真番、临屯、乐浪、玄菟四郡”[③]。而在张骞“既连乌孙，自其西大夏之属皆可招来而为外臣”，“则广地万里，重九译，致殊俗，威德遍于四海”[④] 的鼓动下，西汉派遣张骞再次出使西域，对西域的经略也成为汉武帝构建“大一统”王朝的战略目标。[⑤]

汉武帝构建“大一统”王朝的努力在汉宣帝时期终于有了结果，不仅在神爵三年（前59年）通过设置西域都护府将辽阔西域纳入版图，而且在甘露二年（前52年）随着匈奴呼韩邪单于的降汉受封，匈奴也成为西汉的藩属。对辽阔的边疆地区实施管辖是西汉王朝的一个创举，而治理体系的正当性则需要一个理论来支撑，对《春秋》“大一统”的诠释再次出现。这一时期对“大一统”的诠释以王吉为代表，其关注点是西汉王朝以“皇

---

① 《汉书》卷94《匈奴传》。

② 《汉书》卷95《两粤传》。

③ 《汉书》卷95《朝鲜传》。关于四郡的地望及其变化，参见李大龙《汉四郡研究》，载马大正等著《古代中国高句丽历史续论》，中国社会科学出版社2003年版，第81—96页。

④ 《汉书》卷61《张骞传》。

⑤ 有关汉武帝“大一统”思想的形成与实践，参见李大龙《汉武帝“大一统”思想的形成及实践》，《北方民族大学学报》2013年第1期。

帝”为核心的治理体系的整齐划一：“春秋所以大一统者，六合同风，九州共贯也。”[①] 强调“大一统”本意是指“天下”在政治、经济、文化习俗等诸多方面的一致性。不过，西汉建立起来的“大一统”体系在意图取代汉朝的王莽眼中则是违背《春秋》“大一统”原则的：“天无二日，土无二王，百王不易之道也。汉氏诸侯或称王，至于四夷亦如之，违于古典，缪于一统。其定诸侯王之号皆称公，及四夷僭号称王者皆更为侯。”[②] 王莽废汉立新被《汉书》的作者班固视为“篡位”，因此对王莽的所作所为多大加贬损，不过取消刘氏诸王以及边疆诸多政权统治者的王位却是王莽新朝对治理方式的一大变革，其目的虽然是为了加强“天子”（王莽）为核心的中央集权，以有助于王莽新朝的稳固，但“天无二日，土无二王”也确实是《春秋》“大一统”的最高原则。遗憾的是，王莽的这一政治改革虽然实施了，但与这一政治改革相伴的经济改革的失败却加剧了新朝国力衰弱的速度，再无力保持对边疆局势稳定足够的威慑力度，不仅进攻匈奴的计划迟迟难以实施，而且“久屯不休”也加重了讨伐队伍中一些边疆政权军队的经济负担，结果导致治理体系的更大混乱。利用边疆民族的军队征讨反叛者是中原王朝惯用的手段，王莽新朝也不例外，尤其是在对匈奴的防御和征讨过程中，王莽先后征发了乌桓、丁零、高句丽等众多边疆民族的军队，但由于“久屯不休”，一些边疆民族的士兵难以承受沉重的负担，“遂自亡畔，还为抄盗”，其为质的亲属则为郡县官吏所杀[③]，所以班固认为王莽的政治改革导致了“三边蛮夷愁扰尽反”。[④]

以“天无二日，土无二王”为核心的改革失败虽然导致了王莽新朝的快速覆亡，但时人将其失败的原因归结为“篡位”之上，视

---

① 《汉书》卷72《王吉传》。

② 《汉书》卷99中《王莽传》。

③ 《后汉书》卷90《乌桓鲜卑列传》，中华书局1965年版。下同，不再注版本信息。

④ 《汉书》卷95《西南夷传》。

东汉的继起为西汉“大一统”王朝的延续。班固所言即是典型代表：王莽“篡位，海内畔之，世祖受命中兴，拨乱反正”。[①] 以“天子”为核心的“大一统”秩序由此不仅成为华夏众多政权为之奋斗的最高政治目标，也成为吸引边疆“夷狄”族群进入中原建立政权争夺“正统”的主要动力之一，而“大一统”思想也随着“五胡乱华”的出现为“夷狄”族群所继承并得到进一步的发展，主导着中华大地的政治格局由魏蜀吴三足鼎立到隋唐“大一统”的再次出现。

三　“中华”思想的重塑与唐代“大一统”的实践

东汉末地方势力的崛起削弱了天子在“大一统”天下秩序中的核心地位，其结果不仅是被称为“中国”的秦汉以来的郡县区域出现了动荡，而且也导致了以黄河流域为中心的曹魏、以蜀地为中心的蜀汉、以长江下游为中心的孙吴三个分立政权的出现。但是，分立政权的出现并没有持续太久，随着西晋的出现以及先后实现对蜀汉和孙吴的“一统”，而使“中国”又重新回归了“大一统”政治格局。尽管导致“大一统”政治格局重新出现的原因是多方面的，但值得关注的是“大一统”思想在其中的主导作用。“大一统”思想的主导作用突出表现在以下三个方面：一是尽管作为“大一统”象征的“天子”被视为可以利用的工具，“奉天子以令诸侯，终能定天下”[②] 成为各地方势力的共识，而曹操也正是通过这一方式实现了对中华大地北部地区的一统，并展开了对袁绍、刘备、孙权等诸多势力的兼并战争，故时人称“魏武挟天子而令诸侯，思一戎而匡九服”[③]，但同时也说明经过秦汉对“大一统”的实践，“大一

① 《汉书》卷22《礼乐志》。

② 《资治通鉴》卷63，建安四年春条，中华书局2011年版。下同，不再注版本信息。

③ 《晋书》卷22《乐志上》，中华书局1974年版。下同，不再注版本信息。

统”思想的影响已经深入人心，实现局部统一的曹操没有实现废汉自立，其原因虽然是多方面的，人心难违恐怕也是一个重要因素。二是对“大一统”的追求是蜀汉立国的基本方针，也是曹魏、蜀汉长期征战的重要原因。作为中山靖王之后的刘备，是打着“匡扶汉室”的旗号争取民心的，而诸葛亮为其确立的立国之策是“西和诸戎，南抚夷越，外结好孙权，内修政理”，而其最终目的却是北上中原统一曹魏，以实现“匡扶汉室”。[①] 只不过遗憾的是，诸葛亮最终不仅没有实现这一愿望，反而倒在了北征的路途中，更加凸显“大一统”思想的影响巨大。三是尽管曹操出于各种考虑不敢冒天下之大不韪自立为“天子”，但其后继者尤其是建立西晋王朝的司马氏却是依然打着“大一统”的旗号发动战争结束了三国鼎立的局面。太康元年（280 年）三月，“孙皓穷蹙请降”，“群臣以天下一统，屡请封禅”[②]，而史家陈寿对汉末豪强四起至晋“一统”的认识也是：“自汉氏失御，天下分崩，江表寇隔，久替王教，庠序之训，废而莫修。今四海一统，万里同轨，熙熙兆庶，咸休息乎太和之中，宜崇尚道素，广开学业，以赞协时雍，光扬盛化。”[③] 皇权的衰弱被视为天下动荡、秩序混乱的最大原因，而只有在“一统”的情况下才能实现“万里同轨，熙熙兆庶”，由此可见在时人的心目中“大一统”思想已经根深蒂固，不仅成为王朝统治者建立“大一统”王朝的有力武器，也得到时人的广泛认同，而这应该是中华大地的历史从汉末的动荡，中经魏蜀吴三足鼎立，西晋得以实现“一统”的重要原因之一。

公元 266 年建立的晋朝虽然实现了“一统”，但并没有维持太久，汉末以来的动荡尤其是曹魏和蜀汉长期的征战导致了民族分布

① 《三国志》卷 35《蜀书・诸葛亮传》，中华书局 1959 年版。下同，不再注版本信息。
② 《晋书》卷 3《武帝纪》。
③ 《晋书》卷 82《陈寿传》。

格局发生了巨大变化，突出的表现即是匈奴、鲜卑、羯、氐、羌被史书称为“五胡”的人群被大量内迁中原地区，曾经作为汉朝政治经济文化中心的关中“百余万口，率其少多，戎狄居半”[①]，人口比例已经发生了翻天覆地的变化，“中国”已经并非传统的“华夏”之“中国”了，对“中国正统”的争夺由此成为现实的政治需要，“大一统”思想也在激烈的争夺中发生着变化，突出的表现即是主导者的换位。这些进入中原地区的“五胡”在学习汉文化的基础上也逐渐接受了“大一统”思想，而源出于匈奴的刘渊则将其付诸实践，以汉继承者的身份于永嘉二年（308 年）十月即皇帝位，改元永凤，其即位诏书中有言：“黄巾海沸于九州，群阉毒流于四海，董卓因之肆其猖勃，曹操父子凶逆相寻……自社稷沦丧，宗庙之不血食四十年于兹矣。今天诱其衷，悔祸皇汉，使司马氏父子兄弟迭相残灭。黎庶涂炭，靡所控告。孤今猥为群公所推，绍修三祖之业。”[②] 刘渊受儒家文化熏陶极深，史书称之：“幼好学，师事上党崔游，习《毛诗》《京氏易》《马氏尚书》，尤好《春秋左氏传》《孙吴兵法》，略皆诵之。史、汉诸子，无不综览。”[③]《春秋》等儒家文化的影响是刘渊建立汉政权的直接思想根源，而其对“大一统”的实践不仅造成中华大地出现了匈奴、鲜卑、羯、氐、羌为争夺“正统”而建立的被称之为“五胡十六国”的众多政权，同时也为“大一统”思想带来了一系列的变化。其中“夷狄”也可以成为“天下共主”是一个突出的内容。

在传统“大一统”的族群观中，夷狄一直被看成是落后的，是华夏（汉人）王朝统治的对象，但匈奴汉政权的建立改变了人们的这种认识，而且对传统“大一统”思想的这种冲击是持续不断的。

---

① 《晋书》卷 56《江统传》。

② 《晋书》卷 101《刘元海载记》。

③ 《晋书》卷 101《刘元海载记》。

“五胡乱华”之说的出现即是魏晋时期士人阶层对匈奴开始的“五胡”对“大一统”现实和观念冲击的无奈回应。如果说刘元海自称“汉王”时追尊蜀汉刘禅为孝怀皇帝，并祭祀汉高祖等西汉历代皇帝，显得遮遮掩掩，并不理直气壮，那么到了建立前秦的氐人苻生、苻坚时，他们不仅径自称“朕”，视自己为“中国正统”，更视统一“中国”（中原）为己任。苻生曾明确自称为“朕”，应该是“大一统”政治秩序的核心：“朕受皇天之命，承祖宗之业，君临万邦，子育百姓。”[①] 苻坚已经自认为是“受命于天”的“天子”了。苻坚在其大臣建议防范鲜卑时言：“朕方混六合为一家，视夷狄为赤子，汝宜息虑，勿怀耿介。夫惟修德可以禳灾，苟能内求诸已，何惧外患乎。”[②] 不仅自诩自己的“正统”地位得到各族的拥戴，而且认为源出于华夏的东晋也应该“宾服”于他：“吾统承大业，垂二十载，芟夷逋秽，四方略定，惟东南一隅未宾王化。吾每思天下不一，未尝不临食辍餔，今欲起天下兵以讨之。”[③] 由此看，出身氐人的苻坚已经完全继承了“大一统”思想的精髓，并将其付诸具体实践。可以说，较之匈奴人刘元海，氐人苻坚对“中国正统”的冲击则更为直接和露骨。不过遗憾的是，虽然刘元海、苻生、苻坚等皆以“正统”自居，并谋求统一“中国”，但其愿望不仅没有实现，而且由于苻坚发动的统一南朝的“淝水之战”惨败而留下了“草木皆兵”“风声鹤唳”等被后人耻笑的汉文词汇。不过他们的所为却为其后边疆族群进一步争夺“中国正统”打下了基础，其后建立的北魏鲜卑人终于实现了对中国北部的统一，而且跻身历代王朝之列。

鲜卑人对“正统”地位的挑战是赤裸裸的，没有一丝的遮掩，先是鲜卑人建立的诸燕政权积极推广儒学经典及其思想，后是拓跋

---

① 《晋书》卷112《苻生载记》。

② 《资治通鉴》卷103，晋宁康元年十一月条。

③ 《晋书》卷114《苻坚载记下》。

鲜卑实现对北部地区的“一统”。在鲜卑政权统治者拓跋珪将国号由代改为魏的诏书中，我们见到如下的内容：“昔朕远祖，总御幽都，控制遐国，虽践王位，未定九州。逮于朕躬，处百代之季，天下分裂，诸华乏主，民俗虽殊，抚之在德，故躬率六军，扫平中土，凶逆荡除，遐迩率服，宜仍先号，以为魏焉。”[①] 诏书中出现的“朕”“未定九州”“天下分裂”“诸华乏主”“民俗虽殊，抚之在德”“扫平中土”等，已经明确地向世人表明了拓跋珪给自己的定位，即他是“天子”，而且是以“华夏正统”的身份出现的，并将统一中国作为最终的目的。拓跋珪的这一表态，一方面表明鲜卑人已经全盘继承了中原传统天下观和族群观的内容，另一方面也是鲜卑人争夺“华夏正统”的公开宣言。在鲜卑政权由代改称魏的时候，中原地区的历史进入十六国争霸的阶段，这也是鲜卑人走上争夺“华夏正统”道路所需要的外部环境。泰常八年（423 年），拓跋焘即位，是为太武皇帝，先败柔然，再败大夏，东并北燕，西灭北凉、西凉，完成对我国北方的统一。太平真君十一年（450 年），北魏开始兴兵南下进攻南宋，虽然没有实现灭亡刘宋的目的，却将疆域扩大到了淮河以北地区。不过需要说明的是，对当时的中国而言，一个政权是否成为“中国正统”并不是单靠完成了对中原地区的统一以及自己认为是就是的，更重要的是还需要得到中原汉人（华夏）的承认才行，这也成为北魏全面推行中原传统制度、进一步接受汉文化的主要原因之一。可喜的是，经过孝文帝时期一系列华化政策的实施[②]，北魏“正统”的地位得到确认，其主要的标志

① 《魏书》卷 2《太祖纪》。

② 孝文帝改革措施的实施应该是北魏政权被后世汉人政权承认的标志，因为在华夏传统夷夏观中并不强调人种或民族的差异，而是以是否接受中原的礼仪制度为标志的，也即我们在上篇中所引述的《荀子·儒效》所言“居越而越，居楚而楚，居夏而夏”。所谓居住在越地就成为越人，居住在楚地就成为楚人，居住在夏地就成为夏人，这自然并不是简单地指居住地点的变迁，而是指迁徙到该地后对当地不同文化的认同。

就是北魏成为第一个被纳入中国“正统”王朝序列中的由边疆族群建立的王朝，专门记载北魏王朝历史的《魏书》被纳入正史序列就是表现之一。

面对边疆族群政权对“正统”的冲击，中原儒家士大夫的抵触情绪最初是十分强烈的，江统的《徙戎论》是这方面的突出代表。据《晋书·江统传》载，江统之所以撰写《徙戎论》，是因为“时关陇屡为氐羌所扰，孟观西讨，自擒氐帅齐万年。统深惟四夷乱华，宜杜其萌，乃作《徙戎论》”。江统有如此强烈的主张，最主要的原因是不满于边疆族群对以礼仪制度（简称为“华”）为代表的传统“大一统”政治秩序的破坏，并没有考虑到边疆族群，尤其是北部和西北地区的众多族群已经迁居到中原地区的现实，自然是难以实现的。只是这一认识却真实地反映着汉人尤其是儒家士人对边疆族群政权争夺“华夏正统”的态度。不过，进入南北朝时期以后，在史书中却看到了不少汉族士大夫赞美北魏的记载。中大通元年（529 年），南梁重臣陈庆之出使北魏，“自魏还，特重北人。朱异怪而问之，庆之曰：‘吾始以为大江以北皆戎狄之乡，比至洛阳，乃知衣冠人物尽在中原，非江东所及也，奈何轻之？’”[①] 陈庆之由强硬的主张“夷狄乱华”认识，转变为认同北魏是“中华”（衣冠人物）且在中华文化发展上超过了南朝，这一事例说明以“正统”自居的南朝统治者对北魏政权的态度也在发生改变。实际上不仅如此，不但有大量的汉人士大夫主动地投入北魏的怀抱，而且就是南朝也不断有大臣出降北魏，北魏甚至专门在洛阳设置了金陵馆和归正里来安置这些南朝人士。[②] 这些事例，更无疑表明北魏的“正统”地位已经开始得到汉人的承认。就这样，在边疆族群政权对“中国正统”的不断冲击下，无论是以农耕族群为主体建立的王朝，

---

① 《资治通鉴》卷 153，后梁中大通元年闰月条。

② 参见王静《中国古代中央客馆制度研究》，黑龙江教育出版社 2002 年版，第 55—57 页。

还是以边疆族群为主体建立的政权，虽然依然以“夷狄”等来称呼其他族群，但传统的族群观已经发生明显改变，其中边疆族群政权不仅可以继承“中国正统”，而且也可以成为“中华”，这一认识得到越来越多汉人士人的承认是最主要的。这种变化，一方面是边疆族群积极认同“中国”，融入中华民族历史进程的反映，同时也表明边疆族群的这种认同得到汉人士人的积极回应，族群之间，尤其是进入中原地区的边疆族群和农耕族群之间的文化差异在逐渐消失，并进而对隋唐统治者的治边思想产生重要影响。《资治通鉴》卷198贞观二十一年五月条载，唐太宗在总结自己的经验时说：“朕所以能及此者，止由五事耳……自古皆贵中华，贱夷、狄，朕独爱之如一，故其种落皆依朕如父母。此五者。朕所以成今日之功也。”唐太宗的这一治边思想就是直接受到前秦苻坚的影响。

经过魏晋南北朝时期的分裂之后，中华大地随着隋唐王朝的出现又呈现“大一统”的状态，尤其是唐王朝在隋王朝疆域的基础又实现了更大范围内的“大一统”。隋大业十三年（617年）五月，太原留守李渊乘天下大乱之机，踏上夺取“中国正统”的征程。贞观二年（628年），在经过十几年的东征西讨之后，唐朝终于消灭各路割据势力，成为我国历史上继隋朝之后的又一个“大一统”王朝。由此，随着隋唐“大一统”王朝的出现，唐代人的“大一统”思想在汉代的基础上有了进一步发展，并更加完善。这主要体现在以下几个方面。

其一是“天子”以“九州为家”发展为“四海为家”，王朝疆域的核心区域在时空上也有了很大拓展。“家天下”是“大一统”的另一种表述。《汉书·地理志》是在“九州”到郡县的基础上记述汉朝“大一统”疆域的，与此同时“陛下以四海为境，九州为家”[1] 也成为对汉代“大一统”疆域治理方式的形象表述。“九州”

---

① 《汉书》卷64下《严助传》。

即《汉书·地理志》所载东北到朝鲜半岛设置的乐浪、玄菟等郡，西北在河西走廊设置的酒泉、张掖等郡，南到今越南中部设置的日南等郡的“十二部刺史”的郡县区域，这也是西汉王朝的直接管辖区域，被视为皇帝的“家”的范围。随着唐朝“大一统”王朝疆域的形成，尤其是唐朝通过设置安北、单于都护府管辖辽阔的北部草原地区，安东都护府等管辖东北亚地区，安西和北庭都护府等管辖辽阔的西域，安南都护府管辖南部边疆地区，类似“家”的表述演变为《旧唐书·礼仪二》所载：“天子以四海为家。故置一堂以象元气，并取四海为家之义。”不仅观念发生了变化，而且落实到了具体的礼仪制度上。观念的变化实际上也是唐朝在边疆治理方面较汉代更为直接有效这一实践结果在“大一统”思想上的必然反映。

其二是“中国天下本根，四夷为枝叶”的经略思想得到继承，“中国”的“一统”是基础的观念得到强化。唐朝的疆域分为正式府州区域和有都护府管辖的羁縻府州区域，而源自先秦时期的“中国”概念在唐代依然沿用，多是用于指称唐朝的正式府州区域。在唐代的“大一统”思想中，这两大区域的重要性在汉代基础上有了更清晰的表述，即唐太宗李世民时期的大臣李大亮所言：“中国，天下本根，四夷犹枝叶也。残本根，厚枝叶，而曰求安，未之有也。”[1] 在强调“中国”为“天下本根”的同时，更强调对这一区域的有效管辖是“大一统”的标志，主导隋唐两朝四代皇帝坚持不懈征讨高句丽的观念即是《旧唐书·东夷列传·高丽传》所载：“辽东之地，周为箕子之国，汉家玄菟郡耳！魏、晋以前，近在提封之内，不可许以不臣。且中国之于夷狄，犹太阳之对列星，理无降尊，俯同藩服。”在“中国”范围内不能存在“不臣”的政权是

---

[1] 《新唐书》卷99《李大亮传》，中华书局1975年版。下同，不再注版本信息。

主导隋唐两朝四代皇帝实现统一高句丽的关键性因素。

其三是“天下一家”的观念在经过两晋南北朝时期分裂后得到强化。随着秦汉对“大一统”的实践，“五方之民”演变为“夏”（华）“夷”（胡），但在“大一统”思想下依然是被视为“一家”的，在西汉与匈奴缔结的盟约中可见“汉与匈奴合为一家，世世毋得相诈相攻”[①] 的内容，而在唐代，“一家”的观念频繁出现在唐朝皇帝的口中。《旧唐书·高祖本纪》载：贞观八年（634 年），“阅武于城西，高祖亲自临视，劳将士而还。置酒于未央宫，三品已上咸侍。高祖命突厥颉利可汗起舞，又遣南越酋长冯智戴咏诗，既而笑曰：‘胡越一家，自古未之有也。’”《资治通鉴》卷 197 贞观十九年十二月条载：唐太宗曰：“夷狄亦人耳，其情与中夏不殊。人主患德泽不加，不必猜忌异类。盖德泽洽，则四夷可使如一家；猜忌多，则骨肉不免为仇敌……”而唐太宗李世民被尊为“天可汗”[②] 也说明“一家”的观念是一直存在的普遍认识。而这种认识的变化，应该是“五胡乱华”带来的直接影响，反映着作为“天下”主宰的唐王朝已经不是完全意义上的“汉人”王朝，“天下”已经变化为华夷共同参与治理的“天下”。

总体而言，隋唐王朝虽然在世人的观念中被视为“汉族王朝”，但一个难以回避的史实却是两个王朝“王统”是承袭于鲜卑人建立的北魏王朝。也就是说，尽管这一时期存在着一个所谓的“五胡乱华”和“南北朝”，但隋唐两朝对“大一统”的继承和发展及其实践是在“五胡十六国”对“正统”的争夺中实现的，是北魏实现中国北部局部“一统”的延续和发展，并为宋辽金时期各王朝再次争夺“正统”提供思想和历史基础。

---

① 《汉书》卷 94 下《匈奴传》。

② 《旧唐书》卷 3《太宗本纪下》：“自是西北诸蕃咸请上尊号为‘天可汗’，于是降玺书册命其君长，则兼称之。”（中华书局 1975 年版。下同，不再注版本信息）

四　宋辽金互争“正统”与元“大一统”思想的实践

唐代之后，先是后梁、后唐、后晋、后汉、后周在北部更替，吴、南唐、吴越、闽、楚、南平、前蜀、后蜀、南汉、北汉十国分立；其后衍变为宋与辽、金、西夏的并立；最后是以蒙古为主体建立的元朝实现了“大一统”。纵观这一时期的历史，贯串其中的一个主线即是边疆族群建立的王朝不断与中原王朝争夺“天下共主”的地位，并最终取得了胜利，而“天下共主”的换位是在追求“大一统”王朝国家的过程中实现的，出身“夷狄”的“天子”也可以成为“大一统”天下秩序的核心是传统“大一统”思想在这一时期的一个颠覆性的变化。值得注意的是，这一变化是在争夺“中国正统”的框架下出现的，既是魏晋时期“五胡乱华”的延续，同时也是对传统“大一统”思想的进一步发展，而这一变化的结果即是随着南宋最后一个皇帝的跳海自尽，虽然在汉人儒士的眼中“中国”不存在了，但“大一统”思想却继续主导着作为辽金后继者的蒙元继续以“中国正统”的身份，在中华大地上实践着“大一统”，推动着多民族国家中国的形成与发展。

公元907年唐王朝灭亡之后，北疆民族又开始了新一轮争夺“中国正统”的浪潮。契丹在唐王朝时期开始崛起，至五代时期已经成为北部草原地区的一支重要力量。公元916年，耶律阿保机称帝标志着以契丹人为主体建立的辽朝开始走上历史舞台。阿保机时期，契丹一度想进军中原成为“天下共主”，但公元917年在幽州被建立后唐的沙陀突厥人李存勖大败，重挫后的阿保机发出了“天未令我到此”[①] 的感叹。但阿保机的失败并没有彻底打消契丹入主中原争夺“天下共主”的野心，至耶律德光统治时期（927—947

① 《旧五代史》卷137《契丹传》，中华书局1976年版。下同，不再注版本信息。

年），契丹通过积极参与和支持中原地区的混战，不仅获得了后晋的称臣纳贡，而且后晋“割幽、蓟、瀛、莫、涿、檀、顺、新、妫、儒、武、云、应、寰、朔、蔚十六州以与契丹，仍许岁输帛三十万匹”[1]，契丹走上称霸“天下”的道路并获得了中原政权的“称臣”。北宋建立之后，宋辽之间围绕“十六州”的归属展开长期的战争。宋辽之间的关系虽然在公元1004年“澶渊之盟”签订后开始转入以和平交往为主的时期，但契丹建立的辽朝却获得宋皇帝称萧太后为叔母、岁输银10万两、绢20万匹，成为双方关系发展的主导者。在争夺“天下”霸权中处于劣势的宋王朝虽然并不甘心处于劣势，于是就有了其后的联合女真建立了共同灭辽的同盟。1122年，宋和女真建立的金朝按照约定进攻辽朝，但宋在进攻燕京中表现出来的软弱刺激了金朝，1125年在灭辽之后金朝开始大举进攻宋王朝，并直接导致北宋的灭亡，金朝也由此辖有秦岭、淮河以北的大片疆域，成为继拓跋鲜卑所建北魏之后又一个统一了中国北部地区的多民族王朝。值得关注的是，这一时期的王朝都视自己为“正统”（中国），视对方为“夷狄”，而更有意思的是辽金的统治者虽然出自契丹、女真，属于传统的“夷狄”，但并不认同宋朝的“正统”地位，相反却在许多方面将宋视为“藩臣”，而宋朝尤其是南宋统治者则“愿去尊称，甘自贬黜，请用正朔，比于藩臣”[2]，主动接受了金朝为“天下共主”的结果。这是“大一统”思想在宋代的巨大变化，标志着农耕王朝开始将“大一统”权力核心地位让位于边疆族群所建王朝。

如果说辽金两个王朝对“天下共主”的冲击，是因为中华大地上还存在一个以汉人为主体建立的宋朝而没有得到完全认同的话，那么元朝的建立及其实现对中国的统一，则使北方游牧政权对“天

① 《资治通鉴》卷280。

② 《建炎以来系年要录》卷29，中华书局2013年版。

下共主”的冲击有了一个最终结果。元王朝统一中国后，虽然以征服者的姿态出现，也自认为是“中国正统”。创建蒙古汗国的成吉思汗曾经对部下说：“男子最大之乐事，在于压服乱众和战胜敌人，将其根绝，夺其所有一切，迫其结发之妻痛哭，骑其骏马，纳其美貌之妻妾以侍寝席。”[①]《元朝秘史》第225节载有成吉思汗对其子说的话：“天下土地广大，河水众多，你们尽可以各自扩大营盘，占领国土。”成吉思汗的“天下”观念明显不同于中国传统的天下观。也正是在这种思想的指导下，成吉思汗及其子孙建立了横跨欧亚的辽阔的蒙古汗国。不过，尽管成吉思汗将天下视为征讨的对象，但其子孙则是以“中国正统”继承者自居的。元世祖忽必烈在至元二年（1265年）曾经颁书给日本：“大蒙古国皇帝奉书日本国王。朕惟自古小国之君，境土相接，尚务讲信修睦。况我祖宗，受天明命，奄有区夏，遐方异域畏威怀德者，不可悉数。朕即位之初，以高丽无辜之民久瘁锋镝，即令罢兵还其疆域，反其旄倪。高丽君臣感戴来朝，义虽君臣，欢若父子。计王之君臣亦已知之。高丽，朕之东藩也。日本密迩高丽，开国以来亦时通中国，至于朕躬，而无一乘之使以通和好。尚恐王国知之未审，故特遣使持书，布告朕志，冀自今以往，通问结好，以相亲睦。且圣人以四海为家，不相通好，岂一家之理哉。”[②] 在元武宗颁布的诏书中也有“仰惟祖宗应天抚运，肇启疆宇，华夏一统”一语。[③] 这些记载无一例外地表明元朝统治者对“中国正统”也有着强烈的认同，而其背后则有着对“大一统”政治秩序的继承和发展，这或许也是元朝被后人视为“中国正统”王朝的原因之一。

辽、金、元三朝对“天下共主”的冲击以及“大一统”政治

---

① ［波斯］拉施特：《史集》第一卷第二册，余大钧等译，商务印书馆1983年版，第226页。

② 《元史》卷208《日本传》，中华书局1976年版。下同，不再注版本信息。

③ 《元史》卷22《武宗一》。

格局的最终实现，对于“大一统”思想而言，尽管这一时期“天子”依然是“大一统”政治秩序的核心这一根本原则没有变化，但其他方面还是存在不同，主要体现在以下几个方面。

其一是辽、金、元等王朝作为“中国正统”王朝的地位得到认同，“大一统”思想中的“中国”已经突破了“华夷”的限制，作为主导者的“华”与“夷”实现了换位，“中国”真正成为“华夷”共有的“中国”。这也是以“大一统”政治秩序为核心的中华文明没有中断的根本原因。

如果说，汉唐时期人们对入主中原的非华夏王朝还只承认一个北魏为“中国正统”的话，那么到了宋辽金元时期，随着辽、金王朝的局部统一及元朝大一统的实现，宋、辽、金、元都自以为是“中国正统”。而之所以如此，各王朝都以“中国正统”王朝自居固然是其中一个重要的原因，不过更为重要的是这种对“中国”的认同还需要得到其他王朝或民族承认才能名副其实，而分别记载宋、辽、金、元历史的《宋史》《辽史》《金史》《元史》等都被纳入中国历史的“正史”序列，应该是这些王朝对“中国”认同得到时人和后人承认的最为有力的证据。而这种认同在非汉文献中也有体现。麻赫穆德·喀什噶里《突厥语大词典》在对“桃花石”的释义中，将“中国”分为了三部分：上秦为宋朝、中秦为契丹、下秦为喀喇汗王朝统治的喀什噶尔。这一认识至少说明在中亚人的眼中，“中国”（秦）虽然处于分裂状态，但其涵盖的范围已经不仅仅是中原地区，也包括了辽（契丹）的统治区，甚至位于西域的喀喇汗王朝区域也属于“中国”的范围。也就是说，历史发展到这一时期，“中国”的涵盖范围在扩大的同时已经突破了为先秦时期形成的华夏群体专有的限制，成为各民族共有之“中国”。这种观念上的转变，不仅对于促进中原地区和边疆地区的凝聚影响是巨大而深远的，而且也维持了“大一统”思想在中华大地上的继承和发展，而其具体实践则是推动多民族国家中国疆域形成与发展的动力之一。

其二是“大一统”天下涵盖的范围在唐代基础上有了进一步拓展。在辽、金实现局部“一统”的基础上，元朝实现了更大范围内的“大一统”，并被后世史家视为汉代以来“大一统”疆域的延续。《元史·地理志》载：“自封建变为郡县，有天下者，汉、隋、唐、宋为盛，然幅员之广，咸不逮元。汉梗于北狄，隋不能服东夷，唐患在西戎，宋患常在西北。若元，则起朔漠，并西域，平西夏，灭女真，臣高丽，定南诏，遂下江南，而天下为一。故其地北踰阴山，西极流沙，东尽辽左，南越海表。盖汉东西九千三百二里，南北一万三千三百六十八里，唐东西九千五百一十一里，南北一万六千九百一十八里，元东南所至不下汉、唐，而西北则过之，有难以里数限者矣。”“大一统”天下范围的拓展是随着元朝“大一统”疆域的实践而实现的，并得到明朝人的认同。《元史》为明朝的创建者朱元璋下旨所撰，其对元朝“大一统”疆域的认定应该说代表着明代人的主流认识，同时也是对元朝继承与发展“大一统”思想的认同与肯定。

面对辽阔疆域，元朝实施了管理更为直接、划一的行省制度，行省“掌国庶务，统郡县，镇边鄙，与都省为表里”[①]，包括大都在内的二十九路八州则被视为“腹里”，为中原和边疆的凝聚提供了更加有利的政治环境，而尤其值得关注的是元朝在西藏地区也实施了积极有效的统治，将其划归宣政院统辖，在唐代即开始与中原有密切联系的西藏地区终于彻底走入了多民族国家疆域的凝聚历程，成为多民族国家疆域不可分割的一部分。元朝“大一统”疆域的现实，不仅极大拓展了“大一统”天下涵盖的范围，同时也为清

① 《元史》卷91《百官志九》。

代对“大一统”的继承和发展提供了基础。

其三是“华”“夷”的划分在传统夷夏观基础上有了更大发展，可以说是出现了颠覆性的变化。如果说，宋辽金时期各政权还在纠缠“华”“夷”与“正统”的具体所指并将其作为攻击对方的武器，那么元朝实现“大一统”之后，将“天下百姓”按照降服蒙古和元朝的时间先后分为四等，即蒙古、色目、汉人、南人，从政策层面上彻底放弃了“华”“夷”的划分，进而实施不同的政策。

以往学界多从族群歧视的角度来评判元朝的这一做法，但是元朝的这一做法严格意义上并不是对民族的划分，其划分的标准更多的是依据降服蒙元的先后，而这种做法在客观上却是对五代以来族群融合的结果形成了一种承认，而且促进了不同等级人群的进一步凝聚。在四等人划分的大背景下，蒙古，包括兀鲁、忙兀、泰赤乌、克烈、弘吉喇等部族，这些部族基本上已经成为蒙古民族的一部分。色目，主要包括回回、畏兀儿、康里、阿速、哈剌鲁等西域乃至中亚的一些民族，这些民族东迁之后与中原地区的汉等民族不断融合形成回回民族。汉人，主要包括淮河以北原金朝统治之下的汉、契丹、女真、渤海、高丽等，这些族群在经过辽金时期的不断融合之后最终成为汉人的组成部分。南人则是指南宋辖区内的各族群。也就是说，四等人的划分虽然在当今民族国家语境下具有民族歧视的因素在内，但其却为不同人群的凝聚融合起到了一定的促进作用。

与此同时，出于统治的需要，元朝还采取了大规模的族群迁徙政策。蒙元时期各族群的迁徙自始至终都存在着，无论是从迁徙的范围还是规模上都是前代所无法比拟的。《元史·兵志二》记载：“元初以武功定天下，四方镇戍之兵亦重矣。然自其始而观之，则太祖、太宗相继以有西域、中原，而攻取之际，屯兵盖无定向，其制殆不可考也。世祖之时，海宇混一，然后命宗王将兵镇边徼襟喉之地，而河洛、山东据天下腹心，则以蒙古、探马赤军列大府以屯之。淮、江以南，地尽南海，则名藩列郡，又各以汉军及新附等军戍焉。”也就是说，北方地区主要是由蒙古军、探马赤军镇戍为主，淮河以南地区则主要是汉军和新附军戍守，但也有少量的蒙古军、探马赤军，目的是监视。为保证戍守军队的供应问题，元朝采取了屯田的政策，《元史·兵志三》对此有概要的记载：“国初，用兵征讨，遇坚城大敌，则必立屯田以守之。海内既一，于是内而各卫，外而行省，皆屯田，以资军饷。或因古之制，或以地之宜，其为虑盖甚详密矣。大抵勺陂、洪泽、甘、肃、瓜、沙，因昔人之制，其地利盖不减于旧；和林、陕西、四川等地，则因地之宜而肇为之，亦未尝遗其利焉。至于云南八番，海南、海北，虽非屯田之所，而以为蛮夷腹心之地，则又因制兵屯旅以控扼之。由是而天下无不可屯之兵，无不可耕之地矣。”伴随着全国范围的戍守和屯田活动的展开，更多的蒙古人、色目人、汉人被迁徙到了全国各地，无论是规模还是涉及的范围都远远超过之前的任何朝代。如元朝在云南的戍守就导致了大量蒙古人进入云南，有学者估计人数在10万以上。① 族群的大迁徙是通过多种形式表现出来的，其中俘掠、戍守、出仕、流放、有计划迁徙、经商成为六种最主要的途径。大规模的人群迁徙，不仅带来了民族分布格局的重大变化，也促成了“大一统”思想的变化。

在元朝的“大一统”思想主导下，中华大地上的族群融合和族群分布格局在范围和程度上都有了巨大变化。突出的表现是，进入中原地区的契丹、女真、渤海等加快了与“汉人”融为一体的步伐，而南部地区的众多人群则在“南人”的旗帜下实现了凝聚，而这两部分人是经过明朝的进一步整合，则有了

① 翁独健主编：《中国民族关系史纲要》，中国社会科学出版社1990年版，第567—568页。

"明人"或"中华人"的称呼，最终定型为今天的汉族。与此同时，在四等人观念主导下的蒙古、回回等也在元朝"大一统"的状态下实现着凝聚，为草原地区的蒙古化和回回民族的诞生提供牢固基础。也就是说，作为"大一统"思想组成部分的传统夷夏观的变化，不仅导致一些民族的消失，也促进一些族群的凝聚与壮大并最终促成新民族的形成，而这种族群融合和族群分布格局的巨大变化对于中原和边疆关系"一体化"趋势则起到促进作用，并为明清时期"大一统"思想增加新的内容和提供了更有利的实践环境。

五　明清对"大一统"思想的继承与完善

明清虽然是中国历史上两个前后相继的王朝，学界往往以"明清"来称呼明朝和清朝这两个王朝存在的时期，且两个王朝都自认为是"中国正统"王朝，但两个王朝的建立者却具有不同的来源。实际上两个王朝的统治者虽然都视自己为中国传统"大一统"天下秩序——"中华"的继承者，但其"大一统"思想却存在较大差异，甚至可以说截然不同，在很多方面存在差异。朱元璋是举着"驱逐胡虏，恢复中华"[①] 的旗帜在1368年取代元朝而建立明朝的，由其奠基和倡导的明朝"大一统"思想更多体现出先秦秦汉时期传统"大一统"思想的回归，目的是在确立明朝"中国正统"的基础上，实现以中原为核心分布的人群与文化在"中华"旗帜下的重新整合。建立清朝的满洲人则不仅没有回避其"东夷"的出身，反而在天子"有德者居之"旗号下对魏晋以来边疆政权对"大一统"思想继承与发展的基础上有了更进一步发扬，目的是在确立满洲及其所建清朝的"中国正统"地位的基础上实现中华大地更大范围内

---

① 《明太祖实录》卷26，吴元年十月丙寅。

的“大一统”。

为了推翻元朝和确立明朝统治的政治需要，朱元璋试图通过回归先秦时期的传统夷夏观在“华夏”“中华”“中夏”乃至“中国”观念下重构“大一统”天下政治秩序，宣称：“自古帝王临御天下，中国居内以制夷狄，夷狄居外以奉中国，未闻以夷狄居中国治天下者也。”[①] 应该说，朱元璋的这种观念并非创新，而是自“大一统”思想萌芽以来即被时时提及作为反对王朝经略边疆的重要依据，且这种观念一度在魏晋时期随着“五胡乱华”的出现，类似的话语更是充斥于史书和时人的议论之中，晋人江统的《徙戎论》是其典型代表。但与魏晋时期不同的是，魏晋时期的这类观念多限于有关的争论言语之中，现实中存在的中原地区的“戎夷居半”已经让这种观念没有了具体实施的可能，而朱元璋所言不仅是对传统“大一统”思想的回归，而且其目的是在确立明朝“正统”的同时，也有在“华夏”“中华”的框架下整合境内民众，以巩固其“大一统”天下秩序的企图。打着回归传统旗号的明朝统治者的“大一统”思想呈现以下主要特点。

其一，“天子”依然是“大一统”政治秩序的核心，这是“大一统”思想一以贯之的根本原则，明朝的“大一统”思想也不例外。

明朝以“人君”“天子”“皇帝”等称呼其最高统治者，“权者，人君所以统驭天下之具，不可一日下移，臣下亦不可毫发僭逾”[②]，而“人君”“以四海为家”[③] 构成了明朝“大一统”思想的核心内容。就这一核心内容而言，明朝的“大一统”思想与前代并没有根本性差异，但不同的是明朝是在元朝基础上出现的，“大一

---

① 《明太祖实录》卷26，吴元年十月丙寅。

② 《明世宗实录》卷393，嘉靖三十二年正月庚子。

③ 《明史》卷77《食货一》，中华书局1974年版。下同，不再注版本信息。

统”天下体系的核心“人君”的身份表面上有一个由“夷”到“夏”的转变，即有蒙古回归“华夏”，而由此带来的则是政治秩序与文化思想的重构。

尽管元朝用“四等人”的划分打乱了传统的夷夏观念，但元朝统治者的“夷狄”身份依然还是成为被攻击的主要理由，朱元璋即是以“驱逐胡虏，恢复中华”的名义发动了推翻元朝统治的运动，建立明朝后则强调的是“复我中国先王之治”，即以“华夏”继承者的身份出现的。不过，出于获得“中国正统”的政治需要，朱元璋并没有办法将明朝和元朝完全割裂开来。朱元璋在教育皇太子和诸王的时候将“人君之有天下者。当法天之德也”视为最高原则，并在这一原则下对忽必烈做出了“昔元世祖东征西讨，混一华夏，是能勤于政事”① 的高度评价，并遣官员祭祀“伏羲至元世祖凡十七帝”②。如何评价忽必烈能够体现出朱元璋面对此问题的尴尬，即一方面不得不承认元朝开国皇帝忽必烈的丰功伟绩，并将其置于历代帝王庙中进行祭祀，体现着明朝统治者并没有否认元朝皇帝在“大一统”政治秩序中的核心地位，而且是作为其后继者的身份出现的，另一方面又认为元代“华风沦没，彝道倾颓”③ 的原因是“元氏以戎狄入主中国，大抵多用夷法典章”，进而视自己为“华夏正统”并负有“恢复中华”的责任。也就是说，“人君”“天子”依然是“大一统”天下权力的核心地位，在元明两代的“大一统”思想中并没有根本差别，差别只是在于“人君”“天子”的出身由“戎狄”回归到了“中国”：“朕承天命，主宰生民，惟体天心，以为治海内海外，一视同仁。今天下底定，四方万国罔不来廷，皆已厚加抚绥欢忻感戴，惟迤北诸部犹观望进退，出没边境，未有归

① 《明太祖实录》卷208，洪武二十四年三月癸卯。

② 《明太祖实录》卷92，洪武七年八月甲午。

③ 《明太祖实录》卷176，洪武十八年十月己丑。

诚。"[1] 明成祖朱棣的这一表述，基本体现了传统"大一统"思想的回归，而《大明一统志》的编撰则是对明朝"大一统"思想具体实践结果的完整体现。

其二，重新恢复"中华"传统，整肃"中华人"。

重新确立出自"中国"的"天子"在"大一统"政治秩序中的核心位置只是明代"大一统"思想回归传统的第一步，而如何在"中华"的旗帜下恢复传统"大一统"政治秩序才是更为重要的内容。以往学界对于明朝统治者屡屡强调"中华""中国"多从民族歧视的角度进行评析，但却忽略了其强调"中华""中国"的目的除表明自己的"中国正统"之外，也有着重新构建天下统治体系和整合境内人群的用意。在明朝统治者看来，元朝将"夷法典章"适用于中原造成了中华大地的"彝道倾颓"，而元朝的四等人观念则是打破了传统的华夷界限，所以朱元璋取代元朝后既有回归传统治理理念的现实需要，也有重新确立夷夏观念进而重新凝聚华夏的重任。如果说明朝统治者主张"不得服两截胡衣，其辫发、椎髻、胡服、胡语、胡姓，一切禁止"是回归传统夷夏观以凝聚华夏人群的开始，希望达到"百有余年胡俗悉复中国之旧矣"[2]，那么取代元朝后"制礼乐，定法制，改衣冠，别章服，正纲常，明上下，尽复先王之旧，使民晓然，知有礼义，莫敢犯分而挠法"[3]，则是朱元璋确立的重新恢复原有政治秩序的指导思想，其后明朝统治者在这种观念主导下从思想到具体政策而采取的一系列重要措施，构成了明朝"大一统"思想的主要内容。

在明朝统治者的倡导下，传统的华夷观得到回归，突出的表现有两个。一是华夷观念得到强化，不仅"内中国而外夷狄""北

① 《明太宗实录》卷30，永乐二年四月辛未。

② 《明太祖实录》卷30，洪武元年二月壬子。

③ 《明太祖实录》卷176，洪武十八年十月己丑。

狄”“北虏”“西蕃”等言论充斥于史书，而且为适应区分华夷的需要也出现了《四夷考》《皇明四夷考》《裔乘》等梳理明代边疆政权及族群沿革情况的专门性著作。二是“华人”“中华人”“中国人”等不仅出现在史书中，而且成为明朝对外交流中的词汇。应该说，自东晋以来黄河流域的“汉人”大规模南迁之后，随着匈奴、鲜卑、羯、氐、羌“五胡”迁入中原地区，中国北方人口流动与交融一直处于频繁状态，而元朝将其界定为“汉人”可以视为是对这种交融成果的一种官方认同，取代元朝的明朝则不仅面对被元朝认定的“汉人”群体，也要面对以长江流域为主的被认定为“南人”的群体，以及残留在中原地区的蒙古和色目人群体。值得注意的是，在记录明朝历史的《明实录》中，明朝统治者虽然沿用了“汉人”“夷人”词汇以区别境内人群，但也使用“华人”“中华人”“中国人”等词语，甚至有了“蒙古、色目之人多改为汉姓，与华人无异”① 的认识，而“华人”② 不仅在朝鲜国王的上奏中屡有使用，“中华人”③ 也出现在了明朝与日本交涉的记载中。由此可见，明朝对境内族群整合的效果还是明显的，尽管在称谓上尚未统一，但总体是在“华”“华夏”“中国”的大框架下进行的，构成明朝的主体人群，这也是明朝“大一统”思想中“华夏”虽然依然是核心的族群，但该“华夏”已经并非秦汉之前的“华夏”，而是明朝在元代四等人划分的基础上将“汉人”“南人”等在“华人”“中华人”旗帜下整合的结果。值得说明的是，被整合而成的“华人”“中华人”是明朝的主体人群。

---

① 《明太祖实录》卷109，洪武元年闰九月丙午。

② 如《明神宗实录》卷156万历十二年十二月庚戌载：“礼部题朝鲜国王李昖送还漂海华人一名……”

③ 《明史》卷322《日本传》载：永乐十五年，“乃命刑部员外郎吕渊等赍敕责让，令悔罪自新。中华人被掠者，亦令送还。”《万历野获编》卷16《科场》也有：“窃以故元用蒙古人为状元，而中华人次之，此陋俗何足效。”（中华书局1974年版。下同，不再注版本信息）

其三，虽主张“华夷有别”，但强调“华夷一家”与“用夏变夷”。

明朝既然是高举“恢复中华”的旗帜，出于确立“正统”以凝聚人心的需要，自然也会继承传统的族群观念，并对传统族群观念有了更为明确的诠释。主张“华夷有别”是明朝立国的基础，其核心内容虽然名义上也是“中国居内以制夷狄，夷狄居外以奉中国”，但由于元朝不仅将“中国”的范围在唐代基础上扩大到了整个行省区域，而且也打乱了“华”“夷”的传统分布区域，“中国”无论是在地域范围上还是在指称人群方面都需要进一步明确，但传统的观念与现实出现了脱节，故而为了适应这一现实需要，“严华夷之辨”不再出现在记录明朝历史的《明实录》中，明朝统治者反而更强调“华夷一家”“华夷一体”和“用夏变夷”，其整合境内人群的意图十分明显。

如果说唐太宗李世民将氐人苻坚的思想升华为“自古皆贵中华，贱夷、狄，朕独爱之如一，故其种落皆依朕如父母”[①]是一种进步，那么明太祖则在此基础上有了更进一步发展，其宣称“朕既为天下主，华夷无间，姓氏虽异，抚字如一”[②]。朱元璋的这一观念为其后的明朝皇帝所继承并发扬，成为明朝“大一统”思想的主要内容之一。明成祖朱棣在给瓦剌的诏书中明确提出了“华夷一家”的观念：“朕意夫天下一统，华夷一家，何有彼此之间尔！”[③]“华夷一家”与“天下一统”对应，且主张消弭华夷间的隔阂。嘉靖皇帝则意欲将皇太子出生的好消息不仅昭告“天地百神”而且特别提出要“即当使华夷一体知悉”。[④]也就是说，尽管从表象上看，明朝虽然强调“华”“夷”差别，但却是在“华夷一家”的大前提

① 《资治通鉴》卷198，贞观二十一年五月庚辰条。

② 《明太祖实录》卷53，洪武三年六月丁丑。

③ 《明太宗实录》卷30，永乐二年四月辛未。

④ 《明世宗实录》卷192，嘉靖十五年十月壬子。

下强调的。在传统夷夏观中，“五方之民”“夏夷”和“华夷”尽管被比喻为“树”或“太阳”与“列星”隐喻为“一体”，那么明代“华夷一家”“华夷一体”的提出应该是对传统夷夏观的极大发展，构成了明朝“大一统”思想的主要内容。

既然提出“华”“夷”有别，又强调“华夷一家”“华夷一体”，那么如何协调华夷之间的关系就成为明朝统治构建“大一统”政治秩序需要解决的大问题，由此“用夏变夷”成为明朝“大一统”思想的主要内容。“严华夷之辨”和“用夏变夷”是传统“大一统”思想中处理夷夏关系的两种主要方式，魏晋南北朝、宋辽金时期因为面临各王朝争夺“中国正统”的状态，“严华夷之辨”往往被强调，而在实现“大一统”的王朝天下政治秩序中则往往“用夏变夷”被屡屡提及，成为整合疆域内人群的主要指导思想。代元而立的明朝尽管尚未实现元朝旧疆的“大一统”，疆域范围甚至不及汉唐，但其“正统”地位是无可辩驳的，因此“用夏变夷”构成“大一统”思想的主要内容并被付诸实施，且取得了显著效果，成为其维持“大一统”政治秩序的有效补充。

“用夏变夷”的倡导者是明朝开国皇帝朱元璋，其在洪武十一年（1378 年）凉州卫接受故元降众时说：“人性皆可与为善，用夏变夷，古之道也。今所获故元官并降人，宜内徙，使之服我中国圣人之教，渐摩礼义，以革其故俗。”[①] 由此奠定了“用夏变夷”在明朝国家治理政策中的重要地位。明朝的“用夏变夷”是通过广设儒学得以实现，即“移风善俗，礼为之本，敷训导民，教为之先，故礼教明于朝廷，而后风化达于四海”[②]，并在云南、四川等“边夷土官皆设儒学，选其子孙弟侄之俊秀者以教之，使之知君臣、父

---

① 《明太祖实录》卷 117，洪武十一年二月乙未。

② 《明太祖实录》卷 202，洪武二十三年五月己酉。

子之义，而无悖礼争斗之事，亦安边之道也”[①]，同时希望也可以达到“变其土俗同于中国”[②] 的目的。在朱元璋的积极推动下，明代儒学之盛远超历代，也确实在明朝的边疆治理中发挥了重要作用。

总体而言，“恢复中华”旗号下明朝的“大一统”思想的核心内容依然是以“天子”（皇帝）为中心的政治秩序，这和传统“大一统”思想是一脉相承的，不同的主要有两点：一是将作为“天下”政治格局核心的“天子”（皇帝）从“夷狄”重新回归到了“中国”，这是明朝得以被视为“中国正统”的原因之一。二是虽然强调“华”“夷”差别和“内中国外夷狄”，却是在“一家”的前提之下，而且“华”“夷”及“中国”的指称对象和范围已经在先秦秦汉时期的基础上有了很大变化，一方面作为明代的“华”和“中国”不仅囊括了魏晋以来进入中原地区的匈奴、鲜卑、羯、氐、羌所谓的“五胡”，也包括了被元朝成为“汉人”的契丹、女真、渤海等，以及在元廷北撤草原后留在中原地区的蒙古、色目等，另一方面在“华夷一家”和“用夏变夷”观念的主导下其涵盖的范围和人群也依然在扩大。明朝“大一统”这种变化可以视为是明朝面对境内外民族分布格局的变化对传统观念的继承与发展，但其核心要义是维护以“天子”（皇帝）为中心的政治秩序并没有发生根本性质的变化。

1644 年明朝崇祯皇帝在李自成军队的威逼下上吊而死，崛起于东北地区的满洲则趁机兴兵入关，谋求成为“中国正统”。为了建构“大一统”王朝，清朝的“大一统”思想在继承前代的基础上有了更大的发展，并在其指导下实现了疆域远超历朝各代的“大一统”。清朝的“大一统”思想由皇太极时期的萌芽，经过顺治、康熙、雍正时期的不断发展，最迟在乾隆时期已经完善，其外在标志

---

① 《明太祖实录》卷 239，洪武二十八年六月壬申。

② 《明太祖实录》卷 150，洪武十五年十一月甲戌。

即是《大清一统志》的编撰完成，将清朝统治者的“大一统”思想物化了。不管获得“天锡至宝”（传国玉玺）是否是皇太极的“一统万年之瑞”，但天聪十年（1636 年）改国号为“大清”之后的皇太极君臣已经普遍认为“一统基业，已在掌握中矣”[①]，说明构建“大一统”王朝已经成为清朝统治者的理想追求。顺治五年（1648 年），定鼎燕京之后的顺治皇帝诏谕西藏使臣“方今天下一家，虽远方异域亦不殊视”，“一如旧例不易”[②]，俨然已经取代明朝成为“中国正统”，而康熙皇帝则于二十五年（1686 年）设置了“一统志馆”开始编撰《大清一统志》，并明确宣称“朕为天下大一统之主”[③]，意欲将自己的“大一统”思想及其实施效果展示给世人，遗憾的是并没有对“大一统”思想做系统阐述，而《大清一统志》的成书则延续到了乾隆五年（1740 年）。不过其子雍正皇帝则撰著的《大义觉迷录》对清朝的“大一统”思想做了系统诠释，有助于我们深入了解清朝的“大一统”思想。作为中国历史上最后一个王朝，清朝的“大一统”思想并不是对历代王朝“大一统”的简单承袭，而是在历代王朝“大一统”思想基础上的进一步发展，是集大成者，突出表现在以下几个方面。

第一，重新诠释“大一统”并从中确立清朝的“中国正统”地位。清朝继承了传统“大一统”思想的核心内容，并将“普天之下莫非王土，率土之滨莫非王臣”明确认定为乃“大一统之义”。[④] 与此同时，清朝统治者也并没有避讳其源出“东夷”的身份，而是将“满洲”定义为“犹中国之有籍贯”，进而认为“自古帝王之有天下，

---

① 《清太宗实录》卷59，崇德七年三月辛巳。(《清实录》，中华书局2008年版。后文皆出自此，不再单独出注)

② 《顺治皇帝恩准禅化王旺舒克奏文并宣命收回明朝所赐印文后准赐册文印信之敕谕》(顺治五年七月二十八日)，中国第一历史档案馆藏内秘书院档。

③ 《清圣祖实录》卷173，康熙三十五年五月乙丑。

④ 《清高宗实录》卷81，雍正七年五月乙丑。

莫不由怀保万民，恩加四海，膺上天之眷命，协亿兆之欢心，用能统一寰区，垂庥奕世。盖生民之道，惟有德者可为天下君。此天下一家，万物一体，自古迄今万世不易之常经”，借以为清朝乃“中国正统”申辩，并视清朝为历代王朝的延续，不仅为“中国之主”也为“中外臣民之主”，而为了让“普天率土之众，莫不知大一统之在我朝”[①]。清朝统治者对传统“大一统”思想的诠释并不是仅仅停留在敕令中的零星阐述，也有系统的论述，此即是雍正皇帝专门撰著《大义觉迷录》系统阐述清朝乃“中国正统”，并将《大义觉迷录》刊刻“颁布天下各府州县远乡僻壤，俾读书士子及乡曲小民共知之”。[②] 清朝的“大一统”已经突破了传统“中国”和“华夷”范围，其“天下”已经拓展为包含“中外”的“天下”，视野更为宏大，且更重要的是这种观念已经由一种理想逐渐演变为现实的以清朝皇帝为核心的“大一统”王朝的政治秩序。

第二，通过《大清一统志》的编撰来明确“大一统”天下的范围。对“天下”范围缺乏明确的界定，是今人将中国传统“大一统”思想归为理想化进而给予否定的最主要原因，但忽略了这种情况并不是贯穿始终的。在传统“大一统”思想中“天下”是一个动态的范围，而随着元朝“一统志”的出现其性质也在发生着改变，尤其是清朝在元明基础上对“一统志”的认识和实践已经完全不同，成为其“大一统”思想的重要组成部分。实现对中华大地的有效管辖在清朝统治者观念中是“大一统”完成的重要标志，康熙皇帝建孝陵神功圣德碑记顺治皇帝功绩即有“由是下楚蜀，平浙闽、两粤滇黔，数年之内以次扫荡，遂成大一统之业”[③]。由此清朝继承和发扬了元朝撰写“一统志”的做法，并在康熙二十五年

---

① 《清高宗实录》卷86，雍正七年九月癸未。

② 《大义觉迷录》，载沈云龙主编《近代中国史料丛刊》第36辑，台湾文海出版社1966年版，第25页。

③ 《清圣祖实录》卷25，康熙七年正月庚戌。

（1686年）设置了一统志馆作为专门机构负责《大清一统志》的编撰。乾隆五年（1740年）编撰完成的《大清一统志》是清朝将"大一统"思想付诸实施并明晰化的体现："圣祖仁皇帝特合纂辑全书，以昭大一统之盛。卷帙繁重，久而未成。世宗宪皇帝御极之初，重加编纂，阅今十有余载，次第告竣。自京畿达于四裔，为省十有八，统府州县千六百有寄。外藩属国，五十有七。朝贡之国，三十有一。星野所占，坤舆所载，方策所纪，宪古证今，眉列掌示，图以胪之，表以识之。"[①] 用"一统志"的方式将"大一统"天下明晰化虽然是元明两朝就有的做法，但就范围和内容而言理想与现实还是存在较大差距。清朝则在元明基础上更加具体细致化，并通过续修和重修《大清一统志》将清朝实现和巩固统一的过程及时完整地记述下来，以彰显清朝乃开创"大一统"盛世之王朝。也就是说，清朝对"大一统"天下的认识，既有对历代王朝的继承和与前代"大一统"王朝疆域的对比，同时也是基于清朝开疆拓土的实际而有所发展，即如雍正皇帝所言"中国之一统始于秦，塞外之一统始于元，而极盛于我朝。自古中外一家，幅员极广，未有如我朝者也"。[②] 与传统"大一统"思想相比，清朝的"大一统"思想减少了很多理想的色彩，也更令人信服。

值得特别提及的是，虽依然不断强调清朝皇帝乃"中外之主"，但清朝也在《大清一统志》所记述的疆域范围内试图明确直接管辖的范围，而这一过程是从康熙二十八年（1689年）和俄罗斯签订《尼布楚条约》开始的，而雍正、乾隆两朝接续了划界的做法，通过签署《布连斯奇界约》《恰克图界约》《修改恰克图界约第十条》《恰克图市约》等，明确了和俄罗斯的东北和北部边界。清朝的这一做法，一方面在前代基础上拓展了传统"大一统"天下的范围，

① 《清高宗实录》卷131，乾隆五年十一月甲午。

② 《清世宗实录》卷83，雍正七年七月丙午。

另一方面也是传统“大一统”思想与近现代国际法理论实现了一定程度的接轨。

第三，强调“一体”，消弭“华”“夷”之间界限，塑造“臣民”群体。和以前的历朝各代一样，清朝的“大一统”思想中也有“华”“夷”的区分，如上述也不避讳“满洲”属于“东夷”的认定，但却将其定性为具有地域性质的“籍贯”，而且试图在“天下一统、华夷一家”的前提下将“天下民人”塑造为清朝“大一统”治下的“臣民”。

或许是对“一体”有着深刻的认识，在记录清朝历史的《清实录》中“一体”一词出现过8435次，施用的范围十分广泛，其中有不少是专门针对族群关系而言的。皇太极曾言“满汉之人，均属一体”[①]；“汉人、满洲、蒙古一体恩养”。[②] 康熙皇帝曾言，“朕视四海一家、中外一体”。[③] 而雍正皇帝在前代继承上不仅说“云、贵、川、广、猺獞杂处，其奉公输赋之土司，皆当与内地人民一体休养”[④]，“满洲、汉军、汉人、朕俱视为一体并无彼此分别”[⑤]，而且在《大义觉迷录》中对“华夷中外之分”带来的危害做了系统分析和有力批驳：“我朝既仰承天命，为中外臣民之主，则所以蒙抚绥爱育者，何得以华夷而有殊视？而中外臣民，既共奉我朝以为君，则所以归诚效顺，尽臣民之道者，尤不得以华夷而有异心。”雍正皇帝认为只有分裂时期才强调华夷之别：“盖从来华夷之说，乃在晋宋六朝偏安之时，彼此地丑德齐，莫能相尚。是以北人诋南为岛夷，南人指北为索虏。在当日之人，不务修德行仁，而徒事口舌相讥，已为至卑至陋之见。今逆贼等，于天下一统、华夷一家之

---

① 《清太宗实录》卷1，天命十一年八月丙子。

② 《清太宗实录》卷19，天命八年八月丁丑。

③ 《清圣祖实录》卷112，康熙二十年九月癸未。

④ 《清世宗实录》卷3，雍正元年正月辛巳。

⑤ 《清世宗实录》卷72，雍正六年八月丁亥。

时，而妄判中外，谬生忿戾，岂非逆天悖理，无父无君，蜂蚁不若之异类乎？”雍正皇帝将强调华夷之别的严重后果上升到影响“大一统”疆域的形成方面，认为：“自古中国一统之世，幅员不能广远，其中有不向化者，则斥之为夷狄。如三代以上之有苗、荆楚、玁狁，即今湖南、湖北、山西之地也。在今日而目为夷狄可乎？至于汉、唐、宋全盛之时，北狄、西戎，世为边患，从未能臣服而有其地，是以有此疆彼界之分。自我朝入主中土，君临天下，并蒙古，极边诸部落俱归版图。是中国之疆土，开拓广远，乃中国臣民之大幸，何得尚有华夷中外之分论哉！”[①] 乾隆皇帝对前代皇帝的做法也给出了肯定的认识和评价：“夫人主君临天下，普天率土，均属一体。无论满洲、汉人未尝分别，即远而蒙古蕃夷亦并无歧视。本朝列圣以来，皇祖皇考，逮于朕躬均此公溥之心，毫无畛域之意，此四海臣民所共知共见者。”[②]

从雍正和乾隆皇帝的阐述不难看出，面对多民族国家的实际和传统“大一统”思想中的模糊认识，清朝统治者试图努力在弥合族群之间的差异，而其最终目的即是塑造“中国臣民”，由此弥合族群差异和塑造“臣民”就成为清朝“大一统”思想的主要内容，是对传统“大一统”思想的发展。

第四，强调“大一统”，追求政治秩序的“一体化”。

“六合同风”是传统“大一统”思想所追求的最高政治目标，但就其实施情况看，最初主要是指被称为“中国”的中原地区，而随着“中国”这一天子直接管辖区域的不断扩大，其实行的范围也不断向边疆拓展，如果说唐朝通过建立都护府体制下的羁縻府州制度对边疆尝试进行有效管辖是对传统“因俗而治”的一种突破，那么元代行省制度的建立则是在此基础上的进一步发展，代表着边疆

① 《清世宗实录》卷86，雍正七年九月癸未。《大义觉迷录》也有大致相同的阐述。

② 《清高宗实录》卷8，雍正十三年十二月辛未。

与内地政治一体化的发展趋势，而明朝将“用夏变夷”观念广泛施用于边疆治理，其目的则是谋求实现边疆与内地在文化上的一体化。实现中华大地更大范围“大一统”的清朝，则在总结前代治理经验的基础上确立了在政治、经济和文化诸多方面谋求“大一统”国家治理的一体化，进而也构成了清朝“大一统”思想的主要内容。

如上所述，“一体”是清朝统治者经常使用的词汇，在国家治理过程中尽管“满洲根本”是其国策，而“因俗而治”也时常出现在史书记载中，并被不少学者视为清朝边疆治理的总方针①，但对“一体”的追求也是清朝国家治理中无处不在的，即如雍正皇帝所言：“中外者，地所画之境也；上下者，天所定之分也。我朝肇基东海之滨，统一诸国，君临天下，所承之统，尧舜以来，中外一家之统也。所用之人，大小文武，中外一家之人也，所行之政，礼乐征伐，中外一家之政也。”② 虽然在雍正皇帝的表述中没有出现“一体”，但“一家之统”“一家之人”“一家之政”的表述却是对“一体”最好的诠释。清朝对“一体”的追求突出体现在以下几个主要方面。

一是放弃了自战国以来出现的人为设置的阻隔游牧和农耕人群交往的长城防御体系，用盟旗制度对蒙古各部实施有效管辖。先秦时期出现的长城在秦汉时期是传统“大一统”的北部界限，唐朝虽然突破了传统观念的限制在草原地区设置燕然等都护府管理众多羁縻府州，但明朝回归传统，又重新构筑起来以长城为主体的九边防御体系，阻断了与蒙古各部的交流，双方在长城防御线展开的博弈几乎构成了明代北疆历史的主要内容。定鼎北京后的清朝，因为之前和蒙古即存在通过联姻确立起来的政治关系，

---

① 参见田继周等《中国历代民族政策研究》，青海人民出版社1993年版，第309—357页。

② 《清世宗实录》卷13，雍正十一年四月己卯。

对长城防御体系有着和明朝统治者完全不同的认识，尤其是康熙皇帝认为："帝王治天下，自有本原，不专恃险阻，秦筑长城以来，汉唐宋亦常修理，其时宁无边患。明崇祯中我太祖统大兵长驱直入，各路瓦解，皆莫敢当，可见守国之道惟在修德安民。民心悦，则邦本得，而边境自固。"[①] 于是，在有大臣建言修缮长城时，康熙皇帝就有了如下一段表述："昔秦兴土石之工，修筑长城，我朝施恩于喀尔喀，使之防备朔方，较长城更为坚固。"[②] 联姻与设置盟旗等就成为清朝统驭蒙古政策的主要内容，蒙古不仅成为北部边疆的守卫者，也成为清朝驻守各地的重要依靠力量。长城防御体系的放弃对古代中国维持"大一统"王朝疆域稳定而言是一次革命，而弃"专恃险阻"为"修德安民"则构成了清朝维持"大一统"疆域稳定的重要政策特点，这是对传统"大一统"思想的极大发展，不仅有助于中国疆域的形成与发展，也为中原农耕和北疆草原游牧族群的交流、交往、交融及中华民族的凝聚与发展扫除了人为和地理障碍。

二是管理方式的"一体化"努力。以汉武帝为开端，强盛时期的王朝往往在"大一统"的旗帜下积极实施对边疆的经略，由此历代王朝对边疆的治理也呈现与内地"一体化"的趋势，但没有哪个王朝像清朝一样如此大规模地谋求管理方式的"一体化"，尤其是对南部土司地区的改土归流表现最为突出。对南部边疆的管理，尽管早在秦朝实现"一统"后将郡县推行到了南部边疆地区，但并没有深入到底层民众，故而自元朝开始改为有羁縻色彩的土司制度。面对这一情况，雍正皇帝提出了"三代以上之有苗、荆楚、狁，即今湖南、湖北、山西之地

① 《清圣祖起居注》卷27，康熙三十年五月二十一日，中华书局1984年版。后文皆出自此，不再单独出注。

② 《清太宗实录》卷151，康熙三十年四月。

也。在今日而目为夷狄可乎”的质疑，为了维护“大一统”政治格局，使“普天率土之众，莫不知大一统之在我朝。悉子悉臣，罔敢越志者也”[①]，改变阻碍中央政令畅通的土司制度也由之成为必然的选择，自雍正时期开始的大规模改土归流就是在这一观念的主导下进行的。故而有学者认为“对封建统治来说，当初设置土司是求得在全国发展不平衡的西南少数民族地区实行间接统治，而改土归流则意在取代土司，进一步实现对这一地区的直接统治。雍正朝的改土归流即突出地表明了这一根本目的”[②]。管理制度的“一体化”趋势在清朝边疆管理体制的变化中也有着明确的体现，在明朝羁縻卫所基础上确立军府制度，虽然又针对不同地区实施了盟旗制度、伯克制度等不同的管理方式，依然打着“因俗而治”的招牌，但在具体的治理过程中却无不凸显着国家治理能力的强势介入，其介入程度和传统的“守在四夷”相比呈现天壤之别，较元朝的行省也是巨大的发展，清末新政时期的边疆管理方式由军府向省建制的改革尽管有被迫的成分在内，但也是前中期“一体化”观念在边疆管理方式上具体实践的结果。

三是法律制度的“一体化”。如果说管理体制的“一体化”只是在南部地区的改土归流方面表现突出，那么在法律制度的“一体化”方面则处于隐忍和深藏不露的状态。从表面上看，清朝十分注重通过法律制度建设规范对“大一统”国家的治理，先后制定了《大清律例》《理藩院则例》《蒙古律例》《番例条款》《回疆则例》《西宁青海番夷成例》《酌定西藏善后章程十三条》《钦定西藏章程》等诸多法律制度，目的是推动“大一统”国家治理由传统的“王治”向“法治”转变。这些法律制度建设，既有体现“大一统”的《大清律》，更多的则是针对蒙古、回疆、西藏等具有地方特点的法律制

① 《清世宗实录》卷86，雍正七年九月癸未。

② 李世愉：《清代土司制度论考》，中国社会科学出版社1998年版，第42—50页。

度，似乎与清朝统治者所宣扬的“因俗而治”吻合，岂不知这些针对地方的法规以确立清朝的绝对统治为根本原则，在具体实行过程中也往往贯穿着《大清律》的原则。追求法律制度的“一体化”实际上早在入关之前就存在，主要是针对蒙古东部各部的管理。天命七年（1622 年）二月，努尔哈赤在宴请蒙古科尔沁王公是即说过：“今既归我，俱有来降之功，有才德者固优待之，无才能者亦抚育之，切毋萌不善之念，若旧恶不悛，即以国法治之。”① 而天聪三年（1629 年）正月皇太极也曾经“敕谕于科尔沁、敖汉、柰曼、喀尔喀、喀喇沁五部落，令悉遵我朝制度”②。康熙六年（1667 年）颁布的《蒙古律例》有关礼仪制度的规定即明确了清朝统治者和蒙古王公之间的臣属关系并规定理藩院是管理蒙古各部的主要机构。

尽管有《回疆则例》，但在具体案件的处理上清朝统治者也存在着意欲将《大清律》施用于回疆进而从法律制度上实现“一体化”的企图。乾隆二十四年（1759 年），清朝平定大小和卓之乱，“各部归一”，乾隆皇帝即有“今为我属，凡事皆归我律更章”③ 的表述。《清高宗实录》卷 608、卷 648 记载了乾隆皇帝对回疆案件的指示是“非可尽以内地之法治也”，但乾隆二十六年（1761 年）十月有关“回人”伊斯拉木刺杀和卓案件的处理却出现了是用《大清律》还是伊斯兰教法（回经）的争论，最终乾隆皇帝裁决按照后者处理，但却指示“此案特因伊斯拉木稍有劳绩，是以格外加恩，否则按律定拟，断不姑宽，仍晓示回众知之”。④ 由此来看，乾隆皇帝的“非可尽以内地之法治也”似乎可以理解为是尽可能“以内地之法治”。类似的例证还有很多，这应该是清朝统治者试图

① 《满洲实录》卷 7，天命七年二月。

② 《清太宗实录》卷 5，天聪三年正月辛未。

③ 阮明道笺注，刘景宪译注：《西域地理图说注》卷 2《官职制度》，延边大学出版社 1992 年版，第 62 页。

④ 《清高宗实录》卷 646，乾隆二十六年十月癸酉。

实现法律的“一体化”的表现。

清朝统治者的“大一统”思想既有对传统“大一统”思想的继承，但更多的是在元明两朝基础上的进一步发展，而不避讳“东夷”出身和在严重影响“大一统”疆域进一步扩大的高度来认识“华夷中外之分”，并将清朝实现“大一统”归功于没有此认识，应该是最突出的贡献。值得说明的是，清朝的“大一统”思想在鸦片战争后也出现了显著变化，《清德宗实录》卷562，光绪三十二年七月戊申条记载了光绪皇帝“立宪”改革的上谕，由其中以下数条可以窥知变化之一斑：“各国之所以富强者，实由于实行宪法，取决公论，君民一体，呼吸相通，博采众长，明定权限，以及筹备财用，经画政务，无不公之于黎庶。”“惟有及时详晰甄核，仿行宪政，大权统于朝廷，庶政公诸舆论，以立国家万年有道之基。”“广兴教育，清理财政，整顿武备，并设巡警，使绅民明悉国政，以豫备立宪基础。”“著各省将军、督抚晓谕士庶人等，发愤为学，各明忠君爱国之义，合群进化之理，勿以私见害公益，勿以小忿败大谋，尊崇秩序，保守和平，以豫储立宪国民之资格，长厚望焉。”这种变化亦可以视为中国传统“大一统”思想与近现代主权（国民）国家理论的接轨。

总体而言，尽管有1840年后鸦片战争带来国土大面积地被列强蚕食鲸吞，但恰如《清史稿》所言：“太祖、太宗力征经营，奄有东土，首定哈达、辉发、乌拉、叶赫及宁古塔诸地，于是旧藩扎萨克二十五部五十一旗悉入版图。世祖入关翦寇，定鼎燕都，悉有中国一十八省之地，统御九有，以定一尊。圣祖、世宗长驱远驭，拓土开疆，又有新藩喀尔喀四部八十二旗，青海四部二十九旗，及贺兰山厄鲁特迄于两藏，四译之国，同我皇风。逮于高宗，定大小金川，收准噶尔、回部，天山南北二万余里毡裘湩酪之伦，树颔蛾服，倚汉如天。自兹以来，东极三姓所属库页岛，西极新疆疏勒至于葱岭，北极外兴安岭，南极广东琼州之崖山，莫不稽颡内向，诚系本朝。”多民族国家定型于清代，清朝虽然功不可没，但这一结果却是在历朝各代和边疆地区存在的众多王朝和政权更替努力的基础上实现的，而在“大一统”王朝疆域形成、巩固与维护过程中，清朝对传统“大一统”思想的继承与发展也起着重要的指导作用。

第一章

清代实现、巩固和维护统一的进程

17世纪中叶，中国完成了明清易代。在李自成、张献忠、明朝残余势力和蒙古等诸多政治势力分立的状态下，清朝异军突起，作为我国最后一个传统王朝，不仅实现了中华大地的“大一统”，而且把多民族国家的中国疆域由“有疆无界”的王朝国家时期逐步导入“有疆有界”的现代主权国家阶段，当然这是与西方殖民主义势力汹涌东来整个大背景息息相关的。从时间维度展示清代多民族国家实现、巩固和维护统一的历程，在系统体现这一转变的同时，也可以加深对多民族国家形成与发展历史的认识。

第一节　统一的实现

万历十一年（1583年），努尔哈赤以父、祖十三副遗甲起兵，逐渐统一女真诸部，于万历四十四年（1616年）在赫图阿拉举行登基大典，大臣上尊号为“承奉天命覆育列国英明汗”，简称“英明汗”，建元天命。万历四十六年（1618年），努尔哈赤以“七大恨”起兵反明，翌年取得萨尔浒大捷。其子皇太极锐意进取，“己巳之役”重挫明军，统一漠南蒙古，于崇祯九年（1636年）登基称帝，建国号为“大清”，改元为崇德。其后，皇太极亲征朝鲜，取得胜利后，开始全力与明朝进行较量。崇祯十七年（1644年），李自成率军攻破北京，清朝趁机整兵入关，“定鼎燕京”，放眼中原，力图实现“大一统”。经过顺治、康熙、雍正、乾隆四朝的不断努力，终在乾隆二十四年（1759 年）以平定大小和卓为标志，实现了“大一统”的目标。

一　入主中原

（一）清军入关

清军入关是决定明末清初政局走向的重大事件，而其中起到关键作用的人物是多尔衮。多尔衮为清太祖努尔哈赤第十四子，万历四十年（1612 年）生。皇太极即位时，多尔衮被封为贝勒，在此后数次针对蒙古的军事行动中，均展示出其出色的政治、军事才能，在满洲统治集团中建立了一定的威信。崇德八年（1643 年）八月初九日，皇太极病逝，满洲贵族内部围绕皇位继承问题一直争斗不休。多尔衮为了顾全大局，提出拥立皇太极第三子、年仅六岁的福临即位，而以自己和郑亲王济尔哈朗共同摄政，实际掌管政务的方案。多尔衮的这个妥协方案随后为各方接受，皇太极幼子福临继位，改元顺治。清朝内部的权力纷争虽因此得到一定程度的缓解，但是并未彻底平息，只不过是被入关这个目标给暂时掩盖了。

入关是清初政权多年以来的既定目标，皇太极也一直“有志中原”[①]，试图统一天下。天聪七年（1633 年）六月，皇太极曾就“征明及朝鲜、察哈尔三者何先”这一问题询问诸贝勒，多尔衮当即奏言：“宜整兵马，乘谷熟时，入边围燕京，截其援兵，毁其屯堡，为久驻计，可坐待其敝。”第二年五月，皇太极进攻明朝，占据保安、朔州等地。[②] 祖可法也曾向皇太极谏言：“见今金、汉、蒙

① 《胡贡明陈言图报奏》，天聪六年正月二十九日，《天聪朝臣工奏议》，载潘喆、孙方明、李鸿彬编《清入关前史料选辑》第二辑，中国人民大学出版社 1989 年版，第 11 页。

② 《清史稿》卷 218《列传五・诸王四》，第 9023 页。

古、叽喇、灰靶、鱼皮等兵，聚集我国。皇上日有斗金之费，趁此机会可以前进，以成大位，不负已往劳心矣。远者，北京乃是天下之首，得了此地，谁敢不服？近者，山海，得了屯驻兵马，金辽不攻，自然归顺。”[①] 此入关目标因明朝的军事抵抗而迟迟未能实现，即便是在松锦决战之后，清军仍无法完全突破明朝的防线。此时的中原地区，由于接连发生饥荒、明朝政府普遍处于瘫痪状态等原因，农民大起义最终大范围爆发。崇祯十七年（1644年）三月十九日，李自成率大顺军攻占北京，崇祯皇帝自缢身亡。与此同时，清朝大学士范文程建议多尔衮等人立即率军入关，进取中原，多尔衮接受了范文程的建议，于顺治元年（1644年）四月初九以大将军的名义统领满洲、蒙古兵的三分之二，“及汉军恭顺等三王、续顺公兵，声炮起行”，[②] 举全国之力，从沈阳出发，直奔中原而来。

然而，此时清军入关并非易事，明朝在山海关仍驻守有一支数万人的精锐部队，由吴三桂率领，是明朝在北部地区仅存的一支军事力量。对于吴三桂而言，其已处于大顺军、清军两大势力的夹缝之中，且兵力并不足以单独与其中任何一方正面抗衡，更不用说两面同时作战了，想要自存就只得选择归附某一势力。在此之前，皇太极已于崇德七年（1642年）六月、十一月、崇德八年（1643年）正月等多次颁敕招降吴三桂，均被吴三桂明确拒绝。此时，吴三桂的父亲吴襄已归降李自成，且明朝的文武官吏降者已达3000余人，在几经思考之后，吴三桂决定向大顺投降，将山海关转由李自成派往招抚的唐通镇守，自己则率军前往北京朝见李自成。然而，就在其前往朝见的途中却遇到北京吴府的家人来报，大顺军正在实行向明朝降官追赃助饷的政策，并因此拷掠了其父吴襄，就连

---

① 《明清史料》甲编，第1本，北京图书馆出版社2008年版，第157页。

② 《清世祖实录》卷4，顺治元年四月丙寅。

爱妾陈圆圆也被大顺将官所夺。吴三桂听闻后愤懑不已，毅然决定中途折返，击败守将唐通，重新夺回山海关。[1]

李自成得知吴三桂降而复叛，便亲率大顺军主力前往山海关，拟再次招降吴三桂，如不从，则武力消灭。同时，将此视为进取中原良机的清军也在急速地靠近山海关。吴三桂自知无法对抗即将到来的大顺军主力，转而求助于清朝，四月十五日，派人到清军营中"泣血求助"，请多尔衮发兵与其合兵进讨"流寇"。四月二十日，清军行至连山，大顺军则已过永平。吴三桂再遣人至清营，敦促多尔衮"速整虎旅，直入山海"，[2] 二十一日，大顺军早于清军抵达山海关，向吴军发起攻击。两军昼夜激战，吴军渐渐力不能支，吴三桂再次请求清军参战。多尔衮很清楚当时形势，了解吴三桂的窘境，一直作壁上观，待双方实力大损且吴三桂多次请求参战的情况下，才派清军入关参战。清军的加入，一举改变了战局，李自成大败，撤回北京，清军一路追击，五月初二即达北京，而此时的大顺军早已退至陕西地区。

清军抵达北京之后，就是否迁都北京引发了激烈争论。八王阿济格等反对迁都，认为应趁此机会"大肆屠戮，留置诸王以镇燕都，而大兵则或还守沈阳，或退保山海，可无后患"。但多尔衮认为"先皇帝尝言，若得北京，当即徙都，以图进取，况今人心未定，不可弃而东还"。[3] 由此可见，在皇太极时，迁都北京就已成为既定方针，"以图进取"即完成"大一统"目标。最终摄政和硕睿亲王多尔衮与诸王贝勒大臣等商议后，决定迁都北京，并遣辅国公吞齐喀等人向顺治皇帝奏言："仰荷天眷及皇上洪福，已克燕京，臣再三思维，燕京势踞形胜，乃自古兴王之地，有明建都之所。今

① 刘凤云：《一次决定历史命运的抉择——论吴三桂降清》，《清史研究》1994年第2期。

② 《清世祖实录》卷4，顺治元年四月丁丑。

③ 《李朝实录》，仁祖二十二年八月戊寅。吴晗辑《朝鲜李朝实录中的中国史料（九）》，中华书局1980年版，第3735页。

既蒙天畀，皇上迁都于此，以定天下，则宅中图治，宇内朝宗，无不通达，可以慰天下仰望之心，可以锡四方和恒之福，伏祈皇上熟虑俯纳焉。”①

九月，顺治皇帝抵达北京，十月初一日举行登基大典，“仍用大清国号”，并以“‘顺治’纪元”②，此举具有重大意义，标志着清朝成为继明朝之后的全国性政权。

（二）中原一统

顺利入关、迁都北京仅是清朝实现“大一统”的第一步，具备了统一全国的先决条件。当时的中国形成了清、大顺、大西、南明等政权同时并存的格局，而清朝在军事、经济等实力上并不占据优势。清朝统治者决定采取逐个击破的策略，先行解决退据西北的大顺政权，再挥师南下。而大西和南明政权君臣苟且偷安的侥幸思想也使得清朝的这一策略能够顺利实施。

顺治元年（1644 年）夏季以后，河南成为大顺、清朝和南明争夺的焦点地区。此前大顺已在该地遍设官员，但是在其西撤之后真正能够控制的只有豫西地区。清朝乘虚而入，在稳固对畿辅地区统治的同时，把势力扩展到河南北部，控制了黄河以北的怀庆、彰德、卫辉三府，并立刻委任官员对其进行统治。

尽管南明一再致书清廷，试图“联虏平寇”，但是清朝并没有任何与南明联合的意图，反而多次否定南明政权的合法性，要求其无条件归降。顺治元年七月二十七日，多尔衮在给史可法的信中指责、讽刺南明遗臣无力铲除“闯贼”，为君父复仇，并劝其放弃国号，否则将率军剿灭，其言：“今若（南明）拥号称尊，便是天有二日，俨为劲敌”，并威胁讨伐之。③

---

① 《清世祖实录》卷5，顺治元年六月丁卯。

② 《清世祖实录》卷9，顺治元年十月乙卯。

③ 蒋良骐：《东华录》卷4，顺治元年七月壬子，齐鲁书社 2005 年版。

不过南明与清之间的确在数月内没有爆发大规模战争，此时清军主力正在追剿大顺军。顺治元年十二月，清军追至陕州。二十九日，极具战略决战意义的潼关战役开始，大顺军主将刘宗敏先战，失利。顺治二年（1645 年）正月初四，刘芳亮领兵千余人窥视清营，被清军护军统领图赖等人率军击退。李自成听闻败讯，亲自率领马、步兵迎战；清朝调集镶黄、正蓝、正白三旗兵协力并进，全歼李自成所率步兵，骑兵也各自奔窜。初五、初六夜间，李自成部率众进犯，均被清军所败。十一日，清军进逼潼关口，以红衣大炮轰击城墙，大顺军震恐，清军“相继冲入，诛斩无算”，李自成见势只得率军撤回西安。十二日，护军统领阿济格、尼堪等领兵渡潼关濠口，大顺军望风奔溃，潼关守将马世尧率所部七千余众迎降，潼关失守。十六日清军自潼关起行，十八日师至西安，而李自成自知无法抵御，早已于十三日焚其宫室，带领兵马、部分文职官员、家属和财物由西安经蓝田、商洛向河南撤退。[①]

顺治二年（1645 年）正月十八日，清军多铎部占领西安。不久，阿济格部也到达西安。鉴于此时大顺军已多次兵败，势穷力弱，多尔衮决定派遣多铎部南下，攻取南京，由阿济格部继续负责追剿大顺军。大顺军放弃西北地区南撤之后，李自成率领的主力部队大约在三月下旬到达湖北襄阳一带。当时，其麾下共有士卒二十万，其中十三万是从西安、河南带来的部队，另有七万是原先部署在襄阳、承天、德安、荆州四府所属各州县的守兵。李自成试图以此二十万兵力攻取南京，水陆并进。而清军也分水陆两路进行追击，两军屡次激战，清军大胜，“降者抚之，拒者诛之，穷追至贼老营”。[②] 五月初，李自成行至湖北通山县境内九宫山，为了制定接下来的行军路线，亲自带领少数卫士勘探地形，却突然遭到地方地

① 《清世祖实录》卷 14，顺治二年二月乙卯。

② 《清世祖实录》卷 18，顺治二年闰六月甲申。

主武装的袭击，身边仅有义子张鼐和二十余名士卒，在混战之中，李自成被击杀。李自成的死亡也标志着大顺政权的最终覆灭。[①]

大顺政权覆灭后，清军压力缓解，可以腾出手来攻打南明政权和张献忠的大西政权。

实际上，在追剿大顺军的后期，摄政王多尔衮即着手部署主力南下，调集三路大军进攻南明弘光朝廷。面对南下的清军，南明军队却显得毫无战意，不少将领在两军刚一接触便不战而降。四月二十五日，多铎部攻破扬州城，南明督师史可法因拒绝投降而被杀，扬州兵民尽被屠戮。五月初五日，清军进抵长江北岸，初十日，弘光皇帝仓皇逃离南京，十七日，清军顺利占领南京。十八日，清军占领徐州，并迅速接管了邳州、宿迁、睢宁、沭阳、桃源、清河等地。

五月中旬，出逃的弘光皇帝行至芜湖投奔黄得功部，不久后便被南明叛军活捉献给了清朝。六月初七日，南明群臣朝见邹太后（弘光皇帝朱由崧嫡母），请命潞王监国。随即，邹太后下发懿旨由潞王朱常淓在杭州监国。然而，六月十一日，清兵进抵钱塘江西岸，逼近杭州，马士英、阮大铖、朱大典等南明官员争相逃离，朱常淓也决意奉表降清。六月十四日，清军便顺利占领杭州。南明再一次面临择君即位的问题，闰六月二十七日，唐王朱聿键在福州称帝，改元隆武。隆武朝廷建立后，颁诏各地，得到了两广、赣南、湖南、四川、贵州、云南部分地区的承认。七月四日，清军破嘉定城大开杀戒，是为“嘉定三屠”。

顺治三年（1646 年）二月十九日，清廷命多罗贝勒博洛为征南大将军，同固山额真图赖领兵南下，进攻浙江、福建。[②] 五月十五日，博洛统率的军队经由苏州进抵杭州，随后兵分两路进攻，南

---

① 顾诚：《南明史》，中国青年出版社 1997 年版，第 154 页。

② 《清世祖实录》卷 24，顺治三年二月丙午。

明在钱塘江部署的防线顿时瓦解，各部明军损兵折将，纷纷逃窜，清军成功占据浙东地区的各府县，不久之后，郑芝龙等人便相继降清。

顺治三年（1646 年）三月二十四日，清军攻克吉安，随即向赣南地区推进。六月初八日，清军前锋便已抵达赣州城下。由于赣南地区东连福建、西接湖南、南临广东，具有非常重要的战略地位，隆武政权也极力想挽救危局，但由于部署不当，赣州很快失守。八月二十七日，隆武皇帝到达福建汀州，次日被清军截杀。隆武朝覆亡。

为了加快统一的进度，八月十五日，清朝再次向南方地区增兵，任命恭顺王孔有德为平南大将军，与怀顺王耿仲明、续顺公沈志祥、右翼固山额真金砺、左翼梅勒章京屯泰一起统兵南下，进攻湖广、两广地区，并下发谕旨："尔等同爵，今在军中不可不立主帅，同去王公、诸将等，凡事悉听恭顺王令行。"[①] 次年二月，孔有德率军抵达湖南，几乎没有遇到任何抵抗就占领了湖南大部分地区。

九月，隆武皇帝遇害的消息传到湖广、广东、广西等地，再一次在南明官绅中引发了恐慌。十月十四日，桂王朱由榔在群臣的拥戴下进行监国，这便是永历政权。朱由榔在当时得到了大多数南明官绅的支持，但是与之同时建立的还有绍武政权，由大学士苏观生等人拥立的唐王朱聿𨮁称帝，形成了争立的局面。这就给了清军可乘之机，绍武政权在永历朝和清朝的夹击之下很快覆灭，仅存在一个多月。永历皇帝也陷入危局，在清军的围追堵截之下，数次移跸，最终只得暂时驻守肇庆。

顺治六年（1649 年）五月十九日，清廷下诏改封恭顺王孔有

① 《清世祖实录》卷 27，顺治三年八月戊子。

德为定南王、怀顺王耿仲明为靖南王、智顺王尚可喜为平南王，由三王统兵南下。令定南王孔有德率兵征广西；靖南王耿仲明、平南王尚可喜率兵前往征广东。[①] 在南下的途中，有满洲官员揭发耿仲明、尚可喜收留“逃人”一千多名，触犯了清朝的“窝藏逃人法”，耿仲明畏罪自杀。清朝改由耿仲明之子耿继茂统率靖南王旧部，受尚可喜节制。

顺治七年（1650 年）正月初三日，尚可喜、耿继茂率领清军由南雄出发，初六日抵韶州府，明守将弃城南逃，清军未遇抵抗便占领韶州。见此，朱由榔不顾群臣的反对，逃往梧州。十一月初二日，清军占领广州全城，此时，孔有德部也已经占领桂林。面对此局势，朱由榔只得带领少部分朝臣再次逃亡，部分坚持抗清的南明将领不得不退守广东、广西沿海地区。

此时一度经营云南、四川的大西政权在孙可望的率领下，决定联明抗清，奉永历朝为正统。大西政权内部此时也有深刻变化。顺治三年（1646 年），多尔衮派肃亲王豪格领兵赴四川征讨张献忠部，“鳌拜等奋击，大破之，斩献忠于阵”[②]，此后，大西军由张献忠的四个养子孙可望、李定国、刘文秀、艾能奇统领，但孙可望野心最大，试图“挟天子以令诸侯”，以永历皇帝为傀儡，达到其独断专行的目的。

顺治六年（1649 年），孙可望派白文选率部进入贵阳；顺治七年（1650 年），孙可望进至贵州铜仁，控制了贵州全境。然而，此时永历政权却在清军的猛烈攻势下岌岌可危，顺治八年（1651 年），孙可望派遣贺九仪等率军赶赴南宁，护卫永历皇帝。十二月，南宁失守，永历皇帝只得暂驻贵州安龙府。但是，孙可望并不甘心对朱由榔俯首称臣，仅是想利用南明的号召力巩固自己的权力，实

---

① 《清世祖实录》卷 44，顺治六年五月丁丑。

② 《清世祖实录》卷 29，顺治三年十二月甲申。

现专断独行的目的。这就与大西将领李定国、刘文秀等人存在激烈冲突，南明再次陷入内乱。顺治九年（1652 年）春，清廷命定南王孔有德由桂林出河池，进攻贵州，命吴三桂进攻川南，对大西军形成两面夹击之势。但孔有德部进攻极不顺利，大西军在猛将李定国的率领下，不断对清军进行打击，并在七月初四日，攻取桂林，孔有德自焚而死。吴三桂部进展较为顺利，由于大西政权北路军主将刘文秀轻敌，于顺治九年十月在四川被吴三桂击败。孙可望趁机削夺刘文秀爵号，并拆散其部队，引起大西军诸将的不满。李定国立下赫赫战功，更引起孙可望的猜忌。顺治十四年（1657 年）八月初一日，孙可望在贵阳誓师，亲自统率十四万兵马向云南进发，以白文选为征逆招讨大将军，由冯双礼留镇贵阳，欲图一举击败李定国等人。最终在李定国、刘文秀的联合攻击之下，孙可望大败，归降清朝。

南明的内乱和孙可望兵败降清，成为清朝进军西南、实现统一的良机。顺治十四年（1657 年）十二月十五日，清廷正式下达三路进军西南的诏谕：其一任命平西王吴三桂为平西大将军，与固山额真墨勒根、侍卫李国翰率领所部由陕西汉中南下四川，进攻贵州；其二任命原定驻防江宁的固山额真赵布泰为征南将军，统兵南下湖南，由经略洪承畴拨给部分汉兵，取道广西，北攻贵州；其三任命固山额真、宗室罗托为宁南靖寇大将军，同固山额真济席哈等统兵前往湖南，会合洪承畴节制的汉兵一道由湖南进攻贵州。三路大军的进展都极为顺利，在顺治十五年（1658 年）五月时，清军已占领了贵州的大部分地区。

顺治十六年（1659 年）正月初三日，清军未遇抵抗即占领昆明，朱由榔流亡缅甸。顺治十七年（1660 年）八月，在平西王吴三桂的请求下，清廷决定出兵缅甸，逼迫缅甸交出明永历皇帝，并试图消灭在云南边境地区继续抗清的李定国军。缅甸国王闻讯极为恐慌，于顺治十八年（1661 年）十二月初一日执送朱由榔于军前。至此，永历政权覆灭。清朝也基本实现了对中原地区的统一。

二　康雍乾三朝的统一实践

顺治朝长达十余年的军事行动虽然剪除了当时中原地区能够极大威胁清朝实现“大一统”的主要势力，但是并未就此彻底消除影响统一的势力，特别是西南、台湾、新疆、西藏、外蒙古等边疆地区仍存在不小的隐患。随后的康熙、雍正、乾隆三朝均为此付出了巨大的努力，最终不仅得以维护中原一统的前期成果，而且进一步拓展了版图，完成了“大一统”的目标。

（一）平定“三藩”

清军入关前后，南明曾先后有几个藩王争立政权，清朝还曾以高官厚禄为条件招抚了大批明朝将官，清朝文献中以“前三藩”“后三藩”来指代这些手握重兵的藩王，即“国朝兵事大者曰前三藩、后三藩。前三藩：明福王、唐王、桂王也；后三藩：平西王吴三桂、平南王尚之信、靖南王耿精忠也”[①]。

清朝攻取西南和东南地区之后，派军驻守，吴三桂镇守云南，尚可喜镇守广东，耿仲明之孙耿精忠镇守福建，均统有数万精兵，由朝廷供给薪俸、军饷，巨额的俸饷开支给清朝的财政造成了巨大的压力。顺治十七年（1660 年），据户部统计，平西王每年所需俸饷九百余万，再加上平南王、靖南王每年所需，“三藩”每年共需俸饷二千余万，以至于“天下财赋半耗于三藩”[②]。为了节省开支，朝廷提议召还满洲兵，裁撤部分绿营兵，均被吴三桂以“边疆未靖，兵力难减”为由加以拒绝。

---

① 魏源：《圣武记》卷 2，《康熙勘定三藩记》上，中华书局 1984 年版（下同，不再注版本信息），第 61 页。

② 魏源：《圣武记》卷 2，《康熙勘定三藩记》上，第 62 页。

康熙皇帝对“三藩”势力洞若观火，他早有裁撤“三藩”的决心，自年少时就认为“三藩”不可不撤，亲政以后，他以“三藩及河务、漕运为三大事，夙夜廑念，曾书而悬之宫中柱上”[①]。康熙十二年（1673年）三月，尚可喜奏称因年老多病，愿归老辽东，并请留其子尚之信袭爵镇守广东。尚可喜的请求，为康熙皇帝提供了撤藩契机，康熙皇帝毅然决定撤藩，令其回籍。

吴三桂、耿精忠二藩对尚可喜被撤藩一事深感不安，被迫于康熙十二年（1673年）七月“疏请撤兵，以探朝旨”。吴、耿二藩，尤其是吴三桂要求撤藩，使清廷内部发生了分歧。以大学士索额图为主的多数大臣不同意撤藩，认为吴三桂镇守云南以来，“地方平定，总无乱萌”，如果令其迁移，沿途地方的民户势必受到骚扰，另外“滇、黔、苗、蛮反侧，若徙藩必遣禁旅驻防”[②]，开销花费众多，不如仍令吴三桂镇守云南。而唯有户部尚书米思翰、兵部尚书明珠、刑部尚书莫洛等官员“力请徙藩”，认为应该“将王（指吴三桂）本身并所属官兵家口，均行迁移，在山海关外，酌量安插”。[③] 康熙皇帝进行最后决策，他深感“藩镇久握重兵，势成尾大，非国家利”[④]，决意撤藩。随后派遣折尔肯、傅达礼前往云南，梁清标前往广东，陈一炳前往福建，办理撤藩事宜。

吴三桂撤藩之请本就虚情假意，主要目的在探听虚实，见朝廷决意撤藩，便决定造反。康熙十二年（1673年）十一月二十一日，吴三桂起兵，扣留折尔肯、傅达礼等，并杀害云南巡抚朱国治，囚禁按察使以下不肯屈服的大小官员，自称“天下都招讨兵马大元帅”，改明年为周王元年，“蓄发易衣冠，旗帜皆白”。贵州巡抚曹申吉、贵州提督李本深、云南提督张国柱皆发兵响应吴三桂，而云贵总督甘文焜在贵阳听

---

① 《清圣祖实录》卷154，康熙三十一年二月辛巳。

② 魏源：《圣武记》卷2，《康熙勘定三藩记》上，第63页。

③ 《清圣祖实录》卷43，康熙十二年八月癸卯。

④ 魏源：《圣武记》卷2，《康熙勘定三藩记》上，第63页。

闻变故，试图派兵拒守，但所属绿营兵皆不为所动，仓促间只得带领骑兵十余名赶往镇远，十二月初八日抵达镇远府镇远桥，当地守将却早已归降吴三桂，甘文焜被围，自刎身亡。[①]

康熙十三年（1674年）春，吴三桂派兵攻占湖南，很快攻陷岳州、澄陵、衡阳等地。广西将军孙延龄、四川巡抚罗森等先后起兵响应；当年三月，耿精忠据福建反清；十二月，陕西提督王辅臣在吴三桂的诱引下反清，并迅速占据汉中、兴安之地，阻绝川陕栈道。如此一来，陕西、甘肃、四川、湖南、云南、贵州等省在数月之内均被吴三桂控制。

面对吴三桂、耿精忠的叛乱，部分清朝廷臣陷入恐慌，大学士索额图等人仍旧认为此叛乱是因撤藩所致，主张处死建议撤藩的官员，以此平息叛乱。然而，康熙皇帝断然拒绝了该请求，对群臣言："此（撤藩）出自朕意，伊等何罪？""朕自少时，以三藩势焰日炽，不可不撤，岂因吴三桂反叛遂诿过于人耶？"[②] 显示其具有过人的政治担当和杰出的政治决断力。

得知吴三桂起兵后，康熙皇帝一方面公布吴三桂的罪状，处死其在京的儿子，另一方面对尚、耿二藩加以招抚，对其停止撤藩，并表示"精忠在京诸弟，照旧宽容"。甚至在此后耿精忠、王辅臣、尚之信等响应反清时，康熙皇帝仍旧对他们持招抚态度，对外宣称他们的变乱只是"无知被惑"，并称"朕之待尔，始终不渝，必不食言"。招抚政策对于清朝平定"三藩"之乱有着不小的作用，极大地缓解了前线的军事压力。

清朝从一开始便决定以主要兵力应对吴三桂的反叛，康熙皇帝迅速调集兵马，抢占战略要地。首先下令由前锋统领硕岱率兵兼程

---

① 《清圣祖实录》卷44，康熙十二年十一月丁巳。魏源：《圣武记》卷2，《康熙勘定三藩记》上，第63页。

② 《清圣祖实录》卷99，康熙二十年十二月癸巳。

赶往“咽喉要地”荆州，并进据常德，在此建立防线，以遏吴三桂势力，稳住民心。为输送官兵、转运军需物资，清朝派遣户部官员于“每日宿处”备齐草豆，以使官兵快速进军。四川对于进取西南、防止吴三桂北上有着重要的战略意义，康熙皇帝便命西安将军瓦尔喀进驻四川，抢占四川的险隘要地设防。在清朝偏沅巡抚卢震弃长沙奔赴岳州后，康熙皇帝于康熙十三年正月派都统觉罗朱满领兵赶赴武昌，令其不必轻易出战，仅需固守该地，特下谕旨曰：“朕念武昌重地，不可不豫为防守，尔可率兵即往。如有贼至，务期保固地方；贼势倘众，勿轻与战。或武昌无警，即于岳州以北水路要地驻防。”[①] 对于江南地区，康熙皇帝也做了一定的军事部署，命江宁将军额楚、镇海将军王之鼎各遣副都统一员，领兵千名，由水陆分路防守江南上游要地安庆，以防止吴三桂军顺流东下攻掠江南。江西东接福建、南界广东，西通湖广，为三省要地，为了防守江西，康熙十三年二月，康熙皇帝命副都统根特巴图鲁、副都统席布率兵速赴江西省城。正是由于清朝及时控制了各处战略要地，屯以重兵，清军才能将“三藩”和王辅臣的军队控制和隔绝在一定的范围内，有利于分而攻之。

康熙十三年四月，吴三桂在攻克湖南和四川后却转而试图与清朝划江而治，下令诸将“毋得进兵”，并送还了大臣折尔肯、傅达礼，企图压迫康熙皇帝和谈。双方陷入了短暂的僵持，就在此时，达赖喇嘛于康熙十四年（1675 年）四月向康熙皇帝进言：“若（吴）三桂力穷，乞免其死罪；万一鸱张，莫若裂土罢兵。”康熙皇帝对此极为不认可，其言：“朕乃天下臣民之主，岂容裂土罢兵？但果悔罪来归，亦当待以不死。”[②]

---

① 《清圣祖实录》卷 45，康熙十三年正月丁亥。

② 勒德洪：《平定三逆方略》卷 14，载方略馆编《清代方略全书》（二），北京图书馆出版社 2006 年版，第 500 页。

当时各地叛军情况不一，有的叛军将领犹豫不决，康熙皇帝采取招抚为主、进剿为辅，并分而击之的方略，试图各个击破。

在广东地区，平南王尚可喜从战争一开始就坚定地效忠清朝，无奈他在激烈的战争中，精力日趋不济，逐渐无力统筹战事，广东地区的军事形势迅速恶化。其子尚之信趁机夺取权力，后在吴三桂的策反之下加入反清阵营。

在西北地区，清廷已数次招降在陕西反叛的王辅臣，并对“已往之事，一概不究”。王辅臣便于康熙十五年（1676年）清朝进军平凉时，率众出降。随后，清朝又派遣张勇屯兵甘州，进行防御，以防吴三桂与青海多尔济勾结，如此一来，清朝便基本平定了陕甘地区。

在东南地区，清军需要应对的就是耿精忠的叛乱。在吴三桂起兵两个月后，耿精忠将福建总督范承谟幽禁于福州，举兵叛乱，自称总统兵马大将军，分兵攻取衢州、温州、处州等地。康熙十三年六月，清廷遣奉命大将军杰书和宁海将军、固山贝子傅喇塔等南下浙江，不久便收复台州、处州府城。此后，虽然清军接连取得了不少战役的胜利，但是由浙江至福建的三条通道均被耿精忠屯以重兵，清军久攻不下，难以进取。

康熙十五年六月，清廷谕令奉命大将军杰书、宁海将军、固山贝子傅喇塔、浙江总督李之芳全力进军福建，“速剿闽寇，酌量招抚，勿坐失事机”[①]。七月，杰书在攻打衢州大溪滩后取道仙霞关、傅喇塔从处州攻取石塘岭，两军同时向福建进发。八月二十一日夜，傅喇塔率军对石塘岭的驻军发起猛攻，“三更至桑岭、张村口，伐木取路，五鼓已抵贼营”，耿精忠部猝不及防，争相逃亡，清军于是连破九寨；随后，耿精忠部重整队伍再战，傅喇塔亲自督战指

① 《清圣祖实录》卷61，康熙十五年六月己卯。

挥，“乘势渡河，奋勇追击，焚贼营七，破贼栅二十八”，此战共斩首耿军七千余人，生擒将官四十九人。[①] 石塘岭重创了耿精忠军，“贼为气夺”，九月二十七日，耿精忠便宣布投降，福建为清军收复。

耿精忠降清之后，康熙皇帝决定对其既往不咎，清朝的这一态度极大地影响到了尚之信。尚之信投降吴三桂后，并未真正得到吴三桂的信任。吴三桂仅是将其视为自己的藩属，屡次向广东地区征派粮饷，并任命自己的亲信董重民为两广总督，冯廷为广东巡抚，派遣马雄领兵进驻肇庆。吴三桂的所作所为引起了尚之信的极大不满，双方矛盾加剧。康熙十五年（1676 年）十二月初九日，尚之信遣人至军前乞降。康熙皇帝降旨“将尔已往之罪，并尔属下官兵，概行赦免，倘能相机剿贼，立功自效，仍加恩优叙。尔当益竭悃诚，勉图后效，以副朕始终曲全至意”。[②] 康熙十六年（1677 年）三月，尚之信正式向清朝纳款投诚。

尚之信乞降后，清廷加紧了对广西孙延龄部的招抚，然而，孙延龄却因与吴三桂存在嫌隙，在康熙十六年（1677 年）十月被吴三桂的兄孙吴世琮诱杀，得知此消息，清廷于康熙十七年（1678 年）三月晓谕招抚广西各将官，孙延龄旧部孙彦明、徐洪镇等人归降，清朝逐渐恢复对广西的控制。

吴三桂在失去了陕西、福建、广东的援助之后，其势已只余云、贵、四川和湖南四省。康熙十六年（1677 年）初，清军对湖南、四川、云贵已成合围之势，吴三桂只得由长沙退居湘潭，再加上长期战乱，吴三桂已面临府库空虚、军需拮据的窘况。为了维系人心，吴三桂于康熙十七年（1678 年）三月在衡州（今衡阳）称

---

① 同治《云和县志》卷 6《武事》，《中国方志丛书》华中地方第 71 号，台湾成文出版社 1970 年版，第 359—360 页。

② 《清圣祖实录》卷 64，康熙十五年十二月丁巳。

帝，宣告改元“昭武”，以衡州为定天府。八月，清朝征南将军穆占接连攻破永兴、茶陵、安仁等城，兵逼衡州。吴三桂试图将云贵等地大军尽行调出，增援湖南，然而八月十七日，吴三桂却患赤痢而死，形势朝着向清朝有利的方向迅速发展。

康熙十七年（1678 年）十一月，吴三桂孙吴世璠在云南即位，改元“洪化”。康熙十八年（1679 年）初，清军先后攻占了岳州、长沙、衡阳，数月之后，湖南、广西、四川基本大局已定。清朝随即着手部署进兵云贵地区。康熙十九年（1680 年）二月，清朝下令四川所在清军“乘此机会，速定云贵”，由将军吴丹、云贵总督赵良栋等人统领；二月初七日，又令“广西满洲、绿旗大兵休息日久，亦当乘机速进”，由简亲王喇布、将军莽依图等人领兵分道进取云贵；十一月，进取贵州的清军在攻占安顺、石阡、都匀、思南等府之后，也得以继续西进，与四川的清军、广西的清军一起并进，对云南形成了三路大军的合围之势。康熙二十年（1681 年）二月，广西、湖广两路大军会师云南曲靖，合兵西进，开始围攻昆明。九月，勇略将军、云贵总督赵良栋在完成追剿四川叛军的任务之后，率宁夏等西北官兵抵达昆明，至此，清朝三路大军均已会师云南昆明。十月初八日，清军奉旨攻城，在围攻二十日之后，吴将纷纷出降，吴世璠自杀。

“三藩”之乱从康熙十二年（1673 年）十一月起，至康熙二十年（1681 年）十一月止，长达八年之久，波及八省之广，至此终于平定。

（二）统一台湾

自古以来，台湾与大陆民众就有很多交往。在长达千年以上的历史中，大陆断断续续派出的官员、军队以及出海的商人、渔民同岛上的居民都有过接触，福建沿海的居民移居澎湖、台湾的人数也逐渐增多。元朝和明朝在澎湖设立了巡检司，派驻军队，负责澎、台防务。万历三十二年（1604 年）荷兰殖民者一度占据澎湖，被明朝都司沈有容率兵驱走。天启二年（1622 年）七月，荷兰殖民者再次占领澎湖，在主岛上建立堡垒作为侵华基地。

顺治十八年（1661 年）二月至五月，郑成功率军成功驱逐了荷兰殖民主义者，进驻台湾。郑成功死后，其子孙继续据守该地，共经营台湾长达 23 年。在此期间，因清朝忙于统一大陆，对郑氏集团主要施以招抚政策，但前期郑氏集团提出“仿朝鲜例”，不削发，不登岸，只是称臣纳贡，遭到清朝的反对。康熙皇帝说：“至于比朝鲜不剃发、愿进贡投诚之说，不便允从。朝鲜系从来所有之外国，郑经乃中国之人。若因居住台湾，不行剃发，则归顺悃诚，以何为据?”[①] 清廷招抚未果。

康熙十二年（1673 年），“三藩”之乱爆发，郑成功之子郑经乘机西进，先后夺取福建、广东七府之地。随后，清军大举反攻，郑经所得七府之地尽失，又退回厦门固守。康熙十六年（1677 年）四月，清康亲王杰书遣使至厦门招抚，劝郑经“归顺本朝，共享茅土之封”，郑经不从，仍以“若照高丽、朝鲜例，则可从议”答复。七月，康亲王急于恢复沿海地方，就将郑经的归降条件上报朝廷，清廷此次做出让步，同意按“朝鲜事例”进行招抚。于是，康亲王再次遣人至厦门招抚，要郑经让出沿海各岛，东归台湾，彼此罢兵息民。郑经却又提出双方“各守岛屿”，拒不退出沿海诸岛，且请“四府裕饷”，即要清朝划出四府之地资给其大军所需的粮饷，乃肯罢兵息民。[②] 郑经这次提出的条件，清朝无法接受，致使谈判无果而终。

康熙十九年（1680 年）二月，清军攻克海坛、海澄，水陆并

---

① 厦门大学台湾研究所、中国第一历史档案馆编辑部编：《康熙统一台湾档案史料选辑》，“敕谕明珠、蔡毓荣等”，福建人民出版社 1983 年版，第 85 页。

② 江日升撰，吴德铎标校：《台湾外志》卷 20，上海古籍出版社 1986 年版，第 318—322 页。

进，直逼厦门。郑经只得率军撤回台湾，沿海诸岛悉为清朝所有。郑经自大陆败归后，部将多有投降清朝者，台湾内部的局势也渐趋紧张。康熙二十年（1681 年）正月，郑经死，集团内部又发生嗣位之争，侍卫冯锡范等人合谋袭杀郑经长子，拥戴郑经次子——年仅 12 岁的郑克塽嗣延平王位，仍称招讨大将军世子。

自郑经死后，主幼内虚，内外交困，兵民离心，台湾郑氏集团处于风雨飘摇之中，这对清朝来说正是武力进取台湾的良机。但是，对于是否武力统一台湾，清朝君臣却陷入争论。不少官员惮于海上用兵，认为台湾横绝大海，海上风涛不测，郑氏负固据守，如果兴兵冒险攻取，未必有制胜把握。因而当时“台湾难攻”“台湾不可取”之论甚盛，所谓“议者皆以为台湾实难攻克”“台湾之役，人皆谓不可取”。其时，主张台湾可取者唯有姚启圣、施琅及李光地等人。先是姚启圣积极主张攻打台湾，康熙十八年（1679 年）九月，姚启圣即上疏呈请，建议清军克复金、厦两岛之后，乘胜直捣台湾。后来清军取金、厦两岛后，姚启圣又于康熙十九年（1680 年）八月复疏言请，应乘胜进取澎湖、台湾，并“必欲亲率舟师剿灭台湾”。在探知郑经已死之后，康熙二十年（1681 年）五月，姚启圣又“上疏请攻台湾”。同时，内阁学士李光地亦“奏台湾可取”。六月，康熙皇帝听闻郑经已死，在综合研判后，遂下定决心以武力攻取台湾。

攻取台湾取决于水战，水师提督一职责任至重，但现有福建水师提督万正色却上奏称“台湾断不可取”，康熙皇帝便有意另择人选担任水师提督一职。姚启圣就此曾多次上疏，一再推荐施琅，认为其可堪此任。李光地也曾向康熙皇帝举荐施琅。于是，康熙二十年（1681 年）七月，康熙皇帝遂命施琅为福建水师提督。自此姚启圣与施琅便共同负责攻取台湾之事。

康熙二十年（1681 年）十月，施琅抵达厦门，开始检视军务，整船练兵。他认为兵不在多而在精，“挑选精兵二万有奇，大小战海三百号，尽堪破贼”。[①] 由于姚启圣、施琅在此后的两年间渐生嫌隙，为避免作战时互为掣肘，康熙皇帝决定给予施琅领兵专征之权，姚启圣则负责议定招抚事宜。康熙二十二年（1683 年）六月十四日，施琅统领大小战舰三百艘，水师二万余人，自铜山出海，十五日抵达澎湖，停泊于南面诸屿。郑氏大将刘国轩亲守澎湖，驻扎娘妈宫，有大小战船二百余艘，兵士二万余人，修筑炮城、炮台十数座，守御甚严。唯南面诸屿有礁石沙线，仅设哨船，守兵无几，所以施琅所率船只得停泊于此。十六日，施琅进攻澎湖岛，稍受挫。当时有澎湖六月多飓风之说，俗云“六月三十日有三十六飓”。刘国轩有恃于此，部将屡请乘隙出击，而皆不允，下令唯谨守门户而已。因而，刘国轩始终在等候风起，而不主动出击，这就给了施琅窥探形势、从容布兵的机会。

澎湖六月每多飓风确实是常例，但是事情总有例外，刘国轩所期待的飓风并没有如期而至。施琅所率船只在海上停泊数日，竟然浪静风恬，安然无恙。至二十二日，施琅已部署完毕，便大举进攻澎湖岛，与刘国轩决战。船队分为三路进攻，经过激烈战斗之后，刘国轩大败，几乎全军覆没，大小战船被焚被获者一百九十余只，兵士死亡者一万二千余人，投降者四千八百余人，其仅率残部突围，退归台湾。施琅率领的清军大获全胜。施琅在攻克澎湖后，一方面张贴告示，以安民心，休劳将士，整顿军队；另一方面加紧修葺船只，准备一鼓作气进取台湾。

而郑氏集团在经历澎湖一战之后，精锐丧尽，军民异心，诸将多有思叛者。且澎湖素为台湾之门户，门户既破，台湾岛便岌岌可危。刘国轩见大势已去，便决意向清朝投降，并派兵监视郑氏统治

---

① 施琅撰，王铎全校注：《决计进剿疏》，载《靖海纪事》上卷，福建人民出版社 1983 年版，第 67 页。

集团，郑克塽、冯锡范等人也只得上表投降。由此台湾平定。

然而，清朝既得台湾却又对其价值认识不够充分，以至于朝廷内部出现了台湾弃守之争。其时，朝臣多主张将台湾居民尽行迁回大陆，放弃台湾，仅守澎湖。作为统一台湾的功臣，施琅再次力排众议，在康熙二十二年（1683 年）十二月上《陈台湾弃留利害疏》[①]，直言台湾必守而不可弃，其立论主要有以下三点：其一，台湾在海防上极其重要，实乃大陆东南半壁之屏障，关乎东南沿海数省之安危，“此诚天以未辟之方舆资东南之保障，永绝边海之祸患，岂人力所能致哉?”其二，将居民尽数迁徙不仅耗时费力，且关乎民众生计，难免使其失业、流离失所，“今台湾人居稠密，户口繁息，农工商贾各遂其生，一行徙弃，安土重迁，失业流离，殊费经营，实非长策。况以有限之船渡无限之民，非阅数年难以报竣，使渡载不尽，苟且塞责”。其三，台湾为荷兰所窥视，弃之必为其所据，将遗祸于沿海各省，“此地原为红毛住处，无时不在涎贪。该夷赋性狡黠，所到之处善为鼓（蛊）惑人心，重以夹版船只，制作精坚，从来无敌于海外。未有土地可以托足，尚无伎俩，若坐弃数千里之膏腴，以资其停泊，必倡合党与窃窥边场，逼近门庭，沿边诸省断难晏然无虞”。施琅此疏极其重要，其所论事理足以令人信服，因而此疏一出，影响极大，朝议为之一变，施琅的建议终被采纳，弃守之争结束，台湾得以保全。

清朝在台湾设一府三县——台湾府和台湾、凤山、诸罗三县，隶于福建省，并在台湾设总兵一员，驻兵八千，在澎湖设副将一员，驻兵两千。

台湾重新回到祖国统一的多民族大家庭中，是清朝完成“大一统”目标的关键一步，具有重要意义，对于台湾的经济社会发展也

① 贺长龄、魏源等编：《清经世文编》卷 84《兵政十五》，中华书局 1992 年影印版，第 2080—2081 页。下同，不再注版本信息。

有重要意义，从此，台湾进入发展的快车道。

（三）统一漠北蒙古

漠北喀尔喀蒙古，为元太祖后裔，“以在漠北，故谓之外蒙古”[①]，初有三部，即土谢图汗部、车臣汗部、扎萨克图汗部，后于雍正三年（1725 年）设立了赛音诺颜部。漠北喀尔喀蒙古虽然同出一源，但并无汗号，16 世纪末 17 世纪初，因为藏传佛教的传入等因素，促使喀尔喀三汗的登场，造成三汗鼎立的局面。[②]

清朝极为重视蒙古地区，清太宗崇德元年（1636 年）统一漠南蒙古地区后，虽然把注意力集中到了中原地区，但一直对漠北喀尔喀部进行渗透。崇德三年（1638 年），清廷诏喀尔喀部“岁贡白驼一、白马八，谓之‘九白之贡’”[③]，以象征性的姿态表明喀尔喀部的臣服。但喀尔喀部试图抵抗，崇德五年（1640 年），联合盘踞在今天新疆的漠西蒙古卫拉特部，制定了《蒙古卫拉特法典》。清廷入关后，喀尔喀部于顺治三年（1646 年）策动漠南蒙古苏尼特部首领腾机思反叛，清廷派豫亲王多铎进剿，腾机思失败后逃往喀尔喀部，土谢图汗衮布等派兵五万余援助腾机思，不想很快崩溃。这次抵抗失败使得喀尔喀蒙古认识到了清朝的强大，纷纷遣使谢罪。顺治十二年（1655 年），清朝在喀尔喀分左右翼设立八扎萨克，这为此后在喀尔喀部设立盟旗制度奠定了基础。但是“八扎萨克与九白年贡，象征着清朝和喀尔喀之间具有了名义上的而不是实际的臣属关系”。[④]

实际上，这一时期的清朝面对全国各地的抗清势力，实行的是

---

① 包文汉整理：《清朝藩部要略稿本》卷 3《外蒙古喀尔喀部要略一》，黑龙江教育出版社 1997 年版（下同，不再注版本信息），第 40 页。

② 乌云毕力格：《喀尔喀三汗的登场》，《历史研究》2008 年第 3 期。

③ 包文汉整理：《清朝藩部要略稿本》卷 3《外蒙古喀尔喀部要略一》，第 41 页。

④ 黑龙：《喀尔喀蒙古附清考述》，载黑龙《满蒙关系史论考》，民族出版社 2013 年版，第 39 页。

剿抚并举、以抚为主的策略。顺治九年（1652年），五世达赖喇嘛赴京，顺治皇帝待之优隆，达赖喇嘛返回时，又按照前朝模式，遣官封赐达赖喇嘛。这一行为对信仰藏传佛教格鲁派的漠北喀尔喀蒙古来说造成了震动。顺治十四年（1657年），顺治皇帝遣官赍敕，谕喀尔喀部落车臣汗、土谢图汗、丹津喇嘛、墨尔根诺颜等："朕观尔等审知天命，凡一诏下，靡不敬从……每年贡献方物，遣使来朝，朕甚嘉悦……自兹以往，其益加恪顺，以效忠贞……以慰朕柔远至意，果中诚罔懈，以获天眷，以承国恩，奕世永享太平之福矣。"[①] 清朝的这个政策起到了效果，喀尔喀每岁朝贡，态度恭谨。

促使清朝彻底统一喀尔喀的，是喀尔喀部的内乱，以及漠西蒙古准噶尔部的东侵。17世纪50年代末期，随着老一代部长们的辞世，喀尔喀各部之间因为争夺游牧地、汗位、人畜等发生内乱，征战不已。盘踞在今天新疆的准噶尔蒙古此时已经崛起，并占据了天山南北，其领袖噶尔丹试图利用喀尔喀的内讧，以武力征服喀尔喀蒙古，以与清朝抗衡，甚至挺进中原。

康熙二十七年（1688年）初，土谢图汗之子噶尔旦多尔济击杀了噶尔丹胞弟多尔济扎卜，这为噶尔丹入侵喀尔喀提供了极好的借口，噶尔丹由此引兵三万，进攻土谢图汗的儿子噶尔旦多尔济。噶尔旦多尔济率五千人迎战，在忒木尔地方被噶尔丹打败，噶尔旦多尔济仅以身免。

噶尔丹又派遣其侄子丹津俄木布、丹济拉、杜噶尔阿喇布坦率领另一支军队直取左翼的额尔德尼召，并占领土谢图汗的驻地。土谢图汗向南移至翁音，外蒙古宗教领袖哲布尊丹巴偕土谢图汗之妻子、儿女、喇嘛及下级僧侣共三百人仓皇出逃夜遁至额古穆台地方。[②] 准噶尔军放火焚烧了额尔德尼召，并将典籍

---

① 《清世祖实录》卷119，顺治十五年七月戊午。

② 《清圣祖实录》卷135，康熙二十七年六月庚申。

佛像毁坏殆尽。噶尔丹东趋克鲁伦河，追击到车臣汗部境内，车臣汗部众一触即溃，舍克鲁伦河南向内蒙古苏尼特奔逃而来。准噶尔的进攻使喀尔喀部纷纷南逃，“三部落数十万众瓦解，先后东奔”[①]，各部“弃其庐帐、器物、马驼牛羊，纷纷南窜，昼夜不绝”[②]。

康熙皇帝在得知这个消息后，在严密观察态势并加强边塞地方防守的同时，积极思考应对之策，以图局势向利于清朝的方向发展。一开始康熙皇帝的策略是请达赖喇嘛尽快派人到噶尔丹和土谢图汗处斡旋，以不发动战争、维持现状为要，但为时已晚，面对喀尔喀节节失败的现状，康熙皇帝下了一盘大棋，面对哲布尊丹巴和土谢图汗屡屡请求清朝出兵相助的现状，康熙皇帝按兵不动，并阻止他人援助喀尔喀，如西套蒙古首领和啰理“欲往援察珲多尔济，乞师于朝”，康熙皇帝“诏不允和啰理请”；而罗卜藏衮布阿喇布坦亲自率兵前往援助喀尔喀，遇清朝使臣于道，在宣谕康熙皇帝旨意后，“亦撤归布隆吉尔”。[③] 康熙皇帝的意图很明显，就是让喀尔喀部在噶尔丹的打击下，彻底归附。

康熙二十七年（1688 年）八月初三日，噶尔丹与土谢图汗的军队相遇于鄂罗会诺尔地方，鏖战三日。准噶尔军夜袭善巴额尔克戴青之营地，大破之，喀尔喀属下诸台吉星散逃遁。土谢图汗势单力薄，无力与噶尔丹继续战斗，只好南越瀚海，“奔至泽卜尊丹巴所”。[④] 至此，准噶尔与喀尔喀战争以准噶尔的胜利宣告结束，整个喀尔喀被噶尔丹占领。九月，哲布尊丹巴、土谢图汗与其弟西弟什里巴图尔洪台吉，率左右两翼台吉等向清朝请求内附。土谢图汗与哲布尊丹巴表示：“我等为厄鲁特所败，奔进汛界，永归圣主，乞

---

① 魏源：《圣武记》卷 3《外藩》，中华书局 1984 年版，第 103 页。

② 《清圣祖实录》卷 135，康熙二十七年六月庚申。

③ 包文汉整理：《清朝藩部要略稿本》卷 9《厄鲁特要略一》，第 138 页。

④ 《清圣祖实录》卷 136，康熙二十七年八月丁卯。

救余生。作何安插，一惟上裁。”[1] 对于这个结果，清朝早有预见，欣然应允，并赐牧土谢图汗部众于苏尼特、车臣汗部众于乌珠穆沁、赛因诺颜部众于乌拉特，共计十余万人。清廷对这些人妥善安置，多次给予赈济，其中一次由领侍卫内大臣费扬古采买了价值近三万两白银的牛羊，计牛 10334 头，羊 56810 只，全部分给了土谢图汗、哲布尊丹巴等属民[2]，土谢图汗等“俱南向叩首，仰谢天恩”[3]。

清朝在安抚归顺的喀尔喀难民的同时，也开始积极备战噶尔丹，经过康熙二十九年（1690 年）的乌兰布通之战，噶尔丹的主力折损大半，再也无力组织大规模的进攻。

康熙三十年（1691 年）正月，康熙皇帝决定在清明前后亲自主持与漠北蒙古喀尔喀部会盟，彻底解决喀尔喀部问题。四月，发布上谕：“以喀尔喀新附数十万众，必训以法度，俾知礼义，特命行会阅礼于上都多伦诺尔之地。”清朝决定在水草丰美而又方便内外蒙古会盟的多伦诺尔地方举行会盟，由漠南蒙古四十九旗扎萨克王公与喀尔喀各部首领共同参加。会盟前期，康熙皇帝令大臣们进行了会盟礼仪、喀尔喀座次、各部在何处安插等具体的准备工作。命漠北喀尔喀蒙古各部，漠南蒙古四十九旗的亲王、台吉都列屯于多伦诺尔百里之外，康熙皇帝亲临多伦诺尔，布设十八营，分二十八汛，各设庐帐，绕营而屯。

五月初二日，举行了盛大的会盟典礼。喀尔喀总计近一千人参加。康熙皇帝先进行了阅兵仪式，“将士进退，赫奕威严，行伍布列，整齐壮丽，众喀尔喀等皆畏惧，无不骇愕赞美”。[4] 随后康熙皇

---

① 《清圣祖实录》卷 137，康熙二十七年十月乙巳。

② 《领侍卫内大臣费扬古等奏为遵旨分拨畜群散给罹难喀尔喀情形事折》，载黑龙《清代百件珍稀蒙古文档案整理研究》，科学出版社 2019 年版，第 141—142 页。

③ 《清圣祖实录》卷 141，康熙二十八年七月壬寅。

④ 温达：《亲征平定朔漠方略》卷 10，清文渊阁《四库全书》本，第 609 页。

帝敕谕喀尔喀部，指出由于土谢图汗违誓兴兵，喀尔喀内乱加剧，导致被噶尔丹攻破的境地，但因为土谢图汗对清朝一直十分恭顺，今又自陈罪过，可以宽宥其罪，仍留土谢图汗、车臣汗之号，同时，宣布封扎萨克图汗沙喇之弟策妄扎布为亲王。另外，将喀尔喀与内扎萨克四十九旗例编设，“照四十九旗，编为旗队，给地安插”，任命扎萨克，编旗设佐。而其名号也与四十九旗相同，将喀尔喀蒙古各部的济农、诺颜旧号全部废除，授予其王公、贝勒、台吉等爵。清朝还特意申明法令：“自今以往，尔等体朕爱养之恩，各守法度，力行恭顺，如此则尔等生计渐蕃，福及子孙，世世被泽。若违法妄行，则尔等生计既坏，且国法具在，凡事必依所犯之法治罪。”①

多伦会盟标志着漠北喀尔喀蒙古各部正式纳入清朝统治体系。漠北喀尔喀部的完全归附，体现了康熙皇帝高超的政治智慧，对实现和巩固清代多民族国家的统一具有积极意义。

（四）实现对准噶尔的统一

盘踞在西北的卫拉特蒙古，在17世纪40年代随着准噶尔的崛起，而获得长足发展。其地理位置非常重要，“东捍长城，北蔽蒙古，南连卫藏，西倚葱岭，以为固居神洲大陆之脊，势若高屋之建瓴，得之则足以屏卫中国，巩我藩篱，不得则关陇隘其封，河湟失其险，一举足而中原为之动摇”。②

准噶尔领袖噶尔丹崛起之时，也正是清朝忙于统一中原之时，双方处理关系的基准是：“谨慎处理双方之间的大小事件，尽量避免任何麻烦与摩擦。”③ 双方正常进行贸易，一直到康熙二十七年

---

① 《清圣祖实录》卷151，康熙三十年五月戊子。

② 钟广生：《新疆志稿》卷1《新疆建置志序》，载《中国方志丛书》西部地方第20号，台湾成文出版社1968年版，第9页。

③ 黑龙：《噶尔丹执政初期准噶尔与清朝关系的新发展》，载黑龙《满蒙关系史论考》，民族出版社2013年版，第118页。

(1688年)噶尔丹东侵喀尔喀,喀尔喀部被迫归附清朝为止。

喀尔喀归附清朝后,准噶尔和喀尔喀之间战争的性质就变了,变成清朝与准噶尔的战争,“其实质是国家统一与割据势力之间的矛盾和斗争”[①]。清朝立刻调整策略,先是阻止噶尔丹南下,腾出手来处理喀尔喀民众归附与安置问题,之后于康熙二十八年(1689年)派遣理藩院尚书阿喇尼为首的使团出使准噶尔部,向噶尔丹申明“永息战争”之旨,以探听虚实。尤为注意的是,在这次出使之前,康熙皇帝君臣在猜测噶尔丹的态度以做应对时,就提出“噶尔丹倘不奉诏,则绝尔等每年进贡贸易之路,厄鲁特人众必大失利矣”[②]。可以说,清朝统治者洞悉对手弱点,尤其洞悉对手对于清朝这个大国经济上的依赖性,而以贸易制裁的方式来达到政治目的。在清前期,贸易制裁的手段屡试不爽,在与俄罗斯、缅甸等国的博弈中都曾用到过。

阿喇尼使团此次出使收获较大,确认了噶尔丹的立场,即噶尔丹坚决要求清朝交出土谢图汗、哲布尊丹巴,为此他不排除诉诸武力。由此使康熙皇帝坚定了以武力平定准噶尔的决心。至此,进入“武力平定”准噶尔的阶段。[③]

清廷为此进行了多方准备,先是于康熙二十八年(1689年)七月,与俄罗斯签订了《尼布楚条约》,以绝后患。然后侦知噶尔丹于十二月第二次东侵喀尔喀后,调兵遣将,派理藩院尚书阿喇尼率兵积极迎战。康熙二十九年(1690年)六月,双方遭遇于今内蒙古乌珠穆沁左翼旗境内的乌尔会河,清军失

① 黑龙:《阿喇尼出使准噶尔部与喀尔喀问题的交涉》,载黑龙《满蒙关系史论考》,民族出版社2013年版,第94页。

② 温达:《亲征平定朔漠方略》卷5,载方略馆编《清代方略全书》(五),北京图书馆出版社2006年版,第521页。

③ 详情参见黑龙《阿喇尼出使准噶尔部与喀尔喀问题的交涉》,《满蒙关系史论考》,民族出版社2013年版,第93—104页。

利，噶尔丹继续南下，进逼距北京仅700里的今内蒙古赤峰市克什克腾旗乌兰布统地方，引起京师恐慌。七月二日，康熙皇帝命皇兄和硕裕亲王福全为抚远大将军，皇长子胤禔副之，率一路大军出古北口；命皇弟和硕恭亲王常宁为安北大将军，和硕简亲王雅布、多罗信郡王鄂札副之，率另一路大军出喜峰口。两路大军共十万人，于七月六日出发，康熙皇帝本来拟亲征噶尔丹，但走到半路因病返回。

清朝吸取乌尔会河之战失败的教训，严禁前锋军队自行开战。八月一日，两军在乌兰布通展开决战。据抚远大将军、和硕裕亲王福全奏报，战争经过如下：

> 七月二十九日，臣等闻厄鲁特屯于乌兰布通，即整列队伍。八月初一日黎明前进，日中见敌，设鹿角枪炮，列兵徐进。未时临敌，发枪炮击之。至山下，见厄鲁特于林内隔河高岸相拒，横卧骆驼，以为障蔽。自未时交战，至掌灯时，左翼由山腰卷入，大败之，斩杀甚多。右翼进击，为河崖淖泥所阻，回至原处而立。本欲尽灭余贼，但昏夜地险，收兵徐退。其噶尔丹死于乱兵与否，俟后查明另奏外，事关大败贼众，谨以奏闻。[①]

福全的奏报真真假假，后世史家多有怀疑。事实上，乌兰布通之战双方互有伤亡，根据当时传教士的记载，战争的真相应该是战争开始时准噶尔军遭到清军炮击，损失严重，但战争结束时，双方力量形成对峙，未能分出胜负。[②] 后来康熙皇帝也说“左翼军虽能

---

① 温达：《亲征平定朔漠方略》卷8，载方略馆编《清代方略全书》（六），北京图书馆出版社2006年版，第89—91页。

② 黑龙：《乌兰布通之战再考》，载黑龙《满蒙关系史论考》，民族出版社2013年版，第180页。

胜敌，而右翼军不能制胜。大臣而下，以至军士，阵亡被创者甚众”[①]，连清军副将军、国舅、内大臣佟国纲都饮弹身亡。

但噶尔丹损失也很大，在此情况下，噶尔丹主动遣使讲和，然后趁清军不备，急速撤退，在北撤途中，遭遇瘟疫，队伍大量减员，两万余人仅剩数千，此后噶尔丹实力大损，再也无力南下。康熙皇帝认真总结乌兰布通之战的教训，经过长达六年的准备后，康熙三十五年（1696 年）至三十六年（1697 年）连续三次亲征噶尔丹，噶尔丹此时内外交困，在其后方，其侄子策妄阿喇布坦发动政变，阻击噶尔丹于阿尔泰山，并希图与清军配合；在前方，清军封锁了噶尔丹的各处逃路，并且康熙皇帝亲自指挥大军进剿，噶尔丹就在如此境地下，于康熙三十六年病逝。

噶尔丹败亡后，噶尔丹的侄子、僧格之子策妄阿喇布坦登上了准噶尔汗位，他为恢复元气，一直与清朝保持友好贸易关系，直至康熙五十六年（1717 年）清朝再次用兵准噶尔，双方维持了二十年的稳定、和平局面。

准噶尔部信仰藏传佛教格鲁派，而且深知宗教的力量非常强大，策妄阿喇布坦时期，藏传佛教格鲁派在准噶尔达到了前所未有的发展，而随着其统治地域的扩大以及经济实力的增强，便开始对藏传佛教的中心——西藏采取行动，试图挟达赖以控众蒙古，从而抵抗清朝，这是策妄阿喇布坦的既定方针，为此他时刻在关注着西藏的局势。[②]

崇德七年（1642 年），卫拉特蒙古和硕特部领袖固始汗与藏传佛教格鲁派领袖五世达赖喇嘛建立了蒙藏联合政权。顺治九年(1652 年)，五世达赖喇嘛入京朝见顺治帝，清廷对五世达赖和固

① 《清圣祖实录》卷 183，康熙三十六年五月癸卯。

② 吕文利：《嵌入式互动：清代蒙古入藏熬茶研究》，内蒙古大学出版社 2017 年版，第 93 页。

始汗分别进行册封。固始汗去世后，僧俗之间斗争日趋激烈。康熙四十年（1701 年），固始汗之孙达赖汗去世后，其子拉藏汗即位。拉藏汗长期不满于和硕特汗位不断被格鲁派所侵夺的现状，在掌握汗权后，急于夺回权力。他以武力打败了第巴桑结嘉措，并废黜了桑结嘉措所选立的六世达赖喇嘛仓央嘉措，另立哲蚌寺僧人波克塔胡必尔汗为五世达赖的转世灵童，取法名益西嘉措，但遭到西藏僧俗的普遍不满，尤其是康熙四十五年（1706 年）冬天，仓央嘉措在押解北京途中，突然病逝，更引起了西藏色拉、哲蚌和甘丹寺三大寺和青海蒙古诸台吉的不满和反对，三大寺僧人派人到北京面见康熙皇帝告发拉藏汗，说益西嘉措是假达赖，并宣称在康区的理塘找到了仓央嘉措真正的呼毕勒罕格桑嘉措。

远在西北的准噶尔策妄阿喇布坦一直在布局。他表面上假意通过与拉藏汗联姻的关系，先娶拉藏汗姐姐为妻，而后又招拉藏汗长子噶尔丹丹衷为婿，借以麻痹拉藏汗的警觉。另一方面却暗地同西藏三大寺的喇嘛取得联系，拉拢拉藏汗的一些部下和侍从倒向自己一方。康熙五十五年（1716 年）十月，策妄阿喇布坦以送丹衷夫妇返藏为由，派遣其堂弟大策零敦多布等人率领一支军队去进攻西藏的拉藏汗，以“为黄教，定拉藏汗投降红教之名”[①] 为旗号。另派一支三百人的小部队穿越新疆东部地方前往青海塔尔寺，企图劫持达赖喇嘛转世灵童格桑嘉措，两支军队同时出发。大策零敦多布所率领的这支准噶尔军队入藏路线极为隐蔽，骗过了拉藏汗，突然对拉藏汗发起进攻，康熙五十六年（1717 年）十一月初一日，准噶尔军攻破布达拉宫，拉藏汗被准噶尔军杀害，标志着和硕特蒙古贵族统治西藏的结束。[②]

① 《敕谕策妄喇布坦派使人奏明杀害拉藏汗缘由事》，载中国第一历史档案馆编《康熙朝满文朱批奏折全译》，中国社会科学出版社 1996 年版，第 1528 页。

② 吕文利：《嵌入式互动：清代蒙古入藏熬茶研究》，内蒙古大学出版社 2017 年版，第 93—97 页。

康熙五十七年（1718年）二月，康熙皇帝收到拉藏汗的求救信，称："交战两月，虽并无胜负，而敌兵复又入招，臣现在率兵守护招地，但土伯特兵少，甚属可虑。若将喀木危藏之地，被伊踞去，将使黄教殄灭。为此恳求皇上圣鉴，速发救兵，并青海之兵，即来策应。"[①] 但此时离拉藏汗遇害已经有近四个月了。清朝收到拉藏汗的紧急求救疏报后，考虑到川、滇、甘、青的安危，便于二月十三日派兵救援，"以西安将军额伦特以军数千赴援，而遣侍卫色棱宣谕青海蒙古备兵"，同时令西部边防方面"两路兴兵，扼要驻扎"，做好大举进攻的准备工作。然而，此次用兵却因清朝君臣的盲目乐观和草率轻敌而大败。

出师不利的消息使部分朝臣开始退缩，皆言藏地险远，不主张进兵。康熙皇帝则力排众臣不宜用兵的意见，认为西藏屏蔽青海、云南、四川，战略地位相当重要，如果被准噶尔所据，边疆将再无宁日，决意再次出兵。

康熙五十七年（1718年），康熙皇帝派三路大军进攻准噶尔。第一路军队进攻哈密、阿尔泰，以牵制准噶尔力量，在平定吐鲁番之后，再相机进剿策妄阿喇布坦；第二路由皇十四子允禵为抚远大将军，驻军西宁，统率进藏诸师，于康熙五十七年（1718年）十二月起程；第三路则以年羹尧为四川总督，协助办理军务。

康熙五十九年（1720年）正月，清军三路大军全线出击，分北、中、南三路分别进攻准噶尔、青海、西藏。八月，三路大军分别进入乌鲁木齐、西宁、拉萨。至此策妄阿喇布坦试图利用达赖喇嘛和格鲁派势力来扩张自己权势的希望破灭。

雍正皇帝即位后，清朝欲先稳定朝局，希望能够与准噶尔停战，准噶尔方面当时也无力应对来自清朝的军事压力，于是双方进

① 《清圣祖实录》卷277，康熙五十七年二月庚寅。

入和平谈判时期。雍正五年（1727 年），策妄阿喇布坦去世，双方的谈判遂告终止。

策妄阿喇布坦去世后，其子噶尔丹策零即位。雍正皇帝认为噶尔丹策零心志诡谲，言辞诞妄，“若不迅行扑灭，将来必为蒙古之巨害，贻中国之隐忧”，[①] 便以向噶尔丹策零索要因叛乱而逃到准噶尔的青海蒙古首领罗卜藏丹津为由，出兵准噶尔。

雍正七年（1729 年）三月，雍正皇帝命“领侍卫内大臣三等公傅尔丹为靖边大将军，北路出师；川陕总督三等公岳钟琪为宁远大将军，西路出师，征讨准噶尔噶尔丹策零”[②]，由此拉开了清准五年战争的序幕。雍正九年（1731 年）七月，准噶尔部进攻北路的博克托岭和通淖尔，重兵围困清朝靖边大将军傅尔丹，准噶尔兵大获全胜。和通淖尔之战后，准噶尔军势大张，一度攻至喀尔喀境内，在喀尔喀驻防兵统帅策零的属地上进行掳掠，破其营寨，掳其妻子。准噶尔这一行径彻底激怒了策零，决定调集三万大军与准噶尔军决一死战。喀尔喀军队与清朝八旗军相互配合，在额尔德尼昭大败准噶尔军。此战也成为清准战争的重要转折点，此后，准噶尔势力渐衰，不再扰边。

雍正十一年（1733 年），两军劳师糜饷，开始谋求议和，议和的中心议题是划定准噶尔与喀尔喀的游牧区。经过几年的谈判，乾隆四年（1739 年）终于商定，准噶尔部与喀尔喀部仍以阿尔泰山为界，“厄鲁特游牧毋得越过阿勒泰南北山梁，山阳喀尔喀则仍居扎布堪等处”，清廷仍保留托尔和、布延图两个卡伦原位不动。[③] 此后双方进入和平时期，准噶尔与清朝互相贸

① 《清世宗实录》卷 80，雍正七年四月壬寅。

② 《清世宗实录》卷 79，雍正七年三月丙辰。

③ 《敕谕噶尔丹策零边界贸易诸事须如约而行》，乾隆五年二月初八日。见赵令志、郭美兰主编《军机处满文准噶尔使者档译编（上）》，中央民族大学出版社 2009 年版，第 946 页。另参见《清高宗实录》卷 106，乾隆四年十二月壬午。

易，并在清朝军队的护卫下，准噶尔进行了三次入藏熬茶活动。[①]

乾隆十年（1745 年），噶尔丹策零死，其次子策旺多尔济那木扎勒继位，准噶尔从此陷入内讧。先是，策旺多尔济那木扎勒被其属下赛音伯勒克、宰桑厄尔锥音等杀害，其兄喇嘛达尔扎篡夺汗位，后又击杀其幼弟策旺达什，遭到贵族们的不满。乾隆十七年（1752 年）底，准噶尔名将大策零敦多布之孙达瓦齐与辉特台吉阿睦尔撒纳突袭伊犁，将喇嘛达尔扎的营地包围，随后将喇嘛达尔扎杀害，达瓦齐遂为台吉。

准噶尔的内乱也导致部属纷纷离散，很多贵族率领属民逃往清朝。乾隆十八年（1753 年）冬，杜尔伯特部首领车凌率部众 3170 余户，一万余口，车凌乌巴什率 1200 余户，车凌蒙克率 700 余户归附清朝，被安置在喀尔喀境内的推河、拜达里克等处。乾隆十九年（1754 年）清廷在杜尔伯特部编旗设佐，设赛因济雅哈图盟，任命车凌为盟长，车凌乌巴什为副盟长。

乾隆十九年春（1754 年），羽翼渐丰的阿睦尔撒纳又挑起战争，进攻达瓦齐，失败后，投降清朝。

清朝方面一直在关注准噶尔的内乱。乾隆十九年三月，钦差尚书舒赫德等提议："准噶尔频年内乱，至今阿睦尔撒纳等相争未定。虽无力侵犯喀尔喀地方，而防守不可稍疏。"[②] 秋天，阿睦尔撒纳投降，并请求清朝出兵讨伐达瓦齐，这一建议正中乾隆皇帝下怀，遂决定于乾隆二十年（1755 年）出兵，拟一举解决西北问题。乾隆皇帝的用兵计划，在清廷内部引起了激烈的争论。不少朝臣存在畏怯退缩、恐生事端的心理，对此，乾隆皇帝坚持认为："此正可乘之机，若失此不图，再阅数年，伊事势稍定，必将故智复萌，然后

① 详见吕文利《嵌入式互动：清代蒙古入藏熬茶研究》，内蒙古大学出版社 2017 年版。

② 《清高宗实录》卷 459，乾隆十九年三月甲戌。

仓猝备御，其劳费必且更倍于今。”[①] 乾隆二十年（1755 年）正月，乾隆皇帝谕令军机大臣等部署两路兵力，北路由定边左副将军阿睦尔撒纳带领哨探兵进剿；西路由定边右副将军萨喇勒带领哨探兵进剿。两路各拥兵 25000 人，马 70000 匹，北路出兵乌里雅苏台，西路出兵巴里坤，约定会师于博罗塔拉后，进攻伊犁。

此战清朝大获全胜，乾隆二十年（1755 年）六月二十四日，达瓦齐被擒获，后被押解京城。乾隆皇帝试图以此解决准噶尔问题，“欲按其四部，分封四汗”，即分封车凌、阿睦尔撒纳、班珠尔和噶勒藏多尔济为汗，“众建而分其势，俾之各自为守，以奉中国号令，聊示羁縻而已”[②]，乾隆皇帝处理准噶尔问题的方针是“众建以分其势”，给予一定的自治权，以羁縻政策对之。不想阿睦尔撒纳虽被封为双亲王，但他一开始投降清朝的目的就是借助清朝的力量铲除异己，称霸准噶尔。

抓获达瓦齐后，清朝两路大军撤回，仅留班第、鄂容安率 500 人镇守伊犁，与阿睦尔撒纳一起处理善后事宜。阿睦尔撒纳渐渐无所忌惮，常以总汗自处，“处事多不禀承将军，生杀自专，置副将军印不用，用其国汗旧用小红钤记。发书邻部哈萨克及俄罗斯等国，皆不言降我朝，但谓率满洲、蒙古兵来定准噶尔。又使其党等流言不立阿逆为汗，终不得宁”[③]，引起了乾隆君臣对其意图的猜疑，乾隆皇帝谕令：阿睦尔撒纳“种种不法之处，图据准噶尔，已无疑义”。[④] 乾隆二十年（1755 年）八月，阿睦尔撒纳叛，包围班第的镇守军，班第、鄂容安自杀。清廷得知阿睦尔撒纳叛乱后，派两路大军进剿。此时在准噶尔内部，很多贵族也不满阿睦尔撒纳的

---

① 《清高宗实录》卷 464，乾隆十九年五月壬午。

② 《清高宗实录》卷 527，乾隆二十一年十一月庚申。

③ 昭梿撰，冬青校点：《啸亭杂录续录》卷 3《西域用兵始末》，上海古籍出版社 2012 年版，第 55—56 页。

④ 《清高宗实录》卷 491，乾隆二十年六月庚午。

做法，纷纷离散，乾隆二十年（1755 年）冬，达什达瓦部所部 8000 人归附清朝，清朝妥为安置。

此时的清朝实力蒸蒸日上，而阿睦尔撒纳处于内忧外患的境地，难以抵抗清朝的进攻，节节败退，并逃亡到哈萨克和俄罗斯，于乾隆二十二年（1757 年）秋病死在俄罗斯，至此，清朝统一了准噶尔地区。

远在伏尔加河流域游牧的土尔扈特部，一直关注着天山南北的局势。因为在俄罗斯遭受深重压迫和繁重兵役，加之康熙五十三年（1714 年）和雍正九年（1731 年），清廷曾两派使团联络过土尔扈特部，再加上信仰藏传佛教的因素，所以当得知准噶尔败亡后，土尔扈特部就酝酿东归。乾隆三十五年十二月（1771 年 1 月），其领袖渥巴锡率 33000 余户、近 17 万人离开游牧地，奔向东方故土。待克服重重困难到达伊犁河畔时，人数损伤大半。清廷待了解土尔扈特部“归顺”的真实意图后，给予积极安置。乾隆皇帝在《御制土尔扈特全部师顺记》说：“始逆命而终徕服，谓之归降；弗加征而自臣属，谓之归顺。若今之土尔扈特，携全部，舍异域，投诚向化，跋涉万里而来，是归顺，非归降也。”[①] 在土尔扈特部还未妥善安置好时，乾隆皇帝就谕令渥巴锡等人赴承德觐见。乾隆三十六年（1771 年），乾隆皇帝在木兰围场的伊绵峪[②]接见渥巴锡，乾隆皇帝“亲以蒙古语垂询渥巴锡”，“诏分新旧二部，各设扎萨克，曰乌讷恩苏珠克图，旧土尔扈特部，以渥巴锡领之，称汗如故，诸台吉授亲王、郡王、贝勒、贝子、公、一等台吉有差；曰青色特启勒图，新土尔扈特，以舍棱领之，封郡王，别授贝子一”[③]。

---

① 《清高宗实录》卷 892，乾隆三十六年九月乙巳。

② 据《皇朝藩部要略》载，“伊绵峪，旧名‘布祜图昂阿’，前以受绰罗斯台吉噶尔藏多尔济等降，诏赐此名，取‘会归’义也”。包文汉整理：《清朝藩部要略稿本》卷 14《厄鲁特要略六》，第 225 页。

③ 包文汉整理：《清朝藩部要略稿本》卷 14《厄鲁特要略六》，第 225 页。

乾隆皇帝认为，土尔扈特部的东归具有重要意义，“四卫拉特之众尽抚有之”，并作诗曰：“从今蒙古类，无一不王臣。”[①] 土尔扈特部的东归和安置，不但意味着清朝向心力的提升，也是其综合国力的展现。

（五）抵御俄国扩张与签订条约

俄罗斯是一个欧洲国家，本不与中国接壤。其于明嘉靖二十六年（1547 年）建立沙皇专制统治后，开始向外扩张，至 17 世纪后期，已在西伯利亚建立了数十个城寨，其中包括在勒拿河上建立的雅库次克。清朝顺治六年（1649 年），雅库次克长官派哈巴罗夫率兵 450 名从雅库次克出发，次年，侵占了中国的尼布楚和雅克萨等地，在那里构筑寨堡，设置军事工事，并将雅克萨命名为“阿尔巴津”，作为进一步侵略中国的重要据点。[②]

针对沙俄军队的侵略行径，中国黑龙江流域的各族民众奋起反击，并向清朝当地驻守军队示警。顺治九年（1652 年），驻守在宁古塔的章京海色与捕牲翼长希福等奉命率军出击，与哈巴罗夫俄军战于乌扎拉村，在本来占据优势的情况下，因下令活捉这些侵略的哥萨克，由主动变为被动，最终失败。[③] 清朝因此处死海色，希福革去翼长，鞭一百。但也正是因为这次战争，让哈巴罗夫意识到了清朝的决心以及战斗的实力，于是决定向黑龙江上游撤退，后回到莫斯科。

顺治十一年（1654 年），沙俄又派遣一批哥萨克入侵中国黑龙江地区。清朝多次派军阻击，顺治十七年（1660 年），基本肃清入侵的俄军。康熙四年（1665 年）冬，俄国流放犯切尔尼戈夫斯基

① 包文汉整理：《清朝藩部要略稿本》卷 14《厄鲁特要略六》，第 224—225 页。

② 刘民生、孟宪章、步平编：《十七世纪沙俄侵略黑龙江流域史资料》，黑龙江教育出版社 1992 年版，第 64 页。

③ 刘民生、孟宪章、步平编：《十七世纪沙俄侵略黑龙江流域史资料》，第 90—94 页。

率领 84 名亡命徒侵入中国黑龙江上游地区，又占据并重建了雅克萨城。

东北是清朝的“龙兴之地”，所以清朝统治者格外重视东北地区，对于俄国的动向一直关注，但康熙皇帝亲政后，忙于平定“三藩之乱”，无暇北顾。在这种情况下，清朝一方面通过外交途径向沙俄提出抗议和交涉，力图阻止其对黑龙江地区的入侵；另一方面谕令宁古塔将军巴海修整战备，做好反击沙俄侵略者的准备。其谕令：“罗刹虽云投诚，尤当加意防御，操练士马，整备器械，毋堕狡计。”[①] 然而，俄国不仅对清朝的抗议和警告置若罔闻，而且继续增兵雅克萨，调派由拜顿率领的 600 人的正规兵团向雅克萨进发，并任命具有丰富作战经验的托尔布津为雅克萨的军事长官，指挥黑龙江地区的沙俄侵略军。基于沙俄肆掠黑龙江边境等地的侵略行为，康熙皇帝命大理寺卿明爱等人谕令沙俄侵略军撤回，但是俄军“犹迁延不去，而恃雅克萨城为巢穴，于其四旁耕种渔猎，数扰索伦、赫哲、飞牙喀、奇勒尔居民，掠夺人口”。[②]

康熙二十年（1681 年）平定“三藩之乱”后，康熙皇帝决心以武力驱逐沙俄侵略者。他于康熙二十一年（1682 年）出巡东北，视察吉林等处防务，并谕令修造战船，调集熟悉水性之南方人充当水手。康熙二十二年（1683 年），经过深思熟虑后，康熙皇帝设立了黑龙江将军，以防沙俄。他在几年之后的上谕里说：“曩者鄂罗斯渐次入犯，占据我打虎儿、索伦等处，扰害边疆四十余年，未经安辑。后备足军食，永戍黑龙江以困逼之，鄂罗斯遂窘迫至极，乃屡次求和……然（俄罗斯）或一二人、或十余人，陆续聚集于黑龙江、松花江之间，构造木城，盘踞其地，则我取之维艰，是鄂罗斯

---

① 《清圣祖实录》卷 37，康熙十年十月壬辰。罗刹、老掐、罗禅、老枪、老羌等均系当时清朝人对沙俄侵略者的称呼。

② 《清圣祖实录》卷 104，康熙二十一年八月庚寅。

为主兵，而我反为客兵也。今我惟多贮粮食，永戍官兵，则我兵得逸，而鄂罗斯兵为劳矣。如此则鄂罗斯轻兵来犯，断所不能，欲大队侵入，则彼粮食何能挽运耶？若黑龙江我兵不行永戍，自松花江、黑龙江以外所居民人，皆非吾有矣。”[①] 黑龙江将军的设立，标志着东北三将军分辖体制形成，并有力抵御了外来侵略。

经过周密的准备，康熙二十四年（1685 年），清军发动了第一次雅克萨之战。在向雅克萨进发前，清朝作了最后一次外交努力，康熙皇帝向沙皇致信，要求俄军撤出雅克萨，否则将出兵征讨，但俄方仍置之不理。于是，康熙皇帝命都统彭春、副都统郎坦及首任黑龙江将军萨布素率领官兵及夫役等 4000 余人，携战舰、火炮、刀矛和盾牌等兵器，从瑷珲出发，分水陆两路向雅克萨开进。五月二十二日，清军抵达雅克萨城下，清军首先将一封用满、蒙古、俄三种文字写成的通牒书，送进雅克萨城。要求城内俄军放下武器，撤离雅克萨城，但这些侵略者却出言不逊，试图继续抵抗。

在彭春、萨布素等人的指挥下，清军开始围攻雅克萨城，用红衣大炮围攻雅克萨 3 天，城中的沙俄军队困顿不支。二十五日黎明，清军发炮轰击，沙俄侵略军伤亡甚重，清军歼敌 200 余人，俘虏 200 余人，俄军头目托尔布津率众乞降。双方在雅克萨城下举行了投降仪式，被俘的 200 余人均受到了清朝的宽大待遇，允许其携带武器和财产撤离雅克萨。

康熙皇帝在得知前线捷报后，非常高兴，认为这是“破四十年盘踞之鄂罗斯于数日之间，获雅克萨之城，克奏厥绩”。[②] 康熙皇帝在谕旨中告诫：“至雅克萨城，虽已克取，防御决不可疏，应于何地永驻官兵弹压，此时即当定议。”[③] 但遗憾的是，清军在焚毁雅克

① 《清圣祖实录》卷 131，康熙二十六年十月己巳。
② 《清圣祖实录》卷 121，康熙二十四年五月癸卯。
③ 《清圣祖实录》卷 121，康熙二十四年五月癸卯。

萨城后，便撤回到了瑷珲等地，并未建立完善的防御体系。

康熙二十四年（1685 年）七月，在清军撤离不久后，托尔布津与俄国派遣的援军相遇，便率领旧部及增援的哥萨克返回，又一次侵占了雅克萨。

清朝得知沙俄侵略者重返雅克萨后，立即决定出兵反击。康熙皇帝颁发谕旨："今罗刹复回雅克萨，筑城盘踞，若不速行扑剿，势必积粮坚守，图之不易。其令将军萨布素等……速修船舰，统领乌喇、宁古塔官兵，驰赴黑龙江城……率所部二千人，攻取雅克萨城。"① 康熙二十五年（1686 年）一月，清军发动第二次雅克萨之战。七月，黑龙江将军萨布素出兵 2000 多人再次围困雅克萨。清军在当地各族民众的配合下，在雅克萨城四周挖掘壕堑进行长期围困，断绝城中水源，并以大炮向城堡猛烈轰击。沙俄侵略军负隅顽抗，多次派人出城反扑，结果都被清军击败，前来增援的俄军也望风而逃。八月，清军开始攻城，托尔布津中弹身亡，拜顿代行指挥权，继续顽抗。由于雅克萨城堡坚固，清军缺乏火器，2000 多人只有 50 支火枪，一时难以攻克。萨布素等人在综合研判后，制订了长期围困的计划，在雅克萨城的南、北、东三面掘壕围困，在城西河上派战舰巡逻，切断守敌外援。侵略军被困长达 10 个月之久，再加上坏血病在城内蔓延，最后弹尽粮绝，陷入绝境，被迫投降。当时，清军本应乘胜扩大战果，但由于西北边疆准噶尔部首领噶尔丹发动叛乱，清朝希望尽快腾出手来处理西北事务，便答应了沙俄的谈判请求。

清军击退雅克萨俄军之后，康熙皇帝于康熙二十五年（1686 年）正月向大臣表达了欲以尼布楚为中俄边界的想法："日者，大兵往征鄂罗斯、破雅克萨城，释鄂罗斯不诛，赦之使生还。其时不

---

① 《清圣祖实录》卷 124，康熙二十五年二月丁酉。

并取尼布潮地者，盖以尼布潮地画为疆索，使鄂罗斯不得越尼布潮界，界外听其捕牲也。”[1]

经过艰难的谈判，康熙二十八年（1689 年）七月二十四日，双方缔结了中俄《尼布楚条约》，第一条规定：“从黑龙江支流格尔必齐河到外兴安岭直到海，岭南属于中国，岭北属于俄国。西以额尔古纳河为界，南属中国，北属俄国，额尔古纳河南岸之黑里勒克河口诸房舍，应悉迁移于北岸。”这是中国历史上第一次与外国签订的边界条约，主要解决中俄东部的边界问题，并规定了一些边境管理的原则，如正常的边民过界、贸易和越界问题的处理等：居住于雅克萨的俄民“应悉带其物用，尽数迁入俄境。两国猎户人等，不论因何事故，不得擅越已定边界”。“嗣后有逃亡者，各不收纳，并应械系遣还。”“现在俄民之在中国或华民之在俄国者，悉听如旧。”“自和约已定之日起，凡两国人民持有护照者，俱得过界来往，并许其贸易互市。”这些规定开启了清朝东北地区边境管理的基本原则，为以后中俄边界的各项管理奠定了基础。

由于《尼布楚条约》的签订，沙俄南下黑龙江流域的企图受到遏制，因而将矛头转向西伯利亚东北堪察加和太平洋沿岸，转向中俄未定界的其他领土。沙俄于康熙三十六年（1697 年）占领堪察加，康熙五十二年（1713 年）窥探千岛群岛，与此同时，俄国侵略军仍不断入侵中国外蒙古地区，掳掠人口，窃夺牛羊。

面对俄罗斯扩张带来的压力，清朝以划定两国中段边界为应对手段。对于俄国而言，《尼布楚条约》对中俄贸易仅有原则规定，沙俄政府要求进一步商定具体办法，因此决定再派使节来华谈判。康熙五十八年（1719 年），沙俄政府“特派护驾

---

① 《清圣祖实录》卷 124，康熙二十五年正月甲戌。

大臣列夫·伊兹麦伊洛夫为使臣，持书前往，谒见博格德汗（清帝）”。[①] 清朝明确表示在划分中俄外蒙古边界和交还越境边民问题获得解决之前，不考虑缔结中俄通商条约的问题。

雍正三年（1725年），萨瓦被任命为特遣驻华全权大使，率领阵容庞大的使团前往北京。雍正四年（1726年）十月，萨瓦等人抵达北京，随即与清朝举行边界谈判。清朝派遣的谈判使臣有吏部尚书察毕那、理藩院尚书特古忒、兵部侍郎图理琛等人。谈判历时半年，“会谈三十余次，先后提出的条约草案共达二十个。双方进行了长时间的争论，焦点是划界问题”。[②] 但是，双方最终没有达成任何具体协议，清朝以此前没有使团在京缔约之例为由，中止了此次谈判，与俄国商定在布尔河继续进行谈判。

雍正五年（1727年），双方代表团先后到达布尔河畔，“至七月初一日，总共会议七次。因隆科多、萨瓦彼此固执己见，故尚未定论”。[③] 七月初三日，雍正皇帝撤销隆科多的首席代表职务，由额附策零、伯四格会同图理琛继续谈判。策零上奏：“至哲得河，原虽属喀尔喀地方，然经噶尔丹之乱，我方人等再未居住，而由俄罗斯所属哈里雅特、布里雅特人居住多年，亦属事实。故可将哲得河划入俄罗斯，沿南梁为界。凡有越岭前来之俄罗斯人，议后当著其迁回。其东边之额尔古纳河，本爵虽不甚详知，然据隆科多与使臣萨瓦等议称，前内大臣索额图与俄罗斯使臣费奥多尔·阿列克谢议定时，将额尔古纳河为界。该河以北属俄罗斯，经询我喀尔喀车臣汗等属下，亦称并非伊等游牧之地。今与他国议事，显然无庸再议此地，应以额尔古纳河源沿我所设卡伦，斟酌其俄罗斯人住地之远

---

① 中国第一历史档案馆编：《清代中俄关系档案史料选编》第一编（下册），中华书局1981年版，第408页。

② 中国社会科学院近代史研究所：《沙俄侵华史》第1卷，人民出版社1978年版，第259页。

③ 中国第一历史档案馆编：《清代中俄关系档案史料选编》第一编（下册），第515页。

近定界驻防为好，等语……奴才等与俄罗斯使臣萨瓦等会议两次，于本月十五日，已共同议结边界事务。”[①] 雍正皇帝批准了策零的谈判方案，是年七月，中俄签订了《布连斯奇界约》，通过此界约清朝将恰克图以北的大片领土割让给了俄国。

《布连斯奇界约》签订后，中俄双方立即派出界务官，分组前往恰克图迤西和迤东，划定地段，勘分国界，设立界标。雍正五年（1727 年）九月，双方订立了《阿巴哈依图界约》，确定从恰克图向东至额尔古纳河的边界，沿途设 63 个鄂博；九月，中俄签订《色楞格界约》，确定从恰克图向西至沙宾达巴哈的边境，沿途设 48 个鄂博。这两个界约是对《布连斯奇界约》条目的细化。

雍正五年九月初七日，中俄双方在此前北京、布尔河谈判的基础上，签订了《恰克图条约》。《恰克图条约》是在《布连斯奇界约》的基础上与俄国签订的一系列条约的汇总，主要解决了中俄中段边界的问题。双方除了划定从额尔古纳河到沙毕纳依岭的边界外，在边境管理、贸易、人员交往、文化交流等方面也有较多的规定。此后，清朝也是按照条约之规定对北部边境地区实施有效的管理。雍正七年（1729 年）正月二十一日，黑龙江将军那苏图遣送俄国越境之人，“现将达尼拉交我官兵押送遣回。望尔等照定例治罪，并严令尔属人等嗣后务必遵守新约，断然不可私自越界”。[②] 雍正十年（1732 年）二月，贝子延楚布多尔济属下巴尔虎人哈克图等三百余人逃至俄境内。公沙克杜尔扎布旗之三吉扎布等率 310 名带撒袋之男人，劫掠吉尔伯勒卡伦兵丁之牲畜后，向俄国界内逃窜。清朝希望俄方按照条约规定，“不要收纳此等逃人并予以逐回，尤应将其为首之人拿获送交我界办事大臣”。[③]

---

① 中国第一历史档案馆编：《清代中俄关系档案史料选编》第一编（下册），第 515—516 页。

② 中国第一历史档案馆编：《清代中俄关系档案史料选编》第一编（下册），第 525 页。

③ 中国第一历史档案馆编：《清代中俄关系档案史料选编》第一编（下册），第 565 页。

康熙、雍正两朝与俄国分别签订了《尼布楚条约》《恰克图条约》及一系列子约，基本确定了中俄东段与中段的边界，明确了中国与俄罗斯的统治范围，遏制了沙俄的进一步侵略的企图。

相比于《尼布楚条约》，《恰克图条约》在内容上更为丰富。[①]但是，从两个条约签订的过程、内容及其影响看，清朝一直都被俄国殖民者所左右，中俄之间划界的过程也是清朝以牺牲局部利益换取国内局势稳定的过程，中方在划界方面吃亏不少，这是一个值得反思和需要研究的问题。俄国奉行利己的原则，按照西方殖民国家的思维行事，通过划界一方面贯彻了扩张的意图，将西方的划界理论成功运用于实践中，另一方面巩固了对远东中国领土的占领。而清朝仍然按照中国传统的管理和思维方式，对于疆土还没有明确的边界意识，还没有完全适应和透彻研究西方殖民心态和划界理论，尽管康熙皇帝曾经讲“朕以为尼布潮、雅克萨、黑龙江上下及通此江之一河一溪，皆我所属之地，不可少弃之于鄂罗斯”，[②]但从实践讲，他以及后继者雍正皇帝等所拥有的中国传统疆域观念仍然根深蒂固，从而在交往中损失了不少国家利益。[③]

（六）清朝对西藏的统治

明神宗万历六年（1578年），蒙古土默特部领袖俺答汗把藏传佛教格鲁派（因该派戴黄帽，俗称黄教）引入蒙古地区后，在蒙古地区迅速传播开来，深刻影响了蒙古社会的政治、经济、文化甚至民族性格。所以，在17世纪初崛起的后金政权，非常重视其重要盟友蒙古势力信仰的藏传佛教问题。

早在努尔哈赤时期，就规定：“任何人不得拆毁庙宇，不得于

---

① 马长泉：《康熙、雍正两朝中俄划界原则探析——以〈尼布楚条约〉、〈恰克图条约〉为中心》，《中国边疆史地研究》2015年第2期。

② 《清圣祖实录》卷27，康熙二十七年五月癸酉。

③ 马长泉：《康熙、雍正两朝中俄划界原则探析——以〈尼布楚条约〉、〈恰克图条约〉为中心》，《中国边疆史地研究》2015年第2期。

庙院内拴系马牛，不得于庙院内便溺。有违此言，拆毁庙宇，拴系马牛者，见即执而罪之。”[①] 表达了对佛教尊重的态度。除此之外，努尔哈赤还特别优待大喇嘛，应该说，蒙古各部纷纷来投后金，与努尔哈赤采取的优待喇嘛的政策是有很大关系的。

至皇太极时期，亦尊崇藏传佛教，并“以外藩蒙古惟喇嘛之言是听，因往召达赖喇嘛”。[②] 但在崇德二年（1637 年），外蒙古喀尔喀部三汗亦想与清朝一同遣使赴西藏延请达赖喇嘛，并告知清朝“厄鲁特四部亦欲前往迎聘”[③]，这就造成清朝、外蒙古喀尔喀部、西蒙古卫拉特部都想要延请达赖喇嘛的局面，但喀尔喀扎萨克图汗与清朝关系不睦，故皇太极在崇德五年（1640 年）十月给他去信说：“遣往图白忒部落喇嘛等，已至归化城，因尔言不果，是以不遣。”[④]

同年（1640 年），达赖喇嘛派人从拉萨启程赴盛京谒见皇太极，至崇德七年（1642 年）到达盛京。同年，蒙古和硕特部已经占领西藏，固始汗与五世达赖喇嘛组成甘丹颇章政权，为了使这个蒙藏联合政权得到外部的承认，以强化其合法性，固始汗和达赖喇嘛也需要新兴的清朝的承认与支持，所以“遣使贡方物达盛京，表称曼珠师利大皇帝，义取文殊佛号，且切音与满洲近也”，不过清朝方面也有深刻的观察，他们认为，固始汗只是“阳崇释教，阴自强”[⑤]。

---

① 中国第一历史档案馆、中国社会科学院历史研究所译注：《满文老档》，天命六年十一月三十日，中华书局 1990 年版，第 267 页。

② 《清世祖实录》卷 68，顺治九年九月壬申。

③ 《蒙古各部为同意邀达赖喇嘛事复皇太极书》，崇德二年（1637）八月；中国第一历史档案馆、中国藏学研究中心合编《清初五世达赖喇嘛档案史料选编》，中国藏学出版社 2000 年版，第 1 页。

④ 《清太宗实录》卷 53，崇德五年十月癸丑。

⑤ 包文汉整理：《清朝藩部要略稿本》卷 17《西藏要略一》，黑龙江教育出版社 1997 年版，第 285 页。

在固始汗的引荐下，顺治九年（1652年），五世达赖喇嘛罗桑嘉措至北京朝见顺治皇帝，顺治皇帝册封达赖喇嘛为“西天大善自在佛所领天下释教普通瓦赤喇怛喇达赖喇嘛”，同时，还封“厄鲁特部落顾实汗，为‘遵行文义敏慧顾实汗’，赐之金册、金印，文用满、汉、蒙古字”。[①]

顺治十一年（1654年）六月，固始汗在随五世达赖喇嘛巡视前后藏的途中突然患病去世，五世达赖喇嘛趁机通过任命第巴继承人的机会将人事任免大权收归己有，掌握了僧俗大权。

康熙二十一年（1682年），五世达赖喇嘛圆寂，第巴桑结嘉措意识到宣布达赖喇嘛圆寂会对自己排斥蒙古汗王、独揽藏政非常不利，决定秘不发丧。

康熙三十五年（1696年），清朝击败噶尔丹，从俘虏的口中得知五世达赖喇嘛早已圆寂多年的消息，康熙皇帝大为震怒，遂于当年八月十一日派人前往西藏，给桑结嘉措送去一道措辞严厉的诏书，从几个方面对桑结嘉措进行谴责，包括：秘丧矫奏；又假称噶尔丹将要杀害班禅呼图克图，以阻止班禅应召来京；还派遣济隆呼图克图至噶尔丹处，助噶尔丹举兵反清，为其诵经等，“及噶尔丹败，又以讲和为词，贻误我军，使噶尔丹得以远遁”；“青海博硕克图济农潜与噶尔丹结姻，往来通使，而尔又不举发”。[②] 康熙皇帝敕令第巴就此进行回应：“奏明达赖喇嘛已故始末，尊奉班禅库图克图，使主喇嘛之教，副朕之召，遣之使来，执济隆库图克图以畀我，解青海博硕克图济农所娶噶尔丹之女，朕仍前待汝以尊崇之礼；不然，数者或缺其一，朕必问尔诡诈欺达赖喇嘛、班禅库图克图，助噶尔丹之罪，发云南、四川、陕西等处大兵，如破噶尔丹之例，或朕亲行讨汝，或遣诸王大臣讨汝。尔向对朕使喇嘛言四厄鲁

---

① 《清世祖实录》卷74，顺治十年四月丁巳。

② 《清圣祖实录》卷175，康熙三十五年八月甲午。

特为尔护法之主，尔其召四厄鲁特助汝，朕将观其助汝何如也。尔其速办此事，及正月星速来奏，否则后悔无及矣。”[①]

面对康熙皇帝的诘问，桑结嘉措很恐惧，一再遣使前往北京，以求获得康熙皇帝的谅解与认可。康熙皇帝最后决定对桑结嘉措“宽宥其罪”，桑结嘉措的地位暂且得以保全，但他并没有放弃将蒙古和硕特汗王势力驱逐出西藏的计划。

此时西藏的蒙古和硕特势力也发生了变化，康熙四十年（1701年）达赖汗病死，两年后其次子拉藏汗取得汗位。拉藏汗对于和硕特蒙古长期以来在甘丹颇章地方政权中的无权地位甚为不满，决定恢复其祖固始汗曾在西藏拥有过的实权，与第巴桑结嘉措的矛盾日益突出。康熙四十二年（1703 年），双方矛盾公开化。经嘉木样协巴调解，桑结嘉措退位，由其子阿旺仁钦继任第巴，但仍由桑结嘉措在幕后实际掌权。两年后，在祈愿法会期间，双方爆发了军事冲突，桑结嘉措很快兵败，被处死在堆龙地方。至此，西藏地方蒙藏上层联合掌权的政治局面破裂，随之出现的是由蒙古首领单独控制西藏统治大权的政治局面。

拉藏汗击败桑结嘉措，控制军政大权后，即将矛头指向桑结嘉措所立的六世达赖喇嘛仓央嘉措。拉藏汗不顾一切地决定废黜仓央嘉措，他禀奏清朝，说仓央嘉措平日耽于酒色，不守清规，恳求予以废黜，另寻转世灵童。康熙皇帝闻讯便派护军统领席柱、学士舒兰为使封拉藏汗为“翊法恭顺汗”，同时下令将仓央嘉措解京。仓央嘉措在解往北京途中，行至青海病死。从此，拉藏汗不设第巴职位，自己独揽大权，并立益西嘉措为达赖喇嘛。康熙四十六年（1707 年），益西嘉措举行了坐床典礼。但是，拉藏汗在未与西藏色拉、哲蚌和甘丹寺三大寺和青海蒙古诸台吉商议的情况下擅立达

① 中国藏学研究中心、中国第一历史档案馆等合编：《元以来西藏地方与中央政府关系档案史料汇编》第 2 册，中国藏学出版社 1994 年版，第 295 页。

赖喇嘛，遭到他们的强烈不满和反对，三大寺僧人派人到北京面见康熙皇帝告发拉藏汗，说益西嘉措是假达赖。西藏三大寺的一些喇嘛始终不予承认新立的六世达赖喇嘛，他们宣称在康区的理塘找到了仓央嘉措真正的呼毕勒罕格桑嘉措，并得到青海蒙古的保护。

蒙古诸部的争斗愈加激烈，在此种情况下，康熙皇帝意识到西藏的局势一触即发，决定采取相应措施。康熙四十八年（1709年），派侍郎赫寿前往西藏，"协同拉藏办理事务"[①]。又于康熙五十二年（1713年），以册封达赖喇嘛的规格正式册封五世班禅洛桑益西为"班禅额尔德尼"，赐以册印[②]，以抬高班禅在西藏的社会地位，为可能即将来临的动乱做好准备，"如果西藏一旦发生意外变故，除开有争议的达赖喇嘛益希嘉措外，还可由清朝正式册封的班禅来主持格鲁派的事务"[③]。从此，班禅额尔德尼的封号被固定下来。

康熙五十六年（1717年），准噶尔将领大策零敦多布占据拉萨，拉藏汗败亡。准噶尔军队在西藏烧杀抢掠，"拆毁寺庙"，整个西藏笼罩在准噶尔的残暴统治之中。有鉴于此，清朝出于"平准以安藏"的目的而决定出兵西藏。

康熙五十七年（1718年），康熙皇帝命陕甘总督额伦特、侍卫色楞等率兵从青海进攻西藏，但轻敌冒进，被准噶尔击败。十月十二日，康熙皇帝任命皇十四子、固山贝子允禵为抚远大将军，统兵征讨西藏。在允禵赴西宁的途中，康熙皇帝认识到格桑嘉措得到大部分蒙古、西藏人士的支持，决定扶持格桑嘉措。康熙五十八年（1719年）三月二十一日，允禵率领皇族多人赴青海塔尔寺拜会格桑嘉措，康熙五十九年（1720年）四月二十日，允禵带着清廷颁

① 《清圣祖实录》，卷236，康熙四十八年正月乙亥。

② 《清圣祖实录》，卷253，康熙五十二年正月戊申。

③ 王辅仁、陈庆英编著：《蒙藏民族关系史略》，中国社会科学出版社1985年版，第176页。

发的金印金册以及大量礼品来到塔尔寺，正式册封格桑嘉措。康熙皇帝把新呼毕勒罕称为第六世达赖喇嘛，从而否认第巴桑结嘉措所认的灵童仓央嘉措以及拉藏汗所立的益西嘉措为六世达赖喇嘛的合法性，格桑嘉措系直接继承于五世达赖喇嘛的转世灵童。青海蒙古和西藏僧俗支持格桑嘉措的人很多，清朝册封格桑嘉措为达赖喇嘛，使在藏准噶尔部无理由抗拒不纳，而拥护灵童的青海蒙古诸部无不与清廷合作。[①]

在解决达赖喇嘛的问题后，清军全力为入藏做准备。康熙五十九年（1720 年）八月，清军击败准噶尔军，进入拉萨，并采取了一些措施稳定了拉萨的局势，安定了社会秩序。九月十五日，在拉萨为格桑嘉措举行了隆重的坐床典礼。

清军进入拉萨后不久，清朝决定不再册封和硕特蒙古，而是创新了一种崭新的政体——噶伦[②]体制。陆续任命西藏上层贵族康济鼐、阿尔布巴、隆布鼐、颇罗鼐和扎尔鼐为噶伦，其中扎尔鼐是达赖喇嘛的强佐，代表格鲁派的利益。此后由这五名噶伦共同负责西藏行政，“于大召寺内设立公所，五人会办西藏大小事务”。[③] 五名噶伦除共同商议、处理全藏政务外，各噶伦均有自己的明确的管辖范围：康济鼐管理后藏以西之北一带地方；阿尔布巴管理工布以东一带地方兵马事务；隆布鼐管理西藏东北一带地方兵马事宜；颇罗鼐管理后藏扎什隆布一带地方兵马事务；扎尔鼐管理藏内附近地方兵马事务。[④] 这是和其原先的势力范围大体一致的。

较之以前的第巴制或汗王制，噶伦体制有四大优点。一是五名

---

① 邓锐龄：《1720 年清军进入西藏的经过》，《民族研究》2000 年第 1 期。

② 噶伦，藏文本意为国师、大臣、宰辅。后泛指管理政务的官员。

③ 《西藏志》之《事迹》，载《西藏研究》编辑部《西藏志 · 卫藏通志》，西藏人民出版社 1982 年版，第 3—4 页。

④ 《西藏志》之《事迹》，载《西藏研究》编辑部《西藏志 · 卫藏通志》，西藏人民出版社 1982 年版，第 4 页。

噶伦均为反对准噶尔、效忠清朝者，可以防范西藏内部亲准噶尔势力的东山再起，避免产生离心倾向；二是这五名噶伦可以相互牵制，不必担心形成一家独大的局面；三是五名噶伦均为藏人，由他们治理藏地，可以避免蒙古汗王治藏引发的蒙藏之间的民族矛盾；四是噶伦治藏，尽管扎尔鼐代表格鲁派的利益，但他的地位和实力有限，在噶伦政府中不居主要地位。噶伦政权基本维持了西藏政教分离的格局，便于中央控制。实行噶伦制，由过去的委托蒙古汗王间接管理过渡到了清朝任命藏族贵族直接管理，既防止了蒙古势力对西藏的控制，也在一定程度上抑制了格鲁派的权力过于膨胀。这是清朝治藏体制的一大转折，为清朝日后更加有效地管理和统治西藏打下了基础。[1] 但清朝此举引起了和硕特蒙古亲王罗布藏丹津的不满，于是在雍正元年举兵作乱，企图以此恢复和硕特蒙古在西藏的统治权。一年之后，清朝平息叛乱，并制定《青海善后事宜十三条》，规定青海蒙古仿漠南蒙古，实行盟旗制度，另外一些地区实行土司制度，从而结束了藏族各部“惟知有蒙古，而不知有厅卫营武官员”的局面。

西藏的五名噶伦执政体制虽有诸多优点，但也有容易造成权力之争的弱点。雍正元年，清朝补授颇罗鼐和扎尔鼐为噶伦，形成五名噶伦共同掌政的局面，清廷原本希望西藏地方执政者势力均衡，彼此牵制，但是却因此引发了前后藏的权力之争。一派以前藏贵族阿尔布巴、隆布鼐、扎尔鼐为主，另一派以后藏贵族康济鼐、颇罗鼐为主，双方矛盾不断激化，终在雍正五年（1727 年）爆发了前后藏之战。阿尔布巴等人抢先下手，杀死了康济鼐，又发兵往后藏攻击颇罗鼐，颇罗鼐一边抗击，一边奏报雍正皇帝。次年（1728 年），颇罗鼐率兵攻入拉萨，擒获阿尔布巴等人，奏请清朝决断。

---

① 吕文利：《嵌入式互动：清代蒙古入藏熬茶研究》，内蒙古大学出版社 2017 年版，第 98—100 页。

为稳定西藏局势，雍正五年（1727 年），清朝决定向西藏派遣钦差大臣，“著内阁学士僧格、副都统马喇差往达赖喇嘛处”。[①] 雍正六年（1728 年），驻藏大臣衙门正式在拉萨设立，第一任驻藏大臣便是僧格和马喇，并且开始派遣军队，常驻西藏。清朝借助颇罗鼐的力量平定阿尔布巴之乱后，封平定有功的西藏贵族颇罗鼐为贝子，总理全藏事务，乾隆五年（1740 年），晋封颇罗鼐为郡王。但此后，僧俗势力又明争暗斗，乾隆十二年（1747 年），颇罗鼐病亡，其子珠尔默特那木扎勒袭位。乾隆十五年（1750 年）十月，驻藏都统傅清、左都御史拉布敦奏称：“珠尔默特那木扎勒现在调兵防阻，有谋为不轨之意。”[②] 十月十三日，珠尔默特那木扎勒刚刚回到拉萨，傅清、拉布敦便将其诱至衙门，在侍从的协助下将其诛杀，并宣布由班第达主持西藏事务。但珠尔默特那木扎勒的侍从罗布藏扎什逃出，聚集千余兵丁围攻衙门，致使两大臣罹难。此事之后，清廷决定彻底改革西藏政教事务，以“达赖喇嘛得以主持，驻藏大臣有所操纵，噶伦不致擅权”的改革原则，于乾隆十六年（1751 年）制定了《酌定西藏善后章程》十三条，其内容旨在废除藏王制，建立一个在达赖喇嘛与驻藏大臣领导下的噶伦制，设立三俗一僧四个噶伦，成立噶厦，并明确划分了驻藏大臣与达赖喇嘛在行政、军政等方面的权责。该章程经乾隆皇帝批准后，钦差大臣策楞等向西藏地方晓谕颁布，得到西藏地方的广泛拥护，这一体制直至清末未发生大的变化。

（七）平定大小和卓叛乱

和卓一词为波斯语 Khwaja 的音译，在汉文文献中又译作“和加”“火者”“霍加”“霍扎”“霍卓”等，原为波斯一种官职名称，后为一种敬称。在清代我国新疆地区，“和卓”一词既可以被

---

① 《清世宗实录》卷 74，雍正五年正月丁巳。

② 《清高宗实录》卷 374，乾隆十五年十月丁丑。

很多人用作人名的一部分，表示其人具有高贵身份之意（实际上未必如此），又可用来特指伊斯兰教中某一高等阶层之人。清代汉文文献中有时用“和卓木”来指称和卓家族之人，实为当地和卓信徒们对该家族成员之爱称的音译。①

乾隆二十年（1755 年），清军兵分两路，出乌里雅苏台和巴里坤，远征准噶尔达瓦齐部，开始了统一西北边疆的军事行动。清军进入伊犁的时候，遇到被准噶尔长期囚禁的白山派和卓玛罕木特的两个儿子博罗尼都和霍集占，兄弟二人表示“情愿带领属下三十余户，投降大皇帝为臣仆”。因拟借助大小和卓在南疆的威望，利用宗教影响“招服叶尔羌、喀什噶尔人民”，于是乾隆皇帝准许其投降。正如《平定准噶尔方略》所言：“波罗泥都、霍集占兄弟……因系回部头目，令其仍归故土，安集所属，以承恩泽。”②

由于担心当地黑山派的反对，清朝还派遣了一支军队护送博罗尼都。小和卓霍集占则留在伊犁统领当地的维吾尔人。博罗尼都在经过阿克苏进入乌什的路上，得到当地望族霍集斯家族的支持，最后很轻易地就击败了黑山派的军队，并乘胜追击将黑山派和卓势力从叶尔羌驱逐出去。

起初，大小和卓对清朝还比较恭顺，但随着阿睦尔撒纳的叛乱，整个局势都发生了一定的变化。听闻阿睦尔撒纳聚众叛乱的消息后，尚在伊犁的小和卓霍集占积极响应，“率众助逆”，“阿睦尔撒纳与回人和卓木连合，共计兵四千有余，其势颇盛”。③ 而在乾隆二十一年（1756 年）正月，眼见清军两路大军合力进剿，阿睦尔撒纳接连兵败的局势，霍集占立刻转变立场，带领数千名士兵在察

---

① 潘向明：《清代新疆和卓叛乱研究》，中国人民大学出版社 2011 年版，第 46 页。

② 傅恒等撰：《钦定平定准噶尔方略》正编，卷 47，乾隆二十二年十二月癸未，载方略馆编《清代方略全书》（二五），北京图书馆出版社 2006 年版（下同，不再注版本信息），第 108 页。

③ 傅恒等撰：《钦定平定准噶尔方略》正编，卷 24，乾隆二十一年正月甲午，载《清代方略全书》（二四），第 63 页。

卜齐里岭地方击败阿睦尔撒纳，以此造成协助清军进剿的假象，并趁乱率领属众逃往南疆。

清朝对当时的局势并非十分了解，也无法洞悉霍集占“遁归”南疆的真正意图。而此时霍集占在南疆也未有任何起兵叛乱的迹象，反而表现出恭顺的态度。当时大小和卓先后遣使赴京，以表达对清朝的感激之情，并且大小和卓收留和释放了被阿睦尔撒纳囚禁的清朝官员托伦泰。种种迹象都使清朝错误地估计了南疆的形势，使其停止了进军南疆的行动，转而实行晓谕招抚之策。

乾隆二十二年（1757 年）三月，清朝派遣副都统阿敏道等人前往南疆招抚大小和卓，但大小和卓将阿敏道及其所带兵丁百余人全部杀害。① 大小和卓自称“巴图尔汗”，开始公然叛乱。

对于大小和卓的叛乱，清朝决定以武力平定叛乱。乾隆二十三年（1758 年）命雅尔哈善为靖逆将军，并任用对清朝表示恭顺的南疆土著势力，如吐鲁番伯克额敏和卓、哈密贝子玉素布、库车伯克鄂对等人协助平叛。另外，清朝也对大和卓博罗尼都采取招降的政策，以分化反叛势力。对于举兵叛清一事，兄弟二人一直存在分歧，在霍集占图谋之初，博罗尼都便出言劝阻：“我兄弟自祖父三世，俱被准噶尔囚禁，荷蒙天恩释放，仍为回部头目，受恩深重。尔若有负天朝，任尔自为，我必不能听从。”② “从前受辱于厄鲁特，非大国兵力，安能复归故土？恩不可负，即兵力亦断不能抗。”③

清朝利用大小和卓之间的分歧，决定对“颇图安静”的博罗尼

① 傅恒等撰：《钦定平定准噶尔方略》正编，卷 39，乾隆二十二年五月丁未，载《清代方略全书》（二四），第 650—651 页。

② 傅恒等撰：《钦定平定准噶尔方略》正编，卷 33，乾隆二十一年十月丙子，载《清代方略全书》（二四），第 424 页。

③ 傅恒等撰：《钦定平定准噶尔方略》正编，卷 58，乾隆二十三年七月庚寅，载《清代方略全书》（二五），第 465 页。

都进行劝降，随后“以回酋霍集占罪状宣谕回部各城”，将霍集占与博罗尼都“分别处理”。清朝的这一政策取得了一定的效果，乾隆二十四年（1759年）闰六月，清朝得知博罗尼都“曾遣人与霍集占计议投降，霍集占不允”。[①] 尽管博罗尼都最终也未能成功劝降霍集占，但是他的这一态度也的确为清朝平定叛乱减少了一定的阻力。[②]

在战争方面，清军的进展总体上较为顺利。原本在围攻库车之时清军便有机会将霍集占擒获，但由于靖逆将军雅尔哈善没有听从鄂对的建议，贻误了战机，霍集占得以逃脱。乾隆皇帝闻讯大怒，将雅尔哈善免职，委派兆惠代之。乾隆二十三年（1758年）十月，兆惠率领清军从乌什进抵叶尔羌城下，却被大小和卓的数万军队围困在叶尔羌河畔，叶尔羌河又名“喀喇乌苏”，为“黑水”之意，故清代史籍称此次作战为“黑水营之围”。黑水营清军只有三千多人，不过大小和卓的军队围攻了三个多月也未能将其攻破。

乾隆二十四年（1759年）正月，清朝援军赶到，在呼尔璊之战中大胜叛军，解了黑水营之围。六月，清军兵分两路直取叶尔羌和喀什噶尔，大小和卓闻风后大肆抢劫当地百姓的财物，带领同党数千人逃往巴达克山。清军乘胜追捕，分别在霍斯库鲁克之战和伊西洱库尔淖尔之战中大败大小和卓，许多被他们裹挟的维吾尔人投奔清军，逃入巴达克山的大小和卓及其随从最后只有三四百人。七月二十八日，大小和卓被巴达克山的地方首领素勒坦沙生擒，后杀之，首级献给了清军。至此，大小和卓发动的叛乱随着西北边疆的统一而被平息。

---

① 傅恒等撰：《钦定平定准噶尔方略》正编，卷74，乾隆二十四年闰六月癸卯，载《清代方略全书》（二六），第204页。

② 王力：《清朝处理大小和卓问题之政策及其演变》，《伊斯兰文化》2009年第1期。

平定大小和卓之乱后，清朝重新对新疆进行制度安排。对于那些在南疆颇有权势的家族想借此机会统辖准噶尔各部的要求，清朝已经变得极为警惕。例如，因擒献准噶尔台吉达瓦齐和助军平定大小和卓之乱而受到清朝重用的霍集斯，在表达了“俟招降叶尔羌、喀什噶尔后，令其总统各部”的要求后，清朝便决定消除这一潜在威胁，乾隆皇帝谕令“不可听其久留旧地”，令整个霍集斯家族迁往北京，彻底剪除了霍集斯在南疆的势力。对于乞降的喀喇玛特系和卓家族也采用此方法办理，清朝认为他们“系霍集占同族，又与布噜特相契，恐回人等又以伊等为和卓，妄行敬信，应于到京后请旨，将伊等或留京城，或安插安西、哈密等处”[①]。

大小和卓之乱被平定“不但标志着统一新疆战争的结束，同时也标志着清朝国家统一的最终完成，中华民族的团结与发展达到了一个新的高度”。[②] 乾隆二十七年（1762 年），清廷在新疆设立了伊犁将军，总统新疆南北两路事务。

从入关前一直到乾隆二十四年（1759 年）实现“大一统”目标，清朝在全盘战略部署下，有计划有步骤地稳步行动，实现了国家统一，使国家疆域面积得到了极大的扩展。清朝的管辖范围，除内地十八省外，还有内蒙古、喀尔喀蒙古、青海蒙古、唐努乌梁海、西藏、新疆等广大地区，其疆域北至恰克图，南至南海诸岛，西至葱岭巴尔喀什湖，东至黑龙江库页岛，幅员极为辽阔。清朝之所以能够实现统一，统治者的雄才大略是关键。无论是入关前的努尔哈赤、皇太极，还是入关后的顺治、康熙、雍正、乾隆诸帝以及摄政王多尔衮，都具有雄才大略，能够正视民

① 《清高宗实录》卷 593，乾隆二十四年七月庚午。

② 高翔：《近代的初曙：18 世纪中国观念变迁与社会发展》，社会科学文献出版社 2000 年版，第 526—527 页。

族和宗教问题，以“天下一家”的气魄，妥善处理民族和宗教的关系，由此才能联合蒙古、藏、汉等各族势力，实现“大一统”。另外，从世界范围来看，随着新航路的开辟和殖民扩张，欧洲人将贸易范围扩展到全世界，世界市场初步形成。他们通过三角贸易从美洲和非洲掠夺大量白银、黄金，并用来购买亚洲商品运回欧洲，中国是当时世界经济和贸易的中心地区之一，由此白银大量流向中国，增强了清朝的综合国力，其综合国力在世界范围内大体保持领先地位。正是经济实力的增长，使其有雄厚的经济基础来实现“大一统”目标。

第二节　巩固统一

从平定大小和卓、实现“大一统”后的乾隆二十五年（1760年）开始，至鸦片战争前的道光十九年（1839年）为止，为清朝巩固“大一统”的阶段，清朝多次派军平叛，巩固了“大一统”格局。

一　平叛以巩固边疆秩序

（一）平定新疆乌什事变

自清朝平定大小和卓叛乱之后，整个新疆在经济、人口等方面都有所恢复和发展，乌什也成为当地人眼中的“都会”。[①]但是清朝统一新疆后，浩罕等势力虽然在名义上对清朝表示恭顺，却并不甘心就此臣服，如浩罕的额尔德尼便早有独立称汗和划定国界线的企图。这些藩属政权也始终与大小和卓家族和部分地方伯克保持着紧密联系，为在政治、经济方面入侵新疆南

① 椿园（七十一）:《西域总志·乌什列传》,《中国边疆丛书》第2辑，第21册，台湾文海出版社1966年版，第179页。

疆地区积极做准备。[1]

乾隆三十年（1765年），乌什小伯克赖黑木图拉率数百人发动民变，将当时的三品阿奇木伯克阿卜都拉合家杀害，随后冲入清朝任命的办事大臣素诚的署衙内，将其父子、家奴、兵丁全部杀害，“内地之官兵、贸易人等无一脱者”[2]，这就是“乌什事变”。

伯克制是新疆南疆地区的旧有职官制度，清朝在统一南疆之后，遵循“因俗而治”的原则并参照内地官制，对南疆旧有的伯克制度进行了继承和改造。[3]“乌什事变”的导火索是乾隆皇帝为了取悦“香妃”而命乌什地方官派人将沙枣树运至京城，在乌什征发差徭科派沙枣。另外，当时参与解送沙枣树的赖黑木图拉又因其妻子曾被办事大臣素诚留宿，心存私怨，便借此机会召集民众起事。据阿克苏办事大臣卞塔海奏称：“本月十四日夜三鼓，乌什城内回人忽然聚噪，施放鸟枪，致伤绿旗兵丁……臣等询问全福起事缘由，据称因办送沙枣树科派出回人二百四十名，令于十五日起程，所派回人等于十四夜忽然作乱。”[4]但是卞塔海在给乾隆皇帝的奏报中信息不全，导致乾隆皇帝对形势的判断出现了严重失误，对于“乌什事变”基本没有任何应对之策。直至十余天后，卞塔海的另一封奏折送达京城，乾隆皇帝得知素诚已被杀害、乌什城被占领，令“总统伊犁等处将军”明瑞务必详查事变因由。总理回疆事务参赞大臣纳世通率军先抵达乌什，欲独享战功，数次上折阻止明瑞的到来。[5]乾隆皇帝在对纳世通进行斥责的同时，也命明瑞继续率军

---

① 孙文杰：《从满文寄信档看“乌什事变”真相》，《云南民族大学学报》（哲学社会科学版）2016年第6期。

② 《回疆通志·纪略》，载《中国边疆丛书》第2辑，第24册，第377页。

③ 王东平：《关于清代回疆伯克制度的几个问题》，《民族研究》2005年第1期。

④ 傅恒等撰：《平定准噶尔方略》续编，卷28，乾隆三十年闰二月乙卯，载《清代方略全书》（二七），第650—651页。

⑤ 孙文杰：《从满文寄信档看“乌什事变”真相》，《云南民族大学学报》（哲学社会科学版）2016年第6期。

前往乌什，并一再敦促明瑞果决办理各项事务，“明瑞系将军，各项事务惟伊是赖。倘优柔寡断，必将误事”。[①]

明瑞到达前线后，乾隆皇帝命其对事变的真正起因、官员的办事状态等进行彻查。事后，明瑞奏称：“素诚在乌什平日将回人种种科派苦累，伊父子及办事笔帖式等任意奸淫回人妇女，此次办送沙枣树科，素诚将伊子派出押运，沿途行李俱令回人背负，以致所派之人甚多，并将小伯克赖和木图拉亦行派出。而赖和木图拉之妻从前又曾被素诚留宿，因此蓄有嫌怨，遂至作乱。至卞塔海领兵到乌什时，并不查讯致乱缘由，辄行施放鸟枪，至第三日，用炮攻打城门，回人始行出拒，而卞塔海遽尔败北，奔至七八十里之外，致将步兵百余名、炮三座，俱没于贼。”[②]

乾隆皇帝在查抄素诚家产并发送其子弟赴伊犁充甲当差后，又把纳世通、卞塔海正法。乾隆皇帝全程指挥在乌什的清军，命明瑞派兵将城周边饲草尽行刈割，以围而不攻之策应对。后城内粮草果然断绝，此时事变的参与者也由于各种矛盾而出现了内讧，锡喇布阿浑于八月十三日夜带人将主事者拿获后献给清军。至此，乌什城被清军攻破，“乌什事变”也得以终结。

（二）平定大小金川

大小金川位于现今四川省西北部的嘉绒地区。虽然该地人口和土地都较为有限，被认为“兵不满三万，地不足千里”，但是却有极其重要的战略意义，西通西藏、东邻汶茂、北枕青海、南接雅安，实为川藏交通之孔道。元朝初年，蒙古军队便是从西藏经由此地攻取云南、贵州等地的；清朝乾隆年间，成都将军明亮奏覆朝

---

① 《寄谕伊犁将军明瑞著乌什事务惟伊是赖务遵前旨酌情办理》，乾隆三十年三月初七日，载《乾隆朝满文寄信档译编》第5册，岳麓书社2011年版，第642页。

② 《寄谕留京办事王大臣等著将素诚家产查抄子辈发往伊犁充甲当差》，乾隆三十年三月二十七日，载《乾隆朝满文寄信档译编》第5册，第668页。

廷，通往藏区一共有九条路径，其中有五条便直接与大小金川、明正、绰斯甲布、革布什咱等川西北土司相关。[①] 可以说，大小金川地区与清朝对西藏的治理，以及云贵川等西南地区的安定等问题都有着密切的联系。

该地在元明两朝时实施羁縻之策，在此分设土司。至清朝初年，该地共有土司十四个，包括僣拉（在今小金县）、鄂克什（在今小金县）、促浸（在今金川县）、木坪（在今宝兴县）、杂谷（在今阿坝州理县）、瓦寺（在今阿坝州汶川县）等。促浸寨首色勒奔于雍正元年（1723 年）归附清朝，而为了削弱僣拉的势力，朝廷在雍正八年（1730 年）时授予促浸寨首“安抚司职衔”，颁发印信号纸。[②] 于是，习惯上便将促浸安抚司称为大金川土司，僣拉则被称为小金川土司。

原本清朝试图在该地建立和维持一个土司间相互牵制、制衡的格局，实施“以番治番”的政策，但是各土司常常会因为争夺土地、人口、牲畜等资源而进行械斗和仇杀。该格局难以保持，这也是清朝不惜代价平定大小金川的主要动因之一。

雍正年间，杂谷、大小金川、沃日等土司因争夺美同等寨而仇杀多年，直至雍正三年（1725 年）川陕总督岳钟琪重新勘察划界，才彼此悦服。[③] 乾隆四年（1739 年），杂谷、棱磨等土司因与小金川土司争夺必色满地方，心存怨愤，便勾连沃日等土司发兵攻劫小金川。此时，乾隆皇帝和四川巡抚等官员仍无心直接武力干涉土司间的争斗，认为杂谷和金川“彼此钳制，边疆颇宁，固不可任其争竞，亦不必强其和协也”，“至其同类操戈，原未敢干扰内地，化诲

① 王惠敏：《从清代档案看金川战略地位及其与藏区和内地的联系》，《藏学学刊》2015 年第 2 期。

② 雍正《四川通志》卷 19《土司》，景印《文渊阁四库全书》第 560 册，台湾商务印书馆 1986 年版，第 91 页。

③ 《清世宗实录》卷 33，雍正三年六月庚午。

亦尚凛遵，是以姑缓参究”。[1]

乾隆七年（1742年），大金川土司色勒奔病故，次年十一月，清朝任命其弟色勒奔细承袭土司职。[2] 色勒奔细即是被清代典籍称为“莎勒奔”者。[3] 他上任不久，便开始不断谋划侵吞、兼并周边土司。先是把侄女阿扣嫁给小金川土司泽旺，利用泽旺性情懦弱的缺点，以阿扣控制小金川，后于乾隆十年（1745年）勾结良尔吉，攻袭小金川，生擒泽旺，夺取小金川印信。而后，又将自己的女儿嫁给巴旺土司，以期控制巴旺。乾隆十二年（1747年），色勒奔细又发兵攻打革布什咱土司所辖的正地寨，并攻占了明正土司所辖的鲁密、章谷等地，“番民望风畏避”；不仅如此，其更是出兵攻打清朝在当地设立的营汛，致使坐汛把总李进廷抵敌不住，只得退保吕利。[4] 四川巡抚纪山试图派兵弹压，却遭到大金川土司的伏击，以战败告终。色勒奔细的谋划和野心不仅威胁到了清朝在川西北地区长久维持的、能够实施“以番治番”政策的格局，而且以军事行为挑战了朝廷的权威，这是清朝所不能容忍的。于是，乾隆皇帝敕谕军机大臣：“贼酋恃其巢穴险阻，侵蚀诸番，张大其势，并敢扰我汛地，猖獗已甚”[5]，决定派兵镇压大金川土司，将当时具有治理云贵苗疆经验的张广泗调任为川陕总督，令其赶赴四川与庆复等官员一起查勘地形、调运粮饷、商定时机，筹划进剿诸多事宜。

张广泗抵达大小金川后，发现该地虽有土汉官军两万余人，“但土兵各怀二心，非逡巡观望，即逃匿潜藏”，远不足以攻剿和防守，便请求从贵州各军营抽调军兵两千名前来协助，朝廷允准。[6]

---

① 《清高宗实录》卷105，乾隆四年十一月壬申。

② 《清高宗实录》卷204，乾隆八年十一月己丑。

③ “莎勒奔”并不是人名，而是宗教头衔，故金川土司有多人被称为“莎勒奔”者。

④ 《清高宗实录》卷286，乾隆十二年三月壬寅。

⑤ 《清高宗实录》卷286，乾隆十二年三月壬寅。

⑥ 《清高宗实录》卷291，乾隆十二年五月己未。

起初，张广泗进剿较为顺利，不久便收复了大金川占领的毛牛、马桑等地，“大金川外援隔绝，官兵驻防其地，可以直捣大金川大寨”，随后小金川土司泽旺也闻风投诚，并出兵协同清朝作战。这使得清朝朝野上下都对此次出兵保持着极为乐观的态度，认为指日便可大捷，张广泗奏称：“征剿大金川，现已悉心筹画，分路进兵，捣其巢穴，附近诸酋输诚纳款，则诸事业有就绪，酋首不日可以殄灭。”而乾隆皇帝也谕令：“嗣后征剿事宜，张广泗一人即可办理”，督促大学士庆复早日回京办理内阁事务。[①] 然而，此后战争形势之艰苦却远超清朝君臣的想象。

大金川有两个主要据点，一是勒乌围，由色勒奔细亲自把守；一是刮耳崖，处于大金川要路之上，由色勒奔细的侄子郎卡把守。为了攻取这两个据点，张广泗分兵多路，同日并进，而在此后的行动中各路清军都先后遭遇了大小金川之役中他们最大的障碍之一——碉楼。

碉楼，主要分布在岷江、大渡河、雅砻江上游流域的羌族、藏族等少数民族居住区。[②] 其垒石而成，坚固异常，有住碉和战碉之分，高度仅够居民活动的便是住碉；而碉身遍布枪眼，高至七八层的，就是战碉，“碉楼如小城，下大巅细。有高至三四十丈者，中有数十层。每层四面，各有方孔，可施枪炮”。[③] 面对碉楼，清军束手无策，步履维艰。到乾隆十二年（1747年）八月，张广泗便逐渐意识到“攻碉”之难，“金川地势尤险，碉楼更多”，至于“攻碉”的方法无外乎掘地道、挖墙孔、断水源、炮轰击等。然而清军进攻瞻对土司时川西北土司都已经知悉清朝的这些手段，早有防备，“或于碉外掘壕，或于碉内积水，或附碉加筑护墙，地势本居

---

① 《清高宗实录》卷293，乾隆十二年六月丙子。

② 彭陟焱：《论大小金川战争中碉楼的作用》，《西藏民族学院学报》（哲学社会科学版）2010年第2期。

③ 李心衡：《金川琐记》卷2，商务印书馆1936年版，第18页。

至险，防御又极周密”。[①]

本来双方处于彼此僵持之局，但从乾隆十二年（1747 年）九月开始，清军却接连失利，折损了包括副将张兴、游击孟臣等在内的一批官兵，不得不撤退固守。乾隆皇帝此时已对张广泗等人失去信心，决定由大学士讷亲赶赴金川指挥战事，并起用岳钟琪为提督。但是，直至乾隆十三年（1748 年）九月，战争形势仍没有好转的迹象，败绩连连，甚至出现“贼番数十人应援，我兵三千余众遂俱奔遁”[②] 的状况。乾隆皇帝愤怒至极，于九月二十九日以“玩兵养寇，贻误军机”的罪名将张广泗革职，三个月后便将其处以斩刑；次年正月，又将讷亲斩首于军前。转而以大学士傅恒署理川陕总督，前往金川军营，会同岳钟琪等人办理一切事务。

此时，乾隆皇帝已彻底改变了对金川之役的看法，不再坚持一劳永逸地以武力解决大小金川地区的意图，而是逐渐认识到此战不仅耗费了巨大的人力、物力，而且很难能在短期内取胜。他不断地透露出悔恨之意，“朕若早知如此，并此番调遣，皆可不必”[③]“金川小丑，初不意靡费如许物力，两年之间所用几及二千万”[④]，并一再跟傅恒强调：“在金川小丑，朕本非利其土地、人民，亦非喜开边衅”，仅是想以大军压境，使“诸番”畏服。[⑤] 因此，当乾隆十三年十二月十五日，乾隆皇帝获悉大金川土司色勒奔细、郎卡乞降后，便限定进剿之事以三个月为期，如果三个月后仍不能成功剿

① 来保等撰:《平定金川方略》卷 3，乾隆十二年九月庚子，景印《文渊阁四库全书》第 356 册，台湾商务印书馆 1986 年版，第 57 页。

② 来保等撰:《平定金川方略》卷 11，乾隆十三年八月庚子，景印《文渊阁四库全书》第 356 册，台湾商务印书馆 1986 年版，第 184 页。

③ 《清高宗实录》卷 331，乾隆十三年十二月壬寅。

④ 来保等撰:《平定金川方略》卷 20，乾隆十三年十二月辛丑，景印《文渊阁四库全书》第 356 册，台湾商务印书馆 1986 年版，第 310 页。

⑤ 来保等撰:《平定金川方略》卷 18，乾隆十三年十一月己卯，景印《文渊阁四库全书》第 356 册，台湾商务印书馆 1986 年版，第 283 页。

平，便允许色勒奔细等人求降。

此后的战事依旧不顺利。乾隆十四年（1749 年）正月，乾隆皇帝正式宣布收兵，[①] 第一次平定大小金川之役就此结束。当年三月，四川总督策楞奏陈金川善后事宜十二条，包括：金川归还此前占领的各土司土地，与其接壤的杂谷、革布什咱、沃日、小金川等土司应连为一气，以防外患；小金川土司泽旺与沃日女土司泽尔吉联姻，等等。由此善后条例可看出，清朝仍然试图维持川西北的政治格局，仅是对其稍作调整，指示或撮合势力较弱的土司相互联合，以共同对抗大金川等强大土司，达到“以番治番”的效果。

然而，此政治格局仍极为不稳固。先是杂谷土司仗着从征金川有功，在接受清朝赏赐敕封的同时也越发嚣张跋扈，不断挑衅、攻打周边土司。乾隆十七年（1752 年），清朝发兵进剿杂谷，仅月余便将其平定，并在杂谷地区实行改土归流，彻底消灭了杂谷土司。杂谷、大小金川本为嘉绒各部中势力最强大的土司，彼此可以互相牵制，在杂谷土司被改土归流后，大小金川土司更加肆无忌惮。乾隆二十五年（1760 年），大金川土司色勒奔细病故，其侄子郎卡承袭土司之职，随后郎卡便立刻出兵攻掠党坝。乾隆三十五年（1770 年）四月，小金川土司僧格桑发兵攻占鄂克什的三个寨子。乾隆三十六年（1771 年）四月，大金川新任土司索诺木勾结革布什咱头人，夜袭革布什咱，占据革布什咱官寨。[②] 随后，小金川土司僧格桑再次出兵先后攻袭了鄂克什、明正土司和革布什咱。

大小金川在当地越来越频繁的扩张行为极大地破坏了清朝试图维持的稳定格局，彻底激怒了乾隆皇帝，其在三十六年（1771 年）

---

① 《清高宗实录》卷 332，乾隆十四年正月甲子。

② 阿桂等撰：《平定两金川方略》卷 6，乾隆三十六年六月戊寅，景印《文渊阁四库全书》第 360 册，台湾商务印书馆 1986 年版，第 246 页。

七月下谕："此而不加惩创，伊等将视内地大臣专务调停和事，不复知所畏忌，于抚驭番夷之道甚有关系。"[①] 朝廷便开始调兵遣将，进剿大小金川，这便是后世所称的第二次平定金川之役。

清朝令大学士温福、四川总督桂林共赴金川办理军务，并在数月之内先后从陕甘、贵州、四川本地调集官兵七万有余。[②] 此次战役采取的策略是先集中兵力进攻小金川，由温福、桂林率军分两路同时进剿。虽然小金川的抵御和反抗也较为激烈，但是清军仍然于乾隆三十七年（1772 年）十二月占领其官寨，"小金川全境荡平"。[③]

攻破小金川后，乾隆皇帝谕令温福等兵分三路进攻大金川，并派福康安为领队大臣前往四川军营。然而，与第一次平定金川之役一样，三路大军在面对碉楼时仍然束手无策，每攻克一座碉楼都需付出极大的代价。就在彼此僵持之时，投诚于温福营中的原小金川头人暗通僧格桑，作为内应，分头领兵突袭清军，并切断温福所率军队的后路，致使清军惨败，阵亡包括温福、副都统巴朗、提督董天弼等文武官员数十人以及军士三千余人。[④]

此次大败之后，清朝开始重用阿桂，授其为定西将军，由其总领平定金川的一切事务。阿桂适时地从大金川地区撤兵，保存实力，等待朝廷从各地再次调集兵力。在整顿兵力后，阿桂于乾隆三十八年（1773 年）十月分兵三路进攻小金川，此战非常顺利，仅用十天时间便将其平定。[⑤] 随后，朝廷便进剿大金川，由阿桂率兵

---

① 阿桂等撰：《平定两金川方略》卷 6，乾隆三十六年七月甲辰，景印《文渊阁四库全书》第 360 册，第 250 页。

② 《清高宗实录》卷 909，乾隆三十七年五月辛酉。

③ 阿桂等撰：《平定两金川方略》卷 46，乾隆三十七年十二月辛巳，景印《文渊阁四库全书》第 360 册，第 675 页。

④ 阿桂等撰：《平定两金川方略》卷 66，乾隆三十八年七月壬寅，景印《文渊阁四库全书》第 361 册，第 49—51 页。

⑤ 阿桂等撰：《平定两金川方略》卷 80，乾隆三十八年十一月己巳，景印《文渊阁四库全书》第 361 册，第 199 页。

由西路谷噶山梁进攻，明亮带兵由南路马奈、马尔邦进兵。此战从乾隆三十九年（1774 年）正月开始，一直持续到四十一年（1776 年）二月，经过连番苦战之后，清军才彻底攻破缺兵少粮的大金川。

据统计，第一次平定金川之役用银约 1000 万两。第二次平定金川之役，共调派官兵十五万人，耗费军饷七千余万两。[①]

经过平定大小金川之役以及战后以“改土归屯”为主的善后措施，嘉绒地区的土司势力受到极大的削弱，清朝在结合当地管理传统的基础上重新制定一套较为有效的治理制度，调整川西北地区的军事力量分布、行政管理单位以及资源分配格局，使局势得以较快地稳定下来。

二　抗击外部势力入侵，巩固统一

除乌什事变、大小金川之乱这类内部动乱外，西藏、新疆等地区还面临着国外势力渗透和入侵的威胁。随着时间的推移，边疆地区的局势愈加复杂多变，清朝在面临这一挑战时，尽管存在准备不足、协调能力不强等问题，但是依然在抗击外部势力入侵方面做出了极大努力。

（一）反击廓尔喀入侵

廓尔喀自乾隆三十四年（1769 年）统一尼泊尔后，一直具有较强的扩张性，对于与之相邻的清朝西藏地区觊觎已久；而清朝在西藏地区向来缺乏有效的军事力量，无法起到震慑作用；再加上西藏藏传佛教噶玛噶举派红帽系活佛十世沙玛尔巴的勾结，廓尔喀便有了入侵西藏的军事行动。针对廓尔喀的入侵，清朝被迫进行反击，并取得了最后的胜利。

---

① 彭陟焱：《乾隆朝大小金川之役研究》，民族出版社 2010 年版，第 253—254 页。

关于廓尔喀入侵原因，向来众说纷纭，综合各家之说，大体有几个原因：一是六世班禅于乾隆四十六年赴热河祝乾隆帝七十寿辰，中外施舍甚多，其卒于京师后，其财皆为其兄仲巴呼图克图所有，其弟沙玛尔巴怀恨在心，故前往廓尔喀怂恿抢犯边界；二是廓尔喀与西藏早有贸易纠纷；三是藏人未用廓尔喀新铸钱文。①

乾隆五十三年（1788 年）七月二十七日（8 月 28 日），驻藏大臣庆麟奏报，六月下旬，据后藏聂拉木、济咙、宗喀三处第巴报告，廓尔喀有举兵入侵的迹象。但是，此时清朝并不知道廓尔喀入侵的原因，庆麟在奏折中对此有所推测，认为廓尔喀于乾隆五十二年（1787 年）五月曾寄信给西藏地方政府噶伦，称："藏内所用钱文皆我巴勒布熔铸，此后但用新铸钱文，旧钱不可使用。再，我境接壤之聂拉木、济咙二处，原系我巴勒布地方，仍应给还，倘有理论，可遣人来讲约。"②

乾隆皇帝接到奏报后，做了相关的应急部署，积极调派四川兵丁进藏，但是对于廓尔喀为何突然挑衅，鉴于奏折内提供的信息有限，也未做出判断，仅是在给庆麟的谕旨中提出此事可能与聂拉木、济咙二处的归属问题相关："查五月间，廓尔喀王曾致噶布伦等书信内称，聂拉木、济咙等处原系伊之地方。等语。今苏拉巴勒达布等聚众滋事，是否专为此二处地方而起。"③ 对于庆麟等奏折中所讲的银钱纠纷，并未提及。

当年七月二十八日，乾隆皇帝又接到庆麟的奏报，称廓尔喀已于六月二十四日入侵并攻陷了聂拉木、济咙，逼近宗喀，廓尔喀第一次入侵西藏地方的战事就此正式爆发。

此后清朝在紧急进行军事部署的同时，也继续对廓尔喀突然入

---

① 庄吉发：《清高宗十全武功研究》，中华书局 1987 年版，第 424—429 页。

② 季垣垣点校：《钦定巴勒布纪略》，中国藏学出版社 2006 年版，第 10 页。

③ 中国藏学研究中心、中国第一历史档案馆等合编：《元以来西藏地方与中央政府关系档案史料汇编》第 2 册，中国藏学出版社 1994 年版，第 619 页。

侵的原因展开调查。乾隆皇帝发给驻藏大臣庆麟的一道谕旨中含有致廓尔喀王的长文一份，要求庆麟以驻藏大臣的名义交给廓尔喀王。其中关于廓尔喀无故起衅，乾隆皇帝称："今尔等聚众，想是要与别部落打仗，不意竟系抢夺聂拉木、济咙两处地方，仍向宗喀而来，殊属非是……今无故突然如此悖逆，谅非尔等之本心，定是属下坏人从中谋利，调唆尔等而起。"[①] 因此，在廓尔喀侵入西藏地方的初期，从驻藏大臣到乾隆皇帝，对于廓尔喀为何突然发难，都是茫然无绪。[②]

随后庆麟就此次事件询问了已经卸任的噶伦公班第达，据班第达称此次入侵主要是因为新旧钱之争，于是，庆麟、雅满泰等再次于乾隆五十三年（1788 年）九月十一日就廓尔喀为何侵入西藏地方上奏。之后四川提督成德、成都将军鄂辉、理藩院侍郎巴忠等先后到达西藏，便由巴忠主导对廓尔喀起衅原因进行调查与处理，形成了与之前不同的看法。巴忠奏称："看来巴勒布等起衅，非仅为加税一事。明系噶布伦等种种舞弊，屡加逼勒，不得已而犯藏。"并将所有责任都归于索诺木旺扎尔。这一结论也基本被乾隆皇帝认可："巴勒布夷人侵扰藏地一事，皆由噶布伦索诺木旺扎尔肆意妄行，苛取商人物件，第巴桑干擅增税课等事起衅。"[③] 这就成为清朝对廓尔喀第一次入侵原因的最终调查结果，并且乾隆皇帝于五十四年（1789 年）二月十三日谕令鄂辉、成德、巴忠等人以钦差的名义将此调查结果转发给廓尔喀。对廓尔喀宣称：此次事件的责任全在驻藏大臣、西藏地区噶伦和第巴等人一方，如今惹事之人已经被处置，希望廓尔喀能够退出西藏地区。然而，此时巴忠等人却在秘

---

① 中国藏学研究中心、中国第一历史档案馆等合编：《元以来西藏地方与中央政府关系档案史料汇编》第 2 册，第 623—624 页。

② 张曦：《试析清廷对廓尔喀首次入侵西藏原因认识的过程》，《西藏研究》2015 年第 1 期。

③ 季垣垣点校：《钦定巴勒布纪略》，中国藏学出版社 2006 年版，第 255 页。

密谋求与廓尔喀订立和约。对于和谈一事，入藏的钦差侍郎巴忠、成都将军鄂辉、四川提督成德、达赖喇嘛均没有上奏，只是力促廓尔喀答应入贡，造成国威远播、敌方畏服的假象。廓尔喀第一次侵藏战争便以巴忠等人的秘密谈判、许以付银赎地而宣告结束。

乾隆五十五年（1790年）十月初，廓尔喀派大头目一人、小头目二人前往拉萨索取依照廓藏密约藏方应付的年度赎银。[①] 而当时辅佐达赖喇嘛的噶勒丹锡呼图认为西藏噶伦"不以国家为念"，不许噶伦等付给。[②] 于是，乾隆五十六年（1791年）廓尔喀再次入侵西藏，兵分两路：一路由聂拉木至第哩朗古，一路由济咙进攻宗喀。

乾隆五十六年（1791年）八月二十二日，乾隆皇帝在从热河避暑山庄赴围场的途中得知廓尔喀再次入侵的奏报。理藩院侍郎巴忠自知此事是他处理不善的结果，便自请革职或降职，赶藏地效力赎罪，未得皇帝答复便投水自尽。这就使乾隆皇帝开始怀疑此前鄂辉、巴忠等人处理藏事不但处理不当，而且可能隐瞒了若干情节。驻藏大臣保泰、雅满泰在乾隆皇帝的指示下着手调查此事，并在九月间向乾隆皇帝奏称，查得乾隆五十三年（1788年）廓尔喀侵犯藏地，内地大军未至时，西藏当局已与廓人私相议和，此时已查出西藏与廓尔喀之间曾有秘密缔约，却仍未说出藏人付银是为了收回被侵占的领土一事。[③] 八月三日，保泰驰抵日喀则，八月二十一日，廓尔喀军进入后藏扎什伦布寺。乾隆皇帝得知扎什伦布寺被占后，意识到事态的严重性，决心以武力进行讨伐，传谕："殊不知此事初起之时，朕并非必欲大办。如贼匪只因索欠起衅，抢掠聂拉木等处边境，尚可为之剖断曲直，责令清还欠项。朕之初意原不欲劳师

① 邓锐龄：《乾隆朝第二次廓尔喀之役（1791—1792）》，《中国藏学》2007年第4期。

② 丹津班珠尔：《多仁班智达传》，中国藏学出版社1995年版，第324—325页。

③ 邓锐龄：《清乾隆朝第二次廓尔喀侵藏战争（1791—1792）史上的几个问题》，《中国藏学》2009年第1期。

远涉，今贼匪肆行侵扰，竟敢抢占扎什伦布，不得不声罪致讨，非彼乞哀可完之事。若因贼匪已遁，遂思就事完结，使贼匪无所畏惧，将来大兵撤归，贼匪复来滋扰，又将作何办理？岂有堂堂天朝转为徼外番贼牵制之理！此事势在必办，竟无二义矣。”[①] 而此后了解全部真相的乾隆皇帝怒不可遏，认为付银赎地一事“岂非竟成前代岁币故事！”于是，乾隆皇帝决心派福康安统兵进剿。

乾隆五十七年（1792 年）五月初七日，清军行抵擦木山隘，攻下廓军驻守的碉堡，首战得胜。此后连战连捷。随后，清军越过喜马拉雅山天险，深入廓尔喀境内，直至距廓尔喀都城仅一日路程之地，驻军屯守。双方的最后一战发生在乾隆五十七年（1792 年）七月初三日，清军越过堆补木山下帕朗古河上大桥，仰攻廓军碉卡，此战清军战败。

清军此时不仅损兵折将，而且面临着严重的军粮不继、军中疾疫蔓延的问题，减员日多。[②] 此时廓尔喀也倍感压力而求和。乾隆五十七年（1792 年）八月十日，大将军福康安自帕朗古军营具奏遵旨接受廓尔喀乞降，九月初四日，福康安率全军撤回济咙。第二次廓尔喀侵藏战争结束。此役是清朝进行的一场正义的反侵略战争，乾隆五十八年（1793 年），清朝颁行《钦定藏内善后章程二十九条》，规定驻藏大臣的地位与达赖、班禅地位平等，监督办理西藏事务；规定西藏的涉外事务集权于中央，统归驻藏大臣管理；为杜绝转世灵童私相授受，设计了金瓶掣签制度，等等，标志着清朝在西藏的施政达到最高阶段。

（二）抗击张格尔势力和阿古柏势力

嘉庆二十五年（1820 年），新疆爆发张格尔之乱，延续八年之

---

① 季垣垣点校：《钦定廓尔喀纪略》卷 4，中国藏学出版社 2006 年版，第 124—125 页。

② 邓锐龄：《清乾隆朝第二次廓尔喀侵藏战争（1791—1792）史上的几个问题》，《中国藏学》2009 年第 1 期。

久，喀什噶尔、英吉沙尔、叶尔羌、和阗等城一度沦陷，这次动乱对清朝对新疆的治理以及新疆社会产生了深远的影响。[①]

张格尔，又作札罕格尔，为白山派大和卓博罗尼都之孙，其父萨木萨克在清朝平定大小和卓叛乱的过程中逃至中亚。清朝在发觉萨木萨克流亡在外后，便将其视为隐患，在对其加紧防范、断绝其敛财途径的同时，也晓谕中亚外藩“果能将萨木萨克诱到解京，朕必格外施恩”，并向其宣示招抚政策，强调如能自动归附，可以赐赏封爵。[②] 萨木萨克也曾因处境过于困苦，遣人向清朝递呈过归顺表文，但由于当时清朝官员长麟操之过急，措置不当，萨木萨克心生疑惑，携家眷逸去，从此清朝便失去了萨木萨克的消息。

张格尔为萨木萨克的次子，另有玉素普、巴布顶兄弟二人，但是清朝并未掌握该信息，特别是在嘉庆十九年（1814 年）玉努斯案发生后，清朝误认为萨木萨克无子，使张格尔兄弟子侄十余人能够逃至中亚地区。张格尔等人一直将新疆视为其祖地，在中亚的生活也极为艰辛，以流亡乞讨生活，便不断图谋潜入喀什噶尔作乱。嘉庆十九年，张格尔便企图向浩罕[③]爱玛尔汗借取人马，攻打喀什噶尔，爱玛尔汗忧虑张格尔起事可能会影响到清朝与浩罕的关系，不仅不借给人马，反而将张格尔等人扣留。数年之后，张格尔趁机逃出，随后勾结布鲁特比苏兰奇，纠集三百余人，策划夺取喀什噶尔，这次动乱导致清朝包括副护军参领音德布在内的十余名官兵被杀害、图舒克塔什卡伦城池被焚毁。也正是通过这一事件，清朝才得知张格尔便是萨木萨克之子。[④]

---

① 周卫平：《张格尔之乱始末》，载《中国边疆学》第二辑，社会科学文献出版社 2014 年版。

② 《清高宗实录》卷 1202，乾隆四十九年闰三月丙辰。

③ 浩罕汗国是 18 世纪初由乌兹别克人在中亚费尔干纳盆地建立起来的封建汗国。汗国曾长期依附于准噶尔部和布哈拉汗国。18 世纪中叶，浩罕汗国逐渐强大起来，到 19 世纪 30 年代，进入鼎盛时期。

④ 曹振镛等撰：《钦定平定回疆剿擒逆裔方略》卷 3，道光元年正月丁巳，载《清代方略全书》（九六），第 333—345 页。

张格尔逃回浩罕后，又于道光四年（1824 年）在阿赖等地纠集了安集延、布鲁特等多人，窜往喀什噶尔进行烧杀抢掠，在清军的反击之下，损失惨重。道光五年（1825 年），张格尔手下亲随毛拉牌则依等数人，潜至喀什噶尔城外阿尔图什庄联络白山派教徒，以言语煽动众人敛财接迎张格尔，并约定以道光六年（1826 年）六月十二日为期发动叛乱。

道光六年六月十四日，张格尔率军窜至距喀什噶尔城百余里之阿尔图什庄，白山派教徒聚集至千余人，气焰甚嚣尘上。清朝领队大臣乌凌阿、穆克登布率军进剿，杀敌四百余人。张格尔败退麻扎中抗拒官兵。该麻扎周围五里，墙垣三层，高峻坚固。清军将麻扎四面围定，张格尔乘雨夜昏黑，冒死突围逃逸，清军紧追不舍。白山派教徒闻风而动，群起围攻清军。清军四面受敌，乌凌阿、穆克登布阵亡。此讯传开，更助长了白山派教徒的嚣张气焰，喀什噶尔各庄白山派教一哄而起，随同反叛，到处抢掠。[①] 张格尔乘势率叛众围攻喀什噶尔，并分派头目进犯英吉沙尔、叶尔羌、和阗、阿克苏诸城。叶尔羌所属十四座军台，以及阿克苏以西军台，全被叛众焚毁。[②]

六月二十二日，张格尔攻破喀什噶尔“回城”，白山派教徒乘势报复，将担任喀什噶尔阿奇木伯克的吐鲁番扎萨克郡王迈玛萨伊特用棍击毙。[③] 随后，张格尔继率叛众大举围攻喀什噶尔“满城”，参赞大臣庆祥督率官兵坚守，多次杀退围城之敌，坚守近七十日，城中粮草耗尽，援军迟迟未至。张格尔继续纠集叛众，四面围攻，至八月二十五日终将城池攻破。双方展开巷战，守城官员“或力竭自尽，或临阵捐躯……已革回子郡王阿奇木伯克玉努斯，前经赏给

① 《清宣宗实录》卷 101，道光六年七月丙申、戊申。

② 王希隆：《张格尔之乱及其影响》，《中国边疆史地研究》2012 年第 3 期。

③ 王希隆：《张格尔之乱及其影响》，《中国边疆史地研究》2012 年第 3 期。

五品顶带，随同庆祥赴喀什噶尔办事，现亦为国捐躯”[1]。和阗、英吉沙尔、叶尔羌三城也先后陷落，并被拆毁城墙、衙署和民房。

之后，张格尔派遣亲信头目依斯拉木、素皮察克、玉努斯等带领叛众三千多人进攻阿克苏，叛军逼近阿克苏城外之浑巴什河、托什罕河一带，库车、乌什等城的白山派教徒也蠢蠢欲动。南路局势突变，清朝朝野上下为之震动。是年七月，道光皇帝授长龄为扬威将军，署陕甘总督杨遇春为钦差大臣参赞军务，督率官兵讨伐。另一方面，道光皇帝令“长龄察历任回疆参赞、办事、领队各臣贪淫虐激回民之罪”[2]，并各拟罪法办，以收拢民心。十月，诸路满汉官兵三万余人先后云集阿克苏。先到达之乌鲁木齐等处官兵，将进逼阿克苏城附近浑巴什河、托什罕河一带的叛众击退。张格尔复遣其亲信头目纠集三千余叛众进据柯尔坪，阻截清军西进道路。长龄督军猛攻，分兵截击，将敌军歼灭，张格尔亲信头目约勒达什、伊瞒、玉努斯、热依木、托胡坦等俱被斩获。[3]

经此一战，张格尔的嚣张气焰备受打击，内部开始分化，部分亲信率众撤回浩罕，另有部分将官则暗中商议归降清朝，使张格尔的实力遭到重创。道光七年（1827 年）二月，张格尔见清军西进至大河拐，下令征发 15 岁以上的维吾尔人，将其集于洋阿尔巴特庄，乘夜袭击清军，被击退。张格尔复纠众于沙布都尔庄，列阵浑水河畔抗拒清军，又被击败，亲信浩罕头目色提巴尔第被射毙，清军乘胜追击三十余里，擒斩万余人。张格尔退守阿瓦巴特，长龄分兵三路掩杀，俘斩二万余，穷追逃敌至洋达玛河。三月，清军长驱直入，克喀什噶尔。四月，再克英吉沙尔、叶尔羌。[4]

张格尔见清军逼近，知难以抵挡，于三月初一日带领亲信数十

---

① 《清宣宗实录》卷 110，道光六年十一月丙申。

② 魏源：《圣武记》卷 4，第 184 页。

③ 王希隆：《张格尔之乱及其影响》，《中国边疆史地研究》2012 年第 3 期。

④ 包尔汉：《论阿古柏政权》，《历史研究》1958 年第 3 期。

人窜往境外，躲藏于木吉地方，遣人向浩罕汗迈买铁里借兵，遭到拒绝，又潜入境内拉克沙地方藏匿。参赞大臣杨遇春、提督杨芳率军出卡搜捕，七月初七日在塔里克达巴罕附近与张格尔余党二千余人展开激战，清军斩杀俘获敌军一千五六百名，张格尔仅率百余人脱去，四处流亡。十二月二十七日，张格尔复纠集数百人窜至伊斯里克卡伦附近，欲乘除夕潜入阿尔图什庄作乱。长龄得到探报，亲率官兵围捕。黑山派教徒闻讯，亦集众四百余人持械拦阻。张格尔行至途中，见势不妙，急折转逃窜卡外。杨芳督军连夜紧追，二十九日，在卡外喀尔铁盖山内追及。清军两次接仗，毙敌大部。张格尔势穷，与死党十余人弃马上山。总兵胡超率兵紧追其后，张格尔见难以脱身，情急中拔刀欲自刎，锡伯马甲讷松阿、舒兴阿等冲上夺刀，生擒张格尔。随从张格尔之头目八名，也全被擒获。道光八年（1828 年）五月，张格尔被解送至京师，先押至午门前行献俘礼，经王大臣会同刑部严讯后被寸磔枭示。[①]

清朝虽然对民族和宗教问题比较重视，但大体采取的是“因俗而治”的政策，因俗顺应的多、主动治理的少，这就导致随着时势的变化，清朝进退失据，最后还是以武力平叛，造成治理成本的增加。张格尔事件是清朝忽视大小和卓后裔及其势力的结果，情报不实，追剿不力，也可知当时对新疆形势估计不足。廓尔喀入侵事件也可看出清朝对相关情报工作做得不好。这也反映出清朝对边疆地区的治理能力不足，调动资源有限。但这些事件也刺激着清朝逐渐改变以往将边疆地区视为政治秩序最外层的看法，开始向其投入更多的精力和物力，努力进行经营，以巩固“大一统”的目标。

---

① 以上论述参见王希隆《张格尔之乱及其影响》，《中国边疆史地研究》2012 年第 3 期。

第三节　维护统一

19 世纪中叶以后，西方列强凭借坚船利炮汹涌东来，清朝面临数千年来未有之大变局，如何维护“大一统”的局面，成了清朝以及当时精英们无时无刻不考虑的问题。

一　列强侵华与签订不平等条约

15—16 世纪，欧洲出现了第一批具有资本主义性质的手工工场，资本主义开始走上历史舞台，对内掠夺和对外殖民扩张是其完成原始积累的主要手段。新航路开辟后，葡萄牙人首先来到中国，并于明朝中叶以后，占据澳门。紧随其后的是西班牙人和荷兰人。18 世纪中期，英国通过工业革命成为世界上最大的资本主义殖民国家。英国的发展是与其侵略和殖民政策分不开的，而对东方大国——中国垂涎已久，发动鸦片战争更是蓄谋已久之事，为此进行了长时期的情报搜集工作，在取得胜利后，便强迫清朝签订不平等条约。其他列强也纷纷入侵，并强迫清朝签订不平等条约。从道光二十年至宣统三年（1840—1911 年），清朝被迫与英国、美国、法国、俄国、日本、意大利、西班牙、葡萄牙、荷兰等国签订了数十个不平等条约。在此期间，清朝内部的确存在不少军政腐败、消极抵抗甚至反叛投敌的现象，但是大多数上层尤其是广大人民都曾为了维护国家的统一而积极作为。

（一）两次鸦片战争与系列不平等条约的签订

鸦片战争并未在清代朝野和民众中引发多大的刺激，但是，毫无疑问受到了后世史家的极大重视，往往将其视为整个清朝甚至是整个中国历史的转折点。鸦片战争在战争形式、思想文化、政治格局等层面都与中央王朝此前进行的历次战争截然不同，基本所有层面的考察或思考都离不开一个关键词——近代化。

英国等列强在强盛之后，试图以贸易的方式进入中国并获取利益。但尝试输出各种商品后，发现无法打开以自给自足的小农经济为主的中国的大门，最后找到鸦片这种商品，试图以鸦片为媒介获利。这一尝试果然奏效，清中叶以后，鸦片的泛滥已成社会问题，给中国造成深重灾难。一是“鸦片作为一种毒品，在中国大地上毒流蔓延，严重地摧残了中国民众的身心健康，极大地破坏了中国的生产力”。二是“鸦片大规模的走私输入，导致巨额白银外流，严重影响国家财政安全”。三是“鸦片泛滥加剧了清政府吏治的腐败和国防力量的降低，严重威胁到清王朝的统治秩序和国家的安全”。[①] 雍正、乾隆、嘉庆各朝就屡下禁吸鸦片之命令，但收效甚微，鸦片烟毒，荼毒生灵，“势将胥天下之编氓丁壮，尽为委靡不振之徒”[②]。清朝上层认识到鸦片之危害与禁烟之必要的官僚有很多。道光十八年（1838 年）闰四月初十日，鸿胪寺卿黄爵滋上了一道严禁鸦片的奏折，提出以律法的形式实行全国禁烟，限期一年内戒烟，尔后被查获仍吸食者诛。[③] 这份奏折的内容在各地将军、督抚中引起了广泛的讨论，道光皇帝先后收到了 29 份官员议复的奏折，虽然各官员对于吸食者是否应该被诛杀存在较大争议，但是大多奏折主张应加强对贩烟、售烟的缉拿和处罚力度。当年九月，道光皇帝收到奏报，称有宗室在尼僧庙内吸食鸦片，其便意识到烟毒已危害甚烈，甚至已侵染皇室。于是，道光皇帝下定决心禁绝鸦片，便召见了主张严禁鸦片的林则徐，并任命林则徐为钦差大臣，

---

① 张海鹏主编，姜涛、卞修跃著：《中国近代通史（第二卷）：近代中国的开端（1840—1864）》，江苏人民出版社 2009 年版，第 62—63 页。

② 《筹办夷务始末（道光朝）》卷 3，载沈云龙主编《近代中国史料丛刊》第 56 辑，台湾文海出版社 1973 年版（下同，不再注版本信息），第 190 页。

③ 《鸿胪寺卿黄爵滋奏请严塞漏卮以培国本析》，载《鸦片战争档案史料》第 1 册，上海人民出版社 1987 年版，第 254—257 页。

专办禁烟之事。

道光十九年（1839 年）正月二十五日，钦差大臣、湖广总督林则徐抵达广东。其在到任后不久便颁布了诸多关于禁烟的公告，着手严查烟案，捉拿人犯，截抄烟土、烟膏、烟枪、烟锅等。二月初四，林则徐召见广州行商，颁下一道严谕，要他们责成外国商人呈缴鸦片，该谕令起初并没有引起行商以及外国商人足够的重视。对此，林则徐在二月初十日便决定采取更严厉的措施，一方面，下令中止一切中外交易；另一方面，将约 320 名外国商人拘留在广州城外的商馆区，封锁商馆，撤退仆役，断绝供应，以此逼迫外国商人缴出鸦片。几天之后，英国驻华商务监督义律表示屈服，并劝告英商将鸦片交给他，由其转交给中国政府。林则徐将收缴的鸦片进行公开销毁，截至五月十三日，共销毁鸦片 19179 箱有余，重达 237 万余斤。与此同时，清廷定《查禁鸦片烟章程三十九条》全国的禁烟运动也在轰轰烈烈地展开。禁烟、销烟运动是在道光皇帝的主导下所进行的运动，利国利民，是维护“大一统”目标的有力措施。

然而，义律在代表英商缴出鸦片的同时，却不停地向英国政府写报告，请求进行武力报复并争取更大的贸易特权。[①] 英国政府最终得到国会授权发动对华战争。道光二十年（1840 年）年三月至五月间，英国远征军陆续抵达中国海域，英国海陆部队总兵力达到六七千人。

当时在军事技术上中英之间的差距巨大。此时英军已处于初步发展的火器时代，而清军仍处于冷热兵器混用的时代。虽然林则徐和 1840 年调任闽浙总督的邓廷桢等人对形势进行了预判，并加强了防御，但其思想还停留在以武力为禁烟后盾的阶段，谁也没有料

---

① 严中平辑译：《英国鸦片贩子策划鸦片战争的幕后活动》，载《近代史资料》1958 年第 4 期，第 16—18 页。

到会打一场涉及国家、民族存亡的战争。当时清朝无论是在器物，还是在制度、思想上都准备不足，而此后的战争史实也的确充分体现了这一点。道光二十年（1840 年）年五月二十三日，英国远征军海军司令伯麦发布封锁珠江口的告示，留下数艘海舰实施封锁，自己便于当日晚上起程，率领大部分兵力北上，进攻浙江定海（今舟山市）。总司令懿律在到达之后，也率军北上，与伯麦汇合。英军此战的目的，是为其远途作战的部队建立起一个前进基地，休整补给，据此展开北上、南下中国海的军事行动。英军在攻占定海后，以此为据点，继续北上，并于七月十四日抵达天津，威胁到清朝的军政核心地区。迫于军事压力，八月二十二日清廷决定由内阁发布上谕，任命琦善为钦差大臣，驰驿前往广东，查办该事件。随后，英军便撤离天津。琦善与义律在广东进行了长达数月的谈判，但是双方给出的条件过于悬殊，且两个谈判者都没有做出让步的权力，最终也没有达成能被中英政府认可的协议。

就在谈判陷入僵局时，英军再次改用武力威胁，于道光二十年十二月开始进攻广州的门户——虎门，这就是“虎门大战”。虎门的防卫体系由守将关天培亲自策划，其意在层层堵截，防止敌舰闯过虎门，直逼广州。可是，英军却并不急于闯虎门，而是直接进攻各个炮台，该地的防卫体系顿时全部失去效用，被英军逐个击破。此战结束后的一个月内，英军又占领了广州西南角的商馆，使整个广州城彻底暴露在英舰的炮火之下。[①] 道光二十一年（1841 年）四月初七日，广州知府余保纯奉清逆将军奕山之命，与义律签订《广州和约》（即《广州停战协定》），至此，清政府调集各省近两万兵丁的“剿英”战役化为泡影。英军侵入广州地区后，激起

① 中山大学历史系中国近现代教研组、研究室编：《林则徐集·日记》，中华书局 1962 年版，第 380—387 页。

了三元里人民的英勇反抗。与此同时，英国决定以璞鼎查替代义律作为全权代表，到中国进一步扩大侵华战争，在其抵达广州后，便召开了军事会议，决定再次率军北上。七月十日，仅经过一天的战斗，英军便占据了厦门城。七月二十日，璞鼎查率主力撤离厦门，北上浙江，数月内便先后攻陷了定海、镇海、乍浦、吴淞、镇江等地。道光二十二年（1842 年）六月二十六日，英军留下少量兵力继续占领镇江城东北的北固山，主力则登舰，欲图攻击南京。经历了数场惨败的两江总督牛鉴，在面对南京江面上的英舰时，自知再行抵抗已无济于事，不停地上奏道光皇帝，请求议和。

经过多次谈判之后，七月二十四日，中英两国代表在南京江面上签订和约，这便是《南京条约》，条约共计十三条。此后，清朝陷入外交陷阱中，在列强的引诱、欺压之下，清朝又先后签订了一系列不平等条约，包括：与英国签订的《中英虎门条约》及其附件《五口通商章程：海关税则》、与美国签订的《中美望厦条约》、与法国签订的《中法黄埔条约》。[①] 至此，第一次鸦片战争结束。鸦片战争使中国由一个领土完整、国家主权独立的国家，开始了走向半殖民地化的进程。而英国通过《南京条约》割占了中国香港、葡萄牙人也于 1849 年 8 月攫取了中国政府对澳门的管辖权，这严重损害了中国领土主权的完整，也极大地刺激了西方列强霸占中国领土的欲望。[②]

然而，第一次鸦片战争后开放的五口通商在此后却没有达到英商和英国政府预期的效果，除上海的对外交易量有所上涨之外，广州、福州、厦门、宁波都不景气，马克思曾总结说：“五口通商和

---

① 茅海建：《鸦片战争与不平等条约》，《历史研究》1992 年第 4 期。

② 张海鹏主编，姜涛 、卞修跃著：《中国近代通史（第二卷）：近代中国的开端（1840—1864）》，第 206—207 页。

占领香港仅仅产生了一个结果：贸易从广州转移到上海。”[①] 对华贸易输出量无法大幅增长的状况就一直刺激着英国政府和英商扩大侵略权益的愿望。

英国开始通过各种方式不断制造摩擦，“亚罗号事件”便是其中之一。“亚罗”号在咸丰六年（1856 年）抵达广州时，执照早已过期。[②] 几天后，正在缉捕盗贼的水师千总梁国定率官兵四十余人登上“亚罗”号，并从船上的十四名中国水手中逮捕了具有海盗嫌疑的十二人。英国驻广州领事巴夏礼获悉之后，态度强硬地要求清朝立即释放人犯，从而引起双方的争端。于是，九月二十五日，英国驻华海军司令西马糜各厘开始以武力干预此事，率领战舰越过虎门，向广州进犯，第二次鸦片战争爆发。从此时开始一直到次年五月，可以说是第二次鸦片战争的第一阶段。在这一阶段英军仅以当时的驻华部队发动侵略，继而明显地暴露出兵力不足的问题，再加上两广总督叶名琛的态度由起初的不战不守变为有所战守，导致战局一度产生僵持，最终英军不得不放弃其在广州的侵略据点，退至虎门待援。[③]

咸丰七年（1857 年），英国任命额尔金为全权专使，率领特别使团来华执行扩大侵华使命。此时英、法也已达成联合出兵中国的协议，法国便任命以葛罗为首的使团，并派出军队。同时，美、俄也决定与英、法进行合作，充当侵华的帮凶。而法国兴兵动武的借口，便是所谓的“马神甫事件”。[④] 马神甫即法国传教士马赖，其在咸丰三年（1853 年）到达澳门后，便非法前往广西进行传教。马赖到达广西西林县后，收罗一批地痞、无赖、匪徒入教，部分教徒甚至从事“奸淫妇女，抢劫村寨”等事。在劝阻多次无果后，西

---

① 《马克思致恩格斯》，《马克思恩格斯全集》第 29 卷，人民出版社 1972 年版，第 348 页。

② 夏笠：《第二次鸦片战争史》，上海书店出版社 2007 年版，第 176—177 页。

③ 夏笠：《第二次鸦片战争史》，第 173 页。

④ 夏笠：《第二次鸦片战争史》，第 238 页。

林知县张鸣凤于咸丰六年（1856 年）正月二十九日将马赖处决。[①] 法国据此与清朝进行交涉，要求给予赔偿，并决定抓住这个借口，挑起侵华战争。

咸丰七年（1857 年）年底，英法联军发动武装进攻，欲图占领广州。由于叶名琛不事战备，广州很快便沦陷。此后，英、法两国便以广州要挟清朝同意进行“修约”，其于咸丰七年至咸丰十一年（1861 年）间，在广州扶持一个以柏贵为代表的地方傀儡政权，并对整个广州城实行军事管制。而清朝除了以团练对抗英法联军之外，并无应对之策，甚至承认柏贵为广东巡抚，各国在广州照常通商贸易。

联军占领广州以后，英、法、美、俄四国认为下一步应该是联合北上，逼迫清朝屈服。于是，经过苏州投文、大沽交涉、第一次大沽口之战以及天津的谈判，他们终于迫使清朝接受了一系列新的不平等条约。咸丰八年（1858 年）五月三日（6 月 13 日）签订《中俄天津条约》共 12 款；五月八日签订《中美天津条约》共 30 款；五月十六、十七日，中英、中法《天津条约》先后签订，《中英天津条约》56 款，附约 1 款；《中法天津条约》42 款，附约 6 款。[②] 与此同时，沙俄又在黑龙江乘机勒索，以武力胁迫奕山签订《瑷珲条约》，割占了包括东北外兴安岭以南、黑龙江以北在内的 60 多万平方公里的广大领土。

然而，在《天津条约》签订后，咸丰皇帝并不甘心就此失败，决定一面加强大沽一带的防御体系，一面企图以“全免夷税”为交换条件，废弃《天津条约》。这就导致英、法等国极为不满，最终英法联军在前往北京换约的途中，主动挑衅和攻击清朝军民，坚持

---

① 邢凤麟、海阳：《关于马神甫事件》，《社会科学战线》1983 年第 3 期。

② 王铁崖：《中外旧约章汇编》第 1 册，生活·读书·新知三联书店 1957 年版，第 96—112 页。

沿白河经天津进行武装换约。第二次大沽口之战就此爆发。清朝在战争之初取得不错的战绩，并企图借此废除咸丰八年（1858 年）的原议，与英、法两国另立新约；但是当英法联军重整兵力，在咸丰十年（1860 年）将一支 2.5 万人的军队派往中国后，清军便频频陷入劣势，相继丢失了大沽炮台、天津、八里桥防线等重要军事要地。咸丰帝不得不逃往热河，英法联军趁机焚掠了圆明园。负责进行谈判的恭亲王奕䜣为了保住清政权，不得不接受英法两国的全部要求。咸丰十年九月十一、十二日，中英、中法《北京条约》盖印画押及互换《天津条约》批准书的仪式在礼部先后举行，第二次鸦片战争结束。因为《北京条约》，清朝不但赔款，还使英国割占九龙，中国的领土主权再一次遭到践踏。第二次鸦片战争促成列强强加于中国的不平等条约体系进一步形成。

（二）中法战争与《中法新约》的签订

19 世纪法国为扩充其殖民统治，妄图侵占越南。历史上越南经历了多次王朝更替，包括丁朝（968—980 年）、前黎朝（980—1009 年）、李朝（1010—1225 年）、陈朝（1225—1400 年）、胡朝（1400—1407 年）、后黎朝（1428—1788 年）、西山朝（1788—1802 年）和阮朝（1802—1885 年）等。越南的这些王朝建立后都属于中国中原王朝的藩属。[①] 然而法国却在 19 世纪中期将其视为殖民统治的目标之一，并借“支援”“协助”越南的名义，妄图取代中国的地位，最终在 19 世纪 80 年代初期导致中法战争的爆发。

同治十一年（1872 年），法国违背此前与越南签订的《西贡条约》，命其舰队强行进入红河，相继占领河内的部分地区。后遭到刘永福率领的黑旗军和越南军队的抗击，收复河内。越南军队虽然取得了胜利，但是，越南政府害怕法军发动大规模报复行动，主动

---

① 孙宏年：《历史与真实：1949 年前的中越关系演变》，《世界知识》2011 年第 14 期。

向法国乞求议和，并以法军从河内撤离为条件，与法国签订了第二次《西贡条约》。然而，此后法国、越南之间仍时有摩擦和冲突。越南是清朝的传统藩属国，且为中国滇、粤两省屏障，但经历了两次鸦片战争失败的清朝，对是否出兵援助越南举棋不定，在朝廷中分为主战、主和两派，彼此争论不休。清朝统治者面临两难的抉择：若战，则实力不济；若和，恐藩篱尽失，后患无穷。不过在法国步步紧逼的情况下，清朝紧急调援清军在光绪七年（1881 年）以后进驻了越南北圻地区，大致可将其分为两支军队，一支是云南布政使唐炯统领的滇军，驻守山西；一支是广西布政使徐延旭统领的桂军，驻守北宁。

光绪八年（1882 年）至九年（1883 年），中法双方就越南的局势进行了数次和谈，但是，清朝最终仍不肯完全答应法国提出的公开承认“法国保护越南”等条件。于是，光绪九年，法国中止和谈，再次集结兵力向越南发动军事侵略行动，并下令进攻驻扎在越南境内的清军，中法战争正式爆发了。

越南山西之战被视为中法战争的起点。由于清朝在战争之初持有的避战态度使守军丧失主动权，山西守军缺兵少饷，越南阮氏王朝自身拒绝抗法救国，越军临阵倒戈相向等原因，清军的驻地越南山西于光绪九年年底被法军攻破。[①] 山西一失，北圻清军遂被分割，随后的北宁之战，清军再次失败。北宁战败，清廷震怒，“从西南、东南大员到中央枢臣都进行了重大调整”[②]，派遣一直主战的张之洞出任两广总督，与早已到达广东的钦差大臣、同为主战派的彭玉麟一起谋划对越战事。

法国借助这一系列军事胜利，试图逼迫清朝承认法国在越南

---

① 黄振南：《中法山西之役始末》，《广西社会科学》1997 年第 2 期。

② 李志茗：《中法战争中的张之洞与彭玉麟》，《厦门大学学报》（哲学社会科学版）2013 年第 6 期。

“保护国”的地位，并趁机向清朝攫取更大的侵略利益，于是积极谋求和清朝议和。在当时主和派代表李鸿章的争取之下，清朝也决定进行议和。光绪十年（1884 年）四月十七日，李鸿章与法国代表福禄诺在天津签订《中法简明条约》五条。

闰五月初一日，法军向谅山地区进发，拟接防清军营地，但清军此时仍未接到清廷撤军的谕旨，不肯撤退。法军便执意前进，在北黎与清军交火，法军被打退，是为“北黎事件”。

“北黎事件”就再一次成为法国扩大侵略的借口。法国远东舰队副司令利士比得到命令，率队前往台湾，企图迅速占领基隆的煤场和台湾北部，并以此胁迫清朝承认法国吞并越南合法化。法军在此遭到了台湾守军较为激烈的抵抗，特别是第一次基隆之役、淡水之战都受到现今国内学者较高的评价，认为其对挫败法军占领台湾、向中国勒索赔款的阴谋起到了很大的作用。[①] 在遭遇两次战败之后，法军不得不暂时放弃占领台北的计划，转而移师福州，其舰队接连驶进闽江口，进泊马尾军港，包围福建海军。此时，两广总督张之洞、会办福建海防大臣张佩纶、福建船政大臣何如璋电奏总理衙门，请求派遣南北洋舰队进行支援。但是，清廷不欲因援闽而置南北洋本身防务于不顾，并且清朝仍在央求列强调停，采取对外妥协退让方针与避战求和政策[②]，不准福建海军主动攻击，最终导致清军在七月三日遭遇了马尾海战的惨败，福建海军的军舰十一艘、商船十九艘，全部被击毁。七月六日，马尾海战失败的消息传到北京，清朝才被迫正式对法宣战。

清朝对法宣战后，便命令驻扎在越南的滇、桂防军相机对法军发动攻击。此后在台湾、北圻两个战场上，中法之间互有攻守。光

---

① 黄振南：《中法战争诸役考》，广西师范大学出版社 1998 年版，第 180—188、231—240 页。

② 戴学稷：《清政府与马江战役》，《内蒙古大学学报》（哲学社会科学版）1985 年第 3 期。

绪十年，在台湾防务督办刘铭传的指挥下，清军取得“沪尾大捷”。此后，清军在台湾的军事力量略占上风，法军难以取得突破，海军少将孤拔便下令封锁台湾海峡，截断大陆与台湾之间的补给线，使援台的军兵、粮饷、器械均受阻，台湾的局势转瞬直下，驻台清军几成孤军。

而在西南地区，张之洞与彭玉麟经过综合研判后，决定起用老将冯子材，分东西两路派四支广东军队入越作战。光绪十一年（1885 年）正月初九，法军攻入镇南关之后，清朝开始向此地集结兵力。数十天后，冯子材亲自勘察地形，最后选取易守难攻的镇南关后八里之关前隘作为阵地，并修筑防御工事。随后，法军猛攻关前隘冯军所筑长墙及东、西二岭的炮垒，冯部坚守不退，后援军赶至，双方战至深夜，阵地几易其手。次日拂晓，法军企图迂回袭取东岭，未能成功，便以主力径直扑向隘前长墙及冯军大营，冯子材誓死决战并带头冲杀，与法军展开肉搏，各营一齐出击，法军不支，只得后撤，清军趁势追击二十余里，此役清军取得大胜，法军则被歼千余人，这便是“镇南关大捷”。“镇南关大捷”鼓舞了中越军民的士气，并导致法国茹费理内阁的倒台。

但是，中法双方在台湾、北圻地区进行激战的同时，以李鸿章、海关总税务司赫德为首的官员却在积极推动中法进行和谈。镇南关大捷并未从根本上改变中法双方在谈判中的地位。中法双方仍决定按照既定的草案签订和约，二月十四日，清朝军机处基本同意赫德递交的法拟善后事宜，即彼此停战，清军撤回关内，法国解除对台湾的封锁。三月初九日，法国议和全权代表巴德诺到达天津，随后，李鸿章与巴德诺以此前议定的草案为基础多次进行会商，最终于四月二十七日签订了《中法越南条约》十款，又称《中法新约》。通过该不平等条约，中国西南门户洞开，为法国进一步入侵创造了条件。

（三）中日甲午战争与《马关条约》的签订

光绪二十年（1894 年）爆发的中日甲午战争是一次对中国影响最为深远的反侵略战争，其并不是偶然事件。日本在明治维新后，一直试图瓦解与颠覆以中国为中心的传统东亚秩序，可以说，甲午战争是日本准备已久的战争。

同治十三年（1874 年），日本侵略台湾受挫之后，便深感海军力量之不足，于是接连向英、法等国订购新式战舰，并先后于光绪十二年（1886 年）、光绪十四年（1888 年）实施两个造舰计划，使其海军力量大增。光绪二十年（1894 年），日本利用朝鲜东学党起义之机，挑起了中日战争。

东学党自称“东学道”，是一个以宗教为外衣的秘密结社组织，光绪二十年，由于朝鲜国内民众普遍对政府不满，爆发了东学党起义。朝鲜政府无力镇压起义，只得向清朝求援。清朝在几经考虑之后，决定派兵赴朝，共分为三批，分别为聂士成部、叶志超部、夏青云部，清军人数达 2465 人。而日本政府也早已注视着朝鲜局势的发展，以待能够借出兵朝鲜的时机制造挑起战端的借口。在清朝派兵的同时，日本也趁机向朝鲜出兵，除陆军近 4000 人外，海军则有松岛、吉野、千代田、八重山等八舰，兵力远在中国军队之上。

清军到达朝鲜之后，东学党起义被迅速平息，朝鲜政府与起义军签订了《全州和约》。于是，中日双方就从朝鲜撤兵的问题展开频繁的交涉。光绪二十年六月二十三日，日本联合舰队不宣而战，在丰岛附近海面对护航的北洋舰队实行偷袭。当时面对日本战舰的唯有中国两艘军舰——济远和广乙，而且在军舰的排水量、马力、速力、火炮、乘员等方面都处于绝对的劣势。经过激战后，中国军舰战败。但是，清朝却并未就此立即做出反应，仍寄希望于英、俄等国能向日本施压，迫其停战。直至七月初一日，清廷才正式下宣战谕旨，同日，日本天皇也向清朝下了宣战诏书。

宣战之后，中日两国进行的第一次大规模战争便是平壤之战。从六月十九日开始，为增援驻扎在牙山的叶、聂两部，清朝先后调遣南路海上援军和北路陆上援军进入朝鲜。北路援军主要为盛军、毅军、奉军以及奉天练军盛字营和吉林练军，共 32 营、13526 人。[①] 至七月初九日时，北路各军的大部分兵力集结于平壤，南路诸军除“高升”号被击沉外，其余部队到达牙山。八月十六日平壤之战爆发。清日双方展开了激烈的鏖战，但最终清军战败，被迫撤回中国。平壤之战的惨败，对清朝的战争意志、东北防御力量都产生了极大的影响。

八月十八日，即平壤沦陷的第三天，中日两国在鸭绿江口大东沟附近的黄海海面又爆发了一场激烈的海战。当日完成护卫运兵船任务的北洋舰队，在返航途中与日本联合舰队遭遇，随后展开了长达五个多小时的激战。参与此次海战的中日双方各有 12 艘军舰，清军上下奋勇炮击，作战顽强，致使多艘日舰受到重创，日本联合舰队受到了沉重打击，但北洋舰队也损失惨重，有致远、经远、超勇、扬威四艘战舰在海战中或沉或焚，而且牺牲了 600 多名官兵，其中包括像邓世昌、林永升这样的将领。对于黄海海战的失败，此前的研究和文献多归因于北洋舰队官兵的腐败懦弱、战术安排失误、战斗素养的不足、军纪败坏等。但是，近年来越来越多的研究表明，武器装备上的客观差距也是战败的主要原因，由于军舰吨位、火炮数量、火炮射速、炮弹威力等方面的差距，北洋舰队在战斗中面临着攻击力偏弱、防御力不足、机动力较差的多重制约，这些性能上的差距又进一步导致北洋舰队在战术安排上受到严重限制。[②]

---

① 戚其章：《甲午战争史》，人民出版社 1990 年版，第 92—93 页。

② 潘向明：《甲午黄海之役北洋海军缺乏炮弹说质疑——兼论其失利原因问题》，《清史研究》2009 年第 1 期。

黄海海战是整个甲午战争中的一次战略性决战，其结果甚至直接决定了整场战争的胜败。北洋舰队的这次失利导致清朝失去了近海的制海权，使日军得以在北洋沿海自由登陆，从背后攻陷旅顺、威海卫等地。

八月二十二日，日本大本营决定第二军与第一军分左右两翼入侵中国辽东半岛，两军呈钳形攻势，互相配合，其作战目标是占领以奉天为中心的辽东半岛全部。九月二十五日，日本第二军开始乘运兵船在辽东半岛东侧的花园口登陆。而此时驻守旅顺、大连湾地区的清军共有 30 营，均驻扎在城镇，未能及时严防沿海地区，日军 25000 人得以成功登陆。而清军在整个辽南的战局也接连失利，特别是清朝“经营凡十有六年，糜钜金数千万，船坞、炮台、军储冠北洋”[①] 的海军基地旅顺最终在十月二十四日便落入敌手，极大地影响了战局，随后日军在此制造了骇人听闻的旅顺大屠杀，共约有 20000 人遇害。

随后，中日双方便迎来了最终直接决定胜负的一场战役——威海卫防御战。威海卫位于山东半岛的东北端，与辽东半岛的旅顺口遥相对峙，共扼渤海的门户，故威海卫素有“渤海锁钥”之称。当时，因清朝在军事布防上存有重京畿、重辽沈、轻山东的思想，威海卫及其附近的驻军仅有约 21000 人，以此兵力防守长达 300 多里的海岸线，势必会捉襟见肘。

光绪二十一年（1895 年）正月初一日，日本第二军分兵两路向西进犯，在经过白马河之战、南帮炮台争夺战、南帮炮台外围战斗以及清军弃守北帮炮台之后，正月初八日，日军左右两路纵队会师威海卫城。

与此同时，日军也加紧筹划对北洋舰队的围攻，在旅顺口陷落

---

① 《东方兵事纪略·金旅篇》，载张本义、吴青云主编《甲午旅大文献》，大连出版社 1998 年版，第 14 页。

之后，北洋舰队便只能局促于威海一港，所游弋之处不过西至登州，东至山东半岛东端之成山头而已。正月初五日，日本联合舰队共有21艘战舰驶抵威海卫海面，包括本队的松岛、千代田、桥立、严岛等舰。在南、北帮炮台均落入日军之手后，清朝失去了威海陆地的控制权，北洋舰队也就失去后防，刘公岛成为其唯一的依托。在日军的猛烈进攻之下，北洋舰队苦守十余日，终究没有等到任何增援，在正月十八日时，残存的清军向日军投降，北洋舰队就此全军覆灭。

日军向威海卫发动进攻之日，正是清朝遣使赴日乞和之时。实际上，清朝从光绪二十年开始便表示愿意以承认朝鲜独立和赔偿军费两项作为媾和的条件。[①] 在战败后，清朝于光绪二十一年二月十七日被迫派李鸿章前往日本马关进行和谈。三月二十三日，双方全权大臣举行第七次谈判，并签订中日《讲和条约》，又称中日《马关条约》，包括《讲和条约》11款、《议订专条》3款及《另约》3款。[②]

然而，就在中日双方谈判的同时，俄、德、法三国也在积极行动，商议三国联合进行干涉。就在《马关条约》签订的当天，俄国向德、法两国驻俄使节声明："俄国政府决定立即以友谊方式，直接向日本政府提出不要永久占领中国本土的请求"，[③] 并正式邀请德、法两国参加共同对日干涉的行动，德、法两国也相继表示同意。

三月二十九日，三国公使以备忘录的形式将这一请求告知日本外务省。而日本面对俄、德、法三国强硬的态度和已开始频繁调动

---

① 戚其章：《甲午战争史》，人民出版社1990年版，第439页。

② 中国史学会主编：《中日战争》第7册，载《中国近代史资料丛刊》第5种，新知识出版社1956年版，第495—500页。

③ 中国史学会主编：《中日战争》第7册，载《中国近代史资料丛刊》第5种，新知识出版社1956年版，第351页。

的海军压力，不得不做出让步。四月初十日，日本内阁及大本营重臣在京都举行会议，决定接受三国劝告，放弃永久占领辽东半岛的要求。

于是，在三国干涉还辽之后，中日两国所派大臣于四月十四日在烟台完成互换条约手续，《马关条约》正式生效，日本侵占中国台湾及其附属岛屿。

中日甲午战争对于中国、日本、远东国际形势甚至世界的整体格局都有着深远的影响。对中国而言，这场战争“大大加速了中国社会向殖民地、半殖民沉沦的过程，同时也是中国近代民族觉醒进程中的一个重要转折点”，面对日本巨额的战争赔款，清朝只能向西方列强大举外债，先后向俄、法、英、德四国三次大借款，总计3亿两，连本带利共6亿多两，列强则借此进一步控制了中国的部分财政行政权；与此同时，列强也乘机掀起了瓜分中国的狂潮，德、俄、英、法、美都因此获得了巨大的利益。[①]

（四）八国联军入侵与《辛丑条约》的签订

在甲午战争中，山东沿海地区直接受到日本侵略者的蹂躏，随后，德、英两国又分别强占胶州湾和威海卫。德国甚至进一步将整个山东划为其势力范围，于光绪二十五年（1899年）开始强行修筑胶济铁路，开发沿线矿产。同时，大量的传教士也涌入山东，使全省遍布着基督教教堂及其他教会机构。[②] 如此一来，列强、教徒与清朝地方政府、民众之间势必出现诸多矛盾，特别是在教会横行不法的情况下，民教冲突日益严重，引起的反洋教运动最终演变为声势浩大的义和团运动。

在光绪二十四（1898年）至二十五年（1899年）间，山东省境内几乎到处都有义和团活动，在山东西北部沿运河的各地，包括

---

① 戚其章：《甲午战争史》，人民出版社1990年版，第590—592页。

② 胡绳：《义和团的兴起和失败》，《近代史研究》1979年第1期。

寿张、聊城、临清、清平、茌平等地，义和团声势最为浩大；而失业船工、搬运夫和运河附近其他生计上受到打击的民众则成为义和团的骨干。[①] 然而，清朝对其态度却一直剿抚不定，主张剿灭者认为，义和团来源于白莲教这类“邪教”，其本意在于以仇视洋教为借口煽动民众作乱，“其处心积虑，在乎聚众而抗官，传单一出，千人立聚，兵刃森列，俨同敌国”[②]；主张招抚者则认为，官府应该对义和团进行管理、收编，“将拳民列诸乡团之内，听其自卫身家，守望相助”[③]。清朝这样摇摆不定的态度，就加速了义和团的发展。光绪二十六年（1900 年），义和团运动迅速发展到京、津地区，其打着“扶清灭洋”的口号冲击各地的教堂。

各国驻华使节多次要求总理衙门出示镇压义和团的上谕，都被清朝加以搪塞。这就导致外界怀疑清朝是试图借助义和团驱逐外国势力，“中国政府不以团匪为匪，而以我教民为匪，是明与我各国为难”。[④] 于是，列强开始以武力对清朝进行威胁，一再强调如果清朝不派兵镇压义和团，各国将自行派兵助剿。五月初三日，已有 12 艘列强军舰到达大沽炮台，日、英、俄、美、意、法皆派出军舰在附近海面游弋，向清朝施压。

面对这样的局势，清朝只得同意各国调少量军队入京。不久，在天津的联军便迅速组成了以英国海军中将西摩为首的 2000 多人的军队，于五月十四日出发前往北京。但是，此军队的规模已经远超清朝允许的范围，清朝严厉拒绝其进京，双方因此爆发军事冲突。不过此时通往北京的铁路已被义和团破坏，西摩联军只能一边

---

① 胡绳：《义和团的兴起和失败》，《近代史研究》1979 年第 1 期。

② 中国史学会主编：《中国近代史资料丛刊 · 义和团》第 4 册，上海人民出版社 1957 年版，第 456 页。

③ 国家档案局明清档案部编：《义和团档案史料》上册，中华书局 1959 年版，第 15—16 页。

④ 路遥主编：《义和团运动文献资料汇编（中文卷）》上册，山东大学出版社 2012 年版，第 277 页。

前进一边修复，行军速度十分缓慢。在清军和义和团的围追堵截之下，西摩联军兵败，只得暂时放弃进入北京的计划。而此时大沽口外的联军海军也借口大沽的布防对联军剿办义和团甚为不便，要求大沽炮台守将罗荣光于二十一日凌晨两点之前让出炮台，否则便以武力攻取，即“让出大沽南北岸炮台营垒，以便屯兵，疏通天津、京城道路”[①]。大沽炮台实为华北的门户，一直以来都是清朝的海防重点，不可能让出。但二十一日双方发生激战后，罗荣光部不敌，大沽就此沦陷，京津门户洞开。

联军攻占大沽炮台的这一行为彻底激怒了清朝，在召开御前会议进行讨论后，五月二十五日，清朝发布宣战诏书：“三十年来，恃我国仁厚，一意拊循，彼乃益肆枭张，欺凌我国家，侵占我土地，蹂躏我民人，勒索我财物。朝廷稍加迁就，彼等负其凶横，日甚一日，无所不至，小则欺压平民，大则侮慢神圣……昨日公然有杜士兰照会，令我退出大沽口炮台，归彼看管，否则以力袭取。危词恫吓，意在肆其披猖，震动畿辅”，“朕今涕泣以告先庙，慷慨以誓师徒，与其苟且图存，贻羞万古，孰若大张挞伐，一决雌雄”。[②]同日，清廷命嘉奖义和团。清朝突然对各国开战，完全出乎各国预料的同时，也令各地方督抚手足无措，急忙招募义勇、调兵遣将、筹划后勤，仓促进行备战。

战争前期，清军与八国联军的交战区域主要集中在大沽—天津—北京一线。天津东面的紫竹林租界是联军的一个重要基地，清军和义和团原本打算在列强大规模派遣援兵之前一举占领紫竹林。但是，久攻不下，在数天之后，仍仅是烧毁了租界内的部分洋房。五月二十七日，联军援兵七千余人到达租界，总兵力已超过万人，

---

① 国家档案局明清档案部编：《义和团档案史料》上册，中华书局1959年版，第164页。

② 中国第一历史档案馆编：《庚子事变清宫档案汇编（一）》（八国联军侵华卷），中国人民大学出版社2003年版，第155—156页。

清军和义和团瞬间陷入困局，攻守易势。于是，联军一面派兵支援西摩联军，一面扫清天津外围据点，并于六月十七日，兵分两路进攻天津城。在日军炸开天津城墙后，天津很快便沦陷。

天津失陷后，撤退的清军急忙在运河沿岸的北仓、杨村、河西务等地组织防御，随后分别失守。联军分四路进攻北京城，尽管此时驻守北京的清军约有七八万人，但是由于布防失误，英军极为轻松地便突破广渠门，"几乎未遇敌之抵抗即进入外城内"①。外城失陷后，联军很快便占领了北京全城，并在此大肆烧杀抢掠，"城破之日，洋兵杀人无算……街上尸骸枕藉，洋兵驱华人舁而埋之。畚锸既毕，即将舁尸之人尽行击毙，亦埋坑中"。②

北京沦陷后，清朝彻底失去了继续抵抗的决心，慈禧太后与光绪帝选择西逃，经直隶、山西逃到了西安。在西逃的同时，命令奕劻、李鸿章负责与八国和谈。而为了促成和谈，清朝在尽量避免与联军正面武力冲突的同时，也不断强调义和团为此次事件的祸源，积极进行镇压。七月二十五日，朝廷发布上谕称："此案初起，义和团实为肇祸之由。今欲拔本塞源，非痛加剔除不可 。"③ 要求各地对此严加查办，务必尽早根除。八月二十一日，清廷再次命令直隶等地的各路统兵大员，采取措施勒令拳民缴械、克期解散，若敢违抗，痛加削除。

负责与八国联军议和的奕劻、李鸿章在到达北京后，实际上并没有与各国代表进行什么议和，更多的只是各侵略国家之间在争论如何对待清朝，以及提出什么条件，即"庆、李名为全权，与各国开议，其实彼族均自行商定，是日交给条款照会

---

① 路遥主编：《义和团运动文献资料汇编（日文卷）》，山东大学出版社 2012 年版，第 444 页。

② 叶昌炽：《缘督庐日记》，载中国史学会主编《中国近代史资料丛刊·义和团》第 2 册，上海人民出版社 1957 年版，第 470—471 页。

③ 《清德宗实录》，光绪二十六年八月癸未。

而已，无所谓互议也”。[①] 而要不要瓜分中国，这是各国考虑的首要问题。英、俄、德、日等国此时都已做好瓜分中国的准备，但是却又都反对进行瓜分；他们早已认识到其在中国获取的巨大利益是以清朝能维持国内秩序为前提的，而如果真正实行瓜分势必需要为应付各列强间必然发生的激烈争夺而付出不小代价，并且会随时面临着中国民众组织类似于义和团这样的大规模反抗斗争的风险。[②]

各国经过各种形式的磋商之后，最后归纳成《议和大纲》12条，光绪二十六年（1900年）十一月初三日，由奕劻和李鸿章将其发往暂驻西安的清朝统治者。在此照会中，各国强硬地宣称，他们的要求不可进行更改，如果清朝拒绝接受，各国将继续占领北京和直隶。初六日，慈禧太后向奕劻、李鸿章发布谕旨：“所有十二条大纲，应即照允”，此后，清朝便按照各国公使的要求，在声明接受全部12条大纲的议定书上签字画押，并在清廷谕旨上加盖御玺印章，于二十六日递交各国公使，正式生效。[③]

光绪二十七年七月二十五日，清朝的全权代表奕劻、李鸿章与英、俄、德、法、美、日、意、西、荷、比、奥11国的驻华公使在最后的议定书上签字，这便是《辛丑条约》。[④]

《辛丑条约》签订后，列强进一步获取了中国政治、军事、经济等方面的更多权益，已经几乎将清朝变为一个仅保留有最低主权的半殖民地国家。

二 边疆危机与边疆设省

1840年鸦片战争之后，列强发动了一系列的侵华战争，并不断

① 北京大学历史系中国近现代史教研室编：《义和团运动史料丛编》第1辑，中华书局1964年版，第142—143页。

② 胡绳：《义和团的兴起和失败》，《近代史研究》1979年第1期。

③ 景和：《〈辛丑条约〉的签订》，《历史教学》1991年第9期。

④ 景和：《〈辛丑条约〉的签订》，《历史教学》1991年第9期。

对中国的边疆进行渗透和蚕食，边疆危机逐渐加深，无论是在西藏的廓尔喀第三次入侵，还是在新疆的阿古柏入侵，背后都有列强的支持。面对数千年来未有之大变局，清朝积极应对，在以武力平定的同时，思考如何以更好的办法来管理边疆地区，以维护国家的统一。经过多年探索后，清朝决定用一套相对健全的行省机构对边疆地区进行直接统治。

（一）解决西藏、新疆面临的入侵危机

1. 反击廓尔喀第三次入侵西藏

鸦片战争后，西方列强加紧了入侵中国的步伐。在两次鸦片战争期间，英国企图借助廓尔喀之力，发动对西藏地方的战争，企图以此打开中国的西南大门，造成了廓尔喀对清朝的第三次入侵。[①]

道光二十六年（1846 年）九月，廓尔喀宫廷发生政变，钟·巴哈杜尔乘机上台执政。由于钟·巴哈杜尔是在英国人的支持下取得廓尔喀首相的地位，其对英、中两国采取政策由左右摇摆转变为积极亲英。英国从此加强了对廓尔喀的控制，将廓尔喀作为入侵西藏的通道与基地。而此时的清朝则外遭列强环伺，内有太平天国动乱，自然无太多精力顾及边疆；西藏地方也是内外交困，七世班禅刚刚圆寂，十一世达赖喇嘛尚且年幼，西藏缺乏有力的领导核心。种种因素都给了廓尔喀可乘之机，使其敢于主动地不断在与清朝的交界地区制造摩擦。

早在道光二十四年（1844 年），廓尔喀就向清朝提出土地要求，试图在济咙、聂拉木两地采用十年归西藏地方管辖、三年归廓尔喀统治的方式，后经驻藏大臣严词晓谕后作罢。[②] 咸丰二年

---

① 黄维忠：《论廓尔喀第三次侵藏战争》，《西藏大学学报》（社会科学版）2013 年第 1 期。

② 孟保撰，黄维忠、季垣垣校点：《西藏奏疏·附〈西藏碑文〉》卷 3《道光二十四年正月十二日奏为续接廓尔喀国王来禀及谕复缘由》，中国藏学出版社 2006 年版，第 100—101 页。

（1852年），廓尔喀在西藏聂拉木南边境樟木铁索桥一带制造边界冲突，强行索要铁索桥附近扎木曲河外记尔巴及甲玉两地，后因清朝妥协而未酿成直接冲突；咸丰四年（1854年），廓尔喀指责西藏营官“不遵旧章征收税课，及欺负抢劫、伤毙该国民人等事”，次年二月，清廷谕令西藏营官：“不遵旧章征收税课，及欺负抢劫，伤毙该国民人等事，自应秉公查办，照旧贸易，不准例外浮收，任意欺压。被抢案件宜应彻底根究，毋得偏袒，致该国有所藉口。”[①]

与此同时，廓尔喀已经在积极备战，准备以武力入侵西藏地方，至咸丰五年（1855年），廓尔喀的备战工作已经基本完成。于是，廓尔喀致函西藏噶厦，强硬地要求清朝满足其三项条件：其一，支付一千万卢比以赔偿尼泊尔商人的损失，其二，归还“曾属于”尼泊尔的库提和济咙两省，其三，割让西藏西部的达拉岗地区。并表示如果清朝不满足此三条，便在夏季开战。[②] 噶厦接到来函，即派噶伦策垫夺吉赴廓尔喀加德满都谈判，结果谈判破裂。

咸丰五年（1855年）二月，廓尔喀违反乾隆五十七年具结的“永不侵藏”的誓言，发动了侵略西藏的战争。二月六日，钟·巴哈杜尔派遣将领博姆·巴哈杜尔和迪尔·苏姆·谢尔率军侵入西藏。四月初，廓尔喀军队先后攻占聂拉木、济咙。清廷急谕驻藏大臣赫特贺亲往后藏边境，察看动静。四月二十九日，廓尔喀军又侵占了宗喀。至此廓尔喀在短短一个多月内已经侵占了西藏的五处宗豁。

面对廓尔喀的攻势，清朝急忙调兵备战。五月初，钟·巴哈杜尔到达宗喀，提出和谈。但是，驻藏大臣赫特贺在六月时抵达协噶尔，听闻廓尔喀仍在继续进兵，并又于五月中旬相继攻占了补仁和

① 详见邓锐龄、冯智主编《西藏通史·清代卷》上，中国藏学出版社2016年版，第454页。

② ［尼泊尔］普热姆·拉曼·乌普热提：《1855—1896年间的尼藏关系》，王维强、黄维忠译，载《国外藏学研究译文集》第18集，西藏人民出版社2007年版，第28页。

绒辖两地。而且在随后赫特贺与廓尔喀官员谈判的过程中，廓尔喀始终不肯退回所占的五处西藏地方。

清朝见多次妥协退让都不能令廓尔喀统治者放弃侵占的领土，决定以武力回击，试图抽调四川、湖北等处军队赴藏。然而，此时藏地寒冷，加之四川、湖北二省的清军正与太平天国军队对峙，难以抽调兵力入藏。如此一来，就只能依靠西藏已有的地方军队进行抵抗，咸丰五年（1855 年）十一月初，西藏地方军民在噶伦策垫夺吉的率领下发动反击，切断了廓尔喀的补给线，兵分三路，几乎同时攻击了聂拉木、济咙、宗喀等地的廓尔喀军队，廓尔喀军措手不及。经过激战，西藏军民从廓尔喀手中夺回了聂拉木附近的帕嘉岭，歼敌数百。后又收复聂拉木，并攻破宗喀外城，廓尔喀军队遭到重创。不过，在十二月底时，廓尔喀的后援军赶到，并再度击败藏军，夺回聂拉木等地，战事陷入对峙状态。①

但是，由于西藏军民的奋起抗击，以及清朝所派援兵陆续集齐等原因，廓尔喀统治者对继续作战失去信心，咸丰六年（1856 年）初便遣人向清朝呈送禀帖，请求和谈。清朝谕令驻藏大臣赫特贺等妥善办理。不久，在赫特贺的主持下，西藏地方与廓尔喀签订了《藏尼条约》十款，廓尔喀退出所占地区。至此，第三次廓尔喀侵藏战争结束。

这一事件是继乾隆朝廓尔喀两次侵扰西藏之后的再次延续，对西藏地方产生了重大影响。廓尔喀在乾隆朝和咸丰朝侵扰西藏的理由有着不少相似之处，其侵略行动都是以贸易纠纷为借口，真实目的无疑是想借此侵占清朝西藏地方的领土。继此事之后，西藏周边的喜马拉雅诸国也相继被英国渗透和控制，纷纷脱离了清朝。而这暴露出的是西藏地方军防的薄弱和空虚、清朝边疆治理能力的不

① 邓锐龄、冯智主编《西藏通史·清代卷》上，中国藏学出版社 2016 年版，第 456 页。

足。于是，在第三次廓尔喀入侵战争结束后，驻藏大臣赫特贺于咸丰七年五月上奏《整饬番兵营制》，酌拟章程六条，通过这一章程，清朝重新强调对西藏地方藏军的操练和对藏属边地的稽查，要求将军队的操练权重归驻防守将和驻藏大臣、改善藏军装备、驻藏大臣例年巡阅西藏边地等。

2. 清朝收复新疆

清朝平定张格尔之乱后，新疆的稳定局面仅持续了三十余年，就又被同治年间爆发的阿古柏入侵事件打破。

同治三年（1864 年），在陕甘回民起事的影响下，莎车、库车、乌什等地也出现了大规模的起事，混乱的局面给了对喀什噶尔觊觎已久的浩罕汗国以可乘之机，其摄政王决定派遣军官阿古柏和张格尔之子布素鲁克和卓前往喀什噶尔，开始武力入侵清朝的新疆地方。

阿古柏和布素鲁克和卓抵达喀什噶尔后，名义上把布素鲁克和卓奉举为汗王，但是所有权力都掌握在阿古柏手中。从同治四年（1865 年）至六年（1867 年），阿古柏用了两年的时间，就基本上占据南疆四城——喀什噶尔、英吉沙尔、莎车和和阗。当南疆四城的局势稳定后，阿古柏便开始挥戈北上，把矛头指向了库车。当时库车的和卓们为争夺地盘发生了内讧，使其实力大为削弱。阿古柏于同治六年（1867 年）四月初五日（5 月 8 日）率 12000 名士兵窜至巴楚。阿古柏在夜袭阿克苏成功后，派兵进驻乌什。同治六年（1867 年）十月，阿古柏回到喀什噶尔，至此，阿古柏占据了南疆七城，即天山南麓喀什噶尔、英吉沙尔、莎车、和阗、阿克苏、乌什和库车城；随后便将布素鲁克和卓驱逐出去，并于同治六年（1867 年）宣布自己成为“哲德莎尔”独立政权的国王。同治九年（1870 年），阿古柏又相继侵占吐鲁番和乌鲁木齐。

与此同时，阿古柏不断地和英国、土耳其、沙俄等国进行联系，互相派遣代表。同治十年（1871 年），沙俄侵占伊犁。同治十一年（1872 年）五月，俄国同阿古柏签订商约五条，公开支持阿古柏。同年，阿古柏与土耳其苏丹达成秘密谅解，先是阿古柏派遣了以喀孜汗土烈为首的代表团回访土耳其苏丹，表示愿意附属于土耳其；土耳其苏丹极为重视和隆重接待了该代表团，并赏给阿古柏"米拉胡尔巴什"（即艾米尔，国王的意思）的职衔。之后，土耳其苏丹给阿古柏派遣了二十多个高级军事人员和政治顾问，并带来了大量武器和礼品。而对于英国而言，其害怕沙皇俄国的势力延伸至印度，插手英印之间的事务，便企图在印度和中亚之间建立一道屏障，一方面可以为其在中亚的后续扩张活动打下基础，另一方面可以在印度、沙俄之间建立一个"缓冲国"。因此，英国不仅通过布哈尔、希瓦、浩罕等小国积极地反对沙皇俄国占领中亚的计划，而且也积极扶持阿古柏，以之作为插手中国新疆事务的突破口。于是，英国时常派代表团与阿古柏进行沟通。在获得沙俄、土耳其、英国等国的大量物资、人才援助之后，阿古柏的势力急剧增长，不可一世，决定继续东征，极大地威胁了清朝西北边疆的稳定与安全。

面对阿古柏的嚣张气焰，清廷在国力不济、步履维艰的情况下，仍然毅然于光绪元年（1875 年）三月二十八日授左宗棠为钦差大臣，督办新疆军务。一年之后，清军进入新疆。光绪二年（1876 年）四月十三日，刘锦棠率清军主力从肃州出发，进军北路，六月二十九日收复乌鲁木齐，九月二十一日，收复玛纳斯，北路全部收复。在修整了数月后，清军继续南进。光绪三年（1877 年）三月，刘锦棠率清军从乌鲁木齐出发，越天山向南进军，三月初六日，攻克达坂城，十三日攻克吐鲁番，十六日，攻克托克逊城。

至此，清军收复了北疆、天山地区，给予阿古柏势力以重创，在清朝大军压境、部下众叛亲离的境况下，阿古柏烦躁不安，于光绪三年（1877 年）四月服毒而亡。清军趁势急攻，当年七月，刘锦棠率清军从托克逊继续向南进攻，兵分两路进军喀喇沙尔，一路由余虎恩、黄万鹏率马步十四营，取道乌沙塔拉，傍博斯腾湖西行；另一路由刘锦棠亲自率领，从大路向开都河进发。清军进展顺利，收复了库尔勒、喀喇沙尔、库车、阿克苏、乌什等地。十一月十三日，收复喀什噶尔；十七日，收复叶尔羌；二十日，收复英吉沙尔；二十九日收复和阗。至此，除了俄国占领的伊犁地区外，清朝将新疆全境收复。

（二）塞防、海防之争与新疆、台湾设省

1. 塞防、海防之争

两次鸦片战争的失败，使得清朝认识到了海防对国防安全的重要性。在“师夷长技以制夷”的思想指导下，清朝中主张向西方学习先进军事技术的洋务派积极开展以“自强”为目的的洋务运动，进行新式海军建设，加强东南海疆防务。然而这一时期的清朝外患方息，内乱不止，南方太平天国甫定，北方又爆发捻军起事和陕甘回变，新疆全境几陷阿古柏之手，俄国则趁乱占据伊犁河流域。为应对西北变局，清廷任命湘军将领左宗棠为陕甘总督，廓清动乱，恢复疆土。同治十二年（1873 年），陕甘乱定，左宗棠整军备战，为出关收复新疆做准备。①

然而西北陆疆未靖，东南海疆危机又起。同治十三年（1874 年），日本以清朝处理牡丹社事件②不力为借口，派兵侵略台湾。此时清朝海军建设未成，无力驱逐日军，不得不息事宁人，赔款 50

---

① 罗正钧著，朱悦、朱子南校点：《左宗棠年谱》，岳麓书社 1983 年版，第 252—262 页。

② 1871 年，琉球漂民因海难登陆中国台湾，为台湾南部牡丹社当地居民杀害，日本以琉球为日本“国土”为借口，要求清政府惩治凶手，是为“牡丹社事件”。相关研究详见李祖基《“牡丹社”事件——1874 年日本出兵侵台始末》，载《台湾历史研究》（第三辑），2015 年。

万两白银换得日本撤军。日本侵台事件是近代日本走上对外侵略，特别是侵华的开端，使得海防空虚问题再次暴露在清廷面前。然而咸同以来，国家饱经战火，社会凋敝，财政极度困难。在财源有限的情况下，用兵西北和整军东南无法兼顾，围绕塞防和海防的争辩由此展开。

同治十三年（1874 年）九月，总理各国事务衙门上陈练兵、造船、简器、筹饷、用人、持久六条，以期加强海防，清廷下发各省督抚议复。① 各省督抚纷纷遵旨奏议，各抒己见。综其意见，可分为“海防”与“塞防”两派。时任直隶总督兼北洋大臣的李鸿章是“海防”派的代表，他敏锐地意识到清廷面对的是数千年未有之大变局，来自海上的洋人依仗坚船利炮，已成为清朝国家安全的最大威胁。他指出新疆与北京远隔万里，新疆不复，于肢体之元气无伤；海疆不防，则心腹大患愈棘，因此他主张停止西征。他还从经济的角度指出，东南沿海诸省为全国经济重心，是国家财政最重要的来源，不可不重视，西北则荒僻无用，劳师远征，无利可图，反而会加重国家财政负担。同时他认为新疆强邻环伺，阿古柏与英、俄、土耳其勾结日久，左宗棠出关西征极有可能引发列强干涉；即便新疆勉为恢复，清军将来也无法长期驻守。因此他认为与其劳而无功，不如暂时放弃出兵，陈兵关内，屯田节饷，同时对割据新疆的诸“回部”暂行羁縻，以稳定西陲，并将西征军费移作海防之饷，稳固东南海疆。②

山西巡抚鲍源深与李鸿章的观点类似，亦不主张用兵西北，而是认为当前阶段的重点是养精蓄锐，建设海防以培基固本，恢复西北并不是清廷的紧要任务。所谓“海防”派者，大抵持此观点。

陕甘总督左宗棠则是“塞防”派的代表，他指出新疆是保卫西

---

① 《筹办夷务始末》（同治朝）卷 98，第 10 册，第 3951—3953 页。

② 《筹办夷务始末》（同治朝）卷 98，第 10 册，第 3986—4000 页。

北国土的屏障，对于清朝的国防安全具有重大的战略意义：

> 重新疆者所以保蒙古，保蒙古者所以卫京师。西北臂指相联，形势完整，自无隙可乘。若新疆不固，则蒙部不安，匪特陕、甘、山西各边时虞侵轶，防不胜防，即直北关山，亦将无晏眠之日。[①]

左宗棠指出，北方的俄国与西洋诸国不同，已利用第二次鸦片战争之机侵占我国东北和西北大片领土，并占据伊犁河谷，久不归还，成为清朝西北方向最大的威胁，应该清除外患，以绝后患。当然，他另一方面也不是不注重海防，而是主张塞防与海防并重。湖南巡抚王文韶对俄国的危险认识尤为深刻，他指出：“（俄国）狡焉思逞之心，则固别有深谋积虑，更非英、法、美诸国可比也……我师迟一步，则俄人进一步；我师迟一日，则俄人进一日。”[②] 他还认为西北和东南的局势存在联动关系，驱逐俄患可震慑英法，收东南平靖之效，“但使俄人不能逞志于西北，则各国必不致构衅于东南”[③]，因此他主张速速出兵，避免两线作战，无法兼顾。

山东巡抚丁宝桢与王文韶观点相似，他指出：“日本洋面虽近，而陆路尚阻。惟有俄罗斯则水陆皆通中国，而水路较各国为近，陆路则东北、西北直与黑龙江、新疆各处连壤，形势在在可虞。”因此他认为边疆危机是“四股之病，患远而轻；俄人之患，心腹之疾，患近而重”，倘若“时势稍变，各该国互相勾结，日本窥我之东南，俄夷扰我之西北，尤难彼此兼顾”。[④] 由此可见，“塞防”派与“海防”派不同，尽管他们也承认洋人不可小觑，但他们仍然将

---

① 左宗棠著，罗文华校点：《左宗棠全集·奏稿6》，岳麓书社1992年版，第702页。

② 《筹办夷务始末》（同治朝）卷98，第10册，第4023—4024页。

③ 《筹办夷务始末》（同治朝）卷98，第10册，第4024页。

④ 《筹办夷务始末》（同治朝）卷98，第10册，第4057页。

北方强邻视为清朝最大的敌人。

在“塞防”派看来，新疆不仅在地缘上具有重大的军事意义，在经济上也具备开发的价值。“海防”派认为新疆僻远，地广民稀，即便恢复，也只会徒耗军饷，成为国家财政的负担；但“塞防”派认为，新疆的绿洲“土沃泉甘，物产殷阜”[①]，若能善加经营，自可开利源，节饷银。

对于“海防”派拟将塞饷充作海防费用的主张，左宗棠激烈反对，并指出东南为财赋重地，筹饷较易；西北经战火摧残，地瘠民贫，筹饷困难，因此西征军费必须依赖东南各省协饷。[②]

清朝中央政府经过慎重考虑后，采纳左宗棠的“塞防”与“海防”并重的意见，并命左宗棠督办西北军务，率军收复新疆。

2. 新疆设省

光绪四年（1878 年），除伊犁为俄国占据外，新疆全境为清朝收复。经过反复谈判，清朝最终与俄国订立条约，于光绪七年（1881 年）收回伊犁。多年的战火已摧毁了新疆原有的秩序，早在新疆尚未恢复之前，左宗棠便多次向清廷提议在新疆设立行省，然而由于局势未定，建省之事一直未提上日程。但朝野上下对改革新疆行政体制已达成共识，在左宗棠之后主持新疆军政的湘军将领刘锦棠曾向清廷上书曰：

> 伏念新疆当久乱积罢之后，今昔情形判若霄壤。所有边疆一切事宜，无论拘泥成法，于时势多不相宜。且承平年间旧制，乱后荡然无存，万难再图规复。欲为一劳永逸之计，固舍增设郡县，别无良策。[③]

---

① 左宗棠著，罗文华校点：《左宗棠全集·奏稿 6》，岳麓书社 1992 年版，第 191 页。

② 左宗棠著，罗文华校点：《左宗棠全集·奏稿 6》，岳麓书社 1992 年版，第 327—329 页。

③ 刘锦棠著，杨云辉校点：《刘锦棠奏稿·李续宾奏疏》，岳麓书社 2013 年版，第 86 页。

光绪八年（1882 年），刘锦棠再次向清廷上奏新疆建省方案，建议将新疆挂靠在甘肃省下，二处合为“甘肃新疆省”。他认为“新疆之与甘肃形同唇齿……若将关内外划为两省，以二十余州县孤悬绝域，其势难以自存”，因此他建议将新疆东部地区镇迪道所设厅县划归甘肃管辖，具体来说：

> 仿照江苏建置大略，添设甘肃巡抚一员，驻扎乌鲁木齐，管辖哈密以西南、北两路各道、厅、州、县，并请赏加兵部尚书衔，俾得统辖全疆官兵，督办边防，并设甘肃关外等处地方布政使一员，随巡抚驻扎。旧有镇迪道员，拟请援福建、台湾之例，赏加按察使衔，令其兼管全疆刑名驿传事务。①

但实际上，新设立的甘肃巡抚常驻乌鲁木齐，仅管理哈密周围，甘肃则仍由陕甘总督管辖，两省行政班子基本独立运作，互不管辖、互不兼任。清廷肯定了刘锦棠的建省方案，并批准他在新疆进行改革，为建省做准备。刘锦棠在新疆南北两路遍设道、府（厅）、州、县，勘探边界，选定界址。同时改扩建、新建各办公场所，如署衙、坛庙、监狱等，并就近选派官员。原先的南北两路办事大臣、参赞大臣、乌鲁木齐都统等官职被裁撤，同时裁汰伯克。由满族亲贵出任的伊犁将军得以保留，但管辖范围缩小，不再是全疆军政长官。

光绪十年（1884 年），清廷同意新疆设省，以刘锦棠为首任新疆巡抚。新疆巡抚成为全疆最高政务长官，受陕甘总督节制。伊犁将军不再统辖全疆驻军，改为只理伊犁、塔城防务，下设二副都统

---

① 刘锦棠著，杨云辉校点：《刘锦棠奏稿 · 李续宾奏疏》，岳麓书社 2013 年版，第 92 页。

驻防两城。[①] 新疆提督移驻喀什噶尔，更名喀什噶尔提督，节制巴里坤、伊犁、阿克苏三镇。[②] 过去重北轻南的布防格局被改变，加强了伊犁、塔城地区和西四城的防务力量，以应对俄国和英印的扩张。[③]

3. 台湾设省

中法战争中清朝福建水师被法国海军全歼，台湾被法军包围，险些被占领。经此一役，清朝意识到自己的海军力量还十分薄弱，不足以承担近海防务。而台湾军备薄弱，一旦被切断与大陆的联系，岛上驻军根本不足以抵御外敌。如果台湾落入敌手，通过台湾海峡的航线将暴露在敌人的威胁之下，南北洋水师将无法相互支援，甚至被逐个击破，这将导致清朝的海防体系被完全攻破，甚至威胁到清朝的生存。因此为了加强海防，必须使台湾具备一定的独立防御能力，并提高台湾的行政级别，责成专人筹办，以统一事权。

左宗棠在台湾建省的过程中同样发挥了突出的历史贡献。光绪十一年（1885 年），左宗棠上奏清廷称台湾“为七省门户，关系全局，甚非浅鲜。其中若讲求军实，整顿吏治，培养风气，疏浚利源，在在均关紧要，非有重臣以专驻之，则办理必有棘手之处”。[④] 因此他建议改福建巡抚为台湾巡抚，常驻岛上，总揽台澎防务。在左宗棠的推动下，清廷最终议准台湾建省的方案，改福建巡抚为台湾巡抚，仍受闽浙总督节制，以刘铭传为首任台湾巡抚，筹备建省事宜。

---

① 赵尔巽等撰：《清史稿》卷 117《志九十二・职官志四・将军》，中华书局 1977 年版，第 12 册，第 3387 页。

② 赵尔巽等撰：《清史稿》卷 117《志九十二・职官志四・将军》，中华书局 1977 年版，第 12 册，第 3396 页。

③ 余太山主编：《西域通史》，中州古籍出版社 2003 年版，第 483 页。

④ 左宗棠著，罗文华校点：《左宗棠全集・奏稿 8》，岳麓书社 1996 年版，第 597 页。

然而刘铭传却对此表示了不同意见，他指出台湾当地住民占全岛人口比重大，财政依赖福建协饷支持，改省条件还不成熟，应该逐步实行：

> 必先渐抚生番，清除内患，扩疆招垦，广布耕民，方足自成一省……似可仿照江宁、江苏规制，添设藩司一员，巡抚以台湾为行台，一切规模，无须更动，全台兵政吏治由巡抚主持，内地由总督兼管。如此分而不分，不合而合，一俟全番归化，再行改省，以重严疆。既可宽此数年，从容筹办，目下又可节省巨款，腾出资财，抚番设防，先其所急。①

尽管刘铭传在台经年，熟悉台湾情况，他的建议有理有据，但在边疆危机日益紧迫的时代背景下，已经不容清廷"事缓则圆"地渐次推动改革。清廷谕令刘铭传与闽浙总督杨昌浚会同商议台湾建省事宜，仿照甘肃新疆成例，尽快议定建省方案。②

光绪十二年（1886 年）六月，杨昌浚与刘铭传经过前期商议后，联名会奏台湾建省方案，指出："闽台本为一省，今虽分疆划界，仍须唇齿相依，方可以资臂助，诚应遵旨，内外相维，不分畛域，乃能相与有成。"③

刘铭传在奏折中详细阐明了建省方案，其主要内容包括：闽台分省后督抚职责分工及学政、驻防将军、藩司臬司等其他官员的调整，台湾行政区划的调整与官员的任用，开化当地住民等。其中行

---

① 刘铭传撰，马昌华、翁飞点校：《刘铭传文集·奏议卷 2·谟议略》，黄山书社 2014 年版，第 81—82 页。

② 《清德宗实录》卷 221，光绪十一年十二月丙子，中华书局 1987 年影印本，第 54 册，第 1097 页。

③ 刘铭传撰，马昌华、翁飞点校：《刘铭传文集·奏议卷 2·谟议略》，黄山书社 2014 年版，第 215 页。

政区划调整涉及甚广，刘铭传于八月另上一折，单独介绍。他考察全岛，拟于全岛中央的彰化新建省城，名曰台湾府，附郭首县曰台湾县；彰化县及埔里社通判四县一厅划归新设立的台湾府；原台湾府改名为台南府；于安平县嘉义之东、彰化之南，新设云林县；分新竹西南沿山新垦荒地为苗栗县；将宜兰与恒春之间的卑南厅升为台东直隶州，隶属于台湾兵备道。[①] 经过此番调整，台湾形成三府一厅的格局，奠定了今日台湾地方行政区划的基础。

（三）清末新政与边疆地区省制变革

除新疆与台湾之外，清朝也在其他边疆地区筹议建省。从清初开始，蒙古地区实行盟旗制，西藏为政教合一的统治方式，东三省也因其“龙兴之地”的特殊地位而实行有别于内地行省制的民旗二重行政组织。清朝正是以此多元的管理体系在相当长的时期内维持边疆地区的稳定。但是，时至清末，由于列强环伺，清廷需要从原来的“防边”观念到“边防”观念转变，加之内地人口膨胀，流入边疆的民人日多，内地化、一体化趋势加剧，故清廷继新疆、台湾两地设立行省之后，在东北地区实行了省制变革，蒙古、西康、西藏等地也开始筹议建省。

就东北建省而言，与新疆、台湾建省有所不同的是，其与清末新政相互交织，表现出一定的复杂性。经历甲午战争和庚子事变后的清朝认识到仅仅靠简单地模仿西方的技术无法实现富国强兵的目标，从而开始自觉地从西方近代国家理念中寻求思想支持，进行体制的变革；因而东北建省具有较高的起点，与新疆建省相比，东北的官制改革比较彻底，并具有一定的近代化特点。

光绪二十六年（1900）十二月十日，清朝颁布实行新政的上谕，令朝廷重臣、各封疆大吏就国内社会各情形，“参酌中西政要，

---

① 刘铭传撰，马昌华、翁飞点校：《刘铭传文集·奏议卷2·谟议略》，黄山书社2014年版，第220—223页。

举凡朝章国故、吏治民生、学校科举、军政财政，当因当革，当省当并，或取诸人，或求诸己，如何而国势始兴，如何而人才始出，如何而度支始裕，如何而武备始修，各举所知，各抒所见，通限两个月，详悉条议以闻”。[1] 刚开始新政仍仅局限于经济、教育等方面的变革，光绪三十一年（1905 年），清朝最终颁发预备仿行宪政的诏书，清末新政进入以预备立宪为主的阶段。在诸多预备立宪的措施中，清朝又将官制改革作为其加强中央集权、实现行政统一的重要手段，将其置于首要地位，即“惟有及时详晰甄核，仿行宪政，大权统于朝廷，庶政公诸舆论，以立国家万年有道之基。但目前规制未备，民智未开，若操切从事，徒饰空文，何以对国民而昭大信。故廓清积弊，明定责成，必从官制入手”。[2] 然而，清朝官制迁延日久，积弊丛生，想要在短时期内进行全国性的变革并非易事，如此一来，当时“一切规模略同草创，或因或革，措置亦较易为功”[3] 的东北地区便成为全国官制改革的试验地。于是，为了配合并推动全国性的吏治变通，将东北地区纳入行省系统，就成了先决条件。

另外，当时的国际局势也要求清朝必须加强对东北地区的行政管理，以防止其彻底沦为日俄的殖民地。沙俄在与清朝签订《瑷珲条约》《中俄北京条约》《中俄勘分东界约记》等不平等条约之后，继续利用各种手段扩大其侵略权益，企图独自侵吞中国东三省地区。同时，日本也在坚持其一贯奉行的“大陆政策”，借此对中国进行侵略，这就与沙俄产生了严重的冲突。两国在光绪三十年（1904 年）至三十一年（1905 年）爆发战争，最终沙俄战败，双

---

① 《清德宗实录》卷 476，光绪二十六年十二月丁未，中华书局 1987 年影印本，第 58 册，第 274 页。

② 刘锦藻撰：《清朝续文献通考》卷 393《宪政考》，商务印书馆 1936 年版，第 4 册，第 11422 页。

③ 朱寿鹏编：《光绪朝东华录》第 5 册，中华书局 1958 年版，第 5687 页。

方签订《朴茨茅斯条约》，而该条约也就正式确立清朝东北地区“北界隐属之俄，南界隐属之日”① 的侵略格局。其后，日俄分别以旅顺大连湾、哈尔滨为根据地，并相继将东北地区的矿权、伐木权、征税权等置于两国的控制之下。

如此，作为清朝龙兴之地的东北地区面临着被列强瓜分的巨大危机，而此时东北地区原有的民旗二重行政组织却出现了“统辖日艰”的情况，很难应对日益严重的东北危局。一方面，职高权重的八旗官佐和旗署积弊已久，难以在军事、外交等事务上发挥应有的作用；另一方面，民官和民署职低权轻，并且会受到旗署旗官掣肘，也很难有所作为。②

出于以上种种原因，清朝决定在东北地区实行省制变革，以加强中央政府对该地的管辖。光绪三十二年（1906 年）九月二日，经盛京将军赵尔巽奏请，清朝借“查办事件”为名，委派商部尚书载振、巡警部尚书徐世昌前往东北进行查勘。而此行的真实目的则是对日俄战后东三省情势及实际情况作一深切了解，以作为开放通商及通盘改制的参考。

在随后的一个多月里，载振、徐世昌先后考察了黑龙江、吉林、奉天，并接见了各地方官员。回京之后，徐世昌、载振便上奏了查看东三省情形折四件，分别是《密陈考查东三省情形折》《附考查奉天省情形单》《附考查吉林省情形单》《附考查黑龙江省情形单》。徐世昌在奏折中提出，东三省遭遇了两百多年所未有的苦难和变故，“自日、俄战定，两强势力分布南北……名为中国领土，实则几无我国容足之地。且其开拓展布，有进无退。恐不数年间，而西则蔓延蒙古，南则逼处京畿，

① 徐世昌：《密陈通筹东三省全局折》，《退耕堂政书》卷 7，载沈云龙主编《近代中国史料丛刊》第 23 辑，台湾文海出版社 1968 年影印版，第 364 页。

② 田志和：《论清代东北行政体制的改革》，《东北师大学报》（哲学社会科学版）1987 年第 4 期。

均在意计之内”。[①] 而奉天、吉林、黑龙江等地的政治、社会和经济状况也出现了极其严重的问题。因此，光绪三十二年十二月初六日，徐世昌、载振针对查勘的东北情形，进一步提出了具体的改革方案，这便是《密陈通筹东三省全局折》，认为“东三省之安危存亡，非仅一隅之安危存亡而已，中国前途之兴替，实以此为枢纽”，而为了挽救此危局，就需要清朝特设东三省总督一员，予以全权，由其负责东三省全部应办之事。除外交事务仍由外务部咨商办理外，财政、兵政及一切内治之事均由总督进行通筹总揽，使其无所牵制。另外，徐世昌建议在三省要地“分建行署”，在总督之下，又于奉天、吉林、黑龙江三地各设巡抚一员，专理三省民事、吏事。该三省巡抚的权限应该比内地各省的巡抚更轻，受到总督节制，不得单独奏事，“凡有奏件，均须由督臣领衔，方许入告”，三省所有的“用人行政”都由总督进行主持。[②] 如此，总督便可统管东三省全局，而巡抚就成为各省的行政长官，这就解决了清朝地方行政制度中长期存在的总督与巡抚权责划分模糊的问题，避免了不必要的摩擦。

清朝经过慎重考虑之后，决定采纳徐世昌的改革方案。光绪三十三年（1907 年）三月初八日，清朝决定在东三省正式设立总督、巡抚，以之取代此前“旗民并治”的将军体制。将盛京将军改为东三省总督，兼管三省将军事务，随时分驻三省行台；在奉天、吉林、黑龙江各设巡抚一职，以资治理。由徐世昌补授东三省总督，兼管三省将军事务，并授予钦差大臣。由唐绍仪补授奉天巡抚，朱

---

① 徐世昌：《密陈考查东三省情形折》，《退耕堂政书》卷 5，载沈云龙主编《近代中国史料丛刊》第 23 辑，台湾文海出版社 1968 年影印版，第 215 页。

② 徐世昌：《密陈考查东三省情形折》《附考查奉天省情形单》《附考查吉林省情形单》《附考查黑龙江省情形单》，《退耕堂政书》卷 5、6，载沈云龙主编《近代中国史料丛刊》第 23 辑，台湾文海出版社 1968 年影印版，第 214—341 页。

家宝署理吉林巡抚，段芝贵署理黑龙江巡抚。[①] 后来，段芝贵因杨翠喜案被弹劾罢官，改由程德全署黑龙江巡抚一职。由此东三省正式确立行省体制，三省的官制改革也开始全面展开。

当时与东三省几乎同时进行变革、筹议建省的还有蒙古、西康、西藏等地。其中，蒙古的改革背景和东三省最为相似，都面临着日俄两国日趋猖獗的侵略、原有的社会统治出现危机、移民垦种等因素混合的复杂局势，于是不少清廷官员、沿边各省督抚、将军等都建议清朝进行筹蒙改制，即废除扎萨克旗制，以放垦蒙地为先导，遍设州县，进而建立行省。但是，强行开垦牧场无疑会触及蒙民最基本的生计问题，而且这也意味着朝廷夺取了各扎萨克旗所固有的自行放垦、收租的权力，将其转交给各州县官吏，因此，这一改革措施在实行之初便遭到了蒙古王公的抵制。[②] 最终也因辛亥革命的爆发，而使蒙古的筹议建省未能真正实现。

在西康地区，光绪三十年（1904 年），赵尔丰在调署建昌之后，针对西康地区的形势提出了自己的治理建议，其中之一便是“改康地为行省，改土归流，设置郡县，以丹达为界，扩充疆宇，以保西陲”。[③] 光绪三十二年（1906 年），赵尔丰被任命为川滇边务大臣，随即开始对川边地区的政治、经济、文化习俗进行改革。其中，最主要的便是实行改土归流、设置府县，并颁布《改土归流章程》，明确规定：从此永远革除土司之职，改设汉官管理地方汉、蛮百姓及钱粮诉讼一切事件。[④] 就在赵尔丰积极筹建行省之际，四川保路运动、武昌起义相继爆发，赵尔丰被调任为四川总督。尽管继任川滇边务大臣的傅嵩炑也奏请设立西康省，但是此时清朝的统

---

① 朱寿鹏编：《光绪朝东华录》第 5 册，中华书局 1958 年版，第 5647 页。

② 苏德毕力格：《清朝对蒙政策的转变——筹划设省》，载《蒙古史研究》2000 年第 6 辑，第 250—259 页。

③ 吴丰培编：《赵尔丰川边奏牍》，四川民族出版社 1984 年版，第 1 页。

④ 吴丰培编：《赵尔丰川边奏牍》，四川民族出版社 1984 年版，第 190 页。

治已面临巨大威胁，无暇再顾及西康建省之事。

由于受到新疆、台湾建省的影响，早在19世纪八九十年代便不断有人提出在西藏建立行省的建议，而后英国企图独自侵占西藏，并以武力进行胁迫，引起了清朝朝野关于西藏建省的争论。光绪三十二年（1906年）四月初四日，中、英双方在北京进行谈判，并签订《中英续订藏印条约》，通过该条约英国攫取了增设商埠、设立商务代表、占领春丕三年及获得赔款等特权。参与中英谈判的张荫棠通过该事件已深知整顿藏事的重要性，其提出“整顿西藏，非收政权不可，欲收政权，非用兵力不可”。[①] 随后，清廷命张荫棠以“查办事件”为名前往西藏，进行改革。张荫棠抵达西藏后便着手整饬吏治、查办亲英分子；并仿照清末新政期间中央及各省的机构设置，设立交涉局、巡警局、财政局、工商局、学务局等“九局”，在西藏全面推行行政体制改革。而对于西藏建省一事，张荫棠以及驻藏大臣联豫、驻藏帮办大臣温宗尧都反对骤然改设行省，认为在西藏地方对清朝心存不满的敏感时刻，骤然改革抑或激变，主张“不必遽改西藏之地为行省，而不可不以治行省之道而治之”，即通过藏事改革的各项具体措施行“省治”之实。

1840年之后，列强对清朝的政策已由此前的间接插手边疆问题转变为直接的武力入侵，这是由资本主义的性质以及客观上中西双方国力对比出现了巨大转变等因素共同决定的。面对列强的轮番入侵和洗劫，清朝一直处于被动应对的局面，甚至频频出现战略战术上的重大失误，最终逐步陷入“战败—签订不平等条约—国力受损—战败”的恶性循环之中。究其原因，可谓纷繁复杂，国家体制的落后、掌政君臣的腐败、客观国力的差距、对战争决策的失误、

---

① 张荫棠：《致外部丞参函详陈英谋藏阴谋及治藏政策》，载许广智、达瓦编著《西藏地方近代史资料选辑》，西藏人民出版社2007年版，第226页。

对侵略者缺乏足够的认识等说法都具有一定的道理，此前的学者对此也多有阐释。但是，我们应该看到，为维护国家的统一局面，清朝统治者虽然左支右绌，仍在努力为之。面临“数千年未有之大变局”的清朝在艰难探索向现代国家转型的同时，竭力应对外来侵略和内部分裂。面对19世纪后期列强加紧侵略中国带来的边防压力，清朝采取了“海陆并重，先塞后海”的战略，全力支持左宗棠西征收复新疆，重建西北国防屏障；同时筹办海防，建设海军，保卫东南海疆。在应对边防危机的过程中，清朝先后在边疆地区设省，加强了对边疆地区的管理，促进了当地开发。尽管受各种因素，特别是财政不裕的影响，清朝的海防建设不甚理想，但建设海军本身已表明清朝统治者认识到了海防对现代国家的重要性，这不能不说是一个历史性进步。另外，我们还应看到，面对外国侵略，一些官兵为此不惜抛头颅、洒热血；广大民众更是为此抗争不止，留下了很多可歌可泣的故事，这都是值得肯定的。

结　语

从清军入关到乾隆年间，清朝的疆域版图幅员辽阔，达到了一个高度，对多民族国家疆域的确立具有重要意义。从顺治元年（1644年）到乾隆二十四年（1759年），清朝进行的战争主要是夺取和实现全国统一的战争。康熙初年，清朝作为中央政府，其合法性已经逐渐获得大多数民众的承认，但至乾隆二十四年平定大小和卓叛乱才最终实现了国家统一。从乾隆二十五年（1760年）至道光十九年（1839年）是清代国家巩固统一的阶段，清朝先后采取了不同的制度和措施来维护对辽阔疆域的统治，面对出现的邻国入侵及内部的反叛，清朝也做出了积极应对，维护了国家稳定。清朝巩固国家统一的这些举措，大大加强了知识界对清朝统治的认可。[1] 而在道光中期以后，面对突然发动侵略的诸多西方列强，国力已经衰弱的清朝的确没有成功以武力抵御外侮，内部产生了诸多类似于“顺夷”“抚夷”“柔夷”的声音，失去了战胜来犯之敌的信心，最终陷入丧权辱国的境地。后世有诸多人士会将此段历史视为国耻，甚至因此全盘否定清朝前中期取得的历史功绩，似乎大可不必以今律古，而应致力于总结其经验教训，以鉴当世。

清朝善于利用各种政治资源，继承和改造前朝相对成熟的行政管理制度，既“因俗而治”，又“众建以分其势”，这是清朝得以实现统一的重要原因。其通过敕封、联姻、赏赐等手段拉拢和联合蒙古、汉、藏等上层人物，构建出相对良性的统治关系和民族关系。这样的民族政策就使各族群的上层人物得以在一个“大一统”的国家内仍拥有准予世袭的爵位和职权，享受优待，如蒙古王公、吴三桂等“三藩”、西藏藏王、各地土司等。该政策在实现国家统一的进程中具有非常重要的作用，使清朝能够在短时间内快速地扩张版图，在全国范围内形成“行省”和“藩部”两大治理体系。

国家调配资源的能力对于维护整个国家的稳定和统一具有至关重要的作用。我们通常会认为清朝地域辽阔、物产丰富，其国力理应不弱，然而如果定格到某一具体区域，会发现清朝大部分区域的驻军数量、粮草储备、武器装备等都不足以单独应对有一定规模的突发事件。在传统时期，当周边国家都只能靠人力、畜力调运物资的时候，清朝尚且能够集中事件发生地周边的资源来进行应对；而时至近代，西方国家的机动性大幅提升之后，清朝在筹备战事时就会频频出现捉襟见肘的现象。以鸦片战争为例，清朝虽然是在中国的海岸与从欧洲而来的英国开战，但是在武装力量的调配上毫无距

---

① 参见高翔《近代的初曙：18 世纪中国观念变迁与社会发展》，社会科学文献出版社 2000 年版，第 36 页。

离优势，英国从印度等地调运兵力要比清朝从云南、贵州等地调兵快得多，就是从英国首都伦敦到澳门的时间，由于航海技术的先进，也与清军从北京到广州调兵的时间相差无几，都在两个月左右。相对落后的资源调配能力使清朝不得不仅靠广州周边的兵力、物力来进行抵抗。

后世学者在论及晚清历史时，往往会不自觉地思考国家近代化的问题。与同时期的西欧国家相比，清朝经过两百余年逐渐形成的政治权力格局、社会管理系统、经济发展模式、思想观念等方面的确过于稳固了，以致很难完全依靠内在因素发生质变。正如高翔先生所言，尽管清代社会在持续而不间断地进步，并且18世纪的中国文化在集传统文化之大成的同时，又为它适时注入了近代意义的观念内涵，但是“单靠这些并不系统、也不够深刻的新观念，尚不足以将清代的中国全方位地引向近代”①。

① 高翔：《近代的初曙：18世纪中国观念变迁与社会发展》，社会科学文献出版社2000年版，第611页。

第二章

清代中国疆域的变迁

清朝是中国历史上最后一个封建王朝，中国疆域也实现了由传统王朝国家疆土的“有疆无界”向现代主权国家领土的“有疆有界”转变。[①] 从17世纪初期到18世纪末期，清朝逐步实现全国的统一，全盛时期把全国划分为26个一级行政区，对1300多万平方公里的辽阔疆土实施有效管辖，从而奠定了中国的历史疆域。[②] 鸦片战争后，列强以坚船利炮打开中国大门，蚕食鲸吞中国大片国土，中国疆域大大内缩。近300年间，中华民族共同奠定、巩固和捍卫神圣国土的历史，是中华民族共有精神家园的重要内容，本章分前后两个时期对清代中国疆域的变化进行总结，希望有助于当今铸牢中华民族共同体意识大业。

---

① 参见李大龙、铁颜颜《“有疆无界”到“有疆有界”——中国疆域话语体系建构》，《思想战线》2020年第3期。

② 关于“中国”“疆域”“版图”等概念及其关系，我国学术界已做过深入讨论，可参见杨建新《“中国”一词和中国疆域形成再探讨》，《中国边疆史地研究》2006年第2期；毕奥南《历史语境中的王朝中国疆域概念辨析——以天下、四海、中国、疆域、版图为例》，《中国边疆史地研究》2006年第2期；李大龙《“中国”与“天下”的复合：古代中国疆域形成的历史轨迹——古代中国疆域形成理论研究之六》，《中国边疆史地研究》2007年第3期；易锐《清前期“版图”概念考析》，《中国历史地理论丛》2020年第1期。

第一节　清前期中国疆域及其地位

清朝在继承先秦以来中华大地上历朝各代疆域基础上，在东西方往来日益频繁的国际背景下，经过100多年（17世纪初期到18世纪末期）的经略，形成了东起鄂霍次克海和库页岛，西到巴尔喀什湖和帕米尔高原，北起萨彦岭、额尔古纳河和外兴安岭，南到南海诸岛，实现了1300多万平方公里辽阔疆域的统一。清朝前期的中国疆域，有其历史基础、法律地位，具有深远的历史影响。

一　清前期的中国疆域

清前期，中华大地经过了一个由局部统一到全国统一的过程，其中清朝是主要的推动力量，而清朝的疆域变化体现着中国疆域的变化趋势。

就清朝的疆域而言，大致分为两个阶段：第一阶段是天命元年至崇德八年（1616—1643年）的局部统一阶段。天命元年，努尔哈赤建立金（史称“后金”），崇德元年（1636年）皇太极改国号为“大清”。努尔哈赤、皇太极时期，不仅实现了东北地区的统一，还从明朝手中夺取了辽东等地区，把漠南蒙古置于其统治之下，又与青海和硕特部蒙古首领固始汗和西藏蒙藏联合政权——甘丹颇章政权取得政治上的联系，为入主中原、实现全国统一创造了有利条件。第二阶段为顺治元年（1644年）至18世纪末期的全国统一阶段。顺治元年，李自成农民起义军攻占北京，推翻明朝，清军乘机入关，迁都北京。此后40年间，清朝消灭南明等各地反清力量，康熙二十年（1681年）平定“三藩之乱”，二十二年（1683年）统一台湾，从而实现对中国传统的“中原地区”（黄河、海河、淮河流域）和长江流域、珠江流域及西南地区、东部沿海地区范围内的统一。17 世纪末至 18 世纪 50 年代，清朝平定蒙古准噶尔部、青海和硕特部的叛乱，派军驱逐准噶尔部势力、安定西藏，收服北部、西北和西南的广大地区。与此同时，清朝在 17 世纪末期至 18 世纪末期派军驱逐俄国、廓尔喀（今尼泊尔）的入侵，并与俄国、安南（今越南）、廓尔喀、布鲁克巴（今不丹）和哲孟雄（即锡金，今为印度锡金邦）划定了边界，以具有国际法效力的条约、划界等形式明确了中国与部分邻国的边界。

嘉庆二十五年（1820 年），清朝处于全盛时期，全国划分为 26 个一级行政区：一是直隶、山西、山东、河南、江苏、江西、安徽、浙江、福建、广东、广西、云南、贵州、湖南、湖北、四川、陕西、甘肃 18 个省；二是东北、西北边疆地区的盛京（奉天）、吉林、黑龙江、伊犁、乌里雅苏台 5 个将军辖区；三是蒙古盟旗和青藏高原地区的驻藏大臣辖区、西宁办事大臣辖区。在这些地区，清朝设置行政机构、派驻军队、制定法律制度，进行有效管辖，尽管在有些地区实行“修其教不易其俗，齐其政不易其宜”的政策，实行土司制度、盟旗制度、伯克制度、扎萨克制度[①]，但涉及国家主权的军事、外交等重大问题完全由中央政府掌握，这样的统一范围和治理程度是以往的历代王朝从未达到的。

二　清前期中国疆域的历史基础与“自然凝聚”

对于清前期形成的 1300 多万平方公里的疆域，清代就有人称为“开疆拓土”，甚至称颂清朝皇帝“三载之间，拓地二万余里”。[②] 道光二十二年十二月二十二日（1843 年 1 月 23 日），道光皇帝撰写《御制大清一统志序》，强调“大清之受天命有天下、增式廓而大一统者，于今二百年”，“列祖列宗威惠滂流、声名懿铄，

---

① 马大正主编：《中国边疆经略史》，中州古籍出版社 2000 年版，第 240—272 页。

② 昭梿：《啸亭杂录》，中华书局 1980 年版，第 15 页。

幅员之广、教化之洽、地理物华之盛、官方名事之详，且备义绳，轩驾以来未之有也”，乾隆时期“天威震叠，开拓西域二万余里”。[①] 这些表述显然有为清朝统治者歌功颂德的意向，但历史事实充分证明，清代中国疆域并非凭空地“开拓边疆”，而是在继承、发展先秦以来中国历代王朝疆域基础上的“自然凝聚”[②]，历代王朝的疆域是清前期中国疆域形成与发展的历史基础。

首先，先秦时期至17世纪初期，近4000年间中国始终保持着“内聚力”，统一多民族国家是中国历史发展的导向和主流，而且国家统一的规模一次比一次扩大[③]，为清前期统一多民族国家疆域的形成打下了坚实基础。

从夏朝（前21世纪—前16世纪）开始，中国历史发展过程中尽管统一和分立时期交错出现，但统一始终是主流，统一的国土范围逐步扩展。夏朝、商朝（前16世纪—前11世纪）、西周（前11世纪—前770年）、春秋和战国（前770—前221年），是国家形成和酝酿统一时期。公元前221年，秦朝建立，成为统一的多民族的封建王朝，是开创性的统一时期，极盛时疆域面积约300万平方公里，东起今天朝鲜半岛北部，西至陇山、川西高原和云贵高原；南到今两广地区和越南北部，北至今天的河套、阴山和辽河下游。汉朝（西汉、东汉时期，前206—220年）也是统一的多民族的封建王朝，辖区面积在秦朝基础上继续拓展，最强盛时疆域东西9300多里，南北13300多里，东北包括朝鲜半岛北部，东临大海，南到

① 爱新觉罗·旻宁：《御制大清一统志序》，载《嘉庆重修一统志》，道光二十二年（1842年）修成，四部丛刊本，上海书店1984年影印版。

② 关于中国疆域的“自然凝聚”，参见李大龙《自然凝聚：多民族中国形成轨迹的理论解读》，《西北师大学报》2017年第3期；李大龙《从“天下”到“中国”：多民族国家疆域理论解构》，人民出版社2015年版。

③ 本节中国历代疆域面积及历代王朝疆域的认定，参见郑汕《中国边疆学概论》，云南人民出版社2012年版，第103—112页；林荣贵主编《中国古代疆域史》清代部分，黑龙江教育出版社2007年版。

今天海南岛和越南北部，西南包含今天云南和邻近的东南亚地区，西北到达巴尔喀什湖、费尔干纳盆地和葱岭。

汉朝以后，中华大地进入了三国魏晋南北朝（220—589 年）的分立时期，隋朝（581—618 年）、唐朝（618—907 年）实现第二次统一，疆域超过秦汉时期。隋朝疆域东北到今天辽宁西部，东至大海，南抵今海南岛和越南北部，西南包括今天云南、四川、贵州部分地区，西到今天新疆且末县和罗布泊一带，北达今蒙古国南部。隋朝还派羽骑尉朱宽到达流求（今台湾），有助于加强大陆与台湾的联系。唐朝最强盛时疆土东北至黑龙江、外兴安岭一带，东到大海，包括台湾岛及其附属岛屿；南及南海，包括今天越南的北部和中国的海南岛及所属南海岛屿；西至咸海，西北到巴尔喀什湖以东以南地区，北达贝加尔湖。秦、汉时期未曾直接管辖的东北、北部、西北地区，在盛唐时期都纳入中央政府的统一辖区范围内。这一疆域超过了汉朝鼎盛时的版图，成为当时世界上疆域最广的封建王朝。

唐朝以后，中华大地经历了一个民族融合与各政权并立时代，包括五代十国（907—960 年）和辽朝（契丹人建立，907—1125 年）、宋朝（960—1279 年）、金朝（女真人建立，1115—1234 年）及西夏（党项羌人建立，1038—1227 年）等政权并立的时期，最终由元朝（蒙古人建立，1206—1368 年）实现了更大范围的大统一。元朝比较稳定的疆域，北部东起鄂霍次克海，西至今额尔齐斯河；东北部拥有朝鲜半岛东北部，东南至大海，西南包括今泰国北部、缅甸东北部和不丹、锡金（现为印度锡金邦）和克什米尔地区，超过了汉、唐王朝极盛时的疆域。

元朝以后，明朝（1368—1644 年）强盛时直接管辖的疆域在西北、北部边疆有所收缩，西北疆界虽止于嘉峪关，但在其外也曾设哈密卫等；东北以鸭绿江为界与朝鲜接壤，1409 年设置奴儿干都司，管辖着西起鄂嫩河、东至库页岛、北到外兴安岭、南临日本海的广大地区；南部、西南边疆，明朝设置乌思藏都司、朵甘都司和俄力思军民元帅府管理西藏，南部疆土包括今天中南半岛邻国缅甸、泰国、老挝、越南北部的部分地区。

从先秦至明代，历代王朝疆域经历了数千年的自然凝聚，边疆与中原地区的关系更加密切，已成为牢固的一体，清朝建立后“尤其随着‘大一统’的逐步实现”，不仅自秦汉以来的郡县地区日益“一体化”，而且人为制造的阻隔北方草原和中原农耕地区进一步融合的长城防御体系也被放弃，清朝对边疆地区的统治也由传统的羁縻统治向间接乃至直接统治转变。[①] 因此，清朝前期不仅继承了先秦至元、明时期“自然凝聚”的历史疆域，而且在此基础上巩固了东北、北部、西北、西南边疆地区的疆土，国土面积达到约1300万平方公里，奠定了比秦、汉、隋、唐、元、明时期更大范围内的全国“大一统”局面。

其次，清朝“确定国家疆域的原则是：继承历史上中原王朝所管辖、开发到的疆域”[②]，并依据全国“大一统”的疆域观确定哪些区域纳入国家版图之内，慎重处理邻近地区的一些部族、政权内附中国的问题。对于先秦以来历代王朝的疆域变迁，清朝统治者在确定疆域时颇为关注，乾隆时期国力强盛，乾隆皇帝在确定国家疆界、测绘地图时就强调继承历代王朝所管辖、开发到的疆域，1755年在划定西北疆界时就谕令鄂容安等大臣：“汉时西陲塞地极广”，唐朝初年“都护开府，扩地及西北边，今遗址久湮”，现在“乌噜木齐及回子诸部落、皆曾屯戍，有为内属者”，鄂容安此次进军新疆，“凡准噶尔所属之地，回子部落内，伊所知有与汉唐史传相合，

---

① 关于中国疆域的“自然凝聚”，参见李大龙《试论中国疆域形成和发展的分期和特点》，《中国边疆史地研究》2011年第3期。

② 成崇德：《论清朝疆域形成与历代疆域的关系》，《中国边疆史地研究》2005年第1期。

可援据者，并汉唐所未至处，一一询之土人，细为记载，遇便奏闻，以资采辑”。[①]

清朝实现统一的过程中，某些邻国或邻近的部族要求归入清朝版图，这在国力强盛的乾隆时期多次出现，主要是东南的苏禄、西北的哈萨克等，清朝的处置都极为慎重。乾隆十八年（1753 年），苏禄苏丹派使者呈递《苏禄国王乞隶版图表》，并表示“愿以疆土、人民、户口编入图籍”，清廷先是以礼部名义表示“我朝统御中外，荒夷向化，该国土地、人民，久在薄海臣服之内”，该国恳请派专使“赍送图籍之处，应毋庸议”。次年，乾隆皇帝再次表示：该国“所请将疆土、人丁、户口编入中国之处，已允部议，毋庸赍送图籍”[②]。乾隆二十年（1755 年），清军出师平定准噶尔阿睦尔撒纳的叛乱，清廷就确定了“大功告成后，若哈萨克人等投诚”，就把其“大头目酌量赴京入觐，赏给官爵，其所属之人，仍于原游牧安插，不必迁移；倘竟不归诚，亦不必用兵攻取”的政策。二十二年（1757 年），清军平叛战斗节节胜利，哈萨克中玉兹阿布来赍汗遣使北京，上表呈请“愿率哈萨克全部归于鸿化，永为中国臣仆”。二十三年（1758 年），大玉兹汗也上表归附清朝，此后巴达克山、爱乌罕（今阿富汗）等也陆续表示归附。对于这些新归附的邻国，清朝比照“安南、琉球、暹罗诸国”，作为“外藩属国”，并未收入版图，还按照凡是准噶尔“旧有游牧，皆我版图”的原则，与邻界的中玉兹核定双方界址。当时，俄国极力向哈萨克各部扩张、侵占其领土，清朝的做法与此形成了鲜明对照。恰恰由于俄国的侵略，不少哈萨克部落迁入中国新疆境内游牧，请求内附，清朝在驱逐私越的同时，经与哈萨克方面协商后，采取措施在境内接纳、安

---

① 《清高宗实录》卷 482，乾隆二十年二月丁巳。

② 《清高宗实录》卷 448，乾隆十八年十月庚寅；卷 457，乾隆十九年二月戊戌；卷 476，乾隆十九年十一月戊寅。此事可详见余定邦、喻常森等《近代中国与东南亚关系史》，中山大学出版社 1999 年版，第 302—303 页。

置，使这部分人成为“具有中国边疆合法臣民的身份，接受新疆地方当局的管辖”的边疆少数民族之一。[①]

三 清前期中国疆域底定的时代背景与法律地位

清前期，多民族国家既在继承历代疆土“自然凝聚”基础上实现了疆域的“自我统一”，又在世界开启全球化进程、东西方往来日益频繁、周边形势发生重大变化的背景下实现国家统一，清朝抵御西方殖民者侵略，并与部分邻国勘划陆地边界，逐步确认多民族国家领土的外部界线，从而确定了疆域的法律地位。

（一）清前期中国疆域底定的时代背景

17 世纪初期至 18 世纪末期，清朝统一全国的过程中，世界格局和周边形势发生着重大变化。

一是欧洲殖民者迅速向全球扩张，“西力东渐”“西学东渐”同步进行，特别西欧殖民者入侵、近代中西文化交流对中国统一产生一定影响。15 世纪末 16 世纪初，迪亚士、哥伦布、达·伽马等欧洲航海家和冒险家开辟绕非洲到东方的新航路，发现美洲“新大陆”。“新航路不仅促进了欧洲与撒哈拉以南非洲以及亚洲的直接联系，而且便利了东西半球以及大洋洲之间的互动”，大约在 1500 年至 1800 年间，“世界各地区之间建立了广泛的联系，从而把人们带入了世界近代历史的早期阶段”。在近代早期阶段，“全球化进程涉及世界各地的人们，影响着他们的社会发展”。[②] 中国在这一阶段既遭遇了欧洲列强殖民扩张的“西力东渐”，又受到西方文化传入的“西学东渐”的某些影响，其中就包括西方近代天文历算、测绘、

① 郭成康：《清朝皇帝的中国观》，《清史研究》2005 年第 4 期；厉声：《哈萨克斯坦及其与中国新疆的关系（15 世纪—20 世纪）》，黑龙江教育出版社 2004 年版，第 63—154 页。

② ［美］杰里·本特利、赫伯特·齐格勒：《新全球史》第五版，魏凤莲译，北京大学出版社 2014 年版，第 172—209 页。

国际法传播的早期影响。

明朝晚期就感受到了“西力东渐”“西学东渐”，这对17世纪清朝统一全国也产生过一定的影响。新航路开辟后，“美洲的发现、绕过非洲的航行，给新兴的资产阶级开辟了新天地。东印度和中国的市场、美洲的殖民化、对殖民地的贸易、交换手段和一般商品的增加，使商业、航海业和工业空前高涨”。欧洲资产阶级“由于开拓了世界市场，使一切国家的生产和消费都成为世界性的了”，而“不断扩大产品销路的需要，驱使资产阶级奔走于全球各地”。[①] 葡萄牙、西班牙、荷兰、法国、英国等持续进行殖民扩张，16世纪初明朝就“遭遇”了欧洲列强的“西力东渐”。1517年明朝文献中被称为“佛郎机”的葡萄牙舰队就在广州城外“进贡请封”，而后通过贿赂明朝官员从1557年起居留于珠江口的濠镜（今澳门），营造房屋、村落，1572年起向明朝政府缴纳地租，长期定居、通商。澳门不仅是晚明对外贸易的重要通道，而且是中西文化交流的通道，16世纪末成为耶稣会士向中国传播天主教的基地。徐日升、罗明坚、利玛窦等耶稣会士先后到达澳门，利玛窦后来到中国内地，与瞿太素、徐光启、李之藻、杨廷筠等人往来密切，促进了中西文化交流。[②]

17世纪中期，当清军南下占领福建、广东等地时，葡萄牙人仍然在澳门居留、贸易，而且耶稣会士还在南明永历政权身边活动，永历皇帝朱由榔的王太后是天主教信徒，1650年她在南宁致信罗马教皇，“天主保佑我国中兴太平”。她所信任的天主教徒、太监庞天寿也致信教皇，汇报永历政权君臣信教情况，请求“多令耶稣会士来我中国，教化一切士民悔悟”。耶稣会士卜弥格带着他们的“求援信”，专程送往罗马教廷，1658年

---

① ［德］马克思、恩格斯：《共产党宣言》，人民出版社2014年版，第28—32页。

② 樊树志：《晚明史：1573—1644》（上），复旦大学出版社2015年版，第1—174页。

才带着罗马教皇的复信回到澳门，这一年永历皇帝已在清军追击之下率残部逃亡缅甸。[①]

清朝建立之初，耶稣会士无法帮助南明政权阻止清朝统一全国，但此后100多年间，“西学”“西力”仍对中国的统一进程产生一定影响。一方面，清前期中西文化交流仍然持续进行，特别是1715年前西方传教士在中国内地活动频繁，康熙皇帝即位以后把汤若望、南怀仁等传教士引入朝廷，先后在钦天监供职，参与修订历法、制造火炮、测绘舆图，还派他们在中俄尼布楚谈判中担任翻译。康熙三十一年（1692年），康熙皇帝强调“西洋人”在“治理历法”“制造军器”和“随征俄罗斯”等方面“效力勤劳”，要求各地不要迫害传教士，“各处天主堂俱照旧存留”。由于清廷对天主教士的宽容政策，康熙二十九年（1690年）中国人入教人数有30万人之多，三十四年（1695年）在华传教士75人，四十年（1701年）增加到167人，活动足迹遍及中国各地。四十三年（1704年）以后，罗马教皇派人到中国宣布禁止异端的“谕旨”，不许中国教徒敬孔祭祖，引发“礼仪之争”，五十四年（1715年）康熙皇帝下令禁止“西洋人在中国行教”，此后雍正、乾隆时期继续执行禁教政策，以维护统治地位，抵御外来文化侵略。[②]

清前期，汤若望、南怀仁等人在钦天监参与“治理历法”工作，有助于维护清朝的“正统”和政治上的统一，得到康熙皇帝肯定。为巩固国家统一的成果，康熙、雍正、乾隆时期组织绘制全国性地图，完成《皇舆全览图》《雍正十排图》《乾隆内府舆图》，这三图被称为清代“三大实测全图”。[③]《皇舆全览图》是中国运用近代方法测量与绘制的第一幅全国地图，也是当时世界上实测面积最

---

① 张玉兴：《南明诸帝》，吉林文史出版社1996年版，第339—340页。

② 马大正主编：《中国边疆经略史》，中州古籍出版社2000年版，第285—294页。

③ 汪前进、刘若芳主编：《清廷三大实测全图集》，外文出版社2007年版。

大的国别地图。该图采用法国桑逊投影法，比例尺为 1∶140 万。《雍正十排图》是雍正年间根据《皇舆全览图》进行全面校订，吸收传统“方格计里”的形式而制成，其范围略大于康熙图，地名也较《皇舆全览图》多。《乾隆内府舆图》，又称《乾隆十三排图》，是乾隆时期在前两图的基础上补绘了新纳入版图的新疆哈密以西等地区，其中西藏部分又进行了实地测量，校正了康熙年间靠目测产生的错误。这“三大实测全图”是利用西方近代测绘方法，在大规模的测绘工作基础上完成的，白晋、雷孝思、杜德美、费隐、蒋友仁、高慎思等欧洲传教士参加了实测工作。[①] 西方传教士参与“三大实测全图”的绘制，西方地图绘制技术传入中国，但清前期这种影响局限于统治集团的上层，《皇舆全览图》《乾隆内府舆图》完成后长期藏于内府，民间对于这两幅图的内容及制作方法所知甚少，因此形成一种局面：“清朝统治集团上层的制图学观念深受西方的影响，某种程度上接受了西方制图术；而地方上的地图绘制者从总体上说并未被朝廷所引进的新的测绘方法和观念所触动，或者说他们也没有这样的机会和可能。”[②]

西方近代国际法在 17 世纪形成，1648 年欧洲 16 个国家、66 个神圣罗马帝国名义下的王国的 109 位代表参加威斯特伐利亚和会，10 月 24 日缔结《威斯特伐利亚和约》，威斯特伐利亚和会及其签订的和约是“现代的实在国际法，即现代国际条约的起点”。《威斯特伐利亚和约》明确了主权原则，建立了近代国家体系，该和约被学界视为“主权国家”理论形成的源头。[③] 该和约涉及欧洲领土的变更问题，在实践上肯定了国家主权（包括领土主权）原

---

① 冯立升：《中国古代测量学史》，内蒙古大学出版社 1995 年版，第 290—327 页。

② 孙喆：《康雍乾时期舆图绘制与疆域形成研究》，中国人民大学出版社 2003 年版，第 250—271 页。

③ 参见李大龙《中国疆域诠释视角：从王朝国家到主权国家》，《中国社会科学》2020 年第 7 期。

则，确立了欧洲大陆各国的国界，推动了近代国际法的发展。此后，近代国际法中有关领土、边界的理论、原则不断丰富，确认了5种传统的领土取得方式，即先占、时效、添附、割让和征服。[①]近代国际法形成、发展的时期正是清朝进行国家统一的时期，17世纪时耶稣会传教士已经把国际法知识介绍到中国，康熙二十八年（1689年）中俄尼布楚谈判中就曾运用国际法。[②]

另一方面，葡萄牙、西班牙、荷兰、英国等欧洲殖民者长期侵扰中国边疆及周边地区，中国不得不加以防范。17世纪初，西班牙、荷兰、英国等国殖民者侵扰中国沿海地区，1604年荷兰谋占澎湖列岛，1624年退出澎湖、在台湾南部建立侵略据点，1626年西班牙侵占台湾北部的鸡笼、淡水，1642年荷兰打败西班牙，独占了台湾。1661年，郑成功率军驱逐荷兰殖民者，收复台湾，但荷兰殖民者并不甘心，1662年起连续三年派舰队来华，1663年参与了清军夺取金门、厦门的海战，并打出“支援大清国”的旗号，提出联兵攻台的无理要求。清朝对于荷兰殖民者卷土重来的企图有所防范，多次拒绝其建立商埠、永久通商等要求。康熙二十二年（1683年），清朝命令施琅率军统一台湾，接着在台湾设置府、县，派驻军队，打破了荷兰殖民者侵占台湾的迷梦。二十四年（1685年）清朝宣布松江、宁波、泉州、广州为对外贸易港口，设立海关，开海贸易。18世纪初，荷兰殖民者迫害和屠杀爪哇、巴达维亚的华侨。

欧洲各国因争夺海外殖民地、商业利益不断发生战争，17世纪起欧洲殖民者之间的冲突、战争经常波及中国。其中，英国东印度公司在1635年派“伦敦”号到澳门贸易，由于葡萄牙澳门理事

---

① 参见于沛、孙宏年、章永俊、董欣洁《全球化境遇中的西方边疆理论研究》，中国社会科学出版社2008年版，第15—32页。

② 参见田涛《国际法输入与晚清中国》，济南出版社2001年版，第16—20页。

官的阻挠，这次贸易归于失败。第二年，英国组织远征军进行报复，1637 年 6 月威忒船长率领这支远征军，包括三艘帆船、一艘军用大艇，驶抵澳门，在与澳门、葡萄牙当局交涉无果后竟然直闯广州，向虎门炮台发动攻击。1670 年，英国商船到厦门和郑氏集团控制的台湾贸易，1681 年后尝试开辟广州、宁波的贸易。[①] 但是，英国对华贸易并非“和平贸易”，1743 年英国兵船“百人队长”号挟持一艘被截获的西班牙商船，闯入虎门要塞。由于海疆形势严峻，康熙五十六年（1717 年）清朝发布南洋禁航令，雍正三年（1725 年）起加强对澳门的管理，乾隆二十二年（1757 年）下令把松江、宁波、泉州、广州四口通商改为广州一口对外通商。五十七年（1792 年），英国以祝贺乾隆皇帝寿辰为名，派遣马噶尔尼使团访华，五十八年（1793 年）马噶尔尼向中国提出六项要求，其中包括“开放舟山、宁波、天津诸港”，“在北京设立商行”，“拨给珠山（舟山）附近小岛一处，以便英商停歇和收存货物”等，以打破中国在对外贸易方面的限制。清朝以乾隆皇帝敕谕的形式逐条驳回，同时严正指出“天朝尺土，俱归版籍，疆址森然，即岛屿沙洲，亦必画界分疆，各有专属”，明确表明中国保卫海疆、捍卫国家领土完整，坚决抵御外国侵略者的决心。[②]

18 世纪末期，乾隆皇帝拒绝马噶尔尼使团的要求，有人认为该使团访华是“一个交涉和促进中、英友谊的机会”，乾隆皇帝把马噶尔尼“当作一个藩属的贡使看待，要他行跪拜礼”，马噶尔尼“拒绝行跪拜礼”，乾隆皇帝“很是不乐”，拒绝英方提出的六项要求。[③] 这种观点把乾隆皇帝拒绝英国要求归结于“礼仪之争”和

---

① ［美］马士、宓亨利：《清代的边疆政策》，姚曾廙等译，上海书店出版社 1998 年版，第 45—46 页。

② 马汝珩、马大正主编：《清代的边疆政策》，中国社会科学出版社 1994 年版，第 200—257 页。“马戈尔尼”，有的论著又译为“马戛尔尼”。

③ 蒋廷黻：《中国近代史》，江苏人民出版社 2017 年版，第 23—26 页。

“天朝大国”的闭关锁国政策，事实上忽视或有意回避了18世纪末期欧洲列强殖民扩张、中国海疆遭到侵扰的时代背景，无视“掠夺、谋害及经常诉诸武力，为欧洲国家与中国开始贸易的特色”的历史真实，自然不能理解当时中国拒绝马戈尔尼全部要求“在很大程度上是出于对国家安全的考虑”①。

二是中国周边形势持续变化，南亚、东南亚邻国遭受西方殖民者入侵，俄国、廓尔喀兴起，缅甸、安南（1802年后更名“越南”）等邻国国内政局变动，中国面对“属国”② 与“贸易之国”并存的周边格局。

南亚、东南亚地区在新航路开辟后成为葡萄牙、西班牙等国殖民扩张的重点区域之一，葡萄牙殖民者占领印度西海岸的果阿、马来半岛的马六甲等地，西班牙殖民者占据菲律宾群岛。荷兰在17世纪初期取代西班牙的霸权地位，在亚洲殖民扩张中一度领先，占领印度尼西亚的一些岛屿及葡萄牙在印度、锡兰（今斯里兰卡）、马来群岛的大部分据点，到17世纪中期已拥有绝对的海上霸权。英国在16世纪末走上殖民扩张道路，1600年成立东印度公司，17世纪末期英国战胜荷兰后取得海上贸易和殖民扩张的优势，加紧对亚、非地区进行殖民扩张。到18世纪末期，英国由于最先开展、完成工业革命而具有强大的经济军事实力，在殖民竞争中处于显著优势，相继击败法国、荷兰、西班牙等国，19世纪初期在亚洲夺取锡兰（今斯里兰卡）、新加坡、马来半岛和印度洋中若干岛屿等

① 高翔：《近代的初曙：18世纪中国观念变迁与社会发展》，故宫出版社2013年版，第598—600页。

② 对于清代“属国”“藩属”“宗藩”“藩部”等概念、内涵，我国学者已发表多种论著加以辨析，如钱实甫《清代的外交机关》（生活·读书·新知三联书店1957年版），认为藩属是藩部与属国的合称；张永江《清代藩部研究——以政治变迁为中心》（黑龙江教育出版社2014年版）专门进行了“藩属与相关概念辨析”；李大龙的《“藩属”与“宗藩”辨析》（《中国边疆史地研究》2006年第3期）对“藩属”“宗藩”两个概念的原意、学术界使用情况及不同含义进行了辨析。

战略要地，基本完成对印度全境的殖民占领，控制了由欧洲通往印度和东方的航线。①

17 世纪初期至 18 世纪末期，中国周边持续发生变化，沙皇俄国崛起成为中国西北、北部、东北部的“新邻居”，直接影响到清朝统一国家的进程。俄国的前身是莫斯科公国，原本深居欧洲内陆，自 16 世纪中叶建立统一的中央集权的俄罗斯国家后，不断对外扩张。16 世纪末叶到 19 世纪初期，俄国从瑞典手中夺得波罗的海东南沿岸大片地区和出海口以及芬兰，西进与普鲁士、奥地利三次瓜分波兰（1772 年、1793 年、1795 年），夺取其大部分领土和立陶宛；南下兼并摩尔多瓦公国（今罗马尼亚境内）的比萨拉比亚（今摩尔多瓦共和国）和外高加索的格鲁吉亚、阿塞拜疆大部地区及亚美尼亚的部分地区。在东方，俄国侵夺乌拉尔山以东的西伯利亚大片土地，把版图一直扩展到太平洋沿岸，完全吞并亚洲北部广大地区，18 世纪 80 年代宣布占有北美洲的阿拉斯加和太平洋上的阿留申群岛，使俄国由一个内陆国家变为地跨欧、亚、美三洲的大帝国。在向东扩张时，1632 年俄国势力在勒拿河中游建立了侵略黑龙江流域的据点——雅库茨克城，此后俄国军队越过外兴安岭、贝加尔湖，侵入黑龙江地区。此时，清朝已经在黑龙江省流域各部族之间建立起牢固的统治，中国东北边疆军民奋起抵抗俄国侵略者，直至 1688 年清朝军队对俄国侵略军展开两次围歼战，迫使俄国进入边界谈判。②

在东南、西南方向，安南（1802 年后更名“越南”）、缅甸、廓尔喀（今尼泊尔）等邻国政局发生变化，对清朝确定本国疆土产生一定影响。17 世纪以后，在今天越南境内多次出现王朝、政权

① 于沛、孙宏年、章永俊、董欣洁：《全球化境遇中的西方边疆理论研究》，中国社会科学出版社 2008 年版，第 1—8 页。

② 参见孙喆《中国东北边疆的治理》，湖南人民出版社 2015 年版，第 156—158 页。

更迭，17 世纪存在着安南后黎朝（1428—1788 年）、高平莫氏割据势力，其辖区和中国相邻，越南中部还有广南阮氏割据政权；18 世纪中期以后，西山朝（1788—1802 年）取代后黎朝，越南阮朝（1802—1885 年）取代安南西山朝。这些封建王朝统治者到中国朝贡，清朝册封其君主，1885 年前双方保持着宗藩关系。①

清朝建立之时，今天缅甸境内先由东吁王朝（1531—1752 年）统治，1752 年后被雍籍牙王朝取代，清朝先后与这两个王朝往来，双边关系在波折中发展。1659 年，南明政权永历皇帝朱由榔及随从等逃往缅甸境内，清朝与缅甸东吁王朝进行了首次接触，要求缅甸交出这些反清人士。缅甸国王平达力对此并不配合，1661 年吴三桂率军入缅征讨，新继位国王莽白（1661—1672 年）迫于清军压力，交出永历皇帝及南明余部，此后 90 多年与清朝没有官方的政治、外交往来。1760 年，雍籍牙王朝取代东吁王朝，统一缅甸。为获取更多的土地和财富，1760 年后雍籍牙王朝对外大规模扩张，对周边国家发动掠夺性的战争，不仅入侵曼尼坡、暹罗，而且侵入中国云南的孟连和车里地区，导致了 1762—1769 年的中缅战争。1769 年，双方代表在老官屯谈判，达成停战协议，战争结束。②

“廓尔喀”是清代文献中沙阿王朝统治下的尼泊尔的国名，尼泊尔有着悠久的历史，公元前 6 世纪在加德满都河谷地区就建立了王国，此后经历李查维王朝（464—879 年）、马拉王朝（879—1482 年），1482 年后马拉王国分裂为坎蒂普尔（今加德满都）、巴德岗和帕坦三个王国。16 世纪，廓尔喀王国兴起于尼泊尔西部，

① 参见孙宏年《清代中越关系研究（1644—1885）》，黑龙江教育出版社 2014 年版，第 3—60 页。

② 参见庄吉发《清高宗十全武功研究》，中华书局 1987 年版，第 285—314 页；余定邦《东南亚近代史》，贵州人民出版社 1996 年版，第 191—201 页；余定邦著《中缅关系史》，光明日报出版社 2000 年版，第 90—197 页；余定邦、喻常森等《近代中国与东南亚关系史》，中山大学出版社 1999 年版，第 68—163 页。

第10代国王普里特维·纳拉扬·沙阿（1742—1774年在位）率军向尼泊尔谷地发动进攻，1768年消灭加德满都王国和帕坦王国，迁都加德满都。1769年，廓尔喀吞并巴德岗王国，统一尼泊尔，使其疆土西起马尔希扬格迪河（Marsyangdi）和哲普河（Chepe），东达大吉岭（Darjeeling，今属印度）；北到喜马拉雅山，南抵莫朗（Morang）和哈努曼纳加（Hauman Nagar）。[①] 1769年后，廓尔喀继续向周边地区发起攻势，向东占领哲孟雄（即锡金，今为印度锡金邦）大部分领土，向西先后侵占塔纳胡部（今尼泊尔塔纳胡县）和西藏属地洛敏汤部（今尼泊尔木斯塘县）、作木朗部（今尼泊尔卡尔纳利专区等地区），达到克什米尔；向北在1788—1792年对中国西藏发动两次战争，侵入日喀则、聂拉木等地，乾隆五十六年（1791年）清朝中央政府派福康安率大军开赴西藏，翌年逼近其首都，迫使廓尔喀停战请降。

（二）清前期中国疆域的法律地位

17世纪初期至18世纪末期，在中外往来日益频繁、周边形势发生重大变化的背景下，清朝完成全国范围的国家统一，多民族国家中国形成1300多万平方公里的疆域，这与世界格局、周边形势紧密相关，具有全球化背景下的法律地位。

首先，清朝抵御俄国的扩张，在保家卫国的战争后通过谈判，签订一系列具有国际法效力的边界条约，以法律文件的形式，划定中俄东段、中段边界。

在东北边疆和北部边疆，康熙、雍正时期中俄通过“战争+外交谈判”，确定了中俄东段、中段边界。17世纪末期，中国军队与俄国侵略军进行两次雅克萨之战，而后进行谈判，索额图是中方首席代表，俄方以戈洛文为首，传教士徐日升和张诚担任双方的翻

① 王宏纬编：《高山王国尼泊尔》，中国社会科学出版社1980年版，第23—33页。

译。康熙皇帝在此次谈判之前想以雅库茨克为界，后来才让步以尼布楚为界。康熙二十七年五月初二日（1688 年 5 月 30 日），索额图向康熙皇帝报告：

罗刹侵我边境，交战于黑龙、松花、呼马尔诸江，据我属所居尼布潮、雅克萨地方，收纳我逃人根特木尔等，及我兵筑城黑龙江、两次进剿雅克萨、攻围其城，此从事罗刹之原委也。其黑龙江之地最为扼要，由黑龙江而下可至松花江，由松花江而下可至嫩江，南行可通库尔瀚江，及乌喇、宁古塔、席北、科尔沁、索伦、打虎儿诸处。若向黑龙江口，可达于海。又恒滚、牛满等江及净溪里江口，俱合流于黑龙江。环江左右，均系我属鄂罗春、奇勒尔、毕喇尔等人民，及赫哲飞牙喀所居之地。若不尽取之，边民终不获安。

对此，康熙皇帝谕令：

尼布潮、雅克萨、黑龙江上下，及通此江之一河一溪，皆我所属之地，不可少弃之于鄂罗斯。我之逃人根特木尔等三佐领及续逃一二人，悉应向彼索还。如鄂罗斯遵谕而行，即归彼逃人及我大兵所俘获招抚者，与之画定疆界、准其通使贸易。否则尔等即还，不便更与彼议和。①

这一年，噶尔丹率准噶尔部攻击喀尔喀蒙古，控制漠北草原，对清朝统治构成直接威胁，康熙皇帝希望尽早解决与俄国划界事宜，以全力解决准噶尔问题。康熙二十八年四月二十六日（1689

① 《清圣祖实录》卷 135，康熙二十七年五月癸酉。

年6月13日），康熙皇帝指示索额图："今以尼布潮为界，则鄂罗斯遣使贸易、无栖托之所，势难相通。尔等初议时，仍当以尼不潮为界，彼使者若恳求尼不潮，可即以额尔古纳为界。"[1]

双方谈判过程中，俄方首席代表戈洛文在第一次会议上提出以黑龙江至海划界，江北属俄罗斯，江南属中国，索额图对此提议断然拒绝，指出勒拿河原系中国疆界，黑龙江流域及贝加尔湖以东之地均为清朝领地，故双方应以勒拿河为界。随后，索额图根据康熙皇帝的指示做出让步，提出以尼布楚为界，戈洛文则声称应以精奇里江为界，黑龙江左岸至精奇里江左归俄方所有，右岸归中方所有。[2] 此后，经过谈判，1689年9月7日（康熙二十八年七月二十四日，俄历一六八九年八月二十日）中俄双方正式签订《尼布楚条约》。《尼布楚条约》以法律形式界定了中俄东段边界，按当时条约的拉丁文本记载：

> 以流入黑龙江之绰尔纳河，即鞑靼语所称乌伦穆河，附近之格尔必齐河为两国之界。格尔必齐河发源处为石大兴安岭，此岭直达于海，亦为两国之界：凡岭南一带土地及流入黑龙江大小诸川，应归中国管辖；其岭北一带土地及川流，应归俄国管辖。惟界于兴安岭与乌第河之间诸川流及土地应如何分划，今尚未决，此事须待两国使臣各归本国，详细查明之后，或遣专使，或用文牍，始能定之。又流入黑龙江之额尔古纳河亦为两国之界：河以南诸地，尽属中国；河以北诸地，尽属俄国。凡在额尔古纳河南岸之墨里勒克河口诸房舍，应悉迁移于北岸。[3]

---

① 《清圣祖实录》卷140，康熙二十八年四月壬辰。

② 《张诚日记》，1689年8月25日，载《十七世纪俄中关系》第2卷，商务印书馆1975年版，第1119页。

③ 《尼布楚条约》又称《尼布楚界约》，载王铁崖编《中外旧约章汇编》第1册，生活·读书·新知三联书店1957年版，第1—5页。

《尼布楚条约》是具有近现代国际法意义的第一个平等条约，又是中俄两国之间缔结的第一个条约，双方以具有国际法效力的法律文件划定了中俄两国的东段边界。该条约签订以后，中、俄继续进行边界谈判，1727 年双方签订《布连斯奇界约》《恰克图条约》《阿巴哈依图界约》《色楞格界约》四个边界条约，划定两国中段边界。

《布连斯奇界约》签订于 1727 年 9 月 1 日（雍正五年七月十五日，俄历一八二七年八月二十日），规定：北自恰克图河流之俄国卡伦房屋，南迄鄂尔怀图山顶之中国卡伦鄂博，此卡伦房屋暨鄂博适中平分，设立鄂博，作为两国通商地方。至两国如何划定疆界，“由两国各派廓尔萨尔前往”；“恰克图、鄂尔怀图山之间，应即作为两国疆界。由第一鄂博起往右段一面”，经鄂尔怀图山、特们库朱浑、毕齐克图、胡什古、卑勒苏图山、库克齐老图、黄果尔鄂博、永霍尔山、博斯口、贡赞山、胡塔海图山、蒯梁、布尔胡图岭、额古德恩昭梁、多什图岭、克色讷克图岭、固尔毕岭、努克图岭、额尔寄克塔尔噶克台干、托罗斯岭、柯讷满达、霍尼音岭、柯尔柯木查克博木、沙毕纳依岭 24 处山岭，各山岭均选取“最高之处，适中平分，以为疆界”，其间“如横有山、河，此等山、河两国应适中平分”；“按照以上划定疆界，由沙毕纳依岭起至额尔古纳河为止，其间在迤北一带者归俄国，在迤南一带者归中国”，所有山、河、鄂博，明确其哪些属中国、哪些属俄国，“各自写明，绘成图说”，由“两国派往划界各员即互换文件，各送全权大臣查阅”。在边界划定以后，如果两国“有无知之人，偷入游牧，占据地方，建屋居住，一经查明，应即饬令迁回”；“本处两国人民，如有互相出入杂居者，一经查明，应即各自取回，以安疆界，两边乌梁海人之取五貂者，准其仍在原处居住；惟取一貂者，自划定疆界之日起，应永远禁止”。[①]

《恰克图条约》签订于1727年10月21日（雍正五年九月初七日，俄历一八二七年十月九日），在《布连斯奇界约》基础上明确了中俄中段边界走向，规定“中国大臣会同俄国所遣使臣所定两国边界在恰克图河溪之俄国卡伦房屋，在鄂尔怀图山顶之中国卡伦鄂博，此卡伦房屋鄂博适中平分，设立鄂博，作为两国贸易疆界地方后，两边疆界立定，遣喀尔萨尔等前往”；“恰克图、鄂尔怀图两中间立为疆界”，自鄂博向西，经鄂尔怀图山、蒴梁、沙毕纳依岭等24处山岭，各山岭“从中平分为界”，其间“如横有山、河，即横断山、河，平分为界”；由沙毕纳依岭起至额尔古纳河岸，“阳面作为中国，阴面作为俄国”[②]。

1727年10月24日（雍正五年九月初十日，俄历一八二七年十月十二日），中俄两国签订《阿巴哈依图界约》，确定布尔古特依山至额尔古纳河的边界，沿途设立63个鄂博。[③]

1727年11月8日（雍正五年九月二十四日，俄历一八二七年十月二十七日），中俄两国签订《色楞格界约》，确定“恰克图右段起线，直至沙宾达巴哈及廓恩塔什地方”的边界走向，沿途设立48个鄂博。[④]

《尼布楚条约》与《布连斯奇界约》《恰克图条约》《阿巴哈依图界约》《色楞格界约》是中俄两国通过平等谈判签订的双边条约，具有国际法效力，因此中俄两国以近代法律文件的方式，明确

---

① 《布连斯奇界约》，载王铁崖编《中外旧约章汇编》第1册，生活·读书·新知三联书店1957年版，第5—7页。

② 《恰克图条约》又称为《恰克图界约》，载王铁崖编《中外旧约章汇编》第1册，生活·读书·新知三联书店1957年版，第7—14页。

③ 《阿巴哈依图界约》，载王铁崖编《中外旧约章汇编》第1册，生活·读书·新知三联书店1957年版，第14—21页。

④ 《色楞格界约》，载王铁崖编《中外旧约章汇编》第1册，生活·读书·新知三联书店1957年版，第21—26页。

中俄东段、中段边界。中、俄边界划定后，100 多年间两国关系稳定发展，两国边境地区人民的贸易、往来较为平稳。

其次，中国与朝鲜、安南、缅甸、廓尔喀等“属国”划定部分或全部边界，虽然不具有国际法意义上的边界性质，但也设置鄂博、界碑、界栅等作为标志，或者设卡伦加强边防。

清朝建立后在处理与邻国关系时继承了中国历代王朝与邻国政权的朝贡制度，清朝君主与邻国政权统治者保持着“天朝—属国”的宗藩关系，因此清代中国疆土包括各省和新疆、西藏、蒙古等“藩部”，陆地边疆省份和藩部则与陆上“属国”相邻，海疆省份与海上“属国”隔海相望。这些属国分为两个层次：一是清朝的属国，如海上“属国”琉球、苏禄，陆上相邻的“属国”朝鲜、安南、缅甸、廓尔喀等国，又有清朝“藩部”的“属国（部）系统”，如“新疆藩属”浩罕、爱乌罕、巴达克山、坎巨提、博罗尔等部，西藏的“属部”布鲁克巴（今不丹）、哲孟雄（今锡金，现已被并入印度）、洛敏汤（今尼泊尔木斯塘地区）、作木郎等。[①] 这些属国在清代文献中被称为“属邦”“属国”“属邦”“朝贡之邦”等，“属国”与“藩部”合称“藩属”，构成清代的“藩属体系”。[②]

清前期，中国疆域的变迁与清朝统治者的藩属观念紧密相关，一方面清朝统治者强调“继承历史上中原王朝所管辖、开发到的疆域”，慎重处置苏禄、哈萨克归附“天朝”的请求，明确了中国疆土与“属国”的范围。另一方面，中国与属国发生边界争端时，清朝统治者有时以“天朝上国”风范，从“守在四夷”出发，把本

① 张永江、叶子民：《略论清代的属国》，《清史研究》1999 年第 4 期。

② 我国学术界论述清代中国与周边邻国关系时使用过多种概念，如“宗藩关系”“宗藩制度”“宗藩体制”“藩属关系”“属国体制”“朝贡关系”“朝贡制度”“朝贡体制”“册封关系”“天朝礼治体系”或“传统的官方关系”“传统的朝贡关系”等，对其性质、含义见仁见智，限于篇幅，不详细论述。

国疆土让予属国，在这一理念指导下与朝鲜、安南（越南）、缅甸、廓尔喀（今尼泊尔）等国勘定部分或全部边界，中国与属国的边界逐步清晰。

清前期，东北边疆地区多次发生朝鲜边民越境事件，康熙五十年（1711 年）至五十二年（1713 年）穆克登两次奉旨查边，并于长白山顶上立碑视界，而后朝鲜方面又单方设标立栅，清朝对此“却不参与不过问”。有研究者就此指出，穆克登查边过程中“听信朝鲜官员长白山顶峰天池以南为朝鲜境的谎言”，使清朝失去了不少领土，不仅把原属中国的鸭绿江、图们江两江间陆路连接地带，即长白山以南地区划归朝鲜，而且把同样属于中国的长白山一半也划入朝鲜境内。[①] 此次查边后，朝鲜开始很是满意，派使者到中国“谢恩”，因为该国历史上坚持北拓政策，担心因查边会失去领土，结果不仅未失，反而得到大片领土。但朝鲜国内后来却出现了“土门、豆满两江谬说”，主要是土门、豆满为两江和误指中国境内河流为土们江，认为这次查边使朝鲜失去了大片领土；还多次片面地要求清廷驱逐、逮捕在鸭绿江、图们江中朝边界中方一侧边境地区垦荒者，使中国的边境地区成为无人区（瓯脱地区），清廷竟都屈从朝鲜的要求。比如康熙五十四年（1715 年）中国境内有人“在土门沿江近处”建房垦田，乾隆十一年（1746 年）清朝要在“栅外起垦，莽牛哨屯置甲军”，这本是中国疆内事务，与朝鲜无关，但朝鲜都派使者到北京“陈咨”阻止，清廷都本着“抚藩字小”的原则下令停止。[②] 对于穆克登查边后失去大片国土、朝鲜单方立栅都未受重视，有学者就指出，除清廷在集中对付俄国、康熙皇帝正处理立储外，清朝视朝鲜为“恭顺”的属国，“天朝”皇旨如何都会服从，边界问题不会出现多大麻烦，因此从未真正重视

---

① 学术界对此次查边的性质、任务仍有不同认识，本章限于篇幅，不详细论述。

② 白新良主编：《中朝关系史：明清时期》，世界知识出版社 2002 年版，第 281—284 页。

中朝边界问题，且全国统一疆土辽阔，也“未将此弹丸之地的中朝边界地段放在心里”[①]。这都为日后朝鲜边民非法渡江到中国一侧垦荒居住创造了条件，更为日后中朝边界争议埋下祸根。[②]

安南（1802 年后称“越南”）与中国发生的领土争端大致有三种情况：一是由边境土司之间的辖地进退，甚至是私自转让引起的，如那窝村之争等；二是两国对领土继承权的不同理解引起的，如六胡之争；三是由越南封建主侵占中国领土引起的，大、小赌咒河之间的中国领土和金龙峒、勐赖及勐梭都属于这种情况。这些争端是以中国失地而告结束的，并成为 19 世纪末中法划定中越陆路边界时的隐患。其中，清朝统治者在“天朝—属国”的“宗藩关系”上的不同认识，对于中越边界谈判、划界产生不同影响，明朝末年至 18 世纪前期越南封建主逐步蚕食了中国所辖大赌咒河以北、马伯汛以南领土，雍正皇帝得知大赌咒河以北大片领土被安南侵占以后，他以“天下共主”自居，强调“柔远”重于“分疆”，“天朝”不与“小邦”争利，安南封建主“累世恭顺，深为可嘉”，视这些领土为“弹丸之地”，无视领土的历史继承性而放弃。在雍正皇帝这一思想指导下，清朝多次退让，把小赌咒河外四十里土地“赐予”安南。而在六勐交涉中，乾隆、嘉庆、道光三位皇帝根据地方官奏报，谕令依据事实予以驳回，有据有理，又未失分寸。乾隆皇帝在处理凭祥州、思陵州越界种竹事件时，首先分清是非，然后归还中国土司侵占安南的领土，并惩处肇事人员，以防再生事端，在他看来这都体现了“怀柔远人”之意。[③]

缅甸的东吁王朝在 1751 年前虽然与清朝有过朝贡关系，但往

---

① 杨昭全、孙玉梅：《中朝边界史》，吉林文史出版社 1993 年版，第 202 页。

② 杨昭全、孙玉梅：《中朝边界史》，吉林文史出版社 1993 年版，第 164—209 页。

③ 孙宏年：《清代中越宗藩关系下的边界交涉初探》，载梁志明主编《面向新世纪的中国东南亚学研究：回顾与展望》，香港社会科学出版社有限公司 2002 年版；孙宏年：《清代中越关系研究（1644—1885）》，黑龙江教育出版社 2014 年版，第 195—238 页。

来次数不多，且缅甸干预过中国云南车里地区的内部事务，意图控制、侵吞这一地区，但未发生大的争端。1752 年，雍籍牙王朝建立，而后统一缅甸并对外大规模扩张，侵入中国云南的孟连和车里地区，导致了 1762—1769 年的中缅战争。1788 年后，雍籍牙王朝遣使朝贡，清朝册封缅甸国王，双方重建朝贡关系。在恢复朝贡往来之后，双方边境地区仍依传统边界线进行管辖，但缅甸为侵吞车里地区，继续干预当地事务，甚至自行任命官员，派兵逮捕清廷任命的车里宣慰司，由于清朝的多方交涉，车里宣慰司 1825 年才放回中国。[①] 清朝并未就此对缅甸采取强硬措施，未能对边境土司提供强有力的保护，这也成为以后西南边疆管理松弛、辖境退缩的重要隐患。

清前期，中国疆域既是继承中国历代疆土、自我统一的过程，又是与周边邻国往来、逐步相互确认中国疆土的过程。[②] 在这一过程中，清朝在消灭国内反清力量和分离势力、统一全国的同时，也面临着如何处理与周边邻近国家的疆土争议或者其全部疆土归属处理的问题。如果说一个国家疆土的形成既有历史继承的问题，又与相关邻国或有关政治实体通过战争、谈判等多种方式相互确认疆土范围有关，那么清前期中国疆土形成时与相关邻国或有关政治实体的相互确认问题是相当复杂的。

乾隆五十七年（1792 年），清军迫使廓尔喀停战请降，此后廓尔喀被纳入清朝的“藩属体系”，布鲁克巴、哲孟雄恢复了中国西藏“属部”的地位。在边界问题，清朝采取的政策。是对于廓军侵占的原中国西藏的“属部”的归属问题，清朝以廓尔喀“恭顺小心”，未予过问，这些部落被廓尔喀侵吞，包括洛敏汤，战前每年

---

① 余定邦：《中缅关系史》，光明日报出版社 2000 年版，第 90—197 页。

② 马大正：《中国疆域的形成与发展》，《中国边疆史地研究》2004 年第 3 期；成崇德：《论清朝疆域形成与历代疆域的关系》，《中国边疆史地研究》2005 年第 1 期。

差人向达赖呈递哈达、缴送银钱五六十圆，战后该部要求归属中国，清廷认为廓尔喀已臣服，清朝也“不借伊五六十圆银钱用度”，听任廓尔喀管辖另一部落是底玛尔宗，原属廓尔喀，该国在战前即已答应交给西藏萨迦呼图克图管辖，战后又主动提出来要萨迦呼图克图接管，但清廷命令西藏地方仍退还给廓尔喀。作木朗部和哲孟雄战后请求清廷命令廓尔喀归还所占本部的领土，廓尔喀则遣使请求清廷拒绝他们的要求，最后清廷以廓尔喀“恭顺小心”，“天朝”不为藩属划界为由，对此未予过问。[①]

18 世纪 90 年代确定中国与廓尔喀（今尼泊尔）、布鲁克巴（今不丹）、哲孟雄（今锡金）等的国界，在边境地区设置鄂博，从而明确了中国西藏与南亚邻国的边界。[②] 乾隆五十八年（1793 年），中国与廓尔喀以喜马拉雅山脉为主线，在分界地点（多为山口）设立鄂博。据学者考证，当时所设的鄂博自东向西为：波底山顶，即今定结县南端中尼边界的波底拉山口（东经 87.3 度，北纬 27.8 度）；萨热喀山顶，即今定结县南端中尼边界的惹嘎拉山口（东经 87.5 度，北纬 27.8 度）；卧龙支达山顶，即今定结县南端中尼边界的车不达拉山口（东经 87.3 度，北纬 27.8 度）；羊马山顶，即今定结县与尼泊尔交界处羊马康拉山口（东经 87.8 度，北纬 27.8 度）；铁索桥，即今定结县南端中尼边界线上樟木口岸（东经 85.9 度，北纬 27.9 度）的友谊桥；热索桥，在今吉隆县南端的中尼边界经过处（东经 85.3 度，北纬 28.2 度）；狭巴岭山顶，即今仲巴县南界东端中尼边境的下巴拉山口（东经 84.0 度，北纬 29.3

① 松筠撰：《卫藏通志》卷 2《疆域》，《西藏志·卫藏通志》合刊本，西藏人民出版社 1982 年版，第 187—197 页；杨公素：《中国反对外国侵略干涉西藏地方斗争史》，中国藏学出版社 1992 年版，第 29—30 页。

② 松筠撰：《卫藏通志》卷 2《疆域》，《西藏志·卫藏通志》合刊本，西藏人民出版社 1982 年版，第 187—197 页。边境地区所设鄂博地望，可参考吕一燃主编《中国近代边界史》，四川人民出版社 2007 年版，第 678—719 页。

度)；锅拉纳山（顶），即今仲巴县南界中尼边界的扎那拉（东经83.8度，北纬29.0度)；毕都那山（顶），即今仲巴县与尼泊尔交界处的平都拉山口（东经83.4度，北纬29.2度)；朗古山顶，即仲巴县南端中尼边界线上的门格拉山口；纳汝克喀山顶，即今仲巴县与尼泊尔交界处的果尔嘎山口；郎杂山顶，即今仲巴县南端中尼边界线上那木扎山口（东经82.5度，北纬29.2度)。以上十余处鄂博中，前4处是当时中国与哲孟雄的分界点，第7处至第12处鄂博位于当时中国与洛敏汤、作木朗的交界处。

乾隆五十九年（1794年)，中国与哲孟雄勘定边界，在交界点设立9个鄂博，当时所设的主要鄂博是：波底山顶、萨热喀山顶、卧龙支达山顶、羊马山顶、洛纳山顶、丈结山顶、雅纳山顶、支莫山顶（即今亚东县与锡金、不丹交界处的吉姆马珍山，东经88.9度、北纬27.2度)、臧猛谷山顶（在今亚东县与锡金交界处)。由于清朝并未反对廓尔喀对哲孟雄、洛敏汤和作木朗三部领土的占领，因此中国与廓尔喀、哲孟雄的这些鄂博设立事实上划定当时的中尼、中锡边界。

值得注意的是，清前期中国在属国划定边界时，虽然多数时期强调分清是非、坚持原则，但有时又有“天朝上国”的风范，在藩属国表现得极为“恭顺”的情况下也可以把本国疆土“赐予”藩属国，以勉励该国统治者更“恭顺”和“事大畏天”。而且，这些藩属在得到要求的争议地区后，往往以更“恭顺”的态度“谢恩”，这又反过来强化了清朝某些君主的“天下共主”意识和以各种手段勉励属国使之更为“恭顺”的藩属观念。这在中尼、中越、中朝边界交涉时颇为典型。比如，18世纪末中廓战争结束后，原来中国西藏的藩属洛敏汤部落要求内附，廓尔喀国又主动提出来要将底玛尔宗交给西藏的萨迦呼图克图管辖，清廷或以“不借伊五六十圆银钱用度”，或以廓尔喀已经臣服为由，都划归廓尔喀管辖，表现出不与藩属争地的“天朝风范”；对于作木朗部和哲孟雄请求清廷命令廓尔喀归还所占本部的领土，清廷因廓尔喀“恭顺小心”和反对归还，表示不为藩属划界、不予过问。在宗藩关系前提下，中、越两国统治者处理边界问题的态度迥然不同：作为藩属，越南封建主往往把“事大畏天”的“恭顺”与边界交涉紧密相连，而作为“天朝上国”的君主，清朝皇帝都以“天下共主”自居，其清醒者会把藩属国视为外国，对领土归属颇为关注，不会轻易变动，康熙皇帝处理牛羊三峒之争和乾隆、嘉庆、道光三帝处置六勐交涉时都是如此；有的君主有时会沉溺于“普天之下，莫非王土。率土之滨，莫非王臣”的梦幻，只要藩属“恭顺”，便不顾历史事实随意改变边界，雍正皇帝处理大、小赌咒河之间的领土争端就是如此。

当然，雍正皇帝所为并非毫无依据，后世有人指出雍正六年（1728年）时将大、小赌咒河之间的中国领土划安南，“系守在四夷之义”。[①]“守在四夷”和清前期当时的藩属观念反映了清朝继承了传统的边防战略，主要特点是内、外两圈，内、外结合。在内圈，逐步形成了陆地边疆与海防相结合的体系，在边疆地区派驻大量军队，在东南沿海逐步建成了海疆防御线。外圈是依托周边的藩属国形成的防线，也就是从“天子守在四夷”的传统思想出发，与朝鲜、琉球、越南等周边国家建立、保持着宗藩关系，形成了以朝鲜守东北、琉球守东南、越南守西南的格局。这只是体现了我国古代“辅车相依、唇亡齿寒”的朴素思想，清前期虽然有利于中国与周边邻国的和平相处、有关往来，这种观念具有一定的合理性，但因西方殖民者尚未对中国进行大规模的攻击，周边藩属国并未发挥出多少边疆屏障的作用。而且，由于强调“守在四夷”，当中国与

① 岑毓英等：《请仍以大赌咒河划分滇越界限片》，载《岑襄勤公遗集》奏稿卷6，1897年武昌刻本。

藩属国发生领土争端时，清朝君主往往主张尽可能不与属国计较，或者对具体的划界问题不予重视，或者对属国干预中国边境地区事务、意图侵吞不采取强硬措施，有时甚至还将本属中国的疆土“赐予”藩属，致使边境地区出现管理松弛、辖境内缩，并为19世纪末20世纪初中国与邻国划定边界时出现更多的所谓的有“争议”地区留下隐患。

最后，清朝绘制全国性地图，修纂《大清一统志》《会典》，以官方地图和国内法典、政书的形式，进一步明确了当时具有一定主权国家疆域性质的清朝疆界。

清朝在统一全国性的过程中，清朝统治者就把测绘地图与国家疆域紧密联系起来，康熙、雍正、乾隆时期运用近代制图学的方法，绘制完成《皇舆全览图》《雍正十排图》《乾隆内府舆图》。这“三大实测全图”绘制时十分明确地标明当时中国对领土的主权范围和边疆地区的有效管辖范围，是与清朝对全国的统一和国家疆域的有效管辖密切联系的，尤其是和清朝统一边疆的进程相关。在绘制过程中，内地18省和东北、东南、北部及南部边疆地区的测绘工作比较顺利，而西北边疆和西藏地区的经纬度测量工作难度很大。康熙五十六年至五十七年（1717—1718年）最初的铜版和木版全国图《皇舆全览图》缺少哈密以西、天山南北及西藏的部分，主要因为准噶尔部控制着西北地区，一度侵扰西藏，清朝无法派人到西藏和西北地区进行地理考察和测量经纬度。正是在1717年，康熙皇帝派喇嘛楚儿沁藏布兰木占巴、理藩院主事胜住前往西藏测量，他们因准噶尔部策妄阿喇布坦侵扰西藏而提前回京，传教士根据他们绘制的地图重新审定西藏地图，康熙五十八年（1719年）在《皇舆全览图》中增补了西藏地区的地图。乾隆时期，清朝平定准噶尔部，统一天山南北，乾隆皇帝派测绘人员到西北地区进行实测，因此《乾隆内府舆图》反映的地域比《皇舆全览图》《雍正十排图》更为辽阔。[①] 不仅如此，这“三大实测全图”还反映了中国与邻国边界谈到、勘界的成果，康熙时期《皇舆全览图》基本上是按照《尼布楚条约》来绘制东北地区的地图的，《皇舆全览图》之后陆续绘制的一批涉及东北地区的舆图，基本上依据《尼布楚条约》对中俄边界作了标示。如《雍正十排图》《乾隆十三排图》《大清一统志》《盛京舆图》，及图理琛《异域录》附图、董方立《皇清地理图》、李兆洛《皇朝一统舆地全图》、何秋涛《朔方备乘》等。[②]

《大清一统志》是清朝中央政府继承中国古代编修志书、维护“大一统”的传统而成的官修地理总志。隋代编纂的《区宇图志》是中国第一部官修地理总志，唐代《元和郡县图志》和宋代的《太平寰宇记》《元丰九域志》等使官修志书发展到新的阶段，元代编纂的《大元大一统志》和明代修撰的《大明一统志》都表明“大一统”王朝修纂一统志、维护国家统一的强烈意识。康熙十一年（1672 年），清朝就提出修纂一统志，表明其统一王朝的合法性和“正统地位”。康熙二十四年（1685 年），清朝开设一统志馆，正式启动《大清一统志》编修工作。[③] 雍正、乾隆时期，清朝继续组织修纂一统志，乾隆八年（1743 年）成书，撰成《大清一统志》340 卷；乾隆二十九年（1764 年）续修，四十九年（1784 年）成书，增至 500 卷；嘉庆十六年（1811 年）再次续修，道光二十二年（1842 年）最后成书，全书 560 卷。最后定稿的《大清一统志》所取数据、信息以嘉庆二十五年（1820 年）为截止年份，因此该一统志被称为《嘉庆重修一统志》。道光皇帝对该一统志修成非常

---

① 成崇德：《18 世纪的中国与世界：边疆民族卷》，辽海出版社 1999 年版，第 110—128 页。

② 孙喆：《中国东北边疆的治理》，湖南人民出版社 2015 年版，第 159 页。

③ 李金飞：《清代疆域“大一统”观念的变革——以〈大清一统志〉为中心》，《中国边疆史地研究》2020 年第 2 期。

重视，专门撰写序文，强调“大清之受天命有天下、增式廓而大一统者，于今二百年”，“幅员之广、教化之洽、地理物华之盛、官方名事之详，且备义绳，轩驾以来未之有也”。圣祖康熙皇帝“始命纂修一统志”，世宗雍正皇帝“重加编辑”，高宗乾隆八年“甫获竣事”，后因“天威震叠，开拓西域二万余里，因于四十九年续有成书”，仁宗又“命史馆重修”，现在《大清一统志》“全书告成，沿述至开国之初，增辑至嘉庆二十有五年，为卷五百有六十，非务为繁富以侈，示后嗣也”。他“深知守成之艰不殊于创始”，“愿与内外百执事勉固封守而阜兆民，继自今无疆无休，亦无疆惟恤，续有编录，视此为典型”。①

道光皇帝的序文表明清朝统治者既为“受天命有天下、增式廓而大一统”而充满自豪，又深感“守成之艰不殊于创始”，维护国家统一任务艰巨，《大清一统志》就是昭告天下要以该一统志“为典型”，维护统一，“固封守而阜兆民”。《嘉庆重修一统志》在《凡例》中明确时间、空间范围和编纂规则：在时间上，“旧志原成于乾隆八年，续成于乾隆四十九年，今纂至嘉庆二十五年”；在空间上，首先是京师，“次直隶，次盛京，次江苏、安徽、山西、山东、河南、陕西、甘肃、浙江、江西、湖北、湖南、四川、福建、广东、广西、云南、贵州，次新疆，次蒙古各藩部，次朝贡各国”。这种顺序其实就以京师为中心，明确了嘉庆二十五年（1820年）时中国的疆土范围和对外关系情况，即京师、直隶、盛京和江苏等17个行省属于中国领土，其范围是非常清晰的；新疆和“蒙古各藩部”同样属于中国领土，不同于“朝贡各国”。那么，当时新疆、“蒙古各藩部”和“朝贡各国”的范围是什么？《凡例》中规定：（1）“新疆涵濡圣教，所设安西州、镇西府、迪化州等皆督

① 爱新觉罗·旻宁：《御制大清一统志序》，《嘉庆重修一统志》，道光二十二年（1842年）修成，四部丛刊本，上海书店1984年影印版。

臣所辖，既隶甘肃省；至伊犁之东、西路回部、准部，自伊犁至和阗旧志已有新疆一门；其新疆慕化各藩左右哈萨克等部，次于蒙古各藩部之后者，今悉编附新疆后，以类相从，便携省览”①。查该一统志卷516至卷531可知：“新疆慕化各藩左右哈萨克等部”包括左哈萨克、右哈萨克、东布鲁特、西布鲁特、霍罕、安集延、玛尔噶朗、那木干、拔达克山、博洛尔、布哈尔、爱乌罕、痕都斯坦、巴勒提。（2）“外藩各部”包括“自内扎萨克察哈尔至喀尔喀青海、西藏诸境”；（3）“外域朝贡诸国均照礼部册籍，详考史志诸书甄载”，查《大清一统志》卷550至卷560可知，“外域朝贡诸国”包括朝鲜、琉球、荷兰、西洋、暹罗、越南、俄罗斯、南掌、苏禄、日本、吕宋、缅甸、“暎咭唎”、整欠、葫芦国、马辰、港口、广南、柔佛、彭亨、丁机奴、“喘国”、“啵国”、嘛六甲、宋腒朥、合猫里、美洛居、汶莱、榜葛剌、拂菻、古里、柯枝、锡兰山、西洋琐里、哑齐、南渤利、占城、柬埔寨、噶喇巴、浡泥、麻叶瓮、旧港、法兰西，共42个“朝贡之国”。

《嘉庆重修一统志》记载了42个“朝贡之国”，如果结合《大清会典》等文献中的记载，这些“朝贡之国”并非都是1820年时清朝的“外域朝贡”之国：一是占城等国在1644年以后或已消失，或被其他邻国控制，从来没有向清朝“朝贡”；二是英国、法国、荷兰等实为前来贸易的国家，并非具备定期朝觐、求封—册封等特征的“朝贡之国”。这些记载与《大清会典》《大清会典事例》相比，有的接近，有的则有明显的不同。

《大清会典》《大清会典则例》《大清会典事例》都是清朝中央政府修纂的官修政书，康熙时期开始修纂，雍正、乾隆、嘉庆、光绪各朝叠加修纂，康熙朝《大清会典》成书于康熙二十九年（1690

---

① 《凡例》，《嘉庆重修一统志》，道光二十二年（1842年）修成，四部丛刊本，上海书店1984年影印版。

年），162 卷；雍正朝《大清会典》成书于雍正十一年（1733 年），250 卷；乾隆朝《大清会典》成书于乾隆二十八年（1763 年），100 卷；嘉庆朝《大清会典》成书于嘉庆二十三年（1818 年），80 卷；光绪朝《大清会典》成书于光绪二十五年（1899 年），100 卷。这些《大清会典》前后相继，汇编了清代各机构的执掌、政令、职官、礼仪等制度，汇集了清代的典章制度及相关事例。此外，乾隆二十九年（1764 年）修纂 180 卷的《大清会典则例》，嘉庆时期编修了 920 卷的《大清会典事例》，光绪时期编修了 1220 卷的《大清会典事例》，它们与五部《大清会典》相互补充，集中反映了清代政治制度的演变。其中，《大清会典》及相关"则例""事例"就记载了有关"藩部"和"属国"进京"朝贡"及相关政策、制度，如康熙朝《大清会典》内有《朝贡通例》，强调"国家一统之盛，超迈前古，东西朔南，称藩服、奉朝贡者不可胜数。凡蒙古部落，专设理藩院以统之。他若各番土司，并隶兵部"，礼部的主客清吏司、会同馆负责的朝贡事务包括"进贡之年有期，入朝之人有数，方物有额，颁赏有等"；卷 72《主客清吏司》规定主客清吏司"分掌诸番朝贡接待、给赐之事，简其译伴，申其禁令"，同时"提督会同馆"和管理"官员赏赐及各省土贡"[①]。

雍正朝《大清会典》有关朝贡事务主管机构、职能分工上延续了康熙朝《大清会典》的规范，主客清吏司、理藩院、会同馆、兵部仍分工负责[②]，到乾隆时期则发生重大变化。乾隆朝《大清会典》强调：清朝建立之初"蒙古北部喀尔喀三汗同时纳贡，厥后朔漠荡平，庇我宇下，与漠南诸部落等。承平以来，怀柔益远，北逾瀚海，西绝羌荒，青海、厄鲁特、西藏、准噶尔之地咸入版图"，这些"藩部"的封爵、会盟、朝觐、屯防、游牧、"疆理"、旗制、

---

① 《康熙会典》卷 72，《大清五朝会典》，线装书局 2006 年影印版，第 973 页。
② 《雍正会典》卷 104，《大清五朝会典》，线装书局 2006 年影印版，第 1759 页。

“册诰从品服”、设官、防守、喇嘛、丹舒克等事务“悉如定制”，由理藩院的王会清吏司、典属清吏司等机构专门管理。[①] 因此，乾隆朝《大清会典》明确了“藩部”事务属于内政，与“属国”事务在性质上有明显差异，理藩院统一管理喀尔喀部、青海、厄鲁特部、西藏、准噶尔部及“吐鲁番”等“西北番夷”在内的“藩部”事务，“属国”事务由礼部管理。此后，嘉庆朝、光绪朝《大清会典》延续了乾隆朝《大清会典》规定的制度、体制。

《大清会典》及相关“则例”“事例”还记录边疆部族和“属国”向清朝统治者“朝贡”的“名单”，但各个时期有所不同（参见表2－1）。康熙朝《大清会典》卷72《朝贡一》所列的“朝贡诸番”包括“朝鲜国”“吐鲁番”“琉球国”“荷兰国”“安南国”“暹罗国”“西洋国”[②]，卷73《朝贡二》中列出了“朝贡”的“西番各寺”和“番僧”及其所进“贡物”，包括今天西藏、甘肃、青海、四川等地寺庙，如“乌思藏”的阐化王、大宝法王、灌顶国师、灌顶圆通妙济国师等上层僧侣，洮州、岷州的圆觉寺、大崇教寺等26座“番寺”，河州的弘化寺、报恩寺及庄浪的感恩寺、端严寺等，西宁的瞿昙寺、净觉寺和西纳演教寺等“番寺”，四川金川的金川寺，并列出了他们的贡期和所进献的佛像、珍珠、氆氇等“贡物”。其中，“金川寺在四川威州保县，康熙四年题定，贡期三年一次”，同年批准“金川寺僧坚藏利卜赍缴旧敕、旧印，三年一次进贡，每贡许一百人，起送八人赴京，余皆留边”[③]。雍正朝《大清会典》卷104《主客清吏司》与康熙朝《大清会典》卷72《主客清吏司》的记载相近，但“朝贡一”所列的“朝贡”的“诸番”为“朝鲜国”“琉球国”“荷兰国”“安南国”“暹罗国”“西

① 《乾隆会典》卷79、80，《大清五朝会典》，线装书局2006年影印版，第714—734页。

② 《康熙会典》卷72，《大清五朝会典》，线装书局2006年影印版，第974—982页。

③ 《康熙会典》卷73，《大清五朝会典》，线装书局2006年影印版，第983—989页。

洋诸国”“苏禄国”“吐鲁番”。[①] 与康熙时期相比，雍正时期把“西洋国”改为“西洋诸国”，增加了雍正四年（1726 年）“开始朝贡”的“苏禄国”。

乾隆时期，清朝平定准噶尔部，统一全国，乾隆朝《大清会典》明确了“西北番夷”与喀尔喀部、青海、厄鲁特部、西藏、准噶尔部等“藩部”事务属于中国内政，由理藩院管理，而卷 56《主客清吏司·宾礼·朝贡》开篇就表示：“凡四夷朝贡之国，东曰朝鲜，东南曰琉球、苏禄，南曰安南、暹罗，西南曰西洋、缅甸、南掌”，都“遣陪臣为使，奉表纳贡来朝”，并强调“西北番夷见理藩院”[②]。乾隆朝《大清会典》不再开列内地的“朝贡二”名单，“吐鲁番”已经在“朝贡诸番”中消失，不再像康熙、雍正时期那样与“朝鲜国”“琉球国”等“属国”并列。

嘉庆时期，《大清会典》中的“四裔朝贡之国”比乾隆时期的“四夷朝贡之国”有所增加，包括朝鲜、琉球、越南、南掌、暹罗、苏禄、荷兰、缅甸、西洋，不仅增加“南掌”“荷兰”，而且“西洋诸国”均“在西南海中”，包含 4 个国家：博尔都嘉利亚国，“康熙九年国王阿丰肃始遣陪臣进表入贡”；意大里亚国，“雍正三年国王伯纳第多遣陪臣入贡”；博尔都噶尔国，“雍正五年国王若望始遣陪臣入贡”；嘆咭唎国，“乾隆五十八年遣陪臣入贡”。在“四裔朝贡之国”后，该《会典》强调“余国则通互市”，专门用小字记载“互市诸国”，包括：日本国，“即倭子，在东海中”；港口国，“在西南海中，雍正七年后通市”；柬埔寨国，即古真腊国，“在西南海中，入介越南、暹罗间”，“旁有尹代吗国，距厦门水程一百四十更”；宋腒朥国，“在西南海中，为暹罗属国，雍正七年后通市不绝”；土赤仔、六昆、大呢三国，均在宋腒朥国附近，“雍正七年后通市不绝”，土赤仔东北与宋腒朥相邻，

① 《雍正会典》卷 104，《大清五朝会典》，线装书局 2006 年影印版，第 1759—1777 页。

② 《乾隆会典》卷 56，《大清五朝会典》，线装书局 2006 年影印版，第 484 页。

六昆东与土赤仔相接，而“大呢一名大年，东北与六昆接”；柔佛国，“在西南海中，雍正七年后通市不绝，历海洋达广东界，由虎门入口”，距厦门水程一百八十更；柔佛属国有丁机奴、单咀、彭亨三国，丁机奴“达广东界计程九千里，单口旦距厦门水程一百三十更，彭亨与柔佛相连”；亚齐国，在西南海中，相传旧为苏门答腊国；吕宋国，“居南海中，在台湾凤山沙马崎东南，至厦门水程七十二更”，明代“为佛郎机所并，仍其国名，康熙五十六年奉谕禁止南洋贸易，雍正五年后通市如故”；莽均达老国，在东南海中，“雍正七年后通市不绝，距厦门水程一百五十更”；噶喇吧国，本为“爪哇故土，为荷兰兼并，仍其国名，在南海中，雍正五年后通市不绝，距厦门水程二百八十更”；干丝腊国，“在西北海中，与暎咭唎国相近”；法兰西国，“一曰弗朗西，即明之佛郎机，在西南海中，并吕宋后分其众居之，仍遥制于法兰西；又其国人自明季入居香山之澳门，国朝仍之，每岁令输地租银，惟禁其人入省会，由其国至中国水程五万余里”；喘国，“在西北海中，计程六万余里达广东，雍正十年后通市”；嗹国，在西北海中，“入广东程途与喘国同，自雍正年间来广东通市后，岁以为常”①。

嘉庆朝《大清会典》较为清晰地记载当时中国与各国的关系及各国情况，一方面当时世界各国中既有 13 个“朝贡”的“四裔”，又有 20 个与中国“通互市”的国家。“四裔朝贡之国”各有特点，既有朝鲜、琉球、越南、暹罗、苏禄、缅甸 6 个，又增加“南掌”“荷兰”2 个“朝贡国”，还对“西南海中”来华朝贡的 4 个“西洋”国家有了更为详细的记述；另一方面，当时清朝已经注意欧洲在东南亚地区的殖民侵略活动，比如噶喇吧国为“爪哇故土，为荷兰兼并，仍其国名”，吕宋国“在台湾凤山沙马崎东南”，明代“为佛郎机所并，仍其国名”。同时，我们必须注意的是，这些记载

① 《嘉庆会典》卷 31，《大清五朝会典》，线装书局 2006 年影印版，第 345—346 页。

有一定的偏差，一是观念的偏差带来的失实，清朝统治者把英国派马戈尔尼来华视为“遣陪臣入贡”，把欧美商人、殖民者视为类似于朝鲜、琉球、越南的“四裔朝贡”国家，于是荷兰、博尔都嘉利亚国、意大里亚国、博尔都噶尔国、嘆咭唎国都未纳入“互市诸国”，而被视为同朝鲜、琉球、越南一样“朝贡”的“四裔”。二是世界各国地理、历史、文化知识不足引起的讹误，比如认为“法兰西国”又名“弗朗西”，就是“明之佛郎机”——葡萄牙人，“其国人自明季入居香山之澳门，国朝仍之，每岁令输地租银，惟禁其人入省会”。

表2-1　《大清会典》记载“朝贡”部族、国家及相关制度信息

时期	主管机构	朝贡制度	“朝贡”部族、国家“朝贡二”名单	资料来源	备注
康熙朝	礼部：主客清吏司、会同馆；理藩院；兵部	主客清吏司：“诸番朝贡接待、给赐之事”，提督会同馆，管理官员赏赐及各省土贡；主客清吏司、会同馆：负责“进贡之期，从人之数，方物之额，颁赏之等”；理藩院：统管蒙古部落事务；兵部：管理“各番土司”事务	“朝贡一”名单：朝鲜国、琉球国、荷兰国、安南国、暹罗国、西洋国、吐鲁番；“朝贡二”名单：“西番各寺”和“番僧”，包括今西藏、甘肃、青海、四川等地寺庙，如“乌思藏”的阐化王、大宝法王、灌顶国师、灌顶圆通妙济国师等僧侣，洮州、岷州的圆觉寺、大崇教寺等26座“番寺”，河州的弘化寺、报恩寺及庄浪的感恩寺、端严寺等，西宁的瞿昙寺、净觉寺、西纳演教寺，四川金川寺	康熙朝《大清会典》，康熙二十九年（1690年）成书	

续表

时期	主管机构	朝贡制度	“朝贡”部族、国家“朝贡二”名单	资料来源	备注
雍正朝	礼部：主客清吏司、会同馆；理藩院；兵部	主客清吏司：“诸番朝贡接待、给赐之事”，提督会同馆，管理官员赏赐及各省土贡；主客清吏司、会同馆：负责“进贡之期，从人之数，方物之额，颁赏之等”；理藩院：统管蒙古部落事务；兵部：管理“各番土司”事务	“朝贡一”名单：朝鲜国、琉球国、荷兰国、安南国、暹罗国、西洋诸国、苏禄国、吐鲁番；“朝贡二”名单：“西番各寺”，包括今天西藏、甘肃、青海、四川等地寺庙和“番僧”，如“乌思藏”阐化王、大宝法王、灌顶国师、灌顶圆通妙济国师等僧侣；“陕西边地番寺”：圆觉寺、感恩寺、瞿昙寺、净觉寺和西纳演教寺等近50所“番寺”；“四川边地番寺”：金川寺	雍正朝《大清会典》，雍正十一年（1733年）成书	（1）康熙时期的“西洋国”改为“西洋诸国”；（2）苏禄国：雍正四年（1726年）开始朝贡
乾隆朝	礼部：主客清吏司、会同馆；理藩院；兵部	主客清吏司、会同馆：负责“属国”朝贡等事务；理藩院：统一管理喀尔喀部、青海、厄鲁特部、西藏、准噶尔部等“藩部”事务；兵部：管理“各番土司”	“四夷朝贡之国”：朝鲜、琉球、苏禄、安南、暹罗、西洋、缅甸、南掌	乾隆朝《大清会典》，乾隆二十八年（1763年）成书	（1）明确“藩部”事务为内政，由理藩院管理；（2）不再开列内地的“朝贡二”名单

续表

时期	主管机构	朝贡制度	“朝贡”部族、国家“朝贡二”名单	资料来源	备注
嘉庆朝	同乾隆朝	同乾隆朝	“四裔朝贡之国”：朝鲜、琉球、越南、南掌、暹罗、苏禄、荷兰、缅甸、西洋（西洋诸国，即博尔都嘉利亚国、意大里亚国、博尔都噶尔国、咲咭唎国）； “互市诸国”：日本国、港口国、柬埔寨国、尹代吗国，宋腒朥国、土赤仔、六昆、大呢，柔佛国、丁机奴、单咀、彭亨，亚齐国、吕宋国、莽均达老国、噶喇吧国、法兰西国、干丝腊国、咥国、喘国	嘉庆朝《大清会典》，嘉庆二十三年（1818年）成书	（1）安南在1802年更名为“越南”； （2）南掌、荷兰为新增加的“朝贡国”； （3）宋腒朥国为暹罗属国，丁机奴、单咀、彭亨为柔佛国属国； （4）噶喇吧国为爪哇故土，被荷兰兼并
光绪朝	同乾隆朝	同乾隆朝	“四裔朝贡之国”：朝鲜、琉球、越南、南掌、暹罗、苏禄、缅甸；“余国则通互市”	光绪朝《大清会典》，光绪二十五年（1899年）成书	

注：本表根据康熙、雍正、乾隆、嘉庆、光绪五朝《大清会典》编制，主要依据《大清五朝会典》（线装书局2006年影印版）。

第二节　清后期中国疆域的变迁及影响

清后期，即道光元年（1821年）至宣统三年（1911年），欧美各国资本主义迅猛发展，加紧殖民扩张的步伐，19世纪70年代起英国、法国、美国、俄国、德国、日本等列强进入帝国主义阶段，掀起瓜分世界的狂潮。正是在列强对外扩张、瓜分世界的形势下，积贫积弱的中国成为列强侵略、瓜分的对象，“天朝上国”面临着亡国灭种的民族危机，逐步沦为半殖民地半封建社会，大片国土被列强蚕食鲸吞，中国疆域严重萎缩。

一　清后期中国局势与世界格局

清朝在经历“康雍乾盛世”的辉煌之后，18 世纪下半叶走上衰败的道路，吏治腐败，武备废弛，社会矛盾日趋尖锐，18 世纪末到 19 世纪初农民的反抗斗争连续不绝。19 世纪初期，清朝统治下的中国封建社会日益走向衰败，思想家、文学家龚自珍认为当时的社会已经到了“日之将夕，悲风骤至”的“衰世”。恰在清朝国势日益衰微之际，欧美资本主义的发展非常迅速，英国、法国、俄国、美国等列强正进行疯狂的殖民扩张，古老的中国面临着空前的挑战和危机。[①] 1840 年，英国发动鸦片战争，1842 年中英签订《南京条约》，中国被迫对英赔款、通商、割让香港岛。英国以坚船利炮打开了中国大门，此后 30 年间英国、法国、美国、俄国等国或发动战争，或以武力威胁，迫使中国签订一系列不平等条约，中国一再地割地、赔款、开埠通商，半殖民地半封建社会化的程度日益加深。

19 世纪 70 年代，欧美主要资本主义国家和日本陆续进入帝国主义阶段，掀起瓜分世界的浪潮，将亚洲、非洲、拉美和大洋洲纳入资本主义世界经济的体系。19 世纪中叶以后，西方国家开始的新技术革命和第二次工业革命引起资本主义工业生产力和物质财富的巨大增长，造成生产与资本的高度集中，导致垄断组织和金融资

---

① 李侃、李时岳、李德征、杨策、龚书铎：《中国近代史》（第四版），中华书局 1994 年版，第 1—8 页。

本统治的确立。19 世纪末 20 世纪初，英国、法国、美国、意大利、俄国、德国、日本等主要资本主义国家，“都已完成了向以垄断为特征的帝国主义阶段的过渡，亚洲、非洲、拉美和大洋洲也都被纳入了资本主义世界经济的网络”。为掠夺世界领土、输出资本和扩大国际贸易，帝国主义列强展开了瓜分世界和争夺霸权的斗争，这也成为这一时期国际关系的主题。①

随着列强对世界的瓜分，亚洲、非洲和大洋洲的弱小国家和族部成为列强争夺的目标，世界格局发生重大的变化，各国的版图也出现重大变动，最主要的特点是亚洲、非洲、大洋洲成为列强的殖民地和半殖民地，这些地区的独立国家明显减少。到 20 世纪初期，英、法、德、意、美、日等国几乎将亚洲、非洲和大洋洲地区瓜分完毕，它们的势力范围、殖民地、保护国等遍布世界，仅有为数不多的国家，如中国、暹罗（今泰国）、利比里亚、埃塞俄比亚还能保持形式上的独立，往往又受到列强或某一大国的控制。

19 世纪末 20 世纪初，亚洲各国和大洋洲各岛屿始终是欧美列强争夺的重点，日本崛起后加入瓜分的行列。在亚洲中部、南部，19 世纪中叶在俄国侵吞布哈拉、浩罕、希瓦三个汗国和土库曼地区、强占中国西北大片领土时，英国以印度为基地向周边扩张，1876 年占领俾路支，1878—1879 年阿富汗沦为其附属国，同时逐步控制了不丹、锡金、尼泊尔、马尔代夫等南亚小国。为控制阿富汗，俄、英争夺激烈，1907 年俄国在《英俄协定》中才承认阿富汗不属于“俄国势力范围”，事实上认可英国对它的控制。在争夺中亚时，英、俄又都把魔爪伸向中国西部的新疆、西藏，19 世纪末它们私分本属于中国的帕米尔地区，1907 年在协定中表示不干涉中国西藏的内政、尊重其“领土完整”，“只通过中国政府作中介

① 王绳祖主编：《国际关系史》（三），世界知识出版社 1995 年版，本卷前言。

同西藏进行交涉”[①]。

对于中国和亚洲东部及大洋洲地区，英、法、意、俄、德、美等国与19世纪末崛起的日本都加入争夺。中国从1840年起就遭到西方的侵略，特别是俄国在19世纪中叶强占了西北、东北大片领土，日本又在1895年割占台湾和澎湖列岛，使中国的边疆危机不断加深。19世纪末，列强又掀起瓜分中国的狂潮，划分各自在中国势力范围，强迫中国租借沿海战略要地，以租借为名，行控制、瓜分中国海疆之实。1905年，日、俄战争结束，中国东北出现了日本控制南部、俄国控制北部的局面。1912年前后，英、俄、日等国又企图乘辛亥革命之机分裂中国领土，特别是日本对东北、英国对西藏的侵略，俄国控制外蒙古、侵吞唐努乌梁海，使中国边疆形势极为危急。琉球王国在19世纪中叶即被日本吞并，朝鲜则就受到日、俄等国侵略，1895年沦为日本的殖民地，1910年后又被日本“合并”。

在东南亚地区，19世纪末英、法等国的侵略、争夺加剧，法国在1885年把整个越南沦为它的殖民地，1887年建立了由越南、柬埔寨组成的“印度支那联邦”，1889年又把老挝变为殖民地。此时，英国已经侵吞了缅甸，法、英冲突加剧，双方从东、西两面把矛头指向暹罗，到1896年双方达成妥协，在伦敦签订《关于暹罗等地的宣言》，同意维持暹罗的“独立”，作为双方殖民地之间的缓冲国，并划定了在中南半岛的势力范围。[②] 两国虽然表示维持暹罗的“独立”，但法国并未停止对暹罗领土的掠夺，到1907年时法国已经从暹罗夺取了96000平方英里的领土。[③] 此外，英国把马来半岛的霹雳、雪兰莪、森美兰和彭亨四个邦置于保护之下，又强迫

---

① 《国际条约集》（1872—1916），世界知识出版社1986年版，第316—321页。

② 《国际条约集》（1872—1916），世界知识出版社1986年版，第145—147页。

③ ［美］约翰·F. 卡迪：《东南亚历史发展》，姚楠、马宁译，上海译文出版社1988年版，第538—541页。

暹罗同意将吉打、玻璃市、吉兰丹和丁加奴等归其保护，称为英属马来联邦和马来属邦；还控制了柔佛，从而把马来半岛南部变为它的殖民地。美、德等国加紧瓜分东南亚和大洋洲的各岛屿，1898 年美国侵吞夏威夷群岛，又在美西战争中从西班牙夺取的关岛、菲律宾群岛。1899 年，美国占领太平洋的库克岛，美、德两国签订条约瓜分了萨摩亚群岛。①

19 世纪中叶起，中国在资本主义发展到帝国主义时代的重要时期，面对列强对外扩张、瓜分世界的严峻挑战，被动地卷入“全球性国际关系体系”。正是这种特殊的背景下，清朝经历了道光、咸丰、同治、光绪、宣统五朝，积贫积弱的“天朝上国”遭到列强持续的侵略、蹂躏、瓜分，中国多次被迫割地、赔款，逐步沦为半殖民地半封建社会。

二　中国疆域被“蚕食鲸吞”

19 世纪中期以后，英、俄、法、日等列强侵略中国，“蚕食鲸吞”中国领土，中国疆域大大萎缩。列强侵占中国领土大致可以分为三种类型：强占和强租；通过武力威胁和不平等条约强占；纳入其殖民地和“保护国”境内。

（一）列强强占、强租中国沿海地区

英国侵占香港，葡萄牙控制澳门，19 世纪末期列强还强租、强占中国的广州湾、胶州湾和旅顺口、大连湾等地。

香港地区 1095 平方公里，英国侵占该地区，前后近 50 年，大致经历三个阶段②：鸦片战争后，1842 年中英签订《南京条约》，其中规定“因大英商船远路涉洋，往往有损坏须修补者，自应给予

---

① 参见于沛、孙宏年、章永俊、董欣洁《全球化境遇中的西方边疆理论研究》，中国社会科学出版社 2008 年版，第 60—68 页。

② 吕一燃主编：《中国近代边界史》，四川人民出版社 2007 年版，第 987—1036 页。

沿海一处，以便修船及存守所用物料”，中国“大皇帝准将香港一岛给予大英国君主暨嗣后世袭主位者常远据守主掌，任便立法治理”①。正是在中国皇帝拨“沿海一处”、供英国“修船及存守所用物料”的“温和言辞”之下，中国被迫向英国割让香港岛。英国对此并不满足，咸丰六年（1856 年）英军进犯广州，次年英法联军发动第二次鸦片战争，十年（1860 年）中英《北京条约》签订，中国被迫割让九龙半岛南端和昂船洲。② 英、法等列强掀起瓜分中国的狂潮，1898 年 6 月 9 日中英签订《展拓香港界址专条》，规定英国“租借”新界陆地和附近岛屿租期 99 年。③

葡萄牙殖民者在 1557 年通过贿赂中国官员居留于珠江口的澳门，1572 年起向中国政府缴纳地租，长期定居、通商。清朝建立后逐步加强对澳门的管理，雍正三年（1725 年）两广总督孔毓珣制定了管理澳门葡萄牙船只的条例，乾隆十四年（1749 年）香山县与澳门海防同知共同制定《管理澳门条例》，直至 19 世纪 40 年代中国政府在行政、司法、军事、财政等方面对澳门进行全面而有效的管辖。鸦片战争后，英、法、美等国武力迫使中国签订不平等条约，葡萄牙认为清政府腐败无能、有机可乘，道光二十三年（1843 年）向清朝钦差大臣耆英提出九条要求，包括要求中国变相承认澳门地区“属于葡萄牙人的土地”，对所有国家来澳门贸易不加限制等。二十四年（1844 年），道光皇帝谕令驳回这些无理要求。但是二十五年（1845 年）葡萄牙置中国领土主权于不顾，蛮横地向所有国家宣布澳门为“自由贸易港”，视同为葡萄牙的“海外领土”。

---

① 中英《南京条约》即《江宁条约》，载王铁崖编《中外旧约章汇编》第 1 册，生活 · 读书 · 新知三联书店 1957 年版，第 30—33 页。

② 中英《北京条约》即《续增条约》，载王铁崖编《中外旧约章汇编》第 1 册，生活 · 读书 · 新知三联书店 1957 年版，第 144—146 页。

③ 《展拓香港界址专条》，载王铁崖编《中外旧约章汇编》第 1 册，生活 · 读书 · 新知三联书店 1957 年版，第 769—770 页。

二十六年（1846 年）葡萄牙任命的澳门总督亚马勒宣布对澳门居民征收地租、人头税和不动产税。二十九年（1849 年）起葡萄牙殖民者拒绝向中国缴纳澳门地租，在行政上不承认中国官员对澳门的管辖。此后，尽管中国广东地方政府多次反对，但是葡萄牙殖民当局事实上强占了澳门。光绪十二年（1886 年），中国海关总税务司赫德派金登干与葡萄牙谈判洋药（鸦片）征税问题。金登干到葡萄牙之后，1887 年 3 月 26 日在里斯本与葡萄牙外交部长巴罗果美签订《会议草约》，即中葡《里斯本草约》，其中规定“中国坚准，葡国永驻、管理澳门以及属澳之地，与葡国治理他处无异”，“葡国坚允，若未经中国首肯，则葡国永不得将澳地让与他国”[①]。这无异于承认澳门沦为葡萄牙殖民地，严重损害中国主权，中国朝野上下得知后强烈反对，香山县乡坤、生员等联名上书，两广总督张之洞、广东巡抚吴大澂上奏清廷，坚决反对这一条约。但是，北洋大臣李鸿章和总理事务衙门同意《里斯本草约》，同年 12 月 1 日中葡两国在北京签订《和好通商条约》，其中第二款表示《里斯本草约》中葡萄牙“永驻、管理澳门”，“大清国仍允无异”；“现经商定，俟两国派员妥为会订界址，再行特立专约”[②]。光绪十三年（1887 年）后，葡萄牙殖民当局加紧侵占澳门附近地域、海域，光绪二十七年（1901 年）后与中国谈判澳门界址。宣统元年（1909 年）谈判破裂，宣统二年（1910 年）葡萄牙殖民者制造了“路环岛惨案”，完成对澳门半岛、氹仔岛和路环岛的全部占领。[③]

中国沿海地区在甲午战争之后遭到列强的大规模瓜分、争夺，列强以“租借”之名，强占港湾，并划分在华势力范围。

---

① 《里斯本草约》即《会议草约》，载王铁崖编《中外旧约章汇编》第 1 册，生活 · 读书 · 新知三联书店 1957 年版，第 505—506 页。

② 《和好通商条约》，载王铁崖编《中外旧约章汇编》第 1 册，生活 · 读书 · 新知三联书店 1957 年版，第 522—530 页。

③ 吕一燃主编：《中国近代边界史》，四川人民出版社 2007 年版，第 899—971 页。

德国强租胶州湾，把山东视为其“势力范围”。1898 年 3 月 6 日，德国强迫清政府订立《胶澳租界条约》，规定中国将胶州湾“租与德国，先以九十九年为限”，“所租之地，租期未完，中国不得治理，均归德国管辖”；德国在山东境内修筑铁路，铁路两旁 30 华里以内的矿产，德商有权开采；山东境内任何事业，如果需用外人、外资和外国器材时，德国有优先承办权。①

俄国强租旅顺口、大连湾，把东北全境视为其“势力范围”。1898 年 3 月 27 日，俄国强迫清政府订立《旅大租地条约》，5 月 7 日订立《续订旅大租地条约》，规定“为保全俄国水师在中国北方海岸得有足为可恃之地，大清国皇帝允将旅顺口、大连湾暨附近水面租与俄国”，租期“定二十五年为限”，期满后“由两国相商展限”；租借地以北设一个“中立区”，该地区行政权由中国官吏主持，但界内的矿山和其他工商权利等不得让与他国。②

英国租借“新界”，“展拓香港界址”，又强租威海卫，在中国京津门户之地获得军事的优势地位。1898 年 7 月 1 日，英国强迫清政府订立《订租威海卫专条》，规定“中国政府将山东省之威海卫及附近之海面租与英国政府，以为英国在华北得有水师合宜之处”，并“保护英商在北洋之贸易”；租借地方为刘公岛和“在威海湾之群岛，及威海全湾沿岸以内之十英里地方”；租期与“俄国驻守旅顺之期相同”③。

法国强租广州湾，把云南、广西、广东三省视为其“势力范围”。1898 年 4 月，法国驻华公使照会清政府总理事务衙门，要求

---

① 《和好通商条约》，载王铁崖编《中外旧约章汇编》第 1 册，生活 · 读书 · 新知三联书店 1957 年版，第 738—740 页。

② 《旅大租地条约》《续订旅大租地条约》，载王铁崖编《中外旧约章汇编》第 1 册，生活 · 读书 · 新知三联书店 1957 年版，第 741—755 页。

③ 《订租威海卫专条》，载王铁崖编《中外旧约章汇编》第 1 册，生活 · 读书 · 新知三联书店 1957 年版，第 782—783 页。

中国与越南邻近的省份“无论永暂，无论租借或以其他名义，均不将各该省地方全部或一部让与他国”，中国将广州湾“租与法国”，租期99年，允许法国修筑滇越铁路，总理事务衙门回复同意。[①] 1899年11月16日，法国又强迫清政府订立《广州湾租界条约》，明确法国租借广州湾及附近的水面的范围，包括“东海全岛”和“硇州全岛”及“赤坎、志满、新墟归入租界”，租期99年内“所租之地，全归法国一国管辖”[②]。

日本在厦门设立租界，把福建视为其“势力范围”。1896年10月19日，日本驻华公使就与清政府总理事务衙门订立《公立文凭》，规定中国政府允许日本在上海、天津、厦门、汉口等处设立“日本专管租界”。1899年10月25日，日本强迫清政府订立《厦门日本专管租界条款》，规定中国“允许日本在厦门设立专管租界”，租界面积“约计四万坪”，租界内“所有马路、警察之权，以及界内诸般行政之权，皆由日本政府管理”。[③]

（二）邻国以武力威慑、武装入侵和不平等条约的方式，强占中国领土

俄国、日本就是典型。19世纪50年代起，俄国利用中国内忧外患的机会，侵吞中国东北、西北边疆地区150多万平方公里的领土。在东北边疆，俄国利用英、法发动第二次鸦片战争之机，派军侵占中国黑龙江流域大片国土，1858年迫使黑龙江将军奕山进行边界谈判，签订《瑷珲条约》。该条约规定是：“黑龙江、松花江右岸，由额尔古纳河至松花江海口，作为俄罗斯所属之地；右岸顺江

---

① 《越南邻省不割让来往照会》《滇越路及广州湾等事来往照会》，载王铁崖编《中外旧约章汇编》第1册，生活·读书·新知三联书店1957年版，第743—745页。

② 《广州湾租界条约》，载王铁崖编《中外旧约章汇编》第1册，生活·读书·新知三联书店1957年版，第929—931页。

③ 《公立文凭》《厦门日本专管租界条款》，载王铁崖编《中外旧约章汇编》第1册，生活·读书·新知三联书店1957年版，第685—686、925—927页。

流至乌苏里河，作为大清国所属之地；由乌苏里河往彼至海所有之地，此地如同接连两国交界明定之地方，作为两国共管之地。由黑龙江、松花江、乌苏里河，此后只准中国、俄国行船，各别外国船只不准由此江河行走。黑龙江左岸，由精奇里江以南至豁尔莫勒津屯，原住之满洲人等，照旧准其各在所住屯中永远居住，仍着满洲国大臣官员管理，俄罗斯人等和好，不得侵犯。”[①] 这就把黑龙江以北、外兴安岭以南的60万平方公里土地完全割让与俄国，还将乌苏里江以东，包括库页岛在内的黑龙江下游以南40万平方公里土地划为中俄共管区域。清政府并未批准该条约，还下令处分擅自签约的奕山。

1860年，俄国利用英法联军攻占北京之机，迫使清政府签订中俄《北京条约》。《北京条约》规定，中国不仅接受《瑷珲条约》中边界的内容，而且中国把乌苏里江至图们江以东地区全部划归俄国，具体条款如下：

> 此后两国东界，定为有什勒喀、额尔古纳两河会处，即顺黑龙江下游至该江、乌苏里河会处，其北边地，属俄罗斯国；其南边地至乌苏里河口所有地方，属中国。自乌苏里河口而南，上至兴凯湖，两国以乌苏里及松阿察二河作为交界，其二河东之地，属俄罗斯国；二河西，属中国。自松阿察河之源，两国交界逾兴凯湖直至白稜河，自白稜河口，顺山岭至瑚布图河口，再由瑚布图河口，顺珲春河及海中间之岭，至图们江口。其东皆属俄罗斯国，其西皆属中国。两国交界与图们江之会处及该江口，相距不过二十里。且遵《天津条约》第九条议定，绘画地图，内以红色分为交界之地，上写俄罗斯国阿、

---

① 《瑷珲条约》又称《瑷珲城和约》，载王铁崖编《中外旧约章汇编》第1册，生活·读书·新知三联书店1957年版，第85—86页。

巴、瓦、噶、达、耶、热、皆、伊、亦、喀、拉、玛、那、倭、怕、啦、萨、土、乌等字头，以便易详阅。其地图上，必须两国钦差大臣画押钤印为据。上所言者，乃空旷之地。遇有中国人住之处及中国人所占渔猎之地，俄国均不得占，仍准中国人照常渔猎。从立界碑之后，永无更改，并不侵占附近及他处之地。[①]

《北京条约》签订后，中俄约定共同进行实地勘界，1861 年 6 月 28 日双方勘界代表——中方为仓场侍郎成琦、吉林将军景淳，俄国代表为卡扎凯维奇等人——订立《勘分东界约记》，互换两国交界地图。这次勘分东界，中、俄自乌苏里江口至图们江，设立了 8 块界碑，即“耶”（E）字、“亦”（И）字、“喀”（K）字、“拉”（Л）字、“那”（H）字、“倭”（O）字、“怕”（П）字和“土”（T）字界牌。[②] 这次勘界以后，中国失去东北地区 100 多万平方公里的领土，而且由于俄国的明占潜侵，末尾一块界牌被俄方强行立在距图们江口二十二俄里（而不是规定的 20 华里）的地方，使中国失掉了图们江出海口。

1883 年，俄国侵犯者又越过土（T）字界牌，将图们江东岸滨江百余里侵占，并在中国领域黑顶子地方设置了俄军哨卡。俄国的一系列进犯行动，引起了清廷的注意。1885 年，光绪皇帝派北洋事宜大臣吴大澂会同珲春副都统依克唐阿前往办理。次年，吴大澂自天津抵达珲春。两方在岩杵河正式开始洽谈。通过激烈的争辩，两方达成协议：将黑顶子退还中国；土（T）字界牌移至距图们江 30 里处，即沙草峰以南越岭而下之平冈尽处；补立“玛”字界碑于

① 中俄《北京条约》又称“《北京续增条约》”，载王铁崖编《中外旧约章汇编》第 1 册，生活·读书·新知三联书店 1957 年版，第 149—154 页。

② 《勘分东界约记》，载王铁崖编《中外旧约章汇编》第 1 册，生活·读书·新知三联书店 1957 年版，第 160—163 页。

“拉”字界碑西南大树岗子中俄交界处。在“土”（T）字与“怕”（П）字界碑之间增设“啦”字界碑，于阿吉密往来之路增设“萨”字界碑；宁古塔境内倭字、那字界碑有被挪动的痕迹，与以往所定条约不符，此次予以纠正。

《北京条约》签订后，中国丧失了图们江出海口。吴大澂据理力争，认为图们江海口应作为两国公共出海口，他指出：“图们江‘土’字界牌以南至海口三十里虽属俄国辖境，惟江东为俄境，江西为朝鲜界，江水正流全在中国境内，中国如有船只出入海口，非俄国一国所能阻拦”。俄方被迫同意，俄国乌苏里廓米萨尔照会珲春副都统，称：“接准东海滨省固毕尔那托尔札文，内开：饬令本属各官，如有中国船只由图们江口出入者，并不可拦阻等因，札饬前来。将此照会贵副都统，愿此事我两国和好益敦可也。”① 自此，中国争回图们江出海之权。但是，到1900年，俄国派兵强占了黑龙江边的中国领土江东六十四屯，东北边疆领土又被俄国蚕食。

在西北地区，俄国自1864年起通过一系列不平等条约，逐步侵吞了中国50多万平方公里的国土。1864年3月8日，俄国迫使清政府签订《勘分西北界约记》，该《勘分西北界约记》② 又称《塔城和约》《塔城界约》，俄文本称为《划分中俄边界的塔城议定书》，共10条，其中第一、第二、第三条按照俄国意图规定了中国西部从沙滨达巴哈到葱岭与俄国的分界线，把这条界线以西的大片中国领土割给俄国。

中俄《勘分西北界约记》第一条规定：

> 沙滨达巴哈界牌起，先往西，后往南，顺萨彦山岭，至唐

① 《珲春东界约》，载王铁崖编《中外旧约章汇编》第1册，生活·读书·新知三联书店1957年版，第488—498页。

② 《勘分西北界约记》，载王铁崖编《中外旧约章汇编》第1册，生活·读书·新知三联书店1957年版，第215—218页。

努鄂拉达巴哈西边末处，转往西南，顺赛留格木山岭，至奎屯鄂拉，即往西行，顺大阿勒台山岭；至斋桑淖尔北面之海留图两河中间之山，转往西南，顺此山直至斋桑淖尔北边之察奇勒莫斯鄂拉；即转往东南，沿淖尔，顺喀喇额尔齐斯河岸，至玛呢图噶图勒干卡伦为界。此间分别两国交界，即以水流为凭：向东、向南水流之处，为中国地；向西、向北水流之处，为俄国地。

由于这条规定，中国乌里雅苏台将军所属唐努乌梁海和科布多地区，原由沙滨达巴哈过阿穆哈河与察罕米尔河汇流处，经阿勒坦河与哈屯河汇流处和白河，到铿格尔图喇的中俄边界线，被迫向东南推移到西萨彦岭、唐努山、赛留格木岭、奎屯山到斋桑湖和喀喇额尔齐斯河下游的玛呢图噶图勒干卡伦一线。原属中国的阿穆哈河、阿勒坦河、哈屯河、察拉斯河、布克图尔玛河、那林河、科尔沁河流域和阿勒坦淖尔以及斋桑湖的绝大部分，都被划入俄境。在这一地区居住的乌里雅苏台将军所属乌梁海十佐领，科布多参赞大臣所属阿勒坦淖尔乌梁海两旗和哈萨克各部落，也都被俄国吞并。

中俄《勘分西北界约记》第二条规定：

自玛呢图噶图勒干卡伦起，往东南行，至赛里鄂拉；先往西南，后往西行，顺塔尔巴哈台山岭；至哈木尔达巴哈，即转往西南，顺库木尔齐、哈喇布拉克、巴克图、苇塘子、玛呢图、沙喇布拉克、察汗托霍依、额尔格图、巴尔鲁克、莫多巴尔鲁克等处卡伦之路；至巴尔鲁克、阿拉套两山岭中间，由平地行，即在哈布塔盖、阿噜沁达兰两卡伦中间，择山坡定界，自此至阿勒坦特布什山岭东边末处为界。此间分别两国交界，即以水流为凭：向东、向南水流之处，为中国地；向西、向北水流之处，为俄国地。

由于这条规定，中国塔尔巴哈台地区原由铿格尔图喇过额尔齐斯河，经喀尔满岭、爱古斯河，到巴尔喀什湖的中国边界线，被向东南推移到赛里山、塔尔巴哈台山和巴克图、莫多巴尔鲁克以至阿噜沁达兰卡伦一线。原属中国的布昆河、楚克里克河、爱古斯河、布古什河和阿拉克湖流域都被划入俄国境内，这一地区游牧的中国哈萨克各部落被俄国吞并。

中俄《勘分西北界约记》第三条规定：

> 自阿勒坦特布什山岭东边末处起，依阿拉套大岭往西，顺阿勒坦特布什、索达巴哈、库克托木、罕喀尔察盖等山顶。向北水流之处，为俄国地；向南水流之处，为中国地。至向东水流之萨尔巴克图河，向西流水之库克鄂罗木河，向南流水之奎屯河源之匡果罗鄂博山，即转往南。向西流水之库克鄂罗木等河之处，为俄国地；向东流水之萨尔巴克图等河之处，为中国地。自此由奎屯河西边之奎塔斯山顶，行至图尔根河水从山内向南流出之处，即顺图尔根河，依博罗胡吉尔、奎屯、齐齐干、霍尔果斯等处卡伦，至伊犁河之齐钦卡伦。过伊犁河，往西南行，至春济卡伦，转往东南，至特穆尔里克河源。转东，由特穆尔里克（即南山也）山顶行，围绕哈萨克、布鲁特游牧之地，至格根河源，即转往西南。格根等向西流水之处，为俄国地；温都布拉克等向东流水之处，为中国地。自此往西南，由喀喇套山顶行，至毕尔巴什山，即顺向南流水之达喇图河，至特克斯河。过特克斯河，顺那林哈勒哈河，靠天山岭为界。自此往西南，分析回子部落、布鲁特部落住牧之处，由特穆尔图淖尔南边之罕腾格尔、萨瓦巴齐、贡古鲁克、喀克善等山，

统曰天山之顶，行至葱岭，靠浩罕界为界。

由于这条规定，中国新疆伊犁以西和西北、西南地区，原自巴尔喀什湖北岸至吹河、塔拉斯河西端，经喀喇布拉岭、过那林河至图古斯塔老的中国边界，被向东推移至阿拉套山、匡果罗鄂博山、图尔根河、伊犁河岸的齐钦卡伦、伊犁河南的春济卡伦至特穆尔里克山至天山正脊一线。此线以西原来属于中国的勒布什河、库克乌苏河、伊犁河中下游，吹河、塔拉斯河、那林河上游广大地区和巴尔喀什湖、特穆尔图淖尔等都被划入俄国境内。在这一地区，中国伊犁将军、喀什噶尔参赞大臣所辖的哈萨克和柯尔克孜各部落都被俄国侵吞。

根据《中俄勘分西北界约记》第六条的规定，1865 年起中俄两国派员勘界，设立界牌、界标，1869 年、1870 年签订了三个子界约——《科布多界约》《乌里雅苏台界约》《塔尔巴哈台界约》。通过《勘分西北界约记》，俄国割占了中国西部北起萨彦岭，南到葱岭，西自爱古斯河、巴尔喀什湖、塔拉斯河，东近伊犁和塔尔巴哈台之间的总面积达 44 万平方公里的领土。[①]

正是在 1864 年，浩罕派军官阿古柏侵入新疆，次年建立“哲德沙尔汗国”，俄国不仅支持阿古柏伪政权，而且在 1871 年派军侵占伊犁地区。1877 年，左宗棠率军西征，平定阿古柏伪政权，收复伊犁以外的新疆全境。1878 年，清朝派崇厚出使俄国，交涉收回伊犁，他竟然擅自签订《里瓦几亚条约》，该条约规定中国把霍尔果斯河以西及特克斯河流域割让给俄国，赔偿俄国出兵伊犁的“损失费”500 万卢布。中国朝野上下闻讯震惊，清政府在舆论压力下，拒绝批准该条约，派曾纪泽赴俄谈判，左宗棠率部做好军事准备。

① 吕一燃主编：《中国近代边界史》，四川人民出版社 2007 年版，第 281—306 页。

曾纪泽经过艰苦的谈判，1881 年 2 月 24 日中俄两国签订《伊犁条约》（又称中俄《改订条约》）。[①]《伊犁条约》与《里瓦几亚条约》相比，中国收回了一些权益，但该条约仍是不平等条约，中国仍然丧失了多方面的权益，包括：中国赔偿俄国 900 万卢布，俄国在肃州、吐鲁番增设领事；俄国商人在新疆、蒙古地区贸易，不向中国纳税；俄国归还强占的伊犁地区，但以安置其劫持的伊犁居民为借口，割占伊犁西部霍尔果斯河以西的中国领土。

根据《伊犁条约》，中俄两国派员勘定以西的边界，1882 年至 1884 年两国派人勘界、安设界牌，签订《伊犁条约》的五个子界约：《伊犁界约》《喀什噶尔界约》《科塔界约》《塔尔巴哈台西南界约》《续勘喀什噶尔界约》。通过勘界和《伊犁条约》及其子界约，俄国割占中国领土 7 万多平方公里。1892 年，俄国派兵强占帕米尔高原萨雷阔勒岭以西 2 万多平方公里领土，1895 年前后俄国、英国私分中国萨雷阔勒岭以西的帕米尔地区。

日本在甲午战争后挟“战胜国”之威，1895 年 4 月 17 日迫使清政府签订《马关条约》，规定中国承认朝鲜“确为完全无缺之独立自主”，中国割让辽东半岛、澎湖列岛、“台湾全岛及所有附属岛屿”给日本，中国赔偿日本军费二万万两。[②] 该条约签订当天，俄国不愿看到日本控制中国东北的局面，就决定联合法国、德国干涉，要求日本归还辽东半岛给中国。在俄、德、法三国联合干涉下，日本不得不同意把辽东半岛归还中国，同时向中国索取 3000 万两白银“赎辽费”。这就是“三国干涉还辽”事件，此后俄、德、法三国借此“邀功”，掀起瓜分中国的狂潮。

---

① 中俄《伊犁条约》又称《改订条约》，载王铁崖编《中外旧约章汇编》第 1 册，生活·读书·新知三联书店 1957 年版，第 381—385 页。

② 《马关条约》又称《马关新约》，载王铁崖编《中外旧约章汇编》第 1 册，生活·读书·新知三联书店 1957 年版，第 614—619 页。

（三）欧洲列强将中国领土纳入其殖民地、“保护国”境内

19世纪末期20世纪初期，法国、英国都一再侵略中国西南边疆，把中国领土划入当时法属印度支那和英属哲孟雄、英属缅甸。

1. 中国与法属印度支那的边界谈判与划界[①]

1884年，法国控制了越南，1885年，强迫清政府签订《中法会订越南条约》，迫使中国承认越南为法国的“保护国”。1886年，法国迫使暹罗（今泰国）同意法国在老挝的琅勃拉邦，即清代中国文献中称为“南掌”的地方设置一名副领事，1893年又迫使暹罗签订条约，把湄公河东岸的老挝领土割让给法国，此后，老挝、越南都成为法属印度支那联邦的一部分。[②]

越南在10世纪中期独立建国后，中越两国逐步形成了相对稳定的传统习惯线，1885年法国在《中法会订越南条约》中则提出划定中越边界问题。1885年至1897年间，中法签订了一系列的界务条约，包括《续议界务专条》（1887年6月26日）、《桂越边界勘界节略》（1886年3月25日）、《滇越边界勘界节略》（1886年10月19日）、《粤越边界勘界节略》（1887年3月29日）、《广东越南第一图界约》（1890年4月14日）、《广东越南第二图界约》（1893年12月29日）、《桂越界约》（1894年6月19日）、《滇越界约》（1897年6月13日），并经过分段会勘逐步确定了中越之间的陆路边界。这次中法交涉中越边界，大部分以分水岭为界，少部分以河流为界，划定了主要地段的陆路边界，全长约1340多公里，共立了600多块界碑（立碑地点300多处，两国在同一处各立界碑）；由于划界时“就图定界”，某些地图边界又与实际边界有一定出入，也出现了一些有争议的地方，但争议面积并不大。

在这次划界中，张之洞、邓承修、李秉衡、周德润等官员据理

---

① 孙宏年：《中国西南边疆的治理》，湖南人民出版社2015年版，第168—175页。

② 余定邦：《东南亚近代史》，贵州人民出版社1996年版，第225—237页。

力争，力图维护领土主权，但是划界是在不平等的环境中进行的，这些条约也具有不公平性质，使中国在划界过程中丧失了不少领土，主要是：越南、云南交界地区的六勐争议地区，原属中国，19世纪后期被越南控制的勐赖（今越南莱州省黑水河北岸的勐赖）、勐梭（今越南莱州省封土）等地划给了越南。大、小赌咒河地区也是双方争论的焦点，因为越南已经成为法国的保护国，中方划界官员坚持要收回雍正六年（1728年）雍正皇帝“赐”给越南的土地，法方不予支持，最终的结果是中国收回了部分土地，而原属中国的大赌咒河附近的黄树皮、箐门、勐康等地仍划归越南。越南、广西交界的金龙峒里板、陇保、板孔三村（在今广西大新县下雷东南），为中国安平土州官李秉圭当给越南，1885年曾被中国广西地方政府干预收回，这次划界时也划归越南。总体上看，这次划定的陆路边界基本符合中越边界的历史沿革，以条文的形式第一次认定了大多数疆土的归属与管辖，从而客观上法定了中越陆路边界，使之成为中越两国维持和稳定陆路边界的基础。

1893年后，“南掌”乃至整个老挝与中国的官方关系主要是中国与法国殖民者之间进行的，对于西南边疆影响最大的事件是19世纪末划定中老边界。早在1890年，中国云南地方就注意到法国殖民者窥视中国云南的边境地区当时法国利用土司与地方官府的矛盾，极力引诱车里宣慰司所辖的猛乌、乌得两个土司。1893年，中法勘定云南与法属殖民地边界，法方提出无理要求，要补勘云南、越南与缅甸交界地区边界。由于法方单方面绘制了车里一带中老边界的地图，把中国领土猛乌、乌得划归法属殖民地，被中国勘界委员黎肇元拒绝，这一交涉持续两年都未解决。甲午战争后，法国因为阻止日本割占中国的辽东半岛“有功”，要求在中、越划界时给予补偿，清朝同意把乌得、猛乌“让给”法国“以敦睦谊”。1895年，清政府与法国殖民者签订《续议界务专条附章》，划定了当时滇越边界，其中一部分为今天的中老边界，并于1896年勘界立碑，乌得、猛乌两土司划归法属老挝。云南籍在京官员和举人为此上书清廷，反对与法国签订割地条约，但清政府置之不理，云南辖境再次内缩。

2. 中国与英属哲孟雄（锡金）的划界

哲孟雄（锡金）本是中国西藏的“属国”，18世纪末期中国与哲孟雄明确了边界，在边境地区设置鄂博。但是，西方殖民者的入侵打破喜马拉雅山南北两侧的祥和、安宁，英国先是侵略和控制不丹、锡金等邻国，1888年又发动侵略中国西藏的战争。1890年，英国迫使清政府签订《中英会议藏印条约》，在该条约中迫使中国承认锡金“由英国一国保护督理”，并规定中锡边界走向，即该条约第一款规定：“藏、哲之界，以自布坦交界之支莫挚山起，至廓尔喀边界止，分哲属梯斯塔及近山南流诸小河，藏属莫竹及近山北流诸小河，分水流之一带山顶为界。”[①] 此段边界线走向条约叙述清晰准确，实地边界线沿分水岭而行，走向清晰可辨。根据这一规定，吉姆马珍山就是中国、不丹、锡金三国边界的交界点。英国侵略者还利用以分水岭划分边界的办法，把中国的隆吐山、纳汤、甲岗和思补布纳一带大片领土划归锡金。1890年后，中锡边界未再发生变动。

3. 中国与英属缅甸边界谈判与划界[②]

英国在1824—1825年、1852—1853年发动了两次侵缅战争，迫使缅甸割地、赔款。1885年11月，英国侵略军占领缅甸首都曼德勒，俘虏了缅甸国王，最终吞并了缅甸，1897年又把缅甸并入英属印度，作为印度的一个省。因为缅甸是中国的藩属国，清政府就

① 《中英会议藏印条约》又称《藏印条约》，载王铁崖编《中外旧约章汇编》第1册，生活·读书·新知三联书店1957年版，第551—552页。

② 张植荣：《论中缅边界问题》，《中国边疆史地研究报告》1991年第3—4期。孙宏年：《中国西南边疆的治理》，湖南人民出版社2015年版，第176—179页。

此与英国进行交涉，英国采取弃虚名、取实利的做法，在次年签订的《中英缅甸条款》中许诺占领缅甸后，仍允许该国每隔10年派出“最大之大臣”到中国朝贡，以换取清政府对它“保护”缅甸的承认。该条款还议定，“中缅边界应由中、英两国派员会同勘定，其边界通商事宜亦应另立专章，彼此保护振兴”。此后几年内，中英两国并未进行边界谈判，1891年英军入侵腾越（今云南腾冲）后，清政府谕令驻英公使薛福成与英国交涉，划分中缅边界的中英谈判也由此开始。经过三年的艰辛谈判，1894年3月签订了《中英续议滇缅界、商务条款》（以下简称《条款》），该《条款》规定：北纬23°30′以北地区待将来查明情形，两国再定边界；自北纬25°35′起由格林尼治东经98°40′的尖高山起东南行，至北纬21°27′、格林尼治东经100°12′的湄公河岸为中国国境；北丹尼（即木邦）地及科干划归中国，但孟连、洪江未经两国“预先议定”，中国不得“让予别国”。这一《条款》所确定的上述划界方案是双方斗争、相互妥协的结果，薛福成在谈判过程中曾要求以伊洛瓦底江为界，八莫由中国设关征税，但未能如愿；因中国对尖高山以西地区尚不明详情，担心被英国蒙混，把西藏地区卷入其中，“将来贻害无穷”，故主张暂不划定，深谋远虑可见一斑。英国为避免在今中、缅、老交界地区与已控制了越南、老挝的法国直接冲突，把孟连、洪江划作未经允许中国不得“让予”的地区，意在中国不能实行的情况下再夺取其他地方，作为补偿，用心颇为险恶。

1895年，法国以其“三国干涉还辽”有“功”于中国，逼迫清政府签订《中法界务专约》，强行割去了孟连、洪江两地，英国因此要求修改1894年《条款》，至1897年签订《中英续议缅甸条约附款》（以下简称《附款》）。该《附款》将1894年《条款》中原属中国的昔马、科干、北丹尼等地划归了缅甸，并将勐卯三角地“永租”给英国。此《条款》签订后，中英两国派员会同勘界，至

1898 年 5 月将南奔江至瓦仑山段、瓦仑山至尖高山段勘毕，1898 年 10 月至 1899 年，将南奔江至工隆渡段勘毕，以上三段合称北段已定界。由猛阿至湄公河段同时勘毕，并于 1906 年合立界碑，此段称为南段已定界。工隆渡至猛阿段因英国擅指原约中孔明山为公明山，企图将界线东移，遭到中方代表反对，1911 年前未能划定。

1894 年《条款》和 1897 年《附款》以及立碑之后，中缅边界便形成了两处未划定边界的地区：一是尖高山以北的广大地区，清代称为“野人山”，1894 年薛福成主张中英两国各分一半，因英国反对而定为待定地区；二是阿瓦山区，虽然在已定的条约中明文划定了边界，但因存在争议，尚未勘界立桩。19 世纪末以来，英国就在这两个地区加紧了非法占领活动。在北部野人山地区，英国不仅派员秘密调查、测绘，拉拢土官，而且派兵强占，强行设立行政机关。在侵占了邻近中国的未定界地区以后，英国又企图以武力侵吞中国固有领土，1900 年 1 月，英国侵略军从密支那越过恩梅开江，进犯片马，侵占了茨竹、派赖、滚马等寨。为保家卫国，当地人民在土把总左孝臣、千总杨体荣领导下奋起抗击。面对着装备精良的英军，他们拿着大刀、长矛、火枪、弩箭，在甘拜地（今属缅甸，在云南腾冲县黑泥塘相邻）等地血战两天，左孝臣身中八弹，壮烈殉国，我国边民 80 多人为国捐躯，驻腾越清军闻讯来援，英军才退出片马。事件发生后，清政府向英国提出抗议，英方狡辩称冲突点在缅甸境内，双方决定会商、勘界。中国委派署腾越关道（驻今云南腾冲）石鸿韶为代表，英国以驻腾越领事列敦为代表，双方进行了多次会商，由于英国强词夺理，中方代表据理力争，谈判没有任何进展。1910 年，英国再次派军入侵片马，次年占领登埂，又占据小江以南十八寨，侵入小江以西浪速等地，并在搬瓦丫口、明光外大丫口、茨竹、片马、九角塘等地私立界石，强收户税，建造营房、衙署。此事发生后，云南总督李经羲为加强滇西边防，1911 年委派云南陆军讲武堂总办李根源回腾越办理片马防务。李根源本是腾越南甸（今属云南梁河县）人，他回到家乡后在滇缅边境地区进行了半年的查勘，完成了包括 126 幅图的《滇西兵要界务图》和《图说》两卷，呈报李经羲，并提出了三条建议，上策是出兵驱逐英国侵略者，中策是向英国索要所侵占的中国领土，并提请世界各国公断；下策是由清政府外务部与英国交涉，要求英方先退兵，然后勘划边界。清政府只采取了下策，为此与英国多次交涉，但英方置之不理，形成了英帝国主义强占片马的事实。

4. 英国纵容廓尔喀侵略中国领土

中国与廓尔喀的国界在 1788—1892 年的两次驱逐廓尔喀战争后基本确定。中廓划定边界后，两国边境地区经历了半个世纪的和平。这期间，尼泊尔一度提出以木斯塘交换中国的达坝噶尔（今属札达县），后又要求分享聂拉木、济咙的管辖权，都被中国拒绝。正是在这一时期，英国殖民者逐步控制尼泊尔，1846 年忠格·巴哈杜尔·拉纳（1817—1877 年）在英国支持下以军事政变上台后，出任首相兼总司令，对外推行侵略扩张政策，1855 年发动侵藏战争，控制了聂拉木、济咙等地。1856 年，清廷决定调兵进藏，尼泊尔见形势有变，才同意停战谈判，是年签订《藏尼条约》，尼军撤出聂拉木、济咙等地，却乘机侵占中国西藏的部分领土，为成为以后一个世纪内中尼边界交涉的主要内容。这些被尼泊尔控制的中国领土主要有尼米地区，面积估计 1200 平方公里，居民原为藏族，百余户，历史上该地区向西藏阿里普兰宗纳税，1856 年尼泊尔声称尼米为该国领土，开始干涉其事务，以后逐渐形成中、尼共管局面。到 20 世纪前期经过交涉，西藏地方政府与尼泊尔政府同意尼米居民为藏人，应向西藏缴税，但地方则属于尼泊尔领土，以后该地一直由尼方控制。玉买（靠近强拉山口）、牙利（靠近尼米）、孔布（在珠穆朗玛峰以南）三处1855年尼泊尔侵藏前都是中国领土，1856年后被尼泊尔占领。“综”，在西藏宗噶以南，该地区南北约50多公里，东西20多公里，尼泊尔于1856年占领后，一直未派官员管理。“汝”和巴布，都在诺山口以南，1856年前后就成为中、尼共管的地区。西藏吉隆的江巴，有几个草场为尼泊尔牧民经常越界放牧；热索哈一带的土地本属西藏地方，也有尼泊尔边民越境耕种。虽然出现了以上有争议的地区，但19世纪中期至1911年，中国中央政府并不承认廓尔喀对这些地区的控制权，因此1911年中廓边界仍以1793年确定的国界为准。

5. 英国直接侵略中国西藏

中国与英属印度（今印度、巴基斯坦）的边界则因英国的侵略有所变化，特别是中国与英属印度交界的拉达克地区向中国境内退缩。

在中印边界东段，历史上就形成了中印边界的传统习惯线，即从今中国、不丹、印度三国国界交接点起，向东沿着喜马拉雅山脉的南麓和布拉马普特拉河北岸平原交界线而行直到察隅河下游，再向东南行到达中国、印度、缅甸三国边界交界处。这条传统习惯线是中国西藏地方政府多年来施行行政管辖而形成的，线北的门隅（门达旺）、珞瑜、察隅三个地区始终是中国领土的一部分。早在1680年西藏地方政府就派错那宗官员朗喀王和梅惹喇嘛等到门隅行使管辖权，后来又逐步把这一地区划分为若干“错”和“定”，派官管理，还在首府达旺建立全区性行政委员会“达旺细哲”和非常设委员会“达旺住哲”，总管全区行政事务。珞瑜地区原归西藏波密管辖，该地区所属的巴恰西仁位于西洛木河流域，历来由则拉宗所属噶卡宗派人管理。下察隅地区，西藏地方将它划为桑昂曲宗的米依区。在1824—1826年的第一次侵略缅甸战争后，英国迫使缅甸割让阿萨姆，在此之后英属印度就与中国西藏的门隅、珞瑜和下察隅接壤了，英国也开始对邻近阿萨姆的中国领土的侵略活动。最初，英国东印度公司只是派人进行所谓的“地理考察”，在这些活动中他们了解到中印间存在着传统习惯线，并承认了这条线。

19 世纪末 20 世纪初，亚洲各国特别是中国、印度、缅甸人民反帝爱国运动兴起，使英帝国主义极感恐慌，英属印度当局一方面加紧镇压本辖区内的民族解放运动；另一方面企图建立一条沿喜马拉雅山脊的“战略边界”，巩固其在南亚、东南亚的殖民统治。作为构筑这条战略防线的内容之一，中国西藏、云南的一部分领土被列入英国对华侵略扩张的范围之内。在寇松、明托、哈定出任英属印度总督期间，多次派人勘查中印东段边界形势，在此基础上拟定了侵略计划，1907 年明托提出的建议则较为具体地反映了这条“战略边界”的大致走向，他认为英国的“势力应大体上东起插至乌代古里北部的英国边境的西藏领土，即所说的达旺的楔形地带边缘，沿东北方向伸展至北纬 29°，东经 94°，再向东南进至察隅河并尽可能东达日马附近，由此越过察隅河进至察隅河与伊洛瓦底江分水岭，再沿着这一分水岭伸展至伊洛瓦底江与萨尔温江分水岭”。这一建议所提出的“战略边界”，不仅把传统习惯线以北的西藏所属的大片领土列入侵占计划，而且还把云南西南的部分领土囊括其中。这条线实际上成为后来的“麦克马洪线”的蓝本。1911 年至 1912 年，英印当局派军侵入德亨—西昂河、卡姆拉河附近的塔里和察隅南部的瓦弄，不久后由于中国当地政府的干预才撤出中国领土。

在中印边界西段，英国侵略克什米尔引起中印边界的变化。拉达克部与克什米尔相邻，10 世纪起始终是中国领土的一部分，17 世纪初拉达克部不仅控制着喀喇昆仑山与喜马拉雅山之间印度河流域的广大地区，拉达克王僧格南杰统治期间（1624—1642 年在位）

向东、向北兼并古格和日土王国，特别是1630年利用古格王室内部的矛盾，一度俘获古格部土王，把阿里地区并入其统治之下。[①]清朝建立后扶持蒙藏僧俗贵族联合的甘丹颇章政权作为西藏地方政权，拉达克仍是中国西藏的一部分，但拉达克王僧格南杰和德丹南杰（约1646—1675年在位）、德列南吉（约1675—1705年在位）都声称信奉噶举派，驱逐阿里地区的格鲁派势力，1678年后支持不丹打击格鲁派；并与西藏地方发生冲突，这最终导致与甘丹颇章政权发生大规模的战争。1681年，和硕特蒙古贵族甘丹次旺统率的蒙藏联军击败拉达克军，攻占拉达克王都列城，取得胜利，阿里地区重新归属西藏地方政府管辖，1783年拉达克王德列南吉与西藏地方约定每年向西藏象征性缴纳贡赋。[②] 此后，西藏地方在阿里地区派驻总管、驻军、委任宗本，而拉达克仍隶属中国西藏地方。到1828年，拉达克甲布（部长）还奉命截获逃窜其地的新疆张格尔残部，押解回藏，交给驻藏大臣惠显。为此，清廷赐给拉达克甲布五品顶戴。此后不久，由于异族势力的入侵，这一地区却面临着从祖国分裂出去的危险。

从1819年开始，锡克王国侵吞拉达克邻近的克什米尔地区，多格拉族头目古拉伯·辛格因功被任命为查谟邦的统治者。1834年，辛格又发动了侵略拉达克的战争，拉达克甲布向驻藏大臣求援，但当时的驻藏大臣未把此事上报中央政府，也未采取必要的援助措施，致使该地区被辛格侵占。1841年，辛格又进犯阿里，西藏地方部队藏军进行自卫反击，在打败了侵略者之后又继续前进收复拉达克失地，直到列城附近时才被敌军阻止。1842年，双方在列城签订停战协议，规定拉达克仍交原拉达克甲布管理，为西藏属地。

---

① 熊文彬、陈楠主编：《西藏通史·明代卷》，中国藏学出版社2016年版，第194—202页。

② 邓锐龄、冯智主编：《西藏通史·清代卷》（上），中国藏学出版社2016年版，第47—54页。

但辛格背信弃义，1844 年再次侵占拉达克，废除原甲布，另立新甲布，实际上这一地区已被辛格控制。[①] 当时，中国的拉达克与邻近的其他地方之间存在着一条传统习惯线，即空喀山口以北到喀喇昆仑山口，拉达克与今新疆以喀喇昆仑山为界；从空喀山口往南往东到东经 78°24′，北纬 32°41′处，为拉达克与西藏阿里的分界线。[②] 这条传统习惯线在 1844 年前只是西藏地方管辖的不同地区之间的区域分界线，1844 年后事实上成为中国西藏与锡克王国非法占领的拉达克地区的实际控制区域分界线。

1845 年至 1846 年，英国对锡克王国发动了第一次侵略战争，占领了该国的大片土地。在战争中，古拉伯·辛格背叛锡克投降英国，因而英国在战争结束后把从锡克王国掠夺到的克什米尔地区以及辛格统治下的地方又交给他统辖，他则成为英国在这些地方进行殖民统治的工具。原属中国西藏的拉达克地区也随之落入英国殖民者手中。为了将所侵占的这一地区合法化，1846 年英国向清政府提出了划界的要求，刚刚吃过英国侵略者苦头的清政府不敢与英国正面冲突，于是令负责外交事务的两广总督以“既有旧址相沿可循，自应各守旧疆，无庸再行勘定”回复。[③] 1848 年英国再次要求勘界，而且表示只想指明旧界，并非另立新界，清

---

① 1841—1842 年古拉伯·辛格入侵西藏阿里地区的这场战争，又被称为“森巴战争”，因为“森”是“辛格（Singh，狮子）”的音译，“森巴”就是当时藏文里对今天克什米尔地区各部族的称谓。对于这样战争的最新研究成果参见邓锐龄、冯智主编《西藏通史·清代卷》（上，第 438—451 页），其中对于 1842 年 9 月 17 日（道光二十二年八月十三日）西藏地方与古拉伯·辛格及克什米尔各部落签订的停战协定，指出这个协定在藏文里被称为“甘结”，只是一个停战后双方保证互不侵犯和维持旧有边界和贸易的换文，“该协议并未解决古拉伯·辛格侵占中国西藏所属之拉达克的问题”，这就为“后来英国借机侵扰该地，吞并拉达克留下可乘之机”；森巴战争后，1842 年“拉达克与西藏之的从属关系基本上得到了恢复，但两年后，道格拉再次控制了拉达克。此后，拉达克逐步沦为英属印度的殖民地”。

② 丁名楠：《中印西段边界问题由来的片断考察》，《中国边疆史地研究报告》1991 年第 3—4 期合刊。

③ 《筹办夷务始末》（道光朝），中华书局 1964 年版，第 3055—3056 页。

政府对此虽仍有疑虑，最后还是命令驻藏大臣琦善派员调查西藏与克什米尔的边界情况，并与英方勘界委员会同办理划界事务。当中方勘界委员在预定时间到达边界地区时，并未见到英方的委员，清政府便以为此事已经了结。英方委员在中方委员撤离后才到达，仅在司丕到班公湖的边境地区单方面地确定了若干个点，随即草草收场。英方人员划定的所谓“边界线”，不仅把拉达克完全划到中国国境之外，而且越过了传统习惯线。对于这条由英国单方面确定的“边界线”，中国历届政府都没有承认，也自然毫无法律约束力。

在单方面划界的阴谋破产后，英国多次派间谍潜入中国新疆、中国西藏地区搜集情报，19 世纪六七十年代又支持阿古柏匪帮盘踞新疆，企图借此机会分裂中国领土，并达到其侵占拉达克及与之相邻的中国其他领土的目的。清军平定阿古柏叛乱的胜利打乱了英国殖民者的侵略计划，但就在这一期间进入中国西部的英国间谍开始绘制“新地图”，如 1865 年约翰逊绘制的和 1870 年前后德鲁绘制、附在 1875 年出版的《查谟与克什米尔领土》一书中地图，都不承认拉达克与新疆、西藏的传统习惯线，把位于中国境内的阿克赛钦

表 2－2　　晚清列强侵占中国领土统计

<table>
<tr><th>国家</th><th>时间</th><th>列强侵占中国领土
的背景或条约</th><th>中国失地及面积
（平方公里）</th><th>备注</th></tr>
<tr><td rowspan="3">英国</td><td>1842</td><td>鸦片战争后，签订中英《南京条约》，中国割让香港岛</td><td rowspan="3">香港地区，1095</td><td rowspan="3"></td></tr>
<tr><td>1860</td><td>第二次鸦片战争后，签订中英《北京条约》，中国割让九龙半岛南端和昂船洲</td></tr>
<tr><td>1898</td><td>中英《展拓香港界址专条》，英国“租借”新界陆地和附近岛屿</td></tr>
</table>

续表

国家	时间	列强侵占中国领土的背景或条约	中国失地及面积（平方公里）	备注
葡萄牙	1887	中葡《里斯本草约》，中葡《和好通商条约》，葡萄牙“永驻、管理澳门”，并强占澳门半岛、氹仔岛和路环岛	澳门半岛，6.05	16 世纪起葡萄牙殖民者在澳门居留，鸦片战争后强占
俄国	1858	中俄《瑷珲条约》	黑龙江以北、乌苏里江以东领土，100 多万	
	1860	中俄《北京条约》		
	1861	中俄《勘分东界约记》		
	1864	中俄《勘分西北界约记》及其子界约《科布多界约》《乌里雅苏台界约》《塔尔巴哈台界约》	巴尔喀什湖以东以南，包括斋桑湖、特穆尔图淖尔在内的中国领土，约 44 万	
	1881—1884	《伊犁条约》及其子界约《伊犁界约》《喀什噶尔界约》《科塔界约》《塔尔巴哈台西南界约》《续勘喀什噶尔界约》，俄国割占大片领土	7 万多	
	1892—1895	派军强占帕米尔高原萨雷阔勒岭以西的中国领土，俄、英私分中国萨雷阔勒岭以西的帕米尔地区	2 万多	
	1900	派军强占中国的江东六十四屯		
日本	1895	甲午战争后签订《马关条约》，中国割让澎湖列岛、“台湾全岛及所有附属岛屿”	3.6 万	
法国	19 世纪末期	中法勘定中国与法属印度支那边界，中国的乌得、猛乌划入法属老挝，中国云南、广西一些地区划入法属越南		

续表

国家	时间	列强侵占中国领土的背景或条约	中国失地及面积（平方公里）	备注
英国	19 世纪末期	1888 年英国发动侵略中国西藏的战争，战后英国控制哲孟雄（锡金），中国领土被划入哲孟雄		
		中英勘定中国与英属缅甸边界，中国领土被划入缅甸		

说明：1. 本表主要依据以下文献编制：（1）王铁崖编：《中外旧约章汇编》第 1 册，生活·读书·新知三联书店 1957 年版；《中外旧约章汇编》第 2 册，生活·读书·新知三联书店 1959 年版。（2）吕一燃主编：《中国近代边界史》，四川人民出版社 2007 年版。（3）李侃、李时岳、李德征、杨策、龚书铎：《中国近代史（第四版）》，中华书局 1994 年第 4 版。

2. 19 世纪末 20 世纪初列强在中国的租借地和"势力范围"，也是中国丧失主权——全部或部分主权——的领土，考虑此项内容较多，为求表格简明扼要，除英国"租借"新界陆地和附近岛屿外，其余事项未列入表中。

地区（今属新疆和田）划到中国境外，企图以篡改地图的拙劣手法达到其目的。1899 年，英国驻华公使窦纳乐照会中国政府，提出划分这一地区边界的建议，即"从喀拉昆仑山口，沿山脉顶峰向东行约半度（约 100 里），然后转南到北纬 35 度线稍下一点，然后沿丘陵形成的线，绕着喀拉喀什河源之处，转到东北，到克孜勒吉勒尕以东之点，从此以东南方向沿拉京山脉而行，到与昆仑山脉南行的一个山鼻相会为止，该处被标识为拉达克东界，这是东经 80 度偏东"。这条建议线把阿克赛钦全部划在英属印度境内，清朝中央政府对于该照会及其建议的"界线"都未予置理。[①] 直至 1911 年，中国从未承认过拉达克是英属印度的一部分，英国未能通过划界达到将所侵占的这一地区合法化的目的，因此从国际法上看，中国仍对拉达克地区享有法理上的主权。

① 杨公素：《中国反对外国侵略干涉西藏地方斗争史》，中国藏学出版社 1992 年版，第 296—297 页。

三 中国守土固边的抗争及影响

晚清，特别是1840—1911年，为保卫家园、救亡图存，中国各族人民同侵略者进行了不屈不挠的斗争，涌现出了林则徐、关天培、左宗棠、文硕、邓世昌等一大批爱国官员。为巩固江山社稷，维护统治秩序，清廷在爱国军民的强烈要求下采取了一系列的措施，不仅几度派军抗击外国入侵，如鸦片战争期间命令林则徐、关天培等将领抗击英国入侵，派左宗棠收复新疆，在边疆地区设立行省、强化对边疆地区管理外，而且力图处置好“保藩”与“固圉”关系，利用国际法，维护国家统一与领土主权。

（一）鸦片战争后“保藩固圉”的努力

19世纪中后期，欧美列强和日本持续入侵中国和周边地区，中国的周边和边疆地区形势发生重大变化，清朝前期的藩属国不断地被列强侵占、控制，或者无奈地看着日本侵吞琉球和俄国侵占中亚的浩罕、哈萨克等属国（部），或者被迫承认哲孟雄、越南、缅甸、朝鲜等属国“自主”或归列强保护。面对藩属体系土崩瓦解的事实，光绪二十五年（1899年）清朝官方修纂完成《大清会典》，其中强调“四裔朝贡之国”包括朝鲜、琉球、越南、南掌、暹罗、苏禄、缅甸，“余国则通互市焉”。[①] 这一记述表明：当时清朝决策者和《会典》修纂者对周边形势有较为清醒的认识，不再像乾隆、嘉庆时期把荷兰和博尔都嘉利亚国、意大里亚国、博尔都噶尔国、咦咭唎国等“西洋诸国”列入“四裔朝贡”范围，同时他们仍把沦为殖民地的朝鲜、琉球、越南、南掌、暹罗、苏禄、缅甸看成“朝贡之国”，保存对清朝盛世时期“万邦来朝”的辉煌记忆。正因为此，直至1911年清朝灭亡之前，中国朝野上下始终把“保藩”与“固圉”结合起来，即以

① 《光绪会典》卷39，载《大清五朝会典》，线装书局2006年影印版，第349—350页。

传统的朝贡关系为纽带，希望与其共同抗击外来侵略，既保护昔日藩属的主权和领土完整，又保卫本国疆土、巩固边防。为此，清政府先后与日本、法国、英国等列强就琉球、越南、朝鲜、缅甸等藩属国问题进行交涉。这种交涉大致可以分为三个阶段。

第一阶段，中国在交涉之初往往强调自己对于藩属国的“上国”地位，并因此要求列强不得侵吞这些国家。列强则依据西方近代国际法，照搬西方的宗主国—殖民地、保护国—被保护国等模式，极力否认中国这一地位，否认中国对藩属国的“保护”资格。这在交涉中多次出现，比如法国侵略者并非不知道传统的中越藩属关系，而是不肯承认这种关系的存在，并利用越法和平同盟条约中“承认安南王的主权和完全独立”等条款，力图采用西方的“保护国”等观念和“保护制度”进行抵制，为割断中越联系、侵吞越南做准备。1877 年 9 月，法国驻华公使白罗尼就向本国外交部指出，1875 年前中国对法国侵占越南并逼签条约“保持缄默”，原因可能是当时“不愿招致什么麻烦”，也可能“还不太理解保护制度这个词的含义”；1875 年 5 月后中国向法国强调中越宗藩关系和派军入越，而越南朝贡使团又“在礼炮声中从河内出发北京”，表明越南“似乎有两个保护者：法国和中国”。他为此提出，法国“可以使事情维持原状又保留进行干预的权利”，直到“威胁我们在交趾支那的利益”为止。法国外交部同意“目前最好不与中国政府就这问题进行谈判”。尽管白罗尼想用“保护制度”解释中、法、越关系，但 1878 年 3 月他也不得不承认，越南遣使中国朝贡说明“他实际上仍是附属于中国的藩王”，而且还报怨说“我们以皇帝、最高亲王的身份对待他”，可他“却不顾一切，接受中国的封赐，宁愿充当一个二等亲王”[①]。

---

① 法国海军部档案 BB—4 1971，第 70—75 页，转引自张振鹍主编《中法战争》（三），中华书局 1999 年版，第 146—151 页。

为达到这一目的，列强还会采取两种手段。一是先与中国的藩属国签订某些条约，在条约中以近代国际条约的文字表述方式强调该国是“独立”“自主”的，并以此为依据否认中国作为“上国”对该国的“保护”资格。比如1874年法国与越南签订《越法和平同盟条约》，法国表示“承认安南王的主权和完全独立”，为割断中越传统的朝贡关系、侵吞越南做准备。又如1876年日本与朝鲜签订《江华条约》，目的在于削弱清朝与朝鲜的朝贡关系，孤立朝鲜，进而为吞并朝鲜创造前提。这些条约的签订都是中国原来的藩属国在军事压迫下进行的，依照过去中国不干预藩属国内政、外交的一般惯例，该国又不需要向中国通报，致使中国与列强交涉时颇为被动。二是朝贡、册封等活动是中国与藩属国具有封建等级和从属关系的证据，列强对此极为关注，并采取了不同的措施进行应对。如日本，它是以同样的证据说明琉球与它也有从属关系——日本在明治维新后加紧了侵吞琉球的步伐，1872年感到该国“从前奉中国正朔，接受册封”不利于日本的侵占，明治天皇为此也册封琉球国王为藩王，并列入华族。这是日本天皇册封琉球王之始，同时采取给琉球发放流通货币、在东京为国王提供府邸、日本地图中标绘琉球等措施，与中琉传统的朝贡、册封往来相抗衡。[①] 1875年，日本还阻止琉球遣使中国祝贺光绪皇帝即位，1876年又阻止该国向中国朝贡，目的在于强化琉球为日本所属的印象，为日本强占琉球做准备。

西方列强往往极力阻止此后出现此类活动，以消除中国与该国有从属关系的证据。比如法国1875年以后就力图阻止越南阮朝向清朝遣使朝贡。1876年9月，法国驻河内领事报告了越南使团即将赴中国朝贡的情况，尽管他说该使团是根据惯例“每三年一次派往

---

① 米庆余：《琉球历史研究》，天津人民出版社1998年版，第107—119页。

北京的，并没有其他特殊目的”，但是法国政府却异常警惕。交趾支那总督立即通知法国外交部，认为这是“一个严重的问题，即安南与中国之间存在新的关系问题”，这对1874年越法条约中“安南对中国的地位问题”提出严重挑战。1877年5月，该使团到达北京后，法国外交部长也担心“天朝可能会从以前是中国藩属国，而目前还不愿沦为我们的殖民地的安南身上，找寻机会去推动一个和我们想法完全相左的敌对政策”。[①] 1880年，越南准备再次遣使朝贡，法国总理就此表示，越南阮朝遣使中国一事表明它想“维持对中国的藩属关系”，这是“一股反对我们的阴谋势力”，他同意巴德诺的建议，准备采取行动加以干预。[②] 这年11月，法国外交部强调，“如果来得及，必须阻止（越南）使团启程”，并为法国在越南的“保护国权利得到尽快的承认采取行动”，并希望海军及殖民地部协同行动。但是，法国的干预并未成功，由阮述率领的越南使团如期到中国朝贡，这让法国驻华公使宝海颇为恼火，认为“这件事所产生的影响将进一步降低”法国在越南的地位，建议法国政府及早对越南阮朝采取行动，否则法国对越扩张计划“很难顺利实现”。[③] 这都表明，法国政府并非不知越南“是中国藩属国”，但为把越南“沦为我们的殖民地”，宁肯说越南以前是中国藩属，并企图阻止越南朝贡，以否认中国对越南的“天朝上国”地位。

第二阶段，待谈判陷入僵局，列强又暂时无力侵吞琉球、越南、朝鲜等国时，又在中国谈判时表示可以共同瓜分这些小国。在这种情况下，对于如何安排藩属国的前途，中国国内的确出现了不

---

① 法国海军部档案BBT 1971，第58—65页；法国外交部档案，M. D. 亚洲第34卷，第74页，载张振鹍主编《中法战争》（三），第131—139页。

② 法国外交部档案，M. D. 亚洲第36卷，第181—186页，载张振鹍主编《中法战争》（三），第312—313页。

③ 法国外交部档案，M. D.，亚洲第36卷，第375、398页，政治通讯·中国第59卷，第29页；海军部档案BBT 1971，第162—170页，载张振鹍主编《中法战争》（三），第384—386、394页。

同的意见，主要有武力抗击列强侵略保全属国拱卫边疆、与列强瓜分属国、在外藩属国设置郡县将其收入中国版图三种，但清政府仍以“字小存亡”“守在四夷”的传统观念为指导，在部分变通与属国往来模式、强化双方关系的同时，极力反对列强与中国共同瓜分的提议，更反对列强侵吞昔日的属国。

对于琉球，清政府曾多次与日本交涉，希望通过和平手段保护琉球，但1875年后日本利用当时中国忙于中法越南交涉、中俄伊犁交涉等的机会，不断向琉球施加压力。中国驻日公使何如璋为此多次与日本交涉，并建议清政府采取强硬措施，包括派军舰前往琉球、与琉球共同抗击日本侵略、依据国际法约请各国评理，以保全琉球、保障台湾地区安全。由于清廷只同意与日本交涉、不愿出兵，日本遂不顾中国反对，直接出兵占领琉球，改设冲绳县。此时，琉球所派使臣向德宏秘密前往中国，请求中国“兴师问罪”，琉球官民愿“仰仗天朝兵威，必能齐心协力”，驱逐侵琉日军。鉴于琉球人民的反对和中国可能的干预，在美国调停下，日本又提出了瓜分琉球的方案，先是提出将琉球北岛归日本、中岛归琉球、南岛归中国，1880年又在《琉球条约拟稿》中提出冲绳岛以北归日本、宫古和八重山两岛归中国。清廷内部对此意见不一，有人主张接受分岛方案，以宫古和八重山两岛“重立琉球”，以“不负存亡继绝初心，且可留为后图”；有人认为分岛方案是日本的诱饵，主张拒绝，待中俄交涉结束后“严修海防”，与日交涉，“兴灭继绝”，保全琉球。清政府因此也未给日本明确答复，1881年日本谈判代表回国，双方交涉中断。1882年中国方面再次要求日本将琉球中部岛屿交还琉球王室重建国家，使其“长为中国属邦”，但日本未作回复，琉球争议被搁置。[①] 此后，由于国际形势变化，日本长

① 米庆余：《琉球历史研究》，第155—237页。又有1888年搁置说法，参见张海鹏、李国强《论〈马关条约〉与钓鱼岛兼及琉球问题》，《台湾历史研究》2013年。

期侵吞琉球，清政府再也无力干预。

中法越南交涉时也有类似情况。1880年以后，法国加紧侵略越南，中国朝野上下有许多人从“天子有道，守在四夷”出发，坚决主张援越抗法，如1881年底翰林院侍讲学士周德润奏请清廷“保藩封以安中夏”，指出法国侵越不仅危及滇、桂、粤三省的安全，而且会导致清朝的藩属相继沦亡、边疆危机不断加深的严重后果，主张派军援越抗法。[①] 越南阮朝则一再向中国求援，同时提出三项要求，派驻使节常驻北京，“若有何事得于总理衙门控诉”；设领事馆于广东，“以便来往商卖，通报信息，因与诸国交游，得以通达情意”；派人搭乘中国轮船往来各国“探学”。[②] 这些要求大大突破了传统朝贡关系的框架，希望两国建立近代外交关系，在法国即将大规模入侵的背景下，又具有加强中越联系、增强联合抗法的能力的作用，中国方面给予了部分地满足。1882年，法军再次进攻河内，中国在命令部分清军进驻越南，同时与法国谈判，主张“越南为中国藩封”的前提下，中、法两国共同维护越南的领土完整，北部由中国保护、南部由法国保护。法方代表宝海反对这一前提，但主张中、法两国只在越南北部划分界限、分别保护。不久，宝海被撤换回国，这一提议便无法讨论。1883年再次谈判时，清廷坚持“越南世修职贡，为我藩属，断不能因与法人立约，致更成宪”[③]。但法国志在侵吞越南，并进攻中国本土，这一目标已无法实现。

朝鲜在19世纪中期先后遭到英、法、俄、日等国的侵略，而该国国内又多次发生人民起义和政治变乱。在此形势下，中国国内就如何安排朝鲜出现了三种观点：一是监国论，即清廷派得力大员

① 《翰林院侍讲学士周德润请保藩封以安中夏折》，《清光绪朝中法交涉史料》卷2，台湾文海出版社1967年版。

② ［越南］张登桂等纂：《大南实录》正编第4纪，卷66。

③ 郭廷以、王聿均主编：《中法越南交涉档》，台北“中研院”近代史研究所1988年版，第533—547页；《清德宗实录》卷181。

驻扎朝鲜，管理其外交，干预其内政，“职似监国”；二是置郡县论，即将朝鲜收入版图，改设行省；三是中立论，即中国自动放弃对朝的“上国”地位，让朝鲜成为中立国，由中、日、俄等国订立条约，共同保护。清政府虽知无力保全朝鲜，但仍运用政治、外交、军事等手段，力图保持“天朝”尊严和保护“东藩”，进而保障东北边疆的安全。清廷一方面劝导朝鲜李朝，并派员参与该国与英、德、俄、法等列强立约通商，同时声明朝鲜为中国属邦，对清应行之礼，与各国无关；另一方面，清廷应邀派兵镇压朝鲜的壬午兵变和甲申政变，帮助朝鲜稳定政局，同时派员担任类似“监国”的角色，干预朝鲜的官员任免、外交、关税、贷款等事务，强化对朝鲜的控制。日本一直想吞并朝鲜，自然不甘心中国在朝鲜影响力的增加，最后发动甲午战争，导致中朝传统关系终结。[①]

1895年前的三十多年间，由于俄国通过不平等条约强占中国东北地区的大片国土，中朝界河成为中、朝、俄三国的界河，又因朝鲜边民大量非法越境垦荒，中朝边界再次出现争端。1883—1888年，中朝双方进行了边界交涉，并勘明了茂山以西至石乙水、红土水合流处地段的边界，完成竖立界碑的工作。在这次交涉中，图们江正源问题引起激烈争论，中方谈判官员德玉、秦焕、方朗等据理力争，坚持以石乙水为图们江正源。[②] 这表明，在列强不断侵吞中国疆土的新形势下，中国的这些官员在与藩属交涉领土时已经产生了近代的领土意识，不再像清前期的某些官员那样以“天朝上国”的自大心态对待疆土交涉。

第三阶段，由于列强势在必得，中国又国力衰弱，清廷和有些官员又处置失当，因此总体上以失败告终：除中英缅甸交涉时仅得到缅甸定期朝贡的虚名外，无奈地看着日本强占琉球，英国侵占昔

---

① 白新良主编：《中朝关系史：明清时期》，世界知识出版社2002年版，第399—465页。

② 杨昭全、孙玉梅：《中朝边界史》，吉林文史出版社1993年版，第248—368页。

日的藩属拉达克、控制了布鲁克巴和哲孟雄，即使与法国、日本兵戎相见，战后仍被迫终结宗藩关系，承认越南、朝鲜“自主”或归列强保护，保全藩属与保卫边疆都未能实现。

19 世纪末 20 世纪初，列强又采取多种方式侵吞中国领土，主要是：一是列强掀起瓜分中国的狂潮，在中国争夺租借、势力范围，同时故意歪曲历史上中国与藩属国领土归属的事实，在其所属的殖民地、保护国与中国接壤地区的归属问题制造事端，日本在中朝边界制造所谓的“间岛问题”，俄国谎称继承浩罕国对帕米尔的主权都是例证；二是采取军事与外交相结合的手段，强占或者瓜分中国疆土，比如英、俄非法瓜分中国的帕米尔地区，又如英军入侵云南的班洪、片马地区企图强占中国领土；三是通过划界蚕食中国领土，在中法划定中国与越南、老挝边界和中英划定中缅边界时，法、英两国都力图借划界侵占中国领土。

面对列强的蚕食、鲸吞，清政府深感危机严重，为守土固边，采取了多种努力。

一是力求维持原来的藩属观念，继续与某些邻国加强联系，为防御列强可能的侵略、保卫边疆创造条件，20 世纪初中国力求与廓尔喀加强传统的关系即是如此。1793—1908 年，廓尔喀始终与中国保持藩属关系，先后派使者 11 次到北京朝贡。[①] 即使是鸦片战争后，该国仍然按期朝贡，这在清末驻藏大臣的奏牍中就有所反映。1841 年前后，中国遭受英国侵略，廓尔喀还表示愿意援助中国抗击“披楞”，而清朝不明白“披楞”就是英国侵略者，未予回应。20 世纪初年，中国西南边疆危机进一步加深，清廷根据有识之士的建议，对内加强在西藏的统治，对外联合廓尔喀等邻国抗击侵略。1901 年，清廷册封廓尔喀首相钱德拉·苏姆谢尔·拉纳（Chandra

① 参见《清朝续文献通考》卷 333。

Shumsher Rana）为“统领兵马果敢王”[1]，希望以此加强与拉纳政权的联系，促成中、廓结盟。1906年前后，张荫棠又奉命前往西藏“查办藏事”，他向清朝指出不丹、廓尔喀等深受英国侵略，其中不丹国力较弱又受到英国较多控制，廓尔喀则国力较强，与中国的关系又较为密切，所以主张与廓尔喀结成同盟，以抵抗外国侵略。[2]清廷接受这一建议，准备加强与廓尔喀的政治往来，但拉纳政权实际上受制于英帝国主义，联廓抗英的设想直到清朝灭亡都未能实现。

二是摒弃旧的藩属观念，以新的外交理念，力求与昔日的藩属发展新型的外交关系，从而改善双边关系和国际环境，维护中国的主权与领土完整。这主要表现为：中国与“独立”的朝鲜互派使节，1897年中国派出驻汉城总领事（后改称驻扎韩国大臣），1898年签订《中韩通商条约》，1902年朝鲜派出驻中国大使，直至1910年朝鲜被日本吞并为止[3]；经过长期交涉，1909年清政府在英属缅甸设立领事；为了在越南设立领事，中国与法国多次交涉，虽然直至1911年仍未实现，但在与旧日藩属建立新型关系方面做出了努力。[4]

三是边界交涉时，边疆地区绝大多数的主政官员和负责边界交涉的官员也提高了警惕，依据事实驳斥列强的无理要求，并力求查明清前期在“守在四夷”观念下“赐予”藩属疆土的史实，在交涉时力争收回国土。比如中法划定中越边界和中英划分中缅甸边界

---

① 裕钢：《廓尔喀果敢王衔总噶箕病故折》《廓尔喀王来禀》《代廓尔喀王请改袭果敢王衔折》，《裕钢驻藏奏稿》，载吴丰培编《清代藏事奏牍》，中国藏学出版社1994年版，第1103—1112页。

② 张荫棠：《致外部电请优待廓尔喀贡使》，《张荫棠驻藏奏稿》，载吴丰培编《清代藏事奏牍》，中国藏学出版社1994年版，第1325页。

③ 白新良主编：《中朝关系史：明清时期》，世界知识出版社2002年9月第1版，第465—473页。

④ 余定邦、喻常森等：《近代中国与东南亚关系史》，第437—445、486—490页。

时，张之洞、邓承修、李秉衡、苏元春、岑毓英、周德润、薛福成等不顾列强的压力，据理力争，寸土不让，在交涉中争回了大片国土，其贡献和努力青史可载！但是，由于国内外形势的变化，列强的压迫，清政府在一些问题上的妥协和对边疆地区的了解不足，中国在收回部分领土的同时，仍然失去了大片领土，或者留下许多争议地区，致使疆土在当时和以后继续内缩。① 又如，中朝两国在中日甲午战争后再次出现领土争端，这是朝鲜在俄国、日本支持下挑起的，朝鲜先与俄国密议共同侵占中国延边地区，1905 年前多次派军侵扰中国边境地区，1905 年后又制造了所谓的“间岛问题”，中国的官员许台身、陈作彦、吴禄贞等一方面加强边防，一方面在交涉中据理力争，竭力维护领土主权。②

（二）利用国际法守护领土的尝试

鸦片战争之前，清政府对国际法有过了解的机会，1689 年中俄尼布楚谈判中就曾运用国际法，1839 年林则徐又进行翻译国际法的尝试，主持翻译了 18 世纪瑞士法学家瓦特尔（Emmerich de Vattel）的《国际法》的片段，并在禁烟斗争中试图运用一些国际法的做法。③ 第二次鸦片战争之后，随着与西方列强交涉的增加，清朝感到了系统了解西方的国际法的紧迫性，在总理衙门的支持下，1864 年美国传教士丁韪良（William Alexander Parsons Martin）翻译了《万国公法》。《万国公法》原名为《国际法原理》（Elements of International law），美国外交官惠顿（Henry Wheaton）所著，是当时

---

① 尤中：《中国西南边疆变迁史》，云南教育出版社 1987 年版，第 165—236 页；李国强：《中越陆路边界源流述略》，《中国边疆史地研究导报》1989 年第 1 期；木芹：《清代中越边界云南段述评》，《中国边疆史地研究报告》1991 年第 1—2 期合刊；龙永行：《中越界务（粤越段）会谈及其勘定》，《东南亚研究》1991 年第 4 期；龙永行：《中越界务会谈及滇越段勘定》《中越边界桂越段会谈及勘定》、张植荣：《论中缅边界问题》，《中国边疆史地研究报告》1991 年第 3—4 期合刊、1992 年第 1—2 期合刊。

② 杨昭全、孙玉梅：《中朝边界史》，吉林文史出版社 1993 年版，第 399—526 页。

③ 田涛：《国际法输入与晚清中国》，济南出版社 2001 年版，第 16—31 页。

最新、最流行的一本国际法著作。

《万国公法》把国际法第一次系统地介绍到中国，对当时的外交活动有重要的参考价值，就是在 1864 年春，即此书翻译、刊刻过程中，已经为清政府解决发生在中国领海内一起争端提供了依据。当时，普鲁士正与丹麦进行战争，其驻华公使李福斯（Guido von Rehfus）竟不顾国际公法，率军舰在中国的大沽口拦江沙外扣留了丹麦的三艘货船。中国为此同普鲁士进行交涉①，强调普鲁士扣留丹麦船只之处是“中国专辖之内洋”，“外国在中国洋面，扣留别国之船，乃显系夺中国之权”②。李福斯最后承认违反国际法，释放两艘丹麦货船，给另外一船赔偿。在这次交涉中，清政府成功地运用国际法的领海、中立等观念，取得对普交涉的胜利，维护了领土主权。其中，领海是交涉的关键问题，其观念来源于《万国公法》第四章，其第六节“管沿海近处之权”规定，“各国所管海面及海口、澳湾、长矶所抱之处，此外更有沿海各处，离岸十里之遥，依常例亦归其管辖”，也就是说“炮弹所及之处，国权亦及焉，凡此全属其管辖而他国不与也”。第七节“长滩应随近岸”又规定，沿海的“长滩，虽系流沙，不足以居人”，也“随近岸归该国管辖，但水底浅处不从此例，按公法制此”，可是“炮弹所及之处，国权亦及之”。③

1864 年的中普交涉无疑取得了成功，可以说是中国运用国际公法维护海洋主权、保卫海疆的成功案例。此后 40 多年间，尤其是 20 世纪初期，朝野上下对国际公法有了更多的认识，更多的人希望借助公法维护领土主权。清政府方面，公法意识不断强化，参加了一些国际会议、国际公约，多次力图运用国际法的有关条款维护

---

① 田涛：《国际法输入与晚清中国》，济南出版社 2001 年版，第 57—59 页。

② 《筹办夷务始末》（同治朝）卷 26，台湾文海出版社 1966 年影印版，第 32—34 页。

③ ［美］惠顿：《万国公法》，上海书店出版社 2002 年版，第 73 页。

主权，其中在南海诸岛上的努力在当时就收到成效。南海诸岛是中国人民最早发现、最早命名、最早经营开发和最早管辖和最早划入中国版图的，仅仅从国际法上的“先占”原则来看就可以确定为中国领土，但是1907年日本商人西泽吉次以武力强占了东沙岛，经过中国的多次交涉，到1909年他才撤出东沙群岛。这件事也给中国政府敲响了警钟，于是清政府采取了多项措施加强对南海诸岛的管理：1909年设立筹办西沙事务处，派水师提督李准率海军巡视西沙，在主岛上升当时的中国国旗、鸣炮21响，以隆重的仪式宣示主权，还绘制了西沙群岛总图和各岛分图；1910年，设立“管理东沙委员”，加强对东沙、西沙群岛的开发，还筹建无线电台和灯塔。这些措施对外明确地表明中国对于南海诸岛的主权，因此20世纪初期英国、日本、法国等不得不承认中国在南海诸岛的主权，直到1921年法属印度支那总督在一份报告中还强调1909年4月中国派官员到西沙群岛“进行勘探”，6月又“派第二批官员到岛上”，他们“在其中两个主岛上隆重地升起中国旗，并鸣炮21响。这样，他们就代表了自己的政府确立了对整个帕拉塞尔（西沙群岛——作者注）的占领”。[①] 我们今天认为清政府的这些措施是对外重申主权，“占领”一词不符合西沙群岛自古就是中国领土的事实，但是当时列强宁肯用他们的语言，强调中国的这些官方活动符合近代国际法中领土取得方式中关于“有效占领”的相关规定，他们因此不得不承认西沙群岛是中国固有疆土的一部分。

在民间，中国人留学欧美、日本数量不断增加，中外交流更为深入，不少中国人主张利用“公法”保卫边疆。比如1904年英军入侵拉萨后，又逼签条约，举国上下对清政府和驻藏大臣有泰一片责斥，在这种形势下，1904年《外交报》第24号刊登了《论挽救

① 吕一燃主编：《中国近代边界史》，四川人民出版社2007年版，第1047—1077页。

西藏之策》，《东方杂志》在第1卷第9期又进行转载，在当时影响很大。此文的重点在于认真分析了对英交涉的利弊，提出“外交有强弱无是非”的说法是“强者之用意”，弱者却不能因为“强者之用意”不讲是非，任由列强宰割；当今的国际交涉，“虽曰无道”，可毕竟是“人类与人类之交接”，只要是非分明，即彼强我弱也无法掩盖。接着，文章分析说，这次英军入侵西藏“毫无口实可持”，虽然“强弱之势我与英殊”，但很显然就是“彼曲我直”，其“是非之所在未始不可与天下共明之”。因此，作者建议政府应选派大臣，授予全权，前往拉萨或至伦敦，先与英人辨明“英藏草约不可以为典要，而后与之徐图挽救之法”。对于英国逼签拉萨条约一事，文章强调，由于“西藏之土地则属之达赖喇嘛，而西藏之事权则握之我驻藏大臣”，“英藏草约”非得有达赖喇嘛和驻藏大臣的共同签署才能合法，而达赖和驻藏大臣都未签署这一条约，所以此约“不过英人与数土人所订之私约而已，不能视为国际上之确凭”；即使达赖喇嘛和驻藏大臣有泰都签署了这一条约，也无济于事，不会影响西藏的存亡，因为达赖虽是格鲁派的大大喇嘛，但系经金瓶掣签确定的，与我国“所派者无异”，不能越权“以其土地私以与人”，而有泰并非全权专使，英国人也不能视其为中国的代表，签署了同样无效。文章随后强调，尽管要想让英军自行撤走、不再干预西藏事务已经为时已晚，但我国也不必灰心，而应派出职位高、能力强的使臣与英国人交涉，争回主权。①

许多中国人对国际法有很大期望，实际的效果如何呢？中国的确在东沙群岛、西沙群岛问题上宣示了主权，达到了让列强承认中国固有领土的效果。但是，从总体上看，19世纪末20世纪初，列强加紧侵略，清朝对外交涉大多以失利、受挫告终，大片国土被列

① 《论挽救西藏之策》，《东方杂志》第1卷第9期，光绪三十年九月二十五日。

强侵占，边疆危机、民族危机不断加深，如中日《马关条约》中就被迫割让辽东半岛（后以赔款代替）、澎湖列岛、台湾全岛及所有附属岛屿；19世纪末帝国主义又在中国强行租借、划定势力范围；另一方面，清末中国与俄国划分西北、东北，与法国勘划了中越边界，与英国谈判中锡（金）、中印、中缅边界，列强就以各种理由进行蚕食鲸吞，无视中国与邻国的传统管辖线，片面地要求以近代国际法中依照山脊、河流中间线划界，侵吞中国固有领土。

在清末边界交涉中，国际法为何不能使中国受益？当时，有人就有清醒认识，如唐才常指出《万国公法》虽是“西人性理之书，然弱肉强食，古今所同”，英国侵略印度，俄国灭亡波兰，日本侵吞琉球、朝鲜，“但以权势，不以性理”，因而质疑“公法果可恃乎”?[①] 唐氏已认识到国际法只是列强在武力强占别国领土后约束别人的工具，这也反映了事实：1914年以前国际法关于领土变更方式主要是添附、先占、时效、征服、割让，除添附——河口、海口、岛屿等处陆地新的形成或增长而使国家领土增加——外，其他几种方式都明显地在为“弱肉强食”和“强权即公理”服务。

第三节　共同缔造中国疆域、共同维护国家统一

清代中国是统一多民族国家，中华各民族共同缔造广阔的疆土，16世纪起就万众一心抗击外来侵略，共同维护国家的统一和领土主权。

一　共同缔造清代中国疆域

中国辽阔的疆域是中华民族的共同家园。“一部中国史，就是

---

① 唐才常：《唐才常集》，中华书局1980年版，第44—45页。

一部各民族交融汇聚成多元一体中华民族的历史，就是各民族共同缔造、发展、巩固统一的伟大祖国的历史”，中国“辽阔的疆域是各民族共同开拓的”[①]。在秦朝之前，中国文献中就有“五方之民”的记载，也就是东方的“夷”、南方的“蛮”、西方的“戎”、北方的“狄”和中部的“中国”（华夏）。在“五方之民”融合的基础上，秦、汉时期形成了多民族的统一国家，到了清代，再次实现国家统一，并且奠定了今天中国的历史版图，多民族国家疆域是中华大地上的众多民族或政权共同缔造的。

在中国疆域发展、“自然凝聚”过程中，中华文化的传播产生了重要影响，中华文化认同是中国疆域“自然凝聚”的基础，又是中华各民族维护统一的心理基础。中国是文明古国，是唯一没有中断自身文明发展过程的国家。中华文化具有自身的独特优势，“大一统”是中国历史文化中追求统一的传统，爱国主义精神自古以来就流淌在中华民族血脉之中，重视文化建设、“以文化人”，崇尚善治、“知人安民”，鉴往知来、重视历史、善继善述，讲求“天下一家”，崇尚“和为贵”“和而不同”“兼爱非攻”等理念，憧憬“大道之行，天下为公”的美好世界。[②] 这些优势，特别是维护“大一统”，在清代就有突出的反映，黄宗羲、雍正皇帝就是两个代表人物。

黄宗羲（1610—1695 年）是明末清初的重要思想家，1628 年少年的他锥刺阉党、进京为父申冤报仇而闻名，清军南下时他组织义军，参加过南明鲁王朱以海政权的抗清斗争。在抗清失败后，他被清朝通缉，于是长期隐居著述，完成《明夷待访录》《明儒学案》等大量著作，搜集汇编《明文海》。他经历明朝亡国的惨烈斗

---

① 习近平：《在全国民族团结进步表彰大会上的讲话》（2019 年 9 月 27 日），《人民日报》2019 年 9 月 28 日第 2 版。

② 高翔：《中国历史文化具有一脉相承的优秀传统》，《人民日报》2020 年 10 月 26 日第 9 版。

争，多篇诗文歌颂抗清志士，对于他的学生吕留良因文字狱受害而愤慨，与当时绝大多数忠于明王朝的“明遗民”一样，不愿做清朝的官。康熙十七年（1678年），康熙皇帝“诏征博学鸿儒”，黄宗羲拒不应试，两年后康熙皇帝命令两江总督、浙江巡抚以礼相聘，他婉言谢绝。但是，黄宗羲不仅支持他的得意门生万斯同参与修纂《明史》，同意他的儿子黄百家进京参与此事，而且每逢史官们有问题请教时，他都给予详切的答复。[①] 不仅如此，他撰文赞扬救灾得力、造福地方的清朝官员，肯定康熙年间清朝表彰明朝忠臣、改善人民生活，推许康熙皇帝为“圣天子”，这显然表明他已经摆脱对明朝“一姓之忠”的“遗民意识”，强调知识分子应匡济天下的责任。[②] 他致力于搜集明代文献、汇成《明文海》，支持《明史》编纂，正是中华文化中“以文化人”、鉴往知来等传统的反映，而清朝编纂《明史》、维护“大一统”、改善民生，又让他晚年摆脱“一姓之忠”，认可、维护清朝实现的国家统一。

当然，对于清朝的国家统一，18世纪初有人仍不予认可，湖南文人曾静派学生张熙到西安，试图策反陕西总督岳钟琪，强调“华夷之分大于君臣之伦”，认为雍正皇帝是“满洲”女真人，是“夷狄”，清朝取代明朝是“明君失德，中原陆沉，夷狄乘虚入我中国，窃据神器”。曾静等人被告发，审讯后表示受到吕留良著述的影响。雍正皇帝对此极为重视，亲自撰写《大义觉迷录》，强调“天下一统，华夷一家”，系统阐述清朝乃“中国正统”，并下令刊刻《大义觉迷录》，“颁布天下各府州县远乡僻壤，俾读书士子及乡曲小民共知之”。他在上谕中指出“本朝之为满洲，犹中国之有籍贯。舜为东夷之人，文王为西夷之人，曾何损于圣德?”他回顾

---

① 王政尧：《清史初得》，辽宁民族出版社2010年版，第209—318页。

② 陈永明：《清代前期的政治认同与历史书写》，上海古籍出版社2011年版，第23—41页。

中国历史，强调“自古中国一统之世，幅员不能广远，其中有不向化者，则斥之为夷狄。如三代以上之有苗、荆楚、玁狁，即今湖南、湖北、山西之地也。在今日而目为夷狄可乎？至于汉、唐、宋全盛之时，北狄、西戎世为边患，从未能臣服而有其地，是以有此疆彼界之分。自我朝入主中土，君临天下，并蒙古，极边诸部落俱归版图。是中国之疆土，开拓广远，乃中国臣民之大幸，何得尚有华夷中外之分论哉！”[①] 雍正皇帝通过总结中国历史发展的脉络，明确了各民族（华夷）共同缔造中国疆域的事实，清晰地阐明了“天下一统，华夷一家”的思想，又反映出现“大一统”观念对于当时维护多民族统一国家的重要性。

在清代，文化的认同是中国疆域形成的“精神凝聚力”，又是各民族（华夷）维护统一的心理基础。中华文明是中华民族共同创造的，内容非常丰富，既包括内地汉族和其他民族创造的文化，也包括边疆少数民族的文化；既包括中国历史上形成的典章、政治制度、礼仪等，也包括儒家、道家、佛教（包括藏传佛教）等的经典、仪轨、艺术等。中华文明是支撑中国疆域“滚雪球式”的不断扩大、巩固并发展的“精神凝聚力”，也是中国古代“软实力”的反映。这在清代治理国家、巩固疆土的政策中就有所体现，一方面在内地和边疆地区举办学校，传播以儒家经典为基础的内地传统文化，通过科举制度选拔各民族的人才，用儒家文化“教化”人民、巩固对国家的认同。另一方面，针对蒙古、西藏地区少数民族信仰藏传佛教的现实，尊崇藏传佛教的高僧大德，清代五世达赖喇嘛、六世班禅额尔德尼曾经进京朝觐，还在北京、承德等地建造藏传佛教的寺庙，比如北京今天仍然保存着北海白塔寺、黄寺（原有东、西黄寺，现存西黄寺）、雍和宫、颐和园的须弥灵境建筑群。这些

① 爱新觉罗·胤禛撰：《大义觉迷录》卷1《上谕》，雍正内府刻本，《四库禁毁书丛刊》史部第22册，北京出版社2000年影印版。

对于增强各民族的向心力、凝聚力具有重要影响，比如布达拉宫最早是松赞干布为文成公主营建的，促进唐代西藏与内地的联系。1642 年，五世达赖喇嘛在蒙古和硕特部支持下建立甘丹颇章政权——蒙藏联合的西藏地方政权，1645 年下令重建布达拉宫。1652 年，五世达赖喇嘛进京，朝觐顺治皇帝。1653 年，他返回拉萨时布达拉宫已经竣工，五世达赖喇嘛圆寂后他的灵塔安放在红宫的司西平措殿，殿内绘制着绚丽多彩的壁画，他朝觐顺治皇帝的宏大场景被绘制在突出地位。而且，布达拉宫最高的宫殿——萨松朗结里供奉着用汉、满、蒙古、藏四种文字书写的牌位“当今皇帝万岁万万岁”，达赖喇嘛每年藏历新年率领噶厦官员及三大寺大喇嘛到牌位前朝拜，表明达赖喇嘛与清朝皇帝的臣属关系。[①]

二　共同抵御外敌、维护统一

从 17 世纪初期起，中华各民族（华夷）就并肩抗击外来侵略，共同维护国家统一。面对俄国殖民者的侵略，清朝派军驱逐，进行两次雅克萨之战，黑龙江流域的满洲人、蒙古人、达斡尔人、鄂温克人、鄂伦春人、锡伯人、赫哲人以及汉族等各族军民都参加了这场战争，为打败侵略者、赢得雅克萨之战的胜利起着至关重要的作用。[②]

康熙、雍正、乾隆时期，清朝多次用兵西北，平定准噶尔部的叛乱，并把察哈尔蒙古、锡伯族迁往新疆戍边，各族军民为稳定西北边疆、建设西北地区做出了重要贡献。其中，康熙十四年（1675 年）起，清朝对察哈尔蒙古实行政治、军事、生产三位一体的八旗等级制度，平时生产，战时供中央政府调遣，无论是康熙皇帝三次征讨噶尔丹，还是雍正、乾隆时期用兵准噶尔部，察哈尔八旗官兵

---

① 郭卫平：《从布达拉宫看西藏地方与祖国的关系》，《西藏研究》1988 年第 4 期。

② 周喜峰：《清初黑龙江各族与雅克萨保卫战》，《明清论丛》2012 年第 1 辑。

几乎每战都奉命出征，每战胜一地，都留察哈尔八旗官兵驻守卡伦台站。[①] 乾隆二十七年（1762 年），清朝新设伊犁将军明瑞到任后，深感伊犁地区地荒牧凋、边防空虚。翌年，面对外有俄国窥视、内防分裂活动的严峻形势，他建议中央政府加强驻防力量。乾隆皇帝批准这一建议，下令察哈尔八旗官兵携带家眷，西迁伊犁地区。1800 多名官兵奉命离开察哈尔草原，他们经过一年的长途跋涉，二十九年（1764 年）到达伊犁，在博尔塔拉、哈布塔海、赛里木诺尔一带驻守、游牧为保卫、开发西北边疆做出重要贡献。锡伯族是乾隆二十九年奉命西迁的，他们历时一年五个月（中间有休整时间，实际行程一年三个月），从辽河平原到达伊犁河畔。他们和察哈尔蒙古的西迁，对于伊犁地区的军事安全具有重要作用，不仅巩固了伊犁作为新疆政治、军事中心的地位，而且清朝中央政府按期完成军事部署，达到了全面管辖新疆、巩固西北边疆的目的。[②] 不仅如此，蒙古土尔扈特部领袖渥巴锡率部从伏尔加河下游出发，不顾俄国的拦截，万里东归，乾隆三十六年（1771 年）抵达伊犁河流域。乾隆皇帝在承德接见了渥巴锡，赞扬他“携全部，舍异域，投诚向化，跋涉万里而来”，作诗“从今蒙古类，无一不王臣”，并下令给土尔扈特部分配游牧地，把他们安置在科布多、准噶尔盆地南北及西边游牧，他们与察哈尔蒙古、锡伯族及其他各族人民一起，内勤耕牧，外御强敌，共同开发和捍卫西北边疆。[③]

在清朝组织锡伯族、察哈尔蒙古西迁的同时，内地移民不断迁往边疆地区。在台湾，明末清初已经有大陆移民，清朝平定郑氏政权后移民不断迁入，到光绪十三年（1887 年）台湾建省时大陆移民

---

① 吐娜：《清朝出兵准噶尔中的察哈尔蒙古》，《内蒙古社会科学》1998 年第 6 期。

② 关伟：《略论锡伯族西迁及其历史贡献》，《清史论丛》第 16 辑。

③ 王锺翰主编：《中国民族史》（增订本），中国社会科学出版社 1994 年版，第 841—849 页；吕文利：《古代中国的边疆管理和礼仪想象——兼论中国古代疆域版图的形成》，《紫禁城》2014 年第 10 期。

及其后裔已有 320 万人。在东北地区，清朝统治者视为“龙兴之地”，清朝初年曾允许内地汉人迁移到辽阳一带，又将大量汉族的犯人安置在东北，不久禁止移民。19 世纪中叶，在俄国侵占黑龙江以北、乌苏里江以东大片国土后，清政府下令开放东北，内地加快“闯关东”的移民步伐。这些移民与当地各族人民一起开发台湾、东北，抗击外来侵略。这些内地对边疆的开发性移民，有利于减轻内地的人口压力，推动人口的合理分布，也能大大加快边疆的开发进程，提高边疆地区的经济、文化水平，有利于巩固国家的统一。[①]

19 世纪中期起，欧美列强和日本不断侵略我国，各族爱国军民奋起抗敌、保家卫国。鸦片战争爆发后，道光二十一年（1841 年）四川、贵州、湖北三省各族官兵 1000 多人开赴广东，四川松藩、建昌（今四川省西昌市）两地的藏、羌、彝等族官兵及屯兵 2000 余人急驰浙江前线，与东南沿海兄弟军队并肩战斗，抗击英国侵略者。同治三年（1864 年），浩罕军官阿古柏侵入新疆，光绪元年（1875 年）清朝派左宗西征，新疆各族人民积极配合、响应，四年（1878 年）收复新疆。光绪十四年（1888 年），英国发动了第一次侵略西藏战争，西藏地方各族人民奋起抵抗，爱国的清朝官员也给予坚决支持，驻藏大臣文硕就曾多次要求清政府迅速筹饷、派军，并督促西藏地方派遣高级官员前往指挥，抗击侵略者，这使西藏军民士气大增。光绪二十八年（1902 年），英国再次派军侵入西藏，翌年派出一支万人大军，以护送谈判代表荣赫鹏入藏为借口侵入西藏。面对英国的侵略，西藏爱国军民英勇抵抗，1904 年 5 月在武器落后、弹药不足的情况下，多次击退英军进攻，坚守江孜一个多月。[②]

---

① 葛剑雄：《中国人口发展史》，四川人民出版社 2020 年版，第 432—436 页。

② 王锺翰主编：《中国民族史》（增订本），中国社会科学出版社 1994 年版，第 972—994 页。

清代，中华民族共同缔造中国疆域，共同捍卫神圣领土，对于近代中国疆域的巩固产生重大影响。20 世纪初，国内革命派对于革命运动中如何处理国内各民族的关系，革命成功后如何治理边疆民族地区的问题，存在明显不同的主张。如杨度强调"以今日中国国家论之，其土地乃合二十一省、蒙古、回部、西藏而为其土地，其人民乃合满、汉、蒙、回、藏五族而为其人民"，根据各族社会发展程度，"汉族为首，满次之，蒙、回、藏又次之"，但是满、汉、蒙古、回、藏五族同为中国国民。[①] 这击中了"种族革命 = 排满 + 汉人复国"观念的要害，即历史上的中国并非仅仅是汉族的中国，而是汉、满等许多民族共同形成的中国。这也引起孙中山等一些人思考和警觉，他们也意识到如果过分强调革命就是为汉族"复仇、复国"，革命过程中会引起国内其他民族对汉族、对革命的不信任乃至反对，即使革命成功也可能使边疆地区和其他民族脱离新生的国家。1906 年 12 月，孙中山在《民报》创刊一周年纪念会上就特别强调，"民族主义并非是遇着不同族的人，便要排斥他，是不许那不同族的人来夺我民族的政权"；有人说"民族革命是要尽灭满洲民族，这话大错"，而"民族革命的原故是不甘心满洲人灭我们的国，主我们的政，定要扑灭他的政府，光复我们民族的国家"；"假如我们实行革命的时候，那满洲人不来阻害，我们决无寻仇之理"[②]。

1912 年 1 月 1 日，中华民国在南京宣告成立，临时大总统孙中山就宣布："国家之本，在于人民，合汉、满、蒙、回、藏诸地为一国，即合汉、满、蒙、回、藏族为一人，是曰民族之统一。"[③] 这

---

① 杨度：《金铁主义说》，转引自彭武麟《南京临时政府时期的近代国家转型与民族关系之建构——以"五族共和"为中心》，《民族研究》2009 年第 3 期。

② 民意：《纪十二月二日本报纪元节庆祝大会事及演说辞》，《民报》第 10 号，东京，1906 年 12 月 20 日发行，"纪事"第 3—16 页。

③ 孙中山：《孙总统宣言书》，《东方杂志》1912 年第 8 卷第 10 号"内外时报"。

表明，中华民国是统一多民族的共和国，汉族与满族、蒙古族、回族、藏族都是这个新生共和国的重要成员。3 月，南京临时政府颁布具有宪法性质的《中华民国临时约法》，其中第 3 条明确规定中华民国的领土“为二十二行省、内外蒙古、西藏、青海”；第 5 条规定中华民国人民“一律平等，无种族、阶级、宗教之区别”[①]。这就在根本大法中明确地规定了蒙古、西藏、青海的法律地位，也强调了国民不分种族一律平等，从而在法律上维护了国家统一和中国疆域的完整性。

结　语

清代，中国疆域具有多民族共同创造、文化认同是基础、疆界并存的特点，这反映了历史上中国疆域变迁的特征，对维护统一多民族国家具有重要的影响。

清前期在继承先秦至元、明时期历代疆土的基础上“自然凝聚”，又在 18 世纪末期全球化进程加快、“国际大棋局”日趋复杂的背景之下实现全国统一，巩固了中国对边疆地区的主权，其统一范围和程度是超越以往的中原王朝。清前期在“西力东渐”“西学东渐”的特殊背景下，继承中国历代王朝开发、拓展的疆土，运用近代国际法与邻国划定了部分陆地边界，以官方全国性地图和《大清一统志》《大清会典》等典章制度的形式，同样使 1300 多万平方公里的疆域具有国内法律的效力，从而明确了当时中国疆域的法律地位。

17 世纪初期至 18 世纪末期，面对西方殖民者向全球扩张的严峻形势，“清朝的建立和疆域的巩固，无论是对防止西方殖民主义

① 《中华民国临时约法》，《东方杂志》1912 年第 8 卷第 10 号“内外时报”。

者的入侵或促进国内各族人民经济、文化的联系和发展，在客观上都有积极的意义”[①]。因此，清朝在全球化背景下完成国家统一，具有极其重要的历史影响。正因为此，我国学术界围绕历史上的中国疆域及其地位，进行数十年的讨论[②]，谭其骧提出“王朝跟中国不能等同起来，应该分开，整个历史时期只有清朝等于全中国”；“我们拿清朝完成统一以后，帝国主义侵入中国以前的清朝版图，具体说，就是从18世纪50年代到19世纪40年代鸦片战争以前这个时期的中国版图作为我们历史时期的中国的范围。所谓历史时期的中国，就以此为范围。不管几百年也好，几千年也好，在这个范围之内活动的民族，我们都认为是中国史上的民族；在这个范围之内所建立的政权，我们都认为是中国历史上的政权”。[③] 这一观点提出后“实际上已为史学界大多数所接受”[④]，这也从一侧面表明，清前期形成的1300多万平方公里的中国疆域，具有重要的历史地位、法律地位，是我国疆域发展的里程碑，其意义极其重大。

19世纪中期至20世纪初期，列强从东部沿海打开中国的大门，中国被迫割地、赔款、开埠通商，中国丧失东北、西北、西南和东部沿海地区的大片国土，致使疆土大大退缩。这一时期，中国疆域的演变与周边形势、国际“大棋局”紧密相关，中国周边的属国先后沦为列强的殖民地，清前期“守在四夷”的理想被打碎，中国150多万平方公里的领土被列强侵占。但是，1840年后中国运用外交、国际法等手段，竭力保全遭到列强侵略的藩属，并与旧日藩属加紧联系，以睦邻、固边，爱国官员则在边界谈判中力求收回清前期让予属国的疆土，避免中国被“瓜分豆剖”。因此，时代条件、

---

① 翦伯赞主编：《中国史纲要（增订本）》，北京大学出版社2006年版，第556页。

② 华林甫：《中国历史地理学·综述》，山东教育出版社2009年版，第214—219页。

③ 谭其骧：《历史上的中国和中国历代疆域》，《中国边疆史地研究》1991年第1期。

④ 马大正、刘逖：《二十世纪的中国边疆研究——一门发展中的边缘学科的演进历程》，黑龙江教育出版社1997年版，第178—185页。

国家和社会性质的变化促使中国疆域规模发生了变化，近代民族国家的形成促使中国疆域由“皇权”向“主权”转变，晚清疆域范围奠定了中国近代的疆域规模[①]，为维护国家统一、稳固中国疆域具有重要的法律意义和重大的历史影响。

① 郑汕：《中国边疆学概论》，云南人民出版社2012年版，第119—121页。

第三章

清代国家统一的制度保障

“大一统”是清朝政治的基本原则，也是其特色所在。但“统”与“治”实施的层面不同，内涵自有区别。就国内政治体制而言，“统”是不可动摇的前提；“治”的层面可以有多元形态。这是清朝制度的最大特点。

第一节　集权下有分权的行政管理体制

清朝的行政事务管理，按纵向划分，有中央和地方两大层级；按横向观察，则存在内地（直省）和边疆（军府、藩部）体制的差别。当然，这些差别都是在清廷“大一统”中央集权之下相对存在的。就是说，边疆地方的一定程度的“分权”是以维护朝廷“大一统”的集权为前提的。而且，随着历史进程的推移，边疆政治制度向内地靠拢而“内地化”，进而走向全国“一体化”成为趋势。

一　中央管理体制

清代实行中央集权体制，其核心部分是专制皇权。但这是从全国政治生态，特别是从中央与地方关系层面体现出来的。由于清朝特殊的国家政治体制结构，长城内外的直省与边疆管理体制有别，呈现集权中有分权，专制中有“权宜”的情况存在，具有因地制宜、灵活施政的特点。

（一）“廷议”与皇帝决策机制

清代是专制皇权发展的高峰时期，国家的最高决策权始终掌握在历朝皇帝手中。康熙皇帝曾谓“朕于国家政务，竭力勤求，是非自任，从不委于群下”①。“天下大权，惟一人操之，不可旁落。”②乾隆皇帝甚至在退位做太上皇后仍不放弃大权，明确表态，“凡军国重务，用人行政大端，朕未至倦勤，不敢自逸”③。嘉庆七年（1802年），嘉庆皇帝也说：“我朝列圣相承，乾纲独揽，皇考高宗纯皇帝临御六十年，于一切纶音宣布，无非断自宸衷，从不令臣下阻挠国是。即朕亲政以来，办理庶务，悉尊皇考遗训，虽虚怀延纳，博采群言，而至用人行政，令出惟行，大权从无旁落。”④但无论皇帝如何“圣明”，如何“勤政爱民”，以天下之大，政务之繁，竭一人之力终究无法胜任。因此，围绕皇帝建立一套包括启发、咨询、论议功能的辅政机制必不可少。客观来说，清朝统治者虽是来自关外文化不发达的边疆民族，但善于学习，在汲取明朝承继的长期积累的中原王朝发达政治制度文化的同时，按自身需要改造，成功避免了前明的政治弊端，创造了稳定、高效的中枢决策机制，保证了清朝统治的长治久安。概括而言，这套机制具有两大特点，一是程序原则，“先议后决”；二是区分政务层级和类别，分层级议政、施政。

“先议后决”的中枢决策传统，源自入关前的金国—清时期。其时国家草创，军务倥偬，机构简陋，国家事务也比较简要。虽然决策权为“金国汗”独揽，但重大事务由“诸贝勒”和“议政大

① 《清圣祖实录》卷144，康熙二十九年正月辛丑。

② 《清圣祖实录》卷259，康熙五十三年六月丙子。

③ 《清仁宗实录》卷1，嘉庆元年正月戊申。

④ 梁章钜：《枢垣纪略》卷1《训谕》。

臣”合议的传统始终不变，时称“国议”。只是后期由于六部的创设，议政程序分为两个层次：重大机务由君主与议政大臣（包括诸王、贝勒、固山额真等亲重之臣）商议；一般庶政则由君主与六部官员议决。入关以后，国事殷繁，国家机构也走向完备。

中央负责行政、司法、监察的部院机构也都享有了一定的议政权力，可以参与中枢决策。整体而言出现了三种中枢决策形式。

一是原有的“议政王大臣会议”，议政大臣“会议”军国机务。议政场所是设立于内廷的议政处。“议政王大臣会议”传统依旧，但“与议者”并非过去范围固定的当然人选，选任权即参与“议政大臣”的人选由皇帝决定，规模和范围都有扩大，除满洲宗室贵族、八旗亲贵、功臣、元勋外，偶有汉官参加，顺治朝最多时达到 60 余人。

康熙时逐渐减少。议政范围包括：军务，如布防、作战、军队调遣、将帅任免等事；八旗事务；世职承袭；民族事务；朝廷重大决策，如帝位嗣立、重大制度废立及有关国计民生的重大问题，均须经议政王大臣会议讨论。概括而言，即议大政，谳大狱，举贤能。其议政形式也有两种，首先是固定性的“廷议”，所有不交内阁票拟的军国重务，均由议政王大臣于内廷中左门外集议。非会议成员，即便贵为大学士，也不得参加。其次是“交议”事务，凡奉皇帝谕旨交议政王大臣会议事件，由内阁转交议政处，诸王大臣公同会议后覆奏。其本章（文件、报告）虽经内阁进呈皇帝阅定，但不必经过内阁票拟。所处理的事务层级，既包括商讨重要国策，议处重大事件，发挥中枢决策机构作用；也审理重要刑案，行文领兵将军，行使部院衙门职能。雍正朝军机处设立后，议政王大臣会议可办事务越来越少，遂于乾隆五十六年（1791 年）裁撤废除。

二是“九卿集议”制度。凡攸关国计民生的各类政务需要议奏者，皇帝多交给部院九卿集议，或谕令定例具奏。所谓九卿，除六部外，还包括都察院、通政使司和大理寺共九个机构的正职长官。即所谓“大九卿”。此外，太常寺、太仆寺、鸿胪寺、光禄寺、都察院、国子监、翰林院、詹事府、宗人府长官，甚至六科给事中及二十道监察御史有时也参加会议（谓之“小九卿”）。按议政层级，包括两级。九卿集议庶政，参与者仅限“大九卿”。九卿与翰、詹、科、道合议，成员包括小九卿。所议政务，按性质分，有两大类。即人事与庶政。人事指“会推”官员，主要涉及高级官员选任。庶政则国计民生，包罗甚广。举凡政治、经济、文化、教育、军事、法律、财政、水利、民族等政策制度的制定、调整皆在其中。这一商讨政务形式一定程度上可以集思广益，博采众议，提高中枢决策的准确性和合理性。

三是“御门听政”制度。即皇帝于乾清门召见群臣，处理政务制度。清初，皇帝每日临御乾清门处理政务。九卿科道齐集奏事，皇帝与内阁大臣商决政务。凡部院进呈的题本及未经奉旨如何处理的折本，都在御门听政之日由大臣当面奏呈处理。皇帝“御门听政”有固定的御门时间、奏事程序，并有记注官记录。康熙皇帝在宫内时大体上保持每日御门不辍，出宫在畅春园时则在澹宁居听政，驻跸热河或出巡甚至御驾亲征途中，也每日听政不息。雍正以后，因设立军机处，皇帝日常处理政务遂由御门召见内阁及各部院大臣制度改为在内廷养心殿召对军机大臣，商决机务。其未决政务，则通过不定期临时传旨“御门”办理，一般每月逢五举行御门听政。乾隆时常在圆明园勤政殿听政。咸丰以后，国事日非，这项制度名存实亡，逐渐停止。

除了上述主要的决策机制，某些时期中央个别机构也不同程度参与中枢决策过程。如康熙初期翰林院官员入值南书房，但是否参与决策机务，学术界有不同看法。有的认为有实权，可以批答诏旨；有的则否认，认为并无实证。据实而言，这些文学侍从处于皇帝近侧，本身就有顾问职能。皇帝偶尔垂询，甚至特命起草诏旨也属正常。如张英、高士奇的个案。平定“三藩之乱”时期，“军书旁午，上日御乾清门听政后，即幸懋勤殿，与儒臣讲论经义。英率晨入暮出，退或复宣召，辍食趋宫门，慎密恪勤，上益器之。幸南苑及巡行四方，必以英从。一时制诰，多出其手”。[①] 但这种情况，决非常态，南书房也不可能成为决策机构。说到底，决策权始终掌握在皇帝手中。当然，清初顺治、康熙两帝幼龄登基及清末溥仪在位时期，由摄政王、辅政大臣代行皇帝决策权，直到皇帝亲政，这是制度允许的，而且也非常态情况。

（二）内阁与军机处的汇总上达

内阁是清代中央最高行政机构，其名源自明代。朱元璋废除历代丞相制度，由皇帝总揽天下大权，但个人精力、能力有限，于是创设内阁，辅助皇帝处理朝政。清代的内阁，作为机构，职能与明内阁相似，但另有自己的渊源。清朝入关前，金国时期，已有辅助天命汗努尔哈赤理政的文房。1636 年改元为清国后皇太极将文馆改为内三院，即内国史院、内秘书院和内弘文院，分别掌理档案、史书编纂、撰写诏令；起草敕谕国书、抄录章奏；负责为皇帝进讲经史、教育皇子等朝廷要务。入关后，内三院又并入翰林院，一直延续到顺治十五年，即 1658 年。是年改名为内阁。但不久又恢复内三院，直到康熙皇帝亲政后的 1670 年才最后定制为内阁体制。内阁官员分大学士、协办大学士、学士、侍读学士、侍读及其他较低官职，以满人为主导，满洲、蒙古、汉军、汉人官员并用，体现了大一统国家的主要语言文字地位和民族群体的和谐共存。内阁中地位最高的是大学士，早期品级并不高，雍正朝提高到正一品，乾隆时定制兼任尚书，加三殿（文华、武英、保和）、三阁（文渊、体

---

① 《清史稿》卷 267《张英传》。

仁、东阁）名衔，遂成为人臣之极，文官之最。其职责主要是“钧国政，赞诏命，釐宪典，议大礼、大政，裁酌可否入告”。即处理国家庶政，起草诏令，厘定法律制度，商议重要礼制和政务，但决定权仍在皇帝手中。中央部院和地方高官的奏章、题本经过宫廷奏事处和通政司渠道汇总于内阁，经过内阁的登记、抄录、拟定处理意见、报请皇帝决定、发还各衙门和各省办理等政务处理环节，起着政务总汇和运转中枢的作用。功能类似于民国的国务院。

康熙时期，作为辅佐皇权的机构，内阁权力一定程度上也被御用秘书机构南书房分割，但也只限于诏令文件的起草。“顾南书房翰林虽典内廷书诏，而军国机要综归内阁，犹为重寄。”[①] 真正取代内阁实权的是雍正年间设立的军机处。军机处，初名军机房。其直接来源，应该与清初的议政机构“议政处”有关。因为议政处的主要职责也是“参画军要”。雍正初年，清廷对西北准噶尔势力用兵，为防止当值议政大臣泄露军机，遂成立军机房，后改名军机处。其印文称“办理军机事务处”。地点位于乾清门西侧。军机处成立时间，没有明确记载。但其职责的重要，却人所共知。该机构设满汉军机大臣数人，下有满汉军机章京两班，各 16 人。军机处最初是临时机构，军机大臣都是兼差，由皇帝从满汉大学士、尚书、侍郎及三品以上京堂官员内特别简任，无定员。早期宗室王公反而较少担任，这与前期清帝限制皇族干政的指导思想有关。其职责“掌书谕旨，综军国之要，以赞上治机务。常日直禁庭以待召见”[②]。其运作，也不限于京城，皇帝外出巡幸则军机处人员随行。早期处理的事务以军务为主。至乾隆朝则扩展到经济、人事、司法等国家大政的诸方面。所谓天下大政皆属军机。“军国大计，罔不总揽。自雍、乾后百八十年，威命所寄，不出于内阁而出于军机处。盖隐然执政

---

① 《清史稿》卷 114《职官一》。

② 光绪《大清会典》卷 3。

之府矣。”[①] 概括起来，军机处参与处理的政务有以下几方面。

一是会议政务。如《会典》所说，“议大政、谳大狱，得旨则与”。国家的施政方略、军事决策及拟定外藩和亲贵大臣赏赐等大事都要求军机大臣议奏，有时甚至一日召见数次。重大案件，则奉旨会同刑部审理。

二是备皇帝顾问。“军旅则考其山川道里与兵马钱粮之数，以备顾问。”有关国情政事，军机大臣或实地考察咨访，或考稽国史档册，遇有皇帝询问，或绘图，或缮单，随时呈进。国家重大典礼，则需要查考档案成例，考证故实。

三是承旨撰写谕旨。“掌书谕旨”，这是军机处的主要工作。军机大臣领受皇帝口头指示后，或由大臣亲自起稿，或令章京草就，大臣改定，呈报皇帝认可后，分别性质交办。保密性不强的，交付内阁抄发，称为明发上谕。机密性质的，由军机处封发，以加急方式驰送各地，此为“廷寄”，或称寄信上谕。

四是参与朝廷人事任免和官员选拔考试。“文武官特简者，承旨则进其名单、缺单，特简者亦如之。”清廷重要文武官员之任免及各部尚书、侍郎、各省总督、巡抚以至道、府、学政；关差、盐政及驻防将军、都统、驻各边疆地区的领队大臣、办事大臣等官员的补放，均由军机大臣负责开列应补人名单，交皇帝选择任用。遇到科举考试之年，也由军机大臣开列主考、总裁名单，奏请皇帝选用。复试、殿试，军机大臣负责核对试卷，检查笔迹，任命阅卷官。这是军机处的日常职能之一。这些拟定名单工作，称为“进单”。此外，军机处还负责官员考核方面的“记名”。军机处设有“记名档”，专记那些经过军机大臣或兵部、吏部等带领引见之后奉旨记名的官员。涉及官员的是非、功过、人品、考核，是皇帝选任

① 《清史稿》卷176《军机大臣年表序》。

官员的重要依据。被记名官员，遇有缺出，则提奏递补。一定意义上说，军机大臣通过“进单”获得了官员的举荐权，通过“记名”也参与了官员的考核和任用。此外，军机处还承担着档案的缮写保管工作，如奏折录副，分类收贮，以及《方略》编纂工作。

就工作性质而言，军机处显然分割了原来内阁职掌中最重要的部分。所以有人认为它是“内阁之分局”。但这一看法只看到表象，实质问题在于军机处是内廷机构，是皇帝的私人秘书班子，起着强化君权的作用。而内阁则代表着传统的外朝政府。正像清末御史张瑞荫所言“军机处虽为政府，其权属于君；若内阁，其权属于臣”[①]。而内阁虽失去实权，但仍然保留了部分常规权力和例行职责。“至本章归内阁，大政由枢臣承旨，权任渐轻矣。”[②] 实际上，清代中枢机构有一个明显的推移过程，清初，议政王大臣会议及议政处居核心地位。中期军机处取而代之，于是乾隆末年议政王大臣会议终结。内阁虽然受到削弱，在名义上，仍是国家行政中枢。至清末，先有总理各国事务衙门，后有督办政务处、资政院分军机处之权，最终在1911年成立责任内阁，军机处权力归于内阁而结局。

清代的军机处作为特殊衙门能够长期存在，当然有它的独特之处。除了其扩张专制皇权的特性之外，它还是清朝最有效率的机构。具有简、速、密三大特点。所谓“简”，指其机构人员配置简单，除了几间值房，无正式衙署。人员三四十人，且“有官而无吏”，官员无专任，均为兼差，随时可以撤换。“速”，谓其办事效率高。没有内阁那样复杂的公文周转，即时立办，当日事当日毕。签发公文，则通过兵部的驿站、军台立时发出，限时到达。这对于拥有辽阔版图，通信手段落后，族群边情复杂多变的大国的治理而

① 《御史张瑞荫奏军机处关系君权不可裁并折》，载故宫博物院明清档案部《清末筹备立宪档案史料》上，中华书局1979年版。

② 《清史稿》卷121《职官一》。

言，意义重大，不言而喻。最后是“密”。其工作环境“慎密”，地处内廷，外官难以接近。皇帝召对军机大臣，太监要回避。撰写书谕，限定值房。发送廷寄谕旨，也是迳交迳收，无泄露之虞。皇帝对军机大臣、章京则严格强调保密，违者严惩。军机处的创设，有力地纠正了明代权臣通过内阁控制朝政的弊端。

（三）六部与理藩院的分工与合作

清代疆域辽阔，民族众多，政情之复杂，远远超越前明。国家政务处理体制，也较明朝复杂。但是，随着大一统国家的巩固和皇权为代表的中央专制集权体制的发展，其体制运行更加稳定成熟，效率也更高。只有到了清后期，由于外部冲击和内部反叛的双重夹击，原有体制运转失灵，被迫开启改制尝试。真正全面改革体制则是辛丑开启的新政十年期间，最终在改革中覆亡。

明清相比较，清代国家行政管理有几大特点。一是国内版图大体以长城为界，区分为边外和边内，即行省和特别区域，实行不同体制管理，并明显表现在中央和地方官制上。二是在民族及民族区域管理上，区分为藩部和行省两大类型管理，前者主要是蒙藏回部，有内部自治权，后者则是汉族为主，实行编户齐民。三是在政治制度建设上“参汉酌金”，实行满洲旧制与前明制度的混合体制，官员任用上也是满（含蒙古、汉军）汉双轨，各占官缺。中央既有议政王大臣会议，也有内阁；既有六部，也有理藩院；军队管理上，既有八旗都统，也有兵部。

总体而言，内部的差异化管理服从于大一统的集权体制，这也是清代国家内部长期稳定、长治久安的主要原因。以下试以六部与理藩院的关系略加说明。

众所周知，清代的六部分别管理全国各省的官员选任、赋税收入支出、文教礼仪、军队布防、司法刑狱及工程营建等重要事务。但从各部内部机构设置及职司划分来看，基本覆盖的是内地 18 行省（清末增加到23省），如吏部有14个司，户部有18司，均与行省对应。因此给人以六部不管理塞外边疆地区的误解。实际上，这是因为中央有专管蒙藏回等民族地区事务的理藩院，分割了六部的一部分行政范围与职权的结果。但是，这一权力分割只是相对的。从治理的角度看，部院之间不仅事务上有交叉，行政空间上也有交错重叠。所谓分割，只是专管与兼管的区分。

吏部掌管文官的选任、升调、考核、爵职封袭等事务，地位较高。除了管理边疆地区任职的满汉官员的相关事务外，其验封司还具体负责西南、西北地区土司中土官的袭职办理，以及土官的奖惩、封赠、抚恤等事项。户部掌管全国的地政、户籍、税赋收支，兼管八旗有关事务。下设14司，分掌18省的钱粮收支。

八旗因为不纳入行省户籍，按驻防地归入所在省份管理。其中南档房主要负责在京八旗人口的户籍管理。驻防八旗事务则分司管理，如江南司，负责江宁、京口八旗的俸饷支放。东北地区三将军所属旗、城的财政出纳，归山东司负责。山西司则负责稽核察哈尔游牧蒙古八旗、归化城土默特蒙古二旗地丁钱粮，漠北定边左副将军官属，张家口、赛尔乌苏台站官兵俸饷，以及乌里雅苏台、科布多屯田官兵的轮换事务。河南司兼管游牧察哈尔官兵俸饷。陕西司分管陕、甘两省的钱粮收支，新疆建省后也纳入该司管理。此外还掌管着对西北各族民生意义重要的茶法。四川司兼管着新疆的屯垦奏销事务。广西、云南司，本就是行省体制，只是地处边疆而已。出人意料的是，贵州司居然负责稽核东北的贡貂事宜。

礼部掌管礼仪、教育教化、科举考试事务，涉及边疆民族的也不少。如仪制司制定的木兰秋狝大典即在塞外木兰围场举行，参加者主要是周围驻牧的蒙古王公贵族。铸印局铸造印信，当然包括蒙古盟旗扎萨克印信、西藏各级活佛行用印信及驻边军政机构用印。祠祭司负责制定的吉礼、凶礼仪制，也适用于边疆地区。吉礼如诸神、山川祭祀，塞外名山如长白山、兴安岭、杭爱山、昆仑山，大湖如青海湖，都纳入国家祀典。凶礼如丧礼仪制，塞外贵族也要遵守。王公逝世，朝廷要派出专使致祭、赐恤。精膳司负责宴飨、廪膳，蒙古王公年班来京朝觐，在京宴请的接待标准；出嫁蒙地的皇族公主、格格及其额驸、子女回京期间的经费支出、补助标准都要遵守该司的规定。礼部四译馆负责翻译、教习边疆民族的文字。礼部兼管的乐部还引入蒙古乐（满语译音掇尔多密）、西番乐，在国家重要庆典中演奏。

兵部掌全国的军事、军制，武官管理及马政、驿政。因东北、新疆长期实行军府制度，自然与兵部关系密切。和吏部掌管土官的袭封一样，兵部武选司也负责边疆武职土司如土千户、土百户的袭替事务。职方司则兼管陆海边防的巡防、稽查事务。车驾司掌管的马政、邮驿事务更是与边疆直接相关。兵部马厂设在蒙古草原，牧丁都来自察哈尔八旗。遍布内外蒙古和西北边疆的驿站、台站网络，由兵部和理藩院共同负责维护运营，担负着边疆与内地之间的物资流动、人员往来、文报传递的职责，保持着与朝廷中枢的畅通联系。兵部捷报处承担着中央对外紧急文书封发递送的重责，各省、边疆的奏折经捷报处转递宫廷奏事处直达御前。军机处发出的寄信、批折则以 400 里、600 里甚至 800 里加急方式由捷报处发出。刑部主管全国的刑狱审断，执掌生杀大权。

清代的藩部地区，王公贵族虽然被赋予了一定的内部自治权，但大案、要案，涉及抢劫、人命案件及发遣、死刑处理的案件，王公则无权处理，只能上报理藩院和刑部会同审理。刑部下设 18 司，其中 17 司以省命名，但沿边（此处沿边指长城）相邻各省如直隶、山西、陕西分别承担着边外地区刑狱事务。直隶司负责审核察哈尔八旗左翼的刑名事务，整个热河都统辖区、长城各口、塔子沟（建昌）、三座塔（朝阳）、八沟（平泉）、乌兰哈达（赤峰）、喀拉和屯（滦平）、多伦诺尔等处刑名案件都要上报该司审核。覆盖了内蒙古的卓索图盟、昭乌达盟和察哈尔东部地区。山西司，除山西本省外，还负责察哈尔右翼诸旗、绥远城将军、归化城副都统、乌里雅苏台将军、科布多参赞大臣、库伦办事大臣辖区的刑案审核。覆盖了内蒙古西部、外蒙古的广大地区。陕西司的主管范围，除陕、甘两省外，还包括伊犁南北两路各城的刑名事务，并收办宁夏将军、伊犁将军等机构报送的刑名案件。东北地区的刑名案件则由特设的奉天司专管，包括本府及盛京、吉林、黑龙江三将军辖区的刑名事务。奉天，府名，本非省名，也非实行行省制。但司法上显然是参照行省制处理的。一般而言，六部中工部与边疆较少关联。但实际上，只要涉及工程营建，就要发生管辖关系。清代不同于明代，塞外边疆设置了大量的军府和行政机构，这些机构的驻地都要营建城池、衙署、坛庙、城垣、仓廒以及驻军营房，这些都在工部营缮司的主管范围内。大量的王公贵族生前享用的府邸，死后安葬的陵寝，其规制、工料估值预算，都由工部屯田司负责。

可见，六部无一部与边疆民族地区无关，这是大一统集权国家的治理要求。

当然，边疆的情况特殊，需要有专门的机构负责。这就是理藩院。清在入关前已经将一部分蒙古部落纳入自己的统治之下，并专门建立了蒙古衙门管理，后改名理藩院，意味着管辖的族群部落已经超过蒙古的范围。入关后，这一体制延续下来。《大清会典》记述这一清朝独有的机构之创设，“我朝始兴，威德渐立，声教所暨，莫不来庭。凡蒙古部落之率先归附者悉隶版籍，视犹一体。及后至者弥众，皆倾国举部乐输厥诚，既地广人繁矣。乃令各守其地，朝岁时，奉职贡焉。户口蕃殖，幅员辽远，前古以来，未之有也。始于六部之外，设理藩院，置尚书、左右侍郎，董其黜徙、赏罚、朝会、往来之事。"[①] 理藩院管理的地域和事务，随着清朝版图的扩大不断增加。康熙二十九年"多伦会盟"以前，主要是漠南蒙古诸部落事务。之后增加了喀尔喀蒙古、西藏、青海各部落管理事务；以及对准噶尔、俄罗斯交涉事务。乾隆朝平定准噶尔之后，"青海、厄鲁特、西藏，准噶尔之地，咸入版图。其封爵、会盟、屯防、游牧诸政事，厥有专司"。天山以南诸回部事务归入该院管理。西北陆路的朝贡属国大为增加，"其哈萨克之左右部，布鲁特之东西部，以及安集延、玛尔噶朗、霍罕、那木干、塔什罕、拔达克山、博罗尔、爱乌罕、奇齐玉斯、乌尔根齐等部，列我藩服，并隶所司。"[②]

理藩院担负着清朝半壁江山的管理和西、北方面属国的外交事务，在清朝国家机构中地位非常重要。《清史稿》说"理藩一职，历古未有专官……遐荒绝漠，统治王官，为有清创制"。"藩部创建，名并七卿"，其地位排在内阁六部尚书之后。顺治末年，理藩院曾被短暂归并到礼部之下，但很快得到纠正，"谕吏部、礼部，太宗皇帝时，蒙古各部落尽来归附，设立理藩院，专管外藩事务，责任重大。今作礼部所属，于旧制未合。嗣后不必兼礼部衔，仍称理藩院尚书、侍郎。其印文，亦著改正铸给。"[③] 数月以后，清廷再发上谕，"谕吏部：理藩院职司外藩王、贝勒、公主等事务及礼仪、刑名各项，责任重大，非明朝可比。凡官制体统，应与六部相同。理藩院尚书，照六部尚书，入议政之列"。不仅如此，理藩院内部所属机构、属员配置也照六部标准配备。"该衙门向无郎中，今著照六部设郎中官。尔部议奏。寻议覆，理藩院见设录勋、宾客、柔远、理刑、四司，今应增设各司郎中共十一员，员外郎共二十一员。得旨，依议。理藩院尚书衔名、著列于工部之后。"[④] 由此，理

① 雍正《大清会典》卷221《理藩院》。

② 乾隆《大清会典》卷80《理藩院》。

③ 《清圣祖实录》卷2，顺治十八年三月戊寅。

④ 《清圣祖实录》卷4，顺治十八年八月戊申。

藩院从机构、长官到属官都获得了与六部同等的法律地位。这一地位一直延续到清末新政，没有改变。从职能上说，总理各国事务衙门的成立剥离了理藩院承担的国际交涉事务，但并未影响其地位。

清前期该院内部下属机构有四清吏司，分别是录勋、宾客、柔远和理刑。录勋司负责蒙古旗分的封爵、设官、品级、册封、会盟、编审丁册、驿递使用、旗界管理、人员往来、逃人管理等诸多事务。管辖地域范围，康熙中叶以前，主要是内扎萨克49旗、索伦部，后来扩展到喀尔喀、青海、阿拉善厄鲁特部。宾客司负责内扎萨克蒙古王公、出家公主格格、西藏拉藏汗对清廷的朝觐、纳贡及清廷的宴赉赏赐事务。柔远司负责对蒙古、西藏喇嘛管理，归化城土默特、喀尔喀、厄鲁特王公贡物、贡使迎送、贸易及清廷的赏赐接待。理刑司专管边疆（包括外藩王公和平民）的立法（罪名、罚则）、司法审断事务，既有军法、行政，也有刑事、民事规定。由于这一时期清朝的藩部主要是蒙古部落，故管理重点是蒙古，涉及西藏的主要是宗教事务。

准噶尔问题的最终解决，使理藩院管辖的藩部区域连为一体，自漠南蒙古地区（内扎萨克蒙古六盟和察哈尔八旗游牧区域）、漠北喀尔喀蒙古、青海、新疆、西藏无所不包。内部机构也由四司扩展为六司，并重新定名为旗籍司、柔远司、典属司、王会司、徕远司、理刑司。其中徕远司。专门负责新疆回部事务，包括政令、年班朝觐，金川土司年班也纳入该司管理。而理刑司则统一管理蒙古、藏、回部地区的刑罚事务。边外不能决断者，报理藩院。但发遣刑罚必须由理藩院会同刑部判决。死罪更要由理藩院会同三法司（刑部、大理寺、都察院）会审才能定谳。这与内地各省的司法程序并无差别，体现了大一统国家司法权的统一性。

二　直省管理体制

宋元以来，有惩于藩镇割据之弊，地方行政建置一般都设路置省以强化国家对于地方的管理。清代寓中央集权与国家一统之意于地方治理体系之中，在延续明代国家直省管理制度的基础上，又有所损益。其一，完善直省总督、巡抚建置，裁革明代巡按，强化督抚事权，身份上并兼部院堂衔，代表中央临土治民；直省督、抚分区治理，扩大中央权力的有效支配范围，同时又强调督抚分权制衡，避免地方权势坐大，实现中央的有效控制。其二，直省督、抚寄任封疆，兼综地方军政，实际上更有节制提、镇之权，配合地方广泛设置的守巡各道，中央"如臂使指"，可以有效地行使巡察监督、盘查稽核及军事统治职能。其三，经过康雍乾三代励精图治，清代"一十八省之外，陈职贡者数百区四十九旗，而赢备卫藩者几千族"①，国家版图较前代大为扩展。在治理广阔边地的实践中，清代因地制宜，设置类似于直省州县层级机构之厅，而以高于知县之同知、通判为其长官，将较为成熟的直省治理体系循序推进至治所遥远、少数民族聚居或者民族杂居的繁难之地。通过各种方式，清代多民族、大一统而又富有特色的中央集权国家模式奠定了中国多民族统一国家的基础。

（一）督抚制度确立

明朝初年沿袭元代行省制度，省下设三司，以分掌财政、民政、刑罚、军事等职权，但事权不一、协调不便，应变迟滞，尤其不利于突发事变之应对。为了提高效率，正统以后开始设督抚以节制三司，统一事权。明代总督大率因需而设，承平时皇帝选派京官巡抚地方，有军事需要则任命其总督军务，嘉靖以后开始普遍化。可见"巡抚"与"总督"即是明代京官差遣的主要内容。就地域而言，明代督抚多设在南北军事边地以及远离中央的两广地区；就时长而言，常设总督辖区，亦大多出于军事需要。如明季满洲、蒙

① 和珅、吴省兰等：《钦定大清一统志·表》卷1，《四库全书》本，第8页。

古兵兴，民乱四起，崇祯时期为了应对危局大量增加总督、巡抚的设置，较为明显地突出了明代督抚设置的差遣性与军事性特点，此时督抚设置尚不完善，还未形成定制。

清初设置督抚基本上参照明代体制，延续其督抚外差制度“因事而设”的特点，最初是出于巩固战争成果、稳固政权的需要。早期设置的督抚，还不是完全意义上的地方长官，他们在一定程度上是临时因军事战争的需要而差遣派出的官员，多置于关津要塞，由北向南在征服地区内逐次建立[①]，因此具有较明显的军事性色彩。随着清朝政局的稳定，国家官僚体系的成熟，巡抚的设置逐渐呈现省区化趋势，巡抚所肩负的地方治理职能中的军事性色彩逐渐淡化，刑名钱谷、人事行政等常规职能逐渐突出。自顺治六年（1649年）起，因为战局需要而设立的宣府、登莱、延绥、南赣等十几处巡抚逐一裁撤，至康熙四年（1665 年），全国已经基本形成按省设置巡抚的制度。“巡抚”一词也由明代的差遣官演变成清代直省省区的长官专称，节制统辖藩臬二司，总理地方民政。

与此相似，“总督”也经历了一个同样的演进历程。随着全国的统治渐趋稳定，顺治十五年（1658 年）裁撤宣大山西总督，战时总督几省军务的职掌逐渐淡出人们的视野，取而代之的则是以省区为单位的总督设置。顺治十八年（1661 年），各省皆置总督，此后因为军政需要而几经调整，至乾隆二十五年（1760 年）正式固定为八总督制。总督也逐渐由差遣职官渐进为省区固定文职长官。[②]虽然在建置总督之初，多强调其军事职能，但是随着国家承平日久，总督的职能逐渐延伸到地方常规行政事务。乾隆十四年至三十二年（1749—1767 年）是清代督抚制度的完善时期，其象征是乾隆三十二年所修《清朝通志》内，督抚不再作为都察院条目的

---

① 徐春峰：《清代督抚制度的确立》，《历史档案》2006 年第 1 期。

② 杜家骥：《清代督、抚职掌之区别问题考察》，《史学集刊》2009 年第 6 期。

一部分，而单独列为地方官员之首，标志着督抚制度作为地方最高官制的确立与完善。

清代地方设总督八员。直隶、四川各总督一员，不设巡抚。两江总督一员，辖江苏、安徽、江西。湖广总督一员，辖湖北、湖南。闽浙总督一员，辖福建、浙江，后增入台湾。两广总督一员，辖广东、广西。云贵总督一员，辖云南、贵州。陕甘总督一员，辖陕西、甘肃（由陕甘总督兼任甘肃巡抚），后增新疆。光绪三十三年（1907年），设东三省总督，辖奉天、吉林、黑龙江。各省设巡抚十六员，山东、山西、河南仅有巡抚而无总督。安徽、江苏、江西、浙江、福建、广东、广西、云南、贵州、湖北、湖南、陕西省，巡抚各一员。光绪十年（1884年）增甘肃新疆巡抚一员。十一年设台湾省，改福建巡抚为台湾巡抚。光绪三十年、光绪三十一年，先后裁云南、湖北、广东巡抚，改由总督兼管。光绪三十三年建东北三省，奉天、吉林、黑龙江省，各置巡抚一员。

督抚作为地方最高负责官员，在清代国家治理体系中有不可代替的作用。各省督抚在国家权力结构网络中具有特殊地位，其身份一身二任，即所谓“寄任封疆”，既是中央代表，又是地方长官。他们承宣中央意志，处理地方日常或偶发事件，更具有考核监督属下官员之专责，并要及时汇总反馈朝廷；皇帝通过上述20余个封疆大员，稳定地方秩序，巩固在全国范围内的统治。在清代国家治理体系不断扩展完善，中央权力不断向地方下贯彻的过程中，督抚即是清代国家权力网络中的“纲”，纲举而目张，国家一统、中央集权则措意其中。

（二）督抚的一般行政职掌

顺治皇帝曾对于各省督抚重要作用做出过定义：“天下吏治污隆、民生休戚、及钱谷兵戎关系封疆诸大务，皆委任总督、巡抚诸臣，必督抚实得其人乃足以宣达政教，使远迩乂安。”[①] 在各省督抚设置之初，中央即通过设定品级、加衔以及兼衔的方式在国家官僚体系中将各省督抚定位为“寄任封疆”的方面大员，以突出督抚在地方行政事务中的权力核心地位，同时也彰显了各省督抚权威背后的中央权力背书。清制，总督为正二品，加兵部尚书衔为从一品；巡抚为从二品，加兵部侍郎衔，为正二品。顺治初年曾规定，凡加尚书、侍郎衔者，总督兼兵部，巡抚兼工部，其后则根据原官品级分别兼衔。乾隆十四年（1749 年）改定，总督是否加兵部尚书衔，巡抚是否加兵部侍郎衔，需要请旨决定；规定总督例兼都察院右都御史衔、巡抚兼右副都御史衔，而加兵部衔几成惯例。光绪三十二年（1906 年），兵部改为陆军部，督抚也改为分兼陆军部尚书、侍郎衔，直到宣统二年（1910 年）裁去督抚兼衔。

一般而言，各省督抚均为各省长官，藩臬二司均为其属员。一省政务决策，均由督抚裁定。督抚的职掌，也各有侧重：巡抚偏重一省民政与文职；总督则偏重军务，在绿营的统辖事务上可以节制辖区内巡抚、提督、总兵，并兼理文职和民政事务。在具体的行政事务中，督抚的一个重要职掌即是地方的人事举劾。清代总督兼都察院右都御史衔，巡抚兼右副都御使衔，对于所属文职（藩臬二司以下）三年一次的“大计”，武职（提督以下）五年一次的“军政”，负有专责。文职道、府以下官缺的题、调、留补权力均划归督抚专辖，凡不归总督主掌的海疆、苗疆、沿河、沿江官缺，由巡抚主政。文职官员的大计由中央下发“五花册”，督抚以“政、守、才、年”四格评注上报，官员的贤能与否、升转调留全凭该省督抚文册（督抚并设省分文职官员的大计，须由巡抚会同总督复核，会衔题奏）。乾隆五十三年（1788 年）规定，对于各省藩臬二

① 《清世祖实录》卷 132，顺治十七年二月戊戌。

司的考语，由督、抚分别咨行吏部；年终密考，巡抚将该省文职学政、两司、道员、知府的考语直接用奏折呈递皇帝。兼提督之衔的巡抚还负责该省武职官员的选任、军政考评及总兵的年终密考。同治元年（1862 年）后，督抚并设的省份，凡与总督非同城之巡抚，增加其对本省武职之选任和军政考评权限。

各省督抚的另一个重要行政职掌则体现在节制藩（布政使）、臬（按察使）二司方面。各省布政司和按察司所管辖范围内的地方行政事务均要经过督抚审核，或由督抚裁决，或经督抚上报部院衙门，奏准请旨。如省内秋审，例在臬司衙门，经乾隆二十六年改定在巡抚衙门，秋审成为巡抚之责。省内审转之案，也须经巡抚复核定拟后题报上闻。总督则负责地方武职官犯之鞫审，并参与所驻省份秋审事务。参劾藩臬以下属员，在程序上，督抚并设的省份，需要督参抚审，或是抚参督审。在督抚不同的省份，改为均由巡抚就近审结，而将审案结果移会总督，联名具题。督抚更负有监督藩库、审核藩司会计结算之责。在藩司离任时，督抚必须亲自盘查，具结送部；每年奏销事务，更需督抚“将司库钱粮亲自盘查”；督抚到任之初，例应盘查藩库，将各项账目详细稽核。此外，各省有管理地方税关者，则主要由巡抚兼管，委任道府州县监收。有盐务产销的省份，巡抚还应兼负管理盐务之责。事关一省吏治的重大财政稽察事件，则需要先经巡抚查核、咨会总督，经其画题后由督抚会题。

各省督抚还负责管控一省社会秩序，维护纲常名教，将国家治理深入基层。雍正皇帝即位之初，即告诫各省督抚：“国家敦励风俗，首重贤良，举髦士以励秀民，实为政体之大端，封疆大吏宜其体此意，广询博访，不可视为具文，漫不加察也。”[1] 可见地方督抚

---

① 《清世宗实录》卷 6，雍正元年四月甲子。

实负有敦化地方风俗、奖善惩顽、移风易俗之责。其中一个具体表现即是，各省督抚要定期检查治下《圣谕广训》的宣讲情况，并将治下民风作为官吏考评的重要参考标准。此外，一省选举人才事业攸关国家抡才大典，督抚作为一省最高长官，更是负有专责。雍正七年（1729 年）规定：各省每科考试武举，例用该省巡抚为主考官；乡试，例应巡抚入闱监临。武科乡试，巡抚为主考官，并司武闱乡试出题之事。可见不论是武闱还是文举，巡抚皆作为地方最高负责人参与其中。乾隆十七年（1752 年）规定，各省乡试向例由巡抚入闱监临，而藩臬二司，则充任提调监试，以后改用道员，而巡抚仍旧监临如故，“所以重试典也”。[①] 乾隆五十九年（1794 年）更是详细规定各省督抚覆试与监临章程，如督抚同省，则巡抚监临，总督覆试；如仅有巡抚的省份，布政使会同邻近提镇一员监临，榜后交巡抚覆试，以达到“稽查幸进，杜绝弊端”[②] 的目的。除了科场事务，总督还额外拥有一项重要权力，即决定乡试中额在辖内各省区之间的分配，这一点彰显了总督在地方事务中的核心影响力。此外，“封疆大吏等并有化导士子之责”，各省督抚除了对于辖区内府州县学进行监督整饬外，还需兴办书院校舍，从思想上强化士人国家认同观念，以为国家造就栋梁之材。

清代督抚直接对皇帝负责，是集地方行政、司法、监察等权于一身的地方最高官员，实际上承担着处理地方一切政务的职责，这是清代大一统国家中央集权在地方行政事务上的反映。清代国家治理直省通过将地方政务集中至督抚手中，在中央的统一领导下，形成十数个次级行政中心，在大大提升地方行政效率的同时，简化了中央需要对地方的管控。只要中央对于地方二十几员封疆大吏控驭得当，就可收纲举目张之效。通过控制各省督抚，掌握十数个地方

---

① 《清高宗实录》卷 408，乾隆十七年二月甲辰。

② 《清高宗实录》卷 1461，乾隆五十九年九月乙巳。

行政中心，进而经纬各层级地方官员，清代国家实现了国家权力从中央到地方的高效层级贯彻。

（三）督抚的一般军政职掌

嘉庆二十年（1815 年），嘉庆皇帝明发上谕，颁布《官箴》给各省官员。其中《总督箴》曰，“总督军兵，自前明始，我朝因之。各省分理，专司绿营，申令法纪，简阅宜勤”。[1] 从中可以发现，随着清代各省督抚制度的确立，总督“总督军兵”的差遣职任，得到了一以贯之的继承和发展。简而言之，在地方各省军政事务中，清代总督负有“总督军兵、专司绿营”之责。各省巡抚虽然职重民政，但在不设总督的省份，或是督抚不同省的省份，尤其是边地省份，巡抚的军政职掌也十分重要，而即使是在督抚同省的省份，巡抚在军政事务中发挥的作用也不应忽视。

清代督抚皆为文职而拥有军权，总督军权重于巡抚。清初所设督抚职掌皆重军事，除“总督军兵”的总督外，各地巡抚也大多被赋予提督军务或赞理军务之权。两者都有直属军队“督标”和“抚标”。总督职掌偏重军事及与军事相关之政务，主要负责节制其辖区内的巡抚、提镇，定期督察提镇操练绿营兵丁，巡阅整饬营伍。如果遇有紧急事件，总督有权调发所辖省区所有官弁营兵（该省巡抚需要调兵，则须札商总督）。边区省份总督，除了总统辖区内军政之外，另有巡边之责。举凡辖区省内的缉捕盗贼、盐务缉私、荒政赈恤、河政漕政皆由总督督同巡抚或提镇饬属下办理。总督还负责督察军营日常事务，如盐菜粮饷，军营财务奏销以及相关诸事；在战争之时，还负责各省之间调兵协济，征税、军费筹措及协饷等事。

巡抚的军政职掌则各省不一，而且因时因地有所变化。顺治十

---

① 《清仁宗实录》卷 305，嘉庆二十年四月壬午。

八年（1661 年）后，全国政局渐趋平稳，在裁撤一些军镇巡抚时，各省区新设巡抚管理军务的职能也逐渐被国家收回，表现在朝廷所颁敕书、印文内，皆删去“提督军务”“赞襄军务”字样。康熙平定“三藩之乱”时，曾命各省巡抚仍管兵务，部分地恢复了各省巡抚的军政职掌。雍正以后，逐渐赋予巡抚固定性统辖兵营（主要是绿营）之权，尤其要指出的是，不设提督的山东、山西、河南、安徽、江西五省，巡抚则加提督衔，兼辖一省军政事务。

节制提、镇，统辖绿营是各省督抚军政职掌的另一个重要方面。雍正皇帝于雍正元年（1723 年）正月颁发训谕直省总督以下等官上谕十一道，内称：“总督与巡抚、将军、提督，谊属同寅，凡地方军民事务，宜互相商榷，各本虚公，勿苟且雷同，勿偏执臆见，方于国计民生，有所裨益。”[①] 实际上，督抚虽为各省文职长官，但所有总督，以及督抚不同省之巡抚，均有节制该省绿营之权。绿营建制以总督辖区形成各自军区，以总督为最高长官形成军事指挥体系：总督节制辖区内巡抚、提镇；各省以提督节制总兵；不设提督之省，巡抚兼提督衔，以节制总兵。

为方便观察，以下以道光三十年（1850 年）情况为基准，将督抚所辖绿营情况列表如下[②]：

表 3－1　　督抚所辖绿营情况

职名	所辖绿营
直隶总督	节制直隶提督，统辖本标四营，兼辖五十营
山东巡抚兼提督	统本标二营，节制兖州、登州、曹州三镇
山西巡抚兼提督	节制太原、大同二镇，统本标二营，兼辖精兵左右两哨，及口外七厅捕盗营
河南巡抚兼提督	统本标二营，兼辖开封营，节制河北、南阳、归德三镇

① 《清世宗实录》卷 3，雍正元年正月辛巳。

② 据《清史稿》卷 138《兵二》编制。

续表

职名	所辖绿营
两江总督	节制三巡抚、一提督、九镇，统本标二营，兼辖一协、二营
江苏巡抚	统辖本标二营，兼辖苏州城守营，节制苏松、狼山、徐州三镇
安徽巡抚兼提督	统本标二营，兼辖一协、二营，节制寿春、皖南二镇
江西巡抚兼提督	统本标二营，兼辖南昌城守协，节制九江、南赣二镇
闽浙总督	节制二巡抚、三提督、十二镇，统本标三营，兼辖抚标二营
福建巡抚（福建台湾巡抚）	统本标二营，节制台湾、澎湖二镇各营
浙江巡抚	统本标二营，并辖海防营，兼节制本省提镇各标营
湖广总督	节制二巡抚、二提督、五镇，统本标三营
湖北巡抚	统本标二营
湖南巡抚	统本标二营，节制镇筸、永州、绥靖三镇
陕甘总督	节制二巡抚、三提督、十一镇，统本标五营，
陕西巡抚	统本标三营
甘肃新疆巡抚	节制阿克苏、巴里坤、伊犁三镇。统辖本标四营，其中一营为城守协中营，兼辖一协、四营
四川总督	节制四川提督，川北、重庆、建昌、松潘四镇，统本标三营
两广总督	节制两巡抚，三提督，十镇，统本标五营兼本标水师营，及绥徭营
广东巡抚	统本标二营
广西巡抚	统本标二营，节制本省各镇
云贵总督	节制云南、贵州两省巡抚、提督、总兵，统本标三营，兼辖一协、二营
云南巡抚	统本标二营
贵州巡抚	统本标二营，兼辖十卫、二营，节制本省四镇

在清代绿营军事体系中，总督是总制一省或者几省的绿营最高官员，节制其辖区巡抚、提督、总兵所统绿营军队，并且有控制、巡查、调动军队之权。同时，总督除节制辖区绿营军队外，还直辖本“督标”，兼辖所统协、营。巡抚，则有督抚同城与不同城之别，同省之巡抚直辖本“抚标”，或兼辖协、营；不同城之巡抚，予节

制本省绿营权。山东、山西、河南、安徽、江西五省巡抚，因为兼提督事务，而节制本省各镇总兵。提督，全称“提督军务总兵官”，品级与总督同为从一品，为一省最高专职绿营武官，直辖本标营，兼辖分防之协、营，并掌管总兵及辖下官弁的军政考核。提督虽与督抚并称封疆大吏，却受总督节制，驻省城外之要地，与督抚不同城（四川提督为特例，与四川总督同驻成都）。省内各重要地区设镇，每镇置一总兵，因而总兵又以“镇”称之。总兵官不与督抚、提督同城驻守，除受督抚节制外，还直接受提督领导。

清代督抚的军政职掌还体现在，不同时期督抚尤其是巡抚的加衔上。清代的总督职掌为“统辖文武”，其加衔基本固定为“兵部尚书”。与总督情况不同，巡抚的加衔随着不同时期职掌的不同而出现明显的变化。康熙初年，内地统一战争基本完成，督抚职掌开始转向安抚百姓和发展经济方面，反映在加衔上，主要表现为巡抚军事职衔的改变。康熙元年（1662 年）四月，改巡抚加衔工部右侍郎或工部尚书衔，总督仍旧加兵部尚书衔。至康熙三十一年（1692 年），随着国家政局的稳定，巡抚加衔又恢复至工部衔。雍正时期意识到督抚兼兵部衔或兼提督，可以对武官进行有效的节制，进而增强巡抚弹压地方的权威，因此议定川陕总督、两江总督应授为兵部尚书，其余各省总督巡抚俱为兵部右侍郎。此后，改直隶巡抚为直隶总督，加兵部尚书衔，云贵总督也加兵部尚书衔。总督和巡抚加衔体现了其军政权力的加强，尤其是巡抚兼提督衔，更是反映了督抚在地方军政中节制稽察的重要作用。此外，总督、巡抚军政职能的强化，还体现国家颁给督抚的标志领兵权的领兵旗牌。

顺治二年（1645 年）七月，工部奏准颁给督抚等官旗牌，总督旗牌十二副，巡抚六副，标志着国家正式从制度上强化和认可各省督抚军政权威。康熙时停发巡抚旗牌，总督发十副，提督发八副，而在平定“三藩”的过程中，又恢复了发给各直省巡抚旗牌。

雍正三年（1725 年），雍正皇帝曾专门发布上谕，要求各直省督抚提镇“旧例俱有颁发王命旗牌”，必须谨慎“收护”“整修”王命旗牌。[①] 乾隆皇帝亦曾规定，赐给直省督抚提镇王命旗牌，有“损坏丢失者论罪”。此后，各直省督抚、提督所领受的王命旗牌数固定为八副，督抚的军政职掌中的一个重要方面——领兵权，也最终确定。

（四）督抚的分区以及权力划分

有清一代，总督与巡抚是直省治理中两个重要的不同官缺。《清史稿》中将总督的职能概括为“厘治军民，综治文武，察举官吏，修饬封疆”，而将巡抚概括为“宣布德音，抚安军民，修明政刑，兴革利弊，考核群吏，会总督以诏废置”[②]，长于简赅，但失在笼统，并不能对于清代督抚之间的职能关系进行清晰的界定。就清代督抚设置的大致情况而言，康熙中叶以后，全国直省基本维持着 8 个总督、15 个巡抚的局面，虽有增改，但是直省督抚制度的基本框架并未发生大的调整。

为方便观察，以光绪三十三年（1907 年）为基准，将各直省督抚及治所大致情况列表如下[③]：

表 3－2　各直省督抚及治所

巡抚	巡抚治所	总督	总督治所	备注
		直隶	保定	天津并设总督衙署
		四川	成都	有督而无抚
安徽	安庆			
江苏	苏州	两江	江宁	
江西	南昌			
湖北	武昌	湖广	武昌	光绪三十一年裁撤巡抚

① 《清世宗实录》卷 33，雍正三年六月己亥。

② 《清史稿》卷 123《职官三》。

③ 《清史稿》卷 123《职官三》。

续表

巡抚	巡抚治所	总督	总督治所	备注
湖南	长沙			
福建	福州			
浙江	杭州	闽浙	福州	
台湾	台北			光绪二十一年裁撤巡抚
广东	广州	两广	广州	光绪三十一年裁撤巡抚
广西	桂林			
云南	云南府（昆明）	云贵	云南府（昆明）	光绪三十年裁撤巡抚
贵州	贵阳			
陕西	西安			
甘肃	兰州	陕甘	兰州	巡抚事由总督兼任
甘肃新疆	乌鲁木齐			
奉天	奉天（沈阳）	东三省	分驻三省行台	
吉林	吉林			
黑龙江	龙江府（齐齐哈尔）			
山东	济南			
山西	太原			有抚而无督
河南	开封			

可见，直省二十三员督抚基本可以分为四种类型：有抚而无督的省份，如山东、山西、河南；有督而无抚的省份，如直隶、四川、甘肃；督抚不同城的省份，如浙江、安徽、江西、湖南、陕西、广西、贵州；督抚同城的省份，如云贵总督与云南巡抚，闽浙总督与福建巡抚，湖广总督与湖北巡抚，两广总督与广东巡抚（两江总督与江苏巡抚同省而分驻江宁与苏州）。清代督抚设置的基本情况反映出他们之间区域范围的职责界限并不十分明确。[①]

事实上，督抚之间的职权彼此交互与重叠。在中央诏令，尤其

① 王跃生：《清代督抚体制特征探析》，《社会科学辑刊》1993 年第 4 期。

是廷寄中，无论涉及地方行政、军政事务，抑或是事关地方教化、社会风俗，督抚大多一体受命负责，尤其是同城督抚或者同省份驻的督抚，对于一省政务更有共同责任，善则一同奖叙，弊则一体议处。直省督抚职能的交叉重叠，无可否认确实具有令彼此相互牵制的因素，这一点主要表现在督抚同置，尤其是督抚同城的省区，乾隆皇帝就曾明确表达过设立督抚“令相互稽查”的意图。而且在督抚制度完善的过程中，清代确实制定了督抚相互监督的具体办法，如督抚会稿制度。康熙九年（1670 年）题准，“督抚将会议事件，并未会同议定，遽称合辞题奏者，罚俸六月”；雍正三年，吏部议覆：“请嗣后凡地方大事及大计军政等，督抚必公同商酌具本”[①]；又乾隆三十年（1765 年）议准：“云南巡抚常钧奏称督抚会奏事件，无论同城与否，凡彼此商定者，于折首联衔。未商定者，折首列主稿衔名，会衔声叙折尾，事干处分，分别定议。”[②] 此外还有督抚解任时，敕印互交，职任互署的规定；还有“督参抚审，抚参督审”的办法，确实在督抚履行职能的过程中能起到一些令其相互监督牵制的作用。

但是对于督抚之间相互牵制作用不能过分夸大，督抚同城仅是直省督抚设置的一种情况。郭嵩焘曾经就督抚并设，以及督抚同城的问题详细奏疏，他认为督抚同设的目的“推源立法之始，地方吏治归各省巡抚经理，听节制于总督，而总督专主兵”，其目的在于区分督抚职掌；“而巡抚例归总督节制，督抚同城，巡抚无敢自专者，于是一切大政悉听总督主持”，其目的在于强化总督事权，总制辖区内一切事务；“而自军兴以来……总督仅守虚名……军兴数年，此典竟废”[③]，所以郭嵩焘奏请酌量变通督抚同城的旧规。督抚

① 《清世宗实录》卷 37，雍正三年十月戊寅。

② 《清高宗实录》卷 732，乾隆三十年三月庚辰。

③ 郭嵩焘：《请酌量变通督抚同城一条疏》，载《郭嵩焘奏稿》，岳麓书社 1983 年版，第 330 页。

并设之省，二者权责相互渗透，督抚同城的省区尤为突出。光绪三十一年（1905 年），内阁、政务处、吏部会议林绍年所奏《督抚同城事权不一请裁巡抚》一折，奉旨将督抚同城之湖北、云南、广东三省巡抚裁撤。清代总督对巡抚的制约主要体现在协调辖区内省际军事行动，这些省之间犬牙交互，或距离中央遥远，一旦发生动乱，不便及时调集军队压制；或军事战略意义重大，必须重兵驻守，强化国家控制。因此设立总督以加节制，可以在各省区之上设立高一级军事指挥核心，灵活调遣军队协防，捍卫国家安全。

另外需要注意的是，巡抚并非是总督的下属，督抚皆为国家封疆大吏，直接受皇帝指挥控制，除了品级上的差别，在其他很多方面，督抚之间并无高下之别，在具体事务的处理上更是难分轩轾。这样的配置，本来意为相互牵制，防止任何一方尾大不掉。事实上，督抚之间职能权责更多地表现为相互渗透和相互补充，确保两者都具有独立行事的能力，可以担当方面大任。两者对于地方事务各有权责，可以减少督抚之间相互的依赖，有助于地方治理效率的提升；同时，基于督抚职能之间的相对独立性，督抚分驻，分区治理，扩大了中央有效支配的范围，也强化了国家权力对于地方的渗透。

清代督抚作为“身膺疆寄”的地方大员，与一般的直省地方官员是具有明显区别的，这一点表现在督抚所使用的印信上。清代的督抚一直使用关防，康熙朝督抚的印信为“长三寸二分、阔二寸”的铜关防。从雍正元年（1723 年）铸造“总督巡抚银关防”以后，督抚的印信保持不变。通过督抚所使用的关防，可以发现其权力的属性是具有钦差性质的，即督抚是代表皇帝在地方开府治理，换言之，督抚即皇帝在地方的直接代理人。因此在地方较大事务的决策上，督抚必须请求皇帝“睿鉴”，按照旨意处理，将圣意贯彻地方。清代不断完善的奏折制度为督抚与皇帝之间的联系提供了制度上的便利。皇帝在督抚奏折上或不惜笔墨，长抒君臣衷悃，或简明扼要，指授方略，指导地方督抚行事。地方督抚必须把地方事件随时禀报，以便皇帝知悉地方事务，如果隐匿不报，或者未经查实遽然误报，都会造成严重的后果；而各省督抚奏事在某一段时间内如果减少，也会被追究责任。奏折制度，配合中央军机处，在中央皇帝与地方督抚之间建立起高效而保密的信息流通机制和指挥体系。此外，督抚赴任前例应"陛辞"，即请求陛见皇帝以及当面告辞。新任督抚陛辞时，需要向皇帝报告自己对于即将赴任省区的情况把握、政务理解以及工作计划。皇帝借督抚陛辞之机，考察其工作能力和素养，更重要的是面授机宜，制定其未来工作的基本遵循原则。督抚在任期中，也要定期回京述职，通过"陛见"的形式向皇帝做阶段性工作报告，皇帝根据其工作表现做出指示或人事调动。"陛辞"与"陛见"，除了有政治沟通方面的作用，在联系君臣之间个人感情方面也具有重大意义。"陛辞"与"陛见"均可以获得与皇帝单独奏对的机会，对于官员而言，这是一种无上的"荣宠"，更能"激发天良"，使其在地方事务处理中更加实心办理，忠心报效。

清代通过设立直省，将全国大部分划分为若干个行政区域，并通过督抚制度，在这些行政区域中建立次级权力中心，统一地方事权，形成权势无右的封疆大吏。然而，督抚的一切活动是在皇帝的严格控制下进行的，按照皇帝旨意行事，某种程度上，可以将督抚的权力来源以及其核心职能归结为一种，即清代专制主义中央集权国家及其首脑——皇帝忠实的地方代理人。

（五）直省与边地的行政交叉

从清代国家政区地理的角度来看，全国广阔的疆域主要由两大部分构成，即直省和藩部，两者在许多方面存在着差异。首先是行政体制及权力运作方式不同。藩部采取的是多元管理模式，各种基本模式之间的差异较大；直省则完全整齐划一，上下隶属关系垂直。其次是两者的权利和义务不同，藩部地区享有一定的自治权，直省则处于中央的直接控制之下，政治上并无特殊权利可言；直省还必须以赋税的形式完全承担国家的全部财政收入，用以满足行政开支和军费需要，大部分的藩部地区则无此义务，相反还需要国家投入大量的财政以补贴其开支，最后是国家政策上的区别对待以及由此造成的地位差异。基于直省和藩部之间的差异，国家制定了不同的治理政策，这一政策的核心指导原则即是双向的隔绝与封禁。总体而言，清代国家将直省与藩部划分为两大相互封闭的系统，举凡政治、经济、文化各项事业都只能在各自的系统之内存在和运行。按照国家的整体治理目标，直省是国家的政治、经济和文化基础，是国家经济的重点和统治重心所在；藩部则拥有重大的军事和国防价值，保持边疆政治稳定是其首要目标。然而这并不意味着在具体的地方治理事实践中，直省和藩部之间完全隔绝，不发生任何交集。实际上，直省与藩部在具体治理活动中，存在着相互影响与行政交叉。

由于边地的特别位置，边地督抚与内地的督抚在职掌上是有一定区别的。由于边地防务事关国家安全，始终要求该处督抚具备提举军务的权力。康熙八年（1669 年）议政王会议决定：未设总督省份若有军需急务，可令提督、总兵官会同巡抚办理。且副将以下武职官员，如有违法不职情事，也归巡抚题参。康熙九年五月，在其他直省巡抚都已经取消军事职掌的背景下，兵部题请因为甘肃巡抚花善奉旨领兵，“应将甘肃、宁夏、西宁等处官兵令巡抚花善统辖”[①]。因此，甘肃巡抚花善受命节制副将以下武职，会同总督、提督办理。雍正十二年（1734 年），因山西地接蒙古，令山西巡抚兼

① 《清圣祖实录》卷 33，康熙九年五月庚子。

理山西提督事务，节制通省武弁。又有乾隆十二年（1747 年），贵州省苗蛮错处，所以令“贵州巡抚著提督军务，节制通省兵马”①，至乾隆十八年，凡授贵州巡抚加“节制兵马”衔成为定制。可见因为边地情况特殊，直省督抚权责上也随之发生调整。

清代直省与边地的行政交叉，较为明显地反映在“厅”的设置上。厅本是府的派出机构，最初并不是一级独立的行政建置，厅的长官同知或者通判也并不是正印官，其权力标识乃是关防而非正印。基于藩部边地特殊的情况，清廷不便遽然设置州县，所以因地制宜，将“厅”移植以管理汉民。并在同知或者通判前加抚民或者理事衔，表示其具有掌管厅内特定行政事务的职权，因此厅逐渐成为一类特殊的行政建置。厅的设置，大大加速了藩部行政内地化、国家行政一体化的进程。

清代的厅主要设于以下地区：西南诸省如四川、云贵、广西、湘西之少数民族区；汉民流寓之边区，如东北三省旗人、汉民及其他民族杂居地区，直隶、山西两省北部与蒙古、汉民交错杂居之地；有汉民移入的其他少数民族地区，如甘肃、新疆、台湾等地。内地诸省，除陕西省南部和东部数量较多外，其他如江苏、江西、浙江、福建、广东、湖北、河南等省，也有少量设置。厅有抚民厅和理事厅两种，抚民厅较理事厅更多，而理事厅则更多设于东北地区、直隶、山西两省北部与蒙古交接地带，及新疆建省前之伊犁地区等边地或藩部地区。但是两种厅并不是截然分别的，清代理事厅有改为抚民厅或州县的情况，抚民厅同知或通判也有加理事、理番等衔的现象。清代一厅的长官为同知（正五品）或通判（正六品），每厅一人。抚民厅同知或通判，职掌一厅刑名钱粮、缉捕治安，或者兼管一厅的教育事业，有的厅还兼统绿营厅标所属营兵。

---

① 《清高宗实录》卷 292，乾隆十二年六月辛未。

理事厅主要负责杂居民族成员间涉讼等事，也有兼辖营兵，负责缉捕治安的职责。

清代设厅，最早始于西南诸省之少数民族地区。康熙朝，四川、贵州、湘西等地已见设厅。雍正朝，西南诸省改土归流，其中重要的方式即是在贵州、云南等地推广厅制。内地诸省设厅，始于雍正时期，此后间有续增，所设地点均为远离府州县治所的地区，为加强管理，有将某州县部分地区或两三州县部分地方划拨成为厅的辖区。

直省边缘地以及直省藩部交界的边地多为汉民流寓之地，此间汉民多与旗人、边疆民族杂居，是清代设厅最多地区。直隶、山西两省北部与漠南蒙古界连，近省贫苦民人以及旅蒙商人不断涌入，生聚日繁，且有为数不少的移驻旗人，是满蒙汉民杂居之地。雍正元年（1723 年）以后不断增设理事厅，以处理民族交涉、诉讼、粮赋、缉捕、防务等事。如承德一带，先后设有热河、八沟等七厅，至乾隆四十三年（1778 年），皆改为直隶省府县；张家口外，雍正年间先后设口北三理事厅，光绪七年（1881 年）皆改为抚民厅。山西省北部与蒙古近接之地，雍正元年（1723 年）于归化城设理事厅，乾隆年间又先后设绥远城、丰镇、萨拉齐等七厅。新疆自乾隆中期平定后设官管理，官兵驻防、遣戍屯垦，满蒙民回错纵交织，社会构成比较复杂。乾隆二十四年（1759 年）以后，巴里坤、哈密等厅渐次设立。光绪八年（1882 年），清廷又在南部地区增设喀喇沙尔、库车、乌什等直隶厅，至光绪十年（1884 年）新疆建省，此前所设诸厅皆隶属于省。东北地区为移民大量涌入之地，旗、民杂居，又靠近蒙古，也为设厅较多的地区，所设有理事厅，有抚民厅，或有理事厅改为抚民厅而将其同知、通判加理事衔者，以便旗民兼理。所设诸厅皆成为东北地区州县建置的过渡。以奉天地区为例，自乾隆中期至宣统年间，奉天地区陆续设有兴京、岫岩等十四厅，其中岫岩、兴京等五厅，在光宣时先后改为州府。

清代的中央与地方之间的关系可以分为两种类型：直省地区采用的是分工性地方分权式的中央集权；藩部地区兼有分工性地方分权与分割性地方分权，但占主导地位的模式是有限分割性地方分权。直省制是建立在农耕经济基础上的以官僚统治和固定税收为特征的政治体制，是清代专制主义中央集权的政治经济基础。以分工性地方分权为模式的直省州县制，取代分割性地方分权的藩部制，减少中央权力让渡，是以皇权为代表的中央权力的必然追求。清代大一统政治局面的出现为统治者的强化中央集权的主观愿望创造了重要前提。乾隆中叶以来，各藩部地区社会经济条件发生着显著的变化：人数可观的汉民向藩部边地的自发迁徙，国家有计划的遣戍屯垦，政策性放垦，农业经营模式的扩展，以及由此带来的逐渐成熟的农业经济区和农村社会。以此为契机，清代国家通过设“厅”的形式，循序将成熟的直省州县制度移植藩部边地。清代藩部趋向内地的一体化与内地化发展进程也在这样的基础上不断向前推进，中华民族从多元走向一体的过程也在同一进程中有序展开。

三　边疆地区行政管理体制

与近代不同，清代中国并无统一明确的“边疆”概念，经常使用的是“塞外”这一笼统的地理概念。文献中也能见到“边外”的提法，但这显然是沿用明代“九边”（长城）的习惯，是政区和文化意义上的界线。近现代以来通过条约确定了国际法意义上的国境线以后形成的“边疆”“边疆地区”，在清代的绝大多数时段只是使用区域指称的地理意义为主的专名，如“东北”“藩部”“西域”（新疆）和“西南”这些名称。这些地方居民不同，风俗文化不同，历史传统也不同于内地行省。这种认识定位很大意义上决定了今日所称的陆地边疆地区实施不同的行政体制管理，即所谓因地制宜，“因俗而治”。边疆治理体制的地区差异，看上去是对大一统王朝的损害和不协调，其实恰恰体现了清朝制度的弹性适应，是清朝统治者对历史的尊重和对现实的妥协结果。多样性的体制，较之强制推行整齐划一的制度更能适应边疆的复杂情况，也更有利于维护王朝国家疆域版图的统一。

（一）东北的“旗民分隔”管理制度

东北地区包括盛京（奉天）、吉林和黑龙江三个区域。历史上属于明代辽东都司和奴儿干都司大部分的辖境。这一地区生活方式各异、民族多样复杂，既有南部（辽东）的农耕区，也有西部的游牧区，中部则是建州、海西女真各部狩猎、采集和耕作兼营区，北部则分布着射猎、渔捞、畜牧生计交错的操通古斯语族语言的族群，明代统称“野人女真”（北山女真）。清入关前，经过数十年的经营，这一广大地域都纳入清朝的版图。由于当时的清朝是军事组织为主的“八旗制”国家，随着南进，其统治重心也转移到辽东地区，对中部和北部主要实行控制人口为主的统治，行政管理较弱。

清入关占据北京后，东北地区属于八旗系统（包括旗下庄屯的汉族庄头屯丁）的人口几乎悉数西迁入关。据记载，“从龙入关”人流络绎不绝，持续一月有余。沈阳农民皆令移居北京，“男女扶携，车毂相击”[①]。辽东几乎为之一空。直到十八年以后，来沈阳任职的奉天府尹张尚贤的报告仍让人怵目惊心：“合河（指辽河）东、河西腹内以观之，荒地废堡，败瓦颓垣，沃野千里，有土无人”，“合河东、河西之边海以观之，黄沙满目，一望荒凉”。[②] 比起南部农业区，畜牧区和狩猎区受影响较小。但这些地方原本就人口稀少，无助于改变东北整体人烟稀少、防御空虚的局面。

① 《朝鲜李朝实录中的中国史料》第9册，中华书局1980年版，第3756页。

② 《清圣祖实录》卷2，顺治十八年五月丁巳。

入关后，清朝对东北中心盛京的定位是“留都”，又是“帝乡”和满洲故土，所谓“邠岐之地，桥山在焉”，自然非常重视。盛京、兴京作为故都，政治地位很高。但因人力不敷，只能采取封禁军管的办法加以管控。行政上“设官分职，管辖八旗驻防劲旅”[①]。但因驻防八旗是职业军队，不可能从事生产，为了解决经济来源，必须要有一定量的农业人口从事生产。因此清初曾在一定时期（1653—1668年）实施《辽东招民垦种条例》，从内地招募民人出关落户。相应地，也要设置若干民治机关（府州县）来管理民人。随着沙俄侵入黑龙江流域，东北北部的战略地位提升，八旗驻防的分布也大幅度北移。宁古塔（后改称吉林）、黑龙江两个战略大区出现，整个东北形成盛京、吉林、黑龙江三将军分割管理的格局。这就是清末改制东三省的行政基础。这样，依据常住人口的分类，东北地区出现了四种军事、民政体制：管理八旗（包括内务府旗下庄屯人口）的八旗驻防制，管理汉族的州县制，管理呼伦贝尔地区游牧部落的游牧八旗制，以及管理世居打牲、渔猎部落的乡长、姓长制。四种制度的施行区域虽然都在三将军的管理之下，但各有对象，各有界限范围，独立运作。四种制度按性质实际包括两类：八旗驻防制和游牧八旗制属于军事体制，州县制和乡长、姓长制属于民政体制。总括而言，清末改省以前的东北地区实行的是军府控制下的“旗民分隔”管理制度。

1. 八旗驻防制

东北全域的基本制度。跟内地的八旗驻防类似，都是军政合一类型。入关之初，清廷留守东北的八旗集中在盛京周围，共有83个佐领。当时以内大臣何洛会为“盛京总管”，统辖驻防八旗。盛京作为中心城，驻有48个佐领。此外，雄耀（熊岳）城、锦州、

---

① 嘉庆《大清一统志》卷57《盛京统部》。

宁远、凤凰城、兴京、义州、新城、牛庄、岫岩各城，设城守官一员；东京（辽阳）、盖州、耀州、海州、鞍山、广宁城，每城各设章京一员。率兵驻防。[①] 各城分别驻扎1—3个不等的佐领，合计35佐领。顺治二年（1645年）开始在吉林设立宁古塔总管，与镇守雄耀（熊岳）城、凤凰城总管并列于“镇守盛京京城总管官”之下，分辖各地城守官。这样就形成了盛京总管，宁古塔、雄耀（熊岳）城、凤凰城总管，及各城城守官为架构的三级驻防八旗制度。顺治三年（1646年）盛京总管升格为昂邦章京，九年宁古塔总管也升格为昂邦章京，东北遂为盛京、宁古塔两昂邦章京分治。康熙元年（1662年），总管昂邦章京改为“镇守将军”，到康熙二十二年（1683年），设立黑龙江将军。至此，三将军分辖东北体制最终确立。“其全境，自辽河左右则奉天将军统之。其东，则吉林将军统之。其北，则黑龙江将军统之。而副都统则分镇于将军所辖之地。其余各城各边门则城守尉、防守尉等员分驻焉。”[②] 在各自辖区内也逐步建立了将军—副都统—城守尉（协领、协尉）、防守尉，与内地驻防体系相统一的三级驻防体制。东北全域，共设立44处八旗驻防。此外，属于八旗系统的还有防守边门、看护陵寝之官兵及隶属京城内务府八旗的大量庄屯人口。

雍乾以后，东北八旗驻防的分布稳定，大体情况如下：

盛京（奉天），将军驻盛京，管辖柳条边新边以南，辽河东西地方。三副都统分驻奉天、熊岳、锦州三城。奉天副都统除本城外分辖兴京、辽阳、开原三处城守尉及牛庄协领、铁岭、抚顺防御，共六处驻防。熊岳副都统本城外分辖复州、宁海、岫岩、凤凰城四处城守尉及盖平、抚顺水师营二协领，共六处驻防。锦州副都统本

① 《清世祖实录》卷7，顺治元年八月丁巳。

② 《清朝文献通考》卷271《舆地三》，浙江古籍出版社1988年影印本。下同，不再注版本信息。

城外分辖广宁协领、义州城守尉，以及小凌河、宁远州、中前所、中后所、巨流河、白旗堡、小黑山、闾阳驿各处佐领，共十处驻防。

吉林，将军驻吉林城。下设吉林、宁古塔、白都讷、三姓、阿勒楚喀五个副都统。吉林副都统协助将军统辖吉林城驻防八旗五十六佐领及吉林水师营官兵。管辖打牲乌拉、伊屯、鄂摩和索罗三处驻防协领、佐领。宁古塔副都统除本城外，还管辖珲春驻防协领。阿勒楚喀副都统，本城外还管辖拉林、双城堡二驻防协领。

黑龙江，将军原驻瑷珲城，后移驻齐齐哈尔城。统辖驻防八旗四十佐领及水师营官兵。下设齐齐哈尔、墨尔根、黑龙江三副都统及呼伦贝尔副都统衔总管。另外还有呼兰城守尉及布特哈八旗总管。[①]

从东北三将军辖境配属驻防官兵分布来看，明显呈现越是向北，境域越广，而兵力却越加单薄，控制力明显越弱的问题。原因主要是驻兵环境严酷，后勤供应艰难，缺乏治理的经济基础。

2. *府厅州县制*

由于长期厉行封禁政策，清末开放以前，东北地区的汉族民人总数不多。主要集中在盛京地区。“至编户之民则隶于州县而以府统之。其设府二，其锦州一府，仍隶于奉天府尹。”[②]

嘉庆时期，盛京地区有二府（奉天、锦州）四州（辽阳、复州、宁远、义州）八县（承德、海城、盖平、宁海、开原、铁岭、锦县、广宁）。吉林只有三厅（吉林、长春、白都讷），且隶属于将军副都统的驻防系统。黑龙江则是有民户无民官，州县长期是空白。

和内地一样，州县系统的民户，也是通过编制社甲管理。一般社即是里，一社十甲。以甲尾户为甲长，负责催粮办公。按年轮

---

① 嘉庆《大清一统志》卷57《盛京统部》。

② 嘉庆《大清一统志》卷57《盛京统部》。

换。据统计，康熙年间盛京九州县共有 199 社。社的规模也没有内地大，或二三十家，或四五十家。[①]

八旗与民户合城杂处而又分治，必然会造成旗、民纠纷。特别是土地与产业的纠纷。为此地方官府竭力划分旗民界限。首先是区分旗地与民地。康熙皇帝曾命户部郎中郑都等人协调盛京户部侍郎和奉天府尹，亲自前往奉天，详细查访旗人田亩。经过六个月的走访调查，清政府重新规划了旗人的田地界限，并下令："嗣后分界之地，不许旗人、民人互相垦种，以滋争端。如有荒地余多，旗、民情愿垦种者，将地名亩数具呈盛京户部，在各界内听部丈给，庶界得分明，旗、民各安生业，不致互相争告。"[②] 其次，区隔旗、民的居住区界限。城内居民，自然是旗人居内城，民户居外城。村庄也要树立旗民界限，避免掺杂居住。在此基础上，申明禁令，禁止旗、民互卖房产。但是这种人为设禁阻断满汉民众交流势必难以持久。强行分隔管理，使现实中的杂居状态更面临着治安上的困境。以旗民分别编查户口管理为例，乾隆四十年（1775 年）盛京侍郎、奉天府尹就联名奏报说"奉天各州县及旗庄地方，旗民杂处，并无旗界、民界之分。是以历来俱系旗民官员会同查办，一体给予门牌。若以旗人毋庸编查，恐旗民所雇流寓佣工，潜匿奸匪，虽有旗员查察，究不若编入保甲，旗民官员一体会查之周密。至奉省州县及通判等官，所辖地方辽阔，管界旗员较多。如会同查办，实足以资民员所不及。若止令民员办理，遇有重犯，旗员前往查拏，民人以保甲非旗员应办，或致抗违。兼恐旗员以无编查民人保甲之责，不肯实心究察。请将奉天保甲，仍照向例，令旗民官员会同编查。应如所请，从之"[③]。最终只能是居民一体编查，官员一体会查。

---

① 参考杨余练等编著《清代东北史》，辽宁教育出版社 1991 年版，第 136 页。

② 《清圣祖实录》卷 143，康熙二十八年十一月己卯。

③ 《清高宗实录》卷 998，乾隆四十年十二月乙巳。

3. 游牧八旗制

兴安岭以西的呼伦贝尔地区是传统的牧场，《尼布楚条约》之后这里成为毗连俄国的边疆地方。雍正十年（1732年），清廷从大兴安岭以东的布特哈部落中迁移索伦、达斡尔、巴尔虎、鄂伦春部落人口三千人到呼伦贝尔草原，编为五十佐领，组成游牧八旗，驻防海拉尔一带。不久又以新归附的新巴尔虎蒙古替换初编入的二十六佐索伦、达斡尔、鄂伦春人，加上后来编入的厄鲁特二佐领，最终形成了以蒙古人为主的呼伦贝尔八旗。这些人虽称八旗，实际与上述驻防八旗不同，虽然也被征调，但并非职业军人。他们保持着传统的游牧生活，按部落编为五翼，各有牧场。[①] 编旗之初，俸饷微薄，主要是"各给马牛羊，以立产业"[②]。其军事职责以巡防边界卡伦为主，隶属黑龙江将军。

性质类似的，还有布特哈八旗。康熙八年（1669年）清廷将黑龙江上游中游生活的狩猎部族索伦、达斡尔、鄂伦春人编组为布特哈八旗，各设总管管理。这些人虽在八旗序列，却并无俸饷，而是靠狩猎供貂皮获取赏赐物品，同时兼营种地、驯鹿为生。初编三十七佐领，至乾隆时达到九十七佐领。狩猎打牲之余，他们要负责巡边，特别是外兴安岭卡伦、鄂博的巡查。还要奉调出征。[③]

4. 乡长、姓长制

黑龙江下游、松花江、乌苏里江流域及滨海、库页岛，这些边疆地区散居着赫哲、费雅喀、奇勒尔、鄂伦春、恰喀拉、库页等土著部落。清代统称为"边民"，早期由宁古塔副都统管理，后归三姓副都统管辖，归吉林将军统辖。他们人口虽少，却语言复杂。清朝一方面将其部分青壮年抽调作为"新满洲"补充到八旗之中，另

---

① 《苏都护呼伦贝尔调查八旗风俗各事务咨部报告书》，呼伦贝尔盟历史研究会内部编印，1986年。

② 《清世宗实录》卷117，雍正十年四月戊申。

③ 参考杨余练等《清代东北史》，辽宁教育出版社1991年版，第121页。

一方面对留居原地人口加以编组，“各设姓长、乡长，分户管辖”。[①] 所谓姓长，满语为“哈喇达”，即“族长”之意；乡长，满语译音“噶山达”，即村屯之长。其贡赋主要是缴纳貂皮，称为“贡貂”。每年“每户纳貂皮一张”[②]。清朝官府则回赏“乌绫”（满语，财布之意），包括衣服（或布料）和粮食等日用品。据统计，乾隆时期上述边民共有56姓，2398户，其中赫哲、费雅喀2250户，库页岛费雅喀148户。他们分布在255个村屯中，先后设姓长22人，乡长188人。其任命要经地方官拟定，报礼部题奏，皇帝批准。职务可以世袭。其子弟称“穿袍人”（因穿用清朝赏赐袍服而得名），协助处理公务。[③] 其主要公务是办理贡貂事务，调解边民纠纷。

（二）蒙古的扎萨克盟旗制、内属八旗制

清代蒙古部落众多，分布广阔，与清廷的关系也有亲疏之别，故管理制度也有地区、部落差异。大体说来，以和平归附方式加入清朝的较大部落，位列藩部，采用编制扎萨克旗方式，给予内部自治权，由享有封爵的本族贵族自行管理，各旗和各部落间事务以会盟方式处理，简称“盟旗制”。而对那些曾经反叛的部落，则剥夺其自治权，定位成内属部落；也有一些通过军事手段降服或规模较小的部落，采用编制八旗方式，直接派官管理，可简称“内属八旗制”。这两类旗，不限于内外蒙古，青海、新疆、科布多也有分布。甚至也不限于蒙古部落，新疆回部也编有扎萨克旗。

其分布，内扎萨克蒙古24部编制6盟49旗。“大漠以南曰内蒙古，部二十有四，为旗四十有九。”[④] 外扎萨克蒙古分布在喀尔喀、青海和新疆地区。据嘉庆《大清会典》，“凡外蒙古之众曰喀

---

① 《清朝文献通考》卷270《舆地二》。

② 长顺纂：《吉林通志》卷28，台湾文海出版社1965年版。下同，不再注版本信息。

③ 参考杨余练等编著《清代东北史》，第142—143页。

④ 嘉庆《大清会典·理藩院》总序，嘉庆刊本。

尔喀，曰杜尔伯特，曰土尔扈特，曰和硕特，曰绰罗斯，曰额鲁特。别于蒙古者，曰和托辉特，曰哈柳沁，曰托斯，曰奢集努特，曰古罗格沁，皆属以外札萨克”。[①] 到清末，外扎萨克蒙古已扩大到150旗。其中，外喀尔喀86旗，青海29旗，新疆北部（分属科布多和伊犁）32旗，另外还有游牧阿拉善、额济纳和呼伦贝尔的3旗。

此外，不列入外扎萨克序列的还有回部哈密和吐鲁番两个维吾尔族的扎萨克旗以及7个规模较小的扎萨克喇嘛旗（其内部按僧团组织）。

盟旗制的基本特征包括：法定行政建置为盟、旗两级。旗是基本行政单位，规模有大有小，但地位平行，互不领属，旗内组织设有参领、佐领两级。旗内官员分三等：扎萨克、扎萨克辅官和扎萨克属官。扎萨克为一旗主官，“总理旗务”。每旗一人。扎萨克辅官称协理台吉，协助扎萨克办理旗务，由贵族出任，人数不定，视旗之大小，设一人或数人。按爵级享有各种优厚待遇。属官又包括以下几等：管旗章京（都统）、副章京，职责是统管和分管一旗之事。参领、佐领（苏木章京）、骁骑校。佐领之下，还设有领催、什长。盟最初只是代理中央对旗实行协调和监督机构，后来逐渐演变为作为旗的上级机关的一级行政实体。各盟设盟长、副盟长等官。

关于内属八旗，史载：“凡游牧之内属者，曰土默特，统其治于将军而以达于院。布特哈之内属者也如之。”“凡游牧之内属者，曰察哈尔，曰巴尔呼，曰额鲁特，曰札哈沁，曰明阿特，曰乌梁海，曰达木，曰哈萨克，统其治于将军，若都统，若大臣而以达于院。”[②] 这些部落都按照内地八旗模式重新组织。规模最大、最典型的是察哈尔八旗。经历“布尔尼叛乱”之后重新编旗后的察哈尔部

---

① 嘉庆《大清会典·理藩院》“典属清吏”司。

② 嘉庆《大清会典·理藩院》“旗籍”“典属”司。

虽仍操游牧生计，但其身份和旗的性质已有了本质的变化。魏源说“其官不得世袭，事不得自专，与各札萨克君国子民者不同”[①]。该部所有人都被纳入军事组织八旗系统，一度成为北京八旗蒙古的附属部分。其组织完全按八旗系统编制，参领、佐领、骁骑校一应俱全。旗的主官为总管，早期由在京八旗蒙古派人担任，乾隆以后才改为本旗遴选。平时游牧，战时应征。康熙中叶，因从征噶尔丹有功，清廷“诏增给其军饷”，正式食半额俸饷，平时的主业是为皇室牧放马驼。

概括起来，编为内属八旗的部落都有共同特征：基本无自治权，清廷直接设官统治；直接纳入军队系统，担负军事防卫或其他专门任务；除极个别情况外，官员一般无世袭爵职；上层人士一般无资格纳贡、朝觐；实行驻扎大臣和理藩院双重管辖体制。

（三）新疆的伯克、州县、盟旗制多元并存

清朝在新疆建立统治较晚，且这一地区民族、宗教、经济生活复杂多样，清朝采用军府制威慑的同时，针对不同地方情况采取了多样化的制度进行管理。

1. 伯克制

伯克制主要分布在维吾尔族聚居的南疆八城，东疆和北疆也有少量设置。新疆维吾尔族社会结构特殊，既有定居农业社会聚居的特征，又有整体分散、相距遥远的特点。适应这一形势，清朝设在各地大城的驻扎大臣对“回务”的管理是通过“回子”（维吾尔人）担任的分散居住在城、庄的各级伯克实现的。伯克，依职掌可大别为四：主管类、副主管类、分管类和基层伯克。

主管（总管）类伯克，指各城、属城、总庄或大村的阿奇木伯

---

① 《圣武记》卷3《国朝绥服蒙古记》。

克。“阿奇木，回语，听政公平之谓，总理城村诸事务”。“总理城村大小事务，职繁权重，为诸伯克之冠”。“总辖城村大小事务”。[①]其地位、作用相当于某行政区的民政总管，直接对驻扎大臣负责。其高品级伯克按制度编入年班，定期朝觐。

副主管类伯克，指各阿奇木伯克的副手伊什罕（伊沙噶）伯克。职责是协同阿奇木伯克办理事务。

分管类伯克，指分布在各城、村的负责某一方面事务的伯克。如分管行政事务的，有都尔噶伯克（首领官）、噶匝纳齐伯克（库藏钱粮）、商伯克（粮务）、密图瓦里伯克（买卖田园、房屋税契）、阿尔巴布伯克（派差催科）、克勒克雅喇克伯克（征收商税）、巴济格尔伯克（稽查税务）、色特尔伯克（整齐市廛、管理行贩）、巴咱尔伯克（管理市集细务）、哈资伯克（总理刑名）、斯帕哈资伯克（办理头目词讼）、拉雅哈资伯克（办理平民词讼）、帕提沙布伯克（治安及狱务）、什琥勒伯克（负责驿站供给）。分管军事后勤的有哈喇都管伯克、哲博伯克（管理台站、兵器）、喀鲁尔伯克（管辖卡伦）。分管生产的，如密喇布伯克（管理水利疏浚灌溉）、巴克玛塔尔伯克（管理瓜果园圃）、讷克布伯克（管理施工）、伊尔哈齐伯克（管理城池道路工程）、哈什伯克（采玉）、阿尔屯伯克（淘金）、密斯伯克（采铜）。分管宗教事务的，如摩提色布伯克（管理回教经典、整饬教务）、杂布提默克塔布伯克（专管宗教教育）。[②]

基层伯克，指明伯克、玉资伯克、鄂勒沁伯克，是城、庄分管户口、征收粮赋的官员。

在伯克之下，城市区级（下辖巷）地方、农村大庄（总庄）

---

① 傅恒等纂《钦定西域同文志》，卷12，《四库全书》本。

② 参见《钦定回疆则例》卷2；和宁《回疆通志》卷7《伯克职掌》，中华书局2018年版。

之下、小庄之上，设有明巴什（千人长）、玉孜（资）巴什（百人长），协助伯克征收粮、棉、赋钱。[①]

伯克是清朝任命的官员，从三品到七品，其权力及其实施范围都有法律规定，受到严格限制，并直接向驻扎大臣负责。体现其高下差别的是获得职田（授地）及附属种地人（燕齐）数量的多寡和有无养廉银待遇。

2. 府厅州县制

州县制主要施行于乌鲁木齐为中心的东疆地区。这里主要居民是汉族官兵及移民，作为甘肃省民政体制的延伸，设镇迪粮务兵备道，下辖一府（镇西）、一州（迪化）、五县（昌吉、阜康、绥来、宜禾、奇台）、2 厅（哈密、吐鲁番）和 3 地粮员。主要功能是兴办屯垦，管理移民，为全疆驻守官兵提供粮食。驻屯当地的绿营官兵则由乌鲁木齐都统管辖。

3. 扎萨克盟旗制

原四卫拉特蒙古各部保留在盟旗制之下的共有 8 盟 32 旗，属伊犁将军管辖。其中，杜尔伯特部 2 盟（赛音济雅哈图左右翼盟）16 旗（含辉特 2 旗）；旧土尔扈特部（指乾隆三十六年自俄国伏尔加河畔回归的渥巴锡汗所属土尔扈特人）4 盟（乌讷恩素珠克图南、北、东、西路盟）10 旗；新土尔扈特部（指平准战争中出亡俄国后随渥巴锡汗回归的色楞所部）1 盟（青色特启勒图盟）3 旗；和硕特部 1 盟（巴图色特启勒图中路盟）3 旗。[②] 这些盟旗为陆续设置，旗内官制与内扎萨克旗相同。只有杜尔伯特两盟各设副将军 1 人，授以印敕，其他部盟则无。其盟长、副盟长及扎萨克，和内外蒙古盟旗一样，统由各部贵族拥有爵位者出任。

---

① 参考苗普生《伯克制度》，新疆人民出版社 1995 年版，第 57—59 页。

② 光绪《大清会典事例》卷 972《理藩院 · 封爵》；张穆：《蒙古游牧记》卷 13—16。

比较特殊的是回部2个扎萨克旗。康熙三十五年（1696年），清朝授予投附清朝的哈密地区维吾尔族（清代称缠回）首领额贝都拉为一等扎萨克，赐敕印及旗纛。其二子为二等伯克，协理旗务。三十七年，清朝派人赴哈密编设旗队，置管旗章京，参领，佐领各官。吐鲁番一旗，也称瓜洲吐鲁番。雍正十年（1732年）清朝授额敏和卓为扎萨克辅国公，其属众初编千户，百户制。乾隆十九年（1754年），清朝才“遣官赴瓜洲编旗队，置管旗章京、副管旗章京、参领、佐领、骁骑校各员，如哈密例”[①]。于是在蒙古之外，就有了这两个特殊的维吾尔旗。

（四）驻藏大臣与西藏政治体制

清朝对西藏的治理体系曾几度改革，过程曲折。

清初，清廷通过册封蒙古和硕特贵族固始汗及其子孙以及达赖、班禅等黄教首领方式间接管理西藏。经历了准噶尔侵藏危机和“驱准保藏”之后，清朝改变旧制，以驻扎大臣方式直接管理。雍正四年（1726年）西藏设办事大臣二员，其中帮办一员。分驻前后藏区，负责办理前后藏一切事务。三年更换一次。属官有司员一员，笔帖式一员。由理藩院派往，也是三年更换。另设粮员3员，由四川省同知、通判、知县、县丞内拣派。[②] 驻藏大臣的设立，标志着清朝依靠西藏贵族主理藏政体制的终结。

1727年“阿尔布巴之乱”以后，驻藏大臣开始制度化。首先是建立驻藏大臣衙门。配备有部院司官、笔帖式等办理公务必须的属官和文员。规定了驻藏大臣及其属员三年轮换制度。驻藏大臣的员额也逐渐稳定在两人。进而规定驻藏大臣的职责是总理和协理西

---

① 《皇朝藩部要略》卷15，《回部要略一》；光绪《大清会典事例》卷972《理藩院·封爵》。

② 嘉庆《大清一统志》卷534《外藩蒙古统部》；光绪《大清会典事例》卷977《理藩院·设官》。

藏事务。即“国家因西藏地处僻远，特命大臣驻扎其地，所冀得其情伪，控制由我”①。驻藏大臣主要负责防务、治安，涉及周边外交事务，则由驻藏大臣、颇罗鼐和达赖喇嘛三方共享权力（但一般情况下彼此知会）。藏内事务，清政府确立了政教分离的藏王—噶厦体制。总理大臣颇罗鼐常驻拉萨，所属有噶伦4人，均是由他提名、清廷任命的。噶厦由4位噶伦组成成为定制。最初4人中3人有清廷封号，1人为小贵族。达赖喇嘛的崇高地位依旧，但其权力只限于宗教事务。一般藏政通常由颇罗鼐全权处理，但重大事务，如噶伦任免须经驻藏大臣。

乾隆十六年至乾隆五十八年（1751—1793年）是清朝调整、加强西藏管理的时期。1751年爆发珠尔默特那木札勒叛乱，次年清廷颁布《酌定西藏善后章程》，重点是废除藏王制度，恢复政教合一，形成驻藏大臣钳制达赖、班禅—噶厦体制。西藏的高级军政大员，由清廷任免。

两次藏廓战争（1788年、1791年）暴露出的藏政体制的各种弊端，促使清廷再一次对藏政体制作重大调整和补充完善。其最终结果即1793年颁行的《钦定西藏章程》（简称《章程》）二十九条。《钦定西藏章程》的宗旨是全面提高驻藏大臣的地位和权力，抑制达赖、班禅两大活佛系统的政教权力，使中央对西藏的主权和管理权得以落实。《章程》从法律上明确了驻藏大臣、达赖、班禅的权限，确立了驻藏大臣对藏政的领导地位。其对外交、边防、军事、行政、官兵俸禄、财政审计、宗教官员任免、关税、外人朝佛、司法、军火生产等事务拥有全权，其他事务上则与达赖、班禅分享权力。达赖、班禅除对低级管理人员、侍卫、小寺院堪布喇嘛的任命外，已无任何独立权力。至此，经过70余年的摸索和改革，

① 《清高宗实录》卷358，乾隆十五年二月庚辰。

清廷终于在西藏建立了完善有效的施政体制。这一体制一直持续到清朝灭亡，没有大的变更。[①]

(五)西南的行省控制下的土司制

元明以来，西南的土司势力已经明确被控制在行省制的框架之下，形成行省控制、管理土司的格局。这一趋势，至清代进一步发展，最终通过“改土归流”，大部分土司改设州县，剩余的也被置于府州县的控制、影响之下。

对西南各省的土司管理，清初完全是沿袭了元明旧制，即招抚政策为主，照旧封袭。清朝承认并保留了土司，但在制度上“令之以文，齐之以武”[②]，在承袭、贡赋、奖惩和土兵征调方面，都加强了控制和管理。土司有两种，即外委土司和兵部所管土司，前者由吏部颁给敕印，后者则由兵部给发号纸。地域上，多数土司集中在云南、贵州、四川、广西。西北的青海、甘肃也有少量存在。

清初，对抵抗和反叛的土司实行军事镇压，随之改土归流。如顺治年间云南元江、贵州马乃土司，康熙年间贵州水西、乌撒土司的改流。但大规模、有计划的改土归流，则是雍正朝鄂尔泰总督云贵时实施的。改流的目的，自然是彻底消除土司的封建性和对“大一统”集权体制的潜在威胁，如鄂尔泰所言，“实云贵永远之利也”[③]。据统计，雍正朝共革除土司220家。云、贵、川、广西、湖广五省共新设流官152处（包含府州厅县等建置）。[④] 经过雍正年间大规模改土归流之后，土司数量已大大减少。乾隆年间，直省文职

---

① 参见张永江《清代藩部研究——以政治变革为中心》，黑龙江教育出版社2014年版，第197—227页。

② 雍正《太平府志》卷33《土司志序》，载《故宫珍本丛刊》本，海南出版社2000年版。

③ 鄂尔泰:《云贵事宜疏》雍正四年十一月十五日奏，载《雍正朝汉文朱批奏折汇编》第8册，江苏古籍出版社1989年版，第443—446页。

④ 《清史稿》卷512，《土司传一》。

土司有 115 家，武职土司为 531 家。[①]

在制度层面，清朝明确规定了土司的等级、承袭方法、待遇及权利义务。品级上，最高的武职是指挥使，为正三品；文职是土知府，从四品。底层的百长、土舍、典史、驿丞皆无品级。定土司承袭之法，承袭须按宗支嫡庶次序：原则是嫡子嫡孙优先，次庶子庶孙，无子孙则弟兄、族人，最后是妻、婿。“土官袭替定例，必分嫡次长庶，不得以亲爱过继为词。”[②] 土官承袭，须由督抚具题，以六个月为限，康熙后停其赴京授职。土司官兵伤亡，例有抚恤。土司立功者予以加衔、加级；有罪有过失者则分别予以降革、治罪、罚俸、枷杖处罚。土司的义务，主要体现在贡赋、承担兵役方面。土司朝贡，有两种情况。乾嘉时期，少数大土司可以进京朝觐，如川藏地区的瓦寺、梭磨、卓克基等土司，五年朝觐一次。[③] 绝大多数土司以省为单位集中解送。贡期有两年、三年、五年不等。其贡品，既有地方珍奇土特产，也有普通马匹。乾隆以后实行了贡马折银缴纳办法。土司纳赋，例有定额。粮、米、麦、豆、茶、布，或纳实物，或折银缴纳。会计于户部，缴存于地方府库。兵役体现在重要战事时须服从征调“出征打仗”，平时则负有“保境安民”之责。

第二节　清代军事驻防制

清朝以武力夺取天下，自然极其重视维持武力，以维护国家统一和长治久安。

清末以前，国家的军队主要由八旗和绿营两部分组成。八旗是来自关外的满蒙汉族组成的精锐军队，绿营则是入关后改编和接收

---

① 《清朝文献通考》卷 79《职官三》，浙江古籍出版社 1988 年影印本。

② 光绪《大清会典》卷 12《吏部·验封清吏司》；光绪《大清会典事例》卷 145《吏部·土司》。

③ 常明等修：《四川通志》卷 96—98《土司志》，嘉庆二十年序刊本。

的汉人组成的原明朝军队。前者是清朝的统治基础，部署在京城和全国战略要地，待遇优厚；后者则是辅助军事力量，主要部署在内地。一定意义上，八旗也负有监视、震慑绿营责任。

八旗在管理上分满蒙汉三个序列，驻防和作战时则采取混编形式。故满蒙汉八旗又分为八旗禁旅和八旗驻防两大部分。其中八旗禁旅负责护卫京师，八旗驻防则戍守于京师以外，主要布防于交通要冲和战略重镇。八旗驻防制度，类似元代的镇守制度，是清朝统治者在固有的八旗制度的基础上结合明代戍防的做法而形成的。其设置是一个动态的、逐步完善的过程，直到乾隆中期才稳定下来，形成严密稳定的驻防体系。追根溯源，早在努尔哈赤时期，便曾调遣八旗官兵分地戍守，“太祖时，守边驻防，原有定界”[①]。清兵入关征战中原之时，所占要地皆留兵驻守，顺治末及康熙初，举凡畿辅诸关隘口、府州县之要地及陕西、山西、山东、江南、浙江之重要城镇，均设旗兵镇守，初步形成八旗驻防地。后经康、雍两朝的增设与完善，至乾隆年间，各地驻防设官及兵额已基本固定。

八旗驻防又可分为直省驻防和边疆驻防两大类[②]（如细分可分为京畿、直省、边疆三大类，此处将京畿并入直省驻防计算）。不同驻防地带的驻防形式也不同。畿辅、东北、新疆，皆分散布设，诸省则于重点要地之城集中设防。另外，按驻防城镇的重要程度，其驻兵数不同，统辖长官也存在等级区别。“自将军而下，其最重且要者，则设副都统驻扎；次则城守（尉）驻防；次则佐领、骁骑校驻防。盖城守尉隶副都统；协领、佐领隶城守尉；骁骑校等员复隶协领、佐领；而皆统隶于将军。其设官之数，皆准设兵多寡，因

---

① 《清太宗实录》卷7，天聪四年六月乙卯。

② 关于驻防的分类，各史书分法不同，《八旗通志》将其分为畿辅、奉天、各省三类；《大清会典事例》分为畿辅、盛京、吉林、黑龙江、各省、游牧察哈尔等类；《清史稿》分为畿辅、东三省、各直省、藩部四类。

地异宜。”[①]

随着八旗驻防制度的逐步完善，在全国构成一个较完整的防务体系，形成以下几条主要驻防线：运河驻防线、长江驻防线、东南沿海驻防线，此外还有长城内外的京畿驻防线、关外驻防线、塞外蒙古编旗驻防及甘肃新疆驻防线等。最后，还形成了一套八旗与绿营相维相制，相对完善的边防与海防制度。

一 直省驻防

直省驻防是指清代设置在各行省的八旗驻防。其中，按照区域及功能又可划分为京畿驻防、运河沿线驻防以及长江沿线驻防三大类。其中，京畿驻防的主要目的是防卫京师；沿运河和沿长江驻防的主要功能除了镇戍重要城镇外，还承担着维持水运漕运功能，负责输送物资；而沿江驻防的设置还有其地本身经济发达，可以长期维持驻军的考量。

（一）京畿驻防

京畿驻防是指专门布防于京畿地区的八旗驻防，顺治二年（1645 年）便开始将八旗官兵按左右翼各旗的方位，布防于北京周围地区，以在外围拱卫京师，到康熙前期逐步完成。顺康雍时期，一直是新设和增设。至乾隆朝，在增编、扩编的基础上，实施全方位调整后最终完成。京畿驻防主要驻兵于北京以南各县、北部长城山海关至张家口一线诸要地隘口，以及热河、围场等地，但是各地驻防官等级和兵力分布有较大差别，驻防地布防变迁与朝廷政局有紧密联系。

1. 京畿驻防的设置

据《大清会典》《八旗通志》等文献记载，顺治年间，在独石

---

① 阿桂等纂修：《盛京通志》卷 51《兵防一》，辽海出版社 1997 年影印版（下同，不再注版本信息），第 849 页。

口、张家口、喜峰口、古北口设防御驻守，在采育里、固安县、顺义县、三河县、东安县、良乡县等处设防守尉领兵50名驻防；康熙年间，察哈尔八旗每旗设总管、副总管、参领、佐领、骁骑校、护军校若干，驻防张家口外，由在京蒙古八旗都统兼辖。又在山海关设总管，领满蒙汉八百兵驻防；张家口设总管，领三百名八旗兵驻防，并于独石口、古北口、喜峰口、冷口、罗文峪进行增防；另增宝坻县、玉田县、霸州、滦州、雄县等地设防守尉领兵50名驻防。雍正三年（1725年），设天津水师营都统、协领、佐领、防御、骁骑校，领兵两千，分左右两翼驻防；乾隆三年（1738年）增热河驻防兵两千人分驻热河、喀喇河屯和桦榆沟三处。八年（1743年）升山海关总管为副都统，增兵八百，分左右翼。二十六年（1761年）设察哈尔都统，驻张家口，管理驻防八旗兵以及察哈尔八旗游牧事宜，又设副都统，驻察哈尔左右翼游牧边界。四十五年（1780年）设驻防密云副都统，领满洲、蒙古兵两千；康熙四十二年（1703年）增设热河围场总管，后改副都统，嘉庆十五年（1810年）改设都统。除此以外顺治年间，还在沧州、保定府、太原府、德州等距京师较远处分设驻防城守尉，领三四百兵。

2. 京畿驻防的特点及其战略目标

京畿驻防点多数分布于长城以内，沧州、保定以北地区。又以顺天府和长城沿线为重点。其分布呈现的特点主要有三。

首先，京畿地区属于分散设防的模式。驻防地较多且兵力分散，多集中于五府一州内，大多数驻防点兵额在五十名左右，兵力较薄弱。这种设置方式多半缘于京畿地区护卫京师主要手段是掌握情报，制止小型事变，而不是以优势兵力防范强敌。此外，京畿驻防地没有集中统一的指挥体系。如京南地区有所谓小九处：保定府、沧州，各设城守尉；采育里、良乡县、宝坻县、固安县、东安县、雄县、霸州，各设防守尉。以上九处小城驻防，其上无将军、都统、副都统统辖，而由京城稽察大臣管辖；再如京东地区，山海关设副都统，兼管设防守尉之永平府、冷口、喜峰口及罗文峪；再如京北地区，密云设副都统，兼管设防守尉之昌平州、顺义县、玉田县、三河县、古北口。热河，乾隆二年（1737 年）设副都统，嘉庆十五年改为都统，兼管设协领之喀喇河屯、桦榆沟及设总管之围场。张家口，乾隆二十六年设都统，辖设协领之张家口、独石口及千家店驻防。[①] 环京驻防，形成左翼、右翼、密云、山海关、察哈尔互不隶属的五部分，可以相互监督、牵制。

其次，京畿地区属于层层设防的模式。驻防体系围绕京师可划分为远近不同层次，其中顺义、昌平、三河、良乡、宝坻、固安、采育、东安，是最靠近北京城的地区，八旗驻防与京城内八旗的方位相对应，每旗分驻一处，恰是京师禁旅的外围和延伸[②]；更远一层，如霸州、玉田、滦州、雄县作为京南防御的延伸与更远的如永平、天津、沧州、保定甚至德州相互呼应；除此之外，在长城沿线的张家口、独石口、千家店、古北口、罗文峪、喜峰口、山海关等均有驻防官兵设置来护卫京师北部安全。各驻防地层层环绕，互为表里，共同巩固京师。

最后，驻防地的调整和完善也反映出统治者驻防思想随局势的变化。如清初驻防重点主要在东南方，不仅因为“畿南诸郡北拱神京、南控两河，西当晋云之冲，山寇不时跳梁，东连齐鲁之界，盗贼出没无常。至津门尤属水陆交冲之区，是在在皆为要害，处处须用将兵”[③]。也是出于镇压明朝残余势力和农民军反抗的形势的需要。因此不仅是良乡、采育、固安、东安这些近畿之地，保定、雄县、霸州也设兵，成为京畿的南面屏障。且良乡、宝坻等离京师最

① 杜家骥：《杜家骥讲清代制度》，天津古籍出版社 2004 年版，第 357 页。

② 定宜庄：《清代八旗驻防研究》，辽宁民族出版社 2003 年版，第 19 页。

③ 第一历史档案馆藏《顺治朝题本》，第 433 函，第 23 号，噶达洪奏。

近一层设置的密集的驻防点，还有维护圈占的旗地之意。再如热河地区，热河驻防的设置与巩固京师关系不大，但热河三面延通蒙古，地理位置极为重要。康熙年间兴建热河行宫，雍正初年在热河等处设立八旗驻防戍卫行宫，同时也有解决八旗生计的意图，“边外地方辽阔，可垦田亩甚多。将京城无产业兵丁移驻于彼，殊为有益”①。

3. 京畿驻防的发展趋势

清前中期京畿地区驻防地的设置，有其发展过程。一是长城各隘口驻防逐步加强。入关前后，蒙古尤其是漠南蒙古是清朝重要的支持力量，故在顺治初年清廷并未对长城地带做过多的防御，如畿北张家口、独石口、喜峰口、冷口等长城各关口，都是明朝时的设兵重镇，但清入关初在各口却仅设额兵数名至数十名不等，但康熙年间蒙古“布尔尼叛乱”发生之后，开始增设冷口、罗文峪、山海关、密云、千家店等处驻防，驻防布点渐次南移，并将滦州驻防北移永平府，进一步提高了以长城为依托的防御能力，这其中当然与内地平“三藩”后，转向防范蒙古相关。二是将领品级屡有提高。初期，最高指挥员仅为城守尉。康熙中期以后，先后配置了山海关、密云副都统，并一度出现了天津水师营都统这样的最高驻防将领。三是京畿驻防区始终以满洲统治者最倚重的八旗满洲兵丁为主，这也是越邻近统治中心地，统治者的防范心越重的表现。总之，京畿驻防为护卫京师安全做出了巨大贡献。

（二）运河沿线驻防

运河及漕运是清朝统治的经济命脉。清军入关后即部署自京师沿运河经德州、京口（镇江），到杭州的八旗驻防，其中德州、镇江在顺治二年（1645 年）开始设置，杭州驻防则设置于顺治八年。

---

① 《清世宗实录》卷 8，雍正元年六月辛酉。

除运河沿线驻防外，此三个驻防地同时也是其他驻防线的主要组成部分，如德州是黄河驻防线的一环，而京口和杭州则同时是东南地区江海防卫线中的重要节点。因此，除了运送粮布物资沟通南北外，这三个主要的驻防地还分别承担着巩固京畿、镇抚江南、防卫沿海的重要职能。

1. 德州八旗驻防

山东省是运河流经地，清初运河兵部右侍郎杨方兴曾对顺治皇帝建议，“东省寇横敌窥，急需旧将弹压，揆时度势，必不容缓，恳乞立敕移镇，以重咽喉，以固根本事”①，体现山东运河沿岸城镇的重要性。德州是山东北部一大重镇，地处南北交通要道和运河口岸交界处，“盖川路经途，转输津口，德州在南北间，实必争之所也”②。

德州八旗驻防初设于顺治二年。清政府为镇压直隶、山东、山西等地人民的抗清活动，计划“如直隶顺德府、山东济南府、德州、临清州、江北徐州、山西潞安府、平阳府、蒲州八处，著满洲统兵驻劄”③。决定“遣八旗官兵驻防顺德、济南、德州、临清、徐州、潞安、平阳、蒲州八城。每旗分驻一城。每城协领一员，满洲章京四员，蒙古、汉军章京各二员，兵丁各六百名”④。此即德州八旗驻防的开始。但当时只是临时布设，不属于长期驻防。后因德州军政所关甚巨，加之又属于拱卫京师的重要外围防线，因此，“自顺治十一年奉旨派镶黄、正黄满洲蒙古四旗官兵驻防德州”⑤，德州的八旗驻防便固定下来。但此时未成定制，直到康熙年间，一

---

① 中国人民大学历史系、中国第一历史档案馆合编：《清代农民战争史资料选编》第一册下，中国人民大学出版社1984年版，第55页。

② 李东阳：《明会典》卷25《漕运》。

③ 《清世祖实录》卷20，顺治二年九月己巳。

④ 《清世祖实录》卷21，顺治二年十月庚辰。

⑤ 王道亨修，张庆源纂：《乾隆德州志》卷7《军政》，载《中国地方志集成·山东府县志辑》10，凤凰出版社2004年版。下同，不再注版本信息。

直存在战事调拨与地方之间的换防，至雍正二年（1724 年），德州八旗兵丁仅余 340 名，因此开始进行增补至 500 名，并设城守尉一员统领。至乾隆五十一年（1786 年），添设步甲 50 名，兵丁人数达到 550 名，驻防附属设施有营房、校场、马场等。[①] 至此，德州驻防走向完善。

雍正七年（1729 年），为缓解八旗生计问题，同时震慑山东东部沿海地区，清廷设置了青州八旗驻防，与德州驻防东西互相呼应，以便加强统治。从定位来看，德州八旗驻防原属畿辅驻防，与保定、沧州、太原构成京师驻防体系的最外一圈。青州驻防的设立后，德州驻防改归青州将军管辖，山东便成为一个独立防区。

德州驻防的主要作用有二。一是对反叛进行军事镇压，如德州满营被征调平“三藩”；再如“乾隆三十九年八月，王伦聚众作乱。上命大学士舒赫德率京兵讨之，经由德州，满汉两营兵随征，至临清州歼灭之”[②]。二是承担防卫运河及漕运安全的任务，且德州也是连接开封、西安等地构成的黄河驻防线上的重要一环，兼任着黄河驻防的任务。据乾隆年间《德州志》记载：“枕卫河为城，接轨畿辅，故东南要路，水陆会通也。兵车之至止，邮船之驰驱，征商戍卒之往还，旅客居民之奔走，魅结鳗冠之朝贡，均问渡卫河。”[③] 此即德州驻防的重要性所在。

2. 京口八旗驻防

京口（镇江）地处长江和运河的交汇处，战略位置险要。自古有重兵驻防的传统。《京口八旗志》所言：“京口襟江带海，上承淮泗，下控吴会，西接汉沔，东南锁钥，实在于兹。当孙吴时已为重镇，由晋迄明，屯戍营卫各殊其制，诚审乎地势而因时以制宜

---

① 《钦定八旗通志》卷 35《兵制志》。

② 《乾隆德州志》卷 2《纪事》。

③ 《乾隆德州志》卷 5《建置》。

也。”[①] 因此，京口驻防不仅是运河线上的一环，还需要承担海防与江防以及拱卫江宁等重任。

京口（镇江）驻防萌芽于顺治二年，清廷设置江宁驻防时也在京口设置镇江城守营，但未在京口派驻八旗兵。顺治十二年（1655年），为打击南明鲁王政权对江南的袭扰，命都统石廷柱统率八旗官兵驻扎京口。十六年（1659年），“设驻防江南京口八旗汉军，领催四百二名、骑校一千五百九十八名、炮手四十名、铜匠二名、药匠二名、弓匠铁匠各八名”[②]，京口八旗驻防正式形成。后增至三千人，“复设重镇，命都统刘之源挂镇海大将军印，统八旗官兵共甲三千副，左右二路水师驻镇江，镇守沿江沿海地方”[③]。这里主要是汉军驻防。这支军队分为左右两翼。京口驻防归江宁将军兼辖，其驻防八旗汉军兵员数为三千零九十二人 。但到乾隆二十八年（1763年），清廷令京口汉军出旗，由江宁蒙古旗人官兵一千六百四十四名充补。驻防地层级也由将军级降为副都统级。

有清一代，京口驻防八旗对巩固江南统治和海防起到了重要作用。首先，京口位于长江干流和京杭大运河的交汇处，是南漕北运的重要转运闸口，清廷也多次令京口八旗将领监视并辅助漕运，如派战船参与运河淤积处的修浚工作。其次，能够巩固长江防卫。京口处于江海交汇处，地势险要，可以发挥巡视航运的作用，“巡江系每年十、冬、腊、正四个月，本旗营轮派总巡官一员，随巡官一员，带领兵四十名，请领将军令箭，乘驾水师两海船，配搭水师押船官一员，捕水兵三十名，东至狼山总兵衙门，西至江宁将军衙门会哨。其余八个月，水师三营轮巡”[④]。此外，巡航的同时还可以打

---

① 春元：《京口八旗志》，光绪五年刻本镇江图书馆藏，第11页。

② 允陶：《钦定大清会典则例》卷174，上海古籍出版社1987年版，第500页。

③ 光绪《京口八旗志》卷1。

④ 中国社会科学院近代史研究所近代史资料编辑部编：《近代史资料》总第79号，中国社会科学出版社1991年版，第378页。

击江南私盐贩卖。再次，除了江防的任务外，京口驻防八旗在清朝前期还承担防范南明残余势力和台湾郑氏反清力量的任务，后期则殊死抗击英国侵略军，发挥了巩固沿海防卫的作用。最后，京口驻防还起到巩固江宁驻防并缓解江宁八旗生计压力的作用。

3. 杭州八旗驻防

杭州是东南沿海战略要地，是清朝最先派驻八旗驻防的三个城市之一。顺治二年，清军抵达杭州，在杭州城“清泰、望江、候潮三门一带，悉筑兵垒”[①]。设杭州梅勒章京镇守，是为杭州驻防之始。十七年（1660 年），设杭州总管一员。康熙二年（1663 年）改为杭州将军，次年裁汉军都统，改设满洲副都统二员。驻防初设时，兵额为“四千五百五十五名，匠役一百四十九名”[②]。后历有变迁，如汉军旗大部移驻福建等，至顺治末，兵额确定为 4900 余名，加上各级将领、官员，约计总额为五千名 。

雍正七年（1729 年），为加强对滨江沿海地方的防控，于嘉兴府平湖县设立乍浦驻防水师旗营，其兵丁由杭州、江宁两地驻防八旗余丁中抽调，官员则由杭州派出，合计官兵约计两千人。杭州与乍浦驻防互为应援。

杭州驻防的设立原因有二：其一，作为“江海重地，不可无重兵驻防，以资弹压”[③]，杭州为东南战略要地，设八旗驻防于此，可威慑闽浙，以维持对东南的有效统治；其二，杭州地处江南，为“天下财赋之薮，江苏之苏松常镇，浙江之杭嘉湖之郡尤甲于二省”[④]。江南为全国经济重心，杭州又处于钱塘江下游和京杭大运河的南端，是东南地区重要商业中心和南北经济文化交流的重要结点。为保障清政府的财赋收入，在此设立驻防是十分必要的。康熙

① 张大昌：《杭州八旗驻防营制略》卷 15《经制志政》，光绪刊本。

② 鄂尔泰修：《八旗通志初集》卷 28《兵制志 3》。

③ 张大昌：《杭州八旗驻防营制略》卷 19《祀宇志典》。

④ 张大昌：《杭州八旗驻防营制略》卷 15《经制志政》。

皇帝和乾隆皇帝先后六次巡游江南，均驻跸于杭州驻防衙署，在此检阅军队，观看操演，从侧面反映了杭州八旗驻防对清王朝统治的重要性。

总之，运河线所设置的驻防，在承担保卫运河本身的漕运功能外，还与其他筑防线互相支持，共同构成防御网络，以巩固清朝的统治。

（三）长江沿线驻防

自顺治朝始，由江宁（今南京）经京口（今镇江）、荆州至成都的长江驻防线开始构筑，最终定型于乾隆朝。其中，设置最早的是江宁，清军占领后即正式定制；后为增设江宁屏障，又于其下游不足200里的镇江设置了京口驻防。康熙年间，又溯江而上，于长江中游的荆州、成都设八旗驻防并驻扎重兵，形成进退自如，攻守相宜的水陆防线。其中京口前面已经介绍，故不赘述。

1. 江宁八旗驻防

顺治初年，江南甫定，但仍存在诸多反清势力，顺治二年五月，豫亲王多铎率军占领南京后，将南京城东部划为驻军区域。十一月，清廷命令勒克德浑等率军增援湖广，同时“于每牛录各率三名马兵，披甲驻防江宁府”[①]，江宁八旗驻防即正式建立。

清代前期，江宁驻防一直处于完善的过程中。最初设置时江宁驻防兵力为“左翼四旗满洲、蒙古二千名，弓匠五十六名，铁匠五十六名”[②]。设有“将军一人，副都统二人，满洲协领八人，佐领、防御、骁骑校各四十人”[③]，顺治十八年（1661年），增至三千余

---

① 中国第一历史档案馆编：《清初内国史院满文档案译编》中册，顺治二年十一月初七日，第190页。

② 乾隆《钦定大清会典则例》卷174《八旗都统·兵制》，景印《文渊阁四库全书》第625册，台湾商务印书馆1983年版，第499页。

③ 嘉庆《钦定大清会典事例》卷429《兵部·官制》，载《近代中国史料丛刊三编》第68辑，台湾文海出版社1991年版，第143页。

兵。顺治年间的江宁驻防全部来自八旗中的左翼四旗。康熙二十二年（1683 年），清廷将江宁八旗一千人派往荆州，另从北京增派右翼兵丁两千人，故江宁驻防兵力增加至五千零四十六名。[①] 此后，江宁驻防的营制渐趋稳定，仅略有变动。乾隆前期，江宁驻防设将军一名，副都统两名等官，领兵五千七百余名。[②] 乾隆二十八年（1763 年），清廷强令京口驻防汉军出旗，将江宁驻防中的蒙古八旗 1592 名调往京口，取代被裁的汉军。留驻江宁的兵丁则为满洲旗“领催、前锋、马甲共二千八百六十三名，炮手、匠役、步甲、养育兵共一千八百零三名”[③]，总计四千六百六十六名。直至太平天国战争之前，江宁驻防的营制未再有大的变动。

江宁八旗驻防作为清廷在东南地区的重要军事力量，在清初的历次战事中发挥了至关重要的作用。如顺治年间，镇压南明义军的反清武装，清廷令“驻防江宁府满洲、蒙古每牛录选甲兵各四，汉军每牛录选甲兵各六”[④]，南下入闽作战；再如顺治十六年（1659 年），阻击郑成功北上；另外平“三藩”之乱中，江宁八旗军也是清廷用以稳定江南局势、镇压闽藩耿精忠的一支生力军。清后期，无论是道光时期抗击英军，还是咸丰时期镇压太平天国，都可以看到江宁、京口、乍浦八旗兵的殊死搏杀，可见，江宁等驻防对于反击外来侵略，巩固江南地区的稳定都起到了重要作用。

2. 荆州八旗驻防

荆、襄历来为兵家必争之地，“西眺梁盖，南控交广，据江淮

---

① 鄂尔泰等：《八旗通志初集》卷 28《兵制志三》，东北师范大学出版社 1985 年版，第 538 页。

② 乾隆《江南通志》卷 93《武备志》，景印《文渊阁四库全书》第 509 册，第 564—565 页。

③ 《江宁将军穆克登布等奏为开缺甲兵家口无依请赏给养赡事》，嘉庆二十年十一月初八日，中国第一历史档案馆藏《宫中朱批奏折》，档号：04 - 01 - 01 - 0559 - 008。

④ 中国第一历史档案馆编：《请初内国史院满文档案译编》中册，顺治四年十一月十四日，第 406 页。

上流，诚为要地。欲得湖南，不可不先下荆州也”[①]。因此，荆州驻兵极具必要性。魏裔介曾上疏云：“滇黔川楚之辽阔，不以满洲兵镇守要地，倘戎寇生心，恐鞭长不及，荆襄乃天下腹心，宜择一大将，领满洲兵数千，常驻其地，无事则控扼形势，可以销奸宄之萌；有事而提兵应援，可以据水陆之胜。”[②] 清军与吴三桂的叛军曾在洞庭湖一线反复争夺，足见此地的重要性。清廷在八旗驻定江宁，再驻京口，巩固东部防线之后，又于康熙二十二年（1683 年）正式驻防荆州。

初期驻防之制是设协、佐、防、校等官，而以将军、都统为之帅，“派八旗满洲、蒙古官兵两千五百余员，系由京师、江宁两处拣选，挈眷来京。是年，复由西安驻防右翼满洲、蒙古佐领骁骑校内选拔各十二员，派兵一千零五十余名，驻防湖北荆州府。共计三千五百四十三名”[③]。迄康熙末年兵额达到五千名。后满洲、蒙古驻防营生齿日繁，为解决生计问题，不得不屡增定额，至光绪年间，最多时达到七千二百二十名。

荆州驻防作为直省驻防中驻兵人数最多且以将军为统帅的地区，具有极高的地位，且与京口共同拱卫江宁，起着辐射四方、稳定内地的关键作用。它不仅维护了荆州社会的稳定，而且就全国而言，荆州八旗驻防对镇压南方反清势力以及保持南北交通畅通都起到了很大的作用。

3. 成都八旗驻防

成都是西南地区与中原、东南各省区交往的水陆交通枢纽和攻守皆宜的军事重镇。康熙朝末年，准噶尔部入侵西藏，康熙皇帝认为西藏屏藩青海、滇、蜀，不可被准噶尔占据。拨荆州驻防兵3000

---

① 顾祖禹：《读史方舆纪要》卷 78，第 48 页。

② 《清史列传》卷 5《魏裔介传》，中华书局 1987 年点校本，第 321 页。

③ 张大昌：《荆州驻防八旗志》，第 117 页。

名入川平叛。但湖广据藏遥远，后经年羹尧奏请，于康熙六十年（1721年）在四川组建了成都驻防。

成都驻防是满洲、蒙古合驻，先有1600名荆州八旗留驻成都，后逐年增加。据统计，雍正初年，成都旗兵及家属2000余户、5000人；嘉庆五年（1800年），成都八旗兵有2153户、10998人；同治十年（1871年），成都有旗兵4500余户、13700余人。[①] 光绪年间，人数增长至2万余人。成都驻防最初以副都统统辖，一直属于中级层次驻防，后在乾隆四十一年（1776年）三月，大小金川之役尚未结束，诏谕即"令于大功告成后，特设成都将军一员，驻扎雅州，统兵镇守，节制绿营，并于两金川之地安营设汛，移驻提镇，以资控御，增设驻防将军一人为长官，遂成定制。额设将军、副都统各一人（同驻成都府），协领五人，佐领十九人，防御、骁骑校各二十四人，统辖八旗满洲、蒙古驻防官兵二千五百余人"[②]。成为由将军统领的最高层次驻防单位，且成都将军职权较各省驻防将军重，除统辖驻防八旗官兵、军标绿营二营外，松茂、建昌二道所属之府、厅、州、县管理口外土司者等事务均听将军统辖，并且"各事宜皆以将军为政，会同总督题奏，番地机宜归于画一"[③]。实际上，肩负着周边少数民族地区的安危。

成都驻防虽然较晚，但其作用巨大。如乾隆年间攻打大小金川时，深入藏区平叛；乾隆后期，抗击廓尔喀侵入西藏；派兵远征台湾；乾嘉之际，平息川陕白莲教的起义。除了增强川省的驻防力量外，还便于控制川西民族地区、屏障西藏，反映了清政府对藏区施加管理的特殊性。

简而言之，由江宁经京口、荆州至成都的这条长江防线在整个

---

① 李玉宣、衷心鉴等：《成都县志》卷2，同治十二年（1873）刻本，第5页。

② 《清高宗实录》卷1004，乾隆四十一年三月己卯。

③ 嘉庆《四川通志》卷85《武备·兵制》。

清朝的统治过程中都扮演着重要的角色。不仅如此，这条防线还与东南地区由杭州经福州至广州的沿海防线相互呼应，不仅在清初打击南明政权、平定“三藩”、稳定藏区发挥了重要作用，并且还充分发挥了长江沿岸及东南沿海的经济优势，加强了中原与西南、东南地区的联系，进而辐射北方。

二　边疆驻防

边疆地带尤其是北部边疆是清朝统治要害的地带，一是版图大；二是与京师的位置紧密毗连；三是沙俄反复入侵黑龙江流域并勾结准噶尔政权，蚕食领土；最重要的是这些地方与满洲统治者地缘、族缘关系最为密切。东三省是清朝龙兴之地；大漠南北直至漠西，是与满族联姻的蒙古，其重要性可见一斑。相较内地十八省，清廷对边疆地区采取宽松的“因俗而治”的治理政策。八旗驻防边疆为清朝实现对少数民族的统治提供了保障。边疆驻防按照其统治性质及所属区域，又可分为长城沿线驻防、东北驻防军府、内外蒙古驻防军府以及新疆驻防军府四大类。

（一）长城沿线驻防

长城线极其重要，历代王朝为了保护内地中原，都要巩固直隶、山西、陕西、甘肃等地的控制。清朝政治边疆虽然大幅向外延展，长城不再是版图边界，但长城内外政情不同，体制各异，长城仍具有隔离内地与边疆界限的意义。清朝统御北疆，沿长城一线的驻防至关重要。清朝对于长城一线的布防可以分为两个部分，第一部分是京师外围，自山海关向西于各关口布防，如罗文峪、冷口、喜峰口、独石口、古北口等，这是顺治年间及康熙早期的主要措施，后增设热河与张家口驻防并加大驻兵，驻防开始逐渐北移；第二部分则是康熙中期以后，随着准噶尔部崛起，边疆形势恶化，清廷在西北一线逐渐完成布防，形成山西右卫、归化城、宁夏、甘肃凉州、庄浪等驻防地，为最终平定准噶尔政权奠定基础。

1. 顺治、康熙早期的长城驻防

这个时期长城的大部分是作为京畿驻防的外围存在的，且由于早期北疆安宁，蒙古地区少有用兵之处，故京畿地区防御重心在京南，仅在长城自东向西一线关口有少量驻兵，如喜峰口、独石口、古北口，稽查人员出入，处理治安和对蒙古贸易问题。“凡外藩各蒙古来贸易者，俱令驻于边口照常贸易，毋得阻抑，其喀尔喀部落来市马者，令驻于口外，申报户部，听候谕旨”①，因而从西宁到大同的长城线并未进行有效驻防。

此种情形维持到康熙年间，准噶尔部崛起形成西北方向的威胁，将其势力渗透到漠北喀尔喀、新疆、青海等地，于是清廷开始增添长城北部与西北部的八旗驻防。主要措施有三：一是从康熙二十三年（1684 年）起各关口以及三河、玉田等地增兵 50—100 名；二是热河增设驻防；三是西北一线驻防。

2. 西北一线驻防

西北长城线驻防的建立，是与清廷反击准噶尔部威胁相始终的。

首先是右卫。康熙三十二年（1693 年），为防范噶尔丹南下，康熙皇帝命“堪披甲蒙古三千六十五人俱到归化城，分为三十佐领”②，后又命这部分蒙古兵驻扎右卫，并增派将军一员统领护军驻防，但是昭莫多战役后，陆续撤回。康熙四十九年（1710 年），右卫虽重新添设 3000 兵员，但随着其重要性下降，其兵力不断被移驻其他地方。乾隆初年主要兵力改驻归化城，右卫留城守尉率一佐领八旗兵驻防。

其次是宁夏银川。宁夏驻防的建立经历了三个阶段。第一阶

① 《清世祖实录》卷 13，顺治二年正月戊子。

② 《清圣祖实录》卷 160，康熙三十二年九月庚午。

段，早在康熙十三年（1674 年），王辅臣呼应吴三桂叛乱时期，清政府就将八旗兵派进宁夏，后驻防部队入蜀作战。第二阶段，随着噶尔丹势力兴起，宁夏战略地位提高，三十四年（1695 年）升任右卫左翼护军统领觉罗舒恕为宁夏将军，准备长期驻防，昭莫多战役后驻防结束。第三阶段，雍正二年（1724 年），年羹尧上疏守边策略，“宁夏地阔田肥，原设总兵官驻扎，遇哈密有事，将满洲兵由内派往，路途遥远，甚属无益。宁夏贺兰山之外，离哈密不甚遥远，宜于宁夏令满洲兵驻防”[①]。同年十一月正式设立宁夏驻防，署理陕西西安将军的苏丹为陕西宁夏将军。宁夏的兵额变化较大，据《八旗通志初集》记述，雍正年间，宁夏驻防共有官兵三千五百六十一人，但多数被调往西藏、新疆参战。直至道光年间，其驻兵数因屡次参战而始终波动较大。但大体稳定在官兵三千人左右。[②]

最后是凉州与庄浪。两地驻防正式建立于乾隆二年（1737 年），但萌芽于雍正末年准噶尔兵败后清朝的驻防布局。“除汉中一府地居腹里，不必添驻外，查凉州为甘肃咽喉，通省关键，请驻兵二千名。西宁地处边隅，逼近青海，请驻兵一千名”[③]，后又将分驻西宁之兵改驻庄浪。于凉州设将军一人，副都统一人。庄浪设副都统一人，从驻西安满洲、蒙古、汉军内抽调马步兵四五千名。回疆底定后，乾隆二十七年（1762 年），将凉州与庄浪的满蒙驻兵移往伊犁，汉军出旗为民。在凉州留副都统一人，并从西安向凉州派兵一千五百名，向庄浪派驻兵五百名，统一由凉州副都统管理。

长城一线的驻防在康雍乾三朝的边疆统一战争中，尤其是在和准噶尔进行内外蒙古的控制权的争夺过程中发挥了巨大作用。虽然这些驻防点大多设于战争需要，其建制多不稳定，而西北偏远贫

① 《清世宗实录》卷 17，雍正二年三月丙申。

② 《清朝通典》卷 70《兵三》，浙江古籍出版社 2000 年版。

③ 《清世宗实录》卷 152，雍正十三年二月壬戌。

瘠，物资供应不足，驻防难度非常大，但是由于其具备控制蒙古的战略地位，因此这些驻防点一直得以延续到清末。

（二）东北驻防军府

东北是清朝龙兴之地，且西抵山海关，东接朝鲜界，北有沙俄不断蚕食领土，其重要性不言而喻。故东北地区的管理体制与内地有所区别，也与蒙藏等藩部不同。东北作为清廷战略要地与八旗兵源基地，其驻防兵力约占全国驻防八旗总数的37.8%，成为最大驻防区。光绪三十二年（1906年）三将军分辖体制改为行省，直至宣统元年（1909年）东北驻防八旗兵方被新式陆军和巡防队所取代。

1. 清廷对东北的统治政策

东北地区“设官分职办法本与内地省分不同”，是“立军府统治之”①。不设总督巡抚，直接设置盛京将军、吉林将军和黑龙江将军管理军政与民政。再者，与内地设将军的地区相比，其职能也不同。“我朝定制，于各省分设八旗驻防官兵，以将军、副都统为之统辖，虽所司繁简略异，而职任无殊。惟盛京、吉林、黑龙江将军，俱以肇邦重地，俾之作镇，统治军民绥徕边境，其政务较繁而委任亦最为隆巨。核其职掌，盖即前代留守之比，与各省将军之但膺阃寄者不同。”② 东北实行军府制下的旗、民分治理。对索伦、达斡尔、鄂伦春、鄂温克等族，通常编牛录，使其隶属八旗；对边远地区未编旗的其他少数民族，则利用原有地域组织和氏族组织，设乡长、姓长等加以统治。

2. 东北驻防体制的变迁

有清一代，东北驻防兵始终占据全国驻防八旗总数的三分之一左右，其中，作为“留都”的盛京地区是东北驻防区的大后方。东

---

① 徐世昌：《东三省政略》卷5，吉林文史出版社1989年版。下同，不再注版本信息。

② 《吉林通志》卷60。

北驻防体制也历经了从初建到完善，最后衰落解体的过程。

从顺治元年至康熙二十二年（1644—1683 年）为东北驻防体制创立时期。清朝迁都北京后，盛京设为陪都，并由盛京总管镇守东北地区，在熊岳、锦州、凤凰城、宁远、兴京、辽阳、牛庄、岫岩、义州九城设城守官率兵专城驻防。又在盖州、海州和耀州三城各设佐领专城驻防。随着清廷对于东北重要性认识的不断加深，顺治十年（1653 年），设宁古塔昂邦章京镇守黑龙江、松花江、乌苏里江等流域。康熙年间，盛京驻防区增加广宁和开原两地驻防以及柳条边的松岭子、新台、白石嘴、清河、凤凰城、九关台 6 个边门防御，并增添吉林柳条边伊通、巴彦鄂佛罗、布尔图库巴彦罕、赫尔苏 4 个边门防御。康熙二十二年又增设黑龙江将军，率千名满洲八旗兵驻防额苏里，后迁至瑷珲城。至此，东北三将军驻防体制正式建立。

这个阶段由于清廷在全国统治不稳定，需要调动大量八旗精兵灭南明、平“三藩”、统一边疆，因此并未对东北本部过多设防，而仅仅就柳条边内，以盛京、永陵、昭陵和福陵为中心形成驻防网络，以达成拱卫陪都和陵寝、保护官庄旗地以及维护皇家围场及封禁地等作用。[①]

随着沙俄对于黑龙江流域的侵略以及国内形势的稳定，康熙年间东北地区的驻防逐渐完善，到咸丰年间，最终形成了较为完整的军事驻防格局。

盛京将军驻防区：盛京副都统领盛京协领，辽阳、开原、岫岩、广宁 4 处城守尉，牛庄防守尉，巨流河、白旗堡、小黑山、闾阳驿、抚顺 5 城防御和彰武台边门防御。以上共 12 个驻防城共计官兵 9877 名。锦州副都统领锦州协领，义州城守尉，小凌河、宁

① 田志和：《论清代东北驻防八旗的兴衰》，《文史哲》1992 年第 2 期。

远、中前所、中后所4处专城佐领，梨树沟、明水塘、白土厂、法库4个边门防御；以上6个驻防城共计官兵2786名。金州副都统领熊岳、盖州两处协领，复州城守尉、熊岳防守尉，旅顺水师营。以上4个驻防城共计官兵3748名；兴京协领专城驻防官兵604名，凤凰城城守尉专城驻防官兵842名。盛京将军驻防区合计专城驻防24处，官兵18356名，永陵、昭陵和福陵三陵官兵管理，本不属驻防序列，但归盛京将军兼辖，有官兵802名。

吉林将军驻防区：吉林副都统领五常堡、拉林2处协领，伊通河、额穆赫索罗2处佐领，柳条4门防御。以上5城驻防官兵合计6180名；三姓副都统领三姓协领，官兵1945名；宁古塔副都统领官兵1438名；阿勒楚喀副都统领阿勒楚喀和双城堡2城协领，计官兵1041名；伯都讷副都统领官兵1334名。珲春协领专城驻防合计官兵463名。吉林将军驻防区专城驻防12处总计官兵12523名，此外兼辖打牲乌拉打牲丁3993名、官员65名、其他兵丁257名。

黑龙江将军驻防区：齐齐哈尔副都统与将军同城合署，领火器营和水师营，共计官兵2470名；黑龙江副都统领官兵1629名；墨尔根副都统领官兵计1071名；呼伦贝尔副都统衔总管领计官兵2627名。呼兰城守尉专城驻防领官兵528名；布特哈总管所属序列归将军兼辖，合计官兵2127名。黑龙江将军驻防区专城驻防6处合计官兵10452名、打牲丁1621名。

自咸丰八年（1858年）开始，由于源源不断调派赴各地镇压捻军、回民起事及与英法联军作战，东北驻防八旗走向衰落，宣统三年东北驻防八旗最终被新式陆军取代。

3. 东北驻防的特点

内地驻防属于八旗、绿营合驻，但东北仅有八旗驻防而无绿营。因此，东北驻防有三个明显的特点。一是兵力比重大。“康熙末年已恢复到26000余人；乾隆、嘉庆年间都在4万以上；道光年间尚保持 39927 名。”[1] 一直占全国驻防八旗兵力的三分之一。二是构成民族多。康熙年间，边疆各少数民族编组成的佐领，即达 330 余个。乾隆年间，黑龙江将军所属六城八旗军，有 80% 以上是由少数民族官兵组成的。三是统帅力量强。从最初由盛京总管统辖全区，到宁古塔总管分管北部地区，再到黑龙江将军分管宁古塔将军辖区的西北部，形成三将军分辖全境的局面，同时副都统增至 7 名，均占当时全国驻防同级将领的 40% 左右。及至光绪三十三年（1907 年）改设行省，盛京将军改为东三省总督，但仍保留将军职名，仍兼管三省将军事务。

（三）内外蒙古军府

有清一代，对于蒙古的统治政策一直在不断调整。清廷除了秉持柔性的满蒙联姻的政策之外，也对蒙古地区实行了有效的管理。对于蒙古族聚居的北疆地区，实行盟旗制度。在蒙古原有鄂托克基础上设置“旗”，作为基本行政建置的同时，也承担军事和社会组织职能。盟旗也是军事单位，扎萨克就是军事长官。每一旗的扎萨克由清廷挑选本旗的王公台吉担任。旗上设盟，盟长由理藩院委任本盟王公扎萨克兼任，但盟长只能对各旗政务监督，不能发号施令；除了盟旗制度外，在蒙古地区还设有军府，派遣将军、都统、大臣分驻各地，屯兵驻守，代表中央政府对盟旗实行监督与控制。

1. 军事防御体系的构想

准噶尔部兴起后，漠北、漠南乃至青海、新疆等地局势趋于复杂，特别是喀尔喀南投以后，漠南蒙古局势愈加混乱，为此康熙皇帝多次出塞巡行，在笼络蒙古王公的同时，开始构建军事防御体系。康熙三十年（1691 年），战胜噶尔丹后，举行多伦会盟，将外喀尔喀蒙古按漠南蒙古之例，划分为 36 旗，旗下设参领、佐领等

---

① 前两组数字来自乾隆《钦定盛京通志》、嘉庆《大清会典》；最后一组数字来自鲍中行《中国海防的反思》，国防大学出版社 1990 年版，第 28—29 页。

官，令其各有管束，以加强管理。同时，取消喀尔喀各部首领原有名位称号，分别授给亲汗、王、郡王、贝勒、贝子等爵号，真正将喀尔喀蒙古纳入清朝的统治体系中。

解决漠北蒙古安置问题后，清廷开始对漠南蒙古展开防御。首先采取的措施是沿着长城一线向蒙古各部设置驿站，加强其与北京及内地的联系。康熙三十二年（1693 年）议定在“喜峰口外设十五站，古北口外设六站，独石口外设六站，张家口外设八站，杀虎口外设十二站”，并且规定“该旗扎萨克除公事外，不许擅动驿站”[①]。这一举措可以监督漠南、漠北蒙古，还可做军事预警。但是，单纯地设置驿站并不能解决蒙古复杂的局势。布尔尼叛乱、噶尔丹南侵时蒙古各部的观望态度促使清廷认识到构建长城一线的军事驻防体系十分必要。

2. 驻防体系的构建

对漠南蒙古的驻防主要是沿长城一线的构筑防线，历经康、雍、乾三朝走向完善，包括右卫建威将军、绥远城将军、察哈尔都统、热河副都统（后升都统）作为一级驻防，并联合已有的其他驻防点形成一个完整的防御体系。

首先是右卫建威将军与绥远城。康熙三十一年（1692 年），康熙皇帝谕在右卫设立八旗驻防并设立右卫建威将军统筹驻防。后由于康、雍两朝为解决噶尔丹问题导致财政吃紧，乾隆继位后谋划与准噶尔议和，从漠北撤军，并安排漠北防务。“大兵既撤，若喀尔喀蒙古等必需内兵防护，请酌留东三省兵五千名，驻扎鄂尔昆”，“又归化城路当通衢，地广土肥，驻兵可保护札萨克蒙古等，调用亦便”[②]。于是决定调遣四千名右卫兵，并令携家驻归化城（今呼和浩特市旧城），则归化城兵增为一万名，并议定于归化城设将军

① 《清圣祖实录》卷155，康熙三十一年六月甲申。

② 《清高宗实录》卷9，雍正十三年十二月丙戌。

一员，副都统两员协理，管辖归化城官兵。后商定建设归化新城，选址在城东北约五里，“前有伊克图尔根、巴罕图尔根二河之环抱，左有喀尔沁口之水，右有红山口之水会于前方，其中地势宽平，就迩起伏山多，而城垣局周密结万年永固之城基，实军民久安之处”[①]，乾隆皇帝钦赐名为“绥远城”。乾隆二年（1737 年），将右卫建威将军移驻新城，将漠北撤回者选兵两千名，加上热河兵一千名，派往新城驻扎，暂停派往京城官兵三千名，并命右卫建威将军王常“先将兵丁住房修理，俟前往驻防后，再行修理城工”[②]。右卫将军自此移驻新城。二十六年（1761 年）右卫建威将军奉旨改为绥远城将军。

第二是热河副都统。乾隆皇帝实行“近疆固守”方略，“热河地方甚为紧要，所居满洲兵现有八百名，其从前一千操演兵已遣往绥远城驻扎，热河所余满洲兵较少，理应添设”[③]。于是将京城八旗兵丁一千二百名拨往热河。乾隆二年（1737 年）兵部议：“热河添兵二千名，应设大员统辖，请将总管一缺改为满洲副都统。”[④] 三年新设热河副都统衙门，并兼制绿营。嘉庆年间，木兰围场总管也改隶都统管辖。

第三是察哈尔都统。乾隆二十六年，在张家口设立察哈尔都统，“即令辖该处弁兵，无庸京城八旗都统兼管。其副都统二员就左右翼游牧边界驻扎，应得之项照绥远城将军、副都统例办”[⑤]。次年，乾隆皇帝规定察哈尔都统的职权：“总管察哈尔左右两翼副都统、八旗总管，管辖满洲蒙古官兵及张家口理事同知。”[⑥] 察哈尔都

---

① 第一历史档案馆藏军机处录副奏折，归化城副都统瞻岱《奏为酌定归化城基址并兴工日程折》，乾隆元年九月二十六日奏。

② 《清高宗实录》卷 32，乾隆元年十二月庚午。

③ 《清高宗实录》卷 44，乾隆二年六月丁卯。

④ 《清高宗实录》卷 56，乾隆二年十一月辛未。

⑤ 《清高宗实录》卷 684，乾隆二十六年十一月辛丑。

⑥ 《清高宗实录》卷 669，乾隆二十七年八月丙辰。

统的设立标志着漠南蒙古地区沿长城一线军事驻防体系的最终构建完成，东接东三省，西连宁夏，成为京师北部的一道重要军事屏障。

除了针对漠南蒙古防御的长线，还有针对漠北蒙古的防御线。喀尔喀蒙古实行盟旗制度后，乾隆中期间增至八十二旗。为了防御西北准噶尔，清廷建城驻兵于乌里雅苏台和科布多。雍正九年（1731 年）设定边左副将军，下设参赞大臣 2 人，节制喀尔喀四汗（盟）八十二旗及阿尔泰山、天山间乌梁海等数十部落，时称边外第一重镇。乾隆二十六年又于科布多另设参赞大臣、办事大臣各 1 人。除此之外，东北以柳条边西边诸边门、伯都讷和呼伦贝尔驻防三部分为主的东部驻防线对于蒙古也有防御作用。

3. 内外蒙古驻防的作用

绥远城将军、察哈尔都统、热河都统组成的军事驻防体系西起宁夏、河套，南接长城各要口，东联东三省八旗驻防，形成半月形的防御态势。将军、都统通过统率八旗，兼辖绿营，兼管驿站、军台，可以和理藩院结合起来更加有效控制和管理漠南蒙古地区。将军、都统负责监督盟旗王公，也有权督察、考核辖区满汉官吏，也能在一定程度上控制沿边府厅州县。另外，军事驻防体系还起到了区隔作用，并与票照制度、年班制度结合对出入内地、蒙地的蒙汉贵族、人民以及来往贸易商民进行控制。清廷通过八旗驻防确保了对蒙古诸部各项统治措施的落实，从而达到稳定北部边疆并进而控制西北的战略目的。

（四）新疆军府

新疆地区由于民族形势复杂，故针对南疆北疆不同地区所采取的措施有所差别。全疆主要实行军府制度，设伊犁将军统辖天山南北，在南疆喀什噶尔设置参赞大臣管理南疆军政事务，参赞大臣受伊犁将军节制。地方上，东部乌鲁木齐、巴里坤汉人较多的一带实行州县制，归属甘肃；在土尔扈特、和硕特等蒙古人聚集地实行盟旗制度；在天山南路城乡，维持维吾尔人旧有的伯克制度。

1. 伊犁地区

清军平定新疆后，即根据南北两路叛乱新定的形势和沙俄染指伊犁地区的潜在威胁，首先于北疆设置了驻防，并确定以伊犁为中心，部署全疆驻防兵力。乾隆二十七年（1762 年），因“伊犁为新疆都会，现在驻兵屯田，自应设立将军总管事务”，增设“总管伊犁等处将军”[①] 一员。伊犁将军“节制南北两路，统辖外夷部落，操阅营伍，广辟屯田”[②]，权力极大。

伊犁将军设置后，陆续从东北、内蒙古和陕甘调兵驻疆。自东北及内蒙古驻兵调遣少数民族官兵 7200 余人，按照不同民族，分别组成厄鲁特营、察哈尔营、索伦达虎尔营（简称索伦营）和锡伯营，布防伊犁周边。来自陕甘等地区原热河、凉州、庄浪驻防的满、蒙八旗官兵 4370 人，携眷移防惠远城；来自西安满、蒙八旗官兵 2200 余人，携眷至惠宁城驻防。这六千余官兵，形成了伊犁地区武装力量的核心。“伊犁地极西徼，又为将军帅庭，故较之乌鲁木齐驻兵尤多。有满洲、蒙古八旗，有绿营屯兵，有锡伯、索伦、察哈尔、厄鲁特等兵，环卫森严，所以靖边圉而资控驭，最为整肃。”[③]

2. 乌鲁木齐地区

乾隆二十六年，设置辟展办事大臣（后改吐鲁番领队大臣）。后增设了巴里坤、库尔喀喇乌苏、古城领队大臣和乌鲁木齐参赞大臣。三十八年（1773 年），因“乌鲁木齐所属地方宽阔，而距伊犁遥远，兵民辐辏，应办事件甚繁，将参赞大臣缺，改为都统一

① 光绪《钦定大清会典事例》卷 545。

② 道光《钦定新疆识略》卷 5。

③ 松筠修：《西陲总统事略》卷 1《伊犁驻兵书始》，中国书店出版社 2010 年版。

员……仍属伊犁将军节制，听其调遣”[①]，并调凉州、庄浪满、蒙3000余名兵进驻，统辖各领队大臣并管理一切八旗驻防事务。

3. 回疆地区

南疆也称“回疆”，为全疆驻防点最多的地区，但是与北路之重兵屯驻有所区别。乾隆二十四年（1759年）全疆平定。设置回疆八城，喀什噶尔、英吉沙尔、叶尔羌、和阗、阿克苏、乌什、库车和喀喇沙尔。由驻扎喀什噶尔“总理回疆事务”的参赞大臣统领，各设绿营、八旗兵100—1000名。总数达到4088名。[②]其中满兵自乌鲁木齐、古城、巴里坤调拨。乾隆中后期参赞大臣一度移驻乌什，后复归喀什。道光八年（1828年），叶尔羌办事大臣曾短暂改设参赞大臣，旋恢复旧制。[③]

左宗棠指出，“重新疆者所以保蒙古，保蒙古者所以卫京师……若新疆不固，则蒙部不安，非特陕、甘、山西各边时虞侵轶，防不胜防，即直北关山，亦将无晏眠之日”[④]。清廷以八旗驻防维护新疆统一，对天山南北的领土实行严密而有效的控制，同时也起到了保蒙古、卫京师的作用。兵种齐全的八旗军队，不仅奠定了清朝的疆域版图，其星罗棋布、关系全国的驻防制度更是维护国家统一的核心制度。

第三节　多层级法律制度

法律制度，是一个政权赖以统治的基石之一。清朝作为中国历史上最后一个专制王朝，在将近三百年的时间里，取得了诸多超越前代王朝的发展成就，实现了对疆域内相对稳固的统治。从历史上

① 《清高宗实录》卷935，乾隆三十八年五月丁丑。

② 钟兴麒等校注：《西域图志校注》，新疆人民出版社2002年版，第436—437页。

③ 《清史稿》卷76《地理二三》。

④ 《左文襄公奏疏续编》卷67《遵旨统筹全局折》，光绪石印本，第4页。

看，清朝对于广大的边疆民族地区，治理的成绩十分突出，对于今天来说仍有许多值得借鉴的经验。其中主要原因在于，清朝在法律制度方面获得显著成就，特别是其逐步建立起一套完善的多层级法制体系。

一　兼顾内地与边疆社会的法律制度

清代法律制度的表现形式是多元的，不仅《大清律例》等国家正式法典在司法中得到遵守，而且，司法实践中地方法规、民族法律、习惯法也是判案的重要依据。甚至，清朝还专门为宗教人士设立了专门法规。清朝将这种多元的法律渊源构建成统一的法律体系，这个体系就是以《大清律例》为中心，同时涵盖了地方性法规、少数民族法律、习惯法、宗教性法规的法律体系。这样一来，清朝的法制便同时有效地兼顾了内地与边疆地区社会多元复杂的情况。

司法制度上，清朝的司法程序愈加完备，审级严格。清朝借鉴内地司法经验，将司法管辖深入推进到边疆少数民族地区，积极推进国家司法制度的“一体化”。清代，按照中央到地方的层级，依次赋予审判权力，重大案件由中央审断，一般案件由地方审断。边疆民族地区重大案件一般适用《大清例律》，以示国家法制的统一。一般性的民刑案件则可按照民族地方法律习惯处理。凡发生在内外蒙古地区的案件，先由旗扎萨克听断，不决，再报盟长审理，仍不能决，再报理藩院审理定案。理藩院除执掌各少数民族的上诉案件外，必要时还派出司官代表中央会同盟旗扎萨克一起审理。不设扎萨克之地由驻防将军、都统、办事大臣就近审理。会审和死刑复核也进一步制度化、法律化。重案须报到理藩院核查，罪至发遣者，报理藩院会同刑部裁决。同时，对边疆民族地区案件的司法审断，按照属人属地管辖原则，对内地案犯和少数民族案犯分别处理。蒙古人在内地犯案，照《大清律例》审理。民人在蒙古地区犯法，照《蒙古律例》办理。发生在蒙古地区的案件，如当事人俱系蒙古人，适用蒙古律例；俱系民人则适用《大清律例》。如蒙古与民人伙同抢劫，则核其罪名，按照从重原则，蒙古律重于《大清律例》按蒙古律问拟；《大清律例》重于蒙古律按《大清律例》问拟。新疆地区由驻防将军、参赞大臣负责该地区司法。西藏地区由驻藏大臣平议刑罪，拟定法制。西藏地区番人与汉人相犯，依《大清律例》论；番人与番人相犯，在适用刑罚时，考虑到民族习惯和宗教信仰，则与内地有别。具体到发遣制度方面，充分利用边疆与内地法律资源，将犯人相互发遣。

（一）国法《大清律例》正统权威

清朝于开国之初，即本着“国家制刑，先定律令，所以彰明宪典，示民画一”的思想，着手法典的编订。顺治三年（1646 年），清朝参照《大明律》，修成《大清律集解附例》。虽然有满文译本，但因对处分满官没有做出规定，故对满官没有约束力。经过康熙、雍正两朝，屡有增订。康熙九年（1670 年），皇帝命大学士管理刑部尚书事对喀纳等将律文的满汉文义复行校正。十八年，更改刑部条例，别自为书，称为《现行则例》。二十八年，《现行则例》附入《大清律例》。雍正三年（1725 年），皇帝命朱轼为总裁，将《大清律集解附例》和《现行则例》重加编辑，颁行《大清律集解》。乾隆五年（1740 年），皇帝命重修法律，成《大清律例》。《大清律例》分为名例律、吏律、户律、礼律、兵律、刑律、工律 7 篇，共 30 门，律文 436 条，律后附以奏准条例 1049 条。清代，例是律的补充，《清朝通志》称：“律以定罪，例以辅律。”[1] 清政府以《大清律例》为国法。在统治者看来，律是大法，“刑之有

---

① 《清朝通志》卷 76《刑法略一》，浙江古籍出版社 2000 年版。

律，犹物之有规矩准绳也”[1]。律是定罪用刑之准绳，也是定例之依据。

入关后，在加强少数民族管理的同时，清朝积极强调《大清律例》的国法地位。在《大清律例》“化外人有犯”条中规定：“凡化外人犯罪者，并依律拟断。”所谓“化外人”，当然包括入境的外国人，但主要指代陆续归附清朝的边疆各少数民族。可见，《大清律例》对清朝全境各族一体适用。在边疆民族地区纳入到清朝的统治之下后，其旧有的制度体系有了很大程度的改变。原有的行政、法律制度被清朝统治者巧妙地利用，并加以改造甚至重建。

清朝改造了边疆各民族旧有法律，取而代之的是新颁行的《蒙古律例》《回疆则例》以及后来的《理藩院则例》，并且随着时间的推移，《大清律例》的影响日渐加深，在司法的过程中越来越频繁地被援引。清朝采取了一些措施，保证国家对边疆民族地区的统一立法权。以蒙古地区为例，为了达到法律适用的基本统一，《理藩院则例》规定称，“凡办理蒙古案件，如蒙古例所未备者，准照刑例办理”。《大清律例》作为清朝最重要的基本法，规定了其他少数民族法律的特殊适用范围以及原则。

《大清律例》采取了律例合编的体例，将“例”看作重要的法律形式之一。《大清律例》颁行之后，成为清朝的基本法典。乾隆朝以后，律文部分基本定型，此后历代皇帝严格遵守，对律典再无重大修改。清代律例之间的关系表现为：“律垂邦法为万世不易之常经，例准民情因时以制宜。”[2] 一方面，律作为国家法统地位的象征，地位和影响不受损失；另一方面，例相对开放灵活，可以适应社会生活的变化，例和律相互融合，互为补充，是清代法制的最大特征。例文的不断增加，是因为例的规定具体，在判案上实用，针

---

① 《清史稿》卷142《刑法一》。

② 祝庆祺：《刑案汇览》“序”，法律出版社2007年版。

对性强，每次修例以后发生的与以前例案不同的案件，其判处便成了下次修例的新增之例，作为以后发生同类案件的判处依据。

清代法律条文不仅作为司法机构判案的依据，而且是对百姓教育的教材。清朝规定，各地督抚须将《大清律例》中有关扰乱社会治安、败坏风俗的惩处条文详细刊刻印刷，分发下属各府州县，在城乡处普遍张贴，并责令各州县官员组织“乡约”，每月宣讲解释律条，务使“家喻户晓，戒惧常存”。州县官还要不时巡行宣导，如地方官奉行不力者，由督抚查参。

（二）不同层级、不同地区的民族法、地方法

作为边疆民族入主中原建立的王朝，清朝对待边疆地域事务并不专恃武力，而是非常注意以“律例”等法律制度管理。其立法原则，在维护大一统皇权至上的前提下，充分重视各地区、各民族的社会差异，有针对性地颁行适合不同民族地区的专门法律。立法形式上，有律、例、令之别。对蒙古、西藏、青海、回疆地区颁布有单行的法律文本，而西南地区的苗族《苗例》则被包含在《大清律例》中，这与“苗疆”、土司的政治地位正相符合。法律文本地位上，以《大清律例》最高，《理藩院则例》《蒙古律例》《回疆则例》《番例》次之，载于《会典事例·理藩院》中的各地方“禁令”再次之。律例在适用地域与民族范围上，因时而变化。清初定，以长城为界，区分边内人与边外人；按犯罪地点，边内人边外犯法，适用刑部律（《大清律例》），边外人边内犯法，适用《蒙古律例》。嘉庆年间，调整为按犯罪对象，明确定蒙古人专用蒙古例，民人专用刑律。道光年间再度调整为，蒙古人在内地犯法，依刑律；民人在蒙古地方犯法，依蒙古律。为协调大清律与地方法之间的关系，嘉庆年间又定，“如蒙古律未备者，准照刑律办理”[①]。这

---

① 光绪《大清会典事例》卷994《理藩院·刑法·名例》。

些调整，既体现了立法上的地区、民族差异，也反映着全国司法逐渐走向一致的趋势。

入清以前，各聚居民族区域大多拥有自己的地方性法律资源，如东蒙古有《图们汗法典》；外喀尔喀蒙古有《喀尔喀·吉鲁姆》《白桦法典》；厄鲁特蒙古地区（含青海）有《卫拉特法典》，并与喀尔喀蒙古共享；西藏则有五世达赖喇嘛时期制定的《十三法典》；西南土司地区则有传统的习惯法，如《苗例》等。入清后，这些法典多被废弃，有些则被吸收到《大清律例》《蒙古律例》中，也有的仍在地方小范围内使用，如《喀尔喀法典》。这一状况显示了边疆民族区域法律体系的多元性。

蒙古地方律例。雍、乾以前，理藩院主要处理蒙古事务。因之，蒙古地区的立法也是由理藩院主持。顺治十四年（1657 年），颁布了有关蒙古的“定例”，十五年（1658 年），清廷议定了“理藩院大辟条例十二条”，成为最早的蒙古刑法。康熙六年（1667 年），理藩院编纂了蒙文的《蒙古律书》，即《康熙六年增定蒙古律书》，共收入蒙古例 113 条。康熙三十三年（1694 年）前后，又有修订本蒙文《蒙古律例》，增至 152 条。乾隆六年（1741 年）又做过修订。[①] 至乾隆五十四年（1789 年），形成了规模最大的《蒙古律例》，内容有 12 卷 209 条。12 卷即 12 门，包括“官衔”（24 条）、“户口差徭”（23 条）、“朝贡”（9 条）、“会盟行军”（13 条）、“边境卡哨”（17 条）、“盗贼”（35 条）、“人命”（10 条）、“首告”（5 条）、“捕亡”（20 条）、“杂犯”（18 条）、“喇嘛例”（6 条）及“断狱”（29 条）。乾隆末年复增补 16 条，加上嘉庆年间增补的 7 条，于是嘉庆刊本的《蒙古律例》共补充、修订和增订条例 23 条。这部法规混合了刑事、民事、军事、行政诸法律的内

① 达力扎布：《〈蒙古律例〉及其与〈理藩院则例〉的关系》，《清史研究》2003 年第 4 期。

容，形成了嘉庆时期纂定的《理藩院则例》的基础。

《理藩院则例》。到乾隆中期，理藩院管辖的边疆区域大为扩展，但立法工作并未及时跟上。《蒙古律例》《钦定西藏章程》仍是主要的成文法，而蒙古、西藏地区之外还有青海、新疆等多民族地区，编纂更大规模的民族区域法规逐渐提上日程。嘉庆十六年（1811 年）四月，理藩院奏请编纂则例，“将旧例二百九条逐一校阅。内有二十条系远年例案，近事不能援引，拟删。其余一百八十九条内，修改一百七十八条，修并二条外，并将阖院自顺治年以来，应遵照之稿案，译妥汉文，逐件复核，增纂五百二十六条。通共七百十三条”①。嘉庆二十二年（1817 年）刊行。它以《蒙古律例》为基础，但内容上已大为扩展。《理藩院则例》体系分“通例”（上下）和“旗分”等 64 门，除蒙古地区各种制度外，还规定了西藏、青海、回疆等地的重要制度，适用于蒙古族、藏族、维吾尔族等边疆民族。有关蒙古地区的制度，包括：行政区划与职官制度；赋役、朝贡、宗教等各种社会管理制度；刑法制度；司法审断制度。有关西藏的制度，体现在《西藏通制》中，重要内容与乾隆五十八年（1793 年）制定的《钦定西藏章程》一致。关于回疆事务，由理藩院的徕远司负责，有关维吾尔族的制度，分散在各门之中，条文不多。《理藩院则例》的修订，在道光朝和光绪朝续有进行，但体系和条文变动不大。

青海地区民族法规。适用于青海地区各民族的法规，除雍正初年颁行的《青海善后事宜十三条》和《禁约青海十二事》外，比较重要的还有雍正十一年（1733 年）颁行的《西宁青海番夷成例》（简称《番例》）。该例共 68 条，直接来源于《蒙古律例》，有些只在措辞上做了少量修改。有些条文参照《蒙古律例》，根据青海实

---

① 道光《理藩院则例》，《原奏》，道光六年刊本。

际情况加以修改；也有些属于新设条文。与前述法规相比，该例的特点是以刑事法规为主体，比较全面地确立了清政府在青海地方的刑法制度。由于当地族类众多，也有个别地方并未实施。[①] 道光初年，为了调整和解决青海蒙藏民族间的利益冲突，清廷又颁行了《青海番子事宜八条》和《青海蒙古番子事宜六条》，并被收入到《理藩院则例》之中。

回疆立法与《回疆则例》。在统一回部的过程中，清朝已经开始了针对回疆的立法实践。乾隆二十四年（1759 年），兆惠奏准实行了“喀什噶尔设官定职、征粮铸钱及驻兵分防各事宜”[②]。三十年“乌什事变”后，又制定回部各城章程“八条”[③]。嘉庆年间纂修《理藩院则例》，当时理藩院认为，该院承办的回疆事务中，所有钦奉谕旨及臣工条奏，积案繁多，不便纂入《蒙古则例》（即《理藩院则例》），以免条款混淆。奏请另行编纂成帙，以便颁发遵行。经过三年多时间，编纂工作初步完成。此即《回疆则例》。嘉庆本应有 6 卷 91 条。但未见有传本存世。嘉庆后期到道光初年，回疆屡经叛乱，为了加强回疆的管理，道光十三年（1833 年）三月，理藩院又做了全面修订。“应纂入者，增修纂入；应删改者，酌加删改。”[④] 修订后的则例共 8 卷 134 条，其中原例 26 条，修改 65 条，续纂 38 条，增纂 5 条。《回疆则例》继承了清朝回疆初期立法中所确认的“伯克”制度，并做出补充规定。如详列维吾尔族地区职官的设置、职掌、品秩、承袭、任用、休致等。对维吾尔族地区的年班、赏赉、度量衡、货币、赋役、贸易、驻军管理等各项制度，都作了专门规定。对于维吾尔族地区的宗教管理和刑事案件的管辖也作了具体规定。

---

① 刘广安：《清代民族立法研究》，中国政法大学出版社 1993 年版，第 107 页。

② 《清高宗实录》卷 592，乾隆二十四年七月庚午。

③ 《平定准噶尔方略续编》，卷 32。

④ 道光《回疆则例》，《原奏》。

西藏地区法规。清代乾隆朝开始，陆续在西藏颁行的重要章程共有六部。除乾隆十六年（1751 年）制定的《酌定西藏善后章程》13 条和乾隆五十八年（1793 年）的《钦定西藏章程》29 条外，乾隆朝还有五十四年（1789 年）制定的《设站定界事宜》19 条和次年奏定的《酌议藏中各事宜》10 条等法规。前者是在清军反击廓尔喀入侵之后由成都将军鄂辉奏定的，涉及军队驻防制度、对外贸易制度、藏官拣选补放制度、司法审判制度、派发差徭制度等方面，总体强化了驻藏大臣的权威。[①] 后者也是由鄂辉奏准，是对《设站定界事宜》的补充，涉及藏官拣选权、免除差徭权及罪产抄没权等，同样强调了驻藏大臣的管理权。[②] 清后期西藏最重要的法律文件，是道光二十四年（1844 年）九月驻藏大臣琦善等奏定的《酌拟裁禁商上积弊章程二十八条》，对《钦定西藏章程》做出新的补充和修订，重点是僧官制度和达赖喇嘛亲政任事程序及之前的摄政权限问题。僧官制度包括选任僧官的程序标准、僧俗官员的等第额数等都做了具体规定。旧例规定，达赖喇嘛十八岁亲政之前，由摄政掌办政务。新的章程规定，达赖喇嘛及岁，由驻藏大臣奏准任事。掌办之人，立予归政撤退。在差徭、寺院和番兵管理及司法制度方面，也作了补充规定或申明成例。[③] 随后琦善又上奏，提出嗣后商上[④]及扎什伦布的一切出纳，由该喇嘛等自行经理，驻藏大臣无庸涉手，得到道光皇帝的批准。

（三）承认蒙古、西藏地区传统的习惯法

蒙古、藏区人民在长期的生产和生活中形成了自己的风俗习惯，并形成了本民族的习惯法。清朝统一蒙古以前，蒙古族法律的

---

① 张其勤原稿，吴丰培增辑：《清代藏事辑要》，西藏人民出版社 1984 年版，第 234—241 页。

② 张其勤原稿，吴丰培增辑：《清代藏事辑要》，第 234—241 页。

③ 张其勤原稿，吴丰培增辑：《清代藏事辑要》，第 417—430 页。

④ 商上，藏语，意为官署。清代指西藏地方政府衙门。

渊源主要是习惯法和各部首领阶层的命令、决议和盟约。清朝统治者本着“从宜从俗、各安其习”的原则，在立法过程中，保留了各民族的风俗习惯，多次强调因俗立法，认为强制推行内地法律，“拂人之性，使之更改，断乎不可”[①]。在民族立法过程中，保留、认可了各民族的一部分习惯法。

乾隆《大清会典》中称：“国家控驭藩服，仁至义尽，爰按蒙古风俗，酌定律例，以靖边徼。”[②] 在制定《蒙古律例》以前，清廷就曾派官员到外藩蒙古地方，通过主持会盟，参与行政及审判事项，对蒙古地方的习俗和习惯法有了一定的了解，所以在编纂法典时，有选择地保留和确认了一部分蒙古习惯法和规范。如蒙古律中采取以罚牲畜、起誓代替刑罚执行的办法，规定“凡蒙古犯罪皆论罚”，对一般犯罪主要科罚牲畜，这显然是以蒙古旧有习惯法为基础的，具有浓郁的游牧特色。罚畜刑在清代蒙古曾经适用于杀人、放火、伤害、偷盗、辱骂等犯罪，处罚时以特定数字、专用词“九、别尔克[③]、五”等来处罚。罚畜刑广泛使用的原因在于：首先，清代蒙古族始终以游牧为主要生产生活方式，牲畜是当时最主要的财产和食物来源；其次，蒙古地区草原环境的人口承载力有限，人口和劳动力十分宝贵和重要，应尽力保护；最后，藏传佛教的发展，使蒙古人不主张杀生，罚畜刑逐渐取代了比较残酷的人体刑。

蒙古律中保留了传统的“立拆”习俗，对不决案件可让当事人设誓结案，带有浓厚的宗教神明裁判色彩。婚姻家庭方面的规定，也大多是在蒙古原有习惯法的基础上拟订的。根据既有研究，清代蒙古婚姻法律规定方面，立法较少，仅涉及婚约、聘礼、婚姻的终

---

① 《国朝掌故讲义》，转引自赵云田《清代蒙古政教制度》，中华书局1989年版，第64页。

② 乾隆《大清会典》卷80《理藩院》。

③ 系牛马羊驼的统称。

止和治奸等几个方面，表明传统的习惯法依旧在婚姻家庭的规范中发挥着重要的作用。与清代之前的蒙古婚姻法规相比，这些立法都有强烈的继承性。

乾隆二十六年（1761 年），乾隆皇帝针对回疆立法曾明谕："办理回疆众事务，宜因其性情风俗而利导之，非尽可以内地之法治之也。"[①] 因此保留和沿用了和卓统治时期维吾尔族的一些习惯法规范，如小罪适用墨刑、笞杖刑、劳役刑，对盗窃、伤害、杀人等除死刑外，还适用赔偿刑；对杀人、强奸罪适用肉刑、绞首刑。这些伊斯兰教法与维吾尔族习惯法相混合的法律规范，一定程度上在清朝统治下的新疆地区得以沿用。

古代藏族地区，长期形成了独特的风俗习惯，在服饰、饮食、居住、生产、婚姻、丧葬、节庆、娱乐、礼仪等方面，广泛流传各种喜好、习尚与禁忌。清代藏地法律，既尊重千百年来自然形成的习惯，也确认了各种具有法律效力的习惯法。清廷派往西藏各地的官员，常去藏地办案，熟悉藏地各种情况，对藏族的习惯法有深入了解。例如《番例条款》规定，凡偷猪、狗者，罚牲畜五件；盗鸡、鸭、鹅者，罚三岁牛。凡出首人罪，若系挟仇出首，取人牲畜者，千户等罚三九，百户等罚一九。犯罪科罚牲畜的制度参照了藏族的习惯法。[②]

佛教从 7 世纪传入藏族地区后，经过长期发展，形成了宁玛派、格鲁派、噶举派、萨迦派等派系。清朝对藏传佛教的基本政策是尊重其宗教信仰，扶持格鲁派，笼络达赖、班禅喇嘛。之所以如此，一方面，因为清朝需要通过宗教巩固其对蒙古、西藏的统治；另一方面，由于格鲁派对藏族人民有着深远影响，清政府可以通过

---

① 《清高宗实录》卷 648，乾隆二十六年十一月丁未。

② 参考陈光国《论清朝对藏区法制的立法思想和立法原则》，《青海社会科学》1997 年第 3 期。

佛教与统治阶层建立联系，借以安定西藏。清朝制定这一政策的最终目的是首先掌握西藏，然后再稳定西部，巩固边防。清朝灵活的法律体系，对于控制西藏，继而招抚西北、西南藏族人民，实现把各民族统一于中央政权之下的目标颇为有效。

（四）制定专门性宗教法规

清廷尊重少数民族习惯，还体现在清朝对藏传佛教专门订立的法规上。蒙古诸部信奉藏传佛教已久，藏传佛教在蒙古的政治、经济、文化和社会生活各个方面具有很重要的影响。但对于世俗之外的力量如何控制，是一大问题。能否运用法律手段有效地扶持、利用和限制藏传佛教至关重要。清朝根据藏传佛教的发展情况，在政治、经济各方面规定了各级喇嘛的权利和义务，在确认原有的一些教规教法基础上全面调整。不仅在教会本身的组织、制度和教徒生活等方面作了规定，而且还在寺院与世俗政权的关系，以及土地、婚姻、家庭、继承、犯罪、刑罚等方面作了规定。

清代藏传佛教事务在整个蒙古、西藏地区行政、司法管理体系中占有相当比重，因此也受到历朝重视。经过顺治、康熙、雍正、乾隆时期的经营，清朝对蒙藏地区的佛教政策逐步得到规范，对寺庙和喇嘛群体的各种管理体制和法律规范日趋成熟。清朝让一些有影响的喇嘛上层享有与世俗蒙古贵族同等的政治地位与权力，在重要的寺庙领地设立喇嘛旗，给予各喇嘛旗大活佛管理领地内宗教事务以及行政、司法、税收等事务的特权。

在制定蒙古地区寺庙和喇嘛的各种管理体制和法律法规时，清朝统治者根据藏传佛教在蒙古地区传播以后制定的种种法律文献，在清前期修订《蒙古律例》中，对藏传佛教事宜专设“喇嘛例”一门，专门规定喇嘛服饰、喇嘛与班第、喇嘛庙管理和喇嘛犯罪等的处理条款。嘉庆年间，理藩院在《蒙古律例》中“喇嘛例”基础上专设《理藩院则例》“喇嘛事例”五门，详细规定了清朝对蒙藏地区藏传佛教事务的管理制度。

从《理藩院则例》的五门“喇嘛事例”看，理藩院对蒙古地区寺庙和喇嘛制定的行政管理规定较多，内容涉及多个层面和细节。主要有以下几点：确定了蒙古地区活佛转世必须掣签制度。按等级确定了蒙古地区呼图克图的职衔、名号、印信制度。规定了蒙古职任喇嘛的定额、升用、调补、品秩、坐次、服色、病假等方面的制度。确定了蒙古地区呼图克图喇嘛年班朝觐制度。确立了管理一般喇嘛的各种制度。除此之外，清朝还制定了其他方面的各种法规、条例。

在新疆，法律上确认了伊斯兰教上层人物的宗教领袖地位，但规定不得干预政治，规定：有阿訇身份者“不得承受官职”“不应补放伯克”[①]。道光六年（1826 年）明令“著通谕各城，以后无论何项回子，当阿浑者，只准念习经典，不准干预公事。其阿浑子弟，有当差及充当伯克者，亦不准再兼阿浑。以昭限制”[②]。这一禁令将回疆的政治和宗教分开，剥夺其宗教上层的参政权，将其影响限制在宗教领域。

在对当时宗教上层进行法律限制的同时，对于“教法”教规即宗教拥有的刑事、民事方面的权力，清廷立法时一般都予以保留或确认。在对藏传佛教立法时，根据教规对各级喇嘛僧众的地位、权利、义务和衣食住行都作了规定；在新疆，阿訇可以“依回经科断”，也认可了伊斯兰教法处理刑民纠纷的效力。

总而言之，清朝的民族立法，是清朝统治者“因俗而治”民族政策的重要内容，因而也是清朝法律突出的民族特点，使《大清律》能够在少数民族地区有效地贯彻实施，同时，各民族旧有传统法律精神得到了保留和传承。清朝民族立法的思想和原则以及据此

① 《清仁宗实录》卷 24，嘉庆二年十一月庚辰。

② 《清宣宗实录》卷 151，道光九年二月乙丑。

进行的大量立法工作，对保证国家统一和多民族大家庭的巩固起到了非常重要的作用，对于今天的民族立法和宗教立法都不乏借鉴意义。

二　“一体化”趋势下的司法制度

清朝作为前代少有的统一多民族国家，十分注意全国范围的法律协调。既制定了因地制宜、因俗制宜的少数民族法规，也优先保障《大清律》的上位法地位。在司法管辖方面，中央司法地位独尊，司法管辖权也深入到了少数民族地区社会。清朝司法管辖的深入，有力地维护了国家法律政令的统一。作为国家重要政治活动的司法审判，至清代已全面制度化。清朝的司法机关从中央到地方，从内地到边疆，形成了完整的体系。总体来说，依行政层级确定的各审级划分清晰，管辖详明，并深入到边疆民族地区。就具体司法制度而言，清朝建立了一套严密而具有特色的司法制度，代表性成果就是逐级审理和发遣制度。

（一）按层级赋予审判权

皇帝为首的朝廷即中央政府掌握终审权。皇帝作为国家的最高统治者，全面掌握一切权力，司法审判权是其重要的权力之一。清朝皇帝将专制集权推向了登峰造极的地步，“从来生杀予夺之权操之于上”，权柄绝不下移。首先，清朝普通的死刑案件，经各地方审理后，须由各省题奏朝廷，经皇帝批复裁决后，才发生法律效力。命盗死刑案件为专案具题，而非集中汇报。其次，清朝皇帝以“钦案”大狱，即皇帝亲自过问和审理重大案件，作为自己掌握最高审判权的重要手段。《大清律例》虽然规定了案件自下而上逐级审理的程序，但并没有禁止皇帝在任何一个环节从中干预。“钦案”大狱往往是政治性案件，例如顺治朝多尔衮案，康熙朝“朱三太子”案等。再次，皇帝主要以汇题汇奏的形式对全国司法状况进行监督。死刑案年终汇题，虽然每一案件都已专案具题，但年终各省仍须由刑部办理造册，向皇帝汇题。此外，徒流军遣案件、京师案件及其他法司事务都需汇题。最后，皇帝发布诏令，行使赦免权。清代的赦免均由皇帝发布诏令下达执行。皇帝认为，赦免是“法外之仁”，执行刑法应当“协中，毋枉毋弛”，只有遇到“庆覃大典，或逢水旱偏灾”，才实行赦免。[①] 赦免通常看实际需要，每次发布恩诏赦免，并非一切罪犯都适用，根据《大清律例》规定，十恶、杀人、强盗、放火、犯赃等犯是赦免之外的情形。

皇帝之下，以“三法司”——即刑部、都察院、大理寺作为中央最高司法机关。刑部负责审判，都察院负责监察，大理寺负责复核。三法司主要承担国家的最高司法职能，此外，内阁、部院也不同程度地参与司法审判事务。

刑部主持全国最高级别的审判和管理全国性的司法行政事务。死刑案件，刑部核拟后须报皇帝裁决；流、军、遣案件，刑部可以批结，但年终仍须汇题。具体来说，刑部的职责在于以下方面：核拟全国死刑案件；办理秋审、朝审事宜；审理京师地区的“现审案件”，即京师地区徒罪以上案件；批结全国军流遣罪案件；主持修订律例；管理司法行政事务；等等。都察院是皇帝掌握的法纪监察机关，主要职责是监察、考核、检举、弹劾官员，还向皇帝建言，提出谏议。司法事务方面，主要有会谳，即与刑部、大理寺共同复核、拟议全国死刑案件；以及参加秋朝审。大理寺主要职责在于平反冤狱，即复核死刑案件有无冤错。大理寺参与秋朝审以及三法司会谳。

三法司在司法审判事务中，以刑部为首，虽有会审，但实际上几乎就是刑部独操审判权。正如《清史稿·刑法志》云：“清则外

---

① 《清朝通志》卷80《刑法略》。

省刑案，统由刑部核复。不会法者，院、寺无由过问，应会法者，亦由刑部主稿。在京讼狱，无论奏咨，俱由刑部审理，而部权特重。”[①] 但是，三法司体制具有一定制约作用。在某些情况下，都察院、大理寺的参与，也会对刑部掌握审判权起到某种背书保证作用。

清代的地方各省各地区并无专门而独立的司法机关，司法审判职能均由地方行政官员担任。清代如历代一样，实行地方长官负责钱粮、刑名制度。

清代地方司法审级一般认为有院、司、府（直隶厅、州）、县（散设厅、州）四级。《大清律例》规定：“军民人等遇有冤抑之事，应先赴州县衙门具控。如审断不公，再赴该管上司呈明，若再屈抑，方准来京呈诉。”明确规定了县级作为诉讼中第一审级的地位，州县统管境内一应刑名案件，民事案件，包括轻微刑事或治安案件，县内可自理完结；刑事案件，州县负责侦查与初审，按期解送上司（府）复审。需要说明的是，直隶厅、州受理初审的案件，因本身为第一审级，必须以道为第二审级解送。[②]

府级司法职责主要是复核州县上报刑事案件，复审州县解来人犯，查核有无翻供，查验人证、物证，审查州县拟罪。有异议则驳回，无异议则上报省按察使司。

按察使司复核府级上报刑案，对徒刑案卷进行复核，对军、流、死刑人犯进行复审。如有异议，则驳回重审或改发别处州县更审，无异议则上报督抚复审。

清代每省设一巡抚，二三省设一总督，有的总督兼任巡抚。简称“督院”“抚院”。督、抚是全省的最高审级。

督抚有权批复徒刑案件，按察司复核无异议的徒刑案件，呈报

① 《清史稿》卷144《刑法三》。

② 参考白钢主编《中国政治制度通史》第10卷，第316—317页。

督抚，督抚审核后，如无异议即批复执行。督抚对军流刑案件复核，若无异议，则咨报刑部，听候批复。对死刑案件，督抚进行复审。按察司将案卷和人犯一起解送督抚，督抚当堂亲审。如与按司、府、县审供相同，即做出看语，专案向皇帝具题，同时应抄写出副本咨送都察院、大理寺等。

（二）边疆民族地区法律纠纷须区别处理

清朝在边疆民族地区实行一系列有别于内地各省的法律制度。司法制度方面，总的原则是，在保证国家法制统一的前提下，因地制宜。理藩院是皇帝之下管理蒙古、藏、回部等民族事务的最高国家机关，民刑案件的审判是理藩院的重要职责之一。从程序上，理藩院是各外藩——内外蒙古、青海、西藏、新疆等地区的上诉审级。地位类似面向直省的刑部。凡是外藩死刑、发遣、犯奸案件必须呈报理藩院，理藩院复核案件须会同三法司。作为清朝藩部，内外蒙古、青海、西藏、新疆的司法审判，清朝各有专门规定。

外藩蒙古，一般民事纠纷，如负债、牲畜、水草牧地、户籍、婚姻等，应由本旗扎萨克、盟长自行审理。审级类似州县与府、道。如果认为扎萨克、盟长审断不公，准向理藩院呈控。同时，《理藩院则例》规定的首告、审断、罪罚、入誓、疏脱、监禁、递解、留养、收赎、遇赦、限期、杂犯等条，对蒙古司法审判制度作了详尽规定。扎萨克盟、旗都设立临时法庭，旗扎萨克和盟长是地方审判官，对发遣、死罪以下的民刑案件进行审理判决。罪至发遣和死刑案件则由理藩院审理，理藩院之理刑司掌外藩蒙古的刑罚、命盗重案审决。此外，理藩院还派出司官会同扎萨克审理案件；不设扎萨克之地方由驻防将军、都统、办事大臣就近审理，重案须报理藩院核查。罪至发遣者，报理藩院会同刑部裁决；死罪要经三法司会审定案。藩部社会在司法实践中也形成了不同于内地的自身特点。

一是以罚代刑。财产刑重于身体刑，符合游牧社会的生活方式，如果应得处罚在死刑以下，徒、流之类的刑罚在地广人稀的草原上是没有什么意义的。而罚牲畜——剥夺犯罪者的财富甚至是仅有的生活资料，确是一种很严重的惩罚。对于犯罪应罚而无力缴纳者，或案情有疑者，可以入誓完结。关于入誓的规定："凡案犯斩绞、发遣以及应罚牲畜等罪，如临时未经破案，事后或经官访出，或被人告发到案，案情确凿而本犯恃无赃证踪迹，坚不承认，事涉疑似者，令其入誓。如肯入誓，仍令该管佐领等加具保结，令本犯入誓完结。不肯入誓即照访出告发案情科罪。原注：此条必实无赃证踪迹，无凭研讯，方准照此办理，其余不得滥引。"①

二是区分属人属地管理原则。与清初民族分隔政策相适应，《蒙古律》禁止蒙古人与内地民人进行交流，对蒙古、内地人异地犯罪，法律适用属人原则，即前述"边内人在边外犯罪，照内律（刑律），边外人在边内犯罪照外律（蒙古律）"②。清朝中叶以后，由于蒙汉人民的往来日益增多，分割封禁的办法已经难以为继，清廷对蒙汉人民的往来实际上采取了默认态度，法律适用原则也发生变化。乾隆二十六年（1761 年），刑部会同理藩院议覆山西按察司索琳奏请定例："蒙古等在内地犯罪，照依刑律定拟，民人在蒙古处犯罪照依蒙古律定拟。"转而采取了属地主义原则。

清代新疆地区，在军府体制下，因多种行政管理模式的施行以及民族、文化的多样，其司法体系与运作呈现明显有别于内地直省以及其他边疆地区的多元性和复杂性，而军府衙门在司法体系当中的核心和主导地位又显现出清代新疆与内地司法体系及运作的一体性。清末建省后，新疆行政建置统一于内地，多元法律的一体化在司法领域得到进一步推进。大体上，新疆各族重要案件受理为各城

---

① 杨选娣、金峰校注：《理藩院则例》卷 45《入誓》，内蒙古文化出版社 1998 年版。

② 康熙《大清会典》，《理藩院》。

(地)军府衙门，伊犁将军复核，终审则统由理藩院管辖。塔尔巴哈台蒙古各旗案件，由伊犁将军复核报院，其他各城刑讯重案，阿奇木伯克不得滥设夹棍擅自受理，随时禀明该管大臣，听候会同办理。最后，报伊犁将军或其他办事大臣复核，具奏皇帝和咨呈理藩院。

西南“苗疆”地区的司法，在改土归流前，国法《大清律例》一时难以深入管辖，一般土司依习惯法处理。改土归流后，国家的一套司法制度逐步确立起来，“有苗人控诉词讼，即令苗弁传送，秉公审结”，但考虑到苗民的情况与内地的差异，仍“不许擅差兵役入寨”[①]。重要案件司法终审权，统归中央，所以刑案均照《大清律例》程序审办，由州县而上，逐级审转复核，直至刑部三法司和皇帝。

西藏地区实行农奴制，又是政教合一的体制，有强大的宗教势力主导社会。早期，西藏地方的刑罚很残酷，据《西藏见闻录》记载：“郡王（颇罗鼐）铸刑书三本四十余条，摘言之，如治斗杀不论谋、故、过失，验明即弃尸于水，抢夺已行得财首从皆籍没其家，缚柱上用枪打箭射至死。”[②] 农奴主对藏民随意征收赋税，派差役。清朝在废除西藏郡王制度之后，派驻藏大臣和达赖喇嘛共管西藏政务，对司法制度也做出改革。对于司法审判，《西藏通制》规定：“卫藏唐古特番民争讼，分别罚赎，将多寡数目造册呈驻藏大臣存案；如有应议罪名，总须禀明驻藏大臣核拟办理，其查抄家产之例，除婪索赃数过多应禀明驻藏大臣酌办外，其余公私罪犯凭公处治，严禁私议查抄。”[③]

清朝的这些民族立法既以《大清律》为根本依据，同时又照顾

---

① 嘉庆《湖南通志》卷65《苗防五·国朝二》，嘉庆二十五年重修本。

② 萧腾麟：《西藏见闻录》，中央民族学院1978年油印本。

③ 道光《理藩院则例》卷61《西藏通制上》。

少数民族的风俗习惯和宗教信仰。例如在刑罚方面，基本遵照少数民族的习惯法实行。对清代蒙古人犯罪主要以罚九牲畜，对回疆维吾尔族既有墨刑、笞杖刑，也有肉刑和绞首刑。这一混合性的司法制度显示了清朝治国原则性与灵活性的有机融合。

（三）重大案件由中央审断

中央一级的“三法司”，即指刑部、都察院、大理寺三个机关。它们之间是互相监督制约又相互钳制的关系。一般说来，刑部受天下刑名，都察院纠察，大理寺驳正。除了笞杖以外，徒、流以上案件即事关罪名的刑事案件，特别是死刑案件属于重大刑事案件。刑事案件虽多发于州县，经州县初审，但绝非州县可以自理，而是有一套严密的审判程序。徒刑案件须经层层审转至督抚，流刑（军、遣）案件至刑部，死刑案件至皇帝，方可做出最终判决。

徒刑是对较轻刑事犯罪的刑罚，应拟徒刑的案件，由州县初审，依次经府、按察司，报至督抚，逐级复核。督抚是省一级的长官，有权对徒刑案件做出发生法律效力的判决。流刑为减死刑一等的刑罚，较徒刑为重，用于比较严重的刑事犯罪。一般不涉及逆反、人命的流、军、遣案件，由各省督抚审结后，将案卷咨报刑部，人犯则递解回原州县待命。刑部相应各司将案卷核拟，而后呈刑部堂官尚书侍郎批复，再咨复各省执行。流刑及军遣案件，终审权在刑部。刑部批复即可执行。年终，刑部向皇帝汇题，以备监督。

死刑案的执行，有“立决”和“监候”两种。立决是批复下达后立即执行。监候是缓决，在第二年秋季时再复核，定其生死，也叫秋审。各省督抚具体的死刑案件，经过内阁票拟，进呈御前，照例三法司奉旨核拟具奏，案件转到刑部。刑部核拟后，再以题本的形式上奏皇帝。皇帝做出最终判决后，立决案由刑部咨文该省执行，监候案由初审州县将犯人关押等候秋审。

秋审是清代一项重要的审判制度。主要内容是每年一度对被判处斩、绞监候刑的案犯进行复核，区别情况，予以处决或者减缓。清律规定："各省每年秋审，臬司核办招册。"州县将纳入秋审的案犯进行审录，核对案情，将案犯押解省城。臬司和督抚对案情进行查核，并根据案情将秋审犯人分为情实、缓决、可矜、留养承祀等几大类。督抚审录完毕后，汇全省案情题奏皇帝，刑部三法司根据皇帝授权，开始进行全国秋审程序。秋审主要程序有：刑部看详与核拟，会审与具题，复奏与勾决。秋审的关键在于区别实、缓，也就是将死刑案件中对社会危害较小，可杀可不杀的一部分区别出来，法开一面之网，这样既可以保持死刑威慑力量，又可以收到"恤刑"的效果。

作为清朝主权管辖的一部分，无论内地还是边疆地区，无一例外都推行秋审制度。以蒙古地区为例，国家统一掌握蒙古重大案件的终审权，体现了国家法制的统一原则。自雍正朝开始，清朝对蒙古陆续施行秋审制度。秋朝审具有极其重要的意义。它不仅宣布唯有皇帝拥有死刑的最高决定权，还显示皇帝爱惜民命，不滥用刑罚，对待死刑重案特别慎重仔细，彰显皇帝的恩德与体恤。清朝将蒙古纳入国家统一的司法体系的同时，根据蒙古各地监候刑的实施、监候人犯的收监地点、死刑案件的种类以及各旗的隶属关系等诸多要素，以灵活的手段和策略，建立了符合蒙古地区特点的蒙古秋朝审制度。

（四）内地、边疆犯人相互发遣

流刑为减死刑一等的刑罚，较徒刑为重，用于比较严重的刑事犯罪。按《大清律例》，诸如犯私盐带军器，盗窃一百二十两以下，白昼抢夺并伤人，强盗已行未得财，谋判正犯之父母、祖孙、兄弟，书吏伪造印信诓骗财物等，均属流刑，分别流两千里、两千五百里、三千里等。充军和发遣，是流刑派生出来的刑罚，其中，内地人犯定发遣刑之后，他们的发遣地主要有黑龙江、新疆等边地，给当地披甲者（驻防八旗官兵）为奴。

流、军、遣案件，刑部批复即可执行。内地军、流犯人虽然按等级定有发配里数，但具体发往何地，起初并无明确规定。刑部批结后，由各省督抚按照里数，酌情发配。乾隆八年（1743 年），刑部编纂《三流道里表》，三十七年（1772 年），兵部编纂《五军道里表》，将某省某府所属之流犯、军犯，分别等级，应发往何省何府属安置，开列清楚。“凡发配者，视表所列”，减少了发配中的分歧。

清初主要向东北地区发遣罪犯。先是发遣尚阳堡（今辽宁开原县东清水河水库地）、宁古塔（今黑龙江宁安）、乌喇（今吉林市）等地，后来逐渐发遣到齐齐哈尔、黑龙江（瑷珲）、三姓（黑龙江依兰）、喀尔喀、科布多以及各省驻防，按照罪责轻重，有为奴、与兵丁为奴、与打牲者为奴之分，他们被称为“流人”。清初众多流人中，有广大的平民百姓，也有相当数量的官绅文人，他们同遭发遣，则与满洲贵族入主中原引发的民族矛盾相关。乾隆年间，新疆开辟，“又有发往伊犁、乌鲁木齐、巴里坤各回城分别为奴种地。咸、同之际，新疆道梗，又复改发内地充军。其制屡经变易，然军遣止及其身。苟情节稍轻，尚得放还。以明之永远军戍，数世后犹句及本籍子孙者，大有间也。若文武职官犯徒以上，轻则军台效力，重则新疆当差。成案相沿，遂为定例。此又军遣中之歧出者焉”[①]。明显可见罪犯发遣与文武职官发遣，民、官完全是两个系统。

清代罪犯发遣，多发往边疆地区。最初只有为奴，后来增加种地、当差。文武职官发遣军台效力赎罪始于康熙后期，而发遣新疆

---

① 《清史稿》卷 143《刑法二》。

军台效力及当差，乃是乾隆时期新疆纳入版图以后出台的规定。清代向边疆民族地区发遣罪犯有明确的条例规定，虽然屡有变更，也时有暂行中止，但作为一项制度始终存在。除了发遣之外，罪犯的管理也是重要的内容，更影响到当时边疆的开发与发展。

清代发遣刑惩罚的主体主要是内地旗、民中的重犯。配所主要是在地理、人文环境上与其原居地有巨大差异的边疆地区。但是，清朝在边疆民族地区司法实践中，也汲取了内地的法律文化，将发遣刑推广到了蒙古地区。现存清代理藩院满蒙文题本中，保留了大量的蒙古发遣案例。根据《蒙古律例》《理藩院则例》《大清会典事例》以及《实录》的记载，最早的发遣罪名是康熙十三年（1674年）所定："故杀他旗之人，及谋杀、仇杀者……为从不加功者，本身并妻子家产牲畜皆解送邻近盟长，给效力台吉为奴。"因此清朝将发遣一刑引入蒙古地区，不晚于康熙十三年。

从题本可以看到，理藩院在审理蒙古人犯罪案件时，经常比照《大清律例》处理，以作为《蒙古律例》的补充。之所以出现这种情况，是因为《蒙古律例》在罪名、量刑、惩处方面都适合蒙古地区的特点，但其律文简单，所涵盖的罪名较少。特别是有关尊卑长幼、主奴关系的法条比较粗疏，因此在审理案件时，理藩院经常援引、比照《大清律例》的某些条款作为《蒙古律例》的补充。清朝将发遣刑罚引入蒙古地区后，即通过各种手段加强对当地的司法管理，并推进法律的内地化。而这一趋势产生的社会背景主要源于中央政府统治蒙古地区的现实需要、蒙古人的贫穷加剧以及汉族移民的大量流入带来的社会秩序的混乱。

发遣在清前期蒙古地区的演变，充分体现了量刑原则的内地化。首先，《蒙古律例》的刑法部分内容简单，主要区分领主与属民、家主与奴仆的犯罪，而对家内伦理维护没有特别的规定。因此，在遇到有关尊长与卑幼之间的刑事案件时，理藩院会比照《大清律例》，区别服制定罪量刑。其次，清廷赋予蒙古人与旗人一样的折枷免遣特权，但是从档案显示的司法实践看，能够免遣者大都本身具有从宽的情节，而绝大多数犯发遣之罪的蒙古人，并没有得到优待，这一点和内地的汉人是一样的。而且，中央政府还不断加强发遣刑罚的力度，将蒙古人从最初的发邻盟，改为发内地，使罪犯远离草原。促进蒙古地区司法内地化的主要原因是中央政府对蒙古统治的深入，使其有必要强化对边疆的控制。从档案可以看到，入关之后，清廷对归附较早的蒙古人在刑罚方面没有优待，只会赦免对新近投顺者的死刑。随着统治的逐步深入，发遣刑逐渐覆盖了蒙古各部，最初是漠南，其次是漠北，最后是卫拉特蒙古。这一刑罚范围的扩大，与清朝对蒙古各部的管辖范围的扩大及掌控力的增强是同步的。

刑罚的主要作用是惩治犯罪，所以清前期发遣刑罚的不断强化与蒙古地区罪案频发有关。蒙古地区治安恶化的原因在于大量蒙古贫民的出现以及汉人进入草原。从档案的记载可以看到，因犯罪被发遣者，大多为蒙古社会底层的属民、奴仆等，以及汉族流民，这些人往往因为衣食无着，难以谋生，铤而走险盗窃牲畜。此外，个别贵族也因贫穷犯罪。拥有商业资本的汉商或通过向蒙古人放债取利，或经营贸易，积累了财富，这也使得他们容易成为罪犯的侵害对象。因此，大量蒙汉贫民的存在导致治安恶化，是清朝收紧发遣刑罚、推行刑罚内地化的重要原因。

蒙古地区法律的内地化倾向，是清代内地与边疆法律一体化的一个缩影。无论是对蒙古，还是新疆，清朝都在吸纳当地原有法律传统的条件下，将内地的刑罚、量刑原则推广到边疆地区，以《大清律例》补充涉及边疆地区的法律，逐步推行法律的一体化，使边疆成为清朝牢牢控制的地区。这一举措，对维护国家统一及边疆地区的稳定，最终对中华民族“内外一家”共同意识的形成具有深远的影响。

第四节　灵活的宗教政策和管理制度

清代版图辽阔，民族众多，宗教信仰各异。作为主体统治民族的满洲，除了原始的萨满崇拜遗俗外，原本没有统一的明确的宗教信仰。如何协调国家版图内各民族的不同精神信仰与自身意识形态的差异，确实是考验清朝统治者的执政能力和政治智慧的难题。应该说，清朝统治集团很好地解决了这一难题，其政策核心是超然教外，恩威并施。在宗教不损害政治的前提下，承认各教的合法地位；坚持政教分离，既不佞信，也不过度干预；扶持黄教，同时也严格管理。最终达到了宗教为大一统政治统治服务的目的。

一　蒙藏佛教的管理制度

（一）入关前后金（清）对黄教的政策

清朝建立者满族，本无统一的宗教信仰。但统治者在与蒙古的交往中逐渐意识到蒙古笃信的黄教所具有的独特而重大的影响力，因而确立了保护黄教的政策。

入关前，在与蒙古科尔沁部结盟、联姻过程中，后金统治者努尔哈赤清楚地认识到了黄教在蒙古社会中的重要地位。天命六年(1621 年)，囊素喇嘛来到后金汗廷，努尔哈赤亲自接见并设宴款待，“蒙太祖敬礼师尊，倍常供给”。令囊素非常感动，表示死后愿意葬在辽东地方。是年八月，囊素圆寂。“太祖有敕，修建宝塔，敛藏舍利。”但由于连年征伐，未能建塔。延至天聪四年（1630 年），才在辽阳城南门外建塔立碑，称其为“大金喇嘛法师”[①]。

皇太极即位以后，继承了太祖重视、优遇黄教的政策，蒙古各

---

① 《大金喇嘛法师宝记》碑，见张羽新《清政府与喇嘛教》，西藏人民出版社 1988 年版，第 205 页。另参见《满文老档》上，天命六年五月二十一日条，中华书局 1991 年版，第 203 页。

部的喇嘛纷纷前来后金，推动了漠南各部的归附进程。为此皇太极决定“虔造寺宇供养”，以示尊崇释教。这座喇嘛寺，就是建于沈阳的实胜寺，俗称皇寺或黄寺。崇德三年（1638 年）寺成，奉祀嘛哈噶喇佛于佛寺内。由此，后金获得了蒙古喇嘛教的最高保护者的身份。每年正月，皇太极都会率诸王、群臣到实胜寺礼佛，赐喇嘛宴饮或银两，有时还会请来访的厄鲁特使者入观。蒙古贵族亡故，则依蒙古之礼节，请实胜寺喇嘛讽经超度，如亲王额哲和出身蒙古的宸妃的葬礼即是如此。皇太极还在沈阳城四门外各建一寺，“每寺建白塔一座，云当一统”[①]。明确将保护黄教与政治统一目标联系在一起。当时即称为“护国寺塔”。这四座寺院，俗称四塔。

随着辖境内蒙古人的增加，立法保护佛寺提上日程。天聪六年（1632 年），在针对察哈尔的军事行动开始前，皇太极特别颁令：“不得毁坏庙宇，侵犯寺庙财产，违者死！不得扰害僧人，夺其财物；不许屯驻庙中，违者治罪！”[②] 是年六月，满蒙联军占领漠南蒙古宗教中心归化城，皇太极严令保护葛根汗庙（应即美岱召），并将谕旨悬挂于葛根汗庙之中。1634 年 8 月，发生了御前侍从毁坏元上都废庙的事件，皇太极给参与者以鞭笞并贯穿耳鼻的严厉惩罚。

崇德元年（1636 年）十一月，喀尔喀车臣马哈撒嘛谛汗、土谢图汗、喀尔喀呼图克图喇嘛与皇太极之间的喇嘛使团往还，不仅密切了双方之间的政治、经济往来，还通过黄教信仰这条纽带，把西藏和厄鲁特（即卫拉特）部也联系在一起。翌年八月，喀尔喀三汗会议后决定，联合厄鲁特四部落响应后金提议，计划共同遣使西藏延请达赖喇嘛东来，为此特向清廷派出了联合使团。[③] 清廷于是年冬，派车臣等三人携书信访问土伯特汗（藏王）和大呼图克图

---

① 《沈阳县志》卷 10《古迹》，民国六年铅印本。

② 《清太宗实录》卷 11，天聪六年四月乙未。

③ 蒙文档案《蒙古各部为同意邀达赖喇嘛事复皇太极书》，载《清初五世达赖喇嘛档案史料选编》，中国藏学出版社 1998 年版，第 1—2 页。

（达赖）。由于某种原因，最终未能成行。崇德四年（1639年），清廷再次组建了以额尔德尼达尔罕、察罕喇嘛为首的使团，携有致“图白忒汗”（即西藏藏巴汗）和达赖喇嘛的书信，表明自己“特遣使延致高僧，宣扬佛教，利益众生”[1]的意图，期望会合蒙古使者后一同前往拉萨。虽然因为扎萨克图汗部与清朝的敌对状态，清朝使团滞留于归化城未能成行，但显然已经意识到了尊崇喇嘛的巨大效用，看到了黄教对于蒙古人的凝聚力以及通过蒙古罗致西藏的可能性。

几乎与此同时，西藏格鲁派方面也在关注东方的明清争端。崇德五年（1640年）一月，班禅和达赖共同决定向东方女真遣使。七年（1642年）十月底，来自西藏的以伊拉古克三呼图克图、厄鲁特人戴青绰尔济（藏文译名赛青曲结）为首的联合使团来到盛京，受到盛情招待。使团逗留长达数月，进行了充分接触。八年（1643年）正月，清朝派出了以察罕喇嘛为首的大型使团携带敕书、礼物回访。因为不明青藏高原政情，使团似乎并无明确使命，“不分服色红黄，随处咨访，以宏佛教，以护国祚”。明显具有礼节性和试探性。藏文史料载明，使团有召请达赖的使命。顺治元年（1644年）冬末，使团抵达拉萨。通过此次成功互访，整个黄教世界联结在一起，而新崛起的清朝，已俨然执其牛耳者。为未来喀尔喀、厄鲁特和西藏进入清朝版图，奠定了重要基础。

满洲统治者在重视、保护黄教，优礼喇嘛的同时，基于对其消极面的理性认识，对其管理也是严格的。其政策又体现出抑制的一面。首先是严禁喇嘛的不法行为。崇德元年（1636年）初，皇太极曾指出：“喇嘛等口作讹言，假以供佛持戒为名，潜肆邪淫，贪图财物，悖逆造罪。又索取生人财帛、牲畜，诡称使人免罪于幽

---

① 《清太宗实录》卷49，崇德四年十月庚寅。

冥。其诞妄为尤甚。喇嘛等不过身在世间，造作罪孽，欺诳无知之人耳。至于冥司，孰念彼之情面，遂免其罪孽乎？今之喇嘛，当称为妄人，不宜称为喇嘛。乃蒙古等深信喇嘛，靡费财物，忏悔罪过，欲求冥魂超生福地，是以有悬转轮、结布旛之事，甚属愚谬。嗣后俱宜禁止。”① 揭露可谓入木三分，措施也很严厉。接下来又立法限制喇嘛庙的规模和喇嘛的行为。如寺庙不准“容隐奸细”，违者杀；隐藏逃人者，发为奴；册外增加徒众者，发为奴；私建喇嘛庙、私自出家者，问罪；不遵戒律者，勒令还俗娶妻；不从者阉割。王公私留喇嘛在家，同样是违法行为。

优容与限制构成了后金（清朝）黄教政策的两面。尊宠而不佞幸，是满洲统治者不同于蒙古皇帝的重要区别。其黄教政策基于政治需要而不是内心信仰。皇太极清楚地认识到蒙古佞信喇嘛教的历史教训，“蒙古诸贝子、自弃蒙古之语。名号俱学喇嘛。卒致国运衰微”②，并以此作为制定政策的基础。

（二）教区划分与敕封高僧

清代在黄教管理上，意义最为重要的举措就是通过敕封高僧的方式划定了前藏、后藏、外蒙古和内蒙古四大教区，稳定了蒙藏地区的政教秩序。

在黄教的等级序列中，活佛等高僧位居顶端，在徒众中有巨大影响力，“尊之若神明，亲之若考妣”，对其依赖达到“可否惟命”的程度。③ 活佛当中，达赖、班禅二系地位至尊，乾隆皇帝说得非常明白：“盖中外黄教总司以此二人，各部蒙古一心归之，兴黄教所以安众蒙古，所系非小，故不可不保护之。”④ 两者相较，达赖更

① 《清太宗实录》卷 28，天聪十年三月庚申。

② 《清太宗实录》卷 28，崇德元年四月辛酉。

③ 张鹏翮：《奉使俄罗斯行程录》，《小方壶斋舆地丛钞》本。

④ 弘历：《御制喇嘛说》碑文，原碑藏北京雍和宫内。

是首屈一指，“天下蒙古皆尊奉达赖喇嘛”[①]。顺治初年召请五世达赖喇嘛，正是为了安抚喀尔喀蒙古。

五世达赖晋京和他后来支持噶尔丹侵入喀尔喀造成的巨大危机，使清朝认识到了黄教领袖影响力的两面性，决心在宗教领域也实行“众建以分其势”的政策，将其权威限制在一定范围内。康熙三十年（1691年）多伦会盟时，对率领喀尔喀万众来归的哲布尊丹巴呼图克图大加表彰，“旨升第一世哲布尊丹巴呼图克图为大喇嘛，任以喀尔喀宗务管理之权，待以喀尔喀有司百官首班之礼”[②]。首次对达赖教权进行分割。雍正元年（1723年），清廷准“哲布尊丹巴呼图克图，照班禅、达赖喇嘛之例，给予封号，给予金印、敕书，授为启法哲布尊丹巴喇嘛”，进一步提升和巩固了其地位。来自青海的章嘉活佛地位的提升，也在康熙时期。康熙三十二年（1693年），康熙皇帝召青海佑宁寺的章嘉二世进京，授扎萨克达喇嘛职务，总管京师黄教。康熙四十年（1701年），由于劝导青海诸台吉入京朝觐之功，章嘉受命为多伦总管喇嘛事务扎萨克喇嘛。康熙四十四年（1705年），更封其为“灌顶普善广慈大国师，给予敕印”[③]。康熙五十二年（1713年），康熙皇帝更是明定其教务范围，“黄教之事，由藏而东，均归尔一人掌管”[④]。这是对达赖教权第二次分割。是年，清廷决定，“班禅呼图克图勤修释教，敬谨纳贡，照达赖喇嘛之例，给予金册、金印、敕书，锡封班禅额尔德尼”[⑤]。班禅在黄教中仅次于达赖的地位得以巩固。皇权优先于宗教，清帝对此始终保持着清醒认识，雍正皇帝说：“泽卜尊丹巴胡土克图与班禅额尔得尼、达赖喇嘛等之后身出处甚确，应封于库伦

---

① 《清圣祖实录》卷174。

② 妙舟：《蒙藏佛教史》，第五篇，江苏广陵古籍刻印社1997年版。

③ 嘉庆《大清会典事例》卷974《理藩院·喇嘛封号》。

④ 妙舟：《蒙藏佛教史》，第五篇。

⑤ 嘉庆《大清会典事例》卷974《理藩院·喇嘛封号》。

地方，以掌释教。朕为普天维持宣扬教化之宗主，而释教又无分于内外东西，随处皆可以阐扬。昔达赖喇嘛与班禅额尔得尼在西域时，其居住青海之厄鲁特顾实汗等实与之邻近，相与护持。故其教盛行于西藏。自此各部落俱为檀越，踵而行之有年矣。盖宣扬释教，得有名大喇嘛出世即可宣扬，岂仅在西域一方耶!”认为章嘉的声望并不低于达赖、班禅，“张家胡土克图者，西域有名之大喇嘛也。唐古特人众，敬悦诚服，在达赖喇嘛、班禅额尔得尼之上。各处蒙古，亦皆尊敬供奉”[①]。显然并不认可达赖喇嘛的独尊地位。而四大活佛并立局面的形成，最终使达赖喇嘛的法定权威局限于前藏地区。

（三）敕建寺院及管理

黄教系统中，四大活佛之下，是持有理藩院颁给敕印的大喇嘛，名号各有不同，官称扎萨克达喇嘛、副达喇嘛、达喇嘛。他们是呼图克图，不少有诺门汗称号。大喇嘛可以转世，但要报理藩院登记造册管理。徒弟众多的，在蒙古地区有自己的旗，藏区则有专属的寺庙群。他们可以参加喇嘛年班，朝觐皇帝。大喇嘛之下，则是普通的呼图克图，为一寺之主，入理藩院登记册管理。两者合计，前后藏30人，川滇藏区5人，蒙古各部70人，甘肃、西宁35人。[②] 普通喇嘛包括格隆和班第，各寺院有限额，持有理藩院发给的度牒（度牒内要写明旗分、籍贯、年龄、职任及所居寺庙名称等信息）、禁条，但不给印信。凡入理藩院登记册的各级喇嘛，皆有定额的钱粮。

最底层的集团由大量的额外僧徒（蒙古称沙毕纳尔）组成。他们没有法定身份，承担寺院各种杂务和力役，但有机会成为普通喇嘛。

---

① 《清世宗实录》卷63，雍正五年十一月庚午。

② 嘉庆《大清会典事例》卷974、975《理藩院·喇嘛封号》。

（四）对寺院喇嘛提供财政支持

清朝保护黄教，甚至由政府出资供养，并不妨碍其依法管理。康熙皇帝即曾明确指示赴蒙古审案官员，“倘喇嘛有犯法者，尔等即按律治罪，俾知惩戒”①。

宗教振兴与管理并重。雍乾时期，蒙古地区的黄教有进一步的发展，但管理也在加强。雍正元年（1723年），仿照达赖、班禅体制，为哲布尊丹巴活佛颁授了掌管哲布尊丹巴呼图克图徒众、办理库伦事务额尔德尼商卓特巴称号和掌管哲布尊丹巴呼图克图经坛、总理喇嘛事务堪布诺们汗称号，各给予敕印。五年更明确提出：“哲布尊丹巴呼图克图，其钟灵大有根源，乃与达赖喇嘛、班禅额尔德尼相等之大喇嘛也。喀尔喀皆尊敬供奉，且伊所居库伦地方，弟子甚众，著动用帑银十万两，修建大刹，封伊后身。”② 九年，为防止准噶尔骚扰，又将其移至内蒙古多伦诺尔庙保护。乾隆二十一年（1756年），加封其为隆教安生哲布尊丹巴呼图克图。

章嘉系统所受恩遇也颇隆。1727年，雍正皇帝拨巨资于多伦诺尔汇宗寺附近修建善因寺，作为章嘉活佛系统的驻锡地。“著将多伦脑儿地方寺宇，亦动帑银十万两，修理宽广。使张家胡土克图之后身住持于此，齐集喇嘛，亦如西域讲习经典，以宣扬释教。蒙古汗、王、贝勒、贝子、公、台吉等，既同为檀越，朕如此推广教法，建造寺宇，一如西域，令喇嘛居住，讲习经典。于伊等蒙古之诵经行善，亦甚便易。”③ 雍正十二年（1734年），雍正皇帝评价章嘉二世活佛为“实为喇嘛内特出之人”，锡封国师称号并诰命敕书。乾隆二十年（1755年），又照哲布尊丹巴呼图克图之例颁给“总管章嘉呼图克图属下徒众札萨克喇嘛商卓特巴印信”。此外，内蒙古

---

① 《清圣祖实录》卷198，康熙三十九年三月甲午。

② 《清世宗实录》卷63，雍正五年十一月庚午。

③ 《清世宗实录》卷63，雍正五年十一月庚午。

的锡埒图库伦扎萨克达喇嘛，外蒙古的噶勒丹锡呼图呼图克图、额尔德尼班第达呼图克图、东果尔曼珠什里呼图克图、青素珠克图额尔德尼诺颜绰尔济等大喇嘛都获得了封号、敕印和独立管理徒众的权力。[1]

在有利于统治的前提下，清朝对前期的黄教政策，作了一系列调整。这些政策，有的属于规范，多数意在整饬，限制教权。

乾隆四十年（1775 年），解除贵族出家当喇嘛的限制，“四十年奉旨，嗣后无论内札萨克、喀尔喀、额鲁特、土尔扈特台吉内，有情愿当喇嘛者，即著照所请准当喇嘛”[2]。但出家以后即不准再干预世俗政务。

甘肃、青海地区蒙藏及“土番”错居，情况复杂。对当地宗教首领，清初曾沿袭明代封授国师、禅师、都纲制度，采取缴回前明印敕换以清朝印敕办法，予以承认。康熙年间以后，逐渐收紧了对宗教上层的控制，原来的“换给”印敕办法，改为“请给”制度。1784 年明定，国师称号，非有功绩，不得滥授。“旧给国师印信诰命，即缴送内阁。”[3] 新封的只有西宁衮布庙的锡勒图达赖诺门汗和扶佑黄教额尔德尼诺门汗，给予敕印。

甘肃、青海寺院，原拥有土地人口甚众，实力颇大。雍正四年（1726 年），清朝借助平定罗卜藏丹津事变余威，曾大力改革。“嗣后令各寺族佃，归并内地为民。所给敕印，尽行收取，不令管辖番众。”乾隆十二年（1747 年），统一掌寺喇嘛职衔为僧纲、僧正，由理藩院颁给印信；同时废止国师称号，“嗣后国师之号。均不准承袭”[4]。从而将甘、青僧寺与蒙藏僧寺的管理统一起来。加强黄教管理主要体现在限制僧寺规模方面，特别是寺庙喇嘛限定持有度牒

---

① 光绪《大清会典事例》卷 974《理藩院・喇嘛封号》。
② 光绪《大清会典事例》卷 974《理藩院・喇嘛封号》。
③ 光绪《大清会典事例》卷 974《理藩院・喇嘛封号》。
④ 光绪《大清会典事例》卷 974《理藩院・喇嘛封号》。

者额数，以此来限定规模。京城寺庙自顺治时创建后黄寺，定剃度喇嘛108人后，又定格隆、班第每年为400人。乾隆元年（1736年）定制，各庙徒众定额内以度牒为凭食粮，限额之外设少量额外僧徒，遇缺递补；无度牒者暂行注册，候补额外之缺。同时规定，每年春秋两季，寺院大喇嘛须向理藩院具结保证并无额外多收及私为班第情形。乾隆中期后建立的热河各庙及东陵、西陵寺院，各级喇嘛都明定额数。

二　“金瓶掣签”与活佛转世制度

（一）坚持政教分离

众所周知，清代是历代中央政府管理边疆民族地区最有成效，也是边疆地带最为稳定的时期。这有赖于清朝制定的一系列周密有效而又符合边疆现实形势的管理制度。其中对藏传佛教影响最大的制度改革就是18世纪末制定实施的规范蒙藏地区活佛转世的“金瓶掣签”制。

地域广大的藏族、蒙古地区尊奉藏传佛教（喇嘛教）格鲁派（黄教），这一格局在清初已经形成。由于西藏社会的“政教合一”传统，藏蒙双方形成了集政治—经济属性于一体的“施主—福田”关系。西藏通过宗教影响蒙古民众，而蒙古贵族则通过政治的保护，控制和影响西藏政局。出身满洲的清朝统治集团，凭借漠南蒙古贵族盟友这一媒介，很早就和拉萨的黄教首领达赖、班禅系统建立了友好关系，入关后，进一步通过册封五世达赖和顾实汗，建立了政治上的领属关系。但是由于清前期的蒙古各部在政治上并未完全统一于清朝，清朝对西藏的政治性统属，不仅不能与西藏对整个蒙古世界的宗教影响力同步统一起来，反过来还经常受到敌视清朝的卫拉特蒙古势力的影响而导致蒙藏地区的政治动荡。这从康熙中期的西藏的真假六世达赖喇嘛之争，之后的准噶尔入侵西藏击杀和硕特拉藏汗事件，雍正初年青海罗卜藏丹津反清事件都可以清晰看到。直到1756—1759年清朝彻底解决准噶尔政权的威胁之后，方才平静下来。

从康熙末年清军入藏，到雍正初年向拉萨派遣驻藏大臣，清朝虽然加强了对西藏地区的管理，但对如何改革西藏政教合一体制一直处于探索阶段，尤其是没有触及达赖、班禅等大活佛系统的转世问题。在政教合一的体制之下，这显然不是一项单纯的宗教权力和内部事务，而是牵扯到西藏的政教权力结构和属民、财富支配的政治问题。又由于西藏本身是喜马拉雅山麓藏传佛教文化圈的中心，对周围的拉达克、布噜克巴（不丹）、哲孟雄（锡金）和廓尔喀（也称巴勒布，今尼泊尔）等部落国家有着强大影响力和直接联系，西藏的政教领袖更迭，也会影响到对外关系。这是清朝通过两次廓尔喀侵藏引发的危机才认识到的。

（二）喇嘛转世实施“金瓶掣签”

乾隆五十三年（1788年）爆发的廓尔喀之变的一个重要诱因，是已故六世班禅之兄仲巴呼图克图与其同父异母弟红教沙玛尔巴活佛围绕巨额赏赐遗产发生纷争，失利的沙玛尔巴出走廓尔喀，勾结其王作为外援，入侵抢掠扎什伦布寺。乾隆皇帝认为根本原因在于活佛转世过程中传统的“护法神指认制度”出现了徇私舞弊，私相传授，“各呼毕勒罕皆出自达赖、班禅二喇嘛亲族及世家子内，积习相沿致有逆僧沙玛尔巴之事”[1]。乾隆皇帝对此格外关注，于五十七年（1792年）降谕：“西藏为达赖喇嘛、班禅额尔德尼驻锡之地，各蒙古及番众人等前往煎茶瞻拜，皈依佛法，必其化身的确，方足以衍禅教而惬众心。今藏内达赖喇嘛、班禅额尔德尼等呼毕勒罕圆寂后，俱令拉穆吹忠作法降神，俟神附伊体，指明呼毕勒罕所

---

① “呼毕勒罕”即“灵童”，《卫藏通志》卷5《喇嘛》，载《西藏志 卫藏通志》，西藏人民出版社1982年版，第270页。

在。拉穆吹忠既不能认真降神，往往受人属求，任意妄指，是以达赖喇嘛、班禅额尔德尼、哲布尊丹巴呼图克图等，以亲族姻娅递相传袭，近数十年来总出一家，竟与蒙古之世职无异，以致蒙古番众物议沸腾。嗣后应令拉穆吹忠认真作法降神指出，务寻实在根基呼毕勒罕名姓若干，将其生年月日各写一签，贮于由京发去金奔巴瓶内，令达赖喇嘛等会同驻藏大臣公同念经，对众拈定具奏，作为呼毕勒罕，不得听其仍前任意妄指，私相传袭，以除积弊而服人心。”① 乾隆皇帝清楚地看到问题的实质是指认制度暗箱操作的任意性。于是因势利导，创制金瓶掣签制度，流弊为之一清。所谓金瓶掣签，即特制一个金奔巴瓶，派人带往西藏，设于前藏大昭寺中，等需要确定达赖喇嘛、班禅额尔德尼及大呼图克图等大喇嘛的呼毕勒罕时，就将备选幼孩内选择数名，将其生年月日、名姓，各写一签，置于瓶内。然后达赖喇嘛念经，会同驻藏大臣，在众人面前签掣产生，以示公允。② 这一办法既杜绝了护法神等私下操作的问题，又提高了驻藏大臣的权力。清廷为加强其权威性，专门列入《钦定西藏善后章程二十九条》，并纂入《大清会典事例》和《理藩院则例》，以昭永久。这一办法全面禁止了灵童的指认制度，并规定了具备寻访转世灵童资格的寺院范围。从此以后，“凡属蒙古、藏族部落呈报呼图克图大喇嘛的呼毕勒罕出世，只准在闲散台吉或属下人等及唐古特平民子嗣内指认，达赖喇嘛、班禅额尔德尼之亲族，及各蒙古汗、王、贝勒、贝子、公、札萨克、台吉之子孙，均禁止指认呼毕勒罕。凡各地呼图克图及旧有之大喇嘛圆寂后，均准寻认呼毕勒罕”。无名小庙坐床喇嘛，且从前并未出过呼毕勒罕的平常喇嘛故逝后，均不准寻认呼毕勒罕。随后金瓶掣签的地点和办法又有丰富和完善。“各蒙古等所奉之呼图克图甚多，若悉令赴藏识认

① 光绪《钦定大清会典事例》卷975《理藩院·喇嘛封号·指认呼毕勒罕定制》。

② 《清高宗实录》卷1424，乾隆五十八年三月戊申。

呼毕勒罕，未免过繁，且道途亦远，蒙古等力所不能。嗣后识认各札萨克等所奉呼图克图之呼毕勒罕，著各盟长拟定。其情愿赴藏识认者，仍照例前往外，其余径报理藩院，缮签入于雍和宫所供金瓶内，令掌印札萨克达喇嘛呼图克图等捧经，与理藩院大臣公同监掣，可省远路浮费。将此通谕内外札萨克永远遵行，将伊等私指王公子弟为呼毕勒罕之事，严行禁止。”[①] 由此，京师也具备了宗教权力中心的地位。五十九年（1794 年），青海察汉诺们汗的转世，也被列入金瓶掣签范围。道光二年（1822 年）定，呼毕勒罕人选，须由该旗加具印结报院，方准入瓶掣签。次年更明定，“嗣后呼毕勒罕，不准在民人幼孩内寻访”[②]。

（三）“公议”与免掣

金瓶掣签制度是藏传佛教中的一项重大改革，触及政教贵族的根本利益，必然会遭遇阻力。僧俗贵族常常以“灵异显著”为由合辞请求免予掣签，清帝权衡之下也会给以批准。如九世达赖就未经掣签，“嘉庆十三年奏准，达赖喇嘛呼毕勒罕寻得时，灵征众著，不复入奔巴金瓶掣定”[③]。十世、十一世、十二世达赖喇嘛，均遵照圣旨金瓶掣签，皆短命早逝，西藏僧俗归因掣签制度。至寻获十三世达赖灵童时，西藏僧俗再次“恳请恩准免予金瓶掣签，径直认定”[④]。这种例外，实际是定制对现实的变通和妥协。

这一制度的重大意义，不仅在于终结了西藏贵族操控垄断大活佛权位的可能性，而且将活佛选任立法权掌握在清廷手中，保证其程序上的公开、透明，增强了其公信力和权威性。

---

① 光绪《钦定大清会典事例》卷 975《理藩院·喇嘛封号·指认呼毕勒罕定制》。

② 光绪《钦定大清会典事例》卷 975《理藩院·喇嘛封号·指认呼毕勒罕定制》。

③ 光绪《钦定大清会典事例》卷 975《理藩院·喇嘛封号·指认呼毕勒罕定制》。

④ 西藏档案馆藏藏历火牛年［光绪三年（1877 年）］《阖藏僧俗请认定达赖喇嘛呼毕勒罕免予金瓶掣签事公禀》。

三　崇儒以笼络中原汉族

清代汉族人口众多，各地习俗也有差异，汉族实无明确强烈的宗教意识和精神信仰。汉人的精神世界主要靠汉文化特别是其中的核心儒家文化来维系，其价值观的核心是伦理纲常秩序。汉族社会中知识精英阶层，既是社会表率，也代表着全民族的价值观念。由于儒家学说的巨大影响力，使其成为汉人的无仪轨的“宗教”，获得了等同于宗教信仰的地位，故西方学者径称儒学为“儒教”。事实证明，清朝通过尊崇儒学，确实获得了统治汉族的预期成效。

（一）“以儒治国”与经筵御讲

清朝作为少数民族入主中原后，一方面采用军事手段镇压反抗势力，另一方面为适应对人数众多的汉族治理的需要，推行“以儒治国”政策，以巩固统治。自宋以来，传统的“华夷之辨”概念侧重维护中原汉族政权，从地缘和血统、文化上否认少数民族的政治地位。明朝与北元的冲突使得以汉族为中心的华夷观愈加强化，《讨元檄文》里“驱逐鞑虏，恢复中华”就是最好的例证。而满洲人在建立大一统中央集权的过程中，势必要转变华夷观，取得正统地位。清朝在雍正皇帝的努力下，在治理思想上，对汉族封建统治者传统的“华夷”观进行创新和发展，反对严华夷之别。并将宋明以来的血统华夷观重新解释为先秦时期的华夷观，即“礼别华夷”。从“中外一体”的认识出发，构建中央集权。所以崇儒是恢复周礼、确立正统的重要途径。且自汉伊始，儒家思想始终作为大一统中央集权的指导思想，与中央政权紧密结合，奉行“以儒治国”的政策既是确立正统的需求，也是因袭历代的治国的常规举措。

首先，清朝为了消解汉族士大夫的抵抗和不信任、不合作情绪，不惜礼遇崇祯帝，为其发丧，同时保护孔孟后裔特权。示天下以推行儒家文化姿态，并实行科举考试制度。以儒家学说为基础，在为政实践中形成了一套以儒学尤其是程朱理学为理论基础的政治思想。

入关之初，清廷为了消弭江南士人对政权的抵抗，宣布继续实行科举制度。顺治皇帝在十月的即位诏书中就将科举事宜列入其中，规定："一、会试定于辰、戌、丑、未年，各直省乡试定于子、午、卯、酉年。凡举人不系行止黜革者仍准会试，各处府州县儒学食廪生员仍准给廪，增、附生员仍准在学肄业，俱照例优免。一、武举会试定于辰、戌、丑、未年，各直省武乡试定于子、午、卯、酉年，俱照旧例。一、京卫武学官生遇子、午、卯、酉乡试年仍准开科，一体会试。"[①] 科举考试制度将广大儒生迅速纳入新的统治体制之下，分化弱化了敌对势力。清军每平复一地，便将科举取士的范围相应扩大。教学和考试内容以儒家四书五经为准。"说书以宋儒传注为宗，行文以典实纯正为尚。今后督学，将四书、五经、《性理大全》、《蒙引存疑》、《资治通鉴纲目》、《大学衍义》、《历代名臣奏议》、《文章正宗》等书，责成提调、教官，课令生儒诵习讲解，务俾淹贯三场，通晓古今，适于世用。"[②] 顺治一朝，国家实现了通过科举制度甄选人才，稳定政权的目的。康熙皇帝时期，为招揽有影响力的士人，特设"博学鸿儒"科，进行制科考试。在招揽人才的同时，消弭士大夫们的反满思想。康熙皇帝还将程朱理学的思想贯彻到科举考试中去，并将朱熹在孔庙中的配享位置由东庑先贤之列升于大成殿十哲之次。[③] 儒化政策的不断推行下，清廷重新建立了忠君爱国和纲纪伦理观念，争取士民对清王朝的认同。清王朝为了消除满汉差异，下令八旗成员也可参加科举考试，扩大了儒士的群体。"满族统治者是力图使他们与同在官场的汉官的政

---

① 《清世祖实录》卷9，顺治元年十月甲子。

② 素尔讷等:《钦定学政全书校注》卷6，武汉大学出版社2009年版，第26页。

③ 《清圣祖实录》卷249，康熙五十一年二月丁巳。

治文化水平趋近，改变汉族对满族的‘夷’视，增进满族官员与汉族官绅士人在同一文化圈内的沟通，加强政治关系。因而，满族皇帝不仅身体力行，还不断令人将四书五经、史籍译为满文，颁发与满族王公大臣乃至一般贵族官员，作为学习教材。”① 这一措施一定程度上打破了满汉之间的藩篱，缓解了民族矛盾。

其次，清朝重视儒家传统的家国观念，努力将社会秩序建立在家庭等级制度上。宗族耆老通过习惯法约束州县地方人口，使得社会达到稳定。宗族实为政治、法律的基础单位，通过维持其族内之秩序而对国家负责，整个社会的秩序自可维持。法律通过惩罚破坏这一制度的行为来维护社会秩序，但是不直接干预这一制度的正常运作。即县官通过调解处理民间纠纷，通常考虑情与理，情理就是作为习惯法的价值判断标准，而且情理概念中含有充分注意和尊重各地不同的风俗习惯的要求。由此清朝通过宗族治理地方的模式，使得清朝形成国家与社会的二元治理体制，费孝通先生将其概括为“双轨政治理论”，即中国的封建社会构成，一方面是自上而下的皇权，另一方面是自下而上的绅权和族权，二者平行运作，互相作用，形成了“皇帝无为而天下治”的乡村治理模式。以儒治国体现在治理模式上，将国家与宗族结合在一起，皇权不下县，利用宗亲族老治理。并通过宗族这一基本单位，建立并体现层级分明的国家秩序体系，维护尊卑、长幼、士民和良贱之间的等级差别。

再次，国家治理地方时教化为先，不以法令为辅治之具，因为法令止于一时，而教化施行良久。所以康熙皇帝诏颁《圣训十六条》，以通俗易懂的语言训谕世人守法知礼，务本禁非。嗣后，雍正推扬乃父此训而作《圣谕广训》，在有清一代社会生活中发生了广泛而又深刻的影响。宣讲圣训的场所多是乡约中，明朝时期乡约

① 杜家骥：《八旗与清朝政治论稿》，人民出版社 2003 年版，第 403—404 页。

主要是出于经济目的集结在一定的规范下，并愿意遵守该规范的人们所构成的一种集团或组织。清朝时乡约中心的伦理规定被《太祖六谕》或《圣谕广训》等皇帝谕旨所取代，而且宣讲谕旨的仪式逐渐成为乡约集会的中心内容。由此清代乡约成为地方官指导下的一项国家制度。国家通过教化臣民，达到辨明天理 、绝去人欲的目的。

最后，康熙皇帝还采取一系列轻徭薄赋、休养生息的治理政策以“恤民”，如屡次下令蠲免赋税钱粮以减轻人民负担，推行盛世滋丁、永不加赋的政策等。清朝入关后，取消明朝的加派，17 世纪 40 年代后期和 50 年代初，在重定地税丁额的同时，对战乱区免征税粮。即使是未遭受兵灾的区域，税额皆低于明万历初年的水平。每逢灾荒，朝廷还会豁免赋税，康熙皇帝时期，“水旱灾伤，天行偶沴，而蠲除赈粜特旨屡颁，统计积累赐租之数，已逾万万”[①]。在国家政策影响下，17 世纪晚期和 18 世纪早期的地方官中，盛行的伦理观念是父母官应该尽力防止增加当地赋税额。以上举措使得清初社会经济得到迅速恢复和发展，“康乾盛世”的产生，无疑与统治者以儒治国的政治思想及一系列为政举措息息相关。

经筵制度是指中国古代帝王为讲经论史而特设的御前讲席，是太子东宫教育的延伸。这种体制形成于宋朝，为元、明、清历代所沿袭。“经筵”一词中，其“经”是儒家经典，“筵”为皇帝御前讲席，所谓经筵即由经筵官向皇帝讲述儒家经典。清代经筵制度包括经筵大典、日讲和呈送讲义等。经筵大典专指仲春和仲秋两次御前讲席的开讲典礼，乾隆皇帝在经筵中增加御讲环节，自此成为定制，直至清末。清代的经筵制度在入关前即有所发展。天聪六年（1632 年）九月，书房秀才王文奎上疏议论时政，首先谈到“勤学

① 《清圣祖实录》卷 245，康熙五十年三月庚寅。

问以迪君心”。奏疏虽然没有明确提到“经筵”，但引用了程颐《论经筵劄子》的话，并提出了具体实施方案，建议：“宜于八固山读书之笔帖式内，选一二伶俐通文者，更于秀才内选一二老成明察者，讲解翻写，日进四书两段，《通鉴》一章。汗于听政之暇，观览默会，日知月积，身体力行，作之不止，乃成君子。”[①] 这应该是后金最早的经筵提案。顺治时期大学士冯铨、洪承畴联袂上奏：“帝王修身治人之道，尽备于六经，一日之间，万畿待理。必习汉文，晓汉语，始上意得达，而下情易通。”[②] 此时，随着统治势力的扩张，为笼络汉族人士、稳定当前势力范围，六经教育已经是满族帝王不得不学习的内容。

顺治十四年（1657 年）九月，皇帝首开经筵。这是清代首次经筵仪式，标志着清代经筵制度的正式确立。日讲每年两个学期，寒暑停课。顺治皇帝在位十八年，共举行六次经筵大典。日讲也是按时举行。康熙前十年，因为大行皇帝守丧，再加上康熙年幼，经筵制度一度中断。康熙十年（1671 年）二月初，以吏部尚书黄机等十六人充经筵讲官。十七日，初次举行经筵，三月，以翰林院掌院学士折库纳、熊赐履等十人为日讲官。四月初十日，命日讲官首次进讲，经筵制度恢复。康熙十二年（1673 年），皇帝下令日讲不避寒暑，全年无休。康熙皇帝勤学善思，对于四书五经知之甚详，后期可以和经筵官互质辩论。至此，经筵开始增加新的内容。康熙二十二年（1683 年）康熙皇帝明确表示过：经筵除了教育皇帝之外，还应当兼有“训导臣下”的功能：“经筵关系大典，自大学士以下，九卿詹士科道俱侍班，所讲之书必君臣交儆、上下相成，方有裨于治理。向来进讲，皆切君身，此后当兼寓训勉臣下之意。庶

---

① 罗振玉编：《天聪朝臣工奏议》，载《清入关前史料选辑》第 2 辑，中国人民大学出版社 1989 年版，第 24—25 页。

② 《清世祖实录》卷 15，顺治二年三月乙未。

使诸臣，皆有所警省。”[1] 康熙二十五年（1686 年）文华殿落成，经筵大典首次在文华殿隆重举行，标志着清代经筵鼎盛达到了顶点。此后，日讲制度终止，经筵次数也逐渐减少。康熙五十年（1711 年）春季经筵大典，康熙皇帝反客为主，亲自讲四书和《易经》，经筵逐渐由帝王教育手段变成帝王训政的工具。

康熙以后日讲制度取消，乾隆时期曾一度进呈讲义，要求诸臣议论发挥要统一在程朱理学的思想指导之下，但是因帝王忽视，渐成故套，最终被取缔。乾隆时期，“经筵御讲”逐渐凸显。即经筵大典仪式中，在直讲官讲书、讲经之后新增了皇帝发表“御讲”的环节，“经筵御讲”成为经筵仪式中的固定程序。乾隆朝《大清会典》中，详细记载了整个经筵御论的过程：“鸣赞赞进讲，满汉直讲官四人出至案前。东班西上，西班东上，行一跪三叩礼，复位立。满讲官一人出就案左北面，展讲章进讲四子书毕，复位；汉讲官一人趋过案左，进讲如之。皇帝阐发书义宣示。臣工讲官暨侍班官跪聆毕，兴。又满讲官一人趋过案右，汉讲官一人出就案右，先后进讲经义毕，皇帝阐发经义，各官跪聆，亦如之。”自此，经筵中出现了固定的群臣“跪聆御论”环节。乾隆时期，御论成为经筵中重要环节。从乾隆三年（1738 年）春首举经筵之时，乾隆皇帝便亲制御论以宣示。直至乾隆六十年（1795 年），共产生经筵御论九十八篇。

乾隆以后，“经筵御讲”本身也形成固定的格式，并一直延续到咸丰时期。经筵进一步失去了其鲜活的内容，更加形式化、呆板化。咸丰以后，经筵大典终止，经筵制度名存实亡。有清一代，经筵御讲制度经历了延续—鼎盛—变质—消亡几个阶段，经筵官的角色也发生转变，最初扮演的角色是“帝师”，他们向皇帝传授儒家

---

① 《清圣祖实录》卷 111，康熙二十二年八月辛丑。

经典，历代政治得失，甚至在诸多国家治理事务上献言献策，地位极高。所以经筵大典中皇帝着常服，事后赐宴的做法都是意图拉近与臣属关系的做法。但清前期皇帝素养极高，热衷学习，经筵官“师儒”的角色很难保持，所以皇帝开始从聆听的角色转变为质辩的角色，进而在经筵中占据了主讲地位。经筵御讲制度也由初期的学习儒家文化以拉拢汉族、巩固统治转变为教谕臣工、宣传政治的工具。

（二）延续“衍圣公”封爵

清朝能够在入关后不久即稳固政权，并逐步走向盛世，根源在于充分吸收和利用了汉文化，尤其是对儒家思想的推崇和贯彻。清前期诸帝相继尊奉和阐扬儒家思想，提高祭孔仪制，优渥圣贤后裔，如康熙、乾隆等皇帝还屡次亲祭阙里[①]孔庙，在消弭“华夷之辨”的同时，逐渐完成了王朝合法性的构建。清帝阙里祭孔的效果，从孔氏后裔、汉人士大夫对清帝的回应和互动之中可以清晰展现出来。由此，清朝统治的根基立足于征服中原汉地并接续汉化传统。

自汉武帝“罢黜百家，独尊儒术”以后，历代王朝皆以儒治国，加封孔氏子孙，以期巩固皇权。汉至宋代，随着孔儒名号的且隆且贵，孔子嫡裔先后有奉祀君、褒成侯、奉圣亭侯、崇圣侯、褒圣侯、文宣公等封号。北宋至和二年（1055 年），宋仁宗封孔子第四十六代孙孔宗愿为“衍圣公”。自此“衍圣公”这一封号历经宋、元、明、清和民国时期，相沿近九百年。衍圣公的职责是奉祀孔子、统宗率族，清朝时期增加陪祀的任务。清朝确定对全国的统治后，沿袭历代政策，加封孔子嫡裔。

清朝时期“衍圣公”有爵无官，地位极高。觐见皇帝时，“衍

---

① 阙里即今曲阜。

圣公”列于群官之首，在接见外宾等重要外交场合，均有其参加，以示重要。乾隆朝《大清会典》中提到“如衍圣公入觐恭遇经筵，立于东班之首”，由此体现他的特殊地位。顺治元年（1644年）六月，摄政王多尔衮“遣官祭先师孔子”[①]，首将尊孔态度表明。九月孔府呈《初进表文》：“伏以泰运初享，万国仰维新之治；乾纲中正，九重弘更始之仁。率土归诚，普天称庆。恭惟皇帝陛下承天御极，以德绥民。协瑞图而首出，六宇共戴神君；应名世而肇兴，八荒咸歌圣帝。山河与日月交辉，国祚同乾坤并永。臣等阙里竖儒，章缝微末，曩承列代殊恩，今庆新朝盛治。瞻圣学之崇隆，趋跄恐后；仰皇猷之赫濯，景慕弥深。伏愿玉质发祥，懋膺天心之笃祜；金瓯巩固，式庆社稷之灵长。臣等无任瞻仰汴舞屏营之至。谨奉表上进以闻。”[②] 此时，关内战争未止，满洲统治者能得到孔儒后裔的认同，对其巩固统治是至关重要的。十月，顺治皇帝继位后，“山东巡抚方大猷疏请以孔子第六十五代孙孔允植乃袭封衍圣公，照原阶兼太子太傅。其子兴燮照例加二品冠服。孔允钰、颜绍绪、曾闻达、孟文玺，仍袭五经博士衔。”[③] 清廷允其所请，并规定：“衍圣公长子至十五岁，袭授钦依冠服二品服色……天下州官皆用流官，独曲阜用孔氏世职以宰此邑者；天下学官皆用教谕，独四氏（孔、孟、颜、曾）学用学录者，盖以此隆国学，亦以圣贤之子孙不与他学同也……”[④] 康熙六年（1667年），孔子第六十七代孙孔毓圻世袭衍圣公封号，并于康熙十四年晋升为太子少师。雍正皇帝时期，追谥孔子先人，封孔子以上五代分别为王爵，“木金父为肇圣王，祈父为裕圣王，防叔为诒圣王，伯夏为昌圣王，而孔子的父

---

① 《清世祖实录》卷5，顺治元年六月壬申。

② 曲阜文物管理委员会：《孔府档案选编》上册，中华书局1982年版，第42页。

③ 《清世祖实录》卷9，顺治元年十月丙辰。

④ 曲阜文物管理委员会：《孔府档案选编》上册，第19页。

亲叔梁纥则为启圣王”[1]。在此圣旨下，衍圣公及其家族愈加支持清王朝。衍圣公本人入朝时也得到历任皇帝的赏赉。乾隆八年（1743年），孔昭焕袭爵。他曾六次入朝，乾隆皇帝南巡或祭孔时，七次迎接。乾隆皇帝曾赐起“貂裘蟒服”，赐给孔府“曲柄黄伞”“周范铜器”，赐给其高祖母黄氏题有“六代含诒”匾额。有时在孔昭焕率各博士族人入朝时，还特赐御宴等。此后孔府嫡裔顺利沿袭衍圣公封爵，直到1935年，蒋介石册封第七十七代孙孔德成为“大成至圣先师奉祀官”，沿袭800多年的衍圣公爵位自此取消。除了赐予孔子嫡裔“衍圣公”的爵位外，清朝在修《明史》的过程中，特立衍圣公传，修《通志》时，立孔子后裔传。以上措施使得孔氏后人留名史册，有清一代，地位愈加巩固。清朝通过优渥圣裔的措施，巩固加强统治。而衍圣公也利用国家政权对他的赏赉，维持其文化领袖的身份，并借此获得特权和利益。双方关系互为表里。

（三）国家重视孔府大祭

清朝时期的尊儒政策除了敕封孔府嫡裔衍圣公的爵位外，还重视孔府大祭。古代中国一直重视国家祭祀。对于国家祭祀的内容，《礼记》中有着明确记载：“夫圣王之制祭祀也，法施于民则祀之，以死勤事则祀之，以劳定国则祀之，能御大灾则祀之，能捍大患则祀之。”[2] 圣王先贤的祭祀中，祭孔自汉朝起，被历朝历代沿袭。清朝入关伊始，就迅速谒见孔庙，祭拜先师孔子。彼时社会尚未安定，因而祭祀活动多在京师孔庙进行。如顺治二年（1645年）六月，多尔衮谒京师孔庙行礼。此举得到汉族士人的认同，统治渐以巩固。举行祭礼时，由皇帝指派臣子，或亲临孔庙，文武百官和孔氏族人陪祀。圣先贤后裔的陪祀向为定制，顺治九年（1652年），京师孔庙祭典，“衍圣公率孔、颜、曾、孟、仲五氏世袭五经博士，

① 《清世宗实录》卷8，雍正元年六月己未。

② 郑玄注：《礼记正义》卷46，北京大学出版社1999年版，第1307页。

孔氏族五人，颜、曾、孟、仲族各二人，赴都。暨五氏世袭五经博士，孔氏族五人，颜、曾、孟、仲族各二人，赴都。暨五氏子孙居京秩者，咸与祭”①。孔子嫡裔参与国家祀典，意在宣告接受清朝的统治，清朝开始掌握文化正统，在国家治理中，“治”统开始主导“道”统。

从清圣祖康熙开始，国家基本上翦除动乱，完成统一。君主开始亲自前往孔子故乡山东阙里致祭。“泰山封禅，阙里祭孔”是历代统治者证明自身正统的必不可少的仪式。康熙二十三年（1684年），皇帝南巡，十一月驻跸阙里，次日参加祭孔大典。礼部制定祭孔礼仪时，本拟仿照京师视学之礼，皇帝服龙衮，具仪仗，向孔子行二跪六拜之礼；对颜回以下，遣官分别献祭。随从诸臣，文官知府以上，武官副将以上，全部陪同祭祀。但经讨论，又把原定的“二跪六叩”礼改为“三跪九叩”礼。② 康熙皇帝行礼献祭完成后，又听取孔氏后人讲解《大学》《中庸》中的两节，讲毕，命大学士王熙宣谕衍圣公孔毓圻等人道：“至圣之道，与日月并行，与天地同运。万世帝王咸所师法，逮公卿士庶，罔不率由。尔等远承圣泽，世守家传，务期型仁讲义，履中蹈和，存忠恕以立心，敦孝弟以修行。斯须弗去，以奉先训，以称朕怀。”③ 礼成后，康熙皇帝将象征皇权的曲柄黄盖赐予孔庙，并厚赏孔户丁田庄，减免次年的曲阜赋税，祭孔活动表明清朝志在消除夷夏之防，而无满汉之分，彻底建立了抚御华夏的政权。康熙皇帝亲临孔府大祭印证了清朝政权的正统性和合法性，从而将治统与道统合二为一。

祭祀仪式参酌历代规章，明嘉靖九年（1530 年），用张璁议，

---

① 《清史稿》卷 84《礼三》。

② 孔毓圻：《幸鲁盛典》卷 3，景印《文渊阁四库全书》第 410 册，台湾商务印书馆 1986 年版，第 652—33 页。

③ 中国第一历史档案馆整理：《清代起居注册——康熙朝》，中华书局 1984 年版，第 17 册，第 8461—8462 页。

孔庙祭祀厘为中祀。清朝时不断提高祭祀的规格。祭祀孔庙时，皇帝向例献帛进酒，皆不跪，雍正皇帝却打破历代传统，亲自跪献，此后定为成规。乾隆皇帝在位期间，曾八次亲赴阙里祭孔，延续父祖尊孔崇儒的治理思想，谓："我圣祖释奠阙里，三跪九拜，曲柄黄盖，留供庙庭。世宗临雍，止称诣学。案前上香、奠帛、献爵，跪而不立。黄瓦饰庙，五代封王。圣诞致斋，圣讳敬避。高宗释奠，均法圣祖，躬行三献，垂为常仪。崇德报功，远轶前代。已隐寓升大祀至意。"[①] 光绪三十二年冬十二月，祭孔规制升为大祀。"于是文庙改覆黄瓦，乐用八佾，增武舞，释奠躬诣，有事遣亲王代，分献四配用大学士，十二哲两庑用尚书。祀日入大成左门，升阶入殿左门，行三跪九拜礼。上香，奠帛、爵俱跪。三献俱亲行。出亦如之。遣代则四配用尚书，余用侍郎，出入自右门，不饮福、受胙。崇圣祠本改亲王承祭，若代释奠，则以大学士为之。分献配位用侍郎，西庑用内阁学士。余如故。三十四年，定文庙九楹三阶五陛制。"[②] 规格达至最高。清朝稽古右文的举措，使得孔氏后人及天下儒生终于服膺清朝政权，逐渐完成了治道合一的王朝合法性的构建。

综上，清朝在政权建立伊始，为了消弭"华夷之辨"，建立统一政权，开始奉行"以儒治国"的策略。文化上实行科举取士，思想上遵奉儒家思想，寓教化于百姓，通过宗族这一基础单位，建立尊卑长幼、层级分明的统治秩序，最终服属于国家政权，在治理措施中，轻徭薄赋，休养生息，使得社会经济恢复发展。统治者积极接受汉族文化，通过经筵御论，学习并利用儒家经典，最终达到训育臣工、巩固统治的目的。通过文治手段使得汉族人士服膺。最后敕封"衍圣公"，参与孔庙大祭，通过孔氏血缘亲属的陪祀确立清

① 《清史稿》卷84《礼三》。

② 《清史稿》卷84《礼三》。

朝的正统地位，实现治道合一。自此儒家思想彻底成为清朝统治者统御中国的工具，促进了“中外一体”的统一国家建立。

四　立法管理释道回诸教

清朝时期，国家内部存在藏传佛教、道教、传统释教（汉传佛教）、伊斯兰教等众多教派，统治者立足现实，实行因俗而治的政策，采用“修其教不易其俗，齐其政不易其宜”的治理方针。兼收并蓄的宗教政策不是清朝的创新，而是延续历代治理的结果。清朝统治者“因俗而治”的方针，也不是对传统的简单继承，而是根据大一统国家集权的需要做出的改变和发展。顺治十三年（1656 年）十一月，顺治皇帝谕示礼部：“朕惟治天下必先正人心，正人心必先黜邪术。儒、释、道三教并垂，皆使人为善去恶、反邪归正，遵王法而免祸患。”[①] 强调三教合一，一体并重。儒家思想上文已经论述，这里着重叙述传统释教和道教。名义上三教一体并重，实际上释、道统一在以儒家思想为主的思想体系内，与之相背离的思想被清廷有的放矢地限制。释教即汉传佛教，名义上受到崇奉，实际任其发展，道教思想有诸多反儒的存在，国家限制居多。有清一代，宗教虽体制不一，但始终统一在皇权之下，受到“治”统制约。

清初，释道僧众享有免税特权。大量失地的人口成为僧侣，逃避赋税。为此，国家开始有计划地限制僧侣人数，并将释道的管理纳入国家行政体系中。康熙十三年（1674 年）开始，清朝仿明制建立起从中央到地方的政府僧道管理机构，使之“专管天下僧道，恪守戒律清规，违者听其究治”[②]，并出台行政法规进行管理。先看备案制度，主要体现在僧侣备案和寺庙田产备案上。

① 《清世祖实录》卷 104，顺治十三年十一月辛亥。

② 乾隆《钦定大清会典则例》卷 92《礼部·方伎》。

（一）备案制度

首先是僧侣备案。僧侣备案包括僧侣出家资格的限制和度牒制度。第一，僧侣出家资格的限制。为了增加劳动力和赋税人口，国家不断制定条例限制百姓出家。康熙四年（1665 年）题准，“本户不及三丁，及十六岁以上，不许出家，违例者枷号一个月”[①]。乾隆四年（1739 年）颁行，“嗣后民间独子，概不许度为僧道”[②]。禁止独子出家，符合儒家思想的要求。古代中国里，宗族为社会政治、经济的基本单位，个人是宗族的组成部分，婚姻的目的是上以事宗庙，下以继后世。独子出家则停止祭祀和繁衍后代，违背家族本位政治的基本要求，所以在宗教上，国家依然维护传统的宗亲关系。另外，限制女性出家。乾隆元年整顿僧道时，提及“其僧尼一项，亦照僧道之例，愿还俗者听其还俗，无归者亦暂给予度牒，不得招受少年女徒。嗣后妇女有年未四十出家者，该地方官严行禁止”[③]。由此国家对僧道群体的定位主要是年老长者。除僧侣群体外，国家还限制寺院人数，“兴京、盛京及京城寺庙僧道均遵旨建设外，其前代敕建寺庙应各设僧道十名，私建大寺庙各设八名，次等寺庙各设六名，小寺庙各设四名，最小寺庙各设二名”[④]。以上政策使得持有度牒的合法僧人数量不断减少。但清前期圈地令的发展以及军事战争的需要，仍然有大量人口失去土地，设法私度入庙以求生存的人口不断增加。换言之，寺庙人口颇多，但合法僧侣不多。

第二，度牒制度。度牒是国家颁发给僧道的剃度批准书和身份证明。唐宋元明清历代，度牒制度皆是政府管控僧侣的主要手段。入关之前，清廷就模仿明制实行度牒制度。天聪六年（1632 年）

---

① 伊桑阿等：《大清会典》（康熙朝），《近代中国史料丛刊三编》，台湾文海出版社 1990 年版，第 3624 页。

② 光绪《大清会典事例》卷 501《礼部・方伎》。

③ 光绪《大清会典事例》卷 501《礼部・方伎》。

④ 乾隆《钦定大清会典则例》卷 92《礼部・方伎》。

规定："凡通晓经义恪守清规者，给予度牒。"明确要求以僧人修行素质为标准发放，伪滥僧尼不予度牒。顺治二年（1645 年），清廷就在全国推行度牒制度，并规定了度牒的颁发程序。"内外僧道，俱给度牒，以防奸伪。其纳银之例停止。凡寺庙庵观若干处，僧道若干名，各令主持详查来历具结，投递僧道官，僧道官仍具总结。在京城内外者，俱令报部。在直省者，赴该衙门投递，归送府按，转行解部，颁给度牒，不准冒充混领，事发罪坐经管官。"① 度牒的发放仪式一是为了控制僧道人口，增加劳动人口，满足战时国家对经济和兵员的需要；二是防止异端宗教的渗透，冒充僧侣诱导百姓。清朝政权建立伊始，中原内部的稳定对于国家发展至关重要，严格限制僧道人口是首要需求，因而私自出家或冒领度牒的人皆处以刑罚。还规定："京城内外寺院庵庙宫观祠宇，不许容留无度牒僧道及闲杂人等居住歇宿。"② 康熙十五年（1676 年）题准："凡僧尼道士不领度牒，私自出家者，杖八十为民。有将逃亡事故度牒顶名冒替者，笞四十，度牒入官。该管僧道官皆革职还俗。"③

雍正皇帝继位后，国家政权趋于稳定，且因皇帝本人笃信佛教，此时虽实行度牒制度，可在具体管控上相对宽松，传统释道得到发展，人数逐渐增加。乾隆元年（1736 年），议定了度牒管理的具体措施。这些措施具体包括：其一，规定度牒的颁发对象、标准、程序；其二，规定应付僧的解决办法；其三，规定在京直省道士和火居道士解决办法；其四，规定管理尼僧的措施；其五，规定免查寺庙及牒照免费。目的是控制僧道的数量，但收效甚微。乾隆三年（1738 年）国家下令，不再发放新度牒，僧侣年逾四十者可收徒一人，师徒共有一张度牒，师长去世后，徒弟承袭度牒，此即

① 康熙《大清会典》卷 71《礼部·祠祭司》。

② 乾隆《钦定大清会典则例》卷 92《礼部·方伎》。

③ 乾隆《钦定大清会典则例》卷 92《礼部·方伎》。

招徒度牒制度。这种制度主要为防止大量劳动力寄食于其他社会阶层，造成社会压力。但是实行过程中并没有达到限制僧侣人数增加的目的，反之，这一制度造成私度的增加，争端和诉讼出现。乾隆皇帝统计，“今礼部颁发牒照，已三十余万张，而各省缴到者尚少。是或仍事因循，仅奉行故事，则甚非朕所以禁游惰、劝力作之本意矣。着各该督抚留意，善为经理，并着于岁终将所减实数具折奏闻”。[①] 至此，再次严格管控度牒制度，后期国家改革财税制度，实行摊丁入亩，废除人头税，国家将赋税的重心转移到土地上，使得人身依附关系松弛。由此，免征赋役的度牒制度失去原有的功效，僧侣人数迅速降低。

乾隆三十九年（1774 年），度牒制度停止使用。自唐代天宝年间开始的度牒制度至此彻底废止，赋役等经济制度的变迁导致僧道治理制度转变。度牒制度被完全废弃后，朝廷管理僧道之制，遂由度牒制度变为保甲制度，寺刹庵观，同样一体立籍。“在籍僧道，照保甲例，逐名造册，每庙给门牌悬挂，同民户查点。”[②] 稽查之法，益昭严密，丛林古刹，逐渐沦为衙役传呼之所。

其次，寺庙田产备案。寺庙备案包括建造备案和田地房产备案。第一，寺庙建造备案。皇太极即于天聪五年（1631 年）冬，召集八旗大臣谕令，禁止私建擅造寺院：“奸民欲避差徭，多相率为僧。旧岁已令稽察寺庙，毋得私行建造。今除明朝汉官旧建寺庙外，其余地方妄行新造者反较前更多。该部贝勒大臣，可再详确稽察：先经察过准留者若干？后违法新造者若干？其违法新造者，务治其罪。”[③] 根本目的在于整治并杜防“奸民”以出家为借口而逃避差役，最大限度地确保战争状态下国家兵员数量。顺治、康熙时

---

① 《清高宗实录》卷 130，乾隆五年十一月戊辰。

② 《清高宗实录》卷 820，乾隆三十三年十月戊辰。

③ 《清太宗实录》卷 10，天聪五年闰十一月庚戌。

期，对佛教多有抑制，雍正时期，皇帝笃信佛教，因而政策执行时有所放松，寺观庙宇有所增加。“……今后未奉上命私为和尚、为喇麻，及私建寺院者，问应得之罪。要作和尚、喇嘛，要建寺院，须知礼部，禀明无罪。”[①] 由此私自出家、私建寺院皆有罪，建寺庙道观必须报到礼部审批，得到批准后方可执行。第二，田地房产备案。寺庙田产房屋不准买卖，但针对空余土地房屋，官庙不得租佃，私庙在报备租赁人口信息后，出租以增加收入。嘉庆四年（1799 年）谕：“嗣后京城内外官管庙宇，如外省赴京引见，及候补候选人员，原可任其居住，不必官为禁止，俾僧道等亦得香火之资。惟外来游方僧道，及面生可疑、来历不明之人，必当实力稽查，断不准容留，致令潜匿。仍于年终汇奏一次，不可虚应故事，有名无实。”[②] 嘉庆六年（1801 年）谕，“嗣后除京城各官庙照例不准招租外，所有私庙房间，仍准照旧出租。当饬令僧道等，将租住庙宇之人，查明来历清楚者，方许容留，仍出具切实甘结，呈报地方官存案”[③]。管理更加严格。

由此，备案制度包括对于僧侣信息的备案和寺庙田产的备案。清代释道免征赋役的政策使得大量无地人口投充，国家意图通过备案限制僧侣人数，增加赋税人口。但实际上没有触及僧尼、道士增加的真正原因，故而收效甚微。后期赋役制度的变化使得释道免征赋税的优势消失，经济基础的变化决定度牒制度的消亡。僧道人口控制之下，其田产、庙宇皆得以控制，最终将二者变为彻底服属于国家统治政权下的行政单位，所以清朝国家对于释道的优容是出于维持统治的目的。总而言之，传统释教、道教要在不违背儒家宗法伦理和社会经济要约的情况下发展。

---

① 辽宁大学历史系：《清太宗实录稿本》，辽宁大学历史系《清初史料丛刊》本，1978 年，第 14 页。

② 光绪《大清会典事例》卷 501《礼部·方伎》。

③ 光绪《大清会典事例》卷 501《礼部·方伎》

（二）品行约束

对于诸教人员，国家注重对成员品行的约束，主要目的是防止异端渗入，保证宗教在国家行政体制内的框架内运行。首先，对于传统佛教和道教，自入关起，中原地区即处于清朝的统治之下，此时管辖相较于边疆地区，尤为严格。如顺治朝严禁僧道利用宗教蛊惑民众，否则予以严惩。顺治皇帝谕："凡僧道巫瞽之流、止宜礼神推命，不许妄行法术，蛊惑愚众。如有违犯，治以重罪，著礼部严行稽察。"[①] 对僧道的教化惩处、量刑定罪和普通百姓无异，皆沿用《大清律例》。中国的诉讼中不设置专门的审判官，朝廷以在全国配备地方长官的方式向人民提供司法服务，诉讼案件是知州、知县职务活动中占有最大比重的内容。中国的法律案件根据五刑（笞杖徒流死）作细致划分，笞杖由州县自理，徒以上刑罚即重罪案件，需要逐级审判报批。重大案件由州县官做出判决原案，连同案卷、犯人送往省府审判，一般徒刑可以判决并执行，流刑和死刑案卷送往中央政府的刑部，犯人就地羁押。死刑案件还要都察院和大理寺共同审查，报皇帝批复裁决。僧道犯罪主要包括违背伦理道德的犯罪和侵犯财产权利、人身权利的犯罪。在《大清律例》中，违反伦理道德的犯罪规定在"僧道娶妻""僧道拜父母""居丧及僧道犯奸"等律条中，属于州县自理案件，通常判处笞杖刑罚。如僧道娶妻妾者，杖八十；僧道不拜父母，不祭祀祖先，丧服不按等第，杖一百。

僧道侵犯财产权利和人身权利的犯罪是指谋财害命等严重的犯罪，主要规定在"盗卖田宅""谋杀人""殴受业师""殴期亲尊长"等律条中。涉及经济和人身安全的属于重情案件，即判处徒刑及以上的刑罚。僧人逞凶谋、故惨杀十二岁以下幼孩者，斩立决，

---

① 《清世祖实录》卷44，顺治六年六月甲寅。

僧道因弟子违反教令，以理殴责致死者，绞监候。由此僧道犯罪和普通民人一样，依据《大清律例》严惩。且宗教中仍然维护尊长卑幼的社会伦理关系。“凡僧尼道士女冠并令拜父母，祭祀祖先，服丧等第，皆与常人同，违者仗一百还俗。”[①] “如俗人骂伯叔父母，杖六十，徒一年，道、冠、僧、尼骂师，罪同。……如俗人殴杀兄弟之子，杖一百，徒三年，道、冠、僧、尼、殴杀弟子，同罪。”[②] 由此清代对于僧侣、道士的教化和惩罚与常人无异，考虑方外宗亲伦理关系和教内尊卑上下的等级关系，僧道群体和氏族一样属于国家治理之下的政治单位，按照法理儒家化的制度统御。

但是对于伊斯兰教而言，其教化奖惩的标准则是动态变化的过程。乾隆以前，国家的宗教政策集中在藏传佛教和传统佛教等宗教上，对于信奉伊斯兰教的教徒则是优容处置。主要是其内部利用伊斯兰教法进行管理，且伊斯兰教法是这一地区唯一的管理依据以及制裁标准。清朝统一新疆之初，也曾认可穆斯林习俗和伊斯兰教法在处理轻微刑事案件中的效力，乾隆曾说：“办理回众事务，宜因其性情风俗而利导之，非可尽以内地之法治也。”[③] 但随着清朝统治的强化，《大清律例》开始逐渐出现在刑事案件中。如伤害、杀人的判例，就是内地法律与回例结合处理。《回疆通志》第七卷《喀什噶尔回务则例》条记载：“回人内，遇有故杀尊长者，照内地律例审办拟罪，随具奏。如有故杀及金刃他物殴毙者拟缢，巴杂尔示众。其误伤及手足伤毙者，准其照回人例赎罪。以银钱牛羊给与尸亲，免其抵偿。将一年办过案件汇咨均机处理藩院。”[④] 后期新疆教派参与反叛，清廷开始限制伊斯兰教权利，加大《大清律例》的适用范围。1792 年乾隆就新疆回民托虎塔殴伤胞兄致其死亡一案，驳

---

① 三泰、徐本纂：《钦定大清律例》卷 17《礼律 · 仪制 · 僧道拜父母》。

② 三泰、徐本纂：《钦定大清律例》卷 1《名例律 · 称道士女冠》。

③ 《清高宗实录》卷 648，乾隆二十六年十一月丁未。

④ 和宁：《回疆通志》，台湾文海出版社 1966 年版，第 232 页。

斥照“回子之例”“援引回疆捐金赎罪条款”处理方案，强调“均照内地成例办理，并饬新疆大臣等一体遵办”①。咸丰、同治年间，进一步规定办理不得私自以回例斩、绞罪犯，“嗣后各路定拟罪名，均著照律定拟，所有查经议罪一节，著永远禁止”②。由此废止按伊斯兰教法处理重罪案件的权利，由清朝按清律依法治罪。清朝中央集权的封建专制的权威性开始显现。清朝对于伊斯兰教处理援引法律的变迁，反映出大一统国家集权的过程。除了法律惩治，还有道德约束，实行“兴教劝学，化导回民”的方针，设“义学”教以孔孟，提倡儒学，既为培养内地商民流寓子弟和驻军子弟，也有意于导化边疆文化风俗。

（三）圣俗分别、政教分离

伊斯兰教在清代称“回教”“回回教”。清初，顺治皇帝时期，对西北地区的关注重心是藏传佛教。对于伊斯兰教主要是采取柔远抚绥、实行政教合一的宗教政策。雍乾时期对准噶尔地区的伊斯兰教徒视同内地一般，一视同仁，实行同等的政策待遇。此时，阿訇作为伊斯兰教宗教上层人士，在穆斯林群众中据有崇高的地位。不仅婚丧嫁娶延请阿訇诵经，甚至民刑案件“皆听阿浑随时看经定断，即伯克等犯罪，所议无不服从”③，导致“回众咸知畏惧各城大阿浑”④。早期阿訇还可以兼任伯克职责。由此，宗教首领阿訇的权势要高于统辖政治事务的伯克，清乾隆时期提及阿珲与伯克的奏折或谕旨中，亦是将阿珲置于伯克之前。如乾隆二十三年十二月丁卯，“谕曰舒赫德奏称……阿克苏之阿珲伯克等”⑤；乾隆二十四年三月戊子，参赞大臣舒赫德等疏奏“阿克苏等回城归附后应行……

---

① 《清高宗实录》卷1413，乾隆五十七年九月辛酉。

② 《清穆宗实录》卷25，同治元年四月辛未。

③ 萧雄：《听园西疆杂述诗》（二），中华书局1985年版，第68页。

④ 《清宣宗实录》卷417，道光二十五年五月己巳。

⑤ 《清高宗实录》卷576，乾隆二十三年十二月丁卯。

会同阿珲伯克等公仪具奏"[1]。在政教合一制度下，阿訇作为宗教首脑的权势得到迅速发展。乾隆朝时平定准噶尔叛乱和大小和卓叛乱，清朝在要求穆斯林服从其政治统治的基础上，尊重和保护各族穆斯林的宗教信仰与风俗习惯，实行因俗而治、政教分离的政策。

政教分离政策主要是指禁止宗教干预政治和司法。政府对于伯克和阿訇的身份职务有明确分配。乾隆皇帝曾说，"阿浑（阿訇）乃回人诵经识字者，与准噶尔喇嘛相似，从前厄鲁特等不知世体，听信喇嘛，致生变乱，岂可使回人仍因旧习。著传谕舒赫德等，晓示各城回人，嗣后诸事，唯听阿奇木等伯克办理，阿浑不得干预"[2]。由此，阿訇只准念经礼拜，从事正常的宗教活动，而不允许干预行政事务。而后，逐渐限制阿訇兼任伯克，嘉庆二年十一月庚辰，因那尔巴图截回萨木萨克，有功于朝酌议赏贝勒衔，但那尔巴图自称阿訇后，嘉庆皇帝敕谕"闻尔已为阿浑，尔等回教，凡阿浑即不应补放伯克……"[3] 遂取消赏赐职衔。张格尔叛乱时，清廷发现诸多阿訇参与其中，遂于道光九年二月初一日，"通谕各城，以后无论何项回子充当阿浑只准念习经典，不准干预公事，其阿浑子弟有当差及充当伯克者，亦不准再兼阿浑，以昭限制"[4]。自此，明确提出了不准阿訇充当伯克，伯克也不得兼任阿訇的政策，"政教分离"的政策正式确定下来，政教权力依据中央制度进行分离。

其次取消宗教职务的世袭特权，注重阿訇的选拔，实行举荐责任制。即伯克对所荐举的阿訇负责，将阿訇的任免权控制在政府手中。《回疆则例》卷八："慎选充当回子阿浑：一、回疆阿浑为掌教之人，回子素所遵奉，遇有阿浑缺出，由各庄伯克回子查明通达经典诚实公正之人，公保出结。准阿奇木伯克禀明该管大臣点充，

---

① 《平定准噶尔方略》正编卷70，乾隆二十四年三月甲申。

② 《清高宗实录》卷615，乾隆二十五年六月辛丑。

③ 《清仁宗实录》卷24，嘉庆二年十一月庚辰。

④ 《清宣宗实录》卷151，道光九年己丑二月乙丑。

并于每月朔望赴大臣衙门叩见，日久熟认，如有不知经典，化导无方或人不可靠及剥削回户者，即行惩革，并将原保之人阿奇木伯克等一并参办。”[①] 按照《回疆则例》的规定，道光中期开始对阿訇实行同伯克选举一样的任用措施，以便选拔出有利于清朝统治的宗教人士，向教众宣传清朝的统治，借此获得回疆百姓的理解和支持，保证社会稳定。另外，为了彼此的沟通，联络感情，还要求选定的阿訇定期拜访驻扎大臣。

最后在对待回族教派问题上，清一直坚持采取打压“新教”、扶持“旧教”的政策，清视“新教”为邪教，对其严密防范，禁止新教在新疆传播，一经发现，则严厉处置，此外，还严禁回族在新疆担任阿訇，即回避本籍，以减少其影响力。

清中后期，内地和新疆酿起多次反清运动，清朝的宽容政策逐渐向“恩威并用，剿抚兼施”发展，如对积极平叛的阿訇赐予品级顶戴，或银两绸缎予以表彰，或加赐子孙等，给予他们大量的经济特权。参与反叛的阿訇及其家族因时局变化而大致分为招抚防范、剿抚并用、剿灭三个阶段。清廷还利用阿訇本身的宗教影响力教谕、驯化百姓，使之绥服清朝。

清代在宗教政策上凸显因俗而治思想，但在实践中实为尊儒，虚以敬佛，抑制禅道，对伊斯兰教则恩威并重，推行政教分离。凡此种种，皆为维护统一的中央集权。清朝的治理措施确实实现了这一目的，中央集权在精神世界也处于不断强化的过程中。总之，有清一代，宗教作为社会意识形态的一种，服务于统治阶级政治需要，且始终处于政府统治秩序的调配之下。

---

① 《钦定回疆则例》卷 8，《边疆史地文献初编·西北边疆》第二辑（一），中央编译出版社 2011 年版，第 435—436 页。

结　语

清朝是中国封建时代中央集权的高峰时期，其统治经验、治理效能、制度设计及实施能力都处在较高水平上。满族统治者凭借很少的人口要长期统治幅员辽阔、民族众多、人口规模庞大且历史文化悠久发达的大国，维护国家统一和长治久安，势必要在政权结构、政治权力分享、对外体制、内部民族关系协调、区域治理及国内政治、经济、文化各类资源整合上进行合理完善的制度设计，同时依据国情的变化调整和纠错。概而言之有以下几点。

第一，政权结构、权力分配上，“首崇满洲”即满洲统治阶级为主，同时联合蒙古、汉族上层，分享权力，参与国家治理。一方面，参政者通过官缺体现多民族身份，共享共治。另一方面，通过制度区隔权力场域、行政空间。确保皇权至上，满洲（旗人）优先，蒙古贵族塞外自治，汉人参政限于内地这些刚性要求。

第二，军事上依靠八旗建立军府驻防网络，通过换防、调防制度协调边防、海防及对内防范的不同需求，同时利用八旗监视绿营。塞外民族编制的总管制八旗和蒙古盟旗则作为预备役兵员储备，以应不时之需。

第三，对外体制方面，继承并强化藩属体制，区分属国与外国，以属国环筑国家安全藩篱。

第四，国内民族关系调处上，利用文化习俗的天然差异实行静态分隔管理，如以长城、柳条边为界实行“封禁”“边禁”。禁止人口自由流动，以避免纠葛纷争。同时调动内地资源有序输入塞外边区，满足治理需要和生活必需。具体管理上以民族（部族）和文化为单位，“因俗而治”，兼顾一统理想与多样化现实，利用有利时机着力推进全国一体化。

第五，文化上兼收并蓄，利用优势政治地位整合各族文化中有利于大一统集权统治的部分，创新文化。做法上，以倡导推崇为主，教化优先，较少强令禁绝。同样是塞外民族入主中原，对比元朝，清朝统治的最大特点是“马上得天下而不以马上治天下”，相反极其重视制度建设，“立纲陈纪”，某种意义上可说是以制度治国。清朝颁行的法规如《会典》《则例》《事例》《事宜》，种类、数量繁多，封建时代前所未有。

以上，即是清朝能够长期维持统一多民族国家不被分裂的制度保障，是值得研究的历史遗产。

第四章

清代边疆的开发

清代边疆地区的开发分三个阶段：第一阶段为康熙至乾隆时期，体现为逐步开发、有限开发、渐进开发，主要目的在于满足清朝对边疆地区设治的需要，并满足边疆地区人民生活的需要，同时也兼顾缓解内地人口增长、严重灾害等危机的需要。第二阶段为嘉庆至同治时期，体现出很大的守旧与倒退，第一阶段许多行之有效的政策到了这一阶段变成了具文，而内外而来的双重危机又极大地限制了清朝对边疆地区的治理能力，导致其边疆开发停滞不前甚至出现倒退。第三阶段为光绪后尤其是清末新政时期，体现出全方位的开发趋势。即进入 19 世纪 90 年代，经历了内外丛生的各种危机后，为应对保疆守土等问题，清朝不得不开始对边疆地区实行全面开发，从而导致了光绪宣统时期的大开发。开发内容涉及经济、政治、移民、交通、文化、教育、社会风俗等诸多方面，并力图通过对边疆地区的全面开发，实现边疆地区的行省化。但即使是近代的开发，也没有从根本上突破封建社会经济的束缚。

第一节　康乾盛世时期边疆地区的逐步开发

清代前期曾对内蒙古部分地区、东北等局部地区有过开发，也曾对西南等地区尝试开发，主要目的在于恢复统治，治理黎民。

一 商贸的逐渐发展

（一）雁行贸易

就明史而言，内地商民获得官方允许，前往西北边疆地区从事商贸的最早时间应为明隆庆五年（1571 年），即明廷准开宣化、大同、水泉营、花马池四处“马市”开始。但这一互市多限制在长城沿边的重要要塞，未能突破长城防线。到了明末，才有所谓“行商走贩”以“偷渡”方式越过长城线，进入蒙古地区，做所谓的“血本生意”[①]。入清后，前往边疆地区的内地商民活动空间区域有了扩大，已突破了仅局限于内蒙古的这一空间，开始进入外蒙古地区。而内地商民首度进入漠北蒙古是从“随军贸易”开始的。即康熙二十九年（1690 年）清帝首次亲征准噶尔部噶尔丹时，就有随军贸易的商人群体参加，尤其是康熙三十五年（1696 年）的二次亲征，直接导致了随军贸易的合法化与人数规模的进一步扩大。[②] 即庞大的行军计划及粮草供需，仅靠官府难以奏效，必须有更为庞大的后勤供应，否则容易发生像第一次亲征时所发生的“以百二十金致一石且或后期，苦不继”的现象。[③] 为此，二次亲征担任中路督运的于成龙就向朝廷奏请，中路运米，凡情愿效力人员，准其带往。[④] 清朝允许了这一请求，并在离军营一里外的地方安排他们从事贸易。[⑤] 随后理藩院又奏请，大兵经行蒙古地方应令蒙古等沿途贩卖驼马牛羊等物。康熙皇帝又让在理藩院营内另设一营，十六军营每营派官一员，专司贸易。[⑥] 由上可见，正是清朝为应对

---

① 《明史》卷 80《食货四》。

② 《清圣祖实录》卷 169，康熙三十四年十一月丁丑。

③ 徐珂：《清稗类钞》“农商类·范芝岩商于张北”，中华书局 1984 年版，第 2303 页。

④ 《清圣祖实录》卷 169，康熙三十四年十二月壬辰。

⑤ 《清圣祖实录》卷 171，康熙三十五年二月丁未。

⑥ 《清圣祖实录》卷 171，康熙三十五年二月丁未。

西北军需所采取的如此政策，为内地商民进入蒙古草原提供了合法依据。

自康熙二十九年（1690 年）首次亲征后，一直到乾隆二十二年（1757 年）最终平定准噶尔部，此间清朝的西北边疆军事活动一直在进行。为此张家口、归化城、古北口等处的驻军和设防活动也一直进行着。同样，这类军事布防也离不开内地商民的支持，他们无疑成为康熙二十九年至乾隆二十二年间（1690—1757 年）支撑清朝军需转运的重要依托，因此也获得了进入漠南北蒙古草原、新疆地区的机会，并使随军贸易成为清代内地商民进入这些地区从事商贸活动的早期形态。[1] 康熙中期后，正是由于清军前往乌里雅苏台、科布多等处从事军事活动，直接导致了随军贸易的内地商民跟随前往。早期此类商民究竟有多少，及其商贸的具体情况如何，由于史料缺乏，很难还原。直到雍正年间，前往乌里雅苏台的内地商民的情况才较为清晰地呈现来。如雍正六年（1728 年）怡亲王允祥就奏请清朝，西北用兵的军事粮草等可以交给商人范毓馪等运办。[2] 随后范毓馪等又找到更多的内地商民参与其事。如雍正十一年（1733 年）发生的范毓馪所聘内地商民等控告蒙古人抢劫案就暴露出这些商民姓名，代表者有贾耀、任远、梁万蒖、刘德清等。[3] 除范毓馪外，早期参与清朝运送米石等军事物资的还有山西商人范清爌。[4] 如雍正十三年（1735 年）八月，傅尔丹等就派范清爌运送十余车商货赴乌里

① 参见卢明辉等《旅蒙商》，中国商业出版社 1995 年版，第 43 页。

② 《奏为军兴用粮交与商人范毓馪运办事》（雍正六年），中国第一历史档案馆藏《宫中朱批奏折》，档号：04 - 01 - 30 - 0208 - 013。

③ 《大学士鄂尔泰等议奏审理汉商控蒙古人等抢劫案件折》（雍正十一年六月十四日），中国第一历史档案馆藏《大本议复档》，档号：782 - 0002。

④ 《大学士鄂尔泰等议奏顺王所奏调兵驻白格尔等折》（雍正十年六月十九日），中国第一历史档案馆藏《军机处满文议复档》，档号：779 - 0002。

雅苏台。[①] 同时参与这一运送米粮的还有郭应奇等。[②] 对于清朝而言，早期它所获得的最大收益，就是这些商民总体上保障了军需物资的顺利到来。而对于康雍时期前往该处的内地商民而言，他们中的范毓馪、范清爌、郭应奇等当然属于所谓的“皇商”“官商”。除此之外，也有不少被他们雇请的民间小商人，则属于普通商民。无论前者后者，他们的前往，固然有为清朝效劳的目的，但他们的早期形态多为雁行式贸易，并无固定居所。

（二）定居贸易

随军贸易等“行商”最终演变为“坐商”，亦是历史发展之产物。作为内外蒙古草原上的“行商”的随军贸易方式进入康熙三十六年（1697 年）后渐被另一方式取代，即坐商方式。他们的出现据称是为满足漠北喀尔喀王公的需要。即康熙八年（1669 年）漠北喀尔喀土谢图汗部一次派往张家口、京城的进贡队伍中就有商人 984 名之多，[③] 他们迫切想获得内地物资去弥补漠北地区物资的匮乏。为此，康熙三十年（1691 年）被噶尔丹打败的各部王公活佛等在多伦诺尔会盟时，一致向康熙皇帝提出请求，允许内地商民前往内外蒙古从事贸易。康熙皇帝接受了这一请求，但要求他们必须一年期限内返回。[④] 此后随着清朝在内外蒙古各处驻军、设治的进行，也随着内地“行商”与各蒙古间贸易的开展，终导致初期的“行商”逐渐变成了坐贾。即他们“初至”时，“皆内地小贩”，“以车载杂货周游蒙境”，“岁一再至”；“往来既久，渐与蒙人稔习，乃乞隙地，支窝棚，久而不去”。“或虑王公驱

---

① 《领侍卫内大臣丰盛额等议奏查收傅尔丹送往乌里雅苏台之商货折》（雍正十三年八月十六日），中国第一历史档案馆藏《大本议复档》，档号：788－0003。

② 《大学士鄂尔泰等议奏平郡王等请赏赐原任巡抚伊都立等折》（雍正十一年十月十五日），中国第一历史档案馆藏《军机处满文议复档》，档号：783－0002。

③ 参阅卢明辉等《旅蒙商》，中国商业出版社 1995 年版，第 26 页。

④ 《汇宗寺碑文》，载《大清一统志》卷 409，上海古籍出版社 2008 年版。

逐，则纳例款以求容。”“迨至囊橐丰富，遂营田宅蓄牛马，易行商为坐贾。”[①] 从而导致内外蒙古、新疆地区的一些重要的军事、政治、宗教中心或次中心都开设起了他们的铺号。[②] 同时期归化城、大同、张家口、多伦诺尔等处的旅蒙大商号也将分号开到了库伦、恰克图、科布多、乌里雅苏台、新疆伊犁、塔尔巴哈台等处。至雍正后，内外蒙古地区的坐商日多。康熙以后，内外蒙古地区的内地商民数量在日渐增大。如据俄方资料显示，早在康熙三十一年(1692 年)，内地商民就前往库伦附近的鄂尔浑河与土拉河汇合处，与俄国商人进行交易，直到各自把货物卖完为止。[③] 康熙五十九年(1720 年)，清朝正式允许俄方至库伦互市，后虽于康熙六十年(1721 年）停止了俄方的库伦贸易，但内地商民与蒙古间的贸易一直存在。与之对应，随着哲布尊丹巴库伦黄庙的兴建，库伦大呼勒不仅成为漠北蒙古宗教信仰的圣地，更成为内地商民云集中心。如此一来，前往库伦并建立居所的内地商民比之前更多。[④] 至嘉庆十八年（1813 年）仅在库伦建立居所的十二甲商户共有 129 家，人丁 558 人。[⑤]

清代内地商民也进入中国的西南地区进行贸易。如云南临安府下属的个旧地方因开矿，至康熙五十一年（1712 年）已是“户皆编甲，居皆瓦舍，商贾贸易者十有八九，土著无几……四方来采者，楚居其七，江右居其三，山陕次之，别省又次之”[⑥]。乾隆初年

---

① 徐世昌:《东三省政略》,“蒙务下・纪实业”，吉林文史出版社 1989 年版，第 75 页。

② 参见《旅蒙商大盛魁》,《内蒙古文史资料》第 12 辑，中国人民政治协商会议内蒙古自治区委员会文史资料研究委员会，1984 年。

③ ［德］G. F. 米勒、彼得・西蒙・帕拉斯:《西伯利亚的征服和早期俄中交往、战争和商业史》，李雨时译，商务印书馆 1979 年版，第 14 页。

④ 台北“故宫博物院”藏《军机处档折件》，文献编号：009770，乾隆二十四年二月初三日。

⑤ 《合营铺号人丁市圈尺丈清册》（嘉庆十八年七月），“蒙藏委员会”藏《蒙古国家档案局中文档案》卷号 024，件号 007，第 0017—0152 页（为简便起见，以下均统一标注为：档号：024 - 007 - 0017 - 0152 格式）。

⑥ 韩三异等：康熙《蒙自县志》卷 1《厂务》，全国图书馆文献缩微复制中心 1995 年版。

东川铜矿开采后，内地人民蜂拥而至，东川府“聚楚、吴、蜀、秦、滇、黔各民，五方杂聚，百物竞流”[①]，“人烟辐辏，买卖街场，各分市肆”[②]。乾隆八年（1743年）茂隆厂开，至乾隆十一年（1746年）“在彼硐开矿及赴厂贸易者不下二三万人”[③]。嘉庆年间，云南临安的开化、广南一带也是“历年内地人民往来贸易，纷如梭织”[④]。广西地方情况类似，如嘉庆年间广西万承土州治地龙门圩镇，有商号16个，都为内地客商开设，并且客商及其家属人数占该圩镇总人口的8/10左右。[⑤]

二　垦务的兴起

（一）军屯活动

清代前中期的军屯活动主要与清朝统一西北的战争密切相关。早在康熙五十四年六月，清朝议政大臣等就议奏了新疆及蒙古地区的屯田一事，并令费扬古等确议。随后费扬古等确议称：他们就外蒙地区的屯田问题询问了喀尔喀土谢图汗等，后者称苏勒图哈拉乌苏、乌兰古木等处都可以屯种。为此该大臣等拟从察罕托辉扎布罕河、特斯河一带驻军中派出善种土地的土默特兵一千名前往耕种。清朝最终同意。这应是清朝拟对外蒙古地区进行军屯的开端，其目的在于服务于当时出兵征战准噶尔部之需。除此之外，清朝认为新疆的哈密地方也可以耕种，又行文该处将军进行勘明具奏。[⑥]康熙五十五年（1716年）正月，清朝又传旨给议政大臣称：巴尔库尔、

① 崔乃镛：《东川府地震纪事》，《东川府志》，刻本。

② 王昶：《铜政全书·谘询各厂对》。

③ 《滇南碑传集》卷末《吴尚贤传》。

④ 江浚源：《条陈稽查所属夷地事宜》，转引自方国瑜《彝族史稿》，四川民族出版社1984年版，第332页。

⑤ 广西省少数民族社会历史调查组编：《广西省大新县壮族调查资料》，1957年铅印本。

⑥ 《清圣祖实录》卷264，康熙五十四年六月辛酉。

科布多、乌兰古木等处种地一事非常紧要，如果耕种并获得收获，此后进兵诸事均很容易。随后议奏结果为：令傅尔丹等带领土默特一千人前往乌兰古木等处耕种，哈密所属各处可以耕种，应派人耕种。[①] 康熙六十一年（1722 年）三月，议政大臣等又议复靖逆将军富宁安拟在嘉峪关外进行军屯事。[②]

到了雍正朝，清朝军屯的重要对象为新疆地区。如雍正三年（1725 年）四月清帝传谕振武将军穆克登就称：喀尔喀地方驻兵年久，鄂尔昆、图拉一带非常宽阔，如果开垦屯种，“实为永远之计”[③]。雍正三年（1725 年）八月，议政王大臣等议复了振武将军穆克登奏疏，并称鄂尔昆（鄂尔坤）一带有昔人耕种及灌水沟渠旧迹，图拉等处现有大麦小麦，应于明年派人试种。清朝同意。[④]

进入乾隆朝，军屯活动在更为广泛的西北地区进行。到了乾隆二十三年（1758 年）三月后，新疆地区的军屯活动已广泛开展。如永贵、定长等向清朝奏称：本年他们在乌鲁木齐、辟展、托克三、哈喇沙尔等处共派出屯田兵三千六百名，垦地达二万九千二百亩。[⑤] 至该年十月，清朝派往乌鲁木齐等处的屯田兵丁已达一万数千人。由于新疆问题即将基本解决，清朝又开始考虑新疆地区今后如何由军屯转变为民屯问题。为此清帝在谕旨中就称：新疆地区的此项屯田如有情愿携带家口前来者，准其带往。等到这些人的家口到后，则可以分地垦种，各安其业。生聚畜牧渐将与内地村庄无异。[⑥] 除新疆地区外，清代前中期的军屯活动的另一重要地点是外蒙古的科布多地区。科布多地区最早所建的城并非行政意义上的官

---

① 《清圣祖实录》卷 267，康熙五十五年正月乙丑。
② 《清圣祖实录》卷 297，康熙六十一年三月戊午。
③ 《清世宗实录》卷 31，雍正三年四月戊子。
④ 《清世宗实录》卷 35，雍正三年八月己卯。
⑤ 《清高宗实录》卷 559，乾隆二十三年三月癸丑。
⑥ 《清高宗实录》卷 572，乾隆二十三年十月甲子。

邸，而是军屯之驻地。[1] 直到乾隆二十一年（1756 年），随着对准噶尔部战争的再度开展，并预料到自己必将取得最终的胜利，清朝方面才对科布多地区进行实质性的规划。[2] 至乾隆二十七年（1762 年），科布多屯田已有收获，“约计大小麦收获在七分以上”。另外，在科布多附近还有杜尔伯特人等在乌兰古木耕种，乌梁海人等在布拉罕察罕托辉耕种，“俱有收获”[3]。至嘉庆后，不少地方的八旗也在开展军屯活动。如嘉庆十九年（1814 年）十一月，清朝就从吉林等处闲散旗人内拣选屯丁一千名进行军屯。[4] 至嘉庆二十五年（1820 年）吉林八旗的军屯活动也获得收获，双城堡所垦地亩已有成效，盛京闲散旗丁视为乐土，纷纷呈请愿往耕种。[5]

清代前中期的军屯活动总体上获得了较好的成果，这可从各地方逐年上报的日渐增多的收获成果中看出。首先如乌阑古木等处，康熙六十年（1721 年）十月，征西将军祁里德又向清朝奏称官兵在乌阑古木屯田，每麦种一斗收麦二石有余。[6] 雍正元年（1723 年），祁里德又向清朝报称，他们在乌兰古木地方的军屯共收获青稞糜子等达四千四百二十石有奇。[7] 其次，如巴尔库尔等处。如康熙六十一年（1722 年）三月，靖逆将军富宁安向清朝报称，今年巴尔库尔屯田的青稞共用过种子二千石[8]，该年收获青稞一万零五百七十石有奇。[9] 至雍正十一年（1733 年）巴尔库尔、塔尔那沁图呼鲁克等处共收获青稞四万六千一百石有奇。[10] 再者如新疆吐鲁番、

---

① 《清圣祖实录》卷 267，康熙五十五年六月乙丑。
② 《清高宗实录》卷 523，乾隆二十一年闰九月戊午。
③ 《清高宗实录》卷 670，乾隆二十七年九月乙丑。
④ 《清高宗实录》卷 299，嘉庆十九年十一月癸丑。
⑤ 《清仁宗实录》卷 371，嘉庆二十五年五月壬申。
⑥ 《清圣祖实录》卷 295，康熙六十年十月乙亥。
⑦ 《清世宗实录》卷 14，雍正元年十二月己酉。
⑧ 《清圣祖实录》卷 297，康熙六十一年三月癸巳。
⑨ 《清世宗实录》卷 1，康熙六十一年十一月辛亥。
⑩ 《清世宗实录》卷 138，雍正十一年十二月庚申。

哈密地区，雍正元年（1723 年）时收获麦子糜子共九千三百三十石有奇。[①] 哈密塔尔那沁地方雍正二年（1724 年）收获青稞一千七百四十六石有奇。[②]

（二）民屯活动

清代前中期的民屯活动主要分为以下几种形式。第一种是为活跃蒙古生计，清朝主导下的对蒙旗的教导耕种等活动。此类活动尤其体现在康熙时期，如康熙三十一年（1692 年）正月，清帝在派人前往达尔河等三处地方教导蒙古人进行耕种田亩时就给都统瓦代发出指令，要求他们善为经营管理，及时广播麦种，将田陇深耕、勤谨耘耨。[③] 康熙三十七年（1698 年）九月，清帝又传谕给前往敖汉、奈曼等处地方教导蒙古人耕种的官员，要求他们督促蒙古人，及时收割庄稼。[④] 康熙四十年（1701 年），清帝派郎中马尔汉等前往喀尔喀教导蒙古时又称：教导蒙古人耕种是紧要的事。[⑤] 正是在清朝的主导下，原来不从事耕种而只从事牧业的蒙古族等，也开始从事农业了。如雍正十一年（1733 年）有大臣奏称："自张家口至山西杀虎口，沿边千里，窑民与土默特人咸业耕种。"[⑥] 乾隆年间，乾隆皇帝游幸口外蒙古后也作诗称："蒙古佃贫民，种田得租多，即渐罢游牧，相将艺黍禾。"[⑦]

第二种体现为清朝允许下的内地民人帮种蒙地的行为。内蒙古的喀喇沁三旗，自康熙年间例准每年由户部给予印票八百张，由内

---

① 《清世宗实录》卷 13，雍正元年十一月丁亥。

② 《清世宗实录》卷 24，雍正二年九月丙寅。

③ 齐木德道尔吉、巴根那编：《清朝太祖太宗世祖朝实录蒙古史史料抄》，内蒙古大学出版社 2001 年版，第 565 页。

④ 《清圣祖实录》卷 190，康熙三十七年九月丁巳。

⑤ 《清圣祖实录》卷 203，康熙四十年正月戊申。

⑥ 方观承：《从军杂记》，载《小方壶斋舆地丛钞》第二帙，杭州古籍书店影印清光绪上海著易堂本。

⑦ 《钦定热河志》卷 92。

地民人前往种地，逐年换给。至乾隆年间，竟成具文。雍正十年（1732年）九月，大学士鄂尔泰在奏边地屯田事宜时又向清朝提出如下建议：前往陕甘关外的客民首报地亩，应分别给与工价，每籽种一石。屯田所需夫役，俱在甘凉肃一带雇募。[①] 乾隆后，随着西北边疆地区的底定，清朝对内地民人前往新疆地区乃至外蒙古地区进行民屯等活动，实质上是支持的。如乾隆二十五年（1760年）正月，清朝降旨就称："今日户口日增而各省田土不过如此，不能增益，正宜思所以流通，以养无籍贫民。""西陲平定，疆宇式廓。辟展、乌鲁木齐等处在在屯田，而客民之力作贸易于彼者日渐加增。将来地利愈开，各省之人将不招自集，其于惠养生民甚为有益。"[②] 乾隆三十一年（1766年）十月，军机大臣等又议复了巴里坤总兵奏筹办该处屯田事宜：穆垒迤西一带可垦田八万余亩，安插民人二千六七百户。[③]

第三种体现为各蒙古王公地主主动容纳内地民人进行民屯的行为。早在雍正九年（1731年）九月，清朝谕旨就称：宁夏横城口及黄甫川边外土地与鄂尔多斯接壤，有内地民人越界耕种。而蒙古等私索租价，每至生事互争。[④] 至乾隆后，内蒙古及东北地区的民屯活动得到进一步推广。内蒙古的察哈尔地区，被民屯的土地越来越多。[⑤] 盛京地区，至乾隆五年（1740年）时，该处聚集民人甚多，悉将地亩占种。清朝为保证满洲根本，拟将他们驱逐。[⑥] 后来大学士们议复结果为：奉天未入籍民人，给限半年勒令回籍一条难以办理。因为这些民人寄居此处年久，迁徙艰难。不如将那些愿意

---

① 《清世宗实录》卷123，雍正十年九月戊申。
② 《清高宗实录》卷603，乾隆二十五年正月庚申。
③ 《清高宗实录》卷770，乾隆三十一年十月戊申。
④ 《清世宗实录》卷110，雍正九年九月乙丑。
⑤ 《清高宗实录》卷88，乾隆四年三月己酉。
⑥ 《清高宗实录》卷115，乾隆五年四月甲午。

入籍的人取保入籍。清朝最终同意。[①] 热河等处被开垦出的土地也不少。乾隆十二年（1747 年）十二月，军机大臣等议复直隶提督拉布敦奏议称：八沟、塔子沟等处设兵屯田，原不应听他处民人开垦，乃贫户络绎奔赴，垦地居住至二三十万之多。[②] 蒙古的土谢图汗部伊琫地方土地亦被开垦，自雍正年间建立庙宇，陆续有种地民人前往，至乾隆年间“已多垦辟，若图盟右翼左亲王等旗，沿色楞格河、鄂尔坤河、哈拉河及其各支河流域，皆有汉蒙人，农田不下数千百顷”[③]。

第四种体现为恢复战乱而废弃的荒地或重新拓垦。如康熙三十二年（1693 年）清廷宣布：“滇省明代勋庄土照志荒地之例，招民开垦，免其纳价。”[④] 至康熙末年据清廷上谕称，云南、贵州、四川、广西诸省的腹里地区，“人民渐增，开垦无遗，或沙石堆积难于耕种者亦间有之，而山谷崎岖之地已无弃土，尽皆耕种矣”[⑤]。

三　教育的初兴

（一）边疆地区官学的设立

清代针对非汉族的官学先从京师、内地开始设立，主要服务于驻防八旗及生活于内地的满蒙贵族等的培养，同时也有服务于边疆地区的用意。如早在康熙七年（1668 年），清朝就下令修理八旗官学房。[⑥] 此处的八旗官学当指京师官学。康熙九年（1670 年），清朝又令选取官学生与汉天文生一同学习，有精通者俟钦天监员缺，

---

① 《清高宗实录》卷 127，乾隆五年九月丁酉。

② 《清高宗实录》卷 303，乾隆十二年十二月己未。

③ 《库伦志》，中国社会科学院中国边疆史地研究中心主编《清末蒙古史地资料荟萃》，全国图书馆文献缩微复制中心 1990 年版，第 122 页。

④ 《清朝文献通考》卷 2《田赋考》。

⑤ 蒋良骐等：《东华录》，康熙五十一年五月，齐鲁书社 2005 年版。

⑥ 《清圣祖实录》卷 27，康熙七年十一月丙申。

考试补用。此处的官学生也应为满洲八旗等官学生。[①] 雍正元年（1723年）后，清朝为筹备翻译人才，又令满洲、蒙古能翻译者三年内考取秀才二次、举人一次、进士一次。所取额数临期视人数多寡，请旨钦定。又照汉军例考取武秀才四十名、举人二十名、进士四名。[②] 雍正六年（1728年）九月，吏部又议复了理藩院奏请该院选取蒙古、唐古特官学生的奏议，即今后理藩院将从八旗蒙古官学生、监生内选取有能翻译满洲蒙古字话者，会同吏部考取，以各部院蒙古笔帖式挨次补用。唐古特学生由理藩院考试，补用笔帖式中书者，仍兼唐古特学行走。[③] 乾隆二十三年（1758年），清朝再次强调各处八旗官学、义学得认真教学，这样才能达到“国家设立学校，以教育人材”的目的。[④]

进入康熙后，不仅京师及内地各省份驻防八旗设立了官学、义学，边疆地区也设立了不少官学。如早在康熙三十年（1691年），清朝就开始筹设盛京八旗满蒙官学。九卿议复结果为：盛京系发祥重地，教育人材宜与京师一体。[⑤] 至乾隆八年（1743年），东北的齐齐哈尔、墨尔根、黑龙江三城已设立官学，其官学教习由各管官于现任笔帖式内选取。[⑥] 同年绥远城将军奏请清朝，按照归化城之例，在绥远城两翼设立官学，从土默特二旗内选取蒙古教习二人，每学选兵丁子弟十人作为学生。[⑦] 至乾隆十一年（1746年）九月，绥远城设立蒙古学近三年。该处将军称：学生“俱各发愤勤学，甚属有益”，并请于绥远城内照蒙古学之例设立满汉翻译官学。清朝

① 《清圣祖实录》卷34，康熙九年九月戊午。
② 《清世宗实录》卷6，雍正元年四月辛酉。
③ 《清世宗实录》卷73，雍正六年九月丁巳。
④ 《清高宗实录》卷557，乾隆二十三年二月甲戌。
⑤ 《清圣祖实录》卷150，康熙三十年二月乙未。
⑥ 《清高宗实录》卷195，乾隆八年六月丁丑。
⑦ 《清高宗实录》卷199，乾隆八年九月壬午。

又加以同意。[①] 乾隆三十七年（1772 年）九月，绥远城将军又称，该城经前将军奏设满蒙翻译、满汉翻译官学二处，但闲散幼丁贫乏，不得学习者尚多。请将闲空协领佐领房屋三所连同前设官学五处，挑选能教清语、马步骑射者每学四名，令他们加以训导。[②] 即此可见，绥远城至乾隆中期至少已有官学五处。与绥远城相对的是归化城。据记载，归化城的官学大约建于雍正年间。雍正十三年（1735 年），根据当地都统奏请，决定从土默特的六十个苏木中各选出两名聪慧男童到呼和浩特上学。[③] 热河的正式官学也于乾隆初年建立，于驻防热河十四佐领喀喇河屯四佐领化育沟二佐领地方设立官学，“择兵丁内熟习清语清文者分教各子弟”[④]。到了乾隆末年，宁夏西宁等处也开始设立官学。如乾隆六十年（1795 年）十一月礼部议复了陕甘总督奏请西宁府设立学校一事。循化厅学校每年考取进文武童各四名、文童四名。西宁府学设廪增各三十八名。[⑤] 嘉庆后，新疆地区也开始设立学堂。如嘉庆八年（1803 年）二月间给事中永祚就奏请在伊犁地方设学。虽然遭到清朝的反对[⑥]。但新疆自统一后，官学及学务均有所推广。如据称，乾隆年间北疆的乌鲁木齐、昌吉、特纳格尔、玛纳斯诸城，因内地移民的到来且其中不乏“俊秀之辈”，遂在各城分设义塾。[⑦] 伊犁惠远城也曾设满、汉、蒙古官学各一所，教习八旗各营子弟。“移驻之锡伯”，“各设官学于佐领中”[⑧]。

---

① 《清高宗实录》卷 274，乾隆十一年九月己亥。

② 《清高宗实录》卷 917，乾隆三十七年九月戊申。

③ ［俄］阿·马·波兹德涅耶夫：《蒙古及蒙古人》第 2 卷，刘汉明等译，内蒙古人民出版社 1989 年版，第 117—119 页。

④ 《清高宗实录》卷 215，乾隆九年四月丙子。

⑤ 《清高宗实录》卷 1491，乾隆六十年十一月甲戌。

⑥ 《清仁宗实录》卷 108，嘉庆八年二月乙巳。

⑦ 袁大化修，王树枏等纂：《新疆图志》卷 36《祀典一》，东方学会 1923 年版。

⑧ 格琫额：《伊江汇览·学校》。

清代前中期边疆地区官学的设立也影响到西南边疆地区。如据《新纂云南通志·学制考三》记载：清代云南的总学额达5495人。[①] 清代贵州官学教育也得到较好发展，顺治十七年（1660年）定贵州贡乡试名额为20名，乾隆二十一年（1756年）增至45名。[②] 清代前期贵州所辖11府、40州县均设有官学，计有学校66所。后撤儒学、卫学，改县学，到清末行新学、建学堂之前，贵州共有官学69处。

（二）边疆地区儒学的推行

清代前中期不仅在边疆地区设立官学，另外也曾尝试推行儒学。儒学的推广，首先体现为西南、四川等地区。如顺治皇帝登基不久，便尝试招收土司子弟入学读书。顺治十五年礼部又题准："土司子弟有向化愿学者，令立学一所。"[③] 由于康乾盛世时期对云南教育的重视，该处取得了较好的成果。据《新纂云南通志》统计，全省共有94所府、州、县、厅所设儒学。[④] 清代前期贵州儒学发展也较好，自康熙初年，贵州提督学政田雯疏请在永宁、独山9县建学育才后，陆续在各府、州、县、厅设立学校。又如康熙二年（1663年）正月，清朝在设置广西泗城军民府流官同知、经历时就设立了儒学教授等官。[⑤] 乾隆十一年（1746年），户部等部又议复了川陕总督庆复等奏川省三齐等三十六寨番民事宜。其中就有通过设立儒官儒学等教化方面内容。即"番民既入版图，即与编氓无异。应于该寨适中之地设立讲约所。该州暨儒学等官朔望轮往，传集番民宣讲圣谕广训及整饬地方利弊文告，并于律例中择其易犯之条翻译讲解，晓谕化导。其子弟秀异可读书者，送州义学肄业。果

---

① 郑家福等：《中国历史教育地理新探索》，中央文献出版社2007年版，第215页。

② 郑家福等：《中国历史教育地理新探索》，中央文献出版社2007年版，第227—228页。

③ 光绪《大清会典事例》卷369《礼部·学校》。

④ 道光《云南通志》《学制考三》。

⑤ 《清圣祖实录》卷8，康熙二年正月丙戌。

能渐通文理，照土司苗猺子弟应试之例准其考试”①。

不只是西南边疆，此时期西北或北部边疆在兴办官学的同时，也注重对蒙藏等地区少数民族的儒学、汉学教育。如康熙六年（1667年），清朝又命令满洲、蒙古、汉军八旗生员、举人、进士一律和汉人同场考试。② 其生童于乡试前一年八月内考试。③ 在具体的学习内容上，儒学、汉学也得到推广。如康熙三十年（1691年），清朝筹设盛京八旗满蒙官学时就要求：其汉学令奉天府尹于盛京生员内择其才学优长者各二名，令其教读。④ 雍正七年（1729年）十月，王大臣等议复又称：八旗汉军余丁已立义学教训，除蒙古旗分应学习蒙古语、佐领以下十二岁以上余丁都得学习清文清语外，大臣官员子弟情愿入官学、义学读汉书者，听其自由。⑤ 乾隆二十三年（1758年），清朝在强调各处八旗官学、义学应尽心培养学生时又称：如读汉书者，也应务实，不可有名无实。⑥ 儒学、汉学也被推广到外蒙古地区，如科布多理藩院学馆学生，不仅学习满文和蒙文，还得背诵《圣谕广训》《三字经》等的译文，并读满文的《四书》以及专门有关刑事方面的律例等。⑦

（三）边疆地区义学的广设

清代云贵地区的义学也得到了较好的发展。早在康熙四十四年（1705年）礼部就议准“贵州府州县设立义学，将土司承袭子弟送

---

① 《清高宗实录》卷263，乾隆十一年四月庚午。

② 中国人民大学清史研究所编：《清史编年》第2卷，中国人民大学出版社2000年版，第82—83页。

③ 《清圣祖实录》卷23，康熙六年九月丁未。

④ 《清圣祖实录》卷150，康熙三十年二月乙未。

⑤ 《清世宗实录》卷87，雍正七年十月甲寅。

⑥ 《清高宗实录》卷557，乾隆二十三年二月甲戌。

⑦ ［俄］阿·马·波兹德涅耶夫：《蒙古及蒙古人》第1卷，刘汉明等译，内蒙古人民出版社1989年版，第332—333页。

学肄业，以俟袭替”[①]，尤其是陈宏谋任云南布政使时，仅云南府所属昆明县等49个地区建立的义学就达281所，乾隆九年又增至370余所，清末时云南省所设义学尚有814所。[②] 据民国《贵州通志·义学表》统计，清代贵州各府州县共有义学310所。另外清代贵州各府、州、厅、县共办义学240处，其中至光绪年间贵州全省苗疆共设义学就达139所。[③]

四　定居社会的形成

（一）边疆地区诸寺庙的建立

清代以内外蒙古、新疆、西藏为代表的边疆地区诸寺庙的建立，既是清朝怀柔各部、促进国家统一的结果，也是内地移民移居边疆地区、休养生聚的结果。前者主要体现为清朝为怀柔各部，在内外蒙古、新疆等处修建了诸多的黄教寺庙，后者则体现为内地商民移居边疆地区后，为生活及信仰上的需要，自发建起诸多汉式寺庙。无论是清朝所建藏传佛教寺庙，还是在官方和内地商民合作或者内地商民自发建立的各类汉式寺庙，无疑都在很大程度上推进了边疆地区各族间的融合，并最终使边疆地区由游牧社会逐渐转向农耕社会。

如归化城，“蒙古旧崇黄教，国家即以是而抚绥之，建寺以居喇嘛，五台而外，以归绥为最，尤以绥远为多”[④]。据统计，在归化城有七大召和八小召。另据光绪《归化城厅志》记载，归化城及附近村庄的黄教寺庙载入志册的共有32座。其中清帝敕建或赐名的寺庙有18座。[⑤] 这些藏传佛教召庙不仅得到清朝承认，也是清朝主

① 光绪《大清会典事例》卷369《礼部·学校》。

② 郑家福等：《中国历史教育地理新探索》，中央文献出版社2007年版，第221页。

③ 郑家福等：《中国历史教育地理新探索》，中央文献出版社2007年版，第230—238页。

④ 刘鸿逵纂修：《归化城厅志》，中央民族大学出版社2010年版，第186页。

⑤ 刘鸿逵纂修：《归化城厅志》，中央民族大学出版社2010年版，第186—193页。

动兴建的结果。[①] 归化城的小昭中的不少，也受到过清帝的“恩赉”，要么赐名，要么从经济上加以资助。[②] 内蒙古的多伦诺尔地区也一样，其所以简称为庙，并最终成为东部蒙古的核心地区并得到快速发展，也与清朝对黄教的扶持尤其是两大黄教寺庙的兴建密切相关。康熙三十年（1691 年），清圣祖在多伦诺尔召集退入漠南的喀尔喀三部首领和内蒙古四十八旗王公会盟，遂“从诸部所请，即其地建庙”，先后建起了汇宗寺、善因寺两大藏传佛教寺庙。[③]

内外蒙古、新疆、西藏等处的汉式寺庙主要是在官方及内地商民的共同推动下建立起来的。即如归化城，据称“此地惟社稷坛未设，其余尚较口内无多缺”[④]。归化城内建有关帝庙五座。除此之外，该处还建有文庙两处。另外孔庙、玉皇阁、三贤祠、吕祖庙、财神庙、三官庙[⑤]、神农庙[⑥]、东岳庙[⑦]等也被官方及前来的内地百姓建立起来。与归化城的汉式寺庙相比，清代前中期张家口地区的汉式寺庙显得更为引人注目。如张家口的上堡于嘉庆二十五年（1820 年）就建有关帝庙一座。除关帝庙外，张家口的上堡还建有风神庙。清代张家口的下堡也建有不少的内地汉式寺庙，其中最古老的寺庙是贞武庙和玉皇庙。另外，晚清时期下堡又另建有河神庙。张家口外的不少地方也建有龙王庙，甚至在张家口属下的蒙古

---

① ［俄］阿·马·波兹德涅耶夫：《蒙古及蒙古人》第 2 卷，刘汉明等译，内蒙古人民出版社 1989 年版，第 69—89 页。

② ［俄］阿·马·波兹德涅耶夫：《蒙古及蒙古人》第 2 卷，刘汉明等译，内蒙古人民出版社 1989 年版，第 69—89 页。

③ 参见《大清一统志》，上海古籍出版社 2008 年版，第 16 函，第 126 册，第 8 页。

④ 刘鸿逵纂修：《归化城厅志》，中央民族大学出版社 2010 年版，第 170 页。

⑤ ［俄］阿·马·波兹德涅耶夫：《蒙古及蒙古人》第 2 卷，刘汉明等译，内蒙古人民出版社 1989 年版，第 115—117 页。

⑥ ［俄］阿·马·波兹德涅耶夫：《蒙古及蒙古人》第 2 卷，刘汉明等译，内蒙古人民出版社 1989 年版，第 119—120 页。

⑦ 刘鸿逵纂修：《归化城厅志》，中央民族大学出版社 2010 年版，第 178 页。

草原的各村庄内也多建有关帝庙、龙王庙、马王庙等。随着内地商民前往多伦诺尔地区，该处也兴建起不少汉式寺庙。如康熙年间这里就建有三官庙，除此之外，多伦诺尔地方还建有各类寺庙道观约二十五处，其中著名的如位于宁远街的白玉观。[①]

清代新疆地区尤其是汉人居住比较少的南疆维吾尔族地区也建有规模不等的关帝庙。据《回疆通志》记载，在喀什噶尔、英吉沙、叶尔羌、阿克苏等地的汉城都建有官府管理的关帝庙。[②] 关帝崇拜在乾隆、嘉庆时期达于鼎盛，全疆至少有数十座关帝庙。嘉庆初年，洪亮吉发遣去新疆伊犁时，他在沿途见闻的记述中提到："塞外虽三两家，村必有一庙，庙皆祀关神武，香火之盛盖接于西海云。"清代新疆也建有大王庙。[③] 而据道光十二年（1832 年）伊犁将军奏报喀什噶尔河神显灵事可知，该处建有河神庙。[④] 另外巴里坤城南关建有蒲类海神祠、杨泗将军祠、城隍庙等。[⑤] 另据光绪十三年（1887 年）新疆巡抚刘锦棠奏折又知，迪化地方也建有城隍庙[⑥]、龙神祠等。[⑦] 清代新疆另外还建有刘猛将军庙、八腊神庙等。[⑧]

---

① ［俄］阿·马·波兹德涅耶夫：《蒙古及蒙古人》第 2 卷，刘汉明等译，内蒙古人民出版社 1989 年版，第 704、709、717、42—43、52、336—337、339—340 页。

② 和宁：《回疆通志》卷 8、9，台湾文海出版社 1966 年版。

③ 《奏请赐匾崇祀河口捐修大王庙重修事》（嘉庆二十年六月初九日），中国第一历史档案馆藏《军机处录副奏折》，档号：03－2152－055。

④ 《奏请修建庙宇并敕赐龙神封号事》（道光十二年正月十九日），中国第一历史档案馆藏《军机处录副奏折》，档号：03－3631－045。

⑤ 《奏为新疆巴里坤城武圣庙并蒲类海龙神祠神灵显应请分别赏赐匾额封号事》（光绪八年三月初一日），中国第一历史档案馆藏《宫中朱批奏折》，档号：04－01－14－011－2426。

⑥ 《奏为迪化府城隍庙神灵应叠著请敕加封号事》（光绪十三年九月初一日），中国第一历史档案馆藏《宫中朱批奏折》，档号：04－01－14－0083－088。

⑦ 《奏为迪化城龙神祠灵应素著请敕加封号事》（光绪十四年六月十二日），中国第一历史档案馆藏《宫中朱批奏折》，档号：04－01－14－0083－009。

⑧ 《军机处咨伊犁将军明瑞等伊犁生蝗奉谕著仿内地建祠设位供奉》（乾隆三十一年八月十六日），中国第一历史档案馆藏《军机处录副奏折》，档号：03－131－5－028。

清代西藏、川藏地区也建有内地寺庙，代表者如芒康县、盐井县都建有关帝庙等。[①] 昌都江卡（今芒康县）南墩地方于乾隆年间（1736—1795 年）建有“汉人寺”，即关帝庙。[②] 而据嘉庆年间西藏西方的档案记载，此时西藏拉萨地方也开始出现了内地民人兴建的寺庙——“三光庙”[③]。另外西藏拉萨还建有龙神庙、阎王庙等。[④] 再据光绪十七年（1891 年）驻藏大臣奏折可知，西藏拉萨地方也建有城隍祠。[⑤]

在清朝与内地商民的共同作用下，内地的关帝、龙王、土地神以及其他的道教诸神信仰随着内地商民的到来，也被带到外蒙古各处。如库伦买卖城内地商民生活区共有四座内地汉式寺庙。[⑥] 不只是库伦地区建有内地寺庙道观，清代恰克图地区也有内地寺庙。代表者如关帝庙、龙神祠等。[⑦] 同属外蒙古的科布多地区，在清代内地商民和官方共同推动下，也建有不少内地的汉式寺庙。据称，科布多城北有关帝庙一座。除此之外，科布多城的内地商民及官方还在此处建有龙王庙与城隍庙。[⑧] 除了以上寺庙，科布多城内还建有

① 王川：《试论近代昌都地区民间信仰与民间宗教（1840—1949 年）》，《西藏研究》2005 年第 3 期。

② 刘赞廷：《宁静县志略》，载《西藏地方志资料集成》第 3 集，中国藏学出版社 2001 年版，第 100 页。

③ 《钦差驻藏大臣署内管事董为交给三光庙宇付与商上管理事咨掌办商上事务诺门罕》（嘉庆二十五年三月），西藏地方档案馆藏：西藏档，缩微号：56 – 004 – （1 – 2） – 277 – 1 – hf3。

④ 《转奏皇帝赐予匾牌事呈驻藏大臣文》（十九世纪），西藏地方档案馆藏：西藏档，缩微号：303 – 003 – 1 – 2 – 491 – 3 – a。

⑤ 《奏请颁给西藏龙神及城隍祠匾额事》（光绪十七年十二月初五日），中国第一历史档案馆藏《军机处录副奏折》，档号：03 – 7069 – 081。

⑥ ［俄］阿·马·波兹德涅耶夫：《蒙古及蒙古人》第 1 卷，刘汉明等译，内蒙古人民出版社 1989 年版，第 144 页。

⑦ 《奏请颁赐恰克图关帝庙、龙神祠匾额事》（光绪十一年九月初四日），中国第一历史档案馆藏《军机处全宗》，档号：03 – 5541 – 098。

⑧ ［俄］阿·马·波兹德涅耶夫：《蒙古及蒙古人》第 1 卷，刘汉明等译，内蒙古人民出版社 1989 年版，第 334、336 页。

三圣祠[①]、五道庙、六神祠、清真寺等。[②] 乌里雅苏台地区也有不少内地寺庙，城东建有关帝庙。另外，在城东北五里的地方另有关帝庙一座。[③] 在商民所住的买卖城及街市的东口内又另“建关帝庙”[④]。清末志锐被贬乌里雅苏台时，也在该处见到不少关帝庙。[⑤] 而升寅在《使喀尔喀纪程草》中亦称，在塞尔乌苏台站附近，有关帝庙。[⑥] 除了关帝庙，该处还建有菩萨、观音神、土地、城隍[⑦]、三官、真武[⑧]、河神[⑨]等庙。

（二）边疆地区诸城镇的兴建

随着清代以西北、东北为代表的诸处边疆的统一，边疆地区城镇也逐渐被兴建起来。如新疆地区，至乾隆二十四年最终解决准噶尔部问题后，随着军队的移驻、屯垦的兴起、农业和商业人口的日渐增多，可谓是“阡陌广辟，堡舍日增”。无论是北疆还是南疆，均出现了很多新的城镇。北疆诸城池中，首推乌鲁木齐。乾隆二十六年（1761 年），清朝因移驻提督，筑城于乌鲁木齐红山之南，城

---

① 《俄军队及商人在科布多强占华商铺房请向俄公使严重交涉由》（民国八年三月），“中研院”近代史研究所档案馆藏《北洋政府外交部全宗》，馆藏号：03 - 32 - 027 - 04 - 002。

② 《科布多佐理专员公署：科布多华民房产调查表》（民国六年十二月八日），台北“中研院”近代史研究所档案馆藏《北洋政府外交部全宗》，馆藏号：03 - 18 - 032 - 07 - 008。

③ 《定边纪略》，引自毕奥南整理《清代蒙古游记选辑三十四种》上，东方出版社 2015 年版，第 19—21 页。

④ 《定边纪略》，引自毕奥南整理《清代蒙古游记选辑三十四种》上，东方出版社 2015 年版，第 23 页。

⑤ 志锐：《廓轩竹枝词》，引自毕奥南整理《清代蒙古游记选辑三十四种》上，东方出版社 2015 年版，第 600 页。

⑥ 升寅：《使喀尔喀纪程草》，引自毕奥南整理《清代蒙古游记选辑三十四种》下，东方出版社 2015 年版，第 419 页。

⑦ 《定边纪略》，引自毕奥南整理《清代蒙古游记选辑三十四种》上，东方出版社 2015 年版，第 19—20 页。

⑧ 《定边纪略》，引自毕奥南整理《清代蒙古游记选辑三十四种》上，东方出版社 2015 年版，第 23 页。

⑨ 《奏为乌里雅苏台城隍河神一年四祭应用羊银归入年终造册报销事》（光绪二十四年），中国第一历史档案馆藏《宫中朱批奏折》，档号：04 - 01 - 15 - 0087 - 006。

名迪化，是为建城之始。乾隆二十七年（1762年）“携眷种田民人陆续前来”，内地前来的“贸易人等亦接随而至”。这些内地的商民在此处开设市肆达500余间，开垦菜圃达300余亩。[①] 乾隆三十一年（1766年），由于乌鲁木齐“商民云集”，旧有的迪化城无法容纳，又在原址上改建新城。乾隆三十六年（1771年）因移驻满洲眷兵，清朝又在离旧城八里处另建新城，称为巩宁城，又称满城，旧有的迪化城遂称为汉城。乌鲁木齐新旧两城遂成立。至乾隆六十年（1795年），迪化州属商民人户达3326户，3万余口。[②] 城内“字号店铺，鳞次栉比”，“繁华富庶甲于关外”[③]。其次为伊犁。比起乌鲁木齐，伊犁作为新疆的政治和军事中心也得到很快的发展。如乾隆二十六年（1761年）创始之初，伊犁仅是塔尔奇河边筑起的一个小堡，供屯兵居住。乾隆二十七年至三十年（1762—1765年），绥定、宁远、惠远、惠宁四城相继兴建，与塔尔奇共为五城。乾隆四十五年（1780年），再增建广仁、瞻德、拱宸、熙春四城，形成“伊犁九城”格局。[④] 再者为古城。古城自乾隆四十三年（1778年）建城以来，发展很快。至道光年间，该城“极热闹”，“口内人商贾聚集”[⑤]。最后为巴里坤。该城自康熙末年开始屯兵以来，商贩客民相继而至，雍正九年（1731年）建巴尔库勒城，从军营发展为天山北路东段一大重镇。乾隆中移民出关，这里也是安插地之一，人烟愈众，“城中人烟稠密，商贸辐辏，闾阎气象一新”[⑥]。乾隆三十八年（1773年）建镇西府，辖宜禾、奇台两县，“城州禾稼盈畴，烟户铺面比栉而居”[⑦]。

---

① 《清高宗实录》卷674，乾隆二十七年十一月戊辰。

② 永保等：《乌鲁木齐事宜》，《城池·户口》，1989年，中国国家图书馆藏。

③ 椿园（七十一）：《西域闻见录》卷1，嘉庆十三年刊本。下同，不再注版本信息。

④ 格琫额：《伊江汇览：城堡衙署》。

⑤ 方士淦：《东归日记》。

⑥ 《朱批屯垦》，乾隆三十五年九月五日，明山折。

⑦ 文绶：《敬陈嘉峪关外情形疏》，《清经世文编》卷81。

天山南路在清军进入南疆以前，已是“大小回城数十，回庄小堡千计”[①]。清军进驻南疆后，在喀什噶尔、英吉沙尔、叶尔羌、和阗、阿克苏、乌什、库车、略喇沙尔八城设官驻军，镇抚其地。随着城池的修筑，人口的聚集，商业的繁盛，形成了以“回疆八城”统御各区的格局，而发展最快的首推喀什噶尔、叶尔羌、阿克苏三城。喀什噶尔原有周三里许的一座旧城，乾隆二十七年（1762 年）在旧城西北另筑新城，命名徕宁城。乾隆中拥有城乡人户 1 万 4000 余户，6 万多人。[②] 嘉庆十五年（1810 年），喀什噶尔的内地商民店铺已增至 96 处。[③] 道光中增至 13 万人左右。[④] 叶尔羌，17 世纪初已是南疆著名的商业城市。乾嘉以来，盛况不减，既是南疆民间集市贸易的重要集散地，又是对外贸易的中心。“规模宏敞，甲于回部。”[⑤]

清代前中期，内蒙古地区如归化城、张家口等的城镇规模亦得到进一步的发展。如归化城于康熙三十年（1691 年）由土默特左右两翼与六召喇嘛、台吉等在旧城的基础上于城南增建外城，包旧城东西南三面，开四门。而绥远城于雍正十三年（1735 年）新筑，周九里许，高二丈九尺，乾隆二年（1737 年）竣工。[⑥] 又如张家口，清初张家口仍关防重地，因驻扎重兵，遂建上东营、下东营等军营，形成街区。康熙年间随着蒙汉关系的发展，“更立大境门和蒙古与东部之贸易场，其市滋甚”。之后，张家口逐渐由军事堡塞变为商业活地场所。来远堡和大境门外街市如蜂攒蚁集，店铺房舍拔地而起。[⑦] 再如多伦诺尔，康熙四十九年（1710 年）建成兴化镇

---

① 魏源：《圣武记》卷 4。
② 《朱批民族》，道光十一年一月三日、十日、二十七日，哈朗阿等折。
③ 《录副民族》，嘉庆十六年三月二十八日，那彦宝折。
④ 《朱批民族》，道光十一年一月三日、十日、二十七日，哈朗阿等折。
⑤ 《西域图志》卷 18，清光绪十九年（1893）杭州便益书局石印本。下同，不再注版本信息。
⑥ 刘鸿奎纂修：《归化城厅志》，中央民族大学出版社 2010 年版，第 231—232 页。
⑦ 《张家口市志》上，中国对外翻译出版公司 1998 年版，第 191 页。

（旧买卖营），周长十二里，编十三甲，设有兴盛、福盛等十三条街。[①] 康熙五十五年（1716 年）兴化镇因“市肆鳞繁”，直隶（河北）籍商人集资兴建直隶会馆（即三官庙）。[②] 乾隆六年（1741 年）哲布尊丹巴活佛移回外蒙古喀尔喀，为安排遗留在多伦诺尔相随贸易的商民，在旧营东北建新营，称新盛营，周长三里，编五甲。建有柔远、宁人、阜财、裕本、通利五条街。新、旧营连接后即为多伦诺尔城区。[③]

不只是内蒙古地区，清代前中期外蒙古地区也兴起不少城镇。随着内地商民的增多，清代库伦街市日渐扩大。据称，1786 年后，库伦地区的贸易规模较前扩大了不少。至 19 世纪，过去位于呼勒（寺院）以东，且要求距离“寺远十里”才能经商的商民，形成的商业城（即买卖城），已经演变为寺院以东的整整一座城市。[④] 到了 19 世纪 90 年代，库伦又形成了八条新街。[⑤] 不仅如此，此前一直与汉人居住区分隔的库伦买卖城市郊蒙人居住区，至此也变成了一个蒙汉杂居的地方。[⑥] 再至清末，就连此前一直“无汉人踪迹”的甘丹庙，也已是“市场林立，极形繁盛”，并最终形成了西库伦区（即西区）。[⑦] 至此，库伦已经形成了三个大区：中区——呼勒、东区——东营子（买卖城），西库伦区即西区。再如恰克图地区。清代恰克图中方买卖城，建于清雍正八年（1730 年），由山西籍内地商民自行集资建成。有三条主要的街道贯穿其中，另外还有一条

① 多伦县志编辑委员会编：《多伦县志》，内蒙古文化出版社 2000 年版，第 17 页。

② 多伦县志编辑委员会编：《多伦县志》，内蒙古文化出版社 2000 年版，第 17 页。

③ 多伦县志编辑委员会编：《多伦县志》，内蒙古文化出版社 2000 年版，第 18 页。

④ ［俄］阿·马·波兹德涅耶夫：《蒙古及蒙古人》第 1 卷，刘汉明等译，内蒙古人民出版社 1989 年版，第 78 页。

⑤ ［俄］阿·马·波兹德涅耶夫：《蒙古及蒙古人》第 1 卷，刘汉明等译，内蒙古人民出版社 1989 年版，第 131 页。

⑥ ［俄］阿·马·波兹德涅耶夫：《蒙古及蒙古人》第 1 卷，刘汉明等译，内蒙古人民出版社 1989 年版，第 142 页。

⑦ 王金绂：《中国经济地理》下册，北平文化学社 1929 年版，第 475 页。

横向的街道与之相交。[①] 而中方买卖城长约190丈，宽约110丈。[②] 至光绪末年宣统初年，因清朝在蒙藏诸边推行新政，恰克图市圈应较前有所扩大。[③]

清代科布多军城的兴筑与康熙以来清朝的西北用兵，尤其是清朝征讨准噶尔部密切相关。康熙末至雍正初年，双方的抗衡尤其是“势均力敌”的格局，迫使清朝在西北地区驻军、兴军屯、建军营。正是在如此背景下，科布多军城由此而生。早期所谓的城非行政官邸，只是军屯之地。[④] 康熙末至雍正末年，清朝与准噶尔部又退回到相互防范的地步，这进一步促使清朝加快科布多城镇的兴建。据蒙古编年史《宝贝念珠》记载，科布多城于雍正八年（1730年）开始兴建。[⑤] 到了乾隆五年（1740年），又因准噶尔部新首领噶尔丹策零“遣使进表”，清朝方面为示诚意，答应不在科布多等处驻兵。至此，科布多城再度虚废。[⑥] 乾隆二十七年（1762年）新疆底定后，科布多地区进行了第三次筑城。这次兴筑之目的已与康雍时期有了不同，主要目的在于容纳日渐增多的内地商民。[⑦] 其后科布多城越来越大，也越来越具规模。

清代乌里雅苏台城最早建于何年，记载不同。魏源《圣武记》称“乾隆中”“建城乌里雅苏台”[⑧]。而俄人阿·马·波兹德涅耶夫

---

① ［俄］T. M. 奥索金：《在蒙古边境上：外贝加尔湖地区西南部民族志概述及资料集》，圣彼得堡，1906年。

② ［俄］帕·西林：《18世纪的恰克图》，伊尔库茨克1847年，第52页；［俄］瓦西里·帕尔申：《外贝加尔边区纪行》，北京第二外国语学院俄语编译组译，商务印书馆1976年版，第52页。

③ 《咨呈民政部为恰克图开辟地方市场筹拨经费请查核案事》（宣统三年七月十三日），中国第一历史档案馆藏《民政部全宗》，档号：21－0535－0009。

④ 《清圣祖实录》卷267，康熙五十五年二月乙丑。

⑤ 《宝贝念珠》第2卷，第43章，第95页。

⑥ 《清高宗实录》卷121，乾隆五年闰六月甲子。

⑦ 《寄谕参赞大臣扎拉丰阿在科布多旧城外择地建城安置商民》（乾隆二十七年十月十六日），中国第一历史档案馆藏《寄信档》，档号：03－129－5－013。

⑧ 魏源：《圣武记》第3卷，中华书局1985年版，第5页。

据此断称，魏源所指时间为1766年。[①] 而据《大清一统志》载，该处筑城最早于雍正十一年（1733年）。[②] 另据清实录所载，清代乌里雅苏台地方最早开始建筑城池也为雍正十一年。该年清朝设“定边左副将军”驻乌里雅苏台，并在此处筑城。[③] 而清人姚明辉光绪朝《蒙古志》则称：该城“建于雍正年间，修于乾隆年间，咸丰时毁而再筑，高一丈六尺，厚一丈，周五百丈，皆木栅而实土石于中，城门三，惟北面无门。穿渠引水环之，人口三千余”[④]。而据《乌里雅苏台志略》载，至乾隆三十二年（1767年）该城真正建成，“周围三里有奇”[⑤]。除官城之外，乌里雅苏台还建有买卖城，距官城约三里许。乌里雅苏台买卖城最鼎盛时期有铺房千余间，关帝庙一、真武庙一、城隍庙一、商民“二三千，无眷口”[⑥]。

五　道路交通的发展

（一）边疆地区驿道、官道的设立

康乾盛世时期边疆地区的驿道、官道的设立是应清朝统一边疆地区的军事需要而开始的。严格意义上，早期边疆地区的此类军事通道并不止驿站，它是一套台站驿传体系，主要包括军台、营塘、驿站、卡伦四种。这四种设施的建立略有先后，分布和职能亦有不同。[⑦] 早在康熙二十二年（1683年），清朝为应对与俄方的战争，

---

① ［俄］阿·马·波兹德涅耶夫：《蒙古及蒙古人》第1卷，刘汉明等译，内蒙古人民出版社1989年版，第256页。

② 《大清一统志》卷560，上海古籍出版社2008年版，第10253页。

③ 《清高宗实录》卷4，雍正十三年十月壬辰。

④ 姚明辉：《蒙古志》卷2，光绪三十三年刊本，台湾文海出版社1966年版。

⑤ 《乌里雅苏台志略》，台湾成文出版社1968年版，第1页。

⑥ 《乌里雅苏台志略》，台湾成文出版社1968年版，第57页。

⑦ 参见马汝珩、成崇德主编《清代边疆开发》，山西人民出版社1998年版，第141页。

巴海等就奏请于额苏里、索伦村庄之间设立四个驿站。[①] 同年九月，清朝因准备来年四月往攻雅克萨，又自黑龙江至乌喇置十驿。[②] 康熙二十四年（1685 年），清朝又重设吉林乌喇城至黑龙江城之间的驿站，一千三百四十里，设十九驿。[③] 康熙二十二年（1683 年）后，随着清朝对内蒙古各部的统一，以及对西北地区的用兵，清朝开始加强以古北口为代表的各口驿道的设立，并逐渐由这些关口扩展到口外各处。如康熙二十二年十一月，理藩院上奏称：古北口外鞍匠屯、西巴尔台（泰），喜峰口外王霸垓三处应添驿站。[④] 康熙二十九年（1690 年），因额尔克阿海等率人劫掠近边，康熙皇帝令察哈尔兵抵御，并令兵部遣坐驿笔帖式自古北口至西巴尔台设站，令各蒙古自西巴尔台至阿喇尼所设站。[⑤] 康熙二十九年七月，准噶尔噶尔丹深入乌珠（朱）穆沁地，康熙皇帝再次令理藩院、大将军裕亲王率大兵出古北口，又令侍郎沙穆哈、学士布彦图尾随大军设立驿站。[⑥] 同年十月，清朝复添设古北口外红旗营、坡赖村二驿。[⑦] 如果说，以上设立驿站行为还是较为分散的设置，到了康熙三十年（1691 年）后，清朝开始构建西北驿站网络体系。如康熙三十一年（1692 年），内大臣阿尔迪、理藩院尚书班迪等就奉差往边外蒙古五路设立驿站。[⑧] 同年四月，议政王大臣等议复安设口外五路驿站事宜：喜峰口外设立十五站、古北口外六站、独石口外六站、张家口外八站、杀虎口外十二站。[⑨]

---

① 《清圣祖实录》卷 109，康熙二十二年四月庚辰。
② 《清圣祖实录》卷 112，康熙二十二年九月丁丑。
③ 《清圣祖实录》卷 121，康熙二十四年五月壬申。
④ 《清圣祖实录》卷 113，康熙二十二年十一月丁丑。
⑤ 《清圣祖实录》卷 146，康熙二十九年五月己丑。
⑥ 《清圣祖实录》卷 147，康熙二十九年七月辛卯。
⑦ 《清圣祖实录》卷 149，康熙二十九年十月戊辰。
⑧ 《清圣祖实录》卷 154，康熙三十一年正月丙辰。
⑨ 《清圣祖实录》卷 155，康熙三十一年四月甲申。

康熙三十五年（1696年）后，随着清朝对噶尔丹的征讨，清朝拟三路出兵。该年正月理藩院、兵部又遵旨讨论西路军的设驿问题，自杀虎口以外拟置驿六十处。[①] 中路自京城至独石口设四驿，自独石口外约设六十驿，中路大兵到汛界后与西路联络处设十五驿。[②] 北路则自张家口至大将军费扬古所驻地方，拟自汛界以外郭多里巴尔哈孙一路共设十三站，噶尔拜察罕库腾一路共设十七站。[③] 另外，其他边疆地区的驿站也在设立或改设。如康熙三十三年（1694年）后，兰州至宁夏地区的驿站开始改设。[④] 康熙三十六年（1697年），清朝又设宁夏至白塔驿站，共设十台。[⑤] 康熙五十七年（1718年）六月兵部又议复了四川巡抚年羹尧奏川藏沿边的里塘等处设立驿站一事，自打箭炉至里塘添设十站。[⑥] 康熙五十九年（1720年）七月，因大兵出口，兵部又议复了云南迤西一带设立驿站事，自云南安宁州起至塔城止添设二十一站。[⑦]

雍正后，清朝与准噶尔部间再次争锋，但最终又处于胶滞状况。此际清朝驿道设置的重心不在西北新疆、外蒙古等处，而是宁夏、西南等地方。如雍正二年（1724年）十一月，清朝讨论宁夏驿站设立问题，该处驿站旧例一百里为一站，“今应改八十里为一站”[⑧]。雍正九年（1731年）七月，兵部又议复了云贵广西总督奏贵州省设立驿站问题，该督建议裁去黄丝一驿，将平越一驿夫马移驻西阳塘。[⑨] 雍正十三年（1735年）十二月，清朝又议准甘肃巡抚

① 《清圣祖实录》卷170，康熙三十五年正月癸未。
② 《清圣祖实录》卷171，康熙三十五年二月壬辰。
③ 《清圣祖实录》卷171，康熙三十五年二月辛丑。
④ 《清圣祖实录》卷162，康熙三十三年正月丙寅。
⑤ 《清圣祖实录》卷182，康熙三十六年闰三月辛卯。
⑥ 《清圣祖实录》卷279，康熙五十七年六月辛丑。
⑦ 《清圣祖实录》卷288，康熙五十九年七月丁卯。
⑧ 《清世宗实录》卷26，雍正二年十一月庚戌。
⑨ 《清世宗实录》卷108，雍正九年七月丙戌。

所奏宁夏府属、西宁府属、嘉峪关外添设驿站问题，进行添设。[1]雍正七年（1729年）四月，兵部又议复了巡察湖广御史王瓒条奏苗疆设立驿站事宜。[2]

进入乾隆朝，清朝进入了康乾盛世的顶峰。乾隆朝的驿道、官道的建设不仅体现在以新疆、外蒙古为代表的西北地区，而且也体现在对西藏、广西、云南、贵州等西南边疆地区驿站官道的改设或设置方面。如乾隆十九年（1754年）正月，军机大臣等议奏新疆投诚台吉车凌等前往热河朝觐时，就讨论到北路军营驿站设置情况，自军营至热河六千余里，安设二十四站。[3] 同年三月，因北路军营从塔密尔移往乌里雅苏台，清朝又让谕军机大臣等讨论自推河至塔密尔台站如何延展到乌里雅苏台问题。讨论结果是：自张家口至鄂尔坤设四十四台，自鄂尔坤至乌里雅苏台设十八站。[4] 乾隆十九年六月，军机大臣等再议北路阿尔泰地区设立喀尔喀驿站事。[5]同年十一月，清朝又开始筹备进兵新疆伊犁、西路安设台站事宜。自京师抵哈密设七十余站。[6] 同年十二月，兵部议复了陕甘总督等奏西路宁夏至嘉峪关、嘉峪关至巴里坤等处的台站设置情况，拟自陕省神木县至甘省定边营安设正腰各站二十九处，甘肃口内自宁夏至嘉峪关安设七十六塘，口外自黑山湖至巴里坤安设二十七站。[7]乾隆二十年（1755年）正月，西路发兵，自京至军营设八十余站。[8] 同年四月，又拟自哈密至乌鲁木齐设立台站。[9] 乾隆二十一

① 《清高宗实录》卷9，雍正十三年十二月甲申。
② 《清世宗实录》卷80，雍正七年四月丙子。
③ 《清高宗实录》卷455，乾隆十九年正月己卯。
④ 《清高宗实录》卷459，乾隆十九年三月戊辰。
⑤ 《清高宗实录》卷466，乾隆十九年六月乙卯。
⑥ 《清高宗实录》卷476，乾隆十九年十一月丁丑。
⑦ 《清高宗实录》卷479，乾隆十九年十二月甲子。
⑧ 《清高宗实录》卷480，乾隆二十年正月癸未。
⑨ 《清高宗实录》卷487，乾隆二十年四月庚申。

年（1756 年）八月，再次补充北路台站。[①] 至该年十二月，自巴里坤至京台站设置完备，递送文报时都能迅速无误。[②] 此后，无论是西路，还是北路，主要任务是调整、补充台站，一直到对新疆统一工作完成为止。为平定南疆，清朝又在南疆诸处添设台站、驿道。如乾隆二十四年（1759 年）九月，定边将军兆惠等因本年六月进兵阿克苏，设立乌什一路台站。后因驻军叶尔羌，遂将台站移于巴尔楚克，至叶尔羌共设十台。[③] 乾隆二十四年后，新疆的军事活动大体告一段落，北路外蒙古地区的军事活动也随之进入到屯驻设治阶段。为此，无论是北路西路，还是新疆的南路，其台站、驿道又开始进行调整，部分被裁减，部分被废除，部分被增设。首先，南疆部分地区为适应屯田设治等，增设了不少台站驿道。如乾隆二十五年（1760 年）三月，参赞大臣舒赫德就建议清朝由阿克苏至穆素尔岭设六台。过岭至海努克增为三大台。[④] 乾隆二十七年（1762 年）七月，军机大臣等议复陕甘总督杨应琚等奏办沙州一带台站驿道的移设事宜。[⑤] 乾隆三十二年（1767 年）七月，军机大臣等又再次议复陕甘总督奏办嘉峪关外至哈密一路军台事。[⑥] 同年九月，军机大臣等又议复伊犁将军阿桂等奏北疆雅尔地方拟增设驿站事。[⑦] 其次，北路的改设与增设及调整。如乾隆二十五年五月，军机大臣议奏就称：查北路军台张家口外自第一台至十台、十一台至二十五台，“今北路事既不繁，其额马三十五之站应减为二十五”[⑧]。乾隆二十六年（1761 年）六月，因伊犁回部平定，乌里雅苏台至乌鲁

① 《清高宗实录》卷 519，乾隆二十一年八月庚申。
② 《清高宗实录》卷 528，乾隆二十一年十二月戊辰。
③ 《清高宗实录》卷 596，乾隆二十四年九月己酉。
④ 《清高宗实录》卷 609，乾隆二十五年三月庚午。
⑤ 《清高宗实录》卷 666，乾隆二十七年七月癸酉。
⑥ 《清高宗实录》卷 788，乾隆三十二年七月癸亥。
⑦ 《清高宗实录》卷 794，乾隆三十二年九月戊戌。
⑧ 《清高宗实录》卷 613，乾隆二十五年五月丙寅。

木齐新设台站十八处，西路一应事件俱由乌鲁木齐分发递送。原来的萨拉布拉克、巴里坤所设二十四台站被裁，代之以新设的十八处台站。[①] 乾隆三十五年（1770 年）十月，清朝议设库伦至恰克图台站，共设十一台。[②]

此际东北、西南边疆地区的台站、驿道也得到增设或改设。如东北的黑龙江地区，乾隆元年（1736 年）七月兵部覆准乌阑诺尔起至呼阑止拟设六站，至呼伦贝尔设十台。[③] 乾隆十二年（1747 年）间，兵部等又讨论四川巡抚奏设金川台站机宜。南路由新津至打箭炉马匹不足，应增加。西路自成都至旧保县、松潘至新保县原无驿站，应增设驿马。[④] 乾隆年间，西藏及藏边的台站、驿站也在改设、裁废中。如乾隆二十七年（1762 年）正月，驻藏办事大臣集福等奏报清廷称：卫藏北沿边一带西自阿哩起，东至喀喇乌苏安曾安设了十三台站，现在西北地区大功告蒇，请将卫藏内的台站撤除。[⑤] 乾隆五十三年（1788 年）后，因尼泊尔侵扰前后藏，藏内台站设置问题再次提上日程。后藏至前藏一路应分立塘汛十二处。[⑥] 乾隆五十七年（1792 年）再次进剿廓尔喀时，又涉及藏内台站。将前藏至后藏由原来的二十二站改为二十三站半，后藏至胁噶尔定为二十站。[⑦] 同时因乾隆年间对缅甸、安南等处用兵并涉及苗疆问题，西南边疆地区的台站驿道也有设置、改设。[⑧] 乾隆三十二年（1767 年）又为“进剿”缅甸，清廷传谕贵州经行二十三站，云南

① 《清高宗实录》卷 639，乾隆二十六年六月乙酉。
② 《清高宗实录》卷 870，乾隆三十五年十月癸酉。
③ 《清高宗实录》卷 23，乾隆元年七月甲寅。
④ 《清高宗实录》卷 291，乾隆十二年五月戊午。
⑤ 《清高宗实录》卷 653，乾隆二十七年正月辛酉。
⑥ 《清高宗实录》卷 1333，乾隆五十四年六月辛巳。
⑦ 《清高宗实录》卷 1401，乾隆五十七年四月丁巳。
⑧ 《清高宗实录》卷 444，乾隆十八年八月乙酉。

境首站至省城十站，省城至永昌等处应添设驿站。[①] 清代云南全省共置驿 81 处[②]，作为与驿站同时并存的又一驿传系统的铺也在云南地区广泛设立，清代云南全省共置铺 460 余处。[③] 另外，除通京线路外，清代为加强云南府与广西间的联系，又设滇桂驿路。[④]

总之，清代前中期尤其是乾隆朝是中国边疆设置驿道、官道等的鼎盛时期，很多地方的驿道、台站出现了纵横交叉的网络。[⑤]

（二）边疆地区商道的开辟

清代前中期随着内地商民进入边疆地区，不仅促进了边疆地区商业的发展、农业的开发，也促进了边疆地区商道的开辟。无论是内外蒙古，还是新疆、宁夏、川藏、东北等地区，纵横交叉的商业通道可谓建构起一张纵横东西南北的巨大商道网络。

张家口至外蒙古库伦的商道，可走察哈尔、沁岱、赛尔乌苏，最终至库伦的台站或官道；也可经多伦诺尔、毕鲁浩特经乌珠穆沁旗，最后到达库伦。后来商人们又发现了新的张库商道，它较此前的商道近了一千里。这条商道也就是光绪十五年（1889 年）后的张库邮电大道。它出张家口外就分道，“西北逾阴山，达沙漠。经察哈尔之察罕巴尔哈孙……格子格音哈顺等地。又涉沙漠，经外蒙古车臣汗部之乌得……车鲁台井等地，又逾汗山……而达库伦东南之买卖城，与军台合”[⑥]。而清末俄方旅行者记载的商道却有十余条。第一条为伊达罕道路，第二条为贡珠音道路，第三条为巧伊林道路，第四条为沙拉诺姆图音道路，第五条为呼伦阿吉尔嘎音道路，第六条为乍姆布雷根道路，第七条为希里音道路，第八条为哈

---

① 《清高宗实录》卷 784，乾隆三十二年五月戊寅。

② 光绪《大清会典事例》卷 657《兵部・邮政・置驿》。

③ 马汝珩、成崇德主编：《清代边疆开发》，山西人民出版社 1998 年版，第 513 页。

④ 范承勋等：《云南通志》卷 56《交通考》，全国图书馆文献缩微复制中心 1992 年版。

⑤ 《西陲总统事略》卷 10。

⑥ 姚明辉：《蒙古志》，光绪三十三年，台湾文海出版社 1966 年版。

尔沁奥尔托诺伊道路，第九条为雅玛台尔格契音道路，第十条为祖尔玛纳林道路。而据民初时人陈箓在《止室笔记》中称："张家口至库伦有道五，自东而计之，曰大东道……中曰中道，即公主道……再西曰大西道，乃最后新辟之道。此为官商分途之梗概也。到了民初时张库商路分三线：曰大东道，曰小东道，曰电线道。"①总之，从张家口到库伦、恰克图去的道路，严格上并不固定，只有一个大方向，商人具体如何走，可谓道路千万条。②张家口至库伦的交通工具，在清代绝大部分时间内均以牛驼代之。③

随着内地商民百姓移居多伦诺尔，多伦诺尔也逐渐成了内外蒙古商品的集散地，以其为中心，形成了四通八达的商道网。多伦诺尔至京师"老道"，由多伦诺尔南行，经沙坨子、水泉、怀柔、通州直抵北京。多伦诺尔至库伦"官道"经多伦向北偏西行，经海里台、扎格斯台，过达赖岗入外蒙古抵库伦，为清代通往外蒙古的一条主要商道，也是一条官兵换防、部差传递、押解犯人的必经之路，故称为官道。此路可延伸至恰克图。多伦至张家口的商道，由多伦西南行经白水淖尔、边墙、大境门到张家口。此道称西道，又称老道。另有一条东道，从西道二十里敖包岔路走张北、牦牛坝，进正沟到张家口。④

乌里雅苏台到张家口的商道是乌里雅苏台所有商道中最重要的，它沿着驿道经过赛尔乌苏，再经库伦，前往张家口。而在1870年以前，则不经过库伦直接到张家口。

① 陈箓：《止室笔记》，转引自吕一燃等编《北洋政府时期的蒙古地区历史资料》，黑龙江教育出版社2014年版，第243—245页。

② ［俄］阿·马·波兹德涅耶夫：《蒙古及蒙古人》第1卷，刘汉明等译，内蒙古人民出版社1989年版，第628—629页。

③ 《中俄蒙三方恰克图会议录（1914年9月—1915年3月第二十七次会议录附章）》（中华民国四年一月二十六日），转引自吕一燃等编《北洋政府时期的蒙古地区历史资料》，黑龙江教育出版社2014年版，第98—100页。

④ 多伦县志编辑委员会编：《多伦县志》，内蒙古文化出版社2000年版，第255页。

六 边疆移民的增多

清政权建立后，边疆地区逐渐统一。在内地人口增多及灾害的压力下，内地农民因封建社会残酷的压迫反抗无果后，远走他乡，前往人烟稀少的边疆地区，进行被动式的商贸或耕种活动，导致前往边疆地区的人数日渐增多。

（一）西北、东北边疆地区

清廷统一天山南北以前，天山北路几无村落居民，清廷对新疆地区的移民先从兵屯开始。乾隆二十二年（1757 年）二月，陕甘屯兵 200 人至哈密。[①] 乾隆四十四年（1779 年），新疆屯兵总数已达 12000 余人。[②] 其后遣犯也被发配新疆，至乾隆四十八年（1783 年）仅伊犁一处收容遣犯达 3000 多名。[③] 另外普通百姓也前往新疆地区从事商贸或耕种。据称，从乾隆二十六年到乾隆四十五年（1761—1780 年），至少有 5 万余人进入北疆地区耕种落户。[④] 又据《西域图志》记载，除乌鲁木齐、巴里坤外，乾隆四十二年（1777 年）新疆移民达 23 万余人。乾隆六十年（1795 年），仅乌鲁木齐和巴里坤两地移民就达 17 万余人。[⑤]

清代前中期移往内外蒙古地区的内地百姓也不少。至 17 世纪末 18 世纪初，口外地区山东民人“或行商或力田，至数十万人之多”[⑥]。乾隆初十几年内，清水河一带“民人寄寓者十万有余”[⑦]。嘉庆二十五年（1820 年）归化城六厅在籍人口达 12.1 万人。据称

---

① 《清高宗实录》卷 535、551、548，中华书局 1985 年版。
② 《西域图志》卷 32。
③ 《清高宗实录》卷 1195，中华书局 1985 年版。
④ 马汝珩、成崇德主编：《清代边疆开发》，山西人民出版社 1998 年版，第 81 页。
⑤ 《西域图志》卷 33。
⑥ 《清圣祖实录》卷 230，中华书局 1985 年版。
⑦ 光绪《新修清水河厅志》卷 14《户口》。

乾隆前期“口北三厅”移民估计达4.5万人。[①] 热河属喀喇沁中旗至乾隆十三年（1748年）有汉族农民约4.3万人[②]，承德府属县至乾隆四十七年（1782年）人口达557222人。[③] 东北蒙古地区的移民也在增多，尤其是嘉庆七年（1802年）开边禁后，4万流民前往昌图垦种。嘉庆十一年（1806年）流寓民人达数万。[④] 嘉庆五年（1800年）长春堡地方有民户2330户[⑤]，嘉庆十五年（1810年）长春厅又查出流民6953户。[⑥] 安西地区内地移民也在增多，乾隆四十一年（1776年）安西人口5万人左右，至嘉庆二十五年（1820年）已达77873人。[⑦] 清代外蒙古地区也有内地移民，乾隆时期乌里雅苏台街市内地商民约3000名，嘉庆十八年（1813年）仅在库伦建立居所的十二甲商民共有558人。1760年，恰克图市圈（买卖城）中的内地商民共300余人，至1770年增至400余人。

清初辽东地区土著人口约15万人[⑧]，康熙初年辽西三县有人口4.1万人，嘉庆二十五年增至43.4万人。[⑨] 乾隆四十一年（1776年）仅辽东锦州、奉天两府人口约达96万人，其中移民人口及后

---

① 葛剑雄主编，曹树基等著：《中国移民史》第6卷，福建人民出版社1997年版，第486页。

② 葛剑雄主编，曹树基等著：《中国移民史》第6卷，福建人民出版社1997年版，第487页。

③ 道光《承德府志》卷2，《田赋》。

④ 马汝珩、成崇德主编：《清代边疆开发》，山西人民出版社1998年版，第293页。

⑤ 昆冈等纂：《钦定大清会典事例》卷978、167、158，清会典馆，清光绪二十五年（1899）石印本。

⑥ 《宫中档朱批奏折》，赛冲阿、松宁折。

⑦ 葛剑雄主编，曹树基等著：《中国移民史》第6卷，福建人民出版社1997年版，第492页。

⑧ 葛剑雄主编，曹树基等著：《中国移民史》第6卷，福建人民出版社1997年版，第473页。

⑨ 葛剑雄主编，曹树基等著：《中国移民史》第6卷，福建人民出版社1997年版，第480页。

裔达90万人左右。[1] 嘉庆二十五年（1820年）仅锦州、奉天人口分别达43.4万人和132.3万人。乾隆四十一年（1776年）吉林约有人口30万人，至嘉庆二十五年吉林地区的民籍人口已达56.7万人。[2] 乾隆四十一年黑龙江约有人口11万人，至嘉庆二十五年黑龙江地区的民籍人口也达16.8万人。[3]

（二）西南、东南边疆地区

据清代官方统计，康熙五十二年（1713年）广西共有人口100余万人。康熙末年进一步增长，尤其是雍正朝改土归流以后，经过乾隆、嘉庆近百年间大批移民的涌入，至嘉庆二十五年（1820年）时广西有人口742万余。康熙三十二年（1693年）云南宣布"招民开垦"[4]，康熙五十二年云南省有人口90余万人。[5] 嘉庆二十五年云南的人口已增至449万余人。[6] 乾隆四十一年贵州有移民20万人左右，至道光初年已有客民约30万人。[7]

据康熙《广东通志》载，自康熙元年至十一年（1662—1672年），海南全岛人口约18.4万人[8]，经过康乾盛世的休养生息与移民的不断进入，至道光十五年（1835年）时全岛约有人口150万人。[9] 台湾地区郑氏末期时全岛人口约25万人，乾隆四十一年

---

① 葛剑雄主编，曹树基等著：《中国移民史》第6卷，福建人民出版社1997年版，第481页。

② 葛剑雄主编，曹树基等著：《中国移民史》第6卷，福建人民出版社1997年版，第483页。

③ 葛剑雄主编，曹树基等著：《中国移民史》第6卷，福建人民出版社1997年版，第484页。

④ 《清朝文献通考》卷2《田赋考》。

⑤ 《嘉庆重修一统志》，上海书店出版社1984年版，"广西部""云南部""统部·户口"。

⑥ 马汝珩、成崇德主编：《清代边疆开发》，山西人民出版社1998年版，第476页。

⑦ 葛剑雄主编，曹树基等著：《中国移民史》第6卷，福建人民出版社1997年版，第164页。

⑧ 《康熙起居注》，中国第一历史档案馆整理，中华书局1984年版。

⑨ 明谊等：《琼州府志》卷13《经政》，台湾成文出版社1967年版。

（1776 年）移入内地人口约 90 万人，乾隆四十七年（1782 年）台湾府属有土著、流寓各民 912920 人。[①] 嘉庆十六年（1811 年）时台湾有人口 190.2 万人[②]。

第二节　嘉道咸同时期边疆地区开发的保守与困局

一　清代中前期边疆开发所导致的内部冲突

（一）内地商民对当地人的赊欠与放贷

康熙中期以后，民人不断移居边疆地区租种地亩、从事商贸等活动固然加快了各边疆地区的开发，促进了边疆地区的各民族与内地之间的融合，但随着这一融合进程的加速，与融合相对应的冲突也在发生。各边疆地区王公领主允许商民人等进入边疆地区从事耕种或贸易，根本目的在于便利他们的生活，满足必要需求。而商民人等移居边疆地区经商，根本目的在于获取经济利益、积累财富。随着时间的推移，双方围绕“利权”展开争夺。商民人等惯于以少积多的经营方式很快占了上风，边疆地区出现民人向各少数民族放债，典买土地，甚至放高利贷的现象。如雍正五年（1727 年），兵部议覆署理湖广总督福敏条奏防范苗疆事宜五款中就有严禁奸民与苗借债鬻产条，即此可见，内地商民已经向所谓的“苗疆”寻求生财之道了。[③] 道光十八年（1838 年）又有大臣奏报朝廷称，滇黔两省外来客民、流民“盘剥苗人土司田产”，“诱以酒食衣锦，俾入

---

① 台北“中研院”历史语言研究所编：《明清史料》戊编第二本，中华书局 1987 年影印本。

② 道光《福建通志》卷 48《户口》，台湾成文出版社 1983 年版。

③ 《清世宗实录》卷 55，雍正五年闰三月辛未。

不敷出，乃重利借与银两，将田典质，继而加价作抵”[1]。不只是西南苗疆，至乾隆后，西北蒙古等地区亦发生此类现象。乾隆十七年（1752 年），乾隆皇帝谕八旗都统等称：“近日无赖匪徒重利放债，于旗人生计攸关。”[2] 由此可见，他们也向驻防各处的满蒙八旗放债。乾隆四十二年（1777 年）又发生郭尔罗斯旗台吉济木巴等状告民人梁依栋违例放债酿酒案，情况也基本属实。至乾隆五十七年（1792 年），乌喇特三旗蒙古等已负欠民人私债银达二万余两。[3] 嘉庆十一年（1806 年）唐努乌梁海地方的乌梁海人等所欠商民孙幅培一人之银就有一千余两。[4] 而到了道光年间各蒙旗出现“负欠商民为数过多”，“勒限三年至期不能归还”和“该盟长等亦不能代为追比”的现象。[5] 至宣统元年（1909 年），东三省某蒙旗因债累困苦，不得不从官银号借银十五万两，暂济时艰。[6] 另外，川边、藏内乃至外蒙古等处也一样，出现内地商民向各处土著借贷行为。道光二十年（1840 年），哈密郡王奏报商民周思敬案时，就称该商民向当地回民要债。[7] 道光二十八年（1848 年）有大臣又称，近来内地商民纷纷前往与川省西南接壤的夷番土司草地渔利，“债帐则控官代追”[8]。光绪十二年（1886 年）正月，乌里雅苏台将军杜嘎尔又向朝廷奏报外喀尔喀四盟欠付内地商民商债难还各节。[9]

---

① 《清宣宗实录》卷 316，道光十八年十一月戊午。
② 《清高宗实录》卷 418，乾隆十七年七月丁卯。
③ 《清高宗实录》卷 1419，乾隆五十七年十二月庚辰。
④ 《清仁宗实录》卷 157，嘉庆十一年二月丁酉。
⑤ 《清宣宗实录》卷 50，道光三年三月乙亥。
⑥ 《宣统政纪》卷 25，宣统元年己酉十一月辛亥。
⑦ 《清宣宗实录》卷 342，道光二十年十二月丙寅。
⑧ 《清宣宗实录》卷 451，道光二十八年正月己亥。
⑨ 《清德宗实录》卷 223，光绪十二年正月癸丑。

（二）内地商民与边疆地区游牧民族间的矛盾与冲突

清代中期已降，随着内地民人与边疆地区游牧民族之间融合进程的加速，与融合相对应的冲突也在发生。即如各蒙部王公领主，他们允许民人耕种蒙地，根本目的在于征收地租维持奢侈的生活，而民人等移居蒙古勿论是种地还是经商，根本目的在于获取经济利益。随着时间的推移，双方围绕利权展开争夺。民人惯于以少积多的经营方式很快占了上风，出现民人向蒙古居民放债，典买蒙古居民的土地，甚至向蒙古的居民放高利贷的现象。①

乾隆四十二年十一月发生于郭尔罗斯旗台吉济木巴等状告民人梁依栋违例放债酿酒案，经查实乃是因为该台吉济木巴等负欠梁依栋银两，不能偿还，遂造言诬陷。② 又如嘉庆八年（1803年）八月间，又发生外蒙古土谢图汗部扎萨克齐旺多尔济齐巴克扎布旗请将该处种地民人驱逐事，但事实上也是因为土谢图汗部扎萨克齐旺多尔济齐巴克扎布旗分及哲布尊丹巴呼图克图徒众所属地方蒙古等多有负欠民债，无力归偿。③ 嘉庆十一年（1806年）二月间又发生唐努乌梁海总管属下佐领端多克拏获在乌梁海收债民人孙幅培案，而实际上也是该处无法偿还诸多在此做买卖的内地商民债务。④ 道光年间，此类现象亦多发。道光十四年（1834年）民人与达拉特旗贝子发生冲突，出现拒捕伤官事件，而事实却是该旗台吉将蒙古牧地和驿站牧地私放给民人耕种，结果与该旗贝子发生冲突，贝子称民人越界侵占，民人却不承认。⑤ 道光十八年（1838年）又出现山西民人智彦士、王锡连等控告鄂尔多斯贝子察克都尔色欠银不

① 《清宣宗实录》卷50，道光三年三月乙亥。

② 《清高宗实录》卷1045，乾隆四十二年十一月乙酉。

③ 《清仁宗实录》卷118，嘉庆八年八月丙寅。

④ 《清仁宗实录》卷157，嘉庆十一年二月丁酉。

⑤ 《清宣宗实录》卷253，道光十四年六月壬子。

还事。[①]

当蒙旗居民无法偿还民人的债务或无法忍受民人向他们放贷、赊欠货物所收取的高额利润时，他们“躲债”的习常性做法就是驱逐所谓无票民人。其驱逐民人的最好根据刚好是清朝禁例无票民人盘踞游牧这一条，借此要求官方对民人进行驱逐。更有甚者，将民人已建房屋加以拆毁并焚烧。此等行为早在嘉庆六年（1801 年）就已发生，如该年土谢图汗部亲王齐巴克扎布就因该旗哈噶斯等处逗留的民人很多，呈请库伦办事大臣，进行驱逐。道光初年库伦地方又发生驱逐客民、纵火焚烧客民房屋案。[②]

二 嘉道咸同时期边疆地区开发的因循

（一）清朝对此类冲突的处理

内地民人与边疆地区居民之间发生冲突时，清朝前后政策是有变化的。嘉庆以前，清朝对于此类冲突基本遵循“客观”事实，既没有刻意地偏袒内地商民，也没有为刻意地保护边疆地区的牧民而打击内地商民。这可从乾隆年间处理梁依栋一案看出。乾隆皇帝在查清案情后称：“内地民人居住蒙古地方，原以蒙古人等全赖耕种为生，或招募民人为伊开垦，或雇觅佣工，或民人携带货物贸易以资生计。是以民人居住蒙古地方贸易，原所不禁。”“嗣后伊等蒙古地方所居内地之人有滋生事端、欺压蒙古者，即据实呈明盟长咨院严行审办。至蒙古人等亦必加意约束，务使伊等互相和睦，断不可如济木巴等之抵赖帐目，造言捏控也。”[③] 乾隆五十七年（1792 年）十二月又发生了乌喇特三旗蒙

① 《清宣宗实录》卷 305，道光十八年二月丙辰。

② 《奏为遵旨酌审拟办库伦客民渠士佶等京控章京尚安泰等驱逐商民烧毁房屋等一案事》（道光三年十一月十七日），《军机处录副奏折》，档号：03－3719－029，缩微号：255－1856。

③ 《清高宗实录》卷 1045，乾隆四十二年十一月乙酉。

古等负欠民人私债难以偿还而将该旗荒地让民人耕种五年抵还欠项一事，乾隆皇帝也没有将此类民人马上驱逐。如他称，“向来禁止民人在蒙古地方开垦地亩”，“今乌喇特三旗”，“属下人等又私欠民债至二万余两”，“无从归还，著加恩照所请，暂令民人耕种五年，抵完欠项后即行驱出”[①]。

但至嘉庆后，不仅内地商民与边疆地区居民之间的冲突增强，而且清朝在处理此类案件时，做法也在改变，对于内地商民占据蒙古牧地等行为，多倾向于驱逐。如嘉庆六年（1801年），土谢图汗部亲王齐巴克扎布就以该旗哈噶斯等处逗留的民人过多，呈请库伦办事大臣进行驱逐。库伦办事大臣等遂奏请朝廷进行驱逐，实际的驱逐情况可从嘉庆八年（1803年）实录中看出。理藩院奏请将驱逐内地民人后，清朝遂派乌里雅苏台参赞大臣永保前往查办。[②] 永保前往查办的结果是：要求商民人等减让十分之三，按照账目的十分之七收取负欠，并要求蒙旗负欠少者，限六个月还清，多者一年还清。还清后，商民人等应到库伦衙门章京处领取印票，返回原籍。对于那些账目已经清偿仍在蒙旗逗留潜居者，将交库伦办事衙门从严治罪。永保不仅要求来库伦从事贸易的商民最终应返回原籍，对于从事耕作者也想限制。如他称：“再查哈噶斯等处民人居住年久，各有田土。经此次查办，复来潜居，难保必无。请交扎萨克出派台吉二员，分年照管，所有容留民人等事，将该管台吉一并治罪。”[③]

但不久后新任库伦办事大臣蕴端多尔济等又上奏朝廷，要求停止驱逐商民。其表面上的理由是：“土谢图汗部落内浮居无业贫民，

---

① 《清高宗实录》卷1419，乾隆五十七年十二月庚辰。

② 《清仁宗实录》卷118，嘉庆八年八月丙寅。

③ 《奏为遵旨酌审拟办库伦客民渠士信等京控章京尚安泰等驱逐商民烧毁房屋等一案事》（道光三年十一月十七日），《军机处录副奏折》，档号：03－3719－029，缩微号：255－1856。

资斧罄竭，必致行窃。然概行驱逐，一旦有失栖止，又复冻馁堪虞，殊非仰体圣主轸念穷黎之至意。”[①] 同时，该大臣也提出了今后严禁无票民人“复增”的办法：“嗣后不准开垦地亩，建造房屋；亦不准侵占牧场。种地者每年交纳租粮，如遇抗租等事，严加惩治，并饬该盟长札萨克等将现存民人查造花名注册，不准复增人口；劄饬库伦章京衙门，给发印票，以备奴才等每年委员确查。如将无票民人等私行容留者，一经查出，严行究办。”[②] “每年派委库伦管理商民事务章京会同蒙古官员查验一次，如有身故并收完账目，应令回籍，□立将原票撤出除名开报。”[③] 朝廷最终同意了该大臣的建议。[④] 尽管官方做出了如此的处理与安排，但并没有真正解决问题。到道光初年，外蒙古库伦地区又发生了第二次焚烧驱逐客民案，为何又发生驱逐、焚烧客民情事，清朝派去处理此案的查案大臣——乌里雅苏台将军果勒丰阿在奏报时称：“年复一年，是以民人等借以盘踞、游牧，赊给蒙古人等货物，以图微利……因循日久，蒙古负债累重，旋于去年（道光三年）二月间该图萨拉克齐贡苏伦因负欠甚多，起意驱逐。”[⑤] 其结果是，民人房屋被焚后，“续有各处被烧房屋之民人等齐集尚安泰衙门前环跪”，要求将蒙古“所欠账目催令偿还，小民等立即领罪回籍”[⑥]。但库伦办事衙门不肯受理，民人“失财废业，心存不甘”，遂由渠士佶七人，前往京

---

① 《奏为遵旨查明库伦伊琫等处居民人数审结客民渠士佶等京控案事》（道光四年三月十八日），《军机处录副奏折》，档号：03－4028－030，缩微号：271－2608。

② 《奏为遵旨酌审拟办库伦客民渠士佶等京控章京尚安泰等驱逐商民烧毁房屋等一案事》（道光三年十一月十七日），《军机处录副奏折》，档号：03－3719－029，缩微号：255－1856。

③ 《奏为遵旨查明库伦伊琫等处居民人数审结客民渠士佶等京控案事》（道光四年三月十八日），《军机处录副奏折》，档号：03－4028－030，缩微号：271－2608。

④ 《清仁宗实录》卷118，嘉庆八年八月丙寅。

⑤ 《奏为遵旨查明库伦伊琫等处居民人数审结客民渠士佶等京控案事》（道光四年三月十八日），《军机处录副奏折》，档号：03－4028－030，缩微号：271－2608。

⑥ 《奏为遵旨查明库伦伊琫等处居民人数审结客民渠士佶等京控案事》（道光四年三月十八日），《军机处录副奏折》，档号：03－4028－030，缩微号：271－2608。

师告“御状”。案发后直接负责蒙旗事务的清朝中央机构理藩院再次做出初审意见，认为民人“不肯舍账归还，是以焚烧房屋，不容停住，以致民人心存不甘，来京呈控，此皆该旗办理不善所致”。同时理藩院也认为，该办事大臣等未能依照嘉庆八年所订章程，“悉心妥办，务期蒙民两有裨益”，遽然允许蒙旗驱逐民人，“所办殊觉草率”，要求将案件提交乌里雅苏台将军果勒丰阿就近审理。①果勒丰阿查办后，又制定了“善后章程”。其总原则仍是驱逐无票“商民”，有条件地保留“种地民人”②。

（二）清朝对边疆开发的因循与倒退

与清代前中期朝廷管理各蒙部内部事务相比，嘉庆后清朝在维护藩部，实现其屏护中心功能构建上也显得更趋保守与被动。如嘉庆四年（1799 年）驻库伦办事大臣蕴端多尔济奏请朝廷派员巡逻俄罗斯边界卡伦时却遭到嘉庆皇帝指责，称安设卡伦时并未派库伦要差进行巡逻，其后奏派官员往巡，也未实现，现在值“太上皇帝大事，朕躬亲政，乃于俄罗斯卡伦派委多员，纷纷巡查，不特滋其疑惧，甚至疑朕于该地方或有所利，更属不成事体”③。直到嘉庆七年（1802 年）库伦办事大臣蕴端多尔济再度奏请派员巡逻中俄交界卡伦后，嘉庆皇帝才勉强允许派员巡边，同时却叮嘱巡卡官员巡察以前，应明白晓谕，使俄罗斯明白原由，不至生心。④ 朝廷虽允许库伦大臣所请，但其习常性做法却是，除非发生了俄罗斯人侵扰活动，否则不会派员戍边；相反，一旦俄罗斯侵扰活动消退，马上就命令外蒙四部戍边之兵撤回，不再戍守。此等政策固然可以减少

---

① 《奏为遵旨酌审拟办库伦客民渠士信等京控章京尚安泰等驱逐商民烧毁房屋等一案事》（道光三年十一月十七日），《军机处录副奏折》，档号：03－3719－029，缩微号：255－1856。

② 《呈库伦伊琫等处居民领照账目清还等章程清单》（道光四年三月十八日），《军机处录副奏折》，档号：03－4028－031，缩微号：271－2616。

③ 《清仁宗实录》卷 45，嘉庆四年五月丁亥。

④ 《清仁宗实录》卷 102，嘉庆七年八月己酉。

边防戍守成本，减轻外蒙各部负担，但却不利于巩固边圉和蒙古各部安全。

嘉庆后不仅在戍守边陲方面日趋保守，对外蒙古内政管理上也显得无所作为，而且对库伦办事大臣等加强蒙古各部管理的一些积极性建议，大加反对。如嘉庆二十四年（1819 年），库伦办事大臣蕴端多尔济奏请在外蒙汗山、肯特汗山等处设立巡查兵丁，加强蒙古各部治安管理。此奏首先遭到理藩院驳议，朝廷完全支持理藩院意见，认为库伦办事大臣职责在于管理俄罗斯交界事务，喀尔喀四部落应否设立巡查兵丁，系喀尔喀事务，与库伦办事大臣无涉，无统领之责，并因此撤其“御前侍卫”资格。同时还警告称，如此后再有渎奏，必从重治罪。[①]

第三节　光宣时期围绕“保边”问题的各种警告与建议

针对晚清以来越来越严峻的边疆问题，时人发出了及时警告并向清朝当局提出了具体应对边疆危机的各种方略，其中边疆地区的全面开发应是这些方略中的核心内容。

一　严峻的边疆危机引发的各种警告

晚清以降英俄等积极侵渗蒙藏等边陲地区，导致中国边疆危机剧增。为警醒国人，鞭策清廷提出有效对策，晚清时人以公共舆论为利器，呼吁朝廷上下积极应对。涉及内容主要如下。

（一）对俄方渗透边疆商业的警告

甲午战争后，随着西伯利亚铁路之开通，俄方对中国蒙古各部

---

① 《清仁宗实录》卷 358，嘉庆二十四年五月庚寅。

经济侵略大大加强。此际各界媒传对此纷纷报道，以便引起国人重视。如1907年第2卷第21期《外交报》称，1902年，俄方在库伦一带定居的俄人已达三百五十人，与1897年相比，已增加了三倍半。[①] 同年第7卷第29期《外交报》又称：吐伊东道敷设后，俄商经西伯利亚西部入蒙古道途梗塞状况大为改观，俄货运蒙始获便利。俄方"商队"逐渐"深入蒙古之东部喀尔喀"部，俄商更"挟其雄心，欲征服蒙古西部之市场"，欲将"蒙古原料""运入西伯利亚之市"[②]。此等报道正是警醒国人俄方商务殖民之增强。

（二）对俄方侵夺矿利的警告

当俄方掠夺库伦金矿后，公共舆论对中方丧失矿权、商利严重外流等危机也做了及时警告。如1910年（宣统二年）《申报》发表《论蒙古之危状》一文就称：库伦金矿由俄商承办后，俄方获利极巨，中方获利细微。该报认为，"循是以往，我国之金砂可令外人岁得数百万以去"[③]。宣统二年间《申报》又及时报道了蒙部与俄人私订矿约事。[④]

（三）对俄方诱惑边蒙的警告

清末之际，俄方不仅在外蒙驻扎重兵，通过电报教育等方式渗透蒙古，还大规模地吸引外蒙古等处蒙古人加入俄籍，受俄保护。对此，报界也及时加以披露。如宣统二年六月二十五日《东方杂志》发表了一份调查报告称，贝加尔州入俄籍者逾千人，乌里雅苏台库伦两处达一千七百余人，科布多、恰克图葛

---

① 《论库伦情形》，译自明治四十年八月五日东京《日日新闻》，《外交报》1907年第2卷第21期，第6—7页。

② 《论俄人经商蒙古》，《外交报》1907年第7卷第29期，第22—23页。

③ 《论蒙古之危状》，《申报》宣统二年二月二十八日第一张第三版，上海书店出版社1986年复印本（下同，不再注版本信息），第105册第594页。

④ 《库伦边务棘手如是》，《申报》宣统二年十一月初六日第一张第三版，第109册第578页。

顺三处共达二千余人，买卖城之人，所衣之服色尽与俄同，削发者几有十分之七八。[①] 而同年《申报》发表文章又称：俄方在东北各蒙旗引诱蒙民，导致各旗蒙官商民人入彼籍者，“实繁有徒”，直接导致“沿边蒙人私入俄籍者日多”[②]。

（四）对俄方军事殖民的警告

清政权即将彻底崩溃之际，俄方对各蒙古之军事殖民更为惊人，《东方杂志》《申报》《民立报》等对此均有报道：“闻俄人之在内外蒙古经营者就今年四月间所调查，其约二万人，内乌里雅苏台一千四十七人，葛顺七百余人，科布多千五百八十余人，库伦所属合计二千八百余人，贝加尔州一带二千五百余人，买卖城地方四千人上下，伊犁一处合计七千余人。以上数目，皆俄人在该处有产业者，至于官兵及游历者尚不在内。”[③] 如再加上屯驻之军人，服贾之队商，游历之旅人等，每年往来人数亦达五六万人。[④] 以上这些俄人似乎并非全属军人，不过稍后的其他报道却又做了大量补充。如宣统二年（1910 年）四月间《申报》就称：据相关人士调查，俄方在库伦驻兵人数较多，有旅团步兵四千五百名，骑兵三千名，工炮兵一千五百名，运粮兵一千名，医药兵一队，兵营八处。在葛顺驻兵五千名，乌里雅苏台驻兵达六千余名。[⑤]

（五）对清朝传统治边政策的批评

庚子后随着瓜分狂潮的兴起，中国边陲危机更为严峻。不仅体

---

① 《俄人对蒙政策》，《东方杂志》宣统二年六月二十五日第七卷第六期，《中国时事汇录》，第 133 页。

② 《理藩部预防蒙古交涉》，《申报》宣统二年七月初七日第一张第三版，第 107 册第 678 页。

③ 《俄人对蒙政策》，《东方杂志》宣统二年六月二十五日第七卷第六期，《中国时事汇录》，第 132 页。

④ 《库伦通信》，《申报》宣统三年二月十二日第一张第五版，第 111 册第 179 页。

⑤ 《蒙边之千钧一发》，《申报》宣统二年四月二十五日第一张第一版，第 106 册第 521 页。

现为外敌入侵、染指加速，更体现为各藩部对清朝统治“脱离”倾向增强。但清朝仍想依靠传统的治边政策去应对这些危机，实际上却不可得。针对朝廷的“顽固不化”，新闻传媒界及时做出批判，意欲唤醒朝廷放弃传统治边政策，采取有效措施，应对危机。如光绪三十三年（1907 年）《东方杂志》有文章就称：“吾国之开边也，第以逞世主之雄心，而非为斯民之大计，故拓土愈广则帑藏愈虚。”[①] 治理方略上弊端更大，“因其地不易其宜，明其教而不移其俗，中原腹地，仍沿明制，边圉新附，疆以戎索……蒙古青海新疆卫藏亦皆留其故俗，等诸羁縻。”报界认为清朝本欲采“圣人之道，天下为公”之策，治理各藩部，“期于长治而久安”；但最终却是“各王于其藩内之政治，各自行使治理各权”，终导致清末“蒙人只知有本土王，而不知有大清国”[②]。

二　拯救边疆危机的各种建议

（一）发展商务、固我利权

针对英俄等殖民帝国大肆向蒙藏等边陲地区施行经济殖民，清末时人不仅对此进行了及时报道，而且还提出了诸多对策。这些对策不仅包括发展矿务、盐业、渔业等，还包括设立公司、建设商会、发展银行等。1908 年《农工商报》就发表了《蒙古商业调查》一文，文称，“外蒙古”“每年所获者尚获银一千五百万两，其大宗为盐碱毛皮四项，盐与碱乃蒙古之天然产物”，“诚一大富源也”。“至毛货一宗”“若能就地设立织毛制皮各厂，其挽回中国利权，当不啻倍蓰，可不念欤?”[③] 1908 年《南洋商务报》也称“渔

---

① 蛤笑：《论移民实边之不可缓》，《东方杂志》光绪三十三年七月二十五日第四卷第七号，第 121 页。

② 王泰镕：《蒙古调查记》，《东方杂志》光绪三十四年七月二十五日第五卷第七号，“调查”第 3 页。

③ 《蒙古商业调查》，《农工商报》1908 年第 26 期，第 38—39 页。

业为生利大宗”，“热河地处边鄙，渔泡多隶蒙旗，蒙古风气未开，又迷信喇嘛教，多谓鱼乃牛马魂，捕鱼之牧场必不利，于是无人过问”[①]。为此，报界建议积极利用此等资源。设立商会方面，报界不仅对边疆地区商务不振的原因做了分析，而且对这些地区设立商会寄予厚望。如1908年《东方杂志》刊文就称，边疆地区商务不发达就与“一些殷商大贾率皆不明团体，不知商战”密切相关[②]，为此建议设立商会，发展商务。设立各类公司方面，报界也予以极大期望，并提出各自建议。《丽泽随笔》1910年第一卷第16期载文就建议朝廷和负责藩部事务的主政者在边疆地区开设公司。[③] 宣统后，随着俄方对西北、东北地区金融控制之趋强，报界不仅及时加以披露，而且还提出设立银行的建议。[④] 为此报界建议在归化城、张家口、新疆、西藏、外蒙古库伦等处设立银行，进行抵制。

（二）发展边疆教育

为抵制内外危机，晚清时人建议加速“开边智”。至清末，在预备立宪、推行新政大大潮下之际，此类呼声更高，不仅想借此开通风气、改善传统藩部部众生活艰难局面；更想借此提高边疆地区部众文化水平、思想觉悟，化除畛域，加强近代主权国家主体之认同。为此，时人借报界等公共舆论摇旗呐喊，提出各自建议。如有人认为，此前各蒙旗虽设有学堂，效果不佳，即使劝导蒙民子弟入学，后者却掉头就走。他们认为这固然与蒙古风气未开有关，更与提倡无人相连。为此特建议“宜广贵胄学堂之额，招蒙藩子弟而入之，民见王公子弟以身作则，必且有感，斯应而起，其向学之心即使颛蒙之习已深，向学之情不动，而上既树之风声，劝导自易为力”[⑤]。

---

① 《热河创办鱼业利源》，《南洋商务报》“论说”，1908年第54期，第3页。

② 《蒙古》，《东方杂志》“商务”，光绪三十三年第五卷第二期，第20页。

③ 《蒙古之整顿难》，《丽泽随笔》1910年第1卷第16期，第5页。

④ 《库伦通信》，《申报》宣统三年二月十二日第一张第五版，第111册第179页。

⑤ 《论蒙古之危状》，《申报》宣统二年二月二十八日第一张第三版，第105册第594页。

（三）移民实边

移民实边是此阶段时人借公共舆论大力鼓吹应对边部危机的一大方略，它不仅推动了朝廷和各边疆地区尝试变藩部为行省，更为他们的改良活动提供了重要的舆论支持和宣传导向。如光绪三十三年（1907 年）七月二十五日《东方杂志》发表了署名哈笑的《论移民实边之不可缓》文。[①] 同年十一月二十九日、三十日《申报》上又发表了《移民实边论》和《变通迁民实边办法之刍言》两文，前者要求在蒙古等地设立拓殖公司、警察，以巩固边陲，强调了移民与实边、劳动力与资本相结合等重要意义，为改设藩部为行省提供了学理性支持。[②] 后者则对各国殖民种类做了介绍。光绪三十四年（1908 年）正月二十五日，《东方杂志》上又发表了《徙民实边私议》社说，强调在新疆东三省已建行省后，“一无凭借而迫于形势之棘不能不亟亟改建”的蒙古卫藏诸壤，更应该克服财政、人口不足等困难，大力推行徙民实边，尽快改建行省。[③]

（四）设立行省

此际时人亦借新闻传媒界大力鼓吹将传统藩部地区改设行省，并将其视为应对传统边疆地区内外危机的重大举措。如早在 1902 年（光绪二十八年）《时务汇报》上发表了《西藏置行省论》一文，建议西藏设巡抚，总理全藏事务。[④] 日俄战后，随着西北边陲危机剧增，鼓吹改西藏为行省者更多。1905 年（光绪三十一年）《南方报》发表了《筹藏论》一文，建议将四川以西与西藏相邻处

---

① 蛤笑：《论移民实边之不可缓》，《东方杂志》光绪三十三年七月二十五日，第四卷第七期，第 119 页。

② 《移民实边论》，《申报》光绪三十三年十一月二十九日三十日，第 3—4 页。

③ 影蓉：《徙民实边私议》，《东方杂志》光绪三十四年正月二十五日，第五卷第一号，“社说”，第 4 页。

④ 《西藏置行省议》，引自《时务汇报》“政治”，1902 年第 11 期，第 3—4 页。

设为川西省，与四川分开，相互联络。[①] 1906 年《新闻报》又发表了《拟改设西藏行省策》一文，建议在西藏建立行省，设立总督，卫中国之权。[②] 同时《西藏改省会论》则称“西藏与滇蜀相邻，逼近五印度，有不得仍恃驻防者，不若收入版图，改为行省，徐策富强，既可杜旁伺之心，复不至前功尽弃”[③]。光绪三十二年（1906 年）《时报》有文章建议改蒙古为行省。[④] 光绪三十四年（1908 年）《国粹学报》上又发表了陈去病的《漠南北建置行省议》一文，不仅强调了在漠南北加紧设立行省的紧迫性，而且提出设立漠南、漠北两行省计划，并对各行省官制设立做出了规划。[⑤]

（五）变更政体、实行宪政

更有甚者，至清末最后几年，在立宪大潮推动下，时人亦借新闻传媒大胆建议各民族平等、建设民主共和新政体。如 1911 年《民立报》刊文就称：“故欲挽救今日中国危亡之局，非改革今日之君主制度并将来之君主立宪制度，未获奏功也。……然而吾谓汉满蒙回藏各存种族之见，未能举国一致，尤为其一大原因也。夫使满人而知爱国家爱种族也，则既现今之君主政治无论其为专制为立宪，皆不足以救灭亡，即当知无论其为满人为汉人皆当变更者也。”[⑥] 在清政权即将崩溃之际，此等建议对引导各民族及时转型发挥了重要作用。

---

① 《筹藏论》，《南方报》乙巳年（1905）八月二十日。

② 《拟改设西藏行省策》，《新闻报》丙午年（1906）正月初七。

③ 阙名：《西藏改省会论》，载王锡祺辑《小方壶斋舆地丛钞》，杭州古籍书店 1985 年版，第三帙第 96 页。

④ 《蒙疆设省》，《时报》乙巳（1905）二月十六日。

⑤ 陈去病：《漠南北建置行省议》，《国粹学报》（分类合订本）1908 年第 4 卷第 6 期，第 29—36 页。

⑥ 《联合汉满蒙回藏组织民党意见书》，《民立报》1911 年 3 月 21 日，第 967 页。

第四节 光宣时期边疆地区的开发

在内外危机刺激及时人的呼吁下，光绪中期后清朝开始思考并尝试应对边疆地区问题，其中积极开发边疆地区成为当时最为重要的应对方略之一，并付之于实际行动。

一 农业、商业等经济方面的开发

（一）农业的开发

19世纪60年代后，同治回乱和沙俄对中国西北边疆的入侵均导致了严重的边疆危机，尤其是伊犁、塔尔巴哈台、哈密、科布多等处的叛乱和沙俄乘机占领伊犁，更使朝廷和时人认识到中国西北边疆危机的严重。① 正是如此，在平定回乱之际，左宗棠等重要官员就从实际出发，向朝廷建议将新疆改设行省郡县，并在伊犁兴军屯，抵制沙俄吞并新疆。光绪三年（1877年）七月朝廷正式谕军机大臣，基本肯定了左宗棠的设想。② 左氏随后向朝廷详细汇报了垦务情况：旧种地六万亩，新报民垦三万六千余亩，兵垦四千余亩。他称虽然回乱后该地区人口大大减少，但经官兵安抚已有起色，且吐鲁番粮石租赋也已恢复到原来的一半。③ 南部八城除英吉沙尔、乌什外均较北路吐鲁番富庶。刘锦堂等亦在南路各城开河引渠、清丈地亩、修筑城堡塘站，百废待兴，办有端绪。④ 光绪六年（1880年）左氏又向朝廷奏报了新疆南北两路屯垦所取得的成绩，南北两路共收粮二十六万一千九百余石，尤其是南路较过去多收了

① 《左宗棠全集》，上海书店出版社1986年版，第8341页。
② 《清德宗实录》卷53，光绪三年七月乙卯。
③ 《左宗棠全集》，第8345页。
④ 《左宗棠全集》，第8346页。

十万六千五百石。[①] 刘锦棠接替新疆事务后仍执行了左氏政策。[②] 在清朝官方的主导下，光绪后新疆地区的农业得到快速开发。来自内地各省的农民"挟眷承垦，络绎相属"。如阜康县汉族农户"十八行省皆有"，绥来县民"关内迁居者有之，关外各处迁居者亦有之"。伊犁宁远县汉民乱时散尽，后来的务农人口"系承平后由关内各处陆续迁入本境落业"。光绪二十五年（1899 年），从甘肃领票到新疆的回民每月或三四百人或一二百人不等，不绝于途；还有奏报说大批难民从山东、直隶远徙新疆，"几于盈千累万"[③]。

甲午战后蒙古地区的垦务进一步发展。光绪二十三年（1897 年）国子监司业黄恩永正式向朝廷上奏开垦内蒙古伊克昭、乌兰察布二盟牧地。[④] 此际清朝主要将已垦土地清丈升科。如除了让察哈尔左翼右翼四旗已垦成熟地亩照例升科，又让左翼四旗补交押荒银两，以重国课。[⑤] 盛京将军辖下苏鲁克生熟地亩也被放垦。[⑥] 庚子之役后，朝廷为应对窘迫困境，再次将开源节流对象转向蒙古。光绪二十七年（1901 年），借蒙古部众抵押地产、借债赔偿教案机会，张之洞、刘坤一等在《楚江三折》中将开放蒙荒作为变法自强的重要内容。[⑦] 同年，山西巡抚岑春煊亦向朝廷建议开垦蒙古地亩。这次朝廷不再顾及蒙古王公反对，正式派人赴晋边西北乌兰察布、伊克昭二盟等处督办垦务。[⑧] 清朝又命察哈尔蒙地一律招垦。除此

---

① 《左宗棠全集》，第 8804 页。

② 《清德宗实录》卷 132，光绪七年七月癸未。

③ 参见马汝珩、成崇德主编《清代边疆开发》，山西人民出版社 1998 年版，第 165—166 页。

④ 中国第一历史档案馆藏：《直隶总督王文韶奏为遵旨查明内蒙古伊克昭等盟牧地与直隶远不相接事》（光绪二十三年八月二十四日），《宫中朱批奏折》，档号：04－01－24－0164－065，缩微号：04－01－24－029－0291；另见《清德宗实录》卷 404，光绪二十三年四月戊辰。

⑤ 《清德宗实录》卷 415，光绪二十四年二月辛酉。

⑥ 《清德宗实录》卷 415，光绪二十四年二月甲戌。

⑦ 转引自《中俄对蒙之成败》，《东方杂志》1914 年 1 月 1 日版第十卷第七号，第 9 页。

⑧ 《清德宗实录》卷 490，光绪二十七年十一月戊子。

之外，清朝还让内外蒙古查办开垦牧地事。为此，该年十二月科布多参赞大臣就奏查科布多垦田事，绥远城将军信恪亦向朝廷建议扩垦绥远城八旗牧场。[①] 其他管理蒙古各部官员亦纷纷向朝廷提出拓垦各牧地、牧场。[②]

日俄战后，出于所谓的裕国利民、移民实边、筹设行省考虑，垦务的推广较前更为积极。此际除垦务大臣贻谷继续在察哈尔、绥远等西北蒙古地区推广垦务外，东三省各蒙旗大部已被放垦，余下外蒙各部再度被纳入放垦范围。[③] 近边察哈尔、绥远、热河等处"六盟四十九旗"出现汉民潜往就食者不计其数、私租私垦之田奚止千万顷现象。[④] 至宣统元年（1909 年）四月间，都统延杰又奏报称，巴林旗报效各项蒙荒已经一律丈清，其中荒地 5000 顷，山沙各荒 3240 余顷。清末青海、川藏沿边也在开垦。宣统三年七月西宁办事大臣庆恕上奏朝廷报告青海垦务情形，该处至宣统三年已设有垦务局，所辟垦地多有垦户领种。[⑤] 同时期，川藏沿边移民垦务也在开展。[⑥]

与内蒙古各处相比，新政之前管理青海、外蒙古及西藏各处的将军、都统、大臣等对垦务推广不感兴趣。[⑦] 但这一抵制姿态至光绪三十三年（1907 年）后也有改变。如光绪三十三年，科布多参赞大臣锡恒在复奏阿尔泰地方情形时，对阿尔泰垦务筹办情况作了

① 《清德宗实录》卷 492，光绪二十七年十二月辛亥。

② 《游蒙日记》，引自中国社会科学院中国边疆史地研究中心主编《清末蒙古史地资料荟萃》，全国图书馆文献缩微复制中心 1990 年版，第 618 页。

③ 《政治官报》，光绪三十三年十二月二十六日第 96 号，第 12 页。

④ 中国第一历史档案馆藏：《乌里雅苏台参赞大臣奎焕科布多参赞大臣连魁奏为外藩蒙地势难开办垦务事》（光绪三十二年三月十五日），《军机处录副奏折》，档号：03－6736－043，缩微号：511－2094。

⑤ 《内阁官报》，宣统三年七月十一日第十一号，第 420 页。

⑥ 《巴塘通讯》，《民立报》"新闻一"，1910 年 12 月 20 日。

⑦ 中国第一历史档案馆藏：《奏为办理外蒙地方政治暂难与内地及他处边疆相同事》（光绪二十九年五月十七日），《宫中朱批奏折》，档号：04－01－30－0109－009。

汇报。[1] 外蒙古库伦地方自三多任大臣后，也拟对各旗已垦土地勘丈升科。[2] 至宣统三年（1911 年）七月，三多已在库伦设立垦务总分各局。[3] 乌里雅苏台自宣统二年（1910 年）后也向朝廷奏报拟办垦务一事，“饬劝各蒙旗”，“先行试垦”[4]。

（二）工商业的开发

日俄战后受各界鼓吹影响，清朝开始采纳时人建议，开拓边疆利源，发展边疆经济。

第一，开设各种公司。早在光绪三十一年（1905 年）伊犁将军马亮等就向朝廷上奏，建议设立伊犁皮毛公司，收回利权。朝廷采纳该建议，让其“按照商律办理”[5]。至宣统元年（1909 年）伊犁造革公司成立，伊犁将军长庚向朝廷奏报了相关事项。[6] 很快股本招足。[7] 除此之外，新疆于光绪三十二年（1906 年）又拟设立茶务公司[8]，抵御俄方之侵渗。[9] 该公司于光绪三十四年（1908 年）正式设立。[10] 伊犁毛皮公司的成立推动了塔尔巴哈台毛皮公司的设立。[11] 该公司后因扎拉丰阿贪污枉法被叫停。直到宣统三年七月塔尔巴哈台新任参赞大臣额勒浑又函复清朝外务部拟重新开办

---

① 中国第一历史档案馆藏：《奏为遵旨复陈阿尔泰地方情形及筹拟办法事》（光绪三十三年九月二十日），《宫中朱批奏折》，档号：04－01－01－1085－061，缩微号：04－01－01－165－2492。

② 《游蒙日记》，引自中国社会科学院中国边疆史地研究中心主编《清末蒙古史地资料荟萃》，全国图书馆文献缩微复制中心 1990 年版，第 414 页。

③ 中国社会科学院中国边疆史地研究中心主编《清末蒙古史地资料荟萃》，全国图书馆文献缩微复制中心 1990 年版，第 443 页。

④ 《政治官报》，宣统二年正月十二日第 829 号，第 131 页。

⑤ 《清德宗实录》卷 545，光绪三十一年五月甲戌。

⑥ 《重庆商会公报》1909 年第 163 期，第 6—7 页。

⑦ 《广益丛报》1909 年第 219 期，第 6—7 页。

⑧ 《商务官报》1906 年第 21 期，第 38—39 页。

⑨ 《北洋官报》1911 年第 2712 期，第 2—4 页。

⑩ 《清德宗实录》卷 587，光绪三十四年二月壬戌。

⑪ 《政治官报》，宣统二年二月初四日第 850 号，第 76—77 页。

公司。[①] 同时期边疆地区设立公司的还有内蒙古方面。宣统元年（1909年）十二月科尔沁左翼前旗宾图王棍楚克苏隆亦向清朝建议，设立蒙古实业公司，以兴边利。[②] 又如西藏，制革工厂也已设立，地点在巴塘，边务大臣兼驻藏大臣的赵尔丰派人到四川学习技术，且已学成返回。

光绪末年至宣统年间，广西省共设立了20多个农垦公司。第一家农垦公司为“梧州农林公司”，由黄锡铨等于光绪三十二年（1906年）创办，主要种植桂树，以桂油、桂皮等出口外销。[③] 其后桂平乡绅吕春等又集股2万元，组建“广西种植有限公司”。光绪三十四年（1908年），桂平举人程修鲁等又成立了“毅实种植公司”。宣统元年又有宣化县乡绅曹有明等组建“济福公司”，承垦荒山，植造林木。

第二，设立商会、银行。设立商会、振兴商业亦成为此期蒙古等传统藩部地区兴利源、振商务的另一重要举措。热河地方于光绪三十三年（1907年）就试办商会，“拟定详细章程”“在郡街设立总会”。热河商会设立效果似乎不错，“试办一年以来，市面颇形改观，商业渐臻发达”，其余各属热河都统又令一律设立分会。[④] 察哈尔方面，光绪三十四年清朝拟在张家口设立张库劝业道，改变向来商务繁盛的张家口近因外货灌输而导致的土货困滞局面。[⑤] 该劝业道此后是否成立，未得其详。但设立商会的活动亦在紧锣密鼓地展开，光绪三十四年（1908年）九月张家口商会正式成立，至宣统

① 台北“中研院”近代史所档案馆藏：《北洋政府外交部全宗》，《中俄关系系列宣统三年外蒙情形宗》，馆藏号：03－32－134－01－008，宣统三年七月十五日。

② 中国第一历史档案馆藏：《钦差大臣东三省总督锡良奉天巡抚程德全奏为代奏科尔沁左翼前旗棍楚克苏隆仅就蒙旗情势缓急办理请饬下政务处等分条核议事》（宣统元年十二月初十日），《宫中朱批奏折》，档号：04－01－30－0110－004，缩微号：04－01－30－009－0033。

③ 郑家度：《广西金融史稿》上，广西民族出版社1984年版，第63页。

④ 《商务官报》1908年第4期。

⑤ 《河南白话科学报》1908年第31期，第1页。

元年农工商部又应该商会要求发给正式关防。[①] 至宣统二年（1910年）正月，乌里雅苏台将军堃岫又向朝廷奏报乌城三札两盟振兴事宜，拟仿照库伦办法劝立公会，设立商会自治所。[②]

筹设银行也是此际清朝及时人应对边疆危机的重要措施，这一应对方略的提出首先肇启于俄方对蒙古等地区经济侵渗之增强。在此背景下，中方时人较早就建议在库伦设立银行进行抵制。[③] 如光绪三十三年（1907年）尚书载泽就力主推广银行，拟于西藏设立银行后，再在库伦地方设立银行。[④] 清朝最终派人至库伦拟设户部银行分行。度支部也派王秉钧至库伦与库伦办事大臣延祉商议设立大清户部分行一事。除库伦设有大清分行外，晚清亦有时人建议设立蒙古银行。[⑤] 1910年《国风报》又报导称驻俄萨使致电朝廷让设大清银行于内外蒙古，以挽回俄国在内外蒙古通用钞票逾八千万之数、蒙民异常信用的局面。[⑥] 至宣统二年（1910年），理藩部在提交资政院第一届会议议案时，又拟于蒙古设立兴业银行，以期振兴蒙古实业。[⑦] 此期间边疆地区最终也设立了不少银行。大清银行在张家口就设有分行与分号。[⑧] 另外，光绪三十四年，清朝邮传部在北京成立交通银行后，又在张家口设分行及办事处。至迟到光绪三十二年（1906年），分行业务已到达库伦。[⑨] 光绪三十三年（1907

---

① 《福建农工商官报》1910年第2期，第7—8页。

② 赵尔巽编：《宣统政纪》卷29，辽海书社1934年版（下同，不再注版本信息），宣统二年正月辛丑；另见《政治官报》宣统二年正月十二日，第829号，第129页。

③ 《游蒙日记》，引自中国社会科学院中国边疆史地研究中心主编《清末蒙古史地资料荟萃》，全国图书馆文献缩微复制中心1990年版，第605、645页。

④ 《振华五日大事记》1907年第31期，第31页。

⑤ 《河南白话科学报》1909年第37期。

⑥ 《国风报》1910年第1卷第14期，第102页。

⑦ 《申报》宣统二年九月十六日第一张第三版，第108册第754页。

⑧ 中国人民银行总行参事室编：《中国近代货币史资料》第1辑，中华书局1964年版，第452页。

⑨ 参见大清银行总清理处编《大清银行始末记》，1915年，第50页。

年）九月，大清库伦分行正式开业，地点在库伦东营西街。[1] 隶属库伦分行的乌里雅苏台分号，亦于光绪三十四年（1908年）五月成立。[2]

第三，其他方面的尝试。除了以上措施，此际还有一些官员及时人提出了一些其他方面的措施。至宣统二年（1910年），库伦办事大臣三多鉴于“蒙人智识未开，毫无经商性质”，特于“禁烟罚款项下提银数百两，盖造新式房屋六大间，为商品陈列所，庶蒙汉人等有所观摩”[3]。

（三）矿业的开发

实际上，清朝开蒙古等藩部矿产的活动，早在咸丰年间就有所尝试。[4] 但利益分配办法得不到蒙旗赞同，遭到蒙旗王公贵族消极抵制。朝廷无奈，只得接受这一事实，官方停止开采热河蒙旗金银各矿。[5] 光绪后，为盘活经济、抵御外国对边疆地区矿产资源的掠夺，时人再次呈奏朝廷，开发各处矿产资源。维新运动后试开蒙旗矿产，以后“兴边利、裕国用”的尝试并未停止。为此，自光绪二十四年（1898年）后，各处矿务开采仍以有加无减迅速进行，并向内外蒙古、新疆地区乃至西藏等地区推进。而藩部蒙古各自的采矿活动也在利益诱导下，活跃开来。新疆方面的矿务就得到开发。新疆承平之时，塔城喀图山金矿一度“列厂千区，矿丁数万”，规模极盛。同治年间动乱，矿夫四散，

---

① 参见《大清银行始末记》，第33页。

② 参见《大清银行始末记》，第35页。

③ 《三多库伦奏稿》，引自中国社会科学院中国边疆史地研究中心主编《清末蒙古史地资料荟萃》，全国图书馆文献缩微复制中心1990年版，第356—357页。

④ 中国第一历史档案馆藏：《奏为会议开采蒙古金银各矿督办防守章程事》（咸丰六年三月初九日），《军机处录副奏折》，档号：03－9515－020，缩微号：679－0592。

⑤ 中国第一历史档案馆藏：《奏为蒙古各旗金矿开采无成请旨封禁事》（咸丰六年十二月二十一日），《军机处录副奏折》，档号：03－9516－046，缩微号：679－0897。

矿亦停办。光绪二十三年（1897 年），俄人提出开采被拒[①]，后拟中俄合办[②]，但年年亏损，于在光绪二十八年（1902 年）停工拆伙。光绪二十九年（1903 年），继任巡抚潘效苏复立“宝新公司”，以官商合办的形式经营这家金矿。新疆库尔喀喇乌苏的独山子油矿，很早就被当地居民以土法采炼。光绪三十年（1904 年），新疆商务总局以官督商办的形式将迪化四岔沟油矿承包给商人开采。光绪三十三年（1907 年），新疆地方送该矿样品于俄方检验，发现油质最佳，可与美洲之产相抗衡。宣统元年（1909 年），新疆商务总局从俄国购进提油机并聘请俄人帮助开采，终获得本地产的石油。[③]

热河方面的矿业也得到开发，除咸同时期属下蒙旗开采后，至光绪朝，其境内各矿均已开采。其中，尤其是银、煤、金各矿开采，相继取得了较好成绩，成为热河税收的重要依赖。[④] 至宣统元年热河都统又报光绪三十一年（1905 年）十二月十五日至光绪三十三年十二月底，热河属蒙旗金银煤各矿矿税征收情况：共收七万五千四百五十两，其中委员薪水、查矿川资得一万二千二百九十二两，剩余六万三千一百五十七两。[⑤] 同年十二月底，该都统又报光绪三十四年（1908 年）热河属下金银煤各矿税收情况：共收六万一千五百二十六两。[⑥]

---

① 《中国近代史资料汇编·矿务档》（八），台北“中研院”史语所 1960 年版，第 4865—4868 页。

② 袁大化修，王树枏等纂：《新疆图志》卷 29《实业二》，东方学会 1923 年。

③ 袁大化修，王树枏等纂：《新疆图志》卷 29《实业二》，东方学会 1923 年。

④ 《热河都统廷杰奏二十八年至三十一年征收金银矿课数目等折》，《政治官报》光绪三十四年五月十一日第 221 号，第 211—212 页。

⑤ 《热河都统廷杰奏征收金银矿课并煤窑抽分收支数目折》，《政治官报》宣统元年四月初八日第 565 号，第 171—172 页。

⑥ 《热河都统廷杰奏征收矿课并煤窑抽分各数目折》，《政治官报》宣统元年十月二十五日第 760 号，第 462—463 页。

外蒙古也以盛产金矿闻名，导致蒙民和俄人纷纷前往偷挖。[①]有鉴于此，光绪二十二年（1896年），俄人柯乐德游历外蒙各部回京后，遂向李鸿章禀报外蒙私挖金矿事，并游说李氏让其开办蒙古矿务，可以化私为公，报效国家厚利。随后李鸿章、翁同龢等让柯氏派员勘查，并派人将该处私挖之人驱逐，看守金矿。光绪二十三年（1897年）春，柯氏将勘察情形禀明路矿大臣，清朝遂有开库伦金矿之议。[②]光绪二十六年（1900年），柯乐德等遂改组原银行团，设立外蒙土车二盟金矿公司，即蒙古公司[③]，购买机器，设厂开办，着手经营。1900—1903年，该公司投资约100万卢布。[④]在光绪二十六年至光绪二十九年间（1900—1903年），该公司共产金9367盎司，价值约37.7万卢布。[⑤]除土车两盟外，外蒙的科布多也欲筹开矿之举，科布多前办事大臣联魁就曾电告农工商部，土默特等处矿产近有俄人私自勘测，势将开采，建议筹款自办，以保利权。[⑥]为此宣统二年（1910年）农工商部特电新大臣锡恒，速派矿师前往查勘。如果苗质佳旺，将自筹款项，进行开办。[⑦]

云南地区，光绪三年（1877年）云贵总督刘长佑就提倡“参用西洋采矿机器”，“专备开矿之用”[⑧]。光绪八年（1882年）岑毓

---

① 中国第一历史档案馆藏：《奏为蒙古地方金苗畅旺请派大员督办开采事》（光绪二十四年十一月初八日），《军机处录副奏折》，档号：03－9644－074，缩微号：688－0595。

② 台北“中研院”近代史所档案馆藏：《总理各国事务衙全宗》，《矿物系列蒙古矿务宗》，《库伦矿务册》，光绪二十九年三月初七日，馆藏号：01－11－024－01－008。

③ 转引自内蒙古语文历史研究所主编《中俄关系资料选编》（近代部分），内蒙古语文历史研究所，1976年，第131页。

④ ［美］雷麦：《外人在华投资》，蒋学凯、赵康节译，商务印书馆1959年版，第424页。

⑤ ［美］雷麦：《外人在华投资》，蒋学凯、赵康节译，商务印书馆1959年版，第424页。

⑥ 中国第一历史档案馆藏：《科布多办事大臣锡恒奏为遵旨复陈阿尔泰地方情形及筹拟办法事》（光绪三十三年九月二十日），《宫中朱批奏折》，档号：04－01－01－1085－061，缩微号：04－01－01－145－2492。

⑦ 《农工商部饬勘科布多矿产》，《大同报》（上海），1910年第14卷第1期，第36页。

⑧ 《中国近代史资料丛刊》第七册，《中日战争》，新知识出版社1956年版，10页。

英调任云贵总督后于光绪九年（1883 年）正式成立了云南第一个官督商办企业“云南矿务招商局”。光绪十三年（1887 年），唐炯任云南矿务督办，于同年八月成立矿务招商公司。[①] 宣统年间，云南又相继出现若干官商合办企业，主要有“腾越矿务股份有限公司”（经营银、铜等矿）、“个旧锡务股份有限公司”（经营锡矿）、“东川矿务公司”（经营铜矿及锌、铅等矿）、“宝华公司”（经营锑矿）等。[②]

（四）渔业、盐业等的开发

发展渔业、盐业、木业。此际渔业、盐业、木业也被清朝中央和地方官吏乃至时人视为兴边利的重要尝试手段。[③] 热河方面就非常重视蒙古盐池、渔业的开采，欲借此开发本地利源。光绪三十二年（1906 年）十月热河都统就以“热河蒙盐前以商店专利流弊滋多”为由，奏请改为官收官销，建议在赤峰县属乌丹城和翁牛特东西二旗修建局厂，先后拨给官本银五万两进行开办。[④] 光绪三十四年（1908 年）十一月又招商经营蒙旗渔业。[⑤] 察哈尔、阿拉善方面做法与热河相似，亦将蒙古盐池、渔业列为开拓利源之列。如宣统元年（1909 年）三月间察哈尔都统诚勋向朝廷上奏，请求在察属各蒙旗驱逐游民、创设公司、认包蒙盐，行销旧地；并禁止民人入蒙地运盐，“以保利源”[⑥]。同年六月理藩部又代阿拉善和硕亲王多罗特色楞上呈开拓西蒙古利源一折，也将盐务列为重要内容，要求

① 中国史学会主编：《洋务运动》第 7 册，上海人民出版社 1957 年版，第 32 页。

② 马汝珩、成崇德主编：《清代边疆开发》，山西人民出版社 1998 年版，第 537 页。

③ 中国第一历史档案馆藏：《科布多参赞大臣锡恒奏为遵旨复陈阿尔泰地方情形及筹拟办法事》（光绪三十三年九月二十四日），《宫中朱批奏折》，档号：04－01－012－1085－061，缩微号：04－01－01－165－2492。

④ 《政治官报》，光绪三十四年十月初五日第 363 号，第 100—102 页。

⑤ 《南洋商务报》1908 年第 54 期，第 3 页。

⑥ 赵尔巽编：《宣统政纪》卷 11，辽海书社 1934 年版，宣统元年三月壬戌。

设局经营。[①] 至宣统二年（1910 年），财政极度匮乏的清朝亦开始关注蒙盐官卖一事。朝廷应度支部奏请，决定加强全国盐务管理，统一事权，特派载泽为督办盐政大臣，产盐各省督抚为会办盐务大臣。[②] 随后又设立了督办盐政处，并于宣统二年元月公布了暂行章程三十五条，主旨乃收盐务行政、财政大权于中央。其中蒙盐又成为清朝关注的重要对象。[③]

二　教育的发展

（一）内外蒙古地区的“开边智”

清朝上层开边智之实践主要体现为开蒙旗官智方面，不仅涉及各蒙部上层王公台吉等，更指负责管理各蒙部事务的大小行政官员。早在光绪三十年（1904 年）九月出使美秘古墨国大臣梁诚就首次奏请朝廷，建陆军大学堂及各陆军省学堂。[④] 同年十二月份他又奏请选派合格王公子弟入陆军学堂学习，此时主要对象虽为王公宗室满汉大臣子弟，但实已囊括蒙古王公贵胄等。[⑤] 光绪三十一年（1905 年）九月，奕劻又正式向朝廷奏呈《陆军贵胄学堂章程》，拟就神机营旧署改建讲堂学舍先行试办。[⑥] 光绪三十二年（1906 年）闰四月，陆军贵胄学堂开办在即，奕劻等又向朝廷上呈《陆军

---

① 赵尔巽编：《宣统政纪》卷 15，辽海书社 1934 年版，宣统元年六月辛卯。

② 赵尔巽编：《宣统政纪》卷 26，辽海书社 1934 年版，宣统元年十一月乙丑。

③ 赵尔巽编：《宣统政纪》卷 30，辽海书社 1934 年版，宣统二年正月辛酉。

④ 中国第一历史档案馆藏：《奏为请建陆军大学省学整齐教法事》（光绪三十年九月二十六日），《军机处录副奏折》，档号：03 -6000 -073，缩微号：449 -0424。

⑤ 中国第一历史档案馆藏：《奏为改变中国积习请饬大员合格王公子弟备选陆军学堂事》（光绪三十年十二月份），《军机处录副奏折》，档号：03 -6000 -074，缩微号：449 -0428。

⑥ 中国第一历史档案馆藏：《奏为拟订陆军贵胄学堂章程并拟先行试办请旨事》（光绪三十一年九月二十一日），《军机处录副奏折》，档号：03 -5764 -045，缩微号：433 -3308。

贵胄学堂听讲试办章程》[1]，除设正规班外，又设听讲专班。[2] 光绪三十二年闰四月，陆军贵胄学堂正式开办，传谕蒙古王公到堂听讲。至宣统元年，陆军贵胄学堂第一期学生已经毕业，共收听讲王公世爵三十三人，听讲员及学员一百四十三人。[3] 其中的祺诚武、阿穆尔灵圭、贡桑诺尔布均为蒙旗贵胄。同年又拟招收第二期学生，并另建学堂和另订章程。新的招生章程明显体现出吸纳蒙旗王公贵胄子弟入学倾向，即除招收正班生一百六十名外，又特别招收蒙旗附班生八十名。[4]

在最高统治阶层的号召和带领下，在京蒙古王公于宣统元年（1909 年）正月也向朝廷上奏请求设殖边学堂，计划设蒙部、藏卫两科。在宣武门内辟才胡同建立校址，每年每科招一百人。[5] 同年该堂又新设讲堂，续招蒙部生二百名，不论满蒙汉籍，年龄在十八岁以上三十岁以下，身体健康、具有中学根底者均可报名。[6] 此等信息经理藩部之手很快传递给了各蒙旗，如宣统元年（1909 年）二月间驻扎宁夏部院钦差诚庆收到陆军部传来的理藩部咨文关于创办殖边学堂一事，遂又移文阿拉善亲王旗，告知此事，

---

① 中国第一历史档案馆藏：《总理练兵事务奕劻等奏为拟定陆军贵胄学堂听讲试办章程事》（光绪三十二年闰四月初一日），《军机处录副奏折》，档号：03－6003－047，缩微号：449－1205。

② 中国第一历史档案馆藏：《总理练兵事务奕劻等呈拟定陆军贵胄学堂听讲试办章程清单》（光绪三十二年闰四月初一日），《军机处录副奏折》，档号：03－6003－048，缩微号：449－1206。

③ 《陆军贵胄学堂同学录》，清宣统元年（1909）北京商务印书分馆印制。

④ 中国第一历史档案馆藏：《管理陆军贵胄学堂事务载润等奏为变通办理贵胄正班学生学额事》（宣统二年九月二十日），《军机处录副奏折》，档号：03－7572－042，缩微号：562－2003。

⑤ 《理藩部代奏蒙藩王公等创建殖边学堂折》，《政治官报》宣统元年正月二十日第 460 号，第 247—248 页；另见赵尔巽编《宣统政纪》卷 6，辽海书社 1934 年版，宣统元年正月庚寅。

⑥ 《殖边学堂续招蒙生》，《教育杂志》1909 年第 1 卷第 8 期，第 62 页。

让遵照办理。[①]

此间除清朝中央和部分王公贵胄开蒙古官智外，管理各蒙古地方事务的各督抚、将军、都统、大臣等也在朝廷号召下，对各自辖区的学务尝试改良，企图通过设立近代新式学堂等措施达到开通蒙智、融合蒙汉、巩固边圉的目的。[②]

东三省的吉林省垣较早就设有外国语学堂，设有满蒙文一班，因“名称不符”，于光绪三十三年（1907 年）改棣中学，而又在其内附设蒙文科。为此，吉林提学司于该年六月十九日特扎各府州县，让招选学生送省学习蒙文，并拟“招取蒙文学生四十名”[③]。光绪三十四年（1908 年），该堂蒙文教员伊克塔春又向提学司呈请，先在省城创设满蒙学堂一处，拟订章程，呈请开办，终得提学司同意。但校舍一时难措，他们遂借用尚有余屋的蒙古旗官房。[④]光绪三十四年二月间，吉林提学司又向吉林巡抚上呈了蒙文教员伊克塔春所拟设立蒙文学堂简明章程。其办理办法为：报考曾入学堂、有普通知识学生四十名，或再饬蒙古申送十五名，组织一班，专注重蒙文语，以期速成。学制拟设为一年半，分为三个学期，每学期均开修身、蒙文、国文、经学、历史、地理、官话、算学、图画、体操，合计每周三十二点钟。堂中只设监督一人，校长一人，教员五人。等这些学生稍熟蒙文且兼通各科后，择

① 中国第一历史档案馆藏：《为备文转移遵办喀尔喀札萨克和硕亲王那彦图等创建殖边学堂事致阿拉善亲王旗移文》（宣统元年二月二十六日），《阿拉善档》，档号：101－09－0074－004。

② 《科布多办事大臣陈阿尔泰现在未能通设半日学堂折》（宣统元年四月十八日），《学部官报》1909 年第 99 期，第 1—2 页。

③ 中国第一历史档案馆藏：《吉林提学司为将中学堂附设蒙文科招选学生送省以备定期考试事给各处札稿》（光绪三十三年六月十九日），《吉林教育档案》第 1012 件，档号：J033－05－0046，缩微号：003－1456。

④ 中国第一历史档案馆藏：《吉林提学司为蒙文教员伊克塔春请借蒙古旗官房创设满蒙学堂事给蒙古旗协领等移文》（光绪三十四年二月十三日），《吉林教育档案》，档号：J033－05－0045，缩微号：003－2708。

最优者留吉听差，可应蒙古之交涉，派其优者入境，以施教育，开蒙古风气，“使大地文明，咸输入于边陲”[①]。光绪三十四年（1908年）十一月东督徐世昌又奏东三省设蒙务局，吩咐各学堂兼习蒙文，并招蒙王子弟入学。[②] 东督不仅在东三省设立洮昌道，又招蒙王子弟入学校，并在法政学堂内添设蒙语一门，作为筹蒙之策。[③] 锡良继徐世昌任总督后，派已革奉天蒙古右翼协领德荣译成蒙满汉文教科书四册，进呈御览，印刷二万部，分散哲里木盟十旗及奉吉江三省蒙边各学堂，以资传习。[④] 德荣于宣统三年（1911年）又将学部审定初等国文教科书附译满蒙文，名曰满蒙汉合璧国文教科书，东督拿出三千两，由蒙务局印书万部，分发给哲里木盟十旗学生，并将此书上呈朝廷。肃亲王又拨款让印十万部，以便内外蒙古采用。[⑤]

属于内蒙古的归化城蒙旗学务之推广也在地方官员的倡导下得到推行。早在光绪三十二年（1906年），归化城副都统文哲珲就因土默特旗蒙古子弟与汉民相处年久，语言文字渐忘，在该旗高等小学堂内附设满蒙文一科，以求保存国粹而养成通译人才。[⑥] 光绪三十四年（1908年）归化城副都统三多又向朝廷上奏西北各边蒙民不识汉字，交通不便，请增设半日学堂，得朝廷允准。[⑦] 宣统元年

---

① 中国第一历史档案馆藏：《吉林提学司为蒙文教员伊克塔春请设蒙文学堂并拟简明章程事给吉林巡抚详文》（光绪三十四年二月十九日），《吉林教育档案》，档号：J033－05－0044，缩微号：003－2729。

② 《清德宗实录》卷3，光绪三十四年十一月戊戌。

③ 赵尔巽编：《宣统政纪》卷10，辽海书社1934年版，宣统元年闰二月己酉条，另见《退耕堂政书》。

④ 赵尔巽编：《宣统政纪》卷24，辽海书社1934年版，宣统元年十月壬辰。

⑤ 《蒙旗学务近闻》，《教育杂志》1911年第3卷第9期，第67页。

⑥ 中国第一历史档案馆藏：《归化城副都统麟寿奏为动用煤税设立蒙古满蒙语文小学堂事》（宣统三年九月初八日），《军机处录副奏折》，档号：03－7575－157，缩微号：562－2953。

⑦ 《科布多办事大臣陈阿尔泰现在未能通设半日学堂折》（宣统元年四月十八日），《学部官报》1909年第99期，第1—2页；另见《清德宗实录》卷5，光绪三十四年十二月己卯。

（1909 年）十月归化城副都统三多又向朝廷奏报筹设土默特蒙旗两等小学堂情形。[①] 该年年底有时人游历张家口时发现万全县地方已设有武备学堂一所，小学堂二所，初级师范学堂一所，另有高等学堂一所，女学堂一所，小学堂五所，当然其主要生源为定居口上的汉民，但这对传统藩部地区的教育发展产生了较大影响。[②] 至宣统三年（1911 年）九月，清朝统治即将崩溃前，归化城副都统麟寿又提出了建立满蒙语小学堂的建议。[③]

清末外蒙古地区也在兴办教育。科布多地方于光绪三十四年间添设蒙养小学堂，自科布多所属杜尔伯特、明阿特、额鲁特、扎哈沁四部落内共选学生三十名，该小学堂于光绪三十四年闰二月二十日开学，分成甲乙两班。[④] 宣统元年正月科布多大臣又向朝廷奏报科布多属办学情况，急需在旧有蒙古学堂之外，添设蒙养小学堂一所，从杜尔伯特、明阿特、额鲁特、扎哈沁四部落内挑选学生数十人入学。[⑤] 宣统二年（1910 年）九月间，科布多参赞大臣又奏科布多政绩，称近年来科布多所办新政关于学务方面又增设蒙学，且又新建清汉学堂以开边智。[⑥]

光绪三十四年（1908 年）八月，库伦办事大臣延祉亦奏

---

① 《署归化城副都统三多奏筹设土默特两等小学堂情形折》，《政治官报》宣统元年十月二十八日第 763 号，第 503—504 页；另见《学部官报》1910 年第 111 期，第 2—4 页。

② 《游蒙日记》，引自中国社会科学院中国边疆史地研究中心主编《清末蒙古史地资料荟萃》，全国图书馆文献缩微复制中心 1990 年版，第 605 页。

③ 《归化城将军麟寿奏设立重古满蒙语文小学折》，《内阁官报》宣统三年九月二十四日第 83 号，第 297 页；另见中国第一历史档案馆藏《归化城副都统麟寿奏为动用煤税设立蒙古满蒙语文小学堂事》（宣统三年九月初八日），《军机处录副奏折》，档号：03 - 7575 - 157，缩微号：562 - 2953。

④ 《科布多学生之名贵》，《教育杂志》1909 年第 1 卷第 6 期，第 40 页。

⑤ 《科布多参赞大臣溥铜奏添设蒙小学堂折》，《政治官报》宣统元年正月二十八日第 468 号，第 386—388 页。

⑥ 《科布多参赞大臣溥铜奏酌保科布多军营章京各员请奖折》，《政治官报》宣统二年九月初十日第 1062 号，第 192 页。

“蒙古风气未开，拟设蒙养学堂，专习满、蒙、汉语言文字”[①]。库伦蒙养学堂拟招生四十名，沙毕衙门选送十四名，图车两盟各送十三名。至宣统元年（1909年）开始筹办。宣统二年四月间新任大臣三多又奏报该处学堂办理情况，所收学生四十名。[②] 同年九月初四日[③]，三多又奏办库伦半日学堂及筹经费情况，称该处拟办第一第二两处半日学堂，已经咨请学部选派教员、颁给课本，等教员到后就按宪章筹备清单一律改为简易识字学塾，以符馆章。

（二）新疆、西藏地方的教育改良

光绪三年（1877年）左宗棠已在新疆各处推广教育，并取得了较好的成绩。[④] 西藏地区的教育改良活动也有体现。光绪三十二年（1906年）十二月十八日，新任驻藏大臣联豫决定在西藏地方拟设立初级小学堂二所，开风气之先，“诱化”藏民。其学生分为两班，三年为一期，六年毕业。鉴于此前所设九局多具形式，所选总办不堪职守，联豫决定添派候补县丞齐东源充当汉员总办，参加学务局。[⑤] 光绪三十三年（1907年）四月间，藏文传习所和汉文传习所各一区已设立。[⑥] 同年六月至七月，联豫又向朝廷奏报了西藏兴办学务情况：“藏中汉人约有三四千人，当不乏聪颖子弟，从前设有义学四堂，学生约七八十人，教授管理诸法无一合者。现拟并

---

① 《清德宗实录》卷595，光绪三十四年八月乙丑。

② 《三多库伦奏稿》，引自中国社会科学院中国边疆史地研究中心主编《清末蒙古史地资料荟萃》，全国图书馆文献缩微复制中心1990年版，第297页。

③ 中国第一历史档案馆藏：《库伦办事大臣三多奏为库伦筹拨银两开办卫生局学堂等各厂局并按章报部核销等情事》（宣统二年三月初九日），《宫中朱批奏折》，档号：04－01－30－0268－030，缩微号：04－01－30－016－2531。

④ 《左宗棠全集》，上海书店出版社1986年版，第8806—8807页。

⑤ 西藏档案馆藏：《联豫为委齐东源为学务局总办委员事给总办学务局噶伦札》，光绪三十三年六月二十一日。

⑥ 中国第一历史档案馆藏：《民政部档》，《联豫为抄呈在藏开办白话报馆及汉文藏文传习所片稿事致民政部咨》，光绪三十三年四月初五日。

为初级小学堂两所，分学生为两班，以三年为学期。”“一面劝令番民选送子弟入学，与汉民一律教授，不征学费，以期逐渐开通，为将来番民自立学堂之基础。”[①] 光绪三十四年（1908 年）五月间，西藏除设立有汉藏文传习所外，又添设印书局一所，印刷《圣谕广训》广为散发，并拟印实学、实业等书，以开风气。除此之外，还拟开办陆军小学堂一所，调四川武备将弁两堂毕业生十四人到藏任教，又从藏中“制营及工队兵弁”中选年少识字而聪敏者二十余人、汉属三十九族十人、藏番十人、廓尔喀四人“入堂肄业”[②]。联豫命徐方诏为陆军学堂总办，徐方诏于光绪三十四年七月十六日任事，正式在藏内启用陆军学堂关防，并为此移文噶厦公所。[③] 宣统二年（1910 年）三月驻藏办事大臣联豫向朝廷奏报了西藏兴学情况，称已由前藏次第推及于后藏、靖西、达木、山南等处。[④] 至宣统二年五月，入学“人数较多，渐有成效。今年约可添设数堂”[⑤]。宣统三年（1911 年）西藏学务局向清朝学部报送了西藏教育新政材料，至该年年度止，西藏有蒙养院九所，学生二百七十四人；汉藏文传习所二所，学生三十四人；初等小学堂四所，学生五十多人；汉藏文小学堂四所，学生一百一十九人；汉文蒙养学堂三所，学生人数不详。该地又拟另设武备学堂（陆军小学堂）。[⑥]

（三）云南、广西等处的教育改良

光绪二十八年至三十三年间（1902—1907 年）云南昆明创办

---

① 中国第一历史档案馆藏：《学部议复联豫奏陈在藏兴学折》，光绪三十三年七月初十日，《军机处录副奏折》。

② 中国第一历史档案馆藏：《联豫奏开设书局及开办陆军小学堂等事片》，光绪三十四年五月初一日，《宫中朱批奏折》。

③ 西藏档案馆藏：《徐方诏为启用关防事致噶厦移文》，光绪三十四年七月十六日。

④ 《驻藏大臣联豫请拨学务经费片》，《政治官报》，奏折类，宣统二年三月十三日，第 889 号，第 235 页。

⑤ 台北“中研院”近代史所档案馆藏：《外务部全宗》，《西藏档系列西藏档宗》，宣统二年五月，馆藏号：02－16－010－01－013。

⑥ 朱先华：《清末西藏新设机构及其活动概述》，《中国藏学》1988 年第 2 期。

了11所小学，各县设立了蒙养学堂。三十三年，这11所小学堂合并为4所，附属于省会两级师范学堂内。到了宣统年间，云南每个府、县至少有一所高等小学堂。[①] 云南最早创办的新式中学为普洱府中学堂，创办于光绪二十八年，到了三十一年（1905年）昆明与各府、县、厅、州先后成立了一所中学堂。三十三年，为了解决各地小学师资缺乏问题，云南除保留省会中学堂外，各府、县的中学堂全部改为初级师范。从三十二年（1906年）开始，云南在省会、各直隶厅、州又设立了"师范传习所"共17处。[②] 从光绪二十七年至宣统三年（1901—1911年）的10年间，云南曾在昆明建立过具有高等学校性质的学校7所。[③]

光绪二十八年（1902年）广西建广西大学堂[④]，光绪三十年（1904年）倡设女校"珊萃女学堂"，同年设警察学堂，后又设高等警察学堂。[⑤] 光绪三十一年（1905年），广西的师范讲习社次第开设；光绪三十三年（1907年），桂林设初级师范学堂。光绪三十四年（1908年），复设优级师范，又开办女学师范简易科，南宁府拟设完全初级师范学堂。[⑥] 至光绪末年，广西全省有小学的县份达到74%左右，至宣统三年（1911年）全省共有中学16所。[⑦] 除此以外，广西还设立不少实业学堂如农业学堂、商业学堂、蚕桑学堂

---

① 刘光智：《云南教育简史》，贵州人民出版社1993年版，第70—74页。

② 刘光智：《云南教育简史》，贵州人民出版社1993年版，第75—80页。

③ 李正亭：《清末民国云南边地土司区域新式教育的发轫与绵延》，载洪涛主编《土司制度与土司文化新论——第五届中国土司制度与土司文化国际学术研讨会论文集》，2018年，第446页。

④ 朱有瓛主编：《中国近代学制史料》，华东师范大学出版社1986年版，第461页。

⑤ 《资政院奏核议广西高等警察学堂招生办法请旨裁夺折》，《顺天时报》，宣统二年十一月一日。

⑥ 《学部官报》，宣统元年五月九日，第1—2页；《东方杂志》，"教育"，光绪三十四年元月二十五日，第41页；《政治官报》，第252号，光绪三十四年六月十二日，第5—6页。

⑦ 《第一次中国教育年鉴》丙（一），教育部编，1934年，台北宗青出版社1983年影印，第241页。

等。另外还设有讲武学堂、法政学堂、土司学堂等。[①] 据张鸣岐奏报，光绪三十二年（1906 年）广西毕业的学生共计 7600 人，至宣统元年（1909 年）增至 40300 人。[②]

三　文化、风俗等的融合

至晚清，尤其是清末，在历史沉积、国家推动、社会互动和不同民族的水乳交融中，边疆地区各民族之间文化、风俗等方面的融合得到进一步增强。这一增强不仅体现为汉与非汉之间的相互融合，更体现为各民族对中国这一国家共同体的认可。如此的融合通过文字语言、服饰、姓氏、宗教习俗的趋同，满汉、蒙汉禁止通婚到自由通婚等方面得到充分的体现。

（一）语言文字、服饰、姓氏方面的融合

清初以来，清朝为保障满族、蒙古族等民族的纯正性，也为防止与汉族接触之后相互融合而迷失族性，不仅强调对自身语言文字的学习与使用，而且也禁止采用汉族的服饰，使用汉族的姓氏。尽管禁令频颁，但相互间的融合却不以朝廷意志为转移。

首先，语言文字方面的融合。自康熙后，满汉、蒙汉之间语言文字方面的融合日渐增强。乾隆二十年（1755 年）三月清帝降谕就称："满洲风俗素以尊君亲上、朴诚忠敬为根本。自骑射之外一切玩物丧志之事，皆无所渐染。乃近来多效汉人习气，往往稍解章句，即妄为诗歌，动以浮夸相尚，遂致古风日远。"[③] 乾隆二十年五月清帝又称："近日满洲薰染汉习，每思以文墨见长，并有与汉人较论同年行辈往来者。"[④] 乾隆四十二年（1777 年）六月，乾隆皇

---

① 《政治官报》，第 984 号，宣统二年六月二十日，第 9—10 页；第 167 号，光绪三十四年三月十六日；第 173 号，光绪三十四年三月二十二日，第 18 页。

② 《政治官报》，宣统二年七月二十五日，第 1018 号，第 11—12 页。

③ 《清高宗实录》卷 485，乾隆二十年三月庚子。

④ 《清高宗实录》卷 489，乾隆二十年五月庚寅。

帝更称：东三省乃满洲根本，诸宜恪守满洲淳朴旧俗。“近见吉林风气亦似盛京，日趋于下。而流民日见加增，致失满洲旧俗”[①]。新疆地区回汉之间在语言文字方面也得到融合。如乾隆三十年（1765年），迪化同知国梁在其《南湖道中》一诗中写道：“缠头亦解华言好，笑揩连城入市阛。”[②] 乾隆五十年（1785年），唐山知县赵钧彤到达发戍地伊犁惠远城时，亦称：“塞风已革华音杂，客状犹夸肆贾惊。”[③] 当时新疆的汉族不仅会说维吾尔语，且喜爱维吾尔歌舞。如纪昀在其《乌鲁木齐杂诗》游览之六中描述了从内地来到乌鲁木齐的汉族商人春社时演唱维吾尔歌曲的情景：“地近山南估客多，偷来番曲演鸯歌。谁将红豆传新拍，记取摩诃兜勒歌。”[④] 西南边疆地区也一样，各族之间语言文字的融合在整个清代也很明显。据雍正《顺宁府志》记载，顺宁府一些识汉文、讲汉话的傣族，“冒籍于近方之彝，卒难与辨”[⑤]。《南中杂记》亦称：清初，许多“土司之居城郭者，亦与汉人无异，而姚安蒙化二土府，且以诗文自命，附籍螺江矣”[⑥]。

至道光后，此等语言文字上的融合更甚。道光七年（1827年）十月，广州将军满人庆保在给道光皇帝所上甄别官员并请安奏折时，竟全用汉字书写。道光皇帝不由发出了“广州驻防官兵不下五千余人，岂无一写清字之人”的疑问。[⑦] 而随着满汉、蒙汉间交往的日益增强，此等语言文字方面的融合不仅体现在内地居官的满蒙

---

① 《清高宗实录》卷1035，乾隆四十二年六月乙卯。

② 星汉：《清代西域诗辑注》，新疆人民出版社1996年版，第24页。

③ 星汉：《清代西域诗研究》，上海古籍出版社2009年版，第288页。

④ 纪昀：《乌鲁木齐杂诗·游览》，载吴蔼宸《历代西域诗钞》，新疆人民出版社1982年版，第120页。

⑤ 雍正《顺宁府志》卷9，“风俗·彝俗”，载云南省凤庆县人民政府、凤庆县地方志办公室编《顺宁府（县）志五部》，天马图书有限公司2001年版，第168页。

⑥ 刘崑：《南中杂记·土司》，载方国瑜主编《云南史料丛刊》第11卷，云南大学出版社2001年版，第355页。

⑦ 《清宣宗实录》卷127，道光七年十月乙卯。

贵族官员的身上，亦体现在近边的各边疆地区生活的普通民众身上。即如蒙古各部，随着“内地民人渐集，汉文风一开”[①]，蒙人一改“禁习汉文”陈规，“起用汉名”“学习汉字文艺”的现象蔚然成风，甚至“蒙古人词讼，亦用汉字”[②]。道光十年（1830年）二月朝廷在甄别总管时又发现察哈尔镶白旗总管常德不仅不认识满洲文字，也不认识蒙古文字，可能认识的只有汉字。[③] 道光二十五年（1845年）七月朝廷谕内阁又称，这次考试国子监蒙古司业，应试者三十二人中只有十二人能翻译，其他的蒙古人均不懂蒙古文。[④] 尤其是清末边疆地区新政的推行，更促使边疆地区各族语言文字方面的统一。如此结果，当然与清朝及时人此际的主动作为密不可分。如宣统二年（1910年）八月理藩部奏藩部豫备宪政时就建议“变通禁止蒙古行用汉文各条”，即现在“惟恐其智之不开、俗之不变，断无再禁其学习行用汉文汉字之理”。为此建议将以上诸例一并删除。[⑤] 宣统三年（1911年）三月出使大臣吴宗濂又奏中国应仿效日本，设立国语一科，统一全国语言。[⑥] 而在此之前，某些边疆区域已开始从语言文字上去加强各民族间的融合了。如宣统元年（1909年）五月护理云贵总督奏请朝廷就称，滇开化较晚，沿边土司地数千里，往往因语言习尚不同，与内地人民隔阂，“非先之以教育不为功”。“今以兴学为安边计”，“既以同化为宗旨，自应以国文为主科，先之以音读、讲解、习问，继之以钞写、默写。终之缀字、成文”[⑦]。虽然在这一语言文字的融合过程中也出现

---

① 贻谷修，高赓恩等集：《土默特旗志》卷4《法守》。
② 光绪《钦定大清会典事例》卷993《理藩院·禁令》。
③ 《清宣宗实录》卷165，道光十年二月丁丑。
④ 《清宣宗实录》卷419，道光二十五年七月甲戌。
⑤ 《宣统政纪》卷41，宣统二年八月丁亥。
⑥ 《宣统政纪》卷50，宣统三年三月己亥。
⑦ 《宣统政纪》卷13，宣统元年五月癸亥。

过一些特例[1]，但总体上相互间的大融合却是总趋势。如清末民初时，“热河人民的语言，汉人都是用国语，蒙人也大都通汉话”[2]。又如“达拉特旗之蒙人能操纯熟汉语者，几占十分之七。其余亦能作简略之谈话”。“汉化程度高的归化城土默特蒙古，今五六十岁老人蒙语尚皆熟练，在四十岁以下者，即能勉作蒙语，亦多简单而不纯熟。一般青年，则全操汉语矣。”[3] 西藏地区在语言文字方面的融合也得到加强，至清末民初，康定鱼通境内的土司头人甲安仁、杨维周、包继昌等“不特可谈流利之汉语，即较深之汉字书报，亦能浏览无滞”[4]。而昌都地区因曾“驻防绿营于此安家者”，“故游此，沿途不用翻译”[5]。道孚县“蛮汉联婚，生子皆愿读书，不愿充当喇嘛，倾向汉人礼节，日渐浓厚”[6]。

其次，服饰方面的融合。清代前中期，清朝为确保满蒙的独立性，对于维持各自的传统服饰衣着等亦很讲究，不仅定有禁令，而且在实际的统治过程中也一再强调。如乾隆十七年（1752 年）三月，清帝在立训守冠服骑射碑时又引清太宗训令称，“先时儒臣巴克什达海、库尔缠屡劝朕改满洲衣冠，效汉人服饰制度，朕不从”，“在朕身岂有更变之理，恐日后子孙忘旧制、废骑射，以效汉俗，故常切此虑耳”[7]。尽管朝廷一再禁止满洲仿效汉族的服饰，但在大众“流行”的影响下，不少满人难免受到影响。而满洲的女性尤其受到汉人衣饰的影响。如乾隆二十四年（1759 年）清帝降旨就称：

---

① 《宣统政纪》卷 61，宣统三年八月癸丑。

② 武尚权：《热河新志》，商务印书馆 1943 年版，第 40 页。

③ 傅增湘：《绥远通志稿》卷 73《民族志·蒙族》。

④ 蒋五骥：《鱼通缩影》，载赵心愚、秦和平编《康区藏族社会历史调查资料辑要》，四川民族出版社 2004 年版，第 319 页。

⑤ 刘赞廷：民国《昌都县图志》，《中国地方志集成·西藏府县志辑》，巴蜀书社 1995 年版，第 100 页。

⑥ 刘赞廷：民国《道孚县图志》，《中国地方志集成·四川府县志辑》第 67 册，巴蜀书社 1992 年版，第 602 页。

⑦ 《清高宗实录》卷 411，乾隆十七年三月辛巳。

"此次阅选秀女，竟有仿效汉人装饰者，实非满洲风俗。在朕前尚尔如此，其在家时恣意服饰，更不待言。"[①] 嘉庆九年（1804 年）二月，嘉庆皇帝又称："此次挑选秀女，衣袖宽大，竟如汉人装饰，竞尚奢华。"[②] 进入道光朝后，此等衣饰方面的融合显得更为普遍，仿效汉人服饰也不再限于满洲贵族女性了。如道光十六年（1836 年）七月道光皇帝就称："盛京为根本重地，风俗素称淳朴。前因有演戏赌博等恶习，甚至服饰竞为新奇。"[③] 道光十九年（1839 年）十二月，道光皇帝又称："朕因近来旗人妇女不遵定制，衣袖宽大，竟如汉人装饰，上年曾经特降谕旨，令八旗都统副都统等严饬该管按户晓谕，随时详查。"[④] 从道光皇帝的一再申饬中可以看出，至道光后普通满族女性服饰，事实上已经逐渐趋同汉人。不仅是满人在服饰上逐渐趋同汉人，进入晚清后内蒙古等处的蒙古人在服饰上也逐渐趋同汉人。"察哈尔、归化城之蒙民，因迩来移民之增进，渐次同化于汉族，与内地无异。"[⑤] 再据民初时人调查称：在纯农区域中，蒙古人的高级官吏及富裕者，衣服模仿汉人，冬季穿的皮袍，外面多用绸缎，里面不用狐狸皮，就用羔羊皮。只是衣身要比汉式宽阔，色彩最爱鲜明而浓厚的，如紫、红、绀、浅黄等。普通蒙民的服装也有些模仿汉服，衣身喜欢宽而长，唯色彩尚蓝、绀色，只是放在荷包里的鼻烟壶和腰带上挂的割肉小刀及筷箸，则是汉人衣服上所没有的。[⑥] 再者，西藏、云贵等处也体现出类似变化。如清人余庆远在《维西见闻录》中就称："头目效华人衣冠，而妇妆不

---

① 光绪《钦定大清会典事例》卷 1114，光绪二十五年（1899）石印本。

② 《清仁宗实录》卷 126，嘉庆九年二月丁卯。

③ 《清宣宗实录》卷 286，道光十六年七月丙午。

④ 《清宣宗实录》卷 329，道光十九年十二月壬申。

⑤ 花楞：《内蒙古纪要》，民国五年铅印本，第 44 页。

⑥ 贺扬灵：《察绥蒙民经济的解剖》，商务印书馆 1935 年版，第 220 页。

改，裙子及胫，亦其旧制，以别其民矣。”[①] 而清末驻藏办事大臣联豫在上奏朝廷时也称：达木八旗，改换衣冠，设立小学。[②]

最后，在姓氏方面，随着满汉、蒙汉等民族融合的增强，各族之间的姓氏逐渐趋同。如乾隆五年（1740 年）四月，乾隆皇帝在阅看宗人府奏折时就称：“近日满洲姓名，两字分写者甚多。此折内文新之名，理宜连写，而乃分写，竟似汉人之名。再宗室王瑞之名，实不能连写，又明明一汉人之名矣。”[③] 乾隆十九年（1754 年）十月，帝又降谕称：从前曾降旨，满洲人等不许照依汉人取名，今吏部引见知县甘珠尔，身系蒙古，名亦蒙古话。“乃希图成话，穿凿取甘露珠之意，写以甘珠露”。吏兵二部，今后“所有满洲蒙古官员之名，于写汉字时祇按满洲字语气写，毋得似此混取汉字之义”。[④] 进入嘉庆后，满蒙在姓氏方面仿效汉人的更多。如嘉庆十八年（1813 年）六月，嘉庆皇帝称：“昨因宗人府奏移居宗室户口单内开写妻室氏族，有张氏、白氏、李氏等姓，恐系与汉人联姻，令宗人府查奏。兹据查明前次单开汉姓有系汉军人者，有以章佳氏讹写张氏者、李佳氏讹写李氏者、博尔济吉特讹写白氏者，其中并无与汉人联姻之人。” “以讹传讹，寖忘本始。”[⑤] 道光七年（1827 年）闰五月，道光皇帝亦称：近日吏部户部带领引见人员内有刑部郎中明安福、理藩院员外郎庆长安二员，命名不成文义。旗人命名有取汉文字义者，不准连用三字，此前曾经一再申谕。“何以旗员中仍前取名，并未一体遵改。”[⑥] 道光十六年（1836 年）十二月，道光皇帝又批评蒙古人起用汉人姓名做法。他称：“布里讷什以蒙

---

① 余庆远：《维西见闻录》，载于希贤、沙露茵选注《云南古代游记选》，云南人民出版社 1988 年版，第 121 页。

② 《清穆宗实录》卷 580，光绪三十三年九月乙卯。

③ 《清高宗实录》卷 115，乾隆五年四月丁酉。

④ 《清高宗实录》卷 475，乾隆十九年十月己巳。

⑤ 《清仁宗实录》卷 270，嘉庆十八年六月壬子。

⑥ 《清宣宗实录》卷 119，道光七年闰五月丁卯。

古旗人，辄为其子取名福恩、福康，沾染汉人习气，殊属忘本。”①同月又批称：“冰图王旗蒙古人名，率多汉义。”② 进入咸丰后，清廷中只有极少数批判满人、蒙古人使用汉名汉姓的呼声。如咸丰三年（1853 年）八月，咸丰帝谕内阁就称：“蒙古地方，素性淳朴，不事浮饰。近来蒙古人起用汉名，又学习汉字文艺，殊失旧制。兹据毓书奏称：蒙古人词讼亦用汉字。”③ 这并不是说满蒙等不再热衷汉名汉姓了，而是如此做法随着近代多民族中国的逐渐形成，逐渐得到时人的认可与赞同。至光绪后，为了应对国家及民族危机，时人和清朝最终都趋向化除畛域做法。如光绪三十三年（1907 年）七月，两江总督端方代奏安徽廪贡生李鸿才浑融满汉条陈中就建议，满洲人士宜姓名并列。④ 光绪三十三年十一月，贵州巡抚庞鸿书奏化除畛域管见时亦建议，审定姓氏、画一仪制。⑤ 光绪三十三年七月南书房翰林郑沅奏化除满汉畛域时又称：满人名不系姓，拟请用旧姓译音合成一字冠于名上，以昭满汉画一。⑥ 到清末民初，满蒙各族的姓氏统一的趋势更为明显。据日本人调查，喀喇沁右旗的边家店，拥有一顷以上土地的蒙汉户共有 45 户。其中蒙古人分别有：福峰堂、郎富山、章赛佛、吴荫轩、永安堂、郎坤、李其昌等户。⑦ 若不标识蒙户，单从其姓名，已经无法辨认其族别。

（二）宗教信仰、风俗习惯方面的融合

随着以蒙汉、满汉为代表的各民族之间交往的增强，也随着内地百姓向边疆地区商贸、屯垦和定居的增多，他们之间的宗教信仰

① 《清宣宗实录》卷 136，道光八年五月壬戌。
② 《清宣宗实录》卷 292，道光十六年十二月戊辰。
③ 《清文宗实录》卷 103，咸丰三年八月辛卯。
④ 《清德宗实录》卷 576，光绪三十三年七月乙未。
⑤ 《清德宗实录》卷 582，光绪三十三年十一月己丑。
⑥ 《清德宗实录》卷 576，光绪三十三年七月丁酉。
⑦ 《锦热蒙地调查报告》中卷，第 761—763 页。

也日渐发生融合的趋势。这一融合自清代中期后就逐渐体现出来。其中内蒙古地区体现得比较明显，即蒙古人崇奉汉人的寺庙和神灵，汉人也崇奉蒙古人的信仰。如归绥县哈拉不达乡，本是一个纯蒙古族农业乡，该乡就有“佛殿龙王庙各一，每年于龙王庙领牲三次”[①]。清水河县的三十一号汉人村庄内有一座脑包（敖包），历年依赖这一脑包的庇护去保障河水冲刷，村子里的汉人于月之朔望必焚香拜祭，而附近的“蒙古于每年六月六日宰牺牲、具香猪，相率前来献赛，名曰祭脑包”[②]。郡王旗每年于十月初八日，在与东胜县交界处的桃黎庙举行庙祭，“汉人演剧、喇嘛跳神”[③]。而在热河地区，“汉人也有到喇嘛庙烧香磕头的”[④]。

此等蒙汉之间宗教信仰的交融亦为晚清中外时人所注意。如19世纪90年代来中国内外蒙古地区游历的俄国人阿·马·波兹德涅耶夫从热河前往多伦诺尔时，在热河城外的不远处的一座小喇嘛庙里就发现了“把宗客巴佛像和古老的红教佛像古怪地混合在一起”的现象。但这座喇嘛庙主要奉祀的却是刘备。[⑤] 蒙汉两族的宗教交流还深入到僧侣队伍层面。郭家屯附近的二道营子村，村里有一座财神庙，可是该庙住持却是一位察哈尔喇嘛，即“黄教的信徒”[⑥]。同样，归化城等处也体现出类似倾向。有些村子甚至有多神一处供奉的现象，如在“察汗板升村，这里的汉人和土默特人已经混居到如此地步，连他们的庙殿也都在同一个院子里”。马王庙村中的马王庙“有独立的殿宇：一座在正中，是关帝庙；一座在左边，是龙

---

① 绥远省教育会编：《绥远省各县乡村调查纪实》，1935年铅印本，第4页。

② 文秀：《新修清水河厅志》卷20《古迹·脑包》。

③ 傅增湘：《绥远通志稿》卷73《民族志·蒙族》。

④ 武尚权：《热河新志》，商务印书馆1943年版，第40—41页。

⑤ ［俄］阿·马·波兹德涅耶夫：《蒙古及蒙古人》第2卷，张梦玲等译，内蒙古人民出版社1983年版，第274页。

⑥ ［俄］阿·马·波兹德涅耶夫：《蒙古及蒙古人》第2卷，张梦玲等译，内蒙古人民出版社1983年版，第231页。

王庙；一座在右边，是马王庙”[①]。另如丰镇县城内关帝城庙左侧有圣母庙。清代内蒙古地区祭祀文化中也融入了民族融合的特色，如致祭孔子、关圣帝君时祭品中就包括了哈达、牛乳、砖茶等民族特色用品。[②]

清后期，随着藏传佛教信仰渐遭时人抵制，在近边内蒙古地区的宗教信仰融合方面，更多地体现为蒙古人日渐接受汉人的信仰。如阿·马·波兹德涅耶夫在呼和浩特无量寺游历时就发现：“近年来，这座召可以说是日趋破落。召里的喇嘛说，这是由于当地的土默特人受汉人的影响，完全忘记了圣庙，对宗教越来越不虔诚了。”“大约在十五年前，他们曾把伊克召的外墙装饰了一下，画上佛陀生活中的一些生动的画面。这些画都取材于汉文的佛陀传记，因此都具有鲜明的中国风格；这些图画的说明用的也是汉文，作画的也是汉人画匠。”[③] 而延寿寺等寺院也均为汉藏式建筑风格，彩绘内容“多以汉族的寺庙所用云、水、凤、花卉，再加上藏族寺庙的特有装饰法轮、独角兽、祥鹿、梵文美术字为主”[④]。

蒙汉之间宗教信仰的融合，还体现为在原本属于蒙古游牧地区内汉族寺庙的增多。如内蒙古绥远地区的土默特蒙古至清代中期后其宗教信仰逐渐多样化，先后出现了致祭先农坛、关帝、孔子、文昌、观音的各类庙观。据称，该处先农坛于“雍正五年（1727 年）经归化城都统丹津具奏奉旨于城东三里许建修”[⑤]，于每年春季吉亥

---

① ［俄］阿·马·波兹德涅耶夫：《蒙古及蒙古人》第 2 卷，张梦玲等译，内蒙古人民出版社 1983 年版，第 52、143 页。

② 呼和浩特市土默特左旗档案馆：《土旗公署发给致祭孔子需用祭品等费》（汉文），民国十年十月十三日，档号：79－1921－528；《土旗公署发给致祭圣帝君需用祭品等费》（汉文），民国十年十月十八日，档号：79－1918－529。

③ ［俄］阿·马·波兹德涅耶夫：《蒙古及蒙古人》第 2 卷，张梦玲等译，内蒙古人民出版社 1983 年版，第 73 页。

④ 乔吉：《内蒙古寺庙》，内蒙古人民出版社 1994 年版，第 113 页。

⑤ 贻谷修，高赓恩纂：《土默特旗志》卷 6《祀典》（附召庙），《内蒙古历史文献丛书》之七，远方出版社 2008 年版。

日由土默特派员伙同归绥道、归化厅及各乡耆共祭。[①] 文庙则早在雍正朝就已建立，致祭文庙时，土默特文庙（蒙）、八旗文庙（满）、归化城文庙（汉），分别由各级官员率众致祭。[②] 尤其是城隍关帝信仰更受边疆地区各族民众的欢迎。正如民初时人所称："五日，清明，年例是日城隍神出巡，演剧。晨十钟见蒙古男妇奔走入庙焚香者，以数百计。俄人尝自夸云：蒙古宗教，与其西比利亚属民布利亚种族之宗教相同。此门面之语也。其实蒙人沾濡汉习已久，所谓宗教者，道释并尊，非如欧人之奉此教，必排彼教，不能相容也。库伦之关帝、观音、吕祖、城隍各庙，岁时伏腊，蒙古僧俗，无不随汉人之后，奉祀惟谨。""恰克图、科布多、乌里雅苏台、唐努乌梁海，皆有关帝庙之建。"[③]

如清代的归化城就建有众多的关帝庙，据称归化城太平街、南茶坊、西茶坊、东茶坊、翁衮坝及绥远城、托克托、萨拉齐、和林格尔、固阳等地共计 15 座关帝庙，其中东茶坊的关帝庙就是由西把栅、大台什、讨号板、小厂圐圙四村蒙古人于嘉庆年间修建的。[④] 清末，在邻近东省的沿边蒙古人家中均供有关帝画像。[⑤] 而西藏藏边的盐井县北也有关帝庙，系由新军"建垒二年"而成。[⑥] 在内地商民的影响下，就连外蒙古地区的其他民族中的不少人也将关帝信

---

① 呼和浩特市土默特左旗档案馆：《发给致祭关圣帝君祭品等费》（汉文），民国十年十月八日，档号：79 - 1921 - 529。

② 呼和浩特市土默特左旗档案馆：《发给致祭孔子需用祭品等费》（汉文），民国十年十月十三日，档号：79 - 1921 - 528。

③ 陈箓：《止室笔记》，转引自吕一燃等编《北洋政府时期的蒙古地区历史资料》，黑龙江教育出版社 2014 年版，第 281—282 页。

④ 土默特左旗编纂委员会：《土默特志》上卷《文化与语言志》，内蒙古人民出版社 1997 年版，第 869—870 页；呼和浩特市土默特左旗档案馆：《发给致祭孔子需用祭品等费》（汉文），民国十年十月十三日，档号：79 - 1921 - 528。

⑤ 《东四盟蒙古实纪》，《内蒙古历史文献丛书》之四，远方出版社 2008 年版，第 178 页。

⑥ 刘赞廷：《宁静县志略》，《西藏地方志资料集成》第 3 集，中国藏学出版社 2001 年版，第 55 页。

仰逐渐融入他们旧有信仰之内。或者说，即使表面不信奉，但内心却对之心存敬仰。首先如蒙古人，无疑他们开始将关帝庙纳入其信仰体系，在内外蒙古地方，蒙古人均称关帝为格萨尔神，关帝庙为格萨尔庙。再加之，关帝本乃忠义之神的象征，蒙古人对忠义精神的信奉，也会使他们天然地对关帝心怀好感，将关帝纳入其信仰体系之内。晚清以来，蒙古人信奉关帝，还体现在他们所施功德活动方面。如道光十二年（1832 年）科布多关帝庙重修时，当地的王公扎萨克（台吉）中有不少人参与捐款。[①] 其后该关庙再度破落时，又于 1881 年间由该处的蒙古昂邦、三音诺颜部的达赖王葛木毗勒多尔济等倡议再修。

除了关帝信仰，道教信仰也传到蒙藏地区，出现蒙藏人信奉道教的现象。如绥远地区，清初以前，似无“道教之沿革”[②]。康熙二十七年（1688 年），据钱良择所见，“归化城南有缪嬰庙，有老僧闭关诵金刚经”，“湖广武昌人”，“十二岁时，蒙古兵随大兵下湖南，被掠至此，已四十年矣”[③]。据此推算，最晚至清顺治五年（1648 年），道教已传入土默特。雍正末年，又有梁姓道士游方到此，于归化城西南建五道观；乾隆八年（1743 年）时，赛因乌力吉佐领下小毕克齐村蒙古毛乌肯、云木触目、道尔计色楞已成为专职道士。[④] 而归化城垣外西南隅玉皇阁的主持为孙姓，为蒙古人；归化城北门外的城隍庙住持也为孙姓，亦为蒙古人，他与玉皇阁的主持属同一支蒙古。[⑤] 乾隆年间归绥土默特蒙古人祭龙王庙、十王庙、财神庙等已成为较为普遍的现象，而不祭祀者则属极少数，将

① ［俄］阿·马·波兹德涅耶夫：《蒙古及蒙古人》第 1 卷，刘汉明等译，内蒙古人民出版社 1989 年版，第 268 页。

② 绥远通志馆：《绥远通志稿》卷 56《宗教（道教）》，内蒙古人民出版社 2007 年版。

③ 钱良择：《出塞纪略》，《内蒙古文史资料选编》第三辑，第 194 页。

④ 呼和浩特市土默特左旗档案馆：《右翼首甲吉郎阿佐领下渊博户口草场清册》（满文），雍正十年，档号：80－47－17。

⑤ 绥远通志馆：《绥远通志稿》卷 56《宗教（道教）》，内蒙古人民出版社 2007 年版。

遭到当地村社社会的斥责。[①]

生活饮食习俗方面，各族之间的融合亦在加强。自嘉庆后满族女性就开始仿效汉人女性开始裹脚。为此嘉庆九年（1804 年）二月嘉庆皇帝降旨批称："镶黄旗查出该旗汉军秀女内有十九人俱经缠足。""我朝服饰本有定制，必当永远遵守，今该旗汉军秀女竟有缠足者，甚属错谬。一旗既有十九人，其余七旗汉军，想亦不免。"[②] 耕种方面，土默川平原、河套地区及东部喀喇沁等地区的绝大部分蒙古牧民开始从事农业生产，生活方式几乎与内地相同。[③] 至 19 世纪初，内蒙古地区汉族人口已达 100 万人[④]，后套一带原是达拉特旗和杭锦旗的牧地，但自放垦后沃野千里却较少见到蒙古人。"蒙古同胞业农的也大有人在。准噶尔旗、达拉特旗已有不少的牧人变为农人，在过着农业生活了。"[⑤] 另如卓索图盟各旗的大部分，哲里木盟的一部分已经完全汉化的蒙古农民"与内地汉人为伍……其风俗、习惯亦与内地人民无异"[⑥]。

不只是牧业向农业转换，蒙古人同内地汉人的融合还体现在其他诸多方面。如生活饮居方面。早在嘉庆二十年（1815 年）朝廷就谕令称："近年蒙古染汉民恶习，竟有建造房屋，演听戏曲等事，此已失其旧俗。"[⑦] 尤其是近内地一带，生活起居方面"颇沾染汉人习气，极力摹仿"者更多[⑧]，他们开始走向定居，出现了土木结构的蒙古包和汉式房屋。[⑨] 他们的生活饮食也逐渐由以"肉乳猎物

---

① 呼和浩特市土默特左旗档案馆：《为纳布塔孙之弟被村长德尔登打伤事的呈文》（满文），乾隆十四年六月初一日，档号：80－32－109。

② 《清仁宗实录》卷 126，嘉庆九年二月丁卯。

③ 花楞：《内蒙古纪要》，民国五年铅印本，第 44 页。

④ 闫天灵：《汉族移民与近代内蒙古社会变迁研究》"前言"，民族出版社 2004 年版。

⑤ 边疆通信社修纂：《伊克昭盟志》，边疆通信社 1939 年版。

⑥ 许公武：《内蒙古地理》，第 107—108 页。

⑦ 光绪《大清会典事例》卷 993《理藩院·禁令》。

⑧ 《东四盟蒙古实纪》，《内蒙古历史文献丛书》之四，第 176 页。

⑨ 傅增湘：《绥远通志稿》卷 73《民族志·蒙族》，1937 年初稿。

为食”，向以粮食和蔬菜为主的饮食结构过渡。[①] 从而出现西蒙古地区“终日饮茶、食米”，“与汉民同”。蒙古人原本逐水草而居，多汲用天然泉水，“近年因接近汉人，亦知掘井而饮”[②]。出行方面亦体现出一定的汉化，察哈尔、归化城的蒙古人出行时，“东南开拓之地，则渐次柔弱，妇人殆无乘马者”[③]。就连生老病死习俗方面，绥远、归化城等西部蒙古地区亦与汉民不断融合。如土默特蒙古族逐渐接受了汉族的丧葬习俗，雍正年间该地还有“凡产育婴儿殇者”，“弃置野外”的习惯[④]，但到乾隆年间，“气绝时亦备衣食棺椁之类”[⑤]。不仅西部蒙古，东部的热河、多伦诺尔、科尔沁等蒙古地区风俗习惯也与内地日渐趋同，即“其风俗性情、习惯，固已大变，而生活状态，亦与游牧地方显有不同”[⑥]。甚至外蒙古地区也受到此等影响，即到了晚清，汉人的生活习惯也开始被不少蒙旗接受，定居、耕种等生活方式也不再是汉人的特色了。如据 19 世纪 90 年代俄人阿·马·波兹德涅耶夫旅行日记载，哲布尊丹巴呼图克图寺院中的喇嘛们在最近二十五年的时间内，从汉人那里学会了“耕种土地”，并因此开始排挤汉人。[⑦] 不仅如此，他们还从汉人那里学会了把“方木加工成木行所需要的形状和尺寸”，砍伐木材，卖给库伦当地的汉人木行。[⑧]

新疆地区也一样，自乾隆后随着整个新疆地区的统一，其风俗习惯也渐渐与内地趋同。如其年节、元宵节、端午节、中秋节等逐

---

① 《东蒙古纪程》，《内蒙古历史文献丛书》之四，第 141 页。

② 傅增湘：《绥远通志稿》卷 73《民族志·蒙族》，1937 年初稿。

③ 花楞：《内蒙古纪要》，民国五年铅印本，第 44 页。

④ 刘士铭：《朔平府志》卷 12《艺文志》，雍正十一年刻本。

⑤ 张树培：《萨拉齐县志》卷 11《礼俗》，民国十年（1941 年）铅印本。

⑥ 许公武：《内蒙古地理》，新亚细亚学会出版所 1937 年版，第 105 页。

⑦ ［俄］阿·马·波兹德涅耶夫：《蒙古及蒙古人》第 1 卷，刘汉明等译，内蒙古人民出版社 1989 年版，第 45 页。

⑧ ［俄］阿·马·波兹德涅耶夫：《蒙古及蒙古人》第 1 卷，刘汉明等译，内蒙古人民出版社 1989 年版，第 138 页。

渐发展到与内地相似。为此《哈密志·风俗》就称："元旦佳节，男女登堂拜贺新年，富者盛设筵宴款待，彼此治酒，互相请答，人情颇为醇厚。"① 而纪昀在其《乌鲁木齐杂诗》中亦称："元宵灯谜，亦同内地之风，而其怪俚荒唐，百不解一"；"元夕各屯十岁内外小童，扮竹马灯，演昭君琵琶杂剧，亦颇可观"②。

（三）婚姻家庭方面的融合

清代对不同种姓之间的通婚，前后政策曾有变化。清初，为扩大统治，朝廷并不严格禁止满汉、蒙汉之间的通婚，只是到了康雍乾时期，禁止满汉、蒙汉之间通婚的禁令才多起来。但现实生活中，满汉、蒙汉通婚却又习以为常。如在东北地区民间，特别是满汉杂居地区，很多旗人就娶汉族女子为妻，采用"顶名婚"，或"私相聘娶"等办法，达到通婚目的。从而出现"红、黄带子娶民人女子为嫡妻仍用顶名办法"③。不仅是婚姻方面，继承及家庭关系方面满汉之间也在发生融合。至嘉庆后，八旗等抱养民人之子的现象也很常见。如道光元年（1821 年）十一月，镶黄旗满洲都统英和等奏会议清查八旗抱养民人为子一案，镶红旗查出无本家姓氏者四十名，抱养属实；正黄旗护军保亮、马甲花良阿二名均系民人之子。④

蒙汉之间婚姻方面的融合自清代中期以后得到充分体现。如雍正十三年（1735 年）七月，鄂尔多斯地方的贫乏蒙古人，不得不到口内就食，并有典卖妻子人口者。后查实仅雍正十二三年，边民并延绥镇及各将弁等共买蒙古子女二千四百余口。而在雍正十一年

---

① 钟方：《哈密志》卷 17《风俗》，台湾成文出版社 1968 年影印民国二十六年铅印本，第 75 页。

② 纪昀：《乌鲁木齐杂诗·游览》，载吴蔼宸《历代西域诗钞》，新疆人民出版社 1982 年版，第 120 页。

③ 《满族社会历史调查》，民族出版社 2009 年版，第 28 页。

④ 《清宣宗实录》卷 26，道光元年十一月辛酉。

（1733 年）以前，尚有边民娶买乞养者。[①] 即此可见近边的普通蒙古部众与内地民人在婚姻方面的融合情况。此等情况当然不仅限于普通的蒙古部众，对于蒙古王公台吉而言，他们与汉人之间也存在婚媾行为。如乾隆十七年（1752 年）就发生了“骁骑校丹木巴属下家妇女博里将自己的女儿”，“私自嫁给内地人王大建”的事情。[②] 乾隆四十二年（1777 年）十一月间，又发生蒙古台吉济木巴状告内地商民梁依栋聘娶台吉海青之女的事情。[③] 理藩院在议复后案时按照向例，令其离异。但乾隆皇帝却做出了相反的指示。他称：“梁依栋不知民人不准与蒙古结姻之例，礼聘海青之女为妻，系台吉达玛琳为媒，两家情愿。”“蒙古、民人均系朕之臣仆，今梁依栋既以礼聘，并非强娶，著不必令其离异。”[④]

普通蒙汉之间的通婚在清代中前期的绥远、热河等处更为多见。即内地汉人“渐次而来关外，至则依蒙族、习蒙语、行蒙俗、垦蒙荒、为蒙奴、入蒙籍、娶蒙妇，为蒙僧者等等不齐。否则，不容其自撑门户”[⑤]。那些“初来之孤苦汉人，或以娶得蒙女，或以贪垦蒙人之荒，相因而入蒙籍者又若干家。是二者，谓之为‘随蒙古’”。东蒙三座塔地区的所谓八大匠者，“由内地随媵而来，娶蒙妇入蒙籍者，又若干家。若王姓、李姓、周姓、张姓、白姓、朱姓之蒙古，问其先，多山东人也”[⑥]。东蒙古东南部“满汉民移住之地方，则与蒙古人混设村落，从事农作颇盛，此等满汉民，其移住之初，多为独身”，后娶蒙古妇人而生子女。[⑦] 对此，清人曾描述

① 《清世宗实录》卷 158，雍正十三年七月丁巳。

② 呼和浩特市土默特左旗档案馆：《为了结蒙古博利将女儿擅自嫁给内地民人工达坚一案事呈归化城都统（满文）》，乾隆十五年九月二十五日，档号：80－32－139。

③ 《清高宗实录》卷 1045，乾隆四十二年十一月乙酉。

④ 《清高宗实录》卷 1045，乾隆四十二年十一月乙酉。

⑤ 孙庆璋等纂修：《朝阳县志》卷 26《种族》，第 7 页。

⑥ 孙庆璋等纂修：《朝阳县志》卷 26《种族》，第 1—2 页。

⑦ ［日］松本隽：《东蒙风俗谈》，吴钦泰译，商务印书馆 1928 年版，第 7 页。

说："蒙汉杂处，观感日深，由酬酢而渐通婚姻，因语言而兼习文字。"[①] 到了道光年间朝廷亦变更了旗人之女与民人结婚的向例。即朝廷在审理陈陈氏次女嫁给民人时做出如下判决：户部则例载有民人之女准与旗人联姻，一体给与恩赏银两，旗人之女不准与民人为妻。此案陈陈氏将次女许给高纬保为妻，业经聘定，著准其完配。[②]

到了清末，随着边疆危机的加剧，为保护边陲，朝廷决定变更旧制并在边疆地区推行新政，而推行新政最重要的是满汉、蒙汉之间的充分融合与对国家的认同，为此朝廷决定从废弛不同民族之间禁止通婚的旧例出发。光绪二十七年（1901 年）十二月，清朝谕内阁就称：旧例不同民族不通婚，原因入关之初风俗语言，或多未喻，是以著为禁令。今则风同道一，已历二百余年，自应俯顺人情，开除此禁。所有满汉官兵人等著准其彼此结婚。[③] 在政府的主动变更下，时人也纷纷献策。如光绪三十三年（1907 年）七月，两江总督端方就代奏了安徽廪贡生李鸿才浑融满汉畛域条陈，其中就有"满汉通婚宜切实推行"[④]。同年同月，南书房翰林郑沅又奏化除满汉畛域，宜变通驻防旧制、满汉通婚。[⑤] 宣统二年（1910 年）八月，理藩部在奏藩部豫备宪政时，在启牖蒙智、化除畛域大端中，将变通禁止民人聘娶蒙古妇女之条作为其中的重要内容，并拟由各边将军都统大臣各省督抚出示晓谕，凡蒙汉通婚者，均由该管官酌给花红，以示旌奖。[⑥]

藏汉之间也一样，相互间的婚媾现象也不少。早在乾隆五十三年（1788 年）十二月，朝廷派往西藏平定动乱的大臣巴忠

① 《东三省政略》卷 2《蒙务下・筹蒙篇》。
② 《清宣宗实录》卷 280，道光十六年三月丙申。
③ 《清德宗实录》卷 492，光绪二十七年十二月乙卯。
④ 《清德宗实录》卷 576，光绪三十三年七月乙未。
⑤ 《清德宗实录》卷 576，光绪三十三年七月丁酉。
⑥ 《清德宗实录》卷 41，宣统二年八月丁亥。

在上奏朝廷奏折中就提出“将该兵丁等使用番妇之风严行禁止”的建议①，可见汉藏之间存在婚媾现象。同年十二月，又发生巴忠参奏另一大臣庆麟的事件，称其奸宿番女。② 乾隆五十四年（1789 年）六月，军机大臣等在议复四川成都将军鄂辉等奏收复巴勒布侵占藏地善后事宜时，再次强调今后应“饬禁兵丁雇役番妇”条。③ 以上使用“番妇”“奸宿番妇”均与汉藏婚媾有很大关联，这可从道光二十四年（1844 年）七月间琦善上奏朝廷奏折中看出。他称：“西藏驻防弁兵原系三年一换，例准雇役番妇，代司缝纫樵汲。迨后留防过多，更换日少，该弁兵奸生之子在营食粮者现已十居二三。”④ 为此在乾隆末年，由川藏入藏的周霭联也发现“自出打箭炉口，凡塘兵必坐蛮丫头”，“凡华人狎番女者，谓之坐丫头，其女为之炊、汲、缝纫，操作甚勤”⑤。而发表于 1936 年的《西康之种族》一文则称：因“山险路遥，行商不易搬移家室，在官者例不携眷偕往，于是婚姻漫无毕限，不分种族，任意配合。益以官兵卒，在西康各地，安家落业，娶夷为妻者，尤指不胜计。近今三十年，西康之歧种人（歧种人，即蛮娘汉父之称谓），已遍布城市村镇各地。真正夷族，须深山内地，始能寻觅矣。盖清末之数万边军及各地垦民，无不在西康娶妻生子，川陕各地商民在村镇经营商业者，亦多娶夷女辅助”⑥。这种现象导致民国时期以西康为代表的川藏沿边藏汉族结婚后大量混血儿的出现。据 1938 年粗略调查显示，康定“除少数来自内地者，本地所谓汉人，十九皆汉夫康妇之混血

① 《清高宗实录》卷 1318，乾隆五十三年十二月戊子。

② 《清高宗实录》卷 1038，乾隆五十三年十二月戊戌。

③ 《清高宗实录》卷 1333，乾隆五十四年六月辛巳。

④ 《清宣宗实录》卷 407，道光二十四年七月丙寅。

⑤ 周霭联著，张江华、季垣垣点校：《西藏纪游》卷 1，中国藏学出版社 2006 年版，第 8、22 页。

⑥ 佚名：《西康之种族》，《四川月报》1936 年第 9 卷第 4 期。

儿”①。而据深入道孚县扎巴境内调查的赵留芳称，1938年前后的道孚县城汉藏混血儿约占三分之二。② 再据任乃强在20世纪30年代的估计，整个康区居民，“什八九为番，什一为汉人，百分之五六为其他民族。汉人之中，什九为扯格娃，什一为纯粹汉人而已”③。

清代西南边疆地区的各族与汉族之间的通婚也很频繁。如昭通府，在雍正年间改土归流前已有汉族迁入，但因人数少，进入之后，“土司留配夷女，或因掳掠而至，积久与夷女结合”④。嘉庆初年，临安知府江濬源在《条陈稽查所属夷地事宜议》中亦称：“客民经商投向夷地，挈家而往者渐次已繁，更有本属单孑之身挟资迁入，至于联为婚姻，因凭借彝妇往来村寨。”⑤ 民国《马关县志》亦载：“汉少夷多，风俗互化，用夏变蛮夷者固多，而变于夷者亦不免。”⑥

四　电讯道路交通等的发展

光宣之际，为解决严峻的边疆危机，亦为维护多民族国家的统一并缔结近代统一的多民族主权国家，时人将发展边疆地区的邮电通讯、道路交通等作为其中的重要方略，并进行了多方面努力，从而在旧有的驿道台站体系基础上发展出近代的电报邮政、铁路公路等交通体系。它们不仅改进了边疆地区的交通速度，而且也逐渐转

---

① 柯象峰：《西康纪行》，《边政公论》1941年第1卷第3—4期合刊。

② 赵留芳：《道孚县浅影》，《康导月刊》1938年创刊号。

③ 任乃强：《西康图经》，西藏古籍出版社2000年版，第422页。

④ （民国）《昭通县志》卷10《种人志》，载《昭通旧志汇编》编辑委员会编《昭通旧志汇编》，云南人民出版社2006年版，第271页。

⑤ 江濬源：《条陈稽查所属夷地事宜议》，转引自方国瑜《中国西南历史地理考释》下册，中华书局1987年版，第1233页。

⑥ 民国《马关县志》卷2《风俗志·汉俗概略》，台湾成文出版社1967年版，第193—194页。

变了边疆地区的传统交通方式，对近代以后的边疆开发产生着非同一般的积极作用。

（一）电报邮政

邮电是清末改善边疆地区交通、加快信息传递的重要举措，成为时人议及的重要对象。晚清边疆地区的邮政电报等设立情况与设立铁路、公路相比，总体上完成得较好，即绝大部分的提议最终都得到了实现。如新疆地区设置电报始于光绪十七年（1891 年），当时甘肃架设电线业已竣工，而新疆如遇有紧要文报，由省城迪化递至肃州转电，动辄十数日之久，联络不便。另外，此时朝廷正在处理帕米尔勘界事宜，“英俄交讧”，文电纷驰，但消息阻滞，艰于应对，必须尽快改善电讯邮传设施。为此光绪十八年（1892 年），陕甘总督杨昌浚、新疆巡抚陶模反复电商并奏请朝廷准设关外电报，定由总理各国事务衙门及户部筹款 10 万两开办，并责成电报总局通过上海进口机械，于次年兴工。先设嘉峪关至迪化段电线，全长“三千余里，自春徂冬，历三百余日，始克竣事，立总局于省垣”[①]。光绪二十年（1894 年），天山南北两路展线工程同时开办，北线由乌鲁木齐向西北经库尔喀喇乌苏分达伊犁、塔城；南线由吐鲁番向西南经库车、阿克苏以达喀什噶尔。伊塔电局与俄国恰克图的巴克图电局互相通联，伊喀边界亦与俄线衔连。光绪二十九年（1903 年），再设古城电局以达奇台。全疆电线共长 1 万余里，东线从乌鲁木齐入关，西北接俄线绕恰克图通库伦以达北京。到光绪三十四年（1908 年），全疆共有 1 个电报总局，16 个分局。[②] 不但省内脉络贯通，还达到了“环球消息，弥若庭户”的目的。

除新疆外，晚清尤其是清末，内外蒙古的电报邮政也得到发展。光绪二十二年（1896 年），多伦诺尔已设立民办“民信局”

---

① 钟广生等：《新疆志稿》卷 3，1931 年铅印本。

② 袁大化修，王树枏等纂：《新疆图志》卷 86《道路八》，东方学会 1923 年版。

“书信馆”，开办函件业务。光绪三十三年（1907 年），宣化至多伦诺尔开辟昼夜兼程步差邮路。宣统三年（1911 年），多伦诺尔邮寄代办所改称邮局，办理平常和挂号函件，增办快递信函，称“加紧信件”[①]。张家口地区早在光绪二十五年（1899 年）已建成电报局，光绪二十九年（1903 年）建立邮政局。[②]

但对于广袤的西北蒙藏边陲，此类通信机构仍不全。为此，光绪三十三年岑春煊又向朝廷建议让邮传部详细策划西北各边路电，以重交通。与之对应，光绪三十三年科布多参赞大臣锡恒在奏呈阿尔泰地方筹办情形办法折中也做出了呼应，即“该督所请由邮传部筹办路电，实为要务，奴才窃以为阿山防务，关系甚重，不但须与新疆各城联络一气，即与神京邻省亦当声息常通。铁路虽不易兴修，电线则不容或缓。应自新疆绥来县接设至阿，较为直捷，计相距仅十六站。目前驿路已通，用款自当较省”[③]。直到宣统元年，蒙古邮政亦由前设之张家口起，经库伦至恰克图，又于库伦至乌里雅苏台、科布多，每埠设置分局。为此，宣统元年外蒙古库伦地方也开始设有邮政服务机构，每星期分为四班，大部分公文信件得依赖俄方邮局，从西伯利亚铁路转寄。[④]

西藏地区的电报邮政业得以建立也是清末的事。光绪三十四年（1908 年）三月间，外务部、邮传部为速筹藏境电线、邮政进行协商，欲收回利权。因为中英条约中英方曾承诺：西藏所有邮政俟中国自设后，英局将撤离；英人所设印度边界至江孜电线，也等中国电线接修至江孜后酌量移售，交中方经营管理。为此外务部专门致

---

① 多伦县志编辑委员会编：《多伦县志》，内蒙古文化出版社 2000 年版，第 291 页。

② 《张家口市志》（上），中国对外翻译出版公司 1998 年版，第 324 页。

③ 中国第一历史档案馆藏：《科布多办事大臣锡恒奏为遵旨复陈阿尔泰地方情形及筹拟办法事》（光绪三十三年九月二十日），《宫中朱批奏折》，档号：04－01－1085－061，缩微号：04－01－01－165－2492。

④ 《三多库伦奏稿》，引自中国社会科学院中国边疆史地研究中心主编《清末蒙古史地资料荟萃》，全国图书馆文献缩微复制中心 1990 年版，第 401 页。

电西藏海关税务司，督其筹办。邮政局亦咨呈外务部，专意加速架设四川至拉萨、拉萨至江孜电线，“以固主权”[①]。新任章京张荫棠也呼吁朝廷速筹西藏邮电事业，他建议：“慎选熟悉邮电之员先往西藏，与驻藏大臣妥筹，先设总局于拉萨，次设分局于江孜，亚东及后藏十卡子、噶大克、湿基等处，分两路以达印边，俟布置既定，然后添设分局于拉里、察木多、江卡等处，以达四川。”但实际情况却是“中国电线，现仅修至巴塘”，为此他建议：“由巴塘至拉萨以达江孜，亚东及后藏十卡子展至噶大克、湿基，亟宜勘明接修电线与邮政相辅而成。”宣统元年（1909 年）据报界消息，京师邮政总局又拟在西藏、蒙古等处逐次创设局所，递送信函，发展边疆邮政。实际上西藏地方兴修电报并不理想，如宣统二年（1910 年）正月间外交部咨询邮传部称，刻值藏中多事，电报络绎，均关紧要，自宜从速修至拉萨，方足以便交通。由川入藏电线业已兴修，不知修至何处?[②] 邮传部答复称：该电线已于光绪三十四年由川督派员前往勘估，该年七月经外务部、邮传部会奏议复声明，川藏线路所需经费由开办经费统筹。川督称已于宣统元年派领班吴传绪往勘，至于现在修至何处，该部也不清楚，只能咨询川督后再做答复。[③] 总之，此际西藏铺设电报的情况比较糟糕，虽然光绪三十三年至三十四年间（1907—1908 年）朝廷已经议准西藏建设电线经费由边务大臣统筹开办经费拨给，朝廷也先后拨给该大臣各项开办经费约二百万两，但至宣统三年（1911 年），西藏电线仍未成功铺设。为此驻藏大臣联豫特催促朝廷赶紧办理，以应对越来越严重的边疆危机。但当朝廷为此催促具体负责此项经费的边务大臣时，

---

① 《外务部档》，光绪三十四年三月二十三日、四月初二日。

② 台北“中研院”近代史所档案馆藏：《外务部全宗》，《西藏档系列西藏档宗》，宣统二年一月，馆藏号：02－16－009－04－047。

③ 台北“中研院”近代史所档案馆藏：《外务部全宗》，《西藏档系列西藏档宗》，宣统二年一月，馆藏号：02－16－009－01－017。

代理大臣傅嵩炑却称边务经费支绌，无款可拨，拒绝履行前议，并要求驻藏大臣用朝廷拨给西藏的地方经费铺设该电线。[①] 朝廷虽驳斥了该大臣意见，要求仍拨给十万两，终未兑现。[②] 此导致藏内电线在清政权彻底崩溃之前仍未全面铺设。宣统二年西藏虽已在亚东、拉萨二埠设邮政二分局，但所有二分局办理的国内外来往信件均需委托印度邮政局递送。[③]

光绪八年（1882 年），苏浙闽粤线即上海至广州的电线接通。因中法关系日趋紧张，为适应西南边疆的军事需要，清廷决定把广州线路接至广西的中越边境。光绪九年（1883 年），在张树声、盛宣怀主持下，完成了广州—梧州—南宁—龙州电报线路的铺设，全长 2000 余里。[④] 除这一线路外，晚清时期广西地区于中法战争后还架设了梧州—桂林线和南宁—剥隘线等线路。晚清云南电线初拟由广西南宁接线至蒙自，后改由湖北汉口经四川泸州接入滇东北。光绪十二年（1886 年）开工，光绪十三年（1887 年）竣工。后又陆续架设了各支线，至宣统末年云南全省已建立电报分局 30 余处，基本实现了电报通信的推广和普及。

（二）道路交通

1. 筹修新疆、蒙古等处铁路

新疆地区修筑铁路的动议发端于光绪六年（1880 年），当时清朝与沙俄正就《伊犁条约》进行交涉。刘铭传上疏请改变新疆无一寸铁路可使西北"筋络运输"的局面。其后光绪三十二年（1906 年）二月间内阁中书钟镛条陈蒙古事宜十四条中又包括蒙古地方借

---

① 《代理川滇边务大臣傅嵩炑奏边防经费支绌西藏安设电线无款划拨折》，《政治官报》，奏折类，宣统三年六月十七日，第 1328 号，第 279 页。

② 《度支部会奏遵议川滇边务大臣奏经费支绌西藏安设电线无款划拨折》，《内阁官报》，奏折类，宣统三年七月初三日，第 3 号，第 413 页。

③ 《申报》，宣统二年八月初六日第一张第三版，第 108 册第 130 页。

④ 李鸿章：《李文忠公全集·奏稿》卷 54，台湾文海出版社 1980 年版。

款筑路项。[①] 同年政务处会议库伦等处重大事宜时，也将铁路包括其内。[②] 而该年九月调查完蒙古事宜的肃亲王善耆亦向朝廷提出经营蒙古八策，铁路列为第五项内容。[③] 稍后光绪三十三年（1907年）报界又报道肃亲王更为具体的筹划蒙古铁路办法。[④] 该年九月黑龙江巡抚程德全在议复岑春煊统筹西北各折中更特别强调了铁路交通对清朝巩固西北边陲的重要性："窃谓规划近边，固宜藉行省为交通之计，经营远塞，尤当主交通为根本之图，宜先筹巨款，以定方针，尤宜先储边才，以图宏□。""伏查西北各蒙，除热河、绥远、察哈尔三处，环供神京，往来皆极便捷外，至□乌里雅苏台、库伦、科布多、阿尔泰山、西宁、西藏等处，□□穷沙绝域，路远天寒"，"应先利交通，以舒血脉，则一切兴革，皆有下手之方，拟请就京张铁路自张家口修一干路越西二盟直连库伦，再由库伦筑至乌科两城，□脉络连贯，风息灵捷；新疆地接诸蒙，亦应注意经营，拟由嘉峪关修□以连吐鲁番，由吐鲁番再分两枝，一由天山西连伊犁，一由天山南路而连喀什噶尔□□，则内外蒙古皆□铁路，可资转输，设官□机务灵通，垦荒□人民辐辏，兴学练兵则教员将弁具可联翩而至"[⑤]。

与之对应，清朝官方也开始寻求应对方略。如光绪三十二年(1906年)，邮传部规划过由内地通往西北的两条铁路干线：一条由洛入潼至西安，走固原抵兰州，西经甘凉出嘉峪关而达新疆；一条由张家口西趋归化至外蒙古科布多以达新疆。在新疆境内则拟建喀吐线（自喀什噶尔经巴楚、阿克苏、库车、焉耆至吐鲁番）和伊

---

① 《清德宗实录》卷554，光绪三十二年二月庚子。

② 《广益丛报》1906年4月第18期，第4页。

③ 《清德宗实录》卷564，光绪三十二年九月辛亥。

④ 《广益丛报》1907年第132期，第3页。

⑤ 中国第一历史档案馆藏：《副都统暂署黑龙江巡抚程德全奏为遵旨议复统筹西北全局交通要政各款固边变通办法事》，光绪三十三年九月初六日，《军机处录副奏折》，档号：03－5620－016，缩微号：423－2951。

迪线（自伊犁经晶河、乌苏、绥来、昌吉至迪化）。光绪三十三年（1907 年）清朝派道员黄中慧协同伊犁将军及新疆巡抚向上海英商宝林公司借款，用以修筑伊犁至兰州的伊兰铁路。可惜由于清季动荡的政局和国力的空虚，这些良好的设想几经尝试，却最终未能付诸实现。

另外，光绪三十二年秋，清朝又派邮传部调查库恰路线情形，决定自行修筑，以杜俄方觊觎，并勘得修筑路线，即以外蒙古土谢图汗部之库伦为起点，北行经右翼右末旗、右翼左末旗、买卖城等处而达恰克图，全长约六百里，修筑经费约六百万元，拟由库伦、恰克图两处茶税充办。不敷之处，由度支部拨给。其路权归官，不准商办。[①] 但清朝真正筹拟修筑蒙古铁路一事直到光绪三十四年（1908 年）才有所进行，即随着蒙古各部边疆危机的增强，清朝力图通过修筑西北边陲各铁路巩固边疆安全。尤其是俄方对中国蒙古地区铁路的垂涎更使朝廷及时人做出反应，去应对俄驻库伦领事提出的“张库恰铁路应早修筑，如中方无钱，俄方愿意出资以利商运”的要求。[②] 为此，光绪三十四年二月，陕甘总督升允代奏了宁夏府知府赵惟熙关于修筑西北铁路的建议，计划分筑两条干路，一条由张家口至库伦，为东干；一条由张家口至绥远城逾蒙古过凉州出关至伊犁，为西干。宣统元年邮传部会奏此事，承认张库一线的重要性，并称已奏准俟京张铁路筑成后，再展达库伦、恰克图。[③] 同年闰二月邮传部又在上奏朝廷的“按年筹备要政分册”中对西北铁路进行规划，即第二年勘测张绥、张库路线，第三年勘测库伦至恰克图北干线。[④] 至宣统二年（1910 年）报界又报道了清朝议修蒙

---

① 《申报》宣统二年二月初五日第一张第一版，第 105 册第 229 页。

② 《游蒙日记》，引自中国社会科学院中国边疆史地研究中心主编《清末蒙古史地资料荟萃》，全国图书馆文献缩微复制中心 1990 年版，第 642 页。

③ 赵尔巽编：《宣统政纪》卷 7，宣统元年正月戊申，辽海书社 1934 年版。

④ 赵尔巽编：《宣统政纪》卷 10，宣统元年闰二月戊戌，辽海书社 1934 年版。

古哈密至西藏运煤铁路计划。[①] 同年十一月，陕甘总督长庚又向朝廷奏请修筑归化城至新疆铁路即“归新铁路”，北通科布多、乌里雅苏台，西北经布伦托海可达阿勒台山，总计全长六千一百七十里，经喀尔喀土谢图汗、三音诺颜、扎萨克图汗三部南境和天山北路。邮传部会奏时认为，修筑以上铁路，必须借款，而将来如何筹还本利，应俟筹有办法后再施行。[②] 稍后十二月，资政院又上奏议决修筑蒙古铁路事，计划修筑三条，一曰张恰铁路，贯通内外蒙古，为由南至北第一要道；一曰张锦铁路，即由张家口经多伦厅，赤峰州，朝阳府至锦州；一曰库伊铁路，自东至西，贯通外蒙古，由库伦经乌里雅苏台、科布多至塔尔巴哈台、伊犁，为外蒙通新疆要道。[③] 以上各铁路为国防计，不可少，但经费难酬，修筑不易。时人认为张恰、张锦二路，应从速筹办。[④] 此等议案出台后，立即引起报界热议。[⑤] 直到宣统三年（1911 年）二月，库伦办事大臣仍电请朝廷，速修张库铁路。[⑥] 朝廷让军咨处会议政务处将其归入荫昌等前奏，分别酌核妥议具奏。[⑦] 与之对应，陆军部也拟修筑张库铁路，计划三年成功，但报界对此亦深表怀疑。[⑧]

2. 筹建蒙古汽车公司

除筹建铁路外，此间影响最大的是试办蒙古汽车公司。晚清，随着外蒙局势巨变，库伦等处对中国边疆安全显得尤为重要。尤其是中东铁路的通车，为俄方侵入中国三北边陲提供了更为便捷的交

---

① 《申报》，宣统二年四月二十四日第一张第五版，第 106 册第 503 页。

② 赵尔巽编：《宣统政纪》卷 45，辽海书社 1934 年版，宣统二年十一月戊午。

③ 《国风报》1910 年第 1 卷第 29 期，第 82 页。

④ 赵尔巽编：《宣统政纪》卷 46，辽海书社 1934 年版，宣统二年十二月辛巳。

⑤ 《民立报》1910 年 12 月 4 日，新闻一，第 0350 页。

⑥ 中国第一历史档案馆藏：《奏为议决提议修筑蒙古铁路情形事》，宣统二年十二月十一日，《军机处录副奏折》，档号：03－7566－032，缩微号：562－1077。

⑦ 《三多库伦奏稿》，引自中国社会科学院中国边疆史地研究中心主编《清末蒙古史地资料荟萃》，全国图书馆文献缩微复制中心 1990 年版，第 442 页。

⑧ 《申报》，宣统三年五月二十五日第一张第三版，第 112 册第 883—884 页。

通途径。但中方边疆形势却相形见绌，口外至库伦交通不便，运费昂贵，极不利于巩固边圉。此点《库伦日记》作者于宣统元年（1909年）间游历库伦后曾有过披露：即张家口至库伦“迩来坐驼一只”“脚价七十余金，货驼四五十金，车一辆”“脚价三十余金”，均“约两月余方克库”，故百货腾贵，较前动加一倍。[①] 光绪三十三年夏，法人又在外蒙地方搞赛车会，自张家口至库伦三千路程，仅用四日行程，这更深深刺激了中国官商各界。同期，朝廷又多次发布上谕，要求管理蒙古各地将军大臣都统等劝办实业，实心提倡，以开风气而挽利源。[②] 在此等背景下，察哈尔商务总局保升直隶州知州赵宗诒遂会同张家口商会总理区茂洪等，联名向察哈尔都统上呈试办蒙古汽车公司事，上呈了《创办蒙古汽车公司章程》，拟定名为中国蒙古汽车公司，由创办人、口外电局人员及张库体面巨商集股十万两组成股本，主要运送行人信件与货物。他们拟先购车两部，试行张库之间，每人初收车费三十两，一个月后减为二十两。发起人要求给予专利年限，十五年内不准他商介入。该都统为此上奏朝廷，请求允许，并称设立此公司乃“取他人已行之陈法，保中土自有之主权”[③]；车行地段，遵循电报线路，“非孔道”“无窒碍”[④]。朝廷对此非常重视，让邮传部、理藩部妥议。理藩部为此

---

① 中国社会科学院中国边疆史地研究中心主编：《清末蒙古史地资料荟萃》，全国图书馆文献缩微复制中心1990年版，第605页。

② 中国第一历史档案馆藏：《奏为华商创办蒙古汽车公司恳请专利年限事》，光绪三十三年十二月十四日，《宫中朱批奏折》，档号：04－01－01－0971－038，缩微号：04－01－01－144－1461。

③ 中国第一历史档案馆藏：《奏为华商创办蒙古汽车公司遵章恳请专利年限以兴实业而利交通事》，光绪三十三年十二月十四日，《军机处录副奏折》，档号：03－9659－104，缩微号：689－0271。

④ 中国第一历史档案馆藏：《奏为华商创办蒙古汽车公司恳请专利年限事》，光绪三十三年十二月十四日，《宫中朱批奏折》，档号：04－01－01－0971－038，缩微号：04－01－01－144－1461；台北“中研院”近代史所档案馆藏：《外务部全宗》《邮电系列》《电汽车业宗》《创办蒙古汽车公司件》《具奏职商开办蒙古汽车公司抄录奏稿章程咨请立案由》，光绪三十三年十二月二十七日，馆藏号：02－02－008－04－001。

咨询库伦办事大臣，令其切实倡导，并劝导蒙古王公出资入股。[1]当他们将章程咨送库伦办事大臣延祉后，延祉让外蒙古车图及库伦商上三处核议，三处均表反对。[2]尽管反对，但邮传部和察哈尔都统仍不放弃，多次致函延祉，让开导各蒙古。为此该大臣拟于光绪三十四年（1908 年）六月各盟汇聚库伦时，再为开导。但不久后察哈尔都统等所拟办法却激怒了延祉，即发起方不仅拟开张家口至库伦汽车路段，亦建议朝廷让库伦地方承办库伦至恰克图恰段。发起方本想用此等"让利"方式劝服外蒙古，但此际外蒙各部乃致库伦办事大臣等均无此雄心，更未筹及此等利源，且对对方得陇望蜀做法极为不满。[3]外务部接库伦办事大臣电函后，于同月二十日回电称，所谓本案牵及库恰事，外务部不知，应由邮传部查复。[4]同月二十五日外务部又致函邮传部，告知此事，让对方查复库恰汽车事，并回复延祉。[5]光绪三十四年八月十四日邮传部告之外务部密查结果，即"现据查复禀称，张库行驶汽车，群知获利，集议之初，本埠争认附股，当时已有溢额折收之憾"；"查此事为张库铁路先遵导，既经查明，确系华人股本"，"自宜从速开办，以利交通"。即此次查明结果除强调股本系华股、外人不干预外，对外蒙古各部反对各事并无回应，却仍强调了要开此项汽车线路。[6]如此做法进

① 《申报》光绪三十四年二月二十七日，第三张第三版，第 93 册第 378 页。

② 台北"中研院"近代史所档案馆藏：《张库开办汽车牵及库恰窒碍甚多如何办理请示遵由》，光绪三十四年六月十八日（1908），《外务部全宗》，《邮电系列邮电杂件宗》，《张库开办汽车案册》，馆藏号：01－09－016－03－007。

③ 台北"中研院"近代史所档案馆藏：《外务部全宗》《邮电系列电汽车宗》《蒙古汽车事》，光绪三十四年六月十八日（1908），馆藏号：02－02－008－04－002。

④ 台北"中研院"近代史所档案馆藏：《外务部全宗》《邮电系列电汽车宗》《张库汽车事》，光绪三十四年六月二十日（1908），馆藏号：02－02－008－04－003。

⑤ 台北"中研院"近代史所档案馆藏：《咨邮传部张库汽车事希查核径复延大臣由》，光绪三十四年六月二十五日（1908），《外务部全宗》《邮电系列》《邮电杂件宗》，馆藏号：01－09－016－03－008。

⑥ 台北"中研院"近代史所档案馆藏：《查复创办蒙古汽车一案宜从速开办由》，光绪三十四年八月十四日（1908），《外务部全宗》《邮电系列电汽车宗》，馆藏号：02－02－008－04－005。

一步激起各蒙旗抵制，其后车盟图盟各王公扎萨克及沙毕衙门再次联合上呈朝廷，称“蒙人以牧放牲畜度日，汽车行走如飞，恐与人畜有碍”。因外蒙各部极力反对，至宣统元年八月间邮传部也不得不公开表态，决定放弃此事。其向朝廷奏复此事时就称：“汽车果便交通，蒙民虽愚或不至终于固执。惟查此项无轨汽车，便于短路，是非有利长途。偶然比赛，自与营业不同，不计盈亏。”“察哈尔至库伦计程约三千里，间经戈壁，若节节设立行店，以备随时住客修车，则经费既巨，贸易无多，支持恐非易易。”赵宗诒所请“各节，殆未深考，自应暂无庸议”[1]。至此由内地商人集股筹设蒙古汽车公司一事终以失败告终，朝廷和邮传部虽以此项实业之实施条件不够作为解释终止此项计划的理由，而实际上仍归因于外蒙各部的反对以及朝廷无力解决这一问题。

察哈尔商界拟办张库汽车公司计划虽因蒙部反对无果而终，但忧国忧时者鉴于蒙古“民智闭塞，实业不振，而路矿等项又恒为他人所占”的巨大憾事，终不愿放弃。[2] 宣统二年（1910 年）三月理藩部又向朝廷上奏蒙古王公等拟办蒙古实业公司事，即据科尔沁扎萨克和硕博多勒噶台亲王阿穆尔灵圭呈报称，欲以本地绅耆因势利导开内外蒙古利源，拟召集股本，创办蒙古实业公司，振兴蒙古实业，以期通化榛（木秦）荒。公司主要业务仍想发展交通。[3] 如宣统二年六月初五日《申报》就报道了蒙古实业有限公司更新进展，颁布了简章，但首要业务仍在于发展交通，即“开办之初必先求利便交通，然后可以着手营业，故本公司第一节营业即为兴办张恰无轨汽车”，为此公司拟招股库平银一百万两。该无轨汽车经张家口、坝上、湾江、乌德、图林、库伦、恰克图，计约五日路程。一百万

---

① 《交通官报》1909 年第 3 期，第 13—14 页。

② 《大同报》（上海）1910 年第 14 卷第 16 期，第 14 页。

③ 《政治官报》宣统二年四月初九日第 914 号，第 164—165 页。

两分为一万股，每股一百两为一正股，十两为一零股，创办人认领一千股，其余九千股均属招股，只允中国人认领，不允洋人参与。[①]宣统二年九月阿穆尔灵圭等向朝廷呈报公司成立事项，发起人有那彦图、贡桑诺尔布、塔旺布里甲拉、苏珠克图巴图尔、帕勒塔、博迪苏，定于九月初十日正式开办和收股。[②] 九月初十日下午，该公司在灯市口德昌饭店举行开幕式，凡驻京蒙古王公均莅临，朝廷亲贵亦有十余人到会。先由科尔沁亲王发表演说，其后赞助人涛贝勒、喀喇沁亲王、盛宣怀等亦发表演说，强调振兴蒙古实业重要性。[③] 稍后该公司又上呈邮传部，要求协助提倡。[④]

此次各蒙古王公兴办蒙古汽车公司似较前次动作大，阿穆尔灵圭不仅游说朝廷，而且要求京外各衙门遇事维持，减少阻力。[⑤] 尽管如此，但报界仍有担忧。[⑥] 此等顾虑不无道理，至宣统三年（1911 年）闰六月，有报道称张库电车暂行作罢，即“张库电车，久已筹有端倪，日前库伦办事大臣三都护即拟实行，先购自动电车两乘，通行于库伦张家口之间，庶几平时便于交通，战时可资输送。乃于日前派库伦兵备处科长科员各一人，实地视察该路情形，闻该路崎岖宽窄不等，非大加修筑，不能通行，而全路线又过长，因之需费甚巨，不得已暂作罢论矣”[⑦]。也正如此，原蒙古实业有限公司于宣统三年闰六月间第一次募股时，并未能按原计划开通张恰汽车，而是扩充分公司，并将公司发展计划改为在乌里雅苏台及库伦两处讲求制革事宜。[⑧] 尽管由公司承办无轨电车事未能如愿，但

---

① 《申报》宣统二年六月初五日，第二张第一版，第 107 册第 185 页。
② 《申报》宣统二年九月初五日，第一张第三版，第 108 册第 578 页。
③ 《国风报》1910 年第 1 卷第 26 期，第 104 页。
④ 引自《申报》宣统二年九月十六日，第三张后幅第一版，第 108 册第 765 页。
⑤ 《大同报》（上海）1910 年第 14 卷第 16 期，第 14 页。
⑥ 《丽泽随笔》1910 年第 1 卷第 16 期，第 5 页。
⑦ 《申报》宣统三年闰六月初四日，第一张后幅第一版，第 113 册第 467—468 页。
⑧ 《申报》宣统三年闰六月十八日，第一张第五版，第 113 册第 697 页。

宣统三年后朝廷和库伦大臣并未完全停止此等筹划，报界曾对此有所报道："去岁库伦兵备处总办唐君携眷赴差时，同行二十余人，费川资六千余金，每人达三百金之多，可谓奢矣。陆部有鉴于此，特电张君一爵在德国定购汽车两架，以图便利交通，闻张君得电后业已购定价一千四百两每架，可乘二十三人，每小时能行三十里，每百里需煤油精十六斤，每斤需银一钱，此车五月始可抵境，又闻张家口至库伦道路只有山路六十里，稍为崎岖，余皆平坦，易于修葺，略加铺平，即可行车，修路工程费用，约计万金，张君已与蒙古实业公司筹商一切，以便通力合作，早达目的。"[①] 宣统三年（1911 年）七月三多又奏请朝廷，请将已革商卓特巴报效银二万两作为修路急需，请求朝廷允许。[②] 但很快库伦局势发生巨变，一切新政被停，举办张库汽车事无果而终。

3. 西南铁路的筹建

中法战争后，清廷开放龙州、蒙自为通商口岸，法国要求修建铁路通我国广西、云南腹地，遭到清廷拒绝。中日甲午战后，法方又开始实施修筑铁路计划。光绪二十三年至光绪二十五年间（1897—1899 年），法国开始修筑自河口至昆明的铁路，全长 1200 余里，于宣统二年（1910 年）通车。[③] 与此同时，英方长期以来也想修筑自缅甸经我国大理、昆明至四川的铁路，遭到云南各界的反对，英方图谋终未得逞，中方自修该路的计划在晚清时段内也未实现。

五　晚清后边疆地区的移民

晚清后，随着边疆危机的增强，移民实边成了拯救边疆危机的

---

① 《申报》，宣统三年三月二十三日，第一张后幅第二版，第 111 册第 821 页。

② 《三多库伦奏稿》，引自中国社会科学院中国边疆史地研究中心主编《清末蒙古史地资料荟萃》，全国图书馆文献缩微复制中心 1990 年版，第 415 页。

③ 陈真：《中国近代工业史资料》第三辑，生活·读书·新知三联书店 1961 年版，第 618 页。

一项主要对策，并被时人一再呼吁。如康有为在《公车上书》中就称：中国东北、西北边疆地区地广人稀，“人迹既少，地利益以不开，则谋移徙，可以辟利源，可以实边防，非止养贫民而已”[①]。光绪三十三年（1907年）《东方杂志》又发表了《论移民实边之不可缓》的文章。[②] 在此等背景下，尤其是随着内地生存压力的增大，移往边疆地区的内地百姓更多。

（一）西北、东北边疆地区

晚清后的新疆地区因受阿古柏等叛乱及沙俄侵略的影响，除巴里坤外，全疆失陷十四年。兵荒马乱下，人亡地荒。[③] 后经多方招徕，新疆人口才逐渐回升。据光绪十三年（1887年）查报，镇迪、阿克苏、喀什噶尔三道共有人口1238583人，其中有汉族66441人。光宣之际，人口又有增长，约达200万人，创入清以来人口统计最高纪录。晚清后，内外蒙古地区的移民也在增长，如内蒙古的口北三厅中的张家口厅、独石口、多伦诺尔，光绪九年的户数分别为2.4万户、0.56万户、0.9万户。[④] 据称，至19世纪初内蒙古地区总人口约为215万人，其中汉族100万人。又据1912年公布的宣统年间民政部调查数目，内蒙古蒙古族人口为87万人，汉族人口约为155万人。100年间，汉族人口增加了55万人。[⑤] 至19世纪60年代，据称活跃于整个外蒙古地区的内地商民大小商号约有500家，总人数达20余万人。

晚清后，东北地区移民也在增长，据户部清册，咸丰元年

---

① 《戊戌变法》第2册，神州国光社1953年版，第146—147页。

② 《东方杂志》，光绪三十三年七月二十五日，第四卷第七号第121页。

③ 葛剑雄主编，曹树基等著：《中国移民史》第6卷，福建人民出版社1997年版，第495页。

④ 葛剑雄主编，曹树基等著：《中国移民史》第6卷，福建人民出版社1997年版，第504页。

⑤ 马汝珩、成崇德主编：《清代边疆开发》，山西人民出版社1998年版，第360页。

(1851 年）辽宁人口为 258.1 万人，同治元年增至 284 万人，至光绪二十三年（1897 年）又增加到 496 万人。而 1908 年猛增到 1100 万人，比两年前的户部清册多出了 600 万人，显然增加的主体为新移民。[①] 嘉庆二十五年（1820 年）吉林总人口为 56.7 万人，按照清代中国人口千分之十的年均正常增长率计算，至宣统三年（1911 年）该省应该只有 132 万人，但实际上该年的吉林省人口已达 553.8 万人，其中多出的 422 万人，应为清代后期放垦后迁入的移民及后裔。宣统三年黑龙江人口也达到 322.1 万人。[②]

（二）西南边疆地区

晚清后贵州地区移民仍在增多，如太平、庆远二府 18 世纪初仅各有人口 2.24 万人、3.6 万人，但至 19 世纪上半叶分别达到了 30.15 万人、48.86 万人。据有学者称，桂西北地区的宜山、河池、思恩（今环江）、天河（今罗城）等县，从雍正初年到光绪三十年（1904 年），人口分别增长了 105 倍、40 倍、115 倍，甚至高达 350 倍。[③] 嘉庆、道光年间云南移民亦在增长，如昭通、东川、元江、镇沅、景东、普洱、临安、开化、广南，六府、州、厅合计总人口约为 174.4 万人，其中移民人口达 83.9 万人。加上镇沅、昭通、东川等地的移民，移民人口达到 100 万人。[④] 即约在嘉庆、道光之际，迁入云南山地的农业移民至少有 130 万人。如再加上 100 万左右的矿山工人和他们的家属[⑤]，则达到 230 万人。广西人口在道光

---

① 葛剑雄主编，曹树基等著：《中国移民史》第 6 卷，福建人民出版社 1997 年版，第 499 页。

② 葛剑雄主编，曹树基等著：《中国移民史》第 6 卷，福建人民出版社 1997 年版，第 501—502 页。

③ 胡焕庸等：《中国人口地理》下册，华东师范大学出版社 1986 年版，第 278 页。

④ 葛剑雄主编，曹树基等著：《中国移民史》第 6 卷，福建人民出版社 1997 年版，第 168 页。

⑤ 葛剑雄主编，曹树基等著：《中国移民史》第 6 卷，福建人民出版社 1997 年版，第 170 页。

末年时为830万人，至宣统二年约为850万人[①]，没有太大的增长，主要原因是清代后期广西省内多天灾人祸等。[②]

六　内外贸易的发展与对外交流的增强

20世纪初俄人克拉米息夫在总结清代内外蒙古地区的内地商民贸易特点时曾称："中国商人所有之店铺遍散于全蒙古各地"，"如网一般的常住店铺以及如网一般的流行小贩，故能使此等大商号稳执蒙古市场之牛耳。"[③] 事实上晚清时段中国边疆地区内地商民的商贸网络确如一张大网，不仅紧密联系着中国内地的东西南北的"丝路"，而且也是亚欧国际贸易"陆上丝路"体系中的重要主体与环节。

（一）边疆地区与内地间的交流

清代以内外蒙古为代表的边疆地区中的不少城镇在内地与边疆地区的交流中发挥着巨大的作用。即以蒙古地区为例，其代表者如内蒙古"东口"的张家口、"西口"的归化城、东蒙古的多伦诺尔（简称庙）；外蒙古的库伦、乌里雅苏台、恰克图等。

清代的张家口不仅是确保内地宣化、大同安全的"致命之咽喉"，更为库伦与内地商品往来的重要通道。有清一代，张家口均"为南北交易之所，凡内地之牛马驼羊多取给于此"[④]，它是紧密联系内地与库伦、恰克图等外蒙古地区的重要枢纽。清代晋商正是以大同为中心，将张家口称为"东口"，"归化城"称为"西口"。为此，旅库商民的总号多设在张家口。张家口也就成为旅蒙商人进出

---

① 胡焕庸等：《中国人口地理》下册，华东师范大学出版社1986年版，第278页。

② 胡焕庸等：《中国人口地理》下册，华东师范大学出版社1986年版，第278页。

③ ［苏］克拉米息夫：《中国西北部之经济状况》，王正旺译，商务印书馆1934年版，第181页。

④ 乾隆《闻见瓣香录》甲卷《张家口》。

口贸易的重要枢纽，这些商人先在张家口完税，然后才前往库伦等处。晚清时段内，每年经张家口运往外蒙等地的绸缎、茶叶、烟草、糖果等生活必需品，累积约银二千零八十三万两，由外蒙地区输入张家口的各种毛皮、牲畜、药材等产品，约合银一千七百六十七万两。[①] 至清末，“张库通商日繁一日，每年进出口约合口平银一万二千万两”[②]。从张家口出口到外蒙古的货物主要有“东生烟、砖茶、鞍韂 、皮靴、河南绸、铜铁杂货之类”[③]。例如茶叶贸易，在整个蒙古北部销售茶叶的商民都将自己主要货栈集中设在张家口内的买卖城。这些商行中最大的几家有祥发永、匡全泰、恒隆广、大盛裕、裕庆成、兴隆永、万庆泰、公和全等。他们从张家口运往蒙古的茶叶数量非常大，运往恰克图的砖茶达三万箱，运往库伦和北蒙古其他地方的厚砖茶达一万五千箱。[④] 成书于宣统元年左右的《游蒙日记》更详细地记载了张家口与内外蒙古乃至中外之间的商贸往来情况。书称：“万全县城内就口上商会论之，俄设道胜银行，英德设皮毛行，共十七家，均华人充买办。中国上下堡商一千零三十七家……出口货，烟、茶、油为大宗，酒、米、面、糖、枣、瓷器、铁器及杂货、绸缎、洋布等次之，运销库伦、恰克图、乌里雅苏台、科布多、乌梁海等处。而口外出产如驼马、牛羊及各色皮张、毛片、蘑菇并蓝白两旗之碱，乌珠穆沁之青盐，东西苏泥特之白盐，均为入口转售宣府十属三厅及京津、山西一带之货。”“口上设细皮作坊……而鹿茸一项，口上

---

① 宣统《商务官报》第7册，1909年；转引自邵继勇《明清时代边地贸易与对外贸易中的晋商》，《南开学报》1999年第3期，第62页。

② ［俄］阿·马波兹德涅耶夫：《蒙古及蒙古人》第1卷，刘汉明等译，内蒙古人民出版社1989年版，第704—705页。

③ ［俄］阿·马·波兹德涅耶夫：《蒙古及蒙古人》第1卷，刘汉明等译，内蒙古人民出版社1989年版，第704—705页。

④ ［俄］阿·马·波兹德涅耶夫：《蒙古及蒙古人》第1卷，刘汉明等译，内蒙古人民出版社1989年版，第704—705页。

设有专庄，广东、太谷帮收买金沙一项，口庄派夥赴蒙界及俄境购来，由口融成金条，销售京津一带。”①

“西口”归化城（即呼和浩特）在“长城之北，地当冲要之区，内外蒙古孔道之地。贸易内外蒙古诸商业，亦以该城为最大。每年交易金钱在一千余万，是诚为商务辐辏之要点”②。归化城的商业大多依赖外蒙古，“全借阴山以北之外蒙古出产，借资贸易，每年出入款项不下三千余万”③。至19世纪90年代，归化城的商业开始发生变化，主要从事蒙古草原上的批发贸易，归化城也变成了联系内地与口外的中转站。对此，时人曾有如下评述：“归化城之所以具有特别重要的意义，从来就并非由于本地的贸易，而是由于这个城市对中国与其塞外的各个领地进行贸易的所有商品来说，是个极为重要的转运站和存放货物的地方。”④ 有清一代，归化城的旅蒙商民，主要分为两大类，“大外路”和“小外路”⑤。“大外路者”主要指大盛魁、天义德、元盛德、万利号等大的商铺，他们的主要去向是外蒙库伦、乌里雅苏台等方向。如万利号，总号在天津，分号则在库伦、奇台、归化、宁夏、宣化、承德、锦州、张家口、包头镇、乌里雅苏台，分行则在北平、上海、恰克图及俄国之莫斯科、乌丁斯克、赤塔、伊尔库茨克等处。“小外路”主要指中小旅蒙商，他们主要前往内蒙古地区。“大外路”的大盛魁、元盛德、天义德、义和敦等同外蒙古库伦有着密切的商务联系。如大盛魁，

---

① 《中俄蒙三方恰克图会议录（1914年9月—1915年3月第二十七次会议录附章）》，民国四年一月二十六日，转引自吕一燃等编《北洋政府时期的蒙古地区历史资料》，黑龙江教育出版社2014年版，第98—100页。

② 铁汉：《归化之蒙古商务观》，《山西实业报》1912年第1卷第20期，第5页。

③ 《口外商务之变象》，“本省纪闻”，《山西实业报》1912年第1卷第11期，第1页。

④ ［俄］阿·马·波兹德涅耶夫：《蒙古及蒙古人》，第2卷，刘汉明等译，内蒙古人民出版社1989年版，第92页。

⑤ 内蒙古政协文史资料研究委员会：《旅蒙商大盛魁》，《内蒙古文史资料》第十二辑，内部发行1984年，第9页。

自雍正年间在归化城开业，“到民国十八年（1929年）宣告歇业，其间二百余年，大盛魁的掌柜们就是在这里坐镇指挥，把从全国各地贩运来的货物，经归化城缴纳税款，领取票照，运往外蒙各地销售，再把外蒙贩运回来的牲畜和畜产品，经归化城转运内地营销”①。另据19世纪90年代俄人考察记载，每年归化城里的大盛魁同蒙古的贸易额不下九百万两或千万两白银，元盛德同各蒙古的贸易额也近八百万两，天义德近七百万两，义和敦近五六百万两。以上商号均有自己专门驯养的驼队，从事内地与各蒙古之间的运输活动。他们开在蒙古店铺里的货品繁多，远超归化城，可谓应有尽有。“如茶叶、绸缎、布匹、皮货、铁器，还有木器和其他货物。”他们从库伦等蒙古换回的货物首先是“骆驼、马、牛和羊，这些牲畜都在呼和浩特卖出”②。除此之外，从北部蒙古运往归化城的还有木材，这些木材绝大多数都是由经营木材的商人采运的。③ 总之，即使至19世纪90年代，近代交通和城市发展已经开始影响到归化城，但这里仍然是联系库伦等外蒙古的重要枢纽，是各类商人来往于口外和内地的“西口”；同时这里也仍是“一个聚集着不少巨贾富商的地方，他们在这里作着百万巨额的生意，总共卖出十万多箱茶叶，将近一百万匹布及其他物品”④。

东蒙古的多伦诺尔（也简称多伦或诺）“地处蒙古高原南端，居内外蒙古适中位置，西南到张家口、独石口；北连锡林郭勒草

---

① 杜晓黎：《归化城与蒙古草原丝路贸易》，《内蒙古文物考古》1995年第Z1期，第44—45页。

② ［俄］阿·马·波兹德涅耶夫：《蒙古及蒙古人》，第2卷，刘汉明等译，内蒙古人民出版社1989年版，第97—97页。

③ ［俄］阿·马·波兹德涅耶夫：《蒙古及蒙古人》，第2卷，刘汉明等译，内蒙古人民出版社1989年版，第102页。

④ ［俄］阿·马·波兹德涅耶夫：《蒙古及蒙古人》，第2卷，刘汉明等译，内蒙古人民出版社1989年版，第103页。

原、恰克图”[1]，“距库伦”约七百公里。[2] 康熙后，多伦诺尔和库伦的关系非常密切，雍正十年（1732 年），朝廷为征讨准噶尔、防止准噶尔部侵扰外喀尔喀，将库伦二世活佛哲布尊丹巴移驻多伦诺尔。其后二世、三世活佛均经常来往于外喀尔喀草原和多伦诺尔之间，也正如此，进一步活跃了库伦与多伦诺尔之间的商业贸易与往来。如乾隆六年（1741 年），当哲布尊丹巴最终移回外喀尔喀时，为安顿从库伦前来并留居多伦诺尔的商民，地方当局就在“旧营东北建新盛营，建有柔远、宁人、阜财、裕本、通利 5 条街道”。正是由于多伦诺尔是前往外喀尔喀尤其是库伦地方的重要商镇，朝廷于乾隆十四年（1749 年）规定：凡内地商民前往蒙古各部贸易，应由“多伦诺尔”等处同知验明人数，“给以印票，并将年貌、姓名、车数详载于册，以便回日核对”[3]。嘉庆、道光年间，多伦诺尔买卖城买卖最盛时，商号“约有三千家之多”[4]。道光至光绪年间（1821—1908 年），该地有“商号 4000 家，殷实商号 3000 多家，每年牲畜交易额多达 3000 万两银”[5]。这里有着众多的“粮店、盐店、茶庄、口庄、关东庄”。其中口庄就从很远的库伦、恰克图等处运来象皮、牛皮、回绒、哈罗等来此贩卖。[6] 而位于兴隆街的茶叶、粮食（如面粉）、布匹和杂货的批发货栈[7]，与库伦等北部蒙古地区密切相连，它们从张家口或内地把茶叶、面粉、布匹等运往

① 刘爽：《蒙古边城多伦诺尔兴衰及其原因》，《多伦文史资料》第三辑，政协多伦县委员会 2008 年，第 215 页。

② ［俄］阿·马·波兹德涅耶夫：《蒙古及蒙古人》，第 2 卷，刘汉明等译，内蒙古人民出版社 1989 年版，第 330 页。

③ 乾隆《大清会典则例》卷 114《兵部·关禁》，台湾商务印书馆 1983 年版。

④ 刘钟菜：《多伦诺尔厅调查记》，《东方杂志》1912 年第十卷第十一号，第 39 页。

⑤ 多伦县志编辑委员会编：《多伦县志》，内蒙古文化出版社 2000 年版，第 385 页。

⑥ 《多伦诺尔记》（录《岭东日报》译日本剑虹生原著），《东方杂志》第十期，第 133 页。

⑦ ［俄］阿·马·波兹德涅耶夫：《蒙古及蒙古人》，第 2 卷，刘汉明等译，内蒙古人民出版社 1989 年版，第 330 页。

库伦、恰克图。这样的店铺最多时有四十家，都是自己“到中国内地去拉货的”。其中仅茶栈，该处就有三家，“运进的茶叶中数量最多的是砖茶，达两万五千箱到三万箱之多”①。除此之外，多伦诺尔的小茶商主要也去库伦等外蒙古地方做零售生意，他们首先从多伦诺尔的大货栈中批发茶叶，再运销喀尔喀即库伦方向，特别是车臣汗部。② 每年春夏之交，正是要大批量地向外蒙古库伦方向运送茶叶，多伦诺尔的“所有最强壮的公牛都要被赶到张家口去装茶叶运到库伦，再运到恰克图去”③。面粉等也从多伦诺尔运往库伦。④ 另外，来自广东方面的酒、油之类，也经多伦诺尔，最终运向外喀尔喀库伦方向。当这些商人从库伦等外喀尔喀归来时，又运回牲畜、毛皮等，作为回头货。如牲畜一项，1891—1892 年，由多伦诺尔输往中国内地的马就达七万匹，牛有四万头，羊则有三十五万只至四十万只之多。这些牲畜主要也来自外蒙古的车臣汗部，是由商民用以货物换取牲畜的方式换来的。另外，这些商民还从“班第达寺以北的北部蒙古”，运来毛皮。⑤

恰克图在库伦北七百二十里处，这里是内地和蒙古草原绝大部分货物行销俄方的重要据点。雍正五年（1727 年），“中俄订立恰克图界约，议定于库伦楚库河等处边界安设卡伦，乃迁于卡伦外之恰克图为互市之中心点，是为恰克图通商交涉之始”⑥。恰克图的货

① ［俄］阿・马・波兹德涅耶夫：《蒙古及蒙古人》，第 2 卷，刘汉明等译，内蒙古人民出版社 1989 年版，第 340 页。

② ［俄］阿・马・波兹德涅耶夫：《蒙古及蒙古人》，第 2 卷，刘汉明等译，内蒙古人民出版社 1989 年版，第 340 页。

③ ［俄］阿・马・波兹德涅耶夫：《蒙古及蒙古人》，第 2 卷，刘汉明等译，内蒙古人民出版社 1989 年版，第 326 页。

④ ［俄］阿・马・波兹德涅耶夫：《蒙古及蒙古人》，第 1 卷，刘汉明等译，内蒙古人民出版社 1989 年版，第 142 页。

⑤ ［俄］阿・马・波兹德涅耶夫：《蒙古及蒙古人》，第 2 卷，刘汉明等译，内蒙古人民出版社 1989 年版，第 343—344 页。

⑥ 《库恰陆路互市原委考》，《东方杂志》，“调查”，1912 年第 10 期，第 134 页。

物绝大部分是商民用骆驼、牛车等从库伦、张家口等处运来的，每车重达四百斤。直到 1893 年前后，恰克图买卖城里定居经营粮食的“汉商”店铺仍有七十多家。[①] 他们的粮食主要贩卖自内地或俄方，在这里加工成面粉，“一部分是供当地汉人和附近的蒙古人的需要，一部分则售给特罗伊次科萨夫斯克和恰克图的俄国居民”，“有些较大的商号还把自己加工的面粉运到库伦，并且也在周围各蒙古旗里出售”[②]。这些商人除将粮食如面粉贩卖给库伦及周边各旗外，还将俄国的各种货物贩卖到库伦及周边各蒙旗，主要包括丝织品中的“士兵呢，棉绒布，各种颜色的厚棉布，各种颜色的羽毛绒和细平布；平革制品有油性革和上等的山羊皮”；五金制品中的斧子、钉子、锯子、锉、铜丝和铁丝、钻、碗、水桶、铁皮，还有铁板和铁条；日用杂货中的各种扣子、顶针、铅笔、金属火柴盒、剪刀、眼镜等。除此之外，他们又从库伦周边各盟旗收购各种皮张，卖给俄罗斯商人。如仅 1891 年，有些商号就从自己仓库里运出一万一千张皮子，卖给恰克图的俄国商人，“总额达三万五千卢布”[③]。

以乌里雅苏台为中心的商货网络，主要由以下几条商路构成。第一条为归化城至乌里雅苏台。清代乌里雅苏台地区的商铺绝大部分为归化城内铺号的分号，即当大军进入漠北地区，随军贸易的归化城内的商民相继来到乌里雅苏台地区。至乾隆二十四年（1759 年）后，朝廷已确定凡去新疆巴里坤、古城、哈密诸处贸易之商民，均得先经过乌里雅苏台地方，在这里领取将军执照后，再前往

---

① ［俄］阿·马·波兹德涅耶夫：《蒙古及蒙古人》，第 1 卷，刘汉明等译，内蒙古人民出版社 1989 年版，第 4 页。

② ［俄］阿·马·波兹德涅耶夫：《蒙古及蒙古人》，第 1 卷，刘汉明等译，内蒙古人民出版社 1989 年版，第 4 页。

③ ［俄］阿·马·波兹德涅耶夫：《蒙古及蒙古人》，第 1 卷，刘汉明等译，内蒙古人民出版社 1989 年版，第 47 页。

各处的定例。[①] 而内地商民从归化城地方运送茶货等赴乌里雅苏台等处的人数更多、规模更大。如乾隆四十四年（1779 年）朝廷查办商民张鸾私贩玉石牟取暴利案时，就查到归化城铺号三义号。该商铺该年运往乌里雅苏台及新疆各处的货物就很惊人。他们共有 23 人，货驮达 134 只，另有马 3 匹。其货物除水湿绸缎、破碎瓷器不计外，估银 11853.776 两。[②] 自乾隆中期后，茶叶尤其是所谓的杂茶、商茶、布匹、绸缎、铁器、酒油等杂货就由归化城经所谓北路源源不断地运往乌里雅苏台，在该处请领将军执照后，又运往新疆古城、哈密、巴里坤、乌鲁木齐等，或运往乌里雅苏台所属的各盟旗销售。还有部分商号，甚至将以上商货运往唐努乌梁海地区。[③] 他们又将油脂、皮毛、鹿茸以及蘑菇、牛、马、羊等牲口，从唐努乌梁海、三音诺颜部、扎萨克图汗部等处运回归化城。1870 年后的相当一段时间内，归化城的西路贸易断绝后，不少西路商人不能经乌里雅苏台等北路前往新疆，改而向朝廷请求，绕道恰克图赴俄边贸易，这多少对乌里雅苏台地方的贸易产生了一定的影响。紧密联系乌里雅苏台的第二处城镇或商贸网点为张家口。这就是第二条商路。首先是官方设置的网络联系为商民的民间联系搭建了支架。即乌里雅苏台地方戍守防兵的军粮供给等“向由察哈尔都统衙门招雇车驼挽运”，所需脚价均由察哈尔都统垫付。等到各省拨给乌里雅苏台的军饷到达张家口后，再加以扣留。[④] 从张家口运往乌里雅苏台的主要货物有每箱装 27 块的砖茶、褡裢布、大布、美国标布、烧酒、五加皮、

① 《清高宗实录》卷 610，乾隆二十五年四月乙卯。

② 《奏报查办张鸾在归化城三义号贸易货物事》（乾隆四十四年正月初九日），中国第一历史档案馆藏：《宫中朱批奏折》，档号：04-01-35-0743-015。

③ ［俄］阿·马·波兹德涅耶夫：《蒙古及蒙古人》，第 1 卷，刘汉明等译，内蒙古人民出版社 1989 年版，第 276 页。

④ 《奏为乌城运粮脚价需款甚急请饬部筹拨银两事》（光绪四年正月二十日），中国第一历史档案馆藏：《宫中朱批奏折》，档号：04-01-01-0938-030。

黄酒、旱烟、鼻烟及各种素油等。[①] 第三条为科布多至乌里雅苏台。科布多与乌里雅苏台联系紧密，早期它们都是作为军事阵地出现在清朝的战略布局中。后来清朝在乌里雅苏台设定边左副将军，总理乌里雅苏台、科布多等处官兵及各蒙古事务，又在乌里雅苏台官城及科布多城另设参赞大臣，分管各城事务。因两城均归定边左副将军统管，无论是在军事、民事方面，还是晚清后的对外交涉等方面，都密不可分。第四条为古城、巴里坤等新疆方面。在对新疆的统治正式确立之前，清朝主要利用外喀尔喀的军队，与准噶尔部抗争，借此平衡西北边疆各部之间的力量。为此，其后其对新疆的作战主要用兵布阵之处仍为乌里雅苏台、科布多，以及北疆的古城、巴里坤、哈密等处。同样，随营贸易者也跟随军队，从乌里雅苏台、科布多等处前赴古城、巴里坤。更为重要的是，清朝为鼓励商民从事随营贸易，以满足其庞大的军需，对经北路前往的商民实行过诸多特惠政策。[②] 不仅如此，朝廷方面还对此类商民实行“免税”政策，即官引约为商茶的44倍，从而导致道光三年（1823年）以前，新疆古城、巴里坤等处的茶货均来自经乌里雅苏台的商货。[③] 越至晚清，随着古城等新疆地区农业的发展，乌里雅苏台等对古城等处的米面等农产品的依赖更大，从而也导致乌里雅苏台与古城之间的商贸联系更为密不可分。[④] 第五条为唐努乌梁海至乌里雅苏台。清朝至迟至乾隆二十五年（1760年）后就开始对唐努乌梁海地区施行直接的治理[⑤]，唐努乌梁海五旗则按期向清朝进贡貂皮、马匹

---

① ［俄］阿·马·波兹德涅耶夫：《蒙古及蒙古人》，第1卷，刘汉明等译，内蒙古人民出版社1989年版，第295、276页。

② 《为该郡王如果张家口归化城贸易蒙古人等经过该旗地方不得阻拦事致阿拉善郡王罗移文》（乾隆二十五年五月二十九日），中国第一历史档案馆藏《阿拉善档》，档号：101－03－0163－007。

③ 《那文毅公奏议》卷80，清道光十四年刻本，第1430页。下同，不再注版本信息。

④ 《奏为乌城烟土抽捐银两作为筹办巡警款项事》，光绪三十三年四月二十九日，中国第一历史档案馆藏《军机处录副奏折》，档号：03－5521－026。

⑤ 《清高宗实录》卷661，乾隆二十七年五月乙卯。

等。由于有着这样的政治及地缘关系，自乾隆后经乌里雅苏台地区的内地商民就开始与唐努乌梁海地区的各部落进行着商贸往来。[1]

（二）边疆地区同外域的交流

同样，从世界角度看，内地商民在蒙古等边疆地区的商贸活动，也构成世界贸易网络东西方间重要的一环。

清代内蒙古的张家口，至清末俄人在张家口开栈后，每年运往库伦的茶数量竟高达30万—40万箱。[2] 从外蒙输入张家口的货物除木材外，主要为“外八旗大中小自生口蘑、皮张、驼牛羊毛、鹿茸、黄芪之类”[3]。同时，张家口买卖城也是中国对俄贸易的集中点。绝大多数的俄国呢绒和各种绒布，以及俄国出口的全部毛制品，都是通过恰克图、库伦一线，先运到张家口买卖城的，然后再运往中国内地。[4] 其内地土货销售俄国者，以红茶各茶砖及大米为大宗，曲丝绸（河南鲁山绸）等次之。由俄销售蒙境及内地者，以哦噔绸（及哈利）、金线、毕兔绒、回绒香、牛皮，并各色皮张、驼毛、黄芪、蘑菇、木板为大宗。其中由蒙古贩运出口的生货大宗——毛皮等，全数皆经张家口、天津运往欧美各国。有清一代，恰克图对外贸易主要对象为俄方，正如时人所称：“恰埠商务与库伦不同，库伦居外蒙中心，向称繁盛，彼此交易均属蒙人，故对蒙贸易，居十之七八，对俄贸易居十之二三。恰埠为中俄接壤要区，俄人来此贸易者甚夥，蒙人居此者，反居少数。故对蒙贸易仅十之二三，对俄贸易反居十之七八。”[5] 据G. F. 米勒称：恰克图中俄贸

---

① 《奏为乌里雅苏台查无夹带鸦片情形事》，道光十九年十月初四日，中国第一历史档案馆藏《军机处录副奏折》，档号：03－4012－0190。

② 《察哈尔省通志》卷23《商业》，台湾文海出版社1966年版。

③ 民国《万全县志》第十册，张家口统一商行印刷部1934年，“张家口概况”。

④ ［俄］阿·马·波兹德涅耶夫：《蒙古及蒙古人》第1卷，刘汉明等译，内蒙古人民出版社1989年版，第704—705页。

⑤ 王金绂：《中国经济地理》下册，北平文化学社1929年版，第479页。

易的皮毛和生皮“绝大部分来自西伯利亚和新发现的群岛”，但它们不能满足库伦、恰克图等处中方市场的需求。因此除俄方外，欧洲其他国家的皮货也经俄国人之手输入彼得堡，再从那里到边境。仅英国一个国家就提供了大量来自哈得孙湾和加拿大的海狸皮及其他皮货。另外，还有英国、法国、普鲁士等国的布匹，也经俄方运到恰克图、库伦，再经内地商民，运销蒙古各处和内地各省。① 仅1728—1762年，经过恰克图海关输入中方的货物约有85%是来自西伯利亚等地区的毛皮、裘皮，约有15%是来自欧洲出产的工业品和加工制造的皮革等。② 俄方商人甚至不顾沙皇政府的禁令，“把大量野兽裘皮和欧洲产的工业品皮革、麻布等货物，经由托博尔斯克、托木斯克装船，顺额尔齐斯河航运到鄂毕河的汇合处，再雇佣蒙古人骆驼或打车运往伊尔库茨克、色楞格斯克或涅尔琴斯克等处边境贸易地点”，“等待中国旅蒙商携带货物前来进行交易”③。

而通过库伦、恰克图、新疆、唐努乌梁海等处出口后，又经俄人之手输向俄国及欧洲的重要商品有茶叶、瓷器、大黄等。如输往俄国的茶叶无论是味道还是质量都要比经广州海路输往欧洲的茶叶好。俄方自1638年由沙皇政府特使从蒙古部落首领阿勒坦汗处获得中国出产的四普特茶叶后，俄国及欧洲地区的人们开始饮用中国茶叶，且备受赞赏。④ 自此之后，中国茶叶开始成为俄国人争夺欧洲市场的重要物资。另如瓷器，它们被画上欧洲人或希腊罗马诸神画像后，经俄国人之手，也远销欧洲。⑤ 再如大黄，中方输入欧洲

---

① ［德］G. F. 米勒、彼得·西蒙·帕拉斯：《西伯利亚的征服和早期俄中交往、战争和商业史》，李雨时译，商务印书馆1979年版，第29—30页。

② ［俄］特鲁谢维奇：《俄中通使与通商关系（十九世纪之前）》，莫斯科，1882年，第96—98页；转引自卢明辉等《旅蒙商》，中国商业出版社1995年版，第200页。

③ 转引自卢明辉等《旅蒙商》，中国商业出版社1995年版，第195页。

④ 转引自卢明辉等《旅蒙商》，中国商业出版社1995年版，第207页。

⑤ ［德］G. F. 米勒、彼得·西蒙·帕拉斯：《西伯利亚的征服和早期俄中交往、战争和商业史》，李雨时译，商务印书馆1979年版，第31—32页。

的大黄主要由俄国和东印度两处输入。经俄方输入的大黄因质量更好，被称为“土耳其”大黄。整个俄罗斯帝国1777年内需大黄仅六普特零五磅，但早在1765年它却向欧洲出口了中国大黄一千三百五十普特，1778年又从恰克图进口了六百八十普特零十九磅，即从库伦、恰克图等处得到的多余大黄多被俄国人出口到欧洲市场。[①]总之，就近代欧亚贸易网络观之，以库伦、恰克图为代表的“三北”边疆的陆上贸易网络和以广州为代表的南中海的海上贸易网络，无疑是此时期中外贸易交往的两条主要通道。在西方殖民势力真正征服中国之前，它们无疑是此际当之无愧的“陆上丝路”和“海上丝路”。

结　语

清代尤其是晚清朝廷及时人的边疆开发确实存在诸多问题与不足。

首先放垦、设立公司等经济方面的开发与办矿、兴办银行等实业的开发，并未真正实现裕国利民目的；相反朝廷和不法官员乘机渔利，导致边疆地区的各族人民更为贫困。如东三省郭尔罗斯后旗放垦，放荒地价约二两一钱每垧[②]，实则是借查地让民人分八等不同价格补交地价，以成永业。但如何具体保证蒙人地租权，以及地租未查前与查后蒙人利益，均成问题。清查地亩前，民人能从蒙人手中典买或租赁蒙地，前提是付给蒙人地价、典价或租金，转卖、转典、转租行为原则上并不是导致蒙民受损、贫穷或不公的主要因素，但官府将地作价卖给民人，实则是收回了蒙人对蒙地的所有

---

① ［德］G. F. 米勒、彼得·西蒙·帕拉斯：《西伯利亚的征服和早期俄中交往、战争和商业史》，李雨时译，商务印书馆1979年版，第42—43页。

② 《政治官报》光绪三十四年五月十六日第226号，第15—16页。

权，改以地租形式或分配少许押荒银方式进行补偿。[①] 而用地租、少许押荒银能否保障失去牧地的蒙民生活，却不是官府官员考虑的重要问题。更有甚者，地被放后，蒙旗并未得到押荒、岁租等好处[②]，实际好处却被主办此类事务的地方官员分赃。[③] 办矿、兴办银行等实业的开发，初衷也在于巩固边圉、护我利权、改善蒙古生计，但实际上也未达到如此目的。随着各项矿藏的开采，利润大头渐被外商占据，中方所得有限利润却又被地方官紧紧控制，蒙旗所得非常有限，各蒙旗不满情绪日益增强，直接导致地方官与蒙旗之间的冲突发生。[④]

其次，商业贸易的发展，教育、道路交通等方面的改良，也存在严重不足。即如外蒙古库伦、恰克图地区的内地商民，最终还是被迫撤出了该地区，其商业受到了致命打击。这不仅导致了明清时期著名的十大商帮之一的晋商快速衰落，也在某种程度上加速了中国近代民间商业的衰落。晚清尤其是清末蒙古各旗兴学务、开边智的总体效果确实也不佳，不仅各蒙旗所设学堂有效，而且学生也非常有限，实未达到预期设想的开边智、固边圉之目的。道路交通方面，除了清代中前期的驿站设置曾对清朝的军事征战、国家统一、边疆与内地的信息往来发挥过积极作用外，晚清许多边疆地区的电报、铁路、公路体系等并未真正建立，因此其实际发挥的效果也是相对有限的。恰恰因为边疆地区近代的交通电讯体系未能确立，它又进一步导致清末民初中国边疆危机的大爆发，不少边疆的最终丧失确实与这一体系的严重缺位密切相关。

清代边疆地区的开发也给后世积累了一些值得借鉴的经验。

---

① 《政治官报》光绪三十三年十二月初三日第73号，第8—9页。

② 《清德宗实录》卷558，光绪三十二年九月辛亥。

③ 《政治官报》光绪三十三年四月初三日第183号，第2—4页。

④ 《三多库伦奏稿》，引自中国社会科学院中国边疆史地研究中心主编《清末蒙古史地资料荟萃》，全国图书馆文献缩微复制中心1990年版，第268页。

首先，晚清清朝在蒙古等边陲地区“兴边利”等措施，客观上对发展这些地区经济、开发这些地区的资源，尤其是筹财源方面，发挥了一定的作用。也正是在“兴边利”的推动下，管理各边陲区域的地方衙门才能借此收取到越来越多的经费，借此推动晚清尤其是清末时期藩部地区的新政改良。① 正是凭借此等“兴边利”活动，晚清以降蒙古地区的税赋也在日益增加。② 同样，某些“兴边利”的活动，也对边疆地区旧有的经济、金融状况，有所改善。

其次，清代边疆地区商业贸易的发展也对整个中国乃至世界发挥过积极作用。如清代内外蒙古张家口、归化城、库伦恰克图等地区商业的存在，对清朝有效维系外蒙古地区的统治产生了重要影响。在当时，无论是应对蒙疆战争，还是活跃蒙古各部生计，中央朝廷和以库伦为代表的蒙古地方衙门均离不开这些内地的商民。正是内地商民的大量存在、有民可治，广袤的外蒙古草原上才有了库伦、恰克图、科布多、乌里雅苏台等重要城镇的兴筑；也正是他们为清朝的外蒙古治理提供了大量的经费和源源不断的百货，清朝才能对这些地区进行有效的统治。尤其在清末，朝廷更是需要依赖内地商民来应对日益严峻的蒙疆危机，并依靠他们去推行边疆地区的各项新政，力图保全蒙疆。③ 不仅如此，清代内外蒙古各地区内地商民的存在，也极大地便利了蒙古王公部众的生活。正是依靠这些内地商民，外蒙古地区王公部众日常所需的各类货物才能源源不断地运到该地，这有力地改善了他们那相对匮乏的物质生活。④ 另外，清代边疆地区内地商民的存在，一定程度上又促进了边疆地区游

---

① 吴承洛编：《今世中国实业通志》，上，商务印书馆 1929 年版，第 164—166 页。

② 《库伦办事大臣文盛奏报年收地基银并恰克图公用余银用存数目事》，同治三年十二月十七日，《宫中朱批奏折》，档号：04 -01 -35 -0607 -010，缩微号：04 -01 -35 -034 -0125。

③ 参阅柳岳武《清末“开蒙智”探微——以代表性蒙旗为中心》，《史学月刊》2015 年第 3 期；《清末蒙边“置省”探微》，《中州学刊》2015 年第 3 期；《清末藩部地区试行司法改良研究》，《中国边疆史地研究》2015 年第 2 期。

④ 李毓澍：《外蒙古撤治问题》，台湾商务印书馆 1976 年版，第 42 页。

牧、农耕两种经济的融合。[1] 更为重要的是，边疆地区内地商民的存在，既活跃了中国中原与边疆间内在的经贸往来，又活跃了亚欧间内外的商贸交流，正是他们构建了清代中国的陆上丝路和17—19世纪亚欧之间的陆上丝路。

再次，清代边疆地区教育文化风俗的改良，不仅对改变边疆地区少数民族日益羸弱状况、改善部众生计有一定帮助，而且有利于消除不同民族之间的畛域，有利于多民族统一国家的最终确立。清代开边智活动明显促进了各藩部教育制度的近代化。而让满蒙等各族学习汉语、使用汉名、相互通婚，改变了清代前中期各民族间隔离状况，消除了相互间的隔膜，一定程度上推动了各族由传统藩部向近代主权国家下民族区域自治的转变，有利于最终实现五族共和，建设民主共和新中国。

最后，清代边疆地区的交通邮电等业务的推行，也具有积极作用。清代前中期驿路之类官道的建设，此类交通网络的健全，不只是给军事行动提供便利，在和平时代更是商旅往来、民间人口流动和商业贸易的重要通道。[2] 而近代的交通邮电体系虽在清朝统治时段内未能获得真正成功，但仍不失其历史意义。清代边陲地区传统的交通模式最终向近现代交通模式的转型，将逐渐改变中央政权对边陲地区的治理模式，并逐渐淘汰帆船、马匹等传统传输工具，代之以汽车、火车、轮船、电报等近代交通手段，这对各地的信息交流将发挥重要作用，并对国人捍卫边疆领土的完整，护我利权、巩固边圉提供了重要保障。

清代边疆开发既给我们带来了重要启示，更给我们带来了“殷鉴”。

---

① ［俄］阿·马·波兹德涅耶夫：《蒙古及蒙古人》，第1卷，刘汉明等译，内蒙古人民出版社1989年版，第45页。

② 和宁：《三州辑略》卷5，嘉庆十年刻本。

清代边疆开发与边疆治理的最大弊端，朝廷未能妥善解决。清代边疆开放的最大弊病与边疆治理模式密切相关，清代不是积极主动地利用廉吏、明吏治疆，而是用诸多“罪罢”的官员去治理边疆。这些罪罢官员固然不能一概否定其治理能力，但他们多是在内地贪赃枉法或失职失责者。他们将自己在边疆地区的为官行为多视为暂时的贬黜，急切地盼望被朝廷重新重用并返回内地。清朝用这类人去治理边疆，很难期待他们有何创树、有所作为，边疆地区也很难得到较好的开发。清朝本应该利用年轻有为、级别不高的廉吏、明吏治疆，将其作为培养选拔晋升官员的一套体制，但自清初至清末始终都未见到，相反边疆地区多被官员视为畏途。清代边疆开发还有一个重要问题也没有解决好，清代在统一边疆的一系列战争中曾花费过巨额经费，但当边疆地区统一后，在具体的边疆治理过程中投入的经费却有限，且多通过内地部分省份协饷的方式解决这一问题。尤其是晚清后，朝廷财政空虚、协饷省份因战争、灾荒等亦难以为继，导致边疆治理经费严重不足。此等背景下边疆地区的开发只能是挤压边疆地区的人民与前往边疆地区的内地百姓，导致边疆地区内在矛盾激化。而外来的入侵与经济侵略，更恶化了这一环境，最终导致清代的边疆治理日益恶化。此等教训告诫我们：边疆的治理及其开发必须解决好国家经济、经费及各方利益问题，否则边疆的稳定繁荣只能是水中月、镜中花。再者，边疆开发及其治理尤其需要注意两个方面。一方面，要维护国家统一、维持边疆稳定，边疆开发必不可少，而且合适时机不可错过。清代正是在西方各殖民帝国即将全面染指中国边疆的前夕，抓紧时机完成了边疆地区的统一，并对边疆地区进行较为全面的开发，促进内地与边疆地区形成了不可分割的水乳交融关系。这才最终奠定近代尤其是民国时期国家内困外患下国家有机统一体的自发凝聚，内地与边疆“你中有我，我中有你”、不离不弃的关系。另一方面，对边疆地区的开发，一定要处理好边疆地区人民与内地移民之间的关系。中国边疆当然需要大力开发，开发固然离不开内地力量。但作为边疆开发主政者的国家，一定要及时处理因开发而导致的边疆人民与内地移民之间的利益关系，处理好不同民族之间的复杂关系。

第五章

清朝对东北边疆的经略

东北，顾名思义，系地理方位，指的是中国的东北部。其作为一个方位名词，是以中原为中心确定的，因此，在长期的历史发展过程中，随着中原政权对东北认知的变化，其名称和区域范围也经历了多种演变。对东北的最早记载，当推《尚书·禹贡》，将上古中国划分为九州，其中的冀州和青州，涵盖了今天辽宁西部和南部地区。《山海经·大荒北经》则进一步记道：“东北海之外，大荒山之中……有山名曰不咸，有肃慎氏之国。”[①] 不咸，即今天的长白山。这说明，当时人们的地理认知已及白山黑水。

东北地区位于东北亚区域的中心地带，水深泽阔、山高林密和沃野千里是东北区地面结构的基本特征。南面是黄、渤二海，东和北面有鸭绿江、图们江、乌苏里江和黑龙江环绕，仅西面为陆界。在我国陆地边疆中，仅东北拥有这样的海洋优势。内侧是大、小兴安岭和长白山系的高山、中山、低山和丘陵，中心部分是辽阔的松辽大平原和渤海凹陷。东北区平原面积高于全国平原面积的比重，松辽平原、三江平原、呼伦贝尔高平原以及山间平地面积合计，和山地面积几乎相等；森林、水利、矿产资源丰富。东、北、西三面与朝鲜、俄罗斯和蒙古国为邻；隔日本海和黄海与日本、韩国相

---

① 《山海经》卷17。

望；南濒渤海与华北区连接，战略地位极为重要。

东北地区虽然在自然地理环境上具有相对的封闭性和独立性，但与中原的交通十分方便。有陆海两条路线可抵中原，陆路经辽西从山海关可径达华北地区，自商周时期开始，这条沿渤海湾的辽西走廊，就是一条西通中原，东到辽东的交通干线；海路自辽东半岛可渡海到山东，最近处只有一二百海里，且海中多岛屿，为渡海提供了便利。还可航行至天津，进入河北境内。陆海交通的发达，使得东北诸族进入中原及中原文化影响东北极为便利和直接。故东北与中原的关系自古以来就非常密切，对中国历史发展影响之深远，也是其他边疆地区所远远无法比拟的。

自16世纪中期起，随着明朝在东北统治力量的衰落，女真诸部强酋竞起，互争雄长，建州女真人努尔哈赤脱颖而出，于万历十一年（1583年）率部起兵，逐渐统一女真各部，并于万历四十四年（1616年）建立金政权，史称后金。后金天命三年（1618年）四月十三日，努尔哈赤发布“七大恨”，向明宣战，挥师攻打抚顺，明清关系发生根本性转变。此后，辽东成为明清两大势力角逐的激烈战场，土地荒芜，人口锐减，经济退步。后金贵族进入辽沈地区后，在汉族人民大量逃亡和激烈反抗斗争的形势推动下，不得不抛弃落后的奴隶制，采用适合当地生产力发展水平的封建生产关系，初步建立起统治东北的政权体制，出台了一系列边疆、民族政策，并随着时势的变化不断进行调整。

崇祯十七年（1644年，清顺治元年），明王朝终于在农民大起义和清军的不断进攻下走向灭亡。清朝统治者审时度势，挥师大举入关，从农民军手中夺走胜利果实，定鼎北京。“白山黑水”是满洲发祥地。清朝统治者取得政权以后，以东北为“龙兴之地”，定盛京为“陪都”，对东北实行“特别之制”，统以盛京、吉林、黑龙江三将军，管辖三省及内蒙古东北蒙旗的军政庶务。随着清王朝在全国统治地位的建立，中央政府对东北边疆的治理进入一个新的历史时期。光绪时期，在内忧外患的压力下，清廷在东北实施“新政”，废“三将军”制，改设行省，东北与内地在行政体制上并入同一轨道。

第一节　清前期对东北的治理

一　驻防将军体制的建立与实施

顺治元年（1644 年），清军大举从东北入关，定鼎北京。“白山黑水”是满洲发祥地，清朝统治者入关后，以东北为“龙兴之地”，定盛京为“陪都”，对东北实行“特别之制”，即盛京、吉林、黑龙江三将军驻防体制，军政合一统辖地方。这一体制既有别于内地行省，与各省八旗驻防亦有不同，清朝“于各省分设八旗驻防官兵，以将军、副都统为之董辖，虽所司繁简略异，而职任无殊。惟盛京及吉林、黑龙江三处将军，俱以肇邦重地，俾之作镇留都，统治军民，绥徕边境，其政务较繁，而委任亦最为隆钜。核其职掌，盖即前代诸京留守之比，与各省将军之但膺阃寄者不同”[①]。

（一）盛京将军辖区的军府体制

顺治元年，定都京师，改盛京为陪都，悉裁诸卫，设内大臣、梅勒章京及八旗驻防。同年，命正黄旗内大臣何洛会为盛京总管，镇守盛京等处，左翼以镶黄旗梅勒章京阿哈尼堪统之，右翼以正红旗梅勒章京硕詹统之。八旗每旗满洲协领 1 员，章京 4 员，蒙古、汉军章京各 1 员，驻防盛京。同年，于熊岳、锦州、凤凰城、宁远、兴京、义州、新城、牛庄、岫岩 9 城设城守官，东京、盖州、

① 《钦定历代职官表》卷 48《盛京将军等官表》。

耀州、海州、鞍山、广城6城以满汉章京率兵驻防。

顺治二年（1645年），清朝颁定文武官员品级制度，盛京留守官为二品。次年，改驻防内大臣为昂邦章京，给镇守总管印。康熙元年（1662年），改盛京昂邦章京为“镇守辽东等处将军”。四年（1665年），改辽东将军为“镇守奉天等处将军”。乾隆十二年（1747年），改奉天将军为“镇守盛京等处将军”，简称盛京将军。直至清光绪三十三年（1907年）东三省改制，罢将军，建行省，设总督。盛京将军一职历时260余年，80任。

盛京将军最初管控整个东北地区，后分权于吉林将军等。乾隆年间，其所辖地域：东至兴京边280余里吉林乌拉界；西至山海关800余里直隶临榆县界；南至宁海南境730余里海界；北至开原边境260余里；东南至镇江城540余里朝鲜界；西南至海800余里；东北至威远堡230余里吉林界；西北至九官台边门450余里蒙古界。[①]

与内地各省督抚相比，盛京将军职责更广，权力更大。其首要职能就是军事，有清一代，下辖副都统4人［盛京、兴京、金州（原驻熊岳）、锦州］、城守尉8人、防守尉3人、协领15人、帮办协领3人、佐领131人、防御102人、骁骑校207人。

清初，盛京地区采用八旗组织作为统治形式，由驻防官员统辖该地区军政诸事。后因地方事务繁多，顺治十年（1653年）采取旗民分治之法。十四年（1657年）为“隆重陪都体制”，罢辽阳府，于盛京城设奉天府，置府尹，秩正三品，视同京师顺天府。奉天府尹虽然仅是一府之尹，实则管辖范围却是盛京将军辖区内的所有州县，甚至连吉林将军辖区设置的州县一度也归其管控。

奉天府尹主要职责是掌管盛京地区民人户籍、田赋、诉讼诸

① 《盛京通志》卷24《疆域形胜》。

事，旗人事务仍归将军办理。将军与府尹并无上下隶属关系，二者互不统属。康熙十一年（1672 年）八月，都察院左副都御史任克溥疏言：“在外王公将军，既不管理民事，其逃人事情，亦不必令其察审。嗣后直隶各省王公将军所属逃人，请交与就近各该督抚审理，奉天将军所属逃人，交与盛京刑部审理。惟宁古塔地方，仍听该将军审理。”[①] 康熙皇帝采纳了这一建议，由此可见，奉天将军（盛京将军）与直省将军的权限开始趋同，逐渐不再具有管理民事的职能。

乾隆二十七年（1762 年），清廷曾一度命将军以兼管奉天府事务大臣的身份督理地方民政；但到乾隆三十年（1765 年），又改由盛京五侍郎中选择一人兼做奉天府兼尹，会同奉天府府尹管理事务。此后，将军专管旗人成为定例。因此，虽然乾隆时期编纂的《清朝通典》在定义盛京将军职能时，仍记为：“镇抚留都，安辑旗民，董率文武。凡军师卒戍、田庄粮糈之籍、疆域之广轮、关梁之要隘，咸周知其数，以时简稽而修饬之。”[②] 看似无所不包，但对于民人事务的管理，实际上则只是限于名义上而已。正如《清文献通考》所言：“凡满洲、蒙古、汉军八旗事务，则统之于奉天将军；凡民人事务，则统之于奉天府尹。”[③] 这种旗民分治的二元管理体制一直维持到光绪初年崇实改革。

（二）吉林将军辖区的军府体制

顺治九年（1652 年），清廷命梅勒章京沙尔虎达、甲喇章京海塔、尼噶礼统兵驻防宁古塔。下属佐领 8 员，骁骑校 8 员。康熙元年（1662 年），改宁古塔昂邦章京为“镇守宁古塔等处将军”，并改梅勒章京为副都统。吉林将军设置之初，以防御俄罗斯为要务，

---

① 《清圣祖实录》卷 39，康熙十一年八月己未。

② 《清朝通典》卷 36《职官十四》。

③ 《清朝文献通考》卷 271《盛京》。

“我兵逼近罗刹，须时加操练，以修武备”[①]。康熙十五年（1676年），清廷将宁古塔将军移驻吉林乌拉（今吉林市）；同年将吉林副都统移驻宁古塔，管辖黑龙江下游及乌苏里江以东广大地区，而于吉林乌拉城增设吉林副都统一员，与将军同城驻防，合署办公。乾隆二十二年（1757年）八月，将宁古塔将军改为“镇守吉林等处将军”。

吉林将军公署设有印务处，设管档主事一员，为将军监印，并领户、兵、刑、工四司。户司掌财政出纳、官兵俸饷、协税及税务诸事。兵司掌官兵训练、官员升补及边务等。刑司掌旗民词讼案件。工司掌管各项工程事宜。每司均设有掌关防官一员，以协领兼衔。

康熙三十一年（1692年），建伯都讷城，设副都统管辖。副都统领协领2员、佐领12员、防御8员、骁骑校12员，所辖八旗驻防800余名。雍正二年（1724年）设阿勒楚喀副都统，辖八旗驻防兵600余名。雍正九年（1731年），设三姓副都统，管理黑龙江下游及部分乌苏里江地区的少数民族。光绪十七年（1891年）设珲春副都统。

咸丰十年（1860年）以前，吉林将军所辖地域：东至海3000余里，西至威远堡门595里开原县界，南至长白山1300余里接朝鲜界，北至拉哈福阿里库地方600余里蒙古界，东南至希喀塔山2300余里海界，西北至黑儿苏门450余里蒙古界。[②]管辖范围还包括自乌第河以南黑龙江下游的全部地区和海中的库页岛及沿海其他岛屿。

吉林将军辖区州县的设置始于雍正四年（1726年），这一年分别于吉林乌拉、宁古塔、伯都讷设置永吉州、泰宁县和长宁县，俱

① 《清圣祖实录》卷112，康熙二十二年九月戊寅。

② 《盛京通志》卷24《疆域形胜》。

隶奉天府。雍正七年（1729 年）罢泰宁县。乾隆元年（1736 年）又废长宁县，民人改隶永吉州。如此，永吉州辖境几乎与当时的宁古塔将军辖区等同，但在行政上又隶属于奉天府，遇有旗、民交涉事务，往往需要宁古塔将军、奉天府尹及盛京五部几个部门会商处理，公文转咨，费时耗力。鉴于此，乾隆六年（1741 年），宁古塔将军鄂弥达借清查户口、编设保甲之机奏请“暂将奉天府属之永吉州，归宁古塔将军管辖，得以就近督办编审事务。其理事通判，原系办理将军衙门事件之员，请一并归隶至副都统哲库讷。请裁知州、州同，并通判改设同知之处，俟地方事办理稍有效验之时，应裁应留，另折请旨”。议政王大臣们商议后认为：“永吉州系地方有司，若径归隶将军管辖，于体制不符，但现在编设保甲，清理民籍等事，系交该将军办理，文移往返稽迟，实与会事无济，应将永吉州暂归该将军兼理，所有查给印票、编设保甲、清理民籍、丈量地亩等事，令该州径行申报将军，不必申详府尹。至地方一切事件，仍遵旧制，申详府尹办理。至理事通判，原为办理旗民互控事件而设，亦不便专归将军管辖，但现今需人之际，如有应行委办之处，听从该将军差遣，其一切考成，仍由府尹查核。”[①] 乾隆皇帝同意了这一折中处理方案，即在特定时期暂时给予宁古塔将军部分参与地方事务管理的权限。但数年之后，清廷非但未从将军手中收回这部分权力，反而将吉林地区全部民政事务的管理权交付宁古塔将军。乾隆十二年（1747 年），宁古塔将军阿兰泰再次就永吉州所属问题上奏，称：“永吉一州，设在吉林乌拉，系宁古塔将军所辖地方，该州向隶奉天府，一应办理旗民事务，俱申报府尹转咨，不但稽延时日，且于办理事件多至掣肘。请将永吉州改设理事同知，属宁古塔将军管辖。”[②] 清廷同意了他的请求，罢永吉州知州，置永吉州理

---

① 《清高宗实录》卷 156，乾隆六年十二月甲辰。

② 《清高宗实录》卷 284，乾隆十二年二月壬戌。

事同知，改隶宁古塔将军。

嘉庆时期，随着内地民人进入东北数量的增多，为应对流民管理事宜，清廷于吉林地区再次设置民官。如嘉庆五年（1800年）置长春厅理事通判一员，巡检一员；十五年（1810年）设伯都讷理事同知一员，添设巡检二员；十九年（1814年）添设伊通河巡检一员，并称吉林三厅。规定：理事人员可以兼辖旗、民，以巡检佐之，俱隶吉林将军。但三厅并未拥有如同内地府厅一样的权力，如在赋税征收上，各厅所辖民人赋税是由旗官和民官共同负责，即副都统负责征收，由理事官员归册报销。光绪六年（1880年），置宾州厅、五常厅。八年（1882年），改吉林厅为府，置敦化县、伊通州属之；又置双城厅。十五年（1889年）长春厅升府，置农安县属之。二十八年（1902年）置延吉、绥芬二厅及长寿、盘石二县；改宾州厅为直隶，置长寿县属之。三十二年（1906年），又于三姓副都统地置依兰府，析置汤原县、大通县、临江州；升伯都讷厅为新城府，置榆树县属之。这些府、厅、县在接受民官管理的同时，还要受各地副都统节制。光绪三十三年（1907年），设东三省总督兼管将军事务，设巡抚，裁吉林副都统，这一状况才得以改变。

因此，至清末新政以前，吉林地区一直以军府体制为主，与盛京将军相比，吉林将军的职权要更大一些，除了主管军事外，“所有旗民交涉人命盗案，及从前知州应办民人刑名、钱谷、杂税等项”[①]，均由宁古塔理事同知办理，详报将军完结。此外，吉林将军的职责还包括严防私采人参和东珠、偷盗牲畜、稽查朝鲜民人越界以及稽查各部族购买违禁物品等。咸丰年间以后，吉林将军的边防职能亦有所加强。

---

① 《清高宗实录》卷300，乾隆十二年十月壬戌。

（三）黑龙江将军辖区的军府体制

黑龙江将军设置的直接原因是对俄罗斯用兵的需要。康熙二十一年（1682 年）清廷命宁古塔将军巴海、副都统萨布素等建瑷珲木城（旧瑷珲城）于黑龙江江东，分兵驻守。次年，析宁古塔将军西北地设镇守黑龙江等处将军。二十三年（1684 年），黑龙江将军及副都统一员移驻江西新瑷珲城，因其地濒临黑龙江畔，又称黑龙江城；黑龙江将军最初驻扎在瑷珲城，亦称“瑷珲将军”。下设黑龙江、墨尔根、齐齐哈尔三城副都统和呼伦贝尔、布特哈两个副都统衔总管，分镇各方。至光绪末年，黑龙江将军领有齐齐哈尔、黑龙江、墨尔根、布特哈、呼兰、呼伦贝尔、通肯等副都统。还在自齐齐哈尔边境，经墨尔根城、黑龙江城到呼伦贝尔等地方范围内，设置卡伦 64 处，各设官兵驻守，定期巡查。

黑龙江将军最初驻在黑龙江城，康熙二十九年（1690 年），清廷根据黑龙江将军萨布素的奏请，将黑龙江将军及副都统一员移驻墨尔根城。康熙三十八年（1699 年）再移至齐齐哈尔城。从此齐齐哈尔成为黑龙江地区政治、经济和文化中心。

就地理位置而言，黑龙江将军所属呼伦贝尔，北、西、南三面兼与内外蒙古接壤，因此黑龙江将军又有控制蒙古之职能。清朝中后期，边疆危机日趋严重，黑龙江将军的军事戍边职能更显重要。为使其更好发挥作用，清廷将原设级别较低的驻防升级至相对较高级别，加强管理，以专责成。如光绪八年（1882 年）呼伦贝尔改设副都统。在清末东北地区大量设置州县民官、裁撤副都统的过程中，因黑龙江、呼伦贝尔两副都统地处极边，墨尔根又为北疆屏障，控扼险要，于是三城副都统得以保留。

黑龙江地区一直是封禁重地，加之地处极北，在清末放垦以前，汉人流入很少。同治朝以前，一直未设置民人管理机构。黑龙江将军的主要职能除了掌管军事外，还兼理民务，下设户、兵、刑、工四司和印务处。此外，对索伦、巴尔虎、鄂伦春等打牲游牧部落的审户比丁、编设佐领、收取贡赋、赏赐财帛等皆由将军统管。

同治元年（1862年），始置呼兰直隶厅，三年移驻巴彦苏苏。光绪十一年（1885年）析置绥化直隶厅。三十年（1904年）呼兰、绥化二厅升府；置大赉、海伦、黑水三直隶厅及绥兰海道。三十二年（1906年），绥兰海道由绥化城移至内兴安岭以东，更名兴东兵备道；置安达、肇州二直隶厅。道、府、厅之长官虽为理事民官，可兼辖旗、民，但直至光绪末年仍隶属于八旗系统，由各城副都统节制。

东北地区的驻防将军体制一直延续到清末，长达200多年，维持了满汉及其他少数民族的共处和社会秩序的稳定，反映了其体制的合理性和长效性。至光绪三十三年（1907年）清末新政后，这一体制才被废除，改设行省。

（四）军府体制下的其他机构

在驻防将军之下，清廷在东北地区还设置了其他行政机构，主要有盛京五部、内务府及打牲乌拉。

1. 盛京五部

顺治元年清廷迁都北京之后，原设于盛京的六部均迁入北京，但仍有少数人员留守，即“户、礼、刑、工四曹，悉隶留守之昂邦章京掌焉”[①]。顺治十五年（1658年）八月，清廷仿明代“两京”之制，正式设立盛京户、礼、工三部衙门。康熙元年（1662年）复设盛京刑部，三十年（1691年）复设兵部。五部各设侍郎一员主管。因盛京官员无多，仍由京中铨选，故不设吏部。

雍正八年（1730年）曾一度设尚书一人总管五部，不久裁撤。

---

① 《盛京通志》卷39《职官一》。

光绪初年，又命盛京将军兼管兵、刑二部，到光绪三十一年（1905年）更兼管五部。后来又以名目不同、事权不专、百弊丛生为由，由盛京将军奏准裁撤，原管事务分别划归盛京地方官管理。

盛京五部官员初用盛京本地人员担任。雍正六年（1728年），以本地官员“素多串通欺隐”[①]，一概撤回京师调补京缺，又命在京各部院拣员发往补授。乾隆八年（1743年），乾隆皇帝第一次东巡盛京后，决定盛京官员半用本地人员，半用京官调迁。乾隆十八年（1753年）又议准盛京郎中、员外、主事各缺，十之七用京员，十之三用本地人员。

盛京五部与盛京将军、奉天府尹之间互不统属，而职权却多有交叉重叠。盛京五部职权如下。

户部，置侍郎1人为长官，另设宗室郎中、堂主事各1人。下设经会、粮储、农田三司，各置郎中1人，员外郎2人，主事一二人不等。此外，设有正关防郎中、副关防员外郎各1人，司库2人，库使8人，笔帖式22人。盛京户部主管盛京地区的粮、盐、棉赋税及其他杂税，另领有银库和内仓等。

礼部，设侍郎1人，郎中2人，员外郎4人，主事1人，读祝官8人，赞礼郎16人，笔帖式12员。主管盛京礼仪祭祀、朝会宴飨及园、池、养息牧之事。内设左右两司，主祭盛京三陵；另主管盛京僧录司、道录司、朝鲜使馆。

兵部，置侍郎1人，郎中2人，员外郎6人，主事2人，笔帖式12人。盛京兵部在盛京五部中建立最晚，执掌旗员会射、检阅兵器、盛京驻防、驿递、稽查边门、铨试之事。

刑部，置侍郎1人，郎中4人，员外郎10人，主事1人，笔帖式29人。主管盛京满洲、蒙古八旗刑狱之事。内设肃纪前、左、

---

① 《盛京通志》卷15《天章》。

右、后四司。

工部，设侍郎1人，郎中2人，员外郎6人，主事2人，司库2人，司匠2人，笔帖式16人。掌管盛京祠庙、陵寝、宫殿、城垣、公廨等项工程，其下设左右司，另有银库、织造库、火药库、秫秸厂、黄瓦厂、席厂、灰厂、缸厂、木炭厂等。

2. 盛京内务府和打牲乌拉

盛京内务府初称盛京上三旗。它是京师总管内务府的分支，负责管理皇室在盛京的产业并供应各种差役，是专门为皇室服务的宫廷机构。清廷迁都北京后，内务府也随迁北京。但盛京地区仍留有相当数量的包衣，在粮庄、果园、采捕山场等为皇室服务。为了加强管理，清廷于顺治三年（1646年）设正黄旗、镶黄旗佐领各1员，顺治八年（1651年）增设正白旗佐领1员，总称盛京上三旗佐领。顺治十三年（1656年），清廷铸发关防，称“盛京上三旗掌关防佐领”，由三佐领下选1人掌印理事，成为盛京内务府的前身。

随着盛京上三旗经营规模的逐渐扩大，乾隆十七年（1752年），清廷设盛京内务府总管大臣1人（由盛京将军兼任），协同管理大臣1人，佐领3人，堂主事1人，委署主事1人。其内部机构及职掌如下。

广储司，设司库2人，库使16人，催长3人，笔帖式3人，领催15人。掌六库所藏之御用弓矢、军器、鞍辔、御书、冠服、朝珠及金玉铜瓷名器诸事。

会计司，设催长2人，笔帖式2人，领催9人，掌有关粮庄的一切事务。

掌礼司，设催长3人，笔帖式3人，领催12人，掌有关果园一切事务。

营造司，设催长2人，笔帖式1人，领催6人，匠役44人，扫院丁27人。掌有关宫殿的陈设、修缮及太庙祭器的尊藏，列圣圣容、册宝、圣训、实录、玉牒等的守护。

都虞司，设催长2人，笔帖式2人，牧长3人，领催9人，采蜜领催3人，掌有关牲丁及官马饲养事宜。

文溯阁，设催长2人，掌有关四库全书事务。

三旗织造库，设催长3人（广储司催长兼任），笔帖式3人，领催15人，掌有关棉庄、靛庄事务。

黑牛馆和乳牛馆，各设厩长6人和2人，掌三陵祭祀之用。

内管领处，设内管领1人，仓领长1人，仓长3人，笔帖式2人。管理所属丁口，即辛者库的粮饷、果品的蜜饯及槽盆、枪杆、箭杆的砍伐制造等。

三旗（镶黄、正黄、正白），设骁骑校3人，顶戴领催3人，领催15人，甲兵678名，每旗各236人。分班任内务府的巡逻宿值，并随盛京将军行围。

打牲乌拉，又名布特哈乌拉。与江宁织造、苏州织造、杭州织造同称为“清朝四大贡品基地”。先后有5位清朝皇帝来此巡阅，册封乌拉地区为“本朝发祥之地”，并将沿松花江周围方圆560余里，皆划归打牲乌拉辖区，禁止民人擅入。

努尔哈赤建立后金政权之后，在大乌拉城设置了“打牲乌拉总管署”。顺治十四年（1657年），改称“打牲乌拉总管衙门”，成为清王朝贡品基地。初时隶属于内务府，由朝廷直辖，康熙年间改由朝廷与宁古塔将军（后为吉林将军）共同管理。打牲乌拉总管最初被定为六品，顺治十八年（1661年）升格为四品，康熙三十七年（1698年）定为正三品。

总管衙门设总管、翼领、委署翼领、骁骑校、仓官、学官、笔帖式、领催、珠轩达、铺副等职，以下是打牲丁、工匠、仵作等。打牲乌拉总管衙门辖区，“东至窝机口子东老封堆为界，七十余里；南至依罕阿林河口止，三十五里；西至石灰窑五十里；北至五里桥子九十余里；东南至靠山屯东老封堆为界，七十余里；东北至四道梁子东老封堆为界，一百三十余里；西南至三家子屯，四十里；西北至八家子屯，八十里；周围界址，共五百六十余里”[①]。其打牲范围则不限于辖区，南至松花江上游、长白山阴；北至三姓、黑龙江、瑷珲；东至宁古塔、珲春、牡丹江流域。辖区内有22处采贡山场和64处采珠河口，贡品多达3000余种，专门采捕东珠、蜂蜜、鲟鳇鱼、松子等。最初贡品中还有人参和貂皮，乾隆年间将这两项贡品免去。

打牲乌拉总管衙门在有清一代长期设置，职权基本没有太大变动。康熙十五年（1676年），因宁古塔将军衙门移治吉林乌拉城，打牲乌拉衙门的刑名案件遂不再由盛京内务府处理，而是就近交由将军办理。但打牲乌拉衙门亦自设界官，管理屯田，稽查赌盗，处理文案、公牍及俸饷事宜。[②] 乾隆以后，随着流民不断涌入吉林，私采人参事件不断发生，“打牲乌拉采人参事繁，总管一人不能办理，交吉林将军兼办”[③]。后来，打牲乌拉拣选官员、鲟鳇鱼、东珠等事，及旗民交涉事件亦归并吉林将军办理。但打牲乌拉辖境内事务，还是由总管自行处置，内府与外旗，仍各有专辖。直到宣统三年（1911年）清帝逊位，打牲乌拉衙门才宣告撤销。

二　对东北各族的多元化管理

清代东北边疆地区生活着众多的民族，除汉族和满族外，还有鄂温克、鄂伦春、达斡尔、赫哲、费雅喀、奇勒尔、库页、恰喀拉、锡伯、蒙古等各族。清廷对各族采取因俗而治的治理方针，在三将军的统辖下，形成了不同的地方管理体制。

---

① 云生：《打牲乌拉志典全书·打牲乌拉地方乡土志》，吉林文史出版社1988年版，第154页。

② 云生：《打牲乌拉志典全书·打牲乌拉地方乡土志》，第14页。

③ 嘉庆《大清会典事例》卷918《内务府三十四·采捕》。

（一）驻防八旗制

驻防八旗是清廷治理东北边疆的主要管理体制，驻防兵以八旗满洲为主体，包括汉、蒙古、鄂温克、达斡尔等族。驻防八旗专理旗务，不与民事。

八旗各旗署衙门的职责，一是清理所属旗人户籍、田土。八旗各旗署旗人皆有旗籍，定期要进行编审。每三年由佐领开造清册二本，一本咨部，一本存本旗，核查具报。旗人不得随意转移旗籍，凡旗下人远离本佐领居住者，人口、财产入官。二是设置卡伦，稽查私入围场偷打牲畜，私占禁地的旗民。三是管理驿站。康熙中叶，东北地区驿站交通网基本形成。在各地驿站的管理上，盛京地区初期隶于盛京将军，康熙中叶以后，改隶盛京兵部管理。吉黑地区之驿务均直接统于将军。

清朝还对吉林、黑龙江的各少数民族实行八旗编制管理，以加强控制。编旗过程前后历时 40 余年，共五次编旗。康熙八年（1669 年），设索伦总管，统一管理黑龙江中上游的鄂温克、达斡尔、鄂伦春人，称为布特哈八旗，共编有 97 个佐领，隶属于黑龙江将军。从康熙十年（1671 年）至十六年（1677 年），对黑龙江下游及乌苏里江流域三姓辖区的一部分赫哲、费雅喀人，先后编设旗分，共计 78 个佐领，称“新满洲”（伊彻满洲）。康熙三十一年（1692 年）将原居于海拉尔河流域的巴尔虎人编为 10 个佐领，同时将移驻吉林地区之巴尔虎编为 8 个佐领。康熙三十三年（1694 年），又将从俄国返回的蒙古 600 户安置在黑龙江地区，编为 8 个佐领，以上共计 26 个佐领，称为“陈巴尔虎”。雍正十二年（1734 年），一部分布里亚特蒙古人自喀尔喀移牧于呼伦贝尔地区，清朝将其分为八旗，编为 40 个佐领，这部分人被称为新巴尔虎。乾隆八年（1743 年）将新巴尔虎中的 24 个佐领编入海拉尔驻防八旗。此外，居住于绰尔河流域的锡伯、卦尔察、达斡尔人等也陆续被编入旗内。

东北地区的这些少数民族不仅承担着戍守东北边疆的重要任务，而且被不断征调到全国各地，参与各种军事行动，为清朝建立和巩固政权立下汗马功劳。尤为值得一提的是，乾隆时期，世居东北的一部分索伦人和锡伯人还被远迁到西北的新疆，在这里定居下来，与当地各民族杂居共处，成为守卫西北边疆的重要力量。

清代文献中提到的“索伦”，广义上包括今天的达斡尔、鄂温克和鄂伦春等族，狭义上则专指鄂温克人，本章采用狭义一说。明末清初，索伦人居住在黑龙江上中游和贝加尔湖周围地区。17 世纪初，努尔哈赤开始了对黑龙江以北地区各部的征抚行动，相继收服黑龙江中游萨哈连、萨哈尔察等部。努尔哈赤去世后，皇太极继续经营该地区，认为“此地人民语音与我国同”①，应“善言抚慰，饮食甘苦，一体共之”②。索伦著名首领巴尔达齐和达斡尔首领博穆博果尔先后来归，随之，精奇里江流域的额苏里、博勒哩、乌尔堪等屯，黑龙江上中游的雅克萨、铎陈、多金等城陆续归附后金。《清实录》《皇清开国方略》《盛京通志》《索伦诸部内属述略》等文献中俱可查考。自皇太极时期至雍正朝，清朝不断将索伦人编入满洲八旗，分驻于黑龙江城、墨尔根、齐齐哈尔、呼兰、呼伦贝尔、布特哈等城，承担驻卡、巡边、奉调出征、贡貂等任务。索伦人素以骁勇善战闻名，清前期的重要战役，无论是对外反击沙俄、廓尔喀等外部势力入侵，还是国内开疆拓土、平定叛乱等行动中，索伦兵都被视为军中重器，为清王朝的统一事业立下赫赫战功。

乾隆二十年（1755 年），清廷出兵西域，取得对准噶尔战争的胜利，二十四年（1759 年），清军平定南疆大小和卓叛乱，统一天山南北。因战后新疆地广人稀，防御力量薄弱，遂决定从各地调集

---

① 《盛京通志》卷 2《圣制》。

② 《盛京通志》卷 2《圣制》。

兵丁予以充实。除了陆续调拨甘肃凉州、庄浪八旗兵及陕甘绿营兵外，又从察哈尔蒙古、东北锡伯、索伦、达斡尔人中各抽调一部分官兵携眷前往天山以北驻防戍边。

乾隆二十八年（1763 年）四月，清廷征调索伦兵丁 500 人，加上护送佐领和骁骑校 11 员及其家眷 1421 人，从嫩江流域出发，经漠北蒙古车臣汗部、土谢图汗部，于八月中旬抵达乌里雅苏台，次年正月十九日，到达新疆伊犁。

乾隆二十八年五月，在索伦兵丁出发后不久，清廷又从达斡尔征调兵丁 500 名，在 11 名佐领、骁骑校的率领下，携家眷 1417 人，从布特哈出发，前往伊犁。这批迁徙官兵于九月下旬至乌里雅苏台，经过休整后，于次年九月二十六日抵达伊犁。

两批官兵全部到达后，伊犁将军明瑞按照乾隆皇帝的命令，将其编立昂吉（准噶尔语，意为“分支”，嘉庆时改为“营”），下设佐领，约计千名作一昂吉，共编成六个佐领，领催、披甲分派在各佐领之下。[①] 至乾隆三十二年（1767 年），经伊犁将军阿桂奏准：移驻之索伦、锡伯、察哈尔兵丁，曾按新额鲁特例，编立牛录，以两百户为一牛录，每部各设六牛录。今生齿日繁，各项差事烦冗，仍责成六牛录管理，实属不足。此后，三部各增设两牛录，以为八旗，其旗纛颜色，亦按旗授之。[②] 从此开始有了索伦八旗的建置，后又称索伦营，设领队大臣、总管、副总管各一员。

八旗中，索伦和达斡尔各居一半，组成左右两翼。达斡尔官兵驻牧于霍尔果斯河以东，故又称东四旗，分驻阿勒木提、柯多、富泽克、霍尔果斯四城；驻牧于霍尔果斯河以西的索伦官兵（又称西四旗）则分驻于图尔根、齐齐罕、策吉、萨玛尔四城。索伦营的主

① 《清高宗实录》卷 7，乾隆二十九年三月戊寅。

② 军机处乾隆三十二年七月满文月折档，转引自吴元丰、赵志强《锡伯族西迁概述》，《民族研究》1982 年第 1 期。

要任务是驻防巡边，下辖旧霍尔果斯安达拉（春季添，冬季撤）、齐齐罕安达拉（春季添，冬季撤）、霍尔果斯（常设）、齐齐罕（常设）、奎屯（常设）、博罗呼济尔（常设）、崆郭罗鄂伦（常设）、辉发（常设）、河岸（冬季添，夏季撤）、奎屯色沁（冬季添，夏季撤）十处卡伦。[①] 官兵在驻防的同时，兼事耕牧。

明末清初，锡伯人聚居于嫩江和松花江流域，附属于科尔沁蒙古。康熙三十一年（1692年），科尔沁部蒙古王公将锡伯部献给清廷，被编入满洲上三旗（正黄、镶黄和正白旗），分驻齐齐哈尔、伯都讷和吉林乌拉，隶属黑龙江将军和吉林将军管辖。康熙三十八年（1699年）至四十年（1701年），清廷又将三城锡伯兵丁分别迁到北京、盛京及其所属之开原、锦州、辽阳、熊岳、金州、凤城等地驻防。

乾隆二十九年（1764年），清廷从盛京将军所属诸城的锡伯官兵内选出兵丁1000名，防御、骁骑校各10员，官兵家眷3275口，共计4295人，分成两队，于四月初十日、四月十九日从盛京先后启程，开始向伊犁迁徙。八月末，抵达乌里雅苏台。在此地越冬后，于次年三月再行出发，经由科布多，过阿尔泰山。七月，两路人马先后到达伊犁。抵达伊犁的人口数，除已入印册之人口外，沿途陆续新生男女幼童共350余名，自愿跟随官兵启程的闲散（官兵之兄弟子女）尚有400余人，其中男247名、女158名。因此，实际迁到伊犁的锡伯男女老少共计5050名（包括路上死的、逃的和少量外族人众）。[②]

至伊犁后，他们被安置在伊犁河之南驻防屯田，所需房屋，自行建造，官给孳生羊只。并照索伦、察哈尔、额鲁特之例，编成一

---

① 何秋涛：《朔方备乘》卷10《北徼喀伦考叙》。

② 吴元丰、赵志强：《锡伯族西迁概述》，《民族研究》1982年第1期。

个昂吉、六个佐领。[1] 三年后，经伊犁将军奏准设立八个牛录，锡伯八旗自此建立，后来又被称为锡伯营。

锡伯八旗的主要职责是驻扎、防守伊犁河之南的巴图蒙柯军台和固尔班托海、安达拉、春稽、大桥四处常设卡伦以及沙巴尔托海（春季设，秋季移察罕托海）、托里（春季设，夏季移额木讷察罕乌苏，秋季移托赖图）、玛哈沁布拉克（春季设，夏季移辉图察罕乌苏，秋季移额哩音莫多）、乌里雅苏图（夏季添秋季撤东北至沙巴尔托海）、额木讷察汗乌苏（夏季由玛哈沁布拉克移设）、辉图察汗乌苏（夏季由玛哈沁布拉克移设）、塔木哈（春季设，秋季移察林河口）、察汗托海（秋季由沙巴尔托海移设）、托赖图（秋季由额木讷察罕乌苏移设）、沙喇托罗海（秋季添，冬季撤）、额哩音莫多（秋季由辉图察罕乌苏移设）、头勒克（秋季设，春季移额鲁特营之巴噶塔木哈，夏季移塔木哈色沁）、察林河口（秋季由塔木哈移设）、塔木哈色沁（夏季由巴噶塔木哈移设）14 处移设或添撤卡伦。[2] 此外，还奉旨派官兵到塔尔巴哈台、南疆各城换防当差。

这些迁徙到新疆的东北各族，在驻守台站、防守卡伦、开发边陲、平内攘外等活动中，发挥了重要作用，也充分说明在实现国家大一统的过程中，清廷已经具备很强的国家治理能力，能够有效调配全国各种资源，协调各个民族的关系，成功实现王朝的战略目标。

（二）州县制

东北地区的州县是为适应汉人大量流入东北，方便对其管理而出现的。

顺治十年（1653 年），清廷首设辽阳府，领辽阳、海城二县，这是清代东北州县制之始，标志着辽东地区旗民双重体制的初步形

---

① 《清高宗实录》卷 707，乾隆二十九年三月戊寅。

② 何秋涛：《朔方备乘》卷 10《北徼喀伦考叙》。

成。顺治十四年（1657年），罢辽阳府，于盛京设奉天府。康熙元年（1662年），于锦州设锦县，属奉天府。三年（1664年），设承德、开原、铁岭三县，改辽阳县为州，并海城、盖平属奉天府；改广宁为府（十二月改为锦州府），添设通判、推官、经历，设广宁县、宁远州，并锦县属广宁府，“俱令奉天府府尹管辖”[①]。雍正十二年（1734年），增设复州和海宁县，隶奉天府；增设义州，隶锦州府。

乾隆朝以后，随着清廷对东北封禁政策的强化，州县的设置进展缓慢。乾隆二十八年（1763年）设兴京厅，嘉庆十一年（1806年）设昌图厅，十八年（1813年）设新民厅，道光六年（1826年）设岫岩厅。

吉林将军辖区在清中叶后民户开始增加。自雍正四年（1726年）起，清廷陆续于吉林乌拉设永吉州（今吉林省吉林市），在宁古塔设泰宁县（今吉林宁安县），在伯都讷设长宁县（今吉林扶余县），在蒙古郭尔罗斯前旗长春堡设长春厅，于伯都讷新城设伯都讷厅，均归吉林将军管辖。

黑龙江地区开发较晚，乾隆三十六年（1771年），始编审民户。咸丰初年，汉民入籍渐多。同治元年（1862年），始设呼兰厅理事同知。但“虽有民户，固无民官”[②]，归各城副都统管理，隶于黑龙江将军。

此外，雍正、乾隆年间，在东三盟地区为加强对移垦汉民的管理，在乾隆年间设置三县：建昌县（今辽宁凌源县）、朝阳县与赤峰县，隶热河承德府。

东北地区州县制下的民户，按聚落的村屯编社入籍。数户为一甲，十甲为一社。“择其善良者，立为乡长、总甲、牌头，专司稽

---

① 《清圣祖实录》卷12，康熙三年五月甲午。

② 徐世昌：《东三省政略》卷6《民政·黑龙江省·疆理篇》。

查。遇有踪迹可疑之人，报官究治。”[①] 州县官员主要掌管民人田赋银两的征收。为避免旗民发生纠纷，盛京将军与奉天府尹下令划分旗民界线，实行旗民分治。但实际上，并不能做到完全分而治之。

（三）边民姓长制

清朝将居住在黑龙江下游、松花江、乌苏里江流域以及滨海和库页岛等边疆地区的赫哲、费雅喀、奇勒尔、库雅拉、恰喀拉、库页等少数民族，通称为边民。清初，一部分边民被编入八旗，号称“新满洲”，驻防在珲春、宁古塔等处。对没有编入八旗的边民，则实行“各设姓长、乡长，分户管辖”的政策，与“编户无异”[②]。规定：边民以户计算，每年每户纳貂皮一张。至乾隆十五年（1750年），统计“纳貂皮贡”户共计2398户，定为永额，以后不再增加。如有减丁，其缺由彼之子替补，照旧贡貂。[③]

清廷以边民原来的血缘姓氏为主，结合其居住的地域村屯，分设姓长、乡长和穿袍人进行管理。姓长，满语称哈拉达，乡长称噶山达。姓长和乡长的任命最初要经过将军衙门的考核，呈报礼部后任命。职责是为朝廷办理贡貂、调解边民纠纷及应付临时差遣等，职位以长子世袭。穿袍人多是姓长、乡长长子以外的其他子弟，虽无官职，但享有一定的社会地位，并且有可能成为姓长和乡长的继承人，协助姓长、乡长办理公务。因每年贡貂时赏赐缎袍一套，故亦称“穿袍人”。而姓长、乡长、穿袍人以外的普通边民则称“白丁”（亦称“白人”）。这四种身份的人构成东北边疆边民的四种等级。有清一代，先后设姓长22名，乡长188名，穿袍人108人，白丁2081户，共计2398户。[④]

---

① 光绪《大清会典事例》卷978，《理藩院十六》。

② 《清朝文献通考》卷271《盛京》。

③ 辽宁档案馆等译编：《三姓副都统衙门满文档案译编》，辽沈书社1984年版，第460—461页。

④ 陈鹏：《清代东北边疆边民姓长制度述论》，《东北史地》2009年第4期。

边民在每年缴纳貂皮贡赋时，会得到清廷的回赏，称为赏乌林（“乌林”，满语，财帛之意)。清初边民均不远万里，前往京师贡貂；后来清廷规定各部可送至宁古塔。雍正十年（1732 年)，设三姓副都统，又改至三姓贡貂。各贡貂者距离三姓较近者直接至三姓缴纳；距离较远的，则由三姓副都统衙门派员设立行署，就近收取。边民贡貂时举行隆重的仪式，清廷官员当场验收，并按其身份给予一份赏赐，即所谓赏乌林，主要是褂、袍、袄、裙、裤等衣物。缴纳贡貂时，清廷供给边民往返和居住期间的口粮，并设宴款待，同时还举行以物易物方式的贸易活动。

清廷为了加强对边民的统治，还实行一种特殊的联姻结亲制度，即各族边民可以进京娶妇，由清廷配以“宗室”之女。这种联姻始于康熙时，“康熙中，以鱼皮等部俗荒陋，令其世娶宗室女以化导之，岁时纳聘，吉林将军预购民女代宗女，乘以彩舆嫁之”[①]。边民不论身份，只要备足一份较高聘礼都可呈请结亲。清廷将此作为安抚边疆民族之大事，非常重视，迎娶之边民抵达京师后，由礼部设宴款待，举行隆重的婚礼仪式，内务府赏赐丰厚的嫁妆。而内地民女以“宗女”身份嫁到边疆各族后，“其部落甚尊奉”，称为“皇姑”，满语称“萨尔罕锥”；娶妇之边民，满语称为“霍吉珲”。他们在边民中地位很高，姓长、族长在处理边民纠纷时，常常请霍吉珲参加。清廷赏乌林，霍吉珲与姓长相同，萨尔罕锥有时甚至多于姓长。嘉庆《大清会典》里有边民贡貂和求亲事例的记载，“赫哲、费雅喀之纳妇者，则给其赏，颁其廪饩。赫哲、费雅喀来京求亲者，例进元狐皮二张、貂皮一百张、九张合成青狐皮褥二、九张合成黄狐皮褥四十、七张合成貂皮衣料十二，验明等第，交缎疋库，由领侍卫内大臣引见后给婚”[②]。

---

① 魏源:《圣武记》卷 1《开国龙兴记一》。

② 嘉庆《大清会典》卷 16《户部·贵州清吏司》。

（四）盟旗制

清廷在漠南蒙古地区设6盟49旗，其中哲里木、卓索图、昭乌达三盟，比邻东北，通称东部蒙古或者东三盟。这三盟在隶于理藩院的同时，还受东北三将军节制。清廷规定："凡哲里木盟重大事件，科尔沁六旗以近奉天，故由盛京将军专奏；郭尔罗斯前旗一旗以近吉林，郭尔罗斯后旗、扎赉特、杜尔伯特三旗以近黑龙江，故各由其省将军专奏。"[①] 在基层管理上，依然遵循的是清廷在蒙古地区实行的盟旗制度。

旗是相对独立的军事、行政单位。旗设扎萨克，为一旗之长，与都统官阶相同，世袭罔替。扎萨克的职责包括清查户口、管理旗地、审理案件、朝觐入贡等。其下设协理台吉、管旗章京、副章京、参领、协领等僚属，协助扎萨克管理旗务。旗以下置佐，设佐领。佐原为基本军事单位，后逐渐成为旗以下的一级行政单位。佐领不仅领本佐兵丁，还办理清册、收税、征夫等事。佐的多少标志着一旗的兵力状况。原则上，佐由150名壮丁组成，但实际上有增有减。凡年在18岁至60岁之间的蒙古男丁，都有服兵役的义务。蒙古壮丁平时游牧，不纳赋；战时参战，但无兵饷。

盟为旗的会盟组织，若干旗编为一盟。每盟设盟长一人、副盟长一人，原由盟内各旗扎萨克在会盟时推举，后改由理藩院拣选，经皇帝任命后兼摄。盟并非一级行政机构，盟长不能世袭，也无特别俸禄，只是享受相当于王公、台吉等封爵的俸禄。盟长的主要职责是充当三年一次的会盟召集人，履行比丁、练兵、清查钱谷、审理重大刑名案件等职责，向所属各旗发布法令、命令等，但无发兵权，不能直接干涉各旗内部事务，只是对盟内各旗扎萨克实行监督，随时告发扎萨克的不法或叛逆行为等。

---

① 《清史稿》卷518《列传三百五・藩部一》。

清廷在东北边疆地区视民族差异而采取了不同的管理体制，充分体现了其因俗而治的方针；同时，虽然这种多重性行政管理体制，并不是创自清朝，早在辽代就实行过“因俗而治”的政策，在金代，也实行过女真与汉人分治等，但是，清朝并不是对过去传统经验的简单重复，而是有所改变和创新，形成了一整套独具特色的行政管理制度。东北地区的“四民体制”与清朝内地基层行政统辖制度一样，都建立在编审户籍的基础之上，通过各种不同的管理途径，实现中央政府对东北边疆的有效管辖。与以往朝代相比，管理形式更为多样化，机构建置更加密集，统治也更为深入和严密。

三　封禁政策的制定和实施

顺治元年（1644 年）四月清军入关，八旗将士及其家眷大多“从龙入关”，使本就人口稀薄的东北地区更为空旷荒凉。入关前，后金（清）与明在关外展开了近 30 年的激烈战争，对东北社会经济造成严重的破坏。战争期间，经山海关逃往关内的辽民达百余万。沿海各口，自辽东战事初起，即大舟小船，往返不绝，前后运载亦不下数十万人。大批辽东汉人流亡河北、山东、山西、河南，甚至远及陕西等省，还有很多人进入朝鲜境内。顺治十八年（1661 年），距离清入关已经 18 年了，但辽东的荒芜和破败依然。奉天府尹张尚贤在“敬陈奉天边地情形疏”里，描绘了当时景象：“合河东、河西（指辽东、辽西）之边海一观之，黄沙满目，一望荒凉。倘有奸宄爆发，海寇突至，猝难捍御，此外患之可虑者。以内而言，河东城堡虽多，皆成荒土，独奉天、辽阳、海城三处，稍成府县之规，而辽海两处，仍无城池。如盖州、凤凰城、金州，不过数百人，铁岭、抚顺唯有流徙诸人，不能耕种，又无生聚，只身者逃去大半，略有家口者，仅老死此地，实无益于地方，此河东腹里之大略也。河西城堡更多，人民希少，独宁远、锦州、广宁，人民凑集，仅有佐领一员，不知于地方如何料理，此河西腹里之大略也。合河东、河西腹里以观之，荒城废堡，败瓦颓垣，沃野千里，有土无人，全无可恃，此内忧之甚者。”[①]

东北是清朝的发祥之地，清廷向来极为重视，为解决这种倾颓和败坏的状况，顺治年间曾连续下诏，动员逃往内地的原住民返回辽东。

顺治十年（1653 年），设辽阳府（下辖辽阳、海城二县），颁布《辽东招民开垦条例》（以下简称《条例》），宣布放垦辽东，奖励官民招揽、应招。《条例》规定：招民开垦至百名者，文授知县，武授守备；六十名以上，文授州同、州判，武授千总；五十名以上，文授县丞、主簿，武授百总；招民数多者，每百名加一级。所招民每名口给月粮一斗，每地一垧，给种六升，每百名给牛二十只。[②]

在这一优惠政策的激励下，河北、山东等地很多穷困失业者迁徙到关外，但由于当时中原地区经济尚未复苏，所以出关响应者远未达到清廷的预期数量，招垦令的成果并不显著。

康熙二年（1663 年），又发布了辽东招民垦地的奖励办法。规定：招民至百人者，不必考试，皆以知县录用。康熙七年（1668 年），由于关内民人出关日渐增多，“招民授官例，永著停止”[③]，但是并没有限制关内人出关垦种。康熙中叶以后，随着中原地区战事的结束，生计好转，人口渐次增长，加之自然灾害频发，于是，山东等地民人前往关外谋生者越来越多。随着人口的增长，土地开垦也日益增多。奉天各州县自康熙七年始行编审，实在行差人丁共计 7953 丁；至康熙五十年（1711 年），编审原额新增实在行差人

① 《盛京通志》卷 129《国朝艺文十五》。

② 《盛京通志》卷 35《户口》。

③ 康熙《大清会典》卷 20《户部 · 田土一》。

丁共 18623 丁，增加了两倍多。[1] 清廷将出关的汉民与辽东当地民人一起编户入籍，承认其土地所有权，由州县负责征收赋税，摊派徭役，组成与内地生产关系等同的民地系统。

经过顺康雍三朝的移民开垦，东北地区汉人越聚越多，垦殖的土地也逐年扩大，对旗人生计产生了一定的影响，中原文化对满洲的传统风俗也形成了巨大的冲击。作为“龙兴之地”，东北在清朝统治者心目中拥有极高的地位，而满洲旧俗又是“满洲根本”，为保持满洲人的利益和“满洲根本”，清廷于乾隆五年（1740 年）正式颁布东北封禁令。这一年四月，乾隆皇帝谕令兵部侍郎舒赫德：“盛京为满洲根本之地，所关甚重，今彼处聚集民人甚多，悉将地亩占种。盛京地方，粮米充足，并非专恃民人耕种而食也，与其徒令伊等占种，孰若令旗人耕种乎？即旗人不行耕种，将地亩空闲，以备操兵围猎，亦无不可。尔至彼处，与额尔图详议具奏。”[2]

舒赫德很快回奏：“奉天地方为满洲根本，所关实属紧要，理合肃清，不容群黎杂处，使地方利益，悉归旗人。但此等聚集之民，居此年久，已立有产业，未便悉行驱逐，须缓为办理，宜严者严之，宜禁者禁之，数年之后，集聚之人渐少，满洲各得本业，始能复归旧习。”[3] 他提出了几项建议：严查从山海关出入之人；严禁商船携载多人；严格地方保甲稽查；奉天空闲地亩，专令旗人垦种；严禁凿山以余地利；重治偷挖人参者；整顿宗室觉罗风俗；出关旗人，给予凭记，以便查验。

九月，奉天府尹吴应枚开始执行东北封禁令，严查奉天各边隘，对出入人员严格把关。随之，六年（1741 年）九月，吉林正

① 《盛京通志》卷 35《户口》。

② 《清高宗实录》卷 115，乾隆五年四月甲午。

③ 《清高宗实录》卷 115，乾隆五年四月甲午。

式封禁。宁古塔将军奏称："吉林、伯都讷、宁古塔等处，为满洲根本，毋许游民杂处，除将现在居民，逐一查明，其已入永吉州籍贯，立有产业之人，按亩编为保甲，设甲长、保正，书十家名牌，不时严查外，其余未入籍之单丁等，严行禁止。"[①] 七年（1742 年）三月，黑龙江正式封禁，规定："黑龙江城内贸易民人，应分隶八旗查辖，初至询明居址，令五人互结注册，贸易毕促回。病故回籍除名，该管官月报。如犯法，将该管官查议。其久住有室，及非贸易者，分别注册，回者给票，不能则量给限期。嗣后凡贸易人，娶旗女、家人女，典买旗屋、私垦租种旗地，及散处城外村庄者，并禁。再凡由奉天、船厂等处，及出喜峰口、古北口，前往黑龙江贸易者，俱呈地方官给票，至边口关口查验，方准前往。"[②]

东三盟蒙古地区封禁较晚。乾隆十三年（1748 年），清廷颁布对蒙古地区的封禁令。要求蒙古地方官员，"各将所属民人，逐一稽考数目，择其善良者立为乡长、总甲、牌头等，专司稽查"，"其托名佣工之外来民人，一概逐回"[③]。

此后，清廷又一再颁布禁令，法令日益严格，法网愈加严密。不仅在山海关、喜峰口及九处边门，严行禁阻移民，而且鉴于各省海船出海有携带民人去奉天者，下令山东、闽广、江浙各督抚也要严行稽查。乾隆十五年（1750 年），命令奉天沿海地方官，"多拨官兵稽查，不许内地流民再行偷越出口。并行山东、江浙、闽广五省督抚，严禁商船，不得夹带闲人。再山海关、喜峰口及九处边门，皆令守边旗员、沿边州县，严行禁阻"[④]。

同时，清廷在东北内部也实行严格的"边禁"，即禁止生活在辽东的民人进入蒙古和吉林、黑龙江等地。"边禁"即禁止民人越

---

① 《清高宗实录》卷 150，乾隆六年九月戊辰。
② 《清高宗实录》卷 162，乾隆七年三月庚午。
③ 乾隆《大清会典则例》卷 140《理藩院》。
④ 嘉庆《大清会典事例》卷 134《户部七》。

过柳条边，之所以称作柳条边，是因为清廷在封禁地区修浚边壕，沿壕植柳作为界线，因此得名，又叫盛京边墙、柳城、条子边。据《柳边纪略》记载：“自古边塞种榆，故曰榆塞。今辽东皆插柳条为边，高者三四尺，低者一二尺，若中土之竹篱，而掘壕于其外，人呼为柳条边，又曰条子边。”① 就性质而言，它只是一条行政分界线。柳条边始筑于皇太极崇德三年（1638 年），完工于康熙二十年（1681 年），历经三朝，分布于辽河流域和今吉林部分地区。辽河流域的柳条边，南起今辽宁凤凰山南，东北经新宾东折而西北至开原北的威远堡，又折而西南至山海关北接长城，周长 1900 余里，名为“老边”，也称“盛京边墙”。又自威远堡东北走向，至今吉林市北法特，长 690 里，名为“新边”。老边自威远堡至山海关的西段，归盛京将军管辖；自威远堡至凤城南的东段，归盛京兵部管辖并受盛京将军兼统。新边则归宁古塔将军（吉林将军）管辖。在交通要道处初设边门二十一，后减为二十。其中较著名的有九官台边门、威远堡边门、凤凰城边门等。每边门常驻官兵数十人，稽查行人出入，禁止民人越过边墙田猎、放牧和采参。清王朝设置柳条边的目的是保持满洲传统习俗并垄断东北特产等经济利益。康熙时诗词家纳兰性德曾作七律《柳条边》：“是处垣篱防绝塞，角端西来画疆界。汉使今行虎落中，秦城合筑龙荒外。龙荒虎落两依然，护得当时饮马泉。若使春风知别苦，不应吹到柳条边。”② 在时人眼中，柳条边俨然是两种不同类型的自然和人文景观的分界线。

另外，在东北地区内部还设置“围禁”。从后金到清，满洲皇室圈占山林荒原，先后在东北地区划设了六大围场。围场既是驻防八旗演武骑射之地，又是皇帝巡视时“御围”的地方。各围场挖浚壕沟，培筑封堆，并于各要隘设置“卡伦”，以杜绝民人潜入盗采

① 杨宾：《柳边纪略》卷 1，辽沈书社 2009 年版。

② 纳兰性德著：《纳兰性德全集 · 诗集》，闵泽平译，新世界出版社 2014 年版，第 108 页。

人参、开垦私猎，可谓东北边外的“禁中之禁”。道光十五年（1835 年）又颁布了《沿边围场防盗章程》，强化围禁制度。

由此可见，东北地区封禁是一个全面的、综合的封禁。从内容上讲，有人口的封禁、地域的封禁和资源的封禁；就封禁手段而言，有边禁、海禁、关禁和围禁等几种方式。这一政策的实施，使得清初开始并逐渐发展起来的东北开发的良好势头，遭到遏制，导致东北经济、文化发展迟缓，甚至一度倒退。更使得东北地区，尤其是黑龙江地区地旷人稀，沃野千里，有土无人，边境空虚。19 世纪 60 年代，沙俄军队能够轻易长驱直入，大肆侵占中国领土，清廷的封禁政策负有不可推卸的责任。

然而，从另一个角度来看，封禁政策对防止胡乱开发、滥用资源，保持东北地区的生态环境的良好态势，又具有积极的作用。当然，这并非是清朝统治者的主观愿望。清朝后期，在内忧外患的压力下，清廷不得不开禁东北，移民实边。

同时，尽管鸦片战争前清廷对东北地区实行了严格的封禁，但在内地人口膨胀、地少人多的矛盾日益激化的现实情势下，特别是严重自然灾害暴发的时候，清廷只能自破规矩，不时开放关禁，以解燃眉之急。例如，乾隆八年（1743 年），天津、河间两地受灾严重，流民大量涌向山海关、古北口和喜峰口等关口，迫切要求出关、出口谋生。乾隆皇帝被迫让步，允许流民出关就食。冒险非法进入东北的流民群，更是一直未曾间断过。乾隆十四年（1749 年），吉林乌拉、伯都讷等处，丈出流民私垦地亩 13898 亩，吉林将军不得已只得照盛京纳粮之例，编为三等①，等于承认既定事实。乾隆十五年（1750 年），鉴于在吉林船厂、宁古塔一带工商佣作的汉人，已不下三四万人，“有业可守，未免难迁”，不得不规定：

① 《清高宗实录》卷 351，乾隆十四年十月癸巳。

“如果情愿入籍，应分别纳粮、纳丁，随宜安插。”[1] 嘉庆十一年（1806年），嘉庆皇帝接到奏报，郭尔罗斯从前因流民开垦地亩，已设立长春厅管理，原议章程除已垦熟地及现居民户外，不准多垦一亩，增居一户，但数年以来流民续往垦荒，又增至七千余口之众。他只能无奈地下令：“若此时概行驱逐，伊等均系无业贫民，一旦遽失生计，情亦可悯，著仍前准令在该处居住。但国家设立关隘，内外各有限制，该处流民七千余人，非由一时聚集，总由各关口，平日不行稽察，任意放行，遂至日积日多。今事隔数年，其经由各关口，亦难一一追查，所有失察各员，姑从宽免究，嗣后各边门守卡官弁，务遵例严行查禁。”[2]

在禁而无效、令行不止的情况下，为了稳定地方秩序，清廷被迫在移民群聚之地设州县，将流民纳入政府管理体制之下，实际上等于承认了当地民户的合法身份。乾隆皇帝也不得不承认“岁偶不登，闾阎即无所恃，南走江淮，北出口外，揆厥所由，实缘有身家者不能赡养佃户，以致资生无策，动辄流移”[3]。东北沃野千里，物产丰盈，轻徭薄赋的自然和社会状况，对关内流民有着巨大的吸引力。在移民的洪流面前，清廷的政策有时是无能为力的。

清廷颁布东北封禁令，只是针对内地民人而言。自康熙朝开始，随着京师地区八旗子弟生齿日繁，军事行动减少，而八旗兵丁又不事产业，八旗生计问题已经开始凸显。康熙九年（1670年）的谕令中提道：“近闻八旗甲兵，牧养马匹，整办器械，费用繁多。除月饷外，别无生理，不足养赡妻子家口。”[4] 为此，清廷采取了加饷、赈济、赏赐甚至出资为御前侍卫偿还欠款的办法，试图缓解其生计问题，但效果并不理想，旗人生计问题反而愈加严重。雍正时

---

① 《清高宗实录》卷356，乾隆十五年正月乙卯。

② 《清仁宗实录》卷164，嘉庆十一年七月乙丑。

③ 《清高宗起居注》卷7，乾隆十三年二月甲戌。

④ 《清圣祖实录》卷32，康熙九年三月丁丑。

期，旗人生计窘困，甚至朝廷的赈济粮也不得不提前发放，“八月之米于六七月间给发”[①]。雍正皇帝制定的政策更为优惠，对披甲、炮手、步军及京城之当差效力者，屡次赏给一月钱粮，出征大小官员则赏给半年之俸，出征塘汛兵则赏给一月钱粮，尽免其所借银两等。八旗举人生员则赏给银米，资助读书。八旗地亩不准典卖与民，各旗要将典卖与民之地动支库银照原价赎出等，以至于雍正皇帝自己都感叹，自即位以来，凡加恩于八旗者不为不多，但依然收效甚微，无法从根本上遏制旗人生计的继续恶化。在各种解决方案中，“京旗移驻”开始得到清朝统治者的重视，并最终将目的地确定在满族人的故乡——东北地区，这一计划从乾隆初年开始提上实施日程。

京旗移垦是清廷官方组织旗人回归故里垦种以解决生计问题的一项重大决策。以拉林、阿勒楚喀（今哈尔滨市阿城区）为首批旗人垦殖地。以后，又陆续扩大范围，逐年增加迁移人数。嘉庆、道光两朝回屯双城堡，光绪朝回屯呼兰，在百余年的时间内清廷共移驻京旗 3700 多户，共计 15000 多人。清廷的主观想法是，通过移垦东北的做法，既能极大地缓解旗人的生计问题，减轻国家的负担；又可使八旗子弟戒掉好逸恶劳、虚荣浮夸的恶习，回归满洲淳朴旧俗。不但八旗可图久远生计，民人亦可赖以资养。

清廷对此举寄予厚望，给予移垦旗人的待遇也十分优渥，在移垦地先行建好房屋，甚至先派人替他们把地开垦妥当。另拨给置衣费、路费，抵达后派发牛具、籽种和口粮，实行轻税薄租等。尽管统治者用心良苦，但还是有很多旗人受不了东北苦寒的环境及劳作之苦，逃逸事件不断发生。也有部分旗人坚持下来，打开了困坐京师的局面，开始了农耕自食的新生活，对东北地区的开发发挥了积

① 《清圣祖实录》卷 241，康熙四十九年正月庚寅。

极的作用。

同时，由于旗人尚武鄙农的习性已久，不少旗人无法自行耕种，往往雇用民人代为耕垦，所以他们对流民是非常欢迎的，钱公来的《逸斋随笔》里有一段生动的记述：满洲各庄园，一向是渴望人工的，非特不加拒绝，反极尽招徕之能事。于是借垫牛粮籽种，白住房屋。能下田的去下田，能伐木的去伐木，能种菜的去种菜，放羊的去放羊，喂猪的去喂猪，铁匠送到铁匠炉，木匠送到木匠铺，念过书的功名人，则留到府里，教少东家读书，伴老东家清谈。[①] 有些旗人不善经营，生活难以为继，甚至将旗地典卖给流民，随着旗地变为民地，生产关系发生转变，东北的封禁政策进一步遭到瓦解。

第二节 清后期东北的军政改革

一 光绪初年的行政体制改革

鸦片战争之后，东北边疆危机日益深重，原有的管理体制已经无法有效应对列强侵略。自 19 世纪 70 年代，为挽救危亡，清廷对东北的行政体制进行了一系列改革，官制改革是最先发生的。

光绪元年（1875 年）二月，盛京将军都兴阿因病出缺，清廷命崇实署盛京将军，明确指示他进行吏治整顿：“奉省目前要务，自以练兵筹饷为先，而尤以整饬吏治为紧要关键，该处积习相沿，泄沓已久。崇实现在署理将军，责无旁贷，应如何变通补救之处，著即悉心妥议具奏。该省吏治，贿赂公行，且有不肖之徒，盘踞官署，任意招摇，实属不成事体，崇实等既有所闻，即当查访明确，

① 转引自路遇《清代和民国山东移民东北史略》，上海社会科学院出版社 1987 年版，第 41 页。

指名从严参办，以敬官邪。”①

不久，清廷又命崇实兼署盛京户部侍郎兼管奉天府府尹，并再次指示他：“奉省吏治，废弛已久，盗贼肆行，实为地方之害。”②“东三省为根本重地，近来旗务吏治均极废弛，以致贼氛肆扰，整顿为难。”“该处公事，究竟因何不能彼此联络，势成掣肘，著崇实将实在情形，并酌定章程，妥议具奏。”③ 在清廷的敦促下，崇实提交了《变通奉天吏治章程》，提出了改革奉天官制的具体措施，其中涉及官制改革的有5款：

第一，奉省积弊，在于旗民不和，而推其本原，则因将军于地方各官向不兼辖，遇有会办事件，呼应往往不灵。因此，盛京将军一缺宜改为管理兵刑两部，兼管奉天府府尹事务，即仿各省总督体制例加兵部尚书衔，另颁总督奉天旗民地方军务关防一颗，并兼理粮饷字样，以便管带金银库印钥，且稽核户部出入。

第二，察吏安民，府尹最重，将奉天府府尹加二品衔，以右副都御史行巡抚事，旗民各务悉归专理，从而与将军相承一气，不致两歧。

第三，调整五部事权。五部侍郎应仍其旧，但户部不再兼府尹，刑部应如京中刑部体制，今后只有旗民交涉罪在徒刑以上者，方准该部按律定拟，其余一概不得干预。

第四，奉省大吏太多，而下僚太少，足轻首重，是以政令不齐。可添设奉天驿巡道，全省驿站及新设捕盗营之同通州县，悉隶其下，并将治中加道衔，兼行首道事务，另颁奉天驿巡道关防一颗。

第五，嗣后奉省一切案件，无论旗民，专归同通州县等官管

① 《清德宗实录》卷5，光绪元年三月己酉。

② 《清德宗实录》卷6，光绪元年三月丙寅。

③ 《清德宗实录》卷12，光绪元年六月壬辰。

理，旗界大小各员，只准经理旗租，缉捕盗贼，此外不得丝毫干预。本城旗人，不许做本界武职，各处城守尉，拟择宗室中谙练人员担任。①

崇实官制改革的着眼点主要在两个方面：一是提高将军的权限，解决“事权不一”的矛盾；二是调整旗民地方各官职权，以解决满汉之间的民族矛盾。清廷基本采纳崇实的议案，东北地区的行政体制向一体化方向迈进了一步。

继奉天之后，吉林也于光绪四年（1878 年）进行了官制改革。吉林的变革与汉族人口大幅增加有关，自咸丰十一年（1861 年）对柳条边外开禁以后，北方各省流民大量涌入东北。同时，东北内部人口也出现了向松花江以北、向西部草原一带流徙的新趋势。民人聚落的遍布，迫使政府不得不阶段性地添官设治。光绪二年至十五年（1876—1889 年），添设了 1 府 8 厅 3 州 9 县。光绪二十八年到建省前的六年间（1902—1907 年），添设了 6 府 16 厅 2 州 28 县。民署、民官在基层事务中的地位与作用日益突出，旗民两署分立的双重体制已经失去实际意义。②

在这种情况下，光绪四年九月，吉林将军铭安上“变通官制增设府厅州县大概章程折”，提出：“八旗协佐等官均习骑射，不但不谙吏治，且多不懂汉文”，而将军也多以“武事为重，吏治多未讲求”③。因此，在新设之同通州县，应照奉天的新章程，加理事衔，满汉兼用，以广征人才。由此，吉林开始整顿吏治，增设汉官。

黑龙江的建置变革进行得比较晚，至光绪三十年（1904 年）始开始添设地方各官。

---

① 《光绪朝东华录》第一册，中华书局 2001 年版，第 112—116 页。

② 田志和：《论清代东北的行政体制改革》，《东北师大学报》（哲学社会科学版）1987 年第 4 期。

③ 吉林省档案馆、吉林省社会科学院历史研究所：《清代吉林档案选编》（上谕奏折部分），吉林省社会科学院历史所 1981 年，第 59 页。

变革期间，东北陆续建立起一批新的行政机构，也有部分旧有机构升格。

二　清末“新政”时期的军政和社会改革

中日甲午战争以后，清朝统治者逐渐认识到，如果不实行改革，不但既有的统治无法维系，而且国家有被瓜分的危险。这种危机在遭受列强侵略最为严重的边疆地区体现得尤为明显。光绪二十七年（1901 年）七月十六日，吉林将军长顺上奏称：“自上年边衅遽开，壤地全失，吉林虽保有腹内，今亦他族兵满，名为交还，而事事干预，并无交还之实。”[①] 在这种情况下，清廷试图通过推行新政，加强和巩固在东北的统治。

（一）赵尔巽和徐世昌主政东北时期的改革措施

光绪三十一年（1905 年）二月初九日，光绪帝召见署户部尚书赵尔巽，密议东三省事宜。四月，赵尔巽调任盛京将军。赵尔巽任盛京将军一个月，即根据“将应行时政，迅速择要奏陈”的谕示，复陈十二事，其中就包括变革东北军政管理机构的建议。清廷接受了他的提议，决定裁撤盛京五部，所有府尹原管事务，责成赵尔巽悉心经理。

日俄战争后，清廷加紧统一东北事权，改奉天府丞兼学政为东三省学政，裁撤奉天军粮同知，设奉天府知府，管辖金州一厅，辽、复二州，承德、兴仁、海城、盖平、铁岭、开原六县。同时，谕示赵尔巽筹划改革奉天官制事宜。光绪三十二年（1906 年）四月，赵尔巽提出改革奉天官制的具体办法：五部事权统持于将军，设立公署，名盛京行部。附设综核处，内分十局，分理诸务。设行政大臣一员，参赞、副参赞、左右参议、左右副参议六员。地方官

① “光绪二十七年七月十六日吉林将军长顺折”，载国家档案局明清档案馆编《义和团档案史料》，中华书局 1959 年版，第 1302 页。

专司行政，省会及各府厅州县分设裁判，设税务、粮租两官，分设诸曹等。赵尔巽改革奉天官制的方案送到清廷政务处议后，并未立刻得到明确答复。不久，赵尔巽便被调任四川总督。

当年九月，鉴于“东三省民物凋残，疮痍未复”，加上赵尔巽之请，清廷决定派贝子载振和民政部尚书徐世昌前往东北查勘。在一个半月的时间里，载振、徐世昌先后考察了黑龙江、吉林、奉天等地。回京后，徐世昌偕载振上《密陈考察东三省情形折》及三份附单。徐世昌等在奏折中写道：“东三省比岁以来，叠遭变故，创巨痛深，为二百余年所未有。”接着，徐世昌、载振又上了《密陈通筹东三省全局折》，提出“东三省之安危存亡，非仅一隅之安危存亡而已，中国前途之兴替，实以此为枢纽”。为挽救危局，“拟请特设东三省总督一员，予以全权，举三省全部应办之事，悉以委之，除外交事件关系重要者，仍令与外务部咨商办理外，其财政、兵政及一切内治之事，均令通筹总揽，无所牵制。就三省要地，分建行署，俾不专驻一省，得以随时往来巡视。其总督之下，应设奉天、吉林、黑龙江巡抚各一员，专理三省民事、吏事，仍受督臣节制，其权限应略视内地各省巡抚为轻，不得与督臣并行。凡有奏件，均须由督臣领衔，方许入告。所有三省用人行政，悉听总督主持”①。

光绪三十三年（1907 年），清廷宣布在东北三将军辖区改建奉天、吉林、黑龙江三个行省，设总督、巡抚。这是清王朝对东北行政体制的重大变革，标志着东北边疆与内地在建置上开始同步，迈出了历史性的一步。

徐世昌被任命为首任东三省总督，兼管三省将军事务，并授钦差大臣。随之，宣布对东北管理体制进行一系列变革。

省级行政建制方面，规定总督为三省之长，巡抚为本省之长。

---

①　徐世昌：《退耕堂政书》卷 7，中国书店出版社 1984 年版。

各省设承宣、谘议二厅和交涉、旗务、民政、提学、度支、劝业、蒙务七司。每司设司使3人，总办司事。司下设科，每科设佥事一员，科下设三等科员。

地方建制方面，增设府县并划定各自行政区域，以加强地方政权建设。

司法体制方面，设立三省提法司，设提法使为全司的长官，并筹办各级审判检察厅。

成立省咨议局和府州县议事会。光绪三十三年（1907年）九月，清廷要求各省设立咨议局，作为“采取舆论之所”。东北因地位重要且刚完成由军府制向行省制的过渡、推行宪政阻碍势力小等原因，与江苏一道，成为全国设立咨议局的试点。

（二）锡良主政东北时期的军政改革

宣统元年（1909年），锡良接替徐世昌任东三省总督，在任期间，继续推行新政改革。主要体现在以下几个方面。

1. 进行官制改革

秉承“修内政”以推动“外交进步”之方针，针对行政体制弊病，继续进行官制改革。

首先，裁撤闲散机构和冗员。撤销奉天左右参赞，设幕僚分科办理，接掌参赞职能，其原有部分职能统归民政使管辖，升民政使为从二品。又裁撤各司道佥事，如奉天旗务使、黑龙江度支使、同江厅河防同知等。其次，针对“市井龌龊之辈、不官不士、差委滥膺、贤者阻气”[①] 的状况，裁汰庸官，惩治贪官，嘉奖拔擢得力官员。如黑龙江民政使倪嗣冲因“造销各款、捏报浮支银七千五百两”[②]，被革职，勒追赃款。而奉天候补道荣厚、新民府知府管凤

---

① 《锡良遗稿·奏稿》，中华书局1959年版，第926页。

② 《锡清弼制军奏稿》，《近代中国史料丛刊续编》第十一辑，台湾文海出版社1982年版，第943页。

龢、黑龙江呼兰府知府孟宪彝、洮南府知府孙保瑨、法库厅同知吴瞻莪、辽阳知州史纪常、安东县知县陈艺、锦县知县郭进修、铁岭县知县徐麟瑞等人，则因政绩优良，均请旨予以嘉奖。[①] 再次，提高行政效率。如在奉天省公署内设立宪政筹备考核处，以加快九年预备立宪清单中各项内容的推行；请旨废除督抚联衔汇奏制度，由该省巡抚主稿，特别重要的可以电报汇总协商。[②]

2. 升级、添设地方行政机构

根据人口数量、商业状况、地理位置等升级或添设地方行政机构。如“升延吉厅为府，升绥芬厅为宁安府，升临江州为府，升双城厅为府，升榆树县为直隶厅”[③]。“五常府、双城府、宾州府、绥芬府、延吉府、临江府、伊通直隶州、榆树直隶厅，皆以旧缺升改。”[④] “改奉天山海关道为锦新道，改奉天东边道为兴凤道”[⑤]；“于珲春城设珲春厅，以复克锦地方设富锦县，以方正泡地方设方正县，以桦皮川地方设桦川县，以阿勒楚克设阿城，以吉林舒兰站地方设舒兰县”[⑥] 等。同时，“绥远州、汪清县、额穆县、桦川县、镇东县等缺，类皆荒僻之区，田庐城郭，胥待绸缪，度地居民，尚需时日，拟先派委员前往设治”[⑦]。

3. 推动咨议局的建立和发展

徐世昌总督东北期间，开始筹设咨议局，编订了咨议局经费预算。三省咨议局正式开展工作则是在锡良主政东北时期完成的。宣统元年（1909 年）九月初一日，奉天省咨议局召开了第一次全体

① 国家第一历史档案馆编：《光绪宣统两朝上谕档》，广西师范大学出版社 2009 年版，第 229 页。

② 金毓黻主编：《奉天通志》（一），辽海出版社 2002 年版，第 1091 页。

③ 《满洲编年纪要》（下），全国图书馆文献缩微复制中心 1995 年版，第 861 页。

④ 《大清法规大全》，《吏政部》卷 21。

⑤ 《满洲编年纪要》（下），第 861 页。

⑥ 《满洲编年纪要》（下），第 862 页。

⑦ 《宣统政纪》卷 17，宣统元年七月己酉。

大会。依据《各省咨议局章程》，咨议局设立议长一人，副议长二人，常驻议员若干人，均由议员互选产生，其中议长、副议长用单记投票法，分次互选。咨议局成立后，按规定提出议案，得到锡良支持，认为议案“切中实事有益地方，恪诚任事”[①]。随后，吉林、黑龙江二省咨议局亦相继成立。三省地方自治机构的建设也提上日程，至宣统三年（1911 年），东北地区厅州县自治会基本完备，“各州县之城镇乡皆得设立自治会，办理自治事宜，所有会员均由本地选举”[②]。

4. 继续推动司法体制改革

针对司法体制改革，锡良所采取的措施主要有二。一是增设审判厅。徐世昌任东三省总督期间，“奉天高等审判厅基础初立，吉林高等审判厅略具规模”[③]，地方审判厅的建设亦取得一定进展。锡良主政后，继续推进此项工作。增设抚顺地方审判厅、抚顺第一初级审判厅；营口地方审判厅、营口初级审判厅；新民地方审判厅、新民初级审判厅，以及承德、安东、辽阳、铁岭、凤凰、法库、通江等初级审判厅等。宣统二年（1910 年），“颁发黑龙江高等审判厅、检察厅、龙江府地方暨第一初级审判检察厅各印信”[④]，“颁给农安县地方审判检察分厅、农安县第一初级审判检察厅印信”[⑤] 等。

二是加强狱政建设。锡良认为，“狱政良否关乎司法名誉”[⑥]，是推行新式司法体系的重要一环。他规划了狱政建设的五个方面：饬建监狱、扩充看守所范围、规范狱吏管理、筹划经费、造就狱

① 《锡良遗稿·奏稿》，中华书局 1959 年版（下同，不再注版本信息），第 1043 页。

② 《国家图书馆藏历史档案文献丛刊·宪政编查馆奏稿汇订》，全国图书馆文献缩微复制中心 2004 年版，第 164 页。

③ 《锡良遗稿·奏稿》，第 927 页。

④ 《满洲编年纪要》（下），全国图书馆文献缩微复制中心 1995 年版，第 878—879 页。

⑤ 《满洲编年纪要》（下），第 873 页。

⑥ 《锡良遗稿·奏稿》，第 1088 页。

官。[1] 并充分利用奉天法政学堂毕业生开展狱政管理，加强狱政管理人员新式法律知识普及。

5. 进行军警体制改革

在军事改革方面，光绪二年（1876 年），针对奉天换防旗兵日久生弊的现状，崇实于岫岩、熊岳、大孤山、青堆子等处改设练军。八年（1882 年），裁并奉天各军，在八旗捷胜营及东边道标兵、蒙古练勇外，所有马步营中南方防勇裁并为一营，余悉遣归原省。此后，穆图善、依克唐阿又继续开展东三省练兵事宜。据光绪二十四年（1898 年）兵部和户部的统计，奉天练军 11400 人，吉林防军 8598 人，练军 4438 人，黑龙江练军 7971 人。[2] 锡良接任东三省总督时，与光绪二十四年相比，兵力并无大的变动，仅有奉天省二标、吉林省一协、黑龙江省一协，总兵力不过三万人。因此，加紧编练扩充三省新军成为其推行新政的主要目标之一。

在奉天省，锡良将奉天步队十一营、马队一营、炮队二营、公辎各一队、军乐半队以及附近奉天中路巡防队马步营九营照章改编，编入第二十镇。至宣统元年（1909 年）十二月初一日，整编完毕，起用陆军部一等咨议官、补用员外郎陈宧为“第二十镇统制官”[3]。同时，添铸奉天兴凤等处分巡兵备道、兴京府、营口直隶厅关防印信[4]，整顿军纪，加强训练，在东三省境内大力剿匪，保境安民。他上奏请求选派士官生任职于新军中，陆军部“拟调此次赴部考试士官毕业生绍祺、涂永、林爽、石星川、夏占奎五名等来奉委用”[5]。

---

① 《宣统政纪》卷 3，宣统二年正月癸亥。

② 《清史稿》卷 132《兵志三》。

③ 《锡良遗稿·奏稿》，第 983 页。

④ 《宣统政纪》卷 16，宣统元年六月甲午。

⑤ 《国家图书馆藏历史档案文献丛刊·清季钞电汇订》，全国图书馆文献缩微复制中心 2004 年版，第 9 页。

吉林省兵力薄弱，军事镇守上“疏节阔目，漫无部署，动辄千里无一兵一卒，沿途要塞，调遣不灵”，且“自经兵墮之后，元气又伤，至今未复”[①]。日俄战争后，“胡匪为患，匪伊朝夕，夏出冬藏，旋扑旋起，频年征剿……亦非扩充兵备不足以资震慑”[②]。宣统元年六月和八月，锡良对东北三省进行了两次巡视，充分认识到日俄的侵略野心以及吉林省“幅员辽阔，土旷人稀，设备稍疏，易招外侮”[③] 的严峻形势，决心扩充吉林省军队编制。

通盘考虑后，锡良认为吉林省应筹建三镇陆军担任防卫任务，一镇驻扎三姓、临江东北地带，钳制俄国；一镇驻扎延吉、珲春东南一带，用以防日；一镇驻扎内地，用以防剿胡匪。结合吉林军力现状，他决定编练吉林陆军新军一镇；吉林原有巡防队中、左、右、前、后五路共马步十三营，除前路继续驻扎在日本久已蓄谋侵占的延吉外，其余四路编练一镇，并且添置装备，选购马炮；以吉林巡防督办孟恩远的军队暂充统制，编成吉林陆军第二十三镇。[④] 锡良考察东北时发现，吉林边务吃紧，与珲春、延吉、宁古塔等处军事指挥权不相统一有关，于是奏请将“熟谙韬略、胆识俱优”的吴禄贞“派充督办吉林边务，并请以两协之兵归其节制”[⑤]。

黑龙江省兵力在三省之中最为单薄，难以编练成镇，在军事镇戍上靠借调江省步队七十七标驻守。虽以黑龙江现有状况来看，新军建设恐“永无观成之日”，但锡良依然上书度支部、陆军部会商练军、拨款事宜，未雨绸缪，为将来做好规划。

针对“论国防则嫌兵少，论国帑则恐兵多，顾此失彼”的财政窘境，锡良一面请求度支部拨款，一面腾挪旧有操练经费，甚至将

① 《锡良遗稿·奏稿》，第 1105 页。
② 《锡良遗稿·奏稿》，第 1106 页。
③ 《锡良遗稿·奏稿》，第 1105 页。
④ 《满洲编年纪要》（下），第 873 页。
⑤ 《宣统政纪》卷 11，宣统元年正月己巳。

军官薪饷暂按七成发给。[①] 同时，注重发展工商业，带动税收增长，以供应军需。

对于匪患，锡良采取将陆军联防划片分区的办法，将奉省分为东面抚顺等处、南面辽阳等处、北面奉天等处、东北之铁岭等处，选派知兵大员，分路督率会剿。同时发动民众，推行预备巡警制，以图正本清源，消除患匪。从宣统元年至二年（1909—1910 年）一年多时间，共剿匪“五百余名”[②]。

在警察制度建设方面，锡良在徐世昌改革的基础上大力推行厅州县巡警制度，筹措经费，设立教练所，“务使人人具卫群之思想”；改良巡警作风，遵照民政部章程，建立巡警制度，规划内部执掌。针对以往警政费用由乡董、会首等收取，存在“对下鱼肉人民，对上对抗政府”的情况，改于公署设立收捐处，由“民人自行赴处直接交纳”，并且纳捐人投票公开选举捐务总董，“官绅互相监督，害乃不作”[③]，从而减轻民众的警费税捐负担，畅通警费筹款渠道。经过整顿，奉省、吉省巡警形成从省到府厅州县的较为完整的网络系统，巡警改革走在当时全国前列。

针对军事装备落后的现状，锡良提出两套应对方案：从应急角度出发，购备枪弹。锡良曾筹资购得“枪三十万枝，每枝随子弹一千颗”[④]。还向德商洋行购“七密里”毛瑟枪三千杆，附带口帽、皮背带、刺刀，必备子弹五百万粒，以供军警之需。从长远出发，锡良提出兴建兵工厂。在技术方面，前期可以聘用洋人引进先进技术，后期学徒工匠技艺成熟之后，可以收回自办。考虑到经费筹措困难，在筹款方式上可以“招募外商或华洋合股”[⑤]。

① 《锡良遗稿·奏稿》，第 1107 页。
② 《锡良遗稿·奏稿》，第 1211 页。
③ 《锡良遗稿·奏稿》，第 963 页。
④ 《锡良遗稿·奏稿》，第 1235 页。
⑤ 《锡良遗稿·奏稿》，第 1235 页。

随着陆军整编改革的进行，军队人数增加，军装数量需求也相应增长。如果自行采买，“价值既昂，运费亦钜”[①]，锡良决定于盛京自设军服厂，采取官督商办的形式，“召集商股，由官督率”，挑选大批精于材料、纺织、缝染、铁革技艺的工匠，“分科受事，研求制造之法”[②]；同时利用东北皮革丰富之便设立硝皮厂，隶属于制造局，所造军装供奉天、吉林、黑龙江三省军队、学堂以及巡警使用。

此外，锡良就如何提高东北农林水利技术、修建铁路、发展航运、推动近代工商矿业发展及改革整顿教育等也提出一系列方案，有些措施推行下去并取得了一定成效，如在教育方面，至宣统三年（1911 年），奉天省各类学校总数达到 2700 多所，学生总数达到 106000 多人；黑龙江省学校总数由光绪三十四年（1908 年）的 160 所增加到宣统三年的 278 所，在学学生人数由 6945 人增加到 17000 多人。[③]

清末新政是中国近代化进程中的重要一环，东北新政是全国新政的重要组成部分。赵尔巽、徐世昌、锡良主政东北时期的军政改革对清末东北的政治和社会格局产生了深远的影响。改革使东北边疆由驻防将军体制转变为民治体制，行政体制上与内地接轨，东北各族的国家认同感大大增强；地方州县制的普遍设立，为汉族移民提供了更大的生存空间和法律保证，促进了东北农业、手工业、工业、采矿业等各项产业的发展，民族隔阂被打破，各民族之间的交往和联系进一步增强。

三　封禁弛废与移民实边

（一）部分开禁

鸦片战争以后，面对内外交困的局面，清廷不得不对行之已久

① 《锡良遗稿·奏稿》，第 1095 页。

② 《锡良遗稿·奏稿》，第 1095 页。

③ 王鸿宾、向南、孙孝恩主编：《东北教育通史》，辽宁教育出版社 1992 年版，第 326 页。

的封禁政策进行调整，实行部分开禁。这种局部开禁政策包含三方面的含义：对已经定居之汉民及已经开垦之土地进行查勘，承认既成事实；继续严禁扩大私垦范围；报请地方官府允准，部分空闲生荒可以招民开垦。

1. 奉天地区

道光二十七年（1847 年）将今辽宁丹东与吉林通化等地区合计已开垦土地 30 余万亩视同开禁，招佃开租。同治二年（1863 年），将大凌河东岸牧厂和盘蛇驿牧厂丈放给流民耕种。光绪元年（1875 年）正式放垦今辽宁凤凰城边门南至今吉林旺清边门北已开垦的 96 万余亩土地。光绪二年（1876 年）在边门东沟一带丈放开科地 53 万亩，翌年，增至 70 万余亩，开放后设东边道及宽甸、桓仁、通化、安东等县。光绪五年（1879 年），清丈盛京围场土地，升科纳租。

2. 吉林地区

自咸丰五年（1855 年）至同治七年（1868 年）间，先后开垦吉林地方夹信沟、凉水泉、土门子和西围场、阿勒楚喀围场等处荒地约 30 万垧。其他地区如桦皮甸子（今吉林桦甸市）、舒兰、阿克敦城（今吉林敦化市）、额穆县（今吉林蛟河）、郭化县等，自同治五年（1866 年）至光绪七年（1881 年），共开放原禁地 102394 余垧，合计百余万亩。中朝图们江边境地区一直为严格封禁之地，至光绪七年，增设珲春副都统衙门，专门管辖图们江北地区。同年，东北地区最后一个围场——吉林南荒围场正式开放。时任吉林军务帮办的吴大澂在珲春设招垦总局，设分局于南岗（今吉林延吉市）与五道沟（今珲春东沟）。截至光绪二十年（1894 年），珲春境内共放地 6 万余垧。双城堡（今属黑龙江）地方，原系京旗移垦之地，后于道光二十四年（1844 年）开始将一部分土地丈放给流民耕种，到光绪十四年（1888 年），共开放禁地 13 万余垧。

3. 黑龙江地区

因地处僻远，气候严寒，内地流民进入时间较晚。咸丰时，决定开放呼兰地区荒地 120 万垧，招民开垦。邻省民人闻讯而至。到光绪二十年已开出熟地百余万垧，又丈放生荒地 35 万垧。光绪二十一年（1895 年），采纳黑龙江将军增祺的奏议，开禁黑龙江通肯河一段，与克音、汤旺河、观音山等处，准许旗、民人等一体耕种，每年所得租银，留备军饷之用。

4. 蒙古地区

主要是哲里木盟所属科尔沁、郭尔罗斯诸旗，流民很早就私自进入这些地区。最早提出承认蒙地既成开垦事实的是吉林将军秀林。嘉庆四年（1799 年）秀林奉命查办郭尔罗斯前旗招民私垦荒地一案，鉴于民人不便驱逐之情形，请旨将该处留寓民人所开地亩予以承认，嗣后不准再行开垦一垄，亦不许再增加一人，得到清廷批准，并载入嘉庆朝《大清会典事例》。自此，处理同类问题便有了具有法律意义的依据，一再开禁的现象接连不断。

（二）全面放垦

甲午战争后，东北边疆危机空前严重，“移民实边”的思想开始在清朝统治集团中占据上风。光绪二十八年（1902 年），清廷宣布蒙地放垦，这是东北最后开禁的地区。以此为标志，清朝终于全面放弃封禁令，三省及蒙古诸旗都设立了垦务总局，各地设分局，具体负责土地丈放事宜，推动放垦和移民实边政策的实施。

清廷的全面开禁政策，吸引着关内汉民更加踊跃出关，形成移民东北的空前热潮。东北边疆的人口数量迅速增长，大片荒地得到开垦，府厅州县等地方行政机构大幅新设。

东北农业呈现惊人的进展。例如，近代东北地区的大豆不论在耕种面积还是在产量方面，在全国都居于前列。光绪二十年（1894 年）牛庄（今辽宁营口）输往国内各口岸的大豆与豆饼各有 200 多万担，当时出口外洋的大豆不过60万担，豆饼仅37万担。同一时期全国大豆的产量4132.5万担，其中东北的产量为1322.4万担。而到1919年全国大豆产量7108万担，东北产量为3802万担；全国大豆出口量为1122.7万担，东北大豆出口量为1060.1万担，占全国的94.4%；大豆产品全国的出口量为3431.4万担，东北大豆产品的出口量为3291.9万担，占全国的95.9%。[①]

大量人口的迁入和农业的大发展，也带动了其他经济行业的发展。例如，粮食加工业，以榨油为例，1910年东北地区已有豆油厂55家，最多时达到600多家，到1931年工场数也有400家。[②] 其他如酿酒业、面粉加工业、缫丝业、采矿业等，都达到了前所未有的水平。这些行业同时又促进了东北贸易的发展。光绪三十四年（1908年）东北地区的大豆被运往英美德等国家，开始与国际市场发生联系，东北地区被迅速纳入资本主义世界市场，一批新城镇作为所在地区农产品集散中心而迅速崛起。近代中国的对外贸易在绝大多数的年代里是逆差状态，但东北地区在20世纪30年代以前一直是对外贸易顺差的地区。

至于官办的企业，如工艺局、旗务处工场、劝业道、工艺教养所，以及工矿企业、机器制造局、金融业等，也都发展起来，形成解禁后各行业迅猛发展的局面。同时，近代工业的发展、开埠通商和铁路的建设，促进了城市的发展。咸丰十一年（1861年）营口开埠后，辽河航运的兴起有力地促进了辽河流域的经济发展，一些小市镇随之兴旺起来，如铁岭、通江口、新民、法库等。

19世纪末20世纪初，随着铁路的修建，一批作为交通枢纽的城市，如满洲里、海拉尔、哈尔滨、牡丹江、开原、铁岭、大连等

---

① 许涤新、吴承明：《中国资本主义发展史》第2卷，人民出版社2003年版，第1004—1005页。

② 许道夫：《中国近代农业生产及贸易统计资料》，上海人民出版社1983年版，第182—193页。

先后崛起，而原位于驿道上的军事城堡则由于交通的不便开始衰落，如吉林、宁古塔（宁安）、嫩江、三姓（依兰）、伯都讷、扶余等城。

但是，东北地区的近代城市化进程带有非常明显的殖民地特征。沙俄、日本等资本主义列强极力扩张其殖民势力，肆意践踏中国主权。他们在许多城市保留“拥有绝对而专有的行政权”，使其变成事实上不受中国地方行政辖制、由殖民主义者自己把持的国中之国。东北地区的城市分布大多是以铁路为中心线。在近代工业尚未全面兴起的条件下，流通和交换的发达推动了农业生产的商品化，进而成为东北地区城市化的经济前提，致使城市发展的动力和功能结构几乎完全从属于世界资本主义市场。[①] 这种畸形发展对以后东北地区的城市布局产生了严重的负面影响。

第三节 清朝对东北边境地区的管理

一 对中俄边境地区的管理

（一）沙俄入侵与中俄《尼布楚条约》的签订

17 世纪中叶，当明清之间战争进行得正为激烈之时，俄国势力已经进入勒拿河，1632 年在勒拿河中游建立雅库茨克城，成为以后沙俄侵略黑龙江流域的据点。顺治六年（1649 年），俄国商人哈巴罗夫招募武装了一批哥萨克人，在雅库茨克督军弗兰茨别科夫的支持下，沿勒拿河、奥廖克马河而上，于年底越过外兴安岭，抵达黑龙江上游。在得知当地达斡尔首领向清朝纳贡、清军拥有装备火枪的军队后，哈巴罗夫自知难以匹敌，便返回雅库茨克寻求援助。

① 段光达：《东北地区近代城市化问题初探》，《光明日报》2006 年 6 月 12 日。

在补充兵力之后，于次年再度返回黑龙江，攻占达斡尔首领阿尔巴西的驻地雅克萨城，焚毁旧瑷珲城，继续深入乌苏里江口以下六百余里的乌扎拉村，在此营建城堡，即阿强斯克。在遭到当地赫哲人反抗及清军反击后，哈巴罗夫被迫率部退守呼玛河口至精奇里江口一带。顺治九年（1652 年），俄国贵族季诺维也夫率队赶来增援哈巴罗夫，次年抵达黑龙江，命斯捷潘诺夫接管此处俄国军队，自己与哈巴罗夫返回莫斯科向沙皇汇报情况。

顺治十五年（1658 年），斯捷潘诺夫率领哥萨克顺黑龙江而下抢劫粮食物品，一无所获，又逆松花江而上，遭到宁古塔昂帮章京沙尔虎达军队的痛击，斯捷潘诺夫在战斗中丧生。十七年（1660 年），宁古塔将军巴海率军在黑龙江下游的古法坛村再次打败俄军。顺治年间，为阻止沙俄东进，清廷数次对俄用兵，但都未能彻底将其从黑龙江流域驱逐出去。

康熙四年（1665 年），俄籍波兰人切尔尼果夫斯基带领一伙亡命之徒占领雅克萨，重新筑建堡寨。随后，俄国向雅克萨城附近移民，建设村落，垦地屯田，并向黑龙江下游地区逼近。此时，清军正集中兵力解决中原“三藩之乱”，无力在黑龙江地区组织大规模军事行动，只能将“徙民编旗”作为御边手段。同时，向俄国政府提出抗议，要求其撤兵，停止侵略行径。

康熙二十年（1681 年），“三藩”之乱平定。清廷立即将关注重点转移到黑龙江流域，调集军队应对俄国的侵略。自康熙二十四年至二十七年（1685—1688 年）清朝军队向雅克萨城的俄军展开两次围歼战，皆大获全胜。迫使俄国进入边界谈判。

康熙皇帝的最初想法是以雅库茨克为双方定界之处，后来又让步以尼布楚为界，康熙二十七年（1688 年）谕令索额图：“朕以为尼布潮、雅克萨、黑龙江上下，及通此江之一河一溪，皆我所属之地，不可少弃之于鄂罗斯。”[1] 但就在这一年，准噶尔部首领噶尔丹突袭喀尔喀蒙古，三部相继溃败，漠北草原一时尽陷于噶尔丹之手，对清朝统治形成直接威胁。康熙皇帝希望尽早解决与俄国划界事宜，以全力解决准噶尔问题。遂指示索额图：“今以尼不潮为界，则鄂罗斯遣使贸易，无栖托之所，势难相通。尔等初议时，仍当以尼不潮为界，彼使者若恳求尼不潮，可即以额尔古纳为界。”[2] 并尽量一并划定俄国与喀尔喀蒙古之间的中段边界。

次年七月初八，双方开始谈判，清方以索额图为首，俄方以戈洛文为首。在第一次会议上，戈洛文提出以黑龙江至海划界，江北属俄罗斯，江南属清朝，索额图对此提议断然拒绝，指出勒拿河原系清朝疆界，黑龙江流域及贝加尔湖以东之地均为清朝领地，故双方应以勒拿河为界。但索额图很快根据康熙皇帝的指示做了让步，提出以尼布楚为界，戈洛文则声称应以精奇里江为界，黑龙江左岸至精奇里江左归俄方所有，右岸归清方所有。十一日，担任双方翻译的传教士徐日升和张诚私下将清朝底线透露给戈洛文。[3] 十二日，清方同意暂时搁置喀尔喀地区划界，提出石勒喀河北岸以绰尔纳河为界，复让至格尔必齐河，又将黑龙江上游南岸之边界线退至额尔古纳河。俄方同意了这一方案。

十七日，清方在条约草案中提出：以在绰尔纳河附近流入石勒喀河之格尔必齐河及其河源高山（即外兴安岭）向东至诺斯山为界；在另一侧，边界划至额尔古纳河，溯河而上至从左岸汇入的大加集木尔河为止。[4] 但俄方以不知诺斯山位于何处为借口，提出以

---

① 《清圣祖实录》卷135，康熙二十七年五月壬申。

② 《清圣祖实录》卷140，康熙二十八年四月壬辰，

③ 《张诚日记》1689年8月25日；《十七世纪俄中关系》第2卷，商务印书馆1975年版，第1119页。

④ 《十七世纪俄中关系史》第2卷，商务印书馆1975年版（下同，不再注版本信息），第819—820页。

靠近黑龙江江口之小山岭为界，索额图反驳道：诺斯山在黑龙江与勒拿河之间，山以南有乌第河及其他河流，乌第河亦称沙弗利河，自古以来就属于中国，沿岸住着清朝的臣民，清朝皇帝每三年派遣侍郎到上述河流一带征收一次赋税。[①] 十九日，戈洛文向清方使团提交抗议书，坚决反对以诺斯山为界，提出将这一地区留待他日再议。索额图建议双方均分这些区域，依然遭到俄方拒绝。清方被迫让步，同意俄方意见，将此条改为："惟至诺斯山中间流入海之其余河川及其间所有土地，因俄国全权大使不全知晓，应暂行存放。"[②]

二十四日，双方正式签订《尼布楚条约》。作为中俄两国之间缔结的第一个条约，也是中国具有近代意义的第一个条约，其以法律形式界定了中俄东段边界。

条约签订之后，清廷即开始着手东北地区的舆图测绘工作。康熙四十八年（1709 年）五月八日，法国传教士雷孝思、杜德美和来自日尔曼的费隐自北京启程前往东北地区进行测量。由于"在鞑靼地区，满洲人花了很大的力量精确地测量过"，所以传教士们"决心一切从头做起，在将要采用的方法和选择的观测点上，把以前的所有成果仅仅作为指南"，"要使所做的一切都使用统一的尺度和统一的规划"，即"在测绘中始终使用的尺度是皇上在几年前确定的，这里指的是宫中的营造尺，与数学计算中使用的尺度也不同。托马斯神甫（Father Thomas）在使用此尺时发现：1 度正好等于 200 里，每里为 180 丈，每丈为 10 尺"[③]。他们首先从辽东入手，从五月到十二月，测量了东南到朝鲜边境，东北至黑龙江口的地区，绘制出《盛京全图》《乌苏里江图》《黑龙江口图》《黑龙江中图》等。次年，他们再次前往黑龙江地区，测定了包括齐齐哈尔、

---

① 《十七世纪俄中关系史》第 2 卷，第 838 页。

② 《十七世纪俄中关系史》第 2 卷，第 857 页。

③ ［法］J. B. 杜赫德：《测绘中国地图纪事》，葛剑雄译，《历史地理》，第二辑，上海人民出版社 1982 年版。

墨尔根直到黑龙江城在内的地区，完成对东北地区的全部测绘工作。

康熙《皇舆全览图》体现了《尼布楚条约》对两国边界的划分结果。继《皇舆全览图》之后陆续绘制的一批涉及东北地区的舆图，基本上都依据《尼布楚条约》对中俄边界作了标示。如雍正《十排图》、乾隆《十三排图》《大清一统志》《盛京舆图》、图理琛《异域录》附图、何秋涛《朔方备乘》、李兆洛《皇朝一统舆地全图》等。

《尼布楚条约》对有关逃人和贸易等问题也做了相关规定："两国猎户人等，不论因何事故，不得擅越已定边界"，"此约订定以前所有一切事情，永作罢论。自两国永好已定之日起，嗣后逃亡者，各不收纳，并应械系遣还"[①]。双方在对方国家的侨民"悉听如旧"。自合约已定之日起，凡两国人民持有护照者，俱得过界来往，并许其贸易互市。

《尼布楚条约》正式确立了中国与俄罗斯的邻国关系，并且为中俄东部毗邻地区之间的正常发展提供了基本的法律依据。该条约签订以后的一个半世纪内，中国与俄罗斯总体上保持着较为平等、平稳的关系。中俄东部边境贸易也逐步走上正常化轨道。

（二）清前期对中俄边境地区的管理

《尼布楚条约》签订后，清廷立刻着手竖立界碑。康熙二十九年（1690年）三月，派都统朗谈等在额尔古纳河口查勘新定边界，并立界碑。五月，立碑于额尔古纳河口石壁之上，上镌刻满、汉、俄文等字。此外，清廷开始建立巡边制度。这一年的三月至八月，举行第一次大规模"九路巡边"，参与的官员，除京师派来者，还有宁古塔、黑龙江两地官员，巡视黑龙江城至额尔古纳河一线。自

① 王铁崖编：《中外旧约章汇编》第一册，生活·读书·新知三联书店1957年版，第1—2页。

此，在贝加尔湖以东和黑龙江上游的石勒喀河，精奇里江及牛满江的上、中、下游地区，黑龙江下游的亨衮河、格林河、兀的河、库页岛等处，清朝都保持着每年一次或三年一次的定期巡边制度。巡边行动由黑龙江、齐齐哈尔、墨尔根三城共同负责，各有分工。齐齐哈尔一路，渡嫩江，折向西北，过特尔枯尔峰、兴安岭，涉希尼克河、海拉尔河和伊敏河。墨尔根一路，渡嫩江，向西北过兴安岭。黑龙江城一路，沿黑龙江溯江北上，折而西，过雅克萨城废墟，至界碑而还。[①] 由黑龙江将军将巡查结果上报理藩院，遇有重大情况则随时上奏。

雍正朝以后，随着中俄中段边界的划定，东北的地区的巡边制度更为严密。规定：每年五六月间，三城各派协领一人，佐领、骁骑校各二人，兵丁240名，分三路至格尔必齐、额尔古纳、墨里勒克、楚尔海图等河巡视，巡视终点驻留处称“卓帐处”。格尔必齐、额尔古纳两河系齐齐哈尔一路“卓帐处”；墨里勒克为墨尔根一路“卓帐处”；楚尔海图河系黑龙江城一路“卓帐处”。巡查过程中，各路之间要进行“会哨”，齐齐哈尔协领与墨尔根协领会哨，二协领各书衔名月日于木牌上、瘗山上。明年，察边者取归以呈将军、副都统，又各瘗木牌以备后来考验。[②] 通过会哨，以起到检查、监督的作用。

乾隆三十年（1765年）八月，黑龙江将军富僧阿奏准派协领纳林布往查精奇里江江源；伟保往查西林穆迪河源；阿迪木保往查牛满河源。此后，确定此四条路线为固定巡边路段，即从黑龙江经格尔必齐河至外兴安岭，从黑龙江经精奇里江、西里木第河口、英肯河至外兴安岭，从黑龙江经精奇里江、托克河口至外兴安岭，从黑龙江经牛满河、西里木第河、乌墨勒河口至外兴安岭。富僧阿还

---

① 方式济：《龙沙纪略·经制》，中华书局1991年版。下同，不再注版本信息。

② 西清：《黑龙江外纪》卷5，黑龙江人民出版社1984年版。

奏定水路巡查事宜："其黑龙江城与俄罗斯接壤处，有兴堪山绵亘至海……第自康熙二十九年与俄罗斯定界，查勘各河源后，从未往查。嗣后请饬打牲总管，每年派章京、骁骑校，于冰解后，由水路至河源兴堪山巡查一次，回时呈报。其黑龙江官兵，每年巡查格尔必齐河口，照此三年亦至河源兴堪山巡查一次，年终报部。"①

19世纪中叶亲自考察过西伯利亚和黑龙江流域的英国学者拉文斯坦，对清廷的巡边情况也作了详细描写："每年夏，中国官员用五艘大船溯黑龙江上航，大船前有两小舟开路，并击鼓通告他们的到来。每条大船用五人一班轮流拉纤，每天轮换三次。全体人员总共70—80人。他们上航到乌斯特—斯特列尔卡大约需要四十天时间，两艘船停留在对面河岸中国地界竖立界标的地方；其余船只继续沿石勒喀河航行至格尔必齐河。在这里，与俄国驻军长官交换礼品，租赁马匹，骑马到格尔必齐河口以上20英里竖立界标的地方。"② 这与中国史料记载大体相同。

清廷还于东北近边和边界地区设置了数十座卡伦用以防守边境。卡伦是清代特有的一项边防措施，"卡伦"一词的来源，或曰满语音译，或曰蒙语音译等，说法不一。其含义，从狭义上讲，有岗哨、哨所、哨探、哨兵之意；从广义上讲，其职能则比较宽泛，除守边、巡边外，又有维护当地社会秩序、稽查游牧、屯田、采矿、贸易、传递公文等功能。从类型上，清代的卡伦可以分为三种：常设卡伦、移设卡伦和添设卡伦。"历年不移而设有定地者，是谓常设之卡伦"，"住卡官兵有时在此处安设，有时移向彼处，或春秋两季递移，或春冬两季递移，或春夏秋三季递移者，是谓移设之卡伦"，"有其地，虽有卡伦，而有时安设，过时则撤者，是谓添

---

① 《清高宗实录》卷743，乾隆三十年八月癸亥。

② ［英］E. G. 拉文斯坦：《俄国人在黑龙江》，陈霞飞节译，商务印书馆1974年版，第70页。

撤之卡伦”[1]。按其设置的位置和职责分，又可分为内地卡伦和边境卡伦，即内卡和外卡。边境卡伦始设于康熙年间，这从雍正年间中俄之间的谈判中可以得到证明。如雍正二年（1724 年），两国就中段边界问题展开谈判之始，清廷代表曾提出“我两国既有各自所设卡伦，理应以此为界”[2] 的建议。不过，在清代官书中有明确的边境卡伦名称记载则在雍正五年（1727 年）以后。

东北地区的卡伦，以呼伦贝尔为主。雍正五年，沿中俄边界额尔古纳河，清廷设立了 12 座卡伦，名曰“外卡”，由黑龙江将军管辖，轮派索伦兵驻守。

珠尔特依卡伦，又作珠尔特伊。在额尔古纳河东岸，卡伦北有伊穆河，西北流入额尔古纳河。对岸有俄屯恰罗布其。

锡伯尔布拉克卡伦，又作西伯尔布拉克或希伯尔布喇克。在珠尔特依西南，西北临额尔古纳河。

巴延珠尔克卡伦，又作巴颜珠尔克、巴颜鲁克。在锡伯尔布拉克西南，其南即牛尔河，西北流入额尔古纳河。对岸俄屯名别勒维伊布得雷。

乌雨勒赫齐卡伦，又作乌裕勒和齐，或乌雨尔霍齐。在巴延珠尔克西南，其北为牛尔河汇流处。

巴雅斯呼朗温都尔卡伦，又作巴雅斯呼尔图、巴雅斯呼朗图等。在乌雨勒赫齐卡伦西南，其南为谟里尔肯河，西北入额尔古纳河。对岸有俄屯则尔果里。

巴图鲁和硕卡伦，又作巴图尔和硕或巴图尔霍硕。在额尔古纳河大拐弯处，巴雅斯呼朗温都尔卡伦西南，西北流入额尔古纳河。对岸有俄屯新楚鲁图海。

---

① 松筠：《新疆识略》卷 11，《边卫》，台湾文海出版社 1965 年版。

② 故宫博物院明清档案部编：《清代中俄关系档案史料选编》第一编下册，中华书局 1981 年版，第 420 页。

库克多博卡伦，又作库克多布、库库多博等。在巴图鲁和硕南，东临和伦河（根河）。

额尔德尼托勒辉卡伦，又作额尔德尼陀罗盖、额尔德尼拖洛会等。在库克多博西南，西临蒙克西里河。

孟克锡哩卡伦，又作蒙克西里、蒙克什里等。在额尔德尼托勒辉西南，西临额尔古纳河，东临蒙克西里河。对岸有俄屯开拉苏屯。

萨巴噶图卡伦，又作阿巴噶图、阿布垓图。在蒙克锡理西南，南有霍尔津池水东流入额尔古纳河。

苏克特依卡伦，又作苏克特或苏克特伊等。在阿巴噶图西北，南临霍尔津池水。

察罕鄂拉卡伦，又作察罕敖拉。在苏克特依西，南临霍尔津池水，向西六十里到车臣汗境内极东卡伦库博格勒库。

上述卡伦每处驻防官一员，领兵设守，于每两卡伦之间设一鄂博，卡伦官兵每日巡查，三月一更。

在额尔古纳河沿岸设置外卡防守后，因外卡之间相距较远，防守多有疏漏，时有俄人越界现象。因此，雍正十一年（1733 年），清廷又于外卡的内侧设置了十五座内卡。

库勒都尔河卡伦，又作库尔德勒河或库尔都勒等。在呼伦贝尔东二百一十余里，源出东北兴安岭西南，流入开拉哩河（即海拉尔河）。

特尔墨勒津河卡伦，又作特尔墨勒晋等。

特尼河卡伦，又作特尼克等。在呼伦贝尔城东，西北流入呼伦池。

崇古林谷口卡伦，又作崇古林口、冲固岭山沟。

墨尔根河卡伦，又作默勒肯黑口、墨尔根河口等。在呼伦贝尔城北六十余里，西北流入开拉哩河。

阿尔噶图谷口卡伦，又作阿尔噶图河口、阿尔该图山沟。

喀喇鄂索谷口卡伦，又作锡兰鄂索河口、喀喇俄索山沟等。

萨奇勒图山卡伦，又作萨尔奇特山或萨尔奇图山。

开拉哩河翁昆卡伦，又作凯喇尔河或翁昆卡伦等。

温都尔额埒苏卡伦，温都尔山在呼伦贝尔城西北三百二十里。

乌兰昂阿卡伦，又作乌兰纲安、乌兰刚阿等。

布拉克图舍哩卡伦，又作布拉克图、布拉克图泉。

摩该图舍哩卡伦，又作摩会图泉、莫贵图。

托勒辉图舍哩卡伦，又作拖洛会图、托洛郭图。

鄂勒图舍哩卡伦，又作俄尔托布喇克泉、乌尔图布拉克等。

以上十五座卡伦在呼伦贝尔城东北，隶属于呼伦贝尔副都统专辖，每处驻防官一员，领兵设守，每月一更。与上述十二座外卡相距“一到二百里”[①]。

雍正十二年（1734 年），黑龙江与喀尔喀车臣汗分界，在分界处设立了十六座卡伦，这些卡伦虽然属于内卡，但因其距“边界甚近，实为北徼要冲，故特设卡伦，以示防微杜渐”[②]。

喀卜齐哈图卡伦，又作喀布齐哈图、哈布齐罕图、喀布齐海图等。在霍尔津池西。

阿拉勒图卡伦，又作阿喇尔图、阿鲁勒图等。在喀卜齐哈图南。

扎拉卡伦，又作扎喇布尔奇勒、吉拉等。在阿拉勒图卡伦南。

布尔克图卡伦，又作布拉克、布喇克、布尔克尔等。在扎拉南，克鲁伦河北岸。

和尔哈图卡伦，又作瑚尔哈图、阔尔海图、呼尔罕图等。在布尔克图卡伦南，克鲁伦河南岸。

① 张伯英：《黑龙江志稿》卷 33《武备·兵事》，黑龙江人民出版社 1992 年版。

② 何秋涛：《朔方备乘》卷 10《北徼喀伦考》，台湾文海出版社 1964 年版。

哈萨图卡伦，又作哈沙图、海沙图等。在和尔哈图南。

音辰卡伦，又作音沁、音陈。在哈萨图东南。

阿噜布拉克卡伦，又作阿鲁布扎克。在音辰东。

穆敦哈萨图卡伦，又作墨敦哈沙图或莫端海沙图等。在阿噜布拉克东，卡伦东南滨贝尔湖之西北隅。

扎穆呼都克卡伦，又作扎密霍都克等。在穆敦哈萨图北，卡伦东临鄂尔逊河。

贝尔布隆德尔苏卡伦，又作布雨尔布隆德尔苏、布伊尔布隆德尔素、贝尔布隆德尔等。在扎穆呼都克东北，卡伦东临鄂尔逊河，南倚都兰哈拉山。

鄂尔逊河乌兰昂阿卡伦，又作鄂尔顺乌苏刚爱、俄尔孙河、乌尔顺河。在贝尔布隆德尔苏东南。

额布都克卡伦，又作额尔都克布拉克。在鄂尔逊河乌兰昂阿东南，卡伦西南有喀尔喀河。

拉们罕布尔都哩卡伦，又作拉们哈布尔都哩、希林霍都克、西林瑚都克等。在额布都克东南，卡伦西南有喀尔喀河。

乌默克依布拉克卡伦，又作额布尔布喇克、乌木克依布拉克等。在拉们罕布尔都哩东南，卡伦西南有喀尔喀河。

纳尔苏卡伦，又作纳尔苏图。在乌默克依布拉克东南。①

尽管清前期在东北地区组织了较为严密的巡边制度，但清廷的边防政策也有其失误之处，主要体现在以下几个方面。

一是对东北地区实行严厉的封禁政策，禁止内地人口流向关外，从而造成东北地区，尤其是与俄国接壤地区，人口稀少，生产力水平低下。如据记载，到康熙朝后期，宁古塔军民仍“皆散住东西南土城内，合计不过三四百家”，齐齐哈尔，“且不若中土荒县。

---

①　以上东北地区卡伦情况参考何秋涛《朔方备乘》卷10《北徼喀伦考》；《黑龙江志稿》卷33《武备·兵事》；《呼伦贝尔志略·边务》；《大清会典事例》；《黑龙江外纪》等。

郊外，惟庵刹四五而已”[①]。对当地的军事集结、兵力部署、巡防手段等都不可避免地产生了负面影响。

二是东北沿边地区虽设有卡伦、鄂博，并有定期巡边制度，但距黑龙江将军衙门过远，于信息传递及兵力发配等皆不利。《尼布楚条约》签订后，俄国对黑龙江流域的威胁暂时解除。原设于瑷珲的黑龙江将军衙门逐渐南移，康熙三十二年（1693年）移至墨尔根，三十八年（1699年）又移至齐齐哈尔。这种战略部署直接影响了黑龙江流域边防的建设和发展，为鸦片战争后俄国军队的乘虚而入埋下祸根。

以上问题在绘制于康熙三四十年的两幅地图——满文《黑龙江流域图》、康熙《皇舆全览图》中的《黑龙江口图》和《黑龙江中图》上能够更为直观地表现出来。这些地图中，自然景观的标识均占有绝对优势地位，如在《黑龙江流域图》上，能够反映人类活动痕迹的就是“城”（hoton）的标注，自黑龙江上游往下，依次标有：黑龙江与额穆尔河（emur bira）交汇处的雅克萨城（yaksa hoton）、与呼玛尔河（hūmar bira）交汇处的呼玛尔城（hūmar hoton）、与坤河（kon bira）汇合处的黑龙江城（sahaliyan ulai hoton）及主干流东岸的旧瑷珲城（julgei aihūn hoton）；嫩江流域标注的城自北向南，有嫩江与东岸支流墨尔根河（mergen bira）交汇处的墨尔根城（mergen hoton）、与讷默尔河（nemer bira）汇合处的纳延城（nayan hoton）及位于主干流东岸的齐齐哈尔城（cicihar hoton）。这七座城是图上唯一能反映人文活动情况的符号。康熙《皇舆全览图》黑龙江图上，除标有雅克萨、黑龙江城、瑷珲、墨尔根、齐齐哈尔等在《黑龙江流域图》中已标出的城池外，又增加了几座新城，如查哈酥（济噶苏）、德尔得尼（德勒德尼）、车赫得（彻赫特）、绰尔

---

① 方式济：《龙沙纪略·经制》。

城、阿尔楚库（阿勒楚喀）和宛里城等。除这些城镇外，还标出了众多的噶珊（乡村、村屯之意），尤其是松花江在与嫩江汇合东流后，两岸噶珊最为密集，数量达到 50 余个。图上大量噶珊的绘出，既是对黑龙江地区社会生活组织形态的反映，也表明该地区的人口主要聚居在南部地区。

这两幅地图对城镇村落的标识表明，清前期黑龙江地区虽然形成了黑龙江城、齐齐哈尔城等几个重要的城镇，但城镇布局极为松散，呈零星分布状态，主要建立在河流主干道及驿路沿线，尚未形成城市带。从黑龙江地区本身来看，北部地区的发展明显滞后于南部；就整个东北地区而言，黑龙江地区的发展又明显落后于吉林和奉天。单是地图上城镇的标示符号就能说明这一点，盛京、吉林乌拉等城皆用方框符号，而作为黑龙江将军驻地的齐齐哈尔城用的则是小圆圈符号，等同于一般城镇级别，而其在功能方面也是以军事职能为主。

（三）近代沙俄对东北领土的蚕食与清朝的抗争

19 世纪的清廷由于内忧外患，处于急剧衰落阶段。而俄国通过 18 世纪初彼得大帝的改革，在强化中央集权封建制度的基础上，对外推行领土扩张和重商主义的殖民政策，成为欧亚大陆的强国。1847 年，沙皇任命穆拉维约夫为东西伯利亚总督，开始积极贯彻实施远东扩张政策。

穆拉维约夫为加强征服黑龙江地区的势力，组建了一支外贝加尔哥萨克军。咸丰三年（1853 年），俄国咨文清廷，要求派员商办中俄东段边界设立界牌事宜，并在无界之近海一带设立界牌。清廷以为是要划定待议之乌第河地区边界，遂命库伦办事大臣于次年正月照会穆拉维约夫，同意俄方建议，并约于冰泮之时共同查办。俄国最初的目的是欲通过分立界牌先割占黑龙江以北的部分中国领土，暂时避免两国发生冲突，全力备战克里米亚战争。但穆拉维约夫则认为，如果从格尔必齐河开始沿黑龙江左岸竖立界牌，势必完全封死俄国在黑龙江的出路，因此应设法拖延会谈，加快武装航行黑龙江。[1]

咸丰三年至咸丰七年（1853—1857 年），穆拉维约夫的军队连续四次在黑龙江进行武装航行。而此时，中国正在经历太平天国起义和第二次鸦片战争，黑龙江、吉林大批军队被征调入关，东北边防形同虚设，无力对其进行阻止。穆拉维约夫于沿途建设了一批军事哨所和哥萨克村屯，造成事实上的占领。

咸丰七年（1857 年）七月，俄使普提雅廷到达天津，致文理藩院，声称两国东北至海、西至伊犁等处多有接壤，尚有未定界址，应予商定。清廷答复道：清俄于康熙年间议定，以格尔必齐河、兴安岭为界，当时鸣炮誓天，勒碑示后，岂容再有更改？只有乌第河一处，向来作为公中之地，未经分界。今可将乌第河地方会勘，分定界限，此处西至伊犁，东北至海，虽地方辽阔，向来属于何国，人所共知，不必再议。[2] 俄国遂决定以武力迫使清朝就范。

咸丰八年（1858 年）三月，穆拉维约夫船队抵达精奇里江口，与清廷派出的黑龙江将军奕山进行边界谈判。四月十一日，奕山与穆拉维约夫举行谈判。穆拉维约夫拿出一张早就画好的边界草图，要求沿黑龙江和乌苏里江划定两国边界，奕山则坚持《尼布楚条约》所规定的疆界范围，双方不欢而散。而后，俄船夜间火光明亮，施放枪炮，公然以武力威逼。奕山惊惧之下，在未得到朝廷确认的情况下，擅自与穆拉维约夫签订《瑷珲条约》。[3]

该条约不但将黑龙江以北、外兴安岭以南的 60 余万平方公里

---

① ［俄］巴尔苏科夫：《穆拉维约夫—阿穆尔斯基伯爵》，第 1 卷下册，黑龙江大学外语系译，商务印书馆 1973 年版，第 348 页。

② 《清代中俄关系档案史料选编》第 3 编上册，中华书局 1979 年版，第 353 页。

③ 条约内容见王铁崖编《中外旧约章汇编》，第 1 册，生活·读书·新知三联书店 1957 年版，第 85—86 页。

土地完全割让与俄国，还将乌苏里江以东，包括库页岛在内的黑龙江下游以南40余万平方公里土地划为中俄共管区域。咸丰帝得知情形后，迫于内外交困，只得承认俄国占据黑龙江左岸的事实，但对于俄国提出的由中俄共管乌苏里江以东至海之地，则坚持认为："其松花江、乌苏里、绥芬等河，界属吉林，距兴安岭远近，奕山不能悬揣，即著景淳迅速查明。如亦系空旷地方，自可与黑龙江一律办理，倘该处本有居民，一旦为夷占据，与我国屯丁耕作均有妨碍，景淳当咨明奕山，仍应与该酋据理剖辩，不可一概允许，又滋后患。"①

此后不久，俄方利用英法联军进攻天津、威胁北京之机，于同年六月又胁迫清廷签订了《天津条约》，除了给予俄国以诸列强同等政治、经济特权外，还规定由两国派员共同查勘"从前未经定明边界"，"务将边界清理补入此次和约之内"。为下一步侵略中国东北、西北领土埋下伏笔。

穆拉维约夫在订约后，率兵舰从海兰泡驶往黑龙江口，并顺黑龙江下驶，抵达黑龙江和乌苏里江交汇处的伯力后，将其占据，改名哈巴罗夫卡（后改称哈巴罗夫斯克），以此纪念武装入侵黑龙江流域的沙俄头目哈巴罗夫。还在乌苏里地区建立了20个新村屯。对于俄军在乌苏里江以东及绥芬河地区的猖獗活动，咸丰帝恼怒异常，于九年（1859年）下旨称，"此事贻误根由，总由奕山、吉拉明阿于两国公同管理一语，不能立时剖辩，致令有所借口"②，下令将黑龙江将军奕山革职留任，吉拉明阿拿赴乌苏里江地方枷号示众。

与此同时，俄使伊格那提也夫抵达北京，要求续补和约，提出自乌苏里江、黑龙江交汇处，沿乌苏里江、松阿察河、兴凯湖及珲

---

① 《清代中俄关系档案史料选编》第3编中册，中华书局1979年版，第519页。

② 《筹办夷务始末（咸丰朝）》卷38，中华书局2008年版，第1417页。

春河、图们江划定两国东界，将乌苏里江以东地区划归俄国，并以武力相威胁，声称可以随时对中国发动武装打击。清方交涉大臣肃顺严词拒绝，坚持两国东段边界应以《尼布楚条约》为准，乌苏里江以东地区与俄国并不毗连，如果他国意图强占，中国自有办法，毋劳俄国过虑。[①] 伊格那提也夫无计可施，只得离开北京回国。

伊格那提也夫在北京谈判期间，俄国并未停止侵略活动。咸丰十年（1860 年）闰三月，俄人驶入摩阔崴地方，随后又占领海参崴，在此设置军事哨所，更名为“符拉迪沃斯托克”（“控制东方”之意）。

同年九月，英法联军逼近北京，发动新一轮的侵华战争。咸丰帝逃至承德，伊格那提也夫趁机以“调停人”的身份，逼迫奕䜣同意在东部顺乌苏里江迄于朝鲜国境划界。十月，中俄谈判在俄罗斯使馆秘密举行。十一月，双方签订《北京条约》，除了将《瑷珲条约》的内容包括在内，还将乌苏里江至图们江以东地区全部划归俄国。

光绪二十二年（1896 年），沙俄以联合德、法干涉日本还辽“有功”，诱迫清廷与之签订《中俄密约》和《中俄合办东省铁路公司合同章程》，攫取西伯利亚大铁路中国段（中东铁路）的建筑权。这条铁路通过黑龙江、吉林两省，直达海参崴，不但便于沙俄对我国东北地区进行经济掠夺，而且便于军事侵略。时任沙俄财政大臣的维特曾露骨地宣称：“它使俄国能在任何时间内在最短的路线上把自己的军事力量运到海参崴，及集中于满洲、黄海海岸及离中国首都的近距离处”，并“将大大加强俄国不仅在中国，而且在远东的微信和影响，并将促使附属于中国的部族并和俄国接近。”[②]

① 《筹办夷务始末（咸丰朝）》卷 39，第 1493 页。

② 张蓉初译：《红档杂志有关中国交涉史料选译》，生活·读书·新知三联书店 1957 年版，第 169 页。

光绪二十四年（1898 年），沙俄又通过《旅大租地条约》，取得了从哈尔滨经宽城子（今长春）、奉天（今沈阳）至旅顺、大连的中东铁路支线筑路权。通过筑路，沙俄得以派遣各种人员，搜集东北三省的政治、经济、军事情报。同时，又以“护路”为名，向铁路沿线派遣了 6000 余名武装“护路队”。此外，还在哈尔滨设立有 2500 余人驻守的铁路警备司令部。

沙俄在抢修中东铁路的同时，又采取各种手段，控制东北地区的内河航运、公路交通以及外海通路。当时，东北三省的额尔古纳河、黑龙江、乌苏里江、松花江等主要河流及其支流的航运，几乎均被沙俄所垄断。光绪二十九年（1903 年）中东铁路正式通车运营。至此，沙俄几乎完全控制了我国东北地区的交通命脉。

光绪二十三年（1897 年），德国舰队占领胶州湾，俄国以保护中国的幌子，立刻将军舰驶入旅顺口。翌年三月签订《旅大租地条约》（又称《中俄会议条约》），强租旅顺、大连。

光绪二十六年（1900 年），义和团运动蔓延至东北，黑龙江北部相继成立了一些义和团组织，许多筑路工人也参加进来。俄国护路军从富拉尔基退至哈尔滨，烧毁哈尔滨附近村庄，杀害、驱赶中国居民。在此情况下，一部分清军也加入到抗俄行列。俄国认为这是“把满洲变成第二个布哈拉”的机会，命令俄军从旅顺口、伯力、海兰泡、满洲里、海参崴五个方向出兵，在东北重燃战火，制造了震惊中外的“海兰泡惨案”和“江东六十四屯惨案”。大批中国军民惨遭杀害。列宁曾在《火星报》上发表文章，强烈谴责沙俄侵略者“杀人放火，把村庄烧光，把老百姓驱入黑龙江中活活淹死，枪杀和刺死手无寸铁的居民和他们的妻子儿女”等野兽般的暴行。

库页岛的主权也遭到沙俄和日本的侵蚀。民国《库页岛志略》记载：“清太祖遣兵四百，收濒海散处各部，其岛居负险者，刳小舟二百往取。库页内附，岁贡貂皮，设姓长、乡长、子弟以统之。”[①] 康熙二十八年（1689 年），中俄签订《尼布楚条约》，从法律上确立黑龙江和乌苏里江流域包括库页岛在内的广大地区属于中国领土。康熙《皇舆全览图》、乾隆《内府舆图》等皆绘有库页岛。康熙十七年（1678 年），宁古塔副都统衙门正式设立，库页岛归该副都统管辖。康熙五十四年（1715 年）之后，转归三姓副都统管辖。库页岛上的居民主要为库页人和费雅喀人。费雅喀人居于岛的东、西海岸，“北部额尔什河流域有九个小部落，东部海岸有二十三个小部落，西部海岸有四十八个小部落”[②]。库页、费雅喀为六姓，分别为讷鄂德、杜瓦哈、雅丹、绰敏、舒隆乌鲁、陶，共一百四十八户，设有姓长六人、乡长十八人。[③] 雍正时期，规定岛上居民每年到黑龙江下游的普录地方向清廷进贡貂皮，并会得到赏赐。乾隆初，赏乌绫地点改为奇集。

乾隆七年（1742 年），俄国人舍利京克勘察了几乎整个库页岛的东海岸，使沙俄认识到库页岛在远东地区的战略价值。利用清廷在岛上没有正式驻军这一情形，乾隆五十四年（1789 年），沙俄派遣远征军屠杀、驱赶岛上的中国居民，并修筑政厅、教堂、监狱、学校等。与此同时，日本江户幕府亦对库页岛产生觊觎之心，派人登岛勘测。嘉庆四年（1799 年），库页岛南部成为江户幕府的直辖地。俄日之间为争夺库页岛展开长期斗争。咸丰五年（1855 年），俄日双方签订《下田条约》（《日露和亲条约》），规定：千岛群岛中择捉岛以南归日本所有，以北为俄国领有；库页岛维持原状，不另定国界。次年，沙俄趁英、法在中国发动第二次鸦片战争之机，派兵重新占领库页岛，并将该岛划归沙俄东西伯利亚总督穆拉维约

① 石荣暲：《库页岛志略》卷 1，蓉城仙馆 1935 年印行。

② 石荣暲：《库页岛志略》卷 1，蓉城仙馆 1935 年印行。

③ 关嘉禄等：《清代库页岛费雅喀的户籍与赏乌林制的研究》，《社会科学辑刊》1981 年第 1 期。

夫直辖。

从咸丰八年（1858 年）到光绪二十六年（1900 年），在不过 40 多年的时间里，东北丧失领土多达 100 余万平方公里。除了最后吞并江东六十四屯的 1 万平方公里，其余 100 余万平方公里的土地，是在咸丰八年到十年间失掉的，比当代东北全区面积 80 多万还多出 10 多万平方公里。中国失掉了现今一个“东北”的领土。沙俄强行吞并东北地区的领土，不仅缩小了东北领土面积，而且改变了东北地区疆界的走向。根据新的边界线，原属中国内江内河的额尔古纳河、黑龙江、乌苏里江等，分别成为东北地区西北部、北部及东北部的中俄分界线。东北的地理环境和战略地位远不如划界前优越，东北部不再临海，海洋优势消失殆尽。

俄国不仅从中国攫取了大片土地，占有了大量的资源，而且从清廷获取了大笔赔款。《辛丑条约》中清廷被帝国主义国家勒索的赔款，俄国所获占赔款总数的 29%，居各国所得赔款的首位。然而沙俄欲壑难填，不久又增兵东北，妄图谋取整个东北，终于酿成了 1904—1905 年的日俄战争，再次把战争的惨祸强加于中国人民身上。

光绪二十九年（1903 年）十二月二十三日夜，日军向旅顺俄国舰队发动突然袭击。二十五日，日俄正式宣战。两个强盗国家在中国领土上进行战争，却无理要求中国严守中立，腐朽的清廷屈服于帝国主义的压力，完全不顾国家主权和人民死活，竟然于第二年一月宣布“局外中立”。

经过一系列恶战，沙俄军队战败向北节节败退，加上此时国内爆发革命，无心再战；日本由于战争消耗，已筋疲力尽，也急欲结束战争。美国则担心日本过分强大，便从中调停。光绪三十一年（1905 年）八月七日，日俄两国背着中国在美国签订了《朴次茅斯条约》，擅自在中国东北划分“势力范围”。根据条约，俄国承认日本对朝鲜“政治、军事、经济上均享有卓绝的利益，如指导、保护、监理”的权利。凡是日本认为必要的措置，俄国“不得阻碍干涉”。“俄国政府以中国政府之允”，将俄国从中国攫取的旅大租借地及其附属的一切权益均转让给日本。俄国政府将从长春至旅顺段的中东铁路支线及其所属的一切权利、财产，包括煤矿，均移让给日本。日、俄两国可在各自霸占的铁路沿线驻军。俄国宣布取消在东北的一切有违机会均等主义的权益，将北纬五十度以南的库页岛及其附近一切岛屿并该处一切公共营造物及财产之主权，永远让与日本。

条约签订后，日、俄两国立刻逼迫清廷予以承认。十一月二十六日，在日本的压力下，清廷与日本签订《中日会议东三省事宜》，除了承认日俄《朴次茅斯条约》中的所有规定外，还额外给日本一系列新利权。主要有：将凤凰城、辽阳、新民、铁岭、通江子（今辽宁省昌图县通江口）、法库、长春、吉林、哈尔滨、宁古塔、珲春、三姓、齐齐哈尔、海拉尔、瑷珲、满洲里等处“开埠通商”；日本非法修筑的由安东（今丹东）至奉天（今沈阳）的安奉行军铁路，仍由日本“接续经营”；鸭绿江右岸的森林采伐权让与日本；日本得在营口、安东、奉天划定租界等。

日俄战争是一场帝国主义之间的不义之战，是交战双方站在对立的立场上同时侵略中国、重新划分势力范围、争夺利权的战争。这场战争不仅是对中国领土和主权的粗暴践踏，而且使中国东北人民在战争中遭受了巨大的损失和人身伤亡。

二　对中朝边境地区的管理

（一）康熙朝穆克登查边与中朝长白山定界

康熙一朝，有两起议定边界的重大事件，均发生在中国东北地区。一次是康熙二十五年（1686 年）雅克萨之战后，中俄之间经过边界谈判，最终于康熙二十八年（1689 年）签订《尼布楚条约》，以条约的方式结束纷争并划定中俄东段边界。一次是康熙五十年（1711 年）、五十一年（1712 年）清廷委派吉林打牲乌拉总管穆克登两次前往长白山地区勘察边界，并于鸭绿江、图们江两江分水岭立“审视碑”作为定界标志，此后，中朝长白山地区边界走向基本确定。

1. 清朝与朝鲜宗藩关系的确立

朝鲜长期与女真毗邻而居，后金崛起之初，作为明朝属国曾拒绝与后金结盟。天聪元年（1627 年）和崇德元年（1636 年），皇太极两次兴兵攻打朝鲜，朝鲜皆败，被迫结成“城下之盟”。尤其是崇德元年一役，朝鲜国王迫于形势压力，遣使递表，称皇太极为“陛下”，示自己为臣，承认皇太极上尊号称帝，奉清为正朔，断绝与明朝的关系，成为清朝藩属。

从清与朝鲜的关系发展来看，天聪元年，皇太极致信朝鲜国王李倧，信中说：“天下诸国，皆天之所命而建立之者。明国之主，独以己为天子，视各国之主，皆在其下。种种欺陵。实不能堪。故昭告于天，兴兵征讨。惟天至公，不视国之大小，而视事之是非。乃以我为是，以明为非，是以我师克捷，奄有东土。惟我两国，式好无尤。”① 这里将朝鲜视为与自己地位相当的“国”，虽然都接受“天子”管辖，但如若天子不能尊天命而行事，“国主”自可兴兵征讨。清廷在为自己起兵的合理性进行辩护之余，试图拉拢朝鲜结盟。

崇德七年（1642 年），皇太极在给明崇祯帝的信中，夸耀自己的战绩：“自东北海滨，迄西北海滨，其间使犬使鹿之邦，及产黑狐黑貂之地，不事耕种，渔猎为生之俗；厄鲁特部落，以至斡难河

① 《清太宗实录》卷 3，天聪元年五月戊辰。

源，远迩诸国，在在臣服，蒙古大元及朝鲜国，悉入版图。”[①] 考察当时的历史状况，皇太极将“入版图”与“称臣纳贡”对等起来，实际上并不符合中国传统的政治习惯。崇德三年（1638 年），皇太极曾说：“今天下蒙古入我版图，朝鲜为我藩服，察哈尔汗畏威远窜，身死国亡，妻子臣民，我悉绥定。”[②] 这段史料所描述的清与朝鲜的关系状况则更为恰当。顺治四年（1647 年），清廷告诫朝鲜国王李倧，“曩者，尔国贡献不恪，缺遣使臣。故降前敕……外藩事上，道在恪诚。恐尔自今以后，复蹈前愆，兹故特加戒谕”[③]，进一步印证了清与朝鲜之间的宗藩关系。

朝鲜是清朝第一个藩属国，尽管双方关系的确立源于清朝的武力威胁，但随着清朝定鼎北京，逐渐缓和并趋密切。这从《清圣祖实录》对每年元旦、冬至、万寿等节朝贺班次的描述就可看出，往往先记“文武各官外藩王及使臣等上表朝贺”，接下来即是“朝鲜国王遣陪臣表贺”云云。康熙皇帝也屡次褒扬朝鲜“世守东藩，奉职修贡”[④] 之功。终有清一代，出于种种原因，清朝一直秉承明代处理朝鲜关系的原则，始终不将其纳入直接管辖之下，朝鲜亦得以保持相对独立的地位，并未列入清代“中国”的范畴。

俄国与朝鲜不同，是清朝中国的“新邻居”，而清朝对其认识也有一个渐进的过程。顺治十二年（1655 年），顺治皇帝在给沙皇信中说：“尔国远处西北，从未一达中华，今尔诚心向化，遣使进贡方物，朕甚嘉之。”[⑤] 可以说，这时的清朝对俄国基本一无所知，仅以寻常请求通贡往来的番邦部落视之。康熙十五年（1676 年），理藩院对俄国的描述仍是“僻处远方，从古未通中国。不识中国文

---

① 《清太宗实录》卷 61，崇德七年六月辛丑。
② 《清太宗实录》卷 40，崇德三年二月乙卯。
③ 《清世祖实录》卷 33，顺治四年七月辛亥。
④ 《清圣祖实录》卷 189，康熙三十七年七月壬午。
⑤ 《清世祖实录》卷 91，顺治十二年五月乙巳。

义……诚心向化，特遣其臣贡献方物”[1]。与顺治十二年记载唯一的不同之处，是将“中华”一词换成“中国”，以此淡化华夷之别，树立清朝之正统地位。自康熙二十一年（1682年）起，随着俄人对黑龙江流域频频进犯，清廷终于意识到俄国是来自北方的劲敌，对其认识有所改变，从中俄早期谈判中清廷对土地、人口归属的审慎态度上，可以明显看出这一点。但同时，这种认知程度又是有限的，它并未意识到俄国并不是像准噶尔汗国那样的游牧政权，而是一个正向近代化道路迈进、有着强烈开疆拓土意识的形成中的民族国家。正因为如此，在相当长一段时期里，清朝官方史书依然经常出现诸如“鄂罗斯察罕汗，遣使进贡，赏赉如例”[2] 之类的记载，也才会发生因俄使拒绝向雍正皇帝行跪拜之礼而引发的礼仪之争。

尽管由于政治和文化传统的渊源，清朝与朝鲜的关系比俄国更为亲厚密切，但两国皆在清朝直接管辖的“中国”范围之外，亦是不争的事实。

2. 康熙朝中朝长白山定界

长白山在清朝备受尊崇，自皇太极起，清朝统治者就将长白山定为“发祥圣地”。康熙十六年（1677年）四月，康熙皇帝指示内大臣觉罗武默讷、一等侍卫兼亲随侍卫首领费耀色等：“长白山祖宗发祥之地，尔等赴吉林，选识路之人，瞻视行礼，并巡视宁古塔诸处，于大暑前驰驿速往”[3]，意在考察长白山详细的地理情况。五月，武默讷等四人自京师出发，到达盛京后又东行至吉林。几经询问，于六月中旬抵达长白山主峰，对所见天池景象描绘道：“中间又平坦胜地，如筑城台基，遥望山形长阔；近观地势颇圆。所见片片白光，皆冰雪也。山高约有百里，山顶有池，有五峰围绕，临水

① 《清圣祖实录》卷61，康熙十五年五月丙戌。

② 《清圣祖实录》卷162，康熙三十三年正月丙寅。

③ 《清史稿》卷283《觉罗武默讷传》。

而立。碧水澄清，波纹荡漾，殊为可观。池畔无草木，臣等所立山峰，去池约有五十余丈，地周围宽阔，约有三四十里。池北岸有立熊一，望之甚小。其绕池诸峰，势若倾颓，颇骇瞻视。正南一峰较诸峰稍低，宛然如门。池水不流，山间处处有水。由左流者，则为扣阿里兀喇河；右流者，则为大讷殷河、小讷殷河，绕山皆平林，远望诸山皆低。”[①] 此为天池首次在清朝文献中出现。康熙皇帝根据勘察结果，“诏封长白山之神，秩祀如五岳”[②]，并实行严厉的封禁政策，禁止内地流民与朝鲜人入山垦殖采捕。李朝政府也采取了相应的边境封锁政策，但朝鲜流民越界仍时有发生。

康熙四十九年（1710年）十一月，朝鲜平安道渭源（今属慈江道）人李万枝等9人乘夜越境采参，杀死清人5名并劫夺财货。这一事件成为康熙年间中朝长白山定界的导火索。

康熙五十年（1711年），清廷遣部员二人前往凤凰城会审此案，并派打牲乌拉总管穆克登同往。康熙皇帝秘谕穆克登：“尔等此去，并可查看地方，同朝鲜官沿江而上，如中国所属地方可行，即同朝鲜官在中国所属地方行；或中国所属地方有阻隔不通处，尔等俱在朝鲜所属地方行。乘此便至极尽处，详加阅视，务将边界查明来奏。”[③] 由于朝鲜官员所引之路艰险难行，穆克登等被迫半途而返，查边并未达到预期目的。翌年二月，康熙皇帝再派穆克登前往长白山查边，恐“途中受阻”，特命礼部移咨朝鲜国王，命其“稍微照管”[④]。五月十一日，穆克登等上山寻找鸭绿江和图们江江源，欲在分水岭上立碑，得到同行朝鲜官员的赞同。十五日，于分水岭刻石立碑，名曰审视碑。五月二十八日，一行人下至茂山，商议在

---

① 余金：《熙朝新语》卷7，上海古籍出版社1983年版。

② 《清史稿》卷283《觉罗武默讷传》。

③ 《清圣祖实录》卷246，康熙五十年五月癸巳。

④ 台北“中研院”近代史研究所编：《清季中日韩关系史料》（四），台北“中研院”近代史研究所1972年版，第2019页。

图们江上游边界设栅。六月初二日，朝鲜国接伴使朴权等复文同意设栅，“自立碑下25里，则或木栅，或累石。其下水出处5里及干川20余里，则山高谷深，川痕分明之故，不为设标。又于其下主涌出处40余里皆为设栅，而其间五六里，则既无木石，土品又强，故只设土墩”[①]。十一月初三日，朝鲜国王向康熙皇帝致《谢定界表》，称：“特轸疆事之修明，严两地之禁防，指水为限，表一山之南北，立石以镌，省陋邦供顿之烦，曲垂睿念；绝奸氓犯越之患，用作永图。”[②] 至此，中朝长白山界务暂告一段落。

3. 中俄划界对长白山定界的影响

清入关以来，中朝之间的越境事件层出不穷，尤以朝鲜边民私自越境进入中国居多。据统计，从顺治朝至康熙四十三年（1704年），共发生17起朝民越境事件。[③] 为杜绝此类事件发生，清廷多次派员巡视鸭绿江、图们江上游边境地带，穆克登查边虽是其中影响较大的一次，但并非首次，那么，是什么原因促使康熙皇帝下定决心要对长白山段进行定界呢？

自西汉以后，实现“大一统”是一个王朝正统地位的重要标志。从中国历史上对“大一统”内涵的诠释和实践来看，它大体包含两层含义：一是疆域的统一；二是文化（包括核心统治思想）的统一。“大一统”的前提是得天下，“天下”与“一统”密切相关。因为“天下”并不是一成不变的概念，“一统”的标准也相应发生变化。顺治五年（1648年），南明政权逐个灭亡，在清朝统治者看来，“天下一统大业已成”[④]。康熙二十年（1681年），清廷平定“三藩”，声称“天下荡平”[⑤]；二十二年（1683年）收复台湾；二

---

① 《李朝肃宗实录》卷51，肃宗三十八年十二月丙辰。

② 台北“中研院”近代史研究所编：《清季中日韩关系史料》（四），第2022—2023页。

③ 刁书仁：《康熙年间穆克登查边定界考辨》，《中国边疆史地研究》2009第3期。

④ 《清世祖实录》卷41，顺治五年十一月戊辰。

⑤ 《清圣祖实录》卷99，康熙二十年十二月戊子。

十三年（1684 年）康熙皇帝首次南巡，北归途中绕道曲阜，祭奠孔子；二十四年（1685 年）清军取得雅克萨战争的最后胜利，中俄双方停止军事行动，进入谈判阶段。“天下一统”局面再次出现，其标志就是二十五年（1686 年）五月，因“三藩之乱”而被搁置的《大清一统志》修纂被重新提上日程。康熙皇帝下令：“由汉以来，方舆地理，作者颇多，详略既殊，今昔互异。爰敕所司，肇开馆局，网罗文献，质订图经，将荟萃成书，以著一代之巨典，名曰‘大清一统志’……务求采搜闳博，体例精详，阨塞山川，风土人物，指掌可治，画地成图。万几之余，朕将亲览。”①

随后不久，清朝的疆域格局又发生重大变化，康熙二十七年（1688 年），清廷接受以土谢图汗和哲布尊丹巴为首的喀尔喀蒙古各部内附请求；二十八年（1689 年）中俄签订《尼布楚条约》，消除俄国与准噶尔结盟的可能性；翌年在乌兰布通战役中，清军挫败噶尔丹，迫其退回科布多。三十年（1691 年），康熙皇帝驾临多伦诺尔，主持内外蒙古会盟，宣布：喀尔喀“汝等如四十九旗，其名号亦皆如四十九旗例，以示朕一视同仁之意”②。清朝在边疆呈现积极进取的态势，其统治疆域开始由中原向更为广阔的空间拓展，“天下一统”有了更为丰富的内涵。

与此同时，在与俄国对抗过程中，清朝统治者对“天下”和“中国”的认识也日渐明晰。代表清朝参与中俄谈判的传教士徐日升曾说：“中国自开天辟地以来，在帝国里从未接待过贡使以外的外国人。鞑靼人（即在四十六年以前的 1644 年占领了中国的满洲人）对于世界情况一无所知，但却有着和中国人一样的自大感，把其他民族都看作像他们的四邻民族一样的牧民。他们以为一切都是属于中国的一部分，他们高傲地把中国称为‘天下’，好像除了中

① 《清圣祖实录》卷 126，康熙二十五年五月庚寅。

② 《亲征平定朔漠方略》卷 10，海南出版社 2000 年版。

国之外什么都不存在。"[①] 他的这番话或许反映了入关之初清朝统治者的天下观，但随着政治视野的扩展，尤其是《尼布楚条约》的签订，"天下"和"中国"在清朝统治者心中已不再是完全一致的概念，这从康熙皇帝自称"天下中国之主"[②] 就可以看出。广义上包含俄国在内的"天下"实际凸显的是文化层面的意义，而狭义的"天下"则是其政治势力有效管辖范围，与"中国"概念相重合。

长期以来，中国传统国家"有疆无界"的观点在学术界一直占主流地位。如果从现代边界的概念内涵出发，这一观点毫无疑义。但事实上，古代中国对"界"有着自己的理解和划定方式，至少于清朝而言，与藩属、外国之间的疆域并不是开放性的，而是有"界"的。当然，这个"界"并不完全与现代意义上的国家之间的"边界线"对等，一般是以山水自然分界，或以已定居较长时间的部落人口归属为划分依据，或以一定时期内形成的实际控制线为分界依据等。例如，俄国、朝鲜作为文化层面的"天下之国"，与"中国"之间很早就有"界"的划分。在《尼布楚条约》签订前，史料中多次出现诸如"鄂罗斯所属罗刹，时肆掠黑龙江边境"[③]"鄂罗斯入我边塞"[④] 等语，这说明清朝在东北地区已形成习惯疆界。康熙三十年（1691 年）发生朝鲜进贡使臣违禁私买《大清一统志》一案。清廷认为，《大清一统志》载天下山川舆地、钱粮数目等，所关甚重。因此，要求朝鲜方面将违禁私买该书之内通官张灿革职，发朝鲜边界充军；正使李沉、副使徐文重等革职，朝鲜国王李焞暂且免议。由此可见，清朝对涉及王朝疆域、土地、人口等方面的事件高度警觉，有严格的"内外之别"。

---

① ［美］约瑟夫·塞比斯：《耶稣会士徐日升关于中俄尼布楚谈判的日记》，王立人译，商务印书馆 1973 年版，第 112 —113 页。

② 《清圣祖实录》卷 142，康熙二十八年十月乙酉。

③ 《清圣祖实录》卷 104，康熙二十一年八月己丑。

④ 《清圣祖实录》卷 121，康熙二十四年六月庚子。

康熙五十一年（1712年）以前，清与朝鲜在长白山地区已有习惯疆界，如康熙皇帝所言："混同江自长白山流出，由船厂打牲乌喇向东北流，会于黑龙江入海，此皆系中国地方。鸭绿江自长白山东南流出，向西南而往，由凤凰城朝鲜国义州两间流入于海。鸭绿江之西北系中国地方，江之东南系朝鲜地方，以江为界。土门江自长白山东边流出，向东南流入于海。土门江西南系朝鲜地方，江之东北系中国地方，亦以江为界，此处俱已明白。但鸭绿江土门江二江之间地方知之不明"[①]。穆克登需要明确的，仅是鸭绿江和图们江两江之间的地方而已。可见，在清朝统治者看来，尽管自己是"天下共主"，但这个"天下"是分层级的，其直接统辖的"中国"与朝贡属国之间在地域上是有"界"的。至于是具有近代意义的边界，还是传统的习惯界，清朝统治者在相当长的时间内并不十分明了，也并不重视，只要这条"界"能起到其所设想的作用即可。

限制人口流动，是"界"的一个主要功能。在以农为本的中国传统社会里，稳定的人口是皇朝赖以存在的基础，它不仅是国家人力和物质资料的主要来源，也是社会秩序稳定的根本保证。中国历史上，历朝历代为了维持长治久安都对人口流动高度警惕，自西周开始并日益严密的户籍制度即说明这一点。在边疆地区，人口流动可能会导致更为严重的后果——疆域的伸缩变动。近代以前，两个政权对毗邻土地的控制权，往往是通过对当地部族的控制间接达到的，如果部族归附于一个政权，这个政权也就等于拥有了这个部族所居住的土地。因此，土地和人口在中国传统社会向来处于并重的地位，尤其在清代前期的边界谈判中，人口的意义甚至超过土地。例如，逃人问题在相当长一段时间内都是中俄外交交涉的主要议

① 《清圣祖圣训》卷52，《大清十朝圣训》卷2，北京燕山出版社1999年版，第694页。

题，清廷曾因康熙六年（1667年）索伦部根特木尔[①]率部逃入俄境与俄国展开近20年交涉，并成为清军攻打雅克萨、划界谈判的重要原因之一。康熙二十五年（1686年）康熙皇帝在致沙皇伊凡和彼得的信中说："有关根特木尔一事，据达尼尔（即阿尔申斯基，涅尔琴斯克俄国官员）称已奏报察罕汗（即沙皇），一旦指令下达，彼当立即交出，决不延误；至于盘踞雅克萨城之尼基福尔等人伤害我方库楚鲁达呼尔居民问题，据该统领称，已逮捕十名罪犯押送京城，其罪行亦已书面呈奏察罕汗，现正待命处理……但迄今未见尔对朕之谕旨做出答复，亦未将我逃人根特木尔归还我方或不再庇护，尔方人员仍一如既往肆意侵扰我国边民……我方军民当即攻克雅克萨城。"[②]

正因为逃人问题在中俄关系中的重要地位，《尼布楚条约》除划定中俄东段边界，还对逃人、越界等问题做出严格规定。条约为两国处理逃人问题确立了明确的法律依据，也使两国之间的疆界固定化，不再具有伸缩性，大大减弱了人口的流动性，使清朝统治者充分意识到划界对于管理和统治人口的积极意义，并为以后处理人口犯越提供了借鉴。例如，喀尔喀蒙古归附清朝后，由于《尼布楚条约》在尚未划界的中俄中段接壤地区并无法律效力，双方就逃人问题交涉不断，为此，康熙三十年（1691年）多伦会盟一结束，索额图就向俄尼布楚城长官提出："究拟于何时并于何地与本大臣等会议，著尔明白转告，并希复文前来"[③]，正式声明欲与俄国就中段边界进行会谈。康熙三十三年（1694年）二月，清廷又向俄使伊兹勃兰特发出咨文，要求将喀尔喀分界事宜转告给沙皇，并迅速

① 根特木尔为鄂温克部的一个首领，世居尼布楚一带。顺治十年（1653年），因不堪忍受俄国的侵扰，率部南迁至嫩江流域，接受清朝的统治，受职佐领。

② ［英］约·弗·巴德利：《俄国·蒙古·中国》下卷第2册，吴持哲等译，商务印书馆1981年版，第1598—1601页。

③ 《清代中俄关系档案史料选编》第1编上册，中华书局1981年版，第141页。

作复。在这次咨文中，清廷明确将逃人和划界这两个问题联系起来，“一经议定喀尔喀边界，则可无庸争议此等捕逃之事矣”①；划定边界，“既能阻止俄罗斯帝国臣民进入我清帝国边境，又能阻止我清帝国臣民进入俄罗斯帝国边境，两无不便”②。

自清入关以来，面对中朝之间的屡禁不止的越境事件，对于清朝统治者而言，按照中俄交涉的经验，采取明晰边界的方式来控制人口流动，应该是当时所能采取的最佳方式。从这个意义来说，李万枝越境杀人事件是促使清朝最终下决心解决非法越境问题的导火索，《尼布楚条约》则为清朝统治者提供了一个样板，即通过主动划界解决人口流动和越界问题。③ 定界后，朝鲜国王在向康熙皇帝致《谢定界表》中也表达了这层意思。

4. 穆克登查边与《大清一统志》《皇舆全览图》的绘制

除了阻止流民越界，康熙皇帝派遣穆克登查边与绘制《大清一统志》和《皇舆全览图》存在着一定渊源关系。④ 根据中朝文献及西方传教士的记载，康熙四十七年（1708 年），皇帝下令编制《皇舆全览图》。次年五月，传教士雷孝思、杜德美和费隐自京启程，赴东北进行实地测量。但传教士对中朝边境的勘测引起朝鲜方面的警觉，入境测量长白山地区的要求遭到拒绝，故“这部分工作是由一个满大人执行的，他有意地接受了传教士的指导，然后以使者的身份被派到那边。即使这样，他们（指朝鲜官员）也无时不刻地严密监视着他，他身边的陪员从未离开过他，记录下他所有的言行，

---

① 《清代中俄关系档案史料选编》第 1 编上册，第 153 页。

② ［法］加斯东·加恩：《早期中俄关系史（1689—1730）》，江载华译，商务印书馆 1961 年版，第 170 页。

③ 孙喆：《从中俄〈尼布楚条约〉到中朝长白山定界——穆克登查边定界动因再探》，《求是学刊》2013 年第 2 期。

④ 关于这一问题，刁书仁《康熙年间穆克登查边定界考辨》（《中国边疆史地研究》2009 第 3 期）、马孟龙《穆克登查边与〈皇舆全览图〉编绘》（《中国边疆史地研究》2009 年第 3 期）有详细阐述。

以致这位满大人不可能独立地采取任何行动。这样，由于不能用绳索测量经度，他只能按时计算里数……通过使他们（指朝鲜方面）相信他所使用的仪器是日冕，为了确定时间而停下来看看它，他能做到的仅是获悉了太阳的高度”[①]。康熙皇帝提到遣人赴东北绘图时曾说“前遣部员二人，往凤凰城会审朝鲜人李玩（万）枝事，又派出打牲乌喇总管穆克登同往”[②]，并密谕他查明两国边界。朝鲜《李朝肃宗实录》亦记：“总管（指穆克登）所经山川地名道里，指点详问，似有记录之事。行中又有画手，必是图绘之计也。”[③] 由此，传教士口中绘图的“满大人”极有可能就是穆克登一行中的人，其查边活动或包含测绘地图的任务。

另外，在绘制《皇舆全览图》之前，清廷曾经派人赴中朝边境地区绘制过舆图。康熙二十五年（1686 年），发生韩得完等 28 名朝鲜人违禁越江采参、擅放鸟枪打伤绘画舆图官役一事，清朝礼部为此咨文朝鲜，要求严行鞫讯，按律拟罪，并对其国王“罚银二万两，以警疏纵”[④]。这次绘图是否与修纂《大清一统志》有关，目前没有充分的史料依据，但至少说明清朝统治者很早就有通过绘制舆图厘清中朝边界的想法。三十年（1691 年），清廷因盛京及宁古塔呈送一统志馆资料多有雷同，又派员前往吉林、宁古塔等地查核。翌年拟核对长白山南鸭绿江、图们江地区，曾为此咨文朝鲜要求协助，但朝鲜政府以路远不通予以回绝。[⑤] 因此，通过穆克登查边来完成《大清一统志》有关中朝边界部分的纂修是有可能的。

从《大清一统志》和《皇舆全览图》编纂的目的和性质来看，

---

① Cordell D. K. Yee, *Traditional Chinese Cartography and the Myth of Westernization*, In J. B. Harley, Cartography In the Traditional East and Southeast Asian Societies, the University of Chicago Press, 1994, p. 181.

② 《清圣祖圣训》卷 52，《大清十朝圣训》卷 2，第 694 页。

③ 《李朝肃宗实录》卷 51，肃宗三十八年五月丁酉。

④ 《清圣祖实录》卷 124，康熙二十五年二月丁亥。

⑤ 《同文汇考》原编，《疆界》康熙三十一年二月二日，朝鲜印刷株式会社 1936 年版。

二者存在着一些不同之处，但其绘制的政治背景和目标则是一致的，均是出于天下一统格局的需要。在此大背景下，勘测中朝未定界之处并划定边界，自然会成为这两项工程的一部分。

因此，推动中朝查边定界的因素应该是多方面的，其中清朝统治者的疆域观念以及通过中俄交涉形成的对明确边界意义的认识，对这次定界无疑产生了重要影响。

（二）光绪时期中朝长白山边界争端与勘界活动

穆克登查边的主要目的是要查清图们江上源地方，从而划定中朝长白山段的边界，界碑立后，本以为边界自此无事，但光绪年间，因为朝鲜民人屡屡越界，两国再次进行勘界，却查明图们江上游有三支水流，由北向南分别为石乙水（更北有红土水与石乙水相汇）、红丹水和西豆水。清廷代表认为红丹水为图们江源头，而朝鲜代表则坚持将红土水定为图们江正源。自此，双方就土门、豆满是否为一江，图们江正源在何处，穆克登所立界碑的原址在何处、封堆是何人何时所置等问题展开了争论。

19世纪中叶，由于朝鲜西北地区连年发生严重的水旱灾害，而图们江对岸的中国地区则因长期的封禁政策形成了地多人少的局面，吸引朝鲜民人不断越界犯垦，在中国境内逐渐形成一定规模的定居区。光绪七年（1881年）珲春边荒事务候选府李金镛奉命踏勘江北荒地，首次发现已有数千名朝鲜民人聚居于此，非法垦地8000余垧。[①] 朝鲜咸镜道地方官竟然对这些越垦者发放地券，载入册籍。吉林将军铭安得知后立即将此事奏报朝廷，建议两国各派员勘定界址，对非法越垦的朝鲜民人准其领照，向中国方面纳租。清廷采纳其议，要求越界垦民或在中国境内领照纳租，或令朝鲜方面“刷还”。次年，清廷再次要求选择在中国境内继续居住的朝鲜垦民

① 宋教仁：《间岛问题》，吉林文史出版社1986年版，第272页。

剃发易服，遵守中国法律。朝鲜国王咨文清朝礼部，承认朝鲜垦民为非法，但请求不要对他们“薙发易服”，准其“刷还”。清廷将“刷还”时间宽限在一年内。

光绪九年（1883 年），正值“刷还”之际，朝鲜钟城府使和会宁府使突然分别照复清敦化县知事，声称界碑以东的土门江（黑石沟）与松花江相连，所以土门、豆满（图们）是两条不同的江。朝鲜垦民开垦的土门（松花江上游）以南、豆满以北地区，即所谓“间岛”（今吉林延边一带）地区属于朝鲜。在朝鲜方面的要求下，光绪十一年（1885 年）两国派代表进行共同勘界，重新考察图们江上游支流及穆克登界碑。

这次勘界从当年九月三十日开始，持续了两个月，至十一月三十日结束。双方兵分三路，对图们江上游的西豆水、红丹水、红土山水三条支流分别进行勘察，并调查了穆克登碑的立碑处，但双方未达成共识，分歧主要在于：一是中方代表坚持“土门”即为图们江，“土门（图们）”二字系满语之译音，意为“万”字；朝方代表则始称土门、图们为两江，继而指认中国内地海兰河为分界之江，最后又坚持以黄花松沟子（又称黑石沟，光绪三十四年刘建封命名）为“土门”界河。二是中方代表认为长白山东南麓的立碑处并非鸭绿江和图们江的分水岭，而是鸭绿江和长白山的分水岭，岭东的黑石沟不是图们江源，而是松花江的上源。如此，则立碑处的地理情形显然与碑文所记“西为鸭绿，东为土门，故于分水岭上勒石为记”不相符合，于是认为此碑如果不是后人伪作，便是当年错了。朝方则坚持穆克登立碑之处就是胭脂峰，该碑附近有土堆如门，与当时记载吻合。三是中方代表认为，只有红丹水在长白山分水岭之东，正对鸭绿江源，与穆克登碑文相一致，因此应以红丹水为图们江之正源，并以此水划定两国国界。朝方代表则认为红丹水与穆克登碑址、土堆均不相合，且红丹水以北、红土山水以南有朝鲜居民百余户，图们江北岸尚有不少越垦之民，若是以红丹水为界，则无可安插，故以不敢自断，要向本国国王汇报为由中断会谈。第一次勘界活动遂告结束。

此次界谈后，朝鲜国王派李重夏等对“土门江”进行重新考察。不久，李重夏将考察结果上报，认为“土门”即“图们”，朝鲜国王于是在答复清朝北洋大臣李鸿章的咨文中自行放弃了“土门”非图们江的观点，承认中朝两国原本就以图们江为界河的事实，但要求“借地安置”朝鲜流民。为根绝非法越界，清廷决定再次进行勘界。

光绪十三年（1887 年）四月七日至五月十九日，双方进行了第二次勘界会谈。这次勘界，双方的分歧主要在分水岭上。中方否认所发现的定界碑旧址是图们江和鸭绿江的分水岭，因为界以东的黑石沟是松花江的支流[①]，并非图们江的发源地，朝方则认为此处就是穆克登定的界碑旧址，坚持以碑堆、红土山水为界。最后，中方退后一步，主张以天池东南约 30 公里的小白山为分水岭，并要求以小白山和东面的图们江支流石乙水划界；尽管双方在图们江源头问题上基本达成一致，中方所主张的石乙水与朝方所认定的红土山水相隔仅有十余里，但朝方依然坚持定界碑旧址就是分水岭，谈判最终破裂。

光绪朝中朝勘界问题难以圆满解决的关键就在于双方对穆克登碑竖立的位置有分歧。按照清末吴禄贞的边务报告所称，穆克登所立石碑最初本应是在小白山分水岭，而光绪朝中朝会勘图们江边界时所见到的石碑竟然是在长白山东南麓，这应该是有人移动过，究竟是什么人所为呢？他认为：“夫碑在山顶，无碍农业，耕牧者不至移也，碑极短小无妨行路，樵猎者不必移也。查边所立，例应保

① 两次勘界中，中方均将黑石沟视为松花江的支流。

存，我官吏不得移也，乡里无知，妄称界碑，我民人更不敢移也，然则必为盗垦韩民预谋侵界地步之所为也，明矣！”①

另一方面，虽然中方史料中对穆克登查边、定界一事记载寥寥，但韩方保有相对完整的史料，如《朝鲜王朝实录》《备边司誊录》《承政院日记》《同文汇考》《通文馆志》等官书都有相关记载，还有相关人员的笔记以及反映定界结果的地图可以加以印证，这些资料都说明穆克登定界的原则是以鸭绿江和图们江为两国边界的，那么，如何解释长白山的碑、堆与松花江相连，而不与图们江相连这一关键问题？这大概是因为穆克登定界时误将黑石沟视为图们江的“入地暗流”处，在沟的东南岸设置了石堆、土堆，还从沟尾到红土山水设置了40余里的木栅，将图们江源和鸭绿江源连在了一起，符合“又于其下主涌出处40余里皆为设栅”的记载。就此而言，穆克登的立碑处应该就是在天池东南10余里处，西边定以鸭绿江源为界，东边定以黑石沟与图们江源（红土山水）为界。②

总之，关于穆克登碑位置问题，学术界迄今仍有不同的声音，但可以肯定的是，穆克登所立“审视碑”具有界碑的意义，其出发点是为了解决明以来中朝两国长白山段的边界问题，在很长一段时间内也发挥了预期的作用；之后在光绪朝重新出现纷争，主要是由朝鲜人越界耕种和定居所引发的，这一时期的两次勘界，基本解决了以图们江为界的问题，但由于双方对其上游和分水岭尚存在分歧，故未能签订边界协议。

---

① 吴禄贞：《延吉边务报告》，吉林文史出版社1986年版，第72页。

② 李花子：《康熙年间穆克登立碑位置再议》，《社会科学辑刊》2011年第6期；《中朝边界的形成及特点——以明清为中心》，《黑龙江社会科学》2015年第2期；《1885年、1887年中朝勘界的重新认识》，《社会科学辑刊》2015年第1期；《穆克登确定的鸭绿江二源与后世争议分水岭》，《近代史研究》2018年第5期等。

（三）间岛问题与《图们江中韩界务条款》

19 世纪末 20 世纪初，东亚局势发生了巨大的变化，相继爆发了中日甲午战争、八国联军侵华以及日俄战争等。中国和朝鲜的关系也发生巨变，曾为东亚中心的清朝，经甲午战后，国势日衰，逐渐丧失了朝鲜宗主国的地位，朝鲜变成日本的殖民地。此时，中朝两国外交争端的焦点转移到“间岛”边务纠纷和对“间岛”朝鲜人的行政管辖权问题上，两国为此展开了激烈的外交斗争，甚至不惜诉诸武力。

甲午战争后，朝鲜改名韩国。此后，韩国政府在边界及朝鲜越境移民的管辖权问题上，态度趋于强硬。早在光绪十五年（1889 年），就令平安北道观察使在鸭绿江对岸东边道地区非法设立 28 个面，分归江界、楚山、慈城、厚昌 4 个郡管辖，将中国领土划入朝鲜行政区域内。光绪二十六年（1900 年），沙俄侵入珲春、延吉一带，韩国企图利用清廷在延边的统治力量被削弱之机，夺占延边地区。次年，韩国在会宁设立边界警务署以“保护”延边地区的本国越境移民。同时，单方面将延边地区划分为所谓“北都所”“钟城间岛”“会宁间岛”“茂山间岛”“庆源间岛”等行政区，并在各地设立都、社、村等行政机构，任命都社长、社长、村长等官吏。

光绪二十八年（1902 年），韩国政府在东边道地区非法成立半官方性质的乡约组织，任命议政会参赞李容泰为乡约长。同年五月，任命李范允为视察官。他不顾中国政府的严正抗议越江进入间岛地区，以“观察使”名义，公然传示朝鲜垦民，并擅自设约编丁，拿犯科税，甚至在图们江以北地区擅自任命管理人员，私募壮丁，组建枪队，使边界地区的局势骤然紧张。光绪二十九年（1903 年）七月，中韩双方地方军政官员经过协商后议定了《会议中韩边界善后章程》，规定：“两国界址有白山碑记可证，仍候两政府派员会勘。未勘以前循旧以间隔图们江一带水各守汛池，均不得纵兵持械潜越滋衅。”[1] 该约杜绝了两国边境地区武装冲突的发生，但并没有彻底解决边界问题。

1904 年 2 月，日本强迫韩国政府签订《乙巳保护条约》，依照此约，韩国的内政、外交均由日本统监代行，清廷与韩国的边界谈判也转为中日谈判。

日本对“间岛”觊觎已久，光绪时期日人守田利远撰写的《满洲地志》中称：“韩人所称之豆满江，各地异名。在钟城、会宁及茂山附近者，称伊后江或鱼润江。左侧支流向西逆溯，‘支那人’谓之布尔哈通河，至蘑菇子再进至局子街（即延吉厅），为其本流。西南方位之分歧，经夹信子沟达黑沟岭之水源，为骇浪河（即海兰河），上流南分有一支流，韩人称曰土门江。该土门江与伊后江同发源于长白山中，至稳城而合流，其间沿二江之流域，合成一大区域者，即间岛是也。”[2] 这一说法不仅沿袭了“豆满”“图们”为两江之谬说，而且将“间岛”范围扩大到海兰河以南、图们江以北宽约二三百里、长达五六百里的地区。

光绪三十二年（1906 年）、三十三年（1907 年），日本陆军中佐斋藤季治郎受驻韩总监伊藤博文指派，先后两次乔装前往延吉地区秘密考察，回来后呈交《视察报告书》，建议日本政府在相当于间岛中心之南岗西部马鞍山南建立统监府派出所，以“保护韩民”，该派出所应享有间岛范围内独立管辖韩人和日人之特权，必要时可以调集“帝国守备队”。对于清朝目前在当地的设置，“暂不争论，务取怀柔之方针，并出于临机应变增进我方地步之方针”。而确定间岛是韩国领土，则是处理一切事务之前提。报告书还设计了一系列间岛具体开发措施。伊藤博文基本上采纳了斋藤的这些计划和意见，正式委派斋藤为所谓统监府派出所所长，并颁予以如下之训

---

① 《清代外交档案续编·朝鲜档》，光绪三十年七月二十三日，书同文古籍数据库。

② 转引自吴禄贞《延吉边务报告》，吉林文史出版社 1986 年版，第 126—127 页。

令：间岛为韩国之领土；韩人不可服从清国之裁判；清国官宪所征一切租税，派出所皆不承认，视为因清国官宪压迫而韩民不得已缴纳者；清国官宪所发之一切法令，亦非派出所所能承认；对于清国官宪所命之都乡约、乡约等，予以与韩人相同之看待（即不承认其都乡约等地位）。[①]

时任东三省总督的徐世昌对日本的动向一直保持警觉的态度，在光绪三十三年（1907 年）派新军督练处监督、曾留学日本的吴禄贞秘密调查延吉地区。吴禄贞等人自敦化县、延吉厅、珲春等处沿图们江抵达长白山，又由夹皮沟折至省城而止，考察地域纵横两千六百余里，历时七十三日始告竣，绘制出一幅五十万分之一比例尺的《延吉防务专图》，并“穷旬月之力，上考史乘，中稽界碑，下采舆论”[②]，完成一份《延吉边务报告》。

光绪三十三年至宣统元年（1909 年），清朝与日本就“间岛”问题，包括图们江北岸是否为中国领土、中国境内韩国垦民保护权等问题，进行了为期近三年的交涉。针对日本的歪理谬说，清朝负责交涉此案的外务部和吉林边务公署不断据理力争，逐条驳斥，并在行动上坚决抵制日本在此地的非法建置。清外务部节略指出：“总之，吉韩界务问题，但当考土门江之源流方向与其经流之地域，则土门、豆满是否一江自见；但当考（光绪）十三年复勘之案，是否由韩国之自由决定，则此案之有无效力自见；但当考图们江是否为吉、韩之国界，则图们江北主权之谁属自见。此数者辨析明白，界务问题自无难直截解决矣。若徒摭拾一二荒远难稽之事实，寻求韩人勘界以后唾弃之陈言以为定论之据，则殊非两国政府希冀解决界务问题之意。”[③] 在清朝的强力抵制下，日本政府最终不得不放弃

① 王芸生：《六十年来中国与日本》卷 5，生活 · 读书 · 新知三联书店 1980 年版，第 106、108 页。

② 吴禄贞：《延吉边务报告》“序言”，第 4 页。

③ 王彦威纂，王亮编：《清季外交史料之宣统朝》卷 2，1931 年刊本。

图们江非中朝界河，图们江北非中国领土的谬说，但占领之心不死，继续打着“保护韩民”的幌子在延边地区建立殖民机构，设官置警，实际统治延边地区。

光绪三十四年（1908 年），清外务部曾令吴禄贞就如何驳斥日本“保护韩民”的借口提出对策。吴禄贞为此起草了一份“意见书”，指出：延边地区“与通商口岸不同，于国际公法中为条约不适当施行之所”。如果中国“允其设官置警，必致害我法权，从此多事”。各国的“通商口岸为商而设，非为农而设也”。因此，中国应向日本申明“以外国人不能得土地所有权言之”，延边地区“凡领有土地之韩国人应一律作为归化人。其原有国籍应即声明消灭，一切与华民无异”①。吴禄贞的这些对策建议是建立在当时的国际公法和清朝法律制度的基础上的，有理有据，在其后的清日交涉中发挥了重要作用。

宣统元年（1909 年）正月，在界务问题上理屈词穷的日本政府图穷匕见，向清外务部抛出所谓“东三省六案”节略。包括：新法铁路问题、大营支路问题、京奉路展至奉天城根问题、抚顺烟台煤矿问题、安奉铁路沿线矿物问题及“间岛”问题。不仅妄图侵占间岛，而且欲谋取东北路权和矿权，暴露了其全面占领东北的野心。然而，此时的清廷已处于风雨飘摇之中，大厦将倾，无力亦无心全面抗争，仅是想保住延吉这块土地，对其他五案则采取退让态度。

在交涉过程中，日本仍未曾停止在延吉的经营活动。日本虽已经表示承认延边地区为中国领土，却宣布朝鲜统监府增设间岛事务官等 6 名官员。清外务部就此照会日使伊集院，提出抗议。伊集院复照清外务部，声称延边地区属中属韩仍为未决问题，中国如对日

---

① 徐世昌：《东三省政略》卷 1《边务 · 吉韩界务附吴协统意见书》，吉林文史出版社 1989 年版。

本各项要求不予让步，日本则不能承认延边地区为中国领土。“间岛即豆满江北一带地方，究系清国领土，或系韩领土，目下仍系未决之问题。来文谓本使已认该地为清国领土，实系误会。本使对贵部当局大臣所言明者，盖为贵国政府关于间岛问题之诸事，能容敝国政府之主张，且于同时商议中之其他各案能承认我之提议，敝国政府于间岛之所属，亦不惜让步于贵国。”[①]

在日本方面的威胁下，六月，清外务部致日节略中除在延边地区的韩民裁判权和日本设警问题上坚持不让外，在新法铁路等五案上大幅妥协。日使复照清外务部，对中国对五案所作之巨大让步感到满意，但对“间岛案”仍无理坚持延边地区的领事裁判权、开辟六商埠、修筑吉会路、设置日本警察、合办天宝山银矿等要求。

此后，清外务部又作让步，表示对延边地区朝鲜垦民之裁判权，在商埠外者，由中国处分，唯命盗大案，判定后知照日本领事。日领可到堂观审，并允许日本领事馆附设司法警察。这两项让步，成为后来日本就朝鲜侨民问题制造事端之根源，使其领事裁判权侵入内地。如此，日本的目的大多得到了满足，“东三省交涉六案”终于达成协议。

七月二十日，清外务部侍郎梁敦彦和日驻清公使伊集院秀吉代表中日两国签订《图们江中韩界务条款》（又称《中日图们江界约》或《间岛协议》）。条约第一款即声明“以图们江为中韩两国国界，其江源地方自定界碑起至石乙水为界”[②]。

《图们江中韩界务条款》承认了穆克登定界碑址的合法性，再次确认了中国政府对“间岛”的领土主权。但就像有学者所提出的，它只规定了图们江界而未规定鸭绿江界，对长白山也未做出任何规定，所以它并不是一个完整的边界条约，这与日本利用朝鲜移

---

① 王彦威纂，王亮编：《清季外交史料之宣统朝》卷3，1931年刊本。

② 刘瑞霖编：《东三省交涉辑要》卷1《订约门》，台湾文海出版社1967年版。

民准备向长白山及鸭绿江以北地区渗透、扩张的阴谋有关。[①]

（四）清朝对朝鲜移民的管理

清前期，清廷对东北地区实行严格的封禁政策，不仅严令禁止内地民人流入东北，对犯越之朝鲜人同样采取严厉措施。朝鲜政府也制定了严格的律法，对两国交界地区严防死守，防止边民偷越边境。“国初时，吉韩界禁极严，两国人民有私自越图们江一步者，由两国官吏处死，否亦格杀勿论。”[②] 因此，这一时期，尽管犯越事件时有发生，但基本都是盗采树木、人参及捕貂等，鲜有耕种筑屋、长期定居者。

鸦片战争以后，中朝两国均面临内忧外患的窘境，对边境地区的管理不如以前严密。同时，随着日俄侵略步伐的进逼和光绪年间东北封禁政策的逐渐废止，清廷对越边朝鲜人的政策也发生了转变，即由封禁时期的厉行驱逐、发还，改为从缓处理、默许甚至允准垦种定居。光绪八年（1882 年），为了维持与朝鲜的宗藩关系，“不使生心向外”[③]，反击日俄对朝鲜的觊觎，清朝与朝鲜签订《商民水陆贸易章程》，其中第五条规定：向来两国边界如义州、会宁、庆源等处，例有互市，统由官员主持，每多窒碍。兹定于鸭绿江对岸栅门与义州二处，又图们江对岸珲春与会宁二处，听边民随时往来交易。两国第于彼此开市之处，设立关卡，稽察匪类，征收税课。其所征税则，无论出入口货（除红参外），概行值百抽五。从前馆宇、饩廪、蒭粮、迎送等费，悉予罢除。至边民钱财罪犯等案，仍由彼此地方官按照定律办理。其一切详细章程，应俟北洋大臣与朝鲜国王派员至该处踏看会商，禀请奏定。[④] 次年，在此基础

---

① 李花子：《穆克登确定的鸭绿江二源与后世争议分水岭》，《近代史研究》2018 年第 5 期；《试析 1907—1909 年日本界定的“间岛”地理范围》，《近代史研究》2017 年第 3 期。

② 吴禄贞：《延吉边务报告》，第 60 页。

③ 徐世昌：《东三省政略》卷 1《边务 · 延吉边务报告》。

④ 《清代外交档案续编 · 朝鲜档》，光绪八年八月三十日。

上，两国又分别签订《奉天与边民交易章程》和《吉林与朝鲜商民贸易地方章程》，规定在奉天地区，中国和朝鲜各以中江和义州为边民贸易之处；吉林地区，在中国和龙峪、光霁峪和西步江三处设通商局卡，办理与朝鲜会宁、钟城、庆源等地的通商事宜。至此，两国之间的边禁基本废除。如《东三省政略》所言："原拟俟刷还流民，酌拨防军再行举办。旋因俄人与朝鲜有陆路通商之议，庆兴府与俄镇两处人民往来甚密，是以亟设局卡。"①

很快，清朝又在和龙峪设置了越垦局，划图们江北长七百里、宽约四五十里之地为"韩民专垦区"，允许朝鲜越垦之民居住。在两国交界的鸭绿江地区，即清代所谓的"东边"地区，清朝对越界边民的态度同样很宽容。光绪十一年（1885 年），盛京将军庆裕奏称："通化县沿江一带滋生、宏生、荣生三保，有朝鲜民人五百三十户，计男女大小二千八十名口，久经在此潜居，不知始自何年，现拟照会朝鲜义州府尹，转饬各该节制使，予限一年，陆续设法招回。"军机处的处理意见是，"照办，惟不得稍事操切，致生事端等因。在案查朝鲜人民越界潜居实属有违定制，惟该国既系属邦，不得稍从宽典，以示国朝怀柔之至意"。② 光绪帝同意照此办理。而在此前两年，朝鲜西北经略鱼允中也向李朝朝廷奏准，"越江罪人不可杀"③。在两国同时实施的宽松政策下，越来越多的朝鲜人进入中国境内，逐渐形成聚落。

截至光绪二十一年（1895 年），置于宗藩体制框架下的中朝两国在处理越垦问题上，基本以和平交涉为主，往往能够依据实际情况折中处理各案。甲午战争以后，清朝承认朝鲜独立，双方宗藩关系宣告结束。光绪二十三年（1897 年），朝鲜高宗自称皇帝，改国

---

① 徐世昌：《东三省政略》卷 1《边务·延吉边务报告》。

② 《清代外交档案续编·朝鲜档》，光绪十一年十一月十七日。

③ 高水一：《中国朝鲜族历史研究参考资料汇编》第 1 辑，延边大学出版社 1989 年版，第 199 页。

号为“大韩帝国”。随着中朝政治关系的转变及此后“间岛”边务纠纷的爆发，清朝开始意识到越界私垦对清朝领土完整和国防安全所带来的巨大危害，对韩国流民的态度也从以往的宽容、放任转为坚决打击、依法处置。二十五年（1899 年）九月十一日，中韩两国签订《通商条约》十五款，重新定位两国关系，其第十二款就越界人口作了规定：“边民已经越垦者，听其安业，俾保生命财产。以后如有潜越边界者，彼此均应禁止，以免滋生事端。”① 尽管对此条涵盖下的已经越垦之韩国边民究竟该归哪一方管理，两国在理解上尚存在歧义，但在法律上承认了条约签订以前越垦边民在中国居住的合法性，并明确表示自此以后将严厉打击韩民越界行为。

为了防止韩民继续潜越边界，清朝制定了“清源”和“遏流”两种办法，即“安置先至者为清源，限制后来为遏流”②。具体而言，“清源”就是清查韩侨个人信息、在华产业、暂居或永居、行为、装束、习尚等，根据自愿原则决定居留和归籍，并在其聚居区设立自治机构“社”，“社”下分成若干“牌”，社有社长，牌有牌头，均由韩人担任，公推产生。所谓“遏流”，就是严禁再有韩民越界。为了达到清源和遏流的目的，清朝采取了内外两种对策，对外加强边防，严守国界。如在奉省东北边境的安东、临江、长白及吉省珲春、延吉等地设重兵驻守；对内加大招揽内地汉人前来边境地区开垦定居的力度，充实边地，杜绝韩民进入。同时，在人口达到一定数量的地区，积极增设府厅县等建置，强化行政管理。

光绪二十八年（1902 年），为加强对图们江北岸的管理，清朝批准吉林将军的奏请，在珲春相近的烟集岗（今延吉）设立延吉厅，最高长官为抚民同知，主要职掌就是理民。次年，又在厅属和龙峪地方设分防经历一员，掌管初级裁判、开垦、捕盗等事宜。自

① 《清代外交档案续编·朝鲜档》，光绪二十五年七月二十日。

② 徐世昌：《东三省政略》卷 6《民政·奉天省·民治篇》。

此，珲春副都统及其下属协领等官开始专管旗人和负责边防；涉及民人的一切事务均由延吉厅负责。“图们江北始有完全理民之官。”[①] 光绪三十三年（1907 年），日本在延吉设立非法的“朝鲜统监府间岛派出所”。为了抵制日本的侵略，清朝在局子街成立吉林边务公署，并在和龙峪、光霁峪、六道沟、珲春、铜佛寺、帽儿山、前稽查处、外六道沟、怀庆街、娘娘库等处分设派办处，负责管理朝鲜移民、对日交涉等。三十四年（1908 年），边务公署按照学部颁布的《学务官制》，在延吉地区设立学务公所，专门负责教育工作。仅用几年时间，就在当地建成数所初等小学和高等小学，这些学校“无论华韩人民，居此土著者，皆准入学”[②]。学务公所除了大力办学，还对教学内容进行审查，“韩民所立私塾，必由地方官验明允准，其章程、课本亦须受学务公所之验查，勿使邪说无由而入”[③]。宣统元年（1909 年）八月，清朝升延吉厅为延吉府，下设珲春厅与和龙、汪清两县。九月，裁撤珲春副都统，在图们江北地区设吉林东南路兵备道台公署，治所在延吉，隶属吉林巡防，进一步加强了对这一地区的行政治理能力。

奉天东边地区，在光绪二年（1876 年）添设了安东县和凤凰厅，结束了长期以来没有理民机构的历史。光绪三年（1877 年）又增设了通化、怀仁、宽甸等各县，并于凤凰城设边关兵备道，即“分巡奉天东边兵备道”，简称东边道，管辖凤凰直隶厅、兴京厅、岫岩州、安东县、宽甸县、通化县、桓仁县 2 厅 1 州 4 县，驻凤凰厅。光绪三十二年（1906 年），移驻安东县。东边道的主要任务就是管理内地移民和越界朝鲜垦民。光绪二十九年（1903 年），在鸭绿江西岸又辟设临江县。光绪三十四年（1908 年）东三省总督徐

---

① 徐世昌：《东三省政略》卷 1《边务・延吉边务报告》。

② 徐世昌：《东三省政略》卷 1《边务・延吉边务报告》。

③ 徐世昌：《东三省政略》卷 1《边务・延吉边务报告》。

世昌又奏请在临江添设府治，提出临江县“与朝鲜只隔鸭绿一水，自日俄战争以后，韩民侨居日众，时生事端，木植、江防动滋交涉。该县辖境既远，权望亦轻，内外交乘，治理必愈形竭蹶，亟应添设府治，以资控驭”，经派员履勘，“拟划临江县以东长生、庆生二保之地及吉林长白山北麓龙冈之后，添设府治，名曰长白，驻于十八九道沟间之塔甸。现已派员前往调查，开通道路，建筑房舍，筹办一切，略偶端倪。应请查照上年原奏及吉林新设密山府奏案，不领属县，将来地辟民聚，应否再行添设县治，俟查看情形，随时筹办设治”①。长白设治之前，韩民寄寓其间，往往擅易地名，如出现了大东社、间岛社、十二道湾等名目。设府后，为厘正边疆，防止牵混，决定新设地名，“将府西沿江沟名自八道沟交界起至署西塔山上，上一字按天干排列，下一字以华农望春雨、恭顺裕皇恩十字排列。自十九道沟起至二十三道沟止，上一字以温良恭俭让五字排列，下一字以厚善顺德美五字排列。两堡共分十五社。凡在沟内居住者，无论华民、韩侨，统以十五社之名辖之，不准另立名目，自为风气，以昭华仪之规”②。

除以上两方面的措施外，清朝还开始尝试制定韩侨入籍办法。早在光绪八年（1882 年），清朝在讨论图们江北岸越垦朝鲜边民处置问题的时候，就曾提出：“该民人等，既种中国之地，即为中国之民，除照该将军等所请，准其领照纳租外，必令隶我版图，遵我政教，并酌立年限，易我冠服。”③ 这种处理方法，自然遭到了朝鲜方面的反对，提出：“习俗既殊，风土不一，若因该民人等占种，使隶版图，万一滋事，深为可虑。”④ 请求将流民归还本国，交由地方官归籍办理，清朝从其请。光绪十六年（1890 年），吉林将军在

---

① 张凤台：《长白汇征录》“序”，台湾成文出版社 1974 年版，第 9—10 页。

② 张凤台：《长白汇征录》卷 1《区域图说》，第 49 页。

③ 《清德宗实录》卷 143，光绪八年二月壬戌。

④ 《清德宗实录》卷 150，光绪八年八月己卯。

清丈越垦地亩时，再次发布告示：“韩民愿去者，听其自便；愿留者，剃发易服，与华人一律编籍为氓，垦地按年纳租。”① 愿意照此办理者，当局以每亩500文的价格，将土地丈放于个人，可领取土地执照，定额纳租。无资历者，则可领荒租佃。同时规定：“所有往来商民，彼此验照，方准放行，以杜漏税及越垦之弊。”②

同年，清廷批准将图们江北的越垦局改名为抚垦局，作为专门处理入籍事务的机构。自甲午战争前，大量朝鲜越垦者“悉皆编甲升科，食毛践土，入我版籍，而得其地主权矣”③。光绪二十年（1894年）吉林将军奏：将图们江北岸朝鲜垦民立社编甲，照则升科。在越垦地区，统建四大堡。镇远堡建于黑顶子，分设8社，与韩之庆兴府对峙；宁远堡建于光霁峪，分设13设，与韩之钟城府对峙；安远堡建于章母得基，分设7社，与韩之茂山府斜对。共计4堡39社，收抚垦民4308户、男女丁口20899人，统编124甲，较定415牌，丈报熟地15400余垧，岁征大租银2799两有奇。自光绪十六年起，至二十年竣事。自此，朝鲜移民开始以中国的一个少数民族身份出现在历史舞台上，获得在中国生活的法律地位。

但是，这只是清朝单方面进行的认证活动，朝鲜政府并未正式认可朝鲜垦民在中国的合法地位。直到光绪二十五年（1899年），中韩两国签订《通商条约》，朝鲜政府才从法律上承认这一点，这一时期的韩民入籍还仅限于延边专垦区。

随着“间岛”问题的发生，清朝开始全面展开在华韩民的入籍管理工作。宣统元年（1909年），中日签订《图们江中韩界务条款》，虽然该约是在牺牲中国大量权益的基础上订立的，但其承认了中国对延边地区韩移民的行政管辖权和司法权。条约明确规定：

---

① 徐世昌：《东三省政略》卷1《边务·延吉边务报告》。

② 徐世昌：《东三省政略》卷1《边务·延吉边务报告》。

③ 徐世昌：《东三省政略》卷1《边务·延吉边务报告》。

"图们江北地方杂居区域内之垦地居住之韩民，服从中国法权，归中国地方官管辖裁判，中国官吏当将该韩民与中国民一律相待，所有应纳税项及一切行政上处分，亦与中国民同。至于关系该韩民之民事、刑事一切诉讼按（案）件，应由中国官员按照中国法律秉公审判。"[①] 条约签订后，吉林省立刻开始着手建立审判厅，拟于"延吉厅设一地方审判厅及地方检察厅，且附设一初级审判检察厅，更择要于六道沟、百草沟、头道沟、和龙峪、外六道沟、珲春六处，各设一初级审判检察厅"[②]。

这一年年底，《大清国籍条例》出台。该国籍条例分为国民籍、入籍、出籍、复籍、附条五章。其中第二章第三条对外国人的入籍条件作了如下规定：第一，居中国接续至十年以上者；第二，年满二十岁以上照该国法律为有能力者；第三，品行端正者；第四，有相当之资产或艺能足以自立者；第五，照该国法律于入籍后即应销除本国国籍者。其本无国籍人愿入中国国籍者以年满二十岁以上并具备前项第一第三第四款者为合格。第四条特别指出，凡外国人或无国籍人有殊勋于中国者，虽不备前条第一至第四各款，得由外务部、民政部会奏请旨，时准入籍。第五条凡外国人或无国籍人有下列情事之一者均作为入籍：第一，妇女嫁与中国人者；第二，以中国人为继父而同居者；第三，私生子父为中国人经其父认领者；第四，私生子母为中国人父不愿认领而经其母认领者。照本条第一款作为入籍者，以正式结婚呈报有案者为限，照第二第三第四款作为入籍者，以照该国法律尚未成年及未为人妻者为限。第六条又规定，凡男子入籍者其妻及未成年之子应随同入籍人一并作为入籍。其照该国法律并不随同销除本国国籍者不在此限；若其妻自愿入籍，或入籍人愿使其未成年之子入籍者，虽不备第三条第一第四各

① 刘瑞霖：《东三省交涉辑要》卷1《订约门》。

② 徐世昌：《东三省政略》卷1《边务·延吉边务报告》。

款，准其呈请入籍。其入籍人成年之子现住中国者，虽不备第三条第一至四各款，并准呈请入籍。[①]

《大清国籍条例》颁布后，奉天省地方当局马上制定了《对于无业韩民之处置》《对于有业韩民之待遇》《韩民入籍之条件》等文件，对辖地韩民入籍的原则作了说明：第一，须禀请地方官转呈东三省总督批准备案；第二，须在中国居住三年，有生活之本据地者（如垦地之住所、贸易之店铺）；第三，须在二十岁以上而无精神病者；第四，品行端正者；第五，有资产或技能者；第六，须可失本国国籍者；第七，须剃发易服。例外情形包括：父母及妻为中国人者；生于中国而有住所者；十年以上长住中国而有居所者；韩国人于中国有特别功劳者。凡具备以上各条件之一，即可以不拘原则条件，准其入籍。[②]

正如有研究者所指出的，这些入籍条件过于强调韩民在华要有产业和居所，实际上缺乏现实性和执行性。如奉天地区韩侨多属于无地佃农，对于这些没有产业者，即便愿意剃发易服，也不可能入籍。而且，韩国从未订立过"户籍法"，"失本国国籍"则无从说起；即使韩侨归籍清朝，也并不意味着其本国国籍的丧失。[③] 因此，多数寓居在奉省的韩民身份地位并未发生根本性的变化，对中韩两国依旧采取左右支应的对策，对华官自称归化之民，对韩官则称在华租地纳租。但无论如何，这些文件还是为朝鲜移民加入中国国籍提供了法律上的保障，鸭绿江北岸的韩民入籍活动开始迈出历史性的一步。

同样，宣统二年（1910 年）吉林东南路兵备道以《大清国籍条例》为依据，就延边地区韩民入籍事宜制定了《入籍细则》《限

① 《大清法规大全·民政部》卷 2《国籍》，宣统元年刻本。

② 徐世昌：《东三省政略》卷 12《谘议厅议案·边防案》。

③ 姜龙范、崔永哲：《"日韩合并"与间岛朝鲜人的国籍问题——兼论中日两国在朝鲜人国籍问题上的政策纷争》，《东疆学刊》1999 年第 4 期。

制细则》和《取缔细则》，加大了对移民的管控力度。与奉天颁布的入籍原则相比，吉林的《入籍细则》更要现实一些。其第一条规定：“凡自愿入籍者，于寄居年限一款，应遵照部准变通办法实行。惟谨查民政部电准通融年期并无定限，兹通饬须寄五年以外者，方予核准。”[①] 这等于将《大清国籍条例》中规定的须在中国连续居住十年以上方可入籍的条件，降至五年以上即可，并且没有财产方面的要求。另外，对于自愿入籍而寄居年限不足五年者，只要人品端正、实愿销除本国国籍者，虽然还不具备落籍条件，也可向各该属地方官先行存记，俟年限期满，查无违反事实再行呈请核办。《限制细则》则是为限制、约束新来韩民而制定的则例，规定：“凡遇新来韩民有形迹可疑并无护照可验者，即行实力禁阻。此条延、珲、汪、和四属办法皆同。”而四地不同之处则在于，延吉和和龙两地有商埠，属于杂居区，在商埠内：“其新来韩民则于入境时，先行诘问。如非商人又无垦种地，无庐舍及于埠内无亲属相识者，一并禁止”；在两地商埠之外，“凡无庐舍无垦种并无亲属相识者，无论来自何时均应阻止，令其回籍。”对于珲春、汪清两属非杂居地区，则“应于黑顶子东沟及图们江北沿江通韩地方，加意稽查。凡新来韩民，一概禁止入境”[②]。《取缔条例》是针对久居汪清、珲春两地却又不愿意入籍的韩民所制定的办法，基本原则是不入籍即不得在中国继续耕种、租种土地和居住。

宣统二年（1910 年）《日韩合并条约》签订后，为了杜绝日本以管理、保护韩民的借口向图们江北岸中国地区渗透，吉林东南兵备道加紧制定了《对待杂居非杂居韩民甲乙两种办法》，主要内容就是劝令于延吉、和龙、汪清、珲春居住的韩民尽快入中国籍，对

① 杨昭全、孙玉梅：《中朝边界沿革及界务交涉史料汇编》，吉林文史出版社 1994 年版，第 1282 页。

② 杨昭全、孙玉梅：《中朝边界沿革及界务交涉史料汇编》，第 1280 页。

不愿入籍的韩民，“拟由政府将其所有土地酌价收回，视为纯全外国人，令其处境”，“嗣后严行禁绝韩侨入境”[①]。

总之，伴随着《大清国籍条例》及东北地区一系列针对韩民入籍问题文件的出台，清朝开始以法律手段管理移民问题，客观上对中朝边境地区的治理和领土主权的守护起到了积极的作用。

结　语

在中国长期的历史发展过程中，东北地区一直具有重要的战略地位，其得失关系到历代王朝的兴衰。清朝是中国历史上最后一个“大一统”王朝，不仅是中国古代社会政治、经济及文化发展的重要阶段，也是边疆、民族治理的重要时期。东北作为满洲的发祥地和清朝的龙兴之地，备受清朝统治者重视。因此，在清代，东北地区不仅仅是一般意义上的边疆，而且是国家“根本之地”。

清朝对东北地区的经营给予了格外的重视。入关后，在东北陆续设立盛京将军、吉林将军、黑龙江将军，分管东北广阔的区域。同时，为“隆重陪都体制”，于盛京设奉天府，置府尹，秩正三品，视同京师顺天府。在汉人聚居地方，设州置县，派汉官管辖；在满洲八旗驻防地，由都统管辖；对吉林、黑龙江僻远地区的少数民族，实行姓长之制；对分布在东北地区的蒙古诸落，实行盟旗制度，贯彻“修其教不易其俗，齐其政不易其宜”的方针。同时，这种管理方式与以往朝代所实行的“羁縻之策”有着本质的区别，它并不是放任各民族自行约束，而是在尊重各民族的传统和风俗的基础上，将地方事权和人口、土地的管理权牢牢掌控在中央的有效管辖之下。正如乾隆在取得对准战争的胜利、一统西域之后所说：

① 杨昭全、孙玉梅：《中朝边界沿革及界务交涉史料汇编》，第1283页。

“统观历代经营西域之迹，大率详于山南而略于山北。如汉之都护校尉，唐之四镇，俱在山南，犹且户口不登于天府，贡赋不入于司农，聊示羁縻之方，曾无开置之实。至山北诸境，汉张骞仅获一履其地。唐虽遥置都督诸州，亦复名存实去。有元西北疆域稍广，然考元史西北地附录，纪载弗详，规为未备。惟我圣朝，德业鸿远，举从古未抚之西域全境，井牧其地，而冠裳其民，设官定赋，与赤县神州相比埒。是不惟创建非常之原，而大荒以西，不啻鸿蒙之开辟矣，岂非极覆帱之无外，为旷古所莫及者欤？”[①] “中土之与西域，始合为一家。”[②] 同样，自清代起，东北与中原，亦合为一家。

清朝在东北开辟驿路交通，设置卡伦，对于沙俄的入侵给予坚决回击，与俄国、朝鲜勘界定边，这些举措，保持了东北的和平与稳定；而作为“龙兴之地”，东北又被赋予了特殊而重要的政治意义，与中央政权联系之紧密，前所未有；与中原地区经济、文化的交往，有了突飞猛进的进展；东北地区的自身发展也取得了巨大的成就。从顺治元年（1644 年）清军入关直至道光二十年（1840 年）鸦片战争爆发前的近二百年时间内，除清初遭受沙俄侵略，东北地区大体上保持了长治久安的局面，内部没有大规模的农民起义和社会动乱，外部也没有明显的外患威胁，成为清朝最巩固的大后方和最重要的军事基地。

鸦片战争以后，在俄日的不断入侵和内地移民大量进入的情况下，清代前中期在边疆地区实行的“因俗而治”的管理体制开始暴露出其弊端和不足，清朝为挽救危机，痛下决心，对东北地区的管理体制进行重大调整和改革，变革官制，整顿吏治，调整旗、民地方各官职权，力图加强政治统治，振饬经济发展，强化边防力量，

---

① 《钦定皇舆西域图志》卷 3《历代西域图说》，中华书局 1978 年版。下同，不再注版本信息。

② 《钦定皇舆西域图志》卷 1《皇舆全图说》。

抵御外来侵略。光绪三十三年（1907 年），清廷决定改变东北的行政体制，裁撤将军，设立行省，废旗民分治之制，采用一元化的管理体制。东北设东三省总督（兼管奉天巡抚事），吉林、黑龙江各设巡抚一员。地方上实行省、道、府（直隶厅、州）、县（厅、州）四级行政建置。改建行省是东北治理史上具有划时代意义的重大变革，标志着东北与内地在行政建置和管理上的一体化。

由于东北的独特地位，清朝在该地区长期实行封禁之策，在一定程度上阻碍了东北地区的开发，导致地广人稀的局面长期存在，边防力量薄弱，对后来的失地负有不可推卸的责任。但封禁政策亦并非始终能够严格执行，随着内地人口的快速增长，人多地少的矛盾日益凸显，山东、河南等破产农民为寻求生路，冒死出关者比比皆是，年复一年，有增无减；而在灾荒年景，出关流民更是势如潮水，无法遏制。嘉道以后，虽然禁令未除，已渐趋废弛。在流民的辛苦劳作下，东北地区从南向北渐次开发，大片荒芜之地变成良田沃土。清末正式废除封禁令，允许关内人自由迁入，且多有鼓励政策，掀起一股移民高潮。农业经济以前所未有的速度在发展，并带动了其他行业的进步。

清以前历代对东北地区的治理，各有其成就，但基本实行的是“华夷分治”。彻底打破这一传统思想、真正实现“华夷一体”的，是在清朝完成的。入关前，皇太极就提出“满汉一体”“满蒙汉”一体的民族思想，也正是在蒙古民族和东北各族，包括聚居在东北地区的汉族的共同努力下，清兵才得以顺利入关，建立起对全国的统治。入关后，清朝统治者为维护对辽阔疆域的统辖，更是大力提倡“天下一家”的思想。康熙皇帝说：“帝王治天下，自有本原，不专恃险阻。秦筑长城以来，汉唐宋亦常修理，其时岂无边患？……可见守国之道，惟在修德安民，民心悦则邦本得，而边境自固，所谓众志成城者是也。”[1] 又说：“昔秦兴土石之工，修筑长城。我朝施恩于喀尔喀，使之防备朔方，较长城更为坚固。”[2] 雍正皇帝则阐述得更为透彻：“中国之一统，始于秦；塞外之一统，始于元，而极盛于我朝。自古中外一家，幅员极广，未有如我朝者也”，“自我朝入主中土，君临天下，并蒙古极边诸部落俱归版图，是中国之疆土开拓广远，乃中国臣民之大幸，何得尚有华夷中外之分论哉？”[3] 在这一思想的指导下，清王朝建立了一个空前辽阔的统一多民族国家。清朝在治理东北的过程中，集历代之大成，突破传统治边思想，废除民族分治和羁縻之策，履行不分华夏、夷狄的大一统思想，促进了东北地区的民族大融合，使得中央政权对东北的治理进入了一个新的历史时期，第一次真正实现了大一统中央王朝对东北边疆的完全管辖，东北各族对国家的认同感空前增强，并最终成为中华民族共同体中的成员。

---

① 《承德府志》卷首1，辽宁民族出版社2006年点校本。

② 《清圣祖实录》卷151，康熙三十年五月壬辰。

③ 中国社会科学院历史研究所清史研究室编：《大义觉迷录》卷1，《清史资料》第4辑，中华书局1983年版，第4—5页。

第六章

清朝对蒙古地区的经略

清朝入关前，早在努尔哈赤时期，就与蒙古一些部族结成了军事—政治联盟，此后利用蒙古的军事力量与各种敌对势力抗衡，最终入主中原。清朝统治者对蒙古诸部的军事实力很清楚，既可以为清朝所用，也可能成为反叛力量。所以，清朝对蒙古各部的应对措施就是采用“硬治理”与“软治理”两种办法。“硬治理”就是以国家强制力实施盟旗制度，指定旗地，编旗设佐，分而治之；在此基础上实施封禁政策，限制蒙古各旗自由往来，限制蒙汉自由往来，等等。“软治理”就是怀柔政策，借以拉拢蒙古诸部，以联姻、封爵、俸禄、宴赉、优恤、尊崇藏传佛教格鲁派等礼仪的、文化的、意识形态的政策为主。软硬兼施，以“硬治理”把蒙古诸部切割、隔离开来，以“软治理”再把蒙古诸部“缠绕”起来，达到最大的治理效能。当然，“硬治理”与“软治理”都是相对的，在盟旗制度、封禁政策等“硬治理”中，也有一些因时因地的“软治理”；同样，在联姻、封爵、俸禄等“软治理”中，也有一些法律规定的“硬治理”，这是需要指出的。

第一节　清朝对蒙古地区的硬治理

一　盟旗制度的运行机制及其实施效能

关于清朝对蒙古地区的治理问题研究，包括盟旗制度，先行研究有很多。日本学者田山茂的《清代蒙古社会制度》[①] 虽然为奠基之作，对扎萨克旗的建立、组织和机能进行了研究，惜其大多利用了常见史料，对相关档案未曾涉及。近年来乌云毕力格、成崇德、张永江[②]、赵云田[③]、达力扎布[④]、冈洋树[⑤]、曹永年[⑥]、宝音朝克图[⑦]等学者从多个层面、多个角度都做过研究，很多观点有一定的影响力。但是，囿于史料的关系，加之研究角度的问题，从“大一统”的角度来看盟旗制度的全貌，尤其是运行机制和实施效能的论著还不多见。进入21世纪以来，随着档案的进一步整理和公布以及相关研究的深入开展，清朝对蒙古地区实施盟旗制度的运行机制及实施效能的进一步研究有了可能。

（一）众建以分其势：盟旗制度的建立

欲考察盟旗制度的设立，必须要先考察入关前后金（清）统治者的统治思想。从努尔哈赤起兵，一直到乾隆二十四年（1759年）

---

① ［日］田山茂：《清代蒙古社会制度》，潘世宪译，内蒙古人民出版社2015年版。

② 乌云毕力格、成崇德、张永江：《蒙古民族通史》第四卷，内蒙古大学出版社2002年版；张永江：《论清代漠南蒙古地区的二元管理体制》，《清史研究》1998年第2期；乌云毕力格、宋瞳：《关于清代内札萨克蒙古盟的雏形——以理藩院满文题本为中心》，《清史研究》，2011年第4期。

③ 赵云田：《北疆通史》，中州古籍出版社2003年版。

④ 达力扎布：《清初内扎萨克六盟和蒙古衙门建立时间蠡测》，载达力扎布《明清蒙古史论稿》，民族出版社2003年版。

⑤ ［日］岡洋樹：《清代モンゴル盟旗制度の研究》，東方書店2007年版。

⑥ 曹永年主编：《内蒙古通史》第三卷，内蒙古大学出版社2007年版。

⑦ 宝音朝克图：《中国北部边疆的治理》，湖南人民出版社2015年版。

实现“大一统”为止，是清朝实现“大一统”的阶段，清朝统治者对蒙古地区的治理理念是分而攻之、分而治之。早在万历四十年（1612 年）进攻乌拉部时，努尔哈赤就有“渐砍粗木”理论，当有人请战时，努尔哈赤不允，并说：“尔等勿作似此浮面取水之议，当为探源之论耳。如伐粗木，岂能遽折乎？必以斧砍刀削，方可折矣。欲一举灭其势均力敌之大国，岂能尽灭之乎？先剪除其外围部众，独留其大村。无奴仆，其主何以为生？无诸申，其贝勒何以为生？”① “渐砍粗木”之“探源之论”，实际上就是分而攻之的理论，为此后战争的指导思想。天命八年（1623 年），台吉阿巴泰破蒙古兵，努尔哈赤出迎，筵宴结束后，刚好下雨，努尔哈赤说：“蒙古之人，犹此云然。云合则致雨，蒙古部落合则成兵，其散犹云收而雨止也，俟其散时，我当蹑而取之耳。”② 实际上，“云收雨散”理论是“渐砍粗木”理论的翻版，也是分而攻之思想。此后的清朝统治者遵从这个思想，在实现“大一统”目标时，分而攻之；在维护“大一统”时，分而治之。康熙三十六年（1697 年），针对外蒙古喀尔喀部的归附，康熙皇帝说：“蒙古人欲各为札萨克，不相统属，朕意伊等若各自管辖愈善。昔太祖、太宗时，招徕蒙古，随得随即分旗、分佐领，封为札萨克，各有所统，是以至今安辑。”③ 到乾隆皇帝时，在思考如何处置盘踞在今天新疆的准噶尔蒙古势力时，总结出了“众建以分其势”思想。④ 可以说，清代统治者以“分而治

---

① 中国第一历史档案馆、中国社会科学院历史研究所译注：《满文老档》（上），中华书局 1990 年版，第 13 页。

② 赵之恒、牛耕、巴图主编：《大清十朝圣训》第 1 册，北京燕山出版社 1998 年版，第 12 页。

③ 《清圣祖实录》卷 185，康熙三十六年十月乙亥。

④ 乾隆皇帝说：准噶尔“数年以来，内乱相寻，又与哈萨克为难，此正可乘之机，若失此不图，再阅数年，伊事势稍定，必将故智复萌，然后仓猝备御，其劳费必且更倍于今。况伊之宗族车凌、车凌乌巴什等率众投诚，至万有余人，亦当思所以安插之，朕意机不可失。明岁拟欲两路进兵，直抵伊犁，即将车凌等分驻游牧，众建以分其势，此从前数十年未了之局，朕再四思维，有不得不办之势”。《清高宗实录》卷 464，乾隆十九年五月壬午。

之”思想来治理蒙古地区是一贯的，以实现其“大一统”治理的目标。

应该说，在入关前的60余年间，满蒙关系经历了三个阶段，即满洲向蒙古的学习阶段、满蒙同盟阶段和满洲贵族管辖蒙古阶段。① 无论在哪个阶段，双方合作的基础都是耳熟能详的习惯，如盟誓、联姻、质子等制度。自然地，到了管辖阶段后，盟旗制度的建立也是基于双方习惯上的一种顺势而为的制度。符拉基米尔佐夫认为：“征服了大部分蒙古部落，更正确些说，征服了蒙古封建联合体的满洲人，基本上没有破坏蒙古的社会制度。恰好相反，在联合各封建集团的事业上具有丰富经验的满洲皇室，目的十分明确，即要依靠蒙古僧俗封建主来统治蒙古人。因此，满洲人实行了一连串改组统治阶级的措施，并极力使封建制度官僚化，但几乎完全没有触动封建主对其下属的关系。”② 田山茂进一步认为：“从清朝太宗以来设置的蒙古旗制来看，可以看到与十七、十八世纪卫拉特的社会制度有相似之处。即在蒙古旗中，朝廷（中央政府）的管辖、统治力量最深入，其组织形式也近于满洲八旗的总管旗，相当于直属于汗的‘鄂托克’；与前者比较，蒙古王公的自治权限强大得多，保存封建机构也较多的扎萨克旗，则相当于属于台吉的‘昂吉’；形成寺领的‘集赛’，则可以说相当于清代的喇嘛旗。”③ 实际上，蒙古固有的“鄂托克”“爱玛克”，本身就是封建领地单位，是有明确的界线的。早在崇德五年（1640年）还未纳入清朝版图的“蒙古及卫拉特四十四部王公”颁布的《卫拉特法典》，第一条和

---

① 哈斯巴根：《清初满蒙关系演变研究》，北京大学出版社2016年版，“导言”，第3—4页。

② ［俄］符拉基米尔佐夫：《蒙古社会制度史》，刘荣焌译，中国社会科学出版社1980年版，第297页。

③ ［日］田山茂：《清代蒙古社会制度》，潘世宪译，内蒙古人民出版社2015年版，第41页。

第二条就是关于边界的条款：“［1］搅乱我国国内和平、互相战争，侵入并掠夺［他人的］大爱玛［克］或努图克的王公，其他王公应联合起来加以攻击并打倒［他］，没收其封地分配与各王公。”“［2］并未公然作战而争夺边界，侵入小爱玛克或和屯者，应归还所掠之物，并拿出甲胄百领，骆驼百峰、马千匹作为赔偿。如系王公，还要拿出五件最好的财宝；如系平民，拿出一件最好的财宝。”① 所以在蒙古旧有的有划分游牧界线习惯的“鄂托克”“爱玛克”“努图克”等组织结构的基础上，结合满洲八旗制度所建立的盟旗制度，是符合清朝统治者既“因俗而治”，又“分而治之”的经略理想的，也是最节约统治成本的制度。

1. 旗的设立

清代盟旗制度的形成过程，也是蒙古各部归附清廷的过程。在满蒙接触的早期，由于前来归附的蒙古人数量较少，大多被纳入满洲八旗的管理之下，如天命六年（1621 年）十一月，“蒙古喀尔喀部内古尔布什台吉、莽果尔台吉率民六百四十五户并牲畜来归”，努尔哈赤除授二人为总兵官之职外，还赐以“满洲一牛录三百人，并蒙古一牛录，共二牛录”②，隶属满洲八旗。此为记录蒙古牛录之始。但是随着蒙古归附人数的增多，尤其是有名望的蒙古各部首领来投，若再把其归入满洲八旗下管理，势必不合时宜，容易引发纠纷，管理成本增加，故在天命七年（1622 年）初，科尔沁、兀鲁特诸部贝勒明安等人举部来投，另有喀尔喀部分台吉来投，在这种情况下，努尔哈赤将这部分蒙古人编为二旗，由此，蒙古单独成旗的格局形成。此后，随着蒙古各部陆续归附，后金也在不断摸索管理体制，天聪九年（1635 年）二月，编审内外喀喇沁蒙古男丁，

① 《卫拉特法典》，载内蒙古大学蒙古史研究所编《蒙古史研究参考资料》（新编第 24 辑）1982 年 9 月，第 33 页。并可参见［日］田山茂《清代蒙古社会制度》之附录《〈卫拉特法典〉译文》，潘世宪译，内蒙古人民出版社 2015 年版，第 231—232 页。

② 《满洲实录》卷 7，天命六年十一月十八日。

共一万六千九百五十二名，分为十一旗。[1] 此次编旗值得特别注意，不但正式成立了蒙古八旗，而且授予古鲁思夏布、俄木布楚虎尔为固山额真，各管一旗，耿格尔、沙木巴“同管固山额真事”，管理另一旗，这三旗实际上为札萨克旗的雏形，奠定了在蒙古各部编旗设佐的基础。另外，还建立了编审人丁制度，规定：“凡年六十以下十八以上，并从本地带来汉人，每家所有男丁若干名，俱行清点。其不能行之瘸子、视而不见之瞎子、不能持之瘸手等，不入点数内。如诸贝勒、塔布囊及一切人等，在清点时隐匿男丁，或经人举首，出首之人，准其离主，听其所往，将所隐之人入官，仍交法司治以隐匿之罪。其十家之长，罚马二。”[2] 后来这项制度规范化后，形成了在蒙古地区三年一次的“比丁”制度。由此，在蒙古人的管理上就出现了两种模式，一是成立八旗蒙古，二是成立札萨克旗，由皇帝委任蒙古王公来管理。此后随着统一进程的推进，清朝又成立了由中央派官的总管旗，以及由大喇嘛管理的喇嘛旗。

在入关前的后金时期，满洲统治者率先在归附的漠南蒙古中编旗设佐，至康熙九年（1670 年）才基本结束，历时数十年之久。各旗设置的时间表大体如下：

表 6－1　　各旗设置的时间[3]

年份	总旗数	部名、旗数
1634	10	敖汉 1、巴林 2、奈曼 1、扎鲁特 2、四子部落 1、翁牛特 2、阿鲁科尔沁 1
1635	14	新增喀喇沁 2、土默特 2

① 中国第一历史档案馆编：《清初内国史院满文档案译编》上，光明日报出版社 1989 年版，第 146—148 页。

② 《清初内国史院满文档案译编》上，第 148 页。

③ 此表为张永江据《清实录》整理，参见张永江《清代藩部研究——以政治变迁为中心》，黑龙江教育出版社 2014 年第 2 版，第 180 页。

续表

年份	总旗数	部名、旗数
1636	25	新增科尔沁6、扎赉特1、杜尔伯特1、吴喇忒1、郭尔罗斯2
1639	27	新增吴喇忒2
1642—1662	47	新增鄂尔多斯等20旗
1670	49	新增喀喇沁1、鄂尔多斯1

康熙三十年（1691年），康熙皇帝亲临内蒙古多伦，与喀尔喀等蒙古部会盟，标志着漠北喀尔喀部正式纳入清廷的有效统治之下，清廷“命改诸部济农、诺颜旧号，封王、公、贝勒、台吉等爵，各授扎萨克，编佐领”[①]，但此时的喀尔喀游牧地被准噶尔噶尔丹所占据，康熙三十五年（1696年）噶尔丹被清廷打败后，喀尔喀各部返回故土，各旗才划分牧地，编三部为55旗。雍正三年（1725年），以固伦额驸策零击准噶尔功，诏率原属于土谢图汗部的近族19扎萨克，别为一部，以其祖图蒙肯赛音诺颜号冠之，成立赛音诺颜部。由此喀尔喀部编为四部74旗。乾隆中叶，增至86旗，统称外扎萨克。[②] 另外，雍正、乾隆时期，青海蒙古和漠西卫拉特渐次归附，遂在青海设28旗，在漠西设34旗。再加上西套卫拉特2旗，至乾隆中，漠南、漠北、漠西以及青海所设扎萨克旗数达199个。[③]

盟旗制度中，具有自治性质的扎萨克旗占主体，还有少量的总管旗和喇嘛旗。总管旗为清廷的直辖领地，不设扎萨克，不实行会

---

① 包文汉整理：《清朝藩部要略稿本》卷3《外蒙古喀尔喀部要略一》，黑龙江教育出版社1997年版，第53页。

② 张穆撰，张正明、宋举成点校：《蒙古游牧记》，山西人民出版社1991年版，第148—149页。

③ 乌云毕力格、成崇德、张永江：《蒙古民族通史》第4卷，内蒙古大学出版社2002年版，第245页。

盟，由清廷委派总管进行管理，“官不得世袭，事不得自专”，由各地将军、都统、大臣直接管辖。这些旗包括：察哈尔八旗、伊犁察哈尔八旗、扎哈沁二旗、热河额鲁特一旗、伊犁额鲁特下五旗、伊犁额鲁特上三旗、塔尔巴哈台额鲁特一旗、科布多额鲁特一旗、明阿特一旗，归化城土默特二旗（由都统管辖）、达木蒙古八旗（佐领旗）等。总管旗也称内属蒙古。总管旗除设总管、副总管外，还设参领、副参领、佐领、骁骑校、护军校、亲军校、捕盗等官。总管旗的土地除指定的游牧外，还用于驻军、屯田、开设牧厂。

清代蒙古民众普遍信仰藏传佛教，因此建立了很多较大的寺庙，喇嘛旗就是建立在大寺庙领地上的特殊旗，其性质基本上与外藩扎萨克体制相同，只不过扎萨克由掌印扎萨克大喇嘛担任，为政教合一体制，属民不承担兵役等国家义务。清代蒙古地区的喇嘛旗共有 7 个：内蒙古地区的锡勒图库伦扎萨克喇嘛旗，外蒙古地区喀尔喀部的哲布尊丹巴呼图克图旗、额尔德尼班第达呼图克图旗、札雅班第达呼图克图旗、青苏珠克图诺门罕旗、那鲁班禅呼图克图旗及青海的察罕诺门罕旗。

2. 盟的设立

在蒙古地区编旗设佐之后，为了加强统治，清朝仿照蒙古传统的“楚勒干”形式，形成了会盟制度，即合数旗而成一盟，设置盟长、副盟长各一人，掌管本盟各旗会盟事宜及相关旗务。早在努尔哈赤时期，就曾与科尔沁部以及内喀尔喀五部等蒙古部落，多次举行会盟或盟誓。清代前期，盟并无衙署，也不是旗之上的一级行政机构。至清代后期，盟始为一级行政机构，盟长设办事衙署，增设副盟长及帮办盟务等人员。

会盟作为一种政治制度，萌芽于清太宗时代，初步形成于清世祖顺治中期的“三年一盟”之制。随着清朝在蒙古地区统治的稳定和蒙古各旗游牧地的最后形成，会盟从一个政治制度过渡到“盟”

这个行政建制。[①] 内外扎萨克蒙古十盟名称是以会盟地点命名的，内扎萨克六盟的会盟地点和名称约于康熙四十五年（1706 年）或四十九年（1710 年）固定下来，雍正六年内外扎萨克十盟会的名称已固定。乾隆十二年（1747 年）清廷给内外扎萨克十盟盟长颁发了有盟名的印信，至此内外扎萨克蒙古十盟会的会盟地和名称再没有变化。[②] 原来的会盟，朝廷都会简派会盟大臣主持，乾隆十六年（1751 年）后，改由各盟长主持，会盟后之要事报理藩院审核备案。会盟之目的主要有简稽军事，巡阅边防，清理刑名，编审丁册，缴纳赋税，调补兵员等。

内扎萨克蒙古十六部四十九旗，会盟地点计六处：科尔沁六旗、扎赉特旗、杜尔伯特旗、郭尔罗斯二旗，共十旗，于哲里木地方为一会；喀喇沁三旗、土默特二旗，共五旗，于卓索图地方为一会；敖汉旗、翁牛特二旗、奈曼旗、巴林二旗、扎鲁特二旗、阿鲁科尔沁旗、克什克腾旗、喀尔喀左翼旗，共十一旗，于昭乌达地方为一会；乌珠穆沁二旗、浩齐特二旗、苏尼特二旗、阿巴噶二旗、阿巴哈纳尔二旗，共十旗，于锡林郭勒地方为一会；四子部落旗、乌喇特三旗、茂明安旗、喀尔喀右翼旗，共六旗，于乌兰察布地方为一会；鄂尔多斯七旗，于伊克昭地方为一会。

每会设盟长一人，各于所属三年一次会盟，清理刑名，编审丁籍。

外扎萨克蒙古并入清朝以前，各部的会盟是不定期的。康熙二十九年（1690 年）后，清廷定三年例行一次。初分三处会盟，增设赛音诺颜部后，于雍正六年（1728 年）定为四处会盟。

土谢图汗部二十旗，盟于汗阿林地方为一会。车臣汗部二十三

---

① 乌云毕力格、宋瞳：《关于清代内札萨克蒙古盟的雏形——以理藩院满文题本为中心》，《清史研究》2011 年第 4 期。

② 达力扎布：《清代内外蒙古十盟会名称的固定及其时间考》，《民族研究》2020 年第 2 期。

旗，盟于克鲁伦巴尔和屯为一会。扎萨克图汗部十九旗，盟于札克毕拉色钦毕都尔诺尔为一会。赛音诺颜部二十四旗，盟于齐齐尔里克为一会。

另外，青海蒙古和在新疆的扎萨克蒙古旗亦有盟会。

（二）盟旗制度的运行机制

盟旗制度是靠什么来运行，以及靠什么来实现“大一统”，是我们要思考的问题。笔者认为，盟旗制度的运行机制包括行政化、官僚化管理体系，以及“大一统”前提下的自治体系。

1. 行政化、官僚化管理体系

扎萨克即旗长具有复合性特征，他首先是清朝的官僚。《理藩院则例》规定：“每旗设扎萨克一员，总理旗务，世袭罔替。”[①] 所以扎萨克原则上是世袭的，由皇帝任命。康熙三十年（1691 年），康熙皇帝在多伦会盟时，谕喀尔喀汗、济农、台吉等，“朕好生之心，本于天性，不忍视尔等之灭亡，给地安置，复屡予牲畜糗粮，以资赡养。汗、台吉仍留如故，车臣汗仍令承袭。又因尔等互相偷夺，故于各处添设管辖扎萨克，以便稽察，且念尔等素无法纪，故颁示定例，令各遵行。自古以来，未有如朕拯救爱养若此者也。朕既加爱养，更欲令尔等苏息繁育，用是亲临训谕，大行赏赉，会同之时，见尔等倾心感戴，故将尔等与朕四十九旗一例编设，其名号亦与四十九旗同，以示朕一体仁爱之意”[②]。由“添设管辖扎萨克，以便稽察”这句可以看出，扎萨克是作为朝廷的官员来起到管理作用的。

一般来讲，嫡长子到 19 岁时即可诏许承袭扎萨克职务。“但对断绝嫡嗣的继承，却有非常烦琐的承袭条例。即需由该札萨克将承袭者的户籍，申报盟长，由盟长转报理藩院，经理藩院审查是否合

① 包思勤点校：《钦定理藩院则例》卷 6《设官》，辽宁民族出版社 2019 年版，第 138 页。

② 《清圣祖实录》卷 151，康熙三十年五月戊子。

例后，方敕许承袭。”[①] 由此我们可以看出权力的传递过程是这样的：皇帝—理藩院—盟长—扎萨克。皇帝成为扎萨克职务的授予者，这是与清代之前蒙古地区的模式是有质的不同的。

根据相关史料，旗的官僚体系如图 6－1 所示[②]：

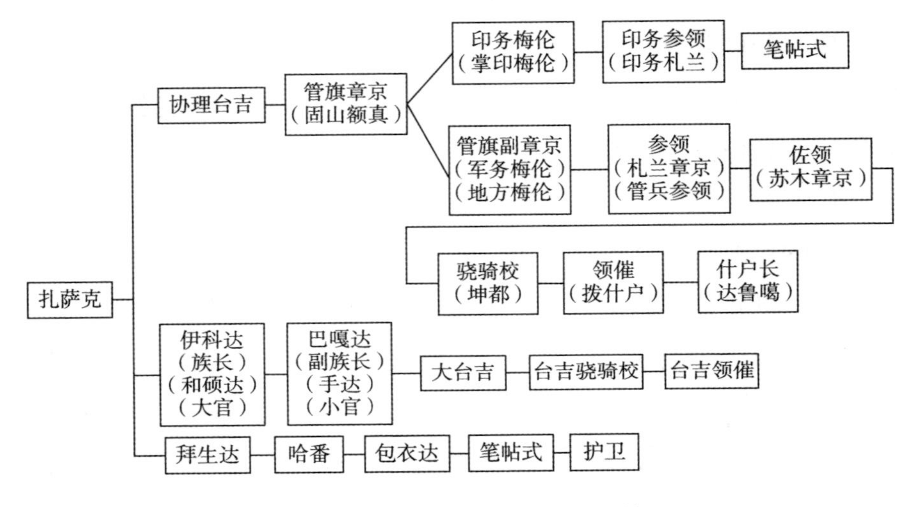

图 6－1　蒙古地区各旗的官僚结构

在这个体系中，扎萨克和协理台吉经皇帝考核合格后任命，皇权也经由扎萨克和协理台吉层层传导和渗透到基层。为对各旗有效管理，一些庸劣之扎萨克和协理台吉是随时可以被皇帝革职的。如雍正十一年（1733 年）二月大学士鄂尔泰奏称：“扎萨克台吉塔旺、齐旺多尔济、达玛琳扎布，皆愚蠢糊涂不能管理，不可留任扎萨克，俱革去扎萨克……该缺应补之人，应咨部具奏引见补放。”[③]

① ［日］田山茂：《清代蒙古社会制度》，潘世宪译，内蒙古人民出版社 2015 年版，第 189 页。

② ［日］田山茂：《清代蒙古社会制度》，潘世宪译，内蒙古人民出版社 2015 年版，第 100 页。

③ 《大学士鄂尔泰等议奏补放扎萨克台吉官员等缺折》，雍正十一年二月初六日，军机处满文议复档，档号：782－0001，分件号：0038，国家清史编纂委员会中华文史网数字图书馆藏。

据此可知，扎萨克作为重要官员，有缺时，理藩院要具奏并引见到皇帝处后，才可补放。作为扎萨克的佐贰官协理台吉有缺时，亦由理藩院引见后补放。对此，《蒙古律例》有明确规定：“内外各旗补放协理旗务之台吉，同各扎萨克办事缺出，该扎萨克会同该盟长于闲散王以下、台吉以上，择其人材明敏能办事管辖者，保举正陪各一人，送院带领引见补放。”[①] 清朝特别重视选官任官，为此建立了一套较为完善的引见制度，即中下级官员由王公大臣或部院大臣引领面见皇帝，候皇帝钦定的制度，这是皇权集中的表现形式，对外藩蒙古来讲，更具有“大一统”的象征意义。

无独有偶，雍正十二年（1734 年），贝勒旺扎尔手下协理台吉珠尔默特因看管犯人不力，致使犯人逃脱，大学士鄂尔泰报请皇帝“将协理台吉珠尔默特照例革职，并罚三九牲畜，俟擒获劳占时，将此牲畜赏给擒获之人；若未擒获，将涉案之人等带来审明具奏”[②]。这充分表明，无论是扎萨克，还是协理台吉，都是由清廷任免的。

另外，其他官员，虽然理论上由扎萨克等在旗内选拔，无须皇帝批准即可任命，但员缺、补放等有详细规定。《蒙古律例》规定：“外藩蒙古佐领旗分，每旗补放管旗章京一员，副章京二员；凡十佐领以下之旗分，各补管旗章京一员、副章京一员。”[③] “凡管旗章京、副章京，参、佐领之缺出，该扎萨克等于本旗内拣选汉仗好能管辖之台吉、塔布囊，以原品补放；若台吉内不得堪补之人，于平人之内将汉仗好能管辖者拨补；其骁骑校、小领催、马甲缺出，于

---

① 中国社会科学院中国边疆史地研究中心编：《蒙古律例》卷 1《官衔》之“补放协理旗务台吉”，全国图书馆文献缩微复制中心 1988 年影印版。

② 《大学士鄂尔泰等议奏将疏脱押解逃人之协理台吉革职折》，雍正十二年十一月初十日，军机处满文议复档，档号：787 - 0001，分件号：0050，国家清史编纂委员会中华文史网数字图书馆藏。

③ 《蒙古律例》卷 1《官衔》之“各旗补放管旗章京、副章京”。

能当差、有牲畜之人内拨补。台吉、塔布囊等补拨管旗章京等官，不撤其甲。”[①] 由此可见，从管旗章京员额直至基层的骁骑校、领催、马甲，甚至最基层的什长的设置都有详细规定。[②]

再如扎萨克旗增设官职也要向皇帝报告。雍正十一年（1733年）鄂尔泰奏“若正任之员下设佐官，于办事管理有益”，建议“协理台吉以下骁骑校以上，各增设一佐职可也”[③]，雍正皇帝允准。

扎萨克旗的官员，从扎萨克、协理台吉到苏木章京，都享受清朝规定的俸禄、随丁的待遇。[④] 由此，通过盟旗制度，清朝建立了一套官僚体系，并通过这套官僚体系治理蒙旗。

清代盟旗制度官僚体系大体如下。

（1）盟长

会盟是清廷维护“大一统”目标的制度化表达，自顺治中叶定为“三年一盟”，后成定制，逐渐成为行政机构。盟设盟长一人，副盟长一人，盟长、副盟长都由同盟之扎萨克及闲散王公内拣选，由理藩院开列名单后请旨简放，有的盟还有帮办盟务。盟长给予印信。盟内各旗，每年十月一班，十二月一班，各差一人，至盟长处值班。盟长具体职掌有：一是在理藩院允准的情况下，组织会盟事务；二是调查各旗牧地之境界、办理比丁等事务，盟内发生贼盗命案时所属扎萨克呈报盟长审理，之后报理藩院，由理藩院定夺；三是约束所辖扎萨克，监督其有无扰累属民者，如有，据实上报理藩院，查实后严加处罚，以示惩儆；四是于每年春季阅各旗之兵，令

---

① 《蒙古律例》卷1《官衔》之“管旗章京缺出由台吉内拨补”。

② 会典馆编，赵云田点校：《钦定大清会典事例·理藩院》，中国藏学出版社2006年版，第179页。

③ 《大学士鄂尔泰等议奏补放扎萨克台吉官员等缺折》，雍正十一年二月初六日。军机处满文议复档，档号：782－0001，分件号：0038，国家清史编纂委员会中华文史网数字图书馆藏。

④ ［日］田山茂：《清代蒙古社会制度》，潘世宪译，内蒙古人民出版社2015年版，第204页。

其修理器械，练习骑射；等等。[①]

（2）扎萨克

扎萨克为一旗之长。清廷规定，扎萨克总理旗务，管理阿勒巴图等属民；对中央有征戍奉调、遵从军令，以及会盟、进贡、朝觐之责。这里面每条都有详细的规定。如遵从军令一条，雍正十年（1732 年）在与准噶尔的战斗中，喀尔喀扎萨克图汗策旺扎布、亲王喇嘛扎卜、公扎萨克等，“畏惧退缩，俱由阵前逃回游牧”，拟军法处置。后大学士鄂尔泰查找《蒙古律例》法条，按照“王、贝勒、贝子、公、台吉等败阵”条治罪，此条规定：“别旗王、贝勒等接战，而一旗之王、贝勒、贝子、公、台吉、塔布囊等败北，将败北之王、贝勒、贝子、公、台吉、塔布囊等革去封爵，作为平人，其属下人尽行撤出，拨给接战之王等。”[②] 建议将喀尔喀扎萨克图汗策旺扎布褫夺其副将军、扎萨克图汗、和硕亲王爵职，严押京城，其佐领奴仆全部罚没；亲王喇嘛扎卜革退其扎萨克和硕亲王爵，裁免盟长，罚没一佐领；将扎萨克台吉喇布坦革去扎萨克，随丁全部罚没；将协理台吉一直到佐领等，各按军法处置，将所罚取之人赏给部内效力之王、扎萨克、台吉等。[③]

（3）协理台吉等官

协理台吉为协助扎萨克处理旗务之官，扎萨克缺员时，可代行其职务；管旗章京协同协理台吉管理旗务，在职权上，和协理台吉相当，只是不能代理扎萨克；梅伦章京也称管旗副章京，受协理台吉或管旗章京监督，管理旗民事务；扎兰章京，也称参

---

① 盟长职掌据《钦定大清会典事例·理藩院》以及乾隆四十五年对外扎萨克喀尔喀部颁布的《将军、参赞大臣、盟长、副将军办理事务章程》（参见［日］冈洋树《定边左副将军的权力回收问题》，《蒙古学信息》1993 年第 1 期，第 8—10 页）等文献整理。

② 《蒙古律例》卷 4：“王、贝勒、贝子、公、台吉等败阵。”

③ 《大学士鄂尔泰等议奏将阵前脱逃之王公台吉等议处折》，雍正十年十二月初七日，军机处满文议复档，档号：780－0001，分件号：0061，国家清史编纂委员会中华文史网数字图书馆藏。

领，一般每四至六苏木设一名。印务参领在印务处管理旗务，管兵参领管理旗的军务；苏木章京，也称佐领，管理有关苏木的一切事物；昆都，也称骁骑校，辅佐苏木章京，主要职务是负责军事有关事务，这是最低的一级官员；拨什库，即领催，身份是普通旗民，不是官吏，受佐领及昆都之命，负责征收阿勒巴和调查户籍等事务；达鲁噶，也称什户长或什长，是十户的组长，负责最基层的各项事务。[①]

总之，清朝统治者通过对盟旗制度的顶层设计，把蒙古地区行政化、官僚化了，通过选官用官制度，把用人大权牢牢地把控在皇帝手中，实现了“大一统”目标。

2. “大一统”前提下的自治机制

我们应该注意的是，每一个旗既是政治—军事单位，也是经济单位，所以可以把它当作封建领地的单位。作为旗长的扎萨克另一重身份是封建领主，有一定的人事权，有较为完全的财政权，所以说扎萨克旗具有一定的自治权，与行政化、官僚化的官方运行机制并行的，还有一个在“大一统”前提下的自治运行机制。

在人事权方面，顺治十七年（1660 年）规定“管旗章京以下员缺，令各札萨克王、贝勒、贝子、公酌量补授”[②]，给予扎萨克很大的人事权，但乾隆二十七年（1762 年）议准，“各蒙古札萨克旗下管旗章京、副章京员缺，均由台吉内遴选。如台吉内不得其人，始于所属旗人内拣补。如台吉内有人，而札萨克徇私越保，该盟长察出，报院参处。嗣后遇有补放员缺并缘事革退者，札萨克报院核明，实系应补应革，照复遵行，年终由院汇奏一次。有私自补放革

① 据［日］田山茂《清代蒙古社会制度》第 102—105 页整理。

② 会典馆编，赵云田点校：《钦定大清会典事例·理藩院》卷 976《设官》，中国藏学出版社 2006 年版，第 179 页。

退者，亦将该札萨克参处”[①]，表明扎萨克的人事权有所收束，需要报理藩院核查后方准补放、革退，但应该说，扎萨克在用人上仍然拥有很大自主权。

事实上，扎萨克的封建领主身份也使他与自己的另一个身份——朝廷命官作斗争。如清末吴禄贞在调研后看到：“旧例，会盟必严审箭丁。此次会盟，绝无一旗申报实数者，盖亦等于保甲门牌之虚文矣。其在扎萨克处当差者，漫无定数，因之协理以下及闲散王公均有私奴，亦无定数。私奴之家，亦无定数。私奴之家，又有私奴。私奴愈多，箭丁逾少，故每箭一百五十丁，迄无一旗足额者。”[②] 之所以出现箭丁少而随丁多的情况，是因为箭丁是兵丁，虽说由扎萨克统领，但属于服国家兵役。而随丁是王公、台吉个人的属户，不承担兵役等国家义务，所以就造成了箭丁逐渐减少、随丁逐渐增多的现象，这完全是扎萨克两种身份斗争的结果，扎萨克在拿着国家俸禄的同时，不断增加随丁，把自己的个人利益最大化了。

旗扎萨克具有较为完全的财政权，并不需要向中央提交赋税。在向属下征收赋税方面，清廷相关法律有明文规定，但除此之外，并无要求。从这一点上来看，旗扎萨克的自治权力还是很大的。

在法律方面，清廷以蒙古的习惯法制定了《蒙古律例》《理藩院则例》等，规定蒙古人犯法以蒙古律治罪。在司法方面，虽然清廷规定扎萨克审理案件后，没有复审的审判权，如不服判决，可向盟长、理藩院上诉，但扎萨克一审的裁量权也很大。

另外，在国家的正式官僚系统之外，还有王公统辖私属隶民的官员系统，以及扎萨克为监督王公、台吉所设的官员系统（如图

---

① 会典馆编，赵云田点校：《钦定大清会典事例·理藩院》卷976《设官》，中国藏学出版社2006年版，第183—184页。

② 吴禄贞：《东四盟蒙古实纪》，《内蒙古历史古文献丛书》之四，远方出版社2008年版，第176页。

6 -1 所示)。管辖王公台吉的官员系统有族长、副族长、大台吉、台吉昆都、台吉拨什库等；管理王府事务的官职有拜生达、哈番、包衣达等。[①] 这也充分说明扎萨克旗的自治性。

(三) 盟旗制度的实施效能

盟旗制度即是清廷结合了蒙古地区的传统，“因俗而治”的结果；又是其实现和巩固“大一统”目标的结果。可以说，盟旗制度是这两个目标的最佳结合，实现了最大的治理效能。

一是有利于中央实现和巩固“大一统”。

清朝因是少数民族入主中原，故清朝统治者试图以“大一统”理论来对抗和抵消儒家传统的“华夷之辨”论，可以说，“大一统”是清廷政权的合法性来源，而清廷从实践上也的确做到了这一点。

关于在蒙古地区设旗的条件，田山茂总结了五点：划定地界；分配户口；编审户口（编成作为军制单位的牛录)；任命长官（管事贝勒或扎萨克贝勒)；赋予旗这个集团名称。[②] 这五点都操控于皇帝手中。而在蒙古地区还未被纳入清朝版图的时候，蒙古各部的权力，尤其是利益的核心——分地的权力，操控在各部领袖手中，“无论是鄂尔多斯，或土默特部，或是出现三个汗的喀尔喀部，还是察哈尔，汗们最后都是把分地分给了自己的子孙；那些人按着传统办事，于是，随着汗的氏族，整个‘黄金’氏族的蕃衍，分地也就无限地增多起来”[③]。但进入清朝后，这个逻辑变了，分地的权力以及任命扎萨克等高级官僚的权力牢牢掌握在皇帝手中。“例如，喀尔喀封建主们的首领，在承认满洲皇帝的宗主权时请求说：可否

---

① 详见［日］田山茂《清代蒙古社会制度》，第 108—109 页。

② ［日］田山茂：《清代蒙古社会制度》，第 70 页。

③ ［苏］符拉基米尔佐夫：《蒙古社会制度史》，第 243 页。

恩赐水草丰美的土地。”[1]

以喀尔喀的游牧地划分为例，乾隆四十五年（1780年），定边左副将军巴图上奏：“喀尔喀等数年生计丰足，牲只蕃庶，令杜尔伯特、乌梁海等向外移展游牧，其空地令扎萨克图汗等部落接连挪移。”乾隆皇帝降旨，“断不可行”，并痛加训斥：“喀尔喀等甚是胆大，目无法纪，深负朕恩。若皆如此效尤妄占，则内扎萨克等亦有数载，仍皆旧游牧，并未言及游牧地方窄狭，寻求拓展妄占矣。今夫八沟、热河、木兰等处，若非为喀喇沁王喇特纳锡第（原文译为考南什第，应误——笔者注）等地方，则喇特纳锡第岂仍欲取热河等处耶？岂有此理？”将车布登扎布、巴图等，俱交部严加议罪。[2]乾隆皇帝以此事件为契机，试图彻底解决喀尔喀的问题，故制定了《将军、参赞大臣、盟长、副将军办理事务章程》，进一步收束权力，解除了有代表喀尔喀利益倾向的额驸策零家族的定边左副将军职务，而代之以内蒙古王公，完成了外蒙古喀尔喀部的官僚化，并且“创造了军务由将军——副将军，军务以外的事务由理藩院直辖下的各盟长管辖的分割统治的方式”[3]，进一步完成了中央集权化过程。

“大一统”的另外一个层面，是以中央威权解决了为争夺游牧地而发生战争的危险。我们可以对比15世纪末16世纪初时蒙古社会的情况，符拉基米尔佐夫总结这一时期的状况时说：“总之，作为封建制度的特征的狭隘的、割据的利益，左右着一切。呈现在我们面前的是一幅典型的封建战争的图画。甚至封建主的会议常以战斗或厮杀终场。当时出现了如下的谚语并不是没有原因的：‘侯死

---

① 《宝贝念珠》第28页，转引自［苏］符拉基米尔佐夫《蒙古社会制度史》，第253页。

② 《寄谕理藩院尚书博清额著饬喀尔喀不得展占杜尔伯特等游牧》，乾隆四十五年五月初三日，寄信档，档号：03－135－4－052，国家清史编纂委员会中华文史网数字图书馆藏。

③ 详见［日］冈洋树《定边左副将军的权力回收问题》，《蒙古学信息》1993年第1期。

盟会，犬死栅栏’。”[①] 而进入清朝后，各旗之间为争夺游牧地的事情虽时有发生，但最终都是通过中央威权来解决的，如上述喀尔喀“拟令杜尔伯特、乌梁海等向外移展游牧”，乾隆皇帝就并未同意。

总之，清廷在蒙古地区编旗设佐，划旗定界，设置扎萨克等官僚，完成了蒙古地区行政化、官僚化过程；分配户口和编制户口，完成了人群编制化过程。至道光年间，即便在外蒙古地区，对皇帝都十分崇敬。成书于道光年间的《乌里雅苏台志略》记载：“至其忠悃诚笃，殊属可嘉。最重天朝，试看黄童白叟，如有言及皇上，即举手加额，虔称伯克达额真，译言佛爷圣主。至钦放盟长等官，人人无不敬服，皆曰圣主命官，何可怠慢？”[②] 可以说，清廷顶层设计的盟旗制度以新的面貌促进了“大一统”目标的实现和巩固。

二是节约治理成本。

由上文可知，无论是盟，还是旗，清廷都利用蒙古社会的传统，顺势而为，因俗而治。以身份来说，原来成吉思汗的后世子孙，即“黄金家族”一系主要作为兀鲁思、鄂托克、和硕等首领，并世袭下来，保持其特权。归附清朝后，“这种领主的地位、生活方式和特权等，凭法律或习惯等予以规定或得到承认”[③]，这种治理策略，减小了阻力，没有引起蒙古社会的反抗，使蒙古社会相对稳定，节约了政治和经济治理成本。实际上，清朝统治者一直在思考治理成本问题。如乾隆十六年（1751 年），与还未纳入版图的准噶尔交易，交易额为白银十八万余两，搭给现银一万余两，剩下的都是以物易物交易。乾隆皇帝认为：“若实银不过一万余，尚不为多费，以数年不用兵所省计之，则我犹为所得者多也。”[④] 我们看到，

---

① ［苏］符拉基米尔佐夫：《蒙古社会制度史》，第 236—237 页。

② 《乌里雅苏台志略》“风俗”，载忒莫勒、乌云格日勒主编《中国边疆研究文库・初编》之《北部边疆》第 5 卷，黑龙江教育出版社 2014 年版，第 31 页。

③ ［日］田山茂：《清代蒙古社会制度》，第 125 页。

④ 《清高宗实录》卷 381，乾隆十六年正月。

乾隆皇帝思考的出发点就是节约成本，他认为战争的成本太高了，与准噶尔的贸易，不能仅在贸易盈亏一事上斤斤计较，要有大格局。按照这个逻辑来看盟旗制度的实施效能，应该说，清廷是以最小的治理成本来统治蒙古地区，这是清廷政治智慧的体现。

二　清朝对蒙古地区封禁政策的表达与实践

与盟旗制度紧密联系在一起的，是封禁政策。

“封禁”一词，在清代有很多用例。康熙四十四年（1705 年），“户部题，先经陕西道御史景日昣疏言，商民何锡奉部文，在广东海阳县之仲坑山开矿……现今在厂之人约计至二万有余，该山开采日久，矿口愈深，所得矿砂价银，不敷工费，何锡现在具呈恳罢，似宜封禁，应如所题，准其禁止。从之”[①]。这里的封禁，主要是指对矿山也就是土地的开发利用予以封禁。道光十三年（1833 年）奏准：“此路前经奏明封禁，俟官兵经过后，仍行封禁。”[②] 这里的“封禁”主要是禁止交通往来之意。大体来讲，清代的封禁政策主要是对土地的封禁和对人口的封禁。清代前期到中期，清廷在东北边疆、北部内外蒙古、西北新疆、西南西藏等未设置行省建制的边疆地区以及东南沿海，先后实施内容不等、目的有别的封禁政策，颁行的各种封禁谕令涉及范围甚广，包括人员往来、牧业、农业、商业贸易、文化、宗教、习俗，几乎无所不包。至乾隆盛世，国力强盛，朝廷之边疆封禁政策愈益完善，相关禁令形成系列法律条文，编撰成册，颁行各地。在边疆地区实施如此规模的封禁，事出有因，各不相同：有的是限制番民交往以防滋事的考虑；有的是为保护满洲发祥之地的考虑；有的是为安定边疆地方的考虑；还有减

---

① 《清圣祖实录》卷 221，康熙四十四年六月庚戌。

② 会典馆编，赵云田点校：《钦定大清会典事例 · 理藩院》卷 981《兵制 · 戍防》，中国藏学出版社 2006 年版，第 254 页。

少番民争讼、遏制海上反清势力、警惕境外势力觊觎等考虑。对于蒙古地区来讲，实施封禁政策主要是因为保护蒙古旧俗，以及防止蒙古各部联合、防止蒙古与其他民族联合反清的考虑。

（一）对蒙古地区实施封禁政策的背景

划分游牧地并遵守界线是传统蒙古社会的惯常做法。后金早在入关前，就注意尊重并实施蒙古社会的习惯。在天聪八年（1634年）十月划分内扎萨克蒙古游牧地之前，蒙古王公就有两次因越游牧地界线而受罚的事件。一次是在天聪三年（1629年）五月，“议蒙古部长越界驻牧罪”，“奈曼部衮楚克巴图鲁、扎噜特部内齐汗、瑚弼尔图、色本、玛尼、巴雅尔图，以私越地界驻牧，自行议罪，请各罚马百、驼十，命从宽，各罚马一”[①]。这次事件发生在天聪三年正月，要求科尔沁、敖汉、奈曼、喀尔喀、喀喇沁五部落“悉遵我朝制度”令[②]之后不久，皇太极特意选择“私越地界驻牧”定罪，是大有深意的，这个罪名既照顾到了蒙古社会的既有习惯法，容易引起共鸣，又杀鸡骇猴，要求蒙古各部遵守后金法令。另一次发生在天聪八年正月，向蒙古诸部“申明外藩禁令”之后，六月，“阿禄部杜稜济农之子达喇海、萨阳等，越所限之地驻牧。律例载：驻牧于所限之地，按以军法从事。尔众贝勒可议其罪”。蒙古诸贝勒认为，“阿禄部达喇海、萨阳等越汗所限牧放之地，按律当诛。但念伊等虽违法越限，犹能自归，特请免死。各罚驼百头、牲畜一千、家人十户，以奏闻汗。汗曰：‘所议良是，应罚之物，或全追，或追其半，俟朕裁酌。’”[③] 需要注意的是，这次事件又是再一次向蒙古诸部申明禁令，这次申明禁令的原因是“尔蒙古诸部，向因法

① 《皇清开国方略》卷12，天聪三年五月丁未。载方略馆编《清代方略全书》（一），北京图书馆出版社2006年影印版，第276—277页。

② 《清太宗实录》卷5，天聪三年正月辛未。

③ 中国第一历史档案馆编：《清初内国史院满文档案译编》（上），天聪八年六月二十四日，光明日报出版社1989年版，第91页。

治未备，陋习不除”，所以申明法令，“不效我国制度者，皆罪之”[1]，但好巧不巧，被载入史册的大事，还是越界游牧罪。综合这两个事件可以说明，一是此前后金已经划定了各部的游牧范围，此即蒙古诸贝勒说的“汗所限牧放之地”，这说明游牧地的划定权已操之在后金统治者手中；二是越界游牧不但涉及蒙古各部的根本利益，侵入了别人的领地，也是违反后金法令的标志，甚至视同反叛，“按律当诛”。在达喇海、萨阳等越界游牧之前，就有科尔沁部的噶勒珠塞特尔等人以“往取北方索伦部财赋”为由，“各率部众叛去”[2]，后被皇太极下令诛杀。实际上，在崇德五年（1640 年）还未被纳入清朝版图的“蒙古及卫拉特四十四部王公”颁布的《卫拉特法典》，第一条就是关于侵入边界的条款，也是视同反叛。[3] 需要注意的是，在上述第二个事件中，达喇海、萨阳等能够“自归”，说明还不是反叛，故“特请免死”。但这是战争条件下的严酷刑罚，以军法从事。待蒙古宗主大汗林丹汗败亡后，天聪八年（1634 年）十月，皇太极令“定蒙古牧地疆界”，并明确规定：“既定界，越者坐侵犯罪，往来驻牧，务会齐移动，毋少参差 。”[4] 此后的越界游牧不再视为反叛这样的敌我矛盾了，而是视为普通的违法行为，不按军律处置，规定：“外藩蒙古越境游牧者，王罚马十匹，扎萨克贝勒、贝子、公七匹，台吉五匹，庶人罚牛一头。”“越自己所分地界肆行游牧者，王罚马百匹；扎萨克贝勒、贝子、公七十匹；台吉五十匹。庶人犯者，本身及家产皆

---

① 《清初内国史院满文档案译编》（上），天聪八年正月初三日，第 51 页。

② 包文汉整理：《清朝藩部要略稿本》，第 11 页。

③ 《卫拉特法典》第一条规定：“搅乱我国国内和平、互相战争，侵入并掠夺［他人的］大爱玛［克］或努图克的王公，其他王公应联合起来加以攻击并打倒［他］，没收其封地分配与各王公。”见《卫拉特法典》，内蒙古大学蒙古史研究所编《蒙古史研究参考资料》（新编第 24 辑），1982 年 9 月，第 33 页。并可参见［日］田山茂《清代蒙古社会制度》，潘世宪译，“附录”《〈卫拉特法典〉译文》，内蒙古人民出版社 2015 年版，第 231—232 页。

④ 包文汉整理：《清朝藩部要略稿本》，第 13 页。

罚取，赏给见证人。”[①]

由此可见，在入关前，后金以蒙古旧俗来处理游牧地越界事宜，在严酷的战争时期，越界游牧甚至被视同为反叛；在稳定时期，越界游牧被视为非法，要遭受处罚。这样做，一方面既照顾了蒙古社会传统的习惯法，减少实施阻力，另一方面又实现了统治的目标。

（二）清前期关于对蒙古地区封禁政策的表达

清朝入关后，延续入关前的政策，蒙古各部禁止越界游牧。同时又增加了一个层次，即禁止民人赴边外开垦。顺治初年定：“各边口内旷地，听兵治田，不得往垦口外牧地。”[②] 开蒙地边禁之端。顺治十二年（1655 年）重申：内地民人不得往口外开垦牧地。此后历代统治者都有强调，渐成制度。一般来讲，清代前期的封禁令主要有三个方面。

一是对人口的封禁：不准内地农民私入蒙地垦种；不准内地商人随意到蒙古地区经商贸易；不准内地民人携眷进入蒙古地区，不得在蒙地盖屋造房，不得定居、娶蒙古妇女为妻、取蒙古名字、入蒙古籍；不准蒙古人随意往来内地；不准蒙古人拐卖、容留和招致内地农民；不准蒙古旗互相买卖及馈送属下人丁、严禁互留逃人；不准各旗蒙古人私行往来、私行联姻贸易；严禁隐匿盗贼。

二是对地域的封禁：严禁私垦牧地；严禁各旗越界游牧、畋猎；严禁在牧地防火；蒙古与俄国之间不得随意贸易，须按照清廷规定，进行交易。

三是资源的封禁：严禁私自采伐树木；封禁各处矿藏，禁止私自开采；除日常生活所用金属器皿外，严禁把军器和其他铁器、金

---

① 会典馆编，赵云田点校：《钦定大清会典事例·理藩院》卷979《耕牧·牧地》，中国藏学出版社2006年版，第237—238页。

② 《清史稿》卷120《志九十五·食货一》，中华书局1976年版，第3518页。

属携入蒙古。[①]

实际上，从清朝的规定来看，其对蒙古地区的封禁重点是对人口的封禁，但并不是完全限制人员往来，主要分为合法进入和违法私自进入两类。违法私自进入自不必说，有很多途径，形成了“闯关东”“走西口”的热潮。合法的进入，在《蒙古律例》《理藩院则例》《大清会典事例》等法律条文中都有规定，即几乎任何身份的人出入蒙地都需要办理票照（即通行证），形成了封禁政策的官方表达。概括起来，主要有以下两个层次：一是蒙古地区与中原之间的往来要办理票照；二是蒙古地区各旗之间的往来也要办理票照。[②]

1. 蒙地与中原之间的往来要办理票照

这里主要分对象、分层次严格管理。

一是从内地来的民人和商人出入关口要办理印票，守口官员要严格盘查。以民人为例，如民人出入并没有印票，或者虽有印票但人数多于印票上的人数，则有一二名民人偷渡的，该管官按失察罪，降一级留任；若偷渡三四名的，降一级调用；偷渡五名以上，降二级调用；十名以上，降三级调用。[③] 商人若出口贸易，按就近原则，须由察哈尔都统、绥远城将军、多伦诺尔同知衙门、西宁办事大臣等处领取部票。[④]

二是由蒙地前往内地的各类人群出境要领取票照。如清朝对各旗喇嘛出境也有限制，规定如下：各旗蒙古及喇嘛出境，或载货贸

① 乌云毕力格、成崇德、张永江：《蒙古民族通史》第四卷，内蒙古大学出版社1993年版，第260—261页；并见孙喆《清前期蒙古地区的人口迁入及清政府的封禁政策》，《清史研究》1998年第2期。

② 本处有关票照制度的研究，参见吕文利《〈皇朝藩部要略〉研究》，黑龙江教育出版社2013年版。

③ 《钦定六部处分则例》卷39《兵部·边防》。

④ 包思勤点校：《钦定理藩院则例》卷34《边禁》，辽宁民族出版社2019年版，第411页。

易，或拜佛熬茶，都要于各该管官名下就近给发票据，填写箱包车马数目，并移咨交界各旗，按月派员实力巡查，如果有私自出境的，除勒令回归本处外，仍治以违例之罪。① 另外规定蒙古王公去五台山、库伦、西藏等地礼佛熬茶，须将所带跟役数目，由哪些地方行走，经过哪些地方等情况一一呈报给盟长，报理藩院核办，咨行兵部（陆军部）给付路引，并于年终汇奏。事毕回旗之际，仍要把原领的路引送理藩院，咨行兵部查销。而且有人数限制，规定亲王、郡王所带跟役不得超过 80 名，贝勒、贝子、公等不得超过 60 名。②

另外还有太监等其他人员出入关口的详细规定。

2. 蒙古各旗之间的往来要办理票照

蒙古各旗之间的往来要办理票照是清廷对蒙古地区实行票照制度的第二个层次，即不但要限制蒙古和中原的联系，也要限制蒙古各旗之间的联系。规定凡蒙古人探望亲戚或有其他事出旗，必须向管旗王、贝勒、贝子、公、台吉或管旗章京、副章京秉明，由该管人注明事由，发给票照，限期往返。③ 各旗要按月派员，实力巡查各旗接壤交界之处，如有无照私行者，勒令回归本旗，并治以违例之罪；如有别旗无业蒙古隐迹其间，亦立即逐回，照例治罪，将容留之蒙古量予责惩。④

综上，清朝统治者为了限制内地民人进入蒙地，以及防止蒙古各旗之间来往，形成了比较完备的票照体系，只要出入蒙地，几乎

① 包思勤点校：《钦定理藩院则例》卷 34《边禁》，辽宁民族出版社 2019 年版，第 418 页。

② 包思勤点校：《钦定理藩院则例》卷 34《边禁》，辽宁民族出版社 2019 年版，第 407 页。

③ 包思勤点校：《钦定理藩院则例》卷 34《边禁》，辽宁民族出版社 2019 年版，第 408—409 页。

④ 包思勤点校：《钦定理藩院则例》卷 34《边禁》，辽宁民族出版社 2019 年版，第 418 页。

无人不领票照，无事不领票照，构成了一个立体的票照防护网。可见，清朝统治者对限制蒙古与内地之间、蒙古各旗之间的联系，可谓处心积虑。当然，以上只是清朝有关封禁政策的法律法规表达，在实践层面，还有另一番光景。

（三）清前期对蒙古地区封禁政策的实践

封禁政策的初衷，主要是维护清朝的“大一统”格局，但这个政策的实施，本身就是逆历史潮流而动的，一方面内地人口不断增加，又灾害频发，另一方面蒙古地区也是人口增多，牧地不够，因此在内外两种推动力的作用下，由内地往边疆地区移民就渐成趋势。

康熙初年，蒙古地区禁令渐废。康熙八年（1669 年），康熙皇帝谕户部：“比年以来，复将民间房地，圈给旗下，以致民生失业，衣食无资，流离困苦，深为可悯。自后圈占民间房地，永行停止，其今年所已圈者，悉令给还民间。尔部速行晓谕，昭朕嘉惠生民至意。至于旗人，无地亦难资生，应否以古北等口边外空地，拨给耕种，其令议政王贝勒大臣确议以闻 。”[①] 圈地问题一直是清初比较突出的矛盾，康熙皇帝解决的办法就是往口外拓展耕地，于是在次年就将古北口、张家口等口外土地拨给正黄、镶黄等旗，这实际上就破了顺治十二年（1655 年）规定的“不得往口外开垦牧地”的禁令。这或许就是汪灏记载的康熙十年后口外始行开垦，康熙皇帝“多方遣人教之树艺，命给之牛、种，致开辟未耕之壤，皆成内地”[②] 一事。

1930 年卓索图盟盟长、喀喇沁右旗扎萨克和硕都楞亲王利用本旗档案，向南京国民政府蒙藏委员会详细报告了该盟及喀喇沁右旗

---

① 《清圣祖实录》卷 30，康熙八年六月戊寅。

② 汪灏：《随銮纪恩》，载王锡祺辑《小方壶斋舆地丛钞》第一秩，杭州古籍书店 1985 年影印本，第 290 页。

蒙汉土地租佃关系的渊源，值得特别重视。在该报告中，他说：

> 我喀喇沁右旗蒙古……在清前时代画（划）我古北口外数旗地方为围猎之所，遣满洲旗人居此，乃名谓庄头。我蒙旗他布囊及人民应围猎之差。彼时我蒙古五谷种籽不全，仅有数种糜忝籽粮度于应用，垦种为生。迨后进口观察内地生产，则五谷兼备，耕种垄田，耕耨维细，收成极嘉。故我蒙众欲耕垄田，而于康熙间，呈请部署选招内地熟习耕作农民，由公家颁与执照来盟旗耕种耕作事务，始习得其法矣。当时藩部所定之例，出口农民有确数，各给执照，春季出口，出口时验照放行，无照者不容出口；秋季收禾场事完竣，则由蒙旗催其回籍。进口时，验收执照遣去。[①]

这则报告透漏了几个重要信息。一是古北口外数旗地方划拨给满洲旗人居住，名为“庄头”，应就是上文所说的康熙八年（1669年）安排旗人在古北口等地开垦耕种令。康熙八年，设热河官庄。整个康熙年间，热河设喜峰口外一等粮庄和古北口外一等粮庄共138个，这些粮庄“一般都是由汉族农奴耕种”[②]，但是由上述材料可知，“蒙旗他（塔）布囊及人民应围猎之差”，那么这个“围猎之差”的内容也是要求交粮的，所以喀喇沁右旗虽然“五谷种籽不全”，仅仅是漫撒籽地式的粗放型农耕，但也要“垦种为生”，这是其内在的诉求。二是喀喇沁右旗为提高产量，特地去口内调研，发现“五谷兼备，耕种垄田，耕耨维细，收成极嘉”，所以蒙古民众也想效仿口内农作，于是于康熙年间，申请选招内地熟习耕作农

---

① 《令卓盟喀喇沁右旗公署》，蒙藏委员会指令，蒙字第95号，全宗号439，卷号27，内蒙古档案馆复印件；转引自张植华《清代蒙汉民族关系小议——读史札记》，《内蒙古大学学报》（哲学社会科学版）1992年第3期。

② ［日］田山茂：《清代蒙古社会制度》，潘世宪译，第259页。

民，由公家颁与执照来盟旗耕种耕作事务，蒙古民众也学到了耕作之法。三是当时定有规则，即“出口农民有确数，各给执照，春季出口，出口时验照放行，无照者不容出口；秋季收禾场事完竣，则由蒙旗催其回籍。进口时，验收执照遣去”，这就是春去秋回的“雁行人”制度。

康熙三十五年（1696 年），据皇太子胤礽奏称：“据今年正月喀喇沁协办旗务和硕额驸噶尔桑来文详称：本旗民人均靠耕田为生。前启奏圣明，领票三百，雇民耕田至今。今复欲增领票五百，以雇民耕田。等语具奏。奉旨：给罢。”[①] 此额驸噶尔桑即尚康熙皇帝五女和硕端静公主的噶勒臧，他还同时奏请康熙皇帝，要在乌兰布文哈苏、锡文哈明安等地开垦耕种。这表明，开垦土地是蒙古王公的主动行为，具有内在动力。

另外，顺治初年，定“蒙古王公、台吉等每年征收所属，有五牛以上及有羊二十者，并收取一羊，有羊四十者取二羊，虽有余畜，不得增取。有二羊者取米六锅；有一羊者取米一锅”，并规定“滥征者罪之”[②]。清廷虽然不对蒙古王公征收赋税，但专门立法规定了蒙古王公对属下征收赋税的内容。日本学者田山茂认为，对谷米赋税的征收，促进了农业在蒙古地区的推广。[③] 谷米赋税的确是促进农业发展的一个重要因素，针对蒙古地区米价腾贵的情况，康熙皇帝派遣内阁学士黄懋等人前去教养蒙古，并谕：“蒙古之性懒惰，田土播种后，即各处游牧。谷虽熟，不事刈获，时至霜陨穗落，亦不收敛。反谓岁歉……蒙古地方，多旱少雨，宜教之引河水灌田。朕巡幸所至，见张家口、保安、古北口及宁夏等地方，皆凿

---

① 中国第一历史档案馆编：《康熙朝满文朱批奏折全译》，中国社会科学出版社 1996 年版，第 76 页。

② 会典馆编，赵云田点校：《钦定大清会典事例・理藩院》卷 980《赋税・王公等额征所属税物》，中国藏学出版社 2006 年版，第 240 页。

③ ［日］田山茂：《清代蒙古社会制度》，潘世宪译，第 255—256 页。

沟洫，引水入田，水旱无虞。朕于宁夏等地方，取能引水者数人，遣至尔所，朕适北巡，见敖汉、奈曼等处，田地甚佳，百谷可种。如种谷多获，则兴安等处不能耕之人，就近贸易贩籴，均有裨益，不须入边买内地粮米，而米价不致腾贵也。且蒙古地方既已耕种，不可牧马，非数十年，草不复茂，尔等酌量耕种，其草佳者，应多留之，蒙古牲口，惟赖牧地而已。且敖汉、奈曼等处地方多鱼，伊等捕鱼为食，兼以货卖，尽足度日，此故宜知之。”① 所以，教养蒙古耕种，平抑米价也是一个重要因素，亦为蒙古生计考虑。至康熙四十八年（1709 年）时，京城米价腾贵，“小米一石，须银一两二钱；麦子一石，须银一两八钱”。李光地奏曰：“今人口甚多，即如臣故乡福建一省，户口繁息，较往年数倍，米价之贵，盖因人民繁庶之故。”康熙皇帝曰：“生齿虽繁，必令各得其所始善。今河南、山东、直隶之民，往边外开垦者多。大都京城之米，自口外来者甚多。口外米价，虽极贵之时，秫米一石，不过值银二钱，小米一石，不过值银三钱，京师亦常赖之。”② 蒙古地区允许内地农民进入、发展农业不过十几年的时间，其所产竟然可以反过来平抑京师米价，发展不可谓不迅速。

另外，在传统蒙古社会，随着人口繁衍，必然对扩大游牧地有强烈诉求，在清代以前，是通过对外战争、内部战争以及对外贸易等方式来解决的③，但清代实现对蒙古地区的大一统后，战争的方式是不可能了，贸易的途径又因为清廷限制商人进入蒙古地区，故也不是很顺畅，且物价腾贵。所以我们在档案中看到很多蒙古王公因为社会稳定，人口蕃息，而要求拓展游牧地，大多被皇帝驳回了，乾隆皇帝打了一个恰当的比喻：“若皆如此效尤妄占，则内扎

---

① 《清圣祖实录》卷 191，康熙三十七年十二月丁巳。

② 《清圣祖实录》卷 240，康熙四十八年十一月庚寅。

③ 吕文利：《嵌入式互动：清代蒙古入藏熬茶研究》，内蒙古大学出版社 2017 年版，第 197—198 页。

萨克等亦有数载，仍皆旧游牧，并未言及游牧地方窄狭，寻求拓展妄占矣。今夫八沟、热河、木兰等处，若非为喀喇沁王喇特纳锡第（原文译为考南什第，应误——笔者注）等地方，则喇特纳锡第岂仍欲取热河等处耶？岂有此理？”[①] 所以面对人口繁衍与牧场狭小之矛盾问题，蒙古王公只好内部挖潜，而农业与畜牧业相比较，单位面积养活人口的多寡比较明显，所以蒙古民众“欲耕垄田”，招内地民众至蒙地开垦，教导蒙古民众种粮之法。康熙皇帝面对蒙古王公的申请，顺势而为，但开中有禁，以票照数限制进入蒙古地区的内地农民人数，一开始是300张，后增至500张，至康熙五十五年（1716年），针对喀喇沁三旗的进一步申请，批准“每年由户部给予印票八百张”[②]。给予印票允许内地农民进入蒙地，与其说限制了人数，倒不如说表明了一个态度，即允许民人进入蒙地，所以每年凭票进入蒙古地区已成具文，康熙四十六年（1707年），康熙皇帝巡行边外时，“见各处皆有山东人，或行商，或力田，至数十万人之多”[③]，五十一年（1712年），康熙皇帝谕曰：“山东民人，往来口外垦地者，多至十万余。伊等皆朕黎庶，既到口外种田生理，若不容留，令伊等何往？”表明了康熙皇帝的态度。但同时他又指出：“但不互相对阅查明，将来俱为蒙古矣！”还是担心“分而治之”政策失效，怕蒙古壮大。所以他给出的治理方案是：“嗣后山东民人，有到口外种田者，该抚查明年貌姓名籍贯，造册移送稽察。由口外回山东去者，亦查明造册，移送该抚，对阅稽查，则百姓不得任意往返，而事亦得清厘矣。”[④]

---

① 《寄谕理藩院尚书博清额著饬喀尔喀不得展占杜尔伯特等游牧》，乾隆四十五年五月初三日，寄信档，档号：03－135－4－052，国家清史编纂委员会中华文史网数字图书馆藏。

② 会典馆编，赵云田点校：《钦定大清会典事例·理藩院》卷978《户丁·稽查种地民人》，中国藏学出版社2006年版，第221页。

③ 《清圣祖实录》卷230，康熙四十六年七月戊寅。

④ 《清圣祖实录》卷250，康熙五十一年五月壬寅。

雍正皇帝即位后，针对人口不断增长的情况，发布了“借地养民”令。雍正元年（1723年）四月，“谕户部，朕临御以来，宵旰忧勤，凡有益于民生者，无不广为筹度。因念国家承平日久，生齿殷繁，地土所出，仅可赡给，偶遇荒歉，民食维艰，将来户口日滋，何以为业？惟开垦一事，于百姓最有裨益……嗣后各省，凡有可垦之处，听民相度地宜，自垦自报，地方官不得勒索，胥吏亦不得阻挠……其府州县官，能劝谕百姓开垦地亩多者，准令议叙；督抚大吏，能督率各属开垦地亩多者，亦准议叙。务使野无旷土，家给人足，以副朕富民阜俗之意。”[①] 这道“借地养民令”一出，各地纷纷遵照执行。蒙古地区亦是如此。“雍正元年及二年，内地连年歉收，以致饥馑艰窘，故由国家颁令暂借我蒙旗地方遣民散居耕地救急。此旨以（一）下，每年出口数百户来本处耕地为生者多不愿回籍，若是以来永居为籍，我蒙旗之汉族愈形繁多……故设同知通判于蒙旗镇理蒙汉，嗣又添设州县，派员驻办，曾由我蒙旗征员协理……”[②] 由于内地农民不断增多，清廷逐渐在蒙古地区设置府厅州县。雍正、乾隆、嘉庆年间，在内蒙古西部设置了萨拉齐、托克托、和林格尔、清水河、宁远、丰镇等厅；在内蒙古东部，设置了八沟、塔子沟、三座塔、赤峰、长春、昌图等厅。[③]

乾隆初年，仍延续了之前禁中有开的政策。乾隆八年（1743年），乾隆皇帝谕：“本年天津、河间等处较旱，闻得两府所属失业流民，闻知口外雨水调匀，均各前往就食，出喜峰口、古北口、山海关者颇多。各关口官弁等，若仍照向例拦阻，不准出口，伊等既

① 《清世宗实录》卷6，雍正元年四月丁亥。

② 《令卓盟喀喇沁右旗公署》，蒙藏委员会指令，蒙字第95号，全宗号439，卷号27，内蒙古档案馆复印件；转引自张植华《清代蒙汉民族关系小议——读史札记》，《内蒙古大学学报》（哲学社会科学版）1992年第3期，第63—64页。

③ 齐木德道尔吉主编：《内蒙古通史》，第五卷，《清朝时期的内蒙古（一）》，人民出版社2011年版，第233页。

在原籍失业离家，边口又不准放出，恐贫苦小民，愈致狼狈。著行文密谕边口官弁等，如有贫民出口者，门上不必拦阻，即时放出。”然而乾隆皇帝话锋一转，强调“但不可将遵奏谕旨，不禁伊等出口情节，令众知之，最宜慎密，倘有声言令众得知，恐贫民成群结伙投往口外者，愈致众多矣，著详悉晓谕各边口官弁等知之”[①]。这段话表明了乾隆皇帝的真实态度，即一方面要有封禁的表达，表明要维护蒙古民众的利益；另一方面在实践中，还要地方官员“偷着”放出“流民”，给他们活路，不至于滋生事端，这实际上是维护清朝“大一统”的举措。

但是内地民人大量涌入蒙古地区之后，出现了一些新问题，尤其各地多发的蒙汉争地问题，影响了社会的稳定。乾隆十三年（1748 年），进一步强化封禁令。规定：“民人所典蒙古地亩，应计所典年分，以次给还原主。土默特贝子旗下，有地千六百四十三顷三十亩；喀喇沁贝子旗下，有地四百顷八十亩；喀喇沁札萨克塔布囊旗下，有地四百三十一顷八十亩。其余旗下，均无民典之地。以上地亩，皆系蒙古之地，不可令民占耕，应令札萨克等查明某人之地，典与某人，得银若干，限定几年，详造清册，送该同知、通判办理。照从前归化城土默特蒙古撤回地亩之例，价在百两以下典种五年以上者，令再种一年撤回；如未满五年者，仍令民耕种，俟届五年再行撤回。二百两以下者，再令种三年，俟年满撤回，均给还业主。”[②] 从这个规定来看，明显是以维护蒙古民众利益为主。乾隆十四年（1749 年），乾隆皇帝再次强调：“蒙古旧俗，择水草地游牧，以孳牲畜，非若内地民人，倚赖种地也。康熙年间，喀喇沁扎萨克等，地方宽广，每招募民人，春令出口种地，冬则遣回，于是

---

① 《清高宗实录》卷 195，乾隆八年六月丁丑。

② 会典馆编，赵云田点校：《钦定大清会典事例·理藩院》卷 979《耕牧·耕种地亩》，中国藏学出版社 2006 年版，第 229 页。

蒙古贪得租之利，容留外来民人，迄今多至数万，渐将地亩贱价出典，因而游牧地窄，至失本业。朕前特派大臣，将蒙古典与民人地亩查明，分别年限赎回，徐令民人归赴原处，盖怜恤蒙古，使复旧业。乃伊等意欲不还原价而得所典之地，殊不思民亦朕之赤子，岂有因蒙古致累民人之理？且恐所得之地，仍复贱价出典，则该蒙古等生计，永不能复矣。著晓谕该扎萨克等，严饬所属，嗣后将容留民人居住，增垦地亩者，严行禁止。至翁牛特、巴林、克什克腾、阿噜科尔沁、敖汉等处，亦应严禁出典开垦，并晓示察哈尔八旗，一体遵照。”① 此后又陆续出台了一些规定。但这些封禁令并未起到预想效果，甚至出现了“禁者自禁，垦者自垦”的现象，对此，清朝统治者也心知肚明，嘉庆皇帝就说：“流民出口，节经降旨查禁，各该管官总未实力奉行，以致每查办一次，辄增出新来流民数千户之多，总以该流民等业已聚族相安、骤难驱逐为词，仍予入册安插，再届查办复然，是查办流民一节，竟成具文！”②

这一状况一直持续到清末完全放垦蒙地之时。之所以出现“禁者自禁”（表达）和“垦者自垦”（实践）的情况，主要由于几个原因，清廷要解决几个矛盾。

一是在旗的疆界和游牧地固定的情况下，要解决牧场狭小和人口增长的矛盾。清代档案记载，很多蒙古王公因牧场狭小问题，要求拓展游牧地，或因旗内生计问题，与相邻扎萨克旗争地。如乾隆四十五年（1780 年），喀尔喀亲王车布登扎布上奏以牲畜孳生甚多，游牧地不能容纳为由，请求拓展游牧地，甚至请求拓展至卡伦等处。乾隆皇帝非常生气，特地下谕旨批评：“如以卡座展及何地，即将尔游牧展及何地耶？今夫乌尔图布拉克至济木萨四处，距乌鲁木齐近，若云设卡处俱属喀尔喀等地方，岂日久尚将占据乌鲁木齐

①《清高宗实录》卷 348，乾隆十四年九月丁未。

②《清仁宗实录》卷 236，嘉庆十五年十一月壬子。

乎？……内扎萨克等数年亦无事，牲畜亦孳生，仍在旧游牧，不曾得闻游牧不能容。”[①] 故驳回所请。但蒙古地区人口增长、牲畜孳生却是客观事实，内扎萨克之所以在人口、牲畜孳生的前提下还保持着“旧游牧”，其秘诀就是引进了生产效率更高的内地农业，缓解了牧民的经济压力，并使财富往蒙古王公和上层喇嘛手里聚集，所以蒙古王公特别有积极性招民开垦，这是其内部的推动力。

二是需要解决在一个“大一统”的国家内，民众强烈的交流交往交融愿望与政府强制性隔离政策的矛盾。众所周知，游牧经济和农业经济有天然的互补性，即便是在历史上中原政权与游牧政权互相敌对的时期，也没有阻断底层民众的交流交往交融趋势，遑论作为清朝“大一统”格局重要组成部分的蒙古地区，仅凭一纸封禁令就能阻断这种趋势？更何况，清廷一直宣扬“满蒙一家”“满汉一家”“天下一家”，封禁令亦违背了这种意识形态化的表达，所以，封禁令半遮半掩，成为“具文”就是必然的事情了。

三是要解决内地人口增长与土地狭窄的矛盾。清代学者洪亮吉估计当时情况时说：“率计一岁一人之食，约得四亩，十口之家，即须四十亩矣。”[②] 人均四亩是较为科学的“温饱常数”[③]，但随着社会稳定和经济发展，清代的人口也在爆发式增长，人均土地面积逐年递减，至道光年间，人均面积甚至跌落到不足二亩（见表6－2）。

---

① 《寄谕喀尔喀亲王车布登扎布妥办展牧事宜》，乾隆四十五年七月初一日，档号：03－135－5－004。国家清史编纂委员会中华文史网数字图书馆藏。

② 洪亮吉：《卷施阁文甲集》卷1《生计篇》，《洪亮吉集》，刘德权点校，中华书局2001年版，第15—16页。

③ 田彤：《清代（1840年前）的人口危机及对近代社会经济的影响》，《史学月刊》1994年第3期，第52页。

表 6－2　　清代土地与人口比例变化①

年代	土地面积（顷）	人口（人）	每人实得土地（亩）
乾隆十八年（1753 年）	7801142	183678258	4.25
乾隆三十一年（1766 年）	7807156	208095796	3.75
嘉庆十七年（1812 年）	7913939	361600000	2.19
道光十三年（1833 年）	7420000	398942036	1.86

这就造成人地矛盾的紧张，也会引发物价上涨以及流民问题等各种影响社会稳定的问题。洪亮吉说："户口既十倍于前，则游手好闲者更数十倍于前，此数十倍之游手好闲者，遇有水旱疾疫，其不能束手以待毙也明矣，是又甚可虑者也。"② 所以形成了由平原往山地、由中原往边疆的人口迁移趋势，这是内地农民迁入蒙古地区的外部推动力，清廷为维护"大一统"局面的需要，顺应了这种趋势，在表达上还是要封禁，但在实践上，则该放就放，使得蒙古地区内地农民逐渐增多，"走西口""闯关东"渐成潮流。

（四）清末由"防边"到"边防"的转变

我们并不能因为封禁政策禁中有开就否定其实际作用，封禁政策的强调，类似于一把利剑，始终对蒙古王公、守卡官员、私自进入蒙地的农民和商人等具有震慑作用，而且也确曾清理过很多农民，使其回归内地。所以在清末放垦蒙地之前，内地农民进入蒙地开垦的地亩数并不是很多，尤其在分布上，近边地区的蒙地进入的人口要多一些，开垦的土地要多一些，但越远越呈衰弱趋势，至外蒙古，则去开垦土地的内地农民最少，去贸易的商人也最少。所以，在西方殖民势力汹涌东来的大背景下，封禁政策的最大恶果，

---

① 田彤：《清代（1840 年前）的人口危机及对近代社会经济的影响》，《史学月刊》1994 年第 3 期，第 52 页。

② 洪亮吉：《卷施阁文甲集》卷 1《生计篇》，《洪亮吉集》，刘德权点校，中华书局 2001 年版，第 16 页。

是造成边疆的失守，是领土的丧失。道光三年（1823 年），科布多参赞大臣那彦宝奏蒙民贸易章程一折云，“至乌梁海一处，地界与哈萨克接壤，往往因缘为奸。著将乌梁海地方，概行禁止商民贸易”[①]。此令一出，等于把贸易权转手他人。同治二年（1863 年），科布多参赞大臣广凤等奏俄罗斯人在吹河地方搭房建屋进行贸易，同治皇帝担心俄人“难保不生吞并蒙古之心，不可不豫为地步，以杜诡谋”。据广凤等“推原其故，总因该阿勒坦诺尔乌梁海两旗人丁，系在卡外住牧，每年仅止春间由索果克卡伦将两旗应来科进贡之官兵，不过二三十人，放入开齐，到科呈进贡皮，事竣即催令旋回游牧，不准再入开齐。所有该阿勒坦诺尔乌梁海两旗人等度日所用什物，皆向俄人以牲畜抵换，相沿已久。及自道光十一年间起，该俄人在彼搭盖房间……建房贸易，已逾三十余年之久”[②]。贸易权一入俄人之手，就作为其扩张的前沿阵地。同治三年（1864 年），中俄签订了《勘分西北界约记》，“乌里雅苏台将军所属乌梁海十佐领，科布多参赞大臣所属阿勒坦淖尔乌梁海两旗和哈萨克各部落，也都被沙俄所吞并”[③]，今天读来，仍然扼腕叹息。

清末随着西方列强的入侵，边疆危机不断加重。为维护“大一统”格局，清朝由“防边”思想转为“边防”思想，最终放垦蒙地。“防边”与“边防”为清末荣升提出来的概念，他认为：“今一变锁国时代为交通时代，故昔者对蒙藏所行之政策，遂不可复行于今日。盖锁国之时代，患在藩属，谋国家者，必重防边。防边云者，防边人之或内侵也。交通之时代，患在敌国，谋国家者，必重边防。边防云者，用边人以御外侮也。惟防边人之或内侵，故利用

---

① 《清宣宗实录》卷 50，道光三年三月乙亥。

② 《筹办夷务始末（同治朝）》，卷 18，沈云龙主编《近代中国史料丛刊》第 62 辑，台湾文海出版社 1973 年版，第 1804—1806 页。

③ 吕一燃主编：《中国近代边界史》上卷，四川人民出版社 2007 年版，第 290 页。

边人之弱；惟用边人以御外侮，故利用边人之强。”[①] 荣升看到了西方殖民势力的汹涌东来，造成了数千年来未有之大变局，由“锁国时代”而变为“交通时代”，是故必由原来之“防边”转而为“边防”。他提出清代由“防边”转而为“边防”的思想非常重要，对蒙古地区的封禁政策实际上就是防边思想，“防边人之或内侵”，故处处试图削弱蒙古诸部；但清末面对西方列强的步步紧逼，唯有壮大边疆，利用边人之强才可有效构筑边防。

鸦片战争后，清朝面临“数千年未有之大变局”，尤其是签订系列条约后，为筹赔款以及振兴蒙古军队以防卫边疆，朝堂之上很多大臣上奏放垦蒙地。光绪二十七年（1901 年），山西巡抚岑春煊奏称：“欲练蒙兵非筹练费不可，欲筹练费非开蒙地不可。今蒙地接晋边者，东则为察哈尔右翼四旗，西则为伊克昭、乌兰察布二盟十三旗，田地饶沃，水草丰衍，乌拉特、鄂尔多斯两部，依阻大河，形势雄盛，灌溉之利，甲于天下。”主张只有“开蒙部之地为民耕之地，而竭蒙地之租，练蒙部之兵”，才能“边实兵强，防密盗靖”。“总之，地利一辟，百产自丰，无形之益，更无限量。窃以为办理蒙地屯垦，不急在征收官租而急在开浚地利，不必夺蒙部之产而贵联蒙部之心，利在蒙、利在民，即利在国也。”[②] 岑春煊的最后这句话其实也是清前期封禁政策表达与实践背离的最好注脚。清廷决策者被岑春煊此奏打动，决定派贻谷到晋边督办垦务。以此为标志，清廷由前期对蒙古地区的封禁到全面放垦蒙地阶段。在内蒙古东部，仅哲里木盟扎赉特、杜尔伯特、郭尔罗斯前旗、郭尔罗斯

① 荣升：《经营蒙藏以保存中国论（上）》，《大同报》（东京）第七号，南京图书馆收藏，1908 年 6 月 28 日（光绪三十四年五月三十日），载卢秀璋主编《清末民初藏事资料选编（1877—1919）》，中国藏学出版社 2005 年版，第 59 页。

② 《岑春煊奏为垦开晋边蒙地屯垦以恤藩属而弭隐患折并朱批》，光绪二十七年四月二十日，载内蒙古自治区档案馆编《清末内蒙古垦务档案汇编》，内蒙古人民出版社 1999 年版，第 1—2 页。

后旗、科尔沁右翼三旗和科尔沁左翼中旗等地共放出荒地有3772000多垧。[①] 在耕地数增加的同时，人口数也在大量增加，据哈斯巴根估计，仅在内蒙古西部的鄂尔多斯地区，清末民初的移民人口就达10万—15万人。[②]

第二节 清朝对蒙古软治理的运行机制和实施效能

清朝对蒙古地区除了有盟旗制度、封禁政策等硬治理，还有一系列的软治理政策，如果说硬治理是把蒙古分割开来，那么软治理就是把蒙古“缠绕”起来，通过笼络的方式，一方面不让蒙古地区分离出去，另一方面让蒙古王公努力为维护清朝的“大一统”目标服务。

软治理的指导思想是“以德化人”和“恩威并施”。崇德元年（1636年），皇太极谕大学士希福、刚林、范文程：“科尔沁国土谢图额驸有名马，号曰杭爱，朕曾以甲十副易之，彼不与。蒙古察哈尔汗向彼索马，势如强夺，止予一胄，竟取之。从此科尔沁诸贝勒为之解体。察哈尔汗又以一胄送阿禄部落济农，索马千匹，阿禄济农曰：‘岂有一胄而易马千匹者乎？此直欲启衅而来侵我耳！不可不与。’遂与马五百匹。从此阿禄诸贝勒亦为之解体。科尔沁国卓礼克图亲王有一鹰，能横捕飞鸟。察哈尔汗又遣人往索，卓礼克图亲王欲不与，土谢图额驸劝令与之。既取其鹰，一无所偿，并送鹰之人，亦不令见。如此贪横，人心安得而服耶？今各处蒙古，每次来朝，厚加恩赏，因此俱不忍离我而去。虽去时犹属恋恋，而蒙古

---

① 珠飒：《18—20世纪初东部内蒙古农耕村落化研究》，内蒙古人民出版社2009年版，第94页。

② 哈斯巴根：《鄂尔多斯农牧交错区域研究（1697—1945）——以准噶尔期为中心》，内蒙古大学出版社2007年版，第85页。

各国亦从此富足安闲。由此揆之，以力服人，不如令人中心悦服之为贵也。”大学士希福等答曰：“治之以德则化，治之以刑则败，此之谓也。”① 在这里皇太极以事实说明“以德化人”胜过“以力服人”，“以德化人”思想构成了清朝软治理的指导思想。清朝的软治理包括联姻制度、封爵制度、俸禄制度、朝觐制度、宴赉赐赉制度等，构成了一整套的制度体系。

一　以笼络为主的“软治理”制度体系的形成

（一）满蒙联姻制度

和亲、联姻制度是中国古代北方少数民族惯用的制度。清代因为蒙古的重要性，满蒙联姻制度成为国策，贯彻始终。满蒙联姻制度形成于努尔哈赤时期。

最早与女真发生关系的蒙古部落是科尔沁部，万历二十一年(1593 年)，科尔沁部、叶赫等“九国之兵”败于努尔哈赤，从此努尔哈赤声威大震。但叶赫不甘心失败，万历二十五年（1597 年)，叶赫将原本聘于努尔哈赤次子代善的金台失之女嫁与蒙古内喀尔喀部宰赛，妄图依靠宰赛的力量来牵制努尔哈赤。万历四十三年（1615 年)，叶赫又将原聘于努尔哈赤的白羊骨之妹嫁与内喀尔喀部另一首领暖兔之子，把金台失长女嫁察哈尔脑毛大黄台吉孙桑阿尔寨，次女嫁蒙古大汗林丹汗。② 我们看到，叶赫以和亲为手段，到处结盟，试图遏制和击败努尔哈赤的势力。但是随着努尔哈赤势力的坐大，这种和亲手段发生了转向，万历四十二年（1614 年)，蒙古内喀尔喀扎鲁特部贝勒钟嫩以女妻努尔哈赤之次子代善，不

---

① 赵之恒、牛耕、巴图主编：《大清十朝圣训》，北京燕山出版社 1998 年版，第 47 页；并见中国第一历史档案馆、中国社会科学院历史研究所译注《满文老档》，崇德元年七月，中华书局 1990 年版，第 1537—1538 页。

② 达力扎布：《明代漠南蒙古历史研究》，内蒙古文化出版社 1997 年版，第 266 页。

久，该部内齐汗以妹妻于努尔哈赤之第五子莽古尔泰。万历四十五年（1617 年），努尔哈赤又以侄女妻蒙古喀尔喀巴约特部台吉恩格德尔。至此，内喀尔喀五部中的二部首领都与努尔哈赤缔结了姻亲。

满蒙联姻不但满足了后金的诉求，也部分地满足了蒙古贵族的统治野心。实际上，蒙古贵族非常重视具有蒙古血统的统治者。明朝灭亡元朝后，元顺帝妥懽帖睦尔逃往草原。但是后世的蒙古贵族在编纂史书时，却杜撰了一个故事，说朱元璋之子朱棣是妥懽帖睦尔的儿子[①]，这个故事在《蒙古源流》《阿萨喇克其史》等蒙古史书中都有记载，只是在细节上有差异罢了。虽然朱棣之母究竟是谁还有争论，但是说朱棣为妥懽帖睦尔之子，显然是杜撰。周清澍曾把这个故事与元顺帝生父为宋瀛国公的故事结合起来，指出这两个故事纯属虚构外，还认为这主要反映了宋朝以来汉地天命观思想对当时蒙古人的影响。[②]

我们应该看到，明末的蒙古人在编纂史书时，以这种虚构故事的方法来继续他们统治天下的想象。但是到清朝后，他们在史书中编纂的故事真的复现了，因为满蒙联姻，清朝的皇帝有了蒙古人的血统。

万历四十年（1612 年），努尔哈赤听说蒙古科尔沁部明安之女“颇有丰姿，遣使欲娶之。明安贝勒遂绝先许之婿，送其女来。太祖以礼亲迎，大宴成婚”[③]。次年，明安兄莽古思“送女与太祖四子皇太极贝勒为婚，贝勒迎至辉发国胡里气山城处，大宴，以礼受之”[④]。万历四十三年（1615 年），明安之弟洪果尔（又作孔果尔）

---

① 朱风、贾敬颜译：《汉译蒙古黄金史纲》，内蒙古人民出版社 1985 年版，第 53—56 页。

② 周清澍：《明成祖生母弘吉剌氏说所反映的天命观》，《内蒙古大学学报》1987 年第 3 期。

③ 《清太祖武皇帝实录》卷 2，载潘喆、李鸿彬、孙方明编《清入关前史料选辑》第 1 辑，中国人民大学出版社 1984 年版，第 327 页。

④ 《清太祖武皇帝实录》卷 2，载潘喆、李鸿彬、孙方明编《清入关前史料选辑》第 1 辑，中国人民大学出版社 1984 年版，第 331 页。

“送女与太祖为妃，迎接设大宴，以礼受之”①。由此可见，联姻作为联盟的手段，已为东北各族群普遍使用。及至万历四十四年（1616年）努尔哈赤建立后金后，满蒙联姻已渐成制度。而靠满蒙联姻等一系列制度，后金在蒙古诸部建立了统治合法性，使蒙古各部认为满蒙一体，蒙古也成为统治集团的一部分，满蒙之间建立了政治—军事联盟，后金逐渐确立了军事权力和政治权力。入关后，满蒙联姻成为国策，这有助于巩固满蒙之间的政治—军事联盟。有了蒙古血统的清朝历代皇帝统治天下，成为蒙古人的荣耀，而且累世联姻，更使蒙古贵族有了与满洲贵族共治天下的幻觉。蒙古文人罗卜藏全丹在《蒙古风俗鉴》中云，“蒙古诺颜互相羡慕，心甘情愿将北京满洲姑娘纳为夫人的也有很多”②，这说明对于这种政治性联姻，蒙古人还是很积极的。

清代所联姻的蒙古，主要有漠南、漠北蒙古和西套蒙古中的阿拉善旗。其中，清廷与漠南蒙古通婚的部落、人次最多，“占二十几个通婚部落中的20个，通婚达515次，占总人次595次的87%”③。清廷与漠北蒙古和西套阿拉善蒙古联姻较晚，始于康熙中期，采取的是与这两个地区的重点部旗、重点家族领主联姻的方式。④满蒙联姻使清朝皇帝具有蒙古血统，而各代公主子孙的数量在蒙古地区亦渐为庞大，不但皇帝与蒙古地区领袖有姻亲，而且蒙古、满洲、汉军旗人领袖等互为连襟、表兄弟等亲属关系比比皆是，形成了一个网络化的联姻体系，促使蒙古联姻领袖对清朝统治者有强烈的认同，在维护清朝“大一统”格局中发挥了重要作用。

---

① 《清太祖武皇帝实录》卷2，载潘喆、李鸿彬、孙方明编《清入关前史料选辑》第1辑，中国人民大学出版社1984年版，第331页。

② 罗卜藏全丹，那日萨译注：《蒙古风俗鉴》，辽宁民族出版社2019年版，第51页。

③ 杜家骥：《清朝满蒙联姻研究》（上），故宫出版社2013年版，第258页。

④ 杜家骥：《清朝满蒙联姻研究》（上），第260页。

（二）封爵制度

在建立和掌握政治、军事权力的过程中，后金还建立了封爵制度，这既是笼络蒙古诸部的政策，也由于封爵是自上而下的册封，所以是建立后金和清朝权威的政策。

封爵亦为古制，为君主向臣民颁封等级封号。战国以来，设爵位不等，至清代，宗室封爵为十二等。

崇德二年（1637年），皇太极因以恭顺王孔有德、怀顺王耿仲明、智顺王尚可喜协同武英郡王阿济格攻克皮岛，各赐银币等物，并发表了一番讲话，他说："朝廷用人，授以高爵厚禄，使之安富尊荣者，无非欲其感恩图报，赞襄治理，有裨于国家而已。"[①] 授以高爵厚禄，使之感恩图报，这正是清朝统治者建立封爵和俸禄制度的目的。

天命十一年（1626年），努尔哈赤与科尔沁部首领奥巴结盟于浑河，并赐奥巴土谢图汗。努尔哈赤曰："为恶而蒙天谴，国乃败亡，为善而蒙天佑，国乃昌炽，总之主宰在天也。察哈尔汗起兵侵奥巴台吉，天佑奥巴，获免于难，来归附我。朕仰承天意，赐以名号。当察哈尔兵至时，其兄弟属下人皆遁去，独奥巴台吉奋力拒战，故号为土谢图汗。兄土梅，号代达尔汉，弟布塔齐，号扎萨克图特杜棱；贺尔禾代，号青卓礼图。"[②]

以奥巴军功赐其为土谢图汗，清廷对边疆各藩部封官赐爵自此始。此后，清廷陆续取消漠南蒙古封建主原有的汗、王、济农等名号，按其原来地位的高低、部众多寡、效忠程度及军功大小，分别授予亲王、郡王、贝勒、贝子、镇国公、辅国公六等爵位（为宗室十二等爵位之前六等）。对其他小贵族则授予台吉（分四等）、塔布囊称号。

---

① 赵之恒、牛耕、巴图主编：《大清十朝圣训》，北京燕山出版社1998年版，第60页。
② 赵之恒、牛耕、巴图主编：《大清十朝圣训》，北京燕山出版社1998年版，第34页。

崇德元年（1636年），皇太极即位，叙外藩蒙古诸贝勒功绩，封科尔沁部的巴达礼为和硕土谢图亲王，乌克善为和硕卓里克图亲王、察哈尔部的孔果尔额哲为和硕亲王、科尔沁的布达齐为多罗扎萨克图郡王，满珠习礼为多罗巴图鲁郡王、奈曼部的衮楚克为多罗达尔汉郡王、翁牛特部的逊杜棱为多罗杜棱郡王、敖汉部的班第为多罗郡王、科尔沁部的洪果尔为冰图郡王。此外，又封其他台吉以各种名号。[①] 此后被封爵者日众。

在档案中我们发现，封爵话语已成定制。如崇德元年四月为四子部落鄂木布授扎萨克达尔汉卓里克图之诰命时，档案里表达为："奉天承运皇帝制曰：自开天辟地以来，有一代应运之君，必有藩屏之佐，故叙功定名以别封号者，乃古圣王之典也。朕爰仿古制，不分内外，视为一体。凡我诸藩，俱因功授册，以昭等威，受此册文者，必忠以辅国，恪守矩度，自始至终，不忘信义，若此则光前裕后，而弈世永昌矣。慎行勿怠。"[②] 在其他档案里，我们发现，凡是对蒙古王公封爵，必引这段话。这段话表达了两个意思，一是封爵乃是援引古制；二是因功册封，让蒙古王公忠君爱国。

得封前六等爵位本是清朝皇族的特权，而亲王爵位高居其上，一般的皇帝子孙尚无权享封。满洲亲王、郡王则多世降一等。有清一代仅12家宗室贵族世袭王爵罔替；蒙古贵族得封前六等爵位，又大多世袭罔替，足见清廷待蒙古之重。

由于明代蒙古诸部并不是铁板一块，归附清朝也是有先有后，与清朝的关系有亲有疏，故清朝对蒙古各部管理方式也不同，主要分为外藩扎萨克旗蒙古、内属蒙古、喇嘛旗蒙古和八旗蒙古四个部分进行管理。封爵主要是在外藩扎萨克旗蒙古实施，主要分为内扎

---

① 包文汉：《清朝藩部要略稿本》卷1《内蒙古要略一》，第18页。

② 《崇德元年四月为四子部落鄂木布授扎萨克达尔汉卓里克图之敕命》，康熙三年四月初四日，内秘书院档案，国家清史编纂委员会中华文史网数字图书馆藏。

萨克爵位和外扎萨克爵位。

内扎萨克爵位。内扎萨克主要在今天的内蒙古地区（不含内属蒙古），分为四十九旗，其与满洲贵族来往最早、最频繁，所以清朝对其也最为重视，待之最厚。四十九旗封爵如下。

和硕亲王爵五位。即科尔沁右翼中旗扎萨克和硕图什业图亲王（即由原来的土谢图汗改封而来）一人，科尔沁左翼中旗扎萨克和硕达尔汉亲王一人；闲散和硕卓里克图亲王一人，科尔沁左翼后旗扎萨克和硕博多勒噶台亲王一人（咸丰四年，僧格林沁晋亲王，自此始），以及乌珠穆沁右翼扎萨克和硕车臣亲王一人。五位亲王爵位，皆诏世袭罔替，即袭爵时不降等级。

封郡王爵计十八位。其中扎萨克郡王十五人，即科尔沁部二人：扎萨克多罗扎萨克图郡王一人，扎萨克多罗冰图郡王一人；喀喇沁部多罗杜棱郡王一人；敖汉部多罗郡王一人；奈曼部扎萨克多罗达尔汉郡王一人；巴林部扎萨克多罗郡王一人；翁牛特部扎萨克多罗杜棱郡王一人；浩齐特部二人：扎萨克多罗额尔德尼郡王一人，扎萨克多罗郡王一人；苏尼特部二人：扎萨克多罗郡王一人，扎萨克多罗杜棱郡王一人；阿巴噶部扎萨克多罗郡王一人；四子部落扎萨克多罗达尔汉卓里克图郡王一人；鄂尔多斯部扎萨克多罗郡王一人；扎赉特部一人。闲散郡王三人：科尔沁部闲散多罗郡王一人、敖汉部闲散多罗郡王一人、阿巴噶部闲散多罗郡王一人。

封贝勒爵计十七位。其中扎萨克贝勒十人，闲散贝勒七人。

封贝子爵计十四人。扎萨克固山贝子八人，闲散贝子六人。

封镇国公爵八人。扎萨克镇国公四人，闲散镇国公四人。

封辅国公爵十四人。扎萨克辅国公二人，闲散辅国公十二人。

封台吉、塔布囊爵计八人。台吉、塔布囊爵同，均不入于六等爵位。土默特左翼旗、喀喇沁三旗曰塔布囊；余旗曰台吉。台吉、塔布囊亦分四等：一等台吉、塔布囊秩视一品；二等台吉、塔布囊秩视二品；三等台吉、塔布囊秩视三品；四等台吉、塔布囊秩视四品。[①]

内蒙古王公爵位承袭，“辨其勋戚忠勤之差而延以世”，有两条途径，或世袭罔替，即爵位世代不降，亲王还是亲王，郡王还是郡王；或非世袭罔替，袭爵一次，视原爵或降一等，或降二等。无论哪种途径，出缺时由理藩院将此爵位来历以及家族劳绩写清楚，请旨决定是否降袭。惟扎萨克降至一等台吉、塔布囊、闲散降至四等台吉、塔布囊，不再降。

凡有爵位者之子弟，皆授予爵衔：亲王之子弟封一等台吉、塔布囊；郡王、贝勒之子弟封二等台吉、塔布囊；贝子、公之子弟封三等台吉、塔布囊；台吉、塔布囊之子弟封四等台吉、塔布囊。王、贝勒之族兄亦封四等台吉、塔布囊。下嫁给蒙古王公的公主、格格之子亦分别封爵：公主之子封一等台吉、塔布囊；和硕格格之子封二等台吉、塔布囊；多罗格格、固山格格之子封三等台吉。

王、贝勒、贝子、公、台吉、塔布囊之子弟，公主、格格之子，必须待年满十八岁后才能给予应得之衔。唯有曾经随皇帝行围，表现突出而被赏戴花翎者，以及公主、格格之子，其父身故需承袭家业者，不在此限。

按照规矩应该承袭爵位者，应由原爵拥有者预先推举应袭之子一人，或长子，或众子中的优秀者，报理藩院年终汇奏，由皇帝封以爵位。亲王应袭之子封公衔，郡王、贝勒应袭之子封一等台吉、塔布囊。贝勒、公应袭之子封二等台吉、塔布囊。其他一二三等台吉、塔布囊，也须预先保举一子以备承袭。皆可不必等到十八岁就给予应得之衔。对于袭爵之人，皇帝不但要见到理藩院的介绍文

① 以上封爵情况据《钦定大清会典事例》卷967、968《理藩院·封爵·内札萨克》整理。参见会典馆编，赵云田点校《钦定大清会典事例·理藩院》，中国藏学出版社2006年版，第50—80页。

字，还要见人，但要分为生身、熟身引见。清代天花传染性强，蒙古以曾出痘者为熟身，未曾出痘者为生身。袭爵之人，熟身令来京引见，生身令在热河引见。如承袭者年幼，则等到成年后再分别以生身、熟身补行引见。唯有闲散台吉、塔布囊在承袭爵位时不必引见，由理藩院具题后，皇帝恩准承袭即可。

外扎萨克爵位。外扎萨克蒙古，概念要比外蒙古范围大，主要包括喀尔喀四部，即土谢图汗部、赛音诺颜部、车臣部和扎萨克图汗部，以及在今天新疆、青海等地的杜尔伯特部、土尔扈特部、和硕特部、辉特部、绰罗斯部、额鲁特部等（外扎萨克亦含“回部札萨克”及“唐古特”等，因不是蒙古封爵，故本书未做统计）。

外扎萨克蒙古，因其特殊性，清朝保留了汗号，“间有仍留汗号者，因其土俗，以示宠异，视王爵尤优”[①]。显示了清朝怀柔笼络的策略。外扎萨克蒙古主要有汗、王、贝勒、贝子、公等，无塔布囊而有台吉。

封汗爵计五人。其中喀尔喀部三人：即斡齐赖巴图土谢图汗一人、格根车臣汗一人、扎萨克图汗一人；杜尔伯特左翼：特固斯库鲁克达赖汗一人。旧土尔扈特南路：卓哩克图汗一人。

封亲王爵计七人。喀尔喀土谢图汗部：扎萨克和硕亲王一人。喀尔喀赛音诺颜部：赛音诺颜扎萨克和硕亲王一人；扎萨克和硕亲王一人。喀尔喀车臣汗部：扎萨克和硕亲王一人。阿拉善部：扎萨克和硕亲王一人。杜尔伯特右翼：扎萨克和硕亲王一人。旧土尔扈特北路：扎萨克和硕布延图亲王一人。

封郡王爵计十一人。喀尔喀土谢图汗部：扎萨克多罗郡王二人。喀尔喀赛音诺颜部：扎萨克多罗郡王二人。喀尔喀车臣汗部：扎萨克多罗郡王一人。喀尔喀扎萨克图汗部：扎萨克图

---

① 《清朝文献通考》卷255《封建考·外藩封爵》。

汗兼扎萨克多罗郡王一人。青海和硕特部：扎萨克多罗郡王三人。杜尔伯特左翼：扎萨克多罗郡王一人。旧土尔扈特东路：扎萨克多罗毕锡呼勒图郡王一人。新土尔扈特：扎萨克多罗弼里克图郡王一人。

封贝勒爵计十一人。扎萨克多罗贝勒十人；闲散多罗贝勒一人。

封贝子爵十五人。扎萨克固山贝子十四人，闲散固山贝子一人。

封镇国公爵计十人。扎萨克镇国公八人，闲散镇国公二人。

封辅国公爵计三十三人。扎萨克辅国公二十五人，闲散辅国公七人。

封台吉爵计四十六人。扎萨克台吉四十四人，闲散台吉二人。①

外扎萨克蒙古受封者按等给以册、诰、章服、仪卫，有爵者之子弟分别给衔。扎萨克一等台吉以上分别生身、熟身引见，闲散台吉皆由理藩院具题，由皇帝给爵，一如内扎萨克。青海及杜尔伯特、土尔扈特、和硕特各部，扎萨克一等台吉以上，除愿来引见外，其不能来者，亦具题承袭。

外扎萨克爵位，旧例不世袭，出缺时或降袭或否，由理藩院上奏皇帝定夺。

（三）俸禄制度

清代沿袭了之前历代王朝的传统，有爵才有俸，所以封爵和俸禄是联系在一起的。早在顺治年间，清廷便定外藩蒙古世职俸禄之制，视在内世职俸禄之半。② 是为年俸，包括俸银、俸缎。据统计，

---

① 以上封爵情况据《钦定大清会典事例》卷969、970、971、972《理藩院・封爵・内札萨克》整理。参见会典馆编，赵云田点校《钦定大清会典事例・理藩院》，中国藏学出版社2006年版，第81—135页。

② 《清圣祖实录》，顺治十八年四月癸未。

嘉庆、道光年间，清廷每年支付给蒙古王公的俸银总额约为十五万两，俸缎约一千五百匹。[①] 可以说，爵位为名的一面，俸禄为利的一面，构成了清廷统治藩部地区的重要的手段，这也是清廷掌握经济权力的主要标志。所谓“食君之俸，忠君之事”，清廷以俸禄之利作为笼络藩部地区贵族的手段，取得了明显的效果。

（四）朝觐制度

朝觐制度是中国古代的传统，先秦《周礼》中就规定了诸侯定期朝觐天子的制度。在该制度中，根据邦国距离京畿的距离远近，规定不同的朝觐年限。天子邦畿之五百里外为侯服，一年一朝；一千里外为甸服，二年一朝；一千五百里外为男服，三年一朝；二千里外为采服，四年一朝；二千五百里外为卫服，五年一朝；三千里外为要服，六年一朝。[②] 此后历代皆有变化。清朝的朝觐制度既继承了传统，又结合自身实际有所损益，建立起一整套新的藩部朝觐制度，它与廪给、宴赉、优恤制度等，构成了清廷建立政治、军事、经济权力的立体体系。

朝觐有三个目的：一是表明清廷对这些藩部地区统治的合法性；二是这些藩部领袖在面见皇帝之后，在当地也有统治的合法性；三是借朝贡之名顺便贸易，以获贸易之利。但是因为人员众多，故清廷规定轮班进京面见皇帝。

1. 内扎萨克蒙古年班

顺治三年（1646 年）定，每年元旦内扎萨克蒙古王公，一半

---

① ［日］田山茂：《清代蒙古社会制度》，潘世宪译，内蒙古人民出版社 2015 年版，第 128 页。

② 《周礼·秋官司寇》：邦畿方千里，其外方五百里，谓之侯服，岁壹见，其贡祀物。又其外方五百里，谓之甸服，二岁壹见，其贡嫔物。又其外方五百里，谓之男服，三岁壹见，其贡器物。又其外方五百里，谓之采服，四岁壹见，其贡服物。又其外方五百里，谓之卫服，五岁壹见，其贡材物。又其外方五百里，谓之要服，六岁壹见，其贡货物。

来朝觐。[①] 顺治八年（1651 年）定，内扎萨克蒙古王公分为两班，循环来朝。[②] 雍正五年（1727 年），规定内扎萨克蒙古王公“分为三班，每隔二年，来朝一次”[③]。因为年班来京要产生费用，所以清廷又有廪给制度相衔接。廪给是清廷供给朝觐者往返京城的口粮、路费，由理藩院银库支给，或咨行赴户、礼、工三部领取。顺治、康熙年间例，凡蒙古王公、台吉等来京，均供给食物、草料、柴炭等。康熙四十六年（1707 年），清廷议准，“蒙古王公台吉等来京，除所骑马驼交馆喂养外，坐马草料及煮料柴薪，仍照例给予。其余口粮食物等项，停其赴户、礼、工三部领取，仍照该部所定之价，减十分之一折银支给，使众蒙古得以自便，共沾实惠”。康熙六十一年（1722 年）定，按爵位定廪给数额，如科尔沁部图什业图、卓里克图、达尔汉三亲王廪给数额最高，规定本身及随从人等，每日共给银七两三钱五分，坐马草料，每日共给银一两一分二毫五忽。来京进喜峰口给路费银十八两五钱，进张家口给银十八两，进古北口给银十七两。回家出喜峰口给路费银二十五两五钱九分，出张家口给银二十五两九分，出古北口给银二十四两九分。随从四十人，每日共给路费银三钱。[④] 后面各按爵位规定廪给数额有差。雍正年间及以后，廪给范围及数额均有不同程度的调整。

2. 喀尔喀蒙古年班

康熙三十年（1691 年）多伦诺尔会盟后规定，喀尔喀蒙古爵位在亲王以下、骁骑校以上的人员来京朝觐与内扎萨克蒙古相同，三年后施行。[⑤] 康熙三十九年（1700 年），因喀尔喀蒙古离北京较

---

① 《清世祖实录》卷 23，顺治三年正月壬子。

② 会典馆编，赵云田点校：《钦定大清会典事例·理藩院》卷 984《朝觐·内札萨克年班》，中国藏学出版社 2006 年版，第 296 页。

③ 《清世宗实录》卷 514，雍正五年三月辛丑。

④ 会典馆编，赵云田点校：《钦定大清会典事例·理藩院》卷 988《廪给·内札萨克廪给》，中国藏学出版社 2006 年版，第 346 页。

⑤ 《清圣祖实录》卷 152，康熙三十年七月癸巳。

远，来回不便，所以清廷将喀尔喀蒙古改分为四班，每年一班，依次朝觐。[①] 嘉庆年间，因为人数众多，喀尔喀四部与阿拉善厄鲁特、额济纳土尔扈特年班均改为六班，每年一班。[②] 康熙三十年（1691年）奏准，喀尔喀等来朝者，照内扎萨克王、贝勒、贝子、公、台吉之例廪给。

3. 青海蒙古年班

雍正二年（1724年），清廷定青海蒙古年班分为三班，三年一次，九年为一周期。[③] 雍正三年（1725年），将青海蒙古按喀尔喀例编成四班，每年一班，轮流来朝。[④] 康熙六十一年（1722年）议准：青海亲王等来京廪给标准为：亲王日给银三两二钱；郡王日给银三两；贝勒日给银一两九钱；贝子日给银一两八钱；公日给银一两七钱；扎萨克一等台吉日给银一两，随从人等并无定数。闲散台吉日给银六钱，属下台吉日给银四钱，宰桑、格隆各日给银二钱，护卫、格苏勒各日给银一钱五分，仆从各日给银五分，核给六十日。坐马若干，任其酌量，其余马驼，均尽数交馆喂养。[⑤]

4. 杜尔伯特、土尔扈特等部年班

乾隆二十年（1755年），清朝平定准噶尔部，最初将准噶尔部台吉、宰桑等分为三班，每年一班，轮班入觐。[⑥] 乾隆五十三年（1788年）定，伊犁所属之土尔扈特，科布多所属之杜尔伯特，已

---

① 会典馆编，赵云田点校：《钦定大清会典事例·理藩院》卷984《朝觐·外札萨克年班》，中国藏学出版社2006年版，第302页。

② 嘉庆《大清会典》卷53，《理藩院·柔远清吏司》。

③ 《清世宗实录》卷20，雍正二年五月戊辰。

④ 《副都统达鼐奏请青海众台吉轮班朝觐事折》，雍正三年四月十三日。中国第一历史档案馆译编：《雍正朝满文朱批奏折全译》，黄山书社1998年版，第1107页。

⑤ 会典馆编，赵云田点校：《钦定大清会典事例·理藩院》卷988《廪给·外札萨克廪给》，中国藏学出版社2006年版，第352页。

⑥ 《清高宗实录》卷494，乾隆二十年八月戊辰。

出痘者分为四班，一年一班，来京朝觐。[①] 嘉庆二十二年（1817年）定，北路杜尔伯特、土尔扈特分作四班；西路土尔扈特、和硕特分为四班，每班不少于两人，人数不够，挑选容貌好、懂礼节的闲散台吉补充，北路、西路每年一班，轮替前来。[②] 其廪给与其他外扎萨克一致。

5. 公主子孙年班

因为满蒙联姻成为国策，公主子孙较多，故定年班来京朝觐。雍正四年（1726 年）定，公主之子孙姻戚台吉一家一人，“亦分为三班，轮流来京”[③]。乾隆十年（1745 年）定，科尔沁、敖汉、巴林三部，公主之子孙姻亲台吉等为四班。科尔沁、巴林两旗，每年各派台吉十员，敖汉旗派台吉二十员，轮班来朝。乾隆二十五年（1760 年）定，按原派额数，科、巴两部增加五员，敖汉旗增台吉十员，一年一班，轮流来朝。嘉庆六年（1801 年）定，科尔沁、巴林二部改为六班。此后，各个盟旗公主子孙日益繁多，清廷对年班又有所调整。

6. 蒙古地区喇嘛年班

嘉庆二十二年（1817 年）定，内外扎萨克的呼图克图、呼毕勒罕、绰尔济喇嘛、达喇嘛等年已及岁，已出痘的，准其来京朝觐。熟悉经卷的喇嘛，编入洞礼经班，洞礼经班定为六班，按年轮流于十一月中旬来京。如轮班时患病，由该盟长查实报理藩院，允许次年补班。[④] 喇嘛年班亦按照等级给予廪给。

---

① 会典馆编，赵云田点校：《钦定大清会典事例·理藩院》卷 988《朝觐·外札萨克年班》，中国藏学出版社 2006 年版，第 303 页。

② 光绪《钦定大清会典》卷 68《理藩院·柔远清吏司》。

③ 会典馆编，赵云田点校：《钦定大清会典事例·理藩院》卷 984《朝觐·内札萨克年班》，中国藏学出版社 2006 年版，第 297 页。

④ 会典馆编，赵云田点校：《钦定大清会典事例·理藩院》卷 984《朝觐·喇嘛年班》，中国藏学出版社 2006 年版，第 307 页。

（五）宴赉与赐赉制度

宴赉，或作燕赉，是指清廷施恩于藩部的筵宴和赏赐。这实际上除了有施恩的意思外，还有团结诸部和礼乐教化的功能。清朝定制，凡外藩之至者，有燕宴、赐赉。[①] 赐赉是指在筵宴之中对于各藩部的赏赐。乾隆皇帝曾说："外藩蒙古，朝觐阙廷，锡宴同欢，有不可缺之典礼。"[②]

早在努尔哈赤时期，就特别注意筵宴的团结功能和教化功能。他曾召集诸贝勒，在筵宴之时说："昔者，我国之人各居其地，今诸申、蒙古、汉人同居一城，犹如一家。倘因系晚辈而甚羞辱之，则晚辈之人将无安逸之时耳。纵然不富，亦当筵宴以待之。"[③]

此后，宴赉渐成制度，藩部王公按照年班，于每年年底进京后，与皇帝一起过中国传统的节日——春节，清朝皇帝一般要按照一定的礼仪程序赐宴。

1. 筵宴

清廷定制：年班来京，于除夕燕一次，设于保和殿。元宵燕一次，设于圆明园正大光明殿。除夕前、元旦后、元宵前后，加燕数次，或设于中正殿，或设于紫光阁，或设于圆明园山高水长，皆由理藩院预期奏请。五旗王府各令设燕一次，蒙古王以下，副章京、长史以上，并准入燕。[④]

2. 座次

筵宴讲究座次，这是一个人身份的象征。顺治十年（1653

---

① 理藩院编，赵云田点校：《乾隆朝内府抄本〈理藩院则例〉》，中国藏学出版社2006年版，第339页。

② 《清高宗实录》卷133，乾隆五年十二月乙卯。

③ 中国第一历史档案馆、中国社会科学院历史研究所译注：《满文老档》（上），中华书局1990年版，第630页。

④ 理藩院编，赵云田点校：《乾隆朝内府抄本〈理藩院则例〉》，中国藏学出版社2006年版，第339页。

年），清朝定制外藩蒙古朝见的等级座次。蒙古亲王在内亲王之下，郡王在内郡王之下；贝勒在内贝勒之下；贝子在内贝子之下；公在内公之下，依次为序，以彰显蒙古王公的尊崇地位。

康熙五年（1666 年）规定：一二等台吉，于内大臣之下叙坐。五十二年（1713 年）规定：凡遇年节、冬至与各庆贺礼，蒙古王公与俄罗斯来使，俟百官行礼后，别为一班行礼。又定：岁除筵宴之喀尔喀汗、王、郡王、贝勒、贝子、公、扎萨克一等台吉等，各按其品秩，均坐于右翼内扎萨克亲王、郡王、贝勒、贝子、公、扎萨克一等台吉之次。

乾隆二十年（1755 年）定：杜尔伯特等部落汗、王、贝勒、贝子、公、扎萨克台吉，各按品秩，序于喀尔喀之次。其行礼恩赐，均照内扎萨克之例。[①] 由此看来，清廷根据归附顺序以及亲疏关系，在筵宴座次上进行了细致安排：满洲王公最贵，内扎萨克蒙古王公次之，喀尔喀蒙古王公又次之，杜尔伯特等部落王公再次之。

每年藩部王公进京后，清朝皇帝不断赐宴，筵宴按照时间顺序为：

十二月二十三日中正殿筵宴。

除夕保和殿筵宴。

正月初四日紫光阁筵宴。

正月初二至十五日，穿插着进行五旗王府筵宴。

正月十四、十五日山高水长筵宴。

正月十九日，皇帝赐年班饯行宴。

正月二十日，理藩院在午门大赏，按名发给赏赐。

至此，外藩朝正，仪礼，全部结束。各年班根据在京时间，陆续启程回乡。

---

① 会典馆编，赵云田点校：《钦定大清会典事例·理藩院》卷 992《仪制·朝仪》，中国藏学出版社 2006 年版，第 392 页。

（六）意识形态权力的建立：尊崇藏传佛教

尊崇藏传佛教一直是清朝的国策。乾隆皇帝曾说：“兴黄教，即所以安众蒙古……盖以蒙古奉佛，最信喇嘛，不可不保之，以为怀柔之道也。”[①] “本朝之维持黄教，原因众蒙古素所皈依，用示尊崇，为从宜从俗之计。”[②]

早在元朝，蒙古贵族就信仰藏传佛教，但元亡后，蒙古地区重回信仰萨满教的时代，直到一代豪杰蒙古土默特部首领俺答汗出现。俺答汗试图统一蒙古诸部，但多年的征战生涯使他意识到了意识形态的重要性。万历六年（1578 年），俺答汗和藏传佛教格鲁派首领索南嘉措在青海会面，索南嘉措赠予俺答汗“梵天大力察克喇瓦尔第诺们汗之号”并赐银印[③]，“察克喇瓦尔第诺们汗”即“转轮法王（chakravarti）”。俺答汗则赠予索南嘉措称号和金印，称号为“妙瓦齐喇达喇赛音绰克图宝音图达赖”[④]，“达赖喇嘛”这一称号一直沿用至今。从此以后，蒙古诸部逐渐信仰藏传佛教格鲁派（因格鲁派戴黄帽，故俗称“黄教”），因藏传佛教的转世理论把蒙古宗主大汗的权威给相对化了，为蒙古诸部领袖争夺“政教二道”的中心提供了可能[⑤]，作为满蒙政治—军事联盟的重要一环的满洲，不得不重视藏传佛教格鲁派。

天命七年（1622 年），努尔哈赤对前来游方的科尔沁囊苏喇嘛敬礼有加，“入汗衙门时，汗起身与喇嘛握手相见，并坐大宴之”[⑥]。

---

① 《高宗纯皇帝御制喇嘛说》，《卫藏通志》卷首，载《西藏研究》编辑部《西藏志·卫藏通志》，西藏人民出版社 1982 年版，第 149 页。

② 《卫藏通志》卷五《喇嘛》，载《西藏研究》编辑部《西藏志·卫藏通志》，西藏人民出版社 1982 年版，第 268 页。

③ 珠荣嘎译注：《阿勒坦汗传》，内蒙古人民出版社 1990 年版，第 120 页。

④ 珠荣嘎译注：《阿勒坦汗传》，内蒙古人民出版社 1990 年版，第 119 页。

⑤ 详见吕文利《嵌入式互动：清代蒙古入藏熬茶研究》，内蒙古大学出版社 2017 年版。

⑥ 中国第一历史档案馆、中国社会科学院历史研究所译注：《满文老档》（上），天命六年五月二十一日，中华书局 1990 年版，第 203 页。

此后又对前来投奔的察哈尔喇嘛给予特殊政策，“喇嘛下之萨哈尔察等亦皆背井离乡，随喇嘛来归，殊堪怜悯。念其归来之功，所有随喇嘛前来之萨哈尔察，其子孙世代豁免差役，获死罪则囚之，获掠财罪则免之，怜恤之恩勿断”①，此次豁免差役，以及犯罪从轻处理，奠定了此后清朝尊崇藏传佛教格鲁派的基础。

天聪八年（1634 年）秋，蒙古末代正统大汗林丹汗亡故后，嘛哈噶喇佛像为后金所得，“嘛哈噶喇”又译写为“玛哈噶拉”，意为“大黑天”，这对于信仰藏传佛教后的蒙古人来说，是与传国玉玺一样重要的象征之物，皇太极决定建寺庙供奉，这个寺庙就是实胜寺。

应该说，蒙古各部纷纷来投后金，与努尔哈赤和皇太极采取优待喇嘛的政策是有很大关系的。

崇德七年（1642 年），蒙古卫拉特和硕特部已经占领西藏，固始汗与五世达赖喇嘛组成了甘丹颇章政权。顺治九年（1652 年），在固始汗的引荐下，五世达赖喇嘛罗桑嘉措至北京朝觐顺治皇帝。在接见前，顺治皇帝为接见达赖喇嘛的礼仪颇为踌躇：一是顺治皇帝“欲亲至边外迎之，令喇嘛即住边外。外藩蒙古贝子欲见喇嘛者，即令在外相见。若令喇嘛入内地，今年岁收甚歉，喇嘛从者又众，恐于我无益”。二是如果顺治皇帝“不往迎喇嘛，以我既召之来，又不往迎，必至中途而返，恐喀尔喀亦因之不来归顺”。正当顺治皇帝犹豫不决之际，大学士洪承畴、陈之遴上奏说：

臣等阅钦天监奏云：昨太白星与日争光，流星入紫微宫。窃思日者，人君之象，太白敢于争明；紫微宫者，人君之位，

① 中国第一历史档案馆、中国社会科学院历史研究所译注：《满文老档》（上），天命十年十一月初六日，中华书局 1990 年版，第 648 页。

流星敢于突入。上天垂象，诚宜警惕！且今年南方苦旱，北方苦涝，岁饥寇警，处处入告，宗社重大，非圣躬远幸之时。虽百神呵护，六军扈从，自无他虞，然边外不如宫中为固，游幸不若静息为安。达赖喇嘛自远方来，遣一大臣迎接，已足见优待之意，亦可服蒙古之心，又何劳圣驾亲往为也。天道深远，固非臣等所能测度，但乘舆将驾，而星变适彰，此诚上苍仁爱陛下之意，不可不深思而省戒也。[①]

洪承畴等人以“太白敢于争明”和“流星敢于突入”暗示顺治皇帝皇位危险，不宜出京迎接达赖喇嘛。为了江山社稷，顺治皇帝当然不敢怠慢，他表示“此奏甚是，朕行即停止”[②]。

关于顺治皇帝和达赖喇嘛的相见过程，《五世达赖喇嘛传》记载较为详细：

皇帝按以前的诸典籍所载，以田猎的名义前来迎迓。十六日（顺治九年十二月十六日——引者注），我们起程前往皇帝驾前。进入城墙后渐次行进，至隐约可见皇帝的临幸地时，众人下马。但见七政宝作前导，皇帝威严胜过转轮王，福德能比阿弥陀。从这里又前往至相距四箭之地后，我下马步行，皇帝由御座起身相迎十步，握住我的手通过通事问安。之后，皇帝在齐腰高的御座上落座，令我在距他仅一庹远，稍低于御座的座位上落座。赐茶时，谕令我先饮，我奏称不敢造次，遂同饮。如此，礼遇甚厚。我进呈了以珊瑚、琥珀、青金石念珠数串、氆氇、蔗糖、唵叭香数包以及马匹、羔皮各千件等为主的

① 《清世祖实录》卷68，顺治九年九月戊戌。
② 《清世祖实录》卷68，顺治九年九月戊戌。

贡礼。皇帝询问了卫藏的情况，我们高兴交谈。[①]

由《五世达赖喇嘛传》的记载来看，这次清朝皇帝与达赖喇嘛的第一次会见还是以清廷精心设计的礼节为主，顺治皇帝派遣和硕承泽亲王硕塞等去迎接达赖喇嘛，待见面之时，也没有让达赖行礼，而是起身离座，以迎接状，握手问安。其实达赖喇嘛也很注重这个礼节。接下来座次问题很关键，显然，顺治皇帝坐御座，达赖在距离顺治皇帝一庹远的、“稍低于御座的座位上落座”，一庹远是指人的两臂伸开之后，两手之间的距离，这显然体现出了尊卑关系，从此达赖喇嘛、班禅额尔德尼觐见清朝皇帝，大体都是按照这个礼仪来进行的。

此次会见后，清廷待达赖喇嘛回程走到中途之际，遣礼部尚书觉罗郎球、理藩院侍郎席达礼等于代噶地方赏赐金印，封达赖喇嘛为“西天大善自在佛所领天下释教普通瓦赤喇怛喇达赖喇嘛”[②]。从这次册封也可以看出，顺治皇帝与俺答汗的区别是，他是以居高临下的姿态来册封达赖喇嘛的，并未要求达赖喇嘛来给他什么称号，从而也向达赖喇嘛说明，顺治皇帝才是统领天下的君主，由此，地位上的高下之别甚为明显。

“达赖喇嘛”的称号一开始来自蒙古俺答汗，而清廷封五世达赖喇嘛为“西天大善自在佛所领天下释教普通瓦赤喇怛喇达赖喇嘛”有仿照元明的意思，元朝赐八思巴为“大宝法王”，死后追赠“皇天之下一人之上（开教）宣文辅治大圣至德普觉真智佑国如意

① 五世达赖喇嘛阿旺洛桑嘉措著，陈庆英、马连龙、马林译：《五世达赖喇嘛传》，中国藏学出版社1997年版，第328页。这与宫中档案记载的差不多，据中国第一历史档案馆《馆藏宫中杂档》记载：“十二月，幸南苑。达赖上谒。上由御座起行数步，与达赖握手问候。后，上复登御座，侧设达赖座，奉温谕令登座吃茶，询起居。达赖即于座前恭请圣安，陈述前后藏情形。赏赐筵宴。”《五世达赖喇嘛传》，第344页，注12。

② 《清世祖实录》卷74，顺治十年四月丁巳。

大宝法王、西天佛子、大元帝师”称号[①]，明成祖朱棣封噶玛噶举派的哈立麻为“万行具足十方最胜圆觉妙智慧善普应佑国演教如来大宝法王西天大善自在佛”，领天下释教。[②]萨迦派的贡噶扎西（明代汉译为昆泽思巴）被封为“万行圆融妙法最胜真如慧智弘慈广济护国演教正觉大乘法王西天上善金刚普应大光明佛”，领天下释教，“礼之亚于大宝法王”[③]，此外，明朝还封新兴的格鲁派释迦也失为“妙觉圆通慈慧普应辅国显教灌顶弘善西天佛子大国师”，宣德年间，被封为“万行妙明真如上胜清净般若弘照普慧辅国显教至善大慈法王西天正觉如来自在大圆通佛”[④]，此即为明代的三大法王，此外明朝还封了诸多的国师、灌顶国师、禅师等。所以清朝仿照元明两代，把达赖喇嘛封为“西天大善自在佛所领天下释教普通瓦赤喇怛喇达赖喇嘛”，“西天大善自在佛”和“所领天下释教”，只有一统天下的皇帝才可封授，且封授才实至名归。所以，顺治皇帝把俺答汗给达赖喇嘛的封号又变换一些字封授一次，有收束权力之意，即达赖喇嘛的封号只有清朝皇帝封授才为正统。[⑤]此后，康熙年间对班禅变换封号也是如此。班禅的封号是于顺治二年（1645年）蒙古和硕特部首领固始汗封赠给四世班禅罗桑却吉坚赞（1567—1662年）的，称为“班禅博克多”，从此开始有了班禅活佛转世系统。康熙五十二年（1713年），康熙皇帝“谕理藩院：班禅胡土克图，为人安静，熟谙经典，勤修贡职，初终不倦，甚属可嘉。著照封达赖喇嘛之例，给以印、册，封为‘班

---

① 《元史》卷202《释老传》。

② 《明史》卷331《西域三》。

③ 《明史》卷331《西域三》。

④ 《明史》卷331《西域三》。

⑤ 实际上，清朝统治者特别注意收束权力的问题，早在顺治五年（1648年），顺治皇帝以“中国”之主的身份敕谕阐化王：“尔等遣使进表，具见真诚来服之意，朕甚嘉悦。方今天下一家，虽远方异域，亦不殊视。念尔西域从来尊崇佛教，臣事中国，已有成例。其故明所与敕诰、印信，若来进送，朕即改授，一如旧例不易。”《清世祖实录》卷39，顺治五年六月庚寅。

禅额尔得尼’”[①]。此次所封为五世班禅罗桑意希（1663—1737年）。由“班禅博克多”变为“班禅额尔德尼”，只是变了几个字，“额尔德尼”相当于藏语仁波且（rin-po-che），意为“宝”。由此可见，清廷逐步收束封授的权力，以自己封授的封号为正统的意图明显。

对此，后世乾隆皇帝认识得更为透彻，他说，“其达赖喇嘛、班禅额尔德尼之号，不过沿元明之旧，换其袭敕耳”，之后又解释说：“黄教之兴，始于明……我朝崇德七年，达赖喇嘛、班禅喇嘛遣使贡方物。八年，赐书达赖喇嘛及班禅呼土克图，盖仍沿元明旧号。”[②] 此后，乾隆皇帝又再次申明：“盖中外黄教，总司以此二人，各部蒙古，一心归之。兴黄教，即所以安众蒙古，所系非小，故不可不保护之。”一语道破了清朝尊崇黄教的根本目的，即蒙古各部以黄教为意识形态，把黄金家族的影响力相对化了，纷纷建立“政教二道”的中心，清廷为了收束这些中心，必须要尊崇黄教。[③]

尊崇藏传佛教成为清朝的国策，一直到清末，维护了清朝统治的稳定。

二　“软治理”制度体系的运行机制

清廷对蒙古地区“软治理”制度体系的运行机制，主要包括一套较为成熟的官僚管理体系、政府财政支持，以及清廷以完备的礼仪体系来规训蒙古诸部。

（一）有一套较为成熟的官僚管理体系

清代管理蒙古地区，有一套较为成熟的官僚管理体系。在中央，决策机构有议政王大臣会议、军机处等，负责处理重大的涉及

① 《清圣祖实录》卷253，康熙五十二年正月戊申。

② 《喇嘛说》，见张羽新《清政府与喇嘛教》附录“清代藏传佛教碑刻录”，西藏人民出版社1988年版，第339—340页。《喇嘛说》碑文藏于北京雍和宫。

③ 参见吕文利《嵌入式互动：清代蒙古入藏熬茶研究》，内蒙古大学出版社2017年版。

蒙古地区的决策；理藩院（前身是蒙古衙门）负责管理、协调蒙古地区的各项事务。在地方，设置了军府制，以将军、都统、大臣等，率军镇守蒙古地区；在蒙古地区各地，则以盟旗制统之，设扎萨克管理。

在清朝的中央机构中，一个最大的创新点是创立了蒙古衙门，即后来改成的理藩院。蒙古衙门，为后金专司漠南蒙古事务的机构。入关前，随着满洲和蒙古军事—政治联盟的深入，如何管理蒙古地区成为重要问题。一开始以一等参将阿什达尔汉署理对归附的漠南蒙古诸部进行清查壮丁、划定地界、编分户籍等事项。至迟到天聪八年（1634 年）[①]，设立蒙古衙门，仍以阿什达尔汉署理衙门事务，以实施对漠南蒙古归附诸部的法令颁布、调兵出征、划界编户等项事宜为主；并特别规定："凡此遣退蒙古及发喀喇沁兵，俱不可无蒙古衙门官员。"[②] 时机构初创，并无固定衙署；历代又从无考订制度沿革，故其在朝中虽与六部并列，但地位较低。蒙古衙门的建立，标志着后金对归附漠南蒙古各部管理的规范化和制度化。

崇德元年（1636 年），随着归附蒙古诸部的增多，蒙古衙门得到加强。以一等侍卫、巴克什尼堪为首任承政，掌衙门各项事务，左、右参政佐之；以下设启心郎，为各司办事官员；仍以专司管理漠南蒙古事务为主。

随着外藩蒙古诸部相继归附，涉及蒙古及其他藩部民众的事务繁多，单一、地位较低的蒙古衙门已不适应需要，两年后，改蒙古衙门为理藩院，与六部平行，成为清廷的八大衙门之一。

理藩院，是清朝专司国家民族边疆事务的朝廷机构。掌内、外蒙古，青海、西藏、新疆及四川地区的蒙古、回（维吾尔）、藏等

---

① 达力扎布先生在前人研究的基础上，认为蒙古衙门最迟已于天聪八年设立（见氏著《清代内扎萨克六盟和蒙古衙门设立时间蠡测》，《黑龙江民族丛刊》1996 年第 2 期。本书从此说。

② 《清太宗实录》卷 18，天聪八年五月甲辰。

民族事务。崇德三年（1638年）六月，以外藩蒙古诸部尽来归附，事务繁多，改蒙古衙门为理藩院。设承政一员，左、右参政各一员，副理事官八员，启心郎一员。后理藩院各司和职能逐渐扩大，设有旗籍、王会、典属、柔远、徕远、理刑六司，以及满档房、汉档房、蒙古房、司务厅、当月处、督催所、银库、饭银处、俸档房等机构。旗籍司掌管内扎萨克划定疆域、封爵、会盟、袭替、军旅等事，以及归化城土默特部和达呼尔三旗任免引见事；王会司掌管发放内扎萨克王公等的俸禄，办理朝贡、赏赐等事务；典属司掌管外扎萨克划定边界、会盟、屯戍、封袭、驿递等事之外，还管理蒙藏各地喇嘛事务，掌管察哈尔、巴儿虎、厄鲁特、札哈沁、明安特、乌梁海、达木、哈萨克等处游牧人，以及外藩贸易和中俄恰克图贸易、廓尔喀入贡等；柔远司掌管发给外扎萨克及喇嘛的俸禄，安排朝贡、赏赐等事务；徕远司专管新疆南疆及西南土司事；理刑司掌管外藩各部的刑罚之事。光绪三十二年（1906年），清朝改理藩院为理藩部，原有内部主要机构基本予以保留；凡移民、开垦、练兵、兴学等有关筹边固圉诸事，也纳入其管理。

清朝在蒙古地区设置军府制以威慑。清廷在蒙古地区设立将军、都统、大臣等地方最高军事长官，对内以监督、控驭蒙古地区，统一征调蒙古兵以镇戍地方，对外以加强边防。凡是将军都统设立之所，都由八旗兵驻防。

雍正十一年（1733年）设乌里雅苏台定边左副将军（简称乌里雅苏台将军），是为清驻外蒙古最高军政合一长官，统掌唐努乌梁海、喀尔喀四部及所附厄鲁特、辉特二部之军政。乾隆二年（1737年），设绥远城驻防将军。乾隆二十六年（1761年），设察哈尔都统。嘉庆十五年（1810年）设热河都统。军政合一的军府制体制遂推行于北部边疆。

特旨简派之驻扎大臣，是清代边疆军府制度的又一个重要组成部分。乾隆二十三年（1758 年），在外蒙古的库伦设库伦办事大臣；乾隆二十六年（1761 年），设科布多参赞大臣；乾隆二十九年（1764 年）在原伊克明安部牧地雅尔设置塔尔巴哈台参赞大臣。

上述的中央的决策机构议政王大臣会议、军机处以及管理机构理藩院，与驻扎在各地的将军、都统、大臣系统，以及管理地方社会的盟旗、府厅州县等，构成了有清一代管理蒙古地区的复合型治理制度。

这个官僚系统每年有序运转，保证了清廷顺利统治蒙古地区。以年班为例，每年九十月间，理藩院负责列出蒙古各部当年应参加年班进京朝觐的蒙古王公、呼图克图的名单，行札文至蒙古各部。札文会强调在十二月二十日前，参加年班人员必须到达北京，如果无端不来，或按时不到会受到惩罚。同时理藩院也会将参加年班的蒙古王公名单，通知蒙古地区驻防的将军、大臣。这些将军、大臣会咨文督促蒙古王公起身觐见，监视审核因病或其他事情不能参加年班的蒙古王公情况的真实性。蒙古王公是否按时动身进京，进京后何时返回本旗，相关情况各地驻防大臣、将军需一一向清朝皇帝报告。在朝觐途中路过的各个地方的地方官也要及时向皇帝报告，这些蒙古王公何时入境，何时出境，有无异常情况。[①] 如此每年蒙古王公的年班都会在这套官僚系统的运转下，有序进行。

（二）政府财政支持

清廷管理蒙古地区，不但有成熟的官僚体系，更为关键的是，有强大的政府财政支持。在蒙古地区，蒙古王公所收赋税不必上缴国库，而且给蒙古王公以俸禄，对来京年班朝觐之王公，还每天给以一定的廪给；赐赉时给予蒙古王公以各种赏赐；蒙古王公采买的货物进出关口不纳税；等等。如果没有清朝强大财政的支撑，是不可想象的。

---

① 李治国：《清代藩部宾礼研究——以蒙古为中心》，内蒙古大学出版社 2014 年版，第 53 页。

仅以给予蒙古王公俸禄一项为例，我们来进行分析。

清代蒙古地区的俸禄如下。

内扎萨克给俸。因蒙古科尔沁部最早与清廷联盟，为清廷出力最大，且累世有联姻，故清廷最重科尔沁部，对科尔沁部待遇尤隆。故俸禄方面，科尔沁部图什业图、卓里克图、达尔汉三亲王的俸银为二千五百两，俸缎四十。扎萨克图郡王俸银为一千五百两，俸缎二十。其他爵位俸禄详见表6－3。

表6－3　内扎萨克俸禄

爵位	俸禄
亲王	俸银二千两，俸缎二十五
郡王	俸银一千二百两，俸缎十五
贝勒	俸银八百两，俸缎十三
贝子	俸银五百两，俸缎十
镇国公	俸银三百两，俸缎九
辅国公	俸银二百两，俸缎七
扎萨克台吉	俸银一百两，俸缎四

资料来源：会典馆编，赵云田点校：《钦定大清会典事例·理藩院》卷987《俸禄·内札萨克给俸》，中国藏学出版社2006年版，第333页。

雍正七年（1729年）规定，“蒙古王以下、札萨克一等台吉以上，著通行增赏俸银一倍。再闲散一等台吉从前无俸，亦著照札萨克一等台吉食俸之数赏给”。此为雍正皇帝特加之恩，“未便遽定为例，嗣后著户部会同理藩院，于年终将应否倍赏之处请旨”。雍正十年（1732年）议准，“乾清门行走之一等台吉，给俸银一百两，二等八十两，三等六十两，四等四十两”[①]。

乾隆年间及以后，俸银、俸缎标准多次变更，既有特恩晋封者

① 会典馆编，赵云田校：《钦定大清会典事例·理藩院》卷987《俸禄·内札萨克给俸》，中国藏学出版社2006年版，第333页。

加俸，也有因降级而罚俸者。

外扎萨克给俸。康熙三十年（1691 年），康熙皇帝亲赴多伦诺尔，召集外蒙古喀尔喀部等部落会盟，标志着外蒙古喀尔喀部正式归附清朝，清廷封爵给外蒙古喀尔喀部大小贵族。康熙三十一年（1692 年）定：喀尔喀王、贝勒、贝子、公、台吉，应给予俸禄，照内扎萨克之例颁给。但外蒙古还有土谢图汗、扎萨克图汗、车臣汗等汗爵，以后又增加了一个赛音诺颜汗。

表 6－4　外扎萨克爵位俸禄

爵位	俸禄
汗	俸银二千五百两，缎四十
亲王	俸银二千两，缎二十五
世子	俸银一千五百两，缎二十
郡王	俸银一千二百两，缎十五
贝勒	俸银八百两，缎十三
贝子	俸银五百两，缎十
镇国公	俸银三百两，缎九
辅国公	俸银二百两，缎七
扎萨克一等台吉	俸银一百两，缎四

资料来源：会典馆编，赵云田点校：《钦定大清会典事例·理藩院》卷 987《俸禄·外札萨克给俸》，中国藏学出版社 2006 年版，第 333 页。

由表 6－4 可以看出，外扎萨克的汗爵所受俸禄与内扎萨克科尔沁部图什业图、卓里克图、达尔汉三亲王的俸禄是相当的，清廷笼络之意甚为明显。

总之，清廷在蒙古地区都按照爵位、职位等给予一定的俸禄。如果我们把这些俸禄与清代宗室以及文官的俸禄待遇做一比较，可以看出一些比较有意思的现象。

表 6 –5　清代宗室俸禄

爵位	岁银（两）	备注
亲王	10000	除了俸银，还有俸米，规定："每银一两，给米一斛。"（1 斛 = 0.5 石）
世子	6000	
郡王	5000	
长子	3000	
贝勒	2500	
贝子	1300	
镇国公	700	
辅国公	500	
一等镇国将军	410	
二等镇国将军	385	
三等镇国将军	360	
一等辅国将军	310	
二等辅国将军	285	
三等辅国将军	260	
一等奉国将军	210	
二等奉国将军	185	
三等奉国将军	160	
奉恩将军	110	

资料来源：（光绪）《钦定大清会典事例》卷 248《户部・俸饷・宗室俸禄》。

表 6 –6　清代文官俸禄

品级	俸银（两）	俸米（斛）
正从一品	180	180
正从二品	155	155
正从三品	130	130
正从四品	105	105
正从五品	80	80

续表

品级	俸银（两）	俸米（斛）
正从六品	60	60
正从七品	45	45
正从八品	40	40
正九品	33.1	33.1
从九品	31.5	31.5

资料来源：（光绪）《钦定大清会典事例》卷249《户部·俸饷·文武京官俸禄》。

将表6-5、表6-6与清代藩部地区王公相比较来看，藩部地区王公的俸禄虽不及满洲宗室的俸禄，但比文官的俸禄要高得多。如果再考虑清廷每年在蒙古地区并不收取赋税，进京年班朝觐的蒙古王公进出关口也不收税等情况①，则清廷对蒙古王公的待遇更为优裕。

（三）清廷以完备的礼仪体系来规训蒙古诸部

清廷设置了一套完备的礼仪体系来规训蒙古诸部。如蒙古王公每年春节赴京年班朝觐，清廷就设计了一套礼仪程序。

清廷定制，每年十二月中旬，蒙古王公到齐时，由理藩院具奏，奉旨后咨行领侍卫内大臣、内务府、茶膳房、武备院、敬事房、善扑营，照例预备。十二月二十三日在中正殿西场子赐饭。是日中正殿赐宴仪注为：

张大蒙古包于西场子，在这个大蒙古包当中安设皇帝坐的宝座，稍后安设呼图克图坐的矮床，两旁安设皇帝钦派入坐的蒙古亲王等人的坐褥。其余汗、王、贝勒、贝子、公、台吉、塔布囊、额

① 《奏为蒙古包商漏税请敕理藩院晓谕蒙古守分安业事》，乾隆九年二月十七日，档号：04-01-35-0316-024，缩微号：04-01-35-018-1903，国家清史编纂委员会中华文史网数字图书馆藏。并参见雍正三年上谕，“边关城门，只令来往之商人纳税，其请安进贡之蒙古等并无收税之例”，《清世宗实录》卷28，雍正三年正月辛酉。

驸等列坐于大蒙古包外，东西相向。呼图克图喇嘛等列坐于院内东西支搭的蒙古包内。由理藩院带领应入坐的汗、王以下以及呼图克图等人在中正殿齐集，都穿常服按品排坐。

皇帝驾临后，入坐的王、公等分班跪迎毕，之后各按品秩入坐，跪行一叩首礼；坐，进膳桌，尚茶正进茶。

皇帝用茶，众皆于原坐处，跪行一叩首礼，茶毕，侍卫致众茶，众行一叩首礼，饮毕，复行一叩首礼。恩赐馔毕，众行一跪三叩首礼退出。

皇帝驾临黄幕，升宝座，汗王以下、呼图克图各按品级，两旁列坐看戏。

皇帝还宫，王公、喇嘛等跪送。

按照品秩每人赏给玻璃瓷器、茶叶、哈密瓜等物各一份，理藩院堂官会同御前大臣监放。领赏后，引至乾清门外，行三跪九叩首礼谢恩。

再如岁除日皇帝于保和殿宴请内、外扎萨克汗、王、贝勒、贝子、公、台吉、塔布囊、额驸等及外国来使时，也有严格的仪注。首先是各个部门各司其职：乐部和声署设中和韶乐于殿檐下左右，陈丹陛大乐于中和殿北檐下左右，笳吹队舞，杂技百戏，俟于殿外东隅。武备院张黄幕于殿南正中。内务府管领设反坫（用于置酒具）于幕内，尊、爵、金卮、壶勺具。尚缮总领于宝座前设御筵。殿内左、右布蒙古王、公暨内大臣、入殿文武大臣席。宝座之左、右陛布后扈大臣席。前左右，布前引大臣席。后左右，布领侍卫内大臣暨记注官席。丹陛上左右布台吉、侍卫席。所有座次都按翼、按品为序。

皇帝御殿后，中和韶乐作，奏元平之章，蒙古王公等皆于坐处跪。

皇帝前御筵撤，众皆于原坐处行一跪三叩首礼。中和韶乐作，奏显平之章。

皇帝还宫，乐止。[①]

由以上宴赉程序可见，清廷处处显示皇帝的尊贵，显示皇权至上，在所有的礼仪中强化以满洲皇帝为中心的印象。

三　清朝对蒙古地区“软治理”的实施效能

（一）有效地维护了清廷的“大一统”

清朝对蒙古地区的“软治理”，有效地维护了清廷的“大一统”局面。入关前正是靠恩威并施的政策，促使漠南蒙古诸部纷纷归附。入关后，主要以“软治理”的方法把蒙古诸部“缠绕”起来，不让其飘逸出去（当然，“软治理”背后是军事震慑和经济实力）。即便有偶尔的叛乱，也正是因为“软治理”下蒙古姻亲起到了关键作用，才使得叛乱平息。如察哈尔宗主大汗林丹汗的孙子布尔尼，在吴三桂反清时，趁机起兵反清，但在他邀约其他蒙古王公一起反清时，响应者寥寥无几，并纷纷向清廷示警。布尔尼的使者来到阿鲁科尔沁部时，清简王府的额驸色冷劝他的父亲扎萨克郡王朱尔扎哈：“我等与大清结亲，蒙恩甚厚，尔今附从布尔尼为叛，亦不过作一王而已，尚欲何为？布尔尼决不可从。”朱尔扎哈听从了色冷的劝告，派人将布尔尼反叛的消息报告清廷。[②] 色冷的话很有代表性，“与大清结亲”说的是满蒙联姻，“蒙恩甚厚”说的是清朝的封爵、俸禄等一系列优厚待遇，尤其是后面的一句话很有力度，“尔今附从布尔尼为叛，亦不过作一王而已”，跟从布尔尼叛乱没有更多的好处，顶多是做一个王爷而已，与现在的地位和待遇一

① 以上礼仪据光绪朝《钦定大清会典事例》卷 515《礼部·燕礼》、卷 518《礼部·燕礼》及《钦定大清通礼》卷 37《嘉礼》等整理。

② 中国第一历史档案馆整理：《康熙起居注》第二册（上），中华书局 1984 年版，第857 页。

样，那何必反呢？所以在这里我们看到，布尔尼还想以蒙古宗主大汗来号召反清，但因为清廷“软治理”的“缠绕”，已成功地转移认同，蒙古王公对宗主大汗已无认同。康熙皇帝之所以在京师空虚的情况下，还能够迅速平定布尔尼的叛乱，蒙古姻亲起到了非常大的作用。统帅科尔沁五旗兵的沙津，是顺治皇帝的侄女婿、康熙皇帝的堂姐夫，正是他在最后追击布尔尼、罗卜藏兄弟，射杀二人，彻底平定了叛乱，与沙津一同统兵的其他蒙古各部王公，也大多是皇帝姻亲。[①]

清廷推行的尊崇藏传佛教的政策，亦有效维护了“大一统”。清廷很多危机的场合，都靠宗教领袖斡旋才得以解决。乾隆二十年（1755 年），乾隆皇帝发觉阿睦尔撒纳要叛，于是命阿睦尔撒纳九月至热河朝觐，令喀尔喀亲王额琳沁多尔济伴随。但行至途中，阿睦尔撒纳叛去。额琳沁多尔济因此被乾隆皇帝赐死。[②] 因额琳沁多尔济是蒙古黄金家族后裔，一时之间“诸部蠢动，曰：‘成吉斯汗后从无正法之理’，因推其兄哲敦国师为主，势多叵测”[③]，看来哲布尊丹巴也要谋叛清朝，而此时喀尔喀扎萨克图汗部附属下的和托辉特部扎萨克贝勒青衮杂卜趁机煽动喀尔喀部叛乱，发动撤驿之变，“自十六驿至二十九驿，一时尽撤，羽书中断”[④]。当时章嘉呼图克图正扈从乾隆皇帝在木兰围场，乾隆皇帝“以其事告之”，章嘉呼图克图说：“皇上勿虑，老僧请折简以消逆谋。”于是写一封信给哲布尊丹巴曰：“国家抚绥外藩，恩为至厚。今额自作不轨，故上不得已施之于法，乃视蒙古与内臣无异之故，非以此尽疑外藩有

① 杜家骥：《清朝满蒙联姻研究》（下），第 428—429 页。

② 昭梿撰，冬青点校：《啸亭杂录·续录》卷 3《西域用兵始末》，上海古籍出版社 2012 年版，第 56 页。

③ 昭梿撰，冬青点校：《啸亭杂录·续录》卷 10《章嘉喇嘛》，上海古籍出版社 2012 年版，第 256 页。

④ 魏源：《圣武记》（上）卷 3《外藩》，第 106 页。

异心也。如云元裔即不宜诛，若宗室犯法又若之何？况吾侪方外之人，久已弃骨肉于漠外，安可妄动嗔相，预人家国事也？”哲布尊丹巴读完这封信，“其谋乃解”[①]。乾隆皇帝十分喜悦，说：“一旦发生人数如此众多规模颇大的叛乱，许多年中定有无数生灵涂炭。一纸书信，其乱自平。尊胜上师你真是饶益众生的法力无穷的大德。”[②] 在这个事件中，起到关键作用的除了章嘉呼图克图外，还有一位关键人物就是漠北赛音诺颜部固伦额驸策凌之子成衮扎布，他率军平定了青衮杂卜叛乱。[③]

也正是清朝尊崇藏传佛教政策，促使乾隆三十五年（1770 年）渥巴锡带领蒙古土尔扈特部从伏尔加河流域东归，这正是清代学者何秋涛所总结的“土尔扈特重佛教，敬达赖喇嘛，而俄罗斯尚天主教，不事佛，以故土尔扈特虽受其役属，而心不甘，恒归向中国”[④]。

由此可见，清廷对蒙古地区的“软治理”，持续地在发挥效用，促进了清朝“大一统”格局的形成。

（二）增加了对满洲统治者的认同

清代对蒙古地区“软治理”的核心，即是“结以亲谊，托诸心腹”[⑤]，一些蒙古王公子弟，从小就被养在深宫，与未来的皇帝和皇子们一起玩要嬉戏，结成了深厚友谊，长大后，令在御前行走，并选为额驸，参与一些军机大事，皇帝推心置腹，毫无隐瞒，故蒙古王公被信任感、获得感强烈，“皆悦服骏奔”。乾隆年间，在平定

---

① 昭梿撰，冬青点校：《啸亭杂录·续录》卷 10《章嘉喇嘛》，上海古籍出版社 2012 年版，第 256—257 页。

② 土观·洛桑却吉尼玛：《章嘉国师若必多吉传》，陈庆英、马连龙译，中国藏学出版社 2007 年版，第 167—168 页。

③ 杜家骥：《清朝满蒙联姻研究》（下），第 432—433 页。

④ 何秋涛：《朔方备乘》卷 38《纪事始末二·土尔扈特归附始末》，清光绪刻本。

⑤ 昭梿撰，冬青点校：《啸亭杂录·续录》卷 1《善待外藩》，上海古籍出版社 2012 年版，第 12 页。

准噶尔和大小和卓的战役中，蒙古王公起到了重要作用。“如喀尔沁贝子扎尔丰阿，科尔沁额驸索诺木巴尔珠尔，喀尔喀亲王定北将军成衮扎布、其弟郡王霍斯察尔，阿拉善郡王罗卜藏多尔济，无不率领王师，披坚执锐，以为一时之盛。”① 长期的满蒙联姻，使得具有满蒙血统的蒙古王公人数越来越多。整个清朝满蒙联姻达 586 次，其中出嫁公主、格格的人数以乾隆朝最多，乾隆朝 60 年间，嫁与蒙古的皇家女儿多达 179 人。② 所以乾隆皇帝在宴蒙古王公时，写诗注云“其令人宴者，率皆儿孙行辈”。这些不断扩大的具有满蒙血统的蒙古王公，对满洲统治者认同感强烈。所以乾隆皇帝去世时，“诸蒙古部落皆擗踊痛哭，如丧考妣，新降都尔伯特汗某，几欲以身殉葬，其肫挚发于至诚，不可掩也”③。

正是因为清朝的“软治理”使得蒙古王公对清朝统治者和清朝有强烈的认同，所以康熙皇帝才有底气说“我朝施恩于喀尔喀，使之防备朔方，较长城更为坚固”④，此后有人奏请修古北口一带的长城，康熙皇帝进一步阐发：“帝王治天下，自有本原，不专恃险阻。秦筑长城以来，汉、唐、宋亦常修理，其时岂无边患？明末我太祖统大兵长驱直入，诸路瓦解，皆莫敢当，可见守国之道，惟在修德安民，民心悦，则邦本得，而边境自固，所谓众志成城者是也。”⑤

（三）有效地节省了治理成本

清朝对蒙古地区的“软治理”，使得蒙古地区比较稳定，凡纳入版图的，鲜少发生战争，与发动战争就要消耗几百上千万两白银

---

① 昭梿撰，冬青点校：《啸亭杂录·续录》卷 1《善待外藩》，上海古籍出版社 2012 年版，第 12—13 页。

② 杜家骥：《清朝的满蒙联姻》，《历史教学》2001 年第 6 期，第 15—16 页。

③ 昭梿撰，冬青点校：《啸亭杂录·续录》卷 1《善待外藩》，上海古籍出版社 2012 年版，第 13 页。

④ 《清圣祖实录》卷 151，康熙三十年四月壬辰。

⑤ 《清圣祖实录》卷 151，康熙三十年四月丙午。

相比，清朝在蒙古地区的治理成本是相当低的。雍正年间，雍正皇帝因为考虑到蒙古王公俸禄较少，还特意加俸："朕思从前所定外藩扎萨克蒙古王等之俸禄，比于内地王等较少者，必非以内外之故，遂有多寡之分也。或因尔蒙古王等人员众多，且在外藩居住，费用尚为俭约，而国家钱粮亦或有不敷之处，故将尔等俸禄从少定议耳！"考虑到目前国家钱粮较为充裕，故雍正皇帝谕令："尔蒙古王等以下、扎萨克一等台吉以上之俸，令著概行加增一倍赏给。再，平常一等台吉，从前俱无俸禄，今亦著照扎萨克一等台吉等所食百金之俸赏给。"[①] 此后理藩院年年具奏发放外藩蒙古王公俸禄情况。我们从档案看到，乾隆十九年（1754 年），理藩院奏，外藩公主、格格、王、贝勒、贝子、公、台吉以下，世袭官员以上，共支放乾隆十九年俸银 146522.5 两，缎 2207 匹。[②] 此后，每年大体保持这个数字，一直到嘉庆、道光年间，清廷每年支付给蒙古王公的俸银总额约为十五万两，俸缎约一千五百匹。[③] 应该说，清廷对蒙古地区的"软治理"，是在经济上以较小的付出获得了最大的治理效能，保持了社会的稳定，保持了"大一统"局面的稳定。

结　语

明末群雄割据，远在东北的满洲一定不是最强的势力，但最后为什么能够入主中原并长期统治，这是中外学术界一直关心的大问题。日本学者岸本美绪认为，16 世纪是世界的大变动时期，产生

---

① 《清世宗实录》卷 77，雍正七年正月丙午。

② 大学士兼户部尚书傅恒：《题报放过乾隆十九年外藩王公世袭官员等俸银缎匹数目事》，乾隆十九年十二月十二日，户科题本，档号：02－01－04－14858－028，缩微号：02－01－04－07－341－1993，国家清史编纂委员会中华文史网数字图书馆藏。

③ ［日］田山茂：《清代蒙古社会制度》，潘世宪译，内蒙古人民出版社 2015 年第 2 版，第 128 页。

了很多“近世国家”，这些国家都面临着几个共同的课题，即民族、宗教问题；社会编制问题；市场经济与财政的问题，她概括为“后16世纪问题”①。在这个大变动中，各国都探索出了自己的因应路径。满洲的成功具有复杂性，但毫无疑问，在东北之时，因为周围环境的特殊性，满洲不得不一开始就面对复杂的民族和宗教问题，努尔哈赤和皇太极等满洲统治者的智慧就是顺其自然、顺势而为。无论是作为“硬治理”的盟旗制度和封禁政策，还是作为“软治理”的联姻、封爵、俸禄等政策，都是因应蒙古“旧俗”而建立起来的。而当时的困难还在于，相对于之前蒙古社会主要靠领袖个人能力和魅力来统合的情况，清朝统治者还面临如何改革这些制度的问题，以建立持续的、完善的制度体系来实现和巩固“大一统”目标。

顺治、康熙、雍正、乾隆诸帝一直在努力，逐渐在广大蒙古地区建立了基于盟旗制度上的官僚体系，把蒙古地区行政化、编制化了，以最小的治理成本达到了“大一统”的治理效能，这是值得肯定的。但是为维护盟旗制度的稳定性，并防范蒙古壮大，清廷在划定旗界后，同时限制内地与蒙古之间往来，限制蒙古各旗之间往来，这就把牧民限定在了狭小的牧地范围内，也脱离了世界的经济贸易大潮，产生了种种社会问题，到清末被迫放垦蒙地，盟旗制度行将崩溃。

“硬治理”另一个层面的政策是封禁政策。对蒙古地区的封禁政策几乎与清朝相始终，如此长时间持续的政策实施必然有其利弊得失。总的来讲，无论封禁令是严格时期还是放松时期，实际上都是为维护清廷“大一统”目标服务的。在清前期，限制内地民人进入蒙地、限制蒙古各旗互相往来，实际上主要还是为了维护蒙古旧

① ［日］岸本美绪：《“后16世纪问题”与清朝》，载刘凤云、刘文鹏编《清朝的国家认同——“新清史”研究与争鸣》，中国人民大学出版社2010年版，第301—322页。

俗，维护蒙古王公的既得利益，使得内地农民不与其争利。待承平日久，无论是内地还是蒙古地区，人口繁衍，生计的压力导致蒙古王公有招民开垦的内生动力，而内地人均土地的减少，使得往蒙古地区开垦土地的内地农民越来越多，这是外部推动力，一内一外两股力量的结合，促使清廷封禁政策的表达与实践产生背离，封禁法令成为“具文”，其根本原因，即在于在蒙地开垦“利在蒙、利在民，即利在国也”，与清廷维护“大一统”的目标相一致。总体来讲，因为封禁令的关系，清代前期开垦的土地不是很多，客观上保护了蒙古地区的生态环境，但也人为造成了边疆“空心化”的现象，越往边界地区人口越少，待清末西方列强入侵，边疆弱化，无法组织有效抵御，清廷被迫改变传统的“防边”策略，转而为“边防”战略，放垦蒙地就是其中重要一招，但为时已晚，应该说，清末割让出去很多土地，甚至后来外蒙古“独立”出去，与清代对蒙古地区的封禁政策有很大关系，此乃千古憾事，我们要引以为鉴。

在“软治理”层面，我们看到，联姻、封爵、俸禄、朝觐、宴赉、尊崇藏传佛教格鲁派等政策在蒙古地区得到了有效实施，并取得了非常好的治理效果，增加了对满洲统治的认同，节约了治理成本，并像一条丝带一样，把蒙古“缠绕”起来，达到了维护“大一统”的目标。

总之，清朝对蒙古地区的“硬治理”和“软治理”，软硬结合，刚柔并济，硬中有软，软中有硬，达到了对蒙古地区最大的治理效能，相比于中原地区，有清一代蒙古地区鲜少有反抗者就是明证，这是值得我们好好总结的。

本书受中国历史研究院学术出版经费资助

清代国家统一史（下册）

History of National Unification in Qing Dynasty

邢广程　李大龙　主编

中国社会科学出版社

下册目录

第七章

清朝对新疆的经略

清朝平定准噶尔割据势力和大小和卓叛乱，实现统一天山南北，完成了统一新疆的历史大业。清朝宣称："准噶尔荡平，凡有旧游牧，皆我版图。"① 其地域包括天山南北、阿尔泰山东西以及巴尔喀什湖以东、以南地区。清朝平定准噶尔后，将原准噶尔割据的西北地区划分为两大部分，北部是以额尔齐斯河、斋桑泊、阿尔泰山和萨彦岭为中心的地区，为乌里雅苏台定边左副将军（简称乌里雅苏台将军）所管辖，其地域包括今中国新疆北部、蒙古国西部、俄罗斯部分以及哈萨克斯坦部分地区。南部则包括天山南北和巴尔喀什湖以东以南，直至帕米尔地区，属总统伊犁等处将军（简称伊犁将军）管辖，即为清代"西域"，乾隆皇帝为了炫耀"武功"，又将西域称为"新疆"。②

清朝统一新疆，结束了从元朝中期以来新疆400多年割据和战乱频仍的局面，重新将新疆置于中央政府的直接治理之下，从政治、经济、文化和边境安全等多方面综合经略，走上"一体化"的轨道。清朝治理新疆凡150多年，以光绪十年（1884年）新疆建省为节点，可分为前后期。在这两个时期里，新疆内外形势发生了

---

① 傅恒：《平定准噶尔方略》续编卷4，乾隆二十五年七月辛酉。

② 参见肖之兴《清代的几个新疆》，《历史研究》1979年第8期。

重大变化。清朝经略新疆虽然呈现不同特点，但是其统合的制度结构得以建立和逐步完善，经略新疆能力提高，促进了新疆经济、社会和文化发展，推动了其他地区与新疆各民族的交流，形成了新疆与各地融合的历史发展大势。

第一节　新疆军府制下的治理

清朝统一新疆后，针对天山南北地域辽阔、民族复杂以及深居亚洲腹地边陲的特点，依据边疆地区经略基本架构，吸取汉、唐治理西域经验，在继承传统制度的基础上，因地制宜，积极创新，制定了一系列政治、军事、边境管理、经济制度和宗教文化制度。

一　军府制及相关制度的创设

（一）伊犁将军体制的确立

平定新疆后，实行何种行政制度？清朝的最初考虑和最后实施是不同的。早在乾隆出兵之时就对新疆治理有过设想，称“俟平定准噶尔后，分封四卫拉特”[①]，“众建而分其势，俾之各自为守，以奉中国号令，聊示羁縻而已”[②]。在征伐达瓦齐战役结束时，乾隆皇帝也设想使用分封制，沿用“众建以分其势”的传统做法，即对天山北路的准噶尔“四部，分封四汗”，对南路的维吾尔族地区，由大小和卓统属，大略“以示羁縻而已”[③]。但后来阿睦尔撒纳先降后叛，大小和卓也是降而复叛，使清朝认识到以分封制进行羁縻统治难以维持新疆的稳定局面，不得不放弃分封制的初衷。

---

① 《清高宗实录》卷481，乾隆二十年正月戊戌。

② 《清高宗实录》卷527，乾隆二十一年十一月庚申。

③ 《清高宗实录》卷548，乾隆二十二年十月辛酉。

1. 军府制及其军队部署

清朝统一新疆后，鉴于当时内外形势，认为应该实行军府制，采取强有力的政治、军事和经济措施，以便有效震慑周边地区，控制境内复杂局面，对新疆实行直接治理。乾隆二十七年（1762 年），清朝设总统伊犁等处将军（简称伊犁将军），统辖新疆军政事务，为新疆最高军政长官，即所谓“总统伊犁等处将军一员，……节制南北两路，统辖外夷部落，操阅营伍，广辟屯田”①。

作为军府制，伊犁将军权限也有明确界定：“凡乌鲁木齐、巴里坤，所有满洲、索伦、察哈尔、绿旗官兵，应听将军总统调遣。至回部与伊犁相通，自叶尔羌、喀什噶尔至哈密等处驻扎官兵，亦归将军兼管，其地方事务仍令各处驻扎大臣照旧办理，如有应调伊犁官兵之处，亦准咨商将军就近调拨，开明职掌载入敕书。”② 在清朝统治新疆早期，包括常设驻防、换防之八旗、绿营官兵在内，新疆兵力一般维持在三万余人，布防遵循北重南轻的原则，其比例约为 5∶1。在此原则下，天山南北两路基本兵力部署如下。

（1）天山北路布防

在天山北路布防上，清朝围绕着一些重要战略重镇展开。

首先是高度重视将军府治所在地伊犁的布防。当时建立有九城，即塔勒奇、宁远、惠宁、惠远、绥定、广仁、瞻德、拱宸和熙春，其中惠远城为将军驻在地。伊犁驻军种类和数量均为全疆之冠，驻扎携眷官兵总计为 15000 名左右，其中八旗兵占 80%，绿营兵占 20%。乾隆二十九年（1764 年）至乾隆三十一年（1766 年）形成惠远城满营，计有 4370 名满蒙官兵携眷驻扎，编为八旗四十佐领。乾隆三十五年（1770 年）至乾隆三十六年（1771 年）形成惠宁城满营，共计 2204 名满蒙官兵携眷驻扎，编为八旗二十佐领。

① 松筠纂：《钦定新疆识略》卷 5《官制兵额》。
② 《清高宗实录》卷 673，乾隆二十七年十月壬子。

乾隆二十九年形成察哈尔营，共有1837名察哈尔官兵，编为八旗左右两翼，携眷分驻于博罗塔拉、哈布塔海和赛里木淖尔。乾隆三十年（1765年）形成锡伯营，共有1018名锡伯官兵，编为八旗八佐领，携眷驻于伊犁河南岸。乾隆二十九年（1764年）形成索伦营，共有1018名索伦官兵，编为八旗八营，携眷分驻奎屯、萨玛尔和霍尔果斯河一带。乾隆二十九年，形成厄鲁特营，共计1200名厄鲁特官兵，编为八旗左右两翼，分驻特克斯、察林塔玛哈、霍诺海、崆吉斯和哈什。伊犁还设有伊犁镇总兵，统辖绿营一镇，计有3000名官兵。主要从事屯垦，初定五年一更换，乾隆四十五年（1780年）后改为携眷驻防。

其次是加强天山北路中部乌鲁木齐的布防。乌鲁木齐是北路重镇，乾隆三十八年（1773年）设乌鲁木齐都统，系当地最高军政长官，受伊犁将军节制。乌鲁木齐都统负有重要军事职责，“统辖满汉文武官员，督理八旗、绿营军务，总办地方刑钱事件。辖领队大臣五（本城一、吐鲁番一、巴里坤一、古城一、库尔喀喇乌苏一），协领十二（本城六、外城六），节制提、镇（迪化城提标、巴里坤镇标、哈密协、玛纳斯协）城守营一”①。在具体军事布防上，乾隆三十七年（1772年）形成八旗二十四佐领，计有满、蒙八旗携眷官兵3000余名，驻扎巩宁城。作为绿营屯垦重地，乌鲁木齐有驻防和屯垦绿营官兵10000余名②，设乌鲁木齐提督统辖；提督驻扎迪化城，受乌鲁木齐都统节制。

再次是在天山北路巴里坤布防。巴里坤是天山北路东部的重镇，既是新疆联络内地重要节点，也是“新疆屯防首尾相应之总汇”③。乾隆三十九年（1774年），会宁城驻防1000名满族官兵，

① 和瑛：《三州辑略》卷2《官制门》，嘉庆十年抄本。

② 傅恒等：《钦定皇舆西域图志》卷31《兵防》、卷32《屯政》。

③ 傅恒等：《钦定皇舆西域图志》卷31《兵防》。

均携眷，设领队大臣统辖。乾隆二十九年重定北路绿营建置，巴里坤提督移驻乌鲁木齐、乌鲁木齐总兵移驻巴里坤；在巴里坤设绿营一镇，共约4000名官兵，由总兵驻汉城统辖，其中辖本标中、左、右及城守四营，分驻哈密协营、古城营和木垒营。此外，乾隆二十九年（1764年）古城驻防进一步加强，设游击一员，辖绿营马步兵200名，隶属巴里坤总兵管辖；从宁夏满营调1000名官兵驻扎，设领队大臣统辖。古城驻军加强，缘于其处于乌鲁木齐和巴里坤之间，联络地位重要，须确保两地畅通。

第四是重视塔尔巴哈台布防。塔尔巴哈台位于天山北路的西北部，属于边境地区，地理位置极为重要。乾隆二十九年清朝初设肇丰城于雅尔（今哈萨克斯坦共和国乌尔扎尔），因当地雪太大而后于楚呼楚地方建立绥靖城（今新疆塔城）。塔尔巴哈台设参赞大臣一员、领队大臣二员，管理卡伦和游牧事务。塔尔巴哈台驻防官兵均定期换防，其中满蒙官兵700名，察哈尔、锡伯、索伦和厄鲁特四营官兵700名，屯田绿营官兵800名。除了上述布防军队外，清朝还对当地察哈尔、厄鲁特、投诚的哈萨克和土尔扈特诸部游牧兵编设佐领，其性质属驻防兵；包括170名察哈尔游牧兵、230名厄鲁特游牧兵、688名半分钱粮兵。

此外，在沿天山北麓连接乌鲁木齐、伊犁和塔尔巴哈台的库尔喀喇乌苏也受到清朝的重视，清朝在此设立办事和领队大臣各一员，“管理巴特玛乌巴什游牧并库、精二处屯田，以及军台等项事务”[①]。不过，此地布防军队皆为绿营，设马步兵一营和部分屯田士兵。

（2）天山南路布防

在天山南路布防上，清朝采取的政策不同于天山北路；虽然也

① 和瑛：《三州辑略》卷2《官制门》。

有部分驻防兵，但是大多驻军为换防军，且以绿营兵为主。其基本情况如下。

首先南八城驻防部署。在天山南路喀什噶尔、英吉沙尔、叶尔羌、和阗、阿克苏、乌什、库车、喀喇沙尔诸城中，以喀什噶尔城最重要。清朝在喀什噶尔设参赞大臣一员，负责办理八城事务。在驻防军队上，喀什噶尔驻防军计1305名，包括440名满蒙八旗官兵、224名锡伯与索伦官兵、641名绿营官兵。英吉沙尔设领队大臣1员，受喀什噶尔参赞大臣管辖；当地驻防军计280多人，其中81名为满蒙官兵，205名为绿营官兵。叶尔羌设办事大臣、协办大臣各1员，驻防军计912名，其中满蒙八旗官兵210名，绿营官兵702名。和阗设办事大臣1员，驻防军计228名。阿克苏设办事大臣1员，驻防军计782名，其中满蒙八旗官兵68名，绿营官兵714名。乌什设办事大臣1员，驻防军计947名，其中满蒙八旗官兵151名，绿营官兵796名。库车设办事大臣1员，绿营驻防军计329名。喀喇沙尔设办事大臣1员，绿营驻防军计614名。

其次是吐鲁番、哈密地区驻防部署。吐鲁番、哈密是联系内地与新疆的要道，地理位置极为重要。清朝在吐鲁番设领队大臣一员，受乌鲁木齐都统节制，管理满营、差营、屯田和回务。吐鲁番驻防军计1650名，其中，满蒙八旗官兵548名，绿营官兵1102名。哈密设办事大臣、协办大臣各1员，绿营驻防军计854名；设副将1员，由巴里坤镇总兵管辖。

此外，在伊犁将军下设都统、参赞大臣、办事大臣与领队各级大臣，分驻全疆各地，管理地方军政事务；各级大臣递相统属，形成全疆统治网络。北路伊犁和塔尔巴哈台地区由将军直辖，南路八城和东路乌鲁木齐地区分别由喀什噶尔参赞大臣和乌鲁木齐都统综理，受伊犁将军节制；北路为军政重心，官员配置亦是北重南轻。清朝所以重北轻南，与其对新疆南北认识有关。清朝认为：“回部索习农功，城村络绎，视准疆数千里、土旷人稀形势迥别。自全部输诚内属，设立驿站、卡伦之外，其各城所在，固无事多兵驻守矣。”[①]

2. 军府制下的多元行政制度

在军府制下，清朝根据新疆各地情况，因地制宜，因俗而治，分别实施了三种不同的民政治理制度，即伯克制度、扎萨克制度和府县制度。

（1）伯克制度

伯克制度本是清朝统一新疆以前维吾尔社会普遍实行的政治制度。“伯克”一词意为首领，原指军事长官，后通谓地方长官，所谓“按回部官职大小，旧有等差，伯克其统名也”[②]。清朝统一新疆后，除哈密、吐鲁番外，在南疆各城和北疆伊犁维吾尔族聚居地方实行伯克制度。伯克地位高低不一，权限有别，清朝保留约有35种，在31个城镇中先后任命292名各级伯克，其中主要者为15种。[③] 清朝虽然在维吾尔社会继续采用伯克制度，但对其进行了重大改造，以加强其向心力，维护中央集权。伯克制改革主要在下列几方面，一是确定政治上忠诚可靠的任用标准，特别是强调统一过程中有军功和受封爵秩者优先，所谓“惟于归顺人内择有功而可信者，授以职任”[④]。二是废除伯克世袭，改为朝廷任免升调。清朝明确规定，“办事之阿奇木伯克等员，亦应如各省大臣之例，遇缺补授，或缘事革退。……阿奇木等缺出，亦拣选贤员，或以伊沙噶升补，不准世袭”[⑤]。三是实行伯克任职回避制度，高中级伯克回避本城，下级伯克回避本庄。四是厘定伯克品级并颁发印记，伯克品级

① 傅恒等:《钦定皇舆西域图志》卷31《兵防一》。
② 傅恒等:《钦定皇舆西域图志》卷30《官制二》。
③ 傅恒等:《钦定皇舆西域图志》卷30《官职二》。
④ 《清高宗实录》卷570，乾隆二十三年九月戊戌。
⑤ 《清高宗实录》卷597，乾隆二十四年九月甲戌。

自三品至七品共分为五级；此外，伯克还享有相应的养廉地、燕齐农民（种地人）和养廉银。五是各城伯克均统于当地驻扎大臣，并受驻扎大臣监督；驻扎大臣可过问和有权参与民政事务，并决定伯克升迁废黜。

经过清朝改造后，伯克制度发生重大变化，由原来的地方习惯制度初步纳入到清朝的官僚制度中，成为清朝治理新疆的制度之一。与此相适应，伯克身份也发生重大变化，从原来的世袭贵族官僚转化为清朝的地方官员。伯克制度的改革和延续，既利于清朝以最小成本稳定统治新疆维吾尔人聚居地区，也利于缓解维吾尔社会的各种社会矛盾，促进当地经济社会发展。

（2）扎萨克制度

扎萨克制度系清朝统治内外蒙古各部所广泛实行的一种世袭行政制度。该制度将蒙古各部编旗设佐，每旗设扎萨克一人总管（旗长），对所管辖本部事务有较大自主权，总管本旗的行政、司法、军事和税收等事务；一旗或数旗合为一盟，设立盟长。扎萨克由清朝直接任命，须服从理藩院各项政令。扎萨克制度具有军政合一性质，综合了满洲八旗制和蒙古部落制，组织管理严密，是具有军事编制特点但又不失较大自治性的行政管理制度。扎萨克制度的性质属于土官，扎萨克按照其家世、功绩可以得到爵位，可以世袭。该制度也反映出满蒙之间独特的政治、历史与文化关系。

清朝先后在归顺的哈密、吐鲁番维吾尔人及回归祖国的土尔扈特部中实行扎萨克制度。哈密维吾尔人是最早实行扎萨克制度的，康熙三十六年（1697 年），康熙皇帝下诏封哈密回王额贝都拉为扎萨克一等达尔汗，将其所部编旗设队。雍正十年（1732 年），雍正皇帝诏封吐鲁番回王额敏和卓伟扎萨克辅国公，编旗设队。两地均各设一旗，下设章京、佐领等官。哈密、吐鲁番维吾尔人实行扎萨克制度，反映出清朝对其归顺和统一新疆贡献的褒奖，也是一种特殊的信任。

（3）郡县制度

该项民政管理制度主要实施于乌鲁木齐、巴里坤和古城等汉族聚居地区。上述诸地均处于天山北坡地带，系清代重要的农业开发地区。在统一新疆的漫长过程中，清朝组织和鼓励内地各省农民陆续来此认垦土地，安家落户，按亩缴粮。大批内地民众渐成新疆在籍农民，“乾隆四十八年乌鲁木齐所属共男妇大小十万两千有余”[①]。同时，大批绿营官兵及其眷属和众多商人、手艺人、服役商人、遣犯等，也都落户认垦。积极的移民政策起到良好效果，至乾隆末年，仅乌鲁木齐地区汉、回人口总数已达20万人左右。农业开垦也取得重大进展，嘉庆八年统计乌鲁木齐、巴里坤移民垦地数达到101.4万余亩。[②] 这些地区的人口以内地移民为主，生产方式和生活方式均与内地相同，具备实行郡县制的良好社会基础。

实际上，规划和实施郡县制亦是渐进过程。在建置之初，体制简陋，仅派驻同知、通判和巡检等辅助性文员经理。乾隆二十四年（1759年），清朝在巴里坤、哈密设立文员；1760年初，乌鲁木齐设立同知、通判、仓大使各一员，另以巡检两员分驻昌吉、罗克伦，均由哈密兵备道管辖。[③] 乾隆二十五年（1760年），巴里坤和哈密定为直隶厅，有关事宜均照内地办理。乾隆二十八年（1763年），特讷格尔（即阜康）、呼图壁派驻巡检。乾隆二十九年（1764年），伊犁设理事同知，惠远、绥定添设巡检，兼理典史、仓大使事；奇台、东济尔玛台先后设立经历、同知和巡检。经过多年准备，设立郡县条件成熟。乾隆三十八年（1773年），清朝于乌鲁木齐设立镇迪道，道员驻巩宁城。镇迪道下设镇西府、迪化直隶

① 和瑛：《三州辑略》卷3《户口门》。

② 和瑛：《三州辑略》卷3《户口门》。

③ 《清高宗实录》卷612，乾隆二十五年五月丙午。

州；镇西府下辖奇台县、宜禾县；迪化直隶州下辖阜康县、昌吉县、绥来县（今玛纳斯县）和呼图壁巡检、吉木萨县丞；另外在精河、库尔喀喇乌苏（今乌苏县）、喀喇巴尔噶逊（今乌鲁木齐县内）设立粮员。此外，巴里坤改为知府，奇台、哈密、辟展“均归巴里坤新设知府管辖”①。至此，乌鲁木齐、巴里坤和古城等汉族聚居地区郡县体制基本建成。不过，这些地区的郡县制度由陕甘总督和乌鲁木齐都统兼管。②

郡县制是中国传统的政治管理制度，经过2000多年发展，已经十分成熟，有利于中央集权、国家统一、社会稳定和经济发展。实际上，早在魏晋南北朝时期，前凉就在新疆东部设立高昌郡，隋唐时期也在新疆东部实施此项制度。清代统一新疆后，郡县制较前朝实施地域更为广泛，制度建设更为完善。

（二）法律制度的规范

清朝在新疆实行军府制下的多元行政制度，决定了其法律制度的多元性。清朝统一新疆后，从多元制度文化背景出发，采取灵活措施，从俗从宜，建立起法律制度。

1. 认可和沿用民族习惯法

清朝统一新疆后，随着一系列政治经济措施实施，新疆多民族共居格局得到加强，蒙古族和哈萨克族分布尤为突出。蒙古族的厄鲁特部、土尔扈特部和察哈尔部分布在天山南北多个地方，哈萨克族则活动于中俄交界的边境地带。

（1）纳入成文法典的蒙古族习惯法

由于满蒙联盟政策早就得以推行，蒙古族习惯法大部分较早就被吸收到清朝的制定法典中，纳入《理藩部则例》中较具代表性的蒙古族习惯法主要是“罚九”与“入誓”制度。

---

① 《清高宗实录》卷926，乾隆三十八年二月癸亥。

② 《清高宗实录》卷926，乾隆三十八年二月癸亥。

《理藩部则例》卷四十四的“罪罚”专门对“罚九”加以详细规定，例如律文“罚九定额”第1216条例文：“罚罪九数：马二匹、犍牛二只、乳牛二只、三岁牛二只、两岁牛一只；七数：马一匹、犍牛一只、乳牛一只、三岁牛二只、两岁牛二只；五数：犍牛一只、乳牛一只、三岁牛一只、两岁牛二只；三数：乳牛一只、三岁牛一只、两岁牛一只。”① 清朝治理新疆蒙古时将地方习惯法与国家法相结合。例如，《新疆要略》和《西域图志》就分别记载了厄鲁特部和准噶尔部的“罚九”习惯法。

蒙古习惯法“入誓”也较早纳入《理藩部则例》中，并专门就“入誓”和免于“入誓”条件做出规定。例如，对“案情可疑”的入誓条件，在例文第1232条以及律文第715条和第716条都分别有规定和阐释。而对免于“入誓”的条件，在律文第717条和第718条则均做出规定。

对回归新疆的土尔扈特部，渥巴锡曾于乾隆三十九年（1774年）制定防盗法纪六条②，和硕特布彦楚克制定十条法纪③，分别在其部落内推行。清朝对其内部习惯法则给予尊重。例如，乾隆皇帝专门谕令：“日后伊部众若有盗贼之案，渥巴锡等可沿用其旧法处治，往后天长地久，伊等即熟悉内地之法度，至此始可沿用内地之法惩处案件。”④

（2）哈萨克族的习惯法

哈萨克族历史悠久，15世纪时形成的哈萨克汗国包括三个部

---

① 张荣铮等点校：《钦定理藩部则例》，天津古籍出版社1998年版，第351页。

② “伊勒图奏渥巴锡制定法纪约束部众折”，乾隆三十九年正月初四日，中国第一历史档案馆“月折档”（满文），中国社会科学院民族研究所民族史研究室、中国第一历史档案馆满文部主编《满文土尔扈特档案译编》，民族出版社1988年版，第232—233页。

③ 中国社会科学院民族研究所民族史研究室、中国第一历史档案馆满文部主编：《满文土尔扈特档案译编》，民族出版社1988年版，第235—236页。

④ 中国第一历史档案馆藏，满文土尔扈特档，乾隆三十六年十月，三全宗，一六九六，四号，乾隆三十六年十月二日折。

落联盟（玉兹）。其中位于哈萨克草原东部和东南部的“大玉兹”称为“大帐”（右部哈萨克），位于哈萨克草原北部和东北部的“中玉兹”称为“中帐”（左部哈萨克），位于哈萨克草原西部的“小玉兹”是“小帐”（西部哈萨克）。清朝平定准噶尔汗国后，哈萨克三玉兹相继臣服于清朝，其大小头人均被委以爵位和职位，并保持密切的政治、经济往来。“哈萨克分左、右、西三部，有汗、王、公、台吉，世相承袭，以理其游牧。”① 哈萨克族历史上信仰多种宗教，至哈萨克汗国后期始接受伊斯兰教，属逊尼派。不过由于萨满教影响深厚，加之居无定所的游牧生活和传统部落制度，伊斯兰教扎根并不深入，习惯法得以在哈萨克人中保存。② 哈萨克习惯法带有浓厚的宗法性，也受伊斯兰教影响，其内容繁多，其中家庭习惯法、刑事习惯法和民商事习惯法等对社会生活影响较大。

哈萨克族的家庭婚姻继承习惯法颇具特点。哈萨克族一般是一夫一妻制，只有特权阶级才享有伊斯兰教法中一男可娶四妻的规定。哈萨克族婚姻一般由父母包办，实行部落外婚制，禁止七代以内互相通婚。哈萨克族还实行“安明格尔”的独特婚姻制度，即一旦丈夫去世，妻子就应该转嫁给丈夫的兄弟，如无兄弟就嫁与丈夫的男性亲属；如果连这样的人也没有，那就只能在本部落内选择要嫁之人。继承法体现出女性地位低下。例如，家庭遗产只能分配给儿子，由幼子继承。如女方提出离婚，不能带走任何财产；如男方提出离婚，则女方只能带走嫁妆。丈夫去世时，妻子没有任何财产权。不过，如保证不改嫁，可得到幼子成年以前的财产权；如改嫁，只可得到丈夫全部财产的六分之一或者八分之一。

哈萨克族习惯法与伊斯兰教法并不严格区分刑事与民事犯罪。哈萨克族刑事领域习惯法包括下列几个方面：一是同态复仇，即在

---

① 松筠纂：《钦定新疆识略》卷 12《外裔》，海南出版社 2000 年版。

② 《哈萨克族简史》编写组：《哈萨克族简史》，新疆人民出版社 1987 年版，第 189 页。

杀人以及致人残疾的案件中，被害人可以采用“以眼还眼，以牙还牙”的同态方式，复仇加害人。二是赔命价，即以银抵命，杀人须赔命价，致人伤残也以罚金形式予以赔偿；身份不同，命价也不同，贵族统治阶级的命价大大高于普通人。三是罚畜，盗窃和抢劫行为是严重的犯罪，一般都处以罚畜，包括三种，分别是“大九”（罚以骆驼为首的九头牲畜）、“中九”（罚以马为首的九头牲畜）和“小九”（罚以犍牛为首的九头牲畜）。

除了蒙古族和哈萨克族的习惯法外，还有行会法，主要是新疆汉族商业贸易行会内部的习惯法。

2. 认可和沿用地方传统伊斯兰教法

清朝新疆穆斯林人口众多，南疆几乎是全民信仰伊斯兰教，伊斯兰教法广泛适用。所谓伊斯兰教法是源于《古兰经》的用以规范穆斯林社会行为的法规，包括宗教、家庭和个人生活等方面，其中私法内容较发达。考虑到伊斯兰教法在南疆得到广泛适用，清朝将该地区固有的习惯法和国家制定法加以统一协调，传统伊斯兰教法得以沿用。

3. 习惯法中逐步适当纳入大清律法

从国家治理角度出发，清朝重视从俗从宜和统一法治相协调，所颁布的《大清律例》《大清会典》和《回疆则例》构成了法律治理的基本体系。

一方面清朝认可和沿用习惯法、伊斯兰教法，另一方面则以渐进方式适用大清律法。在适用大清律法上，最初适用严重犯罪，诸如“谋反”和“谋叛”，后逐步扩大适用范围。乾隆四十一年（1776年），清朝规定家仆杀死主人要按照内地法律处理。乾隆五十七年（1792年），提出涉及法律之事都应按照内地律例办理。

清朝高度重视边疆地区立法，对新疆也是如此。嘉庆二十年（1815年），清朝颁布《回疆则例》，制定中央政府治理新疆的基本法律。这不但规定了新疆基本行政、政治制度，而且还规定了税制、贸易、币制、司法和驻军等管理条例。道光十三年（1833年），清朝修订《回疆则例》，删改旧例，纳入新章。《回疆则例》的颁布和实施，体现出清朝对新疆管理的深入，反映了法制一体化的加强。

4. 立法管理宗教事务

清朝对管理新疆宗教事务的重要性有清醒认识，对回疆宗教事务管理有明确规定。一是规定阿訇选任，《回疆则例》规定阿訇须“通达经典，诚实公正”；选任者须出具甘结，复由阿奇木伯克禀明，该管大臣点允；阿訇每月还须朔望赴大臣衙门叩见；还规定“如有不知经典，化导无方，或人不可靠，及剥削回户者，即行惩革，并将原保之阿奇木伯克等一并参办”[①]。二是规定阿訇不得干预政治，要求阿訇只准念习经典，不准干预公事，凡是阿訇子弟有当差者及充当伯克者，也不准再兼任阿訇。通过这些立法，清朝限制了宗教势力干预政治，将宗教事务管理纳入国家法治化轨道。

5. 确立司法审理的中央权威

在办理司法审判案件，特别是刑事案件审理中，清朝强调重视证据，规定刑事案件的基本程序是报案、初审、复审。对于重大刑事案件，尤其是涉及死刑案件，伯克衙门无权处理，在上报相关军府衙门的同时，还要转奏皇帝批准。这修正了伊斯兰教刑事案件审理中的“设誓”制度。清朝在司法审理中的这些规定，实际上是用法律手段强化中央权威。

（三）经济制度的制定

恢复和发展经济是清朝经略新疆的重要内容，为此清朝制定农业、畜牧业、手工业以及商业制度及相关政策，确保经济恢复与

---

① 《回疆则例》卷8，全国图书馆文献缩微复制中心1988年版。

发展。

1. 农业制度

统一新疆后，清朝按照建设与安全的实际需要，制定较为多元化的农业制度和政策，以充分利用政府与民间力量发展农业生产。依据土地所有制性质的不同，清朝新疆农业经济可划分为国有制农业经济和私有制农业经济[①]，其中前者主要是指屯田，后者主要是天山北路的自耕农和天山南路实行十一税制的农业。

（1）国有性质农业经济

清朝新疆屯田是西域历史上屯田的高峰和集大成者，其屯垦形式包括兵屯、旗屯、民屯、回屯和犯屯五种[②]，组成国有性质农业经济主体。兵屯是指绿营兵屯田，早在平定准噶尔之前就已开始屯田，集中在哈密、巴里坤和吐鲁番一带。统一新疆后，清朝在南北两路都开展屯田，其中北路集中于巴里坤、古城、乌鲁木齐、库尔喀喇乌苏、晶河、伊犁和塔尔巴哈台等地，屯田人数多，规模较大；南路则集中于哈密、吐鲁番、喀喇沙尔、乌什、阿克苏等地，屯田人数较少，规模不大。最初兵屯是换班兵屯，先是三年换班，后改为五年换班。乾隆四十七年（1782年），北路实行携眷兵屯。屯兵的生产资料均由国家授予和管理，屯兵的土地是按名拨授，“一夫拨田二十亩”[③]；实际上，有不少屯区则不止二十亩。[④] 屯兵的耕作牲畜也统一由国家配备，其中伊犁、吐鲁番和乌鲁木齐等屯区每百名屯兵给牛60头、马20匹；塔尔巴哈台、巴里坤和木垒等屯区，平均每名屯兵可给一头牛或者一匹马。农具配给情况大致为每二至三名屯兵配备一套农具，包括铧、锨与锄等14种。主要种植小麦、青稞、粟谷和胡麻等农作物，粮种则由官仓供给，其数量

① 余太山主编：《西域通史》，中州古籍出版社2003年版，第441页。

② 王希隆：《清代西北屯田研究》，兰州大学出版社1990年版，第17页。

③ 王树枏等纂：《新疆图志》卷30《赋税一》，上海古籍出版社2005年版。

④ 松筠纂：《钦定新疆识略》卷6《屯务》。

按照各种作物的实际种植比例提供。上述牲畜、农具，允许正常损耗，每年给予补充或者维修费；屯兵对所有生资料只有使用权而无所有权；屯兵轮换、调离或者屯田裁撤，即与生产资料分离。绿营屯兵均为军队，每月领取正常粮饷；所生产的粮食均悉数上缴。兵屯也制定有各种奖惩制度，旨在鼓励屯兵种好地，多产粮。新疆兵屯兴盛于乾隆和嘉庆时期，衰落于道光中期。兵屯兴起是平定准噶尔之乱和维持收复新疆后军政需要的权宜之计，其实际运行成本较高。随着守卫新疆军事任务的加重以及自耕农的增多，粮食供给可从市场补给，兵屯最终裁撤。

旗屯主要是指实行于伊犁地区的八旗屯田。驻守新疆的八旗官兵最初并未屯垦，但至乾隆末年，八旗兵丁家口增多，特别是伊犁惠远和惠宁城，据记载八旗丁平均负担家口为5.87人[①]，日常生计问题凸显。嘉庆七年（1802年），松筠任伊犁将军，决定兴办旗屯，解决八旗驻军的生计问题。经过分地试种，成效良好。松筠遂力加筹划，开渠引水，开垦耕地12万亩，分别授予惠远、惠宁两城旗人耕种。实际上，旗屯和绿营兵屯有较大区别，清朝规定，旗屯生产者只可由闲散余丁代为耕种，正常官兵不可参与，以免影响操练。[②] 耕地所用牲畜最初均由官牧场无偿供给，不过牲畜损耗则各旗自行补充；农具和粮种从八旗“公设官铺息银”和仓存余粮中购置。旗屯耕地较绿营兵屯也有区别，最初旗屯耕地分为两种，即“已分之田”和“未分之田”，前者是指八旗驻地附近的田地，分授各旗，自行管理，所获粮食由各旗赡养鳏寡孤独及贫困旗人，具体情况上报将军衙门查核办理；后者是指距离八旗驻地较远的土地，由八旗共管，专派佐领率八旗闲散人员共同耕种，所收获的粮食统一储备，至年终分给八旗，用于补助赡养鳏寡孤独和贫困旗

---

① 松筠纂：《钦定新疆识略》卷5《官制兵额》。

② 松筠纂：《钦定新疆识略》卷6《屯务》。

人。不过，嘉庆十七年（1812 年）耕地情况有所调整，伊犁将军晋昌奏准，将未分的水地两万多亩划为八份，划入八旗已分田亩项下，由各旗自行督促闲散兵丁耕种。清朝还规定旗屯地亩不得买卖和租佃，否则予以治罪并没收，但实际上不少地亩租佃给民人耕种。道光十年（1830 年），道光皇帝取消旗人租佃禁令，“准其雇人耕种，俾收租息，以裕生计”[①]。该项谕令使租佃旗地的民户缴纳实物或者货币地租，旗人可收取地租补偿生活[②]；这意味着旗屯制度改变，租佃关系确立。除了满蒙八旗屯田外，伊犁地区还有锡伯、索伦、厄鲁特和察哈尔四营屯田。这四营移驻伊犁后，均按照满蒙八旗建制，分别编设八旗。不过，与满蒙八旗也有较重要的区别，即锡伯等八旗官兵只有俸饷，却并不供给口粮和马料等项[③]，其口粮等项则用官给屯地抵补。屯地由旗下档房统一管理，不得买卖；官兵出缺时，屯地转给继任或者挑补官兵使用。在这四营旗屯中，锡伯营有农业生产传统和经验，善于经营，屯田成效最大。特别是历经六年修成察布查尔大渠，屯田水利得到保障，使该营实现粮食自足有余。

民屯是指天山北路的自耕农屯田，又称为户屯。统一新疆后，清朝招募、迁徙和安置各种无业民众，帮助其获得足够的生产、生活资料，在天山北路安家立户而成为自耕农。清朝新疆民屯最早始于乾隆二十六年（1761 年），屯田地域主要集中于天山北路巴里坤和乌鲁木齐等地区。民屯所招募人员约有四类：一是内地陕甘等地无业贫民，由清朝官费送往天山北路认垦落户。清朝“每户拨给地三十亩，力能多种者，亦听民便，赏给农具一副，籽种小麦八斗、粟谷一斗、青稞三斗外，借给建房银二两，马一匹作价银八两，俟

① 《清宣宗实录》卷 169，道光十年五月戊午。

② 佚名：《伊江集载・旗屯》，中国社会科学院中国边疆史地研究中心编《清代新疆稀见史料汇辑》，全国图书馆文献缩微复制中心 1990 年版，第 106 页。

③ 王希隆编：《清代西北屯田研究》，兰州大学出版社 1990 年版，第 101 页。

伊等生计充裕之后完交”[1]。二是招募天山北路手艺人、小商贩认垦土地。三是遣犯期满落户为民，认垦土地。四是天山北路的绿营兵眷兵的成年子弟可脱离军籍，认垦落户。上述民屯政策，除了对遣犯落户者稍有不同外，对其他认垦落户者的扶持政策一样。由于民屯者的生产资料和生活资料均来自于政府，并非属于个人，故民屯属于国有性质。不过，民屯亦可转化为自耕农，即当屯垦者经济上自给自足、偿还国家借项并可承担国家赋税后，就成为自耕农了。清朝统治新疆早期，天山北路大部分自耕农都是这样形成的，因此可以说民屯奠定天山北路自耕农的基础。

回屯是指迁徙北疆伊犁地区的维吾尔人屯田。早在康熙、雍正朝对准噶尔用兵时期，回屯就开始出现。当时，哈密扎萨克额敏和吐鲁番大阿訇额敏和卓都曾随清军屯田种地[2]，所产粮食清军以偿赐形式进行收取。统一新疆后，清朝在伊犁设立军府，同时决定按照准噶尔部旧例，迁徙南疆维吾尔人到伊犁屯田，以供给驻军粮食。从乾隆二十五年（1760 年）到乾隆三十三年（1768 年），清朝先后从叶尔羌、喀什噶尔、库车、阿克苏、和阗、喀喇沙尔、赛里木、拜城、沙雅尔和乌什等地，共迁徙 6383 户到伊犁，兴办回屯。[3] 伊犁回屯管理使用伯克制度，设三品阿奇木伯克一员、四品伊什罕伯克一员，驻宁远城，各开衙署一所，总理回屯事务。此外，还设噶杂纳齐等伯克 85 员，分别掌管各乡事务。回屯被分为 9 个屯区，屯户每百户为一组织单位，设玉子伯克 1 名统领，每 10 员玉子伯克设一明伯克统领。回屯以播种数量计算耕地面积，每户各种大小麦 1 石，谷、黍 5 斗，耕畜由官牧场拨给。回屯实行定额租制，丰收之年，回屯每户缴纳粮食大约占其收获的 43%。[4] 回屯

---

① 佚名：《乌鲁木齐政略・户民》，甘肃文化出版社 1995 年版。

② 黄文炜、沈青崖：《肃州新志》，甘肃省酒泉县博物馆 1984 年翻印。

③ 松筠纂：《西陲总统事略》卷 1《伊犁兴屯书始》，中国书店出版社 2008 年版。

④ 松筠纂：《西陲总统事略》卷 7《屯务成案》，中国书店出版社 2008 年版。

对伊犁驻军粮食保障起到重要作用，约60%以上的所需粮食均由回屯所产粮食供给。回屯实行的定额租制，其租率虽然较高，但是由于耕畜官给，而且还可以多种多得，对南疆维吾尔人颇具吸引力。

犯屯是指发遣罪犯屯田，又称遣屯。新疆自乾隆中期后就成为发遣重地，内地遣犯历年都有发送新疆者。这些遣犯一般都被押交兵屯，由兵屯管辖。其罪行较重者均给屯兵为奴，待遇极低，不授予其生产资料，与牲畜无异，受屯兵役使，"自有该兵丁督课取力"[①]。这种遣犯没有官给口粮，只是依赖屯兵养活，而绿营兵所得甚少，养赡这些遣犯颇为困难。至于轻罪遣犯则补屯田缺额，一般每名给地12亩，有家眷者另给地五亩；每三名遣犯给马（牛）一匹（头），农具一副，损耗缺额按例拨补；每年收获的粮食，"除给一岁口粮三百六十斤外，所余尽数交纳"[②]。遣犯待遇低下，生活极度困顿，携眷遣犯尤甚，还时常遭受屯官欺凌。乾隆三十三年（1768年），昌吉遣犯反抗屯官欺凌而发生暴动。该事件后，清朝在加强对遣犯管理的同时，遣犯也难以重回内地。清朝鼓励遣犯携眷屯垦，并给予口粮、车辆便利。此外，清朝还制定政策，鼓励遣犯服刑后留在当地。例如，规定一般遣犯三年、重罪遣犯五年、极重罪遣犯十年后均可入民籍，并按照移民规定，给予地亩、农具、籽种和房价银，助其安心落户立业。除了上述编入兵屯的遣犯外，还有一些遣犯直接按照"民屯例"予以安置，被称为"安插户"。这些遣犯一般属于轻罪，或者并未犯罪，而是别样原因被遣送新疆。安插户须接受地方官的监督和防范，不可随便离开安插地。

（2）私有性质农业经济

关于新疆私有性质农业经济，此期有两种形式，分别是天山北

---

① 《清高宗实录》卷564，乾隆二十三年六月癸亥

② 格琫额纂：《伊江汇览·屯政》，载中国社会科学院中国边疆史地研究中心编《清代新疆稀见史料汇辑》，全国图书馆文献缩微复制中心1990年版，第69页。

路自耕农经济和天山南路十一税制农业经济。清朝对这两种私有制农业经济采取的政策不同，其基本情况如下。

就天山北路而言，私有制农业经济的基本力量是自耕农，其形成主要源于民屯。自耕农形成后，一是清朝采取较宽松的土地政策。政府划拨给自耕农的耕地都是水田 30 亩，自耕农普遍实行轮耕制，即“更番换种，以息地利”。同时，耕作较为粗放，又不能复种，亩产较低，一般为 150—200 斤。因此，清朝实行较为宽松的政策，即“力能多种者亦听民便”，自耕农基本都尽力扩大耕种土地面积，确保土地轮休和增产增收。[①] 例如，乾隆五十一年(1786 年)，清朝调查天山北路自耕农土地，昌吉每户平均额外垦地超过 17 亩，迪化超过 25 亩。[②] 二是清朝对自耕农实行实物税田赋，未推行内地货币化田赋制。[③] 每亩征收田赋折合细粮为八升，政策较为平稳，使北路自耕农经济发展较为稳定。

就天山南路而言，私有制农业经济是实行十一税制的农业经济，系南疆旧有农业经济税制的延续。早在清朝统一新疆之前，天山南路私有地亩采取的就是十一税制，即缴纳收获物的十分之一作为实物税。清朝收复新疆后，十一税制得到清朝的认可，继续在南疆维吾尔人中实行。所谓“回民自种田地，无顷地定数，岁收大、小麦，谷、糜子，俱十分抽一”[④]。不过，天山南路的扎萨克郡王、亲王和阿奇木伯克的领地，实行的则是农奴制经济，国家不征赋税。

2. 畜牧业制度

畜牧业是新疆的重要经济形态，天山北路尤其如此。清朝统一

---

① 佚名:《乌鲁木齐政略·户民》，载王希隆《新疆文献四种集注考述》，甘肃文化出版社 1995 年版，第 57 页。

② 和瑛:《三州辑略》卷 4《赋税门》。

③ 和瑛:《三州辑略》卷 4《赋税门》。

④ 昆冈、李鸿章等:《光绪大清会典事例》卷 163《户部十二·田赋·新疆赋税条》。

新疆后，制定发展畜牧业的政策，在天山南北广泛开设牧厂，包括马厂、牛厂、驼厂、羊厂等。牧厂牲畜繁衍孳生，用于军事、交通和屯田。这些牧厂均由当地驻军管理，负责放牧和经营。清朝新疆牧厂主要设立在天山北路水草丰美的地区，特别是伊犁、塔尔巴哈台、乌鲁木齐和巴里坤地区。这些牧场的隶属有明确规定，其中伊犁将军所属的八旗系统管理伊犁、塔尔巴哈台和乌鲁木齐地区的牧厂，陕甘总督所属的绿营系统管理巴里坤地区的牧厂。

在这些主要牧厂中，伊犁牧厂规模最大，放牧地分布于赛里木诺尔、哈布塔海、博罗塔拉、特克斯、察林塔玛哈、霍诺海、哈什和崆吉斯等地。该牧厂规定有相应的牲畜繁殖定额，在养殖高峰期有近 7 万匹马、近 3 万只牛、近 15 万只羊和近 6000 峰骆驼。由于放牧牲畜的察哈尔、厄鲁特等官兵只有俸禄，并无口粮，因此伊犁牧厂繁殖的牲畜多作为放牧官兵生活补贴。乌鲁木齐牧厂几经变化，先是设立不久即归并到伊犁马厂，马匹悉数解送到伊犁牧厂；乾隆三十七年（1772 年）随着 1000 户厄鲁特人由伊犁移驻乌鲁木齐，乌鲁木齐马厂恢复，至乾隆四十二年（1777 年）乌鲁木齐牧厂牛、马多达近万头（匹）。后来厄鲁特户移驻塔尔巴哈台，相应牲畜全部随行，乌鲁木齐马厂撤销。塔尔巴哈台牧厂设立于乾隆三十九年（1774 年），主要放牧地在斋尔，其牲畜多来自与哈萨克贸易及后来从乌鲁木齐马厂合并来的牲畜。塔尔巴哈台牧厂发展很快，至乾隆末年有牛 5000 多头、马万匹。塔尔巴哈台牧厂的牲畜繁育制度与伊犁马厂相同，其放牧者是由编设旗制的厄鲁特和察哈尔营管理。巴里坤牧厂设立于乾隆二十六年（1761 年），称为“东厂”。乾隆三十四年（1769 年），在古城设立“西厂”放牧。乾隆四十年（1775 年），又设立木垒厂放牧，后因归济木萨营员放牧，称为济木萨牧厂。可见巴里坤牧厂包括三个牧厂。巴里坤牧厂属于绿营系统，归陕甘总督管辖，管理制度也和伊犁牧厂不同，管理更为严密。每个牧厂设游击一员作为总统，划分为五群分别设千总分管。牧厂同样规定有牲畜繁殖定额，设等级给予奖罚。天山南路也设有马厂，为当地驻军供应马匹。牧场主要设在哈密、喀什噶尔、英吉沙尔、库车、喀喇沙尔和乌什等地，但是规模都较小，其数量一般在百匹以内。

3. 商贸制度

清朝统一新疆后，新疆形成官营商贸、私营商贸以及南疆的传统贸易，都得到较大的发展。所谓官营商贸主要是和周边部族的贸易，尤其是新疆与哈萨克的贸易。私营商贸主要是新疆内部民间商贾贸易。南疆传统贸易是指南疆的集市贸易和对中亚等地贸易。

清朝与哈萨克商贸系官营性质，实行垄断性的贸易政策。清朝平定准噶尔后，哈萨克大、中、小三帐陆续臣属清朝，“将马匹易换货物”①。清朝与哈萨克贸易是由清朝主导，旨在满足双方的需要，清朝从内地调来大量绸缎、布匹、茶、药材、瓷器和铁制农具等商品，交换哈萨克的马匹、牛、羊、骆驼、皮毛和羚羊角等产品。交易地点先是在乌鲁木齐，后来在伊犁、塔尔巴哈台。哈萨克的牲畜较内地要便宜得多，清朝官方垄断与哈萨克的贸易，换取的马匹、牛、羊等牲畜或供应军用，或编入牧厂，用于繁衍。

新疆与内地贸易系私营性质，清朝采取积极政策，鼓励内地商贾赴新疆进行经营。内地商人转运至新疆的货物种类繁多，包括沿海、南方和中原地区的货物均可见到，诸如海鲜、柑橘，只是价格昂贵；其中大宗货物主要是茶叶、缎布等产品。新疆土特产则由内地商人转运到各省销售。内地与新疆贸易线路主要有两条，第一条是北道，初期线路是张家口—归化城—乌里雅苏台—新疆，执照领取地在乌里雅苏台；乾隆二十五年（1760 年）清朝修订旧例，商

① 《清高宗实录》卷 548，乾隆二十二年十月丙寅。

贾可由其所在地方官府发给印照，北道线路遂由张家口—归化城—新疆。第二条是西路，即河西—嘉峪关—乌鲁木齐，初期规定在嘉峪关验照盘诘，乾隆三十七年（1772 年），采取便利化的管理措施，进嘉峪关盘诘，出关则听其前往。[①] 同时，为了便利商旅往来，清朝还使用公帑修治西路。直隶、山西商贾多使用北道，陕西、甘肃商贾走西道。

清朝对南疆维吾尔地区贸易执行多样化的政策。南疆传统贸易包括两种，一是维吾尔族的传统巴扎贸易，清朝统一新疆之初，鼓励经商，实行较低税收政策；后来对巴扎管理较为严格，加强对货币、度量等方面的管理。二是南疆与周边地区的贸易，浩罕等中亚地区商人将当地以及欧洲商品运销南疆，返回时则运回茶叶、丝制品、瓷器、大黄等中国商品；南疆维吾尔族商人也往返西藏、中亚以及俄国等地开展贸易。清朝通过征收商税管理南疆传统贸易，其中规定外藩商人在喀什噶尔、叶尔羌诸城贸易者，三十分抽一；有些商品如缎布皮张二十分抽一。南疆商人往外藩部贸易者，二十分抽一；缎布皮张十分抽一。[②] 清朝在南疆的贸易政策，稳定和促进了内外贸易发展。

此外，清朝统一新疆后，手工业也呈现新的变化。一方面，天山北路的北疆地区随着内地移民的增多，手工制作工艺随之兴起，乌鲁木齐等地“百工略备”[③]，诸如酿酒酿醋、修理钟表、采矿冶炼、制造铜钱、生产各种农具和军火铅丸等。乌鲁木齐铁厂由驻防绿营统辖。伊犁有两处铁矿，分别由维吾尔人和绿营兵采挖。在伊犁哈尔海图和哈什建有铜铅矿，由遣犯开采，伊犁将军派废员管理。[④] 另一方面，天山南路的南疆地区，传统手工业得到良好的维

---

① 贺长龄、魏源：《皇朝经世文编》卷 81《兵政十二·塞防下》。

② 《理藩院则例》卷 143，中国藏学出版社 2016 年版。

③ 纪昀：《乌鲁木齐杂诗》，新疆人民出版社 1991 年版。

④ 松筠：《钦定新疆识略》卷 9《财赋》，商务印书馆 1965 年版。

持，例如棉布纺织和家庭手工业，由于生产技术不太复杂，生产规模小，较容易恢复，社会秩序渐次安定，很快就得到发展。

（四）吏制的建立与调整

1. 满族担任各级主要官员

清朝是由满族贵族建立的封建王朝，采取满汉地主阶级联合方式统治全国。在实际权力分配上，则是满族官员为主，掌握中央及地方军政大权。① 新疆统一后，也采取同样的策略。新疆最高军政长官主要由满族官员担任，自乾隆二十七年（1762 年）至同治五年（1866 年）100 多年间，共有 30 位伊犁将军，其中满族官员任该职的为 27 人，蒙古族任该职的为 3 人。历任都统、参赞、办事大臣和领队大臣等官员也多是满族八旗人员，负责所辖区域内主要事务。在实行郡县制度的镇迪道，所属主要官员也由满员担任。②

2. 其他民族官员并用

新疆作为多民族聚居和多种政治制度并行的地区，清朝在保证满族官员掌握主要军政大权的同时，还提拔任用其他民族官员。在实行郡县制度的地区，满族人出任各道、府、州、县主要官员，而负责具体事务的办事官员，则大部分由汉族和回族官员担任。在实行八旗制度的满、蒙古、锡伯和索伦等民族中，领队大臣一般由满族官员担任；其他诸如总管、副总管、佐领、骁骑校均由本民族人员充任，而由清朝或者伊犁将军直接任免。在新疆各地驻防的绿营军队中，汉族、回族多出任各级基层官员，诸如伊犁总兵、巴里坤总兵及以下各级官员等。

3. 伯克、王公管理各区域本民族事务

在实行伯克制度的维吾尔地区，派驻大臣一般不直接过问民政

---

① 范文澜：《中国近代史》上册，人民出版社 1955 年版，第 405 页。

② 和瑛：《三州辑略》卷 2《官制门》，在镇迪道所属道员、知府、知州、知县四级官员中，先后有 165 人次任职，其中满族官员为 106 人次，汉族官员 42 人次、蒙古族官员 15 人次，其他民族 2 人次。

事务。管理生产、赋税、宗教和司法等事务，均由纳入清朝官员体系的各级维吾尔族伯克管理。当时南疆维吾尔族地区各级伯克情况为：三品伯克 10 人、四品伯克 25 人、五品伯克 45 人、六品伯克 81 人、七品伯克 158 人。[①]

在实行扎萨克制度的地区和民族中，各族王、公、台吉全权管理本民族内部事务。这些王、公、台吉来自维吾尔族、蒙古族、哈萨克族和内属布鲁特等族，均为清朝体系组成部分，接受清朝派驻新疆各地大臣的领导，其爵位须由清朝册封和认可。此外，他们享有较高的政治地位和各种特权，例如其所属草场不向国家纳税等。

4. 建立多级官员上奏言事制度

清朝在建立和调整吏制的同时，也制定了一套独特的多级官员上奏言事制度。作为地方官员，一般省级以下的无权直接向皇帝呈送奏章，而是要经过上级官员或部门代转代递。而清朝在治理新疆中则制定和实行多级官员上奏言事的特殊制度。在乾隆时期，清朝赋予有言奏权力的官员除了伊犁将军外，还有乌鲁木齐都统、总理回疆事务参赞大臣（即喀什噶尔参赞大臣）、塔尔巴哈台参赞大臣、镇迪道员、乌鲁木齐提督等人。至嘉庆后，可以上奏言事的官员范围扩大。至道光时期，具有上奏言事权力的官员扩大到三个层级，即新疆最高行政长官伊犁将军，主管较大区域的乌鲁木齐都统、总理回疆事务参赞大臣、塔尔巴哈台参赞大臣等，级别较低的各地区官员和一些副职官员。

清朝在新疆实行这种独特的制度，其原因是多方面的：一是新疆地广人稀，交通不便，地方官员直接上奏皇帝的同时知会伊犁将军，可以提高效率；二是便于了解基层实情，杜绝推诿隐匿；三是可以使各级官员相互制衡。[②] 究其核心，该项制度是依据新疆实际

---

① 《回疆则例》卷 1，全国图书馆文献缩微复制中心 1988 年版。

② 《清宣宗实录》卷 137，道光八年六月辛巳。

情况制定的政策，能够确保效率和官员制衡，有利于有效治理新疆，具有创新意义。

除了上述基本吏制建设外，清朝还在新疆推行加强吏制的系列措施，诸如严格考核，发银养廉，严惩犯罪等，以确保吏治良好。

5. 吏治整顿与调整

道光初期，新疆吏治出现较大问题，特别是南疆实施伯克制的地区，腐败严重，派驻官员和各级伯克勾结，"徭役"和"摊派"众多，盘剥当地维吾尔族民众。鉴于此，清朝整顿吏治，主要有下列几个方面：一是废除各城大小衙门向阿奇木伯克摊派的陋规，共十七条；废除各城阿奇木伯克特权陋规七条，主要是阿奇木伯克任意扩充自己农奴数额、向农民摊派银钱等项。清朝明定章程，要求"各城大小臣工，务当各矢天良，洁己奉公，毋得仍蹈前辙，致干咎戾"[①]。二是强化考核监察制度，允许新疆各地参赞、办事大臣和领队大臣"专折奏事"，防止伊犁将军、乌鲁木齐都统专权；不设"总管伯克"，而允许阿奇木伯克副手伊沙噶伯克会办事务，便于制约监察。三是严格考核乌鲁木齐都统所属各州县官员和衙门官员，作为提拔和奖惩基础。四是对新疆各地将军、办事大臣等官府衙门中办事官员，任期届满回京后仍要由原在北京主管官员"考核后再定升用"。五是清朝直接考核和奖罚新疆各主要军政官员，诸如伊犁将军、乌鲁木齐都统和喀什噶尔参赞大臣等。[②]

这些基于实地调研基础上的整顿和调整措施针对性较强，起到了较好的管理作用，总的来说较好地保障了清朝治理新疆前期的吏治。

---

① 《那文毅公奏议》卷77。

② 齐清顺：《清朝加强和改善新疆吏治的重大举措》，《西域研究》1996年第2期。

二　回疆地区的经营

所谓“回疆”，又称“回部”，主要是指天山以南的南疆，包括哈密和吐鲁番在内，是维吾尔族居住的主要地区。无论是在地理上，还是在人文上，都有其自己的特点，清朝对其经略体现出因地制宜和实事求是原则。

（一）回疆的特点

就地理而言，清朝对回疆有明确界定。“今之新疆即古西域，出肃州（今甘肃酒泉）嘉峪关而西，过安西州至哈密，为新疆门户，天山横亘其间，南北两路从此而分。由哈密循天山之南，迤逦西南行，曰吐鲁番，曰喀喇沙尔，曰库车，曰阿克苏，曰乌什，曰叶尔羌，曰和阗，曰英吉沙尔，曰喀什噶尔，是为南路；由哈密逾天山之北，迤逦由北而西，曰巴里坤，曰古城，曰乌鲁木齐，曰库尔喀喇乌苏，曰塔尔巴哈台，曰伊犁，是为北路。”① 可见，清朝在地理上对回疆界定清楚，就是指清朝新疆之天山南路，又称为南疆。具体而言，回疆位于天山之南，东接内蒙古、甘肃、青海和西藏，西界葱岭，南抵喀喇昆仑山，地理位置极为重要。

就民族分布而言，清朝档案文献多将操突厥语的维吾尔族和乌孜别克族等称为缠回、回子、回人、白帽和黑帽等，故南疆又称为回疆。所谓“回疆者，哈密以西、天山之南诸回部也”。② 清朝北疆地区居住的主要是准噶尔蒙古，因此人们常把清代新疆区分为“南回北准”，将新疆民族地理简化为泾渭分明的二元结构，虽不准确，却十分鲜明。可见，从人文角度看，清朝统一时的回疆地区主要居住着维吾尔族、乌孜别克族等操突厥语民族，也有少量塔吉克

---

① 松筠：《西陲总统事略》卷3《南北两路疆舆总叙》。

② 路同申：《西域三记》，光绪三年重刊本，第1页。

族，均信仰伊斯兰教。[①]

在清朝治理新疆前期，虽然哈密与吐鲁番两地并不属回疆参赞大臣管辖，但是考虑到其地域以及治理特点，仍将其纳入回疆地域。因此，清朝所谓回疆或者回部，抑或天山南路、南疆，包括塔里木盆地之“南八城”和哈密、吐鲁番两部分，因在归顺清朝过程中的表现不同，清朝对其采取差异化的治理政策。

（二）经营哈密、吐鲁番

哈密、吐鲁番地处新疆东部，与甘肃、蒙古地区相连，与内地交往更多，深受内地影响。例如明代南疆遣使通贡时，吐鲁番是西域朝贡大国，名列会典；而叶尔羌不列会典；回疆以“吐鲁番国”名义遣使朝贡为正统。清朝入关后，回疆地区朝贡仍沿袭明制，叶尔羌汗国贡使仍“自吐鲁番请贡”[②]。由于地理上的便利，回疆贡使多由或经由哈密、吐鲁番入关朝觐，久而久之也加强了清朝对回疆“南八城”与哈密、吐鲁番亲疏不同的认识。

1. 经略哈密

（1）建立扎萨克制度

清朝在平定准噶尔战争中，哈密、吐鲁番最早归顺清朝。早在康熙三十五年（1696年），噶尔丹在昭莫多遭受清军重创败走，被噶尔丹长期监禁的察合台后裔原哈密总督赛伊特·巴拜汗之长子阿布都里什特脱逃，归顺清朝，并愿意召集旧部，助清军打击噶尔丹，以报遭受监禁之仇。[③] 虽然阿布都里什特出嘉峪关后再无消息，

---

① 在叶尔羌汗国时期，南疆地区统治者是成吉思汗后裔察合台人，但是清朝统一新疆的时候，他们已经完成突厥化和伊斯兰教化过程，与维吾尔人融合。准噶尔割据新疆时期，回疆民族格局并没有打破，仍然是维吾尔族、乌孜别克族等为主。参见魏良弢《叶尔羌汗国史纲》，黑龙江教育出版社1994年版，第1页。

② 《钦定外藩蒙古回部王公表传》卷110《吐鲁番回部总传》，顺治十二年抄本。

③ 温达：《亲征平定朔漠方略》卷28，康熙三十五年八月癸巳，载中国西北文献丛书编辑委员会编《中国西北文献丛书》第三辑《西北史地文献》第81卷，兰州古籍书店1990年影印版。

但是清朝认识到哈密、吐鲁番地区可以联合。实际上，清朝早在康熙三十二年（1693 年）就屯田甘肃，于嘉峪关储粮积草，设站固垒，制定招抚哈密维吾尔人政策。噶尔丹败走昭莫多后，哈密达尔汗伯克额贝都拉归顺清朝，康熙十分重视，“特赐蟒袍、貂帽、金带诸物”[①]。额贝都拉达尔汗伯克的归顺，使清朝统一新疆迈出坚实的一步。同时，为了有效统治哈密，清朝决定在哈密实行扎萨克制度，以取代原来的伯克制度。

康熙三十七年（1698 年），哈密正式实行扎萨克制度。康熙三十六年，清朝确定额贝都拉为首任扎萨克，被授为“一等扎萨克，仍达尔汗号”[②]，赏“扎萨克敕印”“红勒”等。[③] 在哈密扎萨克制度建设上，清朝编设 13 个佐领（牛录或者苏木），每佐领 150 户[④]，共 1950 户；官员设置“无异内地”[⑤]，一如蒙古例。哈密扎萨克旗直属清朝理藩院管辖，每年中央委章京、笔帖式作为政治代表赴哈密，督察扎萨克旗内官员，会同扎萨克编审户籍，率旗丁御敌等，以为清朝有效控制哈密。额贝都拉家族“食俸掌印”，在哈密享有世袭统治特权，当地所有维吾尔人都是该家族的农奴。

清朝在哈密建立扎萨克制度，表明清朝在新疆经略获得重大进展。额贝都拉家族在清朝统一新疆进程中，积极配合侦察敌情，守城御敌，屯田助军，甚至积极参战，起到了重要作用。同时，哈密扎萨克制度建立对吐鲁番、叶尔羌等城的归顺也起到表率作用。

---

① 温达：《亲征平定朔漠方略》卷 34，康熙三十五年十二月乙未，载中国西北文献丛书编辑委员会编：《中国西北文献丛书》第三辑《西北史地文献》第 81 卷，兰州古籍书店 1990 年影印版。

② 《钦定外藩蒙古回部王公表传》卷 109《扎萨克一等达尔汉额贝都拉列传》，康熙三十六年。

③ 《钦定外藩蒙古回部王公表传》卷 108《扎哈密回部总传》，康熙三十六年。

④ 王希隆：《新疆哈密维吾尔族中的札萨克旗制》，《西域研究》1997 年第 1 期。

⑤ 祁韵士：《皇朝藩部要略》卷 15《回部要略一》，康熙五十四年。

（2）驻军屯田

驻军屯田历来是中央王朝经营西域的重要政策，清朝在统一新疆过程中就开始屯田。康熙五十四年（1715年）春，清朝调集大军征讨策妄阿喇布坦，其西路大军抵达哈密后，开始筹划屯田事宜。哈密驻军屯田人数逐步增多，由最初的200多人，陆续增加到5000人。屯田主要有塔勒纳沁和蔡把什湖两地，至雍正十二年（1734年），开垦土地达50000亩。雍正十三年（1735年），哈密“贮米二十万石”。乾隆四年（1739年），甘、凉等五镇绿营兵在蔡把什湖种夏、秋粮10000亩，收麦、糜子、谷9253石。[①] 驻军屯田收效良好，不需要大批从内地运粮，使清朝在统一新疆进程中扎稳脚跟。

（3）修筑哈密城

清朝为加强哈密的防御能力，三次修筑哈密城。哈密原有旧城，本为大臣驻扎，后主要由维吾尔族居住。雍正五年（1727年）又建造新城，初为管粮道员驻扎之地，后由办事大臣居住，成为官兵驻防之城。乾隆二十五年（1760年），粮城内建造兵房400间，以资移驻官兵眷口居住。哈密城的修建，在驻兵屯粮、车马转运、经济贸易以及联系天山南北等方面，都发挥了重要作用。

同时，随着统一新疆进程的加快，哈密不断建设军台、营塘和卡伦。这些军事设施最早修建于康熙年间，以后逐渐完善，到乾隆朝统一新疆时候，哈密已经建有军台13处、卡伦19处和营塘9处，形成较完备的通信联络和防御体系。这些设施分布情况如下：

13处军台分别是：哈密底台、黄芦冈台、长流水台、格子烟墩台、天生墩腰台、苦水台、沙泉子台、星星峡台、头堡台、三堡台、鸭子泉台、瞭墩台、橙槽沟台。[②] 这些军台分布东路至星星峡，

---

① 《清高宗实录》卷106，乾隆四年十二月辛巳。

② 嘉庆重修：《大清一统志》卷521《哈密·台站》。

西路至橙槽沟，每台原额马 20 匹、19 匹、17 匹不等，兵 3 名，马夫六七名不等。[①]

19 处卡伦分别是：沁城河源小堡卡隘、沁城庙儿沟卡隘、沁城上莫艾卡隘，南路：哈什布拉卡隘、一碗泉卡隘、三间房卡隘，北路：头道沟卡隘、截达坡顶卡隘、柳树沟卡隘、葫芦沟卡隘、南山口卡隘、栅门口卡隘、三道沟卡隘、胡吉尔泰卡隘、盐池卡隘、土古鲁卡隘、苇子硖卡隘、推车沟卡隘、咸水硖卡隘。[②]

9 处营塘，每塘原额兵 3 名，共 27 名，按设字识 1 名，共 28 名。[③] 此外还有黑帐房塘、南山口塘和羊圈沟塘。[④]

清朝对哈密的有效经略，确立了清朝统一新疆的战略基地，奠定了统一新疆的基础。

2. 经略吐鲁番

吐鲁番是进入天山南北的战略枢纽，地理位置极为重要，清朝极为重视其经略。早在康熙五十四年（1715 年）六月，西安将军席柱等就提出，吐鲁番紧连哈密，是咽喉之地，不可不先取。[⑤] 随后清朝为争夺吐鲁番做准备，派兵设城。康熙五十九年（1720 年）八月，清军收复吐鲁番，当地察合台后裔及维吾尔族民众纷纷投降，宗教及维吾尔族头人亦率众归顺。

收复吐鲁番后，清朝积极筹办筑城、屯田、驻兵事宜。特别是，康熙六十一年（1722 年），清朝派遣 5000 名绿营兵进驻吐鲁番，进一步筑城、垦地、挽粮、守汛。此时吐鲁番驻军达到 11000 多人，占西路驻防清军总数一半左右。[⑥] 清军曾联合当地维吾尔族

---

① 钟方：《哈密志》卷 40《武备志十四・哈密十三处军台马匹》，禹贡学会钞本，1937 年。

② 钟方：《哈密志》卷 5《舆地志三・卡隘》，禹贡学会钞本，1937 年。

③ 钟方：《哈密志》卷 41《武备志十五・哈密营塘九处马匹》，禹贡学会钞本，1937 年。

④ 嘉庆重修：《大清一统志》卷 521《哈密・营塘》。

⑤ 《清圣祖实录》卷 264，康熙五十四年六月甲戌。

⑥ 《清圣祖实录》卷 296，康熙六十一年正月庚子。

民众，多次击退准噶尔军的袭扰。此后，清朝在吐鲁番屯垦兵力时有变化，雍正九年（1731 年）三月至十年（1732 年）五月，准噶尔军队四次围攻鲁谷庆、哈喇火州等城，清军 8000 人分驻七城抵御，难以彼此声援；雍正皇帝决定放弃吐鲁番，并于雍正十年十月，清军撤回巴里坤。

清军撤出吐鲁番之时，担心内附清朝的吐鲁番维吾尔人遭受准噶尔报复，陆续将其迁居甘肃。早在雍正四年（1726 年）吐鲁番维吾尔人头目托克托玛木特就请求清军将其所部 650 人东迁，清朝赏给马、驮和帐房，将其安置在肃州。雍正十年清朝又将额敏和卓率领的 1 万多人迁往甘肃，实际上因旅途伤病等，只有 8013 人最终抵达安西瓜州五堡。清朝为进一步安抚吐鲁番内附维吾尔人，给予多项优待和帮扶。政治上，清朝对其封官授爵、编旗设领。雍正皇帝封额敏和卓为“札萨克辅国公”[①]，“颁给扎萨克印信，俾总领其众”，其余头目“分次一、二、三、四等者，照番民土司之例，给与正、副千户职衔札付，分领部落，散居各堡”[②]。乾隆十九年（1754 年）正式对吐鲁番维吾尔人加以编旗，设“札萨克一人，协理旗务二人，管旗章京一人，副章京二人，参领二人，佐领十五人，伯克十人……一如蒙古之制编为旗分，设扎萨克以下等官”[③]。经济上，清朝组织人员为其修筑城堡、房屋，无偿提供口粮、牲畜等生产生活资料，免除其赋税和借项，给予大量优待政策。在清朝的大力扶持下，二十多年间，吐鲁番维吾尔人开垦水浇地二十四万四千亩，是原拨给土地的五倍以上。[④]

清朝迁吐鲁番维吾尔人到甘肃，使其摆脱了准噶尔的控制，一

① 《清世宗实录》卷 125，雍正十年十一月乙未。

② 常钧：《敦煌随笔》卷上《回民五堡》，禹贡学会，1937 年。

③ 高宗敕撰：《清朝通典》卷 39《职官十七》，商务印书馆 1935 年版。

④ 王希隆：《清前期吐鲁番维吾尔人迁居瓜州的几个问题》，《兰州大学学报》1989 年第 4 期。

方面削弱了准噶尔割据政权的财源，另一方面也保护了吐鲁番维吾尔人，扩大了清朝的影响力。

乾隆二十一年（1756年），清朝平定准噶尔，额敏和卓率领部属迁回吐鲁番。后来，额敏和卓平叛有功，清朝将整个吐鲁番划归额敏和卓家族领有。乾隆四十三年（1778年），额敏和卓长子素赉满因科敛银两、挑选幼女，并虐待部众，甚至“私宫其属”。清朝遂削其郡王爵，诏其赴京授一等侍卫，将其降为贝勒，留住北京。而其属众领地，选其弟一人承袭，作为扎萨克，管束所属。素赉满案后，清朝趁机“将吐鲁番回人分别居处，中立界址。自哈喇和卓迤东回人一千六百余户，归额敏和卓之子管束，吐鲁番领队大臣统辖；自吐鲁番迤西回人七百五十余户，归札奇鲁克齐呼达巴尔第管束，吐鲁番领队大臣专管”①。吐鲁番扎萨克郡王领地缩小一半，所属人口失去近三分之一，势力大为减小。

清朝在削弱吐鲁番郡王势力的同时，撤去辟展办事大臣，另简放领队大臣一员，驻扎吐鲁番，派驻八旗、绿营官兵，建城屯垦，加强军事防卫。经过多年经略，清朝强化了对吐鲁番的直接控制，额敏和卓家族独领吐鲁番地区局面结束，形成满、汉官兵和维吾尔人共居的新格局。

（二）经营南疆八城

回疆经略重点在南八城，即喀喇沙尔、库车、阿克苏、乌什、叶尔羌、和阗、英吉沙尔和喀什噶尔等。

“和卓”，汉文献亦写作“和加”“火者”“霍加”，意为“主人”“显贵”，中亚与新疆泛指伊斯兰教创始人穆罕默德后裔，在回疆影响颇大。

1. 对和卓势力采取剿抚并用策略

清朝统一新疆时，新疆有两支影响较大的和卓后裔，一支是波

---

① 和瑛：《三州辑略》卷2《官制门·吐鲁番回部》。

罗尼都和霍集占及其后裔，为伊斯兰教白山派首领阿帕克和卓一系；另一支是额色尹等人，为阿帕克和卓弟弟喀喇玛特和卓一系。

(1) 波罗尼都和霍集占及其后裔

准噶尔割据时期，利用和卓“总理南疆事务”，但是采用“人质制”，将南疆汗王之子或其本人控制在伊犁，作为人质。清朝平定准噶尔时，作为南疆白山派首领波罗尼都和霍集占兄弟，即大、小和卓均为人质，驻于伊犁，“自祖父三世，俱被准噶尔囚禁”[①]。

清朝初次进入伊犁时，曾为波罗尼都配备军队，派遣其回南疆招抚维吾尔人，霍集占则继续留在伊犁。后阿睦尔撒纳反叛，霍集占附逆。清军击败阿睦尔撒纳，霍集占逃亡南疆，鼓动波罗尼都反叛。大小和卓杀害前往招抚的清朝副都统阿敏道及所率官兵，霍集占自称巴图尔汗，试图建立政教合一政权。乾隆二十三年（1758年）和乾隆二十四年（1759年），清朝先后派遣雅尔哈善、兆惠和富德进剿。大小和卓败亡帕米尔巴达克山，清军遣使者前往要求交出和卓兄弟。巴达克山首领素勒坦沙擒杀二人，并将霍集占首级交给清军。清朝正式统一天山南北。

霍集占无子嗣，波罗尼都则有四个儿子，其中三个被清朝送到北京安置；但是还有一个儿子萨木萨克亡命中亚。萨木萨克长大成人后，多次派人秘密窜回南疆，企图蛊惑作乱，但清朝防范严密，使其阴谋未能得逞。萨木萨克死后，其三个儿子玉素普、张格尔和巴布顶及其后裔，联络外部势力，多次在南疆作乱。

从18世纪80年代到19世纪60年代，和卓后裔发动多次暴乱，其要者有：(1) 乾隆三十九年（1774年）和嘉庆二年（1797年）萨木萨克及其子玉素普之乱；(2) 张格尔四次扰边及叛乱，分别发生于嘉庆二十五年（1820年）、道光四年（1824年）、道光六年

---

① 傅恒：《平定准噶尔方略》正编卷33，乾隆二十一年冬十月丙子。

(1826年）和道光八年（1828年），最终张格尔被擒并被押赴北京处决；（3）道光十年（1830年）浩罕利用玉素普入侵南疆；(4）道光二十七年（1847年）七和卓暴乱，是指以玉素甫之子迈买的明（又称"卡塔条勒"）与倭里汗为首，包括克齐克汗条勒、塔瓦克尔条勒、萨比尔罕条勒、阿克恰干条勒和伊善罕条勒在内的七名和卓后裔的暴乱；（5）咸丰七年（1857年）南疆白山派与倭里罕和卓勾结，发动暴乱。此外，同治四年（1865年），浩罕军官阿古柏利用张格尔之子布素鲁克入侵新疆，建立伪政权。

清朝初定新疆之时，高度重视和卓问题，严格追查和卓后裔，严密防范浩罕，使和卓后裔未能酿成大的动荡。而嘉庆、道光年间，清朝对和卓后裔防范放松，致使其多次扰边、叛乱甚至伙同浩罕入侵南疆。

需要说明的是，大小和卓及其后裔一直暴乱、扰乱新疆，清朝对其始终采取剿灭的政策。随着时间的推移，和卓后裔在南疆的影响力大为减小，最后沦为浩罕势力的走狗。正如玉素甫本人所承认的那样，他在南疆"连一个高粱馕都不值"[①]。清朝对大小和卓后裔的斗争，持续百年，和卓问题最终消失在历史云烟中，回疆政教合一政权的根基彻底消除。大小和卓及其后裔问题的解决，是清朝经略南疆的重大成果。

（2）喀喇玛特和卓后裔

喀喇玛特和卓系阿帕克和卓弟弟，该支系和卓主要有额色尹、图尔都、玛木特、阿卜都喇满、帕尔萨等，始终归附清朝，反对叛乱；清朝对其采取安抚政策。

乾隆二十五年（1760年），清朝利用额色尹等人赴北京觐见之机，将其留在北京，封官授爵，给予优厚待遇，使其居住北京。同

---

① 王彦威：《清季外交史料》道光朝四，故宫博物院1932年版，第420页。

时，还将其家眷接到北京，妥善安置。另将额色尹、图尔都封为护国公，玛木特、阿卜都喇满、帕尔萨分别封为一、二、三等台吉，编入蒙古正白旗。

2. 严格实行政教分离政策

清朝在南疆实行政教分离制度，采取一系列具体措施，切实禁止宗教干预政治。

（1）禁止宗教头目担任地方官职

南疆普遍信仰伊斯兰教，阿訇在政治和社会生活中影响极大。“回子遇有疑难皆问阿浑，即女嫁男婚亦阿浑所主持。虽听阿浑之言，死亦不怨悔也。”① 历史上，宗教头目担任地方官职是寻常事。清朝为防止政教合流及宗教干预政治，特颁布禁令，不允许宗教头目担任地方官职。“阿訇不当差，亦不挑用伯克”②，遂成南疆一项重要政策。不过，由于清朝利用未曾叛乱过的黑山派，压制多次叛乱的白山派，致黑山派阿訇有人乘机充当伯克。道光时期，清朝重申此禁令：“著通谕各城，以后无论何项回子，当阿浑者，只准念习经典，不准干预公事，其阿浑子弟有当差及充当伯克者，亦不准再兼阿浑，以昭限制。”③

（2）禁止宗教头目干预地方行政事务

清朝严禁伊斯兰教头目干预行政事务，采取两项措施予以保证：一是改造原来的伯克制度，将伯克纳入清朝的行政官员系统，中央政府或中央政府派驻各地的官员对其进行任免、考核，规定各级伯克的品级、职责、义务和待遇，不再使其受制于伊斯兰教势力。二是严格查处敢于干涉行政事务的宗教头目。

3. 扩大伯克的权力

清朝为确保伯克能够控制宗教头目，进一步扩大其政治权力，

---

① 椿园（七十一）：《西域总志》卷1。

② 《那文毅公奏议》卷78。

③ 《清宣宗实录》卷151，道光九年二月乙丑。

采取了如下措施：一是提高阿奇木伯克的政治地位，扩大其权限，使宗教头目无权干涉行政事务。二是伯克要对阿訇有推荐权，并要负责。阿奇木伯克有权推荐诚实公正之人任阿訇，但所推荐阿訇若不合格，则不但革除阿訇，也要参办推荐者。[①] 这就不但确保了政权的世俗性，也扭转了阿訇和伯克的关系，使阿訇能够服从伯克。[②]

这些政策和措施的实施，使清朝在治理南疆上形成自己的行政体系和官员队伍，逐步解决了政教不分的问题，加快了南疆行政体制与清朝国家治理体系一体化进程。

4. *严格治理非法宗教活动*

伊斯兰教在南疆根基深厚，对维吾尔政治社会有重要影响，清朝对伊斯兰教事务的管理较为谨慎。清朝对伊斯兰教各派群众平等对待，保护其正常的宗教活动。在平定大小和卓叛乱后，清朝并未破坏“旧和卓木坟墓”，而是派遣人员专门看守，拨付“三十帕特玛地亩”，其收入用作墓地修缮和保护经费。[③] 清朝还保护穆斯林的正常宗教活动场所和宗教活动，查处萨木萨克私下向穆斯林收取的钱财，保护不同教派的正常活动。这些措施使南疆在相当长时间里没有发生教派冲突，也使宗教活动较为正常进行。

在保护正常宗教活动的同时，清朝严厉遏制非法宗教活动。清朝起初对回疆伊斯兰教派并不管禁，但在乾隆四十五年（1780 年）前后，陕、甘两省回族因新、旧教派导致不断冲突，清朝遂将“新教”视为“邪教”，严禁其在南疆维吾尔族地区活动。乾隆五十七年（1792 年），叶尔羌维吾尔族迈玛弟敏私自向内地回民传授伊斯兰新教，遭清朝严厉查办，迈玛弟敏亦被发往云南省充军。乾隆帝在上谕中说：“务宜留心查察，如回民等私习新教情事，即严拿办

---

① 《回疆则例》卷 8。

② 椿园（七十一）：《西域闻见录》卷 7，嘉庆十三年刊本。

③ 《清高宗实录》卷 614，乾隆二十五年六月癸酉。

理，以断根株，不得日久疏懈。”[①] 清朝还严格规定，不允许毛拉学习诵“黑经”[②]。

三　人口迁徙与管理

新疆统一后，由于经历了长达70余年的战争，人烟稀少，田地荒芜。维持新疆稳定和经济发展，都需要大量的人口。清朝遂制定政策，大规模迁移内地人口进入新疆。在清朝的有效组织下，大量东北、北部蒙古地区及内地人口开始不断移居新疆，使当地人口规模不断增加，为保卫和建设新疆做出了巨大贡献，奠定了各民族交流的基础。清朝此期向新疆移民呈现重要特点：组织性强、规模较大、类型多样化、地域广、持续时间长等。这些移民可分为下列几方面。

（一）东北及北部的多民族迁入

清朝统一新疆后，从东北及北部蒙古地区向新疆大量迁徙各族军民，渐次落户伊犁及塔尔巴哈台等地，旨在发展生产，加强安全。从民族成分来看，这些人口主要来自满族、索伦、锡伯、达斡尔和察哈尔蒙古。

1. 满族迁入新疆及其管理

满族进入新疆主要是以八旗军驻军方式迁徙到新疆各地的。早在乾隆二十年（1755年），清朝就派满蒙兵，随将军班第等驻扎伊犁。“派京师满蒙兵数千，前往闲处屯田，一如蒙古授产安插，以靖边境。”[③] 这是清朝官员首次提出在伊犁驻扎满洲及蒙古官兵。随后也有零星派遣满族等士兵，驻扎伊犁。乾隆二十一年（1756

---

① 《清高宗实录》卷1410，乾隆五十七年八月辛巳。

② 不为官方所认可的经文。

③ 《清高宗实录》卷480，乾隆二十年正月辛巳。

年），清朝在巴里坤仍驻防满洲官兵1000名。[①] 次年（1757年），逐渐增加至3000名。[②] 乾隆二十三年（1758年）八月，清朝令察哈尔兵1000名前往乌鲁木齐驻扎[③]；十一月，清朝再令达勒当阿、哈达哈率满洲官兵2000名前往乌鲁木齐。[④] 乾隆二十五年（1760年）三月，在商议新疆驻军及行政体制时，军机大臣认为："伊犁、回部各处俱有办事大臣，足以控制远近，若添设镇道以下各官，既与口外体制不符，而一切建造衙署、添设俸工，俱从内地经理，更滋烦费；且回众不相浃洽，易起猜疑，殊未妥协，亦毋庸议。总之，新疆非巴里坤、哈密可比，当因地制宜，在回城固不宜久驻官兵，即伊犁一带亦仍当以满洲将军大员驻守。统俟阿桂办理一年之后，再行酌办可也。"[⑤] 此方案获乾隆皇帝批准。清朝确立在伊犁及北疆驻扎满洲官兵的制度。乾隆二十六年（1761年）九月，军机大臣议定塔尔巴哈台可设兵2500名。[⑥] 十二月，副都统旌额理奏请将派往伊犁的索伦兵内调拨一百名，驻防乌鲁木齐。[⑦]

乾隆二十七年（1762年）十月，清朝以伊犁为"新疆都会"，筹划当地驻兵屯田，以图久远。决定自乾隆二十九年（1764年）至乾隆三十一年（1766年），将凉州和庄浪满洲、蒙古兵悉数携眷迁往伊犁永久驻防，凡三批共计3334名。

乌鲁木齐亦是满族士兵及其家眷移居的重要地区。据《乌鲁木齐事宜》记载，除额定官兵3454名外，"截至乾隆六十年（1795年）底止，满营壮丁一千一百一十四名，幼丁二千九百八十九名，

---

① 《清高宗实录》卷524，乾隆二十一年十月乙亥。

② 《清高宗实录》卷548，乾隆二十二年十月庚午。

③ 《清高宗实录》卷568，乾隆二十三年八月甲寅。

④ 《清高宗实录》卷575，乾隆二十三年十一月己亥。

⑤ 傅恒：《平定准噶尔方略续编》卷1，乾隆二十五年三月甲子。

⑥ 《清高宗实录》卷645，乾隆二十六年九月乙丑。

⑦ 《清高宗实录》卷650，乾隆二十六年十二月甲戌。

男妇老幼共眷口一万五千九百八十一名”①。这是凉州、庄浪八旗官兵移驻乌鲁木齐22年后的人口统计数目，官兵及其家眷共计约20000口。

可见，满族八旗官兵从内地多处被派遣驻扎新疆，其家眷随军移居，构成满族迁居新疆的最主要方式。满族在新疆分布亦较为广泛，东疆、北疆皆有。

2. 锡伯族迁入新疆及其管理

乾隆二十八年（1763年）十二月，伊犁将军明瑞奏请筹办塔尔巴哈台驻兵之事，认为锡伯族官兵骁勇强悍，请求调盛京锡伯及其家眷西迁，驻防塔尔巴哈台。清朝批准了明瑞的要求。经过认真筹划，集合锡伯官兵共1020人，家眷3275口，共计4295人迁到伊犁。这批锡伯兵及其家眷于乾隆二十九年（1764年）四月启程，陆续于乾隆三十年（1765年）六、七月抵达伊犁。②

根据锡伯兵在原籍与民杂居城寨、务农为生的习俗，伊犁将军明瑞规划宜于耕牧之地，令其居住。乾隆三十一年（1766年）正月，明瑞命锡伯官兵及其家眷前往所指伊犁河南岸东自巴图蒙库巴格、绰霍尔拜行，西至霍吉尔巴格一带居住，种田牧畜。具体组织是分为八队，一、三牛录为首队，过河南择以霍吉尔巴格地方，右住头牛录，左住三牛录，以大沟一条为界。

在锡伯官兵及其家眷管理上，清朝批准明瑞建议，将伊犁索伦、锡伯、察哈尔兵“统按八旗分派管辖”③。阿桂继任伊犁将军后，遂将移驻的索伦、锡伯、察哈尔兵，按新厄鲁特例，编立牛录。锡伯、索伦、察哈尔等三爱曼，请同厄鲁特爱曼，增编两牛录，俱为八牛录，以为八旗。其旗纛颜色，也按旗授之。锡伯昂吉

① 王希隆：《新疆文献四种辑注考述》，甘肃文化出版社1995年版，第108页。

② 不过据学者研究，参与迁移的还有随行闲散405名、途中生童350名，抵达伊犁共为5050人。参见吴元丰、赵志强《锡伯族西迁概述》，《民族研究》1981年第2期。

③ 《清高宗实录》卷782，乾隆三十二年四月癸卯。

增编两个牛录，并颁发镶黄（一牛录）、正黄（二牛录）、正白（三牛录）、正红（四牛录）、镶白（五牛录）、镶红（六牛录）、正蓝（七牛录）、镶蓝（八牛录）八种颜色的旗，其中一、三、五、七牛录为左翼四旗，二、四、六、八牛录为右翼四旗。至此，伊犁锡伯营制组建完毕，成为驻防伊犁的锡伯八旗。

3. 索伦及达斡尔族迁入新疆及其管理

索伦（今鄂温克族）和达斡尔（今达斡尔族），原本生活在东北地区，以狩猎为生，素属骁勇。清初，居住在嫩江流域的索伦、达斡尔人被编入八旗，分设牛录。乾隆二十八年（1763年）正月初六日，大学士傅恒根据乾隆皇帝谕旨，提出“饬令黑龙江将军、察哈尔都统等从索伦、察哈尔丁内选其情愿携眷迁往伊犁者，索伦一千名，察哈尔一千名，均作为披甲，照先前移驻察哈尔、厄鲁特之例”[①]。获乾隆皇帝批准。此次索伦与达斡尔西迁新疆，共计兵1000名，家眷2838名，护送人员22名，分两批迁徙。乾隆二十八年四月初十日、五月初三日，西迁兵及其家眷相继出发，分别于乾隆二十九年（1764年）正月十九日和七月二十六日抵达伊犁。第一队500名索伦兵丁被安置在霍尔果斯河以西的沙玛尔、齐齐罕、土尔根、撒橘等地；第二队500名达斡尔兵丁被安置在霍尔果斯河以东的克阿里木图、霍尔果斯、富斯克等地。

在管理上，编设牛录，建立索伦营。清朝编设六个牛录，其中索伦和达斡尔各设三个牛录，分为左右两翼，统称为索伦营。该营设领队大臣、总管、副总管各一员，佐领、骁骑校各六员，负责管理营务。乾隆三十二年（1767年），清朝调整管理机制。索伦营1000名额不变，分编八旗，每旗各设一牛录，除原有佐领六员、骁骑校六员外，增设佐领二员、骁骑校二员，并从披甲内选取领催8

① 《大学士傅恒等遵旨议奏续派一千名察哈尔兵丁携眷移驻伊犁事宜折》，载《清代西迁新疆察哈尔蒙古满文档案全译》，新疆人民出版社2004年版，第29页。

名，连同原有领催24名，共计32名，每牛录各为领催四名、披甲121名。此后，因管理卡伦事务的需要，清朝于伊犁索伦、达斡尔内拣选9人，给戴六品空蓝翎，轮班驻守卡伦。伊犁索伦营的建制至此基本确立。

4. 察哈尔及厄鲁特蒙古迁入新疆及其管理

察哈尔兵在从征准噶尔、大小金川等战斗中表现优异，为强化伊犁防务，乾隆二十六年（1761年）九月，清朝决定组织察哈尔兵“分别迁往伊犁、乌鲁木齐永久驻防”①。

清朝先后分三批迁徙察哈尔兵及妇女赴新疆。乾隆二十七年（1762年）三月十五日，第一批西迁察哈尔蒙古1000人在扎噶苏坦驿站附近的达兰图鲁地方集合，分四队依次出发。乾隆二十八年（1763年）二月初三日，西迁察哈尔官兵顺利抵达乌鲁木齐。按计划选择200名察哈尔官兵及家眷共计542人，其中150名官兵留驻乌鲁木齐，50名分驻库尔喀喇乌苏。其余人员继续西行，于四月抵达伊犁，后驻扎在登努勒泰。第二批西迁察哈尔蒙古兵亦为1000名，乾隆二十八年四月初九日第一队500名官兵从济尔噶朗图塔拉起程，于乾隆二十九年（1764年）六月十一日抵达赛里木湖畔；乾隆二十八年四月二十五日第二队500名官兵及1000户家眷共计2013人，由济尔噶朗图塔拉起程，于乾隆二十九年抵达伊犁。第三批迁居新疆系察哈尔八旗妇女，旨在解决移驻新疆官兵的婚姻问题。清朝在乾隆二十九年五月从张家口外的察哈尔八旗及牧厂内选取15岁以上、40岁以下自愿前往的女孩和寡妇共计420人，于六月二十七日从察罕托洛盖起程，十二月十三日抵达伊犁。在西迁途中，有42人病故，实际抵达伊犁的共计378名。据《伊疆汇览》记载，头两批西迁新疆的察哈尔蒙古共计6090人，加上第三批抵

---

① 《大学士傅恒等议奏拣选察哈尔官兵携眷移驻伊犁等处事宜折》，载《清代西迁新疆察哈尔蒙古满文档案全译》，新疆人民出版社2004年版，第2—3页。

达伊犁的妇女，清朝共迁徙6468名察哈尔官兵及家眷迁移到新疆。

清朝对迁居新疆的察哈尔蒙古编旗管理。第一批察哈尔官兵抵达伊犁后，清朝任命乌岱为察哈尔营署理领队大臣。第二批官兵抵达后，清朝将察哈尔官兵编设为二昂吉，其中第一队为“旧昂吉”，为左翼；第二队为“新昂吉”，为右翼。每昂吉下设六个苏木（佐领），各设900名士兵，设总管一人，副总管一人，佐领六人，骁骑校六人。乾隆二十九年（1764年），清朝任命齐勒克特依为察哈尔新昂吉总管，那旺为旧昂吉代理总管，车凌多尔济为旧昂吉副总管。鉴于西北边防巡逻的需要，清朝在乾隆三十年（1765年）冬调整了察哈尔的驻牧地，将留驻在乌鲁木齐的150户及库尔喀喇乌苏的50户察哈尔官兵及家眷统一迁至塔尔巴哈台，任命保岱为塔尔巴哈台察哈尔旗佐领，设骁骑校和笔帖式各一员。

厄鲁特蒙古进入新疆较早，统一新疆后清朝又陆续迁入其他厄鲁特蒙古人，并调整了其驻防地。乾隆二十八年（1763年），伊犁将军明瑞奏请加强塔尔巴哈台地区防务，清朝遂批准从热河的达什瓦部厄鲁特兵中抽派500名，挈眷迁往伊犁。[①] 乾隆二十九年（1764年）七月二十六日，500名厄鲁特兵丁抵达伊犁。由于驻防塔尔巴哈台蒙古兵增加，为加强管理，乾隆三十年清朝添设佐领一员，骁骑校一员。乾隆四十二年（1777年），清朝将驻防乌鲁木齐的厄鲁特1000户移驻塔尔巴哈台，又从所属的巴尔鲁克齐尔地方拨来总管一员，副总管一员，佐领四员，骁骑校四员，以加强管理。

（二）南疆维吾尔农民移居伊犁及其管理

早在准噶尔汗国割据时期，南疆维吾尔人就有部分被迁徙到伊犁河上游种地，以保证粮食供给，准噶尔人称其“塔兰奇”，意为

① 《清高宗实录》卷701，乾隆二十八年十二月乙巳。

耕地之人。后来在平定大小和卓叛乱时，乾隆帝为谋划伊犁屯垦，就想仿准噶尔旧例，迁移部分维吾尔人至伊犁垦田谓：“伊犁驻兵屯田，关系甚重，亦宜预为筹划。从前伊犁地亩皆回人耕种，今俟回城平定，即将回人酌量迁移，与绿旗兵参杂。”① 同时，他还有意下令额敏和卓携眷前往伊犁，管理伊犁维吾尔人屯田事宜。② 经过一年的讨论，清朝最终决定迁移南疆部分维吾尔人移垦伊犁。

乾隆二十五年（1760 年），首批赴伊犁屯垦的 300 户维吾尔人，从阿克苏迁徙到伊犁，安置在伊犁河南岸的海努克，300 户维吾尔人约相隔半里设一村庄，共设十五处村庄。至乾隆四十年（1775 年），经过多次迁移和繁衍生息，伊犁地区维吾尔人已有 6406 户，20356 口。③ 至乾隆五十五年（1790 年），伊犁地区维吾尔人约为 6383 户，34300 口。④

伊犁回屯在开屯之初有八处，分别是济尔噶朗、鄂罗斯坦、塔什鄂斯坦、巴尔托辉、哈什、霍诺海、博罗布尔噶素、海努克。⑤ 乾隆五十九年（1794 年）十月，伊犁将军调补 500 名，设增噶祺纳齐伯克一名，小伯克二名，米拉普伯克和明伯克各一名，在达尔达木图安屯，伊犁维吾尔人屯垦扩至九屯。

（三）土尔扈特回归及其安置与管理

土尔扈特部系我国卫拉特蒙古一支，最初主要活动于我国新疆地区。17 世纪 30 年代，为了寻找新游牧地，土尔扈特部与部分和硕特、辉特部民众在首领和鄂尔勒克率领下，西迁至南俄罗斯草原

---

① 《清高宗实录》卷 560，乾隆二十三年四月己巳。

② 《平定准噶尔方略》（正编）卷 54，乾隆二十三年四月己巳。

③ 格琫额纂，吴丰培整理：《伊江汇览·户籍》记载为 20556 口。成书于乾隆四十七年的《钦定皇舆西域图志》卷 33《户口》记载为“6406 户，20356 口”，估计五或为三之笔误。

④ 松筠：《西陲总统事略》卷 1《伊犁兴屯书始》。

⑤ 永保：《总统伊犁事宜·回务处应办事宜》，载中国社会科学院中国边疆史地研究中心编《清代新疆稀见史料汇辑》，全国图书馆文献缩微复制中心 1990 年版，第 230 页。

的伏尔加河流域。迁居新地初期，该部生活自由，但是随着俄罗斯的强大和向南扩张，土尔扈特部日渐受其压迫，不但被迫输送大量男性参加俄罗斯扩张战争，而且其本部也面临俄罗斯吞并的危险。此外，俄罗斯还安置大量哥萨克人侵占土尔扈特人的牧场。为反抗俄罗斯的压迫，土尔扈特部民众决定返回祖国。

乾隆三十五年（1770 年），阿玉奇汗之孙渥巴锡带领伏尔加河东岸（因河流未结冰西岸民众无法渡河东归）的十七万部众踏上东归道路。他们冲破俄军及其仆从军的重重阻击，克服种种困难，于乾隆三十六年（1771 年）抵达伊犁，受到署理伊犁将军舒赫德的接见，并接受乾隆帝的谕旨。经短暂休息后，渥巴锡一行赶赴承德避暑山庄觐见乾隆帝。渥巴锡抵达次日，乾隆帝就设宴款待，后又数次召见，详细了解土尔扈特部的历史、东归过程及面临的困难。

为了安置和管理好土尔扈特部众，清朝做了临时安顿和长远规划。

首先，做好临时救助和安置。清朝调动大量物资抚恤，其中羊一万余只，粮食一万余石，保证每十人一只羊和每人口粮一斗。经过一段时间休养后，清朝留部分老弱病残者在伊犁调养，其余迁往水草丰茂的斋尔地方过冬，以暂时安顿。

其次，分配游牧地，规划长期管理。大量人口聚集一地，不利于游牧和管理。经近三个多月筹商，清朝将策伯克多尔济所属部众安置在和布克赛尔地方，巴木巴尔所属部众安置在济尔噶朗地方，默门图所属部众安置在精河地方，舍楞所属部众安置在科布多的青济勒地方，和硕特所属部众安置在珠尔都斯地方，渥巴锡所属部众仍留在斋尔地方，部分老弱及伤病人员仍留住伊犁调养。

最后，大量调拨物资，帮扶恢复生产生活。根据《优恤土尔扈特部众记》碑刻记载，清朝先后从陕西、甘肃、新疆、宁夏及内蒙古等地，调拨马牛羊二十余万头、米麦四万多石、茶叶二万多封、羊裘皮五万多件、棉布六万多匹、棉花近六万斤和毡庐四百多具，帮助回归土尔扈特部众恢复生活和生产。

由于斋尔地方天花流行，驻牧的渥巴锡部众病亡者较多，牲畜损失严重。清朝又选择珠尔都斯作为新游牧地，安置渥巴锡部众。清朝还调拨大批粮食和羊只作为迁徙途中的口粮，精心选择水草丰茂的路线，并派官兵护送。乾隆三十八年（1773 年）七八月间，渥巴锡部众分六批依次迁徙，次年六月全部抵达新牧场，从此过上安定祥和的新生活。

土尔扈特部回归祖国是清代新疆历史上的重大事件之一，反映出土尔扈特蒙古热爱祖国的情怀。土尔扈特部回归后很快得到良好的安顿，恢复生产和生活，也反映出清朝对他们的高度认可，以及祖国各地对他们的无私支持。

（四）内地汉族迁移新疆及其活动

汉族人自西汉时就开始移居新疆，是新疆历史上古老的居民之一。逮至清代雍正年间，清朝亦派遣相当多的绿营官兵驻防哈密。绿营官兵为汉族，主要从事农垦活动。雍正二年（1724 年）三月，抚远大将军、川陕总督年羹尧奏请“再令绿旗兵二千名，驻扎哈密地方”[①]。这是清代汉族进入新疆的较早记载。清代内地汉族迁居新疆有三种类型：一是绿营兵和湘军，二是农民和商人，三是内地遣犯。

1. 绿营兵和湘军移居新疆

统一新疆后，清朝决定在新疆重要城镇驻军，驻军以八旗和绿营为主。重要的战略城市以八旗驻军为主，其他城市则以绿营为主。北疆多为满洲蒙古及索伦等战斗力较强官兵，南疆多是绿营官兵，且为换防。

---

① 《清世宗实录》卷 17，雍正二年三月丙申。

清代伊犁绿营携眷官兵共 3097 名，分驻在绥定、广仁、瞻德、拱辰、熙春和塔勒奇六个城镇中。

乌鲁木齐绿营兵设提督一人，下辖官兵 8609 名。乌鲁木齐提督还节制库尔喀喇乌苏、精河二处绿营官兵。库尔喀喇乌苏绿营设游击一员，下辖官兵 615 名；精河设都司一员，下辖官兵 410 名。值得注意的是，乾隆五十八年（1793 年）之前，乌鲁木齐都统所辖屯田驻守绿营官兵均由陕甘绿营派拨，每五年换防一次。乾隆五十八年，清朝批准乌鲁木齐都统尚安所奏，乌鲁木齐及伊犁所属绿营官兵均改为携眷常驻。①

巴里坤是新疆与内地及蒙古的连接地，战略地位重要。巴里坤除驻扎八旗官兵外，还驻扎绿营官兵 3168 名；古城除驻扎满洲官兵外，还驻扎绿营兵 917 名。

此外，受乌鲁木齐都统节制的还有吐鲁番和哈密驻军。吐鲁番驻扎绿营官都司以下 18 员，兵 330 名；另有都司 1 员，管理屯兵 700 名。

在南疆的喀什噶尔、英吉沙尔、叶尔羌、乌什和阿克苏五城，满营与绿营兼驻；和阗、库车和喀喇沙尔三城只有绿营。以上各城绿营官 112 员，绿营兵 4255 名。清朝规定南疆的满洲和绿营官兵不能携眷，均为换防兵，定例五年更换。乾隆五十九年（1794 年），喀什噶尔参赞大臣永保奏请将喀什噶尔、英吉沙尔的绿营官兵分为两队，间隔更换，即先行更换一半，留一半于次年更换，获允。②

新疆统一后就确立的绿营驻防军制持续到晚清。同治年间新疆社会动乱，加上浩罕阿古柏入侵，此政策中断。光绪初年左宗棠收复新疆后，驻新疆军力众多，而清朝财政窘迫，需裁汰勇丁，以节

---

① 《清高宗实录》卷 1430，乾隆五十八年六月甲子。

② 《清高宗实录》卷 1445，乾隆五十九年正月戊申。

银饷。[1] 光绪七年（1881 年），刘锦棠裁撤驻新疆官兵 6300 余人，谭钟麟裁撤关内官兵 4000 余人。裁撤勇丁中有较多人不愿意返回故里，清朝采取就地安置的办法："有娶妻成家者，授之以田……""其营勇之精壮者酌留以备边防，余皆计口分田，各给籽种，使之自食其力，成熟之后缓数年以升科，广收租粮，以供军需。"[2]

2. 农民和商人迁居新疆

新疆统一后，清朝规划内地民众前往屯田，以加快新疆发展。早在乾隆二十五年（1760 年），乾隆帝就谕令："西陲平定，疆宇式廓，辟展、乌鲁木齐等处，在在屯田，而客民之力作贸易于彼者，日渐加增，将来地利逾开，各省之人将不招自集，其于惠养生民，甚为有益。"[3] 清朝鼓励招徕内地民众，加强新疆屯垦。乾隆二十六年（1761 年）八月，乾隆皇帝谕令陕甘总督杨应琚将甘肃无业贫民迁移乌鲁木齐垦种立业，并"酌量官为料理前往"，由此拉开清代内地民众移居新疆屯垦的大幕。大致说来，以乾隆三十六年（1771 年）为分水岭，此前移垦新疆的民众多来自甘肃中西部，此后来自甘肃东部及内地的贫民逐渐增加。

内地移民主要安置在以乌鲁木齐为中心的北疆地区，东起巴里坤，西至伊犁，北至塔尔巴哈台。从乾隆二十七年（1762 年）至四十六年（1781 年）底，乌鲁木齐所属各州县共安插移民 19700 余户。[4] 至乾隆六十年（1795 年）底，乌鲁木齐地区共有民20662 户，男女大小共 129642 名口。嘉庆八年（1803 年），乌鲁木齐和巴里坤两处有民 150000 余口；另外，还有商民保甲11545户，男女

① 中国第一历史档案馆藏：《南部档案》，案卷号：00729。

② 中国第一历史档案馆藏：《南部档案》，案卷号：00729。

③ 《清高宗实录》卷 604，乾隆二十五年正月庚申。

④ 《乌鲁木齐都统明亮八月二十二日奏》，载中国科学院地理科学与资源研究所、中国第一历史档案馆编《清代奏折汇编——农业·环境》，商务印书馆 2005 年版，第 285 页。

大小共43791名口。[①] 嘉庆十一年（1806年），乌鲁木齐、吐鲁番和哈密三地人口又有新增长，例如迪化州有男女36970口，昌吉县有男女18488口，绥来县有男女12785口，阜康县有男女11518口，呼图壁有男女11176口，吉木萨有18025口，奇台县有男女31075口。[②] 塔尔巴哈台的汉族“自乾隆时开辟以来，土著虽云稀少，然承平日久，生聚渐多，其随营屯垦之客民，遂成食毛践土之百姓，故当日编查户口，曾有册报前数百户之事”[③]。此外，伊犁等地的汉族商人也包地耕作。例如乾隆二十八年（1763年）起至嘉庆十三年（1808年）止，伊犁商民张子仪等32人报垦麦地39618亩，张尚义等200人共垦种蔬地稻田10668亩。

南疆也招徕少量内地移民屯田。叶尔羌巴尔楚克的毛拉巴什和塞克三一带荒地甚多，经叶尔羌参赞大臣长清奏请，清朝于道光十三年（1833年）招募内地民人360余人进行屯种，次年喀什噶尔喀拉赫依地方招垦民人500余人。

在清朝治疆前期，由于清朝的组织和鼓励，内地民众不断移居新疆天山南北，大大促进了新疆地区经济开发与发展，而以天山北麓地带较为繁华。木垒是“商贾云集，田亩甚多，民户约五百家”；济木萨是“沿途田亩连塍，村落相接”；绥来则“商民辐辏，庐舍如云，景象明润丰饶，与内地无异”[④]。

3. 内地遣犯迁居新疆

清朝按照犯人罪行的轻重，对其惩处程度不一。如犯人罪行较重，往往发配给种地兵丁为奴，由兵丁负责日常管理，监督其日常

① 永保：《乌鲁木齐事宜》，载王希隆编《新疆文献四种辑注考述》，甘肃文化出版社1995年版，第126—127页。

② 和瑛：《三州辑略》卷3《户口门》。

③ 马大正等整理：《新疆乡土志稿》，新疆人民出版社2010年版，第222页。

④ 祁韵士：《万里行程记》，载杨建新《古西行记选注》，宁夏人民出版社1987年版，第410、454页。

劳作[①]；罪行稍轻，则“补耕屯缺额”，领种定额地亩，与屯垦兵丁一起“合力耕作”。[②] 乾隆二十三年（1758 年）二月，御史刘宗魏奏请把盗贼抢夺、挖坟、应拟军流人犯，“不分有无妻室，概发巴里坤，于新辟夷疆并安西回目扎萨克公额敏和卓部落、迁空沙地等处，指一屯垦地亩，另名圈卡，令其耕种。其前已配到各处军流等犯，除年久安静有业者，照常安插外，无业少壮曾有过犯者，一并改发种地，交驻防将军管辖”[③]。乾隆皇帝对此予以应允，并进一步肯定遣屯的益处：“此等人犯，原系死罪减等，仅从改发，已属格外之仁。……内地淳俗既不为稂莠渐移，而食货亦无虞坐耗，且令匪恶之徒，困心衡虑，惟以力田自给，日久化为良民，岂非美事。”[④] 乾隆二十六年（1761 年）三月，再次谕称，内地遣犯发配新疆，有助于屯垦，有利于犯人自食其力，“实为一举两得”[⑤]。最初内地遣犯多安置在安西、哈密和巴里坤一带，后渐次遣送至乌鲁木齐、伊犁及塔城地区。乾隆四十八年（1783 年），伊犁的遣犯多达“三千数百余名”[⑥]。按照“定例以来每年各省改发不下六七百名”[⑦] 计算，仅乾嘉时期发遣新疆的遣犯就有 3 万余人，加上遣返眷属，“总人数应在 6 万人左右”[⑧]。可见，清代新疆的内地遣犯数量还是较大的。

犯屯主要集中在北疆地区。哈密的塔尔纳沁和蔡巴什湖地区、巴里坤朴城子地区、乌鲁木齐五堡及昌吉罗克伦地区、玛纳斯、库

---

① 《清高宗实录》卷 564，乾隆二十三年六月癸亥。

② 《清高宗实录》卷 1090，乾隆四十四年九月乙巳。

③ 《清高宗实录》卷 556，乾隆二十三年二月己巳。

④ 《清高宗实录》卷 599，乾隆二十四年十月戊戌。

⑤ 傅恒：《平定准噶尔方略》续编卷 10，乾隆二十六年三月辛酉。

⑥ 《清高宗实录》卷 1195，乾隆四十八年十二月壬午。

⑦ 《清高宗实录》卷 782，乾隆三十二年四月乙巳。

⑧ 李芳：《清代中期新疆汉民族来源及人口问题》，《新疆大学学报》（哲学社会科学版）2010 年第 4 期。

尔喀喇乌苏、精河等地区亦有分布。

清朝对遣犯身份改变亦有明确规定。遣犯在屯种期间无过错，依其罪行轻重程度，若干年后，可废除其罪犯身份，入籍为民。清朝规定："以原犯死罪减等者定为五年，军流改发者定为三年，如于限内无过，咨部议复，准入民籍；只身人犯若即改为民籍，恐其易于脱逃，俟其搬眷到日亦准为民。"乾隆三十五年（1770年），又规定："只身遣犯年满，准其一体为民，仍交原管屯员管束。"[①] 所以，遣往新疆的犯人在释放后多是留在当地。据记载，至乾隆四十三年（1778年），乌鲁木齐地区有为民遣犯1243户。[②]

需要说明的是，清代内地遣犯主要是汉族，因此大量遣犯及其眷属构成了清代新疆汉族的重要来源。

第二节 新疆行省制下的治理

19世纪60年代初，陕甘等地爆发回民暴动，很快波及新疆。新疆乌鲁木齐、阿克苏和喀什噶尔爆发一系列暴动，新疆陷入战乱。浩罕军官阿古柏乘机入侵南疆，建立起哲德沙尔国伪政权，其势力扩展到北疆乌鲁木齐等地，清朝在新疆的统治体系基本崩溃，俄国趁机武装侵占伊犁，新疆面临着严峻的形势。清朝经过激烈的辩论，左宗棠力主收复新疆获得支持。光绪元年（1875年），清朝任命陕甘总督左宗棠以钦差大臣督办新疆军务，出兵收复新疆。左宗棠严密筹划，于光绪二年（1876年），命刘锦棠率军进入天山北路，先后攻克古牧地、乌鲁木齐、玛纳斯，肃清北路阿古柏势力。光绪三年（1877年）春，刘锦棠率军向天山南路进军，先后攻克

① 佚名：《乌鲁木齐政略·遣犯》，载王希隆编《新疆文献四种辑注考述》，甘肃文化出版社1995年版，第31页。

② 华立：《清代新疆农业开发史》，黑龙江教育出版社1995年版，第119页。

达坂城、吐鲁番。是年四月，阿古柏于库尔勒暴亡，其势力内讧不止，土崩瓦解。至十月，清军从阿克苏出发，迅速攻取喀什噶尔等西四城，阿古柏长子伯克胡里及其残部逃亡俄国境内。入寇中国新疆达十三年之久的阿古柏势力被彻底歼灭，清朝收复除伊犁外的新疆全境。光绪七年（1881 年），经过艰苦谈判，清朝和俄国签订中俄《伊犁条约》（又称《改订条约》），最终收回伊犁。至此，新疆全境基本悉数收回。[①] 清朝对新疆经略进入新的时期。

一　新疆建省与制度调整

（一）建立行省制度

清朝收复新疆后，新疆前期建立的制度完全遭到破坏，必须重新规划新疆制度。首先，伊犁军政中心地位不复具备优势，一方面俄国割走巴尔喀什湖以东以南大片土地，使伊犁成为边城；另一方面伊犁原来的城池毁坏，人口严重流失，所谓“其时满城倾圮，瓦砾荒凉，未见旗丁一人”[②]。其次，维吾尔族地区实行扎萨克和伯克制度受到毁灭性冲击，所谓“旧制……荡然无存，万难再图规复”[③]。为因应新疆这种形势变化，必须建立新的制度，建立行省制度成为顺应历史的选择。

实际上，新疆设立行省制已提出多年，特别是左宗棠在光绪三年（1877 年）就清楚地提出新疆要设立行省，以实现新疆政治体

---

① 实际上，《伊犁条约》仍为不平等条约，且埋下不少隐患。首先，俄国借口安置为其劫持的伊犁居民，割占霍尔果斯河以西的中国领土。其次，规定斋桑湖以东地区边界“有不妥之处”，要两国派员“勘改”；规定塔尔巴哈台以西尚未安置界碑的边界，也要两国勘界、安置界碑。自光绪八年（1882）至十年（1884），中俄又签订了《伊犁界约》《喀什噶尔界约》《科塔界约》《塔尔巴哈台西南界约》以及《续勘喀什噶尔界约》五个界约，作为《伊犁条约》的子界约。通过《伊犁条约》和这五个子界约，俄国割占中国领土达七万多平方公里。

② 王树枏等纂:《新疆图志》卷 99《奏议九》。

③ 裴景福:《昆仑河海录》卷 10，甘肃人民出版社 2002 年版。

制与内地一体化。他在《遵旨统筹全局折》中强调，“为新疆画久安长治之策，纾朝廷西顾之忧，则设行省，改郡县，事有不容已者”[1]。光绪八年（1882 年）夏，刘锦棠再次提出新疆建立行省制度。他在《遵旨筹设南路郡县折》中还提出建省的具体方案，可操作性较强，得到清廷朝议核准实行。光绪十年（1884 年）十月二日，清朝接连发布两道上谕：“授刘锦棠为甘肃新疆巡抚，仍以钦差大臣督办新疆事宜”，“以甘肃布政使魏光焘为甘肃新疆布政使”[2]。这标志着新疆省正式建立。

新疆建省的行政体制基本情况如下：新疆单独建省，设巡抚一员，驻乌鲁木齐，受陕甘总督节制。全疆设四道，分别是镇迪道、阿克苏道、喀什噶尔道和伊塔道。其中，镇迪道领迪化一府与哈密、吐鲁番、镇西、库尔喀喇乌苏四直隶厅；阿克苏道领温宿和焉耆二府、乌什直隶厅、库车直隶州；喀什噶尔道领疏勒与莎车二府、和阗直隶州、英吉沙直隶厅；伊塔道领伊犁府和塔尔巴哈台、精河直隶厅。

新疆建立行省制度是一件重大的历史事件，实现了新疆与内地政治制度一体化，是新疆历史发展的必然归宿。作为政治制度的重大变革，新疆建省也有利于新疆经济社会发展，促进了新疆各民族以及新疆与内地各民族的交往，加强了新疆与内地政治经济文化各方面的联系，推动了统一多民族国家的发展。新疆从此进入新的历史发展阶段。

（二）统一军政权力

1. 规划军事权限

在原伊犁将军制度下，伊犁将军名义上节制新疆驻军，而实际上可直接指挥的仅限于伊犁地区驻防的八旗绿营军队。南疆各地驻

---

① 《左文襄公全集·奏稿》卷 50，台湾文海出版社 1963 年版。

② 《清德宗实录》卷 195，光绪十年十月癸酉。

防绿营军队从内地陕甘两省调派驻防，听命于陕甘总督；乌鲁木齐地区驻防的八旗绿营军队则主要为乌鲁木齐都统所统领。可见伊犁将军制度下，新疆军事权限是分散的，管理是多元制约的。这种设置可防止地方势力集权割据，却不利于应对突发事件，处置和卓叛乱时大量从内地调兵就是典型。

新疆建省后，军事制度健全。作为全省最高行政长官，要有统帅军队的权力，方利于保障新疆安全。光绪十年（1884 年）建省后，清朝就新疆驻军体制做出重大改革。其要者为：新疆巡抚加兵部衔，统一指挥除伊犁与塔尔巴哈台外的全疆军队；新疆所设四个道员，即阿克苏道员、喀什噶尔道员、镇迪道员和伊塔道员，均“以守兼巡为兵备道”，统一指挥各地军队；加强南疆军事驻防，原乌鲁木齐提督移驻喀什噶尔，原喀什噶尔总兵移驻阿克苏；加强乌鲁木齐地区军事力量，整编乌鲁木齐地区军队，建立“抚标”，直接由巡抚指挥；陕甘两省不再向南疆地区派军队换防，改为常驻军队。

2. 调整新疆东部地区的行政管辖

清朝治理新疆早期，乌鲁木齐地区的军事归乌鲁木齐都统管理，民事由陕甘总督管辖，官员主要从陕甘两省遴选和派遣，所谓陕甘总督“统辖所及，至乌鲁木齐而止”[①]。陕甘总督兼管新疆东部民事事务，实际上使新疆行政颇为掣肘。左宗棠收复新疆后，就清醒地意识到此问题的严重性，他多次奏报朝廷，认为：“新疆设行省，必以哈密划隶新疆，形势始合”，“陕甘总督相距过远，无庸兼管”镇迪道事务，“刘锦棠既承命督办新疆军务，则哈密及镇迪一道所属文武地方官员，均应归刘锦棠统辖，所有升调补置考核及一切兴革事宜，均可就近办理”；“陕甘、新疆界限划分，责成考

① 《清高宗实录》卷 612，乾隆二十五年五月丙午。

核，均规划一”，使新疆区划政令真正统一。[1] 因此，新疆建省后，镇迪道划归新疆巡抚管辖，使乌鲁木齐与哈密等地行政事务与权限管理统一于新疆，清朝对新疆的经略更上一层楼。

3. 伊犁将军权限缩减与驻军大臣裁撤

新疆建省后，新疆巡抚成为全疆最高军政长官，“将军亦无庸总统全疆，免致政出多门，巡抚事权不一”[2]。伊犁将军不再统辖全疆驻军，只理伊犁和塔尔巴哈台防务。

原伊犁将军下设的都统、参赞、领队等各级驻军大臣，负责当地军政事务。新疆建省后，全疆设置道、府、州、县各级机构，管理各地事务，“除留伊犁将军、塔尔巴哈台参赞两处旗营外，其余两路之都统、参赞、办事、协办、领队各缺概予裁撤”[3]。同时，喀什噶尔设提督，节制阿克苏、巴里坤和伊犁三镇。

这种新的军事布防建制体现出两个特点：一是将军专责伊犁、塔尔巴哈台防务，体现出将军权力的缩小，也反映出对伊犁与塔尔巴哈台防务的重视；二是改变了以往重北轻南的布防原则，加强了对南疆西四城的军事布防。新疆军事布防新变化既是建省后的制度要求，也吸取南疆和卓后裔多次暴乱的教训。

（三）取消伯克制度与削弱“回王”权力

清朝治理新疆早期，采取因俗而治，改革并保留了南疆维吾尔社会原有伯克制度，使之成为清朝官僚体系组成部分，伯克受命于清朝派驻大臣，管理当地民事事务。由于清朝派驻的大臣并不直接管理民事，致使伯克从中上下渔利，产生诸多弊端，尤其是左宗棠收复新疆后出现一些新问题：一是伯克依仗权势非法占有土地和农奴；二是阻碍中央政府推行政令，形成“官民隔绝，民之畏官不如

① 《左文襄公奏稿》卷56、57。

② 朱寿朋：《光绪朝东华录》卷49，中华书局1958年版。

③ 《刘襄勤公奏稿》卷7。

其畏所管头目”[①]，使清朝南疆治理失去基石；三是建省后州县官员和原伯克管理上出现严重问题，诸如阿奇木等承允伯克，多系三品、四品，而州、县官阶尚均居其下；此外，原伯克制度实际上荡然无存，要再恢复非常困难。[②] 因此，从南疆治理的角度看，废除伯克制度势在必行。

刘锦棠深思熟虑，制定取消伯克的规划。“通饬南路各厅、州、县，传集各城关阿奇木等伯克，剀切开导，谕以在所必裁之故。准其各留原品顶戴，仍视城关事务繁简，分设乡约，专司稽查。即于裁缺之回目选令承允，并视评级之崇卑，分送道、厅、州、县衙门充当书吏。乡约酌给租粮，书吏酌给口食，以资养赡。不愿者听便。其乡庄远地，骤难户晓，旧有之伯克暂仍不裁，遇有额缺亦不另补，以期渐照城关一律改设乡约。”[③] 刘锦棠废除了南疆伯克制度，以乡约取而代之，亦与内地一体化。

如前所述，“回王”是清朝对统一新疆过程中建有军功的各地维吾尔族上层分封的各种爵位，俗称“回王”。清朝先后分封六名王、公，分别是哈密的玉素普、吐鲁番的额敏和卓、库车的鄂对、拜城的噶岱默特、阿克苏的霍集斯、和阗的和什克。“回王”地位高，还多被委以重任，兼任各地的阿奇木伯克，拥有大量土地和农奴。“回王”是清朝治理的权宜之计，实际上“回王”在其辖区内实行农奴制，不利于经济社会发展。阿古柏入侵新疆时期，各地“回王”受到极大冲击，有的被杀，有的失去土地。建省后，新疆保留哈密“回王”，其他地方“回王”只保留名号，不能兼任官职；不过清朝根据实际情况，给予裁撤“回王”生活费。经此调整，新疆“回王”权势大减。

---

① 朱寿朋：《光绪朝东华录》卷 74。

② 朱寿朋：《光绪朝东华录》卷 74。

③ 《刘襄勤公奏稿》卷十《酌裁回官恳赏回目顶戴折》，《近代中国史料丛刊》第 232 种，台湾文海出版社 1968 年初版，第 1246 页。

（四）裁军节饷

清代新疆经济落后，财政主要依赖内地协饷。新疆当地财政收入，每年征收赋粮数十万石，可供应驻军、家眷以及其他城市人口食用；银钱收入年仅约十万两，而财政开支每年需要二百多万两。每年需从内地调往新疆协饷二百多万两，至后期增加到三百多万两。可见，新疆财政对内地的依赖性之大。协饷绝大部分用于军费开支，其中官兵俸饷占主要部分。[①] 例如，光绪十二年（1886 年），刘锦棠开支二百三十万两白银，其中各地驻军俸饷银就占二百万两。因此，裁军节饷是财政节源的必然方向。

左宗棠收复新疆的军队最多时达到六七万人，每年军费开支高达白银五六百万两。收复新疆后，裁撤和整编军队就已开始。建省后，新疆驻军或因裁撤，或因内调，总数不足四万人，其中新疆巡抚属下共三万一千余人，伊犁将军统辖数千人，驻军数量少于清朝治疆早期。[②] 光绪末年，内地协饷减少。光绪二十七年（1901 年），《辛丑条约》签订，新疆甚至分摊赔款银四十万两。光绪二十九年（1903 年），新疆巡抚潘效苏再次提出裁军节饷，计划裁撤家在内地的士兵，招募新疆当地的汉、回、维吾尔等各族农民为兵，实行养兵于民。具体措施是：凡三丁以上之家，抽一人当兵；官府给予其家眷牛、马各二十五头，羊五十只，土地十亩，自行耕种牧养，政府免其赋税；兵勇费用均由其家庭负担，十年后再行更换；全疆总兵数为二万人左右；按照汉族士兵与回、维吾尔族士兵比例为四比一编练。但是，回族、维吾尔族青年不愿当兵，即便参加也大量逃跑；同时政府发放的牲畜因牧养不当而大批死亡，因此不得不停止此项措施，恢复旧有的常备兵制，“新疆世袭兵改为常备兵，按

① 齐清顺：《关系新疆命运的一场论战》，《新疆大学学报》1980 年第 3 期。

② 曾问吾：《中国经营西域史》，商务印书馆 1936 年版，第 365—370 页。

照原拟章程，量为更易”[①]。虽然潘效苏的裁兵节饷措施以失败告终，但是裁兵并未停止。至光绪三十三年（1907 年），新疆军队总人数只剩一万余人。

清朝晚期，新疆迫于财政形势日趋严峻，试图以裁兵节饷维持军队、政府的正常运行。实际上，裁兵固然可以节饷，却也严重削弱了新疆驻军的力量。

二　经济改革与对外贸易发展

为适应建省的重大变革，新疆社会经济制度亦随之进行重大调整，旨在尽快促进经济社会发展，巩固新疆建省成果。

（一）恢复与扩大民屯

由于久经战乱，加上阿古柏伪政权长期盘剥和沙俄的入侵，新疆经济社会遭受严重破坏。特别是天山以北地区，人口大量流失和死亡，土地大批撂荒，城镇满目疮痍，农业生产几乎停顿。为了恢复农业生产，新疆首任巡抚刘锦棠采取一系列措施，大力恢复与发展民屯，取得了较好的成效。

1. 大力鼓励农民屯垦生产

收复新疆之初，刘锦棠认为屯垦是恢复农业的重要途径。他上奏朝廷：“北路镇迪各属已垦熟地不过十之二三，田赋缺额既多，闾阎亦形凋敝。新招各户，率皆贫乏，非由公中酌借成本，不足以广招徕。”[②] 刘锦棠制定《新疆屯垦章程》，给予农户耕地、种子、农具、房屋修建、耕牛以及口粮和生活费，安置每户农民当年需银 73.1 两。这些借款在收获的粮食中作价归还，分两年还清，如遇歉收可以延缓还贷。还清官府贷款后，农民自第三年起开始按亩缴纳赋粮，当年征收一半，次年全额征收。屯田农户管理则按照军队屯

---

① 《清德宗实录》卷 541，光绪三十一年正月庚子。

② 《刘襄勤公奏稿》卷 12，全国图书馆文献缩微复制中心 1986 年版。

田办法执行，十户派一屯长，五十户派一屯正，五百户派一委员，十户联保，严格管理。屯长、屯正等屯垦基层头目除了领地耕种外，每名每月分别发银二两或者四两，作为基层管理的报酬。该项屯垦章程的颁布稳定了农民发展生产的信心，那些因战乱逃散的农民陆续返回，领地耕种；也促进了内地农民赴新疆屯田生产的积极性，不少内地农民纷纷来到新疆，从事屯田生产。

2. 积极推行“裁兵分屯”

左宗棠收复新疆的军队属于“民勇”，是临时招募的军队，并非清朝的八旗和绿营常备军，战事结束后，要大量裁员整编。在被裁官兵中，“有籍隶陕、甘，去新疆较近，风土相似者；有虽籍隶东南各省，幼被贼掠，辗转投营，里居氏族不能自知者；有原籍遭兵，田庐已空，亲属已尽，不可复归者；有寇乱之日，树怨于乡，以异地为乐土，故里为畏途者”[①]。可见，有相当部分官兵愿意留在新疆。他们均分得土地，贷给农具、种子、耕具等生产生活资料，从事屯垦。光绪十四年（1888 年），新疆奏报，“就各兵驻防之所，如有荒地可拨，为之酌数分给，即同己业”，“甲年无息取尝，乙岁扣抵，复从其轻，必且乐此不疲”[②]。“裁兵分屯”解决了裁军的后顾之忧，对稳定新疆社会、扩大屯田和经济发展意义重大。

3. 推行“遣犯助垦”

清朝治疆前期，来新疆的遣犯实行“犯屯”。新疆建省后，内地大量遣犯依旧例发往新疆服役种地。不过，考虑到新疆政治经济形势的变化，刘锦棠认为应该适当调整以前政策，不能将其视作“实犯外遣”，不能再行额外歧视和监督其生产生活；应将其当作“助垦人犯”，按照《新疆屯垦章程》使其享有同样安置。因此，刘锦棠上奏朝廷，请求饬令各省向新疆发送遣犯时，尽量使其携带

---

① 奕訢：《平定陕西甘肃新疆回匪方略》卷 315，新疆文化出版社 2017 年版。

② 《刘襄勤公奏稿》卷 7。

家眷同往新疆屯垦。同时，刘锦棠还改革原为奴遣犯永不允为民种地、当差遣犯必须服役五年才能为民种地的旧例，规定前者五年、后者三年，如果安分守己，即编入本地民册，耕地交粮。“遣犯助垦”政策有效地扩大了新疆屯垦规模，大大减轻了新疆政府的负担，推动了农业发展。

此外，清朝还组织流散八旗官兵屯垦。19 世纪中期新疆战乱时期，驻防新疆的八旗官兵损失巨大。除伊犁锡伯营和察哈尔营得以较好保留外，其他各营均遭严重破坏，残余人员流散各地。收复新疆后，刘锦棠派人集合各地八旗官兵共计一千余人，迁居古城，给其土地和粮食，令其自食其力。

（二）改革土地赋税制度

南疆土地制度和赋税制度落后，严重阻碍经济社会发展。收复新疆后，清朝对其加以针对性改革，以提高维吾尔族农民的生产积极性，推动农业生产发展。

1. 改革土地占有制度

清朝统治新疆前期，南疆实行伯克制度。伯克拥有大量“养廉地”，占有众多农奴（“养廉户”或“燕齐”），且不向国家缴纳赋税。这种生产方式阻碍了南疆生产力的发展，也严重影响了清朝的赋税收入。因此，对其改革是历史发展的必然，也是清朝治理新疆的需要。

新疆建省后，随着伯克制度的废除，各种伯克亦被裁减，其所占有的土地须收回国有。刘锦棠奏报朝廷说：“各城伯克向有养廉地亩，自改郡县，伯克多经裁撤。廉地归官，招佃承租，额粮照则收纳。其未裁伯克廉地及拨作义学坛庙香火各官地，均科额粮，归入此次田赋案内。”[①] 刘锦棠实际提出两项重大改革：一是将原来伯

① 《刘襄勤公奏稿》卷 12。

克占有的“养廉”地收归国有，招集贫苦维吾尔族农民耕种，按章向国家缴纳赋税；二是原来由国家拨给南疆各宗教经文学校和清真寺的土地，以前免征赋税且为各地宗教头目把持，此次改革对这些土地也征收赋税。上述诸项重大改革，剥夺了伯克和宗教头目的特权，扩大了国有土地资源，解放了农奴，提高了生产力，增加了新疆财政收入。

2. 改革赋税征收制度

收复新疆之时，改革南疆赋税收取旧例势在必行。当时南疆仍为双重赋税征收制度，即实行按地征粮（“田赋”或“赋粮”）和按丁抽税（“丁税”或者“人头税”），而内地各省早在康熙朝就废除了这种赋税制度。“内地征收常制，地丁合二为一，按亩出赋，故无无赋税之地，亦无无地之赋。新疆则按丁索赋，富户丁少，赋役或轻，贫户丁多，则赋役反重，事理失平，莫甚于此。”[①] 鉴于此，左宗棠与刘锦棠议定：“仿古中制而更减之，按民间收粮实数，十一分而取其一。”[②] 此项改革废除了人丁税，粮食征收由过去按总收获的十分之一征收改为十一分之一征收，大大减轻了南疆维吾尔族农民的负担，有利于南疆社会经济的恢复与发展。

需要说明的是，随着南疆郡县制的推进，清朝大规模丈量南疆土地，推行与内地一致的按地亩数征税法。该办法规定，根据水源肥力条件好坏，将土地分为三等，即“上地每亩科粮五升、四升不等，科草五斤；中地每亩科粮三升，科草五斤；下地每亩科粮一升五合、一升不等，科草二斤”。对一些特殊土地，则规定：“凡旧日额征铜金地亩，一律改征粮石”，原“义学地坛香火各官地”也按规定缴纳赋粮，原“养廉地”在“招佃承租”后与其他农民耕种土地一样按亩缴纳赋粮，对距城镇较远的土地农民可以将应缴粮食

---

① 《左文襄公书牍》卷23。

② 《左文襄公奏稿》卷56。

折成银钱缴纳。此外，农民所缴赋粮，按照“小麦六成，包谷四成”的比例缴纳。[1]

南疆新赋税制度是新疆赋税征收制度的重大改革。经过改革，新疆赋税征收办法与内地趋同。新赋税制度实施扩大了生产规模，调动了农民积极性，促进了农业发展，使国家赋税收入增加。新疆建省后，南疆年征粮增加到二十万石以上，比道光朝中期的十一万石征粮增加了近一倍。

3. 实行新货币政策

清朝治理新疆早期，全疆流通的货币较内地复杂。北疆以及吐鲁番、哈密地区使用制钱（亦称青钱），托克逊以西地区流通普尔钱（亦称红钱）。其中红钱钱币与全国及新疆北部、东部地区使用的钱币，式样、币值均不相同，具有显著的地方特色，例如背面使用满文与察合台文铸“叶尔羌”“阿克苏”等造钱地名。同治初年，因财政困难、社会动乱和外敌入侵，新疆货币不但大幅贬值，而且更加混乱。左宗棠收复新疆后，清朝重新铸币，但是南北疆流通货币仍不统一。

新疆建省后，统一全疆货币提上日程。刘锦棠在乌鲁木齐设立宝新局，铸造钱币，其式样与原来阿克苏、库车等铸钱局所造普尔钱相同，流通于天山南北，成为新疆通行货币。不过，大宗交易仍用银计算。新疆使用普尔钱是一种过渡办法，其他省则无法流通。刘锦棠计划等新疆铜源充足和物价平稳后，改用与全国货币一样的制钱，实现新疆与内地货币统一。

（三）英俄与中国新疆贸易及其管理

新疆与南亚、中亚接壤，历史上就有传统贸易。清朝统一新疆后，这些传统贸易依旧维持，例如清朝与浩罕贸易，清朝与阿富汗

---

① 《刘襄勤公奏稿》卷12。

贸易等。进入近代后，英国、俄国对中国新疆贸易扩大。咸丰二年（1852 年）及咸丰三年（1853 年），俄商根据《伊犁、塔尔巴哈台通商章程》，在新疆惠远和塔城划地建房，与新疆开展贸易。道光二十年（1840 年），英国及印度商人向中国新疆叶尔羌地区走私大量鸦片，其中被查处的就有 9.8 万两。阿古柏入寇新疆时期，英国与阿古柏签订条约，拟扩大贸易。

1. 俄国与中国新疆贸易

俄国与新疆贸易始于 19 世纪 50 年代前，不过没有条约规定，俄商多以中亚商人名义进入新疆贸易。咸丰元年（1851 年）俄国通过中俄《伊犁、塔尔巴哈台通商章程》打开中国西大门，使俄国对新疆贸易合法化。该条约规定“通商原为两国和好，彼此两不抽税”，从此俄国在新疆获得贸易免税权。此期，俄国在新疆通商范围限于伊犁与塔城，入关和路线有严格规定。俄商只能从伊犁博罗霍吉尔卡伦和塔尔巴哈台乌占卡伦进入中国境内，沿途由中国边境士兵给予保护。该条约准许俄商在伊犁与塔尔巴哈台旧有贸易亭附近建立贸易圈，用于住人和存货。咸丰三年（1853 年），位于惠远城西门外的伊犁贸易圈竣工，“共房 48 间，内匡苏勒（指管理贸易的官员）住房 8 间，额哲库（指哥萨克军役人员）住房 5 间，其余群房系夷商居住，并堆放货物”[①]。是年，塔城贸易圈亦告竣工，“共房 51 间，匡苏勒住房 8 间，额哲库住房 5 间，其余群房系夷商所住及堆货合用”[②]。此期，清朝并没有批准俄国在喀什噶尔建立商埠，不过同意俄商以浩罕商人名义往来经商。咸丰十年（1860 年）中俄《北京条约》规定可在新疆试行贸易，其中喀什噶尔和伊犁、塔尔巴哈台一律办理，中国准予俄商在喀什噶尔盖堆房与圣堂等，

---

① 故宫博物院明清档案部：《清代中俄关系档案史料选编》，中华书局 1979 年版，第 84 页。

② 故宫博物院明清档案部：《清代中俄关系档案史料选编》，中华书局 1979 年版，第 86 页。

供俄商人居住与使用。同治元年（1862 年），中俄通商谈判将南疆通商地点改为阿克苏，但因中俄勘分西部边界及阿古柏入侵新疆，通商事宜搁置。在阿古柏入侵新疆时期，俄国与阿古柏于同治七年（1868 年）签订《自由通商条款》。不过，总的来说，此期俄国对新疆南部贸易有限。

新疆建省后，俄国与中国新疆贸易快速发展。光绪三年（1877 年）左宗棠收复新疆后，俄国与新疆贸易问题再次提上日程。光绪七年（1881 年）中俄签订《伊犁条约》20 款，同时订立《中俄续改陆路通商章程》17 款。沙俄依约保留在新疆免税贸易的特权；通商区域扩大，由伊犁和塔城地区扩展到伊犁、塔城、喀什噶尔、乌鲁木齐等天山南北两路各城；过界卡伦路线仍严格规定；准许俄国在伊犁、喀什噶尔、塔城、吐鲁番（后改设乌鲁木齐）四地重设或增设通商领事，建立俄商贸易圈。光绪八年（1882 年），俄国在伊犁、塔城、喀什噶尔三地开设领事馆，建立了俄商独占的贸易圈。在此形势下，大量俄商进入新疆天山南北，形成俄商势力。俄商占领新疆市场，谋取商业利益，是俄国侵华力量的组成部分。

俄商在伊犁、塔城、喀什噶尔和镇迪道发展很快。在伊犁地区，俄商主要集中在宁远城。根据中俄《伊犁条约》第四款规定，伊犁收回后，俄商仍准照旧营业，他们的房屋、铺面及各种不动产仍继续使用。随着伊犁地区社会经济恢复，俄国在当地贸易额迅速上升，光绪十二年（1886 年）对伊犁输出额达到 170 万卢布。在塔城地区，光绪七年（1881 年）俄驻塔城领事与参赞大臣锡纶签署《议定俄属商人贸易地址条约》，划定塔城北门外约 380 亩土地为俄商贸易圈，其中包括当地最大贸易市场——“缠回街市”。前来塔城贸易的俄商几乎都是塔塔尔人或中亚俄商，输入塔城的俄国商品主要是棉织品。至光绪十二年（1886 年），塔城中俄贸易总额达到 170 万卢布，中方入超达 50 万卢布。在喀什噶尔地区，光绪八年（1882 年）俄商向喀什噶尔输出商品总额为 56 万卢布，光绪十年（1884 年）升至 84 万卢布；同期喀什噶尔对俄输出商品总额分别为 192 万卢布和 196 万卢布。喀什噶尔从俄国输入的商品主要有纺织品、火柴、蜡烛、铁、铜、染料、丝织品、糖与水果糖等。而土布在南疆对俄出口商品中占居首位，其次为半丝织品、地毯、薄毡和黄金等。部分俄商在喀什噶尔的贸易方式是销售俄国纺织品，然后收购生丝、废丝与皮革。[①] 乌鲁木齐地区历来是内地商人的市场，俄国获得在此地免税贸易权后，受到内地商人抵制，双方竞争激烈。

光绪二十一年（1895 年）后，俄国企图加强对中国新疆政治经济控制，进一步扩展俄商势力。一是俄国在新疆各地贸易圈规模扩大，部分俄商还突破条约规定的通商区域，在新疆各地自由贸易。二是俄商来新疆人数增多，例如光绪二十一年（1895 年），仅塔城就有俄商 108 户，开商行 12 家，雇工 102 名。另一方面俄商贸易洋行分支机构进入新疆各城镇。随着俄商经济势力扩张，俄国对新疆贸易额大幅增长。光绪十九年（1893 年），新疆与俄国贸易进出口总额为 582.86 万卢布，至光绪二十五年（1899 年），双方贸易总额超过 1000 万卢布，光绪三十年（1904 年）达到 1500 多万卢布，光绪三十三年（1907 年）则接近 2000 万卢布。可见，中俄在新疆贸易增长很快。

需要说明的是，在新疆与俄国贸易中，新疆由早期的出超，逐渐变为入超。据新疆省商务总局统计，光绪三十一年（1905 年）新疆与俄国的贸易入超为 432405 两，光绪三十二年（1906 年）入超额增至 700368 两，两年合计入超 110 余万两。这个数字对新疆来说是非常大的。

---

① 厉声：《新疆对苏（俄）贸易史：1600—1990》，新疆人民出版社 1993 年版，第 104 页。

从19世纪末到20世纪初，俄国与中国新疆贸易处于鼎盛时期。沙俄以大规模掠夺新疆工业原材料为主，同时向新疆出口工业制成品。在俄国与中国新疆贸易中，俄国出超，新疆入超，新疆财富流失严重。

2. 英国与中国新疆贸易

所谓英国与中国新疆贸易，是指英属印度和中国新疆之间的贸易。历史上，印度和中国新疆南部和阗、喀什噶尔有小规模的传统贸易。例如，早在19世纪20年代，英国商人摩尔克罗夫特（Morcroft）就派人赴南疆探索贸易线路，企图打通从拉达克经新疆南部到中亚的贸易通道。鸦片战争前后，印度还通过传统贸易线路向新疆走私鸦片。[①] 同治七年（1868年）英国商人罗伯特·肖（Robert Shaw）行经拉达克列城、新疆莎车等地，试图了解与阿古柏伪政权开展贸易的可能性，返回后极力鼓吹英国对阿古柏贸易。[②] 后来英国对中国新疆政策深受其影响。同治九年（1870年）和同治十二年（1873年），英国派遣道格拉斯·福赛斯（Douglas Forsyth）两次出使阿古柏伪政权，发展贸易是其重要使命之一。[③]

左宗棠收复新疆后，英国和新疆贸易得到发展。在19世纪80年代期间，英国和中国新疆年贸易额维持在300万卢比左右，保持着较稳定的水平；与19世纪70年代相比，此期英国和新疆的贸易

---

① 许建英：《近代英国和中国新疆（1840—1911）》，黑龙江教育出版社2014年版，第58—59页。

② G. J. Alder, *British India's Northern Frontier*, 1865 - 1895: *A Study in Imperial Policy*, Longmans Green and Co. Ltd, London, 1963, pp. 41 - 48.

③ G. Henderson, *Lahoure to Yarkand*: *Incidents of the Route and Natural History by the Expedition of* 1870 *under T. D. Forsyth*, London, 1873, pp. 1 - 7; G. J. Alder, *British India's Northern Frontier*, 1865 - 1895: *A Study in Imperial Policy*, Longmans Green and Co. Ltd, London, 1963, pp. 48 - 50. 又见［英］包罗杰，《阿古柏伯克传》，商务印书馆翻译组译，商务印书馆1976年版，第180—182页。

有较大幅度增加。[①] 但是，英国与新疆贸易也面临不少困难，诸如交通严重不畅、喀喇昆仑山脉的阻隔、英国在新疆商人放高利贷问题等。光绪十六年（1890 年），英国以游历官之名派遣马继业（George Halliday MaCartney）留居喀什噶尔。马继业保障贸易线路畅通、整治英国商人放高利贷问题，尤其是为英国商人取得免税特权，使英国与新疆贸易趋于稳定。[②]

英国与中国新疆商品有互补性。英国对中国新疆出口的多为工业产品，从新疆进口的多是原材料。光绪十年（1884 年），英国出口新疆工业品和加工食品有棉制品、陶杯、垫子、毯子、金属制品（铜器、铁器、餐具、硬币等）、精炼奶油、黄油、酵母、茶叶、木制品（杯子、木制漆器、梳子）共 11 种，约占其出口到新疆主要商品的 48%；而从新疆进口的芥末油、加工食品（精炼奶油、黄油和酵母）、食盐及苏打，共四种，约占从新疆进口主要商品的 29%。宣统二年（1910 年）和宣统三年（1911 年）贸易发生很大变化，英国对新疆出口的工业产品有捻线、纱线、棉制品（包括欧洲和印度产品）、药品、燃油、精炼奶油、丝织品（包括欧洲产和印度产的）、茶叶（包括中国茶叶和印度茶叶）和羊毛制品（欧洲产），共 11 种，约占出口新疆主要货物的 50%；而英国从新疆进口工业品有衣服、棉制品（外国产），约占从其新疆进口主要商品的 10%。同时由于多年改进，英国商品较以前更适合新疆消费者口味，工业产品也大为增加。清末，英国商品销售不限于南疆，已渗

---

① 印度事务部档案，L/P&S/7/75（1），印度政府外交部致女王政府印度事务大臣（密件，边疆，1894 年第 78 号），附件“克什米尔驻点官列城助理高德弗雷上尉致克什米尔驻点官巴尔”（1894 年 6 月 2 日，第 164 号）；以及 L/P&S/7/46，印度政府外交部致女王政府印度事务大臣（密件，边疆，1886 年第 40 号），附表 B。该表的统计包括小部分和西藏西部的贸易额。又见阿尔德《英属印度的北部边疆》，附录一。

② 许建英：《近代英国和中国新疆（1840—1911）》，黑龙江教育出版社 2014 年版，第 285—286 页。

透到天山以北，在吐鲁番和乌鲁木齐都颇受欢迎。[①]

英国商人在新疆享有不纳税特权，并滥用其特权。英国商人主要在南疆经商，根据宣统元年（1909 年）的调查，英国商人共有 390 户，分布于莎车、英吉沙、和阗、温宿、于阗、叶城和伽师等地。[②] 英国在新疆贸易享有不纳税等特权，并扩大其特权，损害中国主权。“自有俄商暂不纳税之约后，驻喀英官马继业为保护印度商民，援公法利益均沾之例，于是各部商民一律免税，其时克什米尔、条拜提附隶印度，固为英属。若爱乌汗、巴达什罕、卡五洛，名为英国保护，其实人民、政事皆由该部酋自主，并不属英，该部民言之甚悉，特利不纳中税，阳为英属耳。”[③]

针对英国商人损害中国主权问题，清廷及新疆地方政府进行了坚决斗争。英国商人从事高利贷业，例如光绪三十二年（1906 年）在莎车就有近 500 名英国高利贷者[④]，给当地带来严重的问题，甚至导致因借贷者无力还账而杀死英国高利贷者之事。[⑤] 马继业留住新疆不久，新疆政府对英国商人的高利贷问题就提出抗议；光绪三十三年（1907 年）新疆巡抚联魁指示喀什噶尔道台袁鸿佑，要求其与马继业解决此问题。[⑥] 宣统元年（1909 年），莎车知府汪步端会同马继业订立《取缔英商放账章程》[⑦]，规范了借贷原则、利息标准和管理办法，解决了英国商人高利贷问题，维护了中国的

---

① 印度事务部档案，L/P&S/7/185，印度—莎车贸易年度报告（1904—1905 年）。

② 《新疆通志·商业志》，新疆人民出版社 1998 年版，第 73 页。

③ 王树枏等纂：《新疆图志》55 卷《交涉三》。

④ Skrine, C. P. and Nightingale, P., *Marcartney at Kashgar*, London, Methuen & Co. 1973, p. 148.

⑤ 印度事务部档案，L/P&S/7/207，克什米尔驻点官中国事务特别助理致克什米尔驻点官（1907 年 8 月 9 日）。

⑥ 印度事务部档案，L/P&S/7/207，克什米尔驻点官中国事务特别助理致克什米尔驻点官（1907 年 8 月 15 日，第 506 号信函），附件“喀什噶尔道台袁鸿佑致马继业”（1907 年 8 月 7 日）。

⑦ 《新疆通志·商业志》，新疆人民出版社 1998 年版，第 73 页。

权益。

针对英俄在中国免税贸易和英国扩大免税范围问题，新疆地方政府经过了长期斗争。英商比照俄国在新疆的免税特权，也谋得相应特权。宣统三年（1911 年）八月，中俄修订《圣彼得堡条约》。谈判正式开始，俄国驻喀什噶尔总领事索科夫，试探英国的态度，马继业称在此事上英国会和俄国协调行动。[①] 中俄修订条约尚未进入实质性谈判，辛亥革命爆发，谈判中断。中国政府原想利用改约之机，修改通商不平等条款，但是迫于俄国压力以及当时客观形势，改约的努力受挫，沙俄保留中俄《伊犁条约》及其所附通商条约中享有的各项权益。英国随之也照样保持其在新疆贸易特权。

三　新政在新疆的实施

清朝末年，清朝推行改良运动，涉及政治、经济、军事、司法和教育等诸多领域，是中国重要的近代化运动，产生了巨大的历史影响。这场改良运动就是清末新政。新政推行后，很快在新疆也开展起来，并且进展迅速，取得较大成效，成为推动新疆近代化的重要事件。

当时新疆巡抚联魁、伊犁将军长庚较为开明，积极推行新政。长庚根据新疆实际情况，总结出新疆实行新政的主要方面，即“一练兵、二蕃牧、三商务、四工艺、五兴学”等；其中编练新军、兴办实业和开设学校尤为重要。

（一）编练近代化新军

编练新军主要是建设近代陆军，是新政的重要内容。清朝早在光绪二十年（1894 年）就筹备编练新军，新政时期迅速在全国推进，计编成十三镇。新疆多次裁撤兵勇，军事力量此时甚为薄弱，

① 印度事务部档案：L/P&S/7/252，马继业致印度外交部，1911 年 9 月 21 日。

难以承担保卫边疆安全的重任。早在光绪二十三年（1897 年）至光绪二十五年（1899 年），时任新疆巡抚饶应祺就和首次出任伊犁将军的长庚一再奏请清廷，要求用外国方法训练新疆军队，购置“毛瑟洋枪”武装新疆军队。至推行新政时，联魁和长庚都深知新疆训练军队的重要性，将编练新军列为推行新政的首要内容。新疆编练新军主要体现在下列几方面：

1. 成立督练公所，负责新军编练

光绪三十二年（1906 年），新疆在乌鲁木齐成立督练公所，由新疆巡抚兼任督办，下设兵备处、参谋处、教练处、筹备科、粮饷科和军械科等机构，统筹全疆新军编练。

2. 选调新军入疆，组成编练骨干

光绪三十三年（1907 年），伊犁将军长庚抽调 800 多名新军，作为训练骨干引入新疆伊犁。新军由杨缵绪任协统，吸收当地锡伯族、索伦营壮丁，形成一个混成协，称为伊犁混成协，下辖步兵、骑兵、炮兵、工兵和辎重等兵种。

3. 整编旧军队，组建新军队

与长庚在伊犁编练新军不同，联魁编练新军是整编乌鲁木齐部分旧军队。光绪三十二年（1906 年），联魁说：“新省原有续备部队五营，及左右翼马队六旗，挑选裁并，改练新军。步队三营为一标，马队两营、炮队一营为一标，共为混成协，暂名新疆陆军。”①宣统元年（1909 年）长庚上奏称：“现编陆军已成一协，逐渐成镇。”② 至此，新疆正式建立起第一支近代化军队，这是新疆推行新政的重要成果。

4. 建立新式武备学堂，培养近代军事人才

为了编练新军，联魁于光绪二十八年（1902 年）成立乌鲁木

① 《清德宗实录》卷 565，光绪三十二年十月乙丑。

② 《宣统纪政》卷 15，宣统元年六月乙酉。

齐陆军小学堂，培养下级军官。三年毕业，其合格者可送内地陆军中学堂学习。宣统元年，联魁又设立将弁学堂，培养新军中的较高级人才。同时，长庚于光绪三十三年（1907 年）成立伊犁武备速成学堂（后改为陆军小学堂），培养中下级军官。

此外，新疆还设立“巡警”。光绪三十年（1904 年）巡抚潘效苏就计划编练巡警，光绪三十二年巡抚吴引孙正式建立新疆巡警，并于乌鲁木齐设立巡警学堂。至清朝灭亡时，新疆巡警人数达到 1500 多人。

（二）开办近代实业

左宗棠收复新疆后，新疆就以官办、官商合办、官督商办以及商办等多种形式，探索创办近代工业性质的实业，主要从事采矿、冶炼、铸造等实业。南北疆多地都有创立，取得一定成效，积累了经验，例如“于阗金矿，民采官买，减价抵课，试办有效”[①]。但是，直到 19 世纪末，新疆都几乎没有建成近代工业。

新政时期，联魁和长庚都认为兴办实业是广开利源、解决新疆财政危机的重要措施。借助新政的实施，新疆掀起创办近代工矿企业的高潮。为促进该项工作，新疆各地设立工艺局，创办各种工艺厂、劝工所、织造局、农林试验场等机构，改良纺织、制革、造纸、缫丝等手工业和农业生产工艺。光绪三十四年（1908 年），联魁为新疆工艺局厂酌定章程大纲十二款、子目五十五条，经清朝批准后在全疆推行。

在此期经办的实业中，主要有塔城喀图山金矿、独山子油矿等。其中，伊犁制革厂堪称代表性企业。该厂本为官商合办，后来由维吾尔族商人玉山巴依独立经营。玉山巴依本为商人，经商致富后开始创办工厂，从事实业。在新疆推行新政中，清朝对玉山巴依

① 《清德宗实录》卷 477，光绪二十六年十二月辛酉。

给予大力支持，为其花费银 30 万两巨资，从德国购进现代机器，聘请德国技术人员。伊犁制革厂利用当地丰富的皮革资源，进行皮革加工。该厂发展较快，工人多达 250 多名，年产 10000 多张皮革，成为新政时期新疆较大型的近代企业。

（三）开设近代学校

创办新式学校和学习近代科学知识，是清政府推动中国教育进行近代化改革的重要举措。新疆也大力创办新式学校，并取得较大成效。

实际上，新疆毗邻俄国，因交往需要早就建立实用性学堂。例如，光绪十八年（1892 年）新疆设立俄文学馆，培养俄语翻译人才；光绪十九年（1893 年）伊犁设立养正学堂，并派遣学生赴俄国阿拉木图留学。这些学校为新疆培养出最早的对俄翻译与外交人才。

推行新政后，新疆注重创设实用性学校和普通学校。新疆巡抚吴引孙在乌鲁木齐设立“学务公所”，专责新疆办学事宜。吴引孙奏报清朝，将乌鲁木齐旧式书院改为学堂，制定详细办学章程，显示其全力推进新学的决心。在伊犁将军推动下，伊犁办学进展亦很快，先后办有商务学校、绥定初等小学、宁远高初两等学校、汉回学校、满营义学和女子琼玉学校等。从光绪三十三年（1907 年）到宣统二年（1910 年），新疆开办各式新式学校数十所，在校学生 4000 多人。此外，新疆还开办师范学校，培养师资力量。可见，新疆新式学校建设颇有成效。

新疆新式学校的学习内容是全新的。新式学校完全不同于旧式书院和私塾，开设的课程以近代西方学科为主，包括数学、物理、化学、外文、地理、音乐、美术、博物、历史、法律、经济等，当然也有中文。师资力量配置也发生巨大变化，聘请内地具有近代科学知识的人才和外国人任教。

新式学校的创办，使新疆与内地教育一体化，开启了新疆近现代教育。新式学校在全疆推广，开启了民智，培养了一批人才。

第三节　文化管理与边境建设

清代新疆地域辽阔，民族众多，多种宗教并存，文化多元。南北疆之间、各民族之间文化特点鲜明，推动文化建设亦是清朝经略新疆的重要组成部分。新疆周边环境复杂，早期有众多部族、邦国、汗国环绕，中后期则与俄罗斯、英属印度、阿富汗等国相邻，边境安全极为重要，边境经略始终是重大问题。

一　多元文化的管理

新疆地理环境基本特征是“三山夹两盆”，即昆仑山、天山、阿尔泰山分别环绕着塔里木盆地和准噶尔盆地。高山、盆地和沙漠刻画了新疆特点鲜明的地缘环境，也形成了与地缘环境相适应的农牧业生产方式和文化习俗。清朝统一新疆后，注重文化建设，促进内部多元文化交融，推动内地与新疆文化交流。

（一）新疆文化及其特点

新疆民族复杂，社会人文丰富多样，形成独具新疆地方特色的多元文化，绿洲农耕文化、草原游牧文化和内地屯垦文化是其典型。

1. 绿洲农耕文化

清代，在南疆周缘绿洲上主要居住着维吾尔族，形成定居农耕社会经济，孕育出绿洲农耕文化。《西域图志》描述维吾尔人定居生活：“回部虽城村络绎，棋布星罗，几于烟火相望。”[①] 其主要特

① 钟兴麟等校注：《西域图志》卷33《屯政二》，新疆人民出版社2002年版，第461页。

点是兼营农耕、畜牧和手工业，而又以农耕为主。绿洲农耕具有园艺特点，例如吐鲁番“土产麦、谷、胡麻，而甜瓜、西瓜、葡萄，种类甚多，无不佳妙，甲于西域”[①]。手工业久负盛名，喀什噶尔回城“习技巧，攻玉镂金，色色精巧”，阿克苏“尤多技艺之人，攻玉制器，精巧可观”[②]。

清代南疆周缘绿洲文化面貌以维吾尔族的文化习俗为代表。维吾尔族信仰伊斯兰教，使用阿拉伯字母拼写的察哈台文，以经营农业为生，兼营畜牧业，有制造陶器、铁器、木器、纺织和造纸等手工业和商业传统。各绿洲都有商业巴扎的集会习俗，例如莎车巴扎“街长十里，每当会期，货若云屯，人为蜂聚。奇珍异宝，往往有之。牲畜果品，尤不可枚举”[③]。由于绿洲相对孤立和封闭，加之定居社会的传统，南疆绿洲农耕文化又各具特色，一般有和阗绿洲文化、喀什噶尔绿洲文化、库车绿洲文化、吐鲁番绿洲文化等地域性文化类型。

南疆绿洲文化深深打上伊斯兰宗教的烙印，世俗文化则以民间故事、诗歌、乐舞为主表现出强烈的乡土和地域特征。十二木卡姆就是汇集歌、诗、乐、舞、唱、奏于一身的文化结晶，成为维吾尔人重大节日和喜庆的文化项目。绿洲文化也反映在伊斯兰式建筑上，房屋廊檐、清真寺尖顶和室内纹饰等都有突出的特点。

2. 草原游牧文化

新疆的草原游牧文化与草原生态环境关系密切。新疆草原沿天山、阿尔泰山、帕米尔高原等地区呈阶梯形分布，规模较大的草原有巴音布鲁克草原、伊犁那拉提草原、巴里坤草原、阿尔泰草原等，适合游牧，构成草原游牧文化的地理环境。草原游牧文化有共

---

① 椿园（七十一）：《西域闻见录》卷2《新疆记略》。

② 椿园（七十一）：《西域闻见录》卷2《新疆记略》。

③ 椿园（七十一）：《西域闻见录》卷2《新疆记略》。

同的生产生活规律，“无城郭庐室，逐水草，事游牧，四时结穹庐”[①]。畜牧业生产生活方式受季节变化影响，形成随畜逐水草而居的游牧形态。东归的土尔扈特部继续着传统的游牧生活，传承蒙古游牧生活习俗、宗教和文化艺术等，藏传佛教为其主要宗教信仰。哈萨克诸部散布于天山以北、伊犁河谷、塔尔巴哈台地区和额尔齐斯河两岸的阿尔泰草原上。天山西部、帕米尔高原的山间草原上生活着布鲁特人（柯尔克孜族）和塔吉克族，都信仰伊斯兰教。清代卫拉特蒙古、哈萨克、布鲁特和塔吉克族等是新疆主要游牧民族，他们的文化属于草原游牧文化类型。

新疆草原游牧文化的内核萨满教，包含自然崇拜、图腾崇拜、祖先崇拜等因素。“万物有灵”的信念以及神灵的集体性质和宗教仪式中的集体活动，构成萨满教的原始特色。萨满教活动的惯常方式以萨满巫师为中心，通过频繁祭祀、降神附体、跳神驱鬼、卜问神灵、施展巫术来祈福免灾。在信仰上，蒙古族还信仰藏传佛教，并深受其影响。哈萨克族、布鲁特信仰伊斯兰教，但是比较而言，影响相对较小。草原游牧文化具有深厚的民间文学传统，反映社会生活、道德、思想、风俗习惯等，英雄史诗有蒙古族的《江格尔》和《格斯尔》，哈萨克族的《英雄阿尔卡勒克》与《贾尼别克巴图尔》，柯尔克孜族的《玛纳斯》等。

此外，蒙古族、锡伯族崇信藏传佛教，庙宇建筑也深受藏传佛教艺术的影响。

3. 内地屯垦文化

自西汉起，屯垦就是历代中原王朝经略新疆的重要手段，内地的水利灌溉、农田犁耕和修渠造田构成屯垦的主要特征。清代新疆屯垦区域主要分布于天山以东以北地区，如巴里坤、乌鲁木齐、伊

---

① 王树枏等纂：《新疆图志》卷48《礼俗》，上海古籍出版社2015年版，第859页。

犁、塔尔巴哈台、阿尔泰、吐鲁番，为历代规模最大。内地移民屯垦显著改变了新疆社会经济景观，“垦辟屯田，中原民争趋之，村落连属，烟火相望，陌巷间牛羊成群，皮角氈褐之所出，商贾辐辏，自有天地以来，漠南北之地，未有如今日景象也”[1]。内地移民及其生产生活方式随着屯垦而不断适应新疆生态环境，加上管理制度的保障，使内地文化扎根新疆，形成内地屯垦文化。

内地屯垦文化促进了汉文化在新疆的广泛传播，物质文化领域是生产技术、农具、农作物及丝绸，制度文化则是郡县制度的深入，精神文化领域则是以汉语言文字、汉传佛教、道教、儒家思想及民风民俗为代表。新疆新兴城镇是内地屯垦文化的载体，城内一般有东、西、南、北四条大街，钟鼓楼晨钟暮鼓，城内外坛庙寺院，汇聚成内地文化并向外辐射。椿园七十一在乌鲁木齐见到“字号店铺鳞次栉比，市衢宽敞，人民辐辏，茶寮酒肆，优伶歌童，工艺技巧之人无一不备，繁华富庶甲于关外”[2]。清代新疆的内地屯垦文化是汉、满、锡伯、蒙古、达斡尔、回、维吾尔等各民族共同建构的，内地南北各省的民俗风情、年节习俗、方言俚语、地方戏剧、饮食习惯、民间文艺、婚丧礼仪和当地少数民族文化互相交融，深化了新疆地域特色的多元文化格局。

（二）鼓励内地文化传播

清朝在治理新疆上依据中央王朝的政治传统，倡导边疆教化，鼓励内地文化植根于新疆。清朝在新疆提倡儒学教育，设置学额，培养边疆文化风俗。乾隆三十八年（1773 年），乾隆帝谕旨明确规定新疆的文教方向：“遐方文德延教，声教广被。”[3] 乾隆帝还进一

---

① 昭梿撰，冬青校点：《啸亭杂录续录》，上海古籍出版社 2012 年版，第 58 页。

② 椿园（七十一）：《新疆舆图风土考》卷 1《新疆记略》，台湾成文出版社 1968 年影印本，第 19 页。

③ 《清高宗实录》卷 926，乾隆三十八年二月癸亥。

步指出："兹际武功告成，文教遐被之余，于商民流寓子弟有造者，栽培乐育以为之倡，将俾倾心内面之侣，耳目濡染，岁月渐摩。潜移默率，鼓钟于伦之化，且遍西域而同归也。"[①] 清在新疆各地举办学校，教育各族儿童，引入内地书院制度。晚清时期，清朝在新疆大力倡导并建设新式学校，开办初、中学校和师范学校，教授现代文化课程。

除教育外，清朝还在新疆大力推行内地民间文化。随着移民增多和屯垦规模扩大，清朝推进内地文化力度也空前加大。例如，清朝倡导关公崇拜，新疆各地也都建有关公庙；鼓励各地移民引入家乡民间信仰和乡俗文化，进一步丰富新疆文化的多元性，也扩大了内地与新疆的文化交流。

（三）汉文文学得到发展

清朝时期，汉文文学创作也有很大发展，出现了大量汉文文学作品。这些作品多为汉文传统文学形式，诸如诗、赋等，也有日记、考察记录和行记，既是历代西域边塞诗歌的延续，也体现出时代的创新。

诗赋类作品较多，内容丰富，形式多样。诸如徐松《新疆南路赋》《新疆北路赋》是清代舆地赋代表作，具有文学与学术研究的双重价值；王大枢《天山赋》和纪昀《乌鲁木齐赋》《乌鲁木齐杂诗》记述了当时新疆方方面面，史料价值颇高；岳钟琪《天山》《军中杂咏二首》《军中感兴》等反映出作者的西域军旅生涯；萧雄《西疆杂述诗》内容丰富，诸如社会风俗方面的就涉及宗教、文字、风化、刑法、伦理、婚嫁、生子、丧葬、历法、岁时、祭祀与祈禳等。

纪实类作品也是突出的亮点。清代不少官员、学者，或作为封

---

① 钟兴麟等校注：《西域图志》卷36《学校》，新疆人民出版社2002年版，第483页。

疆大吏长期工作于新疆，或遭贬谪流放新疆，留下了新疆考察、旅行记录或日记，诸如洪亮吉《伊犁日记》《天山客话》、祁韵士《万里行程记》、椿园《西域闻见录》、林则徐《荷戈纪程》、倭仁《莎车行记》、陶保廉《辛卯侍行记》、方士淦《东归日记》等。这些作品记述了新疆各地风俗习惯与所见所闻，既是纪实性文学作品，也是反映当时新疆社会的资料，具有重要的文学和历史价值。

（四）新疆历史地理研究

清朝统一新疆后，兴起研究新疆历史地理的热潮，无论是官修志书，还是学者研究，成果突出，成为清代西北舆地学的核心所在。

就官修志书而言，以三部方志为代表。一是大学士傅恒主修的《钦定皇舆西域图志》，成书于乾隆四十七年（1782 年），共四十八卷，另有卷首“天章”四卷。该书撰写依据档册和实地调查勘测资料，其内容包括清朝统治新疆的官制、兵防、台站、屯政、户口等政治制度，还有当地民族风俗等；此外，还附舆图 33 幅，详实地绘制了西域地理。第二部是松筠主修的《钦定新疆识略》，成书于道光年间。该书共 12 卷，另有卷首一卷；前四卷系新疆总图和南北两路各地舆图，附有叙说；后八卷为官制、兵额、屯务、营务、库储、财赋、厂务、边卫、外裔等内容。第三部是王树枏等纂修的《新疆图志》，成书于宣统三年（1911 年），总计 117 卷。该书详细地记载了清代后期新疆政治、军事、经济、外交等资料，内容丰富，卷帙浩繁。

清代官方重视新疆历史地理的编撰，也带动了民间对新疆的研究，一批重要的历史地理研究著作应运而生。其中早期的代表性著作有成书于乾隆年间的苏尔德等《回疆志》、格琫额《伊江汇览》、椿园《西域闻见录》、佚名《乌鲁木齐政略》；成书于乾嘉之际的永保等《总统伊犁事宜》《乌鲁木齐事宜》《塔尔巴哈台事宜》《喀什噶尔、英吉沙尔事宜》；成书于嘉庆时期和瑛撰《回疆通志》和《三州辑略》，祁韵士撰《西陲要略》；成书于道光时期钟方撰《哈密志》。清朝统治新疆后期，官方修志再次提上日程，各府、县、厅、州均奉令修《乡土志》，至光绪末年，全疆共修成30多部。这些官修和私修志书颇为系统，均以汉文撰修，成为清代新疆历史地理的重要文献。

（五）推动文化交流融合

随着屯垦的发展，内地屯垦文化得以广泛分布，与绿洲农耕文化及游牧文化空间上相互镶嵌，促进了新疆内部文化交流。一方面，绿洲农耕文化和内地屯垦文化同属于定居农耕，基本生产与生活方式相近，尤其是城镇社会生产与生活的接触与交流更加集中，文化的交流与融合不可避免。另一方面，内地屯垦文化在草原游牧地区的发展，生产生活形成了互补，促进了二者的交流。新疆内部诸种文化形成广泛而深入交流的态势。

清代新疆的汉文化与草原游牧民族文化交融达到前所未有的高度。汉文文学著作传入新疆，被译成少数民族文字，例如《聊斋志异》《三国演义》《西游记》等被翻译成蒙古文，在土尔扈特社会广泛传播。建筑风格上蒙汉混合、汉藏混合式建筑在蒙古民居中比较常见。另外，农业技能、语言、文化教育等方面，草原游牧民族文化受到了农耕文化的影响，哈萨克、蒙古等游牧民族语言中出现了汉哈、汉蒙等语言合璧的现象，加速了各民族文化的交流和交融。

清代新疆军府制下的扎萨克旗制、郡县制和伯克制的政治体制，满语满文、汉语汉文等语言文字同时通行，社会运转促进多语人才的培养，产生大量熟练掌握双语或多语的官员和商民。以语言为纽带、社会生产与生活的交织为桥梁，清代新疆各种类型的文化进入新的融合时代。清人萧雄在维吾尔族婚礼上欣赏到维汉合璧乐舞，“又有半回半汉之曲，如‘一昔克讶普门关上，契拉克央尕灯点上，克克斯沙浪毡铺上，呀禅尕嗡铺盖上’等类，则上半句回语，下半句汉语，每事重言，一翻一译，仿合璧文法也”[①]。新疆曲子戏中就经常采用半汉半民的合璧语文，并吸取维吾尔族“莱派尔”双人歌舞表演手法。新疆曲子戏《天山吟》里就表现了维吾尔族哈萨克族的音乐特性[②]，符合新疆多种族裔社会文化交融的生活情趣。

清代新疆多元文化不是截然分立的，而是互补与交集的。在历史发展中，各种文化在交往交流交融中形成新的社会文化结构，这既体现出新疆文化流变的新特点，也反映出中华文化发展的历史态势。

二　边境地区建设

清朝统一新疆后，如何维护新疆安全成为其考虑的重大问题。新疆远离京城，地域辽阔，边界线漫长；内部民族众多、政治复杂；周边与众多部族、汗国、王国接壤，进入近代后与英国和俄国等列强为邻。确保边境地区稳固是维护新疆安全的首要任务。清朝修筑城池、建设台站和驿路、设置卡伦、定期巡边，构建起保障边境安全的系统工程。

（一）筑城固边

在南北疆部署兵力后，为了增强防御能力，清朝在全疆战略枢纽、交通要道和边境要地，修建城市和城堡，屯驻军队。

天山以北地区历史上多为游牧民族活动区域，城市和城堡建设不受重视，清朝统一新疆后很快规划和建设起城市和城堡体系。在

---

① 萧雄：《西疆杂述诗》卷3。

② 李富：《新疆“曲子戏”考》，载王堡、雷茂奎主编《新疆民族民间文学研究》，新疆人民出版社1986年版，第532页。

乌鲁木齐及其周边地区，建设起众多城镇，诸如迪化城、巩宁城、辑怀城、阜康城、保惠城、宁边城、景化城、康吉城与绥宁城等。同时，还建设一系列城堡，诸如惠徕堡、屡丰堡、宣仁堡、怀义堡、乐全堡、育昌堡、时和堡、绥来堡、遂成堡、丰润堡、木垒堡、古城堡和三台堡等。[①] 上述城市与城堡以乌鲁木齐为核心，形成安全的防御体系。在伊犁地区，先后建立了惠远、惠宁、绥定、广仁、瞻德、拱宸、熙春、塔勒奇和宁远九座城堡，即“伊犁九城”。其中惠远城是军事、政治重心，伊犁将军及其所属的各官府衙门、官员及其家眷以及相当数量的满洲八旗兵均驻扎于此。

在天山以南地区，清朝也建立一批城市，这些城市多为“复城”。所谓“复城”就是由两座城市组成，一为旧城，一为新城。南疆是绿洲农业地区，每个绿洲上原来都有城市，称为旧城或者回城。清朝在旧城附近建筑新城，驻扎军队，中央政府派驻的各级大臣也居住于此，因此新城都是各地的军政中心。新城又称作“汉城”或者“满城”，城内居住的主要是驻防八旗、绿营和经商的汉族民众。这些新城有喀什噶尔的徕宁城、乌什的永宁城、吐鲁番的广安城等。

城市建设不单是用于军事目的，行使政治、聚集人口、发展经济和文化亦是其重要目标。

（二）兴建驿路与台站

清朝疆域广袤，极为重视驿路建设，深知“驿递乃国家之血脉”，保持全国交通通信畅通是“第一紧要急务”。[②] 早在统一新疆过程中，清朝就在西北地区逐步规划交通线路，沿线建立军台、驿站和营塘，维持交通畅通。统一新疆后，清朝投入极大力量，勘建驿路，构筑台站。

---

① 佚名：《乌鲁木齐政略》“城堡”。

② 席裕福：《皇朝政典数纂》卷451。

1. 勘建驿路

作为交通与通信的驿路是连接新疆与内地、天山南北的道路体系。就新疆到北京线路而言，计有三条，一条是大路，即嘉峪关—肃州—兰州—西安—山西—直隶—北京；另一条是“沿边一路”，即嘉峪关—肃州—宁夏—榆林—北京；第三条是北路，又称阿尔泰军台一路，其线路略为塔城—阿尔泰—科布多—乌里雅苏台—张家口—北京，该线路初设于康熙三十一年（1692年），雍正、乾隆两朝加以变更最终成型。新疆统一后，以前两条线路为主，组成新疆联系北京的路线。就新疆境内线路而言，以连接南北疆的线路为要，主要线路有四条。一是伊犁—阿克苏线，系由伊犁联系南疆的捷径，受清朝的高度重视，曾派遣维吾尔族人员专加管护。二是吐鲁番—乌鲁木齐线路，该条道路地势平缓，历史上就是联系南北疆的最重要通道；此外，作为重要军政中心之一，乌鲁木齐通往吐鲁番的道路还是联系内地的通道。三是哈密—巴里坤线路，作为联系天山南北最东面的通道，这条道路在清朝统一新疆前后，都起到重大作用。此外，伊犁地区联通南疆的还有四条通路，分别是那喇特卡伦—喀喇沙尔、穆素尔达巴罕—阿克苏的扎木台、伊克哈布哈克卡—乌什、鄂尔果珠勒卡伦—喀什噶尔。这四条道路在清朝治理新疆早期都是伊犁通南疆的捷径，但是后来因沙俄入侵，后两条道路为沙俄所侵占，而前两条道路或因险峻难行，或因年久失修，均不再通畅。

从上面叙述可知，统一新疆后，清朝在新疆建立起较为完整的交通系统，构成驿路的基础。这些道路不仅联接新疆与内地，而且也联通天山南北，从而形成联络疆内外驿路系统。正如刘锦棠所说：“自准部定，回疆全入版图，辟山通道，择要按设卡伦台站，南北一气贯注。”[①]

2. 军台与塘站建设

随着驿路建设，清朝建立起保障和维护驿路运行的台站与军塘系统，沿着驿路，遍布天山南北。

新疆军台建设始于康熙时期，在统一新疆过程中，军台得到系统建设，战后保留下来用于驿路。其基本情况为：乌鲁木齐—伊犁一线设立23个军台，乌鲁木齐—巴里坤—哈密一线设立21个军台，乌鲁木齐—奎屯—塔尔巴哈台一线设立9个军台，伊犁—穆索尔岭—阿克苏一线设立15个军台，吐鲁番—阿克苏一线设立4个军台，阿克苏—乌什一线设立4个军台，阿克苏—巴尔楚尔—叶尔羌—和阗一线设立18个军台，喀什噶尔—英吉沙—叶尔羌一线设立8个军台，共计约168个军台。

塘站又称“墩塘”，系清朝在沿边地区和沿交通线路设置的报警机构，后期也用于驻守人员居住。新疆统一后，不少塘站都被裁撤，但是乌鲁木齐地区的塘站基本保留下来，其情况为：乌鲁木齐—达坂城—吐鲁番沿线设立3个塘站，乌鲁木齐—精河沿线设立14个塘站，哈密—星星峡沿线设立7个塘站。

新疆驿站建设与内地相同，“驿站之名仿乎直省”[②]。新疆驿站功能也“原为弛递军报及地方紧要事件”[③]，是维持新疆交通通信的重要机构之一，亦构成新疆驿路的重要内容。清朝在新疆设立的驿站如下：乌鲁木齐—巴里坤共有16个驿站和2个较小的“腰站”，共计18个驿站；乌鲁木齐—玛纳斯共有4个驿站，乌鲁木齐—吐鲁番共有7个驿站。

3. 驿路的维护

驿路维护目的是保障其畅通基础，新疆驿路不同于内地的邮

① 《刘襄勤公奏稿》卷4。

② 和瑛：《三州辑略》卷5。

③ 昆冈、李鸿章：《大清会典事例》卷703。

驿，管理上有其自己的特点。

（1）官民协作驻守

新疆驿路驻守总体上是以绿营官兵为主，南疆则安排维吾尔族民众驻守，而腹地和边境地区驿路守卫安置又有差距。例如乌鲁木齐至伊犁和塔尔巴哈台各军台，一般每个军台派绿营中低级军官（外委）1员、绿营兵15名、笔帖式1名；乌鲁木齐至吐鲁番各军台，则委派中低级军官1名，绿营兵5名、维吾尔族民众9名（户）、笔帖式1名。而乌鲁木齐地区的营塘，每处驻守绿营兵5名，分别是马兵2名、步兵3名。乌鲁木齐的驿站受镇迪道主管，专责公文往来传递，故不是军队派员守卫，一般每驿站设驿书1名、马夫2名。[①] 靠近边境地区的驿站，守卫人员设置有所不同。边境军台一如疆内台站，“以营员及笔帖式领之”[②]。各台站情况不一，据《新疆图志》载，一般“军台三领，以笔帖式一，每台置外委一，字识兵一”[③]。或者每二台设一笔帖式，南北疆大致皆如此。

天山以南驿路人员配置有所不同。南疆驿路长，军台数量多，驻守士兵较少，维吾尔族民户较多，各地人数配置不尽相同。例如叶尔羌至辟展，每个军台“派回人十户，兼绿骑兵五名，识字之健锐营前锋或西安兵一名，以六品顶戴笔帖式管理”[④]。又如，“喀什噶尔、英吉沙尔共设军台五处，腰台一处，专管章京一员（各章京内派委兼管），每二台设委笔帖式一员管理”[⑤]。

伊犁地区维护驿站又有所差异，主要是锡伯兵和厄鲁特兵参与其间。据《总统伊犁事宜》载，伊犁所属十二军台，南路各台应差

① 佚名：《乌鲁木齐政略》“军台”，甘肃文化出版社1995年版。
② 傅恒：《钦定皇舆西域图志》卷31《兵防》。
③ 王树枏等纂：《新疆图志》卷85《道路七·驿站经费表上》。
④ 《清高宗实录》卷607，乾隆二十五年二月壬寅。
⑤ 和瑛：《回疆通志》，台湾文海出版社1966年版，第205页。

锡伯兵、厄鲁特兵一般为15名；北路（东路）台站一般由绿营兵当差，每台15名，俱由精河营派拨，每二年更换一次。[①]

根据新疆设立军台、驿站和营塘数量，负责守卫和日常运行的绿营士兵和维吾尔族民众当有数千人。新疆驿站维护采取因地制宜的方法，军民协同，共同保障驿站运送和安全，这也是新疆驿站管理的特点。

（2）后勤保障

驿路纵横天山南北，军台遍布全疆，交通工具、武器、粮秣等都必须予以配置，确保后勤供应。其中交通工具主要是马、牛、驴和车辆等，这是最重要的交通工具。“守以弁兵，设以马驼，备以车轮，各有专管，兼辖界址。”[②] 驻防兵丁配备有鸟枪、腰刀及火药、火绳等装备，以保障驰递所需，具体配置南北略有差异。

北路方面，乾隆二十六年（1761年）参赞大臣阿桂奏，各军台马兵每人2匹马、绿营兵人给马1匹，骆驼4头。[③] 但是伊犁、塔尔巴哈台为边境军政重镇，驻防最为完备，人员配置也略高。据《总统伊犁事宜》载，伊犁所属十二军台，每台额马15匹，牛10只、14只不等，牛较少者配有铁车二辆；伊犁所属东路额马43匹，牛12只，铁车二辆。而以乌鲁木齐为中心，东西向驿路的配置则是，乌鲁木齐至哈密各军台，每处配置马25—30匹，车3辆；乌鲁木齐至奎屯各军台，一般每台配置马30匹、车3辆、牛10头。[④]

---

① 永保、松筠：《总统伊犁事宜》“管理军台领队大臣办事档房应办事宜”，载中国社会科学院中国边疆史地研究中心编《清代新疆稀见史料汇辑》，全国图书馆文献缩微复制中心1990年版，第222页。

② 和瑛：《三州辑略》卷5《台站门》。

③ 《清高宗实录》卷641，乾隆二十六年七月庚申。

④ 永保、松筠：《总统伊犁事宜》“管理军台领队大臣办事档房应办事宜”，载中国社会科学院中国边疆史地研究中心编《清代新疆稀见史料汇辑》，全国图书馆文献缩微复制中心1990年版，第222页。

而乌鲁木齐各驿站则是“每驿安马四五匹不等”[1]。乌鲁木齐地区营塘，一般仅配置驻塘士兵的生活用品，并无马、牛和车等运输工具，这主要是其不承担运输与通信任务。

南路方面，喀什噶尔、叶尔羌所属台站隶属于各自领队办事大臣。据《回疆志》载，每台设“外委兵丁五名，回子十户，马十五匹，牛二只，车二辆”[2]。喀什噶尔所属五处军台，“共当差马七十五匹（每年准报三分倒毙），车十辆（三年小修，五年大修），牛十只（例无倒毙）”。喀喇沙尔地区各军台，每台有马“八九匹至十匹不等，车一辆至四辆不等”；库车地区10个军台共有“马一百三十六匹，牛五十四只，车三十辆”；阿克苏地区每个军台有“马十四匹至十五六匹不等，牛十至十二三只不等，每台车二辆”；喀什噶尔、和阗与叶尔羌等地除了前述诸项配置外，每个军台还配有骡子和驴数头。[3] 此外，每台五名兵丁各配有腰刀、贮鸟枪、火药、火绳、铅子等武器，以便保障台站日常运行。

安插维吾尔人效力是南路台站的特点。乾隆二十五年（1760年），参赞大臣舒赫德奏请：“自叶尔羌至辟展，俱有回人居住，伊等善于步递，请每台派回人十户，兼绿旗兵五名，识字之健锐营前锋、或西安兵一名，以六品顶戴署笔帖式管理。每台马十五匹，驼四只，四月至九月牧放，十月至三月由各城支给刍豆。”[4] 官兵同样是二年一换，回人则于十户中派出首领一人，以七品顶戴管理。起初，当差回人每月支给盐菜银九钱。乾隆二十六年（1761年），阿克苏办事大臣海明，奏请“来年正月起，按照时价动支余粮折给”。乾隆皇帝以为所办甚是：“既与伊等生计有益，又可省内地运送之

① 佚名：《乌鲁木齐政略》“驿站”。

② 永贵、固世衡：《回疆志》卷四《邮驿》第三十五、第三十六。

③ 和瑛：《回疆通志》卷7《喀什噶尔》《喀喇沙尔》《库车》《阿克苏》《和阗》《叶尔羌》。

④ 《清高宗实录》卷607，乾隆二十五年二月壬寅。

繁。除阿克苏所属八台照伊所奏办理外，其叶尔羌、喀尔噶尔各城粮石有余，其所属各台回子等，亦应比照办理。”[①] 自此，供差回人口粮、盐菜银便一体支给。维吾尔人除参与文报驰递，还对台站间道路进行修筑，以方便行车，增强运输能力。其中，还约有三四名至八九名不等的“毛拉”，负责传翻汉语，帮助处理日常文报事务。[②]

军台所配置的畜力以马为主，表明军台承担的信息传播以人为主，而配置牛、骡子、驴和车辆，说明也会承担部分货物运输任务。

4. 驿路的管理制度

清朝还制定多项规章制度作为驿路配套体系，以确保驿站管理和驿路畅通。其主要规定如下：

严格规范适用范围。驿路和台站是国家重要的交通通信设施，服务于国家治理和安全事宜，清朝对使用台站及驿路有严格规定和程序。一是军政官员使用，前往新疆的军政官员，尤其是从北京赴新疆各地任职的军政官员，可以使用台站交通工具，即所谓“驰驿行走”或“驰驿前往”，但是必须得到清朝特批，并到兵部领取证件。二是发送新疆各地的奏折、公文和信件等，这些函件必须要由当地主要官员亲自签发才可以由各台站传递。后来，清政府允许南疆副职官员以“专折请安”形式直接报送奏折，但是也需要当地正职官员加盖印封才行。[③] 早期伊犁地区是新疆军政中心，但是也只有伊犁将军才可以使用军台发送奏折或私人信件。

各地官员一般公事或者私人信函均不得随便使用军台传递。不过，得到伊犁将军批准后，极少数官员私人信函也可以使用台站

---

① 《寄谕回疆各城驻防大臣等著各台站回子等酌量支给口粮》，载中国第一历史档案馆编《乾隆朝满文寄信档译编》第2册，岳麓书社2011年版，第665页。

② 王树枏等纂：《新疆图志》卷85，《道路七・驿站经费表上》。

③ 《清高宗实录》卷1077，乾隆四十四年二月丁丑。

传递。

严格要求速度。台站承担着谕旨、公文、奏折等的上传下达，军台传递的速度有严格要求。清朝根据事情缓急确定传递速度，日行300里或400里用于一般文件传递，日行500里或600里用于重大事件或者军事行动，日行800里则用于极为重大的事情报送等。例如在平定张格尔叛乱时候，清朝规定："拿获张逆，驰报红旗，用八百里具奏；或探得张逆确信，即日可以成擒，用六百里加紧；至办理善后事宜及一切复奏，止准用五百里驰报。"[①] 可见，清朝非常重视新疆暴乱以及军事行动，这也反映出台站的作用所在。规定驿站上报速度是基于对驿站运行能力的考量，快速传递对驿站人、畜、后勤保障要求极高，也需要合适的天气，因此非关涉安全等重大事情，不会轻易使用。

此外，站台传递延宕，不论是因何种原因，都会受到严格处分。

严禁损坏与泄密。驿路传递的多系军国大事，对邮件保护要求也非常高，驿件要装于专用盒子，确保驿件完好无损。如是皇帝密旨，不仅要装在盒内，严密包装，完好送达，而且还要当地官员拆开看过密旨后，复件仍用此盒装好密封，送交皇帝，不得稍有破损。如是军机处等驿件，须由兵部加具夹板封订，用油纸或硬纸包好，粘上印花，外包黄布，再用绳子捆扎好。新疆官员交送驿件也须用纸、面布和封套等包装好，加盖印信，才可交台站传递。就保密而言，驿件传递过程中，严禁递送人员拆看，严禁私自装入其他信件。[②]

清朝定期巡查驿路，确保人员整齐、设置完好、配置完整。该项措实行于平定大小和卓叛乱时。乾隆二十五年（1760年）参赞

---

① 《清宣宗实录》卷119，道光七年闰五月甲子。

② 参见刘广生《中国古代邮驿史》，人民邮电出版社1986年版，第348页。

大臣舒赫德奏称："大兵进剿回部，安设台站，驰递事件，务在迅速，时有大员巡查，俱知勤勉。"[①] 该项巡查制度保留下来，并有详细检查内容。此外，还制定奖励措施，"对军台接递文报如无贻误及台站牛马倒毙不致过额者"，给予奖励；对违反规定者，则予以处罚。[②]

（三）设置卡伦

设置卡伦是清朝确保新疆边境安全的重要措施。所谓卡伦又称"卡路""喀伦"和"喀龙"等，实际是满语的汉语音译，其意为哨所。[③] 清朝统一新疆后，在全疆战略险要之处，特别是沿边地区加以规划，成规模地设置卡伦，以维护新疆边境安全。

1. 北路卡伦设置

伊犁系将军驻扎之地，为新疆军政中心，又较靠近边境，卡伦设置是重要的安全事项。自乾隆年间伊犁地区就开始设置卡伦，以后陆续增设。乾隆年间伊犁地区卡伦数量多达 26 处[④]，嘉庆时期增至 82 处[⑤]，道光初年又增至 93 处[⑥]。卡伦管理有具体分配："惠宁城领队大臣所管者十处，锡伯营领队大臣所管者十八处，索伦营领队大臣所管者十处，察哈尔营领队大臣所管者二十一处，厄鲁特营领队大臣所管者三十二处，营务处专管这二处。"[⑦]

塔尔巴哈台地处新疆西北角，衔接伊犁，清朝认为该处筑城设卡伦，既可以巡查游牧，又能与伊犁卡伦相呼应，声势互为联属。[⑧]

---

① 和瑛：《回疆通志》卷 7。

② 《清高宗实录》卷 607，乾隆二十五年二月壬寅。

③ 于福顺：《清代新疆卡伦述略》，《历史研究》1979 年第 4 期。

④ 格琫额纂，吴丰培整理：《伊江汇览 · 台卡》，载中国社会科学院中国边疆史地研究中心编《清代新疆稀见史料汇辑》，全国图书馆文献缩微复制中心 1990 年版，第 80 页。

⑤ 永保：《总统伊犁事宜》，《北路总说 · 伊犁》。

⑥ 松筠纂：《钦定新疆识略》卷 11《边卫》。

⑦ 松筠纂：《钦定新疆识略》卷 1《边卫》。

⑧ 《清高宗实录》卷 701，乾隆二十八年十二月乙丑。

自乾隆起，陆续在塔尔巴哈台设置卡伦，卡伦数量从17处[①]增至29处，其中21个设置在城东北至额尔齐斯河界，8处在城西南至伊犁界。[②] 塔尔巴哈台卡伦与伊犁卡伦相衔接，形成完整的防卫。

乌鲁木齐为北路重要的战略枢纽，设置卡伦系重中之重。乾隆二十六年（1761年）副都统就提出："将奈曼、明安至廋济、察罕布尔噶苏所设卡伦，展至乌鲁木齐驻扎。"[③] 历乾隆、嘉庆两朝，乌鲁木齐地区卡伦数量由11处[④]增至71处[⑤]，最后又增至80处。[⑥]

2. 南路卡伦设置

清朝经略新疆早期，其军事部署是北重南轻，南疆驻军较少，卡伦设置不及北路多。据嘉庆年间记载，南疆共设卡伦53处，其中喀什噶尔地区18处、英吉沙地区12处、叶尔羌地区7处、和阗地区1处、阿克苏地区2处、乌什地区6处、库车地区5处、喀喇沙尔地区2处。

从上面叙述可知，清朝在新疆设置卡伦共计约253处，其中北路地区占200处，南路仅53处，可见北路是清朝经略的重点。同时，从卡伦分布区域来看，伊犁和喀什噶尔等沿边地区设置较多。

需要说明的是，清朝在新疆设置的卡伦既有固定的，也有移动的，尤其是沿边地区的卡伦，因任务不同或者季节变化而增减和移动。因此，新疆卡伦分为常设卡伦、移设卡伦和添设卡伦。所谓常设卡伦就是固定设于某处的卡伦。一般来说，常设卡伦设置在较大的城镇附近或者重要交通要道上，距离边界较远，其主要任务是稽

---

① 永保：《塔尔巴哈台事宜》"卡伦"。

② 松筠纂：《西陲总统事略》卷10《塔尔巴哈台事略》。

③ 佚名：《乌鲁木齐政略》"卡伦"。

④ 佚名：《乌鲁木齐政略》"卡伦"。

⑤ 和瑛：《三州辑略》"卡伦"。

⑥ 松筠纂：《西陲总统事略》卷10《乌鲁木齐所属事略·台站卡伦》。

查往来人员和维护地方社会治安。在伊犁地区 93 个卡伦中，常设卡伦只有 27 个[①]，诸如固勒扎卡伦、沁达兰卡伦、春稽卡伦、干珠尔卡伦、霍尔果斯卡伦、博罗呼济尔卡伦和塔勒奇卡伦等，都在各城附近。所谓移设卡伦是根据季节变化而可以移动的卡伦。移设卡伦一般设置在距离城镇较远的牧区，其任务是管理和稽查各游牧部落是否越境游牧或者有其他违法行为。移设卡伦数量较多，例如伊犁地区锡伯营管理 18 个卡伦，其中 12 个是移设卡伦。移设卡伦的设置主要是应对周边游牧部落，依其游牧变化而设置卡伦进行稽查。例如伊犁地区的托里卡伦就是典型移设卡伦，春天设在托里，夏季设在额木纳察罕乌苏，秋季设在托赖图，冬季则又移回托里。所谓添设卡伦是指依据情况或者季节变化，临时增设的卡伦。添设卡伦一般承担的是临时性任务，任务完成后就可裁撤。添设卡伦数量不少，例如伊犁索伦营管理 10 个卡伦，其中添设卡伦就有 4 个。

新疆设置卡伦有多方面作用，一是管理游牧，新疆境内外有哈萨克、蒙古和布鲁特等游牧民族，设置卡伦加以防止因牧场和牲畜等发生冲突，也防止越境游牧。"新疆旧设卡伦，以稽查各部之出入"，"其禁在于盗窃"[②]，"雅尔、塔尔巴哈台等处，设卡驻兵，原以驱逐内徙之哈萨克。"[③] 二是稽查行人，在城市及其周边地区以及交通要道等处设置卡伦，稽查行人，防止遣犯脱逃和外族越境。"相度形势险要、水草蕃盛处设立卡伦，派委侍卫，率兵丁回人驻扎稽查。复于要隘设立小卡伦，昼则登高瞭望，夜则伏路侦候，缉拿逃犯。"[④] 三是管理禁区，清朝垄断的重要矿藏资源开采地或者重要物资生产地，均为禁区，均会在当地设立卡伦予以严格管理。例如和阗玉为清朝专门垄断，其开采和运输均有严格规定，清朝在和

---

① 松筠纂：《钦定新疆识略》卷 11《边卫》。
② 松筠纂：《钦定新疆识略》卷 11《边卫》。
③ 《清高宗实录》卷 758，乾隆三十一年四月壬寅。
④ 苏尔德：《新疆回部志》卷 4。

阗“城外之东西河，共设卡伦十二处，专为稽查采玉回民”[1]。四是守卫边防，新疆周边外藩哈萨克、布鲁特等部落时常越境游牧，清朝沿边设置卡伦，对其进行阻止和稽查；后来清朝允许部分哈萨克部落内附，这些卡伦则担负着收取租税和日常管理责任。19世纪40年代前后，沙俄蚕食中国西北边疆，清朝设置的卡伦、驻守官兵则担负起抵御侵略、保卫领土的神圣职责。例如伊犁地区的鄂尔果珠勒、博罗呼济尔和春稽等卡伦驻军，在同治初年曾抗击沙俄军队侵略。[2]

还需要说明的是，清朝在新疆设置卡伦，主要根据管理任务而定，并非是宣示国界所在。

卡伦遍布新疆南北两路，起着重大作用，清朝对其管理极为重视。一是驻守卡伦军队主要是八旗官兵，绿营官兵较少且以驻守乌鲁木齐地区卡伦为主。二是驻守卡伦的官兵数量较多，一般都在10人以上，反映出卡伦的军事性质更强。三是驻守卡伦的官员多为清朝中央政府派遣，大多数是京城侍卫和中下级军官。例如新疆平定初期，伊犁“卡伦侍卫十五员，营务处酌留一二员，（其余）分拨各营卡伦当差，由京头、二、三等侍卫及护军参领、副护军参领、委护军参领派来，三年更换”[3]。喀什噶尔地区的卡伦官员也由北京派来的侍卫担任，亦为“三年更换”[4]。其他地区也是如此。四是武器配备齐全，一般都配备有刀、矛、弓箭和火药枪械。更重要的是，卡伦的事务均由各地最高军政长官主管，即伊犁地区、乌鲁木齐地区、塔尔巴哈台地区和喀什噶尔地区的卡伦，分别由伊犁将军、乌鲁木齐都统、参赞大臣主管，反映出其地位重要。例如清朝

---

① 《清史稿》卷137《边防》。

② 中国社会科学院近代史研究所：《沙俄侵华史》第三卷，人民出版社1981年版，第195—196页。

③ 松筠纂：《钦定新疆识略》卷5《官制兵额》。

④ 和瑛：《回疆通志》卷7《喀什噶尔》。

对伊犁地区卡伦明确规定："沿边卡伦严禁私行出入。如本管某营领队大臣巡查所管卡伦，由某卡至某卡，各该卡伦侍卫随时具报营务处禀知将军，虽领队大臣亦不得擅出卡伦。凡应出卡伦公干者，俱由营务处请示将军传檄为凭。除照例贸易者外，如有外来夷众，卡伦侍卫立即报营务处，禀知将军定夺。"[①]

（四）制定巡边制度

清代新疆边界线漫长，虽然设置不少卡伦，但是毕竟数量有限，仍然无法满足保卫边境安全的需要。巡边制度是弥补此不足的重要办法，旨在以边境地区卡伦为支撑，结合边境巡查，更好地保卫沿边地区安全。

清朝制定巡边制度，最初是为了驱逐私自越境游牧的哈萨克、布鲁特部众。乾隆二十三年（1758 年）春，定边将军兆惠率军巡查伊犁西部边境地区，过察林河、越善塔斯，巡查特穆尔图淖尔、楚河、塔拉斯河，还巡查了沙喇伯勤、巴尔珲岭、纳林河等巴尔喀什湖以东和伊犁河以南地区。乾隆二十六年（1761 年），办事大臣新柱率领数百名清军，巡查巴尔喀什湖以东、伊犁河以北地区。清朝命令伊犁驻军，"每年巡查一次，有越界者照前驱逐"[②]。乾隆二十七年（1762 年）伊犁将军设立后，乾隆帝于次年在上谕中明示："著传明瑞等，酌派人员，率同熟悉地理之厄鲁特，前往吹、塔拉斯、阿勒和硕、沙喇伯勤等处巡查，若哈萨克布鲁特等仍有越境游牧者，即晓示该头目，速行驱逐，不可令伊等阑入内地。"[③] 乾隆三十年（1865 年），清朝设立塔尔巴哈台参赞大臣，专责沿边巡查事务，新疆巡边制度由此建立。

巡边制度由伊犁将军伊勒图奏定，其内容可概括为下列诸项：

---

① 松筠纂：《钦定新疆识略》卷 5《官制兵额》。
② 《清高宗实录》卷 644，乾隆二十六年九月辛丑。
③ 《清高宗实录》卷 690，乾隆二十八年七月癸亥。

一是确定巡边时间。哈萨克、布鲁特等部落夏季在夏牧场放牧，冬季则避寒于河谷、山窝之处，而春夏是转场季节，容易越境游牧。清朝规定相应的巡边时间："伊犁卡伦令各营领队大臣分管，每年春、秋二季各巡查所属卡伦一次。"[①] 此后，该巡边时间沿袭下来，"历久遵行弗替"[②]。二是规定巡边规模，巡边官兵规模前后期有所变化。乾隆二十五年（1760 年），伊犁办事大臣阿桂首次巡边时候，受命"以巡查边界为由，领兵四五百名，前往塔尔巴哈台等处"，"兵数不宜太少"[③]。而后期，巡边兵力略少。《伊犁志略》记载："每年秋季特派领队大臣一员，巡逻哈萨克边界时，由两满营派协领一员，大城官二员，兵七十名；巴彦岱官一员，兵四十名；锡伯营官一员，兵三十名；索伦营官一员，兵三十名；察哈尔营官一员，兵六十名；厄鲁特营官二员，兵七十名。共计官十员，兵三百名。"[④] 可见，巡边队伍规模为 300 余人，主要由八旗官兵组成。三是实事求是制定巡边路线，巡边路线的确定可分为三个时期。（1）清朝统一新疆初期（1757—1766 年）：有两条路线，一条是由伊犁北上向西，越阿勒坦额默勒山，折北绕库克乌苏河上游，再折东北过勒布什到巴尔喀什湖东端，沿爱古斯河、楚克里克河、布空河，到斋桑河、斋桑湖北、额尔齐斯河左岸的辉迈拉呼，此处可与科布多巡查阿勒泰地区的军队会合。[⑤] 另一条是由伊犁西行向南，至当地最远卡伦后分兵两路，"南路自特穆尔图诺尔之南，由巴尔珲岭至塔拉斯、吹地方；北路沿伊犁河由古尔班阿里玛图到沙喇伯勒地"。两军分头巡查后，再绕特穆尔图淖尔一周，到该淖尔西南

① 松筠纂：《西陲总统事略》卷九《卡伦》。

② 王彦威：《清代外交史料》道光朝四，故宫博物院 1932 年版，第 383 页。

③ 《清高宗实录》卷 613，乾隆二十五年五月辛未。

④ 佚名：《伊犁条约》，《清代新疆稀见史料汇编》，全国图书馆文献缩微复制中心 1990 年版，第 279 页。

⑤ 李之勤：《18 世纪中叶至 19 世纪中叶清代西北边疆的巡边制度和巡边路线》，《中国历史地理论丛》1995 年第 3 期。

的纳林河、阿特巴什河一带，最后返回。[①]（2）乾隆三十三年（1768年）至道光二十年（1840年）：此期塔尔巴哈台参赞大臣业已成立，巡边线路扩展为四条，塔尔巴哈台地区和伊犁地区各两条。前者两条线路是：一条是北路，从塔城向北，至斋桑淖尔西北的辉迈拉呼卡伦，在此与科布多参赞大臣的巡边军队会合后返回；另一条是西路，从塔城向西，经雅尔、招莫多、爱呼斯，到勒布什，在此与伊犁巡边军队会合后，从巴尔鲁克、巴克图等卡伦返回，中间绕阿拉克图古勒淖尔一周。后者两条线路是：一条西北路，从伊犁各城出发，经博罗呼济尔卡伦、库克乌苏河上游的喇塔什，折东北往勒布什，在此与塔尔巴哈台巡查军队会合后返回。另一条是西南路，从伊犁各城出发，沿早期线路巡查，经特穆尔图淖尔、吹河、塔拉斯河与纳林河、特穆尔图淖尔巡查。（3）道光二十年（1840年）至宣统三年（1911年），此期沙俄进军中亚，蚕食中国领土，而清朝国力衰减，新疆巡边次数减少，有些地方巡边路线内缩。特别是沙俄利用和清朝签订的不平等条约，侵吞中国西北边疆50多万平方公里土地，清朝原来的巡查线路为沙俄侵占，不少卡伦也被迫内撤。

综上所述，清朝在经营边境地区时，采取设置卡伦、制定相应制度等一系列措施，在较长时期内维护了边境地区的稳定和安全。但是随着清朝自身国力衰弱和沙俄的扩张，新疆边境地区卡伦及其相关措施遭受严重侵蚀，守卫卡伦和卡伦巡查实际上成为清朝抵御侵略的组成部分。

第四节　经略藩部和抵御侵略

新疆地区边境极为辽阔，周边有众多部族、汗国。统一新疆

---

① 傅恒：《平定准噶尔方略》续编卷23，乾隆二十八年十月乙酉。

后，清朝高度重视沿边诸部族，主要以传统朝贡、内附等策略加以经营，维护沿边安全。随着沙俄、英国等列强的全球扩张，中国新疆成为其蚕食的地区，抵御入侵成为清朝维护边疆地区领土完整与主权安全的重要内容。

一　经略周边藩属各部

清朝统一新疆后，随着清朝对周边地区的经营，沿边诸部族大都成为清朝的藩属。清朝经略沿边藩属各部，是维护新疆安全的重要组成部分。

（一）建立封贡制度

在清朝统一新疆进程中，新疆周边部落，诸如哈萨克、布鲁特、浩罕与巴达克山、布哈尔、爱乌罕、博洛尔、巴勒提、痕都斯坦等部族，纷纷上表进贡，臣附清朝。在经略这些部族上，乾隆帝有既定方略："其外羁縻附属，如哈萨克、布鲁特、安集延、拔达克山等部。"[①] 清朝也多次说明"从来抚驭外夷，道在羁縻"[②]。可见，采取羁縻措施是清朝经略新疆周边诸部的基本政策。

1. 政治上制定册封与朝觐制度

清朝对归附诸部首领加以优待和笼络，允许其保留原来政治称号，且逐级加以册封，形成制度。例如，哈萨克归附后，清朝仍然允许其首领阿布赉自称为汗。清朝对此专门说明："尔等僻处遐方，非可与喀尔喀部比。尔称号为汗，朕即加封，无以过此。或尔因系自称，欲朕赐以封号，亦待来奏，朕惟期尔部安居乐业。"[③] 对哈萨克各部其他首领，清朝尊重其惯例，分别册封为苏丹、公与台吉等称号，并可世代承袭。从乾隆二十二年（1757 年）至嘉庆十四年

---

① 傅恒纂：《钦定皇舆西域图志》卷首。

② 《清宣宗实录》卷 244，道光十三年十月乙丑。

③ 《清高宗实录》卷 543，乾隆二十二年七月丁未。

（1809 年），据不完全统计，清朝就册封汗 8 人、公 15 人、台吉 32 人。

朝觐制度是封贡制度的组成部分，清朝在册封新疆周边归附诸部后，也规定其须定期赴北京觐见皇帝。以哈萨克为例，“自归顺以来，间一二年、二三年不等，遣使瞻仰天颜，呈贡伯勒克马匹”①。据统计，自乾隆二十二年至道光十年（1830 年），哈萨克使臣共 34 次入北京朝觐；自乾隆二十七年（1762 年）至道光元年（1821 年），浩罕使臣共 48 次赴北京朝觐。清朝都给予朝觐使臣盛筵欢迎，皇帝接见并赏赐大量物品，整个朝觐过程隆重而尊崇。

2. 经济上厚加赏赐与优惠

对藩属厚加赏赐和优惠是封贡制度的重要特点，清朝在对待新疆周边朝贡使臣也是如此。通常清朝都会以“赏赐”名义，给予归附首领或朝贡使臣大量物品。清朝规定：“哈萨克遇有朝觐来京者，……应赏衣服、瓷器、缎匹、银两……均照回子例办理，仍将加赏该汗王什物等项俱交来使带回。”② 同时，各部使臣往往利用朝觐机会，借助清朝提供的交通便利，到内地从事贸易活动。例如，嘉庆十五年（1810 年），浩罕入觐使臣返回路经哈密，“骑马十九匹，其行李货包重五万三千余斤，询系沿途添买货物，愈积愈多，计需车八十八辆”。朝觐队伍成了商业队伍，对沿途驿站带来很大压力。但是，清朝却认为，“夷使实系自置茶叶、绸缎、瓷器等物，委非夹带私货”，要求一律予以放行。③

给予免征赋税的优惠。清朝规定，对新疆沿边归附各部免征赋税，作为对其优待。清朝对哈萨克各部说：“尔等系归顺大国臣仆，理应输纳贡赋。因大皇帝垂念外夷路远，免其进献。”④ 对归附的布

---

① 《回疆则例》卷 4。

② 《回疆则例》卷 5。

③ 《那文毅公奏议》卷 22。

④ 《清高宗实录》卷 777，乾隆三十二年正月癸未。

鲁特、浩罕、巴达克山等部，清朝均不收税。不过，后来对那些越境进入新疆的哈萨克、布鲁特则征收少数牲畜作为赋税，“每牲百只抽一，发卡上官员收取，以充贡赋”[①]。这种赋税远低于10%的正常赋税率，只不过是清朝行使管理主权的象征。

此外，周边归附各部商民到新疆境内贸易，清朝也给予优待，对其不征税或者少征税。无论是北疆的伊犁、塔城，还是南疆的乌什、喀什噶尔等地，每年夏秋时期，都有周边哈萨克、布鲁特以及浩罕等部落，在其头目带领下，驱赶牛、羊、马或者贩运毡片和牛皮等，到伊犁、塔尔巴哈台等地，换取布匹、丝绸、茶叶、瓷器、粮食等生活必需品，清朝给予免税优惠。在北疆地区，清朝还专门制定《哈萨克贸易章程》，对这种易货贸易予以规范，要求“两得其平为是”[②]，不得征税；有时候还给予哈萨克商人以好处，“以绸布赏之”。在南疆乌什、喀什噶尔等地，对布鲁特、浩罕和巴达克山诸部进卡贸易者，初期还征收少量商税，诸如二十分之一，后来到三十分之一和四十分之一，至道光中期后则免于征税。可见，经济上清朝对新疆周边部族实行优惠政策。

清朝沿边经略政策实质上是传统羁縻政策，除上述封贡朝觐和贸易优惠政策外，清政府也不干涉周边诸部内政，甚至对俄国侵略周边诸部亦抱容忍态度。

（二）吸收内附部族

清朝治理新疆早期，禁止周边各部游牧民进入中国，但是该政策未能长期有效实施。一方面，准噶尔原游牧地地域辽阔，地形复杂，清朝卡伦既难以完全覆盖所有区域，也难以做到经常巡查边境；另一方面，哈萨克、布鲁特诸部落互不统属，难以有效约束各部逐水草而居的自由谋生方式。因此，清朝早期以驱赶方式禁止哈

---

① 《清高宗实录》卷780，乾隆三十二年三月乙卯。

② 《清高宗实录》卷550，乾隆二十二年十一月癸巳。

萨克、布鲁特等部落入境收效有限。何况不少哈萨克、布鲁特牧民希望内附于清朝。这种情况从乾隆时期就存在，例如乾隆三十年(1765年)，伊犁将军阿桂报告，哈萨克游牧者塔塔拜等11户越境，恳请内附。对此清朝认为："伊犁等处土地辽阔，人烟愈多愈善，哈萨克如不得游牧地方，或畏惧劫掠，情愿内附者，即行收留，派员弹压，日久人众即可编设佐领昂吉。"① 可见，清朝对周边诸部，尤其是哈萨克部政策已发生重要变化。

需要说明的是，当时还有不少哈萨克人因夏牧或"越冬"，夏天在新疆境内游牧，或者常年居住②，清朝予以准许并给予便利，仅按"百只抽一"收取少量牲畜税而已③，既不改变其内部组织形式，也不对其进行直接管理。布鲁特人也有部分进入新疆境内长期游牧和居住，却并未内附，清朝同样只征收少量牲畜"租税"，其他事情不加管理。正如乾隆帝所说："至未来会集之布鲁特比等，何必唤来赏给顶戴。"④ 对于这些在新疆境内游牧但未内附的布鲁特人，清朝称之为"生布鲁特"。实际上，新疆边境内很多地方生、熟布鲁特混杂居住放牧。如道光七年（1827年）一份上谕称："况自伊犁之格根卡伦至那林桥一千数百余里，经过生、熟布鲁特游牧，始达喀什噶尔地界。"⑤

布鲁特部落也有不少人进入新疆境内放牧。至道光初年，"冰岭迤西，皆系布鲁特游牧"，清朝管理的特穆尔图淖尔、纳林河和楚河流域等地区，也"久为布鲁特住牧"⑥。对于这些布鲁特人的管理，乾隆帝曾明确说明："布鲁特人等……其来附者，量予施恩，

---

① 《清高宗实录》卷759，乾隆三十一年四月丙辰。
② 松筠纂：《钦定新疆识略》卷11《边卫》。
③ 《清高宗实录》卷780，乾隆三十二年三月己卯。
④ 《清高宗实录》卷1217，乾隆四十九年十月辛丑。
⑤ 《清宣宗实录》卷131，道光七年十二月辛巳。
⑥ 《清宣宗实录》卷137，道光八年六月甲申。

赏给顶戴。”[1] 顶戴又称顶带，系清朝官员帽子上的装饰，不同的顶戴表示其官员品级之高低。这说明清朝对内附布鲁特首领给予册封，封以适当官号，定以适当品级，纳入清朝官员的管理之中，成为清朝直接任命的官员。清朝将这部分内附的布鲁特人称为“熟布鲁特”。

总之，不论是清朝允许哈萨克人内附，对其“编设佐领昂吉”进行管理，还是对内附的布鲁特人加以册封，都说明清朝对内附哈萨克人、布鲁特人的认可。同时，这些内附的哈萨克人和布鲁特人身份也发生变化，成为清朝的属民，是清朝治理下的新疆各民族组成部分。

综合来看，清朝治理新疆前期对周边诸部经略采取的是传统羁縻政策，通过建立封贡制度加以管理。随着形势变化，清朝对周边诸部进入新疆境内人员按照“内附”与否，实行直接管理和松散管理。

（三）对布鲁特政策的变化

布鲁特系我国古老民族之一，清朝最初对其经营上较为平顺，但是后来出现失误，导致政策反复。

清朝统一新疆之前，布鲁特主要分布在天山西部。布鲁特“其部落沿边散处，凡十有七大首领，称为比，犹回部阿奇木伯克也，比以下有阿哈拉克齐大小头目”[2]，一直没有形成统一的政权。布鲁特在与原准噶尔部争夺游牧地和牲畜中屡遭失败，有些部落向西向南迁徙，遂以天山为界，形成东、西布鲁特两部分。清朝统一新疆时，东布鲁特主要游牧于天山以北伊犁西部沿边地区，西布鲁特游牧于天山以南乌什、喀什噶尔以西的沿边地区。乾隆二十三年（1758 年），东布鲁特率先向清朝表示“今得为天朝臣仆，实望外

① 《清高宗实录》卷 1217，乾隆四十九年十月辛丑。

② 松筠纂：《西陲总统事略》卷 11《布鲁特源流》。

之幸”[1]。东布鲁特首领之一玛木特呼里派其弟弟舍尔伯克等人，赴北京朝觐，受到乾隆皇帝的隆重接待。乾隆二十四年（1759 年），西布鲁特额德格讷部落首领阿济派人到兆惠军营表示臣属清朝。其表文称：“今将军自喀什噶尔传谕我部，颁给印文，谨已奉到，不胜踊跃，适慰心想，当率诸部，自布哈尔以东二十万人众，皆作臣仆。”[2] 可见，清朝统一新疆时候，东、西布鲁特各部均归附清朝。清朝按照布鲁特部落大小和政治地位高低，分别赐以二品至七品顶戴，纳其为清朝官员。据嘉庆十二年（1807 年）统计，布鲁特部首领共有63 人获颁顶戴，其中二品2 人、三品3 人、四品6 人、五品9 人、六品24 人、金顶17 人、蓝翎2 人。清朝对归属的布鲁特诸部不征收赋税，不改变其风俗，不设官驻守，只征收相当于内地商民缴纳商税的三分之一，对赴北京朝觐的首领给予大批赏赐。清朝对布鲁特极为优待、大力笼络。布鲁特在清朝统一新疆后的数十年里，都是保卫边境安全的重要力量，“无事则卫我藩篱，有事则用为间谍，寄以侦探”[3]。

但是，自嘉庆朝末年起，驻守喀什噶尔的官员腐败无能，不少问题处置失当，致使布鲁特各部与清朝关系严重受损。先是伊犁将军松筠等官员误信传言，把孜牙敦案政治化，误将布鲁特希皮察克部落首领图尔第迈莫特处死，致使其子“阿霍幸逃出卡外，群相煽惑，此布鲁特离心之始”[4]。张格尔之乱时，布鲁特部落冲巴噶什首领苏兰奇赶到喀什噶尔报警，反遭回务章京绥善斥责驱逐，致使苏兰奇“愤走出塞，遂从贼”[5]。道光五年（1825 年）领队大臣巴彦巴图滥杀布鲁特人冒功，致使布鲁特人被迫与清军作对，沿边布鲁

① 傅恒纂：《钦定皇舆西域图志》卷45《藩属二》。

② 傅恒纂：《钦定皇舆西域图志》卷45《属国二》。

③ 《那文毅公奏议》卷73。

④ 《那文毅公奏议》卷73。

⑤ 《清史稿》卷316《列传·属国四》。

特离心。道光八年（1828 年）平定张格尔叛乱后，清朝深刻总结说：“自从前勘定回疆时，外持布鲁特为藩篱，旋因抚驭失宜，以致酿成巨患。此时兵威震慑之后，必须普行收抚，以示羁縻，使之诚心向顺，自可永奠边圉。卡外善后，以收抚布鲁特为要著。”①

基于上述考虑，张格尔之乱被平定后，那彦成采取以安抚为核心的政策。一是平反昭雪，良言安抚。那彦成到喀什噶尔后，派人安抚布鲁特各部，亲自接见布鲁特各部首领，为清朝官员错误办理导致投向张格尔的阿孜和卓、苏兰奇等人平反，还特意安抚其家族成员。二是高规格册封，颁发顶戴。清朝对布鲁特诸部首领进行高规格册封并颁发顶戴，先后给 8 人授予二品顶翎，35 人被授予三品、四品和五品等顶翎。布鲁特部落大者万余人，小者数千人或千余人，清朝给予其首领的级别最高达到二品，最低也是六品，与南疆伯克制度中最高级别只是三品相比较，可谓是高规格册封。三是赏给岁俸与牧地，除了政治上的高规格册封外，清朝还给予布鲁特诸部首领经济赏赐，例如根据其品级，每年给予一定俸禄，二品首领每年元宝 1 锭、银 40 两或 34 两、绸缎 2 匹、布 20 匹；三、四品者，每年给银 25 两或 20 两，绸缎 2 匹、布 10 匹；五、六品者，每年给银 15 两、绸缎 2 匹、布 10 匹。此外，清朝把卡伦外沿边牧地划拨给希皮察克与冲巴噶什等部落，作为其居住和放牧之地。四是恢复贸易，平定张格尔之乱后，清朝恢复与布鲁特诸部贸易，使其继续以牲畜和畜产品换取粮食、布匹、茶叶和丝绸等物品。

（四）对浩罕政策及其调整

地处费尔干纳盆地的浩罕汗国，系由乌兹别克人于 18 世纪初建立的。清朝统一新疆时，浩罕统治者额尔德尼伯克“奉表请内附”，表示“为大皇帝臣仆”②。此后，浩罕派遣使团赴北京朝觐，

---

① 《那文毅公奏议》卷 80。

② 傅恒纂：《钦定皇舆西域图志》卷 45《藩属》。

受到清朝的盛情款待。在后来相当长时间里，浩罕与清朝保持着良好的贡封关系。至19世纪初，浩罕先后派使臣到喀什噶尔进贡23次，赴北京朝觐9次。[①] 清朝在贸易上也对浩罕给予各种优待。

嘉庆后期，浩罕逐步强盛起来，利用大小和卓后裔不断侵扰新疆沿边地区，侵入巴尔喀什湖以东以南的中国地区。面对浩罕的侵略扩张，清朝要求其退出所占布鲁特游牧地。同时，浩罕还支持其商人不遵守清朝所制定的贸易规定，偷运各种货物，擅自派遣商头（呼岱达）管理在喀什噶尔的浩罕商人及其贸易活动，甚至征收商税，损害中国主权。更有甚者，浩罕长期庇护大小和卓后裔，支持萨木萨克、张格尔等扰乱南疆，并以此要挟清朝。“安集延向准其进卡贸易，转贩内地大黄、茶叶、硝磺，接济外夷渔利。其流寓各城者均已私行置产安家，深沐天朝德泽，与卡内回民无异。遒相率助逆，戕害官兵，蹂践回民，实出情理之外，深属可恶。”[②] 可见，浩罕为害之深。

清朝经过调查后，决定对浩罕采取惩罚措施。（1）驱逐和整顿浩罕商人。新疆境内各城有浩罕商人长期居住，置产娶妻，安家落户。据那彦成调查，“各城甚至有数百户，最少亦有数十户不等”，阿克苏以西南疆各地就有“数千余户”，北疆伊犁也有“大小男妇计一千四百六十六名”[③]。浩罕商人一方面在新疆营商牟利，另一方面却策应浩罕及和卓后裔作乱，对新疆稳定构成巨大隐患。那彦成遂制定章程，驱逐和整顿浩罕商人。首先，凡寄居在十年以内，屯集茶黄者，先行逐，依此规定共驱逐浩罕商人289户。其次整顿和限制浩罕商人，有1278户浩罕商人获准留居新疆各地，规定其一体编入回户当差，只准种地，不准贸易，有请票出卡者，准其给票

① 潘志平：《中亚浩罕国与清代新疆》，中国社会科学出版社1991年版，第48页。

② 马大正、吴丰培主编：《清代新疆稀见奏牍汇编》（道光朝卷），新疆人民出版社1996年版，第51页。

③ 曹振镛：《平定回疆剿擒逆裔方略》卷78。

出卡，不准再回。再次，规范浩罕商人在当地结婚、落户与置产。规定在新疆结婚落户的浩罕商人，所生子女，不准与当地人结亲；未有家室者，不准安家；有房产者，不准添盖；在各地置买田产不准过百亩，逾额入官。此外，对违反禁令和囤积违禁物品者，立即驱逐出境。（2）没收浩罕商人囤积的货物。清朝限制中国商人出境贸易，致使浩罕商人涌入新疆，在南疆囤积居奇，垄断茶叶、大黄等货物销售，中国商人蒙受巨大损失。那彦成查抄南疆浩罕商人囤积的大黄20338斤、茶叶68960斤；伊犁将军在伊犁查出浩罕商人囤积大黄4200斤、茶叶38000斤。（3）切断与浩罕贸易。那彦成认可长龄断绝与浩罕贸易的措施，认为这将使浩罕经济难以为继，令浩罕交出和卓后裔。为此，清朝令沿边驻军严守卡伦，不准通商；制定对外贸易新章程，严查往来贸易人员与货物；规定“布鲁特赴官购茶不得超过一斤，如有敢夹带私茶出卡者，即行入官，照例治罪”[①]。同时，清朝严禁内地商人赴卡伦外进行贸易。

此外，新疆与周边一些小的部族仍维持着封贡关系，政策并无大的调整。

进入嘉道时期后，随着沿边内外形势变化，清朝调整对周边部族政策。总的来看，这些调整对维护边境地区稳定，维持周边部族秩序起到积极作用。但是，迫于国力衰退，清朝对新疆周边部族有些政策调整是退缩性的，没有遏制沙俄、浩罕与英国的蚕食，其后果在近代后显现尤为明显。

二　抵御外国势力侵略

在清朝经略新疆历史中，抗击外国势力入侵是重要内容，其中尤以抵御浩罕阿古柏入侵、沙俄入侵和英国入侵为甚。在左宗棠等

---

① 《清宣宗实录》卷154，道光九年三月乙卯。

各级军政人士的坚决斗争下，消灭了阿古柏伪政权，收复新疆；坚持不懈地与俄英侵略势力斗争，一定程度上遏制了沙俄和英国的侵略，维护了西北边疆的安全。

（一）消灭阿古柏伪政权

嘉道以后，因承平日久，纲纪弛坏，派往新疆官员素质每况愈下，不学无术且贪婪成性者居多。办事大臣、章京以及伯克搜刮钱财，私相分脏，“甚至广渔回女，更番入直，奴使兽畜”[①]。道光帝也承认，自嘉庆末年后，喀什噶尔历任大臣有“种种乖谬”，参赞大臣斌静更是“荒淫已极”[②]。加上伯克与各城官员狼狈为奸，以种种手段，欺压回众，鱼肉百姓。[③] 进入近代后，由于鸦片战争失败，赔偿巨款，新疆协饷时断时续，新疆财政陷入困境。至咸丰十一年（1861 年），新疆经费、兵饷全无着落，“所有新疆各城经费及协甘兵饷，几至无从筹拨”[④]。新疆地方政府为了筹措经费饷源，增立新税，千方百计搜刮民脂民膏，加上同治年间陕甘回民暴动影响，新疆民变迭起，从北疆的伊犁、乌鲁木齐到南疆的库车、喀什噶尔，都爆发了维吾尔族和回族的事变。同治五年（1866 年），伊犁惠远、惠宁、绥定诸城陷落，伊犁将军明绪自缢身亡，清朝在新疆统治濒临崩溃。各地暴动被贵族和宗教上层头目篡夺，他们鼓吹“圣战”“排满、反汉、卫教”，一面蛊惑民族仇杀，一面相互混战，割据自立。库车的热西丁和卓四处征讨，打死杀害所谓“异教徒”和“叛教者”，杀害和驱逐汉族农民和商人。甘肃河州回民妥得璘在乌鲁木齐自立为“清真王”；伊犁的“苏丹”政权一年之内四易其人；而喀什噶尔、叶尔羌与和阗的民族宗教上层势力，各据

① 魏源：《圣武记》卷 4《道光重定回疆记》。

② 曹振镛：《平定回疆剿逆裔方略》卷 3。

③ 《那文毅公奏议》卷 77。

④ 《清文宗实录》卷 131，咸丰四年五月甲子。

一方，争权夺利。特别是喀什噶尔封建主金相印为抵制黄和卓势力在西四城的影响，竟然向浩罕及白山派和卓后裔求援，浩罕军官阿古柏乘虚而入。

浩罕国王封白山派和卓后裔布素鲁克为喀什噶尔汗，由阿古柏掌管行政。同治三年（1864 年）十二月，阿古柏挟布素鲁克等 68 人入侵南疆。阿古柏先后攻占喀什噶尔、英吉沙尔、叶尔羌与和阗等城，逐步消除各地割据势力。同治六年（1867 年）夏，阿古柏攻占阿克苏、库车，建立起所谓的“哲德沙尔”（“七城”）汗国，自称“巴达乌勒特汗”。随后阿古柏玩弄手段，以赴麦加朝觐名义，将已遭软禁的布素鲁克和卓驱逐出新疆，布素鲁克再次流亡至安集延。[①] 从此阿古柏独揽大权。此后，阿古柏北犯，攻占吐鲁番、乌鲁木齐及玛纳斯一带。至此，阿古柏占领了整个天山南路和北路的大部分。阿古柏入侵新疆，使得俄国与英国竞相争夺，先后派遣使者出使阿古柏伪政权。同治十一年（1872 年），沙俄派遣考尔巴尔斯率使团来到喀什噶尔，代表沙皇，承认阿古柏伪政权，并与阿古柏签订“通商条约”。沙俄获得在南疆通商、建立货栈、商队过境以及派驻商务专员等特权，还规定俄国货物在南疆的关税额仅为 2.5%。作为俄国竞争对手的英国也不甘落后，先是于同治七年（1868 年）底派商人罗伯特·肖（Robert Shaw）赴新疆考察，后则分别于同治九年（1870 年）和同治十二年（1873 年）两次派遣道格拉斯·福赛斯（T. Douglas Forsyth）出使新疆，并于同治十三年（1874 年）与阿古柏伪政权签订《英国与喀什噶尔条约》（又称《福赛斯条约》）。根据该条约，英国除了获得俄国在天山南路的各项商业利益外，还获准派遣外交代表常驻喀什噶尔，派遣享有领事裁判权的商务代表，享有在天山南路各城购买、出售和租用土地权

---

① Robert Shaw, *Visits to High Tartary Yarkand and Kashgar*, London: John Murry, 1871, p. 55.

利。英国与阿古柏签署的条约实质上是政治条约，是对阿古柏伪政权的外交承认。同时，沙俄还借口保护贸易，于同治十一年悍然出兵侵占伊犁。至此，除了新疆东部哈密、巴里坤以及北部塔尔巴哈台还在清朝控制之下外，清朝在新疆的统治基本被推翻。

阿古柏与沙俄侵占新疆，引起举国震动和深度关切。当时适逢日本觊觎台湾，出现“海防”与“塞防”双重危机。如何筹措解决，衰败的清朝深感心有余而力不足，出现“塞防”与“海防”之争。以李鸿章为代表的“海防”论者，主张放弃新疆，专谋海防。而以左宗棠为代表的“塞防”论者，则主张“海防”“塞防”兼顾，以武力收复新疆，固牢藩篱。左宗棠认为“若此时即拟停兵节饷，自撤藩篱，则我退寸而寇进尺，不独陇右堪虞，即北路科布多、乌里雅苏台等处，恐亦未能宴然。是停兵节饷，于海防未必有益，于边塞则大有所妨，利害攸分，亟宜熟思审处者也”[①]。民间、学界也议论纷纷，例如沈垚认为“不守远，必守近，而守近之费，不减于远，或更甚焉”[②]。迫于压力，清朝采纳左宗棠的“塞防”与“海防”两者并重的意见，并命令左宗棠督办西北军务，率军收复新疆。

光绪元年（1875 年），清朝令左宗棠以钦差大臣督办新疆军务，率军收复新疆。光绪二年（1876 年）春，左宗棠移行营于肃州，调集五万多人组成西征军，任命刘锦棠为先锋，拟定先取北路乌鲁木齐等地再进攻天山南路的作战计划。

当时，阿古柏军队集中于吐鲁番、托克逊一带，形成第二道防线；而陕甘回变领袖白彦虎部众投靠阿古柏后被部署到古牧地，形成第一道防线；此外在达坂城也部署兵力，企图阻止清军南下。光绪二年春夏之际，刘锦棠率军很快攻占古牧地，阿古柏第一道防线

---

① 《左文襄公全集》卷46《奏稿》。

② 沈垚：《落帆楼文稿》卷1，《四部丛刊》本。

失守。刘锦棠乘胜夺取乌鲁木齐，迫使白彦虎退居达坂城。是年九月，董祥福往助金顺，合力攻克玛纳斯，清真王妥得璘被俘处斩。至此，刘锦棠肃清天山北路的阿古柏和白彦虎势力。光绪三年（1877年）春，刘锦棠率军攻破达坂城，会同徐占彪、张曜，联合攻破吐鲁番，南疆大门洞开。

清朝收复新疆可谓势如破竹，阿古柏集团则如惊弓之鸟，内部矛盾激化。光绪三年四月，阿古柏暴亡于库尔勒，其幼子海古拉携尸体逃亡喀什噶尔，途中遭其长子伯克胡里袭杀。同时，阿古柏伪政权内讧不断，四分五裂。伯克胡里率部进抵阿克苏，白彦虎则试图在库尔勒阻止清军。是年七月，刘锦棠统军西进，白彦虎决开都河企图迟滞清军。刘锦棠渡过开都河洪泛区后，接连攻克库车、阿克苏、乌什。是年十月，清军直取喀什噶尔等西四城，伯克胡里、白彦虎穷途末路，于十一月中旬逃入俄国境内。

入寇新疆长达13年之久的浩罕侵略者阿古柏伪政权最终被消灭。光绪七年（1881年），经过曾纪泽艰苦谈判，中俄《伊犁条约》（又称《中俄改订条约》）签订，清朝从沙俄手中收回伊犁。至此，新疆全境基本收回。

（二）抗击沙俄侵略

16世纪前沙俄并不与中国接壤。1580年沙俄越过乌拉尔山向东扩张，至17世纪40年代占领西伯利亚，进入中国额尔齐斯河、贝加尔湖南岸和黑龙江流域，开始与中国接壤。随后深入黑龙江流域，并进至喀尔喀蒙古北境，康熙二十四年至二十五年（1685—1686年）间，清朝被迫反击，两次打败侵略雅克萨的沙俄军队，于康熙二十八年（1689年）中俄签订中俄《尼布楚条约》，划定东段边界。

沙俄同时插手中国西北边疆事务，派遣间谍深入厄鲁特蒙古内部，试图收买和引诱当地贵族加入俄国国籍①，遭到厄鲁特封建王公与广大牧民的坚决抵制，沙俄阴谋未能得逞。噶尔丹统治准噶尔时期，不顾其父兄一贯抗击沙俄侵略、捍卫民族利益的传统，逐步与沙俄相互勾结。在沙俄唆使下，康熙二十七年（1688 年）噶尔丹率军攻击喀尔喀蒙古，企图分裂中国。与此同时，沙俄还策划考察中国西北地区。清朝统一新疆，特别是进入 19 世纪后，沙俄加大对中亚地区考察的力度，新疆成为其考察和侵略的目标。沙俄对拿破仑、波斯以及土耳其战争的胜利，刺激其进一步在亚洲扩张的野心，加强对中亚哈萨克草原的侵略，先后吞并原来臣属于清朝的哈萨克大、小玉兹两部。随之在哈萨克草原上建造堡垒，迁移居民，逐步吞并哈萨克人、吉尔吉斯人、乌兹别克人和土库曼人居住的中亚地区，还派遣间谍深入巴尔喀什湖以东以南的中国地区，勘测从额尔齐斯河以南到伊犁河的地区，使 19 世纪 90 年代中国西北边疆出现危机。

在这场危机中，涉及领土危机和贸易问题。在道光二十七年（1847 年）至咸丰六年（1856 年）间，沙俄在巴尔喀什湖以东以南地区建立所谓“新西伯利亚堡垒线”，设立“埃拉塔夫特区”，蚕食中国领土。咸丰十年（1860 年），沙俄逼迫清朝签订《北京条约》，确定中俄边界以“中国常驻卡伦”为界的原则，并埋下蚕食中国西北边疆的祸根。此后，沙俄通过与清朝签订中俄《勘分西北界约记》（1864 年）、中俄《科布多界约》（1869 年）和中俄《塔尔巴哈台界约》（1870 年）等条约，割去中国 44 万多平方公里土地。在贸易方面，咸丰元年（1851 年）沙俄强迫清朝签订中俄《伊犁塔尔巴哈台通商章程》，经济上获得在新疆免税贸易和建立贸

① 《沙俄侵略中国西北边疆史》编写组：《沙俄侵略中国西北边疆史》，人民出版社 1979 年版，第 89—127 页。

易圈的特权，政治上获得设立领事和领事裁判权的特权。[1] 光绪七年（1881 年），沙俄又通过中俄《伊犁条约》及其后续条约，割去中国西北 7 万多平方公里土地。

在侵略新疆时候，沙俄正处于由殖民主义向帝国主义过渡的上升时期，而清朝则由强盛走向衰败。虽然沙俄伙同其他西方列强巧取豪夺，蚕食中国西北领土，但是也反映出清朝以及新疆各族人民不断抵御侵略和维护国家主权的斗争，其中尤以塔城人民反抗沙俄贸易掠夺和清朝收回伊犁为代表。

咸丰五年（1855 年）塔城焚烧俄国商圈。这次斗争是由于沙俄图谋侵占中国雅尔噶图金矿引起的。雅尔噶图地处塔城西南部，由塔尔巴哈台参赞大臣管辖，是当地最大和开采时间最长的金矿，回汉居民一直在此采挖金沙。咸丰三年（1853 年）夏季，清朝决定设立官厂，鼓励民众前往开发，以补充驻军粮饷银两，众多民工前往雅尔噶图金矿采金。俄国听说雅尔噶图产黄金，顿起贪心，妄称该金矿在俄国境内，派人前往矿山欲阻拦中国民工开采，威胁说如中国不速撤离工人，难保不发生事端。清朝复照予以驳斥，声明该金矿位于中国境内；同时为了避免发生冲突，同意暂停金矿开采。但是，民工认为该金矿属于中国，仍继续开采。咸丰五年初，俄国出动 200 多人，由俄国驻塔城领事塔塔林诺夫指挥，强行驱离中国民工，并制造了残害中国民工多人死亡的惨案。

群情激愤的矿工要求塔城地方官员出面交涉，但是俄国领事无理纠缠，拒不撤出强占的中国金矿。更有甚者，是年 7 月俄国在金矿寻衅滋事，致使中国民工 11 人死亡。矿工们聚集控告俄国人的罪行，要求塔城官府惩办凶手，但是塔城官府慑于俄国势力，以案无证据为由，拒绝矿工要求。矿工们愈加激愤。九月十四日夜，数

---

① 《筹办夷务始末》（咸丰朝）卷 5。

百名回、汉矿工，放火烧了俄国贸易圈以及俄国驻塔城领事馆的住房和存货，俄国领事塔塔林诺夫逃往卡外。矿工们继续要求惩办凶手，秉公申冤，同时揭露地方官员对俄国屈膝退让、助纣为虐的罪行。塔城地方当局担心事态扩大，遂查处被控告的官员。咸丰八年（1858 年）九月，清朝被迫与俄国签署《塔尔巴哈台议定贴补条约》，规定按例治罪火烧俄国贸易圈的中国矿工，赔修被烧毁的俄国领事馆及贸易圈，中国方面以武陵茶赔补被焚烧的俄商货物与财产，俄国借口保护贸易圈及领事馆，获得在伊犁与塔城贸易圈驻兵权。

塔城各族人民火烧俄国贸易圈，是近代新疆人民反对沙俄侵略的斗争，沉重打击了俄国侵略者的嚣张气焰，构成了新疆保卫边疆、反抗侵略的重要篇章。

清朝收回伊犁的交涉体现出在维护领土主权上的经略。左宗棠消灭阿古柏伪政权后，收回伊犁提上日程。沙俄被迫于光绪五年（1879 年）五月做出决定，在获得在中国通商、赔偿损失和调整天山以北边界等让步后，可以部分交还伊犁。中俄关于交还伊犁问题谈判在俄国首都彼得堡举行，中方代表崇厚贸然同意俄国全部条件，并且不报清朝同意，擅自与俄国草签《里瓦几亚条约》。该条约只是将伊犁部分归还中国，却攫取赔款、允让通商、割占中国领土等众多权益。条约传回国内，举国震惊，清朝也认为丧权太多，拒绝批准《里瓦几亚条约》，将丧权辱国的崇厚定为“斩监候”。清朝改派曾纪泽赴俄国彼得堡，与俄国代表热梅尼、布策谈判另立新约；同时令左宗棠统筹部署新疆防务，做好武力收复伊犁的准备，以防谈判破裂。光绪六年（1880 年），左宗棠将大营从肃州移至哈密，部署分兵三路夺取伊犁的准备。在圣彼得堡，曾纪泽历时半年，与俄方经过 50 多场激烈谈判交锋。中俄于光绪七年（1881 年）正月二十六日签订《伊犁条约》（又称中俄《改订条约》）和

《改订陆路通商章程》等约章，其主要内容有以下5个方面。

归还领土。俄国归还伊犁地区，但是仍以安置其劫持的伊犁居民为借口，割占伊犁霍尔果斯河以西的中国领土。该条约还规定，斋桑湖以东地区中俄边界“有不妥之处”，需两国派员“勘改”；对塔尔巴哈台以西尚未安设界碑的边界，两国需派员勘界。通过中俄《伊犁条约》及其所附五个边界子约，即《伊犁界约》《喀什噶尔界约》《科塔界约》《塔尔巴哈台西南界约》和《续勘喀什噶尔界约》，划定中俄西部边界，沙俄共割占7万多平方公里的中国领土。

允让通商权益。重申俄商在中国新疆地区“暂不纳税”，在中国蒙古地区贸易免税。俄商可经过蒙古、新疆沿边的35个卡伦自由出入贸易。

增设领事。除了按照旧约在伊犁、塔城、喀什噶尔、库伦单方面设立领事外，俄国将在吐鲁番（后改为乌鲁木齐）、肃州两地增设领事。

赔款。清朝以“代收、代守伊犁所需兵费”和“补恤”名义赔款900万银卢布（约合509万两白银）给俄国。

强令中国居民迁居俄国。条约规定伊犁居民可携带财产于一年期限内“自由迁居”俄国。据此，俄国共将七万多名伊犁居民胁迫迁往俄国境内。

虽然中俄《伊犁条约》仍然是不平等条约，俄国通过此条约及后续五个子约，割占中国不少领土以及享有通商特权等，但是在积弱的晚清，沙俄被迫归还中国其霸占10多年的伊犁，这是值得肯定的一件大事。

（三）抵御英国的侵略

晚清时期英国对中国新疆的侵略也是多方面的。面对英国侵略，清朝也进行了坚决的斗争，维护中国领土和主权完整。

1. 坚决维护中国对坎巨提的权益

洪扎（Hunza）和那嘎尔（Nagar）系两个结盟山邦，地处帕米尔东南、克什米尔西北的坎巨提河上游山谷，中国文献称之为坎巨提（Kanjut），又称为罕萨、乾竺特、谦竺特和喀楚特。自乾隆二十六年（1761 年）后，坎巨提就一直是中国藩属国，“每岁贡中国砂金一两五钱”[①]，例由喀什噶尔地方政府代收。同治四年（1865 年）阿古柏入侵新疆，坎巨提与清朝的宗藩关系一度中断。光绪四年（1878 年）左宗棠收复新疆后，坎巨提与清朝的传统关系得以恢复。不过，此时新疆周边地缘政治形势剧变，俄国吞并中亚广大地区，英国经营印度西北和阿富汗，英、俄围绕中国帕米尔展开激烈角逐，坎巨提亦卷入其角逐中。

坎巨提处于由帕米尔进入南亚次大陆的通道上，地理位置极为重要。英俄试图将帕米尔经营为隔离彼此的屏障，而坎巨提的态度加重了英国的疑虑。光绪十五年（1889 年）坎巨提与英国达成协议，接受克什米尔及英属印度政府的资助与保护，但是暗中与俄国联系。[②] 英国担心俄国借道坎巨提南下印度次大陆，遂决定以武力侵占坎巨提，确保对其控制。光绪十七年（1891 年）底，英国杜兰德率领驻扎在吉尔吉特的军队侵攻占坎巨提，坎巨提王率家眷、部众 400 余人逃往中国新疆的塔什库尔干。

清朝强烈抗议英国侵占坎巨提，积极进行交涉。当时署喀什噶尔道员李宗宾接到坎巨提求援消息后，迅速禀报新疆巡抚陶模。[③] 陶模一面电告总理衙门筹商应对措施，一面命提督董福祥派兵前往塔格敦巴什安置坎巨提逃众。为防范英军进一步入侵，董福祥派遣

① 《清史稿》卷 529《属国四 · 坎巨提》。

② 张大军：《新疆风暴七十年》，兰溪出版有限公司 1980 年版，第 1755 页。

③ 中国第一历史档案馆藏，民族类，003 – 165 – 8128 – 43，000633 – 000634。陶模奏英兵入坎巨提头目逃窜各缘由折，军机处汉文录副奏折。

骑兵防守色勒库尔一带边界卡伦。[1] 同时，陶模照会英军及英属印度总督，质问英军入侵缘由，并于光绪十八年（1892 年）正月初七（1892 年 2 月 5 日）将情况电告总理衙门。[2] 总理衙门接报后，电告驻英公使薛福成，要求与英国外务部交涉。[3] 是年正月二十三，薛福成赴英国外务部，向英国首相兼外务大臣索力斯伯里（Salisbury）、外务副大臣山特生、英国印度事务部副大臣贝雷质询英军入侵缘由和意图。[4] 经过薛福成与英国外务部的三次交涉，清朝与英国政府达成协议。清朝坚持坎巨提为中国属国并要派员册立新王，维护对坎巨提的权益；英国承认中国对坎巨提保有宗主权，同意由清朝派员和英国政府共同册立坎巨提新王。清朝通过交涉，维持了坎巨提为中国属国的地位及中国对坎巨提事务的管辖权。但是清朝也做出重大让步，承认英国对坎巨提的宗主权，接受了坎巨提为中英两属之邦。光绪十八年七月二十五日，喀什噶尔驻军都司张鸿畴、阜康县知县田鼎铭一行，与英国驻吉尔吉特政治代表罗伯特森少校（Robertson）在坎巨提首府共同册立穆罕默德·纳辛汗为坎巨提新王。坎巨提旧王赛必德哎里汗及其家眷则被清朝安置在新疆，落户为民。[5]

经过坚决斗争，清朝打破了英国独占坎巨提美梦，在极端困难的情况下守住坎巨提为中国藩属的底线。

---

① 中国第一历史档案馆藏，军机处电报档汇编，2－02－12－018－0008，004－0592，收新疆巡抚陶模电，为坎巨提部逃亡者暂住卡外并照会英方询问事；民族类，003－165－8128－43，000633－000634，陶模奏英兵入坎巨提头目逃窜各缘由折，军机处汉文录副奏折。

② 中国第一历史档案馆藏，2－02－12－018－0008. 004－0592，收新疆巡抚陶模电“为坎巨提部逃亡者暂住卡外并照会英方询问事”，军机处电报档汇编。

③ 中国第一历史档案馆藏，2－02－12－018－0022，发出使英国大使薛福成电“为查明新疆坎巨提部与英交战缘由事”，军机处电报档汇编。

④ 薛福成：《薛福成选集》，“论英兵入坎巨提意在谋帕米尔书”，上海人民出版社 1987 年版，第 354 页。

⑤ 许建英、陈柱：《清政府对英国侵占洪扎的交涉及有关问题的解决》，《社会科学研究》2013 年第 5 期。

2. 坚决维护中国在帕米尔的主权

帕米尔地处新疆西南，古称葱岭，自古就是中国领土的一部分。帕米尔由八部分组成，分别是和什库珠尔帕米尔、萨雷兹帕米尔、郎库里帕米尔、阿尔楚尔帕米尔、大帕米尔、小帕米尔、塔克敦巴什帕米尔和瓦罕帕米尔。虽然 18 世纪后浩罕汗国开始向中国帕米尔扩张，但是直到 19 世纪 60 年代中期沙俄吞并浩罕汗国为止，整个帕米尔都一直属于中国。1878 年清朝收复新疆后，再次加强对帕米尔的管辖，先后在帕米尔地区设置八个稽查卡伦，派军队值守；同时还修筑道路，建立驿站，完善帕米尔地区防务。

中俄关于帕米尔划界有两个基本条约。一是同治三年（1864 年）中俄《勘分西北界约记》，规定中俄边界“行至葱岭靠浩罕为界”，帕米尔在中国境内；二是光绪十年（1884 年）中俄《续勘喀什噶尔界约》，通过该条约俄国将中俄在帕米尔划界的起点由阿赖岭强行移至乌孜别里山口，占去中国界内的阿赖谷地和什库珠尔帕米尔。该条约还规定，中俄分界走向是“俄国国界转而为西南，中国国界转而为正南”，将本属于中国界内的地区又人为地制造了一个成 45 度夹角的“待议区”，为俄国进一步侵略中国领土留下借口。

19 世纪后半叶，沙俄完成对中亚兼并，其锋芒直指南亚地区。此期英国完成对南亚地区的殖民统治，对沙俄南下十分警惕，双方角逐渐白热化。英国通过 1878—1880 年第二次英阿战争彻底控制了阿富汗。光绪十年，英俄两国通过所谓“1872—1873 年协议”，议定以阿姆河为英俄两国的边界。光绪十三年（1887 年），英俄再次明确阿富汗北部边界，将其作为双方势力范围的分界线。随后，英俄转向英属印度和俄属中亚之间的中国帕米尔，意在取得博弈主动权。对俄国而言，占领帕米尔就可以南下英属印度；对英国而言，占领帕米尔就可以北进中亚。由此形成英、俄争夺中国领土帕米尔态势，出现所谓“帕米尔问题”。光绪十六年（1890年）初夏，英国指示傀儡军强占中国苏满卡伦，提出与清划分中国与阿富汗在帕米尔的分界线，企图使中国割让苏满地区。清朝声明“帕米尔系中国地界”，拒绝与英国谈判划界。同时，俄国制造帕米尔属于俄国的舆论，要以帕米尔东南部的萨雷阔勒岭和慕士塔格山划界，俄军随之渗透到中国帕米尔，收集情报。光绪十八年（1892年）初，俄国召开两次御前特别会议，决议出兵强占帕米尔。是年夏，俄国诱迫清军撤出帕米尔守军后，组成1500多人特遣部队，入侵帕米尔，一路破坏中国哨卡，驱赶中国驻卡官兵。是年秋，俄国占领萨雷阔勒岭以西2万多平方公里的中国领土，随后要求谈判帕米尔分界。可见，英俄通过强占手法，侵入中国帕米尔并提出瓜分帕米尔要求。

在中英俄帕米尔谈判中，中国坚持以中俄《续勘喀什噶尔界约》为依据，而俄国蛮横要求以萨雷阔勒岭为界。中英俄关于帕米尔谈判自光绪十七年（1891年）持续到光绪二十一年（1895年），经历四个阶段，即“帕米尔地为中属，但三国各不占”“中英俄三方会勘分地”“中俄分界”和“三国同议”。但是，俄国与中国谈判期间，与英国暗中密谋私分中国帕米尔。光绪二十一年二月，英、俄私下签订《帕米尔协议》，规定了英、俄在帕米尔的“分界线”，将中国帕米尔划分为两部分，其中南部的瓦罕帕米尔成为英国势力范围，其余的郎库里帕米尔、阿尔楚尔帕米尔、大帕米尔、小帕米尔和萨雷兹帕米尔一部分“划归”俄国。英、俄背着中国私下瓜分中国帕米尔，遭到清朝的坚决反对，其协议是非法的和无效的。

3. 坚持与英国渗透作斗争

光绪十六年（1890年），马继业（George Halliday MaCartney）留驻新疆后，除了前述解决英国与中国新疆贸易关系外，着重发展英国在新疆的侨民社会、建立领事馆，打造和沙俄竞争以及立足新疆的社会基础。新疆地方政府为抵御英国渗透，与马继业进行了长期斗争。

马继业极力在新疆发展英国侨民，扩大英国影响。中国新疆与英国本土远隔万里，所谓英国侨民主要是英属印度人和英国驻喀什噶尔领事馆（总领馆）少数英国本土人。马继业留居新疆之初，发现有英属印度人沦为奴隶。这些奴隶多是被掳掠或买卖至新疆的，其中很多是商人和运货人，也包括妇女与小孩。马继业将英奴问题上报英属印度政府并获准解决后，与新疆政府交涉释放英奴事宜。从光绪十九年（1893 年）到光绪二十二年（1896 年），中英双方经过五年交涉，释放了所有 2050 名英奴。[①] 马继业释放英奴扩张了英国在新疆势力，奠定了英国在新疆的侨民基础。马继业还比照俄国在新疆的特权，为英国获得领事裁判权和免税贸易等特权。马继业来新疆后，英国不断要求在新疆喀什噶尔建立领事馆，均遭到清朝的反对。直到光绪三十三年（1907 年），出于平衡俄国势力的考虑，清朝才同意英国在喀什噶尔建立领事馆。

结　语

清朝是中国最后一个封建王朝，其新疆治理具有重要的历史价值和现实意义。从内部而言，清朝吸收历代治疆传统，形成自己经略新疆的特点。从外部而言，清朝治疆面临殖民主义和帝国主义侵略，使中国传统治疆思想和政策都受到极大挑战。在经略新疆上，虽然历尽艰辛，付出失土丧权的巨大代价，但是毕竟守住了绝大部分领土，并使新疆与内地走上了一体化的道路。因此，清朝经略新

① 许建英：《近代英国和中国新疆（1840—1911）》，黑龙江教育出版社 2014 年版，第 236 页。

疆既体现出传统治疆的集成性，也反映出自己经略新疆的创新性。纵观清朝经略新疆历程，其经验不可谓不大，但是其教训也不可谓不深。

就经验方面而言，清朝堪称历代封建王朝经略新疆的集大成者。在2000多年的新疆经略历史中，历代中央王朝无论是督统治理、羁縻治理还是屯垦戍边，都积累了丰富的经验，奠定了治疆的良好基础；清朝则又加以深化，推动新疆最终融入中国统一多民族国家中。

政治上，清朝总结历史经验，实现了由军府制到行省制的历史性跨越，使新疆与内地政治制度一体化，在新疆经略上呈现新的历史特点。新疆与内地一体化既是新疆历史发展的必然归宿，也是清朝与时俱进创新改革的结果。经济上，清朝推行多种形式的屯垦，包括军屯、民屯、犯屯、商屯和回屯等，促进了新疆开发和经济发展；清朝鼓励内地与新疆商业交流，促进了新疆商贸发展；维持新疆与周边部落、汗国的传统贸易，逐步开通新疆与俄国、英国的近代贸易，促进近代工业产品进入新疆，丰富了新疆各民族人民的生活。财政与金融上，清朝开创协饷制度，确保新疆财政裕如；开设铸币局，统一新疆钱币，确保新疆金融合理运行。民族交流上，清朝从内地及其他边疆地区大量迁入多民族官兵和民众，安置东归土尔扈特蒙古，迁徙南疆维吾尔人到伊犁，吸收内附哈萨克人、布鲁特人、塔塔尔人等族群，多民族大迁徙丰富了新疆的民族构成，扩大了新疆各民族的交往交流交融。至清末，新疆生活着维吾尔、汉、哈萨克、蒙古、回、柯尔克孜、塔吉克、满、锡伯、乌孜别克、达斡尔、俄罗斯和塔塔尔13个民族，奠定了现代新疆民族的基础。与此同时，各族人民在长期的共同生产生活和持续不断的交流融合中，在反对侵略和维护国家统一与领土完整斗争中，形成了血浓于水的联系和亲情，奠定了中华民族多元一体的坚实基础。

文化上，清代是近现代新疆多元文化并存的确立阶段，随着近代新疆13个主要民族的形成，夯实了新疆近现代多元文化的基础，维吾尔族绿洲文化、蒙古与哈萨克族游牧文化、汉族儒家文化以及其他各民族文化并存。特别是随着政治一体化，清朝鼓励内地文化在新疆传播，推动传统儒学教育和现代教育发展，丰富了新疆文化内涵，促进了新疆各民族文化的互补、交流与融合。

屯垦历来是中央王朝经略新疆的重要内容和行之有效的手段，清朝屯垦也是历代屯垦的集大成者。清朝新疆屯垦主要特点可概括如下：一是屯垦时间最长，自1716年至1911年，共计195年。二是种类最多，清朝在新疆屯垦包括军屯、民屯、犯屯、旗屯、商屯和回屯，其中后三项都是清朝所独有。三是屯垦范围广，清代新疆屯垦遍及天山南北，计有24个屯区，其中天山以北有巴里坤、木垒、奇台、吉木萨尔、阜康、乌鲁木齐、昌吉、呼图壁、玛纳斯、库尔喀喇乌苏、精河、伊犁、塔尔巴哈台及阿尔泰14个大垦区；天山以南有哈密、吐鲁番、喀喇沙尔、库车、阿克苏、乌什、巴尔楚尔、喀什噶尔、叶尔羌及和阗10个大垦区。四是民屯为主，清代屯垦不同于以前历代，主要是民屯为主，军屯为辅。五是屯垦人数众多，据统计，清朝治疆早期，屯丁数量就达到12.67万人。此外，清朝屯垦布局北重南轻，这与清朝军队布防以及军政中心主要集中在天山北路有关。还需要说明的是，清朝在新疆的屯垦满足了军政需要，培植了多民族的新疆社会，开发和建设了新疆，促进了屯垦实边。这是此前历代屯垦所不具备的经略思想，是重大的进步。

清代经略新疆之路可谓曲折艰辛，杰出政治家起着重大作用。清朝统一新疆历经70余年，作为清王朝的最高统治者康熙帝和乾隆帝目标明确，意志坚定，始终坚持大一统思想，奠定了经略新疆的坚实基础。清代新疆历史还表明，睿智的封疆大吏作用巨大，诸如收复新疆的左宗棠，规划建省的第一任巡抚刘锦棠等，对抵御外侮、维护主权完整和推动新疆与内地一体化发挥了巨大作用。

清朝经略新疆也有其深刻的教训，综合来看，其要者可概括如下。

就治理制度而言，因俗而治存在严重的局限性。因俗而治以尽量少的变革求得社会治理的最大公约数，旨在使社会治理平稳过渡，而决非最终目的。但是，清朝早期制度一旦确定，就成了“祖制”，缺乏与时俱进、积极修正的勇气，治理中出现的问题未能及时解决，致使积重难返，直至崩溃为止。伯克制度就是其中的典型，其局限性非常明显。一是伯克制度并不能真正实现治理社会。清朝最初采用伯克制度，并加以改革，纳入国家官僚体系，一定程度上掌控着伯克制度的话语权。但随着时间推移，伯克制度弊端不断出现，驻扎大臣不能直接理民，致使阿奇木伯克权力过大，打着官府之名巧取豪夺，鱼肉百姓，造成清朝与老百姓对立，“官民隔绝，民之畏官不如畏所管头目，官之不肖者玩狎其民，辄以犬羊视之，凡有征索，头目人等辄以官意传取，倚势作威，民知怨官不知怨所管头目”①。道咸年间其问题愈加突出，到了“计非去回官，实无以苏民困而言治理”② 的地步。二是伯克制度放弃国家软实力培育，忽视了文化治理。伯克制度是清朝委托各级伯克管理社会基层，汉语、儒学、内地宗教和内地各民族习俗无法在南疆传播，意味着国家长期忽视南疆维吾尔族社会语言文化教育，忽视对南疆维吾尔族民众国家认同教育，放任伊斯兰教教育，其实质是战略性地放弃了文化治理和国家软实力建设。在宗教与意识形态复杂的南疆社会，放弃语言与教育等软实力建设，意味着放弃了人的思想塑造，其后果极为严重。

---

① 《左宗棠全集·奏稿》卷53。

② 《左宗棠全集·奏稿》卷53。

就重大治疆政策而言，有些政策未能与时俱进。在应对大小和卓后裔系列叛乱问题上，清朝平定叛乱后就很快撤军，只是在南疆维持少量军队，未能及时调整驻军制度；对藏匿于浩罕的大小和卓后裔未能彻查，嘉庆时期甚至怀疑浩罕是否有白山派和卓后裔藏匿，放松警惕，导致大小和卓后裔为害不断，甚至伙同浩罕阿古柏入侵新疆。[①] 在边境地区管理上，卡伦、台站和巡边制度未能及时加强，致使沙俄屡次侵占中国大片领土。在移民屯垦上也是如此，清朝囿于因俗而治观念，南疆移民屯垦发展严重滞后，长期缺乏内地民众，未能形成内地移民社会，内地文化传播滞后，使民族交流、文化交流严重受限，也迟滞了南疆生产发展和经济进步。

在民族事务处理上，清朝推行民族隔离政策严重制约了新疆各民族的交流。民族隔离政策的实质是封建统治和民族歧视思想作祟，不利于各民族交往交流交融，不利于民族关系发展，反映出清朝早期治疆的狭隘性和短视性。从国家治理的根本上看，民族隔离政策严重影响了清朝国家统合战略和新疆治理大局，有悖于新疆治本之目的，造成了负面的历史影响。

需要说明的是，建省及其相关改革不彻底，也产生很大危害。清朝后期虽然建省，但是军府制却保留下来。由于传统势力影响，军府与抚署间形成阻隔，相互争权和推诿，影响新疆行政效率。此外，伯克制改革也不够深入，一方面，南疆撤销伯克、建立郡县制，但是清朝权力止于县，未能进一步下沉，维吾尔族社会基层仍然为乡约、通事和书吏等所把持，他们“无伯克之名而有伯克之实”[②]，使清朝治理仍难以深入基层社会；另一方面，哈密王、吐鲁番王和库车王则保留其世袭，继续拥有对当地维吾尔族社会的统治权。

---

① 王希隆：《乾隆、嘉庆两朝对白山派和卓后裔招抚政策得失述评》，《兰州大学学报》（社会科学版）2014 年第 2 期。

② 王树枏等纂：《新疆图志》卷 48《礼俗》。

第八章

清朝对西藏的经略

西藏是西南边疆的重要地区之一，清朝对西藏的经略涉及政治、经济、文化、宗教、军事等诸多领域，其治藏政策、制度、措施也随着周边环境、西藏政局的变动而变化。国内外学术界对清代中央治理西藏的政策已有很多成果①，本章重点阐述清代中央政府为巩固边疆、维护统一，经略西藏的行政体制、法律制度和宗教、经济、社会、民生、军事与国防的政策、措施及历史启示。

第一节　清代西藏的行政管理体制

西藏是中国领土不可分割的一部分，13 世纪中叶以来就成为中国中央政府直接管辖的一个行政区域。元代、明代在西藏行政管理体制有所不同、各有特点，清代在元、明两代治藏行政体制基础

---

① 国内外学术界相关成果很多，仅国内学者的学术专著至少十余部，比如陈庆英、高淑芬主编：《西藏通史》，中州古籍出版社 2003 年版；恰白·次旦平措、诺章·吴坚、平措次仁著，陈庆英、格桑益西、何宗英、许德存译：《西藏通史——松宝石串》，西藏古籍出版社 2004 年第 2 版；邓锐龄、冯智主编：《西藏通史·清代卷》，中国藏学出版社 2016 年版；谢铁群编：《历代中央政府的治藏方略》，中国藏学出版社 2005 年版；顾祖成编：《明清治藏史要》，西藏人民出版社、齐鲁书社 1999 年版；苏发祥：《清代治藏政策研究》，民族出版社 2001 年第 2 版；黄玉生等编：《西藏地方与中央政府关系史》，西藏人民出版社 1995 年版；多杰才旦主编：《元以来西藏地方与中央政府关系研究》，中国藏学出版社 2005 年版；伍昆明主编：《西藏近三百年政治史》，鹭江出版社 2006 年版；等等。

上不断调整，经历了从“蒙藏联合、以蒙治藏”到郡王制、政教合一制与驻藏大臣制的变动。

一　西藏地方辖境的变迁

清代，西藏地方行政管理体制与周边环境、国内政局密切相关，又与元朝以后西藏地方辖区变动紧密相连。就辖区而言，13世纪中叶元朝中央政府把西藏地方正式纳入直接的管辖之下，并在今天西藏自治区及附近地区设立三个宣慰使司都元帅府，即乌思藏纳里速古鲁孙等三路宣慰使司都元帅府的管辖区域，既包括今天除昌都以外的西藏自治区大部分地区，也包括今克什米尔大部分地区、印度的一小部分、尼泊尔的东北部以及锡金、不丹的全部领土；吐蕃等处宣慰使司都元帅府管辖今天青海的海南、黄南、果洛藏族自治州，甘肃的甘南藏族自治州和四川的阿坝藏族自治州等地；吐蕃等路宣慰使司都元帅府管辖今天云南省迪庆藏族自治州，四川省甘孜藏族自治州，青海省玉树藏族自治州和西藏昌都地区及那曲地区的一部分。

明、清时期，西藏作为一级行政区直属中央政府，而今天西藏自治区附近地区分别属于内地各省，并有所调整。明朝所设朵甘都指挥使司与元代的吐蕃等处宣慰使司都元帅府、吐蕃等路宣慰使司都元帅府所辖区域大致相同，乌思藏都指挥使司则管辖着元代乌思藏纳里速古鲁孙所辖的广大地区。明中央政府在这一地区采取“众建多封”的政策，先后册封了大宝法王、大乘法王等八大法王，分驻各地。西藏地区还存在着近20个诸侯辖区，其中西北部以列城为中心的拉达克部从10世纪起就是由西藏阿里土王尼玛贡分封给长子贝吉贡的土邦，而后始终是中国领土的一部分；西藏所属的南部边境地区，明朝末期哲隅（哲孟雄）、主隅（布鲁克巴）兴起，哲孟雄即今天被印度侵吞的锡金，布鲁克巴即今天的不丹，一经建立即成为西藏地方的藩属，但又保持着半独立性质。

清王朝统一全国后，“西藏”一词作为汉语的政区名称在康熙二年（1663 年）才开始出现[①]，明确其范围包括卫、藏、喀木（康）、阿里四大区域。但藏族居住区的行政区划仍基本延续了元、明时期的特点，又不断进行调整：雍正四年（1726 年），以宁静山（今芒康山）为界，划定了西藏与云南、四川的界限，以东之里塘、巴塘、打箭炉（今康定）等地归四川，以南之中甸、阿墩子、维西诸地归云南，察木多（今天的昌都）以西洛隆宗（今西藏的洛隆）地划归西藏。[②] 雍正十年（1732 年），勘定西藏、青海、四川界线，把霍尔七十九族中靠近西藏的三十九族划归西藏。[③] 光绪三十二年（1906 年），又设立川滇边务大臣辖区，至宣统三年（1911 年）辖区已包括今西藏自治区的昌都、林芝地区的一部分和四川省的甘孜藏族自治州。

清代，中国西藏辖境还受到周边国际环境变迁的影响，特别是

---

① 现有研究成果表明，汉文史籍中“西藏”一词始见于《明神宗实录》万历三年四月甲戌条，有学者认为其意为“西海之西的乌思藏”，已是地域专门名称。参见李勤璞《“西藏”地名的起源》，《历史研究》2016 年第 5 期。这一观点存在争议，不少学者仍认为“西藏”作为政区名称最早出现在清代文献中。

② 《清世宗实录》卷 38，雍正三年十一月乙未；卷 43，雍正四年四月癸亥。按：“雍正三年十一月乙未”，川陕总督岳钟琪奏：“打箭炉界外之里塘、巴塘、乍丫、叉木多，云南之中甸，叉木多之外罗隆宗，嚓哇、坐尔刚、桑噶、吹宗、衮卓等部落，虽非达赖喇嘛所管地方，但罗隆宗离打箭炉甚远，若归并内地，难以遥制。应将原系内地土司所属之中甸、里塘、巴塘，再沿近之得尔格特、瓦舒霍耳地方，具归内地，择其头目，给与土司官衔，令其管辖；其罗隆宗等部落，请赏给达赖喇嘛管理，特遣大臣前往西藏，将赏给各部落之处，晓谕达赖喇嘛知悉。”议政王大臣等议复“俱应如所请”，雍正皇帝谕令派遣鄂齐、班第、周瑛等办理勘定界址、晓谕达赖喇嘛事。乍丫、叉木多、罗隆宗，清代史籍中又写作“察雅”“察木多”“洛隆宗”，分别是今西藏察雅县、昌都县、洛隆县。得尔格特，清代史籍中又写作“德格”，该土司驻今四川德格县，当时辖境地跨金沙江两岸。

③ 《清高宗实录》卷 700，乾隆二十八年十二月丙申，内言：兵部议准“驻藏副都统富鼐奏称，西藏三十九部番子头目各分游牧，头目缺出，西藏行文西宁办事大臣，转行报部给照，徒劳驿站，空缺久悬。请将西藏管辖之千户、百户长缺出、袭职等事，即令驻藏大臣就近查明，咨部给照”，从之。按：有关西藏与四川、青海、云南划界的情况，可参见李凤珍《清朝对西藏与四川、青海、云南行政分界的勘定》，《西藏研究》2001 年第 1 期。

18 世纪起英国殖民者在南亚的扩张、英国与俄国的角逐、廓尔喀（今尼泊尔）的兴起，都使中国西南边疆的外部环境发生重大变化，中国西藏地域一再内缩。18 世纪 90 年代，中国通过在边境地区设置鄂博的方式，确定了中国与廓尔喀（今尼泊尔）、布鲁克巴（今不丹）、哲孟雄（今锡金）等的国界，从而使中国西藏地方政府辖地的南界得到明确。[①] 19 世纪 40 年代，锡克土王入侵本来属于中国的拉达克地区，而后由于英国对克什米尔的侵略，事实上非法控制了拉达克地区，使中国西藏西部阿里地区领土大大缩减。19 世纪 80 年代，英国在侵吞不丹、锡金之后，1888 年、1904 年两次派军入侵中国西藏，使西藏南部、西部的领土主权受到侵害，中国与锡金边境地区的辖境有所内缩。

二　中央治藏行政体制的演变

1644 年，清朝取得全国政权，继明朝之后在西藏进行管辖。清朝治理西藏的行政体制与西藏地方政治力量的重大变化相适应，经历了从扶植西藏地方蒙藏僧俗封建主联合政权，到设置驻藏大臣、支持西藏地方世俗封建主统治的变化，而后又完善驻藏大臣体制、扶植政教合一的噶厦（西藏地方政府）的变化，20 世纪初又尝试进行调整。

清朝建立前，明朝在西藏实行“多封众建”的政策，西藏地方不仅多种政治力量并存，而且帕竹政权、第悉藏巴汗政权前后相继——15 世纪中叶，西藏地方政权帕竹政权的部属仁蚌巴兴起，联合噶玛噶举派维持近百年的实际统治；16 世纪中叶，辛厦巴推翻仁蚌巴，在西藏进行 50 多年的实际统治；17 世纪初，辛厦巴·

① 松筠撰：《卫藏通志》卷 2《疆域》，《西藏志·卫藏通志》合刊本，西藏人民出版社 1982 年版，第 187—197 页。乾隆时期中国与南亚邻国鄂博设置情况，可参考房建昌《中国与尼泊尔的边界》《中国与锡金的边界》《中国与不丹的边界》，载吕一燃主编《中国近代边界史》，四川人民出版社 2007 年版，第 678—719 页。

彭错南杰推翻早已名存实亡的帕竹地方政权，在日喀则建立第悉藏巴汗政权。明崇祯十五年（清崇德七年，1642 年），青海蒙古和硕特部首领固始汗推翻了该政权，并支持五世达赖喇嘛建立了甘丹颇章政权。也就是在 1642 年，西藏方面派使者到盛京（今沈阳），西藏僧俗上层与尚未掌握全国政权的满洲贵族取得了联系。清顺治九年（1652 年），五世达赖进京朝觐，受到清朝中央政府的隆重接待，顺治皇帝敕封他为“西天大善自在佛所领天下释教普通瓦赤喇怛喇达赖喇嘛”，同时敕封固始汗为“遵行文义敏慧固始汗”，从而承认了前者为宗教领袖，后者为地方政治领袖，在西藏形成清朝中央支持的蒙藏僧俗封建主的联合统治。

由于中央的支持和固始汗的尊崇，以达赖喇嘛为代表的黄教集团势力越来越大，蒙藏统治集团的矛盾日趋尖锐。18 世纪初双方斗争极为激烈，发展到相互攻杀的地步。康熙五十六年（1717 年）蒙古准噶尔部又借双方争夺之机骚扰西藏，西藏人民深受战乱之害。清朝中央政府对此始终极为关注，为进一步加强对西藏地方的直接管理，采取了多项措施：

首先，理藩院是中央政府管理西藏事务的职能部门，并在 18 世纪初派大员进藏，雍正五年（1727 年）前后正式设立驻藏大臣。[①] 康熙四十八年（1709 年），清廷派侍郎赫寿为钦差大臣入藏，协助拉藏汗处理藏务，此后多次派员进藏。雍正六年（1728 年）

① 学术界有关清代驻藏大臣设立的时间，有康熙四十四年（1705）、四十八年（1709）和雍正二年（1724）、三年（1725）、四年（1726）、五年（1727）、六年（1728）、七年（1729）以及“始于康熙定制于雍正”“雍正四年议设，五年创设”等多种观点，而《清史稿》卷八十“西藏”中称“乾隆十五年，设大臣镇守（卫）”。萧金松统计驻藏大臣设置时间有 11 种说法，苏发祥梳理这些说法后认为“清朝在西藏地方设置驻藏大臣的时间应为 1728 年”（见苏发祥《清代治藏政策研究》，民族出版社 2001 年第 2 版，第 186—189 页）。目前，学术界较多认同雍正四年或五年说，如吴丰培、曾国庆认为雍正五年之说最为可信，其研究成果请参见吴丰培、曾国庆《清代驻藏大臣传略》（西藏人民出版社 1988 年版）、《清朝驻藏大臣制度的建立与沿革》（中国藏学出版社 1989 年版）。

清廷正式设立驻藏大臣衙门，办事大臣（正大臣）和帮办大臣二人常驻拉萨，对西藏政务进行直接监督管理。从雍正五年至宣统三年（1727—1911年）的184年间，清中央政府先后任命驻藏大臣达172人次，包括办事大臣98人次，帮办大臣74人次，其中包括一人两次、三次受命和由帮办大臣提升为办事大臣的32人，未到任的15人，实际到任的121人。[①]

其二，中央政府在西藏地方一度扶植世俗封建主的地方政权，特别是扶持世俗贵族颇罗鼐执政，乾隆十六年（1751年）确立了政教合一的噶厦体制。康熙五十七年（1718年）、六十年（1721年），清廷两次派军进藏驱逐准噶尔部，而后一度在西藏实行众噶伦负责制。颇罗鼐拥护中央政府，治理藏事很有成效，雍正九年（1731年）被册封为“多罗贝勒”，颁发银印“总理卫藏事务多罗贝勒之印”，乾隆五年（1740年）被晋封为郡王。颇罗鼐经历康熙、雍正、乾隆三朝，治理西藏政绩卓著。乾隆十二年（1747年），颇罗鼐去世，其子珠尔墨特那木扎勒承袭爵位，逐步暴露谋反行为，乾隆十五年（1750年）被驻藏大臣傅清、拉布敦诛灭。颇罗鼐家族在西藏地方近23年的统治终结。[②] 在诛灭珠尔墨特那木扎勒之后，清朝中央政府颁布《藏内善后章程十三条》，规定驻藏大臣和达赖喇嘛共同掌握西藏事务，正式设立噶厦（俗称西藏地方政府）。噶厦由四名噶伦（含喇嘛噶伦一人）组成，他们按照驻藏大臣和达赖喇嘛的指示共同处理西藏政务；在达赖喇嘛系统下设立译仓（即秘书处），噶厦的主要公文政令，经过译仓审核、盖印才能生效，这使它们互相牵制，避免独断专行，从而确立了政教合一的体制。

其三，西藏地方实行基层政区“分区管理”，扶持多个地方政

① 萧金松：《清代驻藏大臣》，台湾唐山出版社1996年版，第297页。

② 苏发祥：《清代治藏政策研究》，民族出版社2001年版，第61—77页。

权组织。乾隆十六年（1751 年）后，西藏辖区各地分属不同管理系统：一是噶厦辖地，即为达赖喇嘛直辖地方，以宗为基层行政区划单位。二是驻藏大臣直辖地，即蒙古三十九族地区、达木蒙古八旗。乾隆二十八年（1763 年），乾隆帝谕驻藏大臣直接管辖达木蒙古八旗、三十九族。[①] 三是班禅额尔德尼系统管辖地方，康熙五十二年（1713 年）清廷册封五世班禅为“班禅额尔德尼”，雍正六年（1728 年）雍正帝打算将后藏到阿里地区全部划给班禅额尔德尼管辖，五世班禅只接受了拉孜、昂仁、彭错林三个宗。道光六年（1826 年），道光帝进一步明确了班禅对扎什伦布寺及所属宗、谿的所有权，扎什伦布寺对后藏 3 个宗、5 个相当于宗的大谿卡、68 个中谿卡，共 20 万藏克耕地、26 个牧场和 220 个属寺拥有行政管辖权。班禅额尔德尼拉章成为后藏地区势力最大的政教合一的地方政权。四是各个呼图克图、法王、土司所辖地方和部落，包括昌都呼图克图辖地、类乌齐呼图克图辖地、乍丫呼图克图辖地、济隆呼图克图辖地、止贡呼图克图辖地、萨迦法王辖地、波密土王辖地、拉加里土王辖地。[②] 驻藏大臣、班禅系统分别直接管辖西藏部分地方，清廷又保留一些土司、部落、活佛的辖地，这就与噶厦辖地区交错相邻，有利于中央政府“分而辖之”，在行政建置上加强了中央对西藏地方的掌控和影响。

其四，清廷多次派军驱逐侵扰西藏的外部武装力量，维护了国家领土完整和西藏人民安全，进而完善了西藏地方的行政管理体制。

在 1718 年、1720 年，清廷两度派军驱逐准噶尔部。乾隆五十三年（1788 年）、五十六年（1791 年），廓尔喀（今尼泊尔）军队两次入侵西藏，清廷调集内地军队，将侵略者驱逐出境，维护了领

① 《清高宗实录》卷 700，乾隆二十八年十二月丙申。

② 周伟洲：《清代西藏的地方行政建制研究》，《中国边疆史地研究》2012 年第 4 期。

土完整和西藏人民的安全。19 世纪中后期，英国、沙俄展开对中国西藏的争夺。19 世纪末 20 世纪初英国还两次发动侵藏战争，西南边疆出现了严重的危机。[①] 面对英俄等国的侵略，中国西藏地方的僧俗民众予以坚决抵制，内地的爱国人民给予一定的支持。还有一批爱国知识分子把学术研究与筹边抗敌、维护祖国统一结合起来，如姚莹、魏源、黄沛翘、王锡祺等或著书立说，或编汇资料，提出了一系列筹藏建议。在他们提出的建议中，既有军事上的加强战备，外交上的“以夷制夷”，还有主张变革行政管理体制，在西藏改建行省等。[②]

王锡祺等之所以提出西藏建省，主要是因为在英俄争夺加剧的形势下，清前期形成的西藏行政管理体制本身暴露出某些弱点，特别是这种体制下强调驻藏大臣、帮办大臣的作用，治藏的效果很大程度上取决于他们的个人素质，看他们能否处理好与西藏僧俗上层势力的关系。清前期，松筠、和琳等人驻藏期间妥善地处理与班禅、达赖等的关系，在保卫疆土、平定叛乱、安抚民众等方面发挥了积极作用。19 世纪中期以后驻藏大臣、帮办大臣大多是平庸无能之人，或为被贬失意之人，驻藏期间政绩平平，往往只求期满离任，甚至有人卖官鬻差、大肆勒索，而少数贤能的官员如文硕等竟因抗英被免职，这就降低了驻藏官员的威信，影响了清朝政令的贯彻。[③] 而且，由于各种原因，西藏地方上层不满清廷的对外妥协政策，与清廷、驻藏大臣的关系不断恶化，驻藏大臣的影响有逐步减弱之势。

---

① 英国、沙俄等国侵略中国西藏的情况，可参见周伟洲主编《英国、俄国与中国西藏》，中国藏学出版社 2000 年版；吕昭义：《英属印度与中国西南边疆（1774—1911 年）》，中国社会科学出版社 1996 年版；吕昭义：《英帝国与中国西南边疆（1911—1947）》，中国藏学出版社 2001 年版。

② 孙宏年：《试论十九世纪中后期西藏史地研究》，《扬州师院学报》1996 年第 1 期。

③ 吴丰培、曾国庆：《清朝驻藏大臣制度的建立与沿革》，中国藏学出版社 1989 年版。

19 世纪末 20 世纪初，变革西藏的行政管理体制、建立行省的呼声不断高涨，还与清廷的治边政策调整力度不均衡有关。19 世纪 70 年代以后，随着边疆危机的加深，80 年代新疆、台湾先后设立行省。改建行省成为巩固边疆的重要措施。清廷对西藏地区给予很大关注，如光绪十八年四月二十六日（1892 年 5 月 22 日），光绪帝举行殿试，策试题目之一就是考察与西藏有关的内容：

> 西藏屏蔽川滇，为古吐蕃地，何时始通朝贡？地分四部，由中国入藏有三路，幅员广狭奚若？试详言之。元置吐蕃宣慰司及碉门等处宣抚司，复置乌思藏郡县，以八思巴领之，其沿革若何？唐时吐蕃建牙何地？阿耨达当今何山？其相近大山有几？雅鲁藏布江为藏中巨川，而澜沧江潞江之属，亦发源藏境，能究其原委欤？由藏至天竺，程途远近何如，中隔部落几许？亦考边备者所宜知也！[①]

这道题的考试内容涉及西藏的历史、地理、对外交往等问题，表明了清廷对西藏治理的关切。而且，此次参加殿试的刘福姚就在这一问题引经据典、应对从容，被光绪帝钦点为状元，这更引起朝野上下对西藏的关注。[②] 与此同时，光绪十六年（1890 年）清廷批准在西藏仁进冈设立驻边同知，光绪二十一年（1895 年）在西藏设立“洋务局”，使西藏地方的行政管理体制发生了局部变化。[③]但是，这些措施并未改变西藏的政教合一体制，西藏治理政策也未发生明显变化。因此，19 世纪末朝野上下更为关注西藏局势的变

① 《清德宗实录》卷 310，光绪十八年四月甲寅。

② 常凤玄：《从一份晚清科举试卷看当时朝野对西藏地位的重视》，2001 年北京藏学讨论会论文。

③ 马汝珩、马大正主编：《清代的边疆政策》，中国社会科学出版社 1994 年版，第 439—442 页。

化，不少爱国知识分子呼吁对西藏管理体制做出更大调整，关于西藏建省的呼声也随之高涨。

20 世纪初，英俄两国对西藏展开更加激烈的争夺，英国又发动第二次侵藏战争，侵占拉萨，逼签《拉萨条约》和《中英续订藏印条约》。这时，西藏地方上层对清廷的不满情绪加剧，双方矛盾不断激化。光绪三十年至宣统三年（1904—1911 年）十三世达赖喇嘛两次出走，以他为首的地方集团表现出“亲俄”倾向。在这种形势下，中央驻藏官员权威的弱化就意味着对西藏管理的松弛，严重影响中央政令的贯彻、实施，无疑对边疆稳定、国家安全产生了严重影响。再加上新疆、黑龙江、吉林、奉天已经先后建省，建省成为清廷巩固边疆的重要措施。对清前期形成的西藏行政管理体制进行变革，同内地一样设立行省，由中央直接派官员管理西藏的呼声也就不断高涨。光绪三十四年（1908 年）前后，朝野上下为此展开西藏及邻近地区是否建省的争论，而英国的干预和西南局势的变化又使这一争论复杂化。

在民间，许多人对此非常关注。1908 年前后，许多爱国知识分子以筹边为主旨，出版了多种著作，如光绪三十三年（1907 年）徐鼒霖的《筹边刍言》，1908 年姚锡光的《筹藏刍议》、单毓年的《西藏小识》，宣统元年（1909 年）蔡汇东的《筹藏刍言》，对筹藏固边发表了自己的见解。作为舆论的重要渠道，当时许多报刊如《广益丛报》《大陆报》《东方杂志》等，都对西藏的局势变化进行跟踪报道，并刊载文章为筹藏守边出谋划策。这些著作、文章在筹藏方面都提出了一些见解，其中又有争论，其热点和焦点之一就是西藏和邻近地区应不应该改为行省。不少有识之士强调，西藏地区之所以出现了严重的危机，就是因没有建立行省造成的，主张与新疆、台湾、东北三省一样改建行省，以扭转局势、固边守土。报刊是建省筹藏呼声的代言者，光绪三十二年二月二十五日（1906 年 3

月 24 日)出版的《东方杂志》第三卷第二期刊登了《拟改设西藏行省策》,同年 4 月出版的《北新杂志》第十六卷中刊载了《西藏议决改设行省问题》;光绪三十四年五月二十日(1908 年 6 月 8 日)的《广益丛报》第 171 号刊有《议设西藏州县》,该报在同年十一月二十九日(1908 年 12 月 22 日)又刊出《论西藏议改行省》;宣统三年七月二十日(1911 年 9 月 12 日)的《广益丛报》第 281 号又刊登了《监国注意西藏改省之问题》。

对于西藏建省的建议,清廷内部也存在着分歧与争论。光绪三十二年(1906 年),鉴于西藏和邻近地区的复杂局势,清廷派张荫棠入藏查办藏事,又任命赵尔丰为川滇边务大臣。张荫棠入藏后弹劾有泰等官吏,整顿吏治,提出一系列治藏建议,其中就涉及改革行政管理体制。光绪三十三年正月十三日(1907 年 2 月 25 日),他致电外务部陈奏治藏规划,共 19 条,主张"收回政权",实行新政,涉及行政管理体制变革、练兵、开矿、办学、外交、经济等多项内容,其中第一、二条就涉及改革行政管理体制。[①] 他主张仿照英国治理印度殖民地的模式,实行藩王制,"优渥达赖、班禅,恢复藏王体制,以汉官监之";"特简亲贵为西藏行部大臣",其"体制事权,一如(英属)印(度总)督用王礼";设一名会办大臣,统管全藏事务;下设五名属官,即参赞、副参赞和左、右参议、副参议,"分理内治、外交、督练、财政、学务、裁判、巡警、农、工、商、矿等局",管理各项事务。另外,在亚东、江孜、扎什伦布(今日喀则)、阿里、察木多、巴塘及三十九族等地,设立道府同知,"督率番官,治理地方,兼办巡警裁判";每有"番官"之地,各设一"汉官",监督管理。接着,他又制定章程,设立了交

① 张荫棠:《致外部电陈治藏刍议》(光绪三十三年正月十三日),载吴丰培编《清代藏事奏牍》,中国藏学出版社 1994 年版,第 1328—1330 页。此电文又名《查办事件大臣张荫棠收回政权经营西藏条陈》(光绪三十三年正月十三日),载四川省民族研究所编《清末川滇边务档案史料》,中华书局 1989 年版,第 167—169 页。

涉、督练、盐茶、财政、工商、路矿、学务、农务、巡警九局，使西藏的行政管理体制发生了一定变化。1907年5月，他被清廷调离西藏，除设立交涉、督练等局使西藏行政管理体制发生一定变化外，其改革官制计划事实上未能实施。

光绪三十三年四月（1907年5月），两广总督岑春煊上奏清廷，提出系统的筹边方案，包括改革官制、设省、边防、办学等，其核心就是在北部蒙古族地区设立热河、开平、绥远三省，西南川滇边区、西藏设立川西省、西藏省，将原来的都统、将军、大臣改为巡抚。[①] 清廷把这一奏折发给徐世昌、锡良、联豫等，后又把一份请西北设行省的奏折下发，让他们发表意见。对此，光绪三十三年十一月初三日（1907年12月7日），驻藏大臣联豫呈递奏折，认为内、外蒙古地区可以设立行省，但西藏情况不同，近几十年间达赖等与驻藏的“汉官”矛盾加剧，何况当时“英兵未退”，形势不容乐观；驻藏大臣“权位原与督、抚相等”，只因“道远势孤，威权日替”，既然“时事至于今日”，应“求实事，不在虚名”，如果驻藏大臣忽然改为总督、巡抚，只能“徒启番人之疑惑，而于事实无益”，所以他主张虽然从长远看“自非改设行省不可，万无疑义”，但当时不宜骤然变革，又不必改大臣为督、抚，而应通过训练新军、设理事官等手段，以治行省之道治西藏，待水到渠成时再改为行省。[②]

对于联豫的意见，清廷最初并不赞同，这从人事变动上就有所反映。光绪三十四年二月（1908年3月），清廷任命赵尔丰为驻藏大臣，仍兼任川滇边务大臣，谕令“西藏为川蜀藩篱，地方广漠”，

---

① 岑春煊：《统筹西北全局酌拟变通办法折》《变通官制拟设民官片》（光绪三十三年四月初二日），载四川省民族研究所编《清末川滇边务档案史料》，中华书局1989年版，第921—927页。

② 联豫：《遵旨复岑春煊奏陈统筹西北全局折》（光绪三十三年十一月初三日），载吴丰培编《清代藏事奏牍》第1496—1498页。

又从民族歧视的观点出发认为“番民蒙昧”，强调“练兵、兴学、务农、开矿，讲求实业，利便交通，以及添置官吏，整饬庶政诸大端，均应及时规划，期于日益修明”，所以任命赵尔丰为驻藏大臣，“特加崇衔，以重事权”。同时又任命其兄赵尔巽为四川总督，“以免扞格而便联络”；要求赵尔丰与联豫“察度情形，将藏中应办各事通盘筹划，详拟章程，次弟奏请施行”。清廷还表示需用人员准许从四川省选调，“厚给薪资，优定奖励”，且“准其携带眷属”，以便“久于所事”；所需款项由中央“按年筹拨的款，银五六十万两”，并“由四川总督无分畛域，随时接济”[①]。赵尔丰曾以高压手段，在川边强制推行“改土归流”。这一任命无疑表明清廷改革西藏事务的决心，并希望赵尔丰在四川支持下，能统筹安排川滇边区和西藏事务，以强硬手段扭转西南边疆的危急形势。但是，由于赵尔丰在川滇边区严厉镇压土司，西藏僧俗上层人士极感恐慌，奏请清廷免去其驻藏大臣之职。在这种情况下，清廷虽然谕令驳回他们的要求，但对西藏地方的恐赵仇赵情绪又不能不考虑，遂于宣统元年（1909 年）初不得不解除其驻藏大臣职务，改任边务大臣，放弃了最初的设想。

宣统二年（1910 年），川军入藏，联豫与西藏地方势力矛盾激化，达赖出走印度，西藏形势更为紧张。清廷虽然依照联豫的陈奏下令革除达赖名号，但又谕令川、藏官员，重提“齐其政不易其宜，明其教而不变其俗”的政策，强调“目下重在整顿不重在改革”[②]。此时，曾任驻藏帮办大臣的温宗尧上奏清廷，分析了当时西藏地区的内外形势，认为英、俄各自为“防闲”而有所忌惮，主张应乘机“整理西藏之内政，恢复在藏之主权”，但在策略上要“分

① 《光绪朝东华录》光绪三十四年二月，中华书局 1958 年版，总第 5855 页。

② 《谕军机大臣藏政目下重在整顿而不重在改革著赵尔巽等慎筹》，载中国藏学研究中心等编《元以来西藏地方与中央政府关系档案史料汇编》，中国藏学出版社 1994 年版，第 1615—1616 页。

别表里，善为操纵”，“不必遽改西藏之地为行省，而不可不以治行省之道而治之”①。至此，清廷也改变策略，即在西藏支持联豫的变革计划，采取渐进的策略，表面上不设行省，事实上又以治行省之道治之；在川滇边区“改土归流”，为设省作准备，为西藏作后援。

清廷之所以这样做，除担心西藏地方势力的反对外，还对英国的干预有所顾虑。如联豫在谈到不宜设省时，就提到了“英兵未退”。英国侵略者贝尔就得意地记载，1910 年十三世达赖喇嘛出逃后，中国对英国承诺“无意改变西藏之行政，更无意改为中国行省”，而且他和其他帝国主义分子认为这是一大好机会，积极要求英国政府趁机干预。② 英国政府虽然声称“无意干预西藏内政”③，但又把达赖及其随从留在印度，以各种手段加紧拉拢，还要求清廷遵守相关不平等的条约，以保证英国在西藏的既得利益。清廷对此非常担心，遂对英国表示：中国仍然遵守各个条约，承诺“维持地方安靖，不改西藏旧状”④。

联豫驻藏期间，特别是光绪三十三年（1907 年）后大力推行新政，包括创办《西藏白话报》、印书局和兴办学堂，设立督练公所和巡警总局等。⑤ 行政管理体制的变革也是“新政”中的重要内容：

---

① 温宗尧：《为陈治藏当务之急请代奏事至赵尔巽咨》，载中国藏学研究中心等编《元以来西藏地方与中央政府关系档案史料汇编》，中国藏学出版社 1994 年版，第 1615—1622 页。

② ［英］贝尔：《西藏之过去与现在》，宫廷璋译，商务印书馆 1934 年初版，第 74—75 页。

③ 《外务部为与驻华英使交涉情形致赵尔巽联豫电》，载中国藏学研究中心等编《元以来西藏地方与中央政府关系档案史料汇编》，中国藏学出版社 1994 年版，第 1605 页。

④ 《署英使麻穆勒为不能因改西藏内政而对条约允英各节延宕等事致外务部照会》，中国藏学研究中心等编《元以来西藏地方与中央政府关系档案史料汇编》，第 1618—1619 页。

⑤ 可参见有关论著，如马汝珩、马大正主编《清代的边疆政策》，中国社会科学出版社 1994 年版；苏发祥：《清代治藏政策研究》，民族出版社 2001 年第 2 版；马菁林：《清末川边藏区改土归流考》，巴蜀书社 2004 年版；赵云田：《清末新政研究——20 世纪初的中国边疆》，黑龙江教育出版社 2004 年版。

首先，在联豫的建议下，清廷在宣统元年（1909 年）、二年（1910 年）设立两名参赞，分别驻扎后藏、前藏。宣统二年裁撤驻藏帮办大臣，由参赞辅助驻藏大臣管理西藏事务。所设参赞由联豫保举罗长裿、钱锡宝担任，他们都是驻藏大臣的属员，受其领导；而过去帮办大臣的地位虽然略低于驻藏大臣，但并不受其领导。这一变动确立了驻藏大臣的一元领导体制。[①]

其次，在裁撤帮办大臣之后，为加强驻藏大臣衙门的效能，宣统三年（1911 年）夏，联豫又奏请设立治事议事厅，设立幕职分科办事。他指出，从前的驻藏大臣衙门"公事无多"，宣统二年（1910 年）以后"政权渐次收回，事务日繁，往来文件较前增至数倍，几与边小省治无异"，所以他主张"仿照各省督抚衙门章程，设立幕职，分科办事，以责专成"。按照他的规划，衙门内分别设秘书员一名，由左参赞罗长裿兼任；协理两名，由谢兴尧、李湘出任；初步设置吏科兼礼法科参事、度支科兼营缮科参事、军警兼巡警科参事、交涉兼邮电科参事、学务兼农工商科参事、番务兼夷情藩属科参事各一名，推荐邓祖望、寿昆、王言绶、吴观光、常印、李嘉嚞等人担任，待事务繁多时再"将兼摄各科各设专科参事"，并"酌量添设协理、科员"。由于原来的驻藏大臣衙门"房屋狭隘"，他建议把原帮办大臣衙门改为科员办公场所，设一个治事厅作为"荟萃办事之处"，一个议事厅作为"会集各员议事之处"。[②]

再次，在基层地方，经联豫奏请，清廷批准设立多名委员，宣统二年（1910 年）设驻曲水委员"扼西路要冲"，藏北地区设驻哈喇乌苏委员"通西宁边路"，藏南地区设驻江达委员"控制工布"

---

① 联豫：《代参赞钱锡宝谢恩折》（宣统二年四月二十三日）、《代左右参赞谢恩折》（宣统二年五月二十六日）、《请裁帮办大臣改设左右参赞折》（宣统二年十一月），吴丰培编《清代藏事奏牍》，第 1547、1552—1553、1565—1566 页。

② 联豫：《改设治事议事厅设立幕职分科办事折》（宣统三年六月二十一日），吴丰培编《清代藏事奏牍》，第 1575—1576 页。

和驻山南委员，藏东地区设驻硕般多委员以“招抚波密，并通边藏消息”，三十九族地方也设委员一名。这些委员负责管理刑名、清查赋税，并筹办“振兴学务工艺、招练商贾”和“经营屯垦、调查矿山盐场”[①]。

清末西藏新政的上述措施，主要目的是从达赖和西藏噶厦“收回政权”，强化对基层地方政务的管理，并仿照内地总督、巡抚衙门的体制，把权力集中到驻藏大臣手中，实施其“以治行省之道”治西藏的计划。与此同时，宣统元年（1909 年）后赵尔丰在川、滇边地区继续大力推行“改土归流”，设立巴安府、康定府、登科府和德化、盐井县、河口县、三坝厅等 10 多个州、县、厅，并在得荣、江卡等 10 多个地方设置委员。[②] 至此，川滇边务大臣的辖区已包括了今天四川省的甘孜藏族自治州和西藏自治区昌都、林芝地区的一部分，为设省作好了准备。

宣统三年（1911 年）5 月，赵尔丰奉命调任“署四川总督”，傅嵩炑代理川滇边务大臣，“改土归流”继续进行，这年闰六月十六日（1911 年 8 月 10 日）傅嵩炑又向清廷上奏《请建西康行省折》，正式请求设立西康省。在奏折中，他首先指出“边地界于川藏之间，乃川省前行，为西藏后劲，南接云南，北连青海，地处高原，对于四方皆有建瓴之势”，不只是和“川、滇辅车相依”，但“因鄙陋在夷，我朝版式未廓，未及经营，仅以羁縻之方，官其酋长，作为土司，俾之世守”。他强调，在土司制度之下，“以数千里之地，分二、三十部落，皆同封建之规，虽有朝贡之名，而无臣服之实”，以致出现了抗拒官府、杀害驻藏帮办大臣凤全等事件。接着，他简要回顾了光绪三十二年（1906 年）以后“改土归流”的

① 联豫：《西藏地方择要酌设委员折》（宣统二年二月二十二日），吴丰培编《清代藏事奏牍》，第 1539—1540 页。

② 马菁林：《清末川边藏区改土归流考》，巴蜀书社 2004 年版，第 187—189 页。

过程，认为“已成建省规模”，建议新建行省名称拟定为“西康省”。他还强调，这一地区东西3000多里，南北4000多里，建省之后可以“守康境，卫四川，援西藏”，一举三得，因此建议清廷“及时规划，改设行省”，以便“扩充政治，底定边陲”。[①] 这一奏折是以傅嵩炑的名义上奏的，实际上是赵尔丰等人的主张。

傅嵩炑请求设立西康省，由于不久辛亥革命即起，该奏折“系宣统三年闰六月十六日由边务大臣行辕驿递成都，请川督专差送京，已得川督回电，于七月十二日收到，未知何日专差前送，后因文报不通，未奉朱批”[②]。这说明署四川总督赵尔丰在宣统三年七月十二日（1911年9月4日）收到该奏折，此后“文报不通”，而清廷和赵尔丰都忙于镇压革命运动，即使是赵尔丰派人“专差送京”，清朝中央政府也难以顾及设置西康省一事。傅氏“未奉朱批”，此后不久辛亥革命的风暴席卷全国，清廷无力过问此事，西康建省的建议被搁置下来，而宣统三年底“川滇边务大臣辖区”最多是一个“准省级政区”，在法理上仍未能成为中央政府批准的正式的“省级政区”。

第二节　清代西藏治理的法律、政策、措施及实践

清代，为维护国家统一、稳固西南边疆，中央政府在西藏地方实施了一系列的法律制度，并在宗教、经济、社会、民生、军事等领域制定相关政策、措施。清朝治理西藏的法律、法规“分为两大类，一类是中央政府制定、颁布的法律，一类是西藏地方政府颁行

① 傅嵩炑：《奏请建设西康省折》，《西康建省记》，四川官印刷局1912年版，第57—61页。

② 傅嵩炑：《奏请建设西康省折》，《西康建省记》，四川官印刷局1912年版，第57—61页。

的法规”[1]，治藏政策、措施同样有中央政府政策和西藏地方政府的措施两个层面。本章重点阐述清朝中央政府在西藏地方实施的专门法律、制度和宗教、经济、社会、民生领域的政策、实践。

一　清朝中央政府治理西藏的法律

清朝治理西藏的法律既有中央政府制定、颁布的全国性律令，如《大清律例》和《理藩院则例》都在全国推广施行，以示国家法制的统一，其中包含涉及西藏治理的内容；又有中央政府专门针对西藏地方制定、实施的法令、章程；还有授权西藏地方政府颁行相关法典、规章，并承认西藏地区传统的习惯法。清朝治藏法规“不仅包括律例、则例、章程、大纲、令、事宜、条例、禁例、法典、定制、法律答问以及清朝皇帝的谕旨、达赖喇嘛法旨等多种类形式并存的较为完备的立法体系”，而且出现了较为完善的民族成文法典和规章，如五世达赖喇嘛时期制定的《十三法典》《官员高低座次定制》《喇嘛寺庙名额定制》和光绪二十五年（1899 年）颁行的《噶厦公务人员的行动章程》等法典、法规。[2]

清朝中央政府的治藏法规是在西藏治理的过程中逐步完善起来的。明末清初，西藏地方是蒙藏僧俗贵族的联合政权，该政权与在明崇祯十五年（清崇德七年，1642 年）与尚未掌握全国政权的满洲贵族取得联系。清顺治元年（1644 年）后，清王朝建立起统治全国的中央政府，支持的蒙藏僧俗封建主的联合统治，授权甘丹颇章政权管理西藏事务。西藏地方政府在中央授权之下，陆续制定《十三法典》《官员高低座次定制》《喇嘛寺庙名额定制》《珍宝服饰官服定制》《法典明镜二十一条》等法规。

---

① 喜饶尼玛、王维强主编：《西藏通史・清代卷》（下），中国藏学出版社 2016 年版，第 713 页。

② 喜饶尼玛、王维强主编：《西藏通史・清代卷》（下），中国藏学出版社 2016 年版，第 713—758 页。

乾隆时期，清朝中央政府陆续制定、完善西藏治理的法律、规章。这是在总结100多年西藏治理的经验教训基础上进行的，特别是17世纪末以来西藏地方变乱不断，先是蒙古贵族与西藏地方上层斗争激烈、相互攻杀，接着蒙古准噶尔部乘机骚扰，后来郡王颇罗鼐之子珠尔墨特那木扎勒承袭爵位后有谋反行为。乾隆十五年（1750年），驻藏大臣傅清、拉布敦诛灭珠尔墨特那木扎勒，四川总督策楞奉命率兵入藏处理善后事宜。策楞和驻藏大臣班第、那木扎勒等人与西藏上层人士磋商，拟定《藏内善后章程十三条》，乾隆十六年（1751年）获乾隆皇帝批准，后以“晓谕全藏告示”的形式颁行。该章程明确规定：废除郡王掌政制度，驻藏大臣和达赖喇嘛共同掌握西藏事务；噶厦的四名噶伦按照驻藏大臣和达赖的指示共同处理西藏政务，“凡地方之细小事务……务须遵旨请示达赖喇嘛并驻藏大臣酌定办理，钤用达赖喇嘛印信、钦差大臣关防遵行”；噶伦、代本的任免均由达赖喇嘛和驻藏大臣会同推荐和参奏革除，由清朝中央政府颁给任命敕书和予以罢黜；噶伦、代本等买卖交易，不得擅自征用乌拉差役。[①] 该章程以法律的形式确立了清朝治理西藏的基本原则，特别是驻藏大臣总理西藏事务，行使中央政府政府对西藏的主权管辖，对于维护国家统一、西藏政局稳定和加强中央对西藏地方的管理，产生了重要作用。

乾隆五十三年至五十六年（1788—1791年），廓尔喀两度派军侵扰中国西藏。乾隆五十六年（1791年），中央政府命福康安、鄂辉、成德等率军进藏，将入侵的廓尔喀驱逐出境。与此同时，乾隆帝谕令系统总结17世纪中期以来西藏治理的经验教训，特别是廓尔喀军队两度侵扰的教训，深感西藏治理中存在着多种隐患，如驻

---

① 《驻藏大臣颁布善后章程十三条晓谕全藏告示》（乾隆十六年），中国藏学研究中心等合编《元以来西藏地方与中央政府关系档案史料汇编》（2），中国藏学出版社1994年版，第551—555页；喜饶尼玛、王维强主编：《西藏通史·清代卷》（下），中国藏学出版社2016年版，第716—717页。

藏大臣职权削弱、吏治腐败，喇嘛同“外夷部落私相往来”、招引外敌入侵，大活佛转世无章可循，命福康安等大员拟定治理西藏的规章。乾隆帝在未派福康安进藏前，就决定平息事件后要订立章程。廓尔喀第一次侵藏事件发生后，乾隆帝即针对当时边防空虚的状况，在乾隆五十三年（1788 年）十月十三日，即谕内阁，著巴忠传旨申饬驻藏大臣庆麟，“此事完结之后，交界地方如何安置唐古特兵丁防守，如何操练及一切应办事件，着交巴忠于办理善后时，务与鄂辉尽心商办，以期永远奉行，实有裨益”。乾隆五十四年（1789 年）二月十七日，在廓尔喀军撤出后藏以后，乾隆帝又谕令成都将军鄂辉：“兹虽事竣，撤兵后藏内诸务，倘不订立章程，复有贼匪入侵，无所防备，又需大张办理，藏众亦不得长享安全。以前补放藏地噶伦、戴本、第巴，均由达赖喇嘛专办，驻藏大臣竟不与闻……（嗣后）专责驻藏大臣拣选藏地噶伦、戴本、第巴拣选请补，方为于事有益。并著驻藏大臣等，平素先将众噶伦、戴本、第巴，或优或劣，悉心查察，俟缺出拟补时，更自有主见，不为属众所惑，而于偶遇紧急事件差遣，亦可期得力。”① 这就为制定相关制度、规章提出具体要求，涉及需要解决西藏地方官员选择任用权和驻藏大臣的地位问题，以及对练兵、驻防及确定军需供应等的具体要求。②

在驱逐廓尔喀的过程，福康安、鄂辉、巴忠、孙士毅、成德等大员与西藏上层协商西藏事务管理的办法，并上报中央政府。乾隆五十四年巴忠上奏《藏地善后事宜十九条》，次年乾隆帝批准《酌议藏中各事宜十条》。乾隆五十七年（1792 年），福康安、孙士毅、和琳等上奏《拟将钦颁金瓶在大昭寺内供奉事》《酌定额设藏兵及

---

① 《元以来西藏地方与中央政府关系档案史料汇编》（2），中国藏学出版社 1994 年版，第 631、637—638 页。

② 张云：《清朝治理西藏章程是伪造的?》，《环球时报》2021 年 2 月 8 日第 13 版。

训练事宜六条折》《卫藏善后章程六条折》《西藏酌定鼓铸银钱章程折》等“事宜”“章程”，提出了规范西藏事务管理的建议，由军机处大臣会同大学士、议政九卿详议，最后呈报乾隆帝批准。乾隆五十七年（1793年），福康安等遵旨在这些“事宜”“章程”基础上，选择主要条款汇集成《新订西藏章程二十九条》，又称为《钦定藏内善后章程二十九条》，同年颁布施行。[①] 该章程颁布于乾隆五十八年，这一年是藏历的水牛年，按西藏地方的习惯，这个文书被称为《水牛年文书》[②]。

《钦定藏内善后章程二十九条》明确规定驻藏大臣负责督办西藏事务，与达赖、班禅地位平等，共同协商处理政事；西藏的对外交涉事务，统归驻藏大臣全权处理；达赖、班禅和其他大活佛的转世，由驻藏大臣监督，依照“金瓶掣签”的办法进行；驻藏大臣定期到沿边地区巡查，济咙、聂拉木、绒辖尔、喀尔达、萨喀（今西藏萨嘎）、昆布、定结、帕克哩“沿边一带，均已设立鄂博”，驻藏大臣在巡边时“派人堆砌石块，不得日久废弛，致有偷越”。该章程还确立了西藏地方事务管理的主要制度：建立西藏地方职官制度，规定了西藏地方官员噶伦、孜本、代本、强佐、营官（宗本）等的任免、职责及相关制度；建立藏军，设藏兵3000人，分驻前藏（拉萨）、后藏（日喀则）、江孜、定日，藏军军官设代本6名、如本12名、甲本24名、定本120名，并对藏军征调、粮饷、武器等做了规定；整顿币制、铸造西藏银元，规定“银钱以重一钱、重五分两项搭配铸造”，银钱“正面用汉字铸‘乾隆宝藏’四字”，

① 邓锐龄、冯智主编：《西藏通史·清代卷》（上），中国藏学出版社2016年版，第277—341页。我国学者已对《钦定藏内善后章程二十九条》各条来源进行考证，详见廖祖桂、李永昌、李鹏年《〈钦定藏内善后章程二十九条〉版本考略》，中国藏学出版社2006年版，第8—9页。

② 张云：《清朝治理西藏章程是伪造的?》，《环球时报》2021年2月8日第13版。又，目前发现的《钦定藏内善后章程二十九条》有多个藏文版本，有收藏在拉萨大昭寺、日喀则扎什伦布寺和清嘉庆十六年（藏历铁羊年，1811年）在驻藏大臣衙门发现的抄件等。

背面用藏文铸“乾隆宝藏”四字；财政税收方面对租赋征收做出规定，“前后藏所出租赋”均归“达赖喇嘛、班禅额尔德尼收用”，“商上一切出纳，应统归驻藏大臣稽查总核”，“各寨租赋应按年征收，清交商上……如各寨有逃亡绝户，实在田亩抛荒者，即将该户租赋宝豁免，俟有佃种之人，再行照例升科”；对外贸易管理方面，规定准许在西藏居住、贸易的尼泊尔、克什米尔商人“常川兴贩”，要对这些商人“造具清册，交驻藏大臣衙门存案备查”；保护民力，禁止私用乌拉差役，规定“喇嘛、番目人等私事往来”，不得擅用乌拉，也“不得私发信票”，如果遇到“因公差遣，有必须乌拉之处，须禀明驻藏大臣及达赖喇嘛，发给用印照票，编定号数，始准应付”[①]。

《钦定藏内善后章程二十九条》“对于稳定西藏政局、安定边疆、维护国家对西藏的主权、加强中央政府与西藏的关系，都有着重要的历史意义”，该章程“规定的一些重要措施，例如金瓶掣签等，形成了历史定制，为后世所遵循”[②]。该章程成为清朝中央管理西藏地方事务的基本法律，鸦片战争以后该章程的基本精神和规定仍然得到贯彻。1844年，驻藏大臣琦善到任后严惩了西藏上层对上一辈达赖喇嘛早夭有谋害嫌疑的人员，感到有必要完善治藏章程，同年与帮办大臣钟方拟定《裁禁商上积弊章程二十八条》。该章程又称《酌拟唐古特裁禁章程》，上奏后得到道光皇帝批准。该章程重申《钦定藏内善后章程二十九条》的基本精神，“维护了驻藏大臣的政治地位和职权等重要政治原则”，对《钦定藏内善后章程二十九条》某些具体措施作了相应调整。[③]《裁禁商上积弊章程二十

① 松筠撰：《卫藏通志》卷12《条例》，《西藏志·卫藏通志》合刊，西藏人民出版社1982年版，第333—346页。

② 张羽新编：《清朝治藏典章制度研究》，中国藏学出版社2002年版，第2—3页。

③ 喜饶尼玛、王维强主编：《西藏通史·清代卷》（下），中国藏学出版社2016年版，第725—728页。

八条》对《钦定藏内善后章程二十九条》所做的补充和修订，主要包括：达赖喇嘛亲政任事程序及之前的摄政权限，旧例规定，达赖喇嘛十八岁亲政之前，由摄政掌办政务，《裁禁商上积弊章程二十八条》规定“达赖喇嘛年至十八岁，应请仿照八旗世职之例，由驻藏大臣具奏请旨即行任事，其掌办之人立予撤退”①。完善活佛转世、僧官任免标准和程序等制度，规定无论是达赖喇嘛、班禅额尔德尼及藏内大小呼图克图转世，摄政的拣选、任免，都由驻藏大臣奏请清朝中央政府办理，或者依照《钦定藏内善后章程二十九条》办理。噶伦以下僧俗官吏的任命、考核、惩处，仍依照《钦定藏内善后章程二十九条》，由驻藏大臣主持。

《裁禁商上积弊章程二十八条》中修订的相关规定削弱和限制了摄政的权力，防范摄政专权、营私，重申驻藏大臣代表中央政府管理西藏事务的权威。琦善任职期间还在驻藏大臣的财政监管权、巡边和校阅营伍方面进行变革，他放弃了巡边权，把部分军事指挥权让与西藏地方。② 在财政监管权方面，嘉庆十四年（1809 年）驻藏大臣文弼强化对西藏地方财政的监督，此后西藏商上出纳每六个月将商上各公所用度收支造册报告，由驻藏大臣咨送理藩院稽核，琦善奏称“商上布施出纳，向由驻藏大臣稽查核辨，但凭商上呈开”，属于“有名无实”，提出“嗣后商上及扎什伦布的一切出纳，著仍听该喇嘛等自行经理，驻藏大臣无庸经管”③。这就放弃了驻藏大臣对西藏地方的财政监管权，后世学者对此评价为“琦善厌烦这一个有名无实、徒属具文的制度，但没有想到这个形式，也同其他

① 《琦善等酌拟裁禁商上积弊章程二十八条折》（道光二十四年九月二十六日），中国第一历史档案馆藏军机处录副奏折，中国藏学研究中心等合编《元以来西藏地方与中央政府关系档案史料汇编》（3），中国藏学出版社 1994 年版，第 928—935 页。

② 喜饶尼玛、王维强主编：《西藏通史·清代卷》（下），中国藏学出版社 2016 年版，第 726—728 页。

③ 《清宣宗实录》卷 412，道光二十四年十二月己巳。

种种形式一样，都包孕着中央行使管辖地方权力的内容。这应该是琦善对驻藏大臣权力所作的一个重大改变”[①]。

19世纪末20世纪初，英国发动两次侵藏战争，英、俄两国对中国西藏进行激烈的争夺，而西藏地方上层对清廷的不满情绪加剧，出现离心倾向。在这种形势下，朝野上下对西藏局势极为关注，民间有不少爱国知识分子或著书立说，或通过报纸杂志，对西藏治理提出多方面的建议，涉及西藏建省、巩固国防、兴办近代教育和工商业、开采矿山、建设铁路等。[②] 清朝中央政府的很多官员也呼吁调整、完善治藏法规。光绪三十二年（1906年）张荫棠奉命进藏查办藏事。他入藏后弹劾有泰等官吏，整顿吏治，提出一系列治藏建议。光绪三十三年正月十三日（1907年2月25日），他致电外务部陈奏治藏规划，共19条，即《新治藏政策大纲十九条》，同年阴历二月又颁布《传谕藏众善后问题二十四条》，涉及行政管理体制变革、练兵、开矿、办学、外交、经济等多项内容：改革行政管理体制，“优渥达赖、班禅，恢复藏王体制，以汉官监之”，“特简亲贵为西藏行部大臣”，其“体制事权，一如（英属）印（度总）督用王礼”，设会办大臣“统制全藏”，下设参赞、副参赞和“参议左、右，副参议”，分管“内治、外交、督练、财政、学务、裁判、巡警、农、工、商、矿等局事务”。加强军事和国防建设，扩充拉萨制枪厂；调派北洋新军6000名，进驻西藏，以壮声威；中央政府提供薪俸、军械、弹药，派“武备生”训练“藏番民兵”10万人。兴办近代工矿业和交通、电信，包括开采西藏“封禁雪山外”的“五金煤矿”，架设四川巴塘到西藏拉萨的电线，修筑“打箭炉、江孜、亚东牛车路，以便商运”，待采矿业兴

---

① 邓锐龄：《关于琦善在驻藏大臣任上改定藏事章程问题》，《民族研究》1985年第4期。

② 孙宏年：《试论清朝末年国内的筹藏建议及其影响——以1888—1911年间论著中的建议为中心》，载达力扎布主编《中国边疆民族研究》第二辑，中央民族大学出版社2009年版，第58—75页。

旺后“再修铁轨”。改革差役、司法制度，强调“藏中差徭之重，刑罚之苛，甲于五洲，应一律革除，以苏民困”。设置银行，从西藏地方收回“铸造银铜纸币之权”。改革财政税收制度，在西藏哈喇乌苏、鹿马岭设置盐税局，征收盐税；“羊毛、牛尾、骨角、猪毛、药材将来必为”大宗出口货物，应“酌定出入口税”。鉴于印茶入藏难以禁止，打箭炉的茶税受到影响，应“酌量免税”，并引入茶树，教会西藏民众“自种，以图抵制”。裁撤前藏、后藏的台站兵额，“改办巡警，以警兵兼督修路”。开办近代教育，“广设汉文学堂，使通祖国语言文字，兼习兵式体操”，三年后“兼教习英文，六年毕业”。兴办近代报刊，“设汉藏文《白话旬报》”，分发给西藏民众，“以激发其爱国心，进以新智识”。外交方面主动作为，与布鲁克巴、廓尔喀结成“攻守同盟”，派总领事“驻印京，侦探印事”。每年拨款二百万元，资助西藏新政。①

《新治藏政策大纲十九条》和《传谕藏众善后问题二十四条》是帝国主义加紧侵略中国边疆、清朝中央政府推行新政背景下的治藏法律文件。后来张荫棠又获准在西藏设立交涉、督练、盐茶、财政、工商、路矿、学务、农务、巡警九局，使西藏的行政管理体制发生一定变化。光绪三十三年（1907 年），张荫棠被清廷调离西藏，除设立交涉、督练等局使西藏行政管理体制发生一定变化外，其他规划事实未及实施。此后几年间，驻藏大臣联豫推行新政，部分地实现《新治藏政策大纲十九条》和《传谕藏众善后问题二十四条》的内容，比如裁撤绿营，设立汉文小学堂、督练公所和巡警总局等。②

---

① 张荫棠：《致外部电陈治藏刍议》（光绪三十三年正月十三日），《传谕藏众善后问题二十四条》（光绪三十三年二月），载吴丰培编《张荫棠驻藏奏稿》，《清代藏事奏牍》，中国藏学出版社 1994 年版，第 1328—1337 页。

② 苏发祥：《清代治藏政策研究》，民族出版社 2001 年第 2 版，第 132—135 页；赵云田：《清末新政研究——20 世纪初的中国边疆》，黑龙江教育出版社 2004 年版，第 258—293 页。

表8－1　　清代治藏主要法规一览表

法规名称	制定时间	形式	备注
《大清律例》（《大清律》）	清初颁布，后历经修订	律例	中央政府颁布
《藏内善后章程十三条》	乾隆十六年（1751年）	章程	中央政府颁布
《藏地善后事宜十九条》	乾隆五十四年（1789年）	事宜	中央政府颁布
《酌议藏中各事宜十条》	乾隆五十五年（1790年）	事宜	中央政府颁布
《钦定藏内善后章程二十九条》	乾隆五十八年（1793年）	章程	中央政府颁布
《酌定章程十九条》	乾隆六十年（1795年）	章程	中央政府颁布
《钦定理藩院则例》	嘉庆二十二年（1817年）	则例	中央政府颁布
《裁禁商上积弊章程二十八条》	道光二十四年（1844年）	章程	中央政府颁布
《随从人员禁例八条》	光绪二十一年（1895年）	禁例	中央政府颁布
《记过折罚章程》	光绪二十一年（1895年）	章程	中央政府颁布
《新治藏政策大纲十九条》	光绪三十三年（1907年）	大纲	中央政府颁布
《十三法典》	五世达赖喇嘛时期	法典	西藏地方政府制定
《官员高低座次定制》	五世达赖喇嘛时期	定制	西藏地方政府制定
《喇嘛寺庙名额定制》	五世达赖喇嘛时期	定制	西藏地方政府制定
《达赖喇嘛紫色钤印定制》	顺治十五年（1658年）	定制	西藏地方政府制定
《珍宝服饰官服定制》	康熙十一年（1672年）	定制	西藏地方政府制定
《法典明镜二十一条》	康熙二十年（1681年）	法典	西藏地方政府制定
《噶厦关于廓尔喀人驮运羊毛之规章》	乾隆五十九年（1794年）	规章	西藏地方政府制定
《西藏、康、汉等地之喇嘛活佛之本生册》	嘉庆十九年（1814年）	定制	驻藏大臣和西藏地方政府共同制定
《噶厦汉书》	道光二十五年（1845年）	定制	西藏地方政府制定
《噶厦公务人员的行动章程》	光绪二十五年（1899年）	定制	西藏地方政府制定

说明：本表参照喜饶尼玛、王维强主编《西藏通史·清代卷》（下，第714—734页）中“清朝治藏法规一览表”“西藏地方政府制定的法规定制一览表”编制，并有所调整。

二　清代西藏治理的政策、制度与实践

清代，中央政府在治理西藏的过程中逐步完善治藏法律体系，制定了一系列的政策、制度，包括驻藏大臣制度、僧俗官吏任免制度、活佛转世制度、金瓶掣签制度、摄政制度、巡边制度、对外交

涉制度等。比如对外交涉方面，清朝法律明确规定驻藏大臣代表中央政府全权处理西藏对外交涉。就公务方面而言，凡是对外文件，无论是何种行文，都必须以驻藏大臣为主，与达赖喇嘛协商办理；外宾来访须由驻藏大臣与达赖喇嘛共同接待，回文须按照驻藏大臣指示缮写；关于边界等重大事务，更是须根据驻藏大臣指示处理；邻国给达赖喇嘛来函，必须翻译给驻藏大臣查阅，由驻藏大臣代达赖喇嘛回函；邻国人员进入西藏地方境内，应该先由各边境宗本登记，报告驻藏大臣，由江孜和定日两地汉族官员检查，将人数呈报驻藏大臣衙门批准后才发给证件，准予进入拉萨。清朝中央政府还规定，所有噶伦都不得私自与境外通信，即便外方藩邦行文给噶伦时，也必须呈交驻藏大臣和达赖喇嘛审阅处理，不得由噶伦私自缮写回信。就商贸方面而言，清廷允许西藏与邻国贸易，但邻国商人入境贸易，必须安分守己、遵守地方法律和例俗，否则不允许入境经商；所有出入境商人都必须登记，造具名册呈报驻藏大臣衙门备案；外商到西藏任何地方经商，都须先向当地行政长官申请，再由其呈报驻藏大臣衙门，根据商人要经过路线签发路证。[①] 清朝中央政府对西藏涉外交涉事务的严格管理，表明中央政府重视对西藏地方外交主权的管理，体现了清代国家的统一和领土主权。

清代治藏制度与治藏法律、政策紧密相关，相辅相成，本章前文所述行政管理体制、法律、对外交涉制度等方面除有法律、制度、政策“三位一体”、密切关联外，清朝对西藏宗教事务、经济发展和民生事务的管理也同样如此，并在清代西藏治理的实践中得到集中反映。在宗教事务管理方面，清朝确立敕封达赖喇嘛、班禅额尔德尼和活佛转世、寺庙事务管理的相关政策，并逐步形成、完善相关制度：一是敕封达赖喇嘛与班禅额尔德尼，正式确定了达赖

① 许建英：《中国西藏的治理》，湖南人民出版社 2015 年版，第 101—109 页。

喇嘛和班禅额尔德尼的封号，以及他们在西藏的政治和宗教地位。清朝皇帝于1653年、1713年分别册封五世达赖喇嘛和五世班禅喇嘛，自此达赖喇嘛驻拉萨统治西藏的大部分地区，班禅额尔德尼驻日喀则统治西藏的另一部分地区。

二是创立活佛转世的“金瓶掣签”制度。藏传佛教的活佛转世制度始于13世纪末期，但到了清代活佛转世制度存在明显弊端，特别是活佛圆寂后选出的呼毕勒罕往往由前藏的职业宗教人员护法神吹忠（或译为“垂仲”）作法指定，一些上层人士乘机向吹忠行贿，或授意吹忠指认，以致呼毕勒罕“或出自族属姻娅，或出自蒙古汗、公等家”[①]。当时，八世达赖喇嘛和七世班禅是亲戚关系，六世班禅与仲巴呼图克图、噶玛噶举派红帽第十世活佛却朱嘉措是同父异母的兄弟；八世达赖喇嘛的外祖家是拉达克土王，他的一个侄子是喀尔喀蒙古的活佛哲布尊丹巴。[②] 他们姻亲相连，对蒙藏地区政教局势有很大影响。乾隆皇帝就此指出，呼毕勒罕“率出一族，斯则与世袭爵禄何异”[③]。因此，《钦定藏内善后章程二十九条》明确规定达赖、班禅和其他大活佛的转世，由驻藏大臣监督，依照“金瓶掣签”的办法进行，以避免活佛转世人为操纵的弊端，维护和保持清廷对认定呼毕勒罕和活佛转世的权威。清朝中央政府确定“金瓶掣签”制度后，西藏地方上层非常拥护，八世达赖喇嘛就为“为颁给金奔巴瓶”上表谢恩，表示“颁给金奔巴瓶，掣签以定转世灵童，实为剔除寻求乱指等情弊，圣意深远”[④]。

三是尊崇藏传佛教，优礼其领袖，同时依法管理西藏宗教事务，

---

① 张羽新：《清政府与喇嘛教》，西藏人民出版社1988年版，第157—160页。

② 邓锐龄、冯智主编：《西藏通史·清代卷》（上册），中国藏学出版社2016年版，第337页。

③ 《喇嘛说》，载张羽新《清政府与喇嘛教》，西藏人民出版社1988年版，第339—342页。

④ 刘伟：《达赖喇嘛谢恩折背景探究——谢恩折表明达赖喇嘛转世的认定权在中央政府》，《中华读书报》2020年12月30日第19版。

对“妨害国政”的喇嘛，“按律治罪”。清廷“把喇嘛教作为‘控驭’蒙藏民族的工具”，服务于巩固中央政权、加强国家统一的总目标，对有悖于此的不法僧人，清廷就会依法严加惩处。康熙五十九年（1720 年），清军入藏，驱逐了准噶尔部军队，将占据西藏各大寺庙的准噶尔 101 人全部逮捕，把其中被准噶尔部授予总管的 5 名喇嘛头领“即行斩首”，其余 96 名准噶尔喇嘛“尽行监禁”。[①]

19 世纪末期，廓尔喀军队两次侵扰西藏，不法僧人或挑唆廓尔喀头领，或破坏僧俗民众抵敌，清中央政府均下令严惩。1788 年（乾隆五十三年），廓尔喀军队第一次侵扰西藏，与噶玛噶举派红帽第十世活佛却朱嘉措的挑唆有很大关系。却朱嘉措与六世班禅、扎什伦布寺总管商卓特巴（即“强佐”）仲巴呼图克图是同父异母的兄弟。当乾隆四十五年（1780 年），六世班禅晋京，庆贺乾隆皇帝七十寿辰，同年在北京黄寺圆寂。六世班禅晋京期间，乾隆皇帝和满蒙王公贵族都给予赐赠，多达数十万金。这些财宝被运回扎什伦布后由仲巴呼图克图管理，却朱嘉措颇为不满，乾隆五十三年他竟然挑唆廓尔喀入侵中国西藏，还派侍从为廓尔喀侵略军带路。到乾隆五十七年（1792 年），福康安率兵收复失地，直逼廓尔喀都城之下，廓尔喀王投降，送还所掠扎什伦布寺及其他藏地物品；却朱嘉措已死，廓尔喀交出他的骨殖、徒弟、随从和财产。对于却朱嘉措，清中央政府下令废止红帽系活佛转世，“红帽喇嘛改为黄教（格鲁派）”，没收红帽系在羊八井的庙宇、僧房、庄田等寺产，全部转给了黄教（格鲁派）。[②]

乾隆五十六年（1791 年），廓尔喀军队第二次侵扰西藏，八九月间逼近日喀则，扎什伦布寺有喇嘛四五千人，本来可以防守，但

① 张羽新：《清政府与喇嘛教》，西藏人民出版社 1988 年版，第 92—138 页。

② 邓锐龄、冯智主编：《西藏通史·清代卷》（上册），中国藏学出版社 2016 年版，第 277—333 页。吴丰培、曾国庆：《清代驻藏大臣传略》，西藏人民出版社 1988 年版，第 82—97 页。

济仲喇嘛罗卜藏丹巴和四大“学部”（即扎仓）的堪布喇嘛在吉祥天母前占卜“假托占词，妄称不可与贼打仗”，以致“喇嘛番众等皆无固志”，众心涣散，纷纷逃散，廓尔喀军因而轻而易举地攻占扎什伦布寺，在“历辈班禅额尔德尼驻锡建塔之地”大肆抢掠，甚至把历辈班禅灵塔上“镶嵌绿松石、珊瑚等摘去”。驻藏大臣保泰奏报后，乾隆皇帝极为震怒，乾隆五十六年十二月二十六日（1792年1月18日）谕令：济仲喇嘛罗卜藏丹巴等人“自叛其教，为王法所难宥，即为佛法所不容”，查实此事后，对济仲喇嘛“剥黄处决”。罗卜藏丹巴“实系起意占卜妄言惑众之人”，审明罪行，召集西藏各噶伦和各寺大喇嘛等人，在他们共同见证下“剥黄处决”。罗卜藏策登等四名堪布喇嘛查明后押解进京。乾隆皇帝还强调，“朕于黄教素虽爱护，但必于奉教守法之喇嘛等方加以恩”，如果是“教中败类，罪在不赦者，即当明正典刑”，才能在“卫护黄教”的同时“示以彰明宪典之意”。[①]

在西藏经济发展和民生方面，清朝中央政府支持西藏政教合一的封建农奴制度，该制度获得政治上的支持，得以长期延续，以致清朝后期封建农奴制进入衰落时期，难以推行改革，致使社会长期处于停滞状态。在这种情况下，广大农奴和奴隶备受压迫、压榨和剥削，处于极端困苦的状态。从18世纪开始，西藏的封建农奴制从发展的顶峰逐渐转向衰落，不利于生产的发展，特别是封建领主对土地的兼并和差役、赋税的沉重，更造成大量农奴破产逃亡、生产凋敝、民不聊生。到18世纪末19世纪初，西藏的部分上层人士和中央派去的官员认识到了问题的严重性，曾力图加以改良。中央政府也采取了一些扶持政策，如清朝制定的章程中一直扶持内地与西藏的经贸往来，一再督促西藏地方政府公平确定差役额度，严禁

---

① 《清高宗实录》卷1393，乾隆五十六年十二月乙丑。吴丰培、曾国庆：《清代驻藏大臣传略》，西藏人民出版社1988年版，第53—56页。

滥用乌拉以减轻人民负担；乾隆五十六年至嘉庆二十四年（1791—1819 年），和琳、松筠、玉麟等出任驻藏大臣，曾经捐资救助流离失所的天花病患者，救济灾民，减免赋税。光绪三十四年（1907 年），张荫棠致电外务部电陈奏治藏规划时就强调“藏中差徭之重，刑罚之苛，甲于五洲，应一律革除，以苏民困”①。这些措施在一定程度上减轻了人民的苦难，但无法从根本上扭转西藏经济衰颓、民生艰难的趋势。

20 世纪初，列强加紧侵略中国西藏，西南边疆危机加深，有识之士建议在西藏推行新政，兴办教育、实业，垦荒屯田，开采矿山，建设铁路，整理财政，发展经济文化事业，以发展西藏经济、稳固西南边疆。如宣统元年（1909 年），陈赞鹏在《治藏条陈》中建议“理财政”“兴实业”“讲交通”“兴教育”。他强调“财政为办事之母，若财政不理，则华兵虽强，亦难以维持”；各国的殖民地都“资以为养国”，而我国对于西藏“反借内地之协饷”，这是未讲理财的结果，西藏“有四十余万方里之地，千数百万人之众”，如果能“得人而理民，于藏中财政亦不无小补”。他设想，在西藏征收田赋、地税、“屋税”、丁口税、牛马税、营业税、关税、盐税、烟酒税、印花税、香烛宝帛税和册捐、印楮捐等，并预算了征收的数目，虽然这些都是“虚悬之词，或可言而未必可行，或可行而所获效验未必如所言”，但若不“早于今日立其规模，作为久计，以藏饷而理藏政”，姑且不论全国百业待举，“内地协饷未必可以常恃，而亏其本源以补枝流，则天下亦无如此颠倒之政体也”！至于有人担心征税会激起民变，陈氏认为大可不必顾虑，只要大力发展实业、银行、交通、工矿等近代产业，就能拓展财源、增加税收。

① 张荫棠：《致外部电陈治藏刍议》（光绪三十三年正月十三日），《传谕藏众善后问题二十四条》（光绪三十三年二月），吴丰培编《张荫棠驻藏奏稿》，《清代藏事奏牍》，中国藏学出版社 1994 年版，第 1328—1337 页。

对于实业、交通，陈氏在条陈中也提出了自己的建议，即借鉴欧美各国和日本的经验，采取兴办公司“保其利息”、民间集资政府补助、招集侨商吸收侨资、借取外债等方式，发展西藏的近代实业，兴修铁路；在修筑进藏铁路的同时，又要兴修西藏各府县之间的公路，发展电信、邮政等近代产业，甚至设想府与府之间的道路“宽至五丈”，县与县之间的道路“宽至三丈”。他认为“教育之最重者乃所以维系一国之人心，作育人才犹其次焉”，“今吾于西藏宜先之以兵力，后之以教育，则治藏之功达于极点矣”。如何兴办西藏教育呢？陈氏建议要注意六个方面：一要办好中等、初等学堂，在各地遍设初等小学，“以国文、乡语为主，其他各科学可以从缺”，在拉萨、扎什伦布各设中学一所，招收“各地之高等生，而科学亦稍为完备”。二要编好专门的教科书，重点是“上而列祖列宗之威德，下而风俗政教之改良，以及忠顺上国之职分，垦牧矿产之利益一一注入”，而且“凡属各国独立之典故、革命之历史，他如自由平等等字眼一概禁绝”，每课的字数不要太多，意思不要太深奥。三要政府选派教员，为防止革命党人混入西藏的教师队伍，应由政府专门选拔“通晓学务而品行纯正者”担任所办学堂的教员，又考虑到教员可能不懂藏语，开始可以派通晓汉语的藏胞在课上担任翻译，时间长了，教员也就自通藏语，不必再用翻译了。四要重视国语的教学，陈氏强调通过国语的教育可以“使其同化于我，日后与华人杂处，则言语既通，情好自密，不至再生反侧之念”，因此建议“今于藏学国文之外，亦宜教授国语”，今后凡是不能“通达国文、稔熟国语”的藏人不能担任官职，这样就会使藏民“赴之如归，而其桀骜之气亦渐归于无形”。五要在拉萨建立速成法政学堂，学制为一年或者半年，凡是堪布以下的藏官都必须入学，主要讲授“施政法及其责任义务”，还要宜时宣讲圣谕、教授国语。六要创办汉藏文报纸，在全藏发行，以汉族人士担任主笔，通晓藏文——无论是藏族，还是汉族——的人士担任副手，由主笔授意、副手译成藏文，目的在于引导西藏风气的改良开通，但不要谈“国政之是非”“各国之强弱”。陈氏还得意地认为：如果能做好以上六方面的工作，就是“西藏教育达于极点之时，即为征服西藏、获其全功之时也”![1]

陈赞鹏的建议反映了当时朝野上下有识之士的共识，通过报纸杂志的宣传，形成了朝与野、官方与民间的互动。宣统三年（1911年）以前的数年间，张荫棠尝试在西藏推行新政，联豫积极在西藏推行的新政措施，把这些共识部分地转化为推动西藏经济发展、民生改善的实践。宣统三年，清朝在革命的风暴中走向灭亡，尽管这些措施亦随之“人亡政息”，但毕竟给西藏地方经济社会发展带来近代化的曙光，具有一定的积极影响。

第三节　清代治藏的军事制度与国防体系

清代260多年间（1644—1911年），西藏地方多次发生内部变乱和外敌入侵。为维护国家统一，清朝中央政府在西藏的军事部署不断调整、变化。对于清王朝在西藏的重要军事行动、军事制度等，我国学术界已做较为深入的研究。[2] 本节重点论述清代治理西藏的军事制度与国防体系，介绍西藏地方军队驻防、后勤保障等方

---

① 陈赞鹏：《治藏条陈》，《北洋法政学报》第九十五、九十六册，宣统元年闰二月中、下旬。此《条陈》又载于《东方杂志》第7卷第2、3期，宣统二年二、三月。

② 国内外相关成果较多，代表性著作为冯智：《清代治藏军事研究》，云南民族出版社2007年版；喜饶尼玛、王维强主编：《西藏通史·清代卷》（下册），中国藏学出版社2016年版。邓锐龄、周伟洲、冯智、杨永红、梁俊艳、潘能龙等学者发表数十篇学术论文，如邓锐龄：《乾隆朝第二次廓尔喀之役（1791—1792）》（《中国藏学》2007年第4期），周伟洲：《关于19世纪西藏与拉达克战争的几个问题》（《中国边疆史地研究》2008年第3期），梁俊艳：《英国第二次入侵西藏的相关问题研究》（《社会科学战线》2011年第4期），潘能龙：《清代入藏交通与西藏军事安全》（硕士学位论文，郑州大学，2010年），限于篇幅，不一一列出。

面的变化，分析清代西藏军事地理格局变化及特点。根据重大战事与防御重心的变化，西藏地方军事格局的变化大致分为三个阶段。[①]

一　17世纪40年代至18世纪60年代的军事与国防体系

17世纪40年代至18世纪60年代，清廷以控制西藏内部变乱和防御准噶尔部入侵为主要目标，军队布防的重点地区为西藏东部、北部和西北地区。

17世纪40年代，清廷扶持蒙藏联合政权——“甘丹颇章政权”。顺治十年（1653年）册封五世达赖喇嘛、蒙古和硕特部首领固始汗，要固始汗效忠朝廷，辅助皇帝管理西藏地方事务，因此西藏地方的蒙藏联军“实际上成为清朝在西藏地方间接派遣的驻藏部队，行使着保卫边疆、维护地方的职责”[②]。这支蒙藏联军在17世纪四五十年代两度攻入布鲁克巴（今不丹），康熙二十二年（1683年）前后击退拉达克[③]土王的军队，收复阿里的古格等地，直捣拉达克都城列城，随后派军驻防阿里[④]，设置“四宗六本”，即补仁（今普兰）、茹拖（今日土）、扎布让（今属札达县）、达巴喀尔（今属札达县）四个宗和萨让如、左左、帮巴、曲木底、那木如、朵盖齐六个本[⑤]，大大有利于加强西藏西部拉达克、阿里和南部地

---

① 孙宏年、苗鹏举：《清代西藏地方军事地理格局的演变》，《中国边疆史地研究》2020年第3期。

② 喜饶尼玛、王维强主编：《西藏通史·清代卷》（下册），中国藏学出版社2016年版，第759—761页。

③ 拉达克地区在10世纪时就由西藏阿里土王尼马玛贡分封给长子贝吉贡，而后世代相传，始终是中国领土的一部分。明朝末年，拉达克王僧格南杰统治期间（1624—1642年）向东、向北兼并古格和日土王国，特别是1630年利用古格王室内部的矛盾，一度俘获了古格部土王，把阿里地区并入其统治之下。有关情况参见熊文彬、陈楠主编《西藏通史·明代卷》，中国藏学出版社2016年版，第194—202页。

④ 邓锐龄、冯智主编：《西藏通史·清代卷》（上册），中国藏学出版社2016年版，第29—54页。

⑤ 参见黄博《四宗六本：甘丹颇章时期西藏阿里基层政权初探》，《中国藏学》2016年第2期。

区的军政管理。17 世纪末，清廷派军平定蒙古准噶尔部噶尔丹的叛乱，但甘丹颇章政权第巴桑结嘉措暗中支持噶尔丹，又与蒙古和硕特部首领拉藏汗矛盾重重。康熙四十四年（1705 年），拉藏汗处死第巴桑结嘉措。这次蒙藏贵族的权力斗争，“导致蒙藏联军体制的破裂”①。

18 世纪初，蒙古准噶尔部利用拉藏汗与黄教集团势力的矛盾，侵入西藏，康熙五十六年（1717 年）占领拉萨，杀死拉藏汗，在拉萨扶植傀儡政权。此后，清廷两次派军进藏，康熙五十七年（1718 年）色楞率领的清军在哈喇乌苏（今那曲）全军覆没，康熙五十九年（1720 年）分三路进军，中路由十四皇子、抚远大将军胤祯（雍正初年改名允禵）统率，延信等将领率军由青海入藏；南路由定西将军噶尔弼率军从四川、云南入藏，西藏藏族贵族康济鼐、颇罗鼐、阿尔布巴、隆布鼐等起兵响应，把准噶尔部驱逐出西藏。

在驱逐准噶尔部之后，西藏的军事驻防任务由中央政府派驻西藏的八旗、绿营部队和“番兵”——西藏的地方部队藏兵——共同承担，逐步建立较为完整的军事驻防体系——以“防准噶尔部侵犯”为主要任务的体系。雍正元年（1723 年），青海发生罗卜藏丹津叛乱，次年才被清军平定。雍正五年（1727 年），西藏地方噶伦之间出现内讧，阿尔布巴、隆布鼐杀死康济鼐，追杀颇罗鼐，至第二年颇罗鼐率军平息“阿尔布巴之乱”。颇罗鼐始终拥护中央政府，清廷给予重用，雍正六年十二月十一日（1729 年 1 月 10 日）谕令其统管前后藏事务，九年（1731 年）册封他为“多罗贝勒”，颁发银印“总理卫藏事务多罗贝勒之印”，乾隆五年（1740 年）晋封他

① 喜饶尼玛、王维强主编：《西藏通史 · 清代卷》（下册），中国藏学出版社 2016 年版，第 761 页。

为郡王。[1] 颇罗鼐经历康熙、雍正、乾隆三朝，加强藏兵训练，“训练万骑，又练步兵万有五千”[2]，配合驻藏清军安定地方，驻防西藏北部，防范青海罗卜藏丹津部、蒙古准噶尔部的侵扰。

这一时期，西藏的驻防体系是如何构成的？对此，松筠在《西招图略》的“审隘篇”中指出，西藏地方“从前因防准噶尔部侵犯，故看前藏东北哈喇乌苏直至西北极边阿哩一带三千余里，原有卡防”，后“剿灭准部，乃除边患”，嘉庆三年（1798 年）“卡防久撤”。[3] 他所说从前因防犯准噶尔部，从前藏的东北哈喇乌苏（今那曲）直至“西北极边阿哩”（今阿里）一带 3000 余里“原有卡防”，才得以平定准噶尔部后。至他驻藏和撰写《西招图略》时已经是“卡防久撤”。那么，这 3000 多里的卡防是如何部署的，何时撤销的？乾隆初年成书的《西藏志》[4] 就对雍正八年（1730 年）前后的情况有清晰的记述。

> 雍正八年（1730 年），“准噶尔侵犯西北两路军营，颇罗鼐奏准，夏初冰雪全消、青草萌时，派驻大臣一员，绿旗官兵一千五百名；其次子台吉朱米纳木查尔带拉萨兵一千名，前往打木、腾格那尔地方驻防；派长子辅国公朱尔吗特策登，夏初带蒙古番兵二千名，赴门里、噶尔波、鲁多克三处驻防；每年派其弟诺彦和硕气赴哈拉乌素训练该项兵马二千余名，即能统

① 苏发祥：《清代治藏政策研究》，民族出版社 2001 年版，第 61—77 页。

② 黄沛翘：《西藏图考》，《西招图略·西藏图考》合刊，西藏人民出版社 1982 年版，第 74—75 页。

③ 松筠：《西招图略·审隘》，《西招图略·西藏图考》合刊，西藏人民出版社 1982 年版，第 9—11 页。

④ 《西藏志》的著者和成书年代，历来有多种说法，邓锐龄先生认为《西藏志》“是清早期一份关于西藏史地民俗的全面记录，有极高的文献价值”，该《志》“定稿应在乾隆七年（1742）之际”，“此书乃驻藏大臣衙门内某一名（或数名）官员所编”（见邓锐龄《读〈西藏志〉札记》，《清前朝治藏政策探赜》，中国藏学出版社 2013 年版，第 33—50 页）。笔者认为这一观点较为可信。

领驻防；约至九月，雪封山，径撤回休整，次年仍往，又设要卡数处……雍正十年，驻藏汉兵二千名，内议撤一千五百名，此后腾格那尔等处，仅番兵驻防矣。”①

上述记载表明：在雍正八年（1730 年），为防范准噶尔部侵扰西藏，清廷批准颇罗鼐的建议，在初夏冰雪融化、青草萌发时，派驻一位大臣，率领绿营、八旗官兵 1500 名，颇罗鼐再派军配合，在各重要地点设置卡伦十余处，分别驻防阿里—纳克产（今西藏申扎县、尼玛县一带）—哈拉乌素（今那曲）—玉树一线，到九月大雪封山时“撤回休整”，第二年再前往驻防。雍正十年（1732 年），驻防的军事力量做了调整，2000 名“汉兵”中有 1500 名从西藏撤回内地，腾格那尔等地只有“番兵”驻守。但是，“汉兵”部分内撤实际上到雍正十一年（1733 年）才执行，这年三月初一(1733 年 4 月 14 日)，雍正皇帝谕令军机大臣等人，“西藏驻扎弁兵”，本为保护西藏地方、“防准噶尔贼夷侵犯而设”，由于“贼夷大败，徒步奔逃，力蹙势穷，不能远涉藏地”，“无力进兵”西藏，且颇罗鼐“输诚效力”，“唐古特之兵、为较前气壮”，“现今藏地无事，兵丁多集”，费用“虽给自内地”，但西藏地方“不免解送之劳”，因此他要求“量其足以防守藏地，留兵数百名。余者尽行撤回”，命令制定内撤、驻防方案。随后，他批准了内撤方案：“四川二千兵内”撤回 1500 名，留兵 500 名，“三年后仍于四川官兵内派换”；叉木多（今西藏昌都）“居住之云南兵”1000 名，“原为救援藏兵而设”，撤回 500 名，留藏的 500 名官兵“照四川兵丁之例，

① 不著撰人，吴丰培整理：《西藏志·边防》，《西藏志·卫藏通志》合刊，西藏人民出版社 1982 年版，第 35—36 页。按：吴丰培整理《西藏志·边防》中有“赴门里、噶尔、波鲁多克三处驻防”，笔者认为这里似标点有误，应为“赴门里、噶尔波、鲁多克三处驻防”，因为“噶尔波（今普兰县嘎尔东）”“鲁多克（今日土县）”是两个地名，详见文中考证。

三年更换”[1]。

尽管驻防的兵力有所变化，但这一“防准体系”始终由“要卡”“小卡”组成，同时配置后勤保障体系，还在拉萨及附近地区建立置哨、工事，控制鹿马岭（今西藏工布江达县罗马林）等重要口隘。一方面，清朝派驻军队，设立“要卡数处”，又设置十余个“小卡”，形成一道“驻防”与“探哨”相结合的体系。“小卡”是“要卡”的延伸和补充，一般设置在“要卡”附近地区，比如纳克产附近地区分设“小卡四处”，“奔卡立马尔”附近地区“分设小卡五处”，玉树地区“分小卡四处”。[2]《西藏志》记载“要卡”六处、“小卡”十余处，尽管目前我们仅考证出七处重要地点（见表8-2），“门里”“生根物角”等地的地望仍需进一步考证，但是现有成果较为清晰地说明：这一防御体系从西到东，依托喜马拉雅山脉、昆仑山、纳木错、唐古拉山、怒江等山河之险，官兵驻防噶尔波（Dkar-dung）—鲁多克（Ri-thog）—纳克产（Nag-tshang）—腾格那尔（Gnam-mtsho）—打木（Dam-gzhung）—哈拉乌素（Nag-chu）—玉树（Yus-hru'u）一线的重要地点，在夏季青草萌发到大雪封山的时段防范准噶尔部南下扰藏。

另一方面，该体系有两个重要辅助系统，即后勤保障系统和拉萨及附近地区要地的卡伦、工事。康熙五十八年（1719年），清军由四川、青海、云南进军西藏，此后经过雍正、乾隆两代经营，形成四川、青海、云南入藏的三条大道，沿途设置军台、驿站，包括青海至藏设73个台站，四川至藏设60个台站，云南至藏设59个台站。这些台站一般都派兵驻守，储备粮草，供应过往官员、军队

---

① 《清世宗实录》卷129，雍正十一年三月壬午朔。

② 不著撰人，吴丰培整理：《西藏志·边防》，《西藏志·卫藏通志》合刊，西藏人民出版社1982年版，第55—57页。

食宿，传递公文，兼有兵站和邮递所的作用。[①]

鉴于准噶尔攻占拉萨的教训，清朝在拉萨及附近地区加强了布防：一是雍正十一年（1733年）在拉萨扎什塘建立兵营——“扎什城”。[②] 这年三月，驻藏大臣青保等奏报，色拉寺、大招寺之间的扎什塘地方“宽旷平坦，毗近水源，远离农田”，他们会同颇罗鼐选取此地，建立兵营，拟“建城方二百丈，南、东、西三门，城基宽一丈、高一丈三尺”，用石砌城，按照官兵人数，建房341间，原有旧房21间，应新建320间房屋。[③] 这一方案得到雍正帝的批准，“扎什城”开工建设，九月“城工告竣”，九月初四日“官兵移驻新城”。[④] 二是在附近口隘加强了巡查，雍正八年（1730年）前后一度“派番、汉兵各五六名”，到距离拉萨二十里的“怕尔”和五十里的浪宕（今西藏林周县甘丹曲果镇朗唐村）两地，“盘诘往来人等”，其他口隘“各就地之冲、僻”，“设番兵防守”。[⑤] 与此同时，清军一度在鹿马岭建立工事，这里是“西藏咽喉之地”，“山不甚高，绵长百里，四时积雪，烟瘴难行”，清军在北边设“敌工隘”，“倚山为势，设桥为防”，“以拒准噶尔”。[⑥]

---

① 喜饶尼玛、王维强主编：《西藏通史·清代卷》（下册），中国藏学出版社2016年版，第799页。

② “扎什城”相关情况，详见冯智《清代治藏军事研究》，云南民族出版社2007年版，第263—267页。

③ 《青保等奏筹建扎什塘兵营情形折》（雍正十一年七月十九日），载中国第一历史档案馆藏军机处满文录副奏折，中国藏学研究中心等合编《元以来西藏地方与中央政府关系档案史料汇编》（二），中国藏学出版社1994年版，第463—466页。

④ 中国第一历史档案馆藏军机处来文，张羽新编著《清朝治藏典章研究》，中国藏学出版社2002年版，第1067页。

⑤ 不著撰人，吴丰培整理：《西藏志·边防》，《西藏志·卫藏通志》合刊，西藏人民出版社1982年版，第35—36页。

⑥ 不著撰人，吴丰培整理：《西藏志·山川》，《西藏志·卫藏通志》合刊，西藏人民出版社1982年版，第10页。

表8-2 《西藏志》所记部分“要卡”及今地信息

名称	今地	备注
噶尔波	西藏普兰县嘎尔东（在普兰县城西北方向，靠近仁贡农场）	汉文文献又写为“噶尔冻”“噶尔渡”“喀尔多木”
鲁多克	西藏日土县	汉文文献又写为“如妥”“日托”“茹拖”
腾格那尔	纳木错	蒙古语，意思是“天湖”，汉文文献又写为“腾格里海”“腾格里池”“腾格里淖尔”“腾格尔池”
打木	西藏当雄县境内	汉文文献又写为“达木蒙古”“达木八旗”“达木宗”
纳克产	西藏申扎县、尼玛县一带	汉文文献又写为“纳仓”“纳克仓”“纳仓（纳藏）宗”
哈拉乌素	西藏那曲市	蒙古语，意为“黑水”，汉文文献中又作“哈喇乌苏”“喀喇乌苏”
玉树	青海玉树藏族自治州	清初为“霍尔七十九族”的一部分，雍正九年（1731年）前后，青海、西藏、四川会同勘界，青海管辖四十族，西藏管辖三十九族
鹿马岭	西藏工布江达县罗马林，在工布江达县城以西，318国道附近	汉文文献中又写作“禄马岭”“六马岭”
浪宕	西藏林周县甘丹曲果镇朗唐村	汉文文献又写作“浪荡”

说明：1. 本表根据《西藏志》中记述的地名，结合《卫藏通志》《钦定西域同文志》和《嘉庆重修一统志》卷547《西藏》、孟保《西藏奏疏》、光绪《钦定大清会典事例》等文献，考证今地，限于篇幅，考证另文再述。2.《西藏志·边防》所记“门里”“奔卡立马尔”“纳克书”“白兔河”“特布驼洛海”“生根物角”等地名，今天地望仍需进一步考证。

这一时期的“防准体系”首先是清朝中央政府保护西藏地方、“防准噶尔贼夷侵犯而设”，又与17世纪中叶起准噶尔部首领噶尔丹、策妄阿喇布坦、噶尔丹策零意图“复兴蒙古帝国大业”紧密相关，这无疑严重威胁着清朝的国家统一大业和北部、西部边疆地区稳定。[1] 因此，直至乾隆二十四年（1759年）清军平定准噶尔和回

① 马大正主编：《中国边疆经略史》，中州古籍出版社2000年版，第252—255页。

部，西藏地方军事上的重要任务主要是防御其西北、北部的准噶尔部侵扰，这也成为清朝平定准噶尔部、巩固全国统一的军事活动的组成部分。

二　18世纪70年代至19世纪50年代的军事与国防体系

18世纪70年代至19世纪50年代，清朝在西藏以防御廓尔喀（今尼泊尔）和英国支持的“森巴”[①] 为主要目标，西藏南部、西南部成为军队布防的重要地区。

18世纪中期，廓尔喀土邦强大起来，在今尼泊尔中部建立了空前庞大的廓尔喀王朝。此后，廓尔喀王朝不断向周边扩张，向北入侵到聂拉木一带；向西先后侵占塔纳胡部（今尼泊尔塔纳胡县）和西藏属地洛敏汤部（今尼泊尔木斯塘县）、作木朗部（今尼泊尔卡尔纳利专区等地区），到达克什米尔；向东占领了哲孟雄（即锡金，今为印度锡金邦）大部分领土。乾隆五十三年（1788年）至五十七年（1792年），廓尔喀对中国西藏发动两次战争。第一次侵藏战争以西藏地方私下赔款了结。乾隆五十六年（1791年），廓尔喀竟侵入日喀则地区。清廷极为震惊，派福康安率大军开赴西藏，保卫边疆。乾隆五十七年，经过半年的战斗，清军收复本国失地和哲孟雄的部分领土，并开进廓尔喀腹地，逼近其首都，迫使其停战请降。

在驱逐廓尔喀之后，清廷更加重视西藏的军事力量及制度建设，在战后形成的《钦定藏内善后章程二十九条》中明确规定正式建立西藏地方常备军，即藏军，对西藏常备军粮饷、装备、操练、检阅、巡边等做出详细规定。与此同时，清廷把中尼边境地区视为军事部署的重要地带，乾隆五十八年（1793年）调整官兵驻藏人

① “森”是“辛格（Singh，狮子）”的音译，“森巴”就是当时藏文里对克什米尔地区部族的称谓。

数、地点，“最终建立和完善了驻藏官兵的制度”[①]，此后直至清末，驻防官兵地点、人数等基本沿袭这一定制。这一制度事实上是以防范西藏西部、南部可能的入侵为重点，把绿营驻防与台站体系结合起来，形成了保障川藏交通、防范西部和南部侵扰的军事布防格局。对于这一格局，《卫藏通志》记载如下：一是部署绿营、藏军驻防各要地，分别驻防在“前藏”（驻今西藏拉萨市）、“后藏”（驻今西藏日喀则市）、察木多（今西藏昌都市）、拉里（今西藏嘉黎县）、江卡（今西藏芒康县）、江达（今西藏工布江达县江达村，又称太昭）、江孜、定日（今西藏定日县岗嘎镇）、硕板多（今西藏洛隆县硕督镇）、梨树、石板沟等地。其中，定日是通向聂拉木、济咙（今西藏吉隆县吉隆镇）、绒辖尔（今西藏定日县绒辖乡）的战略要地，因此设置定日汛，派驻守备、把总、外委各1位，绿营40名，藏军500名。江孜“为布鲁克巴、哲孟雄等处部落来藏要路”，派驻守备、外委各1位，绿营20名，藏军500名。喀尔达、定结、帕克哩等地附近设置卡隘，江孜守备派藏军“分防巡守”。二是加强在沿边地区巡查。济咙、聂拉木、绒辖尔、喀尔达、萨喀（今西藏萨嘎）、昆布、定结、帕克哩“沿边一带，均已设立鄂博”，驻藏大臣在巡边时“派人堆砌石块，不得日久废弛，致有偷越”。四是根据西藏地方的宗——相当于内地的县级政区——的重要性，一些宗与国防关系密切，提升其“营官”（即宗本）的行政级别。西藏的“营官”分为“大缺”“边缺”“中缺”“小缺”，“大缺”“边缺”均为五品，“中缺”为六品，“小缺”为七品。江孜宗、协噶尔宗、桑昂曲宗处于国防要地，宗本为“大缺营官”。14个宗靠近土司、部落和邻国的沿边地带，设置特殊的“边缺

① 喜饶尼玛、王维强主编：《西藏通史·清代卷》（下册），中国藏学出版社2016年版，第764—791页。按，根据光绪《钦定大清会典事例》卷977《理藩院·设官》记载，“大缺营官”“边缺营官”均为五品，“中缺营官”为六品，“小缺营官”为七品。

宗”，宗本为“五品边缺”，在西部、南部边境地区有堆噶尔、达巴喀尔、补仁、济咙、绒辖尔、聂拉木、定结、帕克哩、错拉（今西藏错那县）。[①] 此外，所有驻藏官兵的口粮及饷银均由清廷负担，饷银由四川解运，口粮在西藏采办。清廷谕令在打箭炉、理塘、巴塘、乍丫、察木多、“前藏”（驻今西藏拉萨）、“后藏”（驻今西藏日喀则）都设粮务台员，派军驻守，完善四川到西藏的粮台、塘汛体系，从而保障驻藏官兵的军需供应、通信往来，加强西藏与内地联系。[②]

根据《钦定藏内善后章程二十九条》规定，驻藏大臣定期巡边。松筠在乾隆五十九年（1794 年）至嘉庆四年（1799 年）出任驻藏大臣时，就曾在乾隆六十年（1795 年）春季和嘉庆二年（1797 年）秋季两次巡边。他在《西招图略》《西招纪行诗》《秋吟阁》等著作中记述了巡边的情况，介绍了西藏军事布防的格局。[③] 在《西招图略》中，他强调西南方向的萨喀、济咙、聂拉木、绒辖（尔）、喀达、定结、干坝（今西藏岗巴县）、帕克哩一带为“沿边厄塞”。[④] 松筠两次巡边的路线反映了他对这一带军事部署的重视，同时表明他任期内较好地落实了清廷在西藏的军事部署，即在西藏西部、南部边境，以后藏（扎什伦布）、江孜为后方，加强对阿里（Mnga'-ris）—补仁（Spu-hreng）—聂拉木（Gnya'-lam）—萨喀（Sa-dga'）—济咙（Skyid-grong）—绒辖尔（Rong-shar）—协噶尔（Shel-dkar）—定结（Gting-skyes）—干坝（Gam-pa）—帕克哩

① 松筠：《卫藏通志》卷 12《条例》，《西藏志·卫藏通志》合刊，西藏人民出版社 1982 年版，第 333—346 页。

② 喜饶尼玛、王维强主编：《西藏通史·清代卷》（下册），中国藏学出版社 2016 年版，第 786—802 页。

③ 有关松筠驻藏期间的政绩、著述，参见冯明珠《走过留痕——松筠驻藏的政绩与著述》，《边臣与疆吏》[《法国汉学》（第十二辑）]，中华书局 2007 年版，第 102—146 页。

④ 松筠：《西招图略·审隘》，《西招图略·西藏图考》合刊，西藏人民出版社 1982 年版，第 9—11 页。

（Phag-ri）一带的巡防，防止廓尔喀进犯。这些部署和博窝宗、错拉宗、桑昂曲宗等相结合，形成了西藏西南—南部—东南部的边境军事体系（参见表8-3）。

表8-3　松筠《卫藏通志》《西招图略》所记军事要地及今地信息

地点	今地	备注
打箭炉	四川省康定市	设置粮台，保障供应
理塘	四川省理塘县	设置粮台，保障供应
巴塘	四川省理塘县	设置粮台，保障供应
乍丫	西藏察雅县	设置粮台，保障供应
江卡	驻今西藏芒康县嘎托镇	设塘站，与巴塘土司交界，宗本为“五品边缺”
察木多	驻今西藏昌都市卡若区	驻军，设粮务一员
硕板多	驻今西藏洛隆县硕督镇	驻军，设粮务一员
拉里	驻今西藏嘉黎县嘉黎镇	驻军，设粮务一员
江达	驻今西藏工布江达县江达村（太昭）	驻军，有塘站
前藏	驻今西藏拉萨市	驻军
博窝宗	驻今西藏波密县倾多镇	与波密交界，宗本为“五品大缺”
错拉宗	驻今西藏错那县错那镇	与布鲁克巴交界，宗本为“五品边缺”
桑昂曲宗	驻今西藏林芝市察隅县古玉乡	宗本为“五品大缺”
江孜宗	驻今西藏江孜县	设汛，驻军，宗本为“五品大缺”
后藏（扎什伦布）	驻今西藏日喀则市桑珠孜区	驻军，设粮
帕克哩宗	驻今西藏亚东县帕里镇帕里村	与布鲁克巴交界，宗本为“五品边缺”
干坝	驻今西藏岗巴县驻地岗巴雪	宗本为“六品中缺”
定结宗	驻今西藏定结县定结乡定结村	与哲孟雄交界，宗本为“五品边缺”
定日	驻今西藏定日县岗嘎镇	设汛，驻军
协噶尔宗	驻今西藏定日县协格尔镇	宗本为“五品大缺”
绒辖尔宗	驻今西藏定日县绒辖乡仓木坚村	与廓尔喀交界，宗本为“五品边缺”
济咙宗	驻今西藏吉隆县吉隆镇	与廓尔喀交界，宗本为“五品边缺”

续表

地点	今地	备注
招提壁垒	在今吉隆县吉隆镇	乾隆五十五年（1792年），清军与廓尔喀军队激战，收复吉隆。为纪念此战役，福康安题刻“招提壁垒”四字距地表高约3.2米，字面宽1.4米，为汉字行书
萨喀	驻今西藏萨嘎县达吉岭乡萨嘎村	宗本为“六品中缺”
聂拉木宗	驻今西藏聂拉木县聂拉木镇充堆村	与廓尔喀交界，宗本为“五品边缺”
补仁	驻今西藏普兰县普兰镇	与宗朗所属奔阿交界，宗本为“五品边缺”
达巴喀尔宗	驻今西藏札达县达巴乡达巴村	与作木朗交界，宗本为“五品边缺”
堆噶尔	宗本在冬、夏分别驻于今噶尔县噶尔亚莎、噶尔雅沙	与拉达克交界，宗本为“五品边缺”

说明：1. 本表根据《卫藏通志》《西招图略》中记述的地名，结合《钦定西域同文志》和《嘉庆重修一统志》卷547《西藏》、光绪《钦定大清会典事例》等文献，考证今地，限于篇幅，考证另文再述。2.《卫藏通志》《西招图略》中所记“喀尔达”“昆布”等地名，今天地望仍需进一步考证。

19世纪上半期，英国殖民者侵略廓尔喀、布鲁克巴、哲孟雄和克什米尔地区，使中国西藏外部环境恶化。英军在1814年11月入侵廓尔喀，1816年3月迫使其签订《萨高利条约》，此后逐步控制该国，1846年又支持忠格·巴哈杜尔·拉纳（1817—1877年）以军事政变上台。[1] 为抵抗英国入侵，廓尔喀向中国求援。廓尔喀国王在嘉庆十九年十一月二十五日（1814年1月5日）致信驻藏大臣喜明、达赖喇嘛等人，强调“披楞”进犯该国，该国“兵丁甚多，只缺少钱粮”，强调“廓尔喀地方保守得住”，西藏“方才清吉”，“若没了廓尔喀”，西藏“也难以保守”，请求喜明转奏清

① 王宏纬主编：《尼泊尔》，社会科学文献出版社2015年第2版，第123—127页。

廷，援助钱粮。喜明为此向嘉庆皇帝奏报，认为“廓尔喀自不安分，招怨邻邦”，准备“严行饬驳”，同时命令边境地区驻军、营官“密为防范”。[①] 面对廓尔喀的求援，喜明并不了解“披楞”[②] 就是来自欧洲的英国人，嘉庆皇帝得到奏报后仍未深究“披楞”是什么人，遂谕令喜明，廓尔喀与“邻邦”交兵，“既在边境之外，总当置之不问”，让他回复廓尔喀国王“大皇帝抚育万国，一视同仁”，不便援助，但“藏地边界一带”官兵严加防守，如果“披楞人等果有阑入边界之事”，即“示以兵威，痛加剿杀，俾知震慑，以固边圉”。[③] 廓尔喀孤立无援，无力抗击“披楞”，此后被英国逐步控制，清咸丰五年（1855 年）又在英国挑唆下发动第三次侵藏战争，侵占聂拉木、济咙等地，次年签订《藏尼条约》。《藏尼条约》签订后，尼军（廓尔喀军）撤出聂拉木、济咙等地，却又乘机占据中国西藏的部分领土，主要包括玉买、牙利、“综”、“汝”等地。[④]

克什米尔地区邻近拉达克，1819—1820 年被锡克王国侵吞，多格拉族头目古拉伯·辛格被任命为查谟邦的统治者。道光十四年（1834 年），辛格发动战争，侵占了拉达克地区。道光二十一年（1841 年），辛格进犯阿里，藏军进行自卫反击，打败侵略者，又收复拉达克失地。翌年，双方在列城签订停战协议，规定拉达克仍交原拉达克甲布管理，为西藏属地，“拉达克与西藏的从属关系基

① 《喜明等奏再接廓尔喀与英人接仗求援来禀及驳办情况折》（嘉庆二十年正月初二日），中国藏学研究中心等合编《元以来西藏地方与中央政府关系档案史料汇编》（3），中国藏学出版社 1994 年版，第 837—842 页。

② “披楞”是 18 世纪晚期以来涉藏汉文史籍中对来自南亚的欧洲人（后来主要是英国人）的称谓，这是对于藏语词的音译，详见扎洛《“披楞”琐议》，《中国藏学》2011 年第 3 期。

③ 《字寄喜明等廓英交兵当置之不问但在边界需密为备御上谕》（嘉庆二十年四月二十一日），中国藏学研究中心等合编《元以来西藏地方与中央政府关系档案史料汇编》（3），中国藏学出版社 1994 年版，第 842—843 页。

④ 杨公素：《中国反对外国侵略干涉西藏地方斗争史》，中国藏学出版社 1992 年版，第 44—46、320—321 页。

本上得到了恢复，但两年后，道格拉再次控制了拉达克”。此后，英国侵吞锡克王国，“拉达克逐步沦为英属印度的殖民地”[①]。至此，中国西藏军民既要防范英属印度，又要防范廓尔喀，1792 年后形成的西藏军事体系面临新挑战，特别是面临英国殖民者入侵的巨大压力。

三　19 世纪 60 年代至 1911 年的军事与国防体系

19 世纪 60 年代至 1911 年，英国殖民者加紧侵略中国西部边疆，通过两次战争打开了西藏大门。西藏军事布防的重心逐步转向与英属印度相邻的西藏西部、南部和东南边境地区。20 世纪初，清廷还在川、滇、藏交界地区推行“改土归流”，以增强国防力量。

光绪二年（1876 年），英国强迫中国签订《烟台条约》，取得进入中国西藏的权利。光绪十四年（1888 年），英国发动第一次侵藏战争，接着迫使中国先后签订《藏印条约》和《藏印续约》，强占中国的热纳、隆吐山、则利拉等大片领土，把哲孟雄（锡金）确定为英国的保护国，强开亚东为商埠，取得进藏经商和派员驻扎的特权，西藏由此逐渐沦为半殖民地。这使中国朝野上下感受到英国对西藏的现实威胁，清廷随后对 1792 年以来的西藏军事布防体系进行局部调整，19 世纪末主要是把防线从江孜、帕克哩推进到亚东，20 世纪初主要是推行改土归流、加强西藏东南边境地区的军政管理。

亚东在光绪十六年（1890 年）开埠通商，清廷批准驻藏大臣的建议，采取多项措施，加强亚东的军事力量。这年四月初一日（1890 年 5 月 19 日），驻藏大臣升泰上奏清廷，强调确定英国控制哲孟雄后，“仁进冈、春丕实为西藏边疆第一紧要之区，亟宜于未

---

① 1841—1842 年古拉伯·辛格入侵西藏阿里地区的这场战争，又被称为“森巴战争”。参见邓锐龄、冯智主编《西藏通史·清代卷》（上），中国藏学出版社 2016 年版，第 438—451 页。

议通商之前先筹防范”，并提出“修建关隘以重边防”“分设驻边汉番文武以资控制”“布坦、廓尔喀两部宜令藏番亟修邻好以期相助”和“酌留官兵驻边暂资巡查”四条建议。这些建议得到清廷的认可，六月二十九日（1890 年 8 月 14 日）奉到朱批“著照所请，该部知道”。

在提出的四条建议中，针对前两条，升泰提出应从以下三方面予以落实：一是修建关隘。帕克哩外的格林卡（即今亚东县上亚东乡嘎林岗）“为咱利、拉堆、雅纳、左纳四山扼要之总路，以前藏人于此毫无布置”，建议“在格林卡外之迥峰山口建关一座，拟其名曰‘靖西内关’”，“仁进冈以外之亚东地方，设立‘靖西外关’一座，关外即藏印通商之地”。二是派军布防。他提出靖西内关所在的格林卡“极关紧要，拟设游击一员、千总一员、外委一员”，在靖西外关“设千总一员，专司巡哨各隘，司关门之启闭”，在“吉码亦设外委一员，以备差委巡缉”，在帕克哩“设把总一员，经理塘递，巡哨哲、布旁通各路，查验关票，以防偷越”；江孜“守备之设设，原系防范帕（即帕克里宗）隘，今既设关在帕隘以外，自应将江孜守备裁撤，其外委一缺即移驻于格林。兵丁四十名，亦并移驻格林汛。番员江孜戴琫，亦将所部番兵移驻格林”；帕克哩宗“营官二员，移驻一员于吉玛，番员似可无须另增”；因格林汛汉兵从江孜移驻后“除派赴各塘递送公文外，仅余三十名，万难分布。拟请于驻防靖西内关格林汛游击营内酌增汉兵一百名，以资弹压巡防。驻边同知署内酌给巡拦、差役数十名，庶汉番声势联络，消息灵通，整理关务，探哨洋情，边事庶可无虞矣”。三是设官管理，建议“在仁进冈以内之吉码桥地方设立驻边同知一员，管理汉番事务地方，兼管军粮、关务、边情”①。

---

① 升泰：《由岭回边妥筹布置折（附条陈四则）》（光绪十六年四月初一日），吴丰培编《清代藏事奏牍》，中国藏学出版社 1994 年版，第 782—784 页。

升泰的这些建议很快得到落实，包括设汛驻军，建成靖西内关、外关和边墙，设置靖西同知等。亚东关税务司戴乐尔 1895 年就报告说：“中英未经分界以前，亚东系属荒陬”，开埠通商后“盖有公所一处”供英属印度“派员驻寓”，住房、商栈十八间供“英商租赁”；亚东汛“有中国千总一员，部汉兵二十名、番兵八十名驻防于此，筑有边墙，亦就山形修建，曰靖西关。凡属英印商官人等，适此而止”；“卓木地方，系靖西同知管理，此官即章程所载边务委员”，还有游击一员，辖兵 140 多人（包括亚东汛的 20 名），游击衙署“建在格林卡地方，闻亦筑有边墙，名为靖西内关”[①]。

20 世纪初，列强加紧瓜分中国，西藏依然是英、俄两国在华争夺的重点地区。光绪二十九年（1903 年），英国发动第二次侵藏战争，侵占亚东、帕克哩，次年攻占江孜、拉萨，逼迫签订《拉萨条约》。对于英国的侵略，西藏军民英勇抵抗，光绪三十年（1904 年）5 月在武器落后、弹药不足的情况下，多次击退英军进攻，坚守江孜一个多月。因此，英国侵略者害怕中国军民以后继续反抗，光绪三十年 10 月 21 日英军指挥官麦克唐纳在双方停战的前提下，“下令摧毁亚东下方之关门、关墙及春丕谷中另外一些关墙与工事”。中国官员为避免其他的边墙被炸毁，请亚东关税务司韩德森前往春丕交涉。韩德森见到麦克唐纳后，“请求他尊重中国人的愿望及感情，保留关墙、关门，或者至少保留关门”，但麦克唐纳未予理会，23 日早晨仍将关墙炸毁。对此，韩德森强调：“炸毁关墙、关门原非十分重大事件，但在宣布和平之后，此举似为幼稚的侵略性野蛮行为，令本地人对其目的惶惑不解，实为极不明智且不

---

① 《戴乐尔关于光绪二十年亚东关进出口贸易情形报告》，中国第二历史档案馆、中国藏学研究中心合编《西藏亚东关档案选编》，中国藏学出版社 1996 年版，第 376—380 页。

得人心之举。”[①] 这些关门、关墙被毁后，由于清廷软弱无能，光绪三十年（1904 年）后英军占据亚东数年，并未重新修建，但残垣断壁仍存。光绪三十四年（1908 年），道台陶思曾奉命赴藏处理开埠事宜，十一月十五日（1908 年 12 月 8 日）“出驻亚东关，从事测量”，称亚东汛“人户十余家，驻千总一员，边墙一道，跨流枕山，横截律路，名曰镇西外关”；陶思曾指出，关墙及其工事是光绪十七年（1891 年）修筑的，“旧例晨启晚闭，稽查出入。英兵入藏，毁之，颓垣屹立，仅存遗址而已”。[②]

英军侵藏使西南边疆危机加剧，全国上下呼吁守土固边，清廷为此调整了西藏治理政策。一方面，在西藏推行新政，进行军事改革。驻藏大臣联豫在光绪三十四年设立陆军小学堂，培养新式军官。宣统二年（1910 年），新军自四川入藏，兵 1000 余人，编成步队三营、马队一营、炮队一队、军乐一队，西藏地方连同新练新军、卫队共有新军 3000 人，统筹派驻全藏各地，步队一营驻东路拉里、江达、工布等处，步队两队驻西路曲水，步队两队驻北路哈喇乌苏，步队一营驻后藏扎什伦布，步队一队驻三十九族地方，其余驻前藏训练。[③] 宣统三年（1911 年）裁撤绿营，仅留前藏、靖西游击各一员，兵丁 1000 余人，精壮者仍令投充陆军、编入巡警。[④]

另一方面，清廷在听取各方意见后，在西藏支持驻藏大臣联豫的新政和变革，采取渐进的策略，表面上不设行省，事实上又以治行省之道治之；在川、滇交界地区支持边务大臣赵尔丰“改土归

① 《韩德森为报英军在宣布和平后炸毁靖西关等事致赫德半官方性质函》（1904 年 10 月 23 日），中国第二历史档案馆、中国藏学研究中心合编《西藏亚东关档案选编》，中国藏学出版社 1996 年版，第 965 页。

② 陶思曾：《藏輶随记》，四川官印刷局宣统三年再版，第 19 页上—20 页下。

③ 赵云田：《清末新政研究——20 世纪初的中国边疆》，黑龙江教育出版社 2004 年版，第 276—284 页。

④ 联豫：《裁撤制兵改设员缺添练新军折》（宣统三年元月十九日），载吴丰培编《清代藏事奏牍》，中国藏学出版社 1994 年版，第 1570—1571 页。

流”，为西藏作后援。[①] 赵尔丰大力推行“改土归流”，设立巴安府、康定府、登科府和德化州、盐井县、河口县、三坝厅等10多个州、县、厅，在得荣、江卡等10多个地方设置委员。[②] 赵尔丰还派军进驻西藏东南部的桑昂曲宗、杂瑜（今察隅），有力地维护了国家领土主权。宣统二年（1910年），新军管带程凤翔派部属到达下杂瑜“正南相距三站之压必曲龚溪”（在今察隅县门巩附近），竖立龙旗，后又在插旗处立了汉藏文的界牌——“大清国杂瑜南界面”。这些龙旗一直保留到1912年初，当英属印度“探查团”到达压必曲龚溪南岸时，他们不得不向英国报告：中国军民已经竖旗、立牌，那里是中国领土。[③]

综上所述，为维护国家统一、稳固西南边疆，清朝中央政府根据国内外形势和防御对象的变化，不断调整、变化西藏的军事部署，大致分为1644年至18世纪60年代、18世纪70年代至19世纪50年代和19世纪60年代至1911年三个阶段。这些调整、变化既反映在各个时期军事防御体系、后勤保障体系总体格局的变动上，又在某一时期局部地区显著发生变化，比如1888年英国侵藏战争后，清廷把军队驻防的重心从帕克哩宗（今亚东县帕里镇）前移至亚东（主要在今亚东县上亚东乡、下亚东乡），构筑起完备的防御工事。

清朝中央政府在西藏的军事部署是治理西藏的重要措施之一，又是中央治理边疆整体方略、政策的组成部分，尤其与西部、西南边疆地区的治理密切相关、形成互动。19世纪50年代前，西藏的军事地理格局与新疆、青海、四川关系密切，青海、四川成为进军西藏、平定准噶尔、驱逐廓尔喀的后方基地。乾隆五十七年（1792

① 孙宏年：《20世纪初英国对中国西藏的侵略与西藏建省问题研究》，《西藏研究》2004年第3期。

② 马菁林：《清末川边藏区改土归流考》，巴蜀书社2004年版，第187—189页。

③ 吕一燃主编：《中国近代边界史》，四川人民出版社2007年版，第614—615页。

年）以后，四川承担起为驻藏官兵解运饷银的任务，逐步成为西藏驻军后勤保障的主要基地。[①]

有清一代，驻藏部队与西藏地方军民共同抵御外敌侵略、安定地方，无论是驱逐准噶尔部侵扰，还是抗击“森巴”、英军入侵，都为稳定西部边疆、守卫神圣国土做出了重要贡献。西藏地方的军事部署及其调整，为守土固边发挥过积极作用，为今天的边疆治理提供了值得借鉴的经验，同时又有值得反思的教训。比如，1815 年廓尔喀请求援助，抗击“披楞”，清廷决策者既不了解“披楞”的真实“身份”和世界格局变化，又不分析“披楞”侵廓之后的严峻形势，未及时调整防御对象和军事部署，以致唇亡齿寒，数十年后英军入侵西藏。

结　语

清代，中央政府为维护国家统一、边疆稳固，制定了一系列的法律、政策、制度，在西藏治理方面积累了宝贵的历史经验，也留下了值得重视的教训和启示。

清代西藏治理政策有一定成效，特别是清前期成效显著，有其值得重视的经验：一是加强政治治理，中央政府设立理藩院（部），专门管理西藏事务；中央政府在西藏地方派驻军队，并且清查户口、设置驿站、征收赋税，充分、有效地管理西藏事务。二是设官置守，册封、任命当地政教上层人士，充分利用维护统一、拥护中央的爱国力量，尽可能地安抚、笼络西藏地方的僧俗上层人士。三是因时而变，因地制宜，制定、完善西藏治理法律、制度，依法依规治理西藏。有学者指出，清代“对西藏进行了四次重大的制度化

---

① 邓涛：《藩部经略与直省支撑——四川在清朝治理西藏中的地位和作用》，《西藏大学学报》2020 年第 1 期。

建设，逐渐完善并形成了较为完备的中央政府对西藏的治理体系。顺治时，敕封达赖喇嘛，颁金册金印；康熙时，设置噶伦制度；雍正时，设置驻藏大臣制度；乾隆时，设置金瓶掣签制度”①。不仅如此，清前期在西藏治理的重要事务方面同样是不断完善法规、制度，比如宗教事务管理上既尊崇黄教，优待爱国的藏传佛教上层，让他们充分发挥维护统一、凝聚民心的积极作用，又针对活佛转世制定金瓶掣签制度，并对“妨害国政”的不法僧人“按律治罪”。

清代的西藏治理政策取得了显著成效，特别是清前期的政策较好团结、扶持了西藏地方爱国力量，如颇罗鼐、九世班禅等爱国上层人士，使他们在西藏治理中发挥应有的作用，从而带领、影响各族人民维护国家统一、反对分裂、反抗外敌入侵。这不仅在清朝初年蒙藏联合政权驱逐拉达克、加强对西藏西部地区治理中产生了积极影响，在驱逐准噶尔部侵扰、维护国家统一发挥了积极作用，而且在驱逐廓尔喀入侵时也产生重要作用。在近代中国遭受俄国、英国等列强入侵时，西藏各族人民与驻藏爱国官兵一起反抗侵略，坚决守卫神圣领土、保卫中华民族的共同家园和民族尊严，从而使西藏地区在遭到英军两次野蛮入侵后，仍然保留在中国的版图之内。

同时，19 世纪以来清朝治理西藏的一些政策已无法适应国内外形势的变化，有其不可否认的消极作用，留给后世相应的教训和启示。

一是清朝以安抚僧俗上层为核心的羁縻政策占主导地位，当中央政权衰落，面对国外势力侵略时，安抚、羁縻政策非但无法维护边疆的稳固，反而使西南边疆危机不断加深。

二是政治稳定与经济发展的关系是边疆治理的重要问题。尽管中央政府和清代一些驻藏大臣也关注西藏民生，但总体上看，仍是

① 刘伟：《达赖喇嘛谢恩折背景探究——谢恩折表明达赖喇嘛转世的认定权在中央政府》，《中华读书报》2020 年 12 月 30 日第 19 版。

更强调政治上的稳定，政教合一的封建农奴制度也因此得以长期延续，这使西藏社会长期处于停滞状态，广大农奴在官家、贵族和寺院上层僧侣三大领主组成的农奴主阶级压迫下饥寒交迫。

三是中国边疆治理与周边形势密切相关，边疆地区的稳固、发展，需要关注周边局势乃至全球格局的变动。18世纪起，当英国殖民者入侵南亚邻国时，清朝统治者仍沉醉于“天朝上国”的“盛世场景”中。如1815年，廓尔喀因“披楞”入侵请求中国援助，清朝统治者不了解“披楞”真实“身份”和南亚形势的变化，不愿支援廓尔喀抗击“披楞”，也未及时调整防御对象和军事部署，以致数十年后英军入侵中国西藏。1907年，张荫棠曾呼吁与布鲁克巴、廓尔喀结成“攻守同盟”，抵抗英国侵略。这是张荫棠等人了解世界大势后的正确决断。但此时英国已经牢牢控制布鲁克巴、廓尔喀等国，因此很难实现联合布鲁克巴、廓尔喀抗英的目标了。

第 九 章

清朝对西南边疆的经略

《清史稿·土司传》将川、滇、黔、桂、湖广明确称为“西南诸省”①。清朝从地方“有管辖之殊，而靖地安民原无彼此之别”的原则出发，制定了一些适用于这一区域的统治政策。因此，本章所讨论的清代西南边疆为与缅甸、安南（越南）、南掌（老挝）接壤并具有漫长边界线的云南、广西两地，也兼及贵州、川西南和湘西地区。与川、滇毗邻的西藏，作为一个特别的区域，不包括在本章的论述中。

第一节　实现统一

明清易代之际，西南边疆地区先后成为南明永历政权抗清的最后根据地和“三藩之乱”的策源地。经过攻灭永历政权、平定“三藩之乱”两次战争，清朝实现了对西南的统一。有关清朝对西南地区统一和平定“三藩之乱”的过程，第一章已经有过概述，本章则在前述的基础上从经略的角度进一步讨论。

① 《清史稿》卷612《土司传》。

一　平定“三藩之乱”，实现再次统一

顺治十六年（1659 年），清军攻占云南，擒永历帝，标志着永历政权政治和军事的彻底覆灭和南明政权的完结，是“全我中国版图”的标志，“自是本部统一，而十八省根基成矣”[①]。在清朝统一全国的进程中，明朝的降官降将是其所依靠的重要力量，清廷不惜对其封王赐土，以致形成“三藩”尾大不掉之势，发展为叛乱。

终清之世，汉人受封为王者共有五人。吴三桂功劳最大，顺治元年（1644 年）被封为平西王，康熙元年（1662 年）晋封为亲王。后金崇德年间（1636—1643 年），孔有德、耿仲明、尚可喜先后率部降清，分别被封为“恭顺王”“怀顺王”“智顺王”，合称“三顺王”。顺治六年（1649 年），改封为“靖南王”“平南王”“定南王”。九年（1652 年），孔有德兵败自杀，因无子嗣，爵除。耿仲明在率兵平定南方时死于江南，王位由其子耿继茂承袭。后耿继茂病死，再由其孙耿精忠承袭。十四年（1657 年），孙可望降清，被封为“义王”。

清朝完成西南的统一后，经略洪承畴上疏：“云南险远，请如元、明故事，以王公坐镇。”[②] 遂以吴三桂驻镇云南，尚可喜驻镇广东，耿继茂驻镇福建，并称“三藩”。[③] 清朝给予“三藩”管理地方诸多特权。如对吴三桂，以“（云南）初定之时，凡该省文武官贤否，甄别举劾；民间利弊，因革兴除；以及兵马钱粮一切事务，俱暂该藩总管，奏请施行，内外各衙门不得掣肘，庶责任既专，事权归一，文武同心，共图励策，事无贻误，地方早享升平”[④]。康熙

① 《清圣祖实录》卷 6，康熙元年三月乙酉。

② 魏源：《圣武记》卷 2《康熙勘定三藩记（上）》，清道光刻本。

③ 《清世祖实录》卷 138，顺治十七年七月丁丑条。原定耿继茂驻镇四川，后改为驻镇广西，最后确定移驻福建。

④ 《清世祖实录》卷 129，顺治十六年十月己酉。

元年（1662 年），又以“贵州接壤云南，皆系岩疆要地，且苗蛮杂处，与云南无二。其一切文武官员、兵民各项事务，俱照云南例，著平西王管理”①。后又于康熙二年（1663 年），谕令：“云、贵二省总督、巡抚敕书，撰入‘听王节制’四字”，“文武官俱听除授”②。吴三桂遂坐镇云南，总制滇黔。尚可喜、耿精忠两位藩王，也获得与吴三桂一样的特权。清朝赋予“三藩”特权，具有封藩裂土之意，为他们保持和发展个人势力提供了便利。如吴三桂在云贵，“称藩专制”十年，手握重兵，私制甲胄；暗通达赖，构衅边疆；坐缺定衔，擅署官吏；聚敛财富，挥金养士。对新兴的清王朝而言，手握重兵、驻镇边疆的“三藩”，既是其稳固统治所依靠的力量，又是潜在的威胁。清朝对“三藩”采取既笼络又控制的政策，将吴三桂的长子吴应熊，尚可喜的长子尚之信、三子尚之隆，耿继茂的二子耿昭忠、三子耿聚忠都招为额驸，留住京师，明面上为笼络，实质是纳为人质，加以控制；凡有官员参劾“三藩”者，皆毫不犹疑地进行处理，以表明朝廷与“三藩”之间并无猜忌。同时，通过将其党羽调离“藩地”，裁撤各“藩王”控制的军队编制和员额，借以削弱“三藩”的力量。“三藩”也不断做出一些姿态，以消除清朝的疑虑。康熙六年（1667 年），吴三桂以“两目昏瞀，精力日减”为由，请辞总管云贵两省事务，刚亲政不久的康熙皇帝立即下旨批准。

从本质上看，“三藩”与清朝日益加强的封建中央集权体制以及国家统一的要求存在着无法克服的矛盾：政治上形同割据；军事上手握重兵，仅额设之兵，尚可喜、耿精忠各领有 15 佐领旗兵、7000 名左右的绿营兵，过万人的队伍；吴三桂更领有 53 佐领旗兵，1.2 万名绿营兵，兵力超过“尚、耿二藩”的总和，而“旗下所蓄

---

① 《清圣祖实录》卷 7，康熙元年十二月辛酉。

② 《清圣祖实录》卷 8，康熙二年二月丁巳。

养甚众”，又“按地加粮，按粮征兵”，实际拥有的兵员远超额数；经济上，一面搜刮民财，聚敛财富，一面伸手向朝廷要钱，仅顺治十七年（1660 年），一年需饷即超过 2000 万两，“天下财富半耗于三藩”。康熙皇帝亲政后，敏锐地认识到“三藩俱握兵柄，恐日久滋蔓，驯致不测”，将“三藩”及河务、漕运列为其亲政后要解决的三件最重大的事，“夙夜廑念，曾书而悬之宫中柱上”①。据之后他自己所称：“朕自少时，以三藩势焰日炽，不可不撤。”然其虽早有撤藩之意，欲除“三藩”，但并没有贸然行动，而是不动声色地展开布置，麻痹他们。

康熙十二年（1673 年）三月，平南王尚可喜突然上疏自请撤藩，归老辽东。康熙皇帝以其“情词恳切，具见恭谨，能知大体，朕心深为嘉悦”，同意其撤藩，并将此情况通报给吴三桂和耿精忠。面对突如其来的状况，吴三桂和耿精忠完全没有思想准备。经过一番思虑后，吴三桂和耿精忠先后上疏，请求撤藩。显然，吴三桂和耿精忠请求撤藩，并非自愿，而是受形势所迫做出的姿态，“以探朝旨”。他们认定清朝不会同时将“三藩”全撤。

清朝内部对是否要裁撤“吴藩”，出现两种不同的意见。由此廷臣中只有少数赞成撤藩，绝大多数反对，担心引发动乱。康熙皇帝以“吴、尚等蓄彼凶谋已久，今若不及早除之，使其养痈成患，何以善后？况其势已成，撤亦反，不撤亦反，不若先发制之可也”②，决意撤藩。

撤藩令下，“全藩震动”，人心沸扬，吴三桂“反谋益急”③。仔细分析形势后，他认为有滇黔作为根本，两广、福建、广东、四川甚至湖北、河北、山西都可传檄而定，胜算较大。之后，当在京

---

① 《清圣祖实录》卷 154，康熙三十一年二月辛巳。

② 昭梿：《啸亭杂录》卷 1《论三逆》，清刻本。

③ 勒德洪：《平定三藩方略》卷 1，第 16 页，清抄本。

留作人质的世孙吴世璠秘密从京城逃回云南后，吴三桂便下定了举兵叛乱的决心。于是，他明面上做些撤藩的举动，敷衍钦差，暗地里却加紧筹划起兵事宜。

康熙十二年（1673年）十一月二十一日，吴三桂杀云南巡抚朱国治，拘禁钦差折尔肯和不肯投降的官员，公开叛乱。他自称"天下招讨兵马大元帅"，自立年号，以"周"为国号，以明年为周元年，蓄发易服，脱去满人服饰，改穿汉服；三军戴孝，拜谒永历陵；传檄远近地方，致书平南、靖南二藩，相约同反；制作讨伐清朝的檄文，誓师北伐。一场由撤藩引发的大规模内战就此爆发。因"三藩"同反（尚可喜未叛，还被清朝晋封亲王，但之后其子尚之信反叛），史称"三藩之乱"。

吴三桂反叛的消息传至京城，朝野震动。以大学士索尔图为首的一干人提出要追究主张撤藩大臣的责任，并处死他们，以谢天下。康熙皇帝以"此出自朕意，他人何罪"，表明其平叛的决心。并立即展开布置：军事上，调兵遣将，指授方略，分守战略要地，做长期战争的准备。政治上，立即召回钦差，停撤平南、靖南二藩，以孤立吴藩；拘禁吴三桂之子吴应熊等［后于康熙十三年（1674年）处死］；晓谕官员、百姓，各守其职，各安生理，"概不株连治罪"；下诏削除吴三桂王爵，将吴三桂反叛罪行布告云贵两省军民，宣布："其有能擒斩吴三桂头献军前者，即以其爵爵之；有能诛缚其下渠魁及兵马城池，归命自效者，论功从优叙录。朕不食言！尔等皆朕之赤子，忠孝天性，人孰无之？从逆从顺，吉凶判然。各宜审度，勿贻后悔。"[①] 表明平叛止乱的坚定立场和态度。

"三藩之乱"，大体经历了以下三个阶段：第一阶段，从康熙十二年（1673年）十一月吴三桂起兵叛清，到十四年（1675年）

---

① 《清圣祖实录》卷44，康熙十二年十二月壬戌。

底，为吴三桂军战略进攻，清军战略退守，“逆贼得据大江以南”；第二阶段，从康熙十五年（1676 年）初到十六年（1677 年）底，双方进入战略相持，展开互有胜负的拉锯战，在局部地区，如甘肃、陕西、江西、浙江等处，清军逐渐由防御转入进攻；第三阶段，从康熙十七年（1678 年）初到康熙二十年（1681 年）十二月，清军战略反攻，吴三桂军全面退却，直至被彻底消灭。

吴三桂起兵反叛时，“散布伪札，煽惑人心，各省军民相率背叛”[①]。在浩大的反叛队伍中，参与叛乱的各种势力和人员抱有不同的目的：倡乱者吴三桂以建立新王朝为目标，是出于强烈的个人企图、政治目的，为一己之私和维护其所代表的少数人组成的势力集团利益；一些忠于明朝之士，欲乘此反清复明，重建大明江山，虽气节可嘉，但已是徒劳；也有一类人，或痛恨作为少数民族所建立、带有民族压迫的清朝的统治，或为报妻离子散之仇。他们目的不同，但在反清这一点上是一致的。因此，从本质上看，“三藩之乱”是清初统治集团内部以满洲贵族为核心和以原明降官降将为主的两个权力集团的斗争。从历史发展的大背景看，中国大地历经明末苛捐虐政，农民起义风起云涌，至清军入关并开启统一全国的进程，前后近 40 年，年年烽火，遍地硝烟，各阶层民众遭受无尽苦难，生产停滞，社会秩序遭到严重破坏。最后由清朝建立起对全国的统治，完成国家的统一，初步形成社会安定、经济恢复的局面，使国家获得了发展的生机，符合和顺应历史发展的要求。从这一意义而言，平定“三藩之乱”，既是清朝中央与地方割据势力的斗争，也是统一与分裂的较量。

西南边疆在明清易代之际，作为南明永历政权的最后堡垒和“三藩之乱”的策源地，历经两次战火，两次统一，成为清朝统一

---

① 《清圣祖实录》卷 99，康熙二十年十二月癸巳。

全国进程的重要环节，也凸显出其在清朝国家统一中所具有的重要战略地位。对此，清朝有识之士有着明确的认识，认为“滇之系于中国，可以有而不可不有也”[①]；顾祖禹的《读史方舆纪要》称：“（云南）去中原最远，有事天下者，势不能先及于此”，而“云南之于天下，非先与于利害之数者也”[②]；《滇系》对云南与中原的关系有一形象比喻：“滇虽一隅，其所系于天下，如一身之有肩背，一家之有库藏，相辅而行，缺一不可也。”[③]

二　统治设施的建立

清朝在统一西南边疆的进程中，“得一省必镇定一省”[④]，即攻占一省，“遂设院、司、道衙门”[⑤]，遣官置吏，建立省、府、州、县各级政权机构；设镇安营，布置军队镇戍。总体而言，随着统治的不断深入，清朝在西南地区的军政建置逐步发展，趋于完善和严密。

西南地区早在秦汉时就已被纳入郡县统治，进入中国统一多民族国家范围内，在元代则整体纳入行省体制，明时为十三布政使司的范围，相较于其他边疆区域，统一的基础更加牢固。然而，元、明两朝西南边疆管理体制上呈现机构设置重叠交叉、相互牵制掣肘。如云南，元代“其于滇之政治设施，颇形复杂，约而言之，可分为省政、王政、藩政、土司四部。四者虽并听命于中央，实各具有统治之权利，而无殊条共贯之组织”[⑥]。明代以朱元璋义子黔宁王沐英及其子孙世镇云南，率重兵戍守，变元代的宗王出镇体制“亚

① 光绪《永北直隶厅志》卷九《艺文志·全滇疆域形势论》。

② 顾祖禹：《读史方舆纪要·云南纪要·序》，清光绪二十五年刻本。

③ 师范纂：《滇系》洪亮吉“序”，光绪丁亥（1887）云南通志局刊本。

④ 《皇清奏议》卷3，《续修四库全书》本。

⑤ 倪蜕撰、李埏点校：《滇云历年传》卷10，云南大学出版社1992年版，第519页。

⑥ 夏光南：《元代云南史地丛考》，中华书局1935年版，第62页。

分封制”，改云南行省为云南等处承宣布政使司，又设按察使司、督指挥使司，以“三司”组成云南地方高层管理机构，又在此基础上，设置总督、巡抚，还时常派遣中官、巡按治事。

清朝以总督、巡抚为西南边疆各省最高军政长官，作为其统治西南边疆各省的主要政治力量，施行与其他省完全一致的督抚体制。这种政治上的统一性在强化西南边疆区域整体性的同时，使西南边疆融入清代统一多民族国家中的基础更加巩固，彻底终结了元、明以来在西南边疆管理体制上机构重叠交叉、相互牵制掣肘的多头政治，遏阻了边疆区域内割据势力的滋生。这是清王朝管理和控制西南边疆的重要制度安排，也是清王朝为实现国家的真正统一，对西南边疆管理和控制更加直接和有效的制度因素，达到了新的统治高度。因此，可将清代施行于西南边疆的督抚体制视为边疆管理体制，也是清王朝边疆管理体制一个重要类别，其与军府制、盟旗制、驻藏大臣制等边疆特殊管理体制一起，构成清代边疆管理的完整体系。

“西南诸省水复山重，云雾晦冥，人生其间，丛丛蚕蚕，言语饮食，迥异华风，曰苗，曰蛮。”[①] 由于西南其地山高谷深、民族众多，远离统治中心，社会经济发展相对落后，秦汉至唐宋时期仅施以羁縻统治，即笼络当地少数民族首领，授予其职官，通过他们实现对土地和人民的控制。羁縻政策的长期施行，使西南少数民族社会由“历代以来自相君长”发展为“彼大姓相擅，世积威约”[②]，社会经济条件发生了很大变化，为元明两朝在这一地区施行土司制度创造了条件。

土司制度，是指王朝中央授予地方少数民族首领可世袭的大小不等的官职，在其承担朝廷所规定的赋役、征调等义务的同时，给

① 《清史稿》卷512《土司一》。
② 《明史》卷300《土司传·序》。

予他们“世领其地，世掌其民”的特权，中央通过控制土司以实现对西南边疆民族的间接统治。

土司制度作为历史的产物，具有两重性，在其建立和完善时期，表现出与西南边疆民族地区社会经济发展的适应性。王朝中央在“修其教不易其俗，齐其政不易其宜”的思想指导下，通过土司制度，实施“以夷制夷”，实现了使西南各民族由“化外”到“化内”的转变，即由“不治”到“间接治理”，有利于沟通边疆与中原之间的联系，增进区域内社会、经济和文化发展，促进多民族国家的统一。然而，施行土司制度原仅是元、明王朝一时的权宜之计，所谓“开端创始，势不得不然”①。就其本质而言，土司制度是西周以来世袭分封制的延续，具有天然的割据性，即“所谓土官者，犹得古人分土之遗意，世世相承，如古之诸侯”②，“今之土司，无异古之封建。但古制，公侯不过百里。今之土司之大者延袤数百里，部落数万余，抢劫村寨，欺压平民，地方官莫敢指”③。土司们“虽受天朝爵号，实自王其地”④，独立一方，游离于中央王朝的管理体制之外，“世领其地，世掌其民”，控制着其治下的土地和人民，掌控着其辖境内的一切权力，“土人知有土官而不知有国法”，导致政治上的分裂与割据，是“天地间一大缺陷”！随着土司势力的膨胀，西南大部分地区被土司占据，“流官管辖者十之三四，土司管辖者十之六七”⑤，甚至在一些已设郡县的地方，“虽有府、州、县、卫之名，地方皆土司管辖”⑥，“流官徒拥虚名”⑦。土司们擅土自雄，“小者如子男，大者竟数倍于公侯”，争为黠悍，尾

---

① 《朱批谕旨》卷25，雍正四年八月初六日鄂尔泰奏折。
② 道光《云南志钞》卷7《土司志上·永昌府》，清道光刻本。
③ 《朱批谕旨》卷89，雍正五年闰三月二十日黄焜奏折。
④ 《明史》卷311《四川土司》。
⑤ 《朱批谕旨》卷24，雍正四年七月二十六日常德寿奏折。
⑥ 民国《贵州通志·前事志》，民国三十七年铅印本。
⑦ 康熙《广西通志》卷32《土司志二·忻城县》，清康熙二十二年刻本。

大不掉。内部争袭夺印，压榨土民，鱼肉百姓；外部相互兼并，以大欺小，以强凌弱，相互仇杀；一些势力强横的土司，邀截道路，抢掠行旅，威胁郡县，“不但目无府州，亦并心无督抚”，根本不把官府放在眼里，甚至称兵构衅，拥兵叛乱，挑战中央王朝权威。土司与朝廷之间、土司与土司之间、土司与土民之间的矛盾日益尖锐激烈。

为消除土司之患，自明代中期便开始实施“改土归流”。所谓“改土归流”，就是剥夺土司所具有的特权，以“流官”（经制的地方官）取代世袭的土司，将原土司治下的土地和人民纳入郡县管理，由间接治理变为直接治理。因受历史条件制约，有明一代所实施的“改土归流”，仅仅是“惩一儆百之计”，即作为控制土司的一种手段，或针对土司之患的一种应急措施。虽然也对不法土司有过大规模的军事征剿（如“播州之役”“三征麓川”等），但都是零星的、局部性的和被动的，而不是全局性主动进行的，并未能从根本上触动土司制度，土司制度本身并没有因局部“改土归流”而发生根本性的变化。

入清后，清朝虽采取措施加大对土司的控制，但总体上仍保留了土司制度。

顺治十五年（1658 年），清军进兵云贵，康熙皇帝即向各领兵将领颁发敕谕：“云南等地方所有土司等官，及所统军民人等，……有归顺者，俱加以安抚，令其得所，秋毫无有所犯。”[①] 之后，平西王吴三桂奏准“土司世袭，悉给札印”[②]。清军攻占云贵后，康熙皇帝颁诏天下：“各处土司，原当世守地方，不得轻听叛逆招诱，自外王化。凡从前未经归附，今来投诚者，开具原管地方

① 《清世祖实录》卷 122，顺治十五年十二月己丑。

② 倪蜕撰，李埏点校：《滇云历年传》卷 10，顺治十七年条，云南大学出版社 1992 年版，第 518 页。

部落，准与照旧袭封。有擒执叛逆来献者，仍厚加升赏。已归顺土司，曾立有功绩及未经授职者，该督、抚、按通察具奏，论功升授。”①

平定“三藩之乱”后，西南边疆开始由乱向治，如何解决土司之患，清朝内部产生不同意见，“土司事宜，或云宜补流官，或云宜补土官；或云可令管兵，或云不可令管兵，种种陈奏不一”。康熙皇帝对如何处理土司问题非常谨慎，派遣兵部侍郎库勒纳等赴西南，会同封疆大吏“善为区处”，强调“定议来覆，毋得游移两可”②。事实上，此时清朝在如何对待土司的问题上面临两难选择，“非姑结之以恩而能安，亦非骤加以威之所得治”，只能“大为防闲，曲为调剂”③。后于康熙二十五年（1686年），以上谕的形式确立对待土司的基本政策：“朕思土司苗蛮，授官输赋，悉归王化，有何杌陧？互相格斗，无有宁居。”④ 要求地方官“推示诚信，化导安缉，各循土俗，乐业遂生。亦令苗民恪遵约束，不致侵扰内地居民”⑤。此后，不时有封疆大吏疏请征剿不法土司，皆被斥为：“不思安静抚绥，惟诛求无已，是何理也？”⑥ 康熙皇帝并一再表明其态度：“近闻云贵督抚及四川、广西巡抚俱疏请征剿土司。朕思从来控制苗蛮，惟在绥以恩德，不宜生事骚扰。”⑦ 但对敢于反叛的土司，清朝也毫不留情地镇压，并顺势将其地改流，即所谓“令之以文，齐之以武。……闻有窃发，剿捕立尽”⑧。

清朝继续保留明代的土司制度而未做出重大改变，是由当时的

---

① 《清世祖实录》卷131，顺治十七年正月辛巳。
② 《清圣祖实录》卷108，康熙二十二年三月己巳。
③ 康熙《云南府志》卷18《艺文志》，清康熙精刻本。
④ 《清圣祖实录》卷124，康熙二十五年二月丁未。
⑤ 《清圣祖实录》卷124，康熙二十五年二月丁未。
⑥ 《清圣祖实录》卷124，康熙二十五年二月庚子。
⑦ 《清圣祖实录》卷124，康熙二十五年二月庚子。
⑧ 雍正《太平府志·土官志》，雍正四年刻本。

历史条件和特定社会环境所决定的：一是在统一西南的过程中，许多土司曾协助清军，甚至立有战功，清朝对其给予鼓励而不是打击；二是此时西南各少数民族内部的政治、经济、文化发展不平衡状况并不曾发生根本性的改变，少数民族内部、少数民族与汉族之间的差别依然存在，且经历了数十年兵燹，社会经济凋敝，人心思定，骤然“改土归流”，必然会造成边疆社会的动荡；三是清朝取代明朝，需要在全国范围内得到承认。上述政策，客观上给予土司喘息的机会。

在西南地区，除土司占据的地区外，还有大片“化外之地”。魏源将西南地区各民族分为“苗”和“蛮”：“无君长，不相统属之谓苗；各长其部，割据一方之谓蛮。”[①] 其所称“苗”，是指流、土俱不受的各民族；所称“蛮”，指土司控制下的各民族。由此形成所谓“苗疆”。广义的“苗疆”包括云南、四川、贵州、湖南、重庆、广西等各省区市部分的苗民聚居区；狭义的“苗疆”指以湖南湘西腊尔山为中心的“红苗”聚居区和贵州黔东南以雷公山、月亮山为中心的“黑苗”聚居区。“红苗”“黑苗”，是依据其居住地区、风俗和与汉民交往的程度进行区分的。此外，还有“花衣苗”“仲苗”“山苗”等，“其俗各以其党，自相沿袭，大抵懻忮猜祸，睚眦之隙，遂至杀人”[②]。根据受国家“王化”程度的不同，又有“熟苗”和“生苗”之分：“近省界者为熟苗，输租服役，稍同良家，十年则官司籍其户口、息耗，登于天府。不与是籍者，谓之生苗。生苗多而熟苗寡。”[③]“苗疆”犬牙交错于数省之中，其地多丘陵而少平地，山势连绵起伏，重峦叠嶂，交通闭塞，“其地险，其俗悍”，自“宋元以来，屡动王师，时服时叛”，一直处于“不隶

① 魏源：《圣武记》卷7《雍正西南夷改流记上》，中华书局1984年版，第283页。

② 李瀚章、裕禄等编纂：光绪《湖南通志》卷81《武备志四·苗防一·总纪》，岳麓书社2009年版，第226页。

③ 田汝成：《炎徼纪闻》卷4《蛮夷》，《丛书集成初编》，1936年。

版籍，不奉约束”[①] 的状态，是历代中原王朝的权力触手难以伸及的“不治之地”，“自古未归王化”的“化外之区”。

因此，在西南广大区域内，于版图之内、疆域之中，存在郡县管理之地、土司治下之地、“化外”之地三种不同类型的地区。三种不同的疆域形态形式上对应直接治理、间接治理和不治之治三种治理方式。从国家统一的角度而言，具有割据性质的土司地区和流土俱不受的“化外苗疆”，是国家统治势力难以触及之地，中央的政令不能通达，游离于国家力量的控制之外，严重削弱了国家疆域的整体性和国家统一的完整性。

第二节　巩固和发展统一

雍正朝的改土归流以及儒学深入边疆和以滇铜、黔铅为重点的经济大开发的持续推进，西南边疆地区社会、经济、文化发生了深刻改变，增强和逐步固化了统一的政治、文化和经济基础，西南边疆的统一局面得到进一步巩固和发展。

一　改土归流，强化统一的政治基础

解决土司之患和“化外苗疆”问题，实现这两类地区从间接治理、不治之治到直接治理，是巩固和发展西南边疆统一的客观需要。但“从来有一定之形，无一定之制，时有不同则制变；有一定之制，无一定之功，人各异则功殊”[②]。解决土司之患和“化外苗疆”问题，是通过雍正年间实施大规模改土归流来实现的。

有目的、有计划、有组织地实施改土归流之所以发生在雍正朝，正是集合了“时”“势”“人”等诸多有利因素：一是清朝经

① 方显：《平苗纪略》，清同治武昌刻本。

② 刘彬：《论全滇形势》，载《皇朝经世文编》卷87。

过近八十年的发展，到雍正时已开始进入鼎盛时期，国力有了巨大的增长，具备进行全面“改土归流”所需的强大的政治、军事、经济力量，而在此之前的明代和清代初年，则不具备这样的条件。二是土司制度的弊端不断显现，尤其是大量具有割据性质的土司及“化外苗疆”的存在，与清朝对国家统一和巩固的要求相悖，其发展已不被清朝封建中央所容纳。三是雍正皇帝提出新型民族“大一统”思想，将边疆民族纳入“大一统”，“改土归流”即是这一思想在西南边疆的具体实践。四是有鄂尔泰这样敢于任事官员群体的倡议和推进。

雍正皇帝继位后，在最初的一段时间内，对待土司仍延续康熙时期施行的“惟在绥以恩德，不宜生事骚扰”之策，同时提出警告：“云、贵、川、广瑶、僮杂处，其奉公输赋之土司，皆当与内地人民一体修养，俾得遂生乐业，乃不虚朕怀保柔远之心。嗣后，勿得生事扰累，致令峒氓失所。”[①] 雍正二年（1724 年）五月，又向内阁出谕示：“朕闻各处土司鲜知法纪，所属人民年年科派，较之有司正供不啻数倍，甚至取其牛马，夺其子女，生杀任情。土民受其鱼肉，敢怒而不敢言，莫非朕之赤子？天下共享乐利，而土民独使向隅，朕心深为不忍。”[②] 但当西南封疆大吏们奏请“改土归流”和进剿“苗疆”时，雍正皇帝均未批准。雍正二年八月，广西提督韩良辅奏请对昏庸贪暴的粤西土司进行改流，雍正皇帝批示：“粤西土府承袭已久，若无故夺其职守，改土归流，未免群起惊疑，殊非安边之道。”[③] 之后，韩良辅再次奏请，雍正皇帝警告他：“柔远之道，安边为要。万万不可贪利图功，轻启边衅”，“开疆拓土之念，丝毫不可存于胸中”[④]。雍正三年（1725 年）元月，

---

① 《清世宗实录》卷 3，雍正元年正月辛巳。

② 《上谕内阁》，雍正二年五月十九日谕。

③ 《朱批谕旨》，雍正二年八月十三日韩良辅奏折。

④ 《朱批谕旨》，雍正三年二月初三日、五月十三日韩良辅奏折。

贵州巡抚毛文铨奏请讨伐“焚劫地方”的安顺府仲苗，雍正皇帝批示：“凡事贵协于中，不宜偏执。若贪功而逞兵威，断然不可。”[①]而署理贵州巡抚石礼哈奏请进取“苗疆”之古州，雍正皇帝谕其：“将八万古州生苗俱令归诚之说，断乎不可！……虽云从报效起见，岂宜锐意轻举妄动?”[②] 但雍正四年（1726 年）间，刚由江南布政使擢升云南巡抚的鄂尔泰连上奏折，奏请“改土归流”，立即得到雍正皇帝的支持，并以其主持西南边疆的改土归流事宜。短时间内，雍正皇帝对改土归流的态度何以发生如此大的改变？究其原因，主要有以下两点。

一是“时势”的改变。雍正皇帝是在激烈的党争中登上大位的，继位之初忙于巩固皇权、推行新政，要做的事很多。已存在数百年的土司之患和“化外苗疆”问题，至此时并未发生质变。虽然土司不法之事时有发生，但尚未敢与朝廷直接对抗和公开反叛，对新政权未构成直接的威胁，“改土归流”并非急务，难度又大，因此延续康熙朝以来的政策而不加改变，这是可以理解的。之后情况发生了很大变化：雍正皇帝在清除对皇权威胁最大的允禩集团以及权臣年羹尧、隆科多之后，政局趋于稳定，所推行的各项改革也已取得成功，国库充裕，且平息罗卜藏丹津的叛乱后，也基本解决了青海和西藏问题，有了彻底解决包括西南边疆在内的所有边疆问题的信心和条件。

二是鄂尔泰制定的“改土归流”方案与雍正皇帝的政治理想高度契合。按雍正皇帝自己给出的说法，之前未批准西南封疆大吏“改土归流”和进讨“苗疆”的奏请，不光因为他们都是“非能办理此事之人”，更是因其仅针对一事或一地之个案，没能做出解决土司之患和“化外苗疆”问题的整体规划，更未能兼及善后，贪功

① 《清世宗实录》卷 28，雍正三年正月己巳。

② 《朱批谕旨》，雍正三年六月初三日石礼哈奏折。

图利，不虑长久，只顾眼前，属于临事治标，头痛医头、脚痛医脚，是“小知小见，乃攀枝附叶之举，非拔本寻源之策”[①]。而鄂尔泰奏请“改土归流”，不仅把土司制度的弊端和“改土归流”的必要性论述得非常清楚，且将土司之患与“化外苗疆”问题相联系，明确指出：“滇黔大患莫甚于苗倮，苗倮大患实由于土司。其不法土司当尽行惩治，其地改土归流”[②]；强调“欲靖地方，须先安苗倮。欲安苗倮，须先制土司”[③]；其目标不仅仅是“拿几土官，杀几苗首”[④]，更是要“将富强横暴者渐次擒拿，懦弱昏庸者渐次改置”，“将从来未服之苗薮同登版籍，共听约束”，即彻底消除土司之患并将“化外苗疆”纳入王朝统治，使西南边疆“声教益通，边隅永靖”[⑤]，达到长治久安的目的。总之，鄂尔泰提出了“改土归流”和开辟“苗疆”的包括原则、重点、方法、善后措施等在内的一整套方案，旨在实现对西南边疆的真正统一，与雍正皇帝的新型民族“大一统”思想高度契合。

清代以前的“大一统”，均强调“华夷之辨”，只是维持形式上的国家统一或可称之为“严华夷之辨的大一统”。雍正皇帝具有新型的“大一统”思想，集中体现在处理曾静案后编辑而成的《大义觉迷录》一书中。他批驳曾静等所秉持的“华之于夷，乃人马物之分解，为域中第一要义”等“华夷之辨”的观念，反对以地域划分内外，以地域而分“华夷”，质问：“天下一家，万物一源，如何又有中华、夷狄之分？……九州四海之广，中华处百之一，其处东、西、南、朔，同在天覆地载之中者，即是一理一气，岂中华与夷狄有两个天地乎？”主张不分华夷，天下一家，中外一

① 《清世宗实录》卷79，雍正七年三月戊申。
② 《朱批谕旨》，雍正四年七月初九日鄂尔泰奏折。
③ 《朱批谕旨》，雍正四年二月二十四日鄂尔泰奏折。
④ 《朱批谕旨》，雍正四年十一月十五日鄂尔泰奏折。
⑤ 《朱批谕旨》，雍正七年七月十二日鄂尔泰奏折。

体，并认为在清代以前皆将“四夷”摒弃在“大一统”之外，因而不能实现真正的“天下一统”。他以清朝的“大一统”和明朝的“大一统”作比较，认为明朝：“先有畏惧蒙古之意，而不能视为一家，又何成一统之归?”而入清以后，经顺治康熙两朝的努力，打破了华夏与“四夷”之间的此疆彼界：“合蒙古、中国，成一统之盛，并东南极边番夷诸部俱归版图。是从古中国之疆宇，至今日而开廓，凡属生民皆当庆幸者，尚何中外、华夷之可言哉!”并强调清朝的“大一统”，是对中国历代以来“大一统”的继承和发展：“我朝崛起于东海之滨，统一天下。所乘之统，尧舜以来中外一家之统也；所用之人，中外一家之人；所行之政，礼乐征伐，中外一家之政也。”他自豪地宣称“普天率土之众，莫不知大一统在我朝”。雍正皇帝所表述的，是“合天下为一家，视异代而无外”的大一统之义，即国家不分地域，不分民族，皆在一个政权、一个君王的统治之下，使封建国家达到高度集权统一，实现“以一人治天下”。[①] 西南边疆的改土归流，即雍正皇帝将其新型“大一统”思想用于解决西南边疆民族问题的具体实践。

雍正皇帝针对“改土归流”发出上谕：“朕君临万方，中外一体，有功必赏，有罪必惩。天地莫非王土，率土莫非王臣。番苗种类固多，皆系朕之赤子。各土官果能凛遵训诫，朕自加恩。若敢阳奉阴违，则国法具在。”并指示鄂尔泰：“当严饬土官土目恪守法度，倘敢怙恶不悛，应作何惩治，应当悉心筹画，改土归流一切机宜务出万全。”[②]

雍正四年（1726 年）四月，贵阳府所属广顺州长寨等处仲苗阻挠清军修筑营房。鄂尔泰奏称，既然仲苗“肆明顽梗”，便杀之有名，提出用兵“苗疆”，借此一举慑伏群苗。疏上，盈庭实色。

① 《大义觉迷录》，《清史资料集》第四辑，中华书局 1983 年版，第 6 页。

② 鄂尔泰：《改土归流疏》，载乾隆《云南通志》卷 29《艺文志》，清乾隆元年刻本。

一些官员没能察觉雍正皇帝对“改土归流”态度的转变，提出反对。贵州巡抚何世璂称：“若一旦骤行进剿，无论约束少宽，不无骚扰之累；路径不熟，不无蹉跌之虞。即使出动万全，而大兵所到，玉石难分。”雍正皇帝谕：“鄂尔泰非寻常督抚可比，其才既优，心复公诚，封疆大吏中实难多得者。类斯等事，当听其指挥而定，不可另立主见。”[①] 贵州总兵官丁世杰又以“三不可剿”反对进兵，鄂尔泰驳以“三不可不剿”。对此，雍正皇帝再发上谕：“治内地，当先宽而济之以严；治边夷，宜先威而继之以恩。”[②] 明确支持以武力实现改流。

雍正四年（1726 年）五月九日，清军三路会攻长寨，由此拉开了西南“大规模改土归流”和开辟“苗疆”的序幕。

雍正朝“大规模改土归流”，经历以下几个阶段：第一阶段，为雍正四年以前，延续康熙朝改流政策阶段，革除的土司仅有 7 家。第二阶段，雍正四年至九年（1726—1731 年），有组织、有计划、有步骤地在西南边疆广大区域内将打击不法土司与开辟“苗疆”结合起来进行，以武力和以武力威慑为手段，革除土司 112 家，开辟“化外苗疆”十余处，辟地数千里，即《清史稿》所称：“（雍正）四年至九年，蛮悉改流，苗亦归化，间有叛逆，旋即剿灭。”[③] 此为“改土归流”的主要阶段。第三阶段，雍正九年至十三年（1731—1735 年），可视为“改土归流”的收尾阶段。而雍正十三年春，先已开辟的“苗疆”发生反复，导致大规模叛乱，清朝再次用兵，战争延至乾隆初年。雍正一朝，共革除土司 220 家，其中云南 17 家，贵州 15 家，广西 10 家，四川 69 家，湖广 109 家。[④]

云南和贵州情况不同，“云南土官多半豪强，所属苗众悉听其

---

① 《朱批谕旨》，雍正四年四月初八何世璂奏折。

② 《清世宗实录》卷 43，雍正四年四月戊子。

③ 《清史稿》卷 512《土司传・序》。

④ 李世愉：《清代土司制度论考》，中国社会科学出版社 1998 年版，第 59 页。

指使，残暴横肆，无所不为"，"贵州土司单弱，不能管辖，故苗患更大"[①]，但均为"改土归流"的重点地区，用兵规模最大，时间也最长。

改流过程中，云南土司反抗最激烈，且多地在改流后又发生叛乱，因此用兵最多。雍正时期，云南被改流的土司仅有 17 家，其中还有 7 家在雍正四年前已改流，四年后改流的仅 10 家，但多是地广势大者，主要集中于今滇东北、滇南地区。如镇沅土知府刀瀚，"人本凶诈，性嗜贪淫，……强占田地，阻扰柴薪，威吓灶兵，擅打井兵"；沾益土知州安于番，"势恃豪强，心贪掳掠，视命盗为儿戏，依贿庇作生涯，私占横征，仍其苛索，纵亲勾党，佐其恣行，卷案虽多，法不能究，比刀瀚更甚"[②]。地处三省交界的乌蒙土府更是"骄悍凶顽，素称难治，不惟东川被其杀戮，凡黔、滇、蜀接壤之处，莫不受其荼毒，而且产富田肥，负固已久"[③]。与乌蒙相连的镇雄土府，"其凶暴横肆与乌蒙无异"[④]。因此，鄂尔泰强调对这些豪强土司"必须征剿，断难诱擒"[⑤]。在以武力将乌蒙、镇雄改流后，将其连同东川一起从四川划归云南管辖。

改流后，在原土司控制的地区遣官置吏，设镇安营，以流官取代土司。土司们不甘心所拥有的特权和利益丧失，又发生镇沅土目刀如珍、茶山土目刀兴国、乌蒙土目禄万福等的反叛，杀流官，毁衙署，四处抢掠，以图"恢复祖业"。乌蒙土目禄鼎坤甚至宣称："我家乌蒙土职，比不得别个土官，自周朝世袭，到今几十代了，……就是给我一个汉官，总不如做我的土官无拘无

① 《朱批谕旨》，雍正四年十二月二十二日鄂尔泰奏折。
② 《朱批谕旨》，雍正四年七月初九鄂尔泰奏折。
③ 《朱批谕旨》，雍正四年三月二十日鄂尔泰奏折。
④ 《朱批谕旨》，雍正四年九月十九日鄂尔泰奏折。
⑤ 《朱批谕旨》，雍正四年九月十九日鄂尔泰奏折。

束，好不自在。”[①] 鄂尔泰遣兵平叛，逐一扫定。清军还乘势深入车里宣慰司领地，将“六大茶山及橄榄坝江内六版纳”改流，设普洱府驻宁洱，分置思茅通判、攸乐同知加强管理控制。而江外的土司得以继续保留外，形成所谓“江内宜流不宜土，江外宜土不宜流”之说。至此，云南境内除澜沧江外如车里（今西双版纳）、孟连、耿马、南甸（今梁河县）、干崖（今盈江县）等沿边境一带土司得以继续保留外，其他地广势强的土司全部改流。

贵州境内土司较多，但没有如云南那样地广势大的豪强者。雍正时期，贵州有15家土司被改流，都不是以武力实现的，用兵主要是针对“化外生苗”。自雍正四年至九年间，清朝剿抚并用，在黔东南地区开辟八寨、丹江、清江、古州、都江、台拱等“苗疆”十余处，计地数千里。雍正十三年（1735年），“新辟苗疆”发生“苗变”，“生苗、熟苗”同反，众至数万，突入内地郡县抢掠，“四面并起，七府残破”[②]。刚继位的乾隆皇帝调集贵州、云南、广西、四川等处兵丁进剿，而总理“苗疆”的军务大臣张照提议放弃“新疆”，大兵云集数月而未进。之后，乾隆皇帝授张广泗为经略，率军进剿，迫使数百苗寨就抚，于乾隆元年将“苗乱”平定。

广西土司主要集中于桂西地区。雍正一朝，境内仅有10家土司被改流，是西南五省中最少的。形成如此局面，不是由于广西境内土司的数量较少，而是因为“各属土职之为患者少，版目、所目之危害者多”[③]，大量被认为“恭顺”的土司得以继续保留。广西一省，“其边患，除泗城土府外，余皆土目，横于土司”[④]，用兵主

---

① 《朱批奏折》，雍正八年十月十七日鄂尔泰奏折。

② 魏源：《圣武记》卷七《西南夷改土归流记（上）》，中华书局1984年版，第293页。

③ 雍正八年正月十三日，“云南总督鄂尔泰奏报巡查广西所见沿途城池营伍土官彝情暨水利河道等情形折”，《雍正朝汉文朱批奏折汇编》第17册，江苏古籍出版社1989年版，第696页。

④ 魏源：《圣武记》卷七《西南夷改土归流记（上）》，中华书局1984年版，第285页。

要针对泗城土府（今百色市凌云县境）及西隆州（今百色市隆林县境）八达寨和广西思明土府（今广西宁明县境）邓横寨。该二寨土目凶恶异常。鄂尔泰采取的方法是“先改土司，次治土目”[1]。泗城土府“西南接滇，西北介黔，万山叠峙，四面皆蛮”[2]，位于今广西壮族自治区百色市凌云县，“承袭数百年，举动、仪从盛于制抚，而富饶强悍复倍于乌蒙、镇雄。（土知府）岑映宸倚赀交结，藐视流官，夷民受其鱼肉，边境肆其凭凌”[3]。清军大兵压境，迫使泗城土府缴印改流。又分别于雍正六年和八年，以武力剿灭八达寨和邓横寨，震慑了广西境内其他土司，“广西诸土官，自岑氏以下，亦先后缴敕印、纳军器二万余件”。清朝于右江上游增设百色厅，将思明土府黄氏、东兰土州韦氏、归顺土州、下龙长官司赵氏、恩城土州赵氏，或改流，或降级。自此后，广西境内再无府一级的土司，绝大多数州县为流官管辖，政治建置趋于内地。

四川境内土司多设置于川西南的大小凉山和川西北藏区。雍正时期，四川境内土司有 69 家被改流，数量已不为少。雍正六年（1728 年），一次就将建昌阿都宣抚司、阿史安抚司及狃姑、歪溪等土千户、土百户共 56 处土司改流，又将势力强大的天全土司、酉阳土司改流。但与西南其他省份相比，四川的改流仍显得很不彻底。这是因为：一是部分土司在改流后又被重新授职。如川西南的河东、河西、阿都等土司。二是又新增设不少土司。据有学者统计，雍正年间，四川境内有 96 名“归诚土酋”被授予土司职衔。[4]雍正朝“改土归流”后，四川是存有土司最多的省，说明土司制度在该地区仍有其存在的客观条件，并成为乾隆年间瞻对之役、两征

---

① 魏源：《圣武记》卷七《西南夷改土归流记（上）》，中华书局 1984 年版，第 290 页。

② 《广西通志》卷九《沿革》，《四库全书》本。

③ 雍正五年五月初十日，“云南总督鄂尔泰奏报泗城土府事宜折”，载《雍正朝汉文朱批奏折汇编》第 9 册，第 771 页。

④ 李世愉：《清代土司制度论考》，中国社会科学出版社 1998 年版，第 65 页。

金川以及清末川边改流等重大历史事件发生的重要原因。

湖广土司大多设置在湘西、鄂西地区。雍正一朝，湖广共革除土司 109 家，而自请改流的就占 103 家。鉴于湖广自请改流的土司太多，雍正皇帝曾未定全部改流，但由于该地区与“内地”长期的密切交往，社会经济结构已发生根本性的变化，土司制度已失去其继续存在的土壤，在改流的浪潮下，土司难以为继，改流完全出于自愿，甚至发生土司呈请改流未允准之事。雍正六年，下峒长官司土官向鼎晟将所辖四至地界户口册送交湖南巡抚王国栋，呈请照永顺土司改流。王国栋据实奏报，雍正皇帝认为改流条件不成熟，未予批准。十二年，向鼎晟联合上峒长官司再次呈请，“职等年来实难弹压土众，久欲呈请改土归流。……今闻湖北忠峒等十五土司得遂所请，不但职等仰邀仿例，而土民望风归化之念较职等尤为激切。为此披肝沥胆，纳土投诚”[①]。湖广总督迈柱奏请“应附顺舆情”，终获批准。雍正时期，湖广改流的土司数量最多，也最为彻底，自此后有“湖广无土司”[②] 之说。

雍正朝“大规模改土归流”共废除土司 220 家，开辟“苗疆”十余处，涉及的民族众多。在废除的 220 家土司中，云南丽江、镇沅、东川、乌蒙、镇雄诸土府，广西泗城土府以及东兰、龙州土州，四川酉阳宣慰司、天全六番招讨司，湖广永顺、保靖、桑植、容美宣慰司和施南宣抚司，皆为地广势大、独霸一方的豪强土司，是“改土归流”重点打击的目标。鄂尔泰开始筹划“改土归流”时，就把目光投向乌蒙、镇雄、泗城三土府。此三土府均处于川、滇、黔、桂省际交界处，“大凡四省劫杀之案，多由三郡酋虏诸凶，总以逼近临疆，沿成恶习，杀人虏人越境以逃，缉人拿人隔省无法，幸而擒获，偿牛偿马，视人民为泛常，一或潜踪，移咨移关，

① 《朱批谕旨》，雍正十二年九月十五日迈柱奏折。

② 《湖南苗防录叙》，载《皇朝经世文编》卷 86《苗防上》。

目官府为故事”，强调“三土府不除，则四省界难靖”[1]。不仅乌蒙、镇雄、泗城三土府，其他豪强土司统统被革除，之前“一夫作难，全省震荡”的情况再未出现。

“改土归流”开辟的地方十分广大，“于滇，则镇沅、威远、乌蒙、镇雄、车里、橄榄坝、鲁魁山等处素不奉法、抗官扰民者，公请于朝，悉讨平之，改土归流，扩地至缅以西。于黔，则谬冲、长寨、丹江、清水江素逞凶顽者，歼其渠，抚其众，悉归诚。于粤，则泗城土府世恶不驯，为滇黔患，公奏请改设流官，尽拔其孽。……由是三省中名山大川，旧为苗倮所隔越者，今皆开路凿河，置官设吏，置戍设堠，入贡赋如内地”[2]。贵州“苗疆辟地二三千里，几当贵州全省之半”[3]。广西“改流面积，殆占土属全部幅员之五分之四”[4]。四川改流后所设雅安府、宁远府、松潘厅等则占了全省近一半的面积。而湖广境内经改流后已无土司。

雍正朝“大规模改土归流”，使土司控制的区域大大缩减，官府直接控制的区域则大幅增加：新设流官152处，均设在已革除土司领地、“新辟苗疆”和原流土并存三类地区，其中云南36处，贵州31处，广西20处，四川23处，湖广42处。新设流官中府、州、厅、县以上者达93处，其中府（含直隶州）14个，厅42个（其中含“苗疆十厅”：湖南设凤凰、乾州、永靖、松桃4厅，贵州设台拱、古州、八寨、都江、丹江5厅），州10个，县（含卫所）27个。在如此广阔的区域内，流官取代土司，变间接治理为直接治理，“化外苗疆”多设厅而治，由“不治之治”变为直接统治，西南边疆绝大部分地区实现了真正意义上的郡县管理体制。

---

① 雍正四年十一月十五日，“管云贵总督事鄂尔泰奏议除乌蒙等三十一府以靖云贵川粤四省边界折”，载《雍正朝汉文朱批奏折汇编》第8册，第451页。

② 晏斯盛：《楚蒙山房集》，《公祝少保鄂云贵制府》。

③ 魏源：《圣武记》卷7《西南改流记（下）》，中华书局1984年版，第292页。

④ 刘锡蕃：《岭表纪蛮》第23章第7节《广西之土司》，商务印书馆1934年版。

由于上述原因，雍正时期的“改土归流”被学界冠以“大规模改土归流”之名。

雍正时期的“大规模改土归流”，实现了西南边疆政治体制的重大变革。虽然“改流”后仍存留有大量土司，但土司制度已受到极大冲击，开始走向衰落。通过采取或降职，或削地限权，或增设流官牵制等措施，并逐步强化原有的承袭、贡赋、奖惩、征调等制度，使之更具有针对性；又创设分袭、抚恤、考成以及对革除土司的处理等制度，形成一整套完备的土司管理和控制制度，极大地限制了土司政治、经济、司法等特权。除个别地方外，不论职衔品级高低，每家土司实际控制的区域已被大大压缩，其权势与改流之前已不可同日而语，能掌控一府一县者已难再有，一般只管理三五村寨，并逐渐出现不理村寨及不予世袭的土司。以贵州而言，改流后仍存留百余家土司，但许多仅“存其名号而已，无尺寸之柄”①。广西改流后存有土司 49 家，之前藉名科派、苦累土民，“然自近年以来，屡奉严禁，各土司均知兢兢畏法，不敢萌其故智”②。

清朝在改流地区增设郡县，设镇安营，在增强对这些区域控制的同时，又强化了边防。雍正皇帝强调：“新定苗疆，正资弹压，……应添兵之处，不可惜此小费，当谋一劳永逸，万不可将就从事。”③ 仅“新辟苗疆”即驻兵 8200 名。雍正九年（1731 年），平定乌蒙土官叛乱后又增设迤东道，添设骑兵营，增兵 1800 名，均驻扎滇东北咽喉要地寻甸，形成以迤西道、迤东道管控全省的格局。而对于拥有漫长的边界线且统治薄弱的滇南地区，绿营的布置重心得以由“居中制外”内防土司向“虚内控外”强化边防转移，形成以沿边开化、普洱、顺宁、永昌、腾越等政治、军事重镇为依

① 鄂尔泰监修：乾隆《贵州通志》卷 16《秩官志·序》，《四库全书》本。

② 杨锡绂：《四知堂文集》卷 17《请仍以土治土禀》。

③ 《朱批谕旨》，雍正五年三月十二日鄂尔泰奏折。

托，密集汛塘为基础的一条绵延数千里的边防线，不仅增强了沿边土司的向心力，影响亦远及境外，“广南府土同知、富州土知州各愿增岁粮二三千石，并捐建府、州城垣。孟连土司输银厂，怒江野夷输皮帑，老挝、景迈二国皆来贡象，缅甸震焉”[①]。“外夷”不招自来，主动贡象。正如雍正皇帝所称：“朕所喜者，非因外国之纳款，盖以此国内附，则镇沅新定一带可保永永无虞矣。”[②]

除行政和军事管控外，在“土苗杂处，户多畸零”之地，谕令“无论民夷，凡自三户起，皆可编为一甲。其不及三户者，令迁附近地方，毋许独住”[③]，将保甲制度推行至原土司地区和“新辟苗疆”，以加强社会控制。原土司统治下的各族人民按户稽查，登记编册，由官府直接控制；原土司庄园内的奴仆开豁为良，成为自由的个体农民。土民有田者自行报出，发给印照，永为世业；无田者，则将籍没的部分土司田地发给其耕种。由此，原土司与土民之间的主奴关系已不存在，土民成为清朝的编户齐民。虽然二者都需向政府缴纳税粮，但“较之土司陋规十不及一”，加之清朝对改流地方蠲免钱粮，在一定时期内采取“科粮从轻”的优惠政策，客观上缓和了社会矛盾，增加了土民对清朝统治的认同。

“置郡县，易封建，则九州之大归于一统。”[④] 雍正朝“大规模改土归流”，是在国家统一的历史趋势下推行和展开的，西南边疆区域内地广势大的豪强土司被革除，土司控制的区域大大缩减，长期存在的土司之患基本得以解决，广阔的土司地区和“化外苗疆”被纳入清朝的直接统治；对存留的土司，则形成一整套完备的制度

---

① 魏源：《圣武记》卷7《雍正西南夷改流记（上）》，中华书局1984年版，第288页。

② 雍正七年七月二十四日，《云南总督鄂尔泰奏报老挝国输诚进贡折》，载《雍正朝汉文朱批奏折汇编》第15册，第855页。

③ 《朱批谕旨》，雍正四年八月初六日鄂尔泰奏折。

④ 陈宗海、陈度纂修：（光绪）《续修普洱府志稿》卷16《建置志》，《中国地方志集成·云南府县志辑》，凤凰出版社2009年版。

加以管理和控制，基本消除了土司的割据性，并通过遣官设治、置镇安营、实施保甲制度，拓展了统治的广度和深度，巩固了边防，极大地增强了西南边疆的政治统一性，为全方位的社会变迁创造了条件，使西南边疆政治、经济、文化都归入封建国家体制之中，国家统一、边疆稳固的程度获得飞跃性发展，加快了西南边疆与内地的一体化进程。

二　儒学深入边疆，夯实统一的文化基础

自实行科举取士后，“科举必由学校”。府、州、县学宫是官学教育的主要场所，不仅承担培养统治阶级所需要的科举人才的责任，还可向读书人传达统治者的思想和意志，起到正风俗、统一人心和稳定社会的巨大作用。因此历代皆十分重视，即所谓“治天下之要，以崇师重道、广励泽宫为先务”①。

西南边疆儒学教育在元明时期已获得很大发展，初步建立起儒学教育体系。明朝在云南、贵州、广西分别设有府、州、县、卫学73所、47所、69所，书院65所、21所、64所，还有数量不等的社学。在确保区域内的汉族人口能与其他内地省份的汉族一样科举出仕的同时，还重视对民族上层及其子弟族属广行教化，变其风俗，培养他们对朝廷的忠顺之心。

有清一代，西南边疆地区的儒学教育获得空前发展，学宫、书院数量大幅增长，义学逐步取代社学，设置数量达到当时社会条件下所能达到的顶峰，形成学宫、书院、义学为主体的儒学教育体系。新增学宫、书院、义学大多设置于新改流地区和边远民族地区，形成官学教育从平坝到山区、城市到村寨、汉族区到少数民族聚居区的广泛设置，实现了儒学深入边疆。

---

① 《清世宗实录》卷17，雍正二年三月乙亥朔。

学宫的发展。“学宫为育才之地，声教所自出，观感所由，兴诚綦重也。”[1] 明代所建西南边疆地区的府、州、县学宫，历经明末清初数十年兵燹，尤其是持续八年的“三藩之乱”，损毁严重。平定“三藩之乱”后，在清朝中央和地方官府的重视下得到恢复和发展。雍正年间“改土归流”后，随着府、厅、州、县的增置，西南边疆地区的学宫建设迎来发展高潮，西南五省新增 93 处府、州、厅、县，同时给予诸多政策倾斜，如重视学宫的配置，支给文武举人会试，岁拨贡生廷试盘费银两，准监生在籍肄业，增广学额、解额，开设廪增等。

有清一代，云南全省学宫在明代 73 所的基础上增至 101 所。康熙时期增建的学宫有开化府学、丽江府学、广南府学。雍正“改流”后增设乌蒙、东川、普洱、镇沅四府学，镇雄、宣威二州学，威远一厅学，永善、恩乐二县学。乾隆至道光年间仅增设有中甸厅学、思茅厅学、他郎厅学。

在贵州，平定“三藩”之乱前共建立了 11 所府学、7 所州学、11 所县学，多在“三藩之乱”中遭毁弃。[2] 平定“三藩之乱”后，增设兴义府学、遵义府学、黄平州学，很大一部分州县仍未设学。康熙三十八年（1699 年），在巡抚王燕的努力下，麻哈州、独山州、广顺州、开州、永宁州相继设立学宫。雍正年间，又立永丰州学、普安直隶厅学、松桃直隶厅学、古州厅学、八寨厅学等。至道光年间，贵州全省新增 9 所厅学、23 所县学和 3 所卫学。

在广西，有清一代，除恢复府、州、厅、县学 64 所外，还在改土归流的镇安府、泗城府、奉议州、归顺州、东兰州、西隆州、恩阳州、百色厅、崇善县、西林县、镇边县、太平土州和土田州新设府、州、厅、县学 14 所。

---

① 范承勋：《修建学宫疏》，载康熙《云南通志·艺文志》，康熙三十年刻本。

② 张羽琼：《贵州古代教育史》，贵州教育出版社 2003 年版。

在湖南湘西，顺治十六年（1659年）建湖南辰州五寨学。[①] 康熙四十二年（1703年）建凤凰厅学。雍正年间，增建永顺府、桑植县、永顺县、保靖县、龙山县、乾州厅、永绥厅学宫。

总体而言，西南边疆地区学宫在明代基础上蓬勃发展，许多从未设学的改流地区和边远民族地区开始有了儒学教育机构。

完善少数民族上层进入儒学学习的机制。西南边疆区域内民苗杂处、土司林立，"其子弟恣睢相尚，不知诗书礼义为何物，罔上虐下，有由然矣"[②]。明朝时期，即建立土司子弟、族属进入儒学学习、习礼，加以教化的机制。洪武年间，明太祖即谕令："边夷土官皆世袭其职，鲜知礼义，治之则激，纵之则玩，不预教之，何由能化？其云南、四川边夷土官皆设儒学，选其子孙 、弟侄之俊秀者以教之，使之知君臣父子之义，而无悖礼争斗之事，亦安边之道也。"[③] 并要求"其后，宣慰、安抚等土官俱设儒学"[④]。对土司承袭之人进入儒学学习更是做出强制性规定："土官应袭子弟，悉令入学，渐染风化，以格玩冥。如不入学者，不准承袭。"[⑤]

清朝本着"遵圣人之道，重人伦之责，广王者之化，育天下之才"[⑥] 的宗旨，沿袭明代的上述做法，并加以扩充和发展，逐步完善机制，强化对土司子弟、族属和"土人"进行儒学教化。

顺治十五年（1658年）诏谕："土司子弟有向化愿学者，令立学一所，行地方官取文理明通者一人充为教读，以司训督，岁给银八两、膏火银二十两，地方官动正项支给。"[⑦] 随着清朝统一西南进

---

① 张廷玉等撰：《清朝文献通考》卷69《学校考七·直省乡党之学一》。

② 蔡毓荣：《筹滇十疏》第九疏《敦实政》，载康熙《云南通志·艺文志》，康熙三十年刻本。

③ 《明太祖实录》卷239，洪武二十八年六月壬申。

④ 《明史》卷75《职官四》。

⑤ 《明史》卷310《土司传》。

⑥ 鄂尔泰修，靖道谟纂：乾隆《云南通志》，乾隆元年刻本。

⑦ 《钦定大清会典则例》卷70。

程的加快，加强对土司、“土民”的教化变得更为迫切。贵州巡抚赵廷臣提出，“盖以教化无不可施之地，而风俗无不可移之乡也。即如苗性至诈，而可以信孚；苗性至贪，而可以廉感。其作梗衢路，宜仿保甲之规；其仇杀抄劫，宜立雕剿之法。又赏罚之条必信，馈送之陋必革”，奏请“今后土官应袭，年十三岁以上者令入学习礼，由儒学起送承袭。其族属子弟愿入学者，听补廪、科贡，与汉民一体仕进”，使他们“明知礼义之为利，则儒教日兴，而悍俗渐变”①。即将儒学教育从土司承袭之人扩大至族属子弟。顺治十七年（1660 年），确定在贵州府州县儒学中设置专门的“苗民”学额，议准“贵州苗民中有文理稍通者，准送学道考试，择其优者，取入附近府、州、县、卫学肄业，仍酌补廪增。事下部议，寻定新进苗生大学五名、中学三名、小学二名，均就附近各学肄业，苗籍廪增大学各三名，中小学各一名”②。

在云南，顺治十八年（1661 年）云南巡抚袁懋功奏：“滇省土酋既准袭封，土官子弟应令各学立课教诲，俾知礼义。地方官择文理稍通者，开送入泮应试。”③ 提出：“准云南土司应袭子弟，令各学教训，俟父兄谢事之日，回籍袭职。其余子弟，并令地方官择文理稍通者，送提学考取入学。”④

显然，当时云南与贵州对土司承袭人和土司族属、“土民”进入儒学学习的规定并不一致。因此，当康熙二十一年（1682 年）云贵总督蔡毓荣奏请“其族属子弟有志上进者，准就郡邑一体应试”⑤，经礼部议定：“云、贵二省应各录取土生二十五名。其土司

---

① 乾隆《贵州通志》卷 35《艺文・疏》，嘉庆补修本。

② 张廷玉等：《清朝文献通考》卷 70《学校考八・直省乡党之学二》。

③ 《清世祖实录》卷 2，顺治十八年三月甲戌。

④ 乾隆《云南通志》卷 7《学校志》，康熙三十年刻本。

⑤ 蔡毓荣：《筹滇十疏》第九疏《敦实政》，载康熙《云南通志・艺文志》，康熙三十年刻本。

隶贵州者附贵阳等府学，隶云南者附云南等府学。不准科举，亦不准补廪、出贡。”[①] 此规定在将云、贵两省土司子弟进入儒学学习的规定加以强化的同时，明确了以下两点：一是在府学中划出专门的“土生”学额；二是不允许他们参加科举。

清代府、州、县学录取生员，均有规定的名额，称“学额”。在府学中专门划定“土生”学额，这是很大的优待。在当时只有高级官员子弟及州县中考试成绩优秀者才能进入府学学习，内地童生，其文艺虽优，若无人推荐，很难进入府学，故时人称：“童试不难于入泮，而独难于府取，谓之‘府关’。”[②] 然而，在优待的同时，又加以限制，不允许他们参加科举，亦不准补廪出贡。所谓“科举”，即指乡试。所谓“补廪出贡”，是指成为岁贡生，有做官的机会。不准科举，即不准参加乡试，亦不能做贡生，只能做土官，不能出仕做流官。府学录取的名额毕竟有限，规定每省取“土生”25 名，大多数“土生”只能进入州、县学宫学习。因此，康熙二十五年（1686 年）又谕令：“各土司子弟，愿读书者，准送府、州、县学，令教官训课，学业有成者，该府查明，具题奖励。”[③]

广西的情况与云、贵稍有不同。康熙四十年（1701 年），有人提出：“粤西土司僻处边峒，不识诗书，不明礼仪，狂猝成性。请敕该抚谕令各土司官，有愿送子弟就近府、州、县读书者，命该教官收纳训诲。”[④] 经礼部议准：“广西省土官、土目子弟，有愿考试者，先送附近儒学读书，确验乡音收送。”[⑤] 即该省土官、土目子弟可以参加科举考试，但没有给予固定的府学名额，须先入学读书，

---

① 《清圣祖实录》卷 113，康熙二十二年十一月癸酉。

② 光绪《钦定科场条例》卷 22《乡会试中额・会试中额・附历科中额名数》。

③ 素尔讷等：《钦定学政全书校注》，武汉大学出版社 2009 年版，第 267 页。

④ 《清圣祖实录》卷 125，康熙二十五年三月丙辰。

⑤ 《钦定大清会典事例》卷 391《礼部・学校・童生户籍》。

通过考试再正式获得生员资格，且送考前要“确验乡音”，即所谓“审音制度”，通过核对报考童生的口音，以判定是否为本州县人，以确保名额不被民人挤占。

而对湖广土司子弟，规定又有所不同。康熙四十四年（1705年）议定：“湖广南北各土司子弟中有读书能文者，注入民籍，一同考试。”① 所谓“一同考试”，即准许土司子弟与一般士子一样参加童生试及乡试；而不是像云贵土司子弟那样只能先入学，可考取生员资格，但不准应乡试的规定。

广西、湖南各儒学虽不专设“土生”名额，但为保证少数民族子弟能够入学学习，常在各府州县规定的学额外“取进苗、瑶童一二名”②，且允许他们“注入民籍，一同考试”。

随着西南地区民族教育的发展，上述限制性规定被逐渐打破。康熙四十四年，云南巡抚佟毓秀疏称：“滇省广南、丽江二府久归版图，人民日繁，尚未设学。请均设教授、训导各一员，每府额取童生十五名。其滇省土人有愿考者，准与民籍应试。”③ 获得批准。雍正十三年（1735年），四川学政隋人鹏条奏：“川省苗民久经向化。嗣后，各属土司苗童有读书向上者，请准与汉民文武童生一体考试，于各该学定额内凭文去取，卷面不必分别汉苗。”④ 同年，贵州学政晏斯盛奏称：有贵州黎平府属亮寨长官司正长官龙绍俭，原系府学生员，因“土职之上进无阶，冀与汉人同列士绅”，以汉官之前途远大，呈请参加科举考试。礼部以条例所限，未准行。雍正皇帝上谕：“土司龙绍俭，原由生员出身，既有志观光，陈请科举，准其一体应试。若得中式，其土司世职着伊将应袭之人举出承

---

① 《清圣祖实录》卷222，康熙四十四年九月壬午。

② 光绪《大清会典事例》卷370《礼部·学校·学额通例》。

③ 《清圣祖实录》卷223，康熙四十四年十一月戊子。

④ 《清文献通考》卷70《学校考》。

袭。”[1] 由此打破了不准土司参加乡试的旧例。之后的乾隆元年（1736 年），贵州、广西两省三名由生员出身的土司也获准参加本省乡试。也即是说，应袭子弟和已承袭土司之职者，凡有儒学生员身份，经上报后均可参加乡试。此外，按科场条例，参加乡试者除生员出身外，国子监监生亦有资格应试。清初以来，一直沿袭明制，土司子弟不准入国子监读书。乾隆六年（1741 年），云南土巡检杨可昌曾奉调出征，在平定“云南普思元新等处逆贼”中立有三等军功，后病故。兵部奏准“难荫一子八品监生”[2]。嘉庆九年（1804 年），特准四川等省的土司子弟中有未曾应童生试之人，即不具备生员资格者，在举行乡试之前“准一体捐监入场”[3]。所谓“捐监”，是清代捐纳制度之一种，即通过向政府捐银，获得国子监监生资格。土司子弟通过上述途径获得了荫监生资格而参加科举考试。

另外，为确保少数民族子弟入学名额不被挤占，除“审音”之外，还严格进行冒籍管理。康熙年间，鉴于云、贵二省某些州县应试人少，允许云南、贵州童生在本省内跨府跨县应考，但同时强调：“俟人文充盛，再行咨请。”[4] 云南、贵州、广西为科举小省，学额相对较少，应试人数不多，特别是在新改流地区，考取生员比内地省份容易得多，因此不断有外地童生冒籍考试，挤占本地土司子弟入学名额的问题日益严重。雍正二年（1724 年），鉴于“贵州省儒童日渐增益，即下州小县，亦可不至缺额”，遂决定：“嗣后将考取童生，隔府隔县拨入别学之例永行禁止。”[5] 雍正六年（1728 年），再颁上谕：“考试冒籍之弊，向来习以为常，理当清查禁约。

① 《清世宗实录》卷 15，雍正十三年六月甲申。

② 《清高宗实录》卷 152，乾隆六年十月癸巳。

③ 光绪《钦定科场条例》卷 6《科举 · 杂项人员科举 · 例案》，光绪十三年刻本。

④ 《清高宗实录》卷 1491，乾隆六十年十一月甲戌。

⑤ 光绪《大清会典事例》卷 391《礼部 · 学校 · 生童户籍》。

况今滇、黔、楚、粤等省苗民向化，新增土司入学额数，为学臣者尤宜加意禁饬，毋使不肖士子冒其籍贯，阻土民读书上进之路。”①道光四年（1824年），针对民人入瑶籍考试情况做出规定：由民入瑶，住居瑶地各户，有“瑶粮户名，完粮印串及田园、庐墓、户族人等，确有可凭者，取具瑶头、甲长切实甘结，造册立案，本户子孙准入瑶籍考试”，无完粮户及无庐墓可凭者“不准入瑶籍冒考”②。

雍正改流后，科举考试被推进到新改流地区，这些地方应试人数极少。如广西泗城、镇安二土府，改流后增设府学，竟无童生入场应试。针对上述情况，雍正九年（1731年）礼部奏准：“如外省及本省异府之人，有情愿入籍者，具呈府县收入烟户册，即申详布政司，咨询本籍，如无过犯，入籍考试，仍呈明学政衙门注册。该学政于考试时，按籍而稽，如册内无名，不得滥考。入学、中举后，照奉天定例，不许移回原籍。其子弟及兄弟之子同时入籍，有名者准其考试，无名者不准冒考。至入籍后，饬令地方官严行稽察，如有行迹诡秘、不守本分者，立即逐回原籍。地方官失于觉察，该管上司指名题参，照例议处。再泗、镇二府既无廪生，则入籍考试之人即为土著童子之师，使之熏陶渐染，以开其愚蒙。至应试时，即令以业师保结。”同时强调：“其庆远府属之荔波州、东兰州，太平府属之宁明州，亦照此例行。嗣后，如有土属内以土改流之州县，亦均照此例。俟十科后，均行停止。”③显然，清朝的本意是想借外地入籍读书人的影响带动该地方的文化发展。然而，此例一开，真正入籍者少，外省冒籍者众，特别是当地官员的亲朋好友，假借入籍应试，以获取生员资格。乾隆元年（1736年），江南

---

① 《清世宗实录》卷66，雍正六年二月壬寅。

② 光绪《大清会典事例》卷391《礼部·学校·生童户籍》。

③ 光绪《大清会典事例》卷391《礼部·学校·生童户籍》。

道监察御史谢济世奏称："查新例，广西省以土改流之泗、镇二府，东兰、宁明二州，许外省人移家入籍考试。在定例之初，原从地方起见，欲资化导，以移风俗，且令先行查本籍无过犯，方准移家入籍。既移家入籍，方准考试。考试中式之后，永不许搬回本籍。其立法非不善。殊不知化导移风俗，必有其渐，以土改流之处，止用本省异府之人已足，何必外省？而且蛮烟瘴雨之乡，水土甚恶，入籍考试中否尚未可知，外省之人谁肯先移室家，重一己之功而轻一家之性命？"实际参加考试者，"不过院、司、道、府、州、县幕中诸友挂名庠序，混入科场"。他认为："此举实无益于地方，徒破国家冒籍之禁也。……应亟行停止。"[①] 乾隆三年（1738 年），停止了外省入籍广西改流之地考试例，并要求，"该抚转饬地方官留心稽查，嗣后有外省之人窜名冒考情弊，将本人及廪保照例治罪，并将失察官员题参议处"[②]。

上述系列措施，反映出清朝加强土司、土民的儒学教化的力度，将原来仅为控制土司上层的教育措施，逐渐扩大到包括族属子弟、土舍在内的所有边疆民族精英，国家的控制也从土司上层渗透到土司以下的阶层。

书院的发展。清朝定鼎北京，鉴于明末时书院出现的讲学结社议论时政之风，担心其成为反清复明思想的渊薮，顺治九年（1652 年），清朝下令不许别立书院，西南边疆地区的书院同全国其他地区一样受到抑制，长时间处于沉寂状态，书院仅得到零星恢复。

西南边疆地区在雍正大规模改土归流之后，内地移民大量涌入，既有学宫难以满足移民子弟读书向学的需求。而此时，雍正皇帝推行的各项改革取得成效，社会稳定，经济发展，社会对教育的

---

① 乾隆元年正月二十四日，江南道监察御史谢济世奏《为请停外省入籍广西应试事》，中国第一历史档案馆藏朱批奏折，引自《历史档案》2000 年第 4 期。

② 光绪《大清会典事例》卷 391《礼部·学校·生童户籍》。

需求激增。雍正十一年（1733 年），雍正皇帝谕令各省督抚于省会兴办书院，并“颁给帑金，风励天下”，以“辅学校所不及”①，并推进书院教育准则、山长的选聘、生童入学标准和考课奖惩等相关规章制度的建立，使之规范化、制度化，将书院纳入官府监控。在上述背景下，西南边疆的书院迎来发展高潮，不仅明代所建书院得到迅速恢复，边远民族地区和新改流地方也大量增设书院，数量、规模很快发展到新的高度。有清一代，云南建有书院 240 余所，贵州立有 175 所，湖南 387 所，广西 207 所，大大超过明代设置的数量，且大多是在改流后恢复或兴建的，遍及各府、厅、州、县，并深入到边远民族地区和改土归流地区。如云南改流后增置广南府、开化府、东川府、丽江府、昭通府、普洱府、镇沅直隶厅及所属厅、州、县，均分别新建书院；贵州“新辟苗疆”地区也增设大量书院，如黎平府、松桃直隶厅，分别设有书院 27 所和 3 所；四川南部的酉阳、彭水、秀山等原土司地区也增设书院；在湖南湘西地区，共设有 26 所书院，相当一部分设置于苗疆；广西在明代基础上增设的书院，则大多设在之前几乎为空白的桂西民族地区。书院的教学质量、声誉得到大幅提升，边疆士子踊跃进入书院学习，使书院呈现兴旺繁荣景象，“不减白鹿、衡麓之胜”②，发展成为清代西南边疆儒学教育体系的一个重要类别。

但须强调的是，清代西南边疆地区的书院作为府、厅、州、县学宫的补充，多设置于城镇和“巨乡大堡”等汉族聚居区和相对发达的区域，职责重在培养科举人才，入学者多为汉族子弟，在推进“以汉化夷”，促进儒家文化在边疆少数民族地区的传播方面，所发挥的影响和作用十分有限，难以同学宫和义学相较。

义学取代社学，实现儒学深入边疆。“城乡社学，即古小学之

---

① 《清史稿》卷 106《选举一》。

② 倪惟钦等修：光绪《昆明县志》卷 4《学校》，铅字排印本，1943 年。

制，历代所建，其义甚重。”[①] 明时期，以社学作为边疆区域内实施初级教育的主要形式。清朝统一全国后，仍沿袭明代做法，发展社学，“凡汉人在乡之学，总曰社学，所以别于府、州、县在城之学”[②]。清代社学在内地经济文化发达省份得到很大发展，非常成功；但在西南边疆地区，社学作为启蒙教育的功能已渐趋退化，其发展越来越不能适应边疆民族地区初等教育的实际，最终遭到淘汰，被义学所取代。其原因：一是社学主要依靠地方财政支持，而西南边疆民族地区经济比较落后，无力承担社学费用，难以保证维持长久运转。二是清朝把社学学生的管理纳入到了府、州、县官学的统一管理体制之中，规定社学学生在岁试中考列一等者，可以升入府、州、县儒学，获得廪生资格。而府、州、县儒学生员学业不佳，则可降为社学学生，称为“发社”。社学的教学内容与教学目的已偏离为民众子弟提供既适应社会需要又比较实用的蒙童教育的原则，而逐渐演变为专为富家子弟提供科举考试教育的预备学校，故被指斥为：“所谓社学，不过聚徒诵读，遂谓作养美举。”[③] 咸丰年间，贵州兴义府知府张瑛对贵州社学发展和裁汰的总结作了很好的说明：“顺治九年命设，旋康熙二十五年命查革，而雍正元年又命设立，乾隆元年又命黔省设立，五年又命永丰、册亨设立。乃十六年，又命汰。今属社学大都皆废。”[④]

顺治九年（1652 年），要求在全国范围内“每乡置社学一区，择其文义通晓、行谊谨厚者，补充社师，免其差役，量给廪饩优赡，提学按临日，造姓名册申报查考”，强调在西南土司和苗民聚

---

① 阮元修，江藩等纂：嘉庆《广东通志》卷 137《建置略十三·学校一》，清同治甲子（1864）重刻。

② 任可澄、杨恩元纂：《贵州通志》第 56 册《学校志四·义学》，民国三十七年（1948 年）贵阳书局铅印本。

③ 陈宏谋辑：《五种遗规·养正遗规》，线装书局 2015 年版。

④ 张瑛：咸丰《兴义府志》卷 5《学校志》，宣统元年铅印本。

居区“饬州县立社学，令土司子弟及苗民俊秀者悉入肄业，送督学考试”[①]。贵州地方官秉承朝廷旨意，设置了不少社学。康熙二十五年（1686年），谕令“查革社学”，致使许多社学遭到裁撤。进入雍正朝，雍正元年（1723年）敕谕：“州、县设学多在城市，乡民居住辽远，不能到学。照顺治九年例，州、县于大乡巨堡，各置社学，择生员学优行端者，补充社师，免其差役，量给廪饩。凡近乡子弟，年十二以上，二十以内，有志学文者，俱令入学肄业。仍造名册，于学臣按临之日，申报查考。如社学中有能文进学者，将社师从优奖赏。如怠于教习，钻营充补，查出裁革，并该管官严加议处。”遂“定各州县设立社学、义学之例”。贵州社学又有所恢复，但成效不大。于是，乾隆二年（1737年）又议准：“黔省地处偏僻，或有未设立社学之处，再行文该督抚，遵照定例，饬令州县官酌量举行。”“苗疆”新辟，亟须立学教化，因此对乾隆帝的谕令，贵州地方官执行较好，在“新辟苗疆”设置了不少社学。乾隆五年（1740年），“贵州古州、八寨等二十五个县、乡大规模设社学，从附近生员中选取社师，以六年为期，如果能教导有成，将训课之生作为贡生；如三年尚无成效，则发回另行选择。并定社师每年各给修脯银二十两，统于公费银中动支，入于该年册内报销。社师由同知、通判等地方官稽查，学政按临时仍将各学生姓名造册申报”[②]。然而，“新辟苗疆”情形与内地不同，所设社学效果不佳。乾隆十六年（1751年），贵州布政使温福奏请裁汰社学，称：“贵州苗疆设立社学，原期化其狂野，渐知礼仪，以昭圣朝声教之盛。但在士子，稍知自爱者必不肯身入苗地设教，而侥幸尝试之徒，既不能导人以善，转恐其相诱为非。且苗姓愚蠢，欲其通晓四书义理甚难，而识字以后，以之习小说邪书，则甚易徒启奸匪之心，难取化导之

① 《钦定大清会典事例》卷396《礼部·学校·各省义学》。
② 《钦定大清会典事例》卷396《礼部·学校·各省义学》。

效。应将苗疆各社学所设社师，已满三年者均以无成淘汰，未满三年者届期亦以无成效发回，渐次裁撤。岁科两试，仍与汉童一体合考，不必分立。新童加额取进，学臣考试不得以粗浅之苗卷滥行录取。”[①] 社学不能适应地方需求，这种状况不仅存在于贵州，在西南边疆其他地区也普遍存在。自此，云南、贵州、湘西社学几乎被全部裁汰。广西、川西南虽仍有零星社学存在，但也形同虚设；而与地方需求相适应的义学则获得空前发展。

义学出现于康熙年间。由康熙皇帝所倡导，最先设立于京师八旗，是以“训以官音，教以礼仪，学为文字”为基本要求，以八旗子弟读书识字明理为目的的、具有慈善性质的学校。康熙皇帝认为：“义学之设，最是有关风化，历代皆重其事。乡间义学以广教化，子弟读书务在明理，非必令农民子弟人人考取科第也。”[②] 义学不以科第为目标，而是以广行教化为责任，重在使民众读书明理，把教化的对象下移至一般民众，具有“广行教读”启蒙和“开化夷民”的功能，较适合西南边疆多民族地区施行教化的实际需要，地方官亦踊跃推进，义学建设便在西南边疆各地陆续开展。

在云南，义学出现于平定“三藩之乱”后。康熙二十一年（1682年），云贵总督蔡毓荣以“滇人陷溺数年，所习见者皆灭理乱常之事，几不知孝悌忠信为何物矣！今既如长夜之复旦，反经定志，全在此时”，饬行有司各设义学，教土司子弟，“各以朔望讲约，阐扬圣谕，以感动其天良。各选年高有德之人，给予月廪，风示乡里”[③]。据记载，康熙二十年至二十八年（1681—1689年）云南全省建有义学14馆。而康熙二十九年（1690年）一年之内就建125馆，形成一个小高潮。四十三年至五十六年（1704—1717年），

---

① 张瑛：咸丰《兴义府志》卷5《学校志》，宣统元年铅印本。

② 陈宏谋辑：《五种遗规·养正遗规》补编《社学要略》，线装书局2015年。

③ 蔡毓荣：《筹滇十疏》第九疏《敦实政》，载康熙《云南通志·艺文志》，康熙三十年刻本。

又建义学50余所，全省义学达到189馆。

就西南边疆区域而言，义学发展始于康熙四十一年（1702年）。是年，康熙皇帝饬令各省于府、州、县、卫“建设义学，择人司教。莅其土者，赀以资廪”[①]。是年，湖广总督于成龙以“红苗归化，将麻阳县学训导移住五寨司，就近教读。五寨司等处设立义学，听苗民肄业”上奏。康熙皇帝上谕：“红苗归化，就近教导，及立义学之例”，确定“定义学小学之制”，并要求全国“各府、州、县多立义学，聚集孤寒，延师教读”。[②] 四十四年（1705年），贵州巡抚于准提请于省内各府、州、县置立义学，后“议准贵州省各府、州、县设立义学，将土司承袭子弟送学肄业，以俟袭替。其族属人等并苗民子弟愿入学者，亦令入学。该府、州、县复设训导，恭请教谕”[③]。即给予义学同学宫一样的待遇，并承担土司承袭子弟入学教化的功能。次年（1706年），康熙皇帝“颁发御书‘文教遐宣’匾额悬黔省各义学”[④]。五十九年（1720年），清廷批准广西15处土司“各设义学一所”，要求地方官“择本省之举人、贡生学品兼优者，每属发往一员教读。土属如有文艺精通者，先令就近流官州县附考取进”[⑤]。

总体而言，康熙时期西南边疆各省虽已建有一定数量的义学，能“补官学之所不及”，但多集中在省内政治、经济、文化相对发达的府、州和腹里地区，且主要分布在城内或城区周围以及交通沿线的巨乡大堡。边远府、州、县义学设置不仅数量十分有限，分布仍较为稀疏，且未广泛扩散到乡村，加之兴废不定，教授对象主要仍是汉民子弟和土司、头人子弟等民族上层子弟，“土属”子弟入

---

① 《清朝文献通考》卷69《学校考七》。

② 《清朝文献通考》卷69《学校考七》。

③ 《钦定大清会典事例》卷396《礼部·学校·各省义学》。

④ 《清朝文献通考》卷69《学校考七》。

⑤ 《钦定大清会典事例》卷396《礼部·学校·各省义学》。

学者十分有限。因此，此时期西南边疆区域内义学“广行教读”的职能并未能充分发挥，义学与社学并存。

雍正时期，西南边疆地区义学建设迎来高潮。

雍正即位后即宣称：“朕临御以来，时时以教育人材为念，但期实有益于学校，不肯虚务课士之美名。盖欲使士习端方，文风蔚起，必赖大臣督率所司躬行实践，倡导于先，劝学兴文孜孜不倦，俾士子观感奋励，立品勤学，争自濯磨。此乃为政之本!”[①] 他把“兴贤立学”视为“为政之本”，强调“首隆学校”，要求从中央到地方的各级学官“劝学兴文”[②]。

社学和义学具有不同的功能：“凡汉人在乡之学总约社学，所以别于府州县在城之学”；“朝廷为彝洞设立之学及府州县为彝洞捐立之学，则曰义学。盖取革旧之义，引于一道同风耳。”[③] 有鉴于此，雍正皇帝最初对社学、义学所采取的政策是同时并举。雍正元年（1723 年），“定各州县设立社学、义学之例”。于社学，规定如下：“州县设学多在城市，乡民居住辽远，不能到学。照顺治九年例，州、县于大乡巨堡各置社学，择生员学优行端者，补充社师，免其差役，量给廪饩。凡近乡子弟，年十二以上二十以内，有志学文者，俱令入学肄业。仍造名册，于学臣按临之日申报查考。如社学中有能文进学者，将社师从优奖赏。如怠于教习，钻营充补，查出裁革，并该管官严加议处。”[④] 于义学，则规定：“苗人皆有秀良子弟，令各府、州、县设立义学。嗣后，苗人子弟情愿读书者，许各赴该府、州、县报名，送入义学，令教官严加督察。”[⑤] 为鼓励各

---

① 《清世宗实录》卷 43，雍正四年四月乙亥。

② 《清世宗实录》卷 3，雍正元年正月辛巳。

③ 任可澄、杨恩元纂：《贵州通志》第 56 册《学校志四 · 义学》，民国三十七年（1948 年）贵阳书局铅印本。

④ 《钦定大清会典事例》卷 396《礼部 · 学校 · 各省义学》。

⑤ 《钦定大清会典则例》卷 70。

地多设义学，清廷给予政策倾斜。雍正三年（1725 年）议定："苗人子弟情愿读书者，准其送入义学，一体训诲，每遇岁科两试于该学定额外取进一名。"①

《清史稿》所称："雍正元年，允云南土人、四川建昌番夷、湖南永绥等处建立义学，嗣是改土归流，塞外荒区渐次俱设儒学。"② 从实际发展状况而言，西南地区义学在雍正"改土归流"后获得更大发展，几乎取代了社学，表现在以下三个方面。

一是义学数量迅猛增长。

云南义学设置数量，各类史料记载不同。据成书于乾隆初年的《云南通志》记载，康熙时期云南全省建有义学 189 馆，至雍正十三年（1735 年）共有义学 549 馆［其中康熙时所建并保留的义学有 101 馆，说明康熙朝后期有近 90 所义学已废弛，雍正元年至十年间（1723—1732 年）新建义学 137 馆］，雍正十一年至十三年（1733—1735 年）新建义学 384 馆。而据陈宏谋《全滇义学汇计》所载，雍正年间云南设置义学 650 余馆。（道光）《云南通志》所记载，当时云南全省共有义学 709 馆。民国时期成书的《新纂云南通志》，记清代云南设有义学 886 馆。无论统计数字如何，都说明清代云南所设义学数量巨大，且大多设于雍正年间和乾隆初年，即雍正改流后的一段时期内。

贵州义学设置情况，据（乾隆）《贵州通志》统计，至雍正末全省设有 75 馆，其中康熙时期设置 46 馆，雍正初年设有 29 馆，雍正八年（1730 年）"苗疆"开辟后设有 19 馆，乾隆初年平定"苗疆叛乱"后设有 24 馆。在"新辟苗疆"后所设置的义学，亦被称为"苗疆义学"。贵州"苗疆"设置义学的高潮不是在雍正改流后，而是出现在"乾嘉苗乱"后，所恢复和新设义学达 186 馆。

① 《清世宗实录》卷 35，雍正三年八月戊子。

② 《清史稿》卷 116《职官三外官・儒学》。

之后的“咸同苗乱”，义学损毁严重。光绪年间重振“苗疆”义学，恢复和重建151馆。

在湖南湘西，康雍时已于永绥、凤凰、乾州、古丈坪四厅、保靖一县设置厅县，“乾嘉苗乱”后实行屯政，此区域内“原设屯、苗义学一百馆，教课苗童。嗣于嘉庆十五年添设二十馆，以期广为训迪。数十年来各苗童……多能自行勤学，原设义馆一百馆，足资课读，所有续添义学二十馆应请裁汰”[①]。在所保的100馆屯、苗义学中，苗义学50馆多设于雍乾时期，50馆屯义学则设于嘉庆时期。而在永顺府、靖州府、沅州府，在改土归流后各设有义学29馆、20馆、24馆。

义学兴废不常，各种史籍记载不一，上述数字统计难以做到精准。但透过粗略的统计，我们仍能看到清代西南边疆义学设置数量之大，远远超过学宫和义学的总和；云南义学数量更达到惊人的866馆，成为西南地区儒学教育体系中的重要组成部分。

二是义学规制的建立和完善。

西南地区的义学在康熙朝后期和雍正初年，在短时间内数量快速增长，而缺乏有效的管理规制，一些问题便逐渐暴露：“或官有捐设之名而兴废不常，或只设于城市之近而乡村勿及，或前人原有公田而日久湮没，或馆舍原有公所而渐至荒芜。”[②] 建立义学规制已成为亟待解决的问题。

雍正十一年（1733年），被称为“岭表儒宗”的陈宏谋出任云南布政使，作为一位具有先进教育理念的教育家，在其任职的四年时间内，将自己的教育理念用于义学建设，制定出一套完整的制度体系，很大程度上保障了西南边疆义学的持续发展。

---

① 但湘良：《湖南苗防屯政考》卷14《学校》，《中国方略丛书》第一辑，台湾成文出版社1968年版。

② 道光《云南通志》卷82《学校志》。

陈宏谋到任伊始，便敏锐地看到云南义学存在的问题，便以布政使司的名义向云南各府州厅县发出《查设义学檄》，要求府、厅、州、县“各将本地方有无义学，或训成材生童，或训夷倮幼童，或几处，或在城在乡，系何时何官建设，其中有无藏书，有无公田租息，讲堂、书舍若干间，现在聘何人为师，年需束修若干，来学生童若干，文课每月几次，夷童若干，有无助给饩廪膏火，并将各该地方四乡应设义学几处，其教习夷童应用何等人为师，年需束修若干，一并妥议详报”。同时，对“至尚未设立之州县，及止设立在城一处，而四乡适中之地尚须增设者”，要求地方官须悉心筹划，“或设法妥议，详请举行，或倡义捐设，或将地方何项陋规作为义学之用，如无项可动，亦将应设之处所需若干具详请示。即从前已有义学而日久颓废，或田租被人侵隐，或因近日地方有事废弛未开者，亦即确查，据实具报，以凭核夺”[①]。

然而，檄文发出后并未引起重视：“有覆称夷多汉少，无庸设学者；有覆称公项不敷，举行不继，并不将公项如何不敷之处议及者；有覆称旧无公项，现在量捐，并不将应设几处，捐给若干，作何经久之处议及者；有覆称旧无公项统俟核夺，并不将何处应设，需费若干，声明请示者；有覆称膏火不继，不能设立，反将束修设学之处，全不议及者。”陈宏谋指责这些官员“并不细绎原行，不过奉行故事”，“通盘筹画议定成规者寥寥无几，而潦草率覆、掩饰一时者则指不胜屈”。于是，又发出《查设义学第二檄》，强调地方官对义学发展的责任：“边俗振兴，舍司牧其何赖?”对所提出的要求，不能再“奉到止一转行，详到止一据转，徒烦案牍”，草率回覆，必须对辖境内义学“何处应设，何项可充，如何振兴，如何善后，就近稽察，设法更便，逐处经理”。虽然陈宏谋不遗余力地

① 道光《云南通志》卷82《学校志》。

推动，“三载以来，苦心实力，檄札谆致，不遗余力细访。各属中以此为切要之事，实力遵行者固有其人”，但取得的成效仍十分有限，仍有部分官员对义学并不重视，漫不经心，阳奉阴违，“遇有因公下乡而经过义学地方，不肯一枉车骑”，对“馆师在彼，有无多事扰累，优劣如何，勤惰如何，是否有益，学徒多寡，夷人向学，馆师有无拒绝，土目有无阻挠，朔望曾否宣讲上谕及学习礼仪，其成材者曾否按期考课，乡馆内有无可造之资”等情况一无所知，存在“开馆、散馆日期竟不具报，馆师有事辞归亦不另延，一年之内空间半年”等情况，义学的经费管理、塾师延聘、监督不闻不问，甚有存在将学田田租“竟填补亏项，馆师再四禀求，坚不肯给，其余公项内动给者，则各不肯发布，希图掩那者”。于是，陈宏谋再发《查设义学第三檄》，严饬执行不力的地方官员，指出“地方官有司牧之责，不应率忽至此！而教职为司铎专官，尤不宜怠忽无忌”，要求地方官、学官“详定条规，查阅明白，分檄办理。应稽查者稽查，应督劝者督劝，应具报者具报，并将檄内所指前项情由时加检点，逐次经理”，警告这些官员“毋再率忽”“万不可再有玩忽”。[①]

“念义学之设，必使费有常经，庶几事可垂久。”如何保障义学的经费来源是陈宏谋最为关注的问题。他要求对各府州县所设立的每馆义学“逐加酌核，按其所缺之数及买田之费，饬令各该属买田收租，永供修脯”，以保证义学能正常运转。并带头捐建，或倡导各级官吏和社会各阶层捐资设置义学，购置学产，得到积极响应，许多义学都是通过官员和民众捐资设立的。他亲自将每馆义学的设立地点、建立时间、创办者、经费来源、膏火供给、缮修情况等情形详汇为《全滇义学汇记》，颁发全省。在陈宏谋的努力下，形成

---

① 陈宏谋：《查设义学檄》，载鄂尔泰等修乾隆《云南通志》卷29《艺文七》。

了由官府主导，民众广泛参与的义学“官办民助”办学机制，通过建立经费多渠道来源，既保障了办学经费稳定的来源，同时又将义学纳入官府的监控之下。他又亲撰《义学条规议》，对馆师的选聘、教材选取、教学内容、教学方式、教学活动，以及开馆、散馆的时间和期限等方面都做了详细规定，形成义学的办学规章。

首先，馆师选聘、考核由地方官负责。无论本地举贡生员及外来绅士，必须立品端方学有根柢者，方能延之为师。在城蒙馆，选取本地的举贡生员或外地士绅中有才德之人为馆师；乡间蒙馆，则仅选取本地的举贡生员。每年都要对馆师进行稽查考核，优秀者给予奖励；惰于教学、误人子弟者严加惩处，结果上报布政司。

其次，严格查核、如实具报义学幼童的成分、在学人数，无论夷人汉人还是成人小子，“不以家贫而废学，不以地僻而无师”，都要保障其能接受义学教育；严格开馆、散馆时间和期限。岁初开馆，岁末散馆，如实具报，以保证学生有足够学时。

最后，明确教学内容、教学方式。义学教习以基本伦理纲常和礼仪为基础，“训以拜跪坐立之礼仪，君亲节孝之大义”。实施分层教学，“村寨蒙馆，夷倮子弟鲜通官语，不识汉字”，“俾先通汉音，渐识汉字，并即训以习礼明义”。城中蒙馆则在读写训练的基础上阅读经书。并规定：“如蒙童能晓经书，学为文字者，即升之在城经馆。……即城中蒙馆，童子能晓经书，学为文字者即升之成材经馆，如经馆中有成材生员，文笔可造而人材又复可观者，送入书院。”将普及教育与科举考试相联系，在夯实民众教育的同时，开辟了一条边疆民族学子通往科举的道路。

陈宏谋以先进的理念和具体实践，将义学设置覆盖云南全省，并推进到偏远民族地区，“义馆星罗棋布，处处有絃诵之风”[①]，发

---

① 鄂尔泰等修：乾隆《云南通志》卷29《艺文八》。

展到那个时代的顶峰。而完善的制度规范，使义学教育回归“广行教读”的功能，“以诗书之气化其嚣陵之风”，将封建礼仪、文化及观念渗透到“乡村夷倮”和“蒙童小子”，以使“天下少不学之人，无不学之地”[①]，加速了儒学在云南边疆民族地区的传播，并长久保持，“流风余韵，收效虽迟，其功实可久远”[②]。由于有明确规范的制度保障，自雍正末年到清末，云南义学能一直维持在700所左右，即使中间经历“咸同之乱”，也能很快恢复。

三是义学设置地域宽广，并深入边疆。

西南边疆义学在发展之初，对其功能定位是“补官学所不及”，仍然是为科举服务，培养科举人才。因此，义学设置之地仍限于府厅州县的城内或周围的巨乡大堡，未能广泛扩散到乡村和民族聚居区。雍正朝改流之后，义学逐渐回归到“广行教化”上，设置区域逐渐向改流地区、民族聚居区、偏远山村推进。

“改土归流”后，雍正皇帝指示地方大吏，所筹划的善后措施“要在使已归者无旧主之思，未归者生欣羡之意”[③]。要达此目的，最好的方式就是广设义学加强教化，因为“夷人慕学，则夷可进而为汉；汉人失学，则汉亦将变而为夷”[④]。

雍正七年（1729年），“古州新辟，即设车寨义学、月寨义学”[⑤]。雍正八年（1730年），贵州“苗疆”全面开辟后，巡抚张广泗奏请于“新辟苗疆”设置义学，称：“上下两游新疆绵延二三千里，生苗狂悍，声教不通，宜设义学，以渐化导”，要求“先就已安营汛之处，分别苗户多寡，各为设立义学，然后随地分设，庶

---

① 陈宏谋：《义学汇记·序》，载《培远堂偶存稿》卷5，上海古籍出版社2010年版。

② 陈宏谋：《寄张灏书》，载《培远堂偶存稿》卷5，上海古籍出版社2010年版。

③ 《朱批谕旨》第12册，雍正六年三月初三云贵总督鄂尔泰奏。

④ 陈宏谋：《义学汇记·序》，载《培远堂偶存稿》卷5，上海古籍出版社2010年版。

⑤ 任可澄、杨恩元纂：《贵州通志》第56册《学校志四·义学》，民国三十七年贵阳书局铅印本。

资实效。查下游附近黎平府之古州已安重镇，周围苗户繁多，应设立义学二所；附近清平县之大、小丹江附近，都匀府之八寨附近，镇远之清水江、旧施秉，又上游附近安顺、镇宁等府州之摆顶、威远汛等处，各应设立义学一所”，以将设立义学作为“振励苗疆之要务”。[①] 乾隆五年（1740 年），署贵州布政使陈惪荣以“苗民多犷悍，不知诗书”，奏请“于苗疆立义学二十四所，选生员之有文行者，于是生苗始知诵习”[②]。义学设置遂深入“苗疆”，以至“化外生苗”地区。在湘西，新改流之地和“苗疆”皆设义学。在桂西和川东南，凡改流之地无不设置义学。而在云南，雍正皇帝谕：“苗俗向无学校，应于各属四乡适中之所设立义学，以广化导。”[③]新改流地区，如新置昭通府、镇沅府、普洱府等，义学从无到有，府、厅、州、县皆置，成为义学设置的重点区域：昭通府四馆，恩安县二馆，镇雄州五馆，永善县四馆，大关厅三馆，鲁甸厅五馆，全府共设二十三馆；镇沅府改流设一府一县，分别于府治和属县恩乐县置义学十馆和六馆；与缅甸接壤的普洱府，所建义学也达到十二馆。陈宏谋任云南布政使期间，更是认为：“边土之义学，视中土尤宜。而乡村夷寨之义学，较城市尤急。边土贫寒，力能延师者寡。至于乡村夷寨，刀耕火种，力食不暇，何有诗书无惑乎？椎鲁难移，礼仪不讲，即有可造之才，亦弃于荆榛草莽之中，良可惜也。”为使“成人、小子、汉人、夷人，不以家贫而废学，不以地僻而无师”，他提出要多设义学，以实现“少不学之人，无不学之地”之目的。他认为：“义学宜城市与乡村并设，以诗书之气化其嚣陵之风。千百人中培植得一二人，此一二人又可转相化导，流风

① 任可澄、杨恩元纂：《贵州通志》第 28 册《前事志十九》，民国三十七年贵阳书局铅印本。

② 任可澄、杨恩元纂：《贵州通志》第 28 册《前事志十九》，民国三十七年贵阳书局铅印本。

③ 《清世宗实录》卷 96，雍正八年七月乙酉。

余韵，收效虽迟，其功实可久远。”[①] 此期，云南所有县级以上政区皆设有义学，数量多、范围广，“乡村夷寨”设学超过城镇，且多设于远离城镇的边远山区、偏远少数民族聚居区，通常采用庙宇、寺观作为馆舍。如广南府，康熙四十四年（1705 年）于府城内设有义学一馆，雍正年间增置八馆，皆设于距离府城百里之遥的“夷寨”，最远达到剥隘，距府城四百六十里。一时间“义馆星罗棋布，处处有舷诵之风”，昔日“徼外荒服，元明置隶领之，犹然羁縻”的地区，“自改流以来，生养教育百余年，雕题凿齿易，而衣冠居然与侯甸采卫遥作”[②]。

“新清史”学者宣称：“清朝除开继承了明朝的领土之外，还开拓了大片疆土，那些土地和土地上的人民基本没有长期被汉族王朝统治过，他们也未曾接受过任何儒家的思想和文化。”[③] 清代西南边疆儒学的大发展最能证明其说之谬。

历史上，西南边疆地区的儒学教育发展中，清代是最好的时期，力度最大、成效最显。有清一代，西南边疆地区的学宫、书院和义学承担着不同职能，它们共同组成了儒学教育体系。学宫、书院在元明基础上得到很大发展，义学设置更是数量巨大，打破了之前儒学仅于城镇或“巨乡大堡”设置的格局，不断深入“土州边徼”或“穷乡僻壤”，从城市到乡村、从腹里到边徼、从坝子到山区、从汉族聚居区到各少数民族地区，都能看到儒学的踪影。儒学深入边疆，使儒家礼乐文化在遥远的边疆得到广泛传播，极大地夯实了统一的文化基础。

---

① 陈宏谋：《查设义学檄》《义学汇记・序》，载乾隆《云南通志》卷 29《艺文七》。

② 李熙龄纂，杨磊等点校：道光《广南府志・建置》，兰州大学出版社 2004 年版，第 37 页。

③ ［美］米华健：《嘉峪关外：1759—1864 年新疆的经济、民族和清帝国》，贾建飞译，香港中文大学出版社 2017 年版，第 19 页。

三　经济大开发，增强统一的经济基础

明末清初40余年的长期战乱，使西南边疆地区田土抛荒，经济凋敝，社会动荡，“民之困敝已极”。平定“三藩之乱”后的康熙朝中后期，清朝统治者致力于边疆的稳定和经济恢复发展，行蠲免、薄赋税、鼓励垦荒、兴办矿业、广开鼓铸，在实现边疆社会由乱到治转折的同时，促进了边疆经济的初步开发。雍正年间的“大规模改土归流”则为西南边疆创造了一个稳定而统一的政治局面，成为之后百余年西南边疆经济大开发的基础和前提。自乾隆五年（1740年）始，西南地区每年将630余万斤滇铜、360万余斤黔铅运至京师，供户部、工部鼓铸制钱，被称为“滇铜京运”和“黔铅京运”。滇铜、黔铅京运持续一个多世纪，作为一项重大的国家战略，维系着国家的财政金融运转，成为清朝的大政。同时，以滇铜、黔铅为核心的“震古烁今”的矿业开发，推动了西南边疆历史上最大规模经济开发运动的形成，一切有关移民、垦殖、交通、城镇的发展，商业活动的开展和取得的成就都与之密切相关，也是此时期西南边疆经济开发的突出特点。西南边疆经济也因此更深入地融入全国经济体系之中，与内地的经济交流日益频繁，加速了边疆与内地的一体化进程，极大地增强了统一的经济基础，对西南地区经济社会产生了重大而深远的影响。

（一）滇铜、黔铅的开发与京运

西南边疆地区矿藏资源丰富，开采利用历史悠久。但因矿业开发在产生巨大经济利益的同时，也会滋生严重的社会问题，清代前中期对矿业开发一直在严禁与弛禁之间摇摆：康熙时以禁为主，禁中有开；雍正时则以严禁为主；乾隆时以开为主，开中有禁。总体而言，清朝的矿业政策是“开边禁内”，即以“内地不宜开矿”，对内地开矿禁多开少；而边疆地区矿藏丰富，处于实际的需求禁少

开多，尤其是铜铅等矿，不仅不加禁止，还给予鼓励。这是因为，清代货币以银、钱并行，制钱所需主要原料为铜和铅，按一定的铜、铅比例配铸，俗称“铜钱”，规定“每钱一千值银一两”[①]，于京师设置铸局，鼓铸制钱，“世祖定鼎燕京，大开铸局，始定一品。于户部置宝泉局，工部置宝源局”[②]。清朝完成对全国的统一后，随着社会的稳定和经济的恢复发展，流通货币的需求量持续增加，制钱的使用范围也随之扩大。康熙末年，康熙皇帝便自豪地宣称：“钱法流行莫如我朝，南至云南、贵州，北至蒙古，皆用制钱，从古所未有也。”[③] 至乾隆初年，银钱的使用更加广泛，“昔年交易但用银不用钱，且古钱与银兼用。今则用银者多改用钱，用古钱者多改用今钱，即如黄河以南及苗疆各处，俱行用黄钱”[④]，市面上银、钱比值下降，钱贵银贱，一两银子只能兑换800钱。之所以出现上述问题，主要是铸钱的原料短缺。而铜和铅以云南、贵州所产为甚，滇铜、黔铅遂登上历史舞台，迎来开发的高潮。

顺治初年，京师鼓铸制钱所需铜斤由崇文门、天津、临清、淮安四关办解，之后芜湖、扬州、湖墅、九江、北新、西新六关也加入办铜行列。随着制钱使用范围和数量的增长，导致铜、铅使用量增加，而铜源未开，出现严重铜荒。为解决铜料短缺问题，甚至将除崇祯朝外的所有旧钱停止流通，由官府收购后改铸新钱。[⑤] 康熙十八年，康熙皇帝在殿试时便以此为题测试士子：“自昔九府圜法，所以便民利用，鼓铸之设其来旧矣。迩以铜不足用，铸造未敷，有以开采议者，有以禁民耗铜议者，果行之可永利乎？或二者之外别

---

① 《清朝文献通考》卷13《钱币一》。

② 《清史稿》卷124《食货志·钱法》。

③ 《清圣祖实录》卷259，康熙五十九年七月己未。

④ 《清高宗实录》卷139，乾隆六年三月癸未。

⑤ 《清世祖实录》卷26，顺治三年五月庚戌。

有良策欤！尔多士留心经济，其详切敷陈，勿泛勿隐，朕将亲览焉。”[①] 之后，出台《钱法十二条》，其中第八条规定：“开采铜铅，凡一切有铜及白黑铅处所，有民具呈愿采，该地方督抚即选能员监管开采。”[②] 在当时严厉的矿禁政策下对铜、铅的开采网开一面，甚至以取消征税鼓励开采，但效果不大，钱荒问题并未得到解决。

康熙二十二年（1683 年）收复台湾后开放海禁，便鼓励商人出洋从日本购进铜料：“凡商贾有挟重资愿航海市铜者，官给符为信，听其出洋，往市于东南日本诸夷，舟回，司关者按时直收之，以供官用。有余，则任其售于市肆，以便民用。”[③] 从日本进口“洋铜”的举措使铜荒暂时得以缓解。但越洋购铜风险很大，不时沉船，以致商贾裹足。且东洋居奇，自康熙五十四年（1715 年）将每年出口铜限定为 300 万斤。在此状况下，清朝停商购办，改由江苏、浙江、江西、安徽、广东、福建、湖南、湖北八省办解铜斤。但上述办铜省份多不靠海，也不产铜，采办维艰。为筹措每年所需鼓铸铜斤，清朝甚至允许“八省额办铜内，如红铜不足，着于十分内兼买三分旧器废铜交纳”[④]。

进入雍正朝，铜荒更为严重，铸钱量减少，致使“各省未得流布，民用不敷”[⑤]，钱贵银贱，私铸猖獗；甚至破坏钱法，将制钱销毁后用作私铸的原料。为缓解铜荒，遏制私铸，清政府在全国实行铜禁，收缴民间铜器，规定三品以下官员不准使用黄铜器皿，除礼乐等器必须使用黄铜铸造外，一概不准再用黄铜制造器皿。雍正皇帝甚至带头在宫中不再用黄铜造物。[⑥] 于是，朝野上下便将采铜铸

① 《清圣祖实录》卷 80，康熙十八年三月己卯。

② 《清圣祖实录》卷 85，康熙十八年十月丙寅。

③ 《钦定大清会典》卷 14《户部・钱法》。

④ 《钦定大清会典则例》卷 44《户部・钱法》。

⑤ 《清代起居注册・雍正朝》，雍正三年五月十六日条，中华书局 2016 年版。

⑥ 《上谕内阁》，四年七月十五日、九月初七日、十二月十九日、十年闰五月二十九日谕，乾隆六年刻本，中国国家图书馆藏。

币的目光投向云南。

云南富藏铜矿，开采利用历史悠久。吴三桂坐镇云南“称藩专制”时，便大量开采铜矿铸造伪币。康熙二十一年（1682 年），鉴于经济凋敝，财用不敷，云贵总督蔡毓荣奏准开矿禁，行鼓铸，“以滇之利养滇之兵”。然而，官府却拿不出资金支持矿业开发，“虽有地利，必资人力。若令官开官采，所费不赀。当此兵饷不继之时，安从取给？且一经开挖，或以矿脉旋作旋辍，则工本半归乌有”，因此只能实施“听民开采，官收其税”[①] 之策。应该说，这是符合当时云南实际的办法。但在实际运行过程中，所谓“听民开采”，实则开矿之权由各级官吏把持，私开私采，又不报备，官府难以抽税获利。因此，康熙四十四年（1705 年）云贵总督贝和诺奏准将铜矿开采政策由“听民开采”改为“官拨工本，官为经理”[②]，即由官府招募人夫，预发工本开采铜矿，设官铜店定价收买余铜。矿民除归还铜本及支付各种费用外，所获铜息尽数归入官府，不再允许民间私卖；即后世所称的“官治铜政”或“放本收铜”，实则将开矿由民办改为官办。实施“官治铜政”，虽然政府在资金上给予支持，但矿民无利可图，不愿再采，甚至领官价后携银逃走，久之便形成“管厂之官不敢给发工本，采矿铜民亦皆气馁志懈”[③] 之困状，导致官私交困，故有“自省城设立官铜店，而滇铜遂不出矣”[④] 之说。据记载：“云南金、银、铜、锡等矿厂，自康熙四十四年冬季至康熙四十五年秋季，一年之内共收税额银八万一百五十二两零，金八十四两零。”户部以矿课过少，令“据实严

---

① 蔡毓荣：《筹滇十疏》第四疏《议理财》，载康熙《云南通志》卷 29《艺文三》，北京图书馆藏古籍珍本。

② 嵇璜、刘墉：《清朝文献通考》卷 13《钱币一》，浙江古籍出版社 2000 年版。

③ 雍正元年十二月二十日云贵总督高其倬、云南巡抚杨名时《遵旨查奏铜斤利弊情形折》，载《雍正朝汉文朱批奏折汇编》第 2 辑，江苏古籍出版社 1991 年版，第 435 页。

④ 李绂：《与云南李参政论铜务书》，载《穆堂初稿》卷 42，道光奉国堂刻本。

查增加”。而康熙皇帝则认为：“云南矿税一年征银八万两零，用拨兵饷，数亦不少，若令增加，有不致累民乎？此所得钱粮即敷所用矣。”[1] 康熙末年，连续数年云南每年办铜数仅 80 余万斤，且鼓铸未开，产出铜斤无法消耗，造成壅滞。

雍正皇帝登基，大学士等奏颁雍正年号钱文式样进呈。得旨：“钱文系国家重务，向因钱价昂贵，常廑皇考圣怀。今何以使钱文价平，方合皇考便民利用之意？……著总理事务王大臣、九卿共同会议具奏。”[2] 王大臣等议定：“滇省采铜渐次有效，与其令解京多费脚价，不如即留滇开铸。”[3] 于是，清廷遂批准云南于省城、大理、临安及沾益四地设局，鼓铸制钱。[4]

滇省重开鼓铸，每年耗铜一百万斤左右。只为消耗壅积的余铜，在铜矿开采政策上并未做出调整。为保障鼓铸需铜持续稳定，封疆大吏奏请“除见开之厂仍官发工本外，其余如另有初开者，听民自备工本开采，以二十斤抽课归公，余照条奏，以五两一百斤收买供铸，似属两便”[5]。即“官治铜政”与“听民开采”两项政策并施行，对已开旧厂实施“官治铜政”，对新开铜厂实施“听民开采”。政策的调整很快见到了效果。雍正二年（1724 年），“一年已获一百二十万斤”[6]，所获铜斤已超出本省鼓铸需求，并有节余。

---

① 《清圣祖实录》卷 241，康熙四十九年三月辛巳。

② 王先谦：《东华录》第三卷《雍正一》，康熙六十一年十一月壬寅，上海古籍出版社 2008 年版。

③ 阮元等：道光《云南通志稿》卷 76《食货志·鼓铸》，道光十五年刻本，天津图书馆藏。

④ “自康熙五十九年五月起，至六十年三月止，共办铜八十九万九千二百六十十斤”，“从康熙六十年四月起至雍正元年二月终止，连闰，共二十四个月，作为两年，共办获铜一百六十一万八千五百三十余斤”。见雍正元年十二月二十日云贵总督高其倬、云南巡抚杨名时《遵旨查奏铜斤利弊情形折》，载《雍正朝汉文朱批奏折汇编》第二辑，第 433 页。

⑤ 雍正元年十二月二十日云贵总督高其倬、云南巡抚杨名时《遵旨查奏铜斤利弊情形折》，载《雍正朝汉文朱批奏折汇编》第 2 辑，第 435 页。

⑥ 雍正三年正月二十六日云贵总督高其倬《汇奏施行从前所下谕旨及条奏、议行事件情形折》，载《雍正朝汉文朱批奏折汇编》第 4 辑，第 366 页。

“时值江浙洋船争票，洋铜减少，又兼户工二部铜斤分交八省承办，各顾考成，官商多赴云南购买，是以滇铜易销，官本易归”[①]。办铜诸省纷纷赴滇购铜，又进一步刺激了滇铜的开采。雍正四年（1726年），滇铜产量即突破200万斤，达到215万斤。[②] 雍正五年（1727年），东川由四川划归云南，官府以其地富藏铜矿，派人试采，开获堂矿，“铜矿增盛倍常，数十年来所未有”[③]，该年内“共办获铜四百一万三千斤”[④]。此时，由于云南连年鼓铸制钱，导致制钱过多，钱价大跌，银一两能换钱1200文，甚至1400文。而铜产量又不断提升，远远超出本省鼓铸所需，壅积严重，使工本积压，息银减少。于是，云贵总督鄂尔泰奏请将部分余铜“运至镇江、汉口，令江南、浙江、湖广办铜诸省出价收买”，得到雍正皇帝的批准和办铜诸省的响应。[⑤] 当年，便将铜斤“除留本省鼓铸外，运赴湖广一百一十万零、江南一百六十万零”，又卖给广东二十万斤。[⑥] 之后，贵州、四川和其他不办铜省份也纷纷采买滇铜自行鼓铸。

鉴于滇铜出产旺盛，雍正八年（1730年），广东总督郝玉麟便以“广东从前承办洋铜，近缘洋铜竟不至粤”，奏请停办“洋铜”，改由采买滇铜运京供铸。户部议定：“嗣后，请令云南将每年余铜扣除广东额数，仍拨运至汉口令广东委员收买，即从汉口起运。”

---

① 雍正元年十二月二十日云贵总督高其倬、云南巡抚杨名时《遵旨查奏铜斤利弊情形折》，载《雍正朝汉文朱批奏折汇编》第2辑，第434页。

② 雍正五年六月十七日署理云南巡抚臣杨名时《恭报办理铜盐课项折》，载《雍正朝汉文朱批奏折汇编》第10辑，第1页。

③ 雍正五年五月初十日云贵总督鄂尔泰《奏报铜矿大旺工本不敷恳恩通挪调剂折》，载《雍正朝汉文朱批奏折汇编》第9辑，第767页。

④ 雍正六年四月二十六日云贵总督鄂尔泰《奏报铜厂大旺酌筹发卖鼓铸情形折》，载《雍正朝汉文朱批奏折汇编》第12辑，第310页。

⑤ 雍正五年五月初十日云贵总督鄂尔泰《奏报铜矿大旺工本不敷恳恩通挪调剂折》，载《雍正朝汉文朱批奏折汇编》第9辑，第768页。

⑥ 雍正六年四月二十六日云贵总督鄂尔泰《奏报铜厂大旺酌筹发卖鼓铸情形折》，载《雍正朝汉文朱批奏折汇编》第12辑，第310页。

并确定，自雍正九年（1731 年）始，京师鼓铸每年所需 433 余万斤额铜中，由湖北、湖南、广东三省办解的 166. 32 万斤铜斤全部采买滇铜，余下的 277. 2 万斤，仍由江苏、浙江等五省采办洋铜。三省采买后，如滇铜还有余剩，再由江、浙两省采买，以补洋铜之不足。[①] 自此形成京师鼓铸需铜由“三省采买滇铜，五省采办洋铜”的局面。

但新问题又随之出现。滇省山高谷深，不通舟楫，运铜全靠牛马。滇铜运赴汉口供三省采买，在当时的运输条件下，不仅困难重重，且运费较高。因此，之前采办滇铜的办铜各省又以滇铜价高、铜质低潮、折耗大，路途遥远，纷纷转藉于洋铜。[②] 雍正十一年（1733 年）十一月，雍正皇帝提出：“以其令三省办铜解部，莫若令滇省就近铸钱，运至四川之永宁县下船，由水路运赴汉口，搭附漕船解京，可省京铸之半。”云南督抚则认为，东川虽为产铜之地，若在此设局鼓铸，将钱文由东川运至四川永宁，再运赴汉口。运铜道路虽然便捷，但因东川矿区聚集数万人，油米、食物腾贵，不便于此建局，建议在靠近粤西且交通便利的云南广西府（今云南红河州泸西县）设局，建炉 94 座，将铸钱运至粤西的西隆州土黄地方，再由土黄下船直达两粤，通行吴楚。[③] 于是，改由滇省代京局将原办铜三省额买 166. 32 万斤铜制成钱文后运至京师，第一批铸出钱文于雍正十三年（1735 年）运京。

除“铸钱运京”外，滇省还曾“铸钱运陕”。清朝用兵西北，致陕西钱价昂贵。雍正十一年，谕令于东川设炉 28 座，岁铸钱 10 万串运陕。铸出钱文于十二年（1734 年）开运，十三年（1735

---

① 阮元等：道光《云南通志稿》卷 76《京铜》，道光十五年刻本，天津图书馆藏。

② 乾隆三年二月十六日直隶总督李卫《奏请云南委员运铜至京并将余铜留湖广二省鼓铸钱文事》，中国第一历史档案馆藏朱批奏折，档号：04－01－35－1227－027。

③ 雍正十二年七月二十四日云南巡抚张允随《奏报广西府运道便捷即委员试铸钱文事宜折》，载《雍正朝汉文朱批奏折汇编》第 26 辑，第 728—730 页。

年），陕西巡抚史贻直以“陕省钱价已渐平减，且由陕至滇路经八千余里，水陆艰难，每年委员领解亦不能如期接济，请停领运”[①]。

雍正一朝，由于政策的调整和“东川归滇”，滇铜产量从“岁出铜八九十万斤”，发展到“不数年且二三百万”，有的年份甚至突破四百万斤。从开始仅供本省鼓铸，发展到“三省采买”，再到“铸钱运京”“铸钱运陕”，京师鼓铸需铜与云南地方政府为解决产量增长造成滇铜壅积的需要相契合，弥补了洋铜减少对京局鼓铸造成的影响。但此时滇铜产量还不稳定，时多时少，“雍正六年分，止办获二百七十余万”[②]，之后每年获铜也总在三百五十万斤上下，偶尔突破四百万斤。虽然此时滇铜已成为京局鼓铸的重要来源之一，但仍难以完全替代洋铜。[③] 且滇铜生产和外销主要目的在于增加地方收入，在生产和运销上属地方政府行为，并非由朝廷所主导，尚缺乏整体规划。套用现在的话说，还没有上升为国家战略。

进入乾隆朝后，京师鼓铸用铜逐渐转向完全使用滇铜。

乾隆元年（1736年）二月，苏州巡抚顾琮奏称：“近年洋铜所出亦甚有限”，且“倭人以中国必需，居奇措勒。洋商受其挟制，守候迟延，海面风波往来无定，那新掩旧，商力日疲，官受处分，多有赔累”，江苏等省积欠铜斤多达数百万斤，因此奏请减少采办洋铜数量，增加采办滇铜数量，“嗣后洋铜一项减少数十万斤，则东洋出产宽裕，商船反棹自速”[④]。而此时，京师鼓铸为节省铜料，将原每文重一钱四分减至一钱二分，每年需铜已从433万余斤降至

---

① 阮元等：道光《云南通志稿》卷76《鼓铸》，道光十五年刻本，天津图书馆藏。

② 雍正七年十一月初七日云贵广西总督鄂尔泰《奏报滇省七年分盐、铜课息情形折》，载《雍正朝汉文朱批奏折汇编》第17辑，第161—162页。

③ 雍正十年办铜320余万斤、十一年办铜360余万斤、十二年办获铜485万余斤。见云南巡抚臣张允随奏折，载《雍正朝汉文朱批奏折汇编》第23辑（第647页）、第26辑（第440页）、第28辑（第764页）。

④ 乾隆元年二月二十五日漕运总督兼署苏州巡抚顾琮《奏陈采办铜斤办法五款事》，中国第一历史档案馆藏朱批奏折，档号：04－01－35－1226－030。

340 万斤左右。因此，确定自乾隆二年（1737 年）始，在京局每年需铜原额数 340 万斤的基础上再增加 60 万斤，至 400 万斤，分别采办滇铜、洋铜各 200 万斤运京。这样，滇省除每年“铸钱运京”用铜 166.32 万余斤外，还需再办 33 万余斤运京，以符合 200 万斤之数。而每年所需 200 万斤洋铜，则由江、浙两海关各办 100 万斤。又因历年办解洋铜积欠太多，又议准：“戊午年（乾隆二年）两关应办铜斤暂停一年。”[①] 由此形成京局鼓铸用铜来源“滇、洋各半”。

超出清朝廷预料的是，乾隆元年（1736 年）滇省“办获铜六百五十三万零”，加上原有积铜，余铜达“九百七十一万零”。云南督抚奏称：“除留供广西府鼓铸运京钱文及运解京局铜斤，又拨省局添铸，并发给各省采买及发卖铺户，共去铜五百九十七万余斤，实余铜三百七十四万余斤。”并称预计乾隆二年（1737 年）仍可办获铜六七百万余斤，除本省鼓铸及解京等项用铜年 300 余万斤外，可剩余 300 余万斤，题请将之前部议已准的“戊午年两关应办铜斤暂停一年”毋庸停止，“令江浙等省委员赍价来滇采买，解京应用”。但因担心滇铜“衰旺不常”，又声言京局用铜还不能完全依赖滇铜，仍需“滇、洋并办”，而一旦滇铜再有余剩，“先期核实余铜数目咨部，各省均得预年采办”[②]。

云南地方大吏的上述建议多从地方利益考虑，提出的方案也只是权宜之计，目的在于能将滇省积余的铜尽快销售出去，未能从全局考虑。而曾在雍正初年做过云南盐道的直隶总督李卫，则从全局出发，促使京局鼓铸全部使用滇铜。

乾隆三年（1738 年）二月，李卫奏称：“滇铜旺盛，采买以供

① 雍正元年三月十七日大学士户部尚书张廷玉等《奏议顾琮奏陈采办铜斤事宜事》，中国第一历史档案馆藏朱批奏折，档号：04－01－35－1226－032。

② 乾隆二年五月二十七日云南总督尹继善《为滇铜日旺酌筹变通铜政事宜折》，中国第一历史档案馆藏朱批奏折，档号：04－01－35－1227－013。

京局鼓铸，可免东洋办铜掯勒、艰难亏空之虞。”建议京师鼓铸不再使用洋铜，全部使用滇铜。他分析之前办铜各省不愿采买滇铜，是因“彼时各省所派道、府于湖广接买云南运出之铜，因委官不以为德，转嫌价高戥重、低铜折耗，改为自赴滇省买运，后因此路遥裹足，不得不有藉于东洋，以致亏空赔累，官商交困日甚一日”。故而提出：“今值滇厂旺产，若仍令各省委官前往采运，万里长途，呼应不灵，必至辗转迟误。况运户皆系乡愚，夷倮用牛驮载，一遇得雨，则回家布种，将铜埋藏，每致经年累月不克送到。倘或中途牛毙人病，耽搁偷逃，实多不能全数，恐将来又成亏空，即加参处追赔，钱粮已化为乌有，京局待铸之铜势必更贵。此尤不可不早为筹画也。”建议按办理黔铅的方法办理滇铜，即由滇省统办，委官负责。谓：“贵州铅斤，向因办商亏欠，改为贵州委官办理，直运京局，每年节省数万两，行之已见成效。且现在云南所铸制钱，尚可远运至京，铜斤虽多，事属一例，似不如竟令云南管厂大员经手办理，委官押运至京，以供鼓铸之为便。”如云南负责运铜的府佐官员不够，可增加员缺，“轮流差遣，较之各省派出道府厅携带钱粮远赴滇南购买，往返运交，实为便益”。至于“洋商自行办回之铜，即令江、浙二省收买，就近开铸”[①]。李卫的意见很快被采纳，户部议定：“江、浙应办铜二百万斤，自乾隆四年为始，即交滇省办运。如官员不敷差委，交吏部于候补、候选人员内拣选，发往委用。其洋铜一项，仍听有力之商自携赀本出洋贩运，即令江、浙二省公平收买，以备开铸之用。”[②] 云南督抚遂拟定《运铜章程》，户部在此基础上又议定以下各款：中央政府给予资金支持。每年预拨

① 乾隆三年二月十六日直隶总督李卫《奏请云南委员运铜至京并将余铜留湖广二省鼓铸钱文事》，中国第一历史档案馆藏朱批奏折，档号：04－01－35－1227－027。

② 乾隆三年二月二十五日户部尚书海望等《奏议李卫请由云南委员运铜至京等事》，中国第一历史档案馆藏朱批奏折，档号：04－01－35－1228－001。

工本银100万两解贮云南藩库[1]，用于保障滇铜的生产和运输；确定沿途折耗，按黔铅运京标准，每百斤正额铜外带余铜3斤，到部交纳时，秤头不足，即用余铜补足；确定交铜成色，规定交部铜斤一律为九五成色，因在熔铸时会有折耗，以每百斤正额铜加耗铜8斤，永为定例；拟定铜运经过的沿途各省保护条例等。[2] 并根据云南巡抚张允随所请，停广西府“制钱运京”，只办“滇铜京运”。

为做好滇铜运京事宜，乾隆三年（1738年）十二月云南巡抚张允随进京陛见，报称自乾隆二年（1737年）以来每年办铜至八九百万斤。乾隆皇帝以京师钱价昂贵，既然滇铜旺盛，是否能在每年400万“滇铜京运”的基础上再行加增，要求拿出意见。户部再行议定：“云省开铸已经三载，铜铅充裕，工匠熟悉，应将运京钱文暂照旧额鼓铸。”朱批：“所奏是，依议速行。”[3] 考虑到“滇铜京运”与“铸钱运京”同时举行，压力太大，云贵总督庆复、云南巡抚张允随便奏称：“滇省僻处边方，道路险阻，驮脚艰难。今广西一府自鼓铸以来炭山渐远，物价渐昂，而食米价值尤属倍增，兼以滇省不通舟楫，挽运全赖牛马。……每年挽运京铜四百万斤，现在分头开路，各处雇募尚虑迟误，若全数鼓铸，即铸局铜铅已不能按卯运供，而三十四万余串钱文之驮脚，更不能如数雇觅。今奉部文照旧铸解，必通盘筹画，方可于公无误，于民无累。”他们提出“广西揹炉九十四座，每年铸钱三十四万四千六百三十二串零，……应请暂停炉三十九座，存炉五十五座，年该铸出钱二十万一千四十六串零，按年运京，将来或可如数铸运，另行详请题明”。

---

① 朝廷岁发帑金100万两作为底本，其中有83.7万两是由户部指令各省协济，用作预发工本，其余16.3万两由湖北、江苏等省司库提取，以为运脚费用。见吴其浚《滇南矿厂图略》上卷《帑四》。

② 乾隆四年七月二十六日大学士鄂尔泰等奏议张允随《条陈滇省办解京铜事宜各款事》，中国第一历史档案馆藏朱批奏折，档号：04－01－35－1228－015。

③ 乾隆三年十二月二十六日大学士协理户部事务讷亲《奏议滇省铸运京钱一案事》，中国第一历史档案馆藏朱批奏折，档号：04－01－35－1229－007。

对庆复等减炉减铸的请求，经户部议覆：既然运钱、运铜道分两途，滇省无力同时承担，即使减设炉座，少铸钱文，亦非经久之计，“若令其另行设法办理，徒事更张，于事无益”，不如变换方式，“与其令滇省铸钱解京，致多未便，莫若竟令办铜解京，户、工二部加卯鼓铸，……将铸运三十余万串钱原用铜一百七十四万四千余斤解京，较之运钱分量已属减少，则所需牛马易于雇觅”[①]。

至此，最终确定每年以633.144万斤滇铜为运京鼓铸额数，分为“正运”和“加运”。400万斤滇铜运京被称为“正运”，增加的170.4万斤滇铜运京称为“加运”。“正运”“加运”均是定额，加以区别，只是说明其数额各有来源。“正运”“加运”合计570.4万斤，再每百斤加耗铜8斤、余铜3斤，合计633.144万斤。需说明的是：雍正九年（1731年）确定将每年供“三省采买”定额用于代京局“铸钱运京”，这与“铸运三十余万串钱原用铜一百七十四万四千余斤”不一致，这是因为雍正十一年（1733年）于广西府设炉94座鼓铸，实际每年铸钱34.4631串零，用铜170.4万斤。[②]这就是清廷以170.4万斤而不是以166.32万斤为额数的原因。

“滇铜京运”持续百余年，每年除办运630余万斤京铜外，本省鼓铸和各省采买又须二三百万斤，滇省每年需办铜900万斤左右，最多的年份，一年办铜达1400万斤。如此巨量的铜斤生产和京运，在当时的生产和运输条件下实属不易。

而“黔铅京运”情形，也与“滇铜京运”极为相似，并关系密切。

有清一代，制钱所需原料主要为红铜、黄铜、白铅（也称白

① 乾隆四年九月初二日大学士鄂尔泰等遵旨议奏云督庆复等《陈请滇省广西局减炉铸运京钱事宜折》，中国第一历史档案馆藏朱批奏折，档号：04－01－35－1229－026。

② 乾隆三年十二月二十六日大学士协理户部事务讷亲《奏议滇省铸运京钱一案事》，中国第一历史档案馆藏朱批奏折，档号：04－01－35－1229－007。

铜）、黑铅，不同时期材料配比不同，大致有铜、铅占比七三、六四、五五等，加黑铅的称为“青钱”，不加黑铅的称为“黄钱”，所用之铅主要产自贵州。

顺康时期，京师鼓铸制钱用铅主要产自盛京和湖南，“额办铅每年共需三百九十五万六千七百九十九斤，由部发给价银，向商人铅矿买用，每斤定价银六分二厘五毫，水脚银三分”。康熙末，湖南铅产量下降，“商办不易”，谕令：“自（康熙）五十九年以后，税铅俱停其变价，每年起运，以十分之七解户部，十分之三解工部，配铜鼓铸，仍照商人办铅之例，每斤给水脚银三分。”①

贵州富产铅锌，但因认识不足，开发较晚。平定“三藩之乱”后，贵州巡抚杨雍建还声称：“黔地不产铜铅……难以开炉鼓铸。”②贵州并非无铅矿，只是此时尚未开发。直到康熙末年，黔西北的威宁府属猴子银铅厂、观音山银铅厂相继设立，黔铅开发才正式展开。雍正二年（1724年），黔铅开采已形成一定规模，“除黔省抽课一年约共可获五六千两归黔抽报济公外，云南每年买运倭铅五十万斤”③说明。之后，贵州境内铅厂增加，黔铅开发快速发展，雍正七年（1729年）年产量已超过400万斤。但因“滇省罗平地方出有铅矿，已足资配搭铸钱”，云南鼓铸制钱停用黔铅，加之贵州西北各铅厂“地僻山深，不通商贾，以致铅皆堆积，而炉户人等工本无几，时有停工误卯之虞”④。价格也持续下跌，“每铅百斤，厂价以减至八九钱一两不等”⑤。为打开销路，贵州巡抚张广泗奏准仿

① 《清朝文献通考》卷16《钱币考四》。

② 杨雍建《抚黔奏疏》卷7《题为铜斤无可采买等事》。

③ 雍正二年十一月二十一日云贵总督高其倬《奏报节省铅价调剂钱法折》，载《雍正朝汉文朱批奏折汇编》第4册，第54页。

④ 雍正七年十一月初七日云贵总督鄂尔泰《奏报调剂黔省铅斤并办获滇省铅息情形折》，载《雍正朝汉文朱批奏折汇编》第17册，第54页。

⑤ 雍正六年十月二十日云贵总督鄂尔泰《奏明借动库项收铅运售获息情由折》，载《宫中档雍正朝奏折》第10辑，第585页。

照滇铜之例，动支库项银按时价收买黔省余铅，“运往永宁、汉口销售。……统计每年收买各厂余铜三四百万斤，转运销售”。打开销路后，不仅铅价逐步提升，“每百斤可获余息银一两四五钱不等”①，产量也持续增长，“雍正十年获余息银一十六万五千余两，十一年又获余息银一十六万九千九百余两。除扣除从前工本银八万两外，余存银两皆作台拱军需之用”②。据此推算，每年黔铅销售量约有 600 万斤。

京师鼓铸用铅原由商人采买盛京、湖南所产供给，自康熙末年以后“商办不易”，而黔铅产量稳定增长，清廷遂决定京师鼓铸改用黔铅，并以官办代替商办。雍正十一年（1733 年）十一月，雍正帝上谕：“至于户工两部需用铅斤旧系商办。闻贵州铅厂甚旺，如酌给水脚银，令该抚委员解京，较之商办节省尤多。着酌定条规，妥协办理。”③ 户部等议覆：“京局鼓铸每年额办铅三百六十六万余斤，自雍正十三年为始，令贵州巡抚麟委贤员，照各厂定价，每百斤各价银一两三钱依数采买，分解宝泉、宝源二局。每百斤给水脚银三两，其商办之铅停其采买。”乾隆五年（1740 年）又定：“京局改铸青钱，与见在黄钱并行，每年应需黑铅五十万斤，令贵州总督于柞子等厂收买。其原白铅每年减办五十六万斤，……均于乾隆六年为始，按年解部。”自此，确立每年解部白铅、黑铅合计 360 万斤，定为常额。加之各省采买，或京局临时加增，每年需铅六七百万斤。“自咸丰三年以后，因协黔铅本不济，无项发厂拨运，兼之教匪接踵而至，以致砂丁四散，槽硐淹没，所有厂地变为废

① 雍正八年三月二十七日贵州巡抚张广泗《奏报地方政务折》，载《宫中档雍正朝奏折》第 16 辑，第 462 页。

② 雍正十二年二月初一日贵州布政使常安《奏陈治理贵州台拱苗务管见并报台拱发现煤矿及开采倭铅获利折》，载《雍正朝汉文朱批奏折汇编》第 25 册，第 823 页。

③ 《清世宗实录》卷 173，雍正十一年十一月癸巳。

墟”[①]，持续百余年的“黔铅京运”才宣告结束。

除滇铜、黔铅外，清代西南边疆整个区域内的各类矿产都得到不同程度的开发，在西南边疆的经济开发中也有很大贡献。乾隆八年（1743 年），据户部尚书张廷玉奏报：“云、贵、广西之铜、铁、铅锡矿厂，四川、湖南之铜、铅、铁矿，俱经开采。”[②]

（二）西南边疆的经济开发成就

清康雍乾时期，是历史上矿业开发的鼎盛时期，“一百年的增长率大大超过了此前的两千年”[③]。以滇铜、黔铅为核心的矿业开发，推动了乾嘉时期西南边疆历史上最大规模经济开发运动的形成，一切有关移民、垦殖、交通、城镇的发展和商业活动开展和取得的成就与之密切相关。

移民及人口增长。有研究认为：在西南，矿业开发带动城市和商业的兴起，吸引了大批从内地而来的移民，从而增加了人口。西南（按：此处仅为云南、贵州和四川南部）人口从康熙三十九年（1700 年）至道光三十年（1850 年）从 500 万人激增到 2100 万人，“基本上是移民的结果”，“主要是对劳动力需求增加的一种反映，这是西南有名的采矿业发展的结果”[④]。在当时的生产力条件下，矿业的开采、运输、冶炼主要依靠人力完成，而矿工中绝大多数为移民。东川是滇铜的主产地，也是由于铜矿的兴盛而发展起来的一座城市，“东川一带地方银铜铅锡各厂共计二十余处，一应炉户、砂丁及佣工、贸易之人聚集者不下数十万人”[⑤]。仅在此就聚集数十万移民：“滇省银、铜各厂聚集攻采者何止数十万人！”而在边境一

---

① 《钦定大清会典则例》卷 44《户部・钱法》。

② 转引自中国人民大学清史所等编《清代的矿业》，中华书局 1983 年版，第 15 页。

③ 中国人民大学清史所等编：《清代的矿业・前言》，中华书局 1983 年版。

④ ［美］李中清：《明清时期中国西南的经济发展和人口增长》，载《清史论丛》第三辑，中华书局 1984 年版。

⑤ 方桂纂修：乾隆《东川府志》卷 13《鼓铸》。

线，因开矿而聚集大量内地民人，多来自湖广、江西。“外夷地方亦皆产有矿硐。夷人不谙架灶煎炼，唯能烧炭及种植菜蔬、豢养牲畜，乐与厂民交易，以享其利。其打槽开硐者多系汉人，凡外域有一旺盛之厂，立即闻风云集。大抵滇黔及各省居其二三，湖广、江西居其七八。”① 地处极边的茂隆银厂，“在彼硐开矿及赴厂贸易者不下二三万人”，厂势旺盛时“聚众至数十万”②。在贵州，“自雍正五六年以来，……幅员日广，加以银铜、黑白铅厂上下游十余处，每厂约聚数万至数千人不等”③。在广西，南丹土州地方旧有锡矿，间出银砂，“矿徒及买卖人并妇女约有二万”④。

移民除从事矿业和商业外，从事垦殖者也数量巨大。康熙二十年（1681 年），清朝廷停止内地诸省招民议叙之例，“惟四川、云、贵招徕流移者，仍准照例议叙”⑤。大量移民因之涌入西南，其中超过 200 万名的移民定居在山区。

垦荒与农业生产。雍正五年（1727 年），云贵总督鄂尔泰奏称：“开采矿厂动聚万人，油米等项少不接济，则商无多息，民累乏食，一旦封闭，而众无所归，则结伙为盗，不可不慎。臣以为不如开垦田亩，多积稻粮，使油米价贱，则开采不难。”⑥ 西南地区矿业的开发致使人口激增，粮食需要量亦随之增长，垦荒开田，增加粮食产量成为解决粮食供应的基本策略。

西南山多田少，产粮不多，且交通不便，转输困难，一遇歉收，难望邻省接济，地方大吏便将“垦荒之法视为民生第一

① 乾隆十一年五月初九日张允随《奏为遵奉查奏并备陈亿万厂民生计仰祈圣鉴事》，载《张允随奏稿》卷 7。

② 方树梅：《滇南碑传集》卷末《吴尚贤传》，李春龙等点校，云南人民出版社 2003 年版。

③ 《清高宗实录》卷 311，乾隆十三年三月贵州按察使介锡周奏。

④ 《清代的矿业》上册，第 56 页，雍正五年广西提督田畯奏。

⑤ 《清圣祖实录》卷 96，康熙二十年七月癸酉。

⑥ 《清世宗实录》卷 52，雍正五年正月壬子。

要务”[①]。西南的垦荒运动在康熙时期就已开展，之后一直持续不断。以云南为例，据《清文献通考·田赋考》载，康熙二十四年（1685 年），“云南田土计六万四千八百一十七顷六十亩有奇”。经过不断开垦，到雍正二年（1724 年）实施摊丁入亩之前，云南全省耕地面积达到 7217624 亩。[②] 增加的耕地面积，主要有三个来源：一是“以原给吴逆沐庄变价，归并附近州县，照民粮起科”[③]。将近百万亩的勋庄变为民田。二是军屯变民田。有明一代，在西南边疆施行卫所屯田，以“三分军为差操，七分军为屯田，征租以养军”，军事屯田遍及西南各地。清朝统治云南后，以绿营兵制取代了卫所制，卫所被陆续裁撤，“军户”变为有司的“编民”，但仍按明代原案册对原有屯田进行登记，并仍按原定税赋征收屯粮，较之民赋十数倍，“军屯之赋倍重于民”，“最为滇民苦累”。屯民不堪重负，纷纷逃亡，“荒芜田地甚多，熟粮额重，无力开垦”，“拖欠、逃荒年甚一年”[④]。之后，清朝廷同意按照云南巡抚石文晟提出的方案，将军屯田地并入各所在府、州、县中，照民地管理，按河阳县上则民田税额向国家缴纳田赋，抛荒的大量军田逐渐得到开垦。[⑤] 三是移民进入坝子和入山开垦的荒地。据记载：康熙五十一年（1712 年），云南“山谷崎岖之地已无弃土，尽皆耕种矣”[⑥]。事实上，西南垦荒以及农业的发展在雍正时期成就最大，不仅超过康熙朝，而且也超过任何一个朝代。有学者估计，“到 1800 年，云南新垦耕地面积在 200 万亩以上，贵州可能有 50 万亩”。并依据各朝《实录》统计出以下数据：雍正初年到道光末年，云南各府共新增

---

① 雍正五年三月十二日鄂尔泰折，载《雍正朝汉文朱批奏折汇编》第 9 辑，第 242 页。

② 梁方仲：《中国历代户口、田地、田赋统计》，上海人民出版社 1980 年版，第 380 页。

③ 倪蜕撰，李埏点校，：《滇云历年传》卷 11，康熙二十四年条，云南大学出版社 1992 年，第 538 页。

④ 王继文：《筹请屯荒减则贴垦疏》，乾隆《云南通志·艺文志》。

⑤ 石文晟：《请减屯粮疏》，乾隆《云南通志·艺文志》。

⑥ 《清圣主实录》卷 249，康熙五十一年二月壬午。

耕地约4936.74顷，其中雍正二年至十三年（1724—1735年）新增约3178.49顷，乾隆元年至五十九年（1736—1794年）新增约164.08顷，嘉庆元年至二十五年（1796—1820年），新增约103.04顷，道光四年至三十年（1824—1850年）仅新增8.79顷。[①] 雍正朝时间最短，仅有13年，而新增耕地最多，主要是因为改土归流的实施。改流既为垦荒创造了良好的环境条件，又提供了许多可开垦的土地。改流之前，“云贵荒地甚多，议者谓宜开垦，不知利之所在，人争趋之。不禁其开垦而不来开垦者，缘荒地多近苗界，实虑苗众之抢割。若果土司遵法，夷人畏伏，将不招而来者自众”[②]。改流之后，之前土司所控制的大片区域变为郡县，大量移民随即涌入开垦。二是官府实施有组织的开垦。雍正五年（1727年），滇省行开捐以筹措垦田经费，“自上年（按：雍正四年）八月十九日开捐起，至今年正月二十九日收捐止，江南共捐正项银五万三千六百一十六两，又加收公费二万一千四百四十六两四钱，共银七万五千零六十二两四钱。除差员等一年余之盘缠日用，并来往差役诸非及解银回滇水陆脚价各项，共用去银四千七百六十二两四钱外，实存银七万零三百两”[③]。乾隆二年（1737年），谕令免除昭通、东川、元江、普洱新辟夷疆未完开垦银两18060余两。[④] 开垦情形：雍正四年（1726年），昆明、罗茨、寻甸、河阳、弥勒、云南、腾越等州县并广南、蒙化二府陆续申报，劝垦过民赋荒旱田地共4753亩零；又罗茨、云南、定边三县劝垦过屯官马料荒旱田地

---

① ［美］李中清：《中国西南边疆的社会经济：1252—1850》，林文勋、秦树才译，人民出版社2012年版，第185页。

② 雍正四年十一月十五日云南巡抚管云贵总督事臣鄂尔泰折，载《雍正朝汉文朱批奏折汇编》第8辑，第445页。

③ 雍正七年十一月初七日云南总督臣鄂尔泰折，载《雍正朝汉文朱批奏折汇编》第17辑，第162—163页。

④ 《清高宗实录》卷54，乾隆二年九月庚戌。

共1382亩零。[①] 雍正五年（1727年），昆明、易门、永北、元谋、永昌、楚雄、定远、宜良、石屏、通海、嶍峨、邓川、蒙化、保山、开化、丽江、安宁、晋宁、南宁、弥勒、宁州、新平、元江、云龙、永昌、永平等府州县申报，劝民开垦荒熟民屯田地共92323亩零。[②] 丽江土府改流后，开垦九河、石鼓、巨甸、塔城等处荒地，知府元展成进一步扩大招垦，并教民“以作粪搀灰之法”；东川归滇后，督抚以下地方官捐银万金，“先买水牛一百头，房六百间，招民开垦，酌给牛种房屋，复给以现银，为半年食米之费。其自外州县来者，又给以盘费，为搬运行李之资”。一次就招集到400余户开垦所属蔓、者海等地亩。[③] 乌蒙改流后，“荒地甚多，急宜招徕垦种”，于是遴委楚雄府知府储之盘带领候补府、州、县官赴昭通专办垦务，当年就招垦七百余户，每户给田20亩。规定其田按年陆续收其稻谷，照时价计算，扣还工本，扣清之后起科纳赋，其田给与执照，永远为业。为提高赴垦的积极性，对招往之垦户，沿途每户每站大口给银五分，小口给银三分。[④] 到乾隆三十一年（1766年），全省“水陆可耕之地，俱经垦辟无遗，惟山麓、河滨尚有旷土”[⑤]。

云贵地区跬步皆山，田少地多，多属雷鸣田地，忧旱喜潦。水利兴废攸系民生，修浚并关国计。对此，地方大吏都有明确的认识，视之为第一要务。雍正年间，还将通省各府州县有水利之处，凡同知、通判、州同、州判、经历、吏目、县丞、典史等官，俱加

---

① 雍正五年八月初十日云贵总督臣鄂尔泰折，载《雍正朝汉文朱批奏折汇编》第10辑，第353页。

② 雍正六年五月二十一日云贵总督鄂尔泰折，载《雍正朝汉文朱批奏折汇编》第12辑，第525—526页。

③ 雍正五年三月十二日鄂尔泰折，载《雍正朝汉文朱批奏折汇编》第9辑，第242页。

④ 高其倬：《委员赴照办理开垦疏》，载雍正《云南通志》卷29《艺文五・奏疏》；《清世宗实录》卷117，雍正十年四月丁未。

⑤ 《清高宗实录》卷764，乾隆三十一年七月癸酉。

以水利职衔，将境内河道、沟渠责令专理；对一些重要的水利工程，不仅增设专员管理，且拨专款作岁修费用，从制度上对兴修水利给予保证。据（乾隆）《云南通志》卷13《水利》条记载：此时期云南全省完成疏通、开渠、筑堤、修坝等各项水利工程70余项，对粮食生产提供了很好的保障。

通过开垦荒地、修建水利设置、改进耕种技术等方式，大幅提高了粮食产量。据统计，清末时西南耕地面积已达4000万亩以上，是明末耕地面积的三倍多。而同时期人口则从500万增至2100万，增长了四倍。虽然耕地大幅度增长，耕地面积的增长幅度远远落后于人口的增长，人均占有耕地面积不升反降，开始出现粮荒。贵州“额征秋粮不敷放给，多于楚粤购运接济。舟楫牵挽之劳，人夫背负之苦，事极繁累，费尤不资”，粮食价格持续上涨，“米贵之由，一在生齿日繁，一在积贮失剂。……滇黔两省道路崎岖，富户甚少，既无商贩搬运，亦无屯户居奇。夷民刀耕火种，多以杂粮苦荞为食，常年平粜，为数无多，易于买补，与他省迥别。乃今年米价亦视前稍增者，特以生聚滋多，厂民云聚之故”。[①] 缺粮乏食的情况在产矿之区最为严重。产铜之地东川，山多田少，土瘠民贫，“既无邻米之流通，全资本地之出产。况附近厂地最多，四处搬运，是乏食之虞，此地为最”[②]。所谓“无邻米之流通”，主要是受道路交通条件的制约。

事实上，清代西南边疆区域内的交通状况由于驿站的建立、绿营驻兵制度形成的汛塘和运铜道路的开凿，已形成了纵横交错的水陆交通网络，建设成就巨大，最值得称道的是金沙江水道的开通。

清朝廷为保障“滇铜京运”的顺利实施，于东川和寻甸设立铜店，收贮矿厂生产和冶炼的铜料，再由此两地将铜斤运至京师。云

---

① 《张允随奏稿》，乾隆八年十二月二十日折。

② 《清高宗实录》卷311，乾隆十三年三月云贵总督张允随奏。

南京铜的递运路线，先由东川铜店、寻甸铜店起运，其中东川铜店运送的是东川府汤丹、碌碌等厂的铜斤，一部分取道昭通、盐井渡抵四川泸州，为水运；一部分取道镇雄达泸州，为陆运；寻甸铜店运送的是来自滇西、滇南各铜厂的铜斤，经贵州威宁、罗星渡而达四川泸州，也为水陆。黔铅运京，与寻甸一路滇铜京运路线重合。

"滇铜京运"和各省采买运输数量巨大，但由于道路和运力的制约，异常艰难。其情形，时人王太岳有描述："夫滇，僻壤也。著籍之户才四十万，其畜马牛者十一二耳。此四十万户，分隶八十七郡邑，其在通途而转运所必由者十二三耳。由此而言，滇之牛马不过六七万，而运铜之牛马不过二三万，盖其大较矣！滇既有岁运京铜六百三十万，又益诸路之采买与滇之鼓铸，岁运铜千二百万。辑牛马之所任，牛可载八十斤，马力倍之，一千余万之铜，盖非十万匹头不办矣。然民间马牛只供田作，不能多畜以待应官。岁一受雇，可运铜三四百万，其余八九百万斤者，尚须马牛七八万，而滇固已穷矣。"① 陆运艰难，成本又高，不得不将目光投向水运。于是，封疆大吏奏请开凿通川河道，云南历史上最大规模的道路开凿工程得以开启。

在时任云南巡抚张允随的主持下，于乾隆五年（1740 年）开修盐井渡，九年（1744 年）开修罗星渡水道，凿险滩，浚河道，"至乾隆七年，昭通之盐井渡始通，则东川之运铜，半由水运抵泸州，半由陆运抵永宁。十年，威宁之罗星渡又通，则寻甸陆运之铜既过威宁，又可舟行以抵泸州矣"②。盐井渡、罗星渡的开修和应用，取代部分陆运，改善了运输条件，极大地缓解了陆运的压力，在云南边疆的交通开发史上是没有先例的，金沙江运道的开凿更是

---

① 王太岳：《论铜政利弊状》，载李春龙主编《正续云南备征志精选点校》，云南人民出版社 2000 年版，第 561 页。

② 王太岳：《论铜政利弊状》，载李春龙主编《正续云南备征志精选点校》，云南人民出版社 2000 年版，第 565 页。

亘古未有的壮举。

金沙江自东川府至泸州一段，长 1300 余里，此河道开凿疏通后，可由东川直抵长江。经过反复论证，确认“金沙江通川河道实可开修”。乾隆皇帝谕：“既可开通，可详酌妥协为之，以成此善举。”①

金沙江工程分为上下两段，自小江口抵金沙厂 670 里，为上游工程；自重沙厂到新开滩 640 里，为下游工程。上游工程，从乾隆七年十月开工到翌年闰四月，据称“开通金江上游各滩工程垂竣，试运铜斤并无险阻”②。事实上，仍有蜈蚣岭等 15 处极险滩无从施工，后经开凿，仍属“有损无益，仍须陆运”③。下游工程，从乾隆八年（1743 年）一直持续到十三年（1748 年），耗时近六年，耗资十万金，据报“尽皆开通”。乾隆皇帝满心欢喜，谕军机大臣等：“金沙江亘古未经浚导，于边地民生深有利益。工钜役重，成千古之大功，不可不为文纪事，垂之久远。”④ 但很快发现，所开通的河道，自新开滩以上至黄草坪一段尚属有益，其余“实系滩险难行，铜沉船失，终归无益”⑤，并非“毫无阻滞”，仍有很长一段水道不能行船。但乾隆帝并未加罪于张允随，甚至还将其调入京师，给予太子太保、东阁大学士殊荣。他认为，开凿金沙江工程并非是张允随等主观不努力，而是因“天险非人力可施”。为开修金沙江工程，云南几乎动用了全部的力量：张允随总揽全局，布政使统筹钱粮，按察使、粮储道、驿盐道参酌经理，迤东道宋寿图躬亲疏凿，府厅州县官 70 余人，“或膺总理，或任分修。自勘估兴工以讫报竣，悉能殚精竭力，不避艰险，不辞劳瘁，督率夫匠，上紧疏

---

① 《清高宗实录》卷 177，乾隆七年十月乙卯。
② 《清高宗实录》卷 191，乾隆八年闰四月壬午。
③ 《清高宗实录》卷 341，乾隆十四年五月癸亥。
④ 《清高宗实录》卷 324，乾隆十三年九月壬子朔。
⑤ 《清高宗实录》卷 339，乾隆十四年四月丙午；卷 343，乾隆十四年六月庚子。

凿；约束兵丁，并无私入夷寨滋事；发给工价银米，亦无短少扣尅。日则奔走崎岖，夜则栖宿水次，较之各项河工，艰苦更甚”[①]。其利国利民的动机可嘉，且工程仍取得了部分“尚属有益”。正如王太岳所称：“十四年，（金沙江）以讫工告，而永善黄草坪以下之水亦堪通运，于是东川达于昭通之铜，皆分出于盐井渡、黄草坪之二水，与寻甸之运铜并得径抵泸州矣。”“不特铜运得济，滇民往来亦有裨益。”[②]

道路交通的改善，使“商贾负贩，百工众技不远千里峰屯蚁聚”[③]，尤其使川滇之间的物资交流变得十分繁盛，“川省商船贩运米盐货物至金沙江以上发卖者，较往年多至十数倍，……商船一到，即减价一两有余，村寨夷民皆欢欣交易，不但滇民免艰食之虞，且可使无知蛮猓渐被华风”[④]。“昭通向苦米贵，自江工告竣，米价平减，民食亦裕”，使得该地“地阻舟楫，物贵民艰”的状况得到很大改善，“昭、东两郡人民已受福无穷”。[⑤]

铜运的需要，还促成了被称为“百色大道”的云南连接广西道路的开通。雍正六年至十二年（1728—1734 年），清朝廷设置云贵广西三省总督，为加强云南与广西之间的联系，建立了自昆明经呈贡、宜良、路南、弥勒、邱北、广南进入广西剥隘以达百色的驿路。后因云贵广西三省总督被裁撤，复置云贵总督，撤销了此驿路。雍乾之际，于云南广西府设炉鼓铸，实施“铸钱运京”，利用的就是这条道路。这条运钱道路也分陆路和水路：“由广西府城陆运到广南府属板蚌地方下船，出西洋江口，与土黄大河会合，直达

① 《张允随奏稿》，乾隆八年十二月二十日折。

② 王太岳：《论铜政利弊状》，载李春龙主编《正续云南备征志精选点校》，云南人民出版社 2000 年版，第 565 页。

③ 王崧：《矿厂采炼篇》，载李春龙主编《正续云南备征志精选点校》，云南人民出版社 2000 年版，第 522 页。

④ 《张允随奏稿》，乾隆八年十二月二十日折。

⑤ 《张允随奏稿》，乾隆十年十月二十一日折。

粤西之百色。自板蚌至百色水路九百余里，山溪曲折，难容大舟，止用本地小船，每船止装钱一百余串，轮流运送，共需三千余只，募夷民撑驾。……由广西府城至板蚌旱路十站，俱系崇山峻岭、鸟道羊肠，牛行须二十四五日，马行须十二三日，每牛驼钱十二串，每马驼钱十八串。”[①] 无论是陆路还是水路，道路状况和运输条件都很差。虽然“铸钱运京”实施的时间较短，但始于乾隆十五年（1750 年）的滇粤之间的“铜盐互易”，则持续百余年。因云南产铜，但缺盐，而广西产盐，但缺铜，于是两省之间展开“铜盐互易”，云南岁购粤盐 160 万斤，粤省每年鼓铸需铜 40 万斤，各将所产盐、铜运至广西百色交换，再将交换到的物资运回。为保障运输，乾隆年间对道路进行了大规模的开凿整修，遂使之成为连接云、桂的交通要道，构成了由滇南直达广东沿海与长江航道相互平行的一条东西大动脉，在西南边疆地区的交通网络中也有举足轻重的作用。

另外，雍正“改土归流”后，从贵州黄平到洞庭湖的乌江下游段、从贵州都匀到湖南黔阳的清江、从贵州三合到广西柳州的都柳江、从贵州毕节到仁怀的赤水河以及昆明滇池通往金沙江的螳螂川等都得到不同程度的开挖修浚，皆能通航，极大地改变了西南的交通面貌。

总而言之，乾嘉时期是历史上西南边疆经济发展取得成效最大的时期。取得如此的成就，是多种原因和条件共同作用的结果，其中以下三个原因最为关键。

一是清朝对西南边疆治理的不断深化。平定“三藩之乱”，所实施的一系列治理措施实现了西南边疆社会由乱到治的转折，经济社会的初步发展为之后大规模改土归流准备了条件。雍正年间，随

---

① 《张允随奏稿》，乾隆三年二月十二日折。

着西南边疆治理不断深化而实施的“改土归流”，创造出统一的政治局面和稳定的社会环境，为之后百余年西南经济大开发奠定了基础和前提，而西南边疆经济大发展又巩固了“改土归流”的成果，促进了国家统一，并为清朝进一步深化对西南边疆的统治提供了坚实的经济基础，两者相互作用，互为条件。

二是西南边疆的资源优势与国家经济发展战略的有机结合。清代西南边疆矿冶业的发展，并非是一个自发的经济增长的产物，而是与国家战略需求高度符合，并在清朝廷主导下发展的结果。自乾隆五年（1740 年）始，持续一个多世纪的滇铜、黔铅京运和各省采买滇铜、黔铅，将西南边疆的资源优势与国家经济发展战略紧密地联系在一起，在国家金融运行、经济发展、社会稳定等方面发挥着重要作用。在国家给予长期而巨大的资金投入和政策支持下，西南矿冶业发展到历史巅峰，西南边疆的资源优势转化为经济增长动力，推动了历史上最大规模边疆开发运动的形成，一切有关移民、垦殖、交通、城镇的发展和商业活动开展及取得的成就都与之密切相关，西南边疆经济也因此更深入地融入全国经济体系之中，社会经济发展水平与内地的差距大为缩小，边疆区域内各省之间以及边疆与内地的联系空前增强，使西南边疆更加全面地融入国家整体之中，促进了统一多民族国家的巩固和发展。

三是移民的贡献。西南边疆大开发吸引了大量内地移民的涌入，既有利于缓解内地人多地少的矛盾，又带来了先进的生产技术，并为云南矿业发展提供了充足的劳动力资源。移民进入新改流地区、边远民族地区，在坝子、河谷、山区从事矿产开发、土地开垦和商业贸易，将边疆开发从垦殖和农业推进到工商业，从城镇、坝区推进到更为广阔的偏远山区和边远民族地区，打破了以往西南边疆经济发展主要局限于城镇和中心地区的状况，为边疆经济水平的整体提升做出了重要贡献。移民还导致人口的大幅度增长，并历史性地改变了西南边疆地区的人口规模和民族构成，汉族人口在明代就已超过少数民族人口的基础上继续大幅扩大占比，分布范围更广泛地扩展到边远民族地区和山区，与当地少数民族一起开垦土地、开发山区，增进了汉族与西南各少数民族之间的交流、交往、交融，促进了西南边疆区域内各民族的社会融合和社会认同，“正是这种认同感的升华才能够解释为何边疆如此广袤的中国能够维持长久的稳定。这是移居西南的人民对中华历史发展所做出的不可磨灭的重要贡献”[①]。

第三节　维护统一

清时期，中国的西南边疆与缅甸、安南（今属越南）、南掌（今属老挝琅勃拉邦）接壤。清朝与上述三国宗藩关系，可以三国沦为英法殖民地为限，分为前后两个时期。前期，清朝与三国先后建立宗藩关系，并谨守疆界，无开疆拓土之举，而缅甸、安南反而通过各种手段蚕食清朝疆域。后期，清朝与三国的宗藩关系解体，英法殖民者遂行其对中国西南边疆地区的侵略图谋，使中国的国家主权和矿权、路权等受到极大损害，部分领土或被其以武力强行侵占，或在划界时丧失，利权被攫取。面对西南边疆日益严重的危机，清朝利用军事、行政、经济等手段，以实现制内控外、保边固圉、裕国筹边的目标，努力维护国家主权、统一和经济权益。

一　从谨守疆界到失地丧权

清朝与缅甸、安南（越南）、南掌的关系。

与缅甸的关系。自顺治十八年（1661 年）吴三桂领兵入缅，

① ［美］李中清：《中国西南边疆的社会经济：1250—1850》，林文勋、秦树才译，人民出版社 2012 年版，第 185 页。

迫使缅王交出南明永历帝后，“缅自是不通中国者六七十年”[①]。之后，清朝与缅甸东吁王朝曾建立过短暂的宗藩关系。乾隆十六年（1751 年），缅甸东吁王朝遣使臣至北京，清朝与之建立宗藩关系。但至乾隆十八年（1753 年），东吁王朝覆灭，缅甸进入贡榜王朝（或称雍籍牙王朝）时代。雍籍牙王朝奉行对外侵略和扩张政策，不仅进攻暹罗、景迈等邻国，还侵扰中国边境车里、耿马、孟连等内地土司，索要“花马礼”，并声言“十三版纳原属缅甸，欲来收复”[②]，挑战中国主权。清军被迫还击，双方由冲突演变为历时四年的战争（乾隆三十年至三十四年，1765—1769 年）。战后，由于中缅双方对所签署的“老官屯”合约理解出现重大分歧，导致长期处于不战不和的状态。乾隆五十三年（1788 年），缅甸具表纳贡，派遣使臣至北京，清朝敕封孟云为缅甸国王，双方建立起宗藩关系。光绪十一年（1885 年），英国殖民者吞并缅甸，清朝与缅甸的关系转变为与英属缅甸之间的关系。

清朝与安南的关系。明清鼎革之际，在今越南的境内主要存在安南黎朝、高平莫氏和广南阮氏三支较大的政治势力。广南阮氏由于其辖地离中越边境较远，与南明各政权和清朝几乎没有过往来。安南黎朝、高平莫氏开始时都拒绝与清朝发展官方关系，而与明隆武、永历政权保持接触与联系，甚至双方还建立过宗藩关系。康熙五年（1666 年），安南黎氏遣使“缴送伪永历年敕命一道，金印一颗”，清朝于次年（1667 年）正式册封黎维禧为安南国王，双方建立宗藩关系，并确定“六年两贡并进”[③]。作为藩属国的安南对作为宗主国的清朝十分“恭顺”，但内部矛盾交织，在攻灭高平莫氏政权后，与广南阮氏（旧阮）长期对峙，内部又长久维持“黎氏

① 《清史稿》卷 528《属国三 · 缅甸》。

② 昭梿：《啸亭杂录》卷 5《缅甸归诚本末》，中华书局 1980 年版，第 120 页。

③ 《清圣祖实录》卷 19、卷 26。

为王，郑氏执政”的局面，朝政由郑氏子孙所把持，任意废立君主。之后西山阮氏（新阮）崛起，联合安南黎氏攻灭广南阮氏，并于乾隆五十二年（1787 年）占领安南黎氏京城昇龙城。清朝将西山阮氏定为“僭越”，在黎氏的一再请求下，出于“字小存亡”“兴灭继绝”的道义担当，于乾隆五十三年（1788 年）十月派兵进入安南，助黎氏复国，兵败而还。乾隆五十五年（1790 年），西山朝建立者阮光平躬身入朝，输诚请封。清朝认可了安南国内政权改变的现实，敕封阮光平为安南国王，双方重建宗藩关系。嘉庆七年（1802 年），继位的阮光平之子阮光缵被旧阮军队擒杀，清朝册封阮福映为越南国王，安南国名称遂改为越南。19 世纪中后期，法国殖民者侵入越南，清朝为履行宗主国的义务，应越南的再三请求下，派兵入越援越抗法，取得镇南关—谅山大捷。中法战争，法国战败，但通过讹诈，化败为胜。光绪十一年（1885 年），清朝与法国签订《中法会订越南条约》，撤出驻越清军，终结了中越宗藩关系，法国达到了将越南沦为其保护国的目的。其后清朝与越南的关系转变为与法属越南之间的关系。

清朝与南掌的关系。老挝王国在 18 世纪初分裂为万象、南掌和占巴塞三个小国。雍正八年（1730 年），南掌国王岛孙遣使向清朝进贡，双方建立宗藩关系。咸丰年间，南掌丧失独立地位，先被暹罗控制，后又沦为法国殖民地，与清朝的政治关系中断。

清朝统一西南，整理疆界，默认了明末时边疆内缩导致失去大片疆域的事实，在车里宣慰司“凯冷裔孙刀穆祷自江干率土投诚，仍授车里宣慰司，驻小孟养”[1]，统辖十三版纳的同时，将明代所置而受缅甸实际控制的土司地区视为化外，认为“缅甸僻在炎荒，不足齿数，自来潜踪严箐，从不敢侵轶边界，而中朝亦惟以化外置

① 道光《普洱府志》卷 3《建置沿革》，民国复印本。

之”[①]。之后，在与邻国的交往中始终坚持不干涉他国内政、谨守疆界，安边保境，无开疆拓土的意愿和行为。[②] 因此，吴三桂深入缅境擒获永历，并未顺势拓土开疆；境外土司多次主动请求内附，均予拒绝。[③] 缅甸东吁王朝覆灭，王子色亢瑞栋请求入内地避难，也“会檄猛卯土司衎玥，遣之使去”[④]。安南内乱，乾隆皇帝要求封疆大吏严守疆宇，并警告其不得“乘安南多事之秋，时萌好大喜功之念”[⑤]。在以宗主国“兴灭继绝”的道义担当下出兵安南“拒阮扶黎”，做到了“曾不利其尺土一民，曾不扰其壶浆箪食”[⑥]。相反，安南、缅甸乘清朝对边境土司控制不严，或利用清朝“天朝不与小邦争利”的心态，不断以各种方式蚕食中国领土，如与缅甸交界的猛卯地区，与安南接壤的六勐地区、雍正时期赐给安南的大赌咒河以北、马伯汛以南的地区等等，成为之后与英法殖民下的缅甸、越南划界的争议焦点。方国瑜先生将邻国蚕食中国疆域比喻为“犹盗窃赃物，长期渐失，主人不问”[⑦]。

19世纪中叶始，西南边疆危机日益严重。在内部，太平天国运动爆发于广西金田，云南回民起义、贵州苗民起义又相继发生，严重冲击了清朝在西南边疆的统治；在外部，英法殖民势力侵入中南半岛，法国占领越南南圻，旨在实现变越南全境为其殖民地并从西南方向侵略中国的“法兰西东方帝国”计划；英国则发动对缅甸

---

① 王先谦：《东华录》乾隆70，乾隆三十四年十一月丁未条，中华书局1987年版。

② 唯一一次开疆拓土的尝试，为乾隆中期中缅冲突过程中曾接受已受缅甸实际控制的土司的投诚，颁发印信，确定贡赋，但那是在战争状态下的行为，且缅甸挑战中国主权在先，而最后的结果仍是中缅双方各守疆界。

③ 如雍正七年整迈土司请求内附、乾隆十四年木邦土司请求内附，均被拒绝，见《朱批谕旨》（鄂尔泰雍正九年五月二十六日折）；《明清史料》（庚编）《礼部奏副》，第1265页，中华书局1987年版。

④ 昭梿：《啸亭杂录》卷5《缅甸归诚始末》，中华书局1980年版，第117页。

⑤ 《清高宗实录》卷273，乾隆十一年八月癸巳。

⑥ 《钦定安南纪略》卷30，海南出版社2000年版，第427页。

⑦ 方国瑜：《中国西南历史地理考释》，中华书局1987年版，第1243页。

的战争，占领下缅甸，开始向西南扩张势力，与法国展开对西南的争夺。

光绪元年（1875 年）马嘉理案发生后，英国便欲以战争相威胁，施行其侵略行径。时云贵总督岑毓英就指出："英国注意云南等处已非一日，现欲借此开衅，以为要挟之计。"[①] 英国逼迫清朝签订《烟台条约》，使英国人得以出入云南和西藏地区。中法战争以法国战败而结束，但在与清王朝谈判中通过讹诈，化败为胜，达到了将越南沦为其保护国的目的。光绪十一年（1885 年），英国出兵占领缅甸京城，俘虏国王锡袍，吞并缅甸，将其并入印度殖民地。缅甸、越南、南掌等原清朝的藩属国相继沦为英法的殖民地，清朝与越南和缅甸的宗藩关系解体。"边省者，中国之门户；外藩者，中国之藩篱。藩篱陷则门户危，门户危则堂室震矣。"[②] 藩篱尽撤，门户洞开，西南边疆面临日益严重的边疆危机。

光绪十五年（1889 年），清朝向法国开放云南蒙自和广西龙州为通商口岸。之后又陆续开放云南思茅、腾越、大理、昆明以及广西梧州、南宁等通商口岸。光绪二十一年（1895 年），法国借口在"干涉还辽"中有功，逼迫清朝将猛乌、乌得两地割让于己，又于二十四年（1898 年）攫取滇越铁路的修筑权。见法国获得利益，英国殖民者提出"利益均沾"，要求清朝给予滇缅铁路的修筑权，并以武力侵占中缅边境原属中国的片马、江心坡和铁壁关西侧等地区，强行获取猛卯三角地的永租权。英法侵略者的行为更进一步加重了西南边疆危机。

面对西南边疆日益严重的危机，清朝努力维护国家主权和统一。例如，在中法勘界之前，云贵总督岑毓英就提出："都竜、新

---

① 岑毓英：《岑襄勤公奏稿》卷 12，光绪元年三月二十三日《遵旨筹办边务片》，台湾成文出版社 1969 年影印本。

② 邓辅纶、王政慈编：《刘武慎公年谱续编》卷 3，台湾文海出版社 1970 年影印本。

街险峻异常，实为徼外之要隘，本在大赌咒河内，为云南旧境，失于明季。国朝雍正年间，督臣高其倬奏请查勘，奉旨撤回内地。后因越藩陈诉，奉谕以马白汛外四十里地赐之，而都竜遂仍归越南，云南即以小赌咒河为界。臣伏思，越为中国外藩要地，归藩原系守在四夷之义，不必拘定撤回。现在越几不能自存，何能为我守险？应否将都竜、南丹各地酌议撤回，仍以大赌咒河为界，以固疆圉而资扼守。”① 在中法战争后中越界务谈判时，就要求：“此次既与法国应勘定中越边界，中外之限即自此而分。凡我旧疆，固应剖析详明。即约内所云，或见在之界，稍有改正，亦不得略涉迁就。总之，分界一事事关大局，……多争一分，即多得一分利益。切勿轻率从事。”② 在中日甲午战争前，清朝在与英法的边界谈判中也争取到一些利益。光绪十三年（1887 年）中法第一次勘定边界，双方签订《中法续议界务专条》五款，虽然猛梭、猛赖被划归越南，但“其南丹以北，西至狗头山，东至清水河一带地方，均归中国管辖，约计收回各地段不下方四百余里”③。光绪二十年（1894 年）正月中英双方签订《续议滇缅界、商条款》，薛福成就奏称：“界务则西、南两面均有拓展，收回车里、孟连土司全境，铁壁、天马等关，昔马、汉董等要地。商务惟大金沙江行船，系我所得格外权利，其余多仿约章通例，而我获益稍多。惟八募设关为印督所阻，亦已将给彼权利稍稍撤去。”④ 甲午战败，清朝的国际地位一落千丈，以致陷入被各帝国主义国家豆剖瓜分的极度危难之中，英法两国也得以遂行其对中国西南边疆地区的侵略图谋，狼狈为奸，“多方以愚我，大言以恐我”⑤，使中国的领土完整和国家主权受到极大

---

① 岑毓英撰，黄振南、白耀天标点：《岑毓英集》，广西民族出版社 2005 年版，第 349 页。

② 光绪《续云南通志稿》卷 85《洋务志》，光绪二十七年刻本。

③ 《清德宗实录》卷 243，光绪十三年五月丙寅。

④ 《清季外交史料》卷 89，第 3 页。

⑤ 张凯嵩：《抚滇奏疏》卷 3《复缅甸边防并矿务情形折》，台湾文海出版社 1967 年影印本。

损害，失地丧权，部分领土或在不平等的环境下进行划界时所丧失，或被其以武力非法强行侵占，各种权利被攫取。面对日益严重的边疆危机，清朝除在界务交涉中据理力争外，还积极谋划守土固边之策，努力维护国家的统一，捍卫各项权益。

二　强化沿边军政建置

“云南防务，自英、法兼并缅、越后，西南两面慎密为难。”① 中法战争后，藩篱尽撤，门户洞开，西南边疆面临战争威胁。清廷为严密边防，采取调整军事部署，增强防御力量，增设边道等军事、行政措施。

广西一线，在长达两千余里的边防线上“原设隘所一百零九处，分卡六十六处”，兵力分散，防务空虚。张之洞等奏准“以十二营专防镇南关中路，以四营分防东路，六营分防西路”，收缩防线，集中兵力，形成以镇南关为中心的中、东、西三路边防体系，并将广西提督由柳州移驻龙州，以利控制调度。② 为提高防御能力，自光绪十一年至二十二年（1885—1896 年），于沿边关隘修建大量军事防御设施，“共建成大炮台 34 座，二、三号中炮台 48 座，碉台 83 座，安装各式洋、土火炮 119 门，修筑军工路 1000 多公里，形成镇南关、平而关、大连城、小连城四个边防要塞，与法军在越南沿边所筑明碉暗堡、兵营据点相对垒”③，构建起了相对严密的防守体系。

云南一线，鉴于“滇省入越之路以马白关为要，法人通商之路以蒙自县为冲”的实际，调整强化滇南地区的军事部署，“即于两路密置重兵”：“一旦有警，敌出红江一路，则兵由马白出越之安

① 《清史列传》卷 64《已纂未进大臣传三 · 王文韶》，王锺翰点校，中华书局 1987 年版。

② 《光绪朝东华录》第 4 册，中华书局 2016 年版，第 2076—2077 页。

③ 沈奕巨：《清末广西的边防炮台建设》，《广西地方志》2006 年第 1 期。

平、安隆，扼馆司关、大滩、文盘以断其尾；敌出马白，则兵出红江，顺流而下，或由三猛出昭晋州，或由古林箐出龙鲁，皆可抵清波、夏和，以截其后路。是蒙自与马白两路奇正相生，有如常山之蛇，击首则尾应，击尾则首应。”[①] 经云贵总督岑毓英奏准，以开化中军镇游击常驻马白关，添设后营游击常驻开化府，添设前营游击常驻蒙自县；令开化镇总兵、临元镇总兵每年秋冬出驻马白关和蒙自县，春夏两季烟瘴较盛时各回开化府城、临安府城驻扎。[②] 另一重要措施为“改勇为兵”。中法战争期间，岑毓英曾率领招募的练勇出关赴越南抵抗法军。在作战中，练勇骁勇善战，表现出很强的战斗力。战后，岑毓英奏请将“关边营勇及常年练军、绿营战兵一概考验裁并，挑留精壮，补足绿营十成战兵一万九千三百五十一名之数，悉食战兵之饷额。……至绿营守兵，仍设五成，马兵暂缺。……以五成战兵分布边关，另交统领管带，编营操练。以五成留防内地，交各标营操练，每岁春秋二季，与边关各营轮班换调”[③]。此次“改勇为兵”，共挑得战兵 15479 名，在编制上不再按绿营的镇、协、营、汛设置，而是以营、哨、队的方式编成；其操练也不再用绿营传统的刀、矛等武器，而是以从国外购置的新式枪炮为主，集中操练，集中使用。虽仍用绿营之名，实际已是新军之实，故有志书便将其归为防军。[④] 这 15000 余名战兵，战斗力极强，成为清末云南边防所依靠的主要力量，极大地增强了边防实力。清末新政时期，于光绪二十七年（1901 年），将云南 24 营防军改编为 12 营的常备军，练习洋操，演练洋枪。二十八年（1902 年），编练成新军 6 营。三十年（1904 年），撤销防军、土勇等名目，统

---

① 岑毓英撰，黄振南、白耀天标点：《岑毓英集》，广西民族出版社 2005 年版，第 348 页。

② 《光绪朝东华录》第 4 册，中华书局 2016 年版，第 2008 页。

③ 岑毓英：《挑裁勇营并改勇为兵拟呈章程折》，载《岑襄勤公遗集》卷 25，台湾成文出版社 1969 年影印本。

④ 《清史稿》卷 107《兵志三》。

一编成巡防队，设立南防、西防、江防、普防、开广防、铁路防六种。南防、西防各设 10 营。江防、普防、开广防、铁路防各设 5 营，共 40 营。每营额兵 350 名，共有额兵 14000 名。三十三年（1907 年），清廷陆军部确定全国编练新军 36 镇，云南须编练其中两镇，定限五年内完成。[①] 云南防军次第改编为新军，编成步队 6 营、炮队 1 营、辎重队 1 营。三十四年（1908 年），清朝廷将云南陆军纳入新式陆军第 19 镇。可以看出，无论军事体制如何变化，清廷在云南一直保有一支较强战斗力的军队。

为加强海防力量，清廷先任命冯子材“督办钦、廉一带防务”，后又增设北海镇，置北海镇水陆总兵。

清朝还将增设边道作为强化边疆管理与控制的一项重要措施。

清末，云南、广西设关通商，大量军队驻守边关，需要一员大吏驻扎边关，统筹洋务和勘界等中外交涉事宜，以及管控土司、整饬边防等。在清代的地方大吏中，总督、巡抚和带兵备衔的道为文臣兼武职，具有军政合一的双重职权，以及无所不统、无所不包的地方事权，承上制下，节制辖区内的文武官员，以实现对地方的管理与控制。督抚管理一省或两省事务，不便前往。于是，在西南边境一线便大量增设边道，以此为核心构建“军政一体，制内控外”的边疆统治机构，固圉绥边。

在广西。中法战争结束后，清朝廷谕令张之洞、李秉衡筹议广西边防事宜。张之洞等即从军事、洋务等方面考虑，建议将广西提督由柳州移驻龙州，分营扼扎边隘，并添设边关道员。光绪十二年（1886 年），李秉衡奏称：“龙州开关通商，重兵所萃，宜有文职大员同任边事。拟请设太平归顺兵备道一员总辖全边，驻扎龙州厅。以左江道所属太平府全境暨东边南宁府属之上思州、西边镇安府属

① 《清德宗实录》卷 571，光绪三十三年七月甲戌。

之小镇安通判、归顺州隶之，沿边统属一道，以期联络一气。上思州即拨归太平府属，小镇安、归顺距太平较远，应升为直隶州，小镇安改为镇边县，加通判衔，属于归顺州”，并确定其职权为统摄“所有汉土厅州县土司管理、整饬边防、监督关税，以及经理一切中外交涉事宜”[①]。光绪十八年（1892 年），又将原隶于太平府的上思州升为直隶厅，改由太平归顺兵备道直辖。之后，又将太平归顺兵备道改称太平思顺兵备道。

在云南。蒙自开关，清廷以此事与广西龙州设关事同一例，谕令仿照广西设置太平归顺道做法，设立边道。[②] 但因蒙自县属临安府，系迤南道所辖，而与越南连界还有迤东道所辖的开化、广南二府，光绪十三年（1887 年）六月，云贵总督岑毓英奏请于蒙自“添设巡道一员，将与越南连界之临安、开化、广南三府归其管理，驻扎蒙自县，兼管关税事务，谓之‘临安开广道’，以资控驭而专责成”[③]。

云南另一重要边疆建置举措为镇边直隶厅的设置。

普洱府边外今澜沧县为中心的区域，当时被称为“倮黑”山区，内与孟艮土司接界，与缅宁、威远、思茅各厅属犬牙相错，外与缅甸各处相通。因小黑江东西流向而分为上、下改心两地，上改心在江之北岸，旧为猛猛土司地，下改心在江之南岸，旧为孟连土司地，林深箐密，烟瘴尤甚。至清中叶，下改心之地“同为石朝凤、石朝龙、李芝隆等分据，互相雄长”，上改心之地，“黄倮黑有张太爷者，大约汉人苗裔，崛取上改心而据之。而威远人石姓亦迁居此地，为小头目。数传石朝龙、朝凤兄弟，与其侄石廷子等，势力渐盛，分据蛮海、大山、间官，为之长雄。而威远李芝隆、普洱

---

① 李秉衡：《李忠节公（鉴堂）奏议》，台湾文海出版社 1973 年版，第 215—216 页。

② 《清德宗实录》卷 243，光绪十三年五月丙寅。

③ 光绪十三年六月十三日云贵总督岑毓英《请添设巡道驻扎蒙自兼管关税片》，《岑襄勤公奏稿》卷 20，台湾成文出版社 1969 年影印本。

李朝龙，亦各据蛮蚌、圈糯为土目，成为群雄割据之势”。各种势力在此互相攻杀，劫掠土司，扰乱边境。嘉庆年间，清廷曾三次进剿，但并未能对此地区进行深入统治，官兵一撤，乱作又起。张太爷死后，其后人张秉权率众屡次攻占猛猛土司巡检地方，扰乱边境。值中英勘界之时，云贵总督岑毓英以此地反复动荡，“内足为边境之忧，外恐生缅地之衅，为患更深”，提出：“计莫如先与招徕，将下改心各倮目给与世袭土职，令各钤束其众，编籍内附，庶几权分力弱，既可以孤张秉权之党，又可以严边地之防。”光绪十三年（1887 年）六月，李芝隆首先“向化”，岑毓英奏请“赏土司职衔”。之后，张秉权遭雷劈而亡，其子张登发“恃险强横，抗敌如故，且深嫉李芝隆等受抚，屡向各寨攻劫，均受其害，实不能用重兵剿灭，以除边地巨患”。光绪十三年五月，提督蔡兴国带领数千兵丁进攻，“倮黑山圈糯寨夷目李先春诚心向化，首先投诚”，将张登发等人擒获。[①] 岑毓英奏请于该处“设官建城”，设镇边抚夷直隶同知一员，隶迤南道，并设镇边营参将一员，隶普洱镇。[②] 之后，又以原由顺宁府所辖的孟连土司改归镇边直隶厅就近管辖。

“镇边”二字有维护边境稳定之意，清末多以此为名设置政区。除云南置镇边直隶厅外，广西也置有镇边县。镇边直隶厅的设置，在保边固圉、维护国家统一和领土完整中发挥过重要作用。

光绪十八年（1892 年），中英交涉滇缅界务，英国“谓新设威（镇）边厅系卡瓦旧地，与车里、孟连两土司向均入贡于缅，素为两属”[③]，图谋将这些地方归入瓯脱之地。这样的说法遭到中方划界代表薛福成的驳斥。薛福成列举事实：“滇属东（西）南羁縻之境，以车里、孟连两土司为最大，近年新设镇边直隶厅抚理孟连北境，

① 《岑毓英集》，第 390—403 页。

② 《清德宗实录》卷 255，光绪十三年五月己未。

③ 顾廷龙、叶亚廉主编：《李鸿章全集・电稿一》，上海人民出版社 1985 年版，第 554 页。

计此一厅两土司之地约可抵内省四五府。当臣与英廷争论野人山地之时，英外部以车里、孟连曾经入贡缅甸，并坚索两土司及新设一厅作为两属以相抵制。臣查《会典》及《一统舆图》，车里、孟连隶滇已久，镇边新设直隶厅同知一官，若忽改为两属，尤属无此体制，不得不尽力坚持。”[①] 因事实清楚，英外务部只得“遽自转圜，愿以全权仍归中国”，确定镇边厅是中国行政管辖之地，隶属该厅的孟边土司也自然属于中国。光绪二十七年（1901 年），英国又藉口“江洪”（即车里）问题，修改《续议滇缅界商务条款》，割占“科干”（今果敢）地方，但仍承认镇边厅地方为中国土地。

作为边疆重镇的腾越，边防建置也有提升。嘉庆年间即于该处设腾越直隶厅。腾越被作为通商口岸后，光绪二十八年（1902 年），清廷将驻扎大理府的迤西道移驻腾越厅城，改为分巡迤西兵备道，兼管关务和边防。[②]

云南另一通商重镇思茅，由于已有迤南道和普洱镇驻扎，没有增置调整。

广东钦州和廉州府为与越南接壤的边海交冲，海防、边防最为吃重，光绪十四年（1888 年）升钦州为直隶州，以防城巡检司设为防城县，隶于钦州直隶州；光绪三十一年（1895 年），裁撤广东督粮道，添设廉钦兵备道，驻扎钦州，管廉州府和钦州直隶州。

云南、广西各边道设置后，清廷不断强化其军事职能，甚至将边防责任完全交由边道承担。光绪二十三年（1897 年），云南“与法人设立对汛，以临安开广道为正督办，设副督办二员，一驻河口，……一驻麻栗坡”[③]。广西早在光绪二十二年（1896 年）即设立与法国的对汛督办，先以广西提督兼任，三十一年（1905 年）

---

① 龙云、卢汉：《新纂云南通志》卷 166《外交考三》，1949 年铅印本。

② 《清德宗实录》卷 500，光绪二十八年六月庚子。

③ 光绪《续云南通志稿》卷 74《武备志·边防》，光绪二十七年刻本。

两广总督岑春煊奏请："广西边防，请裁去督办名目，照云南边防办法，一切责成边道，辖于巡抚，庶可事权专一。"[①] 三十二年，针对有人提出边道毕竟为文官，边防事权应仍由提督负责的意见，两广总督岑春煊、广西巡抚林绍年奏称："特熟察广西边防目前情势，兵事、吏事断断不能相离。……必赖营、县合一，军事、吏事责诸一人，乃不虞扞格。若一分任，窒碍必多。现在提督因年年防剿左江一带之匪，业已移驻南宁，所部各营分防南宁、思恩、太平等属。边道所部分防沿边，一切布置大致已定，拟请毋庸更动。以后边防事宜，悉照现办章程，责成边道兼管，遇事禀臣等办理。"[②] 再一次明确了边道"军政合一，制内控外"，办理边防的职权。

中法战争后，西南边疆在面临军事威胁的情况下，清朝在与缅甸、越南接壤的西南边境一线，通过调整军事部署，构建以边道为核心的"军政合一，制内控外"的边疆管控体系，极大地增强了边防力量，对英法殖民者形成一定的震慑，遏阻了其军事冒险企图，在保边固圉、加强边境管控等方面起到了积极作用，维护了边境地区的稳定和国家统一。虽然清朝在与英法殖民者划界交涉中争回部分领土，并积极谋划保边固圉之策，但因其国势衰弱，加之腐朽妥协，仍致西南边疆部分领土或在划界时丧失，或被殖民者以武力非法侵占。面对边疆危机、国土沦丧，西南边疆各族军民奋起反抗侵略，保卫边疆、维护国家统一。光绪九年（1883 年），法国殖民者强迫越南签订《顺化条约》后，武装侵入云南马关、麻栗坡一带，并建立据点，强迫当地民众缴纳粮赋。苗族首领项崇周组织苗、瑶、壮、汉数百人参加的队伍，与侵略者展开武装斗争，给侵略者以沉重打击，迫使其退出侵占的猛硐地区。中法战争期间，清军在

---

① 《清德宗实录》卷 547，光绪三十一年七月丙子。

② 林葆恒编：《闽县林侍郎（绍年）奏稿》卷 5《抚桂奏稿》，台湾文海出版社 1969 年版，第 654—655 页。

中越两国人民的支持下，给予侵略者沉重打击，取得镇南关、宣光、临洮等战役的胜利，促使法国茹费理政府垮台。光绪二十六年（1900 年），英国侵略者武装侵入片马地区，当地人民在土把总左孝臣、千总杨体荣领导下英勇抵抗，与侵略者血战，左孝臣身中八弹，壮烈殉国，百余边民也为国捐躯，最终将侵略者赶出片马。宣统二年（1910 年），英国侵略者再次武装占据片马，并企图造成强占片马的事实，亦遭中国军民的反对。1960 年，中国与缅甸签订《中缅边界条约》，再次确认片马、古浪、岗房等地共约 153 平方公里的土地为中国领土。

三　增强沿边土司的向心力

雍正朝“改土归流”，限于当时的条件，在云南、广西与缅甸、越南接壤的边境一线仍保留大量土司，以作为与藩属国之间的缓冲地带。对这些土司，清朝采取的策略是“苟不至出巢肆扰，亦不概以内地之教令绳之”[①]。随着越南、缅甸相继由清王朝的藩属国变为法国、英国的殖民地，沿边一线形势遂发生重大改变，加强沿边土司的管理与控制变得更为重要。因为如果“土属相安，在我则俨若藩篱之卫”，沿边内地土司便能起到屏藩的作用，一旦控制不力，“内足为边境之忧，外恐生缅地之衅，为患更深”[②]。而个别土司“首鼠两端”，使得英法殖民者借所谓土司“两属”以及“无管之地”等议题大做文章，称“英廷查得百年来中国未经管理金沙江上游”，甚至还提出“车里、孟连两土司曾经入贡缅甸，英国亦有索问之权”[③]。虽然清朝廷以明确事实和证据对上述说法加以驳斥，但

---

① 谭钧培：《谭中丞奏稿》卷 8，光绪十六年五月《声明嗣后土司滋扰即改土归流片》，光绪二十八年湖北粮署刻本。

② 《岑毓英集》，第 390 页。

③ 《咨总理衙门并北洋大臣李、云贵总督王与英外部诘问侵扰滇边》，载薛福成辑《滇缅划界图说》，台湾成文出版社 1974 年版，第 23 页。

担心“万一出此入彼，则祸变即在肘腋之间”，恐引发领土、主权等外交争端。土司向背关系着国家的主权和统一。出于“固边圉而安夷众”[①] 之目的，清廷采取以下措施加强对土司的管理和控制。

第一，查办土司承袭以防止和消除殖民者的觊觎。

“凡土官之职，皆给以号纸；土府、厅、州、县，则加以印。”印信、号纸是清朝廷向土司颁发的授职凭证，以此确认土司的职衔、品级。土司接受朝廷所颁印信、号纸，即表明其接受清王朝的统治，在承担对清王朝相应的责任和义务的同时，受清朝保护，并以此为凭，号令土人。清廷规定，号纸之上“书土官之职，并载世系及袭职年月”[②]。土官袭职，要先缴其原颁号纸，改给新号纸。土司若将印信、号纸丢失，则视其情形，或受处罚，或取消其承袭资格。

历时18年的“咸同之乱”，沿边各土司“有毁家纾难剿贼阵亡者，有被贼胁从供其役使者，有族人谋害正支而自称代办者，印信、号纸亦多遗失，夷民漫无钤束”[③]。清朝廷决定对云南省内所有土司印信、号纸进行全面清理，确认土司世系和承袭是否符合相关规定后，重新颁给印信、号纸。希望通过这一方式，再次强化清王朝对土司地区所拥有的主权，防止和消除殖民者的觊觎。然而，当时沿边土司中只有孟定土知府、镇康土知州、代办潞江安抚使前往办理，干崖、陇川、南甸、孟连、遮放、芒市等土司对此置之不理，而孟连、猛卯等土司则“杳无音问”。鉴于“今洋兵由缅而来，既恐各土司被其引诱附和，更恐所属夷民及附近野人复阑路劫夺，致滋口实”，责成地方官府催照例承袭。“如印信、号纸遗失，

---

① 谭钧培：《谭中丞奏稿》卷8，光绪十六年五月《声明嗣后土司滋扰即改土归流片》，光绪二十八年湖北粮署刻本。

② 嘉庆《大清会典》卷9《吏部》。

③ 岑毓英：《岑襄勤公奏稿》卷12，光绪元年四月二十日《抚绥土司以固藩篱片》，台湾成文出版社1969年影印本。

查明奏请颁给。倘有不法情事，仍从严惩治。务使咸就范围，以固藩篱。”[①] 尽管清朝廷一再严厉要求，但一些土司仍对此置若罔闻。

光绪末年，四川总督赵尔丰主持川边改土归流，他提出：“土司蛮族错居其间，獉狉自封，统驭莫及，争斗角逐，动滋事端，自非一律更张，设官分理，不足以巩固疆圉，弭患无形。……请饬下各该省督抚暨边务大臣，详细调查，凡有土司土官的，拟改流办法，奏请核议施行。其实有窒碍暂难拟改者，或从事教育或收回法权。”[②] 受川边改流的影响，对云南不法土司实施改流的要求也被提出。云南耆民联名呈控：迤西土司“承袭既久，专横益甚，苛敛无度，滥杀自由，名为土司，实则土王”，其中南甸土司尤为不法，因“其地接壤缅甸，小民纷纷迁隶英籍”，呼吁：“朝廷纵不为南甸之民计，独不为滇边大局计呼?”[③] 光绪皇帝以“云南耆民呈称：‘土司暴虐，惨无人理，请改土归流，以救民生’等语。著锡良按照所呈各节，体察边情，妥筹办理。”云贵总督锡良认为此时并不具备改土归流的条件，奏称：“土司暴虐，计非改土归流不可。所以不敢轻于举办者，一恐兵力未敷，一恐财力不足。为今之计，惟有革除汉官规费，慎选守令，以清其源；赶紧查请承袭，以安其心；严密稽查防范，以伐其谋。并拟整顿防营，开办征兵，庶缓急操纵，得受控驭之益。”得旨：“该督所筹办法，尚合机宜。著即认真办理，期收实效。”[④] 清朝廷深知土司之弊，但此时在云南进行川边一样的改土归流已是有心无力，只能通过清理承袭等方式控制土司。这一办法也取得一定成效。据《新纂云南通志》记载：“滇西

① 岑毓英：《岑襄勤公奏稿》卷12，光绪元年三月二十三日“遵旨筹办边务片”。

② 吴丰培编：《赵尔丰川边奏牍·民政部各省土司改设流官折》，四川民族出版社1984年版，第363页。

③ 锡良：《锡良遗稿·奏稿》第2册，光绪三十四年九月初二日“筹复滇省土司改土归流情形折”，中华书局1959年标点本。

④ 《清德宗实录》卷594，光绪三十四年七月辛卯。

土司以数十计，日渐骄横。宣慰使刀安仁（按：干崖土司）曾游东洋，外人称以王爵，尤骄妄，闻有改土归流之议，辄思蠢动。锡良先派员询察，晓以厉害，并令应袭各土司迅办承袭，以安其心。刀安仁闻而畏感，遣其弟至，痛苦自陈悔改，边境得以无事。”① 光绪一朝，办理了多起土司袭职案件，对稳定土司起到很大作用。

第二，以改流、分袭和虚衔化等方式削弱土司势力。

清末，朝廷施行“内地则改土归流，边远则众建而分其势”的治策，即施行改流、分袭和虚衔化等方式削弱土司势力，以加强对土司的控制。

改流主要在川边实施，影响也较大。而在云南、广西，雍正改流后保留的土司皆处于沿边一带，在清末被改流者不多，仅有云南土富州、广西凭祥土州等数家。

所谓“分袭”，是为防止土司势力膨胀后尾大不掉而采取的措施。其核心是在原土司统辖地方增设土司或土舍、土目，将原土司治下的人口、土地析分给新增设的土司或土舍、土目，以削弱其势力，并使其相互牵制。具体而言：“土官支庶子弟中有驯能办事者，许本土官详报督抚，具题请旨，酌量给予职衔，令其分管地方事务。其所授职衔，视本土官降二等，如本土官系知府，则所分者给予通判衔；系通判，则所分者给予县丞衔，照土官承袭之例，一例颁给敕印、号纸。其所分管地方，视本土官所管之地，多不过三分之一，少不过五分之一。”② 此方法在雍正改流后便成为控制边远土司的一项重要措施，目的是“安其心而涣其势”。清末更是强化了对这一措施的应用。

临安府辖下的纳楼长官司普永年，世袭正七品副长官，所管八里（八个小地方）和藤条江外三猛之地，东面毗邻越南，山林险

① 《新纂云南通志》卷181《名宦传四·锡良》，江燕等点校，云南人民出版社2007年版。
② 光绪《大清会典事例》卷22《吏部》。

恶，土匪出没其间，“最为边患”。康熙三十年（1691 年），时安南黎朝曾向清朝提出“八里”中的牛羊、蝴蝶、普园三处的领土要求，被清朝拒绝。咸丰十一年（1861 年），土官普永年病故，其子普卫邦年幼，尚未到袭职年龄，未能办理袭职。不久后普卫邦又夭折，膝下无子，其各支系图谋争袭，相互攻杀。光绪九年（1883 年），时云贵总督岑毓英以土司绝嗣，奏请“拟改土舍分管，并请豁免积欠钱粮”[①]，以达到“俾势分力弱，各有分地，庶息争端”[②]的目的。最终从土司亲支四房中每房各选一人为土舍，将八里均分，各管二里，较好地处理了可能由争袭带来的边疆动乱。

所谓“虚衔化”，是指“土司辞职，改土归流，给千总、把总职衔，均颁给敕书，准其世袭”[③]。这些自请改流的土司，清廷在削其所管土地和人民的同时，对其安抚，给予一定的职衔品级，并准其世袭，在生活上给予保障，但不将其计入各省土司统计数字之内，即“不管理苗番村寨，不与其数”[④]。光绪年间，对北胜州土知州、镇康土知州就是按此方式处理的。

第三，“剿抚兼施”以增强土司的向心力。

“近边荒服，历代均以土司世守其地，表华夷之限制，为中国之屏藩，虽数百年来相沿不变，而弱肉强食、互相侵夺之祸，几于无时无之，边患多由于此。”[⑤] 土司为乱由来已久，在清末之前，历代统治者都只是将其视为“一时蛮触相争，不足遂为边患”，多听之任之。在清末边疆危机的形势下，清廷强化对土司施行“剿抚兼施”之策，对于那些忠于朝廷，在平息地方叛乱中出力的土司和村

---

① 《清德宗实录》卷 162，光绪九年四月丁酉。

② 《岑襄勤公奏稿》卷 12，光绪元年三月二十三日“遵旨筹办边务片”，台湾成文出版社 1969 年影印本。

③ 光绪《清会典》卷 48《兵部》。

④ 光绪《清会典》卷 6《兵（吏）部》。

⑤ 《岑毓英集》，黄振南、白耀天标点，第 390 页。

寨头人优加抚慰，视其为维护边境稳定可以依靠的力量，或提升其职衔品级，甚或量给土司职衔；而对滋事动乱者，则予以坚决打击镇压，以增强土司的向心力，维护边境地区的稳定。

光绪年间，镇边直隶厅“倮黑”地区骚乱，相互攻杀，扰及邻近土司。清朝廷派兵征剿，“倮黑”山头李芝隆、倮黑山圈糯寨夷目李先春等“诚心向化，首先投诚”，在征剿过程中帮助清军，立有功绩，云贵总督岑毓英奏请分别“赏给土千总职衔”[①]。光绪十七年，“云南猛参土目罕荣先与猛角、猛董土目罕荣高挟嫌构衅。罕荣先欲向参将鲍虎请兵，攻打猛角，因勾串提督吴占胜之差弁、已革把总李廷先，贿通文案贡生贺文为主谋，许给该参将等银两，订立合同。鲍虎遂私带兵练攻破猛角，肆行虏略”[②]。清廷派委迤西道刘春霖前往查办。在办理此案过程中，得到孟定土知府罕忠邦、葫芦王胡玉山、孟连下猛允土目刁金华等的帮助，“孟定土知府罕忠邦等前往开导，划定界限，永杜争端，两造遵依，具结完案，办理尚为妥速”。云贵总督王文韶、云南巡抚谭钧培联名奏准：“所有在事出力之孟定土知府罕忠邦，著赏给宣抚司衔。上葫芦王胡玉山，著赏给土都司衔。孟连下猛允土目刁金华等，著赏给土把总衔，准其世袭下猛允土目，以示奖励。土目罕荣高，被罕荣光围攻，未敢挟忿寻仇，听候官为处置，洵属安分守法，著给予土千总，管理猛角、猛董，准其世袭，俾昭激劝。”[③]

光绪十二年（1886年）十二月，“盏达土司、夷匪作乱，饬总兵丁槐前往剿抚。得旨：所筹尚妥，即著饬令丁槐严防要隘，并督同南甸等处土司分别办理剿抚，以固边圉”[④]。“十三年八月，派兵剿顺宁府属倮黑张登发，至十一月，擒之。”“又因缅为英有，腾永

① 《清德宗实录》卷255，光绪十四年五月己未。

② 《清德宗实录》卷298，光绪十七年七月癸未。

③ 《清德宗实录》卷299，光绪十七年七月癸未。

④ 《清德宗实录》卷236，光绪十二年十二月己巳。

边隘亦加意戒备。盏达土司所属蛮匪、顺宁边境倮匪俱分连越、缅，虑资敌人而贻后患，皆以时遣将勘定。”①

光绪十六年（1890年）六月，光绪帝谕：“王文韶等奏土司擅袭横行，积年稔恶，派兵剿办，首逆就歼，地方安靖一折。云南永北厅属北胜州土司章天锡，两世私袭，横行罔忌，扰害地方，种种不法。节经该督抚派兵擒拿，辄敢聚党抗拒，实属逆迹昭彰。本年正月间，经王文韶等派兵攻剿，擒获匪党多名，并将首逆章天锡拿获正法，地方一律肃清，剿办尚为得手。”②

光绪十六年至二十年（1890—1894年），王文韶任云贵总督期间剿办多起发生于土司地区的滋事动乱：“（光绪十六年）时法越之事初定，越南游勇侵扰内地，沿边夷匪、土司与附近省会之教匪勾结营弁，一时并起，连陷富民、禄劝两城，众心惊惶。文韶剿抚兼施，斩获叛将，旬日而定。四月，云南镇康州土族刀老五勾结外匪，杀毙土知州刀闷锦，图盘踞土城。文韶饬永昌府知府邹馨兰督同官绅，调集团勇，驰往剿办，擒获贼首，阵斩匪党多名，土城克服。五月，猛喇游匪滋扰，窜至金子河、那窝寨，距险抗拒，即檄总兵秀林督师进攻，克服那窝寨，乘胜击破金子河贼巢，民赖以安。……十八年，云南镇边地方新附倮夷，聚众滋事，拒捕戕官。檄调署理迤南道刘春霖督同文武员弁分路进兵，将东生、富角、闲官等佛房，及东生等各家口营逆巢，次第攻克，生擒夷酋汉奸悍贼多名，歼毙无算。招降二千余众，拨出被胁难民五百余家，戕官首恶均经擒获正法，边境遂安。”③

光绪三十年（1904年）十二月，云贵总督丁振铎奏报：“云南永昌府属之孟定土司与顺宁府属之耿马土司索债起衅，互为焚掠，

① 《清史列传》卷59《新办大臣传三·岑毓英》，王锺翰点校，中华书局1987年版。

② 《清德宗实录》卷286，光绪十六年六月癸丑。

③ 《清史列传》卷64《已纂未进大臣传三·王文韶》，王锺翰点校，中华书局1987年版。

派兵弹压，歼除首要。”[①]

清廷一直为强化对土司的管理和控制做出努力。清末新政时期，设立新式学堂，即强调：“滇省开化较晚，沿边土司数千里，往往因语言习尚不同，与内地人民隔阂，非先之以教育不为功。”原计划先在紧接外域的永昌、顺宁、普洱三府暨镇边直隶厅内的土司地方兴建学校，对土司、土民施以教育，以为安边之计。之后，鉴于实际情况，考虑到：“即授以初等小学，恐亦难入。谨按逐年筹备宪政清单，本年应设简易识字学塾，以此开化，较为适宜。至身任土目者，虽年长难学，而宗族子弟可教。惟土司于土民，其分素严。沿边土民学塾，其宗族子弟必不乐入，不得不另筹办法。省会学堂较外郡规级略备，令其附学，量程度入相当班次，来学则优遇之，毕业归则，照章奖励，更奖匾额。附学必置之会垣，俾略瞻军界、政界之设施，习闻通人正大之言论，以激发其忠爱。惟学非财不办，沿边土司有限，其宗族子弟来学者，由公家供膳食、操衣、书籍，甚或增教员、开新班，费属无多。至三府一直隶厅土民学塾，需款甚钜，若责土司就地筹措，势必骚扰。按照川滇边务大臣关外学务局成案，由司库边防要需项下按年提银二万两以作经费。”[②] 之后，又考虑到“滇边土民学塾创办伊始，事务綦繁，地方官庶政丛集，断难一意兴学。酌仿四川关外学务局成案，暂设永顺普镇沿边学务局，凡分区设学及敷拨经费、遴选学务人员各事宜，均归该局专任。俟沿边学塾办理就绪，即将此项学务局裁撤。如果办有成效，应请将在事出力员绅择优保奖，以示鼓励。”[③] 此事尚未实施，清朝已灭亡。

总体而言，这一时期为加强对沿边土司的管理和控制所采取的

---

① 《清德宗实录》卷540，光绪三十年十二月癸亥。

② 《宣统政纪》卷13，宣统元年五月癸亥。

③ 《宣统政纪》卷26，宣统元年十一月丁卯。

政策是明智而有效的，既行使了行政管辖权，达到了对土司“安其心而涣其事”的目的，保边固圉，阻止了土司的外向性和摇摆性，增强了土司的国家认同感，稳定了这一广阔的屏藩区域，又宣示了国家领土主权，遏制了殖民者的觊觎。

四　维护矿权、路权

早在同治年间，当法国殖民者占领越南南圻后，有识之士即认识到侵略者的野心远不止于此，“法人此举志在吞全越无疑，既得之后，必请立领事于蒙自等处，以攘山矿金锡之利，或取道川蜀以通江汉，据列邦通商口岸之上游”[①]。当英国殖民势力在缅甸不断扩张时，云贵总督岑毓英即指出：“洋人早垂涎滇省各厂，欲由缅甸开路入滇，到腾越、大理设立码头。”[②] 随着边疆危机的加深，英法殖民者力图通过不平等条约、贷款投资等手段对西南矿产进行掠夺，并在帝国主义瓜分中国的狂潮下获取了在云南、广西修建连接境外铁路的权利。为维护矿权、路权，清朝中央和地方政府采取了一些措施，西南各族人民也对英法的殖民行径做了坚决的斗争，维护了国家主权和利益。

云南拥有丰富的矿产资源，为防范英法殖民者垂涎窥视，同治年间清廷就提出“惟不弃货于地，庶可藏富于民”[③]，即通过加强云南矿业的开发以维护矿权。

乾嘉年间曾经盛极一时的滇铜开发，随着硐老山空以及历时18年的“咸同之乱”而辉煌不再，“厂地屡遭蹂躏，炉户、砂丁逃亡殆尽，各厂槽硐，或被荒土填塞，或为积水淹没”[④]。“咸同之乱”后，清廷即开始着手恢复滇铜生产，重启“滇铜京运”。然而，乾

---

① 邓辅纶、王政慈编：《刘武慎公年谱续编》卷3，台湾文海出版社1970年影印本。

② 《岑毓英集》，黄振南、白耀天标点，第224页。

③ 《清德宗实录》卷183，光绪十年五月乙亥。

④ 《同治十三年云南巡抚岑毓英奏疏》，光绪《续云南通志稿》卷43《艺文》。

嘉时期，每年的“滇铜京运”运至京师的滇铜达到360余万斤，而此时筹划每年以50万斤滇铜运至京师“犹属拮据”。自同治十三年到光绪十六年（1874—1890年）的16年间内，仅解运京铜8起，共计837万斤[①]。加起来不到乾嘉时期一年的滇铜产量。造成这样的局面的原因，一是“老厂开办年久，矿洞深入百数十里，……炉户、砂丁但日寻‘草皮’，淘荒洗澡，图混目前而已”；二是“军兴以来比户凋残，衣食不给，益无余钱以谋厂利，而库帑支绌，亦不能一一预借工本。厂务废弛，半由于此”[②]。

光绪九年（1883年），上谕：“云南素产五金，乃天地自然之利。该省铜政久经废弛，本应整顿规复，以资鼓铸而利民用。此外金银铅铁各矿亦复不少，均为外人觊觎，自宜早筹开采，以广中土之利源，即以杜他族之窥伺，实为裕国筹边至计。”清廷将云南矿业开采提高到“裕国筹边”的高度，欲收经济和政治的双重功效。但由于国库空虚，拿不出经费支持，故要求云南封疆大吏仿照开滦煤矿的方法，“广招各省殷实商民，按股出资，与官本相辅而行”“或仍应购买外洋机器，以利开采，均著豫为筹议”，并强调“总期事在必行，毋得视为不急之务，日久办无成效，坐失事机”[③]。光绪十年（1884年），云南督抚奏称：“滇省开矿事宜绅厂已有成效，商股已有成议，人情踊跃，可冀日起有功。”[④] 然而，集资商股并未取得实在成效，资金短绌成为制约滇铜开采的瓶颈。光绪十二年（1886年），云南督抚奏称：“滇省铜矿办理艰难，运京不易。请变通商铜成数，如办铜一百万斤，准以一成通商，以上递加，并照漕运章程给奖。”[⑤] 并不断向清朝中央政府发出“铜政需本甚急，请

---

① 《光绪二十三年云贵总督松蕃奏疏》，光绪《续云南通志稿》卷43《艺文》。
② 《光绪八年云贵总督岑毓英奏疏》，光绪《续云南通志稿》卷43《艺文》。
③ 《清德宗实录》卷166，光绪九年七月戊子。
④ 《清德宗实录》卷187，光绪十年六月癸未。
⑤ 《清德宗实录》卷229，光绪十二年六月乙亥。

饬川督预拨五年盐厘解滇办理矿务”[①] 的要求。经过不断努力，自光绪十六年到光绪二十三年（1890—1897 年），八年时间内获铜 830 万斤，平均每年百万斤，比之前稍有起色，但之后便停滞不前。虽然清廷开采滇铜的努力收效不大，但以此维护矿权的构想则应该肯定。

光绪二十八年（1902），法国与英国勾结，联合成立“隆兴公司”，逼迫清朝签订《云南隆兴公司承办七府矿务章程》，允许该公司租赁开采云南所属云南、临安、开化、澄江、楚雄五府和元江直隶州、永北厅“七府矿产”，规定的开采期长达 60 年，期满后还可以展限 25 年，如“七府”内无矿可采时，承诺以云南境内其他府州之矿相抵。此举严重损害中国主权和利益！英法殖民者的侵略行为遭到云南人民的反对，他们喊出“矿自我开”“保我利权”的口号，掀起了轰轰烈烈的保矿运动，要求清朝廷收回“七府矿权”。最终，侵略者的图谋未能得逞，维护了国家和民族利益。清末新政时期，云南省成立官办、官商合办以及商办类工业企业共计 20 多家。为了不让殖民者染指矿业，尤其是发展较好的锡矿业，开矿资金全部来自官股和商股。官商合办企业方面：光绪三十年（1904 年）蒙自官商公司成立，采炼大锡以供出口，启动资本金为 50 万两，其中官方参股 30 万两，民间商股 20 万两。[②] 光绪三十一年（1905 年）成立“个旧厂官商有限公司”，资金来源为“官股四十八万五千元，商股十八万一千元”；宣统元年（1909 年）又改组成立“个旧锡务有限公司”，资本来源仍为“官股一百万元，商股七十六万九千五百元”[③]。官办企业方面：光绪三十一年（1905 年）筹建云南造币分厂，雇用员工 200 多人，厂址设在省城宝云钱局

① 《清德宗实录》卷 231，光绪十二年八月庚辰。

② 云南近代史编写组：《云南近代史》，云南人民出版社 1993 年版，第 120 页。

③ 《中国近代史资料》第三辑，上海人民出版社 1978 年版，第 617 页。

（今昆明钱局街）内，从德国购进造币机器，铸造银币和铜币。光绪三十四年（1908 年）创办官办“宝华锑矿公司”，宣统三年（1911 年）改为官商合办，资本总额达到 355000 元，来源为“滇蜀铁路公司贷款（后转为入股）12 万元，官股出资 175000 元，筹集商股 6 万元。该公司从德商禅臣洋行订购生产机器和设备，在蒙自芷村附近设冶炼厂，出产量较大”[①]。

宣统二年（1910 年），云南地方政府将矿业发展列为关系滇省生死存亡之政。云贵总督李经羲奏称：“臣不敢谓矿一开而滇即不亡，而确知矿不开而滇且必亡。”[②] 并将矿业开发与内政、外交联系起来，认为：“实边之计在人，聚人之计在财，无人则边虚，无财则人散。是故人心离涣，人才消乏，财源枯竭，有一于此，皆足致亡，而外交之侵略因之而起。实边聚人之计莫如兴实业，以实业救滇，治病之本也。实业注重矿产，尤本中之本也。查滇中矿产，已采者什一，未采者什九。既已弃货于地，非大力包举末由，冀风气之开。计惟有广集巨资，先营矿业，并责成边吏讲求农林种植，兴办蚕织。且办实业，自论内政言之，可以结人心，练人才，浚财源。至论外交之政策，我能自办，则疆圻以内，我保我之权利；界约以外，彼守彼之范围。否则人心外向，人才外散，财源外耗，更无交涉之可言矣。”并对矿业开发中的资金、矿业人才培养、发展步骤等做出全面筹划：“吁恳拨借部款二三百万两，以为开矿基本。至办矿之法：一为培养人才，一为分期堪办。培养人才不外设立矿业学堂、选派矿学学生二事。分期堪办之法，则以调集各厅、州、县所产砂样为第一期；以延聘矿师，化分砂样，逐地查勘为第二期。然后就全省各矿分别种类之贵贱，砂质之美恶，出额之多寡，

---

① 云南省志编纂委员会办公室：《续云南通志长编》第 1 册卷 28《议会一・序》，1985 年整理本，第 1036 页。

② 王延熙、王树敏辑：《皇清道咸同光奏议》卷 49，载沈云龙主编《近代中国史料丛刊（正编）》，台湾文海出版社 1969 年版。

运道之难易，销路之广狭，列为等次，而择其最优者，指矿招股，实行开办为第三期。通计各事，速或年余，迟或二、三年，即可收效。”[①] 但尚未实施，清朝已灭亡。

除维护矿权外，还积极维护路权。

英法殖民者则一直图谋在云南、广西地区获得筑路权。中法战争后，法国逼迫中国开放广西龙州、云南蒙自为通商口岸，并要求将其在缅甸、越南的铁路与云南、广西连接以达中国腹地，遭到清廷拒绝。为杜绝英法殖民者对修筑铁路权益的窥视，地方官府积极筹划自办铁路。光绪十一年（1885 年），云南封疆大吏便向朝廷奏及于云南开修铁路事宜。光绪帝谕以“先行详细覆奏。至由大理通缅甸之路，共有几处，远近若干，有无山川险阻、野夷闲隔，一并查明具奏”[②]。由于当时资金和其他条件所限，并未有进一步举动。光绪二十一年（1895 年），法国以“干涉还辽”有功于清朝，不仅迫使清朝将猛乌、乌得两地割让于己，又迫使清廷同意法国“自越南边界至云南省城修造铁路一道”，并规定“中国国家所应备者，惟有该路所经之地与路旁应用地段而已”[③]；又于光绪二十四年取得自越南谅山经广西龙川、南宁至广东等地的筑路权。见法国获得在中国境内筑路之权，英国提出“利益均沾”，称：“修铁道，英国并非不以为然。惟若准法国修造，亦必一律准英国由缅甸修造，以昭公允”，要求清朝廷同意将“缅甸现有及将来开修之铁路接入中国”[④]。并载入《续议缅甸条约附款》第十二条：“中国答允，将来在审量云南修建铁路与贸易有无裨益。如果修建，即允与缅甸铁路

---

① 王延熙、王树敏辑：《皇清道咸同光奏议》卷 49，载沈云龙主编《近代中国史料丛刊（正编）》，台湾文海出版社 1969 年版。

② 《清德宗实录》卷 220，光绪十一年十一月癸亥。

③ 北京大学法律系国际法教研室编：《中外旧约章汇编》第 1 册，生活·读书·新知三联书店 1957 年版，第 10—11、745 页。

④ 《清季外交史料》卷 125，书目文献出版社 1987 年版，第 2 页。

相接。”[①] 显然，英法两国都攫取了修造铁路权利，但中国给予英国的权利与给予法国的并不相同。

法国所修自越南河内至云南省城的铁路称为“滇越铁路”，云南境内段原设计线路有东西两条：东线经河口、碧色寨经河口、阿迷（今开远）、宜良、呈贡至昆明；西线穿越经蒙自、新街、临安（今建水）、通海、江川、晋宁以达昆明。相比较而言，西线所经地区经济水平发展较高。法国人原计划采用西线，因临安一带人民的强烈反对，加之工程技术上有一定难度，不得不改变方案，改为东线。这条全长1200余里的铁路，经过四年勘探和六年修筑，于宣统二年（1910年）通车。在广西方向，铁路仅由云南谅山延伸至镇南关白揽村，其余均未经修建。

清廷逐渐认识到铁路修筑对于经营西南边疆的重要意义，一面与法国展开交涉，逐步收回路权；一面积极筹划独立开修由云南至四川、云南至广西的铁路，以保路权。

光绪二十八年（1902年），经与法方交涉，清廷提出勘办滇越铁路七条，希望争回一些权利：一、北路地主系属中国，寄送文函例不给费；运送水路各军及军械、粮饷、赈济等事车价减半；遇有战事，不得守局外之例，悉听中国调度。二、北路应订明年限，归中国营业，或先期若干年，照原修价买回。三、岁纳税若干。四、装运货物照纳税厘。五、工匠、巡兵全用华人。六、铁轨尺寸由中国自定。七、所用材料先尽用中国所产。并声明之后各省铁路合同，有关地主、铁路权利者，并宜参酌与法国磋商。

滇缅铁路方面。光绪二十五年（1899年），署理英国驻华公使照会总理衙门，提出由英国云南公司修造滇缅铁路的设想：“现查得：拟由缅甸北境铁路尽处接至工隆，沿南丁河过猛赖、云州修至

① 云南档案馆等编：《滇越铁路史料汇编》，云南人民出版社2014年版，第40页。

弥渡，由弥渡分筑两路：一由下关至大理府，一由楚雄至云南府。其由大理府、云南府至长江之路，应相宜兴筑，恳转请总署允准建筑。”[①] 总理衙门以之前定有条款，便以“云南铁路修建与否，应由中国自行审量。现在中国铁路一时未能推广办理，审量该处情形，尚无议建铁路之意。该公司所禀建筑铁路之处，本衙门未便奏请兴办”[②] 照复，意在推延。之后英国又一再催促，中方答复：“查修造云南铁路一事，按照条约附款所载，应由中国自行审量贸易有无裨益，再行办理。惟既准贵大臣一再催商，本部即电咨云贵总督查勘情形，设法自行修造，俟该路修到滇缅交界之处，即与贵国缅甸之路相接，以符条约。”[③] 宣布滇缅铁路境内一侧由中国自办。

光绪三十年（1904 年），中国自行筹划云南至四川的铁路建设，拟先修建昆明至贵阳一段。光绪三十一年（1905 年），云贵总督丁振铎奏请设立滇蜀铁路公司，照川汉铁路章程，筹款开办，专集华股，以期将川汉、滇越两路衔接贯通，以保利权。[④] 三十二年（1906 年）正月，英国驻滇总领事务谨顺致函云贵总督丁振铎，称拟由缅甸新街修一铁路直达腾越，要求先查勘可否能修，再议商办。丁振铎复函同意，但强调“握定各出各费、各修各境宗旨，以保路权”。经中英双方勘明，滇越铁路云南一侧“自腾越之南，经南甸、干崖、弄璋、蛮线、新洛，赴古里戛滇缅交界止，计滇界内约华里三百六七十里”。之后，云南籍翰林院编修陈昌荣等 45 人联名禀请将腾越铁路并入滇蜀铁路一并办理，将滇蜀铁路公司改为滇

① 总理各国事务衙门档案：光绪二十五年八月十八日《本国云南公司办理赴长江之铁路现已查明建筑处所请照允兴修由》，中国第一历史档案馆藏，档案号：01－23－008－04－007。

② 总理各国事务衙门档案：光绪二十五年八月十八日《云南铁路未便奏请兴修由》，中国第一历史档案馆藏，档案号：01－23－008－04－007。

③ 王铁崖编：《中外旧约章汇编》第 2 册，生活·读书·新知三联书店 1957 年版，第 11—12 页。

④ 《清德宗实录》卷 544，光绪三十一年四月甲寅。

蜀腾缅铁路总公司，并要求："滇省既设铁路公司，内除滇越一路已允法国筹修，在公司权限外，其余全省一切干路、枝（支）路，将来均由公司逐渐推广，一律承修，以保利权。"[①] 中国决定自修腾越铁路，英方并不甘心，要求派人测勘腾越至大理一带的道路，遭到中方拒绝。然而，滇蜀腾缅铁路总公司由于章程不完善，招商不成功，终致腾越铁路的修建因股本匮乏而中辍。

光绪三十四年（1908 年），清廷意识到"铁路与军政、矿政互相依倚"，要求云贵总督"随时会商邮传部，协力通筹，迅将路道极力推广，以便转运而利交通"[②]。宣统二年（1910 年），滇越铁路通车，清朝中央与云南地方政府都意识到边疆铁路建设的重要性，规划出滇省最要之路线有二：一由云南至四川之重庆，曰滇蜀铁路；一由云南至广西之百色，曰滇桂铁路。此两路能同时并修，局势更为宏远。或择要先筑，军事既有裨益，利权亦可挽回。滇本矿国，五金遍地，只以运道艰难，销路未畅。滇路果由自办，矿业不难大兴。要求饬下邮传迅速核议，再由部派员测堪，筹集款项，次第举办。云南封疆大吏奏称："滇省三面临江，强邻窥伺，非联络西南诸省，厚集人力财力，整饬军防，不足以撑持危局。惟是边荒寥廓，交通不便，目前大计，莫亟于筹办铁路。"[③] 并一再强调："滇省铁路关系重要，特为整顿交通之至计，并且为防制法人之要图。拟请饬部迅速将滇蜀铁路收归国有，赶速测堪，并先将滇桂铁路设法筹办，庶滇路有挽回之机，法路有可赎之日。"[④] 然而，计划当中的铁路开修，随着清朝的灭亡而搁置。

为维护矿产权利，清朝在"广中土之利源，杜他族之窥伺"的思想指导下，将西南矿业开发与内政、外交联系起来，以为"裕国

① 《光绪朝朱批奏折》第 111 辑，中华书局 1996 年版，第 519—520 页。

② 《清德宗实录》卷 593，光绪三十四年六月戊寅。

③ 《宣统政纪》卷 32，宣统二年二月甲午。

④ 《宣统政纪》卷 32，宣统二年二月己亥。

筹边”之计，并积极筹办官商企业，拒绝外资。虽然由于资金、技术等条件所限，矿业开发的努力收效不大，但以此维护矿权的作为则应该肯定。在铁路修建方面，虽然清朝一开始就给予英法修建云南、广西境内连接境外的铁路的权利，但在实际运作中对收回上述权利做出了努力，并意识到“铁路与军政、矿政互相依倚”，大力规划修建连接西南边疆各省之间的铁路，强调自办，拒绝他人染指，尽力维护国家的主权和利益。

结　语

清朝是中国历史上最后一个封建王朝，集历代之大成，在历代王朝基础上实现了更大范围的统一。与其他边疆地区相较，西南边疆在清朝多元化边疆格局中有其独特性，从国家统一的视角看，呈现以下特点。

第一，具有“内地”与“边疆”二重属性。

西南地区虽远离中原王朝政治中心，山重水复，交通不便，但早在秦汉时就已置于中原王朝的管辖之下，设置郡县，遣官置吏。唐宋时期，在南诏、大理政权的统治下维持了地区性的局部统一，为区域社会经济发展创造了有利条件，也为元朝实现对该地区的统一准备了条件。元时，西南边疆区域整体被纳入行省体系，并经元、明数百年的行省运行，不但在政治上，而且在经济、文化上强化了与内地的一体化进程。入清后，因处在所谓“内地十八行省”范围内，由省至县各级地方管理机构与内地其他直省完全相同，具有明显的“内地”特征。

但从地理、历史、政治、经济、文化、民族等因素看，又是典型的边疆民族地区，不仅与安南、缅甸、老挝等国接壤，文化和经济发展与其他内地省份存在差距，区域内在元、明时期业已形成的土司制度至清代仍然存续，在不同语境中会强调其不同的属性。因此，西南边疆具有“边疆”与“内地”二重属性，或可称为“内地化的边疆”。这是西南边疆在清代多元化边疆格局中的一个重要特征。

第二，施行于西南边疆的督抚体制也是清代边疆管理体制的一个重要类别。

西南边疆具有“边疆”与“内地”二重属性，但研究者常常只关注到其边疆属性，忽视其内地属性，在叙及边疆管理体制时，只强调土司制度、改土归流。督抚体制肇始于明朝，清朝承袭明朝督抚体制并加以变革，以总督、巡抚为地方最高军政长官，作为其统治地方的主要政治力量，设置于包括西南边疆各省在内的“内地十八省”，使其地方化、常设化，明确其职权和辖境。西南边疆区域内督抚的设置，彻底终结了元、明以来省级管理体制上机构交叉重叠、相互牵制掣肘的多头政治，遏阻了边疆区域内割据势力的滋生。这是清朝管理和控制西南边疆的重要制度安排，也是清朝为实现国家真正统一，对西南边疆管理和控制更加直接和有效的制度因素，使西南边疆融入清代统一多民族国家的政治基础更加牢固，极大地增强了政治统一性，统治的深度也达到了新的高度。因此，施行于西南边疆的督抚体制也是清王朝边疆管理体制一个重要类别，其与军府制、盟旗制、驻藏大臣制等边疆特殊管理体制一起，构成清代边疆管理的完整体系。清代整个西南边疆均在督抚的管辖之下，这也是西南边疆在清代多元化边疆格局中的一个重要特征。

第三，区域内存在郡县之地、土司辖地、“化外之地”三种疆域形态。

入清后，清朝沿袭明朝的统治方式，在西南边疆区域内设置大量府、州、县，施行郡县统治外，又因区域内各少数民族内部政治、经济、文化发展不平衡的状况并不曾发生根本改变，少数民族内部、少数民族与汉族之间的差别依然存在，保留元、明以来的土司制度，施行“以夷制夷”，数量众多的大小土司得以继续留存；另外，在边疆区域内还存在“自古未归王化”的“生苗”“生番”，处于“不隶版籍，不奉约束”状态，其住居之地被称为所谓“化外之区”。因此，西南边疆区域内，版图之内、疆域之中存在郡县之地、土司辖地、“化外之地”三种疆域形态，分别对应直接治理、间接治理、“不治之治”三种治理方式。从国家统一的角度而言，具有割据性质的土司所控制地区和“流土俱不受”的“化外之区”，国家统治势力难以触及，游离于国家力量控制之外，严重削弱了国家疆域的整体性和国家统一的完整性。三种疆域形态的存在，是西南边疆在清代多元化边疆格局中的另一个重要特征。

第四，“大规模改土归流”改变了西南边疆的疆域形态，极大地增强了政治统一性。

“置郡县，易封建，则九州之大归于一统。”① 雍正时期实施的“大规模改土归流”，是清朝在边疆与内地一体化的历史趋势，是有组织、有计划、有步骤地在西南边疆广大区域内将打击不法土司与“开辟苗疆”结合起来进行的，涉及的民族众多、地方广大。改土归流是西南边疆政治体制的一次重大变革，地广势大的豪强土司均被革除，土司控制的地区大大缩减，“形同化外的苗疆”被开辟，流官直接控制的范围大幅增加，间接治理和不治之地的范围大大缩减，疆域形态发生重大变化，广阔的土司地区和“化外苗疆”被纳入清王朝的直接统治，极大地增强了西南边疆的政治统一性。虽然雍正朝的改土归流未能终结土司制度，但给予存在数百年的土司制度以巨大冲击，土司势力膨胀趋势从根本上得到遏制，长期存在的土司之患得到基本解决，消除了土司的割据性、独立性，残存土司

① 陈宗海、陈度纂修：光绪《续修普洱府志稿》卷16《建置志》，《中国地方志集成·云南府县志辑》，凤凰出版社2009年版。

在一整套完备的制度管理和控制下已是“名存实不存”，难以再对边疆统治秩序构成威胁，这大大拓展了统治的广度和深度，国家统一、边疆稳固的程度获得飞跃性发展，加快了西南边疆与内地的一体化进程，为全方位的社会变迁创造了条件。

第五，实现儒学深入边疆。

儒学早在秦汉时就已进入西南边疆。西南边疆的儒学教育机构则出现于元代，明代在元代的基础上大力推行儒学教育，儒学教育机构得以大幅增长，但由于历史条件的制约，在设学数量、设学区域和教育对象、教育目标等方面均存在很大局限。西南边疆的儒学教育在元、明两代较好基础上获得空前发展：一是义学取代社学，形成以学宫、书院、义学组成的儒学教育体系，儒学教育机构数量迅猛增长，仅云南一省的义学即达到惊人的800余馆；二是学宫、书院、义学担负不同的职能，儒学教育从单一的为科举服务发展到科举与“化民成俗”并举，教育对象从汉族扩展到各民族，从土司子弟、族属扩展各民族一般民众，从成人扩展到蒙童小子；三是儒学设置推进至改流地区和“新辟苗疆”，打破了之前仅设于城镇或“巨乡大堡”的格局，实现了从城市到偏远乡村、从腹里到边徼、从平坝到山区、从汉族聚居区到各少数民族地区的广泛设置。

在中国统一多民族国家的整合进程中，政治和文化是两个最为重要的因素，即所谓“齐政修教”。其中，文化的作用是最为深刻的、最具有本质性，是一种凝固剂，在历史发展中体现出了一种强有力的导向作用、塑造作用。历代统治者都注重发展边疆地区的儒学教育，用以儒家文化为核心的汉文化去影响和教化周边少数民族，改变其相对落后的风俗，通过对民族上层及其子弟族属施行教化，培养他们对朝廷忠顺之心，维护边疆社会的稳定，即所谓“修其教”，使其“移风易俗”，实现“以汉化夷”。不同时期，在不同的边疆地区，国家和民间是否有意识地进行包括边疆儒学教育机构在内的边疆文化建设，所产生的作用和影响是不同的。清朝不仅十分重视西南边疆的儒学教育，且有意识、有目标地加以推进，所给予的政策倾斜和支持力度很大，“改土归流”又极大地增强了西南边疆与内地政治的统一性，为儒学深入边疆奠定了政治基础并提供广阔空间。加之边疆地方官吏的实力奉行和积极作为，在西南边疆区域内实现了儒学深入边疆，使西南边疆文化教育获得空前发展。增进了区域内各民族对以儒家文化为重要特征的汉文化的了解、接受和认同，极大地夯实了国家统一的文化基础，巩固和发展了统一的局面，并成为当今西南边疆稳定、民族关系和谐的重要历史因素。

第六，边疆开发取得巨大成就。

边疆地区资源富集，其经济发展的优势更多体现在资源优势上。与历代对西南边疆开发所不同的是，清代西南边疆以滇铜黔铅为重点的矿冶业开发成就，并非是一个自发的经济增长的产物，也不是边疆地方政府推动形成的，而是因其与国家战略需求高度符合，并在清朝主导下，在资金、政策等方面给予倾斜和保障的结果。清代货币银、钱并行，京局鼓铸制钱关系到清朝国家财政金融运转、经济发展、社会稳定，是国家大政。鼓铸制钱所需铜、铅等原材料在清初时并非依赖于西南，而主要来自“洋铜”和其他地区所产。随着“洋铜”等原料来源的日益短绌，清朝廷将目光投向盛产铜铅的西南边疆地区。自乾隆五年（1740 年）始，每年滇铜产量超过千万斤，最高时达 1400 余万斤，运赴京局 630 余万斤；每年黔铅产量超过六七百万斤，运赴京局 360 余万斤，西南边疆的资源优势得以与国家经济发展战略结合。清代滇铜、黔铅之所以能取得震古烁今的开发成就，并推动历史上最大规模的边疆开发运动的形成，就在于其具有的资源优势符合国家需求，并纳入到国家的开发战略之中，在国家的主导下，给予长期而巨大的资金投入和政策支持。

矿业的大发展带动了边疆的大开发，推动乾嘉时期西南边疆历史上最大规模经济开发运动的形成，以及商业、垦殖、城镇发展和交通、水利等基础设施的改善，并吸引大批移民的涌入，历史性地改变了西南边疆地区的人口规模和民族构成，增进了汉族与西南各少数民族之间的交流、交往、交融，边疆各民族的社会融合和社会认同程度显著增强。同时，西南边疆的资源优势转化为经济增长，一方面增强了统一的经济基础，另一方面又使边疆经济更深入地融入全国经济体系之中，社会经济发展水平与内地的差距大为缩小，边疆区域内各省之间以及边疆与内地的联系空前增强，更加全面地融入国家整体之中，统一多民族国家获得极大巩固和发展。

第七，维护统一的成效与局限。

明清易代之际，在攻灭南明永历政权和平定“三藩之乱”两次统一战争过程中，清朝并未凭借其强大军事实力乘机开疆拓土，而是谨守明末所形成的与邻国的疆界，并逐步与缅甸、安南、老挝等邻国建立起宗藩关系。清朝抱着天朝上国的心态，对藩属国蚕食侵占土地未予深究，甚至满足赐予其土地的要求。由于受历史条件的制约，“改流”并不彻底，在与邻国接壤的边疆一线仍保留有大量土司，且管控不够严密，致使有的土司首鼠两端。而对川滇交界区域的“生番”和今缅北“野人山”等所谓“化外之地”也缺乏有效的管理和控制。乾隆中期中缅两国之间发生冲突并发展为大规模的战争，虽然是由于缅甸雍籍牙王朝挑战中国主权而引发的，也是“改流”不彻底、对沿边土司管控不严所造成的后果。中法战争后，清朝内忧外患，原为藩属国的越南、缅甸相继沦为法国、英国的殖民地，藩篱尽撤，门户洞开。英法殖民者狼狈为奸，加紧对西南边疆的侵略，并借所谓土司“两属”以及“野人山”为“无管之地”等议题大做文章，引发领土、主权等外交争端。甲午战争后，清朝的国际地位一落千丈，边疆危机日益严重，虽采取强化边防、强化对沿边土司的管控、增设边道和镇边州厅、维护矿权路权等多种措施努力维护国家主权和统一，边疆军民对殖民者的侵略行径也进行了英勇顽强的斗争，但仍有大片土地或在与英法殖民者划界中丢失，或被其武力强占，使得边境在明末时已极大内缩的状况下继续缩减，矿权、路权等权益也遭到极大损害。

统一是历史趋势，是时代要求。清朝顺应统一的时代要求，十分重视西南边疆的治理开发，为实现统一、巩固统一、维护统一做出了积极的努力。虽然存在很大的历史局限性，清末时在殖民者的蚕食鲸吞丧失大片疆域，但无论从整个历史时期而言，还是与其他边疆地区相较，清时期西南边疆的稳固程度都是最高的。对中国辽阔疆域的形成和国家统一的贡献，并非仅限于疆域的拓展，巩固统一、维护统一同样重要。正如有学者所指出的：“如果没有清朝对西南边疆的扩展和巩固，那么，在1937年至1945年国家危急的紧要关头，西南是否还能作为中国抗击日本侵略的最后领土基地而发挥作用就值得怀疑了。”①

① Ping-ti Ho. “The Significance of the Ch'ing period in Chinese History”, *Journal Asian Studies*, Vol. 26, No. 2, 1976: 191. 转引自陆韧主编《现代西方学术视野中的中国西南边疆研究》，云南大学出版社2007年版，第29页。

第十章

清朝对海疆的经略

中国传统海洋观念的内容极为丰富，简单来说涵盖了“以海为界”“以海为田”“以海为媒”“以海为防”等基本构成。就观念的演变而言，也具有明显的阶段性，大略可以“以海为界”到“以海为媒”，再到“以海为防”概言之。以长时段的视角观之，明清两代的海洋观念及其对策有其连续性，这与彼时中国遭遇的海洋挑战息息相关。

第一节　清代的海洋观与海疆的确立

清朝继承和发展了中国传统海洋观，并在一系列的挑战及回应中，确立了内外洋的防护格局，海疆格局也随之形成，其范围涵盖了北至鄂霍次克海、东至琉球（钓鱼岛）、南至南海的广袤海域及岛屿。

一　清代海洋观念的传承与开新

清代的海洋观，是中国古代传统海洋观念和海洋认知演变的自然结果。故欲阐明清代的海洋观，须就中国传统的海洋观念及其演变进行考察。

(一)中国传统海洋观念及其特征

中国陆地国土面积广袤，同时也拥有漫长的海岸线，从北向南，依次为渤海、黄海、东海、南海，沿海岛屿更是星罗棋布。据不完全统计，我国沿海共有海岛约10732个[①]，其中，面积大于500平方米的海岛有7300多个，海岛陆域总面积近8万平方千米，海岛岸线总长14000多千米。[②] 在上述广大涉海地区，早在旧石器时代就出现了人类活动。旧石器时代晚期的山顶洞人的装饰品中，即已出现了海蚶壳。新石器时代的遗址更是广泛分布于沿海地区。[③] 先民们频繁地与海洋打交道，从海中补充食物来源，也将海洋因子深深烙入中华民族的文化基因中，也使得中国传统的海洋观念呈现如下特征。

首先，传统中国对海洋的认知和熟悉伴随着华夏文明的早期进程。早在先秦时期，时人即已形成了“四海观”，人们认为其所居之地为海水环绕之中央陆地，“四海之齐谓中央之国，跨河南北，越岱东西，万有余里”[④]。“四海”不仅是陆地的终点，更是区分我者与他者的标准，所谓“九夷、八狄、七戎、六蛮，谓之四海”[⑤]。相应地，“海内”即成为统治区域的代名词。春秋战国时期，时人对海洋的认识和利用达到了一个新的高度，如东方齐国甚至能凭借鱼盐之利达到富国强兵的目的。在对海洋的认知和思考上，同样是在先秦时期，人们就已有了祭海的概念，所谓“三王之祭川也，皆先河而后海”[⑥]。在先秦诸子的哲学体系里，海更是常常具有“世界尽头”“包纳万物”的哲学意象，时人对海的态度和情感，也由

---

① 参见第一次全国海岛调查(1988—1996年)时各省、直辖市、自治区的调查报告。

② 《全国海岛保护规划》(2012年4月),《国家海洋局公报》2012年第1号。

③ 张之恒:《中国新石器时代遗址的分布规律》,《四川文物》2007年第1期。

④ 《列子》卷3,《四部丛刊》景宋本。

⑤ 《尔雅》卷中《释地第九》,《四部丛刊》景宋本

⑥ 《礼记》卷11《学记第十八》,《四部丛刊》景宋本。

遥远的不可触摸，逐步包含了近距离的征服，这在上古神话中得到了充分展示。

其次，中国传统的海洋观念在秦之后逐渐成为农业文明向海洋世界延伸的产物。秦一统之后，海洋逐渐成为大陆中央集权封建政府的边界，海洋观念的农业化表达渐成主流。秦一统六国的过程中，基于“编户齐民”基础之上的“耕战结合”起到了显著的作用，相应地，秦及之后的历代封建政府均以“海内”为主要管理对象，以“威加海内”为主要目标，先秦中国形成的海洋观念经历了明显的转变。第一，“海”不再是大陆的终点，相反，“海”中可能还有其他陆地，甚至有其他政权，战国末期的战乱之下，有不少人都以海为归途和逃亡目的地，而秦始皇派遣的方士也还是入海求仙药。第二，海洋的功用逐渐退化为单纯的鱼盐之利，甚至成为陆地农业文明的附庸。在“编户齐民”的理念及追求下，海洋之于土地对人口的不可控性更大，秦汉以降的封建中央政府，均不约而同地将海洋纳入到陆地农业文明的管理模式之下，不同地区的海洋文化及传统也均在“以海为田”的话语体系下得以统一表达。

最后，中国传统的海洋观念呈明显的阶段演进性。从秦汉时期的“以海为界”到唐宋以降的“以海为媒”，再到明清时期的“以海为防”。唐宋时期以海洋为载体的海外交往与海外贸易，虽然一度高度频繁，但均被限制在朝贡理念和华夷秩序的体系下，海洋成为传递中国传统政治理念的媒介。中国古代的海外交往与海外贸易，虽然不乏民间行为，但多以官方活动为主导，且以朝贡理念为基本指导，正所谓“怀柔远人”。如三国时期吴国孙权曾派遣使臣出使至“交州南及西南大海洲上”的“百数十国”[①]，隋时炀帝派遣使臣至今马来西亚，唐代与日本的交往多以官方的“遣唐使”为

---

① 《梁书》卷54，清乾隆武英殿刻本。

基本形式，宋代对高丽的出使更是常见。这种出使行为的目的也多为“宣威于海外”，将国内的统治秩序推演至海外诸国。唐宋的市舶贸易，虽然产生了大量的财富，但它始终并非中央政府的首要追求，迨至明清两代，朝贡贸易则直接成为官方海外贸易的主导形式。

“以海为防”成为明清两代海洋理念和海洋政策的一个基本面相。明清时期，虽然海洋交往和海洋贸易行为达到了相当的高度，与官方贸易相比，民间私人贸易发展迅速，成为中国海外贸易和海外交往的主力军，但这种历史现象所带来的挑战也是前所未有。明清两代，来自沿海和海洋的外部挑战纷至沓来，如倭乱和盗患、明清鼎革之际的南明海上残余反抗势力、来自西方外来侵略势力的窥探和试探，等等。海防成为明清海洋政策检讨的重点，这表现为对涉海人群的严格管控、海防军事力量的强化等。

（二）中国传统海洋观念的思想渊源

中国传统海洋观念首先是华夏先民对所居住地理环境的客观观测和思考的结果。中国的自然地理西高东低，山脉及河川走向有迹可循，先民们早已观察到海洋是众水聚集之地，所谓“沔彼流水，朝宗于海”[①]“江汉朝宗于海”[②]。在此基础上，庄子提出“海水三岁一周，流波相薄，故地动”[③]，可视为朴素的海洋循环理论，此外还有管子的海洋生态平衡学说等。

其次，中国传统海洋观念是封建中央政府大一统理念及实践的产物。秦汉以降，中国的封建大一统理念日臻完善，其基本施行区即为四海之内的九州，所谓“八荒之内有四海，四海之内有九州，

---

① 程俊英译注：《诗经译注》，上海古籍出版社 2014 年版，第 265 页。

② 《禹贡长笺》卷 6，清文渊阁《四库全书》本。

③ 《艺文类聚》卷 8，《水部上》，清文渊阁《四库全书》钞内府藏本。

天子处中州而制八方耳"[①]。在这一地理观念的支配下，海洋被视为中心统治区的边缘地带，或为隔绝统治的边界，或为沟通外界传递中国观念的媒介，或为维护中心统治秩序的防卫要冲。

最后，中国传统海洋观念受农业文明的深刻影响，呈一元化简单表达的基本倾向。海洋的作用往往被简单概括，或为"鱼盐之利"[②]，或"以海为田也"[③]，前者被视为农业经济活动的必要补充，尤其是食盐等海洋衍生品，构成了农业社会的生活必需品，后者片面地将海洋地区经济活动简单看成是农业经济活动在海洋地区的推延，是从陆地看海洋，以陆上田地来比喻海洋，事实上不构成历史时期濒海地区民众经济活动的全貌，更谈不上是一种客观表达。[④]

（三）清代的海洋观念的延续及开新

作为统一的多民族国家，清代的疆域空前辽阔。同时，作为中国最后一个封建王朝，清代也继承了中国传统的海洋观念，尤其是对明代海洋观念和海疆政策的继承。明初自太祖朱元璋以下，多以相对保守的目光审视海洋，一方面寓禁于防，另一方面着力以官方行为主导对外交往和贸易往来。再加上有明一代，来自沿海地区的挑战和威胁始终存在，明代的海洋观念及海洋政策持续表现为"以海为防"。与此形成强烈对比的是，沿海地区由于商品性农业和海洋产业的迅速发展，走私贸易和民间海上贸易日益兴盛，海洋观念愈加开放。

在此双重影响下，清代的海洋观念呈现多重面相，略列如下。

首先，清代的海洋观是大一统观念在沿海地区的呈现，与此相

---

① 《今文尚书经说考》卷3下《虞夏书七十・夏书一》，清刻左海续集本。

② 《史记》卷32《齐太公世家第二》，清乾隆武英殿刻本。

③ 裘行简：《闽盐请改收税疏》，载《清经世文编》卷四十九《户政第二十四》，清光绪十二年思补楼重校本。

④ 杨国桢：《瀛海方程——中国海洋发展理论和历史文化》，海洋出版社2008年版，第95页。

应的是清代统一海疆的确立。与清代统一多民族国家构建相适应的是，清代的海洋观也以统一为表征。清代在统一进程中，沿海地区作为重要的组织部分，曾一度深深影响着清代统一进程的推进。如努尔哈赤对东北滨海地区的征服、皇太极对辽东沿海的控制，形成了有利的战略态势，再如清军入关后，南明势力曾在相当长一段时间里依托东南沿海地区进行抵抗，郑成功更是以台湾为基地，坚持反清斗争。事实上，清代的国家统一也正是以对海疆的统一而宣告完成的。

其次，清代的海洋观立足于防禁，着眼于内外洋，成功地构建起了涵盖整个海疆的海防体系。清代对海洋的认识首先来自立足于东南沿海地区的反抗势力，与此认识相应的即海禁政策，以隔绝反清势力与沿海地区的接触为目的，禁止船只登岸，禁止沿海民众涉海。实现国家统一后，海禁放松，开海贸易，并于广东、福建、浙江、江苏四省创设海关，管理四省的通商贸易，征收关税。乾隆二十四年（1759 年）之后，着眼于有效管理纷拥而至的外商尤其是西洋商人，以广州为唯一对外通商港口，建立行商体系，代替政府管理外商，传达政令，办理各项交涉。因此，自国家统一后，海禁政策虽有松动，但重心仍在禁防。与此同时，清代的海疆管理和防卫体系建设也臻于完整。在东北地区，以奉天将军、吉林将军和黑龙江将军管理包括辽东海疆在内的滨海地区；在直隶、山东、江苏、浙江、福建、广东等沿海省份，采取府、州、县民政管理与屯驻海防兵力相结合的管理方式；在海南及广西沿海地区，因袭明代旧制，在汉族聚居地设立府州县等民政机构，在少数民族聚居区设土州，任命土官，雍正之后，方由流官进行管辖。海疆布防方面，清代实行陆海联防，在各海口及台湾、澎湖、海南、崇明、定海等沿海岛屿派驻八旗和绿营兵水师、陆营多达数十万人，并实行水师巡逻会哨制度，将南海诸岛和钓鱼岛群都有效地纳入到中国的海疆防卫区域内。[①] 在海疆防守分工上，清代自内而外将海洋分为两个部分：其一为内洋，即靠近州县行政中心的海面，由地方政权和水师官兵共同管辖防卫；其二为外洋，由水师负责巡哨。[②]

再次，清代海洋观仍可区分为官方与民间两个层面。官方层面无须赘言，就民间层面而言，一方面，受商品经济发展的驱动和高额利润的刺激，基于海洋的私人贸易长期存在，康熙即亲口承认："向虽严海禁，其私自贸易者，何尝断绝？"[③] 民间形成了丰富的航海经验积累和传承，越洋贩运人群络绎不绝，海洋观念开放且富于进取；另一方面，由于官方对贸易的种种限制，如对船只梁头的限定、船只人员数量的限制、船只出海的严格管理、严酷的保甲连坐制度，也对沿海地区商品经济的发展形成了明显的阻碍。

最后，清代的海洋观并非一成不变，随着晚清数千年未有之大变局的出现，清代的海洋观也经历了一次近代洗礼，呈现诸多新变化和新趋势。鸦片战争后，经历了西方坚船利炮的冲击，晚清时人对包括海洋在内的世界地理的认知上升到一个前所未有的高度。人们开始认识到，海洋不仅是构成世界的主要部分，同时也是中国的重要组成，西方殖民者对晚清的入侵，就是从侵略中国的海疆开始。因此，欲有效地抵抗入侵，就必须有效地筹划和建设海防。海防成为晚清海洋观的主要内容。两次鸦片战争后，晚清开始造船制炮，创立海军衙门，培养海防人才，建设近代海军，这一进程贯穿了整个晚清百年的历史。与此同时，海洋也成为晚清时人谋求利益、追求发展的重要凭借。鸦片战争后，中国领海主权受到侵略，沿海贸易受到严重影响，利操他人。为改变这一格局，清朝也开始有意识地建立近代海运事业，以期重整海上贸易，收回利权。魏源

---

① 张炜、方堃主编：《中国海疆通史》，中州古籍出版社2003年版，第316—319页。

② 王宏斌：《清代内外洋划分及其管辖问题研究——兼与西方领海观念比较》，《近代史研究》2015年第3期。

③ 《清圣祖实录》卷116，康熙二十三年七月乙亥。

即明确地提出海运“其优于河运者有四利：利国、利民、利官、利商”[①]。鸦片战争后，海运轮船相较中国旧式帆船，具有明显的优势，所谓“舟楫之利至轮船为已极矣”[②]。时人即称：“各国轮舶纷至，帆船水脚，虽大见低降，第轮船容量宏大，速率高超，帆船实属望尘莫及，一般商人因多改用轮运，不但需时较少，货物且无湿损之虞，本金亦易于周转，故对于轮船，咸趋之若鹜，而帆船营业，遂蒙莫大之影响。潮流如斯，势难阻遏。中国惟有急起直追，自行设局置轮，以维航业而塞漏卮。”[③] 1874年，李鸿章于上海成立轮船招商局，主要目的之一即“庶使我内江外海之利，不致为洋人占尽”[④]。

二 典籍文献中的钓鱼诸岛及其主权归属

清代统一国家的建立，其主要内容之一为确立疆域范围并实施有效统治，这其中，由于在中国海疆中的独特地位，台湾岛及附属岛屿特别是钓鱼诸岛的主权管辖尤为引人注目。

钓鱼岛群岛主要由钓鱼岛、黄尾屿、赤尾屿、冲北岩、冲南岩、北小岛、南小岛等岛礁组成，其中以钓鱼岛为最大。钓鱼诸岛最早由中国人民发现并命名，并在明代即已被纳入当时的海防区域。[⑤] 清统一台湾后，钓鱼诸岛作为台湾的附属岛屿一并被清朝纳入主权管辖和海防范围内，这在清代的官方典籍和民间文献、同时期的外人叙述、各式舆图中均有清晰的记载和标识，牢不可破。

---

① 魏源：《魏源集》上，中华书局1976年版，第416页。

② 聂宝璋编：《中国近代航运史资料第一辑》（1840—1895）下册，上海人民出版社1983年版，第767页。

③ 聂宝璋编：《中国近代航运史资料第一辑》（1840—1895）下册，上海人民出版社1983年版，第769页。

④ 顾廷龙、戴逸主编：《李鸿章全集》（5），安徽教育出版社2008年版，第257页。

⑤ 吴天颖：《甲午战前钓鱼列屿归属考——兼质日本奥原敏雄诸教授》，社会科学文献出版社1994年版，第29—86页。

(一)清代文献中的钓鱼诸岛及其主权归属

黄叔璥关于钓鱼岛的记载。黄叔璥字玉圃，康熙四十八年（1709年）进士，康熙六十一年（1722年）为首任巡台御史[①]，因有感“台湾自康熙癸亥始入版图，诸书纪载，或疏略不备，或传闻失真”，故“裒辑诸书，参以目见”，作《台海使槎录》，计八卷，内有清代关于钓鱼诸岛的较早官方记载：

> 近海港口哨船可出入者，只鹿耳门、南路打狗港（打狗山南岐后水有鸡心礁）、北路蚊港、笨港、淡水港、小鸡笼、八尺门，其余如凤山大港、西溪、蠔港、蛲港、东港（通淡水）、茄藤港、放索港（冬月沙淤，至夏秋溪涨，船始可行）、大崑麓社、寮港，后湾仔（俱瑯峤地）诸罗马沙沟、欧汪港、布袋澳、茅港尾、铁线桥、盐水港、井水港、八掌溪、猴树港、虎尾溪港、海丰港、二林港、三林港（二港亦多沙线，水退去口五、六里）、鹿仔港（潮长，大船可至内线，不能抵港，外线水退，去口十余里，不知港道，不敢出入）、水里港、牛骂、大甲、猫干、吞霄、房里、后垄、中港、竹堑、南嵌、八里坌、蛤仔烂，可通杉板船。台湾州仔尾、西港仔、湾里，凤山喜树港、万丹港，诸罗海翁堀、崩山港，只容舟古仔小船。再凤山岐后、枋寮、加六堂、谢必益、龟壁港、大绣房、鱼房港，诸罗鱼逮仔、它象领，今尽淤塞，惟小鱼船往来耳。山后大洋，北有山名钓鱼台，可泊大船十余；崇爻之薛坡兰，可进杉板。[②]

---

① 魏一鳌辑：《北学编》卷4，《续修四库全书》第515册，上海古籍出版社2002年版，第113—114页。

② 黄叔璥：《台海使槎录》卷2，载沈云龙主编《近代中国史料丛刊续编》第五十一辑，台湾文海出版社1978年版，第33—34页。

又据郑海麟教授的考证，上文黄叔璥所记的“山后”是指今之台东、花莲、宜兰三县地带，“崇爻”为这一地带其中的一座山脉，“薛坡兰”则是这山脉下面濒临大洋的一个港口，并认为在清代赴台官员的意识中，钓鱼岛已属中央政府行政管辖的范围。[1]黄叔璥对钓鱼诸岛的记载为之后众多官修志书和私家笔记广为引录，据学者考证，有乾隆《重修台湾府志》、嘉庆《续修台湾府志》、乾隆《台湾县志》、嘉庆《续修台湾县志》、嘉庆《台湾志略》、道光《噶玛兰厅志》、同治《重纂福建通志》等官方或半官方志书，代表了清代的国家意志和行使行政管辖权的标志。[2]

历次琉球册封使的册封报告及相关著述中关于中琉分界、钓鱼诸岛归属的文献记载。自清康熙二年（1663 年）到清同治五年（1866 年），清朝共向属国琉球派遣了八次册封使，给后世留下了丰富的中琉交流的史料记载，主要有张学礼的《使琉球记》《中山纪略》，汪楫的《使琉球杂录》《中山沿革志》《册封琉球疏抄》，徐葆光的《中山传信录》《游山南记》，周煌的《琉球国志略》，赵文楷的《槎上存稿》，李鼎元的《使琉球记》，齐鲲与费锡章的《继琉球国志》，齐鲲的《东瀛百咏》，黄景福的《中山见闻辨异》，沈复的《册封琉球国记略》以及赵新的《续琉球国志略》等。[3]这些记载是世界上最早而又连续不断记载钓鱼岛名称的文献之一，同时又详细记载中琉海疆的分界，是证明钓鱼列岛归属中国的重要文献。[4]如徐葆光《中山传信录》关于钓鱼诸岛的记载。徐葆光为江苏长洲人，康熙五十七年（1718 年）以册封副使的身份，

---

① 郑海麟：《〈台海使槎录〉所记“钓鱼台”、“崇爻之薛坡兰”考》，《中国社会科学报》2013 年 4 月 24 日 A05 版。

② 吴巍巍：《清代涉台文献中的钓鱼岛资料记录及相关考证》，《海交史研究》2014 年第 1 期。

③ 张生主编：《钓鱼岛问题文献集 · 明清文献》，南京大学出版社 2016 年版，第 268—417 页。

④ 陈小法：《〈使琉球录〉中的钓鱼岛史料性质之研究》，《日本研究》2017 年第 2 期。

赴琉球“谕祭琉球国故中山王尚贞、尚益，并册封世曾孙尚敬”[1]，并对琉球国进行了实地测量。此次册封历时252天，徐葆光“及归，著中山传信录六卷”[2]。《中山传信录》以图文并茂的方式，留下了钓鱼诸岛主权隶属中国的铁证。“琉球‘姑米山’（久米岛）以西海域，含赤尾屿、黄尾屿等钓鱼列屿历史上不在琉球疆域之内，其领土历史主权隶属中国；中琉两国领土分界在赤尾屿和久米岛之间的海域，这一认知是两国政府官员及航海人士的共识。”[3]

清代海防文献中的钓鱼岛记载。清道光时期，曾任两广两淮盐运使等职的方濬颐曾明确提出应于钓鱼岛驻军设防：

> 台湾，南北径二千五百里，东西或五百里，或二百里不等；其形椭似鱼，连山若脊。……鹿耳门为至险，其次则旂后口。初仅一小港，道光间，一夕风涛冲刷，口门忽宽，两崖夹峙，中梗块垒，象人之喉，旁皆暗礁，番舶不能出入，其殆天之所以限华夷耶！惟鸡笼山阴有钓鱼屿者，舟可泊，是宜设防。[4]

在时人的眼中，宜于设防的钓鱼屿，其主权归属不言而喻。

（二）国外文献中的钓鱼诸岛及其主权归属

与清代文献中对钓鱼诸岛的主权归属明确记载相比，同时期的国外文献（主要为琉球国和日本文献）均没有将钓鱼诸岛纳入管辖范围，从而在实际上承认钓鱼诸岛主权归属为中国。

---

① 《清圣祖实录》卷279，康熙五十七年六月庚辰。
② 《清史列传》卷71《文苑传二》，上海中华书局1928年版，第23页。
③ 徐斌：《〈中山传信录〉中有关钓鱼岛史料考述》，《海交史研究》2013年第1期。
④ 方濬颐：《二知轩文存》卷21，光绪四年刻本，第26—27页。

据刘江永教授的研究，这些文献中史料价值最高的为琉球人程顺则于1708年以中文撰写的《指南广义》，因为该书认定了中国为最先发现、命名和利用钓鱼岛的国家。值得注意的是，《指南广义》一书的《海岛图》将赤尾屿和古米山作为中琉之间的分界，也是对中琉海上边界的确认。与此同时，琉球古籍《历代宝案》《球阳》和《中山世谱》等琉球王国正史，也都认定赤尾屿及其以西岛屿并非琉球领土，琉球舆图内的三十六岛，也从来不包含钓鱼诸岛。同样的，日本早期记载琉球的文献中，也经常引用中国册封使撰写的《使琉球录》等相关记载，琉球境内根本没有钓鱼诸岛。1877年，日本外务省官员伊地知贞馨撰写《冲绳志》，旨在为日本吞并琉球摇旗呐喊。即使在这一志书中，身为日本官员的作者也未把钓鱼诸岛列在冲绳范围之内，涉及钓鱼诸岛所用名称仍是传统上使用的中国岛名。刘江永教授进一步证明，16—19世纪，西方地图中的钓鱼诸岛大都是以中国闽南方言发音为基础来标注岛名，这可以证明这些岛屿均是由中国人首先发现和命名的；同时无论是英国海军文献还是日本海军文献，均证明钓鱼诸岛为台湾东北诸岛，绝非“无主地”，更不属于琉球群岛。甚至在甲午战争爆发前的1894年，日本海军编译的一系列官方文献，如《台湾水路志》《南岛水路志》《环瀛水路志》等，也都将钓鱼诸岛划入中国版图范围。这表明日本方面在甲午战前对钓鱼诸岛的岛名和主权归属的认知都是一贯的，即这些岛屿都归台湾东北诸岛，是中国的固有领土。[①]

（三）中外舆图对钓鱼诸岛的标识

相较于文献史料而言，地图拥有更直观和清晰的标识作用，对于国家行使主权范围的确认有着重要作用。清代中国的官方与私人舆图中，对于钓鱼岛的标识均是一贯的，即清晰地将钓鱼诸岛纳入

① 刘江永：《钓鱼岛列岛归属考：事实与法理》，人民出版社2016年版，第181—243页。

中国领土范围内，这也在很大程度上影响了国外舆图尤其是西式地图中对钓鱼诸岛归属的认定。在日本方面，1895 年之前日本公开发行的地图几乎均未将钓鱼诸岛列入琉球群岛的范围内，琉球王国方面更是如此，论及本国范围，均以三十六岛屿为界，并无将钓鱼诸岛列入其中。日本吞并琉球后，在出版的地图中，即使将琉球绘入日本境内，但也没有将钓鱼诸岛绘入，显示日本各界对这一问题的认知：在 1895 年之前，日本上至政府，下至民间，对钓鱼诸岛的主权归属有着明确的认知，即钓鱼诸岛是中国的领土。西式地图更是如此，由于西人东来，关于东方的认知，首先是学自亚洲的中国和日本，两国关于钓鱼岛及附属岛屿主权的认知深深影响了东来的西方人士，这种认识也表现在西式地图的绘制上。学术界较早即从舆图证据入手，较为全面地论述了钓鱼诸岛主权归属的基本历史事实。

清代有关舆图对钓鱼岛的标识。至迟从明代开始，钓鱼岛就被正式纳入中国海防范围，1562 年胡宗宪主持编修的《筹海图编》中的附图《福建沿海山沙图》即将钓鱼诸岛纳入福建省的海防区域。有清一代，明确标注钓鱼岛为中国所有的官方和私人绘制的地图数量众多，概列如表 10－1。

表 10－1　清代官方出版和私人绘制标注钓鱼岛的地图一览①

<table>
<tr><th>年份</th><th>地图名称</th><th>作者</th><th>关于钓鱼岛的表述</th></tr>
<tr><td>1719</td><td>《针路图》琉球地图</td><td>徐葆光</td><td rowspan="2">属中国台湾岛的附属岛屿，以钓鱼岛为中心主岛的东北诸岛，皆属于“黑水沟”左侧中国领有的主要领土，界限分明，不与琉球 36 岛相混</td></tr>
<tr><td>1756</td><td>《针路图》
《琉球图全图》</td><td>周煌</td></tr>
</table>

① 鞠德源：《从地图看钓鱼岛列岛的主权归属》，《地图》2004 年第 1 期。

续表

时间	地图名称	作者	关于钓鱼岛的表述
1863	《大清一统舆图》	胡林翼	清楚地区分开中国与琉球的自然疆界，以及中国与琉球各自领属的岛屿，标出中国台湾全岛及附属岛屿东北诸岛的各个岛屿图形之“点”，同时在图册南七卷内逐个标注出小琉球、彭佳山、钓鱼屿、黄尾屿、赤尾屿
1906	《大清帝国全图》	商务印书馆	在钓鱼岛名称后加注（福建）

日本公开出版地图对钓鱼诸岛的标注。甲午战前，日本公开出版、发行的地图，包括官方、私人地图，均未将钓鱼诸岛列入琉球群岛的范围，琉球王国的版图清晰地界定为三十六岛；与此同时，凡涉及清朝的地图，也均将钓鱼诸岛清晰地标识在中国的版图内。这些地图在钓鱼诸岛主权归属上保持了高度的一致性和连贯性，无可置疑。

表10－2　甲午战前日本公开出版地图中对钓鱼诸岛的标注情况一览

年份	地图名称	作者	关于钓鱼岛的表述
1785	《琉三省并三十六岛图》	林子平	照录徐葆光的琉球地图，以图说文字和图绘颜色廓清了中国和琉球国界，标注颜色显示钓鱼岛为中国领土
1809	《日本边界略图》	高桥景保	将琉球绘入日本边界，但未将钓鱼岛绘入
1810	《地球舆地全图》	山田联	明确将钓鱼岛标示为中国领土
1873	《琉球诸岛全图》	大槻文彦	未包括钓鱼诸岛
1873	《台湾水路志》	海军省	根据英国海军文献编纂，将钓鱼岛划入台湾东北诸岛
1874	《南岛水路志》	海军省	将钓鱼岛划入台湾东北诸岛
1875	《府县改正大日本全图》		未将钓鱼岛划入琉球

续表

时间	地图名称	作者	关于钓鱼岛的表述
1875	《清国沿海诸省》	海军省水陆寮	明确将钓鱼岛归为台湾东北诸岛，按中国原有岛名标在中国版图之内
1876	《大日本全图》	陆军参谋局	标明钓鱼岛不属于琉球群岛
1877	《琉球诸岛全图·八重山岛全图》	伊地知贞馨	未将钓鱼岛等中国领土划入图内
1885	《冲绳县管内全图》	久米长顺	不包含钓鱼岛
1886	《环瀛水路志》	海军省	将钓鱼岛划入台湾东北诸岛
1892	《“支那”海水路志》	海军省	将钓鱼岛划入台湾东北诸岛

资料来源：吴天颖：《甲午战前钓鱼列屿归属考——兼质日本奥原敏雄诸教授》，社会科学文献出版社 1994 年版；鞠德源：《从地图看钓鱼岛列岛的主权归属》，《地图》2004 年第 1 期。

西人绘制地图对钓鱼诸岛的标识。16 世纪以降，随着大航海时代的到来，西方人对东方亚洲的认知也逐渐深入，这一时期出现了众多的西式地图，尤其是以亚洲为对象的地图。16 世纪后的西人对东亚海域的认识也体现在地图上，这些早期西式地图均把钓鱼岛作为台湾的附属岛屿来标出其地理位置。[①] 18 世纪中期以后，西人绘制的地图中，对钓鱼诸岛的标识更加清晰，同时也具有高度的一致性：即普遍承认钓鱼诸岛属于中国领土。

表 10 – 3　　晚清时期西人绘制地图中对钓鱼诸岛的标注情况一览

年份	地图名称	作者（国别）	对钓鱼岛诸岛的标识
1750	《琉球诸岛图》	宋群荣（法国）	参照徐葆光图绘制而成，确认钓鱼岛为中国领土，并为西方国家效仿
1752	无图名（哈佛大学地图室藏）	未知（法国）	将钓鱼岛标注为和中国相同的黄色，日本领土则用绿色标注

① 廖大柯：《早期西方文献中的钓鱼岛》，《暨南学报》（哲学社会科学版）2015 年第 3 期。

续表

年份	地图名称	作者（国别）	对钓鱼岛诸岛的标识
1755	《亚洲第二图：中国、部分印度及鞑靼、巽他群岛、马六甲、日本及日本诸岛》	唐维尔（法国）	钓鱼岛的边界着色与台湾一样，为蓝绿色，日本的边界线用红色
1760—1769	《坤舆全图》	蒋友仁（法国）	参照宋君荣图，也源于徐葆光图，接受钓鱼岛为中国领土
1764	《最新精确中国图》	托马斯·基钦（英国）	钓鱼岛边界轮廓与中国一样为红色
1774	《中国分省暨日本列岛图》	萨母尔顿（美国）	证明中国和琉球之间的岛屿各有归属，不存在无主地
1782	《中国新图》	托马斯·基钦（英国）	钓鱼岛边界轮廓与中国一致而不同于日本
1787	《亚洲及其岛屿图》	托马斯·基钦（英国）	证明中国和琉球之间的岛屿各有其主，不存在无主地
1794	《中华帝国及其主要省份图》	罗伯特·劳里（英国）、詹姆斯·惠尔特（英国）	据唐维尔地图改进补充，证明钓鱼岛不属于琉球而属于中国
1794	《中国》全图	威尔金森（英国）	证明钓鱼岛属于中国
1795	《中国及其藩属国》	拉塞尔（美国）	根据闽南方言，用拉丁字母标出钓鱼岛名称
1796	《中国分省图》	未知（欧洲）	根据闽南方言标出钓鱼岛名称
1797	《1787 年中华与鞑靼海域图》	让－弗朗索瓦·德拉彼鲁兹（法国）	对钓鱼岛的标识以中文地名音译
1801	《最新中国地图》	约翰·卡里（英国）	钓鱼诸岛的标注均为中文地名音译
1806	《最新权威中国与鞑靼地图》	约翰·卡里（英国）	钓鱼岛及其附属岛屿都标成土黄色，不同于用粉红色表示的琉球

续表

年份	地图名称	作者（国别）	对钓鱼岛诸岛的标识
1809	《东中国海沿岸各国图》	皮耶·拉比（法国）	将钓鱼岛绘成红色，与台湾相同，琉球和日本分别绘成绿色和黄色
1811	《最新中国地图》	约翰·凯利（英国）	证明钓鱼岛为中国领土
1814	《鞑靼地图》	约翰·汤姆逊（英国）	钓鱼诸岛的标注均为中文地名音译
1814	《亚洲地图》	阿德里安·休伯特·布鲁（法国）	钓鱼诸岛的标注均为中文地名音译
1816	《中国》地图	查尔士·史密斯（英国）	采用闽南发音标注钓鱼岛，并用与台湾、福建一样的黄色勾勒
1823	《中国地图》	菲尔丁·卢卡斯（英国）	钓鱼诸岛的标注均为中文地名音译
1828	《中国地图》	西德尼·豪尔（英国）	钓鱼诸岛的标注均为中文地名音译
1830	《澳大拉西亚图》	未知（德国）	以闽南语标注，显示出钓鱼岛的主权归属为中国
1836	《中国》	H. S. Tanner（美国）	钓鱼岛及其附属岛屿都标成黄色，与台湾、福建相同
1842	《中国及毗邻国家》	未知（德国）	将大陆、台湾、钓鱼岛以相同的黄色标出
1844	《中国地图》	约翰·阿罗史密斯	钓鱼诸岛的标注均为中文地名音译
1846	《中国》	S. A. Mitchell（美国）	钓鱼岛及其附属岛屿都标成黄色，与台湾相同
1847	《中华帝国与日本地图》	安德里沃·古戎（法国）	钓鱼诸岛的标注均为中文地名音译
1848	《萨玛朗号航海记》附图	海军（英国）	将钓鱼岛标为台湾东北诸岛
1850	《中国地图》	乔治·弗雷德里克·克拉奇利	钓鱼诸岛的标注均为中文地名音译

续表

年份	地图名称	作者（国别）	对钓鱼岛诸岛的标识
1852	《中华帝国及其附属国，满洲和蒙古地区，新疆和西藏，日本国》	C. F. Weiland & H. Kiepert（德国）	钓鱼岛及其附属岛屿被标识为与中国一样的土黄色
1859	《柯顿的中国》地图	柯顿（美国）	采用闽南语发音标钓鱼岛
1860	《约翰逊之中国、东印度、澳大利亚及大洋洲地图》	阿尔文·朱厄特·约翰逊（英国）	钓鱼诸岛的标注均为中文地名音译
1861	《中国与日本地图》	亚历山大·基思·约翰斯顿	钓鱼诸岛的标注均为中文地名音译
1862	《东亚：中国和日本》	F. A. Garnier（法国）	钓鱼岛及其附属岛屿被标为与中国一致的土黄色
1867	《中国沿海（东部：中国通往日本）》地图	未知（英国）	钓鱼岛及附属岛屿地理位置标注准确，经纬度及比例尺准确
1872	《中国地图》	G.H. 斯旺斯顿、J. 巴塞洛缪（英国）	钓鱼诸岛的标注均为中文地名音译
1873	《中国海针路志》	海军海图官局（英国）	将钓鱼岛标为台湾东北诸岛
1877	《中国东海沿海自香港至辽东湾海图》	海军海图官局（英国）	明确将赤尾屿等列入台湾附属岛屿
1879	《日本与中国的海域疆界图》	莫拉雷斯（西班牙）	明确将钓鱼岛、黄尾屿、赤尾屿标示为中国领土
1884	《中国海针路志》附图	海军海图官局（英国）	将钓鱼岛标为台湾东北诸岛
1897	《中国东部》地图	未知（英国）	采用闽南语发音标注钓鱼岛

资料来源：费杰：《新发现 19 世纪西文地图与钓鱼岛及其附属岛屿的主权归属》，《台海研究》2015 年第 3 期；费杰、赖忠平：《中国拥有钓鱼岛主权的历史地图新证据》，《中国海洋法学评论》2016 年第 1 期；夏帆：《从 1885 年前西方绘制地图看钓鱼岛及其附属岛屿的归属》，《边界与海洋研究》2017 年第 4 期；何伟：《我国拥有钓鱼岛主权的地图证据证明力研究》，硕士学位论文，安徽财经大学，2018 年。

三　南海传统疆域的确定与主权管辖

南海诸岛，为南海中中国许多岛礁的总称，包括广泛分布的200多个岛、礁、沙滩。按其分布位置，分为四群：东沙群岛、西沙群岛、中沙群岛、南沙群岛。在清以前的漫长历史时期内，早在汉代，中国人民就率先发现和命名了南海诸岛，唐宋元明历代政府都将南海诸岛及其附近海域纳入版图，并且进行了有效的、连续不断的行政管辖。清朝统一国家建立后，遵循这一历史传统，对南海传统疆域也进行了有效管辖，具体体现在以下几个方面。

（一）清代版图对南海诸岛及附属海域管辖权的确认

官方舆图是对版图范围确认的最有力证据，清代一开始就非常注重官方舆图的绘制。康熙二十五年（1686年），康熙皇帝敕修《大清一统志》，他曾对舆图绘制与国家疆域的关系做过一个详细说明：

> 朕惟古帝王宅中图治，总览万方，因天文以纪星野，因地利以兆疆域，因人官物曲以修政教，故禹贡五服，职方九州，纪于典书，千载可睹。朕缵绍丕基，抚兹方夏，恢我土宇，达于遐方。惟是疆域错纷，幅员辽阔，万里之远，念切堂阶；其间风气群分、民情类别，不有缀录，何以周知？顾由汉以来，方舆地理作者颇多，详略既殊，今昔互异。爰敕所司肇开馆局，网罗文献，质订图经，将荟萃成书，以着一代之钜典，名曰《大清一统志》。特命卿等为总裁官，其董率纂修官，恪勤乃事，求采搜阅博，体例精详，阨塞山川，风土人物，指掌可治，画地成图，万几之余。朕将亲览，且俾奕世子孙披牒而慎维屏之寄；式版而念小人之依，以永我国家无疆之历服，有攸赖焉。[①]

① 《清圣祖实录》卷126，康熙二十五年五月庚寅。

清承明制，将南海诸岛及其附属海域清晰地列入官方舆图之内。康熙五十八年（1719 年）的《皇舆全览图》，雍正二年（1724 年）的《清直省分省》，乾隆二十年（1755 年）的《皇清各直省分图》，乾隆三十二年（1767 年）的《大清万年一统天下全图》以及 1767 年以后的《大清万年一统全图》，1803 年的《大清万年一统天下全图》和 1817 年《大清一统天下全图》，光绪三十年（1904 年）和三十一年（1905 年）重订的《大清天下中华各省府州县厅地理全图》等都明确把泛指南海诸岛的“万里长沙”“万里石塘”或“千里石塘”列入“大清一统天下”疆域之内。其中清末重订的《大清天下中华各省府州县厅地理全图》和 18 世纪上半叶所绘地图不同，它把“万里长沙”和“万里石塘”分绘两处，甚至把“万里石塘”绘成“府”的标志，明确把此地列入清朝疆域之内。[①]

（二）清代典籍对南海诸岛及附属海域管辖权的确认

在清代一系列包括地方方志在内的官修典籍中，也都明确地将南海诸岛及附近海域的管辖权记录在案。康熙《广东通志》卷二“疆域”论及琼州府疆域时即称：

> 郡居海州中，东西广九百里，南北袤一千一百四十里，绵亘三千余里（按汉地理，地东西南北方千里），自雷渡海一日可至。琼为都会，居岛之北陲，儋居西陲，崖居南陲，万居东陲，内包黎峒，万山峻拔，外匝大海，远接外国诸岛。（琼筦古志云，外匝大海，接乌里苏密吉浪之州，南则占城，西则真腊交阯，东则千里长沙、万里石塘，北至雷州府徐闻县）。[②]

① 吴凤斌：《古地图记载南海诸岛主权问题研究》，载吕一燃主编《南海诸岛：地理、历史、主权》，黑龙江教育出版社 1992 年版，第 64—65 页。

② 康熙《广东通志》卷 2，康熙三十六年刻本，第 58 页下。

这一记载出自明代海南地方志书，并广为转录，同见于乾隆《琼州府志》、道光《琼州府志》等。道光《琼州府志》甚至将其列为“琼洋最险之处”：

> 万州海防。自陵水旧陵港北二百二十里为州属大洲湾，一名大洲港，东有小洲，遇东风可泊十余船。大洲湾东三十里有前后坡，东接大洋，名大洲洋，中有前后岭南观岭双蓬岭鸡冠岭，皆屹立大海，不能泊船。昔传万州有千里石塘、万里长沙，为琼洋最险之处。[①]

此外，康熙《广东通志》“山川”之“万州”条，雍正皇帝御序钦定的《钦定古今图书集成》“职方典”之“琼州府山川考二”下的“万州”条，雍正《广东通志》“山川”之“万州”条，道光《广东通志》“山川略十三”之“琼州府万州”条，道光续修《万州志》之“川”条，道光《琼州府志》之“万州海防”条等官方文籍，均把“千里长沙、万里石塘”作为明确之山川单位列入广东省琼州府辖下的万州版图内。[②]

清代私人编纂的众多史籍中，也均将南海诸岛列入我国版图。如康熙年间的《东洋南洋海道图》（施世骠）、《西南洋各番针路方向图》（觉罗满保），道光时期的《海国图志》（魏源）、《瀛环志略》（徐继畬），光绪时期的《各国通商始末记》（王之春）、《中外地舆图说集成》（同康庐主人辑）等。尤其值得一提的是，私人编纂的史籍中，有明确论述清代海防的专门类别，清楚地将南海诸岛列入中国的海防区域。如1730年陈

---

① 道光《琼州府志》卷18，道光修光绪补刊本，第15页下。

② 李国强：《我国历代政府对南海诸岛管辖的考察》，《深圳特区报》2011年7月26日第B10版。

伦炯《海国闻见录》的《四海总图》，该图标有“七洲洋”“南沃气”“沙头”“长沙”和“石塘”等南海诸岛传统地名，已极其明确地分清西沙群岛、东沙群岛、中沙群岛和南沙群岛的位置；又如1838年严如煜的《洋防辑要》一书，其中的《东南海夷图》和《直省海洋总图》之中，也标有南海诸岛，并在《广东海图》中，将表示西沙群岛的“九乳螺石”和“双帆石”，明确地标绘在清朝的海防区域内。[①]

（三）清代对南海诸岛及附属海域的主权管辖

有清一代，南海诸岛不仅归在清代统一国家的版图内，而且清代也对上述岛屿及附属海域实施了有效管辖[②]，水师巡防即其中一项管辖方式。

清代，南洋诸岛及其附属海域属崖州水师的巡防区域。道光《琼州府志》有着详细的记载：

> 崖州营原系水陆兼管，参将一员。道光十二年奉准以海口水师副将移驻崖州，改为崖州协水陆副将，定为外海水师，烟瘴边疆要缺由外题补添设。陆路中军都司一员，即海口协水师都司，移驻崖州，专管陆营，其原设水师营守备一员，仍专管本标水师，营务与副将轮替出洋巡缉。所属水师千总一员，把总二员，外委三员，额外四员，共官十二员，守步兵二百五十八名，大小师船四号。除防守各台汛外，实在巡洋，兵丁一百四十六名。崖州协水师营分管洋面，东自万州东澳港起，西至昌化县四更沙止，共巡洋面一千里，南面直接暹逻、占城夷

---

① 厦门大学南洋研究所南史组：《南海诸岛历来就是中国的领土》，《南洋问题》1975年第5期。

② 王晓鹏：《清代“内—疆—外”治理模式与南海海疆治理》，《社会科学战线》2020年第5期。

> 洋，西接儋州营洋界，东接海口营洋界。崖州协上班以副将出洋，下班以守备出洋，专巡本营洋而向无会哨章程。道光十七年护道张堉春议请添设儋州水师，以本营千把分上下班带领师船轮替出巡，每年定期以四月初十日与海口营舟师齐集迸马角洋面会哨一次，十月初十日与崖州协舟师齐集四更沙洋面会哨一次，文武结，禀报奏准遵行。①

据上引文可知，清代崖州水师的巡防区域向南与暹逻、占城接界，南海诸岛及其附属海域自在其中。

光绪《广东舆地图说》也称：

> 粤省地势东西袤长南北稍狭，然前襟大海，其中岛屿多属险要，故水师每岁例有巡洋，东自南澳之东南南澎岛，西迄防城外海之大洲、小洲、老鼠山、九头山……今之海界以琼南为断，其外即为七洲洋，粤之巡师自此还矣。②

上文所称七洲洋即泛指南海诸岛及附属海域。清康熙时期的泉州人吴升，更是亲历了清代水师对南海的巡防。乾隆《泉州府志》载："吴升，字源泽，同安人，本姓黄，为总旗御贼于果塘，授千总。又从征金门、厦门、澎湖、台湾，以功授陕西游击，擢广事副将，调琼州。自琼崖历铜鼓，经七州洋、四更沙，周遭三千里，躬自巡视，地方宁谧。"③

水师巡防之外，据史料记载，清政府曾对在南海诸岛一带海域遇险的海难船只及人员进行了及时的救济和遣返，这也是清朝对南

---

① 道光《琼州府志》卷18上，清道光修光绪补刊本，第5—6页。

② 光绪《广东舆地图说》"录例"，清宣统元年重印本，第4页。

③ 乾隆《泉州府志》卷56，清光绪八年补刻本，第43页。

海诸岛及其附属海域进行有效管辖的另一明证。[①]

第二节　清前中期对海疆的经略

清代多民族统一国家的建构，一个重要的表现形式即为疆域的统一，海疆统一当为题中应有之义。清朝廷对海疆的统一进程大致可以分为四个阶段：一为完成对东北滨海地区的控制，“自东北海滨，迄西北海滨，其间使犬、使鹿之邦，及产黑狐、黑貂之地，不事耕种、渔猎为生之俗，厄鲁特部落以至斡难河源，远迩诸国，在在臣服”[②]；二为实现对辽东沿海及渤海湾北部地区的控制；三为自入关至“三藩之乱”平定时对北至山东、南至两广沿海地区的控制；四为对台湾的统一。随着台湾郑氏政权的覆灭，清朝将台湾归回版图，中国海疆又一次实现统一。

清一统海疆的进程中，在其“防禁”为主的海洋观念的支配下，其对海疆的经略也随之展开，既包括着眼于统一的“海禁”，安定沿海地方的社会治理、移民管理、盗匪消弭；也包括涉及海洋交往的涉海人群、贸易、朝贡管理等内容。更为重要和突出的是，清代建立了基于内外洋、水陆联防的海洋防护格局和海防力量配置体系，有效地巩固了清代海疆的统一。

一　海禁政策与清代的海洋管理

清代的海禁政策，实指顺治康熙年间清郑军事对抗的三十余年

---

① 如乾隆二十一年（1756年）十一月，两广总督杨应琚报告，乾隆二十年“没来由国难番……共十六名，在伊国载船，装载手巾布货等物前往咖喇吧生理，被风飘至万州九洲洋面击碎。淹死番人帕吵呢二名，又陆续病故……二名，尚存十二名。经该州查明，周给口粮，递至香山县，发交澳门夷目，查觅便船附搭归国”。杨应琚：《发遣吕宋国等国遭风修复各船只回国事》，中国第一历史档案馆馆藏档案，档号：02－01－005－022881－0033。

② 《清太宗实录》卷61，崇德七年壬午六月。

间的沿海地区临时管制措施，其着眼点在于有效隔绝郑氏反清势力与大陆沿海地区的联接，清统一台湾后，海禁政策随之改变。有清一代，清朝虽然断断续续实行了“南洋禁航令”“一口通商”等海洋与海外贸易管制措施，但总的来看，其对沿海地区的治理及特征绝非“海禁”一词可以涵盖。

海禁政策并非清朝廷一开始的选择，早在顺治三年（1646年），为获取铜，清朝甚至颁行过支持商人出海贸易的政策：“凡商贾有挟重资愿航海市铜者，官给符为信，听其出洋，往市于东南、日本诸夷。舟回，司关者按时值收之，以供官用。”① 顺治四年（1647年）还曾颁诏天下：“前朝挂籍军丁，有逃窜洋岛避匿海艅，及散亡诸澳，通番干禁者，概从赦宥，听期归里安业。”② 清初左都御史慕天颜也称：“犹记顺治六、七年间，彼时禁令未设，见市井贸易咸有外国货物，民间行使多以外国银钱，因而各省流行，所在皆有。”③

（一）禁海防郑

海禁政策的萌发与清郑军事对抗直接相关。顺治十一年（1654年），礼科给事中、江苏泰兴人季开生即就“水贼大肆猖獗，谨陈攻守六要”，“一曰严海禁，二曰杜接济，三曰密讯察。贼之在海，利在劫掠；若无所获，自不能久。惟商人、船户出海兴贩，一为所获，即船其船、人其人，贼船且益多、人且益众矣；则海禁可不严乎？”④ 顺治十二年（1655年），位于清郑军事对抗前线的浙闽总督屯泰上疏，要求严禁船只人员入海，所谓“沿海省分，应立严禁，

---

① 张寿镛辑：《皇朝掌故汇编》卷19《钱法一》，求实书社光绪二十八年版，第1—2页。

② 《清世祖实录》卷30，顺治四年二月癸未。

③ 慕天颜：《请开海禁疏》，载贺长龄、魏源编《清经世文编》卷26《户政一·理财上》，中华书局1992年版，第652页。

④ 季开生：《谨陈攻守六要疏》（顺治十一年），载《清奏疏选汇》，《台湾文献丛刊》第256种，1984年版，第5—6页。

无许片帆入海，违者立置重典从之”[①]。次年，顺治皇帝即敕谕浙江、福建、广东、江南、山东、天津等沿海各地方督抚，称“海逆郑成功等窜伏海隅，至今尚未剿灭，必有奸人暗通线索，贪图厚利，贸易往来，资以粮物，若不立法严禁，海氛何由廓清?”并要求自今以后，“各该督抚镇，著申饬沿海一带文武各官，严禁商民船只私自出海，有将一切粮食货物等项与逆贼贸易者，或地方官察出，或被人告发，即将贸易之人不论官民俱行奏闻正法。货物入官，本犯家产尽给告发之人。其该管地方文武各官，不行盘诘擒缉，皆革职，从重治罪。地方保甲，通同容隐，不行举首，皆论死。凡沿海地方，大小贼船，可容湾泊登岸口子，各该督抚镇俱严饬防守各官，相度形势设法拦阻，或筑土坝，或树木栅，处处严防，不许片帆入口、一贼登岸。如仍前防守怠玩致有疏虞，其专汛各官，即以军法从事，该督抚镇一并议罪”[②]。就该时期海禁政策的执行效果而言，其实并不乐观。顺治十六年（1659 年），福建漳州府海防同知蔡行馨在《请除弊害以图治安七条》一文中写道：“至于沿海一带每有倚冒势焰，故立墟场，有如鳞次。但知抽税肥家，不顾通海犯逆。或遇一六、二七、三八等墟期，则米、谷、麻、篾、柴、油等物无不毕集，有发无发，浑迹贸易，扬帆而去。此接济之尤者，而有司不敢问，官兵不敢动也。”[③] 针对海禁政策无法彻底贯彻的现状，同年，户科给事中王启祚提出了坚壁清野的建议。他说：“逆郑虽生踞波涛，势不能不聚粮于平地。臣以为宜效坚壁清野之计，除高山峻岭不可攀缘处所外，凡平原旷野多筑坚厚墙垣，迂回其道，相地广狭间筑城堡，可贮粮石，扎营寨兵，可守望亦可设伏。地如民产，令民自筑，免其徭粮，如系闲旷，当督守汛

① 《清世祖实录》卷 92，顺治十二年六月壬申。

② 《清世祖实录》卷 102，顺治十三年六月癸巳。

③ 蔡行馨：《请除弊害以图治安七条》，载《皇清奏议》卷 13，清光绪二十八年（1902 年）石印本，第 6 页。

兵丁修筑。使彼来无所掠，去不能归，此坐而窘之一道也。”[①] 随着郑军转攻南京，江南军事形势日益严峻，顺治十七年（1660 年），清朝廷批准福建总督李率泰的建议，由于“海氛未靖”，决定“迁同安之排头，海澄之方田，沿海居民入十八堡及海澄内地，酌量安插”。[②] 这被视为迁界的前奏。

迁界政策是清初海禁政策的升级。该政策始于顺治十八年（1661 年），其提议者众说纷纭，集中在以下三个历史人物身上。一为黄梧说。黄梧原为郑成功部将，后叛郑归清。江日昇在《台湾外纪》中明确记载了黄梧归清后的“平贼五策”：

一，金、夏两岛弹丸之区，得延至今日而抗拒者，实由沿海人民走险，粮饷、油、铁、桅船之物，靡不接济。若从山东、江、浙、闽、粤沿海居民尽徙入内地，设立边界，布置防守，则不攻自灭也。

二，将所有沿海船只悉行烧毁，寸板不许下水。凡溪河，竖桩栅。货物不许越界，时刻瞭望，违者死无赦。如此半载，海贼船只无可修葺，自然朽烂，贼众许多，粮草不继，自然瓦解。此所谓不用战而坐看其死也。

三，其父芝龙羁縻在京，成功赂商贾，南北兴贩，时通消息。宜速究此辈，严加惩治，货物入官，则交通可绝矣。

四，成功坟墓现在各处，叛臣贼子诛及九族，况其祖乎？悉一概迁毁，暴露殄灭。俾其命脉断，则种类不待诛而自灭也。

五，投诚兵官散住各府州县，虚糜钱粮。倘有作祟，又贻

---

① 王启祚：《敬陈管见三事》，载《皇清奏议》卷 12，清光绪二十八年（1902）石印本，第 7 页。

② 《清世祖实录》卷 140，顺治十七年九月癸亥。

害地方不浅。可将投诚官兵移住各省，分垦荒地，不但可散其党，以绝后患，且可蓄众而足国矣。[①]

《清史稿》也载黄梧“荐委署都督施琅智勇忠诚，熟谙沿海事状，假以事权，必能剪除海孽；又言成功全藉内地接济，木植、丝绵、油麻、钉铁、柴米、土宄阴为转输，赍粮养寇，请严禁；并条列灭贼五策，复请速诛成功父芝龙”。并称“严海禁，绝接济，移兵分驻海滨，阻成功兵登岸，增战舰，习水战，皆用梧议也”[②]。《清实录》也称黄梧有上奏折，称“今虽禁止沿海接济，而不得要领，犹弗禁也！”并认为郑氏不能剿灭的主要原因在于“有福、兴等郡为伊接济渊薮也！南取米于惠、潮，贼粮不可胜食矣；中取货于兴、泉、漳，贼饷不可胜用矣；北取材木于福、温，贼舟不可胜载矣”。更何况“闽粤有分疆之隔，水陆无统一之权”，欲取得军事对抗的成功，须“平时共厉接济之禁，遇贼备加堵截之防”[③]。

对比上述三条文献记载，不难看出，《清史稿》与《清实录》中黄梧的建言，涉及地域以闽粤两省为主，《台湾外纪》中的记载，则基本上与之后清的“迁界”政策非常接近，涉及地域非常广，北至山东，南至闽粤，凡沿海地区均包涉在内。以此而言，“迁界”之议出自黄梧，当无疑义。

二为房星焕说。清初王沄《漫游纪略》载：

呜呼，倡为迁海之说者谁与？辛丑予从蔡襄敏公在淮南。执政者遣尚书苏纳海等，分诣江、浙、粤、闽，迁濒海之民于

---

① 江日昇：《台湾外纪》，台湾文化图书公司1983年版，第174—175页。

② 《清史稿》卷261《列传第四十八·黄梧》，中华书局1976年版，第9879—9880页。

③ 《清世祖实录》卷108，顺治十四年三月丁卯。

内地。蔡公曰："此北平人方星焕（姓有误，应为房星焕）所献策也。"予请其说。公曰："星焕者，北平酒家子也。其兄星华，少时被虏出关。……从入关，始与其弟星焕相聚。星华官至漳南（漳州）太守，星焕从之官。海上兵至，漳城陷，兄弟皆被掠入海，旋纵之归。其主因问海外情形，星焕乘间进曰：'海舶所用钉、铁、麻、油，神器（火炮）所用焰硝，以及粟、帛之属，岛上所少。皆我濒海之民阑出贸易，交通接济。今若尽迁其民入内地，斥为空壤，画地为界，仍厉其禁，犯者坐死；彼岛上穷寇内援既断，来无所掠，如婴儿绝乳，立可饿毙矣。'其主深然之，今执政新其说得行也。"盖蔡公之言如此。当是时，诸臣奉命迁海者，江浙稍宽，闽为严，粤尤甚。大载以去海远近为度。初立界犹以为近也，再远之，又再远之，凡三迁而界始定。堕县卫城郭以数十计，居民限日迁入，逾期者以军法从事。尽燔庐舍，民间积聚器物，重不能致者，悉纵火焚之。乃著为令。凡出界者，罪至死，地方官知情者，罪如之。其失于察者坐罪有差。功令既严，奉行恐后，于是四省濒海之民，老弱转死于沟壑，少壮流离于四方者，不知几亿万人矣。

康熙《漳州府志》也有类似记载：

（顺治十八年）九月迁沿海边地，以垣为界。龙溪自江东至龙江以东；漳浦自梁山以南旧镇以东；镇海、陆鳌、铜山、海澄自一都以至六都；诏安自五都至悬钟，皆为弃土。先是原任漳州知府房星叶（原为烨，疑避康熙名讳）降贼逃归，使其弟候补通判星曜上言，海贼皆从海边取饷，使空其土而徙其人，寸板不许下海，则彼无食而贼自散矣。至是上自山东下至广东皆迁徙，拨兵戍守。[①]

康熙《漳州府志》的记载与《漫游纪略》大体可相核对，唯上书言迁界者由房星焕记为房星曜，其兄也由房星华记为房星叶。核对康熙《漳州府志》的“秩官下”，内载“房星烨，正黄旗人，贡生，九年任，十一年郡城破降贼，既而逃归”[②]。考虑到“烨”字须避康熙皇帝名讳，上文中的“房星叶”实应为“房星烨”。至于其弟，则应为房星焕。康熙《永平府志》载“房星焕，字皓如，永平人，由筹海功顺治十五年授南康通判”[③]，嘉庆《江都县续志》也载：“顺治十六年己亥，海寇犯江宁镇江瓜洲并被焚掠，沿江州上居民苦之，虑其复至。时有房星焕者献策，当事尽迁沙洲民处之内地。”[④] 光绪《永平府志》除叙及房星焕之“筹海之功”外，还特别说明其为“山海卫人，旗籍”[⑤]。清初阮旻锡所撰之《海上见闻录定本》，特别提及房星烨为康熙朝国舅索额图的“门馆客”，这也许是房星焕的进言成为可能的一个原因。

原任漳州知府房星晔者，为索国舅门馆客，遂逃入京，使其弟候补通判房星曜上言，以为海兵皆从海边取饷，使空其土，而徙其人，寸版不许下海，则彼无食，而兵自散矣。遂从其策，升房星曜为道员。[⑥]

三为苏纳海说。《闽海纪要》称：

---

① 康熙《漳州府志》卷33，康熙五十四年刻本，第41页。

② 康熙《漳州府志》卷10，康熙五十四年刻本，第61页。

③ 康熙《永平府志》卷20，康熙五十年刻本，第14页。

④ 嘉庆《江都县续志》卷12，光绪六年重刻本，第24页。

⑤ 光绪《永平府志》卷58，光绪五年刻本，第13页。

⑥ 阮旻锡：《海上见闻录定本》卷上，福建人民出版社1982年版，第47页。

> 闽海以成功故，历年用兵，捐师糜饷。苏纳海议曰："蕞尔两岛得遂猖獗者，实恃沿海居地交通接济。令将山东、江、浙、闽、广海滨居地尽迁于内地，设界防守，片板不许下水、粒货不许越疆，则海上食尽，鸟兽散矣。"从之；于是分遣满员督迁各省。[①]

但同是《闽海纪要》，在叙及黄梧之降时，仍称"其后梧献平海策，请发郑氏祖坟、诛求亲党、没五大商及迁界等事，祸及五省，人罹其害"[②]，则仍是把迁界动议安在黄梧头上，显然苏纳海之议并非是出自本人，而是汇总了黄梧、房星焕等众人的看法。

综而言之，无论是黄梧，还是房星焕，迁界之议实是由熟悉沿海及清郑军事对抗实际情形之人提出的，它将清初的海禁政策向前推进了一大步，也的确在客观上严重影响了沿海地区民众的生产和生活，造成"数千里沃壤，捐作蓬蒿，土著尽流移"[③] 的悲剧。但从另一个角度来讲，作为清初海禁升级版的迁界政策，在客观上有利于清朝完成对海疆的统一。

迁界政策之所以出台，固然是清初海禁政策无法贯彻造成的，同时也是清初与郑氏政权对抗期间被动的一个选择。就当时的情况来看，清军与郑氏军队的对抗，之所以处处被动，恰恰就在于郑军有水师之长。时任福建军备道的崔起鹏就认为："忆王师入闽，带甲数万，赳赳桓桓，莫不一以当百，今近二载，而卒未能灭此朝食，岂我兵不强而马不壮哉？盖以我有所短，不能治其所长也。"[④]可以说，由海禁而至迁界，实是在清初，"为巩固新生政权，因反清势力的斗争以及统一全国，是清政府压倒一切、高于一切的政治

① 夏琳：《闽海纪要》，《台湾文献丛刊》第11种，台湾银行印刷所1958年版，第28页。
② 夏琳：《闽海纪要》，《台湾文献丛刊》第11种，台湾银行印刷所1958年版，第17页。
③ 施琅撰，王铎全校注：《靖海纪事》，福建人民出版社1983年版，第15页。
④ 《崔起鹏为恢复闽安请造战船事呈浙闽总督李率泰详文》，《历史档案》1991年第3期。

目标”。而这一海洋管制措施，“在当时是可以理解的”。[①]

值得注意的是，清初的海禁政策自一开始就不是一项能严格贯彻的制度设计，迁界禁海期间，由于迁界政策严重破坏了沿海地区民众的生产生活秩序，故这一政策甫一出台，就招致多方强烈反对。基于此，清初也并非全面、整齐划一执行迁界政策，局部地区的展缓也常见之史册。康熙七年（1668 年），广东巡抚王来任曾上疏展复广东边界：

> 粤东之边界宜速展也。粤负山面海，疆土原不甚广，今概于滨海之地一迁再迁，流离数十万之民，每年抛弃地丁钱粮三十余万两。地迁矣，又在在设重兵以守其界，内立界之所筑墩台、树桩栅，每年每月又用人工土木修整，动用之资不费公家丝粟，皆出之民力。未迁之民日苦派办，流离之民各无栖址，死丧频闻，欲生民不困苦其可得乎？臣请将原迁之界急弛其禁，招徕迁民复业耕种与煎晒盐斤，将港内之河撤去其桩，听民采捕。海内之兵尽撤，驻防沿海州县以防外患，于国不无小补，而祖宗之地又不轻弃，更于民生大有裨益。如谓所迁弃之地丁虽少，而御海之患甚大，臣思设兵以卫封疆而资战守，今避海寇侵掠，虑百姓之赍盗粮，不见安攘上策乃缩地迁民，弃其门户而守堂奥，臣未之前闻也。臣抚粤二年有余，亦未闻海寇大逆侵掠之事，所有者仍是内地被迁逃海之民相聚为盗，今若展其界边，即此盗亦卖刀买犊矣，舍此不讲，徒聚议以求民瘼，皆泛言也。[②]

王来任这一建议被清朝廷采纳，广东迁界事实上有一定的

① 许毅、隆武华：《试论清代前期对外贸易政策与海禁的性质》，《财政研究》1992 年第 7 期。

② 光绪《广州府志》卷 80，清光绪五年刊本，第 37—38 页。

缓和。

康熙二十一年（1682年），清朝平定“三藩”之乱，有效地维护了国家的统一。次年六月，台湾郑氏归降，清朝实现了海疆的统一。随着国内局势趋于安定，清朝廷也着手废除迁界政策，并派大臣赴沿海各地展界复业。针对朝中反对开海的声音，康熙皇帝明确指出：“边疆大臣当以国计民生为念，向虽严海禁，其私自贸易者，何尝断绝？凡议海上贸易不行者，皆总督巡抚自图射利故也”①，宣告了支持开海禁、通贸易的鲜明态度。康熙二十四年（1685年），清朝廷下令，“今海内一统，寰宇宁谧，满汉人民俱同一体应令出洋贸易，以彰富庶之治”②。

（二）海洋禁令与海洋管理

前代史家有论及有清一代对外政策时，多以“闭关锁国”一言以蔽之。但考诸实际，此说的可靠性仍值得商榷。清初自康熙平定“三藩”、收归台湾之后，即下令开海贸易，同时附以严格的管理。论者又多以“南洋贸易禁令”和限制“广州一口通商”为据，试逐一剖析如下。

关于“南洋贸易禁令”，出自康熙五十六年（1717年）广东将军、闽浙总督与两广巡抚的上奏，《清实录》的记载如下：

> 庚辰。兵部等衙门遵旨，会同陛见来京之广东将军管源忠、福建浙江总督觉罗满保、广东广西总督杨琳。议覆：凡商船照旧东洋贸易外，其南洋吕宋、噶啰吧等处，不许商船前往贸易，于南澳等地方截住，令广东、福建沿海一带水师各营巡查，违禁者严拏治罪，其外国夹板船照旧准来贸易，令地方文

---

① 《清圣祖实录》卷116，康熙二十三年七月乙亥。

② 《清朝文献通考》（一）卷33《市籴考二》，浙江古籍出版社1988年影印本，第5155页。

> 武官严加防范。嗣后洋船初造时，报明海关监督地方官亲验印烙，取船户甘结，并将船只丈尺、客商姓名、货物往某处贸易，填给船单，令沿海口岸文武官照单严查，按月册报督抚存案。每日各人准带食米一升并余米一升，以防风阻。如有越额之米，查出入官。船户、商人一并治罪。至于小船偷载米粮，剥运大船者，严拏治罪。如将船卖与外国者，造船与卖船之人皆立斩。所去之人留在外国，将知情同去之人枷号三月，该督行文外国，将留下之人，令其解回立斩。沿海文武官，如遇私卖船只、多带米粮偷越禁地等事，隐匿不报，从重治罪。并行文山东、江南、浙江将军督抚提镇，各严行禁止。从之。[①]

由上引文可知，南洋贸易的禁令实由闽粤地方官提出，其着眼点在于禁令经由南洋通道的粮食外运、船只售卖和海外移民，这不能不说是清初各种“严海禁”声浪的延续。如康熙四十三年（1704年），考虑到沿海地区海寇横行，“春冬啸聚海岛，秋夏扬帆出掠”，清朝“以海寇故，欲严洋禁”，但“后思若辈游魂，何难扫涤，禁洋反张其声势，是以中止”[②]，推行招抚、清剿并行的对策。又如康熙四十七年（1708年），佥都御史劳之辨以“奸商私贩”横行，请“申严海禁，暂撤海关”，户部以“自康熙二十二年开设海关，海疆宁谧，商民两益，不便禁止”为由，将其上疏驳回。“至奸商私贩，应令该督抚、提镇于江南崇明、刘河，浙江乍浦、定海各海口，加兵巡察。除商人所带食米外，如违禁装载五十石以外贩卖者，将米入官。文武官弁有私放者，即行参处。”[③] 可以看出，自开海之后，针对各种沿海地区社会治理出现的问题，有不

---

① 《清圣祖实录》卷271，康熙五十六年正月庚辰。

② 《清圣祖实录》卷215，康熙四十三年正月辛酉。

③ 《清圣祖实录》卷232，康熙四十七年二月辛卯。

少官员希望以禁代治，只不过大多数希望“严海禁”的意见都没能实施，清朝也一直坚持开海的大方向。“南洋贸易禁令”也只是这种禁海开海政策中间的一个插曲。

之所以有上述判断，在于“南洋贸易禁令”的持续时长其实较短。禁令甫下，就招致多方的反对，由于禁令事实上违背了客观经济发展规律，给沿海地区的社会经济和对外贸易、民众生活水平都带来了严重损害，因而在实际执行过程中也遭遇各种挑战。雍正继位后，南洋贸易禁令事实上已很难维持。雍正五年（1727 年），闽督高其倬上疏陈述利害，请求将福建商船向南洋贸易的禁令驰禁，得到清朝廷的批准，并将广东照例执行。次年，又允许浙江援闽粤成例执行。至此，“南洋贸易禁令”就全部废止。

关于所谓“广州一口通商”的限制。考诸文献记载，源于浙粤海关关税征收额度的不等，地方官员为改变粤海关征额不足的现状，认为造成这一现象的原因在于洋商不赴粤海关而赴浙海关交易纳税，遂呈请清廷予以禁止，《清实录》记载如下：

> 谕军机大臣等：杨应琚所奏《勘定浙海关征收洋船货物酌补赣船关税及梁头等款并请用内府司员督理关税》一折，已批该部议奏。及观另折所奏，所见甚是，前折竟不必交议。从前令浙省加定税则，原非为增添税额起见，不过以洋船意在图利，使其无利可图，则自归粤省收泊，乃不禁之禁耳。今浙省出洋之货价值既贱于广东，而广东收口之路稽查又加严密，即使补征关税、梁头，而官办只能得其大概，商人计析分毫，但予以可乘，终不能强其舍浙而就广也。粤省地窄人稠，沿海居民大半藉洋船谋生，不独洋行之二十六家而已。且虎门黄埔在在设有官兵，较之宁波之可以扬帆直至者，形势亦异，自以仍令赴粤贸易为正。本年来船虽已照上年则例办理，而明岁赴浙

之船必当严行禁绝，但此等贸易细故无烦，重以纶音。可传谕杨应琚，令以已意晓谕番商，以该督前任广东总督时兼管关务，深悉尔等情形，凡番船至广，即严饬行户善为料理，并无与尔等不便之处，此该商等所素知，今经调任闽浙，在粤、在浙均所管辖，原无分彼此，但此地向非洋船聚集之所，将来只许在广东收泊交易，不得再赴宁波。如或再来，必令原船返棹至广，不准入浙江海口，豫令粤关传谕该商等知悉。若可如此办理，该督即以此意为咨文并将此旨加封寄示李侍尧，令行文该国番商。遍谕番商，嗣后口岸定于广东，不得再赴浙省。此于粤民生计并赣、韶等关，均有裨益，而浙省海防亦得肃清。看来番船连年至浙，不但番商洪任等利于避重就轻，而宁波地方必有奸牙串诱，并当留心查察，如市侩设有洋行及图谋设立天主堂等，皆当严行禁逐，则番商无所依托，为可断其来路耳。如或有难行之处，该督亦即据实具奏，再将前折随奏交部议覆，可一并传谕知之。寻覆奏：臣已遵旨晓谕番商洪任等回帆，并咨移李侍尧，及札行宁波、定海各官一体遵照，现在尚无设立洋行及天主堂等情弊报闻。①

以浙海关加税而实现“不禁之禁”失败后，清朝加强了对欧美国家的所谓“西洋船”的限制，仅限在粤海关收泊贸易，主要目的在于以此防范洋商与内地商人“勾结”，设立洋行甚至传教，引发地方已有秩序的紊乱。但须注意的是，这是清朝所要防范的“洋船”，概指欧美商船及西方商人；亚洲诸国的已有贸易往来不在防范和禁止之列，除粤海关之外的其他三地海关仍对外开放。不仅如此，“西洋船”在粤海关收泊贸易，这就意味着粤海关下辖口岸数

① 《清高宗实录》卷55，乾隆二十二年十一月戊戌。

十个（道光年间七十六口），全部对外开放，绝非“广州一口通商”可以涵盖。在此格局下，欧美各国商人仍可前来贸易，所谓的“广州一口通商”局面并非一种法律政策，而是在实践中形成的一种历史事实①，同时它也只是一种新的对外贸易和海洋往来管理措施，而非清初严厉海禁政策的延续。

二 沿海移民与海岛治理

海岛作为清代海疆的重要构成部分，对其的治理成为清朝海疆经略的主要内容之一。一方面，清初一统海疆之后，原来迁界令下内迁的濒海民众纷纷回迁复业，清代的海岛开发进入一个快速发展期：海岛人口快速增长、土地开发及田赋增多、渔盐经济十分活跃，与此同时，清朝对海岛的管理也进入一个稳定期，海岛社会治理呈现内地化的基本面相。另一方面，清代以海岛为重要依靠，构建起陆岛联合的海防军事力量，配合海岛社会治理，打击盗匪，管控各项涉海行为，有效管控海岛及附近海域的社会秩序。

（一）海岛移民及其治理

康熙二十三年的开海，促生了清初海岛移民的一个高潮。在山东，乾隆五十六年（1791 年），山东巡抚惠龄上奏，称：“登、莱、青三府属，海洋岛屿甚多，有地亩钱粮应查办者，计三十处。请照内地例，编排保甲，造册报核，每年于三府中，委同知一员，前往巡查，并劝农桑。”② 得到了清朝廷的批准，可见经过清初开海之后的近百年发展，山东海岛地区的人口及土地开发已达到了一个较高的水准，次年的官员报告更是显示了这一点，“山东一省海岛居民二万余名口”③。在江苏崇明岛，“清朝顺治初七万余户，后禁海迁

① 陈国栋：《清代前期的粤海关与十三行》，广东人民出版社 2014 年版，第 8—9 页。

② 《清高宗实录》卷 1377，乾隆五十六年四月。

③ 《清史稿》卷 120《食货一·户口田制》。

界余二三万户，不足一半。到康熙末年增至近九万户，到乾隆二十四年，其间户口变化不大，都在九万余户、六十四万口左右”①。在浙江，“海滨不远处所有玉环山，地方辽阔。自迁徙之后，未曾展复，无籍游民多潜其中，私垦田亩，刮土煎盐，及网船渔人搭寮居住，渐次混杂，虽经禁逐，仍恐朝驱暮回，即有巡兵亦恐通同容隐”②。至雍正十年（1732 年），聚集人口已达 2782 户，男女共 19616 丁口，其中男 14226 丁，女 5390 口。在福建平潭岛，“清历康熙，复迁本治，疾病兵荒，风沙灾异，户口凋零，连番徒避。丞佐贤良，劳心抚字，盛世兹生，于今畅遂。户万三千，民忘猜忌，女二万零，男四万备”。据官方记载，至清光绪时，“阖潭一万二千三百一十九户，男丁大小共四万二千四百三十二配，妇女大小共二万六千四二十口。”③ 在广东，阳江县“（康熙）二十三年，海禁大开，海岛迁民归业”④。新宁县于“（康熙）二十三年甲子春二月，内差大人、督抚两院、主县开复海中五岛，以海氛永靖，开复原额渔课，并许各海口贸易”⑤。康熙时奉旨巡视闽粤的杜臻记载，广东海岛内迁民众在政策允许开界复业后，十分踊跃归还故里。

东海岛在遂溪东，自北家港至旧县，长七十里，广二十里或三十里，与县治虽隔海，仅若一河。有南北二渡，南即白鸽，相距十里许，潮退不过五六里；北在旧县，水益狭，不过二三里许。其地宜稻且饶鱼盐，居民稠密，……遂溪东界及海而止，止迁岛民而内地不及。予至白鸽，迁民累累拥马首泣，诉求复故业。予以上谕遍告之，皆踊跃去。志有思陵岛，在郡

① 光绪《崇明县志》卷 6《赋役志 · 户口》，光绪七年刊年版，第 1—2 页。

② 光绪《玉环厅志》卷 1《舆地志上 · 沿革》，光绪六年修刊本，第 8 页。

③ 光绪《平潭厅乡土志略》，据光绪三十二年铅印本抄本，第 32 页。

④ 康熙《阳江县志》卷 1，清康熙刻本，第 2 页。

⑤ 光绪《新宁县志》卷 14，光绪十九年刻本，第 18 页。

城东十里海中，其上多米豆，枝叶如杨柳，疑即是。[①]

毫无疑问，复界最显著的成果即可垦田地的大量恢复，在广东，杜臻即“查得广州、惠州、潮州、肇庆、高州、雷州、廉州等七府所属二十七州县二十卫所，沿海迁界并海岛港洲田地共三万一千六百九十二顷零，内原迁抛荒田地二万八千一百九十二顷零，额外老荒地三千五百顷零，应交与地方官给还原主。无原主者，招徕劝垦务令得所”[②]。

沿海岛屿人口的大量增加、田地的大量恢复甚至新土地的垦殖、各式渔盐经济的活跃，这些都向当时清代地方政府的治理提出了新的挑战。雍正六年（1728 年），时任浙江巡抚的李卫就浙江玉环的展复及管理提出一系列建设，可视为开海之后清朝治理海岛的典型模式。

其一，厘清行政设置及归属。李卫以“疆域正而后规制可定”为由，建议将“从前分属台州之太平县、温州之乐清县”的玉环单独划分，设立行政区划，“应专设一玉环同知管理，毋庸再为分县，庶责成专而事权一”。

其二，仿边疆旧例设官管理，编户齐民。海岛的设官管理与内地不同，李卫的建议是仿效云南蒙化、景东及新设之中甸、威远等地的旧例，设同知管理玉环，“盖就其地方大势，而授以节制之权也”。海岛同知与内地知县的设置不同，由于玉环设有驻军，故惯有的文官管理体制与军队体系常常“呼应不灵”，但同知则带有很强的军事管理色彩，不存在上述滞碍。因此李卫上奏请在玉环专设“温台玉环清军饷捕同知”一员，其职责包括“查给垦田，督修塘壩，征收钱粮，审理词讼，给放粮饷，弹压地方”。

---

① 杜臻：《闽粤巡视纪略》卷上，康熙三十八年刻本，第 63 页。

② 杜臻：《闽粤巡视纪略》卷下，康熙三十八年刻本，第 47 页。

其三，杜绝进一步的流民往来。玉环在清初展复前，已有许多人口流入，其中多以闽、广之人居多。李卫认为“（玉环）旷土闲田可资穷民之衣食耳，若使处来闽、广无籍之人一例冒垦，将来奸良杂处，即生事端”。因此，须设立“管垦之官”，也须是“太平、乐清两邑籍贯无过之人，取具本县族邻保结移送”，然后方可“计口授田”，而“一切闽广游惰及曾有过犯者，概不准其保送”。在人口不足的情况下，则可扩大范围，但仍以“本省各府属县相近之处有愿入籍开垦者”为准，且“必须居住玉环，编入保甲，毋许往来不常”，而“外省远处之人，仍行禁止，则户口得实而藏奸无所矣”。

其四，对海岛的重要流通商品进行管制，如粮食等。李卫建议由当地官府“将所垦田粮照台湾之例，征收本色完仓”，对“余多之米欲粜卖为日用之需者”实行贸易管制，如只允许固定目的地的流通与贩返。玉环的米粮“止许运往太平、乐清二县及温州府城”，贩运粮食者须持官方发放的号牌以供查验，严禁米船偷运出口，否则将以“接济贼盗之罪，从重究治”。同时，地方政府也运用仓储工具，每年酌量收贮。总的看来，其目的是粮食“既输于官”而“自无私贩之弊矣”。

其五，以农为本，督修水利。清初的海岛治理中，以农为本的思维模式仍有迹可循，这尤其表现在政府重视水利建设和水利设施改造。海岛由于多山地和滩涂，水利兴修殊为不易。如玉环“其地或近山碛，或在海涂”，且“向来原有堤塘”因“迁弃倾圮已久，草莱荒芜”，欲有效开垦田地，须“建堤塘以捍其卫激，则卤潮不能入；设陡闸以时其启闭，则霪雨不为灾”。这种水利兴修工程，也往往由官府倡导或筹资。除此之外，如遇有“垦户缺少年种籽粒及筑塘建闸工本”，官府也会“酌量动支买谷银两供给”，以期“灌溉有资而田畴可广矣”。

其六，开征渔盐课税，将海岛渔盐经济纳入国家管控范围内。玉环建置之前，“各隩向年虽名为奉禁不开，而利之所在，群趋如鹜。多有潜至彼地搭盖棚厂、挂网采捕、刮土煎卤，私相买卖，偷漏课税者”。为此李卫建议，建置之后要设官专管。首先是将渔户清查，设立官牙、厂头进行课税；其次是将闽浙沿海州县至玉环的采捕渔船进行牌照管理，要求捕鱼船只申明停泊地点，只准暂时逗留，采捕完毕后须自行返回；再次是实行食盐专卖，将盐户编入保甲，所得之盐官收官卖，不准私自贩运；最后，是“照内地之例，米粮鱼税编造全书归入藩司项下，充为本省兵饷，题销盐课亦归盐政项下充饷”，实现“以地方自有之利为国家经费之助，目前不须公帑而日后咸为正供矣”。

其七，以海岛为基地，实行海陆联防，以实现巩固海防、捍卫海疆的目标。在玉环展复之前，清朝不得不以内陆的乐清、大荆、磐石为门户，设营专防。李卫认为，玉环展复之后，“实为三营之外障，当温郡之藩篱”，故建议在玉环驻兵九百名，设参将一员、守备二员、千总二员、把总四员。以上军事力量分为左右二营，左营为陆路，右营为水师，水陆兼防。玉环在设置军事力量驻防之后，其管辖范围“水汛除盘石原管之洋面仍归玉环外，再有附近玉环旧隶黄标右营巡防之女儿洞、干江冲、担屿、沙头、长屿、洋屿，及外洋之披山、大鹿、小鹿、前山等洋汛，俱应就近归玉环营管辖，以沙头、长屿、洋屿东北洋面为黄镇右营汛地，其外洋则以洞正属之黄标、披山属之玉环为界围”。

其八，以“内地化”为海岛治理的理想模型。这里的“内地化”一指编户齐民，如李卫呈请将“所有玉环居住垦民，田地人户俟安插既定之后，将田地分立都图，照造鳞册，人户编查保甲，一体稽查”。在玉环同知之下，将所辖之地以都、图等行政和地理区域清晰区划，并将人户编入保甲，土地编入清册，以供当地政府一手掌握。二指民众教化。在李卫的计划里，玉环“若数年之后，人文渐盛，另请酌定，令该同知考取童生送学，臣考试量取数名附入温州府学，以示鼓励”[①]。

可以看出，清初复界之后的海岛治理，一方面带有明显的海岛色彩，如因地制宜，分设行政，渔盐课税等，另一方面，这一治理带有明显的“农本”思维，即仍以编户齐民、限制民众流动、官方垄断经济活动为表征，可以说，这一海岛治理模式仍带有强烈的“内地化”特征，不完全是从海岛的固有特点出发。与此同时，清初的海岛治理中，军事驻防和海陆联防成为其突出的亮点，它毫无疑问大大巩固了清初以来的海防及海疆统一。

（二）沿海盗匪及其治理

海盗问题一直是历代王朝海疆治理政策的一个重要对象，它一般会随不同王朝的不同海疆政策而产生演变。相应地，王朝的海疆政策也会因海盗现象的消长而产生改变。

清初实行禁海政策，遂滋生了诸多“海盗”“海寇”“洋匪”现象。康熙开海之后，随着东南沿海渐趋平静，社会经济复苏，海盗逐渐销声匿迹。其后，随着清代海疆政策的反复，海盗问题也逐渐突出，甚至形成了几次海盗活动的活跃期。有清一代，沿海盗匪的治理也成为清代海疆治理的一项重要内容。

清代对沿海盗匪的治理措施，可分为以下几个方面。

其一，仿照陆地上的保甲制，推行旨在控制沿海基层社会的澳甲制和船甲制。康熙四十七年（1708 年）清朝颁布被称为“弭盗良法”的保甲制：

> 一州一县城关各若干户，四乡村落各若干户，户给印信纸

---

① 以上引文俱见光绪《玉环厅志》卷1《舆地》上，光绪六年刻本，第11—23 页。

牌一张，书写姓名、丁男口数于上。出则注明所往，入则稽其所来。而生可疑之人，非盘诘的确，不许容留。十户立一牌头，十牌立一甲头，十甲立一保长，若村庄人少户不及数，即就其少数编之。无事递相稽查，有事则互相救应。[①]

澳甲制度是保甲制度的仿制，主要施行对象是沿海的渔户和渔船。所谓“籍其姓名，按保甲法以二十五船为一队，责成镇、道稽查，无事听其采捕，有事则助守御”[②]。具体施行方法如下：

沿海港汊，村庄、岛屿，宜实力编查，以靖盗源也。保甲为缉匪良法，闽浙两省，无论腹地沿海，均已遵照奉行。即岛屿居民，亦已在编查之内。其有例禁岛屿，不准搭寮居住者，仍系随时封禁，以杜奸宄潜藏。立法已属周备，毋事另行查勘；惟奉行日久，难保不视为故事。而沿海编氓，多无恒业，其中良莠不齐，或流而为盗，乘机出洋，或窝顿消赃，指引行劫。若非严行访察，实无以靖盗源。嗣后编查保甲，总期简便易行，核实有效。十家为甲，设立甲长一人。每编十甲，设立总甲一人。不及十甲者，即按三、五甲为一总。责成地方正印亲往抽查，谕令甲长、总甲互相稽访。如有济匪消赃、窝藏勾引、代雇水手之家，密速报官拿究，优予奖赏。知情容隐，一体治罪。其各处岛屿，并令巡洋舟师，于经过之时，留心稽察。倘视为故事，奉行不力，即严行参处，以儆怠玩。[③]

嘉庆四年（1799 年）时任福建巡抚汪志伊也曾指出：“闽海港

① 《清朝文献通考》卷 22《职役二》，浙江古籍出版社 1988 年影印，第 5051 页。

② 李桓辑：《国朝耆献类征初编》卷 151《疆臣三》，光绪十年刻本，第 34—36 页。

③ 《筹议海防章程》，载《福建省例》卷 23《海防例》，《台湾文献丛刊》第 199 种，大通书局 1987 年版，第 724—725 页。

澳共三百六十余处，每澳渔船自数十只至数百只不等，合计舵水不下数万人，其眷属丁口又不下数十万人，沿海无地可耕，全赖捕鱼腌贩，以为仰事俯育之资。……惟海船固不可禁，而查察不可不严。每澳设有诚实澳甲一名，每十户又设一甲长，查拿通盗及为匪之犯，知情不举者连坐。各汛口复有员弁均于出入盘查，船户既不能夹带，行户亦无从透漏，立法已为周密，但恐日久玩生，惟有随时整顿，以绝盗资。是稽查洋弊即在于出海之船正，不必绝通海而始可言禁制也。”[①]

其二，推行船甲制。船甲制，顾名思义，是将沿海船只进行编籍，藉此严格控制沿海民众的生产生活。早在康熙年间，清朝即规定“欲出洋者，将十船编为一甲取具，一船为匪，余船并坐，连环保结，若船主在籍而船出洋生事者，罪坐船主”[②]。乾嘉之交，船甲制已由出洋船只向沿海船只延伸，并将其与澳甲制结合。“应着澳甲一律查明所辖户丁内，船若干支，各于门牌内填注。渔船每日采捕，俱令早出晚归。”[③]

其三，以军事力量进行搜剿和严密防御。康熙四十二年（1703年），针对沿海地方的“海贼”行劫，康熙皇帝曾敕谕称：“山东地方称有海贼坐鸟船二只行劫，朕思山东不能造鸟船，必从福建、浙江、江南造成而来，历年福建商船于六月内到天津，候十月北风始回。朕因欲明晰海道，令人坐商船前往，将地方所经之路绘图以进，知之甚悉。今欲知海贼之源，但令往福建、浙江及江南崇明等处察访即得之。若在山东察访，必不能得。目下冬令将届，正值北

---

① 汪志伊：《议海口情形疏》，载贺长龄、魏源编《清经世文编》卷85《兵政十六·海防下》，中华书局1992年版，第2115页。

② 《钦定大清会典则例》卷114《兵部·职方清吏司·海禁》，景印《文渊阁四库全书》第623册，台湾商务印书馆1986年版，第395页。

③ 《会议设立澳甲条款》，载《福建省例》卷32，《船政例》，《台湾文献丛刊》第199种，大通书局1987年版，第669页。

风，海贼不能久留于直隶、山东，必已向浙闽路去。俟明岁船只可行时，令有水师海船之省，入各海岛搜剿。”[①] 乾隆时期，针对福建地方“洋盗散处各海岛”的现象，一方面要求地方官设法查禁，另一方面，以各汛口的水陆官兵进行查验，同时对各无人海岛上的搭盖房屋，“饬令巡哨镇将，督同弁兵，见有岛内房屋，立即烧毁”[②]。

（三）海南岛的治理

有清一代，海南岛的开发进程不断加快。人口方面，由于大陆移民的迅速增长，清代海南人口增长了约十倍，达到200万人左右，相应地，大量田地被开垦，新的农作物种和耕作技术传入，农业和手工业取得了长足发展，商品经济活跃。[③]

清代在海南岛设置琼州府，归广东省管辖。琼州府下设儋州、崖州、万州三州，另有感恩、昌化、陵水、琼山、澄迈、定安、文昌、会同、乐会、临高等县的设置。雍正八年（1730年）改原雷琼道为海南道，加兵备道衔。琼州府还设置有琼州同知一职，主管抚黎事宜。基层社会组织则以乡为主，下领里、都、图。

军事驻防方面。清代的海南实行水师、陆营并防。在府城设琼州总兵，“管辖陆路本标左、右两营，儋州营、万州营、崖州协标水师陆路各一营、海口水师营”，“又兼辖廉州龙门协水师左、右两营，雷州水师海安营”[④]。镇标左右营均驻扎在府城，儋州营驻扎儋州城，万州营驻扎在万州城，崖州协镇驻扎在崖州城，设有水陆参将、守备各一员，管辖陆路、水师两营。海口营驻扎在琼山县海口所城。以上各营军事力量除分防海口各要隘汛地外，崖州水师协和

---

① 《清圣祖实录》卷213，康熙四十二年九月戊午。

② 《清高宗实录》卷1333，乾隆五十四年六月乙亥。

③ 何瑜：《清代海南开发述略》，《中国边疆史地研究》1992年第2期。

④ 道光《琼州府志》卷12《经政志一》，光绪补刊本，第6页。

海口水师协还负责驾驶哨船巡海缉查，与陆路军队协同防守。

历代封建王朝治琼的一项主要内容即为治黎。清代专设琼州同知管理抚黎事务。一方面沿袭旧制，在黎族聚居区实行土官制度，设立峒长、总管、哨管、黎户、黎长、黎首等职；另一方面，持续对“生黎”的“向化”进程。值得注意的是，在社会秩序的维持上，清代琼州大多内陆关隘的设置，均以防范“黎乱”为目标。如“三亚山口，距州城九十五里，为东路熟黎地，山下有民村曰羊栏村，土名大段坡，平原广阔，土水不恶，可屯兵驻营，如州东黎人有警，即由土坛头汛、沟口汛一路可入黎峒接应，粮运皆便。由此退回州城亦属要道，城当东黎之冲，最关扼要”①。这种旨在“隔”“防”的策略在清末时得到了改变。

光绪十二年（1886 年），海南爆发“黎乱”，平定之后，张之洞拟定《抚黎章程十二条》：

一官军此举专为剿除乱黎，招抚良黎，开通十字大路，以期黎汉永远相安，其良黎秋毫不扰，毋庸畏惧。

一从前为匪黎人，投诚者免，抗拒者诛，擒斩来献者重赏。

一投诚各黎无论生熟，一律薙发改装。

一投诚黎首开送户口册，捆献匪徒，缴呈枪械。

一投诚黎众，随大军伐木开山，前驱向导，仍按计里数酌给赏犒。

一将来开通生黎大路后，选择要地设官抚治，安营弹压，各村黎长助剿开路有功者，授为土目，就中酌设局，总土目数人，散目给顶戴，总目授土职，自为约束，仍听地方官选黜，

① 道光《琼州府志》卷 21《海黎志七》，光绪补刊本，第 19 页。

略仿黔、滇各省土司之例，不令吏胥索扰。

一开通后黎人仍安生理。有主之田断不能强夺，惟抗拒者籍产入官，充军屯田之用。

一开通后田业三年内不收赋税。三年之外从轻则起征，断不苛敛。

一开垦后黎境有矿各山由官商合采者，给钱租赁，绝不强行占据，黎汉均享其利。

一开通后民人盐布百货与黎地牛马粮药等物，在各峒口设场互市，来往畅通，公平交易，严禁汉民讹赖盘剥，总令于黎人有益。

一设立土目之后，应各具永远不敢杀掠抗官，藏匿匪徒，切结存案。所属有犯，责成该土目拿送到官，按律惩办。

一每数村仿内地设一义学，延请塾师习学汉语汉文，宣讲圣谕广训，所需经费，就地筹办。[①]

张之洞的《抚黎章程十二条》被认为是历代“治黎”的集大成者。究其实际，是通过发展海南经济来消除民族矛盾和社会动荡。他发动民众开通十二条大道及诸多小路，方便海南汉黎之间的交往，也便于政府管理；同时设立“抚黎局”，有效地统辖了各县属黎族聚居区，辅以保甲，维持社会秩序，从而有利于当地政府的统一管辖，尤为突出的是，张之洞还鼓励民众入山垦田，大力开发传统黎族聚居区，有效地传播了较为先进的农业生产方式。[②]

三　涉海人群与海外贸易管理

清朝开海后，政府针对沿海贸易的已有禁令逐步放松，沿海贸

① 《光绪朝东华录》，光绪十三年闰四月，中华书局1958年版，第2272—2273页。

② 袁国客：《张之洞治理海南黎族述评》，《西北第二民族学院学报》2003年第1期。

易呈现日益繁荣态势。但就局部地区而言，北方沿海的某些口岸海禁政策仍断断续续存在，针对特殊商品如粮食贸易的限制也仍然存在。乾隆朝时期，随着商品经济的发展，虽然对外实行一口通商政策，但对国内沿海贸易而言，各海口完全开放，大宗米食贸易的禁限也已解除。清朝在长江以南地区设立四处海关，掌握海内外贸易，将江南、闽、粤等地的传统海上贸易纳入正规管理框架内。

（一）沿海贸易的管理

康熙二十三年（1684年）开海之后，对国内沿海贸易的管控在政策上出现很大松动。“海氛既靖，山东、江南、浙江、广东各海口，除夹带违禁货物仍照例治罪外，商民人等有欲出洋贸易者，呈明地方官登记姓名，取具保结，给发执照，将船身烙号刊名，令守口官弁察验，准其出入贸易。”[①] 康熙五十六年（1717年）申明的南洋贸易禁令，也清楚地指明“商船准在沿海省分及东洋贸易”[②]。

值得注意的是，康熙开海之后国内沿海贸易的发展并不均衡，各地政府的开海政策也并不是整齐划一，在南方各省如浙、闽、粤放开贸易禁令的同时，江南、山东地方并没有完全同步放开。如江苏赣榆县，“凡口十有四，……最南者东关口，迤北小河口、刘家口、范家口、唐生口、宋家口、青口、兴庄口、朱蓬口、潮河口、柘汪口、林子铺口、响十口、荻水口。青口自乾隆五年以前，但皾者勿问其它，商舶一切封禁（顺治十四年禁，康熙二十一年禁开，五十七年复禁，雍正三年复开，七年复禁）”[③]。华北的天津情况也较为类似，“康熙间海上官网户郑世泰以天津地薄人稠，虽丰收不

① 《钦定大清会典则例》卷114《兵部·职方清吏司·海禁》，景印《文渊阁四库全书》第623册，《史部·政书类》，台湾商务印书馆1986年版，第396页。

② 《钦定大清会典则例》卷114《兵部·职方清吏司·海禁》，景印《文渊阁四库全书》第623册，《史部·政书类》，台湾商务印书馆1986年版，第397页。

③ 光绪《赣榆县志》卷3，光绪十四年刊本，第19页。

敷民食，吁恳圣祖仁皇帝用海舟贩运奉天米谷以济津民，蒙恩俞允，官给龙票，出入海口照验放行。乾隆四年五月以直隶米价腾贵，降旨谕令商贾等将奉天米石由海洋贩运以济畿辅。乾隆四年十月命，嗣后奉天海洋运米赴天津等处之商船，听其流通不必禁止”[①]。可以看出，至少在乾隆四年（1739 年）及以前，天津与东北的沿海贸易仍是特许贸易，正常的贸易活动仍然受限。

康雍之后，清朝于乾隆时期逐步解除了对北方各口沿海贸易的各种限令。如上文提及的淮北海口重镇青口，乾隆初年，“北贩沂兖，西走豫晋，南通江浙，舟车络驿，相属号为繁区”[②]，到嘉庆时期已然“烟火万家，各省商皆集，其处其市日日不断，欢墩埠集，去治西七十里，一六期每夏冬，远近客商置买麦豆，多集于此”[③]。奉天米粮海运的禁令也随着乾隆四年十月的开放而废止，贸易额逐年增长。“自奉乾隆四年谕旨后，贩运者益伙矣。从前不过十数艘，渐增至今已数百艘，不独运至津门，即河间、保定、正定，南至闸河，东至山东、登莱等口，亦俱通贩矣。”[④]奉天的豆石海运贸易也在乾隆十四年（1749 年）后有限度开放，商船自奉天回航时，允许大船可携带二百石，小船一百石，但禁止额外多带。乾隆三十七年（1772 年）后，经地方官奏请，清朝允准各省海船可到奉任意贩运，取消了贩运数量的限制，完全放开了奉天豆石的国内沿海贸易。至此，南北方沿海贸易的禁限完全解除，清朝对沿海贸易的管理也趋于正规，各海口贸易呈蒸蒸日上之势。

从具体管理措施上来看，清代政府对沿海贸易的管理大体以下述四个方面为主。

---

① 同治《续天津县志》卷 6，同治九年刻本，第 9—10 页。

② 光绪《赣榆县志》卷 3，光绪十四年刊本，第 19 页。

③ 嘉庆《增修赣榆县志》卷 1，嘉庆元年刻本，第 41 页。

④ 光绪《重修天津府志》卷 30，光绪二十五年刻本，第 24 页。

其一是对从事贸易的船只进行严格管理。除前文述及的澳甲和船甲制外，清朝对贸易船只大小及船员人数进行了一定的限制。康熙四十二年“议准出洋贸易商船许用双桅，梁头不得超过一丈八尺，如一丈八尺梁头，连两披水沟统算有三丈者，许用舵水八十人；一丈六七尺梁头，连两披水沟统算有二丈七八尺者，许用舵水七十人；一丈四五尺梁头，连两披水沟统算有二丈五六尺者，许用舵水六十人”[①]。船只在建造之初，须向官方申报船只的各项信息，如大小、舵水数量等，建造完成之后，在船身上“烙号刊名”，同时发给船照，内有船身尺寸大小、船主姓名、人数、载货目的地等诸项信息，以供各口管理机构备验。雍正时期，为清晰分辨沿海各省民用商船，下令“出海商船、渔船，自船头起至鹿耳梁头止，大桅上截一半，各照省分油饰。江南用青油漆饰，白色钩字；浙江用白油漆饰，绿色钩字；福建用绿油漆饰，红色钩字；广东用红油漆饰，青色钩字。船头两披刊刻某省某州县某字某号字样”[②]。

其二是加强对商船出入海口的稽查。清代政府在各海口、汛口均设有管理机构，商船无论是从海口驶出，或是驶入海口，均须经过一定的稽查。如雍正六年清廷规定，“出洋商船于出口之处将执照呈守口官弁验明挂号，填注出口月日放行，造册详报督抚，该督抚于每年四月内造册报部。回时于入口处守口官弁将照与船比对相符，详报督抚销号。该督抚于每年九月内造册报部。如出洋人回而船不回、大船出而小船回，及出口人多而进口人少者，该督抚严加讯究”。后又规定，“商船在各省沿海贸易者，于出口之处将船照呈守口官弁验明挂号，经过之处于要汛验明挂号，入口之处由守口官

---

① 《钦定大清会典则例》卷114《兵部·职方清吏司·海禁》，景印《文渊阁四库全书》第623册，《史部·政书类》，台湾商务印书馆1986年版，第395页。

② 《钦定大清会典则例》卷114《兵部·职方清吏司·海禁》，景印《文渊阁四库全书》第623册，《史部·政书类》，台湾商务印书馆1986年版，第396页。

弁验明回棹之日，仍从各原处覆验挂号而回”[①]。

其三是对沿海人口流动、聚居进行限制。清朝在放开沿海贸易的同时，为有效地治理地方社会，追求社会秩序的稳定，要求从事贸易的船只禁止搭载人口，同时也对从业商民在异地的居留进行限制。乾隆七年清朝廷规定，“商船在于内地沿海省分贸易者，以二年为限。二年之后始归者，嗣后不许再出口”[②]。

其四是对特定货物和军器实施禁运管理。清初禁海期间，为防止沿海民众与郑氏反抗力量间的接触，对粮食、硫磺、樟板等物资实施严格禁运。康熙开海之后，对国内沿海贸易商品和出洋商品做出区分，如雍正九年，为防止民间铁器大量出口，清廷下令“铁锅应照废铁之例，一例严禁，毋论汉夷船，概不许货卖出洋”，但“内地贩卖，听从民便，无庸禁止”[③]。禁运物品中以米粮为主，其背景也多与各地食粮供应的形势直接相关。

（二）四省海关的设立

清初海关的设置一方面是传统市舶司管理制度的延续，同时也是对清初开海之后海内外贸易发展形势的顺应。

康熙二十三年（1684 年）六月，时任户科给事中孙蕙上疏称“海洋贸易，宜设立专官收税”[④]。在孙蕙看来，清朝廷此前虽下令禁海，但“禁于公而未尝禁于私。沿海之督抚提镇视为奇货，蠹胥土豪并夤缘为奸，通洋贸易以奉其官长，如沈上达者正复不少也”，若以开海贸易，设官收税，则“从前外洋内洋各项物利徒饱于私蠹

① 《钦定大清会典则例》卷 114《兵部·职方清吏司·海禁》，景印《文渊阁四库全书》第 623 册，《史部·政书类》，台湾商务印书馆 1986 年版，第 400 页。

② 《钦定大清会典则例》卷 114《兵部·职方清吏司·海禁》，景印《文渊阁四库全书》第 623 册，《史部·政书类》，台湾商务印书馆 1986 年版，第 401 页。

③ 《钦定大清会典则例》卷 114《兵部·职方清吏司·海禁》，景印《文渊阁四库全书》第 623 册，《史部·政书类》，台湾商务印书馆 1986 年版，第 404 页。

④ 《清圣祖实录》卷 115，康熙二十三年六月己亥。

者，今可归之公家，其有关于国计民生者大矣”。在具体管理措施上，他认为“当变通市舶提举之制，或令沿海道员郡佐责其管理，或特设专官，照各关收税之例”，商民“或愿出海贸易，俱许其自造船只，报官给票，登记姓名，查明人数，取具保结，严其夹带，定其限期……计其价之贵贱，定其税之轻重，不数年间，内地之元气可复，额外之财赋日增”①。

孙蕙的这一建言得到清朝廷的批准，康熙皇帝下旨称：“海洋贸易，实有益于生民，但创收税课，若不定例，恐为商贾累。当照关差例，差部院贤能司官前往，酌定则例。”② 随后，他进一步重申，“向令开海贸易，谓于闽粤边海民生有益，若此二省民用充阜、财货流通，各省俱有裨益。且出海贸易，非贫民所能，富商大贾，懋迁有无，薄征其税，不致累民；可充闽粤兵饷，以免腹里省分转输协济之劳。腹里省分钱粮有余，小民又获安养。故令开海贸易”③。开海—贸易—设关征税成为清朝的通盘考虑。

在地点选择上，可以看出，清朝倾向于先前海禁严厉推行各省开海设关，一方面有利于缓解之前海禁对各省社会经济造成的冲击；另一方面，明代中期之后江南、浙江、福建、广东等沿海省份商品经济发达、贸易兴盛也是清代设关的重要背景。

清代东南四省海关的设立并非同步实现。最先设立的是闽、粤两省海关。时人记载，康熙二十三年十月，福建已“设闽海钞关，许百姓造船浮海而贸易焉”④。地方志的记载也佐证了这一日期，(乾隆)《福建通志》、(乾隆)《福州府志》、(道光)《厦门志》均

---

① 金端表纂:《刘河镇记略》卷三，《中国地方志集成乡镇志专辑》9，江苏古籍出版社1992年版，第342—343页。

② 《清圣祖实录》卷115，康熙二十三年六月己亥。

③ 《清圣祖实录》卷116，康熙二十三年九月甲子。

④ 陈鸿、陈邦贤:《熙朝莆靖小纪》，载中国社会科学院历史研究所清史研究室编《清史资料》第一辑，中华书局1980年版，第109页。

对这“康熙二十三年”作了记载。粤海关则于次年正式设立运行，“自康熙二十四年起，商人俱赴监督纳税”[①]。江南、浙江二省海关被议准和实际设置时间比闽粤为迟。江海关，“海关在上海县，康熙二十四年设立”[②]，同治《上海县志》也称“康熙二十四年设海关于上海，以内务府司员监收，笔帖式副之”[③]。浙海关于康熙二十五年设立，光绪《镇海县志》称“（康熙）二十五年特设监督浙海钞关一员，统辖诸口址”[④]。

东南四省海关的具体设置地点上，闽海关由于“初用满汉二员，分驻南、厦二口”[⑤]，再加上要管理厦台之间的贸易，故于福州南台和厦门两地均设有海关衙署。其中福州的衙署位于“府城外南台中洲”[⑥]，厦门的衙署在“塔仔街张厝保，即前监督所居也，房屋三十余间。自归将军管理，委员一人，住正口总办”，“厦门正口，在岛美路头，称大馆，面临海，南通大担，西达漳州，北至同安，房屋十余间，离衙署六里”[⑦]。粤海关监督衙署位于“省城五仙门内，康熙二十四年以盐院旧署改建，监督至则居此，银库吏舍并在焉。别有监督行署在广东府香山县澳门”[⑧]，“监督时出稽查则居之”[⑨]。浙海关于“康熙二十四年建”，“海关行署在府治南旧理刑厅馆地，雍正五年宁波知府江承玠护理关事，增葺。又榷关公署

① 李士桢：《抚粤政略》卷2《奏疏》，载沈云龙编《近代中国史料丛刊三编》第三十九辑，台湾文海出版社1985年版，第250页。

② 乾隆《江南通志》卷25，文渊阁《四库全书》本，第31页。

③ 同治《上海县志》卷12，同治十一年刊本，第18页。

④ 光绪《镇海县志》卷9，光绪五年刻本，第80页。

⑤ 道光《道光重纂福建通志》卷18，据同治十年刻本影印，第10页。

⑥ 乾隆《福州府志》卷18，乾隆十九年刊本，第10页。

⑦ 道光《厦门志》卷7，道光十九年刊本，第5页。

⑧ 梁廷枏撰，袁钟仁点校：《粤海关志》卷5《口岸一》，广东人民出版社2002年版，第65页。

⑨ 梁廷枏撰，袁钟仁点校：《粤海关志》卷7《设官》，广东人民出版社2002年版，第120页。

在定海县城东，康熙三十七年海关监督张圣诏建"[1]。因此，浙海关也有两处衙署，一处位于宁波府城，一处位于定海县城。浙、闽、粤三省海关在设立的同时，也分别于该省其他重要海口如浙江定海、福建厦门、广东澳门先后设置另一海关衙署，上述地点均为传统贸易繁盛之地，这说明海关机构设置的一项重要依据即为重要贸易口岸。江海关于康熙二十四年设于上海，"关使署初在华亭漴阙，后移上海宝带门内，即旧巡按行署，于康熙二十六年前监督舒详请改设，四十年监督三保重修（有碑记），今改为公所（巡道盛保有记）。分巡兵备道兼管海关署在上海县署东南。雍正九年以入官房屋兼买民地改建（巡道王澄慧有碑记），大关在上海县小东门外，统辖海口二十四所"[2]。

（三）海关对海外贸易的管理

康熙开海设关之后，对沿海民众参与海外贸易，以及外国来华贸易进行了规范的管理，一方面有效地促进了有清一代海外贸易的发展，另一方面，也以各种制度约束，有效地巩固了清代的海疆主权。

首先是对国内民众参与海外贸易的管理。同国内沿海贸易的管理一样，清代对海外贸易的管理也是从船只、船员、货物、进出海口流程等方面展开的。关于船只，在规格上，规定华商只许用500石以下船只出海贸易，商船禁用双桅，后发展到许用双桅，但严格限定商船尺寸和乘员的人数，再发展到出海船只从建造开始都须向管理当局进行备案注册，建造完成之后与原来登记注册信息一一核对，无误后方可给照下水。关于船员，出海民众均须向地方官登记姓名，取具保结，由管理机构查验无误后方可进出海口，如出海"商、渔各船户、舵工、水手、客商人等，各给腰牌，刻明姓名、

---

① 雍正《浙江通志》卷86，文渊阁《四库全书》本，第5—6页。
② 嘉庆《松江府志》卷28，嘉庆松江府学刻本，第46页。

年貌、籍贯，庶巡哨官兵易于稽查”[①]。同时禁止商民出洋长期谋生或久居外国，曾规定以三年为期，期满不归或逾期归国均被视为违禁。关于货物，与国内沿海贸易一样，开明禁运物资，如粮食、铁器、军器等，明令禁运。关于进出海口流程，与国内沿海贸易管理大体一致，由出海商民领取贸易许可执照，在进出海口由管理机构核验无误后，方可进行正常贸易活动。具体到征税环节，清朝实行“按则例征税”，要求各地海关机构“恪遵定例，从公征收，无滥无苛”[②]。在征税流程上设置了较多的环节，《晋江县志》载：“各处货船到关，即令该商将货物舱口据实开单，投管关衙门，过珠立即查验，算明税课。令商亲填单簿，将红单给商，每日两次放关，随放随即验单截角，再于单尾用戳记将到关放关日期填明，以便稽查，其有任胥吏勒索阻滞者，查出治罪。”[③]

其次是对来华外国贸易商人及行为的管理。康熙开海设关后，外国商船纷纷来华交易，从事各项贸易活动，清代海关也逐渐形成了一整套完善的管理规则。以粤海关为例，外国商船到港后，须先在澳门下碇，由中国引人报告澳门同知，得到官方批准后，由引水将外国商船带到虎门，接受船只大小丈量并缴交船钞等费用，在得到海关监督的许可后，商船进一步被引水带到黄埔，将船上火炮等武器起缴，交易结束后再返还。商船在黄埔的停泊期一般为三个月左右，在此期间，商船负责人得以拜见粤海关监督，得到其批准后，方可与广州十三行行商商议货物买卖价格，由行商包承进出口货税，向海关监督衙门缴纳。

在整个华洋贸易期间，海关通过行商或类似机构执行相关管理措施，如禁止外国人进入内地，在华停留期间只能在澳门的商馆等，除此

① 《清朝文献通考》卷33《市籴考二》。

② 《清圣祖实录》卷126，康熙二十五年六月丁巳。

③ 道光《晋江县志》卷24，清钞本，第12—13页。

之外，清朝也出台了许多防范和限制措施，以维护清代的海疆主权。其一，禁止外国护货兵船驶入内河。如粤海关规定，外国商船来华贸易，凡所带护货兵船，不许擅入十字门及虎门各海口，“如敢擅进，守口员弁报明驱逐，停止贸易”[①]。嘉庆时期，时任两广总督百龄上奏称应严申例禁，“嗣后各国护货兵船，无论所带护兵船大小，概不许擅入十字门及虎门各海口，如敢违例擅进，经守口员弁报明，即行驱逐，一面停止贸易”[②]。其二，禁止外商私雇引人。港道引水是一国主权所在，清代海关在对外贸易中加强对引水的规范和管理。乾隆九年，清朝要求各地方官将能充任引水者，取具保结，由官方发给腰牌、执照，注册在案，并规定“其有私出接引者，照私渡关津律从重治罪”[③]。道光十五年，广东当局重申：“嗣后澳门同知设立引水，查明年貌籍贯，发给编号印花腰牌，造册报明总督衙门与粤海关存案，遇引带夷船，给与印照，注明引水船户姓名，关汛验照放行；其无印花腰牌之人，夷船不得雇用”，“如夷船违例进出，或夷人私驾小艇在沿海村庄游行，将引水严行究处”[④]。

值得一提的是对外国人在中国触犯法律的处罚。马士曾称：“在澳门，中国人很早就采取各种步骤把刑事法权保留在自己手里；至少在最初的一两世纪中，他们甚至对于一个欧洲人杀死另外一个欧洲人的案件，都没有容许葡萄牙人行使法权。”[⑤]《中华帝国对外关系史》中记载了一系列类似的案件及其审理：1754年，英、法两

① 梁廷枏撰，袁钟仁点校：《粤海关志》卷17《禁令一》，广东人民出版社2002年版，第342页。

② 梁廷枏撰，袁钟仁点校：《粤海关志》卷28《夷商三》，广东人民出版社2002年版，第553页。

③ 梁廷枏撰，袁钟仁点校：《粤海关志》卷28《夷商三》，广东人民出版社2002年版，第541页。

④ 梁廷枏撰，袁钟仁点校：《粤海关志》卷29《夷商四》，广东人民出版社2002年版，第570页。

⑤ ［美］马士：《中华帝国对外关系史》第一卷，张汇文等译，生活·读书·新知三联书店1957年版，第114—115页。

国的海员在黄埔发生争执，一名法国人杀死了一名英国人，清朝当局审讯了这起案件，并根据英国人的申诉，责令法方交出杀人罪犯。1773年，澳门的一个中国人丧命，杀人嫌犯被指为一名叫作斯高特（Francis Scott）的英国人，他原被葡萄牙法庭判为无罪，但清朝地方当局仍然要求将他移交审判，并最终判为死刑并予以执行。1780年，清朝广东当局对一名在英国商船上工作的法籍海员实施绞刑，起因是该海员杀死了一名葡萄牙籍水手，这事实上被称为“一个欧洲人在中国杀死另外一个欧洲人而被处死刑的第一个事例”[①]。

总体而言，清代海关针对海外贸易各项管理制度的出台及执行，一方面有效约束涉洋人群，进一步规范了海外贸易秩序，另一方面，由于管理制度的“管制性”，本身带有较强的对内防范意识，遂使清代民众参与海外贸易的活跃度受到限制。

四　沿海社会治理

清代对沿海社会的治理，以政治管理、军事防御为基本考虑，同时也基于社会教化和社会控制的需要，“因俗而治”以敕封沿海地区供奉神灵的方式，将地方社会纳入王朝国家的秩序之内。

（一）新设州县与沿海社会治理

传统社会的中国行政区划尤其是基层州县的增设受到政治、军事及经济多重因素的影响，经济因素随着历史的发展有着越来越明显的影响。由于清代仍承袭明代海洋收缩的政策，沿海地区尤其是长江以南的州县厅的直隶、新设更多是基于政治管理、军事防御因素的考虑。以收复台湾、鸦片战争为节点，清代沿海疆域的政区调整可分为三个时期。

第一次州县调整集中在康熙年间，主要为收复台湾、推行迁界

① ［美］马士：《中华帝国对外关系史》第一卷，张汇文等译，生活·读书·新知三联书店1957年版，第115—117页。

所引发政区变动，地域上堪至长江。如广东省新安、澄海二县五年（1666年）裁后（八年）又重设，江苏省（十一年）裁海门县入通州等。台湾收复后，清廷在台湾、厦门、舟山等处设治驻防加强海防。康熙二十三年（1684年）四月，福建地方要员姚启圣、施琅等人上奏“台湾地方千余里，应设一府三县”[①]，得到批准，即台湾府，辖台湾县（台湾建省后改名安平县）、凤山县、诸罗县（乾隆年间改为嘉义县），隶福建省。同年在厦门设台厦兵备道，道尹驻台湾府治，二十五年（1686年）以泉州府同知分防设厅。二十六年（1687年）五月，康熙以浙江“舟山孤悬海中，为海疆门户，展复招徕，特命建立县治，增置重兵镇守弹压”[②]，设定海县（原定海县改为镇海县），属宁波府。

需要说明的是，康熙二十四年四月，从户科给事中王又旦之请，析南海、番禺两县部分区域而置的花县（今广州花都区）虽与海防并无直接关联，但其境内主要河流汇入珠江，连通大海，仍可视为沿海州县升格。

第二次调整集中在雍正乾隆两朝。两朝皇帝政治上态度积极，东南沿海社会经济平稳发展几十年后，海防上有所松懈，清廷采取派兵增驻、修浚城池、添设炮位墩台的措施，并举增置、提升地方行政机构，以达文武兼治，故政区调整较为频繁。以时间为序，地域上从南向北濒海省份的州县升设做梳理如下。

广东省。雍正九年（1731年）四月，广东总督郝玉麟上奏，请“裁海丰县之甲子、捷胜二所，改置一县于东海滘地方，建立县治”[③]，新设县名陆丰。次年五月，析饶平县属隆、深二澳与福建省属漳州府属诏安县属云、青二澳地设南澳直隶厅，添南澳海防军民

---

① 王先谦：《十朝东华录》，康熙三十三年，光绪二十五年石印本，第315页。

② 雍正《浙江通志》卷1，文渊阁《四库全书》本，第21—22页。

③ 《清世宗实录》卷105，雍正九年四月己亥。

同知一员。

福建省。雍正元年（1723年）八月，巡视台湾御史吴达礼奏请由诸罗县再分县治理，得到批准。“诸罗县北，半线地方，民番杂处，请分设知县一员、典史一员。其淡水系海岸要口，形势辽阔，并请增设捕盗同知一员，均应如所请。从之。”[①] 诸罗分设县曰彰化，淡水厅得置。五年二月，从福建总督高其倬请，添设台湾府通判一员，驻澎湖，裁澎湖巡检一员，澎湖厅得置。十二年五月，福建总督郝玉麟疏奏：“酌核海疆情形，增改府州县治事宜。福宁地当冲要、崇山峻岭，向设直隶州，不足以资弹压，请改为福宁府。……泉州漳州二府，俗悍民刁，地方太广，请各设直隶州分理。泉属之永春县，改为直隶永春州，隶以德化、大田二县。漳属之龙岩县、改为直隶龙岩州，隶以漳平、宁洋二县。……定福宁府新设附郭县曰霞浦。古田分设县曰屏南。”[②] 乾隆三年（1738年）十一月，闽浙总督郝玉麟等疏言闽省霞浦县属之桐山地方，襟海环山，离县实远，控制难周，请建立县治，命县名曰福鼎。乾隆五十一年（1786年）正月，置鹿港厅。嘉庆十六年（1811年）十月，台湾置噶玛兰厅。

浙江省。雍正六年（1728年）三月，浙江总督李卫奏请经理玉环山事宜，他认为“玉环山地方周围七百余里，田地十万余亩，山岙平衍，土性肥饶，界在温台之间，实为海疆要地，应设温台玉环清军饷捕同知一员”[③]。玉环（散）厅析出，隶温州府。乾隆三十八年（1773年）八月，浙江巡抚三宝奏称，杭州府属海宁县系海疆要地，赋重差繁，兼有塘工修筑，应升为州。得到批准。

江苏省。江苏省绵长的海岸线以长江为界，南北发展迥异。长

① 《清世宗实录》卷10，雍正元年八月乙卯。

② 《清世宗实录》卷143，雍正十二年五月辛卯。

③ 《清世宗实录》卷67，雍正六年三月甲戌。

江以南地区以入海口上海为中心，沿江各主要口岸为节点，江海联动，形成了繁荣的长江流域市场网络。黄河夺淮北归之前，作为黄淮合流入海的所在，长江以北两淮盐场受到黄河挟带而来的泥沙影响巨大，境内盐场因海势东迁而不断向东移亭就卤，陆地面积不断扩大，原有盐场在卤气消退后转变为农田，在民人开发后升科起赋，新的州县得以出现。

雍正二年（1724 年）九月四日，两江总督查弼为解决苏州、松江、常州三府“额征赋税、款项繁多；狱讼刑名、案牍纷积”①等问题，上奏朝廷分出了元和、震泽、昭文、新阳、宝山、镇洋、奉贤、金山、福泉、南汇、阳湖、金匮、荆溪等县。三府仅保留通判、同知一员“以捕盗者兼司防海”。半个月后，雍正皇帝再次同意查弼所请，将苏州府太仓州、淮安府海州、扬州府通州俱升为直隶州，赣榆和沭阳隶海州、镇洋嘉定宝山崇明四县隶太仓、如皋泰兴二县隶通州。明嘉靖倭乱之际成为江北倭寇最后据点的盐场庙湾在天启年间已是“海舟鳞集，商货阜通，海寇觇望之所”，以镇建城，在清初因黄河入海口五条沙的形成，“淮海州郡得稍宽海防”。雍正九年（1732 年）八月，析山阳盐城二县合海滩淤涨之地置新县阜宁，治所庙湾，归淮安府管辖。同日，“如皋县东沿海一带，港口繁多，恐有私米出海，民灶杂处，县令鞭长不及，请添设主簿一员，驻扎掘港场”②，掘港虽未能得以析县，但近乎同县。乾隆三十二年（1768 年）十一月，地属海疆、民灶杂处、易于藏奸的盐场东台升格为县，是为了解决泰州“地广难治、诉讼繁多”的管理问题。次年四月，江苏巡抚明德等奏称“海门一县，明季裁归通州管辖。现因屡涨沙洲，其东南与崇明接壤，两处居民，争抢沙地，通州、崇明均碍难断理，应如所奏，将苏州海防同知，裁改海门同

① 《清世宗实录》卷 24，雍正二年九月甲辰。

② 乾隆《江南通志》卷 4，文渊阁《四库全书》本，第 12 页。

知，移设沙洲适中之地。凡通州、崇明新涨各沙，归并海门同知管理”[1]。海门升格直隶厅。

相较于长江以南濒海省份政区规划的频繁调整，由于邻近统治中心，山东、直隶的濒海地区治理相对稳定，州县升设的情况较少。雍正三年（1725 年）九月，皇帝批准升长芦盐政御史莽鹄立之请，将直隶河间府所属天津州升为直隶州，管辖武清、青县、静海三县。九年二月，署直隶总督唐执玉上奏称“天津直隶州系水陆通衢，五方杂处，事务繁多，办理不易，请升州为府。……同该州原辖之青县、静海及沧州、南皮、盐山、庆云、一州三县，统归新升之府管辖”[2]。雍正十一年七月，奉天府府尹杨超曾条奏设官分理事宜，要求将金州改为县，新改县名为宁海。十二年十一月，河东总督王士俊疏奏山东省裁卫设县：大嵩、成山二卫请改为二县，得到同意。大嵩改设县曰海阳，成山改设县曰荣成。

须以说明的是，雍正七年（1729 年）十二月，从山东青州府升格的莒州直隶州辖下日照县虽沿海，但该县本身并未发生政区调整，故不予以纳入。

沿海地区州县第三次调整是在鸦片战争之后，中国大门被迫向从海上而来的西方列强打开。经过一系列地方动乱后，同治朝时期国内趋于稳定，而列强继续环伺，清廷君臣改革图强，相应政区调整更多是为了巩固海防，打退列强对口岸及内地市场，尤其是日本对台湾的觊觎。

道光二十二年（1842 年）四月，在被英军攻陷后，清廷升定海县为直隶厅以加强海防，因准备不足，八月再次为英军攻破城池。二十三年（1843 年），升宁海县为金州直隶厅，设海防同知衙门，驻金州城西街，隶奉天府。光绪三十年（1904 年）山东巡抚周馥

---

① 《清高宗实录》卷 808，乾隆三十三年四月戊辰。

② 《清世宗实录》卷 13，雍正九年二月丙辰。

上奏："胶州为沿海要缺。冲繁倍于往昔，请改为直隶州以资治理"[①]，胶州由散州升为直隶州，辖高密、即墨两县。三十一年（1905年）四月，署两广总督岑春煊奏请，"以琼州府属崖州升为直隶州，改为冲难烟瘴要缺。以附近该州之感恩、昌化、陵水、万州归其管辖，并将万州改为万县，以符体制"[②]。

不难看出，清代对沿海地区厅州县的析置首先考虑的是军事因素，但军事要地往往亦是经济中心所在，一旦海禁解除，水域的连通性使得海洋经济通过内水与腹地区域共生共长。受海势东迁影响较小的海州赣榆县青口镇，在乾隆五年（1740年）实现与太仓刘河进行豆类对渡后，青口及其周边迅速成为南北货物贸易运转中心之一，"每岁春月，鱼虾蜃蛇大上，北贩沂兖，西走豫晋，南通江浙，舟车骆驿相属，号为繁区"[③]。康雍乾时代频繁的政区调整正是这一互动往来的直接体现。

（二）海神信仰及其敕封

海神信仰是指人类在向海洋发展以及开拓的过程中对异己力量的崇拜，即对超自然与超社会力量的崇拜。所谓海神信仰，从根本上说就是海洋性信仰。中国沿海各地与各海岛民众都有相应的海神信仰及神灵祭祀活动，成为各个海洋性地方社会增加内部认同和凝聚力、强化海上活动群体精神的主要因素之一。

清朝的沿海社会治理和海疆经略中，归根到底，一方面，运用各式制度设计和具体管理手段，对海疆实施强有力的政治管理，另一方面，也迫切需要运用国家的力量来淳风移俗，引导民心，以安定社会秩序。以国家治理而言，后者属于非正式的制度安排，"因

---

① 《清德宗实录》卷529，光绪三十年四月己巳。

② 《清德宗实录》卷544，光绪三十一年四月丁未。

③ 光绪《赣榆县志》卷3，光绪十四年刊本，第19页。

俗而治"[①] 以文化建设和民间宗教信仰引导为重要呈现形式，海神信仰遂成为清朝用以重整沿海地区、涉海人群的重要媒介。

以海神信仰中的妈祖信仰为例。妈祖宋元以来就已成为我国古代海上的保护神，更是涉海人群的精神支柱。随着中国古代航海活动的不断发展，妈祖信仰跟随航海者的足迹，南至广东，北至山东半岛，奉祀庙宇不断出现。迨至明清，随着郑和下西洋的影响，妈祖信仰更是被广泛传播于海内外。有清一代，妈祖更是随着闽粤移民的流动广泛传播，如台湾各地在清代有妈祖庙宇已多达二百二十座，妈祖信仰更是深入中国沿海各地。其中，清代官方对妈祖的敕封和妈祖信仰的正面推广起到了重要作用。

清代对妈祖的敕封。一般认为，清代对妈祖的敕封始于康熙十九年（1680 年），据《清实录》记载，是年五月壬戌"遣官赍敕往福建，封天妃为护国庇民妙灵昭应弘仁普济天妃"[②]，但清初的许多文献多对此言语不详，多以明永乐时期的敕封为记述要点，康熙时期则以"天后"替代"天妃"。如康熙《诸罗县志》称"明永乐封为护国庇民妙灵昭应弘仁普济天妃，国朝改封天后，沿海港口俱建宫庙以祀"。[③] 康熙《平和县志》也称"明永乐间封为护国庇民妙灵昭应弘仁普济天妃，国朝改封天后"[④]，康熙《漳州府志》："永乐间封为护国庇民妙灵昭应弘仁普济天妃，国朝改封为天后。"[⑤] 雍正时期的地方志则清晰地把康熙十九年的敕封记录在册，如雍正《浙江通志》记载"国朝康熙十九年封天妃为护国庇民妙灵昭应弘仁普济天妃，遣礼部司官致祭"[⑥]，雍正《山东通志》记载"崇宁

① 这一治理精神在清代康、雍、乾三朝的边海疆治理过程中均有清晰体现。

② 《清圣祖实录》卷 90，康熙十九年六月癸亥。

③ 康熙《诸罗县志》卷 12，康熙五十六年序刊本，第 8 页。

④ 康熙《平和县志》卷 12，光绪重刊本，第 41 页。

⑤ 康熙《漳州府志》卷 28，康熙五十四年刻本，第 28 页。

⑥ 雍正《浙江通志》卷 217，文渊阁《四库全书》本，第 16 页。

间赐额灵祥，元天历中改额灵应加封辅国护圣庇民广济福惠明著天妃，皇清康熙十九年，淮江浙闽广各府镇奏请诏封为护国庇民妙灵昭应宏仁普济天妃”①。

乾隆时期，各志书的记载又有变化。乾隆《晋江县志》称，“神为莆田林氏女，宋宣和间赐额顺济，自宋迄明累加封号曰圣妃、曰天妃。国朝康熙十九年平定台湾，神涌潮济师，敕封护国庇民妙灵昭应宏仁普济天妃。二十三年封天后”②。可以看出，这一记载把明永乐时期的敕封一笔带过，着重以康熙十九年的敕封为主，强调“护国庇民妙灵昭应弘仁普济天妃”这一封号来自清朝。乾隆《莆田县志》则将明朝永乐时期的敕封记为“弘仁普济护国庇民明著天妃”，而康熙十九年的诏封则为“护国庇民妙灵昭应弘仁普济天妃”③，将两次敕封明显区别开来。

相比较而言，乾隆《重修台湾县志》则把明永乐时期与康熙十九年的敕封详细记录，并将敕封理由一并阐明。

> 天后林姓，世居莆田之湄洲。……明永乐时内官甘泉郑和有暹罗西洋之役，各上灵迹，七年封为护国庇民妙灵昭应弘仁普济天妃，立庙南京，以正月十五日、二月二十三日举祭，或遣使外国必祭告。嘉靖间，给事中陈侃使琉球还，奏请福州神祠春秋祀典。国朝康熙十九年，总督姚启圣、巡抚吴兴祚因荡平海岛，神灵显应，奏准敕封。制曰：国家怀柔，百神式隆，祀典海岳之祭，罔有弗虔若乃明祇效灵示，天心之助顺沧波，协应表地，纪之安流，聿弘震叠之威，克赞声灵之濯，岂繄人力，实藉神庥，不有褒称，曷称伟伐。惟神钟奇海徼，绥奠闽

① 雍正《山东通志》卷21，文渊阁《四库全书》本，第36页。
② 乾隆《晋江县志》卷5，乾隆三十年刊本，第3页。
③ 乾隆《莆田县志》卷32，光绪五年补刊本，民国十五年重印本，第3页。

邦，有宋以来，聿昭灵异顷者。岛氛不靖，天讨用张，粤自祃牙，逮乎奏凯，历波涛之重险如枕席以过，师潮沁无虞，烝徒竞奋，风飙忽转，士气倍增，歼鲸鼋于崇朝，成貔之三捷，神威有赫，显号宜加，特封为护国庇民妙灵昭应弘仁普济天妃，载诸祀典。呜呼！坎德合符，永著安澜之绩，离方作镇，益彰重润之休，特遣礼官往修祀事，惟神鉴之。①

由以上引文可知，康熙年间的敕封，妈祖的封号虽然与明永乐年间的封号完全一致，但清代即通过新的敕封重新定义了新的王朝国家在妈祖信仰上的主导权。而妈祖之所以被重新敕封，在于其在清代海疆统一的过程中“彰显神力”，助推进程。清代通过对“神迹”的认可，进一步强调了清朝的“天命所归”。

这一逻辑此后被进一步强调。“（康熙）二十二年我师征澎湖，恍有神兵导引，及屯兵妈宫澳，靖海将军侯施琅谒庙，见神衣袍半湿，脸汗未干，始悟实邀神助；又澳中有井泉，止可供数百口，是日驻师万数，忽涌甘泉，汲之不竭。及克塽归降，琅率舟师抵鹿耳门，复见神兵导引，海潮骤涨，表上其异，特遣礼部致祭，并敕建神祠，于其原籍，勒文纪功，随又加封天后。”“（康熙）五十九年翰林海宝册封琉球，还奏言默佑封舟，奉旨春秋致祭，编入祀典。六十年，台匪窃发，天后显灵，鹿耳门水骤涨数尺，舟师扬航并进，七日克复全台”②。

康熙之后清代对妈祖的历次敕封，多与政府及民众在海疆各种活动的顺利开展息息相关。如奉旨出使，旅途平安；奏报航海途中，有赖神力方得化险为夷，顺利完成各项使命；海上各项军事行动中，得到天后神力相助，妈祖甚至成为清代水师所信奉的神灵；

---

① 乾隆《重修台湾县志》卷6，乾隆十七年刊本，第7—8页。

② 乾隆《重修台湾县志》卷6，乾隆十七年刊本，第8页。

海运漕粮的顺利交兑；商民贸易受妈祖保佑，航途顺利。如乾隆五十三年（1788年）：

丙午。谕：据李奉翰奏，清口惠济祠天后神庙，岁时报祭，未着祀典，请一体颁发祭文，于春秋二季致祭等语。前因派往台湾官兵，渡洋稳顺，仰庇神庥，特于天后封号上加显神赞顺四字，并令在湄州本籍祠宇春秋致祭，以彰灵感。今清口惠济祠供奉天后神像，屡着显应，本年河流顺轨，运道深通，自应一体特著明礼，以光祀典。著交翰林院撰拟祭文发往，于春秋二季，令地方官虔诚致祭，并著李奉翰将新加封号四字，敬谨增入神牌，俾河工永庆安澜，益昭灵贶。①

表10-4　清代妈祖敕封一览

时间	封号变动
康熙十九年	护国庇民妙灵昭应弘仁普济天妃
康熙二十三年	昭灵显应仁慈天后
乾隆二年	加封“福佑群生”
乾隆十九年	加封“诚感咸孚”
乾隆五十三年	加封“显神赞顺”
嘉庆五年	加封“垂慈笃祜”
道光六年	加封“安澜利运”
道光十八年	加封“泽覃海宇”
道光二十八年	加封“恬波宣惠”
咸丰二年	加封“导流衍庆”
咸丰三年	加封“靖海锡祉”
咸丰五年	加封“恩周德溥”
咸丰七年	加封“振武绥疆”
同治十一年	加封“嘉祐”

资料来源：(乾隆)《重修台湾县志》；杨永占：《清代对妈祖的敕封与祭祀》，《历史档案》1994年第4期。

① 《清高宗实录》卷1315，乾隆五十三年十月丙午。

康熙二十二年（1683 年）后，妈祖祭祀被编入祀典，成为受到国家祭祀的正神，嘉庆时期更是进入皇家祭祀的行列。

谕军机大臣等：朕敬礼神祇，为民祈福，大内及御园多有供奉诸神祠宇，每遇祈报，就近瞻礼，以申诚敬。惟水府诸神，如天后、河神，向无祠位，凡遇发香申敬之时，皆系望空瞻礼，遥纾虔悃。今拟于御园内添建祠宇，著百龄亲赴清江浦于崇祀各神，如天后、惠济龙神，素昭灵应载在祀典者，将神牌封号字样详缮陈奏，俟庙宇落成，照式虔造供奉，以迓神庥，将此谕令知之。[①]

综而言之，通过对中国沿海地区代表性海神妈祖的敕封和祭祀，清朝将妈祖海神信仰纳入国家正统崇拜和祭祀的范畴，从而也为清代国家在沿海地区的社会教化和秩序稳定提供了可靠的文化资源，有利于有清一代对沿海地区的社会治理和海疆巩固。

五　海洋藩属国及其管理

清代的藩属国及其管理，不仅是一种处理与周边国家关系的政治方式，同时也是一种泛化的疆域观念，因此清朝对藩属国的管理也可归为边疆管理。海疆方面也大体如此。清代对包括朝鲜、琉球（今冲绳，属日本）、安南（越南）、暹罗（泰国）、苏禄（今属菲律宾）、南掌（老挝）、缅甸在内的藩属国实行朝贡管理制度。一般而言，朝贡制度是藩属关系的基础，是其制度化表征，藩属关系则是朝贡关系的实质性所在，二者互相依存。通过海洋朝贡管理制度，清代有效地巩固自己的海疆。

① 《清仁宗实录》卷 258，嘉庆十七年六月戊申。

（一）清代的海洋朝贡

《钦定大清会典》中对朝贡是这样规定的：

凡四夷朝贡之国，东曰朝鲜，东南曰琉球、苏禄，南曰安南、暹罗，西南曰西洋、缅甸、南掌，皆遣陪臣为使，奉表纳臣来朝。凡敕封国王朝贡诸国，遇有嗣位者，选遣使请命于朝廷，朝鲜、安南、琉球，钦命正副使奉敕往封，其他诸国以敕授来使赍回，迺遣使纳贡谢恩。[①]

各国赴清朝贡的贡道，《钦定大清会典》也有详细规定：

朝鲜贡使渡鸭绿江入境，由凤凰城陆路至盛京，入山海关赴京师；琉球由福建闽安镇，苏禄由厦门，西洋由广东澳门，暹罗由虎门，皆浮舟于海，经涉重洋入境；安南由广西太平府，缅甸由云南永昌府，南掌由普洱府，皆陆行款关入境。[②]

上述各国，除西洋外，皆为与清朝有确切藩属关系的朝贡国。其中，尤以朝鲜、琉球、安南形成长期、固定的朝贡关系。虽然清代对各国入贡的路线有明确规定，区分为“涉洋”和“陆行”，但以事实而言，上述各国也均是清朝的海洋邻国，它们与清朝的朝贡关系似也可以“海洋朝贡”予以涵盖。

所谓海洋朝贡关系，概指清代中国与周边海洋邻国的关系，具体而言，指清代中国运用朝贡原则，与周边海洋邻国确立起的藩属

---

① 《钦定大清会典》卷56，景印《文渊阁四库全书》第619册，台湾商务印书馆1986年版，第499页。

② 《钦定大清会典》卷56，景印《文渊阁四库全书》第619册，台湾商务印书馆1986年版，第499页。

关系，在这一关系指导下，清代中国与周边海洋邻国一方面形成了清晰的疆界和管理范围的区分，同时也将各邻国宽泛地纳入“版籍”，无形中放大了中国的“疆域”，也为晚清时期的“以藩卫疆”策略奠定了历史和法理基础。

学者论及清代的朝贡体制时，将有清一代的朝贡关系分为三种类型：其一是典型的朝贡关系。主要表现形式是朝贡国国王向清帝称臣，奉正朔，按清朝规定的贡期、贡道遣使入贡，清朝则对朝贡国国王进行册封、赏赐，同时对其使臣在清朝的朝贡贸易予以免税待遇。这类朝贡关系尤为清朝所看重。属于这类朝贡关系的国家有朝鲜、琉球、安南，三国国王皆以清朝藩臣自居。其二是一般性的朝贡关系。表现为其国王虽受清朝册封、赏赐，也有固定贡期、贡使来朝，但贡期一般较长，与清朝关系较为松散。南掌、暹罗、苏禄、缅甸等国属于此类。其三是名义上的朝贡关系。此类朝贡仅具象征意义，徒有其表。故清代的朝贡体制仅涵盖上述第一和第二两种朝贡关系。[①]

值得注意的是第一种和第二种朝贡关系间的共通点。一般而言，清朝视纳贡为藩属国应尽之义务，更将纳贡视为藩属关系建立的象征，一个国家，如遣使称臣纳贡，其国便视同“皆我版籍”，否则甚至不能通商贸易。乾隆三十四年（1769 年），针对征缅战事不顺，缅方又提议罢兵求和的态势，乾隆皇帝曾有一道清晰的上谕：

> 据傅恒等奏称：懵驳遣人呈书，并诺尔塔叩见哈国兴，吁请彻兵解围等语。前因缅地水土毒恶，官兵不耐瘴气，曾经降旨撤兵，今懵驳又遣使乞降，自应照所请办理，但此后须定规

① 李云泉：《再论清代朝贡体制》，《山东师范大学学报》（人文社会科学版）2011 年第 5 期。

> 模，不可令缅酋骄纵，即如书内恳求通商一事，尚应斟酌。懵驳如愿为臣仆，纳贡输诚，则缅地皆我版籍，贸易无妨相通；倘止求撤兵，未请纳贡，通商断不可行。著传谕傅恒等，即将此旨明切晓谕，再严禁内地商贩，不得出关交易。①

可以看出，乾隆皇帝将“纳贡输诚”视为臣服的表现，并指出，一旦确立朝贡关系，缅地甚至“皆我版籍”，虽然这种列入版籍并非绝对意义上的划入疆界，但仍不失为一种宽泛的疆域观念，即藩属国本身也构成广义中国的一个构成部分。

前溯至雍正三年（1725 年），原任云贵总督高其倬奉令清查中国与安南疆界，高督认为安南境内有一百二十里应归中国所有，故请奏设碑立界，后因安南国王奏请，雍正皇帝又命新任云贵总督鄂尔泰复查后，后退八十里立界，安南国王再次“激切陈诉”，使得皇帝大为不快，于雍正五年五月下旨申斥安南国王“以执迷之心，蓄无厌之望，忘先世恭顺之悃忱，负朕怀柔之渥泽也”，并认为“朕统御寰宇，凡兹臣服之邦，莫非吾土，何必较论此区区四十里之地”。《清实录》记载安南国王于该年十二月“接谕陈奏”，一改先前力争态度，表现甚为恭顺，雍正皇帝高兴之下，“将云南督臣等查出之地四十里，赏赐该国王”，并称“此四十里之地在云南为朕之内地，在安南仍为朕之外藩，一毫无所分别，著将此地仍赏赐该国王世守之”②。

可以看出，清代以朝贡来定义海洋藩属国，同时又以藩属国为广义上的王土，一方面承认“分疆定界，政所当先”，如中国与琉球间的界线为“黑水洋”，中国与安南的界线也有清晰的界桩石碑，但在藩属体系下，这种界线也可外化为“以藩为疆”。清代对海洋

---

① 《清高宗实录》卷 847，乾隆三十四年十一月戊申。

② 《清世宗实录》卷 56，雍正六年正月己卯。

属国的管理事实上也成为海疆治理的一个构成部分。

（二）东北亚属国及其管理

清朝对朝贡体制下各海洋藩属国实施了有差别的管理，下文试以对朝鲜的朝贡管理加以说明。

清崇德二年（1637 年）正月，朝鲜正式与清朝建立了藩属关系。经过皇太极、顺治、康熙、雍正四朝的发展，至乾隆时期，朝鲜已然成为恭顺藩属国的代名词。雍正皇帝称“朝鲜国王，世笃恭顺，虔修职贡”[①]，乾隆皇帝称其“每岁使臣来京者，络绎不绝，竟与世臣无异”[②]。作为回应，清朝也在多方面给朝鲜以特别照顾，如蠲减岁贡；减除别贡，发展“特赐”和“赏收”；减少遣使颁敕次数，减轻朝鲜方面各式礼仪上的负担；将朝鲜贡使列为外藩之首，使团人员游览、交易几乎不受限制；从宽处理各式违例或违禁行为等。[③] 清、朝之间的各式关系也均体现出朝贡体制下清朝对藩属国的管理特征。

在政治上，清朝皇帝与朝鲜国王是君臣关系，朝鲜历法须奉中国正朔，其君主不能称帝，只能称国王。朝鲜国王致清朝皇帝的各式表文，也均须遵照清朝礼部颁定的格式来书写。二者之间的这种藩属关系是通过册封和朝贡来确立的，如朝鲜国王定立，必须在清朝施行册封仪式后方能最终确立；朝鲜的岁贡在清朝初年为每年四次，后减为每年一次，同时以进贺、陈慰、谢恩、进香、奏请、告讣、问安等名义的来使也络绎不绝，同时清朝不定期派出使臣赴朝鲜册封、吊祭、颁诏，双方关系得到不断的巩固和强化。

在经济上，朝鲜通过封贡贸易和边境贸易，获得了巨大的经济利益，同时也强化了其对清朝的联系和依赖。与此同时，清朝也还

---

① 《清世宗实录》卷 87，雍正七年十月己未。

② 《清高宗实录》卷 1312，乾隆五十三年九月癸酉。

③ 刘为：《清代中朝宗藩关系下的通使往来》，《中国边疆史地研究》2000 年第 3 期。

通过灾荒救助、税收减免等手段，保持对朝鲜的经济影响。乾隆时期规定，“凡市易各国贡使入境，其舟车附载货物，许与内地商民交易，或就边省售于商行，或携至京师，市于馆舍，所过关津皆免其征。若夷商自以货物来内地交易者。朝鲜于盛京边界中江，每岁春秋两市，会宁岁一市，庆源间岁一市，以礼部通官二人，宁古塔笔帖式、骁骑校各一人监视之，限二十日毕市”①。据统计，自顺治二年至光绪六年的235年间，朝鲜各类贡贺兼贸易使团来华共达611次，平均每年2.6次，清朝遣使共有151次，平均每年0.6次。② 由此可以推测中朝之间朝贡贸易的规模之大、持续时间之长。

在军事及外交上，清朝有保护藩属国朝鲜的义务，对内平定叛乱，对外抵御侵略。朝鲜的外交活动，既受制于清朝，又保持了相当范围的自主性。就宗主—藩属义务来看，以外交礼仪上的臣服态度为根本，如使用中国皇帝年号，奉中国正朔，使用中国颁发的印信等。

（三）东亚及东南亚属国及其管理

清代的东亚藩属国即为琉球。顺治四年（1647年），顺治皇帝谕示琉球、安南、吕宋三国，称三国原为明朝朝贡国，三国贡使在福建被清军执送入京，并称“朕抚定中原，视天下为一家，念尔琉球自古以来，世世臣事中国，遣使朝贡，业有往例。今故遣人敕谕尔国。若能顺天循理。可将故明所给封诰印敕，遣使赍送来京，朕亦照旧封赐”③。顺治十年，琉球国中山王世子尚质派遣使臣到京，同时上缴明代所赐敕印，呈请清朝颁发新的敕印。次年，清朝以“蟒缎、彩缎、闪缎、织锦、纱罗等物”赏赐尚质及其妃，以缎疋、

---

① 《钦定大清会典》卷56，景印《文渊阁四库全书》第619册，台湾商务印书馆1986年版，第502—503页。

② 陈潮：《明清之季中朝宗藩关系探索》，《学术论坛》1997年第1期。

③ 《大清世祖章皇帝实录》卷32，顺治四年六月丁丑。

银两等物赏赐来使马宗毅、蔡祚隆等人。七月，清朝正式遣使册封尚质为琉球国王，诏曰：

帝王祇德底治，协于上下，灵承于天，时则薄海通道，罔不率俾，为藩屏臣。朕懋缵鸿绪，奄有中夏，声教所绥，无间遐迩，虽炎方荒略，亦不忍遗，故遣使招徕，欲俾仁风暨于海澨。尔琉球国越在南徼，世子尚质达时识势，祗奉明纶，即令王舅马宗毅等献方物，禀正朔，抒诚进表，缴上旧诏敕印，朕甚嘉之。故特遣正使兵科副理事官张学礼、副使行人司行人王垓，赍捧诏印往封尔为琉球国中山王，仍锡以文币等物。尔国官僚及尔氓庶尚其辅乃王，饬乃侯度协，摅乃荩守，乃忠诚慎乂厥职，以凝休祉，绵于奕世，故兹诏示咸使闻知。赐尚质蟒色缎十五，片金二，绸纱、罗十二；妃妆闪色缎十，片金二，纱罗八。①

但由于当时福建仍处于军事斗争的前沿，赴琉球的册封使没能按计划成行，但清朝与琉球的藩属关系就此正式确立。康熙三年(1664年)，琉球国王为顺治十一年的敕封遣使谢恩，“附贡方物，赏赉如例”②。

琉球的朝贡按规定是每两年一次，称为“间贡”，此为例贡。除此之外，每逢庆贺、谢恩等事，也会单独朝贡。例贡与单独朝贡有时并进，有时分进，并无定例。琉球的贡道为福州闽安镇，贡使人员按清朝规定，“贡舟无过三，每舟人无过百，赴京无过二十”，“其不赴京者留于边境，边吏廪饩之，俟使回至边，率之归国”③。

① 《大清世祖章皇帝实录》卷85，顺治十一年七月戊子。

② 《清圣祖实录》卷12，康熙三年七月己亥。

③ 《钦定大清会典》卷56，景印《文渊阁四库全书》第619册，台湾商务印书馆1986年版，第500页。

至于具体朝贡的流程，早在顺治年间，清朝就有清楚规定："凡外国朝贡，以表文方物为凭，该督抚查照的实，方准具题入贡"[①]，康熙八年又进一步规定来京流程，"凡外国进贡正副使及定额从人来京，沿途口粮，驿递夫马舟车，该督抚照例给发，差官伴送及兵丁护送到京。其贡使回国，沿途口粮驿递夫船，兵部给与勘合，其留边人役，该地方官照例给与食物，严加防守，候贡使回国时，同送出境"[②]。

清朝的东南亚藩属国以安南为代表。康熙《大清会典》称："安南，古交趾地，顺治十八年请贡，康熙二年进贡，贡期初定三年一次，后改六年两贡，贡道由广西凭祥州。"[③] 乾嘉时期，改为两年一贡，四年来朝一次。贡使抵达中国后，"由广西、湖广、江西、山东等处水路进京。回日，兵部照原勘合换给，由水路归国"[④]。康熙五年，清朝铸造安南国王镀金银印，康熙二十二年（1683 年）遣使敕封安南国王，并赐国王御书"忠教守邦"。针对安南贡使进京路途中的日常供应，雍正皇帝曾谕令"从前安南国遣使来京，朕曾降旨，令经过地方，于一切供给日用之物，酌量增加，令其充足"[⑤]。关于朝贡使团的人数限制，也以三船为限，每船不过百人，赴京不超过二十人。

值得注意的是清朝各海洋属国之间的关系。以漂风事件为例，各海洋属国间凡因朝贡时期遭遇风浪，被风漂至他国，也往往因朝贡缘故，由所在国搭救，并继续前行至中国朝贡。康熙四十七年（1708 年），暹罗国朝贡船队中的副贡船遭遇漂风，被风吹至安南

① 康熙《大清会典》卷 72，台湾文海出版社 1992 年版，第 3702—3703 页。
② 康熙《大清会典》卷 72，台湾文海出版社 1992 年版，第 3706 页。
③ 康熙《大清会典》卷 72，台湾文海出版社 1992 年版，第 3727 页。
④ 雍正《大清会典》卷 104，台湾文海出版社 1993 年版，第 6999 页。
⑤ 雍正《大清会典》卷 104，台湾文海出版社 1993 年版，第 6989 页。

地面，即由安南“续到粤省，仍差官伴送至京”[①]。同样地，清朝所属各类船只，若因风漂至各海洋属国洋面汛口，也往往会被搭救送回，此类行为也会受到清朝廷的褒奖。故藉着与清朝之间的朝贡关系，清朝的各亚洲海洋属国也形成了一个协作体系，这在很大程度上维系了中国海疆乃至亚洲海洋的基本秩序。

六　陆基海防体制与水师巡洋会哨制度

海防建设是巩固海疆统一的重要内容。清代的海防着重围绕陆基海防体制建设及水师巡洋会哨制度展开，充分反映了清代对海疆的具体认知。

（一）陆基海防体制的形成

“中国沿海各省，自浙洋而北，海滨淤沙多而岛屿少，其海岸径直，故防务重在江海总口，而略於海岸。自浙洋而南，岛屿多而淤沙少，其海岸纡曲，故防务既重海口，而巨岛与海岸亦并重焉。”[②] 清朝建立之后，就围绕海岛、重要海口和陆地分省建立起了陆海联防的海疆防线，其特征则是以陆基为主，“重防其出”。

关于这一海防体制，道光时期的严如熤在其所辑的《洋防辑要》中有着详细的说明：

> 自昔谈海防，以御外洋堵海口为要策。我国家于崇明、舟山、玉环、海坛、金门、澎湖、南澳、硇州岛屿深阻之处，皆特设镇将。……口岸则直隶之天津，山东之登莱，江南之狼山，浙江之黄岩、温州，福建之福宁、厦门、漳州，广东之潮州、碣石、虎门、高廉、琼州，各安专阃，分布重兵。而天津以畿辅要地，旧制已设陆营，近又增以水师，松江当刘河、吴

① 雍正《大清会典》卷104，台湾文海出版社1993年版，第7004页。
② 《清史稿》卷138《兵九·海防》。

> 淞、川沙要口，宁波当杭、绍、定海、象山要口，泉州当金门、厦门要口，惠州密迩碣石、虎门，特驻军门就近统领防御。营城、汛堡、炮台、烟墩星罗碁布，口岸之绸缪密矣。至于拣将弁，练兵卒，整备船只、器械，断接济，严透漏，禁奸徒出入，哨巡岸稽，着为令甲，罔不严密整齐。沿海人民，农桑弦诵，二百年来晏然，无匕鬯警。夫不知前代之失，无由知国家之所以为得也。[①]

可以看出，严如熤所论即为清代陆基海防体制的基本特征，在重要海岛实施驻军，重要海口实施重兵布防，辅以沿海近岸各类炮台、堡垒、营寨，组织严密的海洋防线，其目的虽在于“断接济，严透漏，禁奸徒出入”，但客观上仍成为巩固清代海疆安全的重要屏障。

上述陆基海防体制建设，具体到各省，其海防侧重点又各有不同。在东北沿海地区，以奉天为最重。“南自牛庄至金、盖各州，转东至鸭绿江口，西则自山海关至锦州，地皆滨海，口岸凡三十九处。……雍正四年，将军噶尔弼以自旅顺海口至凤凰城，水程千里，仅恃旅顺水师一营，议增二营，联络巡哨。”[②] 在水师配备上，“奉天旅顺口于顺治初年设水师营，以山东赶缯船十隶之，始编营汛。康熙十五年设水师协领二人，佐领二人，防御四人，骁骑校八人，水兵五百人。五十三年由浙江福建二省船厂造大战船六艘，由海道至奉省驻防海口。金州水师营隶城守尉，水兵百人……”[③]

在直隶，“津、沽口为北洋第一重镇”，雍正四年“设天津水师营，都统一人，驻天津，专防海口，水师凡二千人”[④]。

---

① 严如熤辑：《洋防辑要》卷1《洋防辑要引》，清道光十八年来鹿堂刻本，第1页。
② 《清史稿》卷138《兵九·海防》。
③ 《清史稿》卷135《兵六·水师》。
④ 《清史稿》卷135《兵六·水师》。

山东“海岸绵亘，自直隶界屈曲而南以达江苏，其间大小海口二百余处。东北境之登、莱、青三府，地形突出，三面临海。威海、烟台岛屿环罗，与朝鲜海峡对峙，为幽、蓟屏藩”[①]。顺治元年“于登州府设水师营，领以守备、千总等官，凡沙唬船、边江船十三艘，水兵三百八十六人，驻扎水城，分防东西海口，……十八年，移临清镇于登州，以隶属城守营之水师，改为前营水师，……康熙四十三年，增设游击二员及守备以下各官，增水师为千二百人，改沙唬船为赶缯船二十艘，分巡东西海口，东至宁海州，西至莱州府，分为前后二营，各专其职”[②]。乾隆五十五年（1790 年），“以胶州、文登、即墨等营，兼防海口，以总兵驻登州，统水师三营，战船十二艘，修治各海口炮台”[③]。

江南海防以江阴、吴淞二处为重，“一为长江之关键，一为苏、松之门户，防务尤重”[④]。清初以八旗军驻京口，设立水师营，装备沙唬船，后因沙唬船难涉大洋，改为鸟船。顺治十四年，设水军都督，以军队驻防崇明和吴淞，同时在松江设提督，驻重兵防卫。江南提督直辖下的本标前、后、左、右中五营，以及松江城守营、金山营、柘林营、青村营、南汇营、刘河营、福山营、平望营、靖江营、太湖左或二营；狼山镇总兵驻扎通州，直辖本标左、右、中三营以及扬州营、泰州营、泰兴营、掘港营、三江营等；苏松镇总兵驻扎崇明县，直辖本标左、右、中三营以及奇营、川沙营、吴淞营等。此外，江南水师还有江南总督直辖的江防水师、河督所辖督标二十余营、漕运总督水师七营。[⑤] 值得注意的是，江南由于地理位

① 《清史稿》卷 138《兵九 · 海防》。

② 《清史稿》卷 135《兵六 · 水师》。

③ 《清史稿》卷 138《兵九 · 海防》。

④ 《清史稿》卷 138《兵九 · 海防》。

⑤ 王宏斌：《清代前期海防：思想与制度》，社会科学文献出版社 2002 年版，第 67—68 页。

置特殊，故江海兼防，水师力量也较为可观。

浙江海防。“论防内海，则嘉兴之乍浦、澉浦，海宁之洋山，杭州之鳖子门，绍兴之沙门为要。论防外海，则定海县与玉环厅皆孤峙大洋。定海为甬郡之屏藩，玉环为温、台之保障，尤属浙防重地”[①]。浙江水师“共十三营，大小官弁九十九员，兵一万三百八十七名；炮台五十处，安炮四百六十五位，战船一百二十五支，至密至严，可无内顾之忧”[②]。上述水师分驻该省沿海各地，其中省城杭州为钱塘水师营（顺治初年设）、乍浦水师营（雍正二年设）、嘉兴协营（驻防府城）、湖州协营（设副将各官，驻防府城）。绍兴府有绍兴协营，设有水师副将等官，水师共一千八百七十二人，用卫所之制，设临海、观海二卫，沥海、三江二所。宁波府设有水师营，顺治三年（1646 年）设立，有水师营参将二人，分为左右二营，其中水战兵四百人，守兵四百人。顺治十四年，设宁台温水师总兵官及以下各官。康熙九年，设水师提督及左右二路总兵官，后罢设提督，改为设总兵官一人，辖中左右水师三营，兵三千人。台州府，清初设宁台总镇，后改水师提督，再改为总兵。下设黄岩镇标三营，水师二千七百七十五人，战哨船二十五艘。温州府，清初设副将各官，后改总兵官，设镇标中左右水师三营，战哨船二十二艘。此外还有瑞安水师营，设副将各官，驻防水战兵九十八人，守兵一百四十三人，内洋巡哨战船四艘，外洋巡哨战船五艘，快哨船四艘，钓船二艘；玉环水师营，设参将等官，水战兵一百四十五人，守兵二百五十四人，八桨船四艘，战船四艘，快哨船四艘，左营辖陆地汛兵；江口水师，共有兵一百八十四人，战船四艘。[③]

福建海防。“福建东南沿海凡二千余里，港澳凡三百六十余处，

---

① 《清史稿》卷 138《兵九·海防》。

② 《清初海疆图说》，《台湾历史文献丛刊》，台湾文献委员会 1996 年版，第 23 页。

③ 《清史稿》卷 135《兵六·水师》。

要口凡二十余处。”[①] 康雍之际“设水师二十营，大小官弁共一百五十二员，兵一万九千三百一十二名，列栅联营，星罗棋布。筑造炮台七十七处，安炮七百一十八位，备造战船三百一十二只”[②]，后“额设水师二万七千七百余人，分三十一营，大小战船二百六十六艘”。[③] 全省沿海各府，海防侧重各有不同。福宁重在各港口，“福州重在闽江，以江口内为省治所在。其外自北境松崎、江户，经东西洛、南北竿塘、鳌江口，至闽江近口之琅崎岛、金牌、五虎门，皆扼要之所”[④]，兴化重在海滨诸岛，泉州重在金、厦二岛，漳州重在南澳。

广东海防。“广东南境皆濒海，自东而西，历潮、惠、广、肇、高、雷、廉七郡，而抵越南。”[⑤] 就全省军队布防而言，大略如下。

广州将军驻扎广州府，节制陆路镇协各营；两广总督驻扎肇庆府（乾嘉之际移驻广州）管辖本标中左右前后五营，肇庆营。节制广东广西二提督，广东左翼右翼，雷、琼、潮州、碣石、高、廉、罗、南澳七镇，广西左江右江二镇；广东提督驻扎惠州府，管辖本标中左右前后五营、新塘营、惠州协、永安营、和平营、肇庆协、四会营、平海营、大鹏营、增城营、广州协、三水营、永靖营，节制左翼右翼，雷、琼、潮州、碣石、高、廉、罗、南澳七镇仍听两广总督节制；左翼镇总兵驻扎东莞县，管辖本标中左右三营、顺德协、香山协、春江协、新会营、广海寨、那扶营、东莞营，听两广总督、广东提督节制；雷琼镇总兵驻扎琼州府，管辖本标左右二营、雷州营、海口营、崖州营、儋州营、万州营、海安营、徐闻营，听广州将军、两广总督、广东提督节制；潮州镇总兵驻扎潮州

---

① 《清史稿》卷138《兵九·海防》。
② 《清初海疆图说》，《台湾历史文献丛刊》，台湾文献委员会1996年版，第37页。
③ 《清史稿》卷138《兵九·海防》。
④ 《清史稿》卷138《兵九·海防》。
⑤ 《清史稿》卷138《兵九·海防》。

府，管辖本标中左右三营、潮州城守营、平镇营、饶平营、黄冈协、潮阳营、兴宁营，听广州将军、两广总督、广东提督节制；碣石镇总兵驻扎碣石卫，管辖本标中左右三营、惠来营，听广州将军、两广总督、广东提督节制；高廉罗总兵驻扎高州府，管辖本标左右二营、罗定协、龙门协、电白营、吴川营、化石营、廉州营、钦州营、硇州营，听广州将军、两广总督、广东提督节制。[①] 全省沿海共有炮台四十一座，安装大炮三百一十二位，营房六百一十八间。[②]

（二）水师巡洋会哨制度及其实践

清代的水师因袭明旧制，实施巡洋会哨制度。所谓巡洋会哨，指水师根据布防的位置和力量划分一定的海域为其巡逻范围，设定界标，规定相邻两支巡洋船队按期相会，交换令箭等物，以护卫海疆安全。巡洋会哨分为总巡、分巡，前者指每年定期巡洋制度，后者则指由都司、守备担负的巡洋任务。[③]

清初即实行水师巡洋会哨，但由于总巡需要日期彼此对接无误，这对海洋行船提出了较高的要求，因此康熙四十九年（1710年），时任闽浙总督梁鼎上疏请停止江浙会哨，建议“各循边汛分行，出洋巡哨”，获得清廷的批准，并同时行文江南、浙江、福建、广东、山东五省“各查明海边，分出巡哨”[④]。

乾隆十七年（1752年），清朝重议水师巡洋会哨制度。

壬戌。兵部议奏：各省海洋巡哨，向例止每年春秋二季，派拨官兵巡查，并未有指定地方、克期会哨之例。前据闽浙总

---

① 严如熤辑：《洋防辑要》卷3，清道光十八年来鹿堂刻本，第3—4页。

② 《清初海疆图说》，《台湾历史文献丛刊》，台湾文献委员会1996年版，第62页。

③ 王宏斌：《清代前期海防：思想与制度》，社会科学文献出版社2002年版，第73页。

④ 《清圣祖实录》卷243，康熙四十九年八月庚辰。

督喀尔吉善奏，令闽浙两省镇臣总巡洋面，定以两月与邻省总巡官兵会哨一次，其分巡营员一月会哨一次等语。经臣部令该督会同闽浙两省水师提督妥商，并通行广东、江南、山东沿海各将军、督抚、提督议覆。据原任山东巡抚准泰奏，东省登州镇水师营分南北东三汛，派拨官兵出巡，向例不与邻省会哨；又两江总督尹继善会同江苏巡抚庄有恭、原任松江提督武进升、调任京口将军萨尔哈岱奏，江省苏松、狼山二镇各有分管洋面，每年派定将备按季轮流巡查，毋庸另立章程。又喀尔吉善会同福建水师提督李有用、原任浙江提督吴进义奏，海洋会哨必择安稳岛澳，寄椗避风，今议于涵头港、镇下关、铜山、大澳、大洋山、九龙港、沙角山等处，令闽浙两省镇臣会集巡哨，但海洋风信靡常，不必限定两月一次，遇会哨之期先遣标员前往指定处所等候，如两镇未能同时并集，即先后取具印文缴送，总以上下两镇必赴指定之地为准，违误立参。至分巡洋汛，相去本非甚远，可一月会哨一次。又两广总督阿里衮，会同广东巡抚苏昌、调任广东提督林君升奏，粤东海道绵长，且与闽省连界，向未定有会哨之法，请照闽浙两省一例会哨。均应如所请，令各该督抚等严饬总巡各镇及分巡员弁实力奉行，从之。①

可以看出，沿海五省，山东、江南不赞成总巡会哨，闽浙两省已有定章，广东愿意参照闽浙两省实行，清廷遂下令按各省实际情况推行巡洋会哨制度。

山东的洋面巡哨。“山东登州水师营员较少，不能如浙闽等省按照总巡分巡各名目轮派，所有南北东三汛出洋巡哨，南汛以千总

① 《清高宗实录》卷418，乾隆十七年七月壬戌。

把总为专汛，以胶州游击为兼辖，北泛以千总把总为专汛，以登州守备为兼辖，东汛以把总为专汛，以成山守备为兼辖。俱以该管总兵为统巡统辖，遇有疏防案件照闽浙海洋失事例议处。”① 登州水师营各汛具体巡逻范围为：北汛巡至隍城岛以及与铁山之间的分防海域，东南巡至成山头；东汛北巡至成山头，西巡至马头嘴；南汛东巡至荣成县的马头嘴，南巡至莺游山。每年三月内出洋，九月内回哨。

江南的江海会哨。江南由于有江海兼防，故水面巡哨也分为江海两种。江面会哨，江南与江西沿江巡船“每月彼此会哨二次”，狼山镇每月派将备二员驾沙船东巡至廖角嘴，西巡至京口；京口官兵东巡至狼山，西巡至江宁；江宁将军派兵东巡至京口；江南提督派兵将驾船西巡至安庆；安徽巡抚每月派兵东巡至江宁肯，西巡至江西交界；江西九江总兵南昌副将每月各派兵巡至江南交界；九江营派兵巡至湖广交界，“所至日期俱报明总督、巡抚、提督、总兵官，互相查考”②。海面会哨以三个月为一班，每年五月十五日崇明镇总巡官与浙江定海镇会哨于大洋山。

闽浙巡洋会哨。乾隆十五年（1750 年），清朝“以闽、浙海洋绵亘数千里，远达异域，所有外海商船，内洋贾舶，藉水师为巡护，尤恃两省总巡大员，督饬弁兵，保商靖盗。而旧法未尽周详，自二月出巡，至九月撤巡，为时太久。乃令各镇总兵官每阅两月会哨一次。其会哨之月，上汛则先巡北洋，后巡南洋。下汛则先巡南洋，后巡北洋。定海、崇明、黄岩、温州、海坛、金门、南澳各水师总兵官，南北会巡，指定地方，蝉递相联，后先上下，由督抚派员稽察”③。浙江定海镇于五月十五日与江南崇明镇会哨于大洋山，

---

① 严如熤辑：《洋防辑要》卷 2《洋防经制上》，清道光十八年来鹿堂刻本，第 3—4 页。

② 严如熤辑：《洋防辑要》卷 2《洋防经制上》，清道光十八年来鹿堂刻本，第 5 页。

③ 《清史稿》卷 135《兵六・水师》。

三月十五日、九月十五日与黄岩镇会哨于九龙港；黄岩镇于三月初一日、九月初一日与温州镇会哨于沙角山。福建海坛镇于每年四月初一日、八月初一日与金门镇会哨于涵头港；五月十五日与浙江温州镇会哨于镇下关；福建金门镇于六月十五日与南澳镇会哨于铜山大澳。巡洋日期福建省分上下班，上班为每年自二月起至五月止，下班为六月起至九月止。十月起至次年正月按单双月轮班巡洋；浙江省每年二月至九月每两个月为一班，十月至次年正月每月为一班。

广东巡洋会哨。广东巡洋官兵以六个月为一班，每年分上下两班。省内分巡方面，三月初十日碣石镇巡至深澳，与南澳镇会印通报；左翼镇与春江协会哨于广海大澳；海安营与海口营会哨于白沙。五月初十日，碣石镇与左翼镇会哨于平海大星澳；春江协与海安营会哨于硇洲；八月初十日，澄海协与香山协会哨于平海大星澳，硇洲营与吴川营会哨于广州湾；十月初十日，南澳镇与澄海协会哨于莱芜；香山协与吴川营会哨于广海大澳；龙门协与海口营会哨于白沙。

尤其值得一提的是，琼州的崖州营、海口营，分巡洋面宽阔。崖州水师营每年定期以四月初十日与海口营会哨于迸马角洋面，十月初十日与崖州协舟师于四更沙洋面会哨，巡防区域南与暹罗、占城接界，南海诸岛及其附属海域均属其巡防范围，有效地巩固了我国海疆的统一。

七 海防格局的巩固和海防体系的完善及其局限

清代海防重心位于东南沿海，所谓“七省之海疆，究其要者，莫甚于粤东、闽、浙三省矣”[①]。由于清朝甫一建立，就面临来自东

---

① 《清初海疆图说》，《台湾历史文献丛刊》本，台湾文献委员会1996年版，第5页。

南沿海地区和海上的军事挑战，于是又形成了“七省之海疆，莫甚于广、闽、浙；广闽之海，惟闽为最”[①] 的海防基本格局，迨至道光时期，海上殖民侵略又自东南而来，遂使这一格局得到更进一步的巩固。随着海防形势的变化，清朝进一步加强了对原有海防体系的巩固和完善。

（一）清代海防格局的巩固

清朝建立后，东南沿海各省海上用兵最多，其中尤以福建为首。康熙时期清朝统一海疆后，在陆海联防的海防理念指导下，浙、闽、粤三省驻扎的水师数量最多，《清史稿》称：“综天下制兵都六十六万人，……闽、广以有水师，故最多”[②]，三省战船总数量也居全国首位，据统计，截至乾隆元年（1736 年），三省共有战船 605 艘，约占全国战船总数的 73%。[③] 海防重心明显偏于东南。道咸时期，西方殖民者海上入侵频繁，涉足地域不仅局限于东南，甚至远达北方津沽一带，“奉天亦严海防”[④]，但东北三省的海防真正被重视和实践则是到了同光时期。为抵御外来海上侵略，道咸时期粤、闽、浙乃至江南、直隶海防得以进一步巩固，海防格局进一步强化，陆海联防体系也被进一步完善。

广东海防。广东自嘉庆年间即开始增设炮台，嘉庆五年（1800 年）新建沙角炮台，嘉庆二十年增建镇远炮台，二十二年建大虎山炮台，布置火炮三十二门。进入道光时期，这一增建行动得以持续。道光十年（1830 年），增建大角山炮台，布置大炮十六门；十五年，在虎门炮台布置四十门六千斤以上大炮，增建永安、巩固二炮台。林则徐到防广州后，在零丁洋入口设置木排、铁练，辅以水

---

① 《清初海疆图说》，《台湾历史文献丛刊》，台湾文献委员会 1996 年版，第 11 页。

② 《清史稿》卷 131《兵二・绿营》。

③ 雍正《浙江通志》卷 91—98，文渊阁《四库全书》本。

④ 《清史稿》卷 138《兵九・海防》。

兵，以拦阻敌船，并在尖沙嘴一带海门岛屿设置炮台和兵房；邓廷桢也在威远、镇远二炮台之间新增大炮台，布置火炮六十门，以配合海面上的木排和铁练，拦阻外侵敌船；二十七年，增筑高要县属琴沙炮台。林则徐等人对广东海防的巩固在晚清抵御外来海上侵略中起到了重要的作用，也在晚清海防史上具有重要意义，《清史稿》称“历朝海疆有警，若大沽，若吴淞，若马江，迭遭挫败。惟林则徐、彭玉麟先后守粤，忠勇奋励，身当前敌，将士用命，敌舰逡巡而退云”①。福建海防。福建一向为清代海防重点，也是战船制造和水师训练的重心所在。道光二十年（1840 年），清朝命令邓廷桢增练军队，严守澎湖；道光二十二年，屯兵福州金牌各要口，在距省城二十里外的洪塘及少岐，沉船布椿，以抵御敌船侵入。光绪年间于闽江南北两岸新建炮台，分为明、暗两种，配合水路沉船椿桩，以资防守；在厦门鼓浪屿也新建炮台，布置火炮。浙江海防。道光二十年（1840 年），在钱塘通海要道，屯兵防守，并在近海村落招募团练，修筑土堡，互通联络；光绪六年（1880 年）谭钟麟将澉浦长山、乍浦陈山、定海舟山、海门镇的各炮台加以修整，并在镇海新筑金鸡山嘴炮台；光绪十三年，刘秉璋又在舟山新建宏远、平远、绥远、安远四座炮台，并添设水师战船。

江南海防。自道光中叶海警聚起，江南遂成为清朝增强海防的重点之一。道光二十一年（1841 年），在宝山海口、吴淞屯兵筑垒，次年派员巡视吴淞、狼山、福山各要口，整顿战船炮械；二十三年，在江阴鹅鼻嘴、瓜洲、南河、灌河、射阳湖等地设险防守，在南北江岸增筑炮台；二十四年，在狼山、福山江面的刘闻沙、东生洲、顺江洲、沙圩等处修长炮堤，并增造战船一百三十余艘。光绪之后，沿江各炮台陆续更新整顿，以新式西洋炮分置各炮台，以

---

① 《清史稿》卷 138《兵九・海防》。

增强防御能力。光绪三十一年（1905 年）兵部侍郎铁良考察江南江海防务，奏复朝廷，称江南沿江海炮台分为四路，分别为吴淞、江阴、镇江、金陵。第一路吴淞炮台，分为三台，共有大小炮三十四门，兵三百余人；第二路江阴炮台，分为南北炮台，共有大小炮五十七门，兵四百余人；第三路镇江炮台，分为五处，布置大小炮五十四门，兵五百余人；第四路金陵炮，台分为七处，分别位于乌龙山、幕府山、下关、狮子山、富贵山、清凉山、雨花台，共有大小炮五十三门，兵近五百人。此外，安徽、江西、湖北各省也均增设炮台、兵丁。这样江南各省“自同治间，经营江海防务，历四十余年，始称完密云”[①]。

（二）陆基海防体系的完善及其局限

晚清自嘉道之后，在面临西人外来海上频繁入侵的情势下，南重北轻的海防格局进一步强化。与此同时，陆海联防体系也得到进一步的完善，主要体现在南方各省均在各重要海口增设炮台、新建炮位、提升火炮质量，配合水面上的拦阻设施，以达到“拒敌于海口外”的目标；同时也致力于海防力量的调配和运用，在各重要海口配置水陆各营，以强化水陆联防的作用。

晚清海防体系的完善对清朝巩固海疆起到了重要的作用。一方面，在面对外敌入侵时，陆基海防体系最大限度地宣示海疆主权，打击外敌；另一方面，基于陆基海防体系的完善，各省的海上防守也不乏亮眼的战果出现。如林则徐、邓廷桢对广东海防的完善，在鸦片战争广东抵御外来侵略中起到了举足轻重的作用。

与此同时，晚清海防体系完善也充分暴露这一体系的局限性。清朝虽然能以海防体系宣示主权、打击外敌，但由于这一体系缺乏外洋水师支援，将入侵之敌放至内洋甚至近海，因此明显拘泥于海

---

① 《清史稿》卷 138《兵九·海防》。

口防御，寄希望于以水路、洋面设阻，达到退敌的目的。显然，这一防守思想过于陈旧，缺乏防御主动，最终导致外敌入侵呈多点开花之势，各海口防御却处处被动。另一方面，各省重要海口虽添筑炮台、增配兵丁，但即使是在堪称严密的江南，“其时所筑炮台，实止因土为堤，且器械窳旧，布置多疏”[①]，导致陆基海防体系不能发挥其最大效用，清朝的海疆经略遭遇到了时代的挑战。

第三节　清末海疆危机及其应对

晚清自道光中叶以降，海疆危机即持续不断。鸦片战争后，随着侵略者坚船利炮的威胁，在不平等条约的压迫下，全国各重要海防海口门户洞开，外人对清代传统海疆主权的侵夺现象更是比比皆是，台湾、澎湖、南海诸岛对清朝海疆安全的重要性凸显无遗。同治十三年（1874 年），日人武力侵台；甲午战后，列强在中国沿海地区掀起瓜分狂潮，建立各式势力范围；光绪三十三年（1907 年），日人擅闯东沙岛，驱逐中国渔船，企图非法占据……在一系列海疆危机面前，清朝一方面逐步在传统海洋观念的基础上接受近代海洋与海权观念，筹建近代海军以维护海疆主权；另一方面也在各式挫折纷至沓来的同时，积极以多种努力和尝试维护海疆统一的基本格局。

一　19 世纪中叶以降晚清的海疆危机

晚清以第一次鸦片战争为标志和开端的外来入侵大多由海上而来，入侵各国均以消灭清朝水师、夺取制海权为起始，进而登陆重要海口和港口基地，战争的失败也意味着清代以水师巡防、陆基联

---

① 《清史稿》卷 138《兵九·海防》，中华书局 1976 年版，第 4105 页。

防为特征的海防体系的失败，同时也意味着海疆安全挑战持续存在，海疆危机也持续并存。为维护国家海疆安全以维持自身政权和统治的延续，清朝也以各种努力来应对海疆危机。

（一）列强入侵及海疆危机

晚清列强入侵、清朝战败后形成的一系列不平等条约，赋予了在华列强各式特权，同时也意味着清代的海疆安全遭受到了巨大的挑战。

第一次鸦片战争结束后，英方利用清朝对国际惯例和己方利益的无知，引诱清方就通商口岸的各项制度在南京和广东继续谈判。1843 年（道光二十三年）10 月 8 日，清朝钦差大臣耆英、英国驻华全权公使璞鼎查各自代表两国政府在广东虎门签订《五口通商附粘善后条款》，又称《虎门条约》。《虎门条约》对中国海疆主权的危害性不亚于《南京条约》，如其中规定：

> 凡通商五港口，必有英国官船一只在彼湾泊，以便将各货船上水手严行约束，该管事官亦即藉以约束英商及属国商人。其官船之水手人等悉听驻船英官约束，所有议定不许进内地远游之章程，官船水手及货船水手一体奉行。其官船将去之时，必另有一只接代，该港口之管事官或领事官必先具报中国地方官，以免生疑；凡有此等接代官船到中国时，中国兵船不得拦阻，至于英国官船既不载货，又不贸易，自可免纳船钞，前已于贸易章程第十四条内议明在案。[1]

根据《虎门条约》这一规定，在“约束”英商及属国商人的幌子下，凡通商港口，皆成为英国军舰自由进出往来之地。延至后

---

① 王铁崖编：《中外旧约章汇编》第一册，生活·读书·新知三联书店 1957 年版，第 36 页。

来，随着通商口岸的不断开放，遍布沿海、沿江地区，同时又根据片面最惠国待遇，各国列强的军舰均可以进出，就近停泊，通商口岸（绝大多数也是清朝传统海防重地）遂成为各国军事力量遍及之地，清朝无法完全设防，海疆完全主权不复存在，此后中外凡有冲突，各国军舰均能在第一时间介入，以武力进行恫吓，晚清的海疆安全受到巨大挑战。同时公布的《五口通商章程：海关税则》则把外船进出港口的引水权付之外人，“凡议准通商之广州、福州、厦门、宁波、上海五处，每遇英商货船到口准令引水即行带进；迨英商贸易输税全完，欲行回国，亦准引水随时带出，俾免滞延。至雇募引水工价若干，应按各口水程远近、平险，分别多寡，即由英国派出管事官秉公议定酌给”①。1902 年的《各国水师雇用华船报关查验章程》则把自由进出中国各海口要地的军事力量加以无限扩大，规定“凡由水师大宪雇用之船只在中国水面来往，即视同水师船类，无所区别”②。

在海防门户洞开的态势下，对于清朝海疆主权和海疆安全意义重大的台湾及澎湖列岛，均遭遇到了各国列强的觊觎。

早在第一次鸦片战争期间，时人就已清楚地指出：“闽洋紧要之区，以厦门、台湾为最。”③ 英舰侵犯闽海时，台湾兵备道姚莹和台湾镇总兵达洪阿率领军民积极备战。鸦片战争期间，英军曾多次侵犯台湾：1840 年 7 月 21 日英军侵犯台湾洋面，被守军击退；1841 年 9 月，英军进犯基隆，清朝守军开炮还击，“前后共计斩首白夷五人，红夷五人，黑夷二十二人，生擒黑夷一百三十三人，同

---

① 王铁崖编：《中外旧约章汇编》第一册，生活·读书·新知三联书店 1957 年版，第 40 页。

② 王铁崖编：《中外旧约章汇编》第二册，生活·读书·新知三联书店 1957 年版，第 149 页。

③ 《清宣宗实录》卷 336，道光二十年七月乙未。

捞获夷炮十门，搜获夷书图册多件”[①]；1841 年 10 月，英军再犯基隆，“（二沙湾）炮台石壁被其攻破，二沙湾及三沙湾两处兵勇住房，亦被炮火烧毁”[②]；1842 年 3 月，英舰进犯淡水、彰化交界的大安港，后在土地公港触礁搁浅，被当地军民“奋力围击，杀毙白夷一人，红黑夷数十人，生擒白夷十八人，红夷一人，黑夷三十人”[③]；1842 年 4—5 月，英舰滋扰台湾，被当地军民击退，总兵达洪阿、兵备道姚莹等人上奏称，“台湾近接厦门，逆夷盘据鼓浪屿日久，难保无奸民为其勾诱，以图后举”[④]，要求台湾全岛加意防范。

两次鸦片战争期间，台湾更是由于其重要的海疆地位，受到西方列强的垂涎。1849 年，美国军用船只开抵鸡笼港侦察，1854 年，美国东方舰队军舰“马其顿”号和供应船 1 艘到鸡笼港测绘水陆地图，其舰队司令力主要占领台湾，美国驻宁波领事更是建议美国政府要购买台湾。

1874 年，日本借口琉球漂民在台遇难事件，成立侵台机构——台湾都督府，并派军舰装载军队 3600 人征台，制造了震惊中外的“牡丹社事件”，日军的入侵受到台湾当地民众的强烈抵抗，同时也使清朝廷下定决心予以抵抗。福建船政大臣沈葆桢受命为钦差大臣，率轮船兵弁驰援台湾。侵台日军迫于清朝的抵抗决心和国际压力，再加上台湾南部疟疾流行，许多日军染病，与清朝廷于 10 月 30 日签订《中日台湾事件专约》。这样，日军在占据台湾琅峤七个月后撤出台湾。“牡丹社事件”实为晚清海疆危机的第一个高峰，

---

① 齐思和等整理：《筹办夷务始末》（道光朝）卷 38，中华书局 1964 年版，第 1413 页。

② 齐思和等整理：《筹办夷务始末》（道光朝）卷 42，中华书局 1964 年版，第 1607 页。

③ 姚莹：《东溟奏稿》卷 2，《近代中国史料丛刊续编》第六辑，台湾文海出版社 1974 年版，第 1765 页。

④ 姚莹：《东溟奏稿》卷 3，《近代中国史料丛刊续编》第六辑，台湾文海出版社 1974 年版，第 1829—1830 页。

并且直接促成了清朝中央政府关于“塞防”与“海防”的大讨论。

19 世纪 50—60 年代，沙俄乘虚而入，在东北沿海地区大肆活动，通过武力手段将黑龙江口置于军事控制之下，攫取了黑龙江通向太平洋的出海口，入侵并强占总面积达七万余平方公里的库页岛，并通过《瑷珲条约》，强行割占黑龙江以北的中国领土，规定乌苏里江以东地区由中俄共管，黑龙江由中国内河成为中俄之间的界河。之后通过 1860 年的中俄《北京条约》，俄国又割占了中国乌苏里江以东、以南滨海地区，中国东北东部海疆所有领土、领海、岛屿尽入其手。

19 世纪 80—90 年代的中法战争和甲午中日战争则是晚清海疆危机的第二次高峰。

中法战争是由法国侵略越南、进而侵略中国引起的，战争的海战主要发生在福建沿海和福州外的马江。1884 年 7 月 13 日，法国海军部下令法国远征军司令孤拔，要求以福州和基隆为质，向清朝廷发出撤兵、赔偿的最后通牒。8 月 5 日，法军舰进攻台湾基隆炮台，遭到清军的反击，法军在占据炮台和附近高地后，向基隆城区进攻，结果死伤百余人，仓促溃退回到军舰，并随后撤退。在进攻基隆受挫后，法军将舰队主力集中于福州马尾，并于 8 月 23 日下午向清军发起突然袭击，福建水师仓促之下奋起反击，但战斗仍导致马尾船厂共损失战斗舰艇 7 艘、武装商船 2 艘、伤炮舰 2 艘，所有师船、炮船、杆雷汽艇均被毁坏，官兵、民勇死亡近 900 人，伤数百人。福建水师和船厂几乎毁于一旦。

甲午中日战争爆发后，日军先在丰岛海面、继而在鸭绿江口大东沟附近海面对清朝北洋舰队进行突然袭击，意夺取制海权。经过 5 个小时的激战，北洋舰队损失舰船 5 艘，日军重伤 6 艘，北洋水师主力尚存，但受到李鸿章等人的制约，避战港内，终将黄海制海权让于日本，也直接导致日军得以顺利登陆海防要口，影响了战争的进程。在经历了大连湾、旅顺的失陷后，清军在威海卫也持续溃败，避战港内的北洋海军全军覆灭。随着《马关条约》的签订，清朝廷被迫割让台湾，进行巨额赔款，丧权辱国，晚清维护海疆主权和海疆安全的努力和尝试遭受到了重大挫折。

甲午战争后，由于清朝已无力维持海防，列强在华掀起一个强借租借地、划分势力范围的瓜分高潮，其中尤以沿海、沿江省份最为突出，是为晚清海疆危机的第三次高潮。在东北，沙俄软硬兼施，诱逼清朝廷于1898年3月27日和5月7日相继签订了《旅大租地条约》和《续订旅大租地条约》，条约规定“为保全俄国水师在中国北方海岸得有足为可恃之地，大清国大皇帝允将旅顺口、大连湾暨附近水面租与俄国”，“定二十五年为限”，“所定限内，在俄国所租之地以及附近海面，所有调度水、陆各军并治理地方大吏全归俄官，而责成一人办理，但不得有总督、巡抚名目。中国无论何项陆军，不得驻此界内”[①]。在山东，德国强行租占胶州湾。1898年3月6日，中德签订《胶澳租界条约》，条约规定中国以99年为期把胶州湾及附属岛屿租与德国，德国在胶州湾行使全部主权，可以停泊军舰、修筑炮台、驻扎军队，进而把山东划为德国势力范围，“在山东省内如有开办各项事务，……中国应许先问该德国商人等愿否承办工程，售卖料物”[②]。在广东，法国强迫清朝于1899年11月16日签订《广州湾租界条约》，条约规定广州湾及其水域（包括东海岛、硇洲岛等）租与法国，期限为99年，法国得以在广州湾行使主权，修筑炮台、驻扎军队，自行铺设铁路等。英国则强迫清朝廷签订于1898年7月1日签订《订租威海卫专条》，“议定中国政府将山东省之威海卫及附近海面租与英国政府，以为英国在

---

① 王铁崖编：《中外旧约章汇编》第一册，生活·读书·新知三联书店1957年版，第741页。

② 王铁崖编：《中外旧约章汇编》第一册，生活·读书·新知三联书店1957年版，第740页。

华北得水师合宜之处，并为多能保护英商在北洋之贸易，租期应按照俄国驻守旅顺之期相同。所租之地系刘公岛，并在威海湾之群岛，及威海全湾沿岸以内之十英里地方。以上所租之地，专归英国管辖”①。次年6月9日，英国又强迫清朝廷签订《展拓香港界址专条》，规定清朝廷把九龙半岛包括大鹏湾、深圳湾、香港附近大小岛屿一百多个，以99年期限租给英国。此外，美国曾一度计划强租福建三沙湾（即三都澳），以作为其远东太平洋舰队的海军基地；意大利曾派遣军舰强租浙江三门湾，后迫于清朝官民的反对以及列强追求势力平衡的压力而放弃。经过这一轮的瓜分狂潮，“法租广州湾，英租威海，俄租旅顺、大连湾，北洋门户，凡可为军港者，尽以予人，海军遂无根据之地！”②

除对近海重要海口、港湾的强租强占之外，清代中国的南海主权也受到挑战。鸦片战争后，列强各国的舰船频繁侵扰中国南海海域。英国非法勘测中沙、西沙、南沙和东沙群岛；日本在南沙群岛附近海域大肆掠夺海产资源，法国曾计划在南海建设供应站等。光绪三十三年（1907年），日商西泽吉次非法占据中国的东沙岛，拆毁岛上中国庙宇，驱逐中国渔民，非法建设小码头、小铁道等设施，后经清朝广东地方政府予以收回。

（二）清朝对海疆危机的应对

面对持续而来的海疆危机，清朝廷一方面立足于传统海防体系，尽力给予加固、完善；另一方面，在有识之士和开明官僚的主导下，致力于近代海军的布局和筹建，并以国际通行做法致力维护海疆主权和海疆统一。虽然受到种种局限，本身也存在诸多自我约

---

①　王铁崖编：《中外旧约章汇编》第一册，生活·读书·新知三联书店1957年版，第782页。

②　池仲祐辑：《海军大事记》，载《中国古代海岛文献地图史料汇编》第十六册，蝠池书院2013年版，第7329页。

束，清朝廷的作为仍然存在诸多可称道之处。

巩固、完善传统海防体系。鸦片战争之后，清朝廷鉴于“从前夷船由海入江，江浙一带屡经失事，追溯前因，能勿早为之计。最可虑者，如江南之海口及泖湖上等处，一经夷艅闯入，不惟惊扰居民，兼恐阻碍漕运，而浙江之定海，孤悬海外，尤为夷人所觊觎”。进而要求地方大吏“各就紧要处所，悉民察看，豫为筹防，断不可稍存大意。文武官员总须慎选晓事得力者，分布防堵”①。在此要求下，沿海各省多就清代传统的海防体系加以完善，如直隶在鸦片战争后修建炮台四座，配备四百斤至一万斤铜铁炮一百四十二门，守军在一千六百余名左右，海防作战计划为放弃海上作战，利用有利地形，以炮台为依托进行海口对抗，同时在沿海地区组织团练。②咸丰八年，僧格林沁在大沽口及双港修筑炮台，设水路木筏，及沿岸营垒，调宣化镇兵会大沽协兵，守护海口炮台。同治十年，李鸿章又增设大沽协海口六营，筑大沽口南北两岸炮台，后又在运河北岸建筑新城，四周设大小炮台，屯驻重兵，与大沽防营相为呼应。③山东于道光三十年“以濒海之三汛师船，四县水勇，合并防守海口，并扼要安设大炮”。

筹建近代海军。两次鸦片战争中，清朝水师面对西方军舰，几乎不能发挥任何作用，基于对“坚船利炮”的向往，再加上1874年日本对台湾的侵略，成为促使清朝加强海防和创建近代海军的重要原因之一。同治五年（1866年），左宗棠奏办福州船政局，先行购置兵轮，三年后，船政局制造轮船“万年清”“湄云”下水，此后又陆续有轮船下水，同治十年（1871年），清朝批准《轮船出洋训练章程》《轮船营规》，中国近代海军福建海军正式成军，截至

---

① 《清文宗实录》卷9，道光三十年五月丙申。

② 《直隶总督讷尔经额奏报天津各口设防情形折》，载《筹办夷务始末》（咸丰朝），中华书局1979年版，第33—34页。

③ 《清史稿》卷138《兵九》。

同治十三年，福建海军共拥有各类舰船15艘，总排水量约达15000吨。次年，总理衙门上奏筹办海防奏折，清朝廷决定在南北两洋筹办海防，先行购买铁甲舰船。截至光绪六年（1880年），李鸿章主导的北洋海军先后从英国购买了2艘快船、6艘炮船，又从上海、福建调进5艘舰船，北洋海军初具规模。光绪十年，南洋海军成军，共有兵轮14艘。除此之外，包括广东、浙江、山东在内的地方水师也陆续以近代化为目标，购置新式舰船，改革旧制，陆续整顿。光绪十一年，清朝批准成立“总理海军事务衙门”，成为清朝海军最高机构。清朝近代海军的建军，一定程度上实现了“拓远岛为藩蓠，化门户为堂奥”[①] 的目标。

树立海权观念，运用国际法维护海疆主权。学界早已发现，晚清在面对呈愈演愈烈之势的各类外部交往时，已初步有意识尝试以各国通行之规则来为自己保存权益，这其中最有力的证明即是清朝廷对《万国公法》的运用。关于《万国公法》，晚清总理衙门在上奏刊行时曾认为“此书凡属有约之国皆宜寓目，遇有事件亦可参酌援引”，因为该书“大约俱论会盟战法诸事，其于启衅之阅彼此控制箝束尤各有法”，故“其中亦间有可采之处”，“将来通商口岸各给一部，其中颇有制伏领事官之法，未始不有裨益”[②]。前文提及的日商占据东沙岛之事，晚清广东地方政府即是依据近代通行国际法，以历史典籍和实地调查证明东沙岛绝非无主地，而是中国的固有领土。

官民共同维护海疆安全。晚清列强入侵，侵犯中国海疆主权、危害中国海疆安全的行径受到了清朝廷、民众的一致抵抗。前文论及的日军侵台、中法战争、甲午战争、列强瓜分中国沿海重要港湾

① 《光绪六年十二月十一日直隶总督李鸿章奏》，载中国史学会主编《洋务运动》（二），上海人民出版社1961年版，第499页。

② 《筹办夷务始末》（同治朝）卷27，载沈云龙主编《近代中国史料丛刊》第62辑，台湾文海出版社1966年版，第2704页。

和划定势力范围等，均有可歌可泣的反抗行为。清朝历来有重视民间团练的传统，各封疆大吏在论及海防时，也均将驻军设防与举办团练相结合，而在事实上，晚清官民共同反对侵略的抗争连绵不断，共同维护了国家主权和海疆安全。

二　晚清海军建设与海防实践

道光中叶以降，晚清海防门户洞开，同治初年，朝野上下有识之士纷纷筹议海防，其中海军建设被提上议事日程，并被迅速付诸实践。以海防理念而言，晚清海军的主要功能一度被定位于分区和分口防御，甲午战后，随着朝野上下对西方海权理论的传播和认可，清朝廷将西式海权观念与传统海洋观念相结合，同时以积极的姿态维护国家主权和海疆安全。就晚清海军的海防实践而言，一方面它承袭了清代旧有外海水师的功能，防守海口、巡洋会哨，甚至还发展出慰抚华侨、展示国威的功能；另一方面，它参与了19世纪80—90年代晚清抵御外来入侵的历次战斗，虽然遭受重大挫折，但仍在此过程中彰显出其维护国家海疆主权的努力。

（一）晚清的海军建设

关于晚清的海军建设及演变，《清史稿》有一段高度概括的记载：

> 中国初无海军，自道光年筹海防，始有购舰外洋以辅水军之议。同治初，曾国藩、左宗棠诸臣建议设船厂、铁厂。沈葆桢兴船政于闽海，李鸿章筑船坞于旅顺，练北洋海军，是为有海军之始。而甲申马江，甲午东海，师船尽毁。嗣后兵舰岁有购置。自光绪中叶迄宣统初，南北洋海军仅有船五十余艘，旧式居半。其能出海任战者，止海筹、海圻等巡洋舰四艘，楚

泰、楚谦、江元、江亨等炮舰十余艘而已。[①]

依《清史稿》作者的判断和记载，晚清海军与水师是有区别的，清代一直有水师设置，但《清史稿》称同治之前并无海军，可见所谓“海军”，指的是以近代舰船武装起来的近代化水师，与此相比，清代旧有的水师在武器装备和功能定位上均有明显差别。事实上，晚清时人也是将海军视为水师的一个特殊构成。在总理衙门于同治十三年（1874 年）九月进呈的强调筹办海军海防的专门奏折中，明确提出：“各海口固须设防，然非有海洋屹然重兵可迎堵，可截剿，可尾击，则防务难于得力。应就外海水师及各营洋枪队中，挑选精壮曾经战阵之兵勇，另立海军。”[②] 同年，前江苏巡抚丁日昌上呈《海洋水师章程》六条，他开宗明义地指出：“外海水师一切艇船总不如轮船之坚捷，必须配驾大号轮船，方足以资巡剿。”[③] 可见，在晚清时人的眼中，所谓海军即是外海水师中配备新式轮船、新式武器装备的武装力量。这一新式海上武装力量采用西式训练和作战方法，军官多经过国内外海军专业院校的培训，同时具备完善的后勤岸基支援系统。如以丁日昌的建议，海洋水师欲成军，一是使用大兵船，二是在沿海择要修筑炮台，三是设机器局，负责制造枪炮、火药、轮船等军械。[④]

晚清筹建近代海军的动议最早由魏源等人于《海国图志》中提出。魏源提出“宜师夷长技以制夷。夷之长技三，一战舰，二火器，三养兵练兵之法……请于广东虎门外之沙角、大角二处置造船

---

① 《清史稿》卷 136《兵七》。

② 周家楣：《拟奏海防亟宜切筹武备必求实际疏》，载中国史学会主编《洋务运动》（一），上海人民出版社 1961 年版，第 27 页。

③ 《丁日昌拟海洋水师章程》，载中国史学会主编《洋务运动》（一），上海人民出版社 1961 年版，第 30 页。

④ 《丁日昌拟海洋水师章程》，载中国史学会主编《洋务运动》（一），上海人民出版社 1961 年版，第 30—31 页。

一，火器局一，行取佛兰西、弥利坚二国各来夷目一二人，分携西洋工匠至粤司造船械，并延西洋柁师司教行船演炮之法，如钦天监夷官之例。而选闽粤巧匠精兵以习之，工匠习其铸造，精兵习其驾驶攻击。计每艘中号者不过二万金以内，计百艘不过二百万金。再以十万金造火轮舟十艘，以四十万金造配炮械，所费不过二百五十万，而尽得西洋之长技为中国之长技。每艘配兵三百人，计百艘可配三万人，广东一万，福建一万，浙江六千，江苏四千。其所配之兵，必凭选练取诸沿海渔户枭徒者十之八，取诸水师旧营者十之二，尽裁并水师之虚粮冗粮以为募养精兵之费，必使中国水师可以驶楼船于海外，可以战洋夷于海中"[①]。在经历了阿思本舰队事件之后，清朝廷有鉴于内忧外患，遂改弦更张，以洋务自强运动应付危局。在新式轮船制造方面，曾国藩与李鸿章在上海创办江南制造局，仿制西式轮船，自同治七年（1868 年）至光绪三十四年（1908 年），共制造炮船16 艘、小铁壳船 5 艘、舢板船 30 艘，合计大小 51 艘。[②] 同治五年，左宗棠主持于福州创建福建船政局，购买西方机器，聘请西方人才，船政局分为两大部门：一为造船厂，二为船政学堂，前者负责造船，后者负责训练造船技术人员和驾驶人员。船政局创建后发展速度颇快，至同治十三年二月，已造成轮船 15 艘，但多为兵商两用的运船，且为木质。

同治九年（1870 年），沈葆桢上奏《请简派轮船统领折》，以福建船政成船日多，应选派"熟悉海疆、忠勇素著之大员一人，以为统领"，沈葆桢认为，兵船选成，但欲演练成军仍存在两大阻碍，一为训练，二为联络。前者须于外洋展开，后者须将分布于各海口

---

① 魏源：《海国图志》卷 2《筹海编三 · 议战》，光绪二年刻本，第 6—7 页。

② 王家俭：《李鸿章与北洋舰队：近代中国创建海军的失败与教训》，生活 · 读书 · 新知三联书店 2008 年版，第 63 页。

的轮船组织起来，以达到声气相联，调度有方的目标。[①] 他同时保举福建水师提督李成谋出任轮船统领一职，得到清朝廷的批准，同时要求李成谋就已成之船“督率各员弁驾驶出洋，认真操练，技艺愈精，胆气愈壮，方足备御侮折冲之用”[②]。福建舰队遂即成立。江苏方面也于同年九月由曾国藩在上海设立轮船操练局，以前台湾道吴大廷为首，负责轮船海上操练事宜，是为江苏舰队成立的雏形。福建与江苏两支地方舰队的成立，同时也标志着晚清海军的正式建立。

1874 年日军侵台及 1879 年日本吞并琉球事件给清朝廷以强烈刺激。清朝廷大议海防，并调整海防策略，实行南北二洋分防政策。“南北洋地面过宽，界连数省，必须分段督办以专责成。著派李鸿章督办北洋海防事宜，派沈葆桢督办南洋海防事宜。”[③] 与此同时，清朝廷设立海防专款，“将粤海等关四成洋税，及江海关四成内二成，暨江浙等省厘金银两，分拨南北洋，作为海防专款”[④]，额度达到四百万两。两江总督兼南洋大臣沈葆桢以海防经费单薄不宜细分为由，认为外海水师宜先自北洋创办，等北洋成军后，再练他洋海军，主张将海防经费专从北洋。在李鸿章的主持和经营下，北洋海军建设正式起步，至光绪十三年（1887 年）北洋海军已蔚然成规模，至当年为止，拥有国产及外购的大小各式舰艇 36 艘。次年，北洋舰队正式组建，清朝廷自英德购买的“致远”“靖远”“经远”“来远”4 艘舰船归建，合计共有舰艇 40 艘，其中包括铁甲舰 2 艘（镇远、定远）、巡洋舰 7 艘（济远、致远、靖远、经远、

① 沈葆桢：《请简派轮船统领折》，载中国史学会主编《洋务运动》（二），上海人民出版社 1961 年版，第 278 页。

② 《同治九年九月二十七日军机大臣字寄》，载中国史学会主编《洋务运动》（一），上海人民出版社 1961 年版，第 281 页。

③ 《清德宗实录》卷 8，光绪元年乙亥四月壬辰。

④ 沈葆桢：《原拨海防经费现拟照案仍行分解南洋折》，载吴元炳辑《沈文肃公政书》卷七，光绪刻本，第 52 页。

来远、超勇、扬威），蚊炮船6艘，鱼雷艇6艘，训练船3艘，运船1艘。整体实力隐然凌驾于日本海军之上。北洋水师成军的同时，又陆续建设旅顺军港和大沽、威海卫基地，营造炮台，解决了海军建设的配套设施需求。

除福建海军、江苏海军、北洋水师外，还有广东海军的建立。晚清广东饱受西方冲击，海疆危机持续不断。自同治六年（1867年）开始，广东地方政府开始从外国购置兵船6艘，用于差遣巡缉之用。张之洞督粤后，多方整顿，大治水师，至甲午战前，广东海军拥有各式舰船近40艘，但多为中小轮船和浅水兵轮。

（二）晚清海军的海防理念

晚清海军成军于各地新式水师，故在海防理念上也多有不同，且随着时局的变幻，也经历了多次更迭。

如江南海军的创办者之一曾国藩即以海军舰船制造、养护费用过高，起初只计划“拟试办二三号，即以本省之资养之，为本省捕盗护运之用”[①]。福建船政的主创者左宗棠则认为应以新式轮船装备的海军水师“防海之害而收其利”[②]，他富有远见地指出：

> 东南大利，在水而不在陆。自广东、福建而浙江、江南、山东、直隶、盛京以迄东北，大海环其三面，江河以外，万水朝宗。无事之时，以之筹转漕，则千里犹在户庭，以之筹懋迁，则百货萃诸廛肆，匪独鱼盐蒲蛤足以业贫民，舵艄、水手足以安游众也。有事之时，以之筹调发，则百粤之旅可集三韩，以之筹转输，则七省之储可通一水，匪特巡洋缉盗有必设

① 曾国藩：《复沈幼丹星使》，载中国史学会主编《洋务运动》（五），上海人民出版社1961年版，第470页。

② 《同治五年五月十三日左宗棠折》，载中国史学会主编《洋务运动》（五），上海人民出版社1961年版，第6页。

之防，用兵出奇有必争之道也。况我国家建都于燕京，天津实为要镇。自海上用兵以来，泰西各国，火轮兵船直达天津，藩篱竟成虚设，星驰飙举，无足当之。自洋船准载北货行销各口，北地货价腾贵。江浙大商以海船为业者，往北置货，价本愈增，比及回南，费重行迟，不能减价以敌洋商，日久销耗愈甚，不惟亏折货本，寖至歇其旧业。滨海之区，四民中商居什之六七，坐此阛阓萧条，税厘减色，富商变为窭人，游手驱为人役。并恐海船搁朽，目前江浙海运即有无船之虑，而漕政益难措手，是非设局急造轮船不为功。[①]

这几乎是二十余年前魏源在《海国图志》建议的翻版，它也标志着福建海军的海防理念与江苏海军截然不同，即以海军为藩篱，守护京畿核心地域，防范两次鸦片战争时期外敌自海上入侵事件再度上演。

至于北洋水师的缔造者李鸿章，建设海军的起初之意仍在于守口自卫，期保和局，并无决胜大海之意。他曾言："我之造船本无驰骋域外之意，不过以守疆土、保和局而已。海外之险，有兵船巡防，而我与彼可共分之。长江及海口之利，有轮船转运，而我与彼亦共分之，或不让洋人独擅其利与险，而浸至反客为主。"[②] 其后，随着北洋水师的逐步建成，李鸿章的海防理念也趋于积极，海军虽仍以守为战，但海防理念也由近海政策演变为远洋观念，以实现其"建威销萌"的目标。在这一理念的指导下，北洋海军的活动范围也逐渐扩大，不单局限于防护中国南北洋诸海口，还东临日本、朝鲜，南达南洋群岛，甚至承担起宣慰海外华侨的功能。

① 《同治五年五月十三日左宗棠折》，载中国史学会主编《洋务运动》（五），上海人民出版社1961年版，第5页。

② 《同治十一年五月十五日李鸿章折》，载中国史学会主编《洋务运动》（五），上海人民出版社1961年版，第122页。

事实上，自中法战争福建海军全军覆灭之后，清廷痛定思痛："上年法人寻衅，叠次开仗，陆路各军屡获大胜，尚能张我军威，如果水师得力，互相援应，何至处处牵掣？当此事定之时，惩前毖后，自以大治水师为主。"[①] 朝野上下兴起近代第二次海防大讨论，在这次讨论中，"大枝水师"概念被提出并付诸实践，北洋水师加快建设成军。考诸时人所论，所谓"大枝水师"即一支强大的海上武装力量，有力量实行海战，以战固防。同治十三年（1874 年）浙江巡抚杨昌濬在奏疏中称："前此奉旨设防，当饬沿海口岸修筑炮台，置办器械，添募水陆兵勇，未尝不认真整理。然海上无大枝水师，无可靠战船，一旦猝然有警，臣自忖祇能就陆地击之。若角逐于海洋之中，实未敢信有把握。是今日自强之道，陆军固宜整理，水军更为要图。"[②] 更有论者称："前代但言海防，今日当言海战。惟有尽更旧制，另立大枝水师：直隶、福建、广东、江苏各三四万人，浙江、山东各二三万人，奉天及江防四省各一二万人，台湾、琼州各万人。省设总统，制视提督，而不分文武，与以节制各镇之权。"[③] 光绪九年（1883 年），李鸿章在其向清廷呈递的旨在说明北洋水师与陆基防御的奏疏中称："臣历年次第经营，规模粗具，虽未能创设大枝水师纵横海上，以扼渤海门户，而督饬陆军，坚筑台垒，精习后膛枪炮，以为凭岸固守之计，竭我兵力饷力以萃聚于此三四处，设敌国大队水陆来犯，不敢谓有把握，当可力与撑持。"[④] 同年十二月，他又称"烟台旅顺海面相距太宽，须有大枝水师方可阻遏敌船……如欲杜夷船北犯之路，必须船炮相当，以铁

---

① 《清德宗实录》卷 207，光绪十一年乙酉五月丁未。

② 《同治十三年十一月初四日浙江巡抚杨昌濬奏》，载中国史学会主编《洋务运动》（一），上海人民出版社 1961 年版，第 60—61 页。

③ 《海防论》，《同治十三年十一月初四日浙江巡抚杨昌濬奏》，载中国史学会主编《洋务运动》（一），上海人民出版社 1961 年版，第 343—344 页。

④ 吴汝纶、章洪钧编：《李肃毅伯（鸿章）奏议》卷 9，清刻本，第 73 页。

舰御敌之铁舰，以快船御敌之快船，再以鱼雷艇数十艘密布各岛，伺便狙击，方可制胜”，李鸿章进而认为，只有在拥有铁甲战船的前提下，“大枝水师”方能建成，而在“大枝水师”存在的前提下，方可“使渤海有重门叠户之势，津沽隐然在堂奥之中”[①]。

可见晚清的“大枝水师”，一是规模大，二是拥有大型铁甲舰船充当主力舰，三是可用以海战，能制敌于海洋之中，这一海防理念实际即是以战代防，与清代中前期相比，是一种崭新的海防理念。

（三）晚清海军的海防实践

晚清海军尤其是北洋水师成军后，即积极投身于海防实践中。考查其实践类型，大致可分为以下几种。

其一，海军会哨。《北洋海军章程》明确规定：“北洋各船每年须与南洋各船会哨一次。提督于立冬以后小雪以前，统率铁快各舰开赴南洋，会同南洋各师船巡阅江、浙、闽、广沿海各要隘，以资历练；或巡历新加坡以南各岛，至次年春分前后仍回北洋。”[②] 巡洋会哨本为清代水师的已有海防制度安排，北洋水师成军后，将这一制度沿袭下来，替代旧有的外洋水师会哨，借以巩固海防。

其二，海军操巡。如果说会哨是南北洋海军间的联合巡防，主要是针对南方各省海口的话，北洋海军的操巡则是着重于北方各省。“各船在北洋，每年春、夏、秋三季沿海操巡，应赴奉天、直隶、山东、朝鲜各洋面以次巡历，或以时游历俄日各岛。”[③] 从北洋水师的操巡范围来看，朝鲜东西海岸及海参崴等地均包含在内，水师操巡实质上即等同于海疆巡防，类似的经常性洋面巡历确保了晚

① 吴汝纶、章洪钧编：《李肃毅伯（鸿章）奏议》卷9，清刻本，第88—89页。

② 总理海军事务衙门编：《大清北洋海军章程》第六册《简阅》，载《近代中国史料丛刊三编》第二十七辑，台湾文海出版社1987年版，第1—2页。

③ 总理海军事务衙门编：《大清北洋海军章程》第六册《简阅》，载《近代中国史料丛刊三编》第二十七辑，台湾文海出版社1987年版，第3页。

清对海疆安全的及时把握。

其三，防卫藩邦。光绪八年（1882 年）八月，日本为图谋占领朝鲜，制造壬午事件，清朝廷派丁汝昌、马建忠率海军之“威远”“超勇”“扬威”各舰前往仁川，并与日本海军舰船形成对抗之势，经过以武力为后盾的交涉之后，日本于八月三十日退兵。光绪十年，日本在朝鲜发动甲申之变，企图将清朝势力逐出朝鲜，北洋海军派遣兵舰“超勇”“扬威”“建威”等船前往仁川增援，直至解决争执。

其四，宣慰海外华侨。前引《北洋海军章程》中曾明确规定，晚清海军在每年冬天巡历南方各海口及南洋各岛，以西贡、新加坡、槟榔屿为主，以保护海外侨民，也受到各地华侨的热烈欢迎。北洋水师舰队曾三次抵达新加坡，并转抵马六甲、槟榔屿等地。舰队抵达南洋各地后，除上岸拜会当地官员外，也准许当地华侨华人登舰参观，大大激发了南洋华侨的民族自尊心和爱国热情。

其五，抵御外敌海上入侵。中法战争期间的马江海战，福建海军在受到突然袭击的情况下，奋起应战，虽然最终全军覆灭，但仍以自身行动回击了法国侵略者。“扬武”号开战即受到致命攻击，但仍然开动机器，以尾炮和舷炮炮击法军首领孤拔的座舰，并击伤法军四十六号鱼雷艇，全船 107 人阵亡；“福星”号在管驾陈英的率领下奋起抵抗，陈英牺牲于瞭望台，力战不退，直至船沉，全船 70 人阵亡；“建胜”号发炮轰击法舰，管带林森林中弹牺牲，全船 43 人牺牲；“福胜”号在船尾中弹的情况下仍发炮回击敌舰，管驾叶琛牺牲，全船 28 人殉难；“飞云”号管驾高腾云坚持指挥战斗，中炮死难，全船 46 人牺牲。其他各舰，“济安”号 70 人，“永保”号 12 人，“琛航”号 64 人皆殉难。福建海军的抵抗悲壮而又惨烈，即使在侵略者的眼中，“有些人表现出勇敢和英雄的优美榜样。在其中一艘巡洋舰上，船身四分之三都着火了，而且即要沉入江中，中国黄旗忽然升起来，又有一个炮手向我们的战舰送来最后的一炮”[①]。时任闽海关税务司在向总税务司赫德的报告中也称：“如果记住这些军舰上的水手几个星期以来始终处于敌人随时准备发射——并且是对准他们的——炮口下，对于敌我实力的悬殊十分清楚，而始终没有离开岗位，那么他们的行为简直是可惊佩的。”[②] 甲午中日战争中，北洋水师舰队与日本联合舰队在丰岛海战和黄海海战中，更是将抵御侵略、抗击外敌的英勇海军精神显露无遗。丰岛海战中，北洋水师护航舰船“济远”“广乙”号面对优势敌舰，毫无惧色，沉着应战。“济远”帮带大副沈寿昌头部中弹牺牲，二副柯建章接替指挥，也中弹阵亡，激战中，“济远”以尾炮击伤日舰“吉野”号。黄海海战中，“致远”号及管带邓世昌的英勇行为更是成为北洋水师英勇抗敌形象的缩影。虽然晚清海军在抵抗外敌入侵的斗争中纷纷落败，但究其败因，则不能不归于整体海军实力的不足，以及清朝对敌策略的固有缺陷。以晚清海军而言，抵抗外敌入侵，以身殉国，已在事实上履行了其守卫海疆安全和国家主权的天然使命，故虽败犹荣。

三　晚清时期的海权意识及对海疆主权的维护

甲午的战败，苦心经营的北洋海军的全军覆灭，事实上宣告了自19世纪60年代以来晚清海防建设努力的失败。基于此，甲午之后，来自民间、政府的反思浪潮和维护海疆主权的实践直接催生和不断完善了清朝的近代海权意识和海疆主权观念。这一时期，虽然海军重建步伐缓慢，成果不彰，但晚清上至政府，下至民间，仍运用包括国际法在内的各式手段有效地维护了海疆的统一。

---

① 中国史学会主编：《中法战争》（三），新知识出版社1955年版，第554页。

② 中国近代经济史资料丛刊编辑委员会编：《中国海关与法战争》，中华书局1983年版，第216页。

(一) 晚清时期的海权意识

“海权”一词在甲午战后的晚清，有多种不同的含义。

其一，将“海权”粗略等同于近代海军，海军丧失则海权丧失。晚清重臣荣禄曾在甲午战后曾感叹称“战舰凋零，海权全失，沿海之地易启彼族窥伺之心”[①]。甲午战后，晚清新式水师已基本覆灭，位于上海的江南制造总局鉴于其位于海口，而此时“海权全失，情形益非昔比，其亟须设法移徙者，固已毫无疑义”[②]，计划启动兵工厂的搬迁计划。可见，甲午之后的晚清时人，曾普遍将由近代海军兴起而构建起的海防格局称为“海权”，海军丧失后，“海权”也随之丧失。

其二，将因海洋通航、邮驿而产生的权益称为“海权”。如晚清盛宣怀奉命筹备邮传部，即将邮传权益尤其是船只航运权益视为中国“海权”，实为海洋权益。他称：“其理船厅暨民船各项事宜既经行政定入臣部职掌之中，正拟遵与税务处、农工商部将权限划清，以图共济，一面提倡邮船会社，冀得渐收海权。”[③]

其三，将海洋渔业权利等同于“海权”，以晚清著名实业家张謇为代表。他将领海界限与海权相关联，指出：“中国濒海之业鱼盐并称，然鱼则农兼为之，其专为渔者，穷海荒岛无田可种之民，无大资本者也，各国则视鱼业为关系海权最大之事，其领海界限视精远之炮弹所及为止，今已由三海里渐展至十海里。所谓领海者，平时捍卫边警及战时局外中立之界限，亦即保护鱼利之界限，两国分界处往往以兵舰守之，美国于距海岸十二英里内且行检查，每有

---

① 《光绪二十三年十月荣禄片》，载中国史学会主编《洋务运动》(四)，上海人民出版社1961年版，第84页。

② 《二十四年总办林志道禀复》，载中国史学会主编《洋务运动》(四)，上海人民出版社1961年版，第85页。

③ 盛宣怀：《愚斋存稿》卷19《邮部奏疏上》，1939年思补楼刻本，第29页。

因争渔界而开衅者，其郑重海权如此。”[1] 他进而认识到，“海权、渔界相为表里，海权在国，渔界在民。不明渔界，不足定海权；不伸海权，不足保渔界。互相维系，各界皆然”[2]。为进一步厘定渔界以固海权，张謇主张通过绘制渔界图达到对外宣示海权的目标。1906 年于意大利米兰召开的渔业赛会，清朝派员参加，张謇即提请绘制渔界图参会，以在国际上宣示中国的渔界和海权。他在年谱中自叙道：“（光绪三十二年丙午）规画意大利秘拉诺赛会，以中国东南海渔界图往与会。渔界所至，海权所在也。图据《海国图志》《瀛寰志略》为之。……此次合沿海七省仅费二万五千金耳，以海产品物、中国渔具渔史，媵我东南海渔界图而去，彰我古昔领海之权，本为我有之目的。”[3]

其四，将“海权”等同于领海主权，尤见晚清各式划界争端上。如光绪三十三年（1907 年）的中葡海界争端，广东地方官员、绅商和知识界均围绕主权来理解“海权”，同时还综合运用国势、外交、商务等理念维护“海权”。[4]

其五，对以马汉海权论为代表的近代海权理论的引介和接受。1890—1905 年，美国海军战争学院院长马汉相继完成了“海权论”三部曲，遂在世界范围内引发广泛传播。在马汉的著作里，他把海权界定为一个国家对海洋的控制权，它的内容非常广泛，既包括一个国家一定海域内的军事控制权，也包括一个国家所获得的以海洋为依托的商业贸易、交通航运等方面的优越经济地位。马汉的海权理论被认为是近代海权理论的确立，它深刻影响了各国的海权理论

---

① 张謇：《张季子九录》卷 3《政闻录》，上海中华书局 1931 年铅印本，第 6 页。

② 张謇：《商部头等顾问官张咨呈本部筹议沿海各省渔业办法文》，《东方杂志》第 3 期，光绪三十二年（1906 年）二月二十五日。

③ 张謇：《张季子九录》卷 7《专录》，上海中华书局 1931 年铅印本，第 13—14 页。

④ 参见周鑫《光绪三十三年中葡澳门海界争端与晚清中国的“海权”认识》，《海洋史研究》第六辑，社会科学文献出版社 2014 年版，第 165 页。

和海洋战略。晚清时期的中国，也接受了马汉的海权理论。1900年，上海《亚东时报》开始连载《海上权力要素论》，1910年前后，中国留日海军学生创办的《海军》杂志开始刊载马汉著作的汉文译文。与此同时，中国留日海军学生群体也开始运用近代海权理念掀起中国海权问题的集中讨论，在一些问题上集中反映了时人认识的深化，如关于海权，除了军事方面的制海权外，还包含商业地位之保全、交通线之保全、航业之保全、侨民之保全、海产物之保全等内容[①]，世界各国的势力大小与海权息息相关，“观察各国势力，即以海上权力大小而定。何以故，海军强大，能主管海上权者，必能主管海上贸易；能主管海上之贸易者，即能主管世界之富源”[②]。因此，“凡一国之盛衰，在乎制海权之得失”[③]。因此，留日学生群体强烈呼吁清朝恢复建立一支强大的近代海军，以恢复和争夺海权，重振国势。这一认识从留日学生群体很快就传播到了晚清的知识群体。1903年，梁启勋于《新民丛报》上刊发《论太平洋海权及中国前途》一文，明确指出：“今日之世界，生计竞争之世界也。所谓帝国主义者，语其实则商国主义也，而商业势力之消长，实与海上权力之兴败为缘。故伸国力于世界，必以争海权为第一义。此自昔所已然，而今日其尤亟者也。故太平洋海权问题，实为二十世纪第一大问题。”[④] 1909年，张嘉璈于《交通官报》中发表《论船政与国家之关系及列国之政策》一文，提出“二十世纪以前武备竞争之世界也，二十世纪以后，武备之经济竞争之世界也。是故昔日之竞争恃武力而今日则武力与富力并重，武力者，海陆军也，富力者，工商业也。……海军与商业之关系于国家者愈

---

① 肖举规：《海军论上》（论海军成立与国民精神及国民海上权力思想之关系），《海军》1909年第2期。

② 笛帆：《海上主管权之争夺》，《海军》1909年第2期。

③ 海涛：《海军军人进级及教育统系》，《海军》1909年第2期。

④ 梁启勋：《论太平洋海权及中国前途》，载《新民丛报汇编》1903年版，第475页。

巨。何则？今日之世界海战之世界也，商战之世界也。……泰西政治家有言曰，居今日之世，能握商权海权者，足以称雄天下”[①]。事实上已清楚地揭示出实现海权的途径在于发展经济实力，从而充实武力。

值得注意的是，以上关于“海权”的讨论也影响到了清朝的海权认知。1907 年，姚锡光受命规划海军筹复计划，他明确提出以远洋“海权竞争”为目标来筹复海军。“呜呼，方今天下，一海权争竞剧烈之场耳。古称有海防而无海战，今寰球既达，不能长驱远海，即无能控扼近洋。”“盖海权者，我所固有之物也，彼虽綦我，焉能禁我之治海军？遂乃巧为其辞，勖我购浅水兵船为海军根本，使我财办潜销于无用之地，而远洋可无中国只轮，于海权存亡，实无能系其毫末。”[②]

（二）清朝对海疆主权的维护

甲午战后，晚清时人对“海权”的认识呈多维度化，一方面，将“海权”与主权和权利相联系，“领海”“领水”等国家主权概念愈加明晰；另一方面，国人也愈加清楚“海权”的保障是以近代海洋军事力量为根基。是故，清朝对海疆主权的维护也是从重建和复兴海军开始的。

1896 年，总理衙门指派出使德国大臣许景澄向德国伏尔铿厂订购了 3 艘巡洋舰，1898 年“海容”“海筹”“海琛”号军舰均已驶抵天津大沽，军舰排水量为 2950 吨，航速约 20 节，功率 7500 匹马力，武器系统包括克式 150 毫米口径炮 3 门，克式 105 毫米口径炮 8 门，60 毫米口径炮 2 门，鱼雷发射管 1 个，兵力配置为 263 名。

---

① 张嘉璈：《论船政与国家之关系及列国之政策》，《交通官报》第二期，《论述》1909 年，第 2 页。

② 姚锡光：《筹海军刍议》，载张侠、杨志本等合编《清末海军史料》下册，海洋出版社 1982 年版，第 798—799 页。

此外，在外订购的军舰还有鱼雷艇 4 艘，即“海龙”“海青”“海华”“海犀”号；由日本订购航海炮舰四艘，即“江元”“江亨”“江利”“江贞”号。地方层面上，湖广总督张之洞由日本订造了“湖鹏”“湖鹗”“湖鹰”“湖隼”4 艘鱼雷艇，以及“楚泰”“楚同”“楚豫”“楚有”“楚观”“楚谦”6 艘航海炮舰。自制军舰方面，福州船政与江南船坞先后分别制造了“福安”运船，“吉云”拖船，“建威”“建安”鱼雷快船，“建翼”鱼雷艇，“甘泉”“安丰”“广金”“广玉”“联鲸”“澄海”炮舰。① 据学者研究，自甲午战后至清朝统治结束，清朝共外购军舰 39 艘，排水量 34728 吨，平均每年增加 2105 吨；国产军舰 24 艘，排水量 10564 吨，平均每年增加 640 吨。② 晚清海军重建和复兴取得了相当的成效，在海疆主权的维护过程中发挥了重要作用。

1899 年 2 月，意大利向清政府发出照会，要求参照旅顺、大连先例，强行租借中国三门湾为军港，同时要求修筑一条从三门湾通往鄱阳湖的铁路，并将浙江南部划为其势力范围。清政府对意大利政府的无理要求置之不理，同时为防备其蓄意挑衅，密令中国沿海各海防要口严密防范，重建后的海军也做好了南下浙江的准备，北洋舰队统领叶祖珪也命令各舰做好相应战斗准备。意远东海军当局面对清海军的实力，被迫承认无力开战，意大利索租三门湾一事也不了了之。

1907 年，日商西泽吉次带人登上中国东沙岛，施工建造，并将岛上海神庙等已有中国建筑拆毁，同时日海军护送移民和军火上岛，意图对东沙岛长期据守。清朝廷对此事迅速做出反应。两江总督端方致电外务部，请外务部根据已有海图记载和中国渔民的渔业

① 张侠、杨志本等合编：《清末海军史料》上册，海洋出版社 1982 年版，第 183—185 页。

② 姜鸣：《龙旗飘扬的舰队：中国近代海军兴衰史》（增订本），生活·读书·新知三联书店 2002 年版，第 492—493 页。

惯例，“宣布此岛为中国属岛”①，并要求日商从岛上撤离。清外务部接电后，令两广总督张人骏设法查明。1909 年，南洋海军派“飞鹰舰”前往东沙岛收集相关证据，将有关东沙岛的各类已有文献，包括英、法海军的海图记载一并收集在内，有力地反驳了日方所谓东沙岛是“无主荒地”的谬论。经过双方多轮交涉，面对清朝出示的有力证据，日方被迫承认东沙群岛为中国固有领土，日人应予撤出，清朝收购岛上已有建筑设施，同时日人也补缴了各项税款，赔偿已损坏的中国庙产。清朝对东沙岛主权的维护过程中，充分利用了已有文献记载如《国朝柔远记》《中国江海险要图志》《海国闻见示》等，全国上下尤其是广东地方民众也积极行动，据理力争，显示了国家海疆主权观念在晚清的传播与普及。

在向日本交涉东沙群岛的过程中，有感于海疆主权丧失的危险，西沙群岛的巡防勘查也被提上议事日程。1909 年，两广总督张人骏派水师副将吴敬荣率领“飞鹰舰”前往西沙群岛执行勘查任务，共“勘得该岛共有 15 外，内分西七岛、东八岛”，并认为“其地居琼崖东南，适当欧洲来华之要冲，为南洋第一重门户，若任其荒而不治，非唯地利之弃，甚为可惜，亦非所以重领土而保海权也”②。同年，张人骏又“特派副将吴敬荣……于宣统元年四月率队一七〇余人，分乘伏波、琛航、广金三舰，以水师提督李准为总指挥，前往勘查各岛”③。李准一行每到一处都登岛鸣炮升旗，宣示中国主权，并绘制了西沙群岛总图和各岛的分图。广东当局随后成立“筹办西沙岛事务办”，并制订了详细的西沙开发计划。④ 经此

① 《江督端方至外部请宣布蒲拉他岛为中国属岛电》，载王彦威纂、王亮编《清季外交史料》卷 217，1931 年刊本，第 7 页。

② 陈天赐：《西沙岛东沙岛成案汇编》，载《中国南部沿海及诸岛文献史料选编》第一辑，第 31 册，蝠池书院 2018 年版，第 48 页。

③ 郑资约编著：《南海诸岛地理志略》，商务印书馆 1947 年版，第 8 页。

④ 陈天赐：《西沙岛东沙岛成案汇编》，载《中国南部沿海及诸岛文献史料选编》第一辑，第 31 册，蝠池书院 2018 年版，第 30—38 页。

海军巡视后，国际社会也开始普遍承认西沙群岛为中国固有海疆领土。

运用近代国际法进行外交交涉是晚清维护海疆主权的又一重要途径。光绪三十三年（1907 年），时任盛京将军赵尔巽致电外务部，称“日本远洋渔业团，声言收取黄渤海、山东沿海一带渔利，系侵我海权，业经照会日领禁阻”①。同年五月，赵尔巽再次致电外务部，称“日人带兵乘轮，往鲅鱼圈一带，迫收渔税”，致使“我渔业公司比较去年所收六万二千余元之数，合以无形之损失，今年受亏甚巨，已分饬查明向之索偿”②。关于上述海洋渔利的交涉，当事地方官员均以大量证据证明外方侵权之事属实，且声明为不法之事，并以此为索偿根据，进而划清界限，“所以防其藉口攘利之谋，后此要其声明，亦所以杜其援例争权之渐。凡此皆为我渔利海权计也”③。可以看出，所谓“不法”之事，实际为违反国际公法，晚清时期对国际通行惯例的接受和运用，在对外交涉、维护海疆主权完整方面，发挥了一定的作用。近代国际法认为，一国占有土地的主要对象之一是无主地，无主地可以是杳无人迹之地，从未被占有或不属于任何国家所有之地，也可谓虽一度属于一国所有而后来被先前占有者所抛弃的土地。日商西泽吉次侵占东沙岛所用借口即是称东沙岛为“无主地”，晚清广东地方当局运用大量中文外文文献、建筑遗存、渔业惯习证明东沙岛自古为中国广东辖境，迫使日方撤出。李准率舰勘察西沙时，也遇见在此捕鱼的中国海南渔民，岛上也有渔民的庙宇。在此交涉过程中，晚清时期官民的海洋领土主权意识日益增强，有利于民国时期中国对海疆主权完整性的维护。同

① 故宫博物院编：《清光绪朝中日交涉史料》卷 71，民国排印本，第 26 页。

② 《盛京将军赵尔巽致外部日迫收渔税屡议屡罢请由新任严诘函》，载王彦威纂、王亮编《清季外交史料》卷 203，1931 年刊本，第 1 页。

③ 《盛京将军赵尔巽致外部日迫收渔税屡议屡罢请由新任严诘函》，载王彦威纂、王亮编《清季外交史料》卷 203，1931 年刊本，第 1—2 页。

时值得注意的是，晚清官民在有关海疆主权的对外交涉中，虽然运用近代国际法取得了一定成效，但这其实是列强在不损害他们根本利益的前提下所做的些许让步，近代国际法对清朝的海疆主权维护所起的作用仍十分有限，不平等条约仍是约束晚清主权行使的主要限制。

结　语

清朝为实现、巩固和维护国家统一，保障沿海社会稳定，制定和实践了一系列海疆政策，并随着海疆局势的演化被迫不断予以调整，其经验与教训尤值鉴察。

从成功经验来看，首先，海疆统一是清代大一统国家建构的重要基础，后者又为海疆经略提供了重要前提。清朝建立初期，郑成功先立足福建沿海海岛，后据台对峙。清朝为平灭郑氏势力，大力推行禁海政策，浙、闽、粤沿海一线遂成战火蔓延之区。直至康熙平台，遣官管理，海疆为之一统，清代大一统国家的建构进程得以大大推进。与此同时，在清代大一统国家形成的基础上，海疆经略也得以顺利推行，清朝有效地管控了海疆社会，维护了国家海疆主权的完整。

其次，沿海社会治理的成效直接关系到海疆的安定。有清一代的海疆经略，其重要内容即是沿海社会治理和涉海人群管理。清朝廷较为深刻地认识到了这一点，沿海各级官吏，从基层州县官到督抚大吏，留下了丰富的记录及对策。同时清朝国家也“因俗而治”，从官方意识形态的介入与树立、国家对海神信仰的敕封、新设州县等多方面入手，因势利导，大力发展沿海和海岛经济，对沿海社会实行了有效的管控和治理，有效地实现了海疆的基本安定。

最后，保持强大的海洋防卫力量是海疆安全的主要屏障。清朝建立后即着手建立了基于海基联防、内外洋结合的海防体系，以岸基炮台、内外洋水师为基础力量，辅以水师洋面巡哨，有效地界定和防护了海疆主权和海疆安全。进入近代，面对西方的坚船利炮，清朝在“塞防”“海防”的国防格局下，投入大量人力物力，以“大枝水师”为目标，建成了以北洋、南洋水师为主的近代化海军力量，进行外洋防卫，虽屡遭挫败，但仍在四面危局之下，艰难地维护了我国的海疆主权。

从教训来看，毋庸讳言，清朝的海疆经略，在相当长时间内均是相对保守和内向的，尤其是对沿海社会和涉海人群而言。“寓禁于防”带来的有限流动和开放，其对应的并不一定是海疆的安定和安全。清代台湾的林爽文大起义、沿海盗匪的长期存在均说明了这一点。另一方面，在近代海疆主权和安全屡遭危机的情况下，沿海民众在很大程度上也构成了反对外来入侵和维护国家海疆主权安全的重要力量。这一历史现象的前后对比，尤其值得后世深思和借鉴。

第十一章

清朝对台湾的经略

台湾岛地处中国东南沿海，由于历史、地理与文化的因缘，自古以来就与大陆有密切关系。台海是一个历史形成的不可分割的命运共同体，其中清朝对台湾历经200余年的治理与开发是最为关键的一环。自康熙时期统一台湾（1683年）到乙未割台（1895年），清朝经略台湾212年，通过实施各项制度与政策，使台湾地区在政治、经济、文化与社会生活等方面基本上完成了与大陆一体化的进程，并在清末洋务运动之中由原来的边陲海岛一跃而为全国最先进的省份之一，从而成为大一统中国不可分割的一部分。

第一节　清朝治理台湾的军政体制

康熙时期统一台湾以后，清朝在台湾推行与大陆一样的行政建置，并不断完善相应的官制系统，使台湾在政治上逐渐与大陆一体化。为了加强对台湾地区吏治的监督，并了解其民情，清廷派出巡台御史，在台湾实行独特的监察制度。在军事方面，清朝在台湾实行班兵制度，主要用福建等地不断轮换的官兵守护台湾，维系东南海疆要地的稳定与安全。

一　沿用大陆的行政建置

康熙二十二年（1683年），施琅平定台湾，关于如何善后，由于时人对台湾地位的认识颇有差异，清朝内部出现了所谓弃留之争，而康熙皇帝最终做出了在台湾设治开发的关键决策。

当年十二月，施琅结合自己的征台经历，上奏《恭陈台湾弃留疏》，力陈台湾弃留之利害。他认为弃台论者所谓“徙其人而空其地”之计，“殊费经营，实非长策”；而“仅守澎湖而弃台湾”之策，亦非至计，“守台湾则所以固澎湖，台湾、澎湖一守兼之”。在他看来，台湾的战略地位非常重要，“乃江、浙、闽、粤四省之左护”。主张台湾决不可弃，必须坚守：“盖筹天下之形势，必求万全。台湾一地，虽属外岛，实关四省之要害。勿谓彼中耕种，尤能少资兵食，固当议留；即为不毛荒壤，必藉内地挽运，亦断断乎其不可弃……弃之必酿成大祸，留之诚永固边圉。”[①] 朝中重臣大学士李霨、王熙赞同施琅的意见：“据施琅奏内称，台湾有地数千里，人民十万，则其地甚要，弃之必为外国所踞，奸宄之徒窜匿其中亦未可料，臣等以为守之便。”康熙皇帝说：“台湾弃取所关甚大，镇守之官三年一易亦非至当之策，若徙其人民，又恐致失所，弃而不守，尤为不可。”康熙皇帝谕令大学士会同议政王、贝勒、大臣、九卿、詹事、科、道再行确议具奏。随后，大学士明珠奏称：“议政王等云：上谕极当。提臣施琅目击彼处情形，请守已得之地，则设兵守之为宜。”[②] 为慎重起见，康熙皇帝又谕令福建督抚提镇详议。康熙二十三年（1684年）四月，差往福建料理钱粮工部侍郎苏拜会同福建督抚提督疏言：“台湾地方千余里，应设一府三县，

---

① 施琅：《恭陈台湾弃留疏》（康熙二十二年十二月二十二日），载王铎全校注《靖海纪事》，福建人民出版社1983年版，第120—123页。

② 中国第一历史档案馆整理：《康熙起居注》第2册，康熙二十三年正月二十一、二十七日，中华书局1984年版，第1127、1129页。

设巡道一员分辖。”得到康熙皇帝批准。[①] 清朝正式把台湾纳入行政治理体系。

清代台湾的行政建置演变可以分为四个时期。

（一）康熙二十三年至雍正元年（1684—1723 年）一府三县时期

最早在台湾设府置县的是明郑时期。康熙元年（1662 年），郑成功驱逐荷兰人之后，在台湾设立一府二县：府称承天府，下辖天兴县与万年县。后来郑经改天兴县、万年县为天兴州、万年州。明郑时期大陆行政建制开始移入台湾。

康熙二十三年（1684 年），清朝承接明郑建制，在台湾设立一府三县：改承天府为台湾府，分万年州为台湾县、凤山县，改天兴州为诸罗县，由台厦兵备道分辖，隶属福建省。台湾的最高行政长官是分巡台厦兵备道，正四品，管辖台湾与厦门两地，还兼理学政等事务。台湾知府从四品，其行政职能与台厦兵备道所管台湾地区重叠。台湾县、凤山县、诸罗县分管台湾岛西部较早开发地区的中路、南路、北路，各设知县一员，正七品。澎湖隶属中路之台湾县，设巡检一员，正九品。台湾行政建置与官制系统规模初具。

台湾设府置县，作为福建省的一个府，从此被纳入清朝中央政府管辖之下，加快了台湾从边陲到与大陆一体化的进程。康熙末年，台湾“北至淡水、鸡笼，南尽砂马矶头，皆欣然乐郊，争趋若鹜”。“国家初设郡县，管辖不过百余里，距今未四十年，而开垦流移之众，延袤二千余里，糖谷之利甲天下。”[②] 经过清朝近四十年的治理与开发，台湾已经成为中国东南沿海一个富庶的宝岛。

---

① 《清圣祖实录》卷 115，康熙二十三年四月己酉。

② 蓝鼎元：《复制军台疆经理书》，《东征集》卷 3，载蒋炳钊、王钿点校《鹿洲全集》下册，厦门大学出版社 1995 年版，第 552 页。

（二）雍正元年至光绪元年（1723—1875年）一府四县三厅时期

康熙末年发生在台湾的朱一贵事件[①]，使年暮的康熙皇帝不得不反思台湾问题及其治台政策的得失，其中调整行政区划是一项重要举措。台湾初设一府三县，台湾县居中与台湾府同城，南部为凤山县，北部为诸罗县。诸罗县管辖幅员较广，随着开发进程，有鞭长莫及之势。雍正元年（1723年）五月，就在朱一贵事件余波平息之际，首任巡台御史吴达礼、黄叔璥奏请在诸罗县以北半线地方另立一县，增设知县一员、典史一员，又在淡水设巡检一员，有谓："查诸罗为台郡北路，南北延袤千有余里，东倚层峦，西临大海，其中山林丛茂，港口繁多，在在皆属险要。现今县尉以及北路营弁驻扎诸罗山，去府仅百数十里。自县治以北，溪深道远，往返动经浃旬逾月，若遇夏秋水涨，更稽时日。伏思北路户口日增，田畴日辟，县令为亲民之官，相隔辽阔，耳目不能遍及，检尸验伤，则日久溃变，输粮听讼，则跋涉维艰，且山深水阻，宵小易潜，一旦窃发，断难即时缉捕，诸事不能不委之保长、通事，而扰累欺隐，其弊有不可胜言者。查诸罗县北二百八十里为半线地方，臣等曾亲身巡历，见其平原沃野，民番错处，实为居中扼要之地。请另立一县于半线，增设知县一员、典史一员，分膺民社，以虎尾溪为界，近防三林、鹿仔，远控淡水、鸡笼，人命盗案，就近料理，庶可早为归结。北至淡水数百里，再设巡检一员，专司稽察附近民

---

① 朱一贵事件是清代台湾历史上第一次大规模的民众武装反抗官府事件。康熙六十年（1721年）四月十九日，闽籍农民朱一贵因不满知府王珍贪污暴虐，在凤山县起事。朱一贵以明朝后裔自居，打起反清复明旗号，各地响应者甚众。五月初一日，朱一贵率军攻破台湾府城，杀死台湾镇总兵欧阳凯，台厦道梁文煊、知府王珍、同知王礼、台湾知县吴观域、诸罗知县朱夔等仓皇奔逃澎湖。除北部淡水营以外，台湾全岛一府三县几乎全部沦陷。朱一贵称"中兴王"，建号"永和"。六月十六日，在闽浙总督满保调动下，福建水师提督施世骠、南澳总兵蓝廷珍率大军抵鹿耳门，二十二日收复台湾府城。闰六月初擒获朱一贵，以后渐次收复各地。

番，并海岸要口。”[①] 八月，兵部议覆在淡水设捕盗同知一员，诸罗分设彰化县。[②] 彰化县从诸罗县析出，台湾府始辖四县。淡水同知一员，正五品，初设之时，只是台湾知府的分支机构，治所暂设彰化县城；雍正九年（1731 年）二月，经福建总督刘世明题奏，吏部议覆，淡水同知移驻竹堑[③]，正式成为治事理民的地方官厅，即淡水厅。彰化县与淡水厅的设立，有助于台湾北部的治理与开发。

澎湖原属台湾县，仅设巡检一员。朱一贵事件发生，全台陷落，台湾文职官员道台、知府、知县全部逃归澎湖，清朝控制澎湖而迅速收复台湾。澎湖是台湾的门户，地理位置非常重要，仅巡检一员不足以控驭。雍正五年（1727 年）二月，经福建总督高其倬题奏，吏部议覆，清廷允准改台厦道为台湾道，添设台湾府通判一员驻澎湖，裁撤澎湖巡检。[④] 台湾道从台厦道分离出来，专管台湾一府；新设台湾府通判一员，正六品，专驻澎湖，澎湖厅正式设立。

乾隆时期台湾行政区划没有改变。林爽文事件[⑤]之后，值得注意之处有二：一是诸罗县改名嘉义县。乾隆五十二年（1787 年）十一月，

---

① 《巡视台湾御史吴达礼等奏折·台湾诸罗县北请增设一县》（雍正元年五月二十日），载中国第一历史档案馆、海峡两岸出版交流中心编《明清宫藏台湾档案汇编》第 8 册，九州出版社 2009 年版，第 279—280 页。

② 《清世宗实录》卷 10，雍正元年八月乙卯。

③ 《吏部尚书张廷玉等题本·台湾府彰化县添设巡检民壮》（雍正九年二月初九日），载《明清宫藏台湾档案汇编》第 11 册，第 61—63 页；《清世宗实录》卷 103，雍正九年二月甲辰。

④ 《闽浙总督高其倬题本·裁去澎湖巡检添设台湾府通判一员》（雍正四年十二月十九日）、《吏部尚书查弼纳等题本·添设台湾通判驻扎澎湖》（雍正五年二月十六日），载《明清宫藏台湾档案汇编》第 10 册，第 81、83—85 页；《清世宗实录》卷 53，雍正五年二月甲戌。

⑤ 林爽文事件是清代台湾历史上最大规模的民众武装反抗官府事件。乾隆五十一年（1786 年）十一月，台湾镇总兵柴大纪命知府孙景燧、副将赫生额等率兵到彰化搜捕天地会员，激起民愤。天地会首领林爽文率众起事，以“剿除贪官，以保民生”相号召，应者云集。相继攻占彰化、诸罗两县和淡水厅。林爽文称“顺天盟主大元帅”，改元“顺天”。另一位天地会首领庄大田率部攻占凤山县城，随后与林爽文合攻台湾府城。清廷震惊，急调水师提督黄仕简、陆路提督任承恩等率军渡海赴台。八月，改命大学士陕甘总督福康安为将军、领侍卫大臣海兰察为参赞大臣，率大军渡海赴台。乾隆五十三年（1788 年）正月，清军多路出击，打败民军，俘获林爽文，解至京城杀害，持续一年多的林爽文事件结束。

为嘉奖诸罗县民众急公向义，帮助官兵，奋力守御诸罗县城，乾隆皇帝钦赐将诸罗县改为嘉义县。[①] 二是台湾道加按察使衔。乾隆五十三年（1788年）六月，乾隆皇帝谕令："台湾远在海外，如遇有紧要案件，该处道员，虽原准与总兵会衔具奏，但镇道本不相统辖，若必待会衔，易启扶同瞻徇之弊；且海外风信靡常，往来商办，动稽时日，亦多未便。……嗣后凡遇补放台湾道员者，俱著加按察使衔，俾得自行奏事。"[②] 乾隆皇帝给台湾道加按察使衔，赋予其专折奏事的职权。

乾隆末年，福建漳州人吴沙已经带领移民进入蛤仔难（噶玛兰）北部三貂地区进行开垦活动。嘉庆初年，随着福建、广东移民逐渐增多，蛤仔难地区日益开发。嘉庆十六年（1811年）十月，经闽浙总督汪志伊奏请，清廷允准增设噶玛兰通判一员。[③] 噶玛兰厅正式设立，台湾进入一府四县三厅时期。

（三）光绪元年至十一年（1875—1885年）二府八县四厅时期

自嘉庆十六年（1811年）噶玛兰设厅以后，历经道光、咸丰、同治时期，台湾行政区划均没有大的变化。但是，清朝在台湾的开发并没有停止。随着土地开发不断向南、北两地及东部地区推进，台湾经济得到进一步发展，人口不断增加，旧有行政区划的调整也逐渐被提上议事日程。

同治十三年（1874年）发生日本侵台的"牡丹社事件"[④]，强化了清朝对台湾重要地位的认识，也刺激了清朝改善治理台湾的政

---

① 《清高宗实录》卷1292，乾隆五十二年十一月丙寅。

② 《清高宗实录》卷1306，乾隆五十三年六月丁酉。

③ 《清仁宗实录》卷249，嘉庆十六年十月壬戌。

④ "牡丹社事件"是近代日本首次侵台事件。同治十年（1871年），有琉球船民遭风漂流到台湾，被牡丹社、高士佛社居民杀害。日本以琉球为其属国，想方设法侵略台湾。同治十三年（1874年），日本陆军中将西乡从道以美国人李仙得为顾问，率3000多名日军从台湾南部琅王乔登陆，武力攻占牡丹社等地。清廷谕令沈葆桢为钦差办理台湾等处海防兼理各国事务大臣，赴台密查日本侵台事件。经过多方交涉，中日签订《北京专条》，中国支付日本遇害难民抚恤银10万两及日本在台地方修道、建房等费银40万两，日本从台湾撤兵。

策。是年底，钦差办理台湾等处海防兼理各国事务大臣沈葆桢与帮办台湾事宜福建布政使潘霨上奏台湾善后之策，认为随着台湾的开发，有必要加强对台湾的行政管理。在他们看来，台湾仅一个府的建置已经不能管辖可建十数县的幅员，但从福建分离出来建成一省，又条件不成熟。有谓："尝综前、后山之幅员计之，可建郡者三，可建县者有十数，固非一府所能辖。欲别建一省，又苦器局之未成，而闽省向需台米接济，台饷向由省城转输，彼此相依，不能离而为二。"[①] 他们提出了在台湾尚不能与福建分离单独建省的情况下，可以设立三府十余县的行政建置。

光绪元年（1875 年）正月，经沈葆桢等人奏请，清朝在台湾南部琅王乔地区设立恒春县。[②] 同年十二月，经沈葆桢与福州将军文煜、闽浙总督李鹤年、福建巡抚王凯泰等人奏请，军机大臣会同吏部妥议具奏，清廷允准于台北艋舺地方添设知府一员，名为台北府，隶属于台湾兵备道；台北府附府添设淡水县知县一缺，竹堑地区淡水厅同知裁撤，改设新竹县知县一缺，噶玛兰厅旧治添设宜兰县知县一缺，改噶玛兰厅通判为台北府分防通判，移扎鸡笼（基隆）地方。台湾南路同知移扎卑南，北路同知改为中路，移扎水沙连（埔里社），各加"抚民"字样。[③] 由此，台湾开始分为台湾府与台北府。后来，水沙连地方的中路抚民同知改设埔里社厅。台湾

① 《为奏台地善后势当渐图番境开荒事关创始请旨移驻巡抚以专责成以经久远事》（钦差办理台湾等处海防兼理各国事务大臣沈葆桢等，同治十三年十二月十一日，朱批），载台湾史料集成编辑委员会编《明清台湾档案汇编》第 4 辑第 74 册，远流出版事业股份有限公司 2008 年版，第 448 页。

② 《为奏履勘琅王乔形势拟即筑城设官以镇民番而消窥伺事》（钦差办理台湾等处海防兼理各国事务大臣沈葆桢等，同治十三年十二月二十三日，其他），载《明清台湾档案汇编》第 4 辑第 75 册，第 48—49 页；《清德宗实录》卷 3，光绪元年正月庚戌。

③ 《为奏台北口岸四通荒壤日阙外防内治政令难周拟建府治统辖一厅三县事》（福州将军文煜等，光绪元年七月十四日，朱批）、《为奏台湾南北两路理番同知移扎事（附片）》（钦差办理台湾等处海防兼理各国事务大臣沈葆桢等，光绪元年七月十四日，朱批），载《明清台湾档案汇编》第 4 辑第 77 册，第 71—75、77 页；《清德宗实录》卷 24，光绪元年十二月癸未。

府管辖台湾县、凤山县、嘉义县、彰化县、恒春县与澎湖厅、卑南厅、埔里社厅；台北府管辖淡水县、新竹县、宜兰县与基隆厅。

(四)光绪十一年至二十一年(1885—1895年)一省三府一直隶州十一县三厅时期

"牡丹社事件"之后，沈葆桢等人奏陈台湾善后之策，在认定台湾尚不具备分省条件的情况下，曾经提出仿照江苏巡抚分驻苏州之例，移福建巡抚驻台湾，未得清廷批准。光绪元年(1875年)七月，沈葆桢等人奏陈会筹全台大局，建议福建巡抚兼顾福建与台湾两地。十月，清廷允准福建巡抚于冬春驻台，夏秋驻省，以使两地得以兼顾。[①] 事实上，福建巡抚分驻福州与台湾两地，有疲于奔命之苦，而并无兼顾闽台两地之实。

中法战争爆发后，法军肆意侵扰台湾，清朝进一步认识到台湾战略地位的重要，台湾建省之议兴起。光绪十一年(1885年)九月，清廷谕令改福建巡抚为台湾巡抚，把台湾从福建分离出来，单独建立行省，台湾与福建一样，均属闽浙总督统辖。清朝在台湾建省，初期仿照甘肃新疆之例，以期闽台合治，内外相维，其最高行政长官称福建台湾巡抚。稍后，清廷任命刘铭传为首任福建台湾巡抚。同年十二月，经闽浙总督杨昌濬奏请，清朝在台湾添设布政使一员。台湾不设按察使，台湾道加按察使衔，行使相应职权。台湾省级行政机构规模初具。

光绪十三年(1887年)八月，台湾巡抚刘铭传上奏调整台湾全省府厅州县建置。他建议台湾省城设在彰化，并设立首府为台湾府，首县为台湾县，添设云林县、苗栗县，连同原有之彰化县、埔里社厅，四县一厅，隶属于台湾府。原有之台湾府、台湾县改为台

① 《为会筹全台大局抚番开路势难中止并巡抚兼顾省台情形恭折驰陈仰祈圣鉴事》(福州将军文煜等，光绪元年七月二十八日，朱批)，载《明清台湾档案汇编》第4辑第77册，第110—113页；《清德宗实录》卷20，光绪元年十月癸巳。

南府、安平县。台湾东部地区添设直隶州知州一员，称台东直隶州；原卑南厅旧治改设直隶州同知一员，北部花莲港添设直隶州州判一员，均隶属于台东直隶州。[①] 通过刘铭传的调整，台湾全省形成三府一直隶州十一县三厅的格局：台湾府为首府，居台湾中部，下辖台湾县、云林县、苗栗县、彰化县与埔里社厅；台北府居台湾北部，下辖淡水县、新竹县、宜兰县与基隆厅；台南府居台湾南部，下辖安平县、嘉义县、凤山县、恒春县与澎湖厅；另外就是台东直隶州居台湾东部。

光绪二十年（1894 年）正月，台湾巡抚邵友濂与闽浙总督谭钟麟会奏请台湾省会移到台北府。他们认为，台湾分省之时，刘铭传等人奏请台湾省城设在彰化桥孜图地方，以其地理位置适中，但实际上该地并不发达，而台南、台北两府来往皆有不便。“台北府为全台上游，巡抚、藩司久驻于此，衙署、库局次第粗成，舟车两便，商民辐辏，且铁路已造至新竹，俟经营稍裕，即可分储粮械，为省城后路。”因此建议以台北府为台湾省会，改台北府为省会首府，淡水县为省会附郭首县。[②] 五月，邵友濂还奏请设立台北府分防南雅理番捕盗同知。[③] 该同知只是台北府佐贰分防同知，并未成为行政区划南雅厅。[④] 台湾省会移到台北府，表明台北地区得以较

---

① 刘铭传：《台湾郡县添改撤裁折》（光绪十三年八月十七日），载马昌华、翁飞点校《刘铭传文集》，黄山书社 1997 年版，第 221—222 页。卑南直隶州同知与花莲港直隶州州判只是台东直隶州佐贰，此时卑南与花莲并未建立“厅”级政区。

② 《为台湾省会要区地利不宜拟请移设以定规模恭折仰祈圣鉴事》（闽浙总督谭钟麟等，光绪二十年一月二十五日，上奏），载《明清台湾档案汇编》第 5 辑第 101 册，第 343—345 页。

③ 《为请设分防同知以资控制恭折仰祈圣鉴事》（福建台湾巡抚邵友濂，光绪二十年五月十六日，上奏），载《明清台湾档案汇编》第 5 辑第 101 册，第 518 页。

④ 关于“南雅厅”，以往有关台湾史籍多有记载，如连横著《台湾通史》，就在卷五疆域志台北府下列有“南雅厅”。（《台湾通史》上册，商务印书馆 2010 年版，第 99 页）学界新近研究则否定了既有陈说：傅林祥等著《中国行政区划通史·清代卷》（复旦大学出版社 2013 年版，第 310 页）指出该同知为分防同知，其辖区非行政区划；胡恒详细考证认为，南雅同知之设并不符合厅的标准，只是带有治安等局部职能的分防同知，清代台湾不存在作为政区的“南雅厅”。（《清代台湾“南雅厅”建置考》，《台湾研究集刊》2014 年第 3 期）

好开发，是台湾政治与经济重心北移的重要标志。

二　钦派巡台御史加强管控

台湾孤悬海外，如何有效治理台湾一直是清朝统治者思考的重要问题。康熙末年发生的朱一贵事件，促使康熙皇帝深刻反思治台政策，其结论是官逼民反："或因不肖官员刻剥，遂致一二匪类倡诱众人，杀害官兵，情知罪不能免，乃妄行强抗，……原其致此之罪，俱在不肖官员。"① 这种出自最高统治者对官民关系的认识实在难能可贵。为了更好地掌握台湾的信息，监督官员，体察民情，进一步加强管理与控制，康熙皇帝决定向台湾派遣巡台御史。

其时，闽浙总督满保等人建议在台湾增加防守兵力，但康熙皇帝对增兵不以为然，而提出派遣巡台御史，有谕："每年自京派出御史一员，前往台湾巡查。此御史往来行走，彼处一切信息可得速闻，凡有应条奏事宜亦可条奏，而彼处之人皆知畏惧。至地方事务，御史不必管理也。"② 后来实际确定，每年派满汉御史各一员，前往台湾巡察，一年更换一批。康熙六十一年（1722 年），清廷派出第一批巡台御史为满洲正红旗旗人吴达礼和汉人黄叔璥。在康熙皇帝看来，巡台御史的职责与功能是迅速掌握台湾信息，并直接向皇帝报告。从制度设计上来看，巡台御史作为皇帝钦派有专责建言之人，既是皇帝了解台湾信息与动态的耳目，也是为皇帝提供处理台湾事务意见与建议的参谋。

巡台御史制度的设立，有利于清朝进一步加强对台湾的有效管理与控制。对此，雍正皇帝给予了充分肯定，并将此制度继承与延

① 《朱谕·康熙皇帝谕台湾众民》（康熙六十年六月初三日），载《明清宫藏台湾档案汇编》第 8 册，第 134—136 页。

② 《清圣祖实录》卷 295，康熙六十年十月壬戌。

续下来，其上谕有谓：“国家每省分设督抚，原以察吏安民为职，但以一方民命寄于大吏，阖属贤否听其举劾，倘见闻失真，好恶不当，将吏治何由澄清，民隐何由周悉，若不设检察之员，无以补偏救弊矣。皇考因台湾小警，立即平定之后，特遣御史前往巡视，军民由是绥靖，此其明验也。今应照此例，将御史、翰林院及各部司官开列差遣，或以本衔，或以兼衔，令其前往。凡地方官吏贪廉，小民疾苦，务尽心察访，随时随地具折奏闻，仍不得干有司之职，庶于吏治、民生均有禆益。”① 向以吏治严明著称的雍正皇帝非常赞赏巡台御史制度。

雍正朝继承巡台御史制度，并发扬光大。一是由巡台御史兼理学政，增加其管理地方事务的权力。雍正五年（1727 年）十月，雍正皇帝以台湾道员管理地方事务又兼学政“未免稍繁”，谕令将台湾学政交巡台汉御史管理，现任汉御史尹秦就地办理台湾学政，并声明“嗣后永著为例”。② 二是增加巡台御史任期年限，由原来一年延长到两年。雍正九年（1731 年）十一月，雍正皇帝上谕：“台湾地方关系紧要，巡察御史新旧并用，始为有益。希德慎已留任一年，这差著御史栢修去，高山再留巡视一年。”③ 希德慎与高山

---

① 中国第一历史档案馆编：《雍正朝汉文谕旨汇编》第 3 册，广西师范大学出版社 1999 年版，第 335 页。

② 《起居注·谕令台湾学政交汉御史管理永为定例》（雍正五年十月初六日），载《明清宫藏台湾档案汇编》第 10 册，第 159—160 页。

③ 余文仪主修：《续修台湾府志》（上）卷 3《职官·官制·附考》，台湾史料集成编辑委员会编《清代台湾方志汇刊》第 15 册，远流出版事业股份有限公司 2007 年版，第 226 页。按：《续修台湾府志》记为雍正八年有误。希（奚）德慎与高山于雍正八年十一月二十七日始到台湾接任巡台御史之职［《巡视台湾给事中奚德慎题本·接任日期并收到钦差巡察台湾关防》（雍正八年十一月二十七日），《明清宫藏台湾档案汇编》第 11 册，第 54 页］。一年之后，栢修接替希（奚）德慎，高山则再留任一年。栢修于雍正九年十一月十四日受命巡视台湾，十二月初三日起程，雍正十年三月初八日到台接受前任希德慎亲交巡察关防［《巡视台湾监察御史栢修题本·到任接印日期》（雍正十年三月初八日），《明清宫藏台湾档案汇编》第 11 册，第 90 页］。可见，雍正皇帝谕令栢修接替希（奚）德慎及高山继续留任的谕旨当在雍正九年十一月十四日，不是《续修台湾府志》记载的雍正八年。

于雍正八年十一月到台湾接任巡台御史之职，一年之后，雍正皇帝谕令栢修替换希德慎，而让高山继续留任一年。这个任命颇有意味，是对康熙末年设立的巡台御史制度的重要调整。从此，巡台御史任期由原来一年延长到两年，每年调换一名，留任一名，新旧并用，便于前后任衔接，使巡察工作得以不间断地顺利进行。

乾隆朝初年沿袭雍正时期巡台御史制度，并以制度惯性得以正常运转，随后遂生弊端而不得不做出调整。乾隆十二年（1747 年）巡台御史被劾案是一个严重事件。该案起因于台米采买问题。福建山多田少，常年缺少米谷，台湾开辟以后，闽台相连，台米不断接济福建。由于巡台御史与福建督抚在台米采买方面发生矛盾，互相攻讦，其中巡台御史制度的弊端也被揭露出来。福建巡抚陈大受密奏其积弊称：巡台御史之设，本是沟通上下、联络闽台，控驭台湾的长治久安之策，但御史巡台日久，遂弊端丛生。有谓："迩年以来，台郡各官，渐有自为一局之势，虽刑名钱谷诸案，照例申详院司衙门批行，而其他事务，率多观望御史意指，其两御史亦渐有专制一方之意，属员极意承应，则虽有弊端，亦不置意。……两御史衙门每年定有养廉，又按四季分派台、凤、诸、彰四县轮值，每值一季，需费三四百金，此等陋例，岂可相仍不改。又如出巡南北两路，供应夫车、厨傅，赏给各社番黎，阅操、犒兵，俱令各县措备。又闻御史衙门设立各种刑具，每每滥准词讼，差拘滋扰，地方文武不敢过问。额设胥役之外，更有奸民夤缘挂名，恃符生事，种种积弊，亟应清厘。"① 乾隆皇帝以巡台御史所作所为违背当初设置之本意，谕令"其乾隆五年以后历任巡台御史，俱著交部严察议奏"；并以台湾本有总兵、道府大员弹压，又有福建督抚察核，"似可不必另派巡察，以滋烦扰"，对御史巡察制度存在的必要性表示

① 《为密奏台湾御史衙门积弊事》（福建巡抚陈大受，乾隆十二年三月三日，朱批），载《明清台湾档案汇编》第 2 辑第 19 册，第 242 页。

怀疑，谕令“所有各巡察之处，或仍应差往，或应一并掣回，著大学士九卿详议具奏”[①]。随后，大学士兼管吏部尚书事张廷玉等议覆除满御史诺穆布病故，新任御史白瀛尚未到任以外，乾隆五年以来历任巡台御史均照溺职例革职。乾隆皇帝谕令分别现任、前任议处，现任巡察六十七、范咸俱著革职；前任巡察已调任或升任他职之舒辂、书山、杨二酉、熊学鹏俱著革职留任；丁忧之张湄著于补官日革职留任。[②]

至于巡台御史制度的存废问题，大学士讷亲等建议照旧设立，乾隆皇帝朱批：“其台湾巡察官员，应否存留之处，著交该督抚定议，具奏到日，再降谕旨。”[③] 闽浙总督喀尔吉善、福建巡抚陈大受奏陈台湾巡察难于议裁，但可以改变巡察方式，尽量减少滋扰地方。台湾分南北两路，每年总兵、道员、知府有轮巡之例，满汉御史不必同路周巡，以减免各处官吏兵役应酬，嗣后满汉巡察二员，应于每年农隙时，分路各自巡查一次，到处自有护卫兵役，毋庸多带仆隶，以节靡费。又经大学士议覆“应请仍照旧例，毋庸议裁”，得到乾隆皇帝谕旨允准。[④] 巡台御史制度得以变通保留，但在乾隆皇帝心目中其功效已经大打折扣。

乾隆十七年（1752 年）六月，因台湾彰化县发生“凶番”戕杀兵民案，闽浙总督喀尔吉善与福建水师提督李有用奏报互异，究系“生番”或“熟番”所为，各执一词，未得实情，而巡台御史立

---

① 《清高宗实录》卷 286，乾隆十二年三月癸巳。

② 《为题覆巡视台湾御史滥准差役滋扰地方应将现任御史户科给事中御史范咸及五年以后历任巡台御史均照溺职例革职事》（保和殿大学士张廷玉等，乾隆十二年四月九日，上奏），载《明清台湾档案汇编》第 2 辑第 19 册，第 285 页；《清高宗实录》卷 289，乾隆十二年四月乙亥。

③ 《为遵旨详议具奏事》（保和殿大学士讷亲等，乾隆十二年四月九日，上奏），载《明清台湾档案汇编》第 2 辑第 19 册，第 289—290 页。

④ 《为遵旨详议具奏台湾巡察照旧存留各事宜事》（闽浙总督喀尔吉善等，乾隆十二年七月八日，朱批），载《明清台湾档案汇编》第 2 辑第 19 册，第 353 页；《清高宗实录》卷 296，乾隆十二年八月庚午。

柱、钱琦始则不报，继而受命察核，仍是支吾敷衍，不明真相，乾隆皇帝非常气愤，痛斥巡台御史失职："似此则巡察竟成冗赘，于设官本意失之远矣。"他一面谕令把立柱、钱琦交部议处，一面反思巡台御史制度并无存在的必要，并在暂时不能裁撤的情况下对此做出调整，有谓："看来台湾文有道府，武有镇营，足资弹压。巡察三年更替，徒拥虚名，事权则不如督抚，切近又不如守令，介在其间，在有志向上者或以多事致败，而循分供职者多致志气隳颓，或且难为摈斥外出也，于公事殊无裨益。所有巡察台湾御史，著三年一次命往，事竣即回，不必留驻候代，著为例。"① 这是一次重要调整，巡台御史由满汉两位御史常川驻台，每位任期两年，每年调换一位，留任一位，实际上是"三年更替"一组，改为三年一次派遣，巡察完毕即回，不再常驻台湾。与此相应，清廷还把巡台御史兼管的提督福建台湾学政关防，仍归台湾道兼管。② 这实际上就是把巡台御史由兼管地方事务的职官变成例行公事一样的临时性差官。

乾隆中期，巡台御史制度日渐式微。乾隆三十年（1765 年）四月，福建布政使颜希深上奏力陈其弊，认为乾隆十七年巡台御史制度改革之后，巡台御史三年一次遵例赴台，在台时间多则五六月，少则三四月，即须回京复命，走马观花，徒滋纷扰，没有实际，不如干脆裁掉。他说："台湾重地，素廑宸衷。臣到任一载以来，留心体访，大抵巡察一官往来道路，沿袭具文，实于公事无关轻重，稍有约束不严之处，转于台地番民不无滋扰。臣不揣冒昧，据实密陈，合无仰请圣裁，特颁谕旨，将三年存查一次之例亦行停止，仍请责成该处镇、道实力稽查，似亦去浮崇实之一道也。"③ 对

---

① 《清高宗实录》卷 416，乾隆十七年六月癸巳。

② 托津等奉敕纂：《钦定大清会典事例（嘉庆朝）》卷 21《吏部·官制·各省学政等官》，沈云龙主编《近代中国史料丛刊三编》第 65 辑，台湾文海出版社 1991 年版，第 879 页。

③ 《为请停御史巡台之例以省虚文以崇实政事》（福建布政使颜希深，乾隆三十年四月一日，上奏），载《明清台湾档案汇编》第 2 辑第 24 册，第 424 页。

此，乾隆皇帝颇有同感，认为御史巡台早已有名无实，但遽行裁撤，对于远隔重洋的台湾地方官缺乏监督，可能也不无流弊，因此谕令改为不定期派遣巡台御史。有谓："嗣后届三年请派之期，该衙门仍照例奏请，或暂停派往，或数次后派员一往巡查，候朕随时酌量办理。"[①] 从此，巡台御史的派遣便显得可有可无。

实际上，自乾隆四十六年（1781 年）派出塞岱、雷轮巡台，至次年二月离台，之后再也没有派遣巡台御史。林爽文事件之后，乾隆五十三年（1788 年）三月，乾隆皇帝谕令正式停止御史巡台，而就近改派福建大员轮值巡台。有谓："台湾孤悬海外，远隔重洋，民情刁悍，奸徒易于滋事。向来只派御史前往巡视，职分较小，且不能备悉该处情形，殊属有名无实。著将请派巡台御史之例停止，令该督抚及水师、陆路两提督，每年轮值一人，前渡台湾，严行稽察。如地方文武，或有骫法营私，扰害兵民之事，即可就近查明，据实参奏。福州将军亦系该省大员，自应一体轮派。"[②] 至此，巡台御史制度终结，而确立福建大员将军、督抚与水陆提督轮值巡台制度。

三　轮番更调福建官兵戍守台澎

清朝在台湾的军事防卫，是轮番更调福建等地绿营官兵戍守台湾本岛及澎湖，大体上三年一换班，叫作班兵制度。康熙二十二年（1683 年）十二月，施琅在讨论台湾弃留问题时就曾对如何防守台湾做了具体的军事部署："海氛既靖，内地溢设之官兵，尽可陆续汰减，以之分防台湾、澎湖两处。台湾设总兵一员、水师副将一员、陆师参将二员，兵八千名；澎湖设水师副将一员，兵二千名。通共计兵一万名，足以固守，又无添兵增饷之费。其防守总兵、

① 《清高宗实录》卷 736，乾隆三十年五月丁丑。

② 《清高宗实录》卷 1300，乾隆五十三年三月丙寅。

副、参、游等官，定以三年或二年转升内地，无致久任，永为成例。”① 清朝廷与福建督抚等多方讨论，于次年四月确定台湾设总兵官一员，副将二员，兵八千，分为水陆八营；澎湖设副将一员，兵二千，分为二营。② 统计台澎地区设兵一万，分水陆十营，最高军官为总兵，正二品，下设副将三员，从二品，官兵均从福建等地绿营调拨，属绿营建置，均归福州将军及福建水陆提督节制，三年轮番换防，此即台湾班兵制度的最初规制。

戍台官兵主要从福建等地绿营抽调。其中陆路官兵主要由福建漳州、汀州、建宁、福宁、海坛、金门六镇标，及福州、兴化、延平、闽安、邵武五协标抽调；水师则由福建之海坛、金门、闽安三协标，及广东、福建合辖之南澳镇标抽调，此外尚有福建水师提标与福建、浙江共管之烽火营。“又以金门、漳州、南澳三镇势居下游，故抽调之兵名曰下府兵；其他汀州、建宁、福宁、海坛、福州、兴化、闽安、邵武等镇、协抽调之兵，势居上游，谓之上府兵。三年一换，谓之班兵。班兵戍台约二百余年，其兵额数目，虽历朝均有变易，然而其构成员皆由闽、粤各营抽调而来，别无二致。”③

从制度上看，清朝对戍台班兵的挑选、核验、换班及相关违例处罚都有严格的规定。康熙五十二年（1713 年）清廷议准：“台湾营兵以三年为满，由内地各营选年力精壮、有身家者拨往换班。各该营造具年貌、籍贯并注明疤痣、箕斗清册三本，一存原营、一交厦门点兵官核验、一交台湾验明收伍。换回之日，仍照册稽察，发回各原营。其在台湾逃亡、裁革兵缺，不得在彼募补；于台湾呈报

① 施琅：《恭陈台湾弃留疏》（康熙二十二年十二月二十二日），载《靖海纪事》，第122—123 页。

② 《清圣祖实录》卷 115，康熙二十三年四月己酉。

③ 参见刘宁颜总纂《重修台湾省通志》卷 5《武备志 · 防戍篇 · 南投》，台湾文献委员会1990 年版，第 4 页。

到日，各原营即照数选兵拨往厦门。无论水、陆，计有十名以上，即委千、把等一名搭船管押，前往归伍。如换班时有私相顶替及换名不换人者，将管押官革职，内地该管官与台湾该管官各降二级调用。总兵官不稽察者，降一级留任；提督罚俸一年，总督交与吏部察议。"[①] 其中特别值得注意的一点是，戍台班兵缺额不得在台湾募补，就是原则上台湾人不能充当班兵。这一条虽然有明确规定，并不断重申，但并没有严格执行。事实上，在戍台班兵缺额时，不法官吏就地募补台湾人当兵是常有的事，因此在戍台班兵之中，从康熙朝以后历朝都有台湾兵。[②]

戍台班兵数量有一个逐渐变化的过程。康熙二十三年（1684年）最初设置班兵时，计水陆 10 营，定额 10000 人。雍正十一年（1733 年）八月，台湾北路大甲西社"番乱"及凤山吴福生起事平定之后，福建总督郝玉麟奏陈台湾善后事宜，改定班兵营制，添兵 2780 人，合水陆 15 营，官兵 12784 人。[③] 乾嘉时期，由于林爽文、陈周全、蔡牵、朱濆之等事变此起彼伏，清朝不断向台湾增加班兵。道光年间，台澎地区班兵共有水陆 16 营，兵额达到 14656 人。[④] 道咸以降，内忧外患，世变日亟，清朝仍在增加台湾班兵，但因绿营积弊已深，武备废弛，而勇营兴起，渐有取代绿营之势。同治七年（1868 年），闽浙总督英桂奏请实行前督臣左宗棠裁兵加赏之议，改变"额冗饷薄""军政废弛"现状。其时台澎地区班兵

---

① 《清会典台湾事例》，《台湾文献丛刊》第 226 种，台湾银行经济研究室 1966 年版，第 144 页。

② 参见许雪姬《清代台湾的绿营》，台北"中研院"近代史研究所专刊（54），1987 年，第 381—394 页。

③ 《台湾营制事宜折》（福建总督郝玉麟，雍正十一年八月一日，其他），《明清台湾档案汇编》第 2 辑第 15 册，第 307—308 页；刘良璧纂辑：《重修福建台湾府志》（下）卷 14，职官二·官制，台湾史料集成编辑委员会编《清代台湾方志汇刊》第 7 册，远流出版事业股份有限公司 2005 年版，第 546—547 页。

④ 姚莹：《台湾班兵议上》，《东槎纪略》卷 4，《中复堂全集》，载沈云龙主编《近代中国史料丛刊续编》第 6 辑，台湾文海出版社 1974 年版，第 2585 页。

水陆18营，额设总兵1员，副将3员，参将4员，游击8员，都司5员，守备16员，千总33员，把总58员，外委102员，马战兵120名，步战兵6893名，守兵7644名，合计官兵14887人，是为清代台湾班兵最高数值。他建议裁汰四成多，尚留总兵1员，副将3员，参将4员，游击4员，都司9员，守备10员，千总17员，把总41员，外委56员，马战兵70名，步战兵3146名，守兵4488名，合计官兵7849人。[①] 光绪八年（1882年），台湾总兵吴光亮再次奏请核减，台湾班兵仅留4500余人。[②]

戍台班兵在台湾驻防有一个重要原则，就是班兵与当地庄民异籍驻防。台湾是大陆汉人移民聚居之地，其中闽南人居多，又以漳州、泉州籍集中居住的村庄为多，而戍台班兵也主要是从福建绿营各地营汛调拨，同样以漳、泉籍为多。清朝为防止班兵与同籍庄民互相勾连，便实行异籍驻防的原则。乾隆五十三年（1788年）三月，乾隆皇帝谕令："台湾戍守兵丁，将来自仍应分班轮换。此等兵丁，籍隶漳、泉者居多，若分拨营汛时，漳、泉两处庄民，即以同籍之兵派往防守，则伊等乡贯熟习，自必联为一气，即间有作奸犯科者，兵丁等未必肯举发。自应令籍隶泉州之兵，在漳州民人庄村附近一带防守；其籍隶漳州之兵，即以防守泉州各庄，庶彼此互相纠察，可以防微杜渐。而他府之兵，与之互相错处，不动声色，于抚绥防范，俱有裨益。"[③] 从班兵的职能与社会稳定来说，这个异籍驻防原则是合理的。

班兵在台湾实际上兼有军事与警察的双重职能。一方面是防守汛塘、巡防会哨、镇压叛乱、抵御外敌，另一方面是承担缉捕盗贼、传递邮驿、解押护送、守护监管、建造工事等差役。可见，台

① 《裁减台澎兵额》（闽浙总督英桂等，同治七年，其他），《明清台湾档案汇编》第4辑第69册，第131—133页。

② 参见连横《台湾通史》上册，商务印书馆2010年版，第234页。

③ 《清高宗实录》卷1300，乾隆五十三年三月癸亥。

湾班兵的基本职能就是维系台湾社会的稳定，保障东南海疆的国防安全。对此，清朝非常重视。雍正皇帝谕令："台湾换班兵丁，著该管官弁将勤慎可用之人，挑选派往；倘兵丁到彼有生事不法者，或经发觉、或被驻台官员参出，将派往之该管官一并议处。如此，则各营派拨兵丁不敢苟且塞责，而海疆得防汛之益矣！"[①] 正如姚莹所谓，班兵之利"则保障全海"。[②] 有清二百余年，台湾的安危都与班兵息息相关。

清中期以后，在绿营兵制普遍走向衰落的同时，台湾班兵制度也日趋式微，并逐渐被勇营取代。鸦片战争时期，英军侵犯台湾，班兵不敷抵御，台湾道姚莹、总兵达洪阿不得不招募当地义勇自卫乡邦，总计招募练勇 47100 余人。[③] 这个数目是台湾班兵额数三倍以上。太平天国运动爆发后，湘、淮军等勇营强势崛起，更有取代绿营经制兵之势。同治年间，闽浙总督左宗棠、英桂先后奏请裁兵加赏，裁减台澎班兵近一半，仅存留 7800 余人。日本侵台的"牡丹社事件"发生后，钦差办理台湾等处海防兼理各国事务大臣沈葆桢奏请招募当地精壮，替换疲弱班兵，有谓："将台澎班兵疲弱者，先行撤之归伍，其旷饷招在地精壮充补，以固边防。"[④] 中法战争时期，督办台湾军务刘铭传抵台时，全台防军有 40 营，包括湘军将领孙开华、曹志忠等部[⑤]，远远超过台湾固有班兵，是抵抗法军的主力，台湾班兵只能协同作战。刘铭传还从江阴调拨淮军 1300 人，

---

① 《谕戍台兵丁挑选派往》（雍正五），载刘良璧纂辑《重修福建台湾府志》（上）卷首，圣谟，《清代台湾方志汇刊》第 6 册，第 92 页。

② 姚莹：《台湾班兵议上》，载《东槎纪略》卷 4，《中复堂全集》，第 2592 页。

③ 姚莹等：《遵旨筹议覆奏》，载《东溟奏稿》卷 3，《中复堂全集》，第 1778—1779 页。

④ 《为奏请将台澎班兵疲弱者先行撤之归伍其旷饷招在地精壮充补以固边防等事（附片）》（钦差办理台湾等处海防兼理各国事务大臣沈葆桢等，同治十三年五月二十五日），载《明清台湾档案汇编》第 4 辑第 72 册，第 433 页。

⑤ 《恭报到台日期并筹办台北防务等事》（前直隶提督刘铭传，光绪十年六月四日，上奏），载《明清台湾档案汇编》第 4 辑第 85 册，第 434 页。

并用当地士绅林朝栋等招募土勇5000人。① 其时，钦差大臣督办福建军务左宗棠还在福建集结各军150余营，清廷谕令“当分援台湾，勿置之无用之地”②。大批湘、淮军等勇营驰援台湾，以及主政者不得不就地招募台勇，充分反映台湾班兵已是穷途末路。

第二节　清朝对台移民政策与台湾移垦社会的定型

台湾岛上主要是来自大陆福建、广东的移民，其中清代是颇为关键的环节。清朝为了加强大陆对台移民的管理，曾经实行严格的给照渡台与两岸对渡制度，以及严厉的禁止携眷政策，并严禁无照偷渡。在这样严苛的制度与政策规定之下，大陆移民仍然源源不断地前赴台湾，为开发台湾做出了积极的贡献。正是在清朝实行与大陆一体化政策推动下，清代台湾形成了以闽、粤移民为主体而与大陆同质性的移垦社会。

一　严格给照渡台与两岸对渡制度

康熙统一台湾后，在治理与开发台湾的过程中，大陆移民逐渐涌向台湾。为了加强相应的管理，清朝实行给照渡台与两岸对渡制度，试图把渡台移民纳入规范的政府治理体系之中。

台湾为边陲海岛，设治之初，百废待兴，遍地荒芜，“地广人稀，萧条满眼，蕞尔郡治之外，南北两路，一望尽绿草黄沙，绵邈无际”③。有鉴于此，首任诸罗知县季麒光曾建议“招集丁民”，赴

---

① 《台北极危请饬速调劲兵援救折》（光绪十年十一月二十二日台北府发），载《刘铭传文集》第114页。

② 《清德宗实录》卷199，光绪十年十二月戊寅。

③ 蒋毓英修：《台湾府志》卷5《风俗》，载《台湾府志三种》上册，中华书局1985年版，第99页。

台开垦，有谓："台湾自伪郑归诚之后，难民丁去之，闲散丁去之，官属兵卒又去之，卑县设法招徕，虽时有授附籍之人，然重洋间隔，闻多畏阻而不前。况南北草地一望荒芜，得人开垦，可成沃壤，合无请照昔年奉天四州招民之例，……广劝召募，在贫民有渡海之资，相率而前，到台之日，按丁授地，并将伪遗生熟牛只，照田给配，按三年起科之令分则征收，不特人民汇集，抑且野无旷土，田赋日增，国势军需有攸赖矣。"① 随着政府设法招徕移民，福建、广东赴台谋生之人日多，"为士、为农、为工贾者，云集影附"，其间也是鱼龙混杂，"奸宄之徒，潜踪匿影于其中，每每不乏也"。康熙四十一年（1702 年），台湾知县陈璸建议清查，一方面是利用保甲制度清查在台不法之徒，立即押解回原籍；另一方面是严格查验来台移民照单，并以此照单对该移民在台进行严格管理。在此，陈璸对赴台移民提出了给照渡台的基本主张，有谓："宪牌申饬厦门、金门、铜山把口各官，于商船载客渡海，不得因有货物，便轻填上报单，须把口官逐名验有本地方官照票或关部照牌，方许渡载。至台湾把口官悉照原报单内逐名验明，方许登岸，仍著本人带照单、照牌赴台湾所属该县印官验明记簿，以便安插查考。日后有为非作歹，即查照原簿逐回本籍收管。如此不但本人有所顾忌而不敢轻为非法，并一切逃仆、逃厮与内地无籍奸棍，假客渡海之计，亦无处躲闪矣。"② 此即清朝给照渡台之制的原初动议。

从上述陈璸的建议看来，清朝实行给照渡台之制最早应在康熙四十一年（1702 年）之后。但不久就出现"无照偷渡"现象，大量福建、广东无业游民以"偷渡"的方式涌进台湾，引起台湾地方

---

① 《台湾事宜文》（诸罗知县季麒光，康熙二十三年至二十五年，推测），载台湾史料集成编辑委员会《明清台湾档案汇编》第 2 辑第 9 册，远流出版事业股份有限公司 2006 年版，第 88 页。

② 《条陈台湾县事宜》（台湾知县陈璸，康熙四十一年），载《明清台湾档案汇编》第 2 辑第 9 册，第 193 页。

官的担忧。康熙五十年（1711年），台湾知府周元文向福建督抚建议严禁“无照偷渡”，并进一步阐述严格实行给照渡台之制，有谓：“嗣后凡有内地人民欲来台郡，必于原籍该县具呈开明。其入籍者，必开明前赴台湾某县某里或某坊、某社，依傍亲友某人；其探亲友者，亦必开明所探亲友之住址、姓名；其贸易者，亦必开明住宿之铺户姓名，方准给照。其探亲友并贸易之照内，仍开明回籍限期。此外，凡文武衙门非奉公差遣，不许滥给照票，仍照现行之例，俱由厦门防厅验明出口；到台经台防厅验明，转发该县查明。照内开载取具所探之亲友或住宿之铺户结存案。其入籍者，即追销照票，准其入籍；其探亲友并贸易者，仍查照前限驱回。如此，既不阻其来路，又可慎其稽查。倘仍有不请县照偷渡者，必非良民，俱照私越关津例，逐名惩处，押回原籍。则立法严，而奸民庶知敛迹矣。”福建督抚批：“过台人民，著令各道稽查给照。”[①] 康熙五十一年（1712年），清朝廷核准了福建督抚与台湾地方官关于大陆人民给照渡台及入台籍的举措，规定：“内地往台湾之人，该县给发照单。……如有良民情愿入台籍居住者，令台湾府、县查明，出具印文，移付内地府、县知照，该县申报该道稽查，仍令报明该督、抚存案。”[②]

康熙五十七年（1718年）二月，闽浙总督满保奏陈大陆船只到台湾必须从厦门查验之后出洋，经澎湖到台湾；从台湾回程，也是查验之后，经澎湖回到厦门。台海两岸人民来往，必须由地方官给照，严禁无照偷渡，违者应受到相应处罚。有谓：“至于台湾、厦门，各省本省往来之船，虽新例各用兵船护送，其贪时之迅速者，俱从各处直走外洋，不由厦门出入。应饬行本省，并咨明各

---

① 《申禁无照偷渡客民详稿》（台湾知府周元文，康熙五十年三月十二日），载《明清台湾档案汇编》第2辑第9册，第262—263页。

② 《清会典台湾事例》，《台湾文献丛刊》第226种，台湾银行经济研究室1966年版，第30页。

省，凡往台湾之船，必令到厦门盘验，一体护送，由澎而台。其从台湾回者，亦令盘验护送，由澎到厦。凡往来台湾之人，必令地方官给照，方许渡载。单身游民无照者，不许偷渡。如有犯者，官兵民人，分别严加治罪，船只入官。如有哨船私载者，将该管官一体参奏处分。”此奏经兵部等衙门议覆，得到清廷允准。[①] 至此，清朝给照渡台之制进一步完善。

值得注意的是，上述满保奏折明确地提出厦门为大陆人民到台湾的唯一出洋口岸。关于台海两岸对渡制度，既往研究认为康熙二十三年或二十四年（1684 年或 1685 年），就开辟了两岸第一条对渡航线，即福建厦门与台南鹿耳门对渡航线。[②] 不知所据为何，其实有误。台湾知县陈瑸在康熙四十一年（1702 年）就提到厦门、金门、铜山三个口岸要严格把好查验关，可见当时不只是厦门是唯一口岸。康熙五十年（1711 年），台湾知府周元文描述无照偷渡者“其自厦门出港，俱用小船载至口外僻处登舟；其至台，亦用小船于鹿耳门外陆续运载，至安平镇登岸，以致台、厦两同知，稽查莫及。即间有拿获通报者，亦不过千百中之十一耳。”[③] 这时过台之人均由厦防同知与台防同知查验，厦门与台南鹿耳门是两岸对渡正口，无照偷渡者也是从这两个口岸边上进出，可见此时应该已经开辟了从福建厦门到台南鹿耳门的对渡航线。正因为如此，康熙五十七年（1718 年）闽浙总督满保才特别强调所有赴台船只与人民必须到厦门查照出洋。

从福建厦门经澎湖到台南鹿耳门的对渡航线开辟在康熙四十一年（1702 年）至康熙五十年（1711 年）之间，这是台海两岸对渡

---

① 《清圣祖实录》卷 277，康熙五十七年二月甲申。

② 参见吕淑梅《陆岛网络：台湾海港的兴起》，江西高校出版社 1999 年版，第 93 页；戴清泉：《清代的闽台对渡及其影响》，《大连海运学院学报》1993 年第 3 期。

③ 《申禁无照偷渡客民详稿》（台湾知府周元文，康熙五十年三月十二日），载《明清台湾档案汇编》第 2 辑第 9 册，第 262 页。

的第一条航线。这条航线是台海两岸商贸交流与人员流动的正规渠道，也是大陆移民赴台的正途。赴台移民从本籍府县取得照单，到厦门海口由厦防同知查验合规即可出洋，经澎湖到鹿耳门港由台防同知验明无误即可登岸。厦门是福建到台湾重要的出口港，明末以来即便如此。鹿耳门港靠近台南府城，荷据与明郑时期便是东西洋及台海两岸贸易重要港口，有台湾的咽喉之称。康熙五十九年（1720 年）《台湾县志》称："鹿耳门港道窄狭，仅容一舟。外则有铁板沙线，隐伏于南北波涛之中，舟触之，无不立碎，实台湾之咽喉。"[①] 鹿耳门因其地理位置一度成为台湾重要港口，但实际上鹿耳门并非天然良港，水道多沙，日积月累，逐渐淤塞。到乾隆中后期，鹿耳门以北的彰化县鹿仔港兴起，"烟火数千家，帆樯麇集，牙侩居奇，竟成通津"[②]，成为台湾与大陆通航的另一个重要港口。

乾隆四十八年（1783 年），福州将军永德奏请开辟从台湾彰化县鹿仔港到福建泉州晋江县蚶江口的对渡航线，有谓："台湾北路诸罗、彰化等属，由鹿仔港从蚶江一带进口较为便易，台地北路商贩贪便取利，由此偷渡，莫若于鹿仔港、蚶江口照厦门、鹿耳门之例，设立专员管辖稽查，听命自便。"清廷谕令闽浙总督富勒浑、福建巡抚雅德会同永德妥议具奏。富勒浑等人赞同因时制宜，在厦门鹿耳门对渡航线之外开辟蚶江鹿仔港航线，"除厦门往台一切船只仍遵定例，由鹿耳门挂号验放出入外，应请将蚶江口船只逐一清查，登记册档，准其挂验出口渡台，在鹿仔港报验，俟回棹时一体验放；倘风信靡常，偶有漂泊收口，察无弊窦，始准放行，俾定例既无更改，而蚶江、鹿仔港往来船只均有稽查，较前倍为详慎"。他们详拟稽查章程，建议将福宁府通判改驻蚶江口、台湾府理番同

① 陈文达：《台湾县志》卷 2《建置志二·阨塞·南投》，台湾省文献委员会 1993 年版，第 94 页。

② 朱景英：《海东札记》，载陈庆元主编《台湾古籍丛编》第 4 辑，福建教育出版社 2017 年版，第 144 页。

知移驻鹿仔港，负责稽查验放事宜。[①] 乾隆四十九年（1784 年），清朝正式开辟蚶江口到鹿仔港对渡航线。这是台海两岸北路航线，与厦门到鹿耳门对渡的南路航线并列，形成南北两路对渡格局。

乾隆五十三年（1788 年），在平定《林爽文事件》之后，协办大学士福康安奏陈善后事宜，以台湾淡水厅八里坌港口繁盛，建议明设官渡，一体给照验放，以清私渡之源，即开设八里坌海口与福州五虎门对渡航线，得到大学士阿桂等人赞同。[②] 清廷谕令福建督抚稽查办理。乾隆五十四年（1789 年），闽浙总督觉罗伍拉纳、福建巡抚徐嗣曾奏陈八里坌设立正口官渡，要严防胥吏查验时勒索留难，控制商船搭载民人价格，严查附近其他海口，以尽可能杜绝偷渡。[③] 清廷谕令军机大臣议奏，大学士阿桂等建议迅速行知福建督抚遵照妥办。[④] 乾隆五十五年（1790 年）初，闽浙总督觉罗伍拉纳、福建巡抚徐嗣曾又会奏酌议淡水八里坌对渡五虎门设口章程，规定五虎门出洋由福防同知查验，八里坌收口由淡水同知查验。[⑤] 八里坌与五虎门对渡航线的开辟，有助于台海两岸北路商贸的交流与移民的流动。

台海两岸各开三口分别对渡，管理较为方便，但规定死板，在具体运作过程中于商民亦有所不便。嘉庆十五年（1810 年），闽浙总督方维甸奏称："台湾商船，向来鹿耳门港口对渡厦门，鹿仔港

---

① 《为遵旨酌议蚶江设口章程恭折奏请圣鉴事》（闽浙总督富勒浑等，乾隆四十八年十二月九日，上奏），载《明清台湾档案汇编》第 2 辑第 29 册，第 179—180 页。

② 《为奏清查台湾积弊酌筹善后章程事》（协办大学士福康安等，乾隆五十三年六月六日，朱批）、《为奏核议台湾善后事宜事》（武英殿大学士阿桂等，乾隆五十三年六月二十二日，其他），载《明清台湾档案汇编》第 3 辑第 36 册，第 270—271、335—336 页。

③ 《为遵旨筹议设立官渡事宜仰祈圣鉴事》（闽浙总督觉罗伍拉纳等，乾隆五十四年十二月二十一日，朱批），载《明清台湾档案汇编》第 3 辑第 38 册，第 488—491 页。

④ 《为遵旨酌议设立官渡事》（武英殿大学士阿桂等，乾隆五十四年十二月二十四日，上奏），载《明清台湾档案汇编》第 3 辑第 39 册，第 38—41 页。

⑤ 《为酌议淡水八里坌对渡五虎门设口章程恭折奏请圣鉴事》（闽浙总督觉罗伍拉纳等，乾隆五十五年一月二十五日，朱批），载《明清台湾档案汇编》第 3 辑第 39 册，第 82—85 页。

对渡泉州蚶江，八里坌港口对渡福州五虎门，各有指定口岸。然风信靡常，商民并不遵例对渡，往往因牌照不符，勾串丁役捏报遭风，既可私贩货物，又可免配官谷，弊窦甚多，应行酌改章程。”他建议“嗣后准令厦门、蚶江、五虎门船只通行台湾三口”，即不再限制分别对渡，而是福建三口与台湾三口互相通行。清廷谕令“著照该督所请行”[①]。台海两岸各口互相通行，更加有利于商民往来。

道光六年（1826年），闽浙总督孙尔准奏请增设台湾彰化县海丰港（五条港）、噶玛兰厅乌石港为通航正口。一是有鉴于彰化鹿仔港沙淤流浅，港道迂回狭窄，日显衰颓之势，而介于嘉义、彰化之间的海丰港（五条港）则因溪水汇注，冲刷甚为深广，日渐兴盛起来，可因势利导，把海丰港（五条港）增设为正口，仍归鹿港同知经理。二是噶玛兰地处台湾后山，盛产米谷，日用货物不足，福州、泉州等地商民载日用货物，经乌石港前往易米而归，两相裨益，如果严禁，则商贩不通，不如增设正口，以利民生。乌石港出入商民船只由噶玛兰厅头围县丞查验，严禁偷渡。[②] 孙尔准的建议得到朝廷批准。

海丰港（五条港）、乌石港增设正口之后，加上原有鹿耳门、鹿仔港、八里坌三口，台湾对福建通航增加到五口，与福建之厦门、蚶江、五虎门三口，共同构成台海两岸商民往来交流的网络。这些正口也是大陆移民领照前往台湾的正规通道。

二　禁止携眷政策与严禁无照偷渡

在大陆移民不断涌向台湾的过程中，清朝在实行严格的给

---

① 《清仁宗实录》卷229，嘉庆十五年五月辛巳。

② 《为台湾海口今昔情形不同请将海丰乌石二港一体增设正口以疏兵谷而便商艘事》（闽浙总督孙尔准，道光六年三月二十八日，上奏），载《明清台湾档案汇编》第3辑第50册，第441—445页。

照渡台制度的同时，也曾实行严厉的禁止携眷政策。其中频繁地出现无照偷渡现象，又是清朝一再厉行严禁而始终难以解决的社会问题。

康熙统一台湾之后，何时实行禁止移民携眷政策，没有明确的记载。这个政策应该与给照渡台之制相关，最早只能从康熙四十一年（1702年）算起。[1] 起初，赴台官员携眷似无限制。康熙六十年（1721年）朱一贵事件发生时，台湾不少文武官员携带家眷逃往澎湖，当年清朝明令规定："嗣后文武大小各官，不准携带家眷。"[2] 至于清朝为何要禁止一般移民携眷，雍正五年（1727年）户部议覆闽浙总督高其倬所奏允许有条件给照搬眷时，有谓："旧例闽、粤人民往台垦种者，所有妻眷一概不许携带，止许只身在台，而全家仍住本籍。盖在台虽为游民，而在本籍则皆土著。今若令其搬眷成家，是使伊等弃内地现在之田庐，营台地新迁之产业，在民间徒滋烦扰，非国家向来立法之初意。"[3] 这说明此前清朝确实有禁止闽、粤赴台民人携眷的定例，主要是对移民举家迁台造成本籍与台湾两地纷扰的担忧，其实还有担心台湾成为移民反叛基地而有把其家眷作为人质的不便明言的考量。但是，随着时间的推移，赴台移民增多，有不少移民已经有稳定的产业与居所，清朝不得不考虑其携眷定居的现实问题，因而有限度地开放赴台移民携眷，也就势在必行。

雍正十年（1732年），广东巡抚署广东总督鄂弥达奏请允许赴台移民搬眷，有谓："民人之立业台湾者数十万，彼既愿为台民，凡有妻子在内地者，许呈明给照搬眷入台，编甲为良，则数十年之内赤棍渐消，人人有室家之系累，谋生念切，自然不暇为非。"经

---

① 邓孔昭：《清政府禁止沿海人民偷渡台湾和禁止赴台者携眷的政策及其对台湾人口的影响》，载陈孔立主编《台湾研究十年》，厦门大学出版社1990年版，第254—255页。

② 范咸等修：《重修台湾府志》卷3《职官》，《台湾府志三种》中册，第1477页。

③ 《清世宗实录》卷61，雍正五年九月庚辰。

大学士鄂尔泰等议准施行。[①] 次年初，福建总督郝玉麟等奏请流寓在台民人准其搬眷，只准搬取妻子，不准搬取族人，有谓："若不指出许搬眷口，则奸民必有乘机携带亲族人等之弊。臣等悉心斟酌，凡在台客民只许搬取内地妻子，以系其身心，其余概不许携带。"户部尚书张廷玉等议覆，得到清廷允准。[②] 随后，郝玉麟又奏请允许台地客民原籍之祖父、伯叔、兄弟及眷妇之父兄弟侄等骨肉至亲，经地方官查明实情，取具邻族保结，给与印照，由厦防同知查验，配船过台，到台地探望亲人，在台最多不得超过五个月，必须回到原籍，以杜偷渡潜住之弊。雍正皇帝朱批："斟酌协当而为之，务令属员实力奉行，方于事有益。"[③]

雍正十二年（1734 年），与允许民人搬眷的同时，也出现了恳请官员搬眷的呼声。内阁学士柏修奏称："台湾文武官员，例不准带家眷。臣思若止莅任二年，自应恪遵定例。如在台年久，连历数任，不带家口，其中官员或有嗣续无人，独居海外，未免先祀为忧。仰恳圣恩，除满汉巡察外，准令台湾大小文武官弁有情愿带家眷者，听其自便。如此则文武各员愈加感激奋勉，下尽职守，上报洪恩，于台湾地方更有裨益。"[④] 台湾道张嗣昌禀请福建总督为尚无子嗣的知府尹士俍上奏"准其买一妾过台，以育子息"，并进而呼吁准许台湾文武官员携眷，有谓："抑本道更有请者，台地民人已蒙皇仁，准其搬眷。唯台地文武各官俱孑然一身，在宪台自有深

---

① 《吏部为内阁抄出福建巡抚吴士功奏移会》，台北"中研院"历史语言研究所《明清史料戊编》上册，中华书局 1987 年影印版，第 280 页。

② 《为请准迁徙台湾人民搬迁眷属过台事》（福建总督郝玉麟等，雍正十一年二月二十日，上奏），《明清台湾档案汇编》第 2 辑第 15 册，第 176—177 页；《户部尚书张廷玉题本 · 流居台湾客民只许搬取妻子》（雍正十一年四月二十二日），载中国第一历史档案馆、海峡两岸出版交流中心编《明清宫藏台湾档案汇编》第 11 册，九州出版社 2009 年版，第 147—148 页。

③ 《为台地客民请准携眷过台事》（福建总督郝玉麟，雍正十一年四月五日，上奏），载《明清台湾档案汇编》第 2 辑第 15 册，第 206 页。

④ 《内阁学士柏修奏折 · 台湾文武官员俸满留台题升并准带家眷》（雍正十二年九月十八日），《明清宫藏台湾档案汇编》第 11 册，第 239—240 页。

心，本道何敢置议。但向所谓建城垣、搬民眷之不可行者，今俱准行矣。本道到任以来，见台地各官虽黾勉供职，而中心究不无内顾之忧。可否照民间之例具题，准其妻子过台。则台地各官无室家之虑以分其心，愈当竭力报效。且其中之无子者亦可以启裕后人，海外臣工更戴皇恩宪德于无既矣。”[①] 后经福建总督郝玉麟奏准，清廷有条件地允许赴台官员搬眷，规定：“调台官员年逾四十无子者，准其携眷过台。”[②]

乾隆四年（1739 年），闽浙总督郝玉麟奏称，自雍正十年（1732 年）署粤督鄂弥达奏准令在台流寓之民搬取家眷，定例将及八年，本为善政，但却有奸民或捏称妻媳姓氏，或多报子女诡名，或通同奸棍，领出执照，贿顶渡台，弊端百出。他建议：“再定一年之限，出示通晓，如有业良民未搬家眷过台者，务于限内搬取，逾限不准给照。若有偷渡，照例治罪。”奉旨允行。[③] 从雍正十年（1732 年）到乾隆五年（1740 年），是第一次实行有条件开放移民搬眷政策。

乾隆九年（1744 年），巡台给事中六十七等从严禁无业游民偷渡但不能隔绝亲情的理念出发，建议在台置有产业的良民可以搬取直系亲属。有谓：“嗣后内地游旷之民仍照例严禁偷渡，不准给照外，其有祖父母、父母在台而子孙欲来侍奉，或子孙在台置有产业而祖父母、父母内地别无依靠，欲来就养，或本身在台置有产业而妻子欲来完聚者，准其呈明内地原籍地方官查取地邻甘结，给与印照来台，仍报明台籍厅、县，俟到台之日查取确实，令伊祖父母、父母及子孙认令编入家甲安插。倘有假冒捏饰等情，解回原籍与出结之地邻一并照例治罪。其伯叔父母兄弟及侄概不准混行指称呈请

---

① 《禀携官眷》（福建分巡台湾道张嗣昌，雍正十二年，推测），载《明清台湾档案汇编》第 2 辑第 16 册，第 227 页。

② 范咸等修：《重修台湾府志》卷 3，职官，《台湾府志三种》中册，第 1479 页。

③ 《清高宗实录》卷 100，乾隆四年九月己酉。

给照，以致台地游民聚集众多，有妨生计。倘内外地方汛口员弁见有嫡亲眷属给照之条，遂将偷渡禁约渐生懈弛，查明分别严参，交部处分，如此庶安分良民生命获全，而无籍棍徒亦不致藉端滋事矣。”[①] 乾隆十一年（1746 年），户部与闽浙总督马尔泰议准施行，清廷从之。[②] 乾隆十二年（1747 年），闽浙总督喀尔吉善奏陈上年从六十七等奏开放搬眷未定有年限，滋弊甚深，“请自本地五月为始，定限一年，出示晓谕，如在台民人，尚有家眷未搬，及内地之祖父母、父母、妻子欲往就养者，照例详细确查，给照过台，饬令内外汛口文武员弁，严加查察，逾限不准给照，倘不行详查，致有贩掠顶冒情弊，一经察出，严参究治。如此定限，自六十七等奏准以来，又经两年，不为不久，其实在有眷良民，已得搬移团聚，而奸徒匪类，亦不致顶冒滋弊矣。”奉朱批：“著照所请行。”[③] 从乾隆十一年（1746 年）到乾隆十三年（1748 年），是第二次实行有条件开放移民搬眷政策。

乾隆二十五年（1760 年），福建巡抚吴士功奏请允许在台有业良民给照搬取嫡系亲属过台，有谓：“嗣后除内地只身无业之民，及并无嫡属在台者，一切男妇仍遵例不许过台，有犯即行查拿递回外，其在台有业良民，果有祖父母、父母、妻妾、子女、子妇、孙男女及同胞兄弟在内地者，许先赴台地该管厅、县报明，将本籍住处暨眷口姓氏、年岁开造清册，移明内地原籍查对相符，覆到之日，准报明该管道、府给与路照，各回原籍搬接过台。其内地居住欲过台探亲、相依完聚者，即先由内地该管州、县报明造册，移明台地确查，覆到再由督抚给照过台。仍责成厦门、海防两同知并守

---

① 《为内阁抄出巡台给事中六十七等奏移会》（户部，乾隆九年八月八日，文到），载《明清台湾档案汇编》第 2 辑第 18 册，第 466 页。

② 《清高宗实录》卷 265，乾隆十一年四月甲申。

③ 《为请定台民搬眷年限以杜弊窦以重海疆事》（闽浙总督喀尔吉善，乾隆十二年六月十四日，朱批），载《明清台湾档案汇编》第 2 辑第 19 册，第 325—326 页。

汛武员，凡遇过台眷口出入，均须验明人照相符，方准放行；否则，将该管官查参议处。”[①] 乾隆二十六年（1761 年），闽浙总督杨廷璋以全台大势不便，聚集匪类，奏请定限一年，自上年五月二十六日至本年五月二十五日，允许闽、粤流寓民人遵限请照搬眷过台，限满即行停止，毋再滥行给照。[②] 从乾隆二十五年（1760 年）五月到乾隆二十六年（1761 年）五月，是第三次实行有条件开放移民搬眷政策。

据杨廷璋观察，这个时候台湾（主要是西部地区）开发已达相对饱和状态，有人满为患之状，台民携眷过台并不踊跃，甚至出现请照回籍的现象。他在建议限定一年开放携眷时具体分析道："台湾从前地广土肥，物产饶裕，是以雍正十年及乾隆十一年两次开禁，请照搬眷者甚多。今则边界既不容私垦，而台地生聚日繁，民人无可希冀。即在台立业之人，尚多请照回籍。是以开禁一年，请照过台，仅止四十余户。其中查系漳、泉民人在台湾大小衙门充当书办衙役者居多。至寓居台地贸易民人，多已不愿携眷过台。而偷渡过台者均系赤棍匪类，实可无庸藉为小民谋团聚之名，再弛搬眷之禁。”[③] 台民请照回籍，表明赴台移民迫于生计有回流现象，朝廷对此非常重视，适时变通对台移民成法，实行严进宽出办法。乾隆三十六年（1771 年），署福建巡抚钟音以闽、粤在台移民日渐增多，如果失业变成游民，易生事端，而渡回内地原籍又得各厅、县查明给照，往往在各汛口遭遇胥役、兵丁勒索留难，奏请在台回籍者概免给照，按规定登记即可随时放行。有谓："嗣后在台情愿回

① 《请准台民搬眷并严偷渡疏》（福建巡抚吴士功，乾隆二十五年，其他），载《明清台湾档案汇编》第 2 辑第 24 册，第 59 页。

② 《为移会内阁抄出闽浙总督杨廷璋奏》（刑部，乾隆二十六年九月，移咨），载《明清台湾档案汇编》第 2 辑第 24 册，第 77 页。

③ 《为移会内阁抄出闽浙总督杨廷璋奏》（刑部，乾隆二十六年九月，移咨），载《明清台湾档案汇编》第 2 辑第 24 册，第 77 页。

籍者，概免给照，准其自赴鹿耳门总口，将姓名、年貌、在台在籍住址，向船户说明，开列总单，即由船户持交口岸员弁，验戳挂号，随时放行，仍令汛口将单内回籍姓名、住址，一月一报臣衙门备案。其南北一带口岸，不许内地船只往来之处，仍照向例严禁，责成该口查明，不许私越，有犯按例重惩。其自内地渡台者，恪遵定例，给照盘验。如此稍为变通，则在台欲回原籍之人，不致阻其归计，集聚游民，自必日渐减少，而于严查偷渡之事，两无所妨。似于安辑海疆，清厘流寓之道，稍有裨益。”奉朱批：“著照所请行。”①

通过三次有条件开放移民搬眷，那些在台有固定产业居所的移民已能安居乐业，在赴台移民携眷日渐宽松的情况下，清朝首先开放了赴台官员携眷政策。乾隆四十一年（1776年）颁布上谕：“台湾文职官员知县以上年过四十无子者，方准携眷前往，此例未知始自何时，殊可不必。该处虽远隔重洋，自设立府县以来地方宁谧，与闽省内地无异，且各员携眷赴任，不致内顾分心，于办公亦甚有益。方今中外一家，更不必过存畛域之见。即于伊犁等处距边万余里，其驻守之将军等官，俱准其携带家眷。何独于台湾为禁制乎？王道本乎人情，旧例未为允协。嗣后台湾文武各官，无论年岁若干，有无子嗣，如有愿带眷口者俱准其携带，其不愿带者亦听其便。著为令。”② 从此，在台文武官员可以随意携眷入台，不再有任何条件限制。

乾隆五十三年（1788年），清朝完全放弃严禁赴台移民携眷政策。协办大学士福康安在平定林爽文事件之后奏陈善后事宜，有谓：“禁止携眷之例，自雍正十年至乾隆二十五年，屡开屡禁，经

---

① 《为台湾回籍民人宜稍变通成法以寓招徕事》（署福建巡抚钟音，乾隆三十六年六月十三日，朱批），载《明清台湾档案汇编》第2辑第26册，第251—252页。

② 《清高宗实录》卷1007，乾隆四十一年四月辛酉。

前任总督杨廷璋酌请定限一年，永行停止，而挈眷来台湾者，至今未绝。总因内地生齿日繁，闽、粤民人渡海耕种，谋食居住，日久置有房产，自不肯将其父母、妻子仍置原籍，搬取同来，亦属人情之常。若一概严行禁绝，转易启私渡情弊，前经臣福康安据实奏明，毋庸禁止。嗣后安分良民情愿携眷来台湾者，该地方官查实给照，准其渡海，一面移咨台湾地方官，将眷口编入民籍。其只身民人亦由地方官一体查明给照，移咨入籍。”[①] 此奏得到乾隆皇帝允准。禁止携眷政策至此正式废除，赴台移民无论携眷与否，只要取得地方官印照，合法渡台，移民及其眷属均可在台湾落籍。

在台湾移民史上，一个非常值得注意的问题是无照偷渡。早在康熙末年，清朝实行给照渡台制度不久，就出现偷渡现象，并给台湾造成严重的社会问题。台湾知府周元文称：“此辈偷渡者，俱系闽、广游手之民，其性本非驯良，又无家室顾忌，无怪乎刁悍日甚，而鼠窃之事，日见告闻，倘此辈再为饥寒所驱，则地方隐害，又不知将何底极。”[②] 乾隆初年，闽浙总督喀尔吉善认为：“偷渡一事，实为台郡第一要务，不得不力加整顿，以期克收实效。”[③] 可见，其时偷渡现象已经非常严重。乾隆三十四年（1769 年）十月二十五日，清廷谕令福建督抚每年将偷渡“如何实力查禁，有无审出偷漏之人，于岁底汇奏一次，以观伊等之能否尽心，核其优劣”。[④] 清朝把查禁偷渡作为福建督抚年终政绩考核的重要指标，明令要求福建督抚每年年底必须汇奏一次查禁偷渡的情况，表明清朝对此事的重视，也说明偷渡问题确实已经到了非常严重的

---

① 《为奏清查台湾积弊酌筹善后章程事》（协办大学士福康安等，乾隆五十三年六月六日，朱批），载《明清台湾档案汇编》第 3 辑第 36 册，第 268 页。

② 《申禁无照偷渡客民详稿》（台湾知府周元文，康熙五十年三月十二日），载《明清台湾档案汇编》第 2 辑第 9 册，第 262 页。

③ 《为搬眷过台之期限已满敬陈稽防偷渡之法仰祈圣鉴事》（闽浙总督喀尔吉善，乾隆十三年七月二十七日，朱批），载《明清台湾档案汇编》第 2 辑第 20 册，第 80 页。

④ 《清高宗实录》卷 845，乾隆三十四年十月癸酉。

程度。

无照偷渡现象是清朝始终严禁但难以解决的社会问题。究其原因，主要有三。

其一，正口官渡之弊，导致偷渡横行。清朝在台海两岸陆续开辟了福建之厦门、蚶江、五虎门和台湾之鹿耳门、鹿港、八里坌、五条港、乌石港八个官渡正口，是大陆移民往来两岸的正常通道，只要取得地方官执照，通过出口与进口查验，就可以顺利通行。本来这是一般良民入台的正常渠道，但是，这也是贪官污吏乘机敲诈勒索的途径。他们为移民赴台设置障碍，时间与费用均高于私船偷渡，致使不少良民不得不卷入偷渡之途。正如闽浙总督觉罗伍拉纳等所奏称："偷渡之弊仍复年办年有者，盖缘生齿日繁，台湾地土膏腴，易于耕作，无业贫民纷纷渡海，或依亲傍族觅食营生，若由官渡，则必经官给照，难免守候稽延，而商船搭载其价亦昂。遂有积惯船户、客头，于沿海小港私相招揽，每人不过番银二、三元即可登船开驾，在揽载者既可因多人获利，而私越者亦因出费既轻，行程又速，遂致图便目前，不惜以身试法，此私渡之所以未能净尽也。"[①] 山西道监察御史杜彦士说得更加具体，有谓："偷渡之禁日严，而终不能遏绝者，一在挂验出口者之需索照费，一在稽查入口者之收受船规也。查定例，渡台人民，由内地州、县查明有无过犯，出具族邻保结，给发执照，方准配船；立法至为周密，乃奉行不善，往往家丁、胥役因缘为奸，见在渡台者，每人给照，勒索照费洋银七、八元，或五六元，方准发给。故良民贫苦者，无力给照，奸民欲逃窜者，胥役贪图厚利，听其揑造族邻保结，蒙混给照。至台地入口时，官弁稽查，辄命胥役到船盘验，船中有出海者，即与关说贿托，以船大小、人多寡为计，约输银百元、七八十

① 《为奏遵旨筹议设立官渡立定章程事》（闽浙总督觉罗伍拉纳等，乾隆五十四年十二月一日，上奏），载《明清台湾档案汇编》第3辑第38册，第462—463页。

元不等。凡有照、无照者，均得上岸，官弁视为陋规，竟成利薮。如此而欲禁偷渡，岂可得乎。故欲严偷渡者，在严出口之禁，尤在严入口之禁。”[①] 可见，尽管有正口官渡，但获得执照及出口、进口查验都难免遭受不法官吏刁难勒索，而且商船搭载价钱又高于偷渡私船，良民偷渡实属不得已，实际上是正口官渡制度执行过程中贪官污吏徇私舞弊所致。

其二，禁止携眷政策下的偷渡。大概从康熙四十一年（1702年）到乾隆五十三年（1788年），清朝曾经实行禁止携眷政策，尽管其中有三次短暂地有条件开放移民搬眷，但并没有从根本上解决这个问题。在较长时间的禁止携眷期间，不少赴台移民饱受妻离子散、骨肉分离的痛苦，不得不通过偷渡方式实现家人的团聚。“台湾编民，多系内地之人，其有恒业方成，生计甫顺，全家骨肉，天各一方，格于例限，不得永遂孝慈之愿。致有父母依闾，妻室离旷，舔犊含饴之念，情所必至。愚民因之贪便罹法，履险丧躯，愆虽自作，然为伦常天性所迫，隐衷实堪怜悯。……现在汉民已逾数十万，其父母妻子之身居内地者，正复不少。十年长养，凡向之孑身漂流过台者，今已垦辟田园，足供俯仰矣；向之童稚无知者，今已少壮成立，置有产业矣。若弃之而归，则失谋生之路；若置父母妻子于不顾，更非人情所安。故其思念父母，系念妻孥，冀图完聚之隐衷，实有不能自已之苦情，以致急不择音，甘受奸梢之愚弄，冒险偷渡，百弊丛生。”[②] 禁止携眷政策确实有与亲情伦理相悖之处，也是导致偷渡的原因之一，林爽文事件之后经福康安奏请便被废止。

其三，奸宄之徒、无赖游民偷渡成风。清朝实行给照渡台制

---

① 《为通筹台湾利弊以靖海疆事》（山西道监察御史杜彦士，道光十八年，其他），载《明清台湾档案汇编》第3辑第56册，第168—169页。

② 《吏部为内阁抄出福建巡抚吴士功奏移会》，《明清史料戊编》上册，第281页。

度，赴台移民需要取得地方官的执照，才能合法渡台，这对不法之徒是一个难题。台湾为新辟地区，初期地广人稀，对于山多地少、人口过剩的福建、广东沿海地区人民有非常大的吸引力，不仅大量良民通过给照渡台安家立业，一些不法之徒及无赖游民也以偷渡方式纷纷逃到台湾，以求避难与谋生。闽浙总督喀尔吉善奏称："台湾为海外重地，向因土膏舒沃，闽、粤之人多往耕种，近来流寓殷繁，已觉人满，加以沿海奸匪，又复偷越前往，良莠混淆，贻累地方，欲求顿理肃清，偷渡首宜严禁。"[①] 不少无赖之徒偷渡到台湾，给台湾带来社会动荡的隐患，如山西道监察御史杜彦士所谓："内地无赖之徒，混迹商艘，杂沓而至，往往游手失所，群聚为盗，则偷渡之为患也。"[②] 台湾成为一海之隔的闽、粤沿海地区不法之徒避难的渊薮。

另外，还有赴台官员及水师游船夹带偷渡。"其弊由调台之官带一人菓价八两，充作长随；或由水师游船假做出洋官兵，不拘人数，以免照身挂号；又或夹带流民，数十年来，积聚数十万人矣。"[③] 官方与军方夹带偷渡，是对给照渡台制度的极大破坏。

由于种种复杂的原因，无照偷渡屡禁不绝。事物都有两面。无照偷渡既是对给照渡台制度的破坏，也是一定程度上的补充。无照偷渡给台湾带来非法移民，其后果有二：一方面使台湾多游民，造成社会不安定因素；但另一方面使台湾人口增加，也为开发台湾做出了积极贡献。

---

① 《为查禁偷渡事》（闽浙总督喀尔吉善，乾隆十二年八月二十四日，朱批），载《明清台湾档案汇编》第2辑第19册，第387页。

② 《为通筹台湾利弊以靖海疆事》（山西道监察御史杜彦士，道光十八年，其他），载《明清台湾档案汇编》第3辑第56册，第168页。

③ 《奏折·管理台湾地方情形敬陈管见》（雍正三年二月），载《明清宫藏台湾档案汇编》第9册，第305页。

三　台湾移垦社会定型及其与大陆一体化

清朝实行给照渡台，并严禁无照偷渡，都是对赴台移民的严格管理，但闽、粤沿海移民仍是源源不断涌向台湾。“内地无业之民，视台地为乐土，冒险而趋，络绎不绝，请照以往者有之，私行偷渡者有之。”[①] 无论请照还是偷渡，大量移民来到台湾，不仅为开发台湾做出了积极的贡献，而且逐渐改变台湾的人口结构与社会结构，使台湾成为以闽、粤移民为主体的移垦社会，并逐渐融入与大陆一体化进程之中。

台湾移垦社会大概在乾隆嘉庆年间开始形成。

由于台海两岸天然的密切关系，自古以来大陆移民到台湾时有发生，但大规模的移民高潮则出现在清代康熙统一台湾之后，正是大量汉族移民改变了台湾的人口结构。清代台湾人口总数，康熙二十二年（1683 年）约 12 万人，乾隆四十七年（1782 年）91. 3 万人，嘉庆十六年（1811 年）194. 5 万人，光绪十九年（1893 年）254. 6 万人。由于汉人大量移入，台湾少数民族移居山区，或逐渐被同化为平埔人，使得少数民族保持极低的人口增长率，人口增长极为缓慢。[②]

从人口增长率来看，清代台湾人口变迁有一个从迁移增长到自然增长的转变过程。据推算，台湾人口从康熙二十二年到乾隆四十七年（1683—1782 年）的年增长率为 2. 07%，从乾隆四十七年到嘉庆十六年（1782—1811 年）的年增长率为 2. 64%，从嘉庆十六年到光绪十九年（1811—1893 年）的年增长率为 0. 3%，前两个时

---

① 《为奏请编台地保甲以防偷渡以靖海疆事》（福建巡抚钟音，乾隆二十年九月十一日，上奏），载《明清台湾档案汇编》第 2 辑第 23 册，第 133 页。

② 参见孔立《清代台湾人口的几个问题》，《厦门大学学报》1986 年第 4 期；王人英《台湾高山族的人口变迁》，台北“中研院”民族学研究所专刊之十一，1967 年。

期主要是迁移增长，第三个时期则回归自然增长。[①] 这表明嘉庆十六年（1811 年）以前台湾接受了大量大陆移民，从而形成以移民为主体的移垦社会，此后影响台湾人口变迁的主要因素不再是移民，而是自然增长。

关于清代台湾人口的性比例问题，台湾有所谓“有唐山公，无唐山妈”的说法，意指台湾历史上只有大陆男性的移民，而没有女性的移民。这种说法近年来被“台独”政治势力操弄，具有强烈的政治意味。其实，这种说法并不符合史实。早期台湾妇女人数确实较少，但早期移民中的无妻者并不占多数，因为许多移民在原乡已经娶妻，然后才到台湾来。从族谱资料看，早期娶台湾女子者为数不多，且主要是娶汉人移民的后代，“娶番女”的情况虽然存在，但实际上只是少数，且受到明令禁止。由于清朝在较长时间里实行禁止携眷赴台政策，也由于女性移民“偷渡”会比男性移民更加困难，故在一定时期内，台湾社会的人口性比例并不平衡。但值得注意的是，由于雍正末年、乾隆初年三次开禁，很多女性移民得以“合法”请照渡台，以及更多的女性想方设法渡台与家人团聚，都有助于缓解台湾社会中人口性比例失调的状况，清代大陆向台湾的移民中，人口性比例的失调实际上是很有限的。在乾隆末年取消禁止携眷赴台政策后，台湾人口只用 20 年就几乎翻了一番，这种社会人口的高速增长，除了移民增长之外，人口自然增长也应达到一个较高水平，表明成年男女的婚配率比较高，人口中的性比例已经比较平衡。[②]

可以说，雍正末年、乾隆初年三次有条件开放移民携眷，以及乾隆五十三年（1788 年）彻底废除禁止移民携眷政策，有助于大

---

① 参见陈孔立《清代台湾移民社会研究》，九州出版社 2006 年版，第 97 页。

② 参见陈孔立《“有唐山公，无唐山妈”质疑——有关台湾早期人口性比例问题》，《台湾研究集刊》1997 年第 4 期；邓孔昭《试论清代台湾的女性移民》，《台湾研究集刊》2010 年第 5 期。

陆移民在台湾拥有完整的家庭生活，从而安居乐业，使社会结构日趋稳定，这是乾嘉时期台湾移垦社会形成的重要标志。

台湾移垦社会在乾嘉时期开始形成以后，因祖籍地域矛盾重重，历经频繁的分类械斗，通过其内部不断地自我调整，在咸同之际基本定型。

清代大陆赴台移民主要来自福建的漳州、泉州与广东的惠州、潮州等地。这些地区山多地少，人口过剩，不少人渡海到台湾谋生，良莠不齐，鱼龙混杂。据福建巡抚钟音奏称：台湾"土著者少，流寓者多，皆系闽之漳、泉，粤之惠、潮迁移赴彼，或承贌番地垦耕，或挟带资本贸易，稍有活计之人，无不在台落业，生聚日众，户口滋繁。……到台之后，或依亲戚而居，或藉佣工为活，或本无可倚，在彼游荡者，亦实蕃有徒，奸良混杂，莫可辨别"①。大陆移民到台之后，起先大都按祖籍地缘关系聚居，随着各地移民先后来台以及台湾开发的进程，在台湾岛上形成具有明显地域性的移民格局。乾隆末期，郑光策为前往台湾镇压林爽文起义的福康安分析岛内移民分布格局时有谓："按全台大势，漳、泉之民居十分之六七，广民在三四之间。以南北论，则北淡水、南凤山多广民，诸、彰二邑多闽户；以内外论，则近海属漳、泉之土著，近山多广东之客庄。广民骄悍腾锐，器械精良，闽民亦素畏之。前漳、泉械斗时，广庄不与，闽民亦无敢挠乱之者。"② 相对而言，在台大陆移民之中，福建人较多，但广东人骄悍，一般情况下可以互相制衡，互不干扰。但是，在他们开发台湾的过程中难免出现各种矛盾和利益冲突，而频繁地发生分类械斗。

清代台湾的分类械斗与一般社会以宗族姓氏群体相互械斗不

---

① 《为奏请编台地保甲以防偷渡以靖海疆事》（福建巡抚钟音，乾隆二十年九月十一日，上奏），载《明清台湾档案汇编》第2辑第23册，第133页。

② 《上福节相论台事书》（郑光策，乾隆五十三年，推测），载《明清台湾档案汇编》第3辑第37册，第206页。

同，是赴台移民以祖籍地缘群体之间分类的械斗，是移垦社会形成与定型过程中特有的社会现象。福建的漳州、泉州与广东的惠州、潮州等地人民本有械斗传统，所谓“械斗之案，起于闽省漳、泉二属，而粤东惠、潮尤甚”[①]。这些地区的移民到台之后，也把械斗的传统带到台湾。他们在台湾以祖籍地缘关系聚居，“各分气类”，如姚莹所谓：“台湾之民不以族分，而以府为气类。漳人党漳，泉人党泉，粤人党粤，潮虽粤而亦党漳。”[②] 福建的漳州与泉州各自分类，福建与广东又互相分类，这种地域分类完全可以理解。至于广东的潮州却与福建的漳州结为一类，主要是他们均为福佬文化体系，又与广东嘉应州、福建汀州的客家人互分气类，就是闽南人与客家人的族群划分。清代台湾的分类械斗主要有闽粤械斗、漳泉械斗，另有漳泉粤互斗、粤人同籍械斗和泉人内部械斗。据陈孔立《民间械斗事件简表》[③] 统计分析：台湾自乾隆三十四年（1769 年）到光绪二十年（1894 年）125 年间，共有民间械斗 73 次，其中分类械斗 48 次，占 65.8%；48 次分类械斗中漳泉械斗 22 次，闽粤械斗 18 次，漳泉粤械斗 5 次，粤人同籍械斗 2 次，泉人内部械斗 1 次。如果以同治二年（1863 年）为界，此前共有民间械斗 57 次，其中分类械斗 46 次，占 80.7%；此后共有民间械斗 16 次，其中分类械斗只有 2 次，占 12.5%。由此可以得出两点结论：一是通过从乾隆中期到同治初年将近百年大约每两年一次分类械斗，福建、广东移民不断地自我调整，逐渐在各自新的移居地域内安居乐业，台湾移垦社会在咸同之际基本定型；二是同治二年（1863 年）是台湾民间械斗从分类械斗向一般族姓械斗转变的转折点，这是移垦社会基本定型的明显标志。

---

① 《清宣宗实录》卷 32，道光二年闰三月乙未。

② 姚莹：《答李信斋论台湾治事书》，载《中复堂全集·东溟文集》卷 4，沈云龙主编《近代中国史料丛刊续编》第 6 辑，台湾文海出版社 1974 年版，第 174—175 页。

③ 参见陈孔立《清代台湾移民社会研究》，九州出版社 2006 年版，第 162—165 页。

从清代大陆移民赴台历史考察，可以看到，台湾移垦社会形成与定型的过程，也是台湾与大陆一体化的过程。

自康熙统一台湾以后，大量福建、广东移民不断涌向台湾，使得闽南人与客家人群体成为台湾社会主体居民，一直影响到现在台湾社会的族群结构。清朝通过推行与大陆一样的政治、经济、文化政策，使以闽、粤移民为主体的台湾社会在与大陆一体化的过程中保持了同质性。早在乾隆五十三年（1788 年），协办大学士福康安在平定林爽文事件之后奏陈善后事宜，有谓："台湾为五方杂处之区，本无土著，只因地土膏腴，易于谋生，食力民人挈眷居住，日聚日多，虽系海外一隅，而村庄户口较之内地郡邑，不啻数倍。""虽台湾远在海外，稽查奸匪不可不严，而百余年来，休养生息，贩运流通，实与内地无异。"[①] 福康安亲历台湾的实地观察，应该是真实可信的。也就是说，乾隆末年台湾已经开始形成与大陆同质性的移垦社会。

关于清代台湾社会发展变迁的总体研究，即社会转型模式的研究，台湾学界曾经有所谓"内地化"与"土著化"之争。历史学家李国祁认为清代台湾移垦社会的转型，主要是一种"内地化"运动，即台湾社会变迁在取向上以中国大陆各省社会形态为目标，转变成与中国大陆各省完全相同的社会，其结果是台湾成为中华文化的文治社会。人类学家陈其南则认为整个清代是来台汉人由移民社会走向"土著化"，变为土著社会的过程，土著社会以建立在本土地缘和血缘关系上的新宗教和宗教团体取代了移民社会的祖籍地缘和血缘团体，其结果是台湾社会与大陆社会逐渐疏离。大陆学者陈孔立对清代台湾社会发展模式提出新的设想，认为它是双向型的，而不是单向型的，即一方面日益接近大

① 《为奏清查台湾积弊酌筹善后章程事》（协办大学士福康安等，乾隆五十三年六月六日，朱批），载《明清台湾档案汇编》第 3 辑第 36 册，第 267、271 页。

陆社会，另一方面日益扎根于台湾当地，但也不是“内地化”加“土著化”，因为直到被日本割占之前，既没有“化”成与大陆完全相同的社会，也没有“化”成从大陆疏离出来的土著社会，而是处于双向发展的过程之中。他还把移民社会转型后的台湾社会称为“定居社会”，认为这比“文治社会”或“土著社会”更加符合当时的历史特点。[①] 其实，台湾移垦社会并不存在转型问题，只是从开始形成到基本定型[②]，时间大概在乾嘉时期开始形成，咸同之际基本定型。

清代台湾社会与大陆一体化是毋庸置疑的，其所呈现的某些与大陆不同的特点，只不过是其地域性的反映，大陆其他各地都有类似的情况，所谓大同小异而已。这个“大同”就是大一统中国的共性，“小异”只是各地的特殊性。从这方面来看，台湾自被纳入中国版图以后，就与中国其他地方一样，逐渐在一体化进程中与中国社会实现同步变迁，并成为大一统中国不可分割的一部分。

第三节　清朝开发台湾的经贸政策

清代是台湾历史上重要的经济发展与开发时期。清朝在台湾实行积极的开发政策与措施，使台湾以稻米与蔗糖生产为主的农业经济得以较快发展，成为东南地区重要的粮仓与糖库，不仅保障了台湾人民的生活需要，而且还能反哺大陆，甚至对外出口。随着台湾全岛的逐渐开发，台湾迅速成为一个新兴的农业经济区域；与此同

---

① 参见张海鹏、李细珠主编《当代中国台湾史研究》，中国社会科学出版社 2015 年版，第 159—160 页。

② 所谓“文治”是相对于“武功”而言，清代台湾移民社会本身就具备“文治”特点，而并不具“武功”性质；所谓“土著”是与“移民”相对而言，但“移民”无论如何都不可能转变为“土著”，只能在冲突中融合并存；所谓“定居社会”是与“游牧社会”相对而言，“移民”不是“游牧”。因而，清代台湾移民社会不存在转型问题，只是逐渐定型而已。“移民社会”或“移垦社会”最大的特点是其与原乡密切的文化渊源关系，同时又具有本土文化的特性。

时，闽台经贸关系日趋紧密，经济的一体化，也使台湾成为中国社会经济中血肉相连、不可缺少的一个重要组成部分。

一　实施农业发展政策与米糖经济发达

清代台湾的经济以农业为主，由于自然条件的关系，稻米与蔗糖是主要的农产品，故有所谓米糖经济之称。

清朝在台湾实行促进农业发展的政策与措施主要有三：一是鼓励移民垦荒。康熙统一台湾后，在台湾设置一府三县。其时台湾除台南部分地区业已开垦以外，大部分地区尚处于原始状态，广袤原野，满目荒痍。"台湾止府治百余里，凤山、诸罗皆毒恶瘴地，令其邑者尚不敢至。"[①] 清朝的首要开发举措就是垦荒。首任知府蒋毓英到台之后，"经划三县疆域，集流氓，垦荒地，安辑诸番，教以授产之法。"[②] 诸罗知县张王尹莅任之初，"邑土广漠，多未开垦，招徕流氓拓田，黾勉抚绥，至者如归市，不数载，农事大兴，民亦殷庶"[③]。台湾府县官员为鼓励移民垦荒，给垦户颁发开垦荒地的垦照，允许垦户"招佃开垦，三年后输纳国课"[④]。官府承诺在荒地开垦三年后才开始征收赋税，是对垦荒的积极鼓励举措。

二是兴修农田水利。水利设施是发展农业的根本保障，台湾官府对此非常重视。施琅复台后即在凤山修筑著名的将军陂[⑤]，是台湾灌溉水利工程的示范。康熙末年周钟瑄任诸罗知县，"时县治新辟，土旷人稀，遗利尚巨，乃留心咨访，劝民凿圳，捐俸助之，凡

---

① 蓝鼎元：《平台纪略》，载蒋炳钊、王钿点校《鹿洲全集》下册，厦门大学出版社 1995 年版，第 838 页。

② 连横：《台湾通史》上册，商务印书馆 2010 年版，第 314 页。

③ 连横：《台湾通史》下册，商务印书馆 2010 年版，第 706 页。

④ 《清代台湾大租调查书》，《台湾文献丛刊》第 152 种，台湾银行经济研究室 1963 年版，第 1 页。

⑤ 李丕煜主修：《凤山县志》卷 2《规制志 · 水利》，台湾史料集成编辑委员会编《清代台湾方志汇刊》第 5 册，远流出版事业股份有限公司 2005 年版，第 93 页。

数百里沟洫，皆其所经画，农功以兴”①。周钟瑄捐银、捐米谷助修陂圳，其主政诸罗县时，该县修筑陂圳达 75 条之多。② 道光中期，曹谨任凤山知县，“当是时，凤山平畴万顷，水利未兴，一遭旱干，粒米不艺。谨乃集绅耆，召巧匠，开九曲塘，筑堤设闸，引下淡水溪之水，以资灌溉，为五门，备蓄泄。公余之暇，徒步往观，杂以笑言，故工皆不怠。凡二年成，圳长四万三百六十丈有奇，润田三千一百五十甲。其水自小竹里而观音，而凤山，又由凤山下里而旁溢于赤山里，收谷倍旧，民乐厥业，家多盖藏，盗贼不生”。台湾道姚莹为表彰其功绩，特命名曹公圳。后又与当地士绅捐资增开曹公新圳，“润田尤多”。③ 据统计，清代台湾共修筑陂圳水利工程 966 个（条），其中康熙朝 103 个，乾隆朝 140 个，道光朝 160 个，光绪朝 349 个，形成四个水利开发的高潮期。④ 除曹公圳以外，尚有八堡圳、瑠公圳、大安陂等大型水利工程，其余大多为小型陂圳，业已形成密集的农田水利灌溉网。

三是改良农产品种。其中以水稻品种的改良最为显著。据台湾学者利用方志资料对清代台湾稻种变迁的量化研究，康熙三十三年（1694 年）台湾有 12 种稻种，光绪十六年（1890 年）增加到 48 种，将近 200 年间新增品种 41 种，消失 5 种。其中从康熙五十九年到乾隆二十九年（1720—1764 年），40 余年间新增品种 24 种：圆粒、吕宋占、大伯姆、占仔秫、鹅卵秫、秫栗、三杯、来天、内山早、清游早、红脚早、大头婆、白肚早、安南早、七十日早、一枝早、鸭母潮、番仔秫、乌尖、三杯择、花螺、白秫、牛索秫、芒

---

① 连横：《台湾通史》下册，商务印书馆 2010 年版，第 707 页。

② 周钟瑄主修：《诸罗县志》卷 2《规制志·水利》，台湾史料集成编辑委员会编《清代台湾方志汇刊》第 3 册，远流出版事业股份有限公司 2005 年版，第 112 页。

③ 连横：《台湾通史》下册，商务印书馆 2010 年版，第 713 页。

④ 参见蔡志展《明清台湾水利开发之时空分析（1624—1894）》，《社会科教育研究》1998 年第 3 期。

花秫。[1] 这些品种有不少是早熟稻，早熟稻生长时间短，使台湾水稻种植从一年一熟的单季稻变成一年两熟的双季稻。早熟稻的引进与推广，大大提高清代台湾土地的复种指数，同时使稻米产量大幅增长。

清朝通过实施以上政策与措施，使台湾的土地得到开发，形成以稻米与蔗糖生产为主的农业经济区域。

在康熙统一台湾之初，由于蔗糖商品价值较高，糖价高于米价，百姓趋利，群趋开垦蔗园，种植甘蔗，一时使蔗园面积大大超过稻田面积。第三任分巡台厦兵备道高拱乾发布告示——《禁饬插蔗并力种田示》，力劝百姓少种甘蔗多种田。他在具体分析台湾缺粮的现状之后说："不谓尔民弗计及此，偶见上年糖价稍长，惟利是趋。旧岁种蔗已三倍于往昔，今岁种蔗竟十倍于旧年。蕞尔之区，力农止有此数，分一人之力于园，则少一人之力于田；多插一甲之蔗，即减收一甲之粟，年复一年，有加无已。夫果有利尔民，本道岂不乐从。但尔民愚无远虑，止知种蔗硖糖便可取利，殊不知人尽种蔗，则出糖倍多，糖多则价必贱，不比上年之糖少价长也明矣。在岁丰之日，固可以糖易谷，输课并供粮食。万一复遇岁歉，寡收稻谷，种田有谷者除完课外，计日防饥，必不见贷于人。尔种蔗者有糖不足以为谷，非特无以完公，更思靡可糊口。数万军民需米正多，则两隔大洋，告籴无门，纵向内地舟运，动经数月，谁能悬釜以待？是尔民向以种蔗自利者，不几以缺谷自祸欤。……须知竞多种蔗，势必糖多价贱，允无厚利，莫如相劝种田，多收稻谷，上完正供，下赡家口，免遇岁歉，呼饥称贷无门，尤为有益。"[2] 高拱乾观察到，台湾的米糖经济业已形成"米糖相克关系"，大有此

---

① 参见黄克武《清代台湾稻作之发展》，《台湾文献》1981 年第 32 卷第 2 期。

② 《禁饬插蔗并力种田示》，高拱乾等修《台湾府志》卷 10《艺文志》，《台湾府志三种》上册，中华书局 1985 年版，第 1064—1066 页。

消彼长之势。然而，其一纸告示并没有使台湾农民立即放弃追求种蔗的利润而转向种田。据乾隆时期《重修台湾府志》“赋役志”的记载，从康熙二十四年（1685 年）至雍正十三年（1735 年），台湾田园从 18453 甲增加到 52862 甲，新垦田园 34408 甲，其中田从 7534 甲增加到 14774 甲，园从 10919 甲增加到 38088 甲。[①] 在此 50 年间，田增长不到一倍，而园增长了两倍多。田主要是指稻田，园则主要是种植甘蔗等经济作物。

值得注意的是，上述康雍时期新垦田园 34408 甲的数据来自官方“赋役志”的记载，是正式报垦升科数，与实际开垦数有较大的差距，尤其是田数，多有隐瞒。业户将成熟田园以多报少，欺隐之田远多于报垦之数。雍正四年（1726 年），闽浙总督高其倬奏称，台湾开辟之初，文武官员及士绅豪强皆任意报占田土，“又俱招佃垦种取租，迨后佃户又招佃户，辗转顶授，层层欺隐。……佃户之下皆多欺隐，佃户下之佃户又有偷开，至业主不能知佃户之田数、人数，佃户又不能究其下小佃户之田数、人数，实则种百亩之地不过报数亩之田，究竟粮少田多，是以家家有欺隐之产，人人皆偷开之户”[②]。高其倬的奏报或有夸张，但由于复杂的租佃制度，其时台湾能够征收赋税的田数，远远少于实际开垦田数，则是毋庸置疑的。

事实上，康熙末年，台湾已是“糖谷之利甲天下”。[③] 其时台湾米谷在丰收之年业已实现自给，还有多余运销大陆。据首任巡台御史黄叔璥观察，台湾“三县皆称沃壤，水土各殊。台县俱种晚

---

① 范咸等修：《重修台湾府志》卷 4《赋役一・土地》，《台湾府志三种》中册，中华书局 1985 年版，第 1580—1581 页。

② 《为奏台地开垦事》（闽浙总督高其倬，雍正四年十一月八日，上奏），载台湾史料集成编辑委员会《明清台湾档案汇编》第 2 辑第 11 册，远流出版事业股份有限公司 2006 年版，第 157 页。

③ 蓝鼎元：《复制军台疆经理书》，载《东征集》卷 3，《鹿洲全集》下册，第 552 页。

稻。诸罗地广，及凤山淡水等社近水陂田，可种早稻。然必晚稻丰稔，始称大有之年。千仓万箱，不但本郡足食，并可资赡内地”[①]。但当时为了保证台湾的粮食供应，官府严禁台米外运，不仅影响了台湾农民生产稻米的积极性，而且影响了福建泉州、漳州两府的米粮供应。雍正四年（1726 年），闽浙总督高其倬奏请开放台湾米禁，有谓：“台湾地广，民间所出之米，一年丰收，足供四、五年之用。民人用力耕田，固为自身食用，亦图卖出赚钱。一行禁止，则囤积之米废为无用，既大不便于台民，而泉、漳二府仰待外米，乃绝其资藉之源，又大不便于泉、漳之民。究竟泉、漳之民势不得不买，台湾之民亦势不能不卖，遂生种种弊端，偷买偷卖，奸巧百出。……禁之愈严，其弊愈巧。……臣查开通台湾遏米之禁，其益有四端：一，泉、漳二府之民有所资藉，不苦乏食。二，台湾之民既不苦米积无用，又得卖售之益，则开田愈力。三，可免泉、漳、台湾之民因米粮出入之故，受指勒需索之累。四，泉、漳之民既有食米，自不搬买福州之米，福州之民亦可稍免乏少之虞。”[②] 高其倬的建议得到清廷采纳，此后台米开禁，米价上升，有助于鼓励农民种植水稻的积极性。

随着土地不断被开发，雍正年间，台湾作为一个新兴的农业区域已经基本形成。乾隆以后，台湾取得东南“粮仓”和“糖库”的地位，台米与台糖通过海运源源不断地供应大陆，闽台一体化有了强劲的经济纽带。乾隆、嘉庆、道光时期是台湾稻作的全盛时期。随后，台湾的粮食生产逐渐由盛转衰。光绪时期，台湾全岛开辟田园共计 50 万余甲，其中稻田约占四成，大概在 20 万甲左右，其余约 30 万甲主要生产茶、糖、樟脑等经济作物。台湾农业经济

---

① 黄叔璥：《台海使槎录》，《台湾文献丛刊》第 4 种，台湾银行经济研究室 1957 年版，第 51 页。

② 《为请开台湾遏米之禁接济泉漳民食事》（闽浙总督高其倬，雍正四年七月二十六日，上奏），载《明清台湾档案汇编》第 2 辑第 11 册，第 65—66 页。

结构遂由米粮生产逐步转变为茶、糖和樟脑生产。[①]

二　移植福建租税制度

清代台湾的赋税主要是田赋。康熙统一台湾之初，清廷派往福建料理军前粮饷事务工部右侍郎苏拜与福建督抚、提督等会议台湾应缴钱粮数目时，基本上按照明郑旧制，“较伪藩郑克塽所报之额相去不远”。施琅疏请对台湾“沛以格外之泽，蠲减租赋”[②]。康熙二十三年（1684 年），清朝比照明郑田园科则予以酌减，制定新的田园赋则，规定：上则田每甲征粟八石八斗，园每甲征粟五石；中则田每甲征粟七石四斗，园每甲征粟四石；下则田每甲征粟五石五斗，园每甲征粟二石四斗。其时台湾府实征粟共计 92128 石余。以后随着田园开垦进程而逐年增加，康熙二十五年（1686 年），台湾府共应征粟 113347 石余。[③]

清初台湾赋则虽然是从明郑蠲减而来，但与大陆相比，其赋额重在一倍以上。“内地之田论亩，凡折算二百四十弓为一亩，以六尺为一弓。台湾之甲论戈，凡东西南北各二十五戈为一甲，每戈长一丈二尺五寸。计田园一甲，约内地十一亩三分一厘零。内地上则田一亩，各县输法不一，若征折色，自五、六分以极一钱一分而止；即以最重者而论，田十一亩三分一厘，不过征银一两二钱二分零。台湾之田，上则每甲每年征粟八石八斗，即以谷价最贱之时而论，每石不下银三钱，凡征本色二两六钱四分。由田以例园，由上

① 以上参见杨国桢《清初台湾农业区域的形成》，《台湾研究集刊》1983 年第 2 期；林仁川《明清时期台湾的稻米生产》，《中国农史》2002 年第 3 期；王世庆《清代台湾的米产与外销》，《清代台湾社会经济》，联经出版事业股份有限公司 2006 年版，第 100 页。

② 施琅：《请蠲减租赋疏》，载余文仪主修《续修台湾府志》（下）卷 20《艺文一·奏疏》，台湾史料集成编辑委员会编《清代台湾方志汇刊》第 17 册，远流出版事业股份有限公司 2007 年版，第 918—919 页。

③ 蒋毓英修：《台湾府志》卷 7《赋税·田赋》，《台湾府志三种》上册，第 150—151 页。

则以例中下，虽赋税较郑氏豁免已多，且不止加倍于内地矣。”[①]台湾田赋之重，引起在台地方官及巡台御史的注意。雍正五年（1727 年），巡台御史索琳、尹秦上奏，指出台湾业主与佃丁均有意隐瞒田园数目，“辗转相朦，遂至百甲田园完粮者不过二、三十甲，此通台相沿之大弊也”。究其因由，主要还是科赋太重，“现征科则，计亩分算，数倍于内地之粮额，若非以多报少，不能完纳正供”[②]。

雍正九年（1731 年），福建总督刘世明以台湾田园旧例按甲征粟，比内地科则较重，“请照内地同安县地亩官、民、盐等则之例，按亩征收。以每甲化为一十一亩，分别上、中、下之差。将上田照同安民米例，每亩征银八分五厘三毫四丝，秋米六合九抄五撮；中田照同安盐米例，每亩征银六分五厘八毫八丝四忽，秋米三合八抄七撮；下田照同安官米例，每亩征银五分七厘五毫五丝，不征秋米。上园照中田例；中园照下田例；下园照盐米不征盐折例，每亩征银五分六厘一毫八丝，不征秋米。所有新升田园，已经征粟者，仍照征本色。其雍正七年升科以后续垦未经汇题，及将来新垦田园，统以此案题定，永为报垦之准则”。户部议覆：“其雍正七年报垦及以后续垦田园，先恳改照同安则例征粮，应如所请。台属报垦田园及自首升科者，俱以雍正七年为始，化甲为亩，照同安例分别上、中、下征收银米。至改则田园，亦如所请，照台例将每亩所征钱粮统照三钱六分折粟一石核算，征输其本色。米石照一米二谷之例，折粟征贮可也。”奉旨“依议”。[③] 改制后的新的田园赋则，按

① 周钟瑄主修：《诸罗县志》卷 6《赋役志・户口土田》，《清代台湾方志汇刊》第 3 册，第 164 页。

② 《为访陈台郡田粮利弊仰请圣裁事》（巡台御史索琳等，雍正五年八月十二日，上奏），载《明清台湾档案汇编》第 2 辑第 11 册，第 370 页。

③ 《台地田园征额》（户部，雍正九年，其他），载《明清台湾档案汇编》第 2 辑第 14 册，第 213—214 页。

照同安则例征收银米的标准，实际上还是折算为粟米征收。上则田每甲征粟二石七斗四升有奇，中则田每甲征粟二石八升有奇，下则田每甲征粟一石七斗五升有奇；上园照中田，中园照下田，下园每甲征粟一石七斗一升有奇。“新则较轻旧则不啻数倍。”[①] 其实，新则赋额不仅比旧则大为减轻，直接减少了台湾垦民的负担，有助于推进台湾土地开发的进程，更重要的是，台湾赋则与福建同安则例一致，对于闽台一体化具有重要的象征意义。

清代台湾是通过大规模垦荒而崛起的新兴农业区域，又是地权分化最为普及、典型的地区。康熙、雍正时期，在大规模移民垦荒过程中移植了大陆永佃关系，形成“一田二主”复杂租佃关系的土地所有制形态。台湾“一田二主”的现象最初是在垦荒过程中形成的，同时又是大陆上某种租佃关系的移植，大陆移民，尤其是福建漳州府籍的移民，为“一田二主”的租佃关系提供了“大租”与“小租”的形式；雍正九年（1731 年）清朝调整台湾新垦田园赋则后，为“大租”“小租”的普遍发展提供了现实的可能。

台湾“一田二主”的租佃关系，不是简单的地主与佃农两方面关系，而是涉及垦户、佃户、现耕佃人三重关系。垦户是向官府申请垦照获得土地开垦权的业主。清代开辟之初，“县官出示招民开垦，冀以扩张疆界，而充益国课。无如台岛地广人稀，阡陌之利未开，赋政之源未出，故凡有赴官衙请垦者，不问贵贱，悉行照准，祇以速成为效。官将原禀照抄，批示许可，字据盖用县印，给付垦户执凭，听其备咨招佃兴工开垦，三年之后，照例禀报成科，配纳供课。至开垦之初，先则指明地段四至界址，继则养佃陆续开垦，故无立定期限；或因许可之

① 尹士俍纂修，李祖基点校：《台湾志略》，九州出版社 2003 年版，第 32 页。

地，该垦户垦成之田园未及半数，中间生变而中止；或财力不继，而转给他人垦耕，虽情状不同，而其接续之权，必有另立契约，而无请官登记。此清代开垦之惯例也”[①]。垦户向县衙申请开垦土地的垦照，再招募佃户，进行荒地开垦。

佃户是向垦户承租土地的实际开垦者。有招垦文书记载：“立招佃人业户李朝荣，明买有大突青埔一所，坐落土名巴刘巴来，东至柳仔沟埤为界，西至大沟为界，南至入社大车路为界，北至黄邦杰厝后港为界，四至明白。今有招到李思仁、赖束、李禄亭、梁学俊等前来承贌开垦，出得埔银六十五两正，情愿自备牛犁方建筑坡圳，前去耕垦，永为己业。历年所收花利照庄例一九五抽的，及成田之日，限定经丈八十五石满斗为一甲，每一甲经租八石，车运到港交纳。二比甘愿，日后不敢生端反悔，增加减少，亦不敢升合拖欠；如有拖欠定额，明官究讨。”[②] 佃户与垦户签订契约，向垦户承租土地，自备农具、耕牛、种子，并有一定的资金，可以修筑陂圳，开荒耕种，其向垦户缴纳的租税称为“大租”。佃户实际上永久拥有其所开垦土地的使用权，如上引文书所谓“永为己业”，这就是永佃制。佃户可以自由处置其永佃权，包括出售、转让、遗赠等，还可以出租给现耕佃人耕种，这样便形成“一田二主”的租佃关系。

现耕佃人是向佃户租种土地进行种植的实际耕种者。他们或者是晚到的移民，已经没有荒地可以开垦，或者是自己缺乏农具和开垦资金，不能向垦户承租土地开荒，因而只能承租佃户开垦的土地进行耕种。有招耕文书记载：“立招耕字人廖宁，承领江福隆罩兰埔地一所，招得张乃华自备锄头火食，前来耕作水田三分零六毫四

① 《台湾私法物权编》，《台湾文献丛刊》第150种，台湾银行经济研究室1963年版，第193页。

② 《清代台湾大租调查书》，《台湾文献丛刊》第152种，第60—61页。

丝。每年该纳大、小租谷四石五斗九升六合，早、晚二季重风量清，年冬丰凶，不得少欠；如有少欠，任从田主招佃起耕；若无欠租，任从耕作。倘本佃无力耕作，准其亲人接耕，不准私卖他人；如无亲人接耕，议定每甲田贴锄头工本银二十元与耕人，将田交还田主，不得异言生事。”[①] 此处江福隆是垦户（业主），廖宁是佃户（田主），张乃华是现耕佃人。现耕佃人向垦户缴纳租税称为“大租”，向佃户缴纳租税称为“小租”。所以，这份招耕文书明确写出现耕佃人张乃华应缴纳“大、小租”。

在“一田二主”制下，土地产权被分割为土地所有权（田底权或田骨权）和土地使用权（田面权或田皮权），其中垦户拥有土地所有权，佃户拥有土地使用权，现耕佃人是实际的土地租种者。这种“一田二主”的租佃关系，是清代中前期台湾中部、北部开发过程中普遍存在的租税形式与土地所有制形态。实际上，这种土地经营方式是由福建移民主要是漳州籍移民从原乡移植到台湾的，也是闽台经济关系血脉相连的历史见证。

清代台湾的赋税收入与治理成本能否达到平衡呢？雍正九年（1731 年）台湾赋则改制后，全台各厅县每年新旧额通征粟 189943 石，每年应支销全境兵粟及拨运大陆兵眷粟共 171910 石，逢闰加支粟 11382 石。[②] 清朝驻防台湾水陆各军一万余人之兵粟及兵眷粟，全部由岛内田园正供额粟米支销。从这个正税收入支付驻军开销就所剩无几的状况看来，清代台湾的治理成本是无法自给自足的，实际上台湾是需要大陆协饷支援。光绪十二年（1886 年），闽浙总督杨昌濬与台湾巡抚刘铭传会奏台湾建省问题时就提到经费方面的困境。有谓：“臣等悉心筹画，拟由闽海关每年照旧协银二十万两。

---

① 《清代台湾大租调查书》，《台湾文献丛刊》第 152 种，第 153 页。

② 朱景英：《海东札记》，载陈庆元主编《台湾古籍丛编》第 4 辑，福建教育出版社 2017 年版，第 152 页。

经臣铭传咨请署福州将军古尼音布，嗣后由厦关径拨解台。至闽省各库，无论如何每年协银二十四万两，陆续解筹。并请旨敕下粤海、江海、浙海、九江、江汉五关，每年协济银三十六万两。共成八十万两，以五年为期。统计闽省库、闽海关所协四十四万两，合之台地岁入百万两，专用防军月饷之需。五关每岁各协银七万余两，集腋相资，尚属轻而易举。台疆得此巨款，庶不致尽托空言。……如三五年后，能照部议，以台地之财供台地之用，即当奏请停止协款。”[①] 这里说明当时台湾每年都需要闽海关及福建省库的协款，台湾建省并没有充裕的财政基础，不仅需要福建省库及闽海关原有协款，而且还需要粤海、江海、浙海、九江、江汉五海关的协款。这也充分说明了闽台一体以及台湾与大陆不可分离的密切关系。

三　台海两岸形成休戚与共的经贸圈

随着清朝开发台湾的进程，农产品逐渐商品化，贸易市场日渐形成，台湾商品经济得以发展，内外贸易日趋繁荣。无论是台湾岛内商品流通，还是台海两岸的经贸往来，以及台湾对外经贸交流，都得到不同程度的发展，使台湾成为东南沿海重要的经济区域。

（一）关于台湾岛内贸易

清初台湾岛内商品经济已经比较发达。据首任台湾知府蒋毓英纂修《台湾府志》记载，当时台湾府治所在地便有菜市与柴市。“菜市一所，在宁南坊府学旁隙地，五鼓时菜园人各以牛车装载杂色蔬菜瓜果等物，于此聚卖。柴市在宁南坊坟山边隙地，近山人亦以牛车装载柴薪，于此聚卖，晡时方散。”[②] 不仅民众日常生活需要

---

① 《遵议台湾建省事宜折》（光绪十二年六月十三日），载马昌华、翁飞点校《刘铭传文集》，黄山书社 1997 年版。第 216 页。

② 蒋毓英修：《台湾府志》卷 6《市廛》，载《台湾府志三种》上册，第 131 页。

的菜与柴可以在市场上购买，其时台湾最重要的农产品米与糖也成了在市场上流通的商品。“货之大者莫如油米，次麻豆，次糖菁。”[①]随着各种商品流通的增加，便逐渐形成一些重要的贸易市镇。台湾府与台湾县治所在地台南是发展最早的中心集贸市镇，不但人口较多，而且商贸发达，所谓“民居稠密，市肆纷错”[②]。台湾中部的鹿港（鹿仔港）与北部的艋舺也逐渐发展成繁华的市镇。鹿港在彰化县城外二十里，“街衢纵横皆有，大街长三里许，泉、厦郊商居多，舟车辐辏，百货充盈。台自郡城而外，各处货市，当以鹿港为最”。[③] 台北的艋舺“民居铺户约四五千家，外即八里坌口，商船聚集，阛阓最盛，淡水仓在焉。同知岁中半居此，盖民富而事繁也”[④]。台湾谚语所谓“一府二鹿三艋舺”，就是说的台南、鹿港、艋舺是清代台湾三个最繁华的商贸市镇。

清代台湾岛内贸易的发展，还表现在汉族与山地少数民族之间贸易的加强。清代台湾山地少数民族社会经济发展程度较低，其与汉族之间的贸易活动普遍采用“以物易物”的交易方式。他们用鹿皮“以易汉人盐、米、烟、布等物”[⑤]。由于语言不通，他们与汉人的交易要通过翻译中介，即通事。“社番不通汉语，纳饷、贸易，皆通事为之。通事筑寮于隘口，置烟、布、盐、糖以济土番之用，易其鹿肉、鹿筋等物。每年七月进社，至次年五月，可以交易；过

---

① 陈培桂纂辑：《淡水厅志》卷 11《考一・风俗考》，载台湾史料集成编辑委员会编《清代台湾方志汇刊》第 28 册，远流出版事业股份有限公司 2006 年版，第 392 页。

② 陈文达：《台湾县志》卷 2《建置志・城池・南投》，台湾省文献委员会 1993 年版，第 69—70 页。

③ 周玺总纂：《彰化县志》（上）卷 2《规制志・街市》，载台湾史料集成编辑委员会编《清代台湾方志汇刊》第 21 册，远流出版事业股份有限公司 2006 年版，第 129 页。

④ 姚莹：《台北道里记》，载《东槎纪略》卷 3，《中复堂全集》，载沈云龙主编《近代中国史料丛刊续编》第 6 辑，台湾文海出版社 1974 年版，第 2579 页。

⑤ 范咸等修：《重修台湾府志》卷 16《风俗四・番社通考》，《台湾府志三种》下册，第 2226 页。

此，则雨多草茂，无能至者。”[1] 通过与汉人交易，少数民族也逐渐改变了生活方式。比如，在衣饰方面，正是与汉人交易布匹，他们开始学会了用布。“男女多著鹿皮。或织树皮苎麻为布，极粗厚，日以作褛，夜以覆体；今与汉人交易布匹。男以布尺余遮前，后体毕露。以皮为帽，不畏荆棘。吉事则以鸟羽为饰。妇俱以布裹头。”[2] 可见，这些交易活动的进行，有助于台湾山地少数民族自身经济文化的进步及与移居岛内的汉族关系的发展，对于清代台湾社会经济的整体发展具有积极作用。

（二）关于台海两岸贸易

康熙四十一年（1702 年）以后，清朝开辟从福建厦门经澎湖到台南鹿耳门的两岸对渡航线，开始有意管控两岸人员往来及经贸交流。两岸对渡贸易是清朝防止走私的有效管理手段，并不是有意限制两岸贸易规模。事实上，就在只有这唯一一条两岸对渡航线的情况下，当时台海两岸贸易仍非常活跃。据首任巡台御史黄叔璥在康熙雍正之交的观察，台海之间的经贸如次：“海船多漳、泉商贾，贸易于漳州，则载丝线、漳纱、翦绒、纸料、烟、布、草席、砖瓦、小杉料、鼎铛、雨伞、柑、柚、青果、橘饼、柿饼，泉州则载磁器、纸张，兴化则载杉板、砖瓦，福州则载大小杉料、干笋、香菰，建宁则载茶；回时载米、麦、菽、豆、黑白糖饧、番薯、鹿肉售于厦门诸海口，或载糖、靛、鱼翅至上海。小艇拨运姑苏行市，船回则载布匹、纱缎、枲绵、凉暖帽子、牛油、金腿、包酒、惠泉酒；至浙江则载绫罗、绵绸、绉纱、湖帕、绒线；宁波则裁绵花、草席；至山东贩卖粗细碗碟、杉枋、糖、纸、胡椒、苏木，回日则载白蜡、紫草、药材、茧绸、麦、豆、盐、肉、红枣、核桃、柿

---

① 六十七：《番社采风图考》，《台湾文献丛刊》第 90 种，台湾银行经济研究室 1962 年版，第 88 页。

② 黄叔璥：《台海使槎录》，《台湾文献丛刊》第 4 种，第 114 页。

饼；关东贩卖乌茶、黄茶、绸缎、布匹、碗、纸、糖、面、胡椒、苏木，回日则载药材、瓜子、松子、榛子、海参、银鱼、蛏干。海壖弹丸，商旅辐辏，器物流通，实有资于内地。”[①] 台湾不仅与福建漳州、泉州、兴化、福州、建宁、厦门有经贸往来，还与上海、苏州、宁波、山东及关东有贸易活动。东部沿海数省既是台湾广阔的商品销售市场，又是岛内所需各种货物的采购基地，台海两岸经济上互通有无，自然融入一个休戚与共的经贸圈内。

随着台湾中部与北部的开发，清朝不断增开两岸通商港口，并适时调整对渡制度。乾隆四十九年（1784 年）、五十五年（1790 年），相继开辟福建泉州蚶江口到台湾彰化鹿仔港、福州五虎门到台北淡水厅八里坌的两条对渡航线。嘉庆十五年（1810 年），清朝不再限制两岸港口分别对渡，允许福建三口与台湾三口互相通行。道光六年（1826 年），又增设台湾彰化县海丰港（五条港）、噶玛兰厅乌石港为通航正口，加上原有鹿耳门、鹿仔港、八里坌三口，台湾对福建通航增加到五口，与福建之厦门、蚶江、五虎门三口，共同构成台海两岸商民往来交流的网络。在这个网络中，两岸贸易非常繁荣，于米谷贩运可见一斑。乾隆时期，随着农业的发展，台湾业已成为东南沿海粮仓，台米不断被贩运到大陆。“台郡土沃产饶，内地兵粮、民食积储，岁多取给于台产米谷，輓运转输之事，殆无虚日。”[②] 其时台湾例运内地兵谷眷谷 6 万余石，又例运粜谷 12 万石，还临时派委员来台采买米谷约 10 万石，此外商船定例及私贩偷运者估算为 20 万石，总计每年台湾运往大陆米谷在 50 万石左右。[③] 台米在一定程度上解决了福建漳州、泉州等府缺米的困境，

① 黄叔璥:《台海使槎录》,《台湾文献丛刊》第 4 种，第 47—48 页。

② 《为备陈台地輓运米谷情形仰恳圣恩准销水陆运费事》（闽浙总督喀尔吉善，乾隆二十年三月二十六日，上奏），载《明清台湾档案汇编》第 2 辑第 23 册，第 56 页。

③ 参见王世庆《清代台湾的米产与外销》,《清代台湾社会经济》，联经出版事业股份有限公司 2006 年版，第 106—107 页。

在闽台关系中起到了良好的反哺作用，是加强两岸联系的经济纽带。

清代台海两岸贸易中值得注意的是“郊”的组织。郊又称“郊行”或“行郊”，是以大商人为中心，专事聚货、采办、分售的商业贸易集团，一般由数十个或上百个商号组成，主要从事台海两岸贸易。台湾的郊兴起于乾隆、嘉庆年间，最早出现的是台南三郊：北郊、南郊与糖郊。乾隆二十年（1755 年）前后，北郊由以苏万利为首的 20 多家店号组成，专营厦门以北各港口包括宁波、上海、烟台、天津、牛庄等地贸易。几年后，台南又出现以金永顺为首的 30 多家商号组成的南郊，专营对台湾以南各港口包括厦门、金门、漳州、汕头等地贸易。随后又成立以李胜兴为首的糖郊，由 50 多家专营糖米出口贸易的商号组成，主要经营台糖、台米及其他农产品，以贩运大陆各地。台湾中部的鹿港也有泉郊、厦郊与南郊，泉郊主要经营与泉州地区的贸易，厦郊经营与厦门、金门、漳州地区的贸易，南郊经营与澎湖、广东等地区的贸易。道光、咸丰年间，台湾郊行发展进入鼎盛时期，不仅原有各郊行经营范围与贸易量得到大力发展，而且出现不少新的郊行。如台北的艋舺成立泉郊，主要从事福州、泉州地区的贸易；艋舺还有北郊，经营福州及其以北地区包括宁波、上海、天津、锦州、盖州等地的贸易。同治、光绪时期，台湾被迫对外开港，外国轮船介入，倾销洋货，大批货物进出淡水、鸡笼（基隆）、安平、打狗（高雄）四个对外通商口岸，严重破坏了传统的郊商贸易，台湾郊行走向衰落。①

（三）关于台湾对外贸易

清中期道光、咸丰时期，英、美商人已经开始在台湾从事贸易

---

① 参见黄福才《台湾商业史》，江西人民出版社 1990 年版，第 114—145 页；黄福才《论清代大陆与台湾贸易各阶段的特点》，《中国经济史研究》1997 年第 2 期。

活动。他们在台湾北部贩卖鸦片等货，购买煤炭、樟脑等物。“咸丰元年，洋船始在沪尾、鸡笼依商贸易，官照商船征税。”[①] 第二次鸦片战争以后，台湾被迫对外开放淡水、鸡笼（基隆）、安平、打狗（高雄）四个通商口岸，外国资本在不平等条约的保护下大量涌入台湾市场，使台湾对外贸易迅速发展。据海关贸易资料统计，同治四年（1865 年）台湾进出口贸易总值为 2327121 海关两，到光绪二十年（1894 年）达到 12694495 海关两，年平均增长率为 6.02%，而同期中国全国对外贸易总值年平均增长率仅为 3.28%。近代台湾对外贸易的出口产品以糖、茶、樟脑及煤等为大宗，进口货则主要有鸦片、棉毛织物及各种杂货等。[②]

外国资本侵入台湾，其严重的后果是使台湾迅速成为列强倾销洋货的市场和原料产地。外国洋行取代郊行控制台湾的进出口贸易，又使台湾的进出口贸易由开港前的完全依赖大陆市场转变为基本上依赖国外市场，从而使台湾逐渐变为国际资本主义的附庸，加深了台湾社会经济的半殖民地化。这是台湾岛在近代的命运，与近代中国大陆同步沦为半殖民地半封建社会。

第四节 清朝在台推行与大陆一体化的文教政策

随着清朝把台湾纳入政治版图，作为清朝统治意识形态的儒学尤其是程朱理学也被大力推广到台湾，并从学校教育逐渐渗透到民众的日常生活之中。与大陆广大地区一样，清朝在台湾也建立了府学、县学、书院、社学、义学等多层级的学校教育体系，同时把台湾士子纳入科举考试体制之内，增强了台湾民众对祖国大陆的向心

① 陈培桂纂辑：《淡水厅志》卷 4《志三 · 赋役志 · 关榷》，《清代台湾方志汇刊》第 28 册，第 192 页。

② 参见李祖基《近代台湾对外贸易研究》，厦门大学出版社 2013 年版，第 11 页。

力和认同感。这些文教政策的实行，使台湾成为在文化上与大陆一脉相承、不可分割的一部分。

一　作为清朝统治意识形态的儒学传入台湾

明郑时期儒学开始传入台湾。由于明郑政权是南明之余绪，出于夷夏大防与反清复明的政治需要，明郑时期的儒学主要是用于反抗清朝的思想武器。与明郑时期不同，康熙统一台湾后，则在台湾推广了维系大一统政权的正统官方意识形态程朱理学，因而从思想文化上把台湾纳入与大陆一体化的进程。

康熙皇帝笃信程朱理学，尤其尊崇朱熹，曾命理学名臣李光地、熊赐履等编纂《朱子全书》，并把朱子升格祀于孔门十哲之列，使朱子学成为清朝统治的官方意识形态，受到天下士子的尊崇。正如蓝鼎元所说："圣祖仁皇帝升朱子从祀于孔门十哲之班，尊崇极至，千载无匹。学者知尊朱子，而一以居敬穷理为宗。"[①] 朱子学是理学濂、洛、关、闽四派之闽学，闽学的重镇在福建。闽台一衣带水，福建朱子学随着移民自然传入台湾，清朝的大力提倡，更使其成为台湾儒学的正宗。

顺治九年（1652 年）礼部颁布《御制卧碑文》，要求直省各府、州、县在学宫刊刻，作为儒学教育遵循的基本规则。康熙统一台湾后，台湾各府县学明伦堂也刊刻此卧碑文，作为士子受教的校训。乾隆年间刘良璧纂辑《重修福建台湾府志》卷首"圣谟"，第一篇即列此卧碑文。其中心旨意是要把读书士子培养成为清王朝的忠臣良民，有谓："朝廷建立学校，选取生员，免其丁粮，厚以廪膳，设学院、学道、学官以教之，各衙门官以礼相待，全要养成贤才，以供朝廷之用。诸生皆当上报国恩，下立人品。……一、生员

---

① 蓝鼎元：《道学源流》，载《棉阳学准》卷 5，载蒋炳钊、王钿点校《鹿洲全集》下册，厦门大学出版社 1995 年版，第 518 页。

立志，当学为忠臣、清官。书史所载忠清事迹，务须互相讲求。凡利国爱民之事，更宜留心。一、生员居心忠厚正直，读书方有实用，出仕必作良吏。若心术邪刻，读书必无成就，为官必取祸患。……一、军民一切利病，不许生员陈言。如有一言建白，以违制论，黜革治罪。一、生员不许纠党多人，立盟结社，把持官府，武断乡曲。所作文字，不许妄行刊刻。违者听提调官治罪。”[①] 读书士子当学为忠臣、清官，居心忠厚正直，不妄议朝政，不立盟结社，不妖言惑众，要上报国恩，下立人品，成为朝廷所用之贤才。这是典型的儒家传统的忠君爱民教育理念。该卧碑文在清朝统治期内颁行全国，台湾也莫例外，教化所及，一道同风。

清初儒学入台有三个关键人物，他们是陈瑸、蔡世远和蓝鼎元。

陈瑸字文焕，号眉川，广东海康人，进士出身，历官至闽浙总督。康熙四十一年（1702 年），陈瑸任台湾知县。上任伊始，陈瑸即上书福建督抚，建议改建台湾府首县台湾县之文庙，有谓：“台湾县为台郡附郭首邑，开复以来，户口之蕃衍，商旅之辐辏，财货之流通与夫人文之日新月盛，居然海外一都会也。独以学宫重地，犹袭伪弁住宅而为之。凡庙之与宅，规制不同；文庙与他祠尤别。今以住宅为文庙，其卑陋湫隘之观，揆诸朝廷所以崇儒重道、振兴文教之盛典，甚觉弗称。而且棂星之未有门也，明伦之未有堂也，藏经之未有阁也，东西两庑风雨不蔽，乡贤名宦俎豆匪依，至御制先师先贤诸赞尚未寿诸金石，其何以俾海陬士庶得睹天章之灿烂乎。夫风俗系乎教化，教化重乎人才，人才由于学校。先儒有言：不兴学校而求人才，犹不琢玉而求文采，不可得也。处台邑而欲养

① 《御制卧碑文》（顺治九年），刘良璧纂辑《重修福建台湾府志》（上）卷首《圣谟》，台湾史料集成编辑委员会编《清代台湾方志汇刊》第 6 册，远流出版事业股份有限公司 2005 年版，第 71—72 页。

人才于学校，莫如改建文庙之为亟矣。”[①] 原有台湾县文庙利用明郑旧官员住宅，因陋就简，不足以承担儒学教化之重任。陈瑸深知文庙对于儒学教化的重要意义，以改建文庙为己任，因而自己带头倡捐劝募，并请求福建督抚支持。次年，首先建成明伦堂，陈瑸为之作碑记，详细阐述了“明伦”之旨。有谓：“自有人类，即有人心；有人心，即有人理；有人理，即若天造地设而有明伦堂。苟斯堂之不立，则士子讲经无地，必至人伦不明，人理泯而人心昧，将不得为人类矣。……予谓五经与五伦，相表里者也。伦于何明？君臣之宜直、宜讽、宜进、宜止，不宜自辱也；父子之宜养、宜愉、宜几谏，不宜责善也；兄弟之宜怡、宜恭，不宜相犹也；夫妇之宜雍、宜肃，不宜交谪也；朋友之宜切、宜偲，不宜以数而取疏也。明此者，其必由经学乎！洁净精微取诸《易》，疏通知远取诸《书》，温厚和平取诸《诗》，恭俭庄敬取诸《礼》，比事属辞取诸《春秋》；圣经贤传，千条万绪，皆所以启钥性灵，开橐原本，为纲纪人伦之具，而弦诵其小也。愿诸生执经请业，登斯堂，顾名思义，期于忠君、孝亲、信友、夫义、妇听、兄友、弟恭，为端人，为正士，毋或徒习文艺，恣睢佻达，以致败名丧检为斯堂羞，庶几不负予所以首先建立斯堂之意。”[②] 陈瑸希望用儒家的纲常伦理把台湾士子培养成正人君子。康熙五十二年（1713 年），时任台厦道的陈瑸，不仅再次重修孔庙，而且新建朱子祠，并作记阐述“海外祀朱子”的道理。有谓：“予建朱子祠既成，或问曰：海外祀朱子有说乎？曰：有。……按朱子宦辙，尝主泉之同安簿，亦尝为漳州守。台去漳、泉一水之隔耳，非游历之区，遂谓公神不至，何懵

① 《条陈台湾县事宜》（台湾知县陈瑸，康熙四十一年），台湾史料集成编辑委员会《明清台湾档案汇编》第 2 辑第 9 册，中华文化复兴运动总会、台湾大学图书馆、远流出版事业公司 2006 年版，第 184—185 页。

② 陈瑸：《台邑明伦堂碑记》，载范咸等修《重修台湾府志》卷 22《艺文三・记》，《台湾府志三种》下册，中华书局 1985 年版，第 2612—2614 页。

也？自孔孟而后，正学失传，斯道不绝如线，朱子剖晰发明于经史及百氏之书，始旷然如日中天。凡学者口之所诵、心之所维，当无有不寤寐依之、羹墙见之者。何有于世相后地相去之拘拘乎？予自少诵习朱子之书，虽一言一字，亦沉潜玩味，终日不忍释手。迄今白首，茫未涉其涯涘。然信之深，思之至，所谓焄蒿凄怆，若或见之者也。朱子之言曰：大抵吾辈于货色两关打不透，更无话可说也。又曰：分别义利二字，乃儒者第一义。又曰：'敬以直内，义以方外'八个字，一生用之不穷。盖尝妄以己意绎之。惟不好货，斯可立品。惟不好色，斯可立命。义利分际甚微，凡无所为而为者皆义也，凡有所为而为者皆利也。义固未尝不利，利正不容假义。敬在心主一无适则内直，义在事因时制宜则外方。无纤毫容邪曲之谓直，无彼此可迁就之谓方。人生德业即此数言包括无遗矣。读其书者，惟是信之深，思之至，切己精察，实力躬行，勿稍游移堕落流俗边去，自能希圣、希贤，与朱子有神明之契矣。予所期望于海外学者如此，而谓斯祠之建无说乎？"① 陈瑸通过新建朱子祠，直接把朱子学推广到台湾。

蔡世远字闻之，号梁村，别号扪斋，福建漳浦人，进士出身，历官至礼部右侍郎。蔡世远幼承家学，早年受教于理学名臣张伯行，是福建朱子学大家，曾主持闽学重镇福州鳌峰书院，对于发扬光大朱子学卓有贡献。康熙五十五年（1716 年），诸罗知县周钟瑄重建诸罗县学，通过幕友陈梦林向蔡世远求记，以教诸罗士子。蔡世远"爰即鳌峰诸友，相与砥砺者而告之曰：君子之学，主于诚而已矣。诚者，五常之本、百行之原也；纯粹至善者也，天之所以与我者也。人之不诚者，无志者也；人之无志者，由不能尽其诚者也。诚以立其志，则舜可法而文王可师也。其原，必自不欺始。程

① 陈瑸：《新建台湾朱子祠记》，载《陈清端公文选》，《台湾文献丛刊》第 116 种，台湾银行经济研究室 1961 年版，第 31—32 页。

子曰：‘无妄之谓诚，不欺其次也。’其功由主敬以驯致之。程子曰：‘未至于诚则敬，然后诚也。’敬也者，主一无适，以涵养其本原之谓也。由是而谨几以审于将发、慎动以持于已发，则合动静无一之不诚也。虽然，由明以求诚之方，惟读书为最要。朱子曰：‘读书之法，当序而有常，致一而不懈，从容乎句读文义之间，而体验乎操存践履之实。不然，虽广求博取，奚益哉？’学者率此以读天下之书，则义理浸灌，致用宏裕。虽然，非必有出位之谋也，尽伦而已矣”[①]。蔡世远把鳌峰书院尊崇的程朱理学积极向台湾推广。

蓝鼎元字玉霖，号鹿洲，福建漳浦人，拔贡出身，历官至广州知府。蓝鼎元家族也有朱子学传统，因而笃信程朱理学。“夫子生考亭正学之邦，萃道南清淑之气，自幼毅然以圣人为必可学，步趋先儒，留心经世，……学术醇正，践履笃实，所以绍濂洛关闽之绪，传道脉于千秋百世。”[②] 康熙六十年（1721 年），台湾爆发朱一贵事件，蓝鼎元随其族兄南澳总兵蓝廷珍赴台，较长时间居台，对台地世俗民情有深切的了解。他以理学家的眼光观察到：“台民未知教化，口不道忠信之言，耳不闻孝弟之行。”[③] 因而认识到，必须加强台民的儒学教化。他认为：“台湾之患，又不在富而在教。兴学校，重师儒，自郡邑以至乡村，多设义学。延有品行者为师，朔望宣讲圣谕十六条，多方开导，家喻户晓，以‘孝悌忠信礼义廉耻’八字转移士习民风，斯又今日之急务也。”[④] 归根结底，蓝鼎元还是建议要在台湾广设学校，进行文教建设。他说：“台人未知

---

① 蔡世远：《诸罗县学记》，载周钟瑄主修《诸罗县志》卷 11《艺文志》，台湾史料集成编辑委员会编：《清代台湾方志汇刊》第 3 册，远流出版事业股份有限公司 2005 年版，第 323—324 页。

② 陈华国：《棉阳学准序》，载蒋炳钊、王钿点校《鹿洲全集》下册，第 445—446 页。

③ 蓝鼎元：《与吴观察论治台湾事宜书》，载《鹿洲初集》卷 2，《鹿洲全集》上册，第 49 页。

④ 蓝鼎元：《覆制军台疆经理书》，载《东征集》卷 3，《鹿洲全集》下册，第 556 页。

问学，应试多内地生童，然文艺亦鲜佳者。宜广设义学，振兴文教。于府城设书院一所，选取品格端正、文理优通、有志向上者，为上舍生徒。延内地名宿丈行素著者为之师，讲明父子君臣长幼之道，身心性命之理，使知孝弟忠信，即可以造于圣贤。为文章必本经史古文先辈大家，无取平庸软靡之习。每月有课，第其高下而奖赏之。朔望亲临，进诸生而谆切教诲之。台邑、凤山、诸罗、彰化、淡水各设义学，凡有志读书者皆入焉。学行进益者，升之书院为上舍生。则观感奋兴，人文自必日盛。”① 蓝鼎元关于振兴文教的主张逐步得到台湾官府的认同与实施。

儒学入台既是陈瑸、蔡世远、蓝鼎元等重要理学家思想宣传的结果，也是台湾地方官府不断完善学校教育体系逐渐向民间社会渗透的结果。

二　建立与大陆一样的学校教育体系

清代台湾的学校体系与大陆一样，分三个层次，包括府县儒学学宫、官办或私办书院以及基层社学与义学（义塾）。

台湾道、府、县各级官员大都重视学校教育。比如，首任诸罗知县季麒光上任伊始，便请崇建学校。有谓：“崇建学校之宜议也。从来士居民首，为诗书礼让之原，不可不优崇而鼓舞之。今台湾自道府莅任以来，即搜罗伪时业儒之人，试以文艺，行见士类可风矣。但不崇学校无以敦弦诵，不行考试无以励功名，则学宫与学官不可不设也，进学之额不可不定也，廪膳序贡之例不可不行也。且通省学政，未便涉洋临试，而生童亦难使之往返波涛，请归台湾本道，如广东琼州之例可也。既有儒生，自当送试省闱，请另编号中式，如辽东宣府之例可也。如此，则教育作兴，菁莪棫朴之休，庶

---

① 蓝鼎元：《与吴观察论治台湾事宜书》，载《鹿洲初集》卷2，《鹿洲全集》上册，第49页。

几可望于东宁僻壤矣。”[①] 正是通过官府与民间社会的合力，逐渐建立了多层级的台湾学校教育体系。

（一）关于台湾府县儒学

府县儒学学宫是地方最高学府，为各府县生员学籍所在及考试、礼教场所，内设文庙大成殿、启圣祠、明伦堂、泮池，供奉至圣先师孔子，并从祀诸儒及文昌帝君。府学设教授一人，县学设教谕一人，各有训导一人为副，共同管理府县学务，一如大陆体制。康熙二十三年（1684 年），首任台厦道周昌、台湾知府蒋毓英便在府治宁南坊明郑文庙旧址基础上，改建台湾府学，“改额曰‘先师庙’，悬御书‘万世师表’龙匾于殿中，庙貌焕然”。康熙三十九年（1700 年），台厦道王之麟重修台湾府学文庙，并新建明伦堂，在碑记中宣称：“其所以扬圣天子文教之盛，壮海外之观，均于是乎赖之。而况培人心以厚风俗，首在学校，尤为莅治者之先务哉。”[②] 台湾县学由首任知县沈朝聘于康熙二十三年（1684 年）创建于县治东安坊，后任知县王兆陞、陈瑸、王士俊、张宏等不断重修补葺，规模日益完备。[③] 凤山县学由首任知县杨芳声于康熙二十三年（1684 年）创建于县治兴隆庄，“学前有天然泮池，荷花芬馥，香闻数里。凤山拱峙，屏山插耳，龟山、蛇山旋绕拥护，形家以为人文胜地。年久倾坏，仅存数椽。四十三年，知县宋永清捐俸重建，高大前制，增两庑、棂星门，壮丽巨观”[④]。诸罗县学建立颇多波折：康熙二十五年（1686 年），台厦道周昌请于三县各建儒

---

① 季麒光：《条陈台湾事宜文》，载陈文达《台湾县志》卷 10《艺文志 · 公移 · 南投》，台湾文献委员会 1993 年版，第 230 页。

② 庄金德编著：《清代台湾教育史料汇编》第 1 册，台湾省文献委员会 1973 年版，第 39—40 页。

③ 庄金德编著：《清代台湾教育史料汇编》第 1 册，第 158—159 页。

④ 高拱乾纂辑，周元文增修：《台湾府志》卷 2《规制志 · 学校》，台湾史料集成编辑委员会编《清代台湾方志汇刊》第 2 册，远流出版事业股份有限公司 2005 年版，第 99—100 页。

学，“始为茅茨数椽于善化里之西保”。康熙三十四年（1695年），台厦道高拱乾有建学之议，“教谕林弼奉檄庀材，粗成栋宇；以群议基址不固，复行拆卸，止留殿屋一间栖先师之神”。康熙四十三年至四十七年（1704—1708年），知县宋永清等在诸罗县治西门外择地重建学宫。康熙五十四年（1715年），“飓风发屋，榱栋朽折，倾倒殆尽；知县周钟瑄大修大成殿、启圣祠，重建东西两庑”。诸罗县学“即讲学行礼之所且积之三十余年乃告厥成矣”[①]。台湾府学与台湾、凤山、诸罗三县学是最早的官办儒学学宫，以后随着彰化县、淡水厅、新竹县、澎湖厅、噶玛兰厅、恒春县、台北府、台南府、苗栗县、云林县等府、厅、县设立，也相应地建立了儒学学宫。

（二）关于台湾书院

书院有官办与私办之别，介于官学与私学之间，在学校教育功能上是对府县儒学的补充。如乾隆元年（1736年）上谕所谓：“书院之制，所以导进人才，广学校所不及。”[②] 康熙二十二年（1683年），靖海侯施琅建西定坊书院；康熙二十九年（1690年），首任台湾知府蒋毓英建镇北坊书院；康熙三十一年（1692年），台湾知县王兆陞建弥陀室书院；康熙三十二年（1693年），台湾知府吴国柱建竹溪书院。[③] 这些名为书院，实际上近乎义学。一般认为，台湾最早的书院是康熙四十三年（1704年）由知府卫台揆创办的崇文书院。“台湾书院，始自康熙四十三年知府卫台揆创建，百余年

---

① 周钟瑄主修：《诸罗县志》卷5《学校志·学宫》，《清代台湾方志汇刊》第3册，第143—145页。

② 陈培桂纂辑：《淡水厅志》卷5《志四·学校志·规训》，台湾史料集成编辑委员会编《清代台湾方志汇刊》第28册，远流出版事业股份有限公司2006年版，第205页。

③ 高拱乾等修：《台湾府志》卷2《规制志·书院》，《台湾府志三种》上册，中华书局1985年版，第467—468页。

来，屡有兴废。”[①] 除崇文书院以外，清代台湾较著名的书院尚有台湾府的海东书院、南湖书院，台湾县的正音书院、引心书院，诸罗县的玉峰书院，凤山县的凤仪书院、萃文书院、屏东书院，彰化县的白沙书院、螺青书院、主静书院、文开书院，淡水厅（新竹县）的明志书院、文甲书院、学海书院，澎湖厅的文石书院，噶玛兰厅（宜兰县）的仰山书院，云林县的振文书院、奎文书院、龙门书院、蓝田书院，苗栗县的英才书院，台北府的登瀛书院、明道书院，基隆厅的崇基书院。据统计，从康熙四十三年（1704 年）至光绪十九年（1893 年），台湾各地共建书院 53 所，其中康熙朝 3 所，雍正朝 6 所，乾隆朝 9 所，嘉庆朝 8 所，道光朝 13 所，咸丰朝 3 所，光绪朝 11 所。[②] 台湾书院教育的目的，与大陆一样，也是用儒家传统的忠君爱国思想造就朝廷需要的人才，培养醇正朴实的民风。这个教育理念体现在各书院的学规之中。乾隆初年台湾道刘良璧为海东书院订立学规时便开宗明义地阐述道：“书院之设，原以兴贤育才。台地僻处海表，数十年来，沐我圣天子涵濡教养之恩，人文蔚起，不殊内地。”他为海东书院订立学规六条：明大义，端学则，务实学，崇经史，正文体，慎交游。其中第一条“明大义”有谓：“圣贤立教，不外纲常；而君臣之义，为达道之首，所以扶持宇宙为尤重。台地僻处海表，自收入版图以来，秀者习诗书，朴者勤稼穑。而读书之士，知尊君亲上，则能谨守法度，体国奉公，醇儒名臣，由此以出。虽田夫野老，有所观感兴起；海外顽梗之风，何至复萌！”[③] 乾隆中期澎湖通判胡建伟为文石书院撰学约十条：重人伦，端志向，辨理欲，励躬行，尊师友，定课程，读经史，正文体，惜光

---

① 丁绍仪：《东瀛识略》卷 3《学校》，《台湾文献丛刊》第 2 种，台湾银行经济研究室 1957 年版，第 28—29 页。

② 参见张品端《清代台湾书院的特征及其作用》，《台湾研究》2011 年第 3 期。

③ 刘良璧：《海东书院学规》，刘良璧纂辑《重修福建台湾府志》（下）卷 20《艺文·记》，《清代台湾方志汇刊》第 7 册，第 730—731 页。

阴，戒好讼。文石书院山长林豪又续订学约八条：经义不可不明，史学不可不通，《文选》不可不读，性理不可不讲，制义不可无本，试贴不可无法，书法不可不习，礼法不可不守。[①] 其中“辨理欲”与“性理不可不讲”两条，是程朱理学的精义。台湾书院的学规大都援引朱熹白鹿洞书院的精神，使闽学正宗朱子学得以在台湾流传，成为台湾读书士子的精神源头。

（三）关于台湾社学与义学

社学是地方官府在汉人社区与番社设立的教授平民子弟读书识字的学校，有汉社学与番社学，分别教授汉人子弟与少数民族子弟。康熙二十三年（1684 年），台湾知府蒋毓英在台湾县东安坊设社学两所，在凤山县土墼埕设社学一所。康熙二十八年（1689 年），台厦道王效宗在台湾县镇北坊设社学一所。这四所均是汉社学。康熙二十五年（1686 年），诸罗知县樊维屏在新港社、目加溜湾社、萧笼社、麻豆社设立番社学四所，教授番童。[②] 汉社学是对汉人子弟的基础教育，一方面是启蒙识字，另一方面也培养童生参加府县学生员考试。番社学则是对少数民族子弟进行汉文化教育，一般以汉人充当“社师”。“雍正十二年，南北各番社立社师，择汉人之通文理者，给以馆谷，教诸番童。递年南北路巡历，宣社师及各童至，能背诵四子书及毛诗。岁、科与童子试，亦知文理。有背诵诗、易经无讹者，作字颇有楷法。番童皆薙发，冠履衣布帛如汉人，有番名而无汉姓。”[③] 台湾府各县厅均有社学，据余文仪主修《续修台湾府志》统计，乾隆时期，台湾县有汉社学 3，番社学 5；

---

① 林豪总修、薛绍元订补：《澎湖厅志》（上）卷 4《文事・书院》，台湾史料集成编辑委员会编《清代台湾方志汇刊》第 29 册，远流出版事业股份有限公司 2006 年版，第 183—195 页。

② 高拱乾等修：《台湾府志》卷 2《规制志・社学》，《台湾府志三种》上册，第 466—467 页。

③ 范咸等修：《重修台湾府志》卷 16《风俗四・番俗通考》，《台湾府志三种》下册，第 2222—2223 页。

凤山县有汉社学1，番社学8；诸罗县有汉社学7，番社学11；彰化县有汉社学1，番社学21；淡水厅有番社学6[①]，共计63所。与社学有相似功能的是义学。义学由官府出资或官绅捐资设立，为贫寒子弟提供免费的基础教育。康熙四十五年（1706年），知府卫台揆设立台湾府义学，知县王士俊设立台湾县义学，海防同知署知县孙元衡设立诸罗县义学。康熙四十九年（1710年），知县宋永清设立凤山县义学。[②] 雍正初年，在平定朱一贵事件之后，蓝鼎元一再呼吁在台湾多设义学，教化民众，移风易俗，以维系社会的安定。他说："再令有司多设义学，振兴教化，集诸生讲明正学，使知读书立品，共勉为忠孝礼让之士。而平日好动公呈，交结胥役，出入衙门之习尚，可以渐消。各县各乡各社，多立讲约，着实宣讲圣谕广训书，谆切开导，无徒视为具文，使愚夫愚妇皆知为善之乐，皆知纲常伦纪、尊卑长幼之义，奉公守法，则浮嚣不静之气可以自平。"[③] 道光年间，台湾道徐宗幹亲订《设义塾约》，有谓："台郡城乡子弟浮荡者多，皆由养蒙未得其正。大半苦无恒产，无力延师教课，及长成，或不免流为匪类；稍能知书明理，究竟作恶者少。不才之弃，殊为可叹。为农为工，即略识文字，亦不为无益。"他不仅在台湾府城创办公立义学一所，教授15岁以下平民子弟20余名；还鼓励绅民重视教育，为乡里捐建义学，"绅民有力之家，仍须各自延请名师，认真教习；守身为上，成名犹其次也。或公议倡捐，于乡里添设义学，用广教育"[④]。与社学一样，也有番社义学，专门教育少数民族子弟。台湾各府厅州县都设有义学，台东直隶州

① 余文仪主修：《续修台湾府志》（中）卷8《学校》，台湾史料集成编辑委员会编《清代台湾方志汇刊》第16册，远流出版事业股份有限公司2007年版，第497—502页。

② 周元文：《重修台湾府志》卷2《规制志·义学》，《台湾文献丛刊》第66种，台湾银行经济研究室1960年版，第36页。

③ 蓝鼎元：《经理台湾第二》，载《鹿洲奏疏》，《鹿洲全集》下册，第806页。

④ 庄金德编著：《清代台湾教育史料汇编》第3册，第827—828页。

都有义塾八所，每塾学童十三、四、五人不等。[1] 清代台湾究竟有多少社学与义学，没有确切的统计数据。据光绪二十年（1894 年）凤山县统计，其时全县共有义学 7 所，番社义学 6 所，民社学 238 所，番社学 8 所，总计 259 所。[2] 可见当时台湾的义学与社学是比较普及的。

从府县儒学、书院到社学、义学这个较为完备的学校体系的建立，有助于把大陆的文化教育制度推广到台湾，使台湾逐渐融入国家文化教育体系之中，中华文化随之融入台湾人的血脉，成为其世代相传的基因。

三　通过科举制度把台湾士子纳入国家人才体系

科举制度起源于隋朝，唐宋以后大为兴盛，是国家文化教育与取士选官的核心制度。清代也莫例外。明郑在台湾已开科举，台湾士子对此制度并不陌生。康熙统一台湾后，迅速在台湾推行科举制度，把台湾士子纳入国家人才体系之中。

康熙二十五年（1686 年），首任台厦道周昌向福建督抚建议在台湾一府三县开科举，有谓："岁、科两考文武生员，照依各府大县事例，府学取进二十名，县学各进十五名，以鼓士气。大比之年，一体赴本省应试。下次考校，帮补廪、增。至于考试责任，应否照广东琼州事例，则非本道所敢擅便也。"[3] 经福建总督王新命、巡抚张仲举题准入学定额，台湾府学岁进文武童各二十名，科进文童二十名，廪膳二十名，增广如之，岁贡一年贡一人；台湾、凤山、诸罗三县学各岁进文武童十二名，科进文童十二名，廪膳十

① 庄金德编著：《清代台湾教育史料汇编》第 3 册，第 850 页。

② 卢德嘉纂辑：《凤山县采访册》（上）丁部《规制 · 义学/社学》，台湾史料集成编辑委员会编《清代台湾方志汇刊》第 33 册，远流出版事业股份有限公司 2007 年版，第 210 页。

③ 《详请开科考试文》（福建分巡台湾厦门兵备道周昌，康熙二十五年，推测），《明清台湾档案汇编》第 2 辑第 9 册，第 149 页。

名，增广如之，岁贡二年贡一人。[1] 这是台湾府县生员最初的名额。其时台湾为福建一府，生员乡试必须到省城福州贡院应试。康熙二十六年（1687 年），福建陆路提督张云翼奏称："二十六年丁卯大比之年，在台湾为鼎新开科之日，请照甘肃宁夏生员事例，于闽场另编字号，额中一、二名，行之数科，俟肄业者众、造诣者精，仍撤去另号，勿复限以额数。"奉旨："台湾一府三县生员，另编字号，额外取中文举人一名。"[2] 在乡试中单独给予台湾生员中举的名额，是清朝对新辟之地台湾的特殊政策，有助于吸引台湾士子参加科举考试。十年之后，康熙三十六年（1697 年），闽浙总督郭世隆奏请取消另编字号，有谓："台湾新辟之时，经部议覆，准其另编字号，额外取中举人一名，至今已历四科，人文日盛，学诣渐精，于今科乡试撤去另号，通省一体匀中，以示鼓励。"经礼部议准，奉旨依议。[3] 取消特殊待遇之后，台湾士子因文教落后在科考中极为不利。雍正六年（1728 年），巡台御史兼学政夏之芳再次奏请恢复台湾乡试中式另立字号，有谓："查台湾贡、监、生员与内地一体乡试，但海外文风稍逊内地，从前文场中式者皆系内地冒籍之人，本籍并无一人中式，以致读书之士，平时既囿于见闻，又未身历科名进取之荣，遂尔器量愈隘，不思上进。以臣愚见，嗣后乡试之年，可否于内地八府之外，另立台字号，酌量于正额数内分中一、二名，庶海外人材沐浴皇上格外之恩，亦得上入京师观光谒选。伊等必愈知鼓舞，加意振兴，且可共识效力从公之大义，此亦

---

① 范咸等修：《重修台湾府志》卷 8《学校》，《台湾府志三种》中册，第 1819—1820、1827—1828 页。

② 《为台湾一府三县生员请照甘肃宁夏生员事例于闽场另编字号事》（福建陆路提督张云翼，康熙二十六年，上奏），《明清台湾档案汇编》第 2 辑第 9 册，第 159—160 页。

③ 《题请匀中部覆疏略》（闽浙总督郭世隆，康熙三十六年九月九日，朱批），《明清台湾档案汇编》第 2 辑第 9 册，第 181 页。

鼓励边方之一法也。”[①] 从此恢复另编台字号，于闽省中额内取中一名。雍正十三年（1735 年），福建巡抚卢焯据分巡台湾道张嗣昌详请，奏允：“于本省解额之外，不论何经，加增台湾中额一名。”[②] 这样台湾士子在福建乡试中式名额增加到两个。后来又不断增加，直到咸丰八年（1858 年）增加到七个名额。[③] 光绪十九年（1893年），因次年慈禧太后六十大寿恩科，台湾巡抚兼管学政邵友濂以台湾“分省以来，文风兴起，每科赴省应试者日多一日”，奏请再增加两个名额，“以顺舆情而励士气”[④]。这样台湾乡试中式名额就增加到九个。台湾作为福建一府参加乡试，即使分省之后，仍参加福建乡试，并另编字号，单独给予若干个举人录取名额，是清朝因时制宜处理台湾科举考试的有效举措。

由于清朝对台湾生员乡试中式实行特殊政策，给予固定中举名额，因而吸引士子参加科举考试，使台湾科举得以兴盛。台厦道高拱乾初到台湾出示晓谕：“读书之子，特设台额，获登贤书，较内地之人多额少者，其难易不同，此台士之足乐也。”[⑤] 正是在官府的不断鼓励之下，台湾士子积极参加科考，成为朝廷需要的人才。据统计，从康熙二十六年（1687 年）凤山生员苏峨成为台湾第一位举人，到光绪二十八年（1902 年）台北高选锋、嘉义黄凤翔、安

---

① 《为敬陈台地学校事宜仰祈睿鉴事》（巡台御史夏之芳，雍正六年十一月四日，上奏），《明清台湾档案汇编》第 2 辑第 12 册，第 60 页。

② 刘良璧纂辑：《重修福建台湾府志》（下）卷 16《选举》，《清代台湾方志汇刊》第 7 册，第 598 页。

③ 昆岗等修：《钦定大清会典事例》卷 349《礼部六〇·贡举·乡试中额二·捐输加广定额》，《清会典事例》第 4 册，中华书局 1991 年影印本，第 1127—1128 页。

④ 《福建台湾巡抚兼管学政邵友濂奏请加拨台湾至字田字号乡试中额事》（光绪十九年三月二十八日），中国第一历史档案馆藏朱批奏折，档号 04－01－38－0171－059，缩微号 04－01－38－007－2679。

⑤ 高拱乾：《初至台湾晓谕兵民示》，高拱乾等修《台湾府志》卷 10《艺文志》，《台湾府志三种》上册，第 1037 页。

平王仁堪考中举人，清代台湾举人有300名左右。[①] 从康熙三十三年（1694年）正白旗籍陈梦球为台湾首位进士，到光绪二十九年（1903年）安平举人汪春源考中进士，清代台湾进士总人数33人。[②] 值得注意的是，台湾在甲午战后被迫割让给日本之后，仍有不少士子如高选锋、黄凤翔、王仁堪、汪春源等回大陆参加科举考试，直到光绪三十一年（1905年）科举制度被废除为止。这是科举制度对台湾士子的吸引力以及台湾士子对祖国向心力最好的例证。

但事物都有两面，也是因为台湾科考有特殊政策，中式相对容易，因而出现严重的冒籍现象，就是福建、广东移民到台湾寄籍参加科举考试。雍正五年（1727年），闽浙总督高其倬就曾指出冒籍并夹带偷渡的弊端，建议从严查禁，有谓："台湾府、县各学所有生童岁、科二试，历来俱系台湾道考试。往日因台地新辟，读书者少，多系泉、漳各处之人应试，进学之后仍归本处居住，应试之时渡海而往，试毕复回，每人带小厮一名给照前往，日久弊生，所带小厮多系权揽偷渡之人，岁、科应考，周流不绝，实滋弊窦。……臣请嗣后岁、科两试应令道、府、各县查明，现住台地有田、有屋入籍既定之人方准与考，即就此内取进，其泉、漳各处寄籍之人一概不许冒滥。其从前已经进学之文武诸生，俱查照各省呈明改归本籍之例，一概改归泉、漳各处本籍之学考试，则台湾本地人才既踊跃于上进之阶，而他处之人又不得借端滋弊，似有裨益。"雍正皇帝朱批："当严禁者。"[③] 但是，这并没有解决冒籍问题。乾隆二十九年（1764年），巡台御史李宜青奏报："台湾四县，应试多福、

---

① 参见杨齐福《清代台湾举人之概论》，《台湾研究》2007年第5期。

② 参见毛晓阳《清代台湾进士名录考订》，《集美大学学报》（哲学社会科学版）2011年第2期。

③ 《为奏闻台湾各学寄籍诸生宜归本籍折》（闽浙总督高其倬，雍正五年七月八日，上奏），《明清台湾档案汇编》第2辑第11册，第335—336页。

兴、漳、泉四府之人，稍通文墨，不得本籍，则指同姓在台居住者认为弟侄，公然赴考。教官不及问，廪保互结不暇详，至窃取一衿，辄褰裳以归。是按名为台之士，实则台地无其人。……查台地考试，从前具有明禁，非生长台地者不得隶于台学。圣朝作养边陲之至意，人所共见。又定例入籍二十年已无原籍可归者，方准于寄籍考试。今四府人士，其本籍不患无可以应试之处，而远涉重洋，或两地重考，抑顶名混充，藐功令而窃荣名，莫此为甚。请将内地冒籍台属各该学文武生员，照冒籍北闱中式之例，悉改归本籍。”[①]可见，乾隆年间冒籍问题仍是非常严重。其实，这是科举制度存在的普遍问题。中国幅员辽阔，各地经济与文化发展不平衡，但科举制度规定各地生员与举人有固定的学额，造成科考难易程度不同，科考移民冒籍正是体现这个制度的漏洞。台湾也是如此。

总之，清朝在台湾建立学校、推行儒学教育、举办科举考试等文教政策，有助于台湾社会文化的发展。正如台厦道王之麟所谓：“台地僻在东南海外，以前未沾王化，罔识宾兴。迨我朝开辟之后，置郡县、立学宫，凡所取士之典，皆与内地同；始彬彬称治，为海邦邹鲁矣。”[②] 这些文教政策，加速了台湾与大陆一体化的进程。

第五节　清朝治理台湾少数民族的政策

清朝治理台湾少数民族的政策，首先是实行设立番界，把汉族移民与少数民族隔离开来，既严禁汉族移民进入番地，又防止少数民族侵扰汉族移民。随着汉族移民开垦土地的进程，不断调整汉番

① 《为移会巡台御史李宜青条陈台湾事宜一折事》（户部，乾隆二十九年九月，移咨），《明清台湾档案汇编》第2辑第24册，第357—358页。

② 庄金德编著：《清代台湾教育史料汇编》第1册，第40页。

关系，并逐步进行番地开发。晚清时期，西方列强与日本侵略引发严重的边疆危机，为加强台湾海防，清朝实行开山抚番政策，进一步加快台湾开发的进程，使台湾山地少数民族地区也被完全纳入大一统中国治理体系之内，成为中国领土与主权完整不可分割的重要组成部分。

一　清初实行汉族移民与少数民族隔离政策

清朝统一台湾后，闽粤汉族移民大量流向台湾，与当地少数民族共同成为台湾岛上的居民。随着汉族移民人口迅速增加，台湾岛西部平原可耕土地不断被开垦，少数民族逐渐退居山地，汉族移民与少数民族的关系便成为清朝不得不严肃面对的重要问题。

清代台湾少数民族被称为“番”，根据其开化程度，有“生番”与“熟番”之别。“台湾土番，有生、熟二种：其深居内山，未服教化者为生番，皆以鹿皮蔽体，耕山食芋，弓矢镖枪，是其所长。……其杂居平地，遵法服役者为熟番，相安耕凿，与民无异，惟长发、剪发、穿耳、刺嘴、服饰之类有不同耳。”[①] “生番”是未曾开化而居于山地的原始部落人群；“熟番”是接受汉化在平地过着农耕生活的平埔人。虽然汉族移民与少数民族文化程度上有差异，但清朝对于民番关系基本上能做到一视同仁。早在康熙二十三年（1684 年），首任台湾镇总兵杨文魁陛辞请训时，康熙皇帝当面训示：“彼处新附兵丁，以及土人黑人，种类不一，向来未沾教化，不知礼义。尔莅任，务期抚辑有方，宜用威者慑之以威，宜用恩者怀之以恩，总在兵民两便，使海外晏安，以称朕意。”[②] 此处所谓“土人黑人”，大概就是指当地土著。乾隆皇帝更是直言有谓：“朕

① 蓝鼎元：《粤中风闻台湾事论》，载《鹿洲初集》卷 11，蒋炳钊、王钿点校《鹿洲全集》上册，厦门大学出版社 1995 年版，第 235 页。

② 《清圣祖实录》卷 115，康熙二十三年五月癸未。

思民番皆吾赤子，原无歧视。”[①] 这里所谓“民”是指汉族移民，“番”就是少数民族。普天之下莫非王土，率土之滨莫非王臣。台湾的土地与人民，都是大一统中国不可分割的一部分，康熙与乾隆都需要一个安定的台湾。

如何治理台湾民番问题，清朝初年采取了汉番隔离政策。其故有三。

一是为了防止汉人勾结“生番”作乱。台湾被纳入清朝版图之后，汉族移民与少数民族杂处，地方官担心两者互相勾结，成为社会动乱的根源。雍正七年（1729 年），巡台御史赫硕色、夏之芳奏请“番民界限宜定例严禁”，有谓：“台地番民共处，止可令其各安本分，不可令其互相固结。在熟番纳饷当差甚属醇良，独生番性极蠢顽，好以杀人为事，从前虽经画界禁止民人出入，而生番之害不能尽绝。臣等细察情形，闻向来内地奸民，间有学习番语，娶其番妇，认为亲戚，居住生番界内者，并将外间所有盐、铁、火药等物贩卖与番。从前番社所有镖、箭等物，皆制造极粗，无多器械；今搜出枪、刀、木牌颇觉坚利，更有火药、鸟枪等物，恐系汉人在内为之教习。若及今不为严禁，将来番民合一，潜匿深山，关系地方不浅。臣等愚见，请嗣后更定严例，画定生番界址，不许番民出入贩卖物件，一切火药、盐、铁尤宜查禁，将生番社内通事一概革逐，如有擅入生番界内并贩卖违禁物件者，定例置以重典（朱批：第一妙策）。”[②] 居于平地之“熟番”汉化程度高，业已与汉民接近，而深居山地之“生番”则仍然彪悍，并与汉民多有勾连，严格划定民番界址，隔断汉族移民与“生番”的联系，是防止两者互相勾连作乱的必要举措。

---

① 《清高宗实录》卷 34，乾隆二年正月甲午。

② 《为敬陈台地事》（巡视台湾吏科掌印给事中赫硕色等，雍正七年三月十六日上奏），载台湾史料集成编辑委员会《明清台湾档案汇编》第 2 辑第 12 册，远流出版事业股份有限公司 2006 年版，第 187 页。

二是为了防止发生“生番”侵扰汉人的所谓“番害”。由于民番杂处，“生番”出草杀人之事时有发生，是为“番害”。雍正五年（1727年），福建总督高其倬奏称：“番人焚杀一节，此事情节中有数种：一则开垦之民侵入番界及抽藤吊鹿，故为番人所杀，此应严禁严处汉人，清立地界，不应过责番人；一则番社俱有通事，通事刻剥，番人愤怨，怨极遂肆杀害，波及邻住之人，或旧通事与新通事争占此社，暗唆番人杀人，此应严查佥准通事之地方官及严惩通事，而番人杀害无辜者亦应兼行示惩；一则社番杀人数次，遂自恃强梁，频行此事，杀人取首，夸耀逞雄，此应惩创番人，以示禁遏。臣再四详思治番之法，最先宜查清民界、番界，树立石碑，则界址清楚。如有焚杀之事，即往勘查，若系民人侵入番界耕种及抽藤吊鹿，致被杀死，则惩处田主及纵令扰入番界之保甲乡长、庄主；如汉民并未过界，而番人肆杀，则应严惩番人。但向来非不立界，而界石迁移不常。又数里、里许方立一通石碣，若遇斜曲山溪之处，量界既难，移那亦易，未为妥协。臣已行令台湾文武，又与新府县面说，令会同彻底踏查清楚，随其地势，或二十步、三十步即立一碣，大字书刻，密密排布，不可惜费。既定之后，非经有故另详，不许擅移尺寸。界址既清，庶生事之时，系番系民，清查有凭，惩处庶可得实。”① 在汉族移民与少数民族居住区边界用石碑标明界址，防止民番相互越界，有助于清查“生番”焚杀汉人的“番害”事件。

三是为了防止汉人进入番地开垦引起汉番冲突。随着汉族移民的增加，可耕地越来越紧张，有些汉人便开始进入番地开垦，挤压了少数民族的生存空间，双方矛盾在所难免，这自然引起了地方官员的警觉。乾隆十一年（1746年），户部议覆闽浙总督马尔泰等议

① 《为奏报台湾地方政务事》（闽浙总督高其倬，雍正五年七月八日上奏），载《明清台湾档案汇编》第2辑第11册，第331页。

奏福建布政使高山条奏台地民番事宜，有谓："民垦番地，虽久经禁止，但不分别定罪，小民不知畏惧。请嗣后番地均听各番自行耕种，如有奸民再贌，告发之日，将田归番，私贌之民人，照盗耕种他人田地律，计亩治罪，荒田减一等，强者各加一等。若奸民潜入生番界内私垦者，照越渡缘边关塞律治罪。"高山关于给予越界私垦番地之汉人按律治罪的建议，经户部议覆得到清廷批准。[①] 乾隆十五年（1750 年），户部等部议准闽浙总督喀尔吉善奏请定台湾府属厅县生番地方界址，明确规定了淡水厅、台湾县、凤山县、诸罗县、彰化县的生番地界，"严饬地方员弁，不时稽察汉民私垦违禁等事，懈弛分别题参，兵役严加治罪"[②]。乾隆三十一年（1766 年），闽浙总督苏昌奏陈安辑台郡边界事宜，有谓："乾隆三年、十一年清厘民番地界，本属井然，无如番性多愚，汉奸利诱债贌，移灭定界，渐复越占；比年熟番滋生日众，生计日蹙，及今不办，日久必潜入大山，仍作生番。应查照定例，凡从前立明界址，有档案可稽者，俱逐一清出，再为立界，如有侵越，即追出归番耕管，其例后私贌及债剥占抵各田园，悉行还番，将本人逐令过水，以杜滋讼。"[③] 因为生存的压力，汉族移民越界私垦情形严重，强化民番界址便成为地方官解决民番关系的重要举措，也是清朝重要的理番政策。

清代在民番之间划界始于康熙末年。康熙六十一年（1722 年），在平定朱一贵事件之后，为了防止汉人窜入番地及"生番"焚杀汉人，台湾地方官"议凡逼近生番处所数十里或十余里，竖石以限之，越入者有禁"，并在凤山、诸罗各番社边境

① 《清高宗实录》卷 266，乾隆十一年五月丁未。

② 《清高宗实录》卷 368，乾隆十五年七月壬寅。

③ 《清高宗实录》卷 770，乾隆三十一年十月辛亥。

“俱立石为界”。[①] 起初，只是在“生番”出没的隘口竖立石碑，标示民番界址。但石碑并不能有效限制“生番”出没，于是又沿着石碑线路以山岭、溪流自然分界，并在平地开沟堆土为界。据乾隆二十五年（1760年）闽浙总督杨廷璋奏报：彰化县番界“于车路旱沟之外，各有溪沟、水圳及外山山根，堪以久远划界。其与溪圳不相接处，挑挖深沟，堆筑土牛为界”。淡防厅一带“从前原定火焰山等界，仅于生番出没之隘口立石为表，余亦未经划清。今酌量地处险要，即以山溪为界，其无山溪处，亦一律挑沟堆土，以分界限”[②]。筑为界限的土堆，其外形如卧牛，故称土牛；土牛侧边的深沟，则称为土牛沟。最初划界时，曾用红笔在存档图册上划线，表示番界线路，其后虽然也用其他颜色表示番界，但习惯上一直沿用最早使用的红线，以指称地图上无形的番界，而以土牛代表地面上有形的番界，两者合称土牛红线。[③] 所谓土牛红线就是乾隆年间形成的台湾番界线路的代名词。

值得注意的是，康熙末年清朝划分民番界限，主要是隔离汉民与“生番”，而乾隆年间则演变为划分汉民、“熟番”与“生番”的界限，形成所谓“生番在内、汉民在外，熟番间隔于其中”的“三层制族群分布架构”。在这个制度架构内，清朝期许“熟番”在隔绝“生番”、汉民上扮演积极的角色，通过拨派“熟番”常驻守隘并巡视民番边界（土牛界），以达到外御“生番”，内防汉民，以彻底隔绝汉民与“生番”的目的。[④] 正如福建布政使高山于乾隆十年（1745年）因有感于“生番群聚内山，熟番错居社地，汉民

---

① 黄叔璥：《台海使槎录》，《台湾文献丛刊》第4种，台湾银行经济研究室1957年版，第167—168页。

② 《清高宗实录》卷619，乾隆二十五年八月辛丑。

③ 参见施添福《清代台湾的地域社会——竹堑地区的历史地理研究》，2001年，第65页。

④ 参见柯志明《番头家：清代台湾族群政治与熟番地权》，台北“中研院”社会学研究所2011年版，第25—26页。

散处各庄”的现状，奏请划清民番界限，“各管各地，不得混行出入，相寻衅端。……相应饬令地方官遴委佐杂，跟同各番土目指出现在管理分界之处，再行立表，划清界限，使生番在内、汉民在外，熟番间隔于其中。清界而后，汉民毋许深入山根，生番毋许擅出埔地，则彼此屏迹，断绝往来，自不致生衅滋事矣”①。乾隆年间形成的这种“三层制族群分布架构”，正是以“熟番”作为中间层隔绝“生番”与汉民的比较稳定的民番关系结构。

二　清中期台湾少数民族地区逐渐开发

清代前期在台湾实行汉番隔离政策，考虑的因素很多，但主要是为了避免汉番冲突，尤其是防止“生番”侵扰汉人的所谓“番害”。其时汉族移民在台湾西部平原尚有较多农地需要开垦，较少觊觎番地，一般情况下尚能与“生番”相安无事，隔离政策颇具成效。

但是，早在乾隆末年，汉番隔离政策业已出现缺口。由于生存的压力，已有汉族移民开始突破汉番隔离的禁区，想方设法开垦番地。福康安在平定林爽文事件过程中观察到，台湾南北近山地区番地均遭开垦，作为汉番隔离标志的续定土牛界已是形同虚设，旧有的土牛界更是杳无踪迹。他说：“台湾东面倚山，地方宽广，从前因淡水、彰化二处垦辟日增，另行划定界限，设立土牛，禁止奸民越界占垦，免滋事端。乃因生聚日繁，民人私向生、熟番黎佃地耕种，价值稍轻者谓之租赎，价值稍重者谓之典卖。熟番等归化日久，渐谙耕作，只以业经典卖与民，无由取赎。是以各处番地，不特嘉义以南，多有侵越，即淡水等处，续定土牛之界，亦成虚设。臣福康安追剿贼匪时，周历全郡，所过近山地方，良田弥望，村落

① 《陈台湾事宜疏》（福建布政使高山，乾隆十年上奏），载《明清台湾档案汇编》第2辑第19册，第108页。

相联，多在舆图定界之外。旧设土牛，并无遗址可寻。从前设立时，不过筑土作堆，潦草塞责，本非经久之计。此时若不将埔地彻底清厘，事过境迁，界址必仍滋混淆。”[1] 福康安看到大量汉族移民越界开垦的事实，担心汉番隔离政策遭到破坏，因此建议清厘界址，以强化汉番隔离。

福康安的担心并非多虑，事态正朝着他看到的方向发展。清代中期随着汉族移民增加，台湾西部平原可耕地基本开垦完毕，移垦社会逐渐形成并定型。这时，汉族移民成为台湾岛上的强势力量，汉番力量对比发生逆转。据咸丰年间台湾道徐宗幹对水沙连六社的观察：“前此林爽文穷蹙窜入，谋据险要，幸彼时私入之人无几、生番之势尚强，不为所据。数十年来，私入之人较多，生番之势极弱。今昔异形，所以尚无事故者，以并无巨恶乘机窜入。设或成为巢穴，则险为贼据，番力不敢拒争。”[2] 徐宗幹担心汉族移民强势进入番地，将严重破坏汉番隔离政策，打破既有的汉番平衡格局。实际上，随着台湾土地开发进程，汉族移民早有进垦番地之势，而且势头越来越强劲，台湾东北部的噶玛兰与中部的水沙连等番地均被汉人开垦，已是不可逆转的既成事实。

乾隆末年，福建漳州人吴沙已经带领福建、广东移民进入蛤仔难（噶玛兰）北部三貂地区开垦番地。据台湾知府杨廷理的观察：“（乾隆）五十三年随福郡王康安驻军平台庄，攻克大理杙后，理筹防林逆窜路，始知有三貂、蛤仔难之名。及该逆率伙越山逃遁，理请檄饬淡防同知徐梦麟赶赴三貂堵缉。嗣接覆文，方知有漳人吴

---

① 《为奏熟番募补屯丁悉心酌拟章程仰祈圣鉴事》（协办大学士福康安等，乾隆五十三年四月二十六日上奏），载台湾史料集成编辑委员会《明清台湾档案汇编》第 3 辑第 36 册，远流出版事业股份有限公司 2007 年版，第 74—75 页。

② 《议水沙连六社番地请设屯丁书》（福建台湾道徐宗幹，咸丰四），载台湾史料集成编辑委员会《明清台湾档案汇编》第 4 辑第 62 册，远流出版事业股份有限公司 2008 年版，第 507—508 页。

沙久住三貂，民番信服，可保无疏纵弊，及隔港蛤仔难生番尚未归化，并无居民，毋须顾虑等情。次年，林逆就获，大兵凯旋，徐署郡篆，每向理称吴沙可信，并蛤仔难生番易于招抚，地方广袤、土性膏腴情形，屡会理禀商徐抚宪〔嗣曾〕。抚宪以经费无出，且系界外，恐肇番衅，弗允奏办。后闻吴沙私以盐布与生番往来贸易，适番社患痘，吴沙出方施药，全活綦多，番众德之，情愿分地付垦。吴沙遂招漳、泉、广三籍之人，并议设乡勇，以防生番反覆，内地流民闻风踵至。吴沙恐以私垦获罪，嘉庆二年，赴淡防同知何〔如莲〕呈请给札招垦。”① 吴沙的开垦活动实际上得到了地方官的认可。随后，闽台官员不断推动清朝把噶玛兰收入版图，设官治理，终于耸动天听。嘉庆十四年（1809 年）初，清廷上谕：“蛤仔栏北境居民现已聚至六万余人，且于盗匪窥伺之时，协力备御，帮同杀贼，实为深明大义，自应收入版图，岂可置之化外。况其地膏腴，素为贼匪觊觎，若不官为经理，妥协防守，设竟为贼匪占踞，岂不成其巢穴，更为台湾添肘腋之患乎！”② 清廷一方面肯定了噶玛兰业已开发的事实，另一方面希望防止噶玛兰成为“贼匪”的巢穴，故同意设官治理。经过福建督抚及闽台地方官两年多的筹划，清朝于嘉庆十六年（1811 年）正式设立噶玛兰厅，把该地区民番一并纳入政府治理体系。

水沙连地区的情况与噶玛兰较为相似，但结果不尽相同。嘉道时期，已有不少汉民越垦水沙连诸社番地。噶玛兰设治之后，闽台地方官也开始纷纷建言仿照噶玛兰之例，把水沙连地区设官治理。如台湾知府邓传安所谓：“其淡水之蛤仔难，向在界外，今入版图，改成噶玛兰，设官吏如淡水厅，通判即兼理番，不隶北路同知

---

① 杨廷理：《议开台湾后山噶玛兰即蛤仔难节略》，载陈淑均总纂《噶玛兰厅志》卷7《杂识上·纪文（上）·纪略》，台湾史料集成编辑委员会编《清代台湾方志汇刊》第24册，远流出版事业公司2006年版，第440页。

② 张本政主编：《〈清实录〉台湾史资料专辑》，福建人民出版社1993年版，第700—701页。

矣。……阿里山之副通事、水沙连之社丁首，皆治賧社、输饷事宜。……夫賧社，即民番互市也。所谓归化，特输饷耳；而不薙发、不衣冠，依然狉狉榛榛，间或掩杀熟番而有司不能治，为之太息，安得如噶玛兰之改土为流乎。”[①] 道光二十六年（1846年），闽浙总督刘韵珂、福建巡抚郑祖琛奏陈台湾水沙连六社“生番”输诚内附，并献纳各社舆图，吁请归官开垦。他们派台湾镇总兵与台湾道查看情形，妥议筹办，并向清廷详细提出开辟水沙连各有祛弊、兴利五条理由，最后建议“援淡水、噶玛兰改土为流之例，一体开垦，设官抚治”[②]。但是，水沙连的设治建议并没有得到清廷认可。道光二十七年（1847年），大学士穆彰阿等会同军机大臣、户部议奏，认为水沙连地区开辟以后，可能导致民番争端及“番乱”，甚至引起外国觊觎，故主张遵例封禁而不予更张。有谓：“番地旧以土牛为界，乾隆年间复立石碑，例禁綦严；此时辄请开边，究失杜渐防微之意。相应请旨，责成该督，妥为开导，慎重从事，与其轻议开辟而贻害于后，不若遵例封禁而遏利于先。以臣等愚昧之见，一切仍应从旧，无事更张，似觉妥协。”[③] 对此，道光皇帝深表赞同，表示继续实行封禁政策，有谕：“所议自系筹及久远，未肯迁就目前。且此项番地，旧以土牛为界，乾隆年间复立石碑，例禁綦严，自应恪遵旧章，永昭法守。该督所请六社番地归官开垦之处，著毋庸议。”[④] 水沙连地区设治便被搁置起来。

咸同时期，清朝在台湾继续实行汉番隔离政策。与清前期主要

---

① 《台湾番社纪略》（台湾府知府邓传安），载《明清台湾档案汇编》第4辑第61册，第168—169页。

② 《为移会内阁抄出闽浙总督刘韵珂等奏台湾水沙连六社生番输诚内附事》（户部，道光二十六年十一月移咨），载《明清台湾档案汇编》第3辑第59册，第480—485页。

③ 《为遵旨履勘水沙连六社番地体察各社番情会议具奏一切仍应从旧事》（文华殿大学士穆彰阿等，道光二十七年十月十九日上奏），载《明清台湾档案汇编》第3辑第60册，第288页。

④ 《清宣宗实录》卷448，道光二十七年十月乙丑。

是防止“生番”焚杀汉人的所谓“番害”不同，这个时期该项政策的重点在于防止汉族移民进垦番地引起的汉番冲突问题。直到同治十三年（1874 年）牡丹社事件发生之后，清朝因应国内外形势而实行开山抚番政策，台湾东部山地少数民族居住地区才得以渐次开发。

三　“开山抚番”与“大一统”治理体系

晚清时期，中国国势衰弱，不断遭受西方列强与日本的武力侵略，地处东南海疆的台湾更是首当其冲，深受其害。为了应对边疆危机，清朝不得不改变既有的汉番隔离政策，实行“开山抚番”，打通台湾东西部通道，把东部山地少数民族地区纳入规范的地方行政治理体系之内。

同治十三年（1874 年），日本借口此前琉球漂流民被台湾“生番”杀害，并以“生番”地界乃“无主之地”为由，出兵侵略台湾，攻打牡丹社等山地少数民族地区。对此，清朝积极应对：一方面严正驳斥日本以“生番”地界为“无主之地”的侵台口实，坚定地维护对台湾番地的主权；另一方面则开始严肃反思并调整理台政策，就是改变汉番隔离政策，实行开山抚番。同治皇帝谕令福建督抚：“番地虽居荒服，究隶中国版图。其戕杀日本难民，当听中国持平办理，日本何得遽尔兴兵，侵轶入境！若谓该国仅与生番寻仇，未扰腹地，遂听其蛮触相争，必为外国所轻视，更生觊觎。衅端固不可开，体制更不可失。该督惟当按约理论，阻令回兵，以敦和好，不得以番地异于腹地，遂听其肆意妄为也。”[①] 清廷在明确宣示“生番地方本系中国辖境，岂容日本窥伺”的同时，授沈葆桢为钦差办理台湾等处海防兼理各国事务大

---

① 《穆宗毅皇帝实录》（七）卷365，同治十三年四月癸巳，《清实录》第51册，中华书局1987 年影印本，第836 页。

臣，谕令其带领轮船兵弁以巡阅为名，到台湾“生番”地界察看，“至生番如可开禁，即设法抚绥驾驭，俾为我用，藉卫地方，以免外国侵越”[①]。可见，清朝在维护番地主权的同时，业已开始考虑“生番”地界开禁问题。

沈葆桢赴台主持对日交涉，同时开始开山抚番工作。同治十三年（1874年）十一月，日本从台湾撤兵以后，沈葆桢与潘霨奏陈台湾善后事宜，认为“此次之善后与往时不同，台地之所谓善后，即台地之所谓创始也；善后难，以创始为善后则尤难”。台湾善后之难，是因为这是台湾开发与建设之始，当务之急就是开山抚番。事实上，沈葆桢与潘霨在对日交涉过程中业已启动此项工作，并初具成效，但没有全盘规划，成败尚在存疑。“曩为海防孔亟，一面抚番，一面开路，以绝彼族觊觎之心，以消目前肘腋之患，固未遑为经久之谋。数月以来，南北诸路，缒幽凿险，斩棘披荆，虽各著成效；卑南、奇莱各处，虽分别军屯，只有端倪，尚无纲纪。若不从此悉心筹画，详定规模，路非不已开也，谓一开之不复塞，则不敢知；番非不已抚也，谓一抚之不复疑，则不敢必。”他们建议在“后山”少数民族地区进一步全面推行开山抚番，有谓：“夫务开山而不先抚番，则开山无从下手；欲抚番而不先开山，则抚番仍属空谈。今欲开山，则曰屯兵卫，曰刊林木，曰焚草莱，曰通水道，曰定壤则，曰招垦户，曰给牛种，曰立村堡，曰设隘碉，曰致工商，曰设官吏，曰建城郭，曰设邮驿，曰置廨庑。此数者，孰非开山之后必须递办者？今欲抚番，则曰选土目，曰查番户，曰定番业，曰通语言，曰禁仇杀，曰教耕稼，曰修道途，曰给茶盐，曰易冠服，曰设番学，曰变风俗。此数者，

---

① 《穆宗毅皇帝实录》（七）卷364，同治十三年三月辛未，《清实录》第51册，第823页。

又孰非抚番之时必须并行者?”[①] 随后，沈葆桢又会同福州将军文煜、闽浙总督李鹤年、福建巡抚王凯泰奏请废除严禁大陆民人渡台、严禁台民私入番境、严禁贩卖铁器与竹竿的旧例，“将一切旧禁尽与开豁，以广招徕”[②]。清廷允准，从此废除了汉番隔离政策，有利于汉族移民开垦后山番地。

沈葆桢在台开山抚番分南、北、中三路进行，分别由海防同知袁闻柝、福建陆路提督罗大春、南澳总兵吴光亮负责，取得了显著成效。光绪元年（1875 年）十月，调任两江总督兼南洋大臣的沈葆桢会同福建将军、督、抚为开山抚番出力人员请奖时，对于一年多以来的相关工作做了概括性的总结，有谓：“至去年五月以来，开山抚番，南路则由内埔、昆仑、诸也葛、大猫厘等处而入卑南；北路则由苏澳、大南澳、三层城、马邻溪、鲤浪港等处而抵加礼宛、秀姑峦；中路则由大坪顶、大水窟、凤凰山、茅埔、东埔等处而抵霜山。计三路开地，各数百里、百余里不等，均系束马悬车，缒幽凿险，随地随时创碉设堡，馘逆抚良，艰苦劳瘁，亦比寻常行军过之，其或襄赞机密于风鹤动心之日，或建筑城垒于惊沙烈日之中，或涉重洋以购军需，或冒奇险以筹接济，或率偏师以扼要隘，或捕积匪以静内讧，或司侦探以济兵谋，或联乡团以固边圉，均能始终勤奋，著有成劳。”[③] 沈葆桢这些开山抚番工作，初步打通了台湾东西部通道，并沿途招抚番社。为了适应开发之后进一步发展的

① 《为奏台地善后势当渐图番境开荒事关创始请旨移驻巡抚以专责成以经久远事》（钦差办理台湾等处海防兼理各国事务大臣沈葆桢等，同治十三年十二月十一日朱批），载台湾史料集成编辑委员会《明清台湾档案汇编》第 4 辑第 74 册，远流出版事业股份有限公司 2008 年版，第 446—447 页。

② 《为台地后山急须耕垦请开旧禁以杜讹索而广招徕恭折驰陈仰祈圣鉴事》（福州将军文煜等，光绪元年一月十日朱批），载《明清台湾档案汇编》第 4 辑第 76 册，第 235—236 页。

③ 《为奏台地剿服番社开辟后山各著成效所有在事出力之文武员弁绅士人等择尤保奖事》（两江总督沈葆桢等，光绪元年十月十六日朱批），载《明清台湾档案汇编》第 4 辑第 77 册，第 197 页。

需要，沈葆桢还适时调整台湾行政建置，在南部增设恒春县，北部增设台北府，析淡水厅为淡水县、新竹县，改噶玛兰厅为宜兰县，增设基隆厅，中部设立卑南厅、埔里社厅，强化了相关地区的行政治理。

沈葆桢去台之后，福建巡抚丁日昌继续开山抚番工作。光绪三年（1877年），丁日昌认为："从前台湾南、北、中三路类皆鸟道羊场，生番时常截杀，故每开一路，必驻数营之兵以守之，而危崖壁立，车马难通，路虽开欲不开也。"他在台湾巡查南路时，在恒春发现一路，从八瑶湾、大鸟万到后山卑南、秀孤峦等处，因饬前恒春县知县周有基就近分雇番民，克期开竣。随后又派候补道、前台湾府知府周懋琦查验，"据称此路极为平坦，车马皆可行走，连年所开后山各路，无如此次之工省而路平者"。丁日昌甚至认为，有了这条恒春新路，"则前次所开各路均可暂行弃置，既节饷需，又免番害。将来即由新路多设腰站，前、后山往来文报不过数日可达，较之从前所开各路迟速悬殊"[①]。丁日昌还奏请在香港、汕头、厦门等处设立招垦局，招集福建、广东移民到台湾拓展垦务，"每月派定官轮船数次，前往招集客民，并准携带眷属，到台后给予房屋、牛只、农具。将来壮者勒以军法，使为工而兼为兵；弱者给以田畴，既有人而自有土"[②]。由此而使台湾后山的开发进入新的阶段。

中法战争之后，台湾建省，刘铭传为首任巡抚，进一步推行开山抚番政策。其时，署台湾道陈鸣志、副将张兆连献策，将后山水尾中部与前山彰化之间开辟通道，使前、后山声气相连，便于招抚"生番"。有谓："后山番社未抚尚多，跧伏万山之中，北抵苏澳、

---

① 《开通后山新路拟将委员请奖片》，载赵春晨编《丁日昌集》上册，上海古籍出版社2010年版，第164页。

② 《台湾举办垦务矿务片》，载《丁日昌集》上册，第141—142页。

岐莱，南至埤南、恒春，绵亘数百里，若由后山水尾适中之地，与前山彰化除道成梁，声气联络，先抚后山中路，其余当闻风向化，无俟招徕。否则招抚虽多，声气终隔，劳费虽重，驯服仍艰。”刘铭传派署台湾镇总兵章高元统带炮军、练勇、民夫，自彰化集集街凿山而东，造路122里，张兆连率军民自水尾凿山而西，造路60里，双方在牡丹岭会合，开通了一条横穿中央山脉的182里长的通道。前、后山通道开辟之后，刘铭传便加速招抚“生番”，“数月间，后山各路凡二百一十八社，番丁五万余人，咸奉约以归。前山各军亦续抚二百六十余社，薙发者三万八千余人。水尾、莲港、东势角、云林可垦田园数十万亩。”① 光绪十四年（1888年）底，刘铭传奏请台湾在籍绅士林维源帮办全台抚垦事务时称：“全台生番，全行归化，仅剩新竹内山数社，仍自负隅。现经臣饬派都司郑有勤，统带所部隘勇并就近化番，相机剿抚，不日当可告竣。”② 在抚番工作顺利进行过程中，刘铭传再次调整台湾行政建置，把台湾省城设在彰化，并设首府为台湾府，首县为台湾县，增设云林县、苗栗县，原有之台湾府、台湾县改为台南府、安平县，另增设台东直隶州，管辖北到花莲、南到卑南的台湾东部地区，从而基本奠定了台湾的行政区划格局。

清朝在晚清时期因应时局的变化，适时调整汉番隔离政策，实行开山抚番，不仅有助于加强对台湾少数民族地区的行政治理，有利于巩固中国东南海疆的防务，而且有助于促进汉族移民与台湾少数民族在经济、文化等多方面的交流与融合，有利于推动台湾的近代化进程。

---

① 《各路生番归化请奖员绅折》（光绪十三年四月初四日），载马昌华、翁飞点校《刘铭传文集》，黄山书社1997年版，第146—149页。

② 《奏请林维源帮办全台抚垦事务片》（光绪十四年十二月），载《刘铭传文集》，第343—344页。

第六节　晚清边疆危机与清朝推动台湾近代化

晚清时期，在中国东南海疆危机中，台湾遭受西方列强与日本的武力侵略，被迫开放台湾府城（安平）、淡水（沪尾）、鸡笼（基隆）、打狗（高雄）四个通商口岸，与祖国大陆一起逐步沦为半殖民地半封建社会。为应对边疆危机，清朝加强东南海防，把台湾改建行省。在洋务运动中，沈葆桢、丁日昌、刘铭传等闽台大员领导台湾的自强新政，开启了台湾的近代化进程，使台湾成为当时中国最先进的省份之一。

一　欧美列强与日本对台湾的侵略

嘉道之际，清朝由盛转衰，鸦片战争是一个关键节点。西方列强与日本不断的武力侵略，使衰弱的中国陷入严重的边疆危机，地处东南海疆前哨的台湾不能幸免，与祖国大陆同呼吸共命运。

英国早有觊觎台湾之心。19 世纪初，英国商船便在台湾的鹿耳门、鸡笼、淡水等港口从事贩卖鸦片与收购樟脑等非法活动。鸦片战争爆发后，有鉴于英国侵略者对福建沿海的侵扰，闽浙总督邓廷桢奏请加强厦门与台湾防守，有谓："闽洋紧要之区，以厦门、台湾为最，而台湾尤为该夷歆羡之地，不可不大为之防。臣前闻粤中探报，既已飞饬台湾镇、道及澎湖等协、营，准备周防，严守口岸，勿使稍有疏虞；其厦门一岛，连日会同水陆提臣并兴泉永道，督饬厅、营，添备炮火，加意周防，以杜其复来滋扰。"[①] 台湾镇总兵达洪阿、台湾兵备道姚莹积极布防，严阵以待。

---

① 《为陈报闽浙各洋口英船滋扰事》（闽浙总督邓廷桢，道光二十年七月，推测），载台湾史料集成编辑委员会《明清台湾档案汇编》第 3 辑第 56 册，远流出版事业股份有限公司 2007 年版，第 425—426 页。

道光二十一年（1841 年），璞鼎查（Henry Pottinger）来华扩大侵略战争，在攻占厦门的同时，还派纳尔不达（Nerbudda）号驶进鸡笼港，炮击二沙湾炮台。清朝守军发炮击中英舰，使其桅折索断，仓皇之间触礁解体，英兵纷纷落水逃窜。清军奋勇追杀，共斩杀英军 32 人，生擒 133 人，缴获大炮 10 门，书籍、图册多件。[①] 次年，璞鼎查再派阿纳（Ann）号进犯台湾淡水与彰化交界处大安港洋面，遭清军设计诱至土地公港触礁搁浅。清朝伏兵出击，发炮击破英舰，击毙溺毙英兵无数，生擒英兵 49 人、汉奸 5 人，缴获大炮 10 门，以及英军从浙江镇海、宁波所抢之清军铁炮 1 门、鸟枪 5 杆、腰刀 10 把。[②] 清朝在鸦片战争中不断丧师失地，唯有台湾军民奋勇抗敌，保住了东南海疆门户不失。正如姚莹所说："鸡笼之夷，虽以冲礁；大安之夷，虽云搁浅；然台湾擐甲之士，不懈于登陂；好义之民，咸奋于杀敌，乘危取乱，未失机宜。夷船前后五犯台洋，草鸟匪船勾结于外，逆匪巨盗乘机数乱于内，卒得保守岩疆，危而获安，未烦内地一兵一矢者，皆赖文武士民之力也。"[③] 遗憾的是，虽然台湾军民抗击英军侵略取得局部地区胜利，但并不能扭转清朝在整个鸦片战争中失败的局势。鸦片战争后，清朝被迫开埠通商，西方列强侵略势力进一步向台湾渗透。台湾在第二次鸦片战争后也被迫对外开放通商口岸，成为西方列强直接侵略的半殖民地社会。

美国也对台湾早有觊觎之心。咸丰四年（1854 年），商人哈里

---

① 《为夷船攻击鸡笼炮台我兵击沉夷船一只杉板二只夺获夷炮图册现提审办事》（福建台湾镇总兵达洪阿等，道光二十一年十月十一日，朱批），载《明清台湾档案汇编》第 3 辑第 57 册，第 202 页。

② 《为逆夷复犯台港计破其舟斩溺无数生擒白夷十八人黑夷三十人并通夷奸民五人等事》（福建台湾镇总兵达洪阿等，道光二十二年四月六日，朱批），载《明清台湾档案汇编》第 3 辑第 57 册，第 373 页。

③ 《奉逮入都别刘中丞书》（福建台湾道姚莹，道光二十三年四月），载《明清台湾档案汇编》第 3 辑第 58 册，第 337 页。

斯（T. Harris）致函美国国务卿，建议美国用金钱购取台湾。同年，美国东方舰队司令佩里（M. C. Perry，又译贝理）借故在台湾开展调查，并向美国政府建议占领该岛。咸丰六年（1856年），美国驻华公使伯驾（P. Parker，又译巴驾）向美国国务卿建议美国与英、法两国统一行动，由法国占领朝鲜，英国占领舟山，美国占领台湾。[①] 以上各项均因故未能付诸实施。同治六年（1867年）二月，美国商船罗妹（Rover，又译罗佛）号在台湾南部海面遭风触礁破碎，船长及船员十余人在琅王乔一带登陆，被龟仔角社"生番"杀死。美国驻厦门领事李仙得（Le Gendre，又译李让礼）一面照会台湾镇总兵刘明灯、台湾道吴大廷，一面到福州面见闽浙总督吴棠，要求严办涉事"生番"。与此同时，美国驻华公使蒲安臣（A. Burlingame）还请求美国海军部派陆战队直接进攻龟仔角社"生番"，遭到"生番"顽强抵抗，被迫无功而返。经刘明灯等人许可，李仙得到台湾直接与"生番"头目卓杞笃谈判，达成善待外国难民与外国船民不得擅自进入村社等协议。[②] 李仙得后来又多次到台湾，逐渐熟悉台湾情况，并在日后充当日本侵台的帮凶。

日本是近邻，明治维新后开始对外扩张，琉球与台湾是其南侵首要目标。同治十年（1871年），有琉球船民遭风漂流到台湾，被牡丹社、高士佛社居民杀害。日本以琉球为其属国，想方设法侵略台湾。同治十二年（1873年），日本外务卿副岛种臣到天津与北洋大臣李鸿章交换《中日修好条规》批准文书，借机进京请求觐见，

---

① 参见黄嘉谟《美国与台湾（1784—1895）》，台北"中研院"近代史研究所专刊（14），1979年，第127—154页。

② 《为照会要求镇压袭击侵台美船之台湾人民事》（美国驻厦门领事李让礼，同治六年三月十三日，照会）、《为奏合众国罗妹商船至台湾凤山县遭风上岸被生番戕害一案事》（闽浙总督吴棠等，同治六年七月二十一日，朱批）、《为奏办理合众国罗妹商船驶至福建台湾洋面遭风击碎被生番戕害一案事》（福州将军英桂等，同治六年，其他），载台湾史料集成编辑委员会《明清台湾档案汇编》第4辑第68册，远流出版事业股份有限公司2008年版，第231、280—282、367—369页。

并派副使柳原前光到总理衙门就所谓台湾“生番”杀害日本属民之事提出质问。总理衙门大臣毛昶熙、董恂义正词严回答：“‘番’民之杀琉民，既闻其事，害贵国人则未之闻。夫二岛俱我属土，属土之人相杀，裁决固在于我。我恤琉人，自有措置，何预贵国事，而烦为过问?”柳原要求严惩台“番”。毛昶熙等回答：“杀人者皆属‘生番’，故且置之化外，未便穷治。日本之‘虾夷’，美国之‘红番’，皆不服王化，此亦万国之所时有。”柳原断章取义，以毛昶熙等所谓“生番”“置之化外”为由，向日本政府报告台湾“番地”为“无主之地”，作为侵台借口。[①] 同治十三年（1874 年），日本陆军中将西乡从道以美国人李仙得为顾问，率 3000 多名日军从台湾南部琅王乔登陆，武力攻占牡丹社等地。清廷谕令沈葆桢为钦差办理台湾等处海防兼理各国事务大臣，赴台密查日本侵台事件。经过多方交涉，中日签订《北京专条》，中国支付日本遇害难民抚恤银 10 万两及日本在台地方修道、建房等费银 40 万两，日本从台湾撤兵。[②] 《北京专条》虽然承认琉球船民为“日本国属民”，但也确认了台湾全岛主权属于中国。

光绪十年（1884 年），中法战争期间，为了获取谈判的筹码，法国侵略军在福州马尾之战后，大肆进攻台湾。奉命督办台湾防务的淮军宿将刘铭传，与台湾道刘璈在台湾岛南北严密布防。法军曾一度占领基隆，围攻沪尾（淡水），直接威胁台北府城。刘铭传指挥清军严防死守，在沪尾大败法军，重挫法军侵台气焰。次年，中法越南条约签订后，法国从基隆、澎湖撤军，台湾危机解除。经过一年抗法保台战火的洗礼，刘铭传从近代海疆危机中，深刻体认了台湾的战略地位：中国东南海防的门户，外敌侵华必争之地。他多

① 参见王芸生编著《六十年来中国与日本》第 1 卷，生活 · 读书 · 新知三联书店 2005 年版，第 64—65 页。

② 王铁崖编：《中外旧约章汇编》第 1 册，生活 · 读书 · 新知三联书店 1982 年版，第 343 页。

次在奏折中说明："台湾为东南七省门户，各国无不垂涎，一有衅端，辄欲攘为根据。"[①] 为加强对台湾的管辖与治理，清廷于光绪十一年（1885 年）谕令台湾建立行省，以刘铭传为首任台湾巡抚，进一步推动台湾的近代化建设。

光绪二十一年（1895 年），清朝在甲午战败之后与日本签订《马关条约》，被迫把台湾及其附属岛屿割让给日本，台湾从此被日本殖民统治，直到抗战胜利之后得以光复。

晚清时期，在清朝国势日衰之际，台湾相继遭受英国、美国、法国、日本等列强的武力侵略，逐渐向下沉沦到殖民地的深渊。

二　被迫开埠通商

鸦片战争之前，已有英、美商人潜入台湾从事贩卖鸦片与煤炭、樟脑等货物的非法贸易活动。鸦片战争以后，中英《南京条约》规定开放广州、福州、厦门、宁波、上海五口对外通商。中英、中美、中法五口通商贸易章程均明确规定，外国商民只能在上述五个港口居住贸易，不得在其他港口从事非法贸易活动。如中美《五口贸易章程：海关税则》（《望厦条约》）第三条规定："嗣后合众国民人，俱准其挈带家眷，赴广州、福州、厦门、宁波、上海共五港口居住贸易，其五港口之船只，装载货物，互相往来，俱听其便；但五港口外，不得有一船驶入别港，擅自游弋，又不得与沿海奸民，私相交易；如有违犯此条禁令者，应按规定条例，将船只、货物俱归中国入官。"第三十三条规定："合众国民人凡有擅自向别处不开关之港口私行贸易及走私漏税，或携带鸦片及别项违禁货物至中国者，听中国地方官自行办理治罪，合众国官民均不得稍有袒

---

① 《法兵已退请开缺专办台防折》（光绪十一年六月初五日），载马昌华、翁飞点校《刘铭传文集》，黄山书社 1997 年版，第 27 页。

护；若别国船只冒合众国旗号做不法贸易者，合众国自应设法禁止。”① 尽管如此，英、美等外国商人都希望在台湾开辟通商口岸，使其在台走私贸易取得“合法”的地位。

第二次鸦片战争期间，咸丰八年（1858 年），清朝被迫与俄、美、英、法签订《天津条约》，其中中俄、中美、中英《天津条约》均规定开放台湾府城为通商口岸。如中英《天津条约》第十一款规定：“广州、福州、厦门、宁波、上海五处，已有江宁条约旧准通商外，即在牛庄、登州、台湾、潮州、琼州等府城口，嗣后皆准英商亦可任意与无论何人买卖，船货随时往来。至于听便居住，赁房、买屋，租地起造礼拜堂、医院、坟茔等事，并另有取益防损诸节，悉照已通商五口无异。”② 中法《天津条约》则在台湾府城之外，另增淡水口岸，其第六款规定：“中国多添数港、准令通商，屡试屡验，实为近时切要，因此议定，将广东之琼州、潮州，福建之台湾、淡水，山东之登州，江南之江宁六口，与通商之广东、福州、厦门、宁波、上海五口准令通市无异。”③ 根据“一体均沾”的片面最惠国待遇条款，台湾开辟府城与淡水两口适用于所有有条约关系的列强。

咸丰九年（1859 年），美国公使华约翰（John E. Ward）以中美《天津条约》先行换约，照会两江总督何桂清，要求在广东潮州、福建台湾先行开市贸易。何桂清以原议条约之大学士桂良等所谓“各口通商，不止贵国一处，此时唊、咈条约尚未议定，未便两歧，恐碍通商大局，似应俟唊、咈两国一律定议之后，再开新章”为由，予以驳覆。④ 何桂清与华约翰多次往返照会，并在崑山会晤，

① 王铁崖编：《中外旧约章汇编》第 1 册，第 51—52、56 页。

② 王铁崖编：《中外旧约章汇编》第 1 册，第 97—98 页。

③ 王铁崖编：《中外旧约章汇编》第 1 册，第 105 页。

④ 《为咪啇请照新章完纳船钞即在潮州台湾先行开市订勘等事》（两江总督何桂清，咸丰九年八月二十二日，朱批），载《明清台湾档案汇编》第 4 辑第 64 册，第 146—147 页。

双方相持不下，不得要领。清朝有鉴于“潮州、台湾两处，各国私自买卖，已越三年，此次美使恳请先行开市，亦因贸易已久，欲掩其私开之迹，尚属心存恭顺，自未便执意阻止”，谕令“所有潮州、台湾两口，准美国先行开市，并照新章完纳船只吨钞”[①]。闽浙总督庆瑞等奏请选取沪尾为台湾开埠地址，并派福建候补道区天民前往经办，只等美国领事到台即可开市贸易。[②] 由于美国内战爆发，美国政府一时无暇顾及此事，华约翰公使匆忙回国，美国派领事赴台先行开市之事暂时被迫搁置。

咸丰十一年（1861 年），英国首任驻台湾副领事郇和（R. Swinhoe）赴台驻扎沪尾，与福建候补道区天民商议开埠地址。[③] 区天民会同台湾镇总兵林向荣、道员孔昭慈、知府洪毓琛勘定淡水厅辖八里坌地方设关征税，暂借沪尾守备旧署作为税关，于同治元年六月二十二日（1862 年 7 月 18 日）正式开关。[④] 淡水（沪尾）海关是台湾开辟的第一个通商口岸。

按照《天津条约》规定，台湾开放府城与淡水两口。同治二年（1863 年），福州关税务司美里登（B. Meritens）以增加海关税收为由，禀请总理衙门增开鸡笼与打狗两口，“以鸡笼口作淡水子口，打狗港作台湾府子口”。总理衙门表示赞同，并决定把子口改为外口，有谓：“惟子口税银向只征收半税，今查鸡笼、打狗二口既须收洋商进出口正税，并收复进口半税，则打狗一港可作台湾之外口，鸡笼一港可作淡水之外口，所收税银，仍将台湾、淡水造报，行文查照。”闽浙总督左宗棠、福州将军耆龄、福建巡抚徐宗幹督

① 张本政主编：《〈清实录〉台湾史资料专辑》，福建人民出版社 1993 年版，第 942 页。

② 《为奏美在台湾开市事宜事》（闽浙总督庆瑞等，咸丰九年十二月二十三日，上奏），载《明清台湾档案汇编》第 4 辑第 64 册，第 257—258 页。

③ 参见叶振辉《清季台湾开埠之研究》，标准书局 1985 年版，第 92—93 页。

④ 《闽浙总督耆龄奏报于台湾沪尾设关开市通商征税事》（同治元年九月十四日），中国第一历史档案馆藏录副奏片，档号 03－9491－072，缩微号 677－2645。

饬台湾道、府及通商委员详议试办。[①] 鸡笼与打狗（旗后）两口，分别于同治二年八月十九日（1863 年 10 月 1 日）和同治三年四月初一日（1864 年 5 月 6 日），正式开关征税。[②]

至于台湾府城开放，则颇费周折。同治三年（1864 年）初，闽浙总督左宗棠、福建巡抚徐宗幹以“台湾府城海口淤滞，船只不能收泊，难作通商码头”，奏请台湾府城未便设立税口。总理衙门认为：“台湾准其通商，系载在条约，能否变通办理，必须与各国驻京使臣会商，方能定见。”并请与总税务司赫德商议。[③] 限于所见史料，详情不得而知。直到同治三年十二月初四日（1865 年 1 月 1 日），台湾府城（安平）海关才正式开关。[④] 至此，台湾南北四个通商口岸全部对外开放。

台湾府城（安平）、打狗（高雄旗后港）、鸡笼（基隆）、淡水（沪尾）四个通商口岸开放后，外国洋行与资本纷纷涌入，使台湾地区对外贸易逐渐卷入世界资本主义殖民体系，从而成为被西方列强支配的半殖民地附庸。

三　清朝推行洋务运动与台湾近代化启动

洋务运动是 19 世纪 60 年代清朝在内忧外患之下被迫向西方学习进行近代化变革以挽救王朝统治的活动。台湾的近代化始于洋务时期，同治十三年（1874 年）牡丹社事件之后，钦差办理台湾等处海防兼理各国事务大臣沈葆桢、福建巡抚丁日昌开其端，首任台

---

① 《为台湾通商添设外口征税请先行试办恭折会奏仰祈圣鉴事》（闽浙总督左宗棠等，同治二年八月二十五日，朱批），载《明清台湾档案汇编》第 4 辑第 65 册，第 457—458 页。

② 《福州将军英桂奏报台湾添设旗后口开关启征日期事》（同治三年十二月十七日），中国第一历史档案馆藏朱批奏折，档号 04－01－35－0385－044，缩微号 04－01－35－022－0215。

③ 《为奏台湾府城未便设立税口筹议办理情形事》（闽浙总督左宗棠等，同治三年正月十七日，朱批）、《为奏台湾府城未便设立税口筹议办理情形事（附片）》（总理各国事务衙门，同治三年正月二十五日，朱批），载《明清台湾档案汇编》第 4 辑第 66 册，第 119—120、122 页。

④ 参见叶振辉《清季台湾开埠之研究》，第 93—94、165—166 页。

湾巡抚刘铭传集大成。他们在台湾的一系列自强新政举措，开启了台湾的近代化进程。

（一）创办近代工矿企业

同治十三年（1874 年）八月，沈葆桢等奏请将出口土煤照进口洋煤征税，并广开台矿，总理衙门议覆令沈葆桢等事先预筹一切办法，“俾利普于公，权操自我”[①]。沈葆桢通过总理衙门由总税务司赫德代为延聘一位英国矿师翟萨（D. Tyzack），在中方委员何恩绮、李彤恩的协助下，到台湾北部勘察，确定开采基隆煤矿。光绪三年（1877 年），基隆煤矿正式投产出煤。基隆煤矿采用新式机器开采，工人 2000 多名，最初日产煤量 30—40 吨，高峰期达到 150 吨，是近代中国最早投产的新式大煤矿。中法战争后，刘铭传重建被战争破坏的基隆煤矿，并成立煤务局，由著名绅士林维源出面招商，引进民间商业资本，采用官商合办形式经营，购买新的采煤机器，一度使基隆煤矿颇为兴盛，后因收归官办而日渐衰落。除了基隆煤矿以外，刘铭传还在台湾设立官办硫磺厂，用新法开采、熬制硫磺；又创办机器锯木厂，用新式机器生产木材。台湾官府还鼓励商人引进外国造糖铁磨及新式制糖机器，改良蔗糖生产技术；并引进日本脑灶，提高樟脑生产水平。在刘铭传等洋务派的推动下，近代民族工业在台湾得以艰难起步。

（二）修建新式交通设施

同治十三年（1874 年）五月，沈葆桢与福州将军文煜、闽浙总督兼署福建巡抚李鹤年以台海远隔重洋，“欲消息常通，断不可无电线”，会奏开设由福州陆路至厦门、厦门水路至台湾的电

---

① 《为拟广开台矿并拟将出口土煤照进口洋煤税则一律征收以昭平允事（附片）》（钦差办理台湾等处海防兼理各国事务大臣沈葆桢等，同治十三年八月十九日，朱批）、《为议覆沈葆桢等奏将出口土煤照进口洋煤征税附片事》（恭亲王奕訢等，同治十三年八月，推测），载《明清台湾档案汇编》第 4 辑第 73 册，第 379、393—394 页。

报线。[1] 此为台湾创设电报线的最初动议。光绪二年（1876年），丁日昌奏请在台湾开设由旗后经府城到基隆的电报线。[2] 刘铭传时期在台湾架设水陆电报线1400余里，分别在川石、沪尾、澎湖、安平设水线房四所，在台南、安平、旗后、澎湖、彰化、台北、沪尾、基隆设报局八处。[3] 刘铭传还创办新式邮政，在台北设立邮政总局，在全台设立正站、腰站、旁站40余处，发行邮票，官商通用，极为便捷。[4] 台湾近代邮电网络于以肇端。

台湾修铁路之议始于丁日昌。光绪二年（1876年）冬，丁日昌奏请在台湾修筑铁路（轮路），称“轮路最宜于台湾”，铁路与矿务是台湾自强“奏功之针石”。其议得到南北洋大臣与总理衙门的赞同。南洋大臣沈葆桢称“铁路最为台地所宜行”。北洋大臣李鸿章称“铁路、电线相为表里，功用最大”。总理衙门认为“举办轮路为经理全台一大关键，尤属目前当务之急”[5]。丁日昌还奏准把上海被拆除的吴淞铁路器材运到台湾，为修建铁路之用，并邀请吴淞铁路英国工程师玛理逊（G. J. Morrison）来台相助，但因丁日昌离职此事不了了之。[6] 刘铭传是非常重视铁路的洋务派大员。他认为：“铁路为国家血脉，富强至计，舍此莫由。”[7] 他从中法战争中体认到铁路对台湾防务的军事战略价值，因此在战后即奏请开办

---

① 《为遵旨会筹日本兵船现泊厦门一事大概情形恭折仰祈圣鉴事》（福州将军文煜等，同治十三年五月初一日，朱批），载《明清台湾档案汇编》第4辑第72册，第372—373页。

② 《奏台湾设立电线片》（光绪二），赵春晨编《丁日昌集》上册，上海古籍出版社2010年版，第113页。

③ 《台湾水陆电线告成援案请奖折》（光绪十四年五月初五日），马昌华、翁飞点校《刘铭传文集》，黄山书社1997年版，第192页。

④ 参见李国祁《中国现代化的区域研究：闽浙台地区，1860—1916》，台北“中研院”近代史研究所专刊（44），1982年，第333页。

⑤ 《统筹台湾请开办轮路矿务疏》（光绪二）、《筹办台湾轮路事宜疏》（光绪三），《丁日昌集》上册，第142、173页。

⑥ 参见李国祁《中国现代化的区域研究：闽浙台地区，1860—1916》，第326页。

⑦ 《拟修铁路创办商务折》（光绪十三年三月二十日），载《刘铭传文集》，第204页。

铁路，有谓："台疆千里，四面滨海，防不胜防，铁路一成，即骨节灵通，首尾呼应。""铁路一事，为安内攘外刻不容缓之急图。"[①] 光绪十三年（1887年），台湾开始修筑从基隆经台北到新竹的铁路，光绪十九年（1893年）全线竣工，全长106.7公里。这是台湾铁路之肇始，也是洋务时期中国自主修筑的一条重要铁路。

（三）加强近代海防建设

同治十三年（1874年）五月，沈葆桢等奏请"储利器"以加强台湾防务，主张向西方购铁甲船、水雷、洋枪、洋炮。[②] 光绪二年（1876年）冬，丁日昌渡台之后统筹台防全局，也主张购铁甲船，练水雷军，建造炮台，练枪炮队。[③] 刘铭传在中法战争以后形成海防与陆防兼备的台海防御观。一方面，是建海军，购兵船。早在刘铭传受命赴台前夕密奏整顿海防时，就曾主张设立海部衙门以总管海军事务、创办海军学堂以培养海军人才、筹集经费以购买兵船，目标是建立一支强大的海军，以加强海防。[④] 中法战后，在筹议台湾善后事宜过程中，刘铭传又一再奏请调拨或购买兵船，以加强台海防御。[⑤] 另一方面，是练陆兵，筑炮台，购枪炮。海防不是孤立的水面防御，必须要有陆上的炮台等设施相配合，尤其是要有协同作战的地面部队。在筹备台湾善后时，刘铭传特别强调"演习洋操"和熟练使用"后门枪炮"等器械的重要性。刘铭传在台湾

---

① 《复陈津通铁路利害折》（光绪十五年二月初八日台北府发），载《刘铭传文集》，第51页。

② 《为遵旨会筹大概情形恭折仰祈圣鉴事》（福州将军文煜等，同治十三年五月初一日，朱批），载《明清台湾档案汇编》第4辑第72册，第375—376页。

③ 《台事宜统筹全局疏》（光绪二），《丁日昌集》上册，第149页。

④ 《遵筹整顿海防讲求武备折》（光绪十年闰五月初二日在京发），载《刘铭传文集》，第54—55页

⑤ 《请拨兵商各轮船片》（光绪十一年五月），《购买轮船片》《添购轮船片》（光绪十三年五月），《交售旧轮船以资新购折》（光绪十五年十一月二十六日），载《刘铭传文集》，第184—185、187—188页。

各重要海口共造炮台十座，其中澎湖四座，基隆、沪尾各两座，旗后新添一座，安平修葺一座。[①] 在亲往台南、澎湖等地视察海口形势后，刘铭传坚定了购买西洋精利大炮的决心。他通过英国怡和洋行购买了阿马士庄新式后膛钢炮三十一尊，安置于基隆、沪尾、旗后、澎湖等海口。[②] 刘铭传在台湾还购买了后膛洋枪万余杆，并在台北设立大、小机器局厂，制造炮弹和枪弹；又建造军械所，以备储存军械。[③] 刘铭传等人推动了台湾海防的近代化建设。

（四）兴办新式教育事业

近代化建设需要近代新型人才，人才来源于教育。光绪十三年（1887 年）三月，刘铭传在台北设立西学堂，招收年轻质美之士二十余人，延聘洋教习教授西方语言文字及近代科学知识，并聘请汉教习教授国文。一年之后，刘铭传亲自考察，“所习语言文字，均有成效可观。拟渐进以图算测量制造之学，冀各学生砥砺研磨，日臻有用。而台地现办机器、制造、煤矿、铁路，将来不患任使无才”[④]。以后逐年增招学生，增聘洋教习与汉教习，教学规模不断扩大，为台湾近代化培养急需的西学人才。

晚清洋务运动时期，在著名洋务派代表性人物沈葆桢、丁日昌、刘铭传等人的领导和推动下，地处东南海疆前沿的台湾得风气之先，各项洋务事业均有起色，近代化进程得以顺利开展，甚至走在大陆许多省份之前，成为当时中国较先进的省份之一。

---

① 《修造炮台并枪炮厂急需外购机器物料片》（光绪十四年六月），载《刘铭传文集》，第 201 页。

② 《买炮到防立案片》（光绪十五年五月），载《刘铭传文集》，第 198 页。

③ 《奏报造成机器局军械所并未成大机器厂折》（光绪十四年六月），载《刘铭传文集》，第 200 页。

④ 《台设西学堂招选生徒延聘西师立案折》（光绪十四年六月初四日），载《刘铭传文集》，第 234—235 页。

结　语

清朝统治台湾的 212 年（1683—1895 年），是中国历史上的大事，更是台湾历史上的大事。这期间，台湾在明郑政权降清之后，经过清朝的长期治理与开发，逐渐由福建省的一个府而变为中央政府直辖的一个行省，台海两岸关系真正融合成不可分割的命运共同体，这对于中国历史尤其是台湾历史有着重大而深远的影响。如何检讨清朝经略台湾的成败得失，可以从如下两个方面来看：

（一）清朝的治理与开发推动了台湾与大陆一体化的进程，并成为大一统国家不可分割的一部分

综观清朝经略台湾 200 余年，为了加强治理与开发台湾，主要实行以下制度与政策。

在政治与军事制度方面，康熙时期统一台湾以后，把台湾纳入福建省的一个府，在台湾推行与大陆一样的行政建置，并不断完善相应的官制系统，使台湾在政治上逐渐与大陆一体化。为了加强对台湾地区吏治的监督，并了解其民情，清廷派出巡台御史，在台湾实行独特的监察制度。同时，清朝在台湾实行班兵制度，主要用福建等大陆不断轮换的官兵守护台湾，维系东南海疆要地的稳定与安全。

在移民政策方面，台湾被纳入清朝版图后，福建、广东的移民不断涌向台湾。清朝为了加强大陆对台移民的管理，曾经实行严格的给照渡台与两岸对渡制度，以及严厉的禁止携眷政策，并严禁无照偷渡。在这样严苛的制度与政策规定之下，大陆移民仍然源源不断地前赴台湾，为开发台湾做出了积极的贡献。正是在清朝实行与大陆一体化政策推动下，清代台湾形成了以闽、粤移民为主体而与

大陆同质性的移垦社会。

在经贸政策方面，清代是台湾历史上重要的经济发展与开发时期。清朝在台湾实行积极的开发政策与措施，使台湾以稻米与蔗糖生产为主的农业经济得以较快发展，成为东南地区重要的粮仓与糖库，不仅保障了台湾人民的生活需要，而且还能反哺大陆，甚至对外出口。随着台湾全岛的逐渐开发，台湾迅速成为一个新兴的农业经济区域；与此同时，闽台经贸关系日趋紧密，从而使台湾与大陆形成血肉相连、不可分割的经济一体化关系。

在文教政策方面，随着清朝把台湾纳入政治版图，作为清朝统治意识形态的儒学尤其是程朱理学也被大力推广到台湾，并从学校教育逐渐渗透到民众的日常生活之中。与大陆广大地区一样，清朝在台湾也建立了府学、县学、书院、社学、义学等多层级的学校教育体系，同时把台湾士子纳入科举考试体制之内，增强了台湾民众对祖国大陆的向心力和认同感，并使台湾在文化上形成与大陆一脉相承、不可分割的关系。

在民族政策方面，清朝治理台湾少数民族的政策，首先是实行设立番界，把汉族移民与少数民族隔离开来，既严禁汉族移民进入番地，又防止少数民族侵扰汉族移民。随着汉族移民开垦土地的进程，不断调整汉番关系，并逐步进行番地开发。晚清时期，西方列强与日本侵略引发严重的边疆危机，为加强台湾海防，清朝实行开山抚番政策，进一步加快台湾开发的进程，使台湾山地少数民族地区也被完全纳入大一统中国治理体系之内。

在洋务政策方面，晚清时期，在中国东南海疆危机中，台湾遭受西方列强与日本的武力侵略，被迫开放台湾府城（安平）、淡水（沪尾）、鸡笼（基隆）、打狗（高雄）四个通商口岸，与祖国大陆一起逐步沦为半殖民地半封建社会。为应对边疆危机，清朝加强东南海防，把台湾改建行省。在洋务运动中，沈葆桢、丁日昌、刘铭传等闽台大员领导台湾的自强新政，开启了台湾的近代化进程，使台湾成为当时中国最先进的省份之一。

清朝推行这些制度与政策，使台湾在政治、经济、文化等方面均被纳入与大陆一体化进程之中，从而成为中国领土与主权完整不可分割的重要组成部分。

关于清朝的治台政策及其效果，有两个错误观点值得注意。一是所谓清朝治台前期消极、后期积极说。持此论者认为清朝统治前期对台湾并不重视，为防台而治台，就是把台湾当作内乱的渊薮，所有治台政策只是为了防止台湾作为反叛基地而做出的消极应对举措，只有晚清时期台湾受到日本及西方列强的侵略之后，清朝才重视台湾，采取开山抚番等积极的治台政策。这个观点似是而非，并不符合历史事实。康熙统一台湾之后200余年间，历代统治者在台湾实行政治、军事、经济、移民、民族、文教等多方面的政策，都是积极治理台湾的重要举措。这些政策并无所谓从消极转向积极的过程，只是因时制宜，与时俱进，不同时期因应不同的历史条件而产生不同认识，从而采取不同的应对举措而已。二是"台独"论者所谓台湾的近代化起源于日据时期，一笔抹杀清朝洋务运动对台湾近代化的贡献。这更是罔顾历史事实的无稽之谈。晚清时期，面对日本与西方列强的侵略，清朝加强海防建设，台湾从福建省的一个府，升格为中央政府直辖的一个行省。在洋务派沈葆桢、丁日昌、刘铭传等人的领导与推动下，台湾的洋务运动走在全国前列，成为全国最先进的省份之一，台湾的近代化进程也得以顺利开展。这个毋庸置疑的客观历史事实，是对"台独"论者所谓台湾的近代化起源于日据时期的有力驳斥。

（二）甲午战后台湾被迫割让与日本是一个惨痛的历史教训

清朝统治在康乾盛世之后走向衰落，时值西方列强武力东侵，中国遭遇数千年未有之变局，从鸦片战争开始，在一系列列强侵华战争中，不断丧师缔约，割地赔款，逐渐向半殖民地半封建社会沉沦。光绪二十一年（1895年），中国居然被千百年来以自己为师的“蕞尔岛国”日本打败，列强掀起瓜分狂潮，中国国际地位一落千丈。“四万万人齐下泪，天涯何处是神州？”清朝在甲午战败之后与日本签订《马关条约》，被迫把台湾及其附属岛屿割让与日本。台湾从此为日本殖民统治50年，直到1945年日本战败投降，台湾得以光复而回归祖国。如果说甲午战后日本通过《马关条约》迫使清朝割让台湾，充分表明台湾是中国主权与领土的一部分的客观历史事实，那么，抗战胜利之后通过《开罗宣言》与《波茨坦公告》等国际法文件使台湾重归中国版图，可谓台湾是中国主权与领土不可分割的一部分的历史铁证。

今天的中国，已经不是晚清时期积贫积弱的旧中国，那个任列强肆意欺凌的时代早已一去不复返了。中国在昂然走向中华民族伟大复兴的征途上，充分显示了完成国家统一的坚定信念与坚强意志。2017年，习近平总书记在庆祝中国人民解放军建军90周年大会上坚定地表示：“我们绝不允许任何人、任何组织、任何政党、在任何时候、以任何形式、把任何一块中国领土从中国分裂出去，谁都不要指望我们会吞下损害我国主权、安全、发展利益的苦果。”[①] 2019年，习近平总书记在《告台湾同胞书》发表40周年纪念会上又庄严宣告：“两岸关系发展历程证明：台湾是中国一部分、两岸同属一个中国的历史和法理事实，是任何人任何势力都无法改变的！两岸同胞都是中国人，血浓于水、守望相助的天然情感和民族认同，是任何人任何势力都无法改变的！台海形势走向和平稳定、两岸关系向前发展的时代潮流，是任何人任何势力都无法阻挡的！国家强大、民族复兴、两岸统一的历史大势，更是任

① 《习近平谈治国理政》第2卷，外文出版社2017年版，第417页。

何人任何势力都无法阻挡的！”[①] 历史昭示现实：祖国必须统一，也必然统一。台湾前途在于国家统一，台湾同胞福祉系于民族复兴。历史难免有波折，但总会不断前进。回顾历史，正视现实，两岸统一乃历史必然，大势所趋。

① 《习近平谈治国理政》第3卷，外文出版社2020年版，第405页。

第十二章

清代国家治理的经验教训

清代是中国国家性质由传统王朝国家转变为近现代主权国家的关键时期。在这一转变过程中，清朝发挥着举足轻重的作用。就疆域性质而言，多民族国家中国疆域实现了从“有疆无界”的传统王朝“天下”疆域到“有疆有界”或称之为“条约疆界”主权国家疆域的转变；就中华民族形成与发展而言，中华大地上的众多民族通过长期的交流、交往、交融，中华民族实现了由“自在”到“自觉”的转化，屹立于世界舞台。但是，近代以来一系列丧权辱国条约的签订，大片领土被蚕食鲸吞，亡国灭种的持续威胁的出现也是清末国力衰微带来的结果，这种状况也严重影响了学界乃至国人对清朝在多民族国家形成与发展中做出过重要贡献的认识。

长期以来，国内学界对清代多民族国家中国疆域性质由传统王朝国家向主权国家的转变过程没有给予应有的关注，反而用传统的王朝国家以及近代以来才出现在欧洲的“民族国家”理论来诠释清代及其之前中国的历史，完全忽略了东亚历史上有自己独特的源自于中国中原地区农耕人群的世界观（以中国历代王朝为核心的“大一统”天下意识），规范影响着东亚政权和族群间的政治关系及其国家建构的走向，而以英国、法国等为主的欧洲殖民势力进入东亚建立殖民地体系，欲将越南、缅甸等清朝“属国”纳入其中时也需要和清朝订立《越南条款》（1885 年）、《缅甸条款》（1886 年）等做法，无一例外地说明着这一世界观的存在及其影响。也正是在这一世界观的主导下，兴起于东北地区的满洲人建立的清朝，在实现了对东北地区的“一统”后，1644 年兴兵入关，走上了实现中华大地“大一统”的道路。虽然在康熙时期清朝就实现了中华大地的“大一统”，但其统治地位由于出身于“东夷”而经历了由被质疑与排斥，到被接受的过程。而在经过康熙、雍正、乾隆、嘉庆时期巩固统一的众多举措实施后，1840 年域外西方殖民势力的到来却成了清朝维护国家统一的巨大威胁。经过中华民族的抗争，虽然其结果是疆域遭到了蚕食鲸吞，但新疆、西藏、台湾等辽阔的边疆地区依然是多民族国家疆域的重要组成部分，统一的多民族国家得以延续，为今天多民族的中国奠定了牢固基础。因此，总结清朝在实现、巩固和维护国家“大一统”过程中的治理经验与教训，对于当今多民族国家治理体系和治理能力现代化依然有着非同一般的重要借鉴意义。

第一节　清代国家治理的经验

作为最后一个封建王朝，尽管在嘉庆以后清朝多民族国家的内部各种矛盾渐趋尖锐，而外部又面临着殖民势力亡国灭种的威胁，和之前的历朝各代相比较，满洲统治者的“夷狄”身份也在清末依然是革命党人推翻其统治的政治号召，但从上述各章的具体阐述中可以看到清朝的国家治理，在前期还是取得了一定成功。如果对清朝在实现、巩固和维护国家统一过程中的成功经验进行总结的话，以下几个方面的作为相对比较突出：一是集历代王朝国家治理之大成，在继承和实践传统“大一统”思想的过程中，确立了清朝的“正统”地位并积极推动了多民族国家的最终形成，让“大一统”的国家认同意识深入人心；二是在历朝各代的基础上巩固和极大拓展了多民族国家的疆域，并将中国疆域从传统王朝国家的“有疆无界”状态带到了近现代主权国家行列，中华民族的“家园”得以最终底定；三是积极实践“大一统”思想，从管理体制、法律制度、文化教育等诸多方面力求治理体系的“一体化”，为多民族国家的稳定和发展提供了有力保障；四是为弥合族群冲突，公开反对传统的“华夷中外”观念，并在“臣民”旗帜下整合境内百姓，促成了“国民（中华民族）”的形成与发展。

一　继承和发扬“大一统”思想与确立清朝的正统地位

长期以来，学界对清朝统治者继承和发扬中国传统的“大一统”思想缺乏深入细致的研究，而将其初期对中国传统“夷夏”观念的驳斥单纯地归结为为了确立其“正统性”，这种认识也影响到了客观认识清朝的“大一统”思想对于多民族国家形成与发展的重大意义。

如总章所述，以顺治、康熙、雍正和乾隆四位皇帝为首的清朝统治者在实现全国统一后，面对辽阔的国土和人数远超满洲的众多百姓，为了自己的“正统”地位得到认同，不仅没有否认自己的身份，反而光明正大地承认自己是源自于“夷狄”，并在继承和实践中国传统“大一统”思想的基础上谋求确立清朝的正统地位，一方面赋予了传统“大一统”思想新的内容，另一方面推动了多民族国家的定型。

清朝的建立者虽然最初以金王朝继承者的面貌出现，并通过联合东部蒙古各部，实现了对中华大地辽阔区域的有效治理，但其也有着清醒的认识，即中华正统地位并不是在实现了中华大地的“大一统”之后会自然得到承认的，同时也需要得到中华大地上诸多民族尤其是中原地区广大汉人群体的认同才能实现。为此，以雍正皇帝为首的清朝统治者也做了大量的努力，其中试图通过撰写《大义觉迷录》来阐述自己的认识，以消除传统的族群分界，进而巩固“满洲”的正统地位即是一个重大举措。

“春秋之义，内诸夏而外夷狄”[①] 是中国传统“大一统”思想的核心内容之一，而关于“夷狄”是否能够成为“中国正统”的问题，伴随着东晋时期来源于边疆族群所建政权入主中原曾经导致过多次大规模的争论。公元304年匈奴人刘渊伪托为汉朝刘氏后裔建立汉政权，308年建都平阳（今山西临汾西南），自称“皇帝”，开启了匈奴、鲜卑、羯、氐、羌进入中原建立政权争夺“中国正统”的历史，由此也引发了孰为中华、孰为“正统”的纷争。虽然有关“正统”争夺的浪潮在氐人苻坚建立的前秦发动一统东晋的淝水之战达到了高潮，而战争的失败和这段历史被称为“五胡乱华”，似乎标志着边疆族群争夺努力的失败。但实际情况并非完全如此，其后拓跋鲜卑人建立的北魏实现了中国北部的一统，而记载其历史的《魏书》则被后世列入正史系列，似乎代表着鲜卑人所建北魏的“正统”还是得到了一定程度的认同。后世对北魏的这种认同，得益于鲜卑人通过孝文帝改制对中国传统典章制度的继承与发展，后人将其视为“汉化”，而孝文帝改制带给北魏王朝的一系列变化在当时已经得到了南朝士人一定程度的认同。前述南梁大臣陈庆之在出使北魏都城洛阳后发出了“吾始以为大江以北皆戎狄之乡，比至洛阳，乃知衣冠人物尽在中原，非江东所及也，奈何轻之”的感叹即代表着这种认同的变化。面对隋唐王朝尤其是盛唐文明的出现，当今学界一般认为是历史发展对魏晋以来的南北分裂和“正统”之争给出的一个结果。但是，这种认识往往忽略了隋唐的“正统”是源自于鲜卑人建立北魏。从这一角度讲，隋唐时期的“中华”并非直接源自汉朝，而是已经混入了“五胡”改造的成

---

① 《晋书》卷56《江统传》。

分，称孝文帝改制为“汉化”，还不如称其为“华化”，更准确地说是在继承与发展秦汉“大一统”基础上对“中华”的进一步发展，而“胡”也可以成为“中国正统”即是继承与发展的重要的核心内容。

作为宋代思想家的石介专门撰文《中国论》为辽、宋谁为“中国”进行申论，代表着宋辽金时期有关“正统”的论争再次掀起高潮。而石介在《中国论》中所阐述的“夫天处乎上，地处乎下，居天地之中者曰中国，居天地之偏者曰四夷。四夷外也，中国内也”的认识，和晋人江统《徙戎论》所言“夫夷蛮戎狄，谓之四夷，九服之制，地在要荒。春秋之义，内诸夏而外夷狄”[①] 并没有本质区别，都是源自于先秦时期的夷夏观。不同的是，面对质疑和否认，建立辽朝的契丹人和建立金朝的女真人相对于建立“十六国”的“五胡”有了更多的自信，而继其后的蒙古人则将这种自信付诸实践建立了“大一统”的元朝，并抛弃“夷夏”划分的标准，直接将“天下”的人群分为蒙古、色目、汉人和南人四等，似乎不屑于再纠缠何为“正统”的问题。

明朝的建立者朱元璋重新拿起了“正统”的武器，且打着“驱逐胡虏，恢复中华”[②] 的旗号实现了推翻元王朝统治，所以先秦时期形成的以“夷夏有别”为主要特征的观念在明代不仅得到了继承，而且是肆意发展，为清朝“正统”地位的获得带来了更大困难。面对这种情况，清朝虽然在康熙时期顺利完成了“大一统”的建构，康熙皇帝曾云：“自古得天下之正莫如我朝。太祖、太宗初无取天下之心，尝兵及京城，诸大臣咸奏云当取。太宗皇帝曰：‘明与我国素非和好，今取之甚易，但念中国之主不忍取也。后流贼李自成攻破京城，崇祯自缢，臣民相率来迎，乃翦灭闯寇，入承

① 《晋书》卷56《江统传》。

② 《明太祖实录》卷26，吴元年十月。

大统。’”[①] 但清朝的“正统”地位并没有随着“大一统”的实现而完全树立起来，至雍正时期，以曾静等为代表的中原儒士依然以先秦时期夷夏观为理论基础，肆意宣传对满洲的歧视思想，导致这种质疑已经严重影响到了清朝的统治。不得已，以雍正皇帝为首的清朝统治者开始针对这些人的言论进行系统批判，代表性言论辑录在《大义觉迷录》中，《清世宗实录》卷86雍正七年九月癸未条也有大致相同的记载。

如前述，清朝统治者对传统“大一统”思想的扬弃主要体现在以下三个方面。

一是重新诠释“大一统”的要义并试图从中确立清朝的“正统”地位。清朝统治者继承了传统“大一统”观念的核心内容，并将“普天之下莫非王土，率土之滨莫非王臣”明确认定为乃“大一统之义”。[②]

二是通过《大清一统志》的编撰试图明确“大一统”天下的范围，将“大一统”理论付诸具体的实践活动。

三是在具体国家治理实践中屡屡强调“一体”，以消除传统的“华”“夷”之间界限，塑造“臣民”群体。而清朝统治者之所以有如此作为，完全是对传统“大一统”思想的弊端及其负面影响有了清晰的认识。就雍正皇帝对传统“大一统”思想的分析来看，其完全是针对先秦以来中国传统“大一统”理论的弊端展开，在首先承认满洲乃“东夷”的前提下为清朝“正统”的合法性进行了系统驳斥，尤其是将传统的“华夷中外”的界定定位为分布区域的划分并非对人群的认定，且将这种划分与“大一统”密切联系在一起，以论证清朝的“正统”。大致包括以下六个方面的内容。

其一，“有德者可为天下君”。雍正皇帝引用《书》所言“皇

---

① 《清圣祖实录》卷275，康熙五十六年十一月辛未。

② 《清高宗实录》卷81，雍正七年五月乙丑。

天无亲，惟德是辅”，认为有德者为君，生息繁衍的地点不应该是标准：“自古帝王之有天下，莫不由怀保万民，恩加四海。膺上天之眷命，协亿兆之欢心，用能统一寰区，垂庥奕世。盖生民之道，惟有德者可为天下君。此天下一家，万物一体，自古迄今，万世不易之常经，非寻常之类聚群分，乡曲疆域之私衷浅见所可妄为同异者也。”而“满洲”“肇基东土，列圣相承，保乂万邦，天心笃祐，德教宏敷，恩施遐畅，登生民于衽席，遍中外而尊亲者，百年于兹矣”，完全有资格成为“天下之主”，“此民心向背之至情，未闻亿兆之归心，有不论德而但择地之理”。

其二，清朝之所以能够实现“大一统”，是“仰承天命”，不能“以华夷而有殊视”：“我朝既仰承天命，为中外臣民之主，则所以蒙抚绥爱育者，何得以华夷而有殊视？而中外臣民，既共奉我朝以为君，则所以归诚效顺，尽臣民之道者，尤不得以华夷而有异心。此揆之天道，验之人理，海隅日出之乡，普天率土之众，莫不知大一统之在我朝。”

其三，否认“满洲”是族群的含义，而认为其是出生地域的意思，不能成为被否认的理由。中原儒士吕留良、曾静等“徒谓本朝以满洲之君，入为中国之主，妄生此疆彼界之私，遂故为诬谤诋讥之说耳。不知本朝之为满洲，犹中国之有籍贯。舜为东夷之人，文王为西夷之人，曾何损于圣德乎？诗言‘戎狄是膺，荆舒是惩’者，以其僭王猾夏，不知君臣之大义，故声其罪而惩艾之，非以其为戎狄而外之也。若以戎狄而言，则孔子周游，不当至楚，应昭王之聘。而秦穆之霸西戎，孔子删定之时，不应以其誓列于周书之后矣”。虽然有偷换概念之嫌，但从根源上进行了驳斥。

其四，华夷之别的说法适用于分裂时期，在已经实现了“大一统”的情况下则应该强调“华夷一家”：“盖从来华夷之说，乃在晋宋六朝偏安之时，彼此地丑德齐，莫能相尚。是以北人诋南为岛夷，南人指北为索虏。在当日之人，不务修德行仁，而徒事口舌相讥，已为至卑至陋之见。今逆贼等，于天下一统、华夷一家之时，而妄判中外，谬生忿戾，岂非逆天悖理，无父无君，蜂蚁不若之异类乎？”

其五，“华夷”“中外”的区分是历代疆域不能广大的原因：“自古中国一统之世，幅员不能广远，其中有不向化者，则斥之为夷狄。如三代以上之有苗、荆楚、玁狁，即今湖南、湖北、山西之地也。在今日而目为夷狄可乎？至于汉、唐、宋全盛之时，北狄、西戎，世为边患，从未能臣服而有其地，是以有此疆彼界之分。自我朝入主中土，君临天下，并蒙古，极边诸部落俱归版图。是中国之疆土，开拓广远，乃中国臣民之大幸，何得尚有华夷中外之分论哉！”

其六，强调继承传统，“我朝之为君，实尽父母斯民之道”：“从来为君上之道，当视民如赤子，为臣下之道，当奉君如父母。我朝之为君，实尽父母斯民之道，殚诚求保赤之心，而逆贼尚忍肆为讪谤，生疾怨而行其忤逆乎？……明太祖，即元之子民也。以纲常伦纪言之，岂能逃篡窃之罪。至于我朝之于明，则邻国耳。且明之天下，丧于流贼之手。……是我朝之有造于中国者，大矣至矣！……历代以来，如有元之混一区宇，有国百年，幅员极广，其政治规模，颇多美德，而后世称述者寥寥。”

在雍正皇帝长达3000字的大论中，上述几点可以说是句句切中传统夷夏观的要害，且其引用的也都是《书》及孔子的经典言论，尤其是将“中外华夷”定位为地域概念，进而反对以活动地域来否定清朝的“正统”地位的做法是对以往“华夷之辨”的一大发展。认为“本朝之为满洲，犹中国之有籍贯”，“汉、唐、宋全盛之时，北狄、西戎，世为边患，从未能臣服而有其地，是以有此疆彼界之分”，更是指出了阻碍中华大地族群融合乃至疆域广大的主要原因就是有地域和华夷的差别。[①] 而乾隆皇帝在其父上述所论的基础上更是把清朝直接定位为“中国”。此举在乾隆皇帝于三十二年（1767 年）严厉训斥永昌府知府的奏闻中多处将归附清朝写为“归汉”的批示中有明确体现：“且传谕外夷，立言亦自有体。乃其中有数应归汉一语，实属舛谬。夫对远人颂述朝廷，或称天朝，或称中国，乃一定之理。况我国家中外一统，即蛮荒亦无不知大清声教，何忽撰此归汉不经之语，妄行宣示，悖诞已极。”[②]

清朝统治者对“正统”地位的辩驳是立足于宋人欧阳修所谓“正者，所以正天下之不正也，统者，所以合天下之不一也”[③] 的观点之上的，只不过清朝统治者的批驳不仅仅表现在上述言论的争论上，更是将这些主张落实在具体的行动上，其中《大清一统志》的编撰即是对清朝“正统性”的具体展示。如果说康熙二十八年（1689 年）清朝和俄罗斯签订的《尼布楚条约》中，清朝已经具有代表“中国”的身份，那么“中国”的范围在乾隆五年（1740 年）乾隆皇帝于新修成的《大清一统志》御制序文中则已经有了明确的划定：“自京畿达于四裔，为省十有八，统府、州、县千六百有奇，外藩、属国五十有七，朝贡之国三十有一。”[④] 乾隆三十二年，传教士蒋友仁受清朝皇帝委派绘制的《坤舆全图》，其所体现的清朝疆域也明确将大清王朝的整个统治地区标明为“中国”。也正是在多方面的努力下，清朝的“正统”地位应该说是得到了确认，而以孙中山为首的革命党人从“驱除鞑虏，恢复中华”改为高举“五族共和”的大旗以及《清史稿》的编撰，也都可以视为这种认同出现的重要表现。

---

① 《清世宗实录》卷 74，雍正六年十月癸未。

② 《清高宗实录》卷 784，乾隆三十二年五月庚午。

③ 欧阳修：《居士集》卷 16《正统论》，《四部丛刊》本。

④ 《四库全书・史部・地理类・总志》之《大清一统志序》；另载《乾隆实录》卷 131，乾隆五年十一月甲午。

更重要的是，在中华大地上曾经出现过很多政权，在中华民国之前没有一个将国号定为“中国”，而清朝的这种做法不仅仅是为自己明确了应有的“正统”的政治地位，而且还赋予了“中国”一个全新的含义，即在指称范围上和中国传统的“天下”实现了重合，多民族国家疆域由传统的“有疆无界”向主权国家疆域的“有疆有界”转变，由之为“中国”一词成为多民族国家的简称奠定了牢固基础。

二　实现了由传统王朝国家向近现代主权国家的转型

和当今世界上的诸多大国不同，多民族国家中国不仅有着悠久的历史，而且生息繁衍在中华大地上的中华先民在历史长河中的交流、交往和交融过程中共同缔造了“共同的家园”——多民族国家中国的疆域。费孝通先生在《中华民族的多元一体格局》中对这一“家园”形成的地理范围有过如下描述：“中华民族的家园坐落在亚洲东部，西起帕米尔高原，东到太平洋西岸诸岛，北有广漠，东南是海，西南是山的这一片广阔的大陆上。这片大陆四周有自然屏障，内部有结构完整的体系，形成一个地理单元。这个地区在古代居民的概念里是人类得以生息的、唯一的一块土地，因而称之为天下，又以为四面环海所以称四海之内。”[①] 如第二章所述，这一“家园”的形成与发展，经历了“有疆无界”“有疆有界”到当今疆界底定的长期发展过程，其中清代是从“有疆无界”到“有疆有界”转变的关键时期，《清史稿·地理志》载其直接管辖的疆域：“东极三姓所属库页岛，西极新疆疏勒至于葱岭，北极外兴安岭，南极广东琼州之崖山，莫不稽颡内向，诚系本朝。于皇铄哉！汉、唐以

---

① 费孝通：《中华民族的多元一体格局》，《北京大学学报》（哲学社会科学版）1989年第4期。

来未之有也。”[1] 而正是清朝统治者的努力经营，多民族国家中国疆域实现了由传统王朝国家的“有疆无界”到近现代主权国家的“有疆有界”的变化。

在中国传统的“大一统”思想中，以“王（皇帝）”为核心的政治秩序所涵盖的范围被称之为“天下”，在清朝和俄罗斯签订《尼布楚条约》之前，尽管交替出现在中华大地上的众多政权也都有各自的疆界，但一方面因为谋求中华大地的“大一统”是这些政权的最高政治追求，相互间的疆界经常处在频繁的变动之中，另一方面最早出现在欧洲的主权国家理论尚未形成，世界范围内众多政权间的疆界都不具有近现代主权国家“国界”的性质，中华大地上各政权间的疆界更是如此。但是，这种状态在清代出现了一个很大变化，一方面通过 1648 年《威斯特伐利亚和约》的签订，欧洲出现了法国等有明确边界的主权国家，另一方面康熙时期随着平定“三藩之乱”“收复台湾”，清王朝的“大一统”局面初步确立，但却遇到了俄罗斯殖民势力的东扩，为了巩固“大一统”的成果同时也为了遏制俄罗斯的肆意扩张，康熙皇帝采取了具有里程碑式的划界行为，清朝和俄罗斯之间于是也就有了具有当今国际法意义的主权边界。

康熙二十八年（1689 年），清朝与俄罗斯订立了《尼布楚条约》，明确划定了中俄东段边界：

> 大清国遣大臣与鄂罗斯国议定边界之碑。一、将由北流入黑龙江之绰尔纳，即乌伦穆河、相近格尔必齐河为界。循此河上流不毛之地，有石大兴安以至于海。凡山南一带，流入黑龙江之溪河，尽属中国。山北一带之溪河尽属鄂罗斯。一、将流

---

① 《清史稿》卷 54《地理志一》。

入黑龙江之额尔古纳河为界，河之南岸属于中国，河之北岸属于鄂罗斯。其南岸之眉勒尔客河口所有鄂罗斯房舍迁移北岸。一、将雅克萨地方鄂罗斯所修之城尽行除毁，雅克萨所居鄂罗斯人民及诸物尽行撤往察汉汗之地。一、凡猎户人等断不许越界。如有一二小人擅自越界捕猎偷盗者，即行擒拏，送各地方该管官，照所犯轻重惩处。或十人，或十五人，相聚持械捕猎，杀人抢掠者，必奏闻，即行正法。不以小故沮坏大事。仍与中国和好，毋起争端。一、从前一切旧事不议外。中国所有鄂罗斯之人，鄂罗斯所有中国之人，仍留不必遣还。一、今既永相和好，以后一切行旅，有准令往来文票者，许其贸易不禁。一、和好会盟之后，有逃亡者，不许收留，即行送还。[①]

尽管《尼布楚条约》没有汉文本，但是在条约中“清朝”和“中国”的含义都具有指称多民族国家疆域范围的含义，该条约的满文、俄文、拉丁文本也都是如此。[②] 也正是这个原因，清朝通过《尼布楚条约》的签订让多民族国家中国的疆域从“有疆无界”的“天下”，进入了通过外交谈判订立边界条约的方式确定明确范围的“有疆有界”阶段，多民族国家中国疆域也由此从传统的王朝国家疆域演变为近现代主权国家性质的疆域。“中国”一词的含义，从最初的指称“京师”，经过秦汉时期的指称“郡县（中原）”，到清代开始有了指称多民族国家疆域的涵盖范围，与中国传统上指称“大一统”王朝理想范围的“天下”实现了重合，“中国”也由此在世界政治舞台上正式成为多民族国家的简称。据此，我们可以说，最迟到康熙二十八年（1689 年）《尼布楚条约》签订，清朝代

① 《清圣祖实录》卷 143，康熙二十八年十二月。

② 参见王铁崖编《中外旧约章汇编》第一册，生活·读书·新知三联书店 1957 年版，第 1—2 页。

表的“中国”已经成为一个多民族统一国家的称呼，这不仅得到了邻国的承认，而且清朝的疆域也开始由传统疆域（或称王朝疆域）向条约疆界（现代疆域）转变，疆域范围逐渐明晰，具有现在主权国家疆域的性质。

清朝带动多民族国家中国由传统王朝发展为近现代主权国家，康熙时期《尼布楚条约》的签订只是一个开端，而其后雍正和乾隆皇帝的接续努力，让清朝近现代主权国家的特征更加明显。《尼布楚条约》签订之后，雍正五年（1727 年）七月十五日，中国和俄国又签订了《布连斯奇界约》，双方通过国际条约的形式又确定了由沙毕纳依岭到额尔古纳河的边界。[①] 雍正五年九月初七日，清朝和俄国双方再签订《恰克图界约》，划定恰克图附近疆界。[②] 雍正五年九月初十日，清朝和俄国签订《阿巴哈依界约》：“按照布连斯奇条约为中、俄两国画定疆界事，由恰克图左段起线，直至额尔古讷河之最高处止。”二十四日，双方再签《色楞额界约》：“按照布连斯基（奇）条约为中、俄两国划定疆界事，由恰克图右段起线，直至沙宾达巴哈及廓恩塔什地方，至两国所设鄂博暨卡伦等。”[③] 乾隆三十三年（1768 年）九月十九日，清朝和俄国签订《修改恰克图界约第十条》，乾隆五十七年（1792 年）正月双方再签《恰克图市约》，进一步明确了双方的边界及其相关权利。[④]

与此同时，清朝和属国朝鲜、廓尔喀等之间的边界也有了明晰的趋势。康熙五十年（1711 年）、五十一年（1712 年），随着清朝派遣打牲乌拉总管穆克登两次前往长白山区踏查边界，两国长白山

① 《布连斯奇界约》，载王铁崖编《中外旧约章汇编》第一册，生活·读书·新知三联书店 1957 年版，第 5—6 页。

② 《恰克图界约》，载王铁崖编《中外旧约章汇编》第一册，第 7—8 页。

③ 《阿巴哈依界约》《色楞额界约》，载王铁崖编《中外旧约章汇编》第一册，第 14—26 页。

④ 《修改恰克图界约第十条》《恰克图市约》，载王铁崖编《中外旧约章汇编》第一册，第 27—29 页。

地区的边界走向也基本明晰，穆克登还在鸭绿江、图们江两江分水岭竖立“审视碑”作为查边定界的凭证：“大清乌喇总管穆克登奉旨查边，至此审视，西为鸭绿，东为土门，故于分水岭上勒石为记。康熙五十一年五月十五日。笔帖式苏尔昌，通官二哥，朝鲜军官李义复、赵台相，差使官许梁、朴道常，通官金应瀗、金庆门。”[①] 而朝鲜国王于当年十一月向清廷进《谢定界表》，将此事奉为“克正边疆”之举。[②]

乾隆五十六年（1791 年），清朝派福康安入藏，组织抗击廓尔喀（尼泊尔）的侵扰，顺利击退了廓尔喀。翌年九月，福康安受命相继与廓尔喀、哲孟雄（锡金）等划定了边界。[③]

通过康熙、雍正、乾隆三个皇帝的上述一系列行动，清朝开始向我们现在所认为的一个近现代意义上的主权国家转变，主要表现即是边界[④]逐渐清晰，疆域也由传统疆域（或称王朝疆域）向近现代疆域（或称条约疆域）转变，中华民族的“共同的家园”具有了现代主权国家的性质。遗憾的是，1840 年爆发的鸦片战争，以英、法等为首的欧洲殖民势力通过坚船利炮中断了中国疆域的这种自然形成过程，中国疆域由传统疆域（没有明确边界的“天下”）向近现代疆域（有以界碑为标志的边界线）的转变过程并没有彻底完成。不仅中国和一些传统的藩属国之间的国界尚未明确划定，和其他邻国的边界更没有明确。也就是在这种情况下，中国疆域开始遭到殖民势力的蚕食鲸吞，不仅传统的藩属区域（诸如朝鲜、越南、缅甸等）沦为了日本和英法殖民势力的殖民地，脱离了中国疆域的形成轨道，传统的属国和中国的关系也发展为近现代意义上的

---

① 刘建封：《长白山江岗志略》，吉林文史出版社 1987 年版，第 74 页。

② 《同文汇考原编》卷 48《疆界》，台湾圭庭出版社 1978 年版。

③ 参见吕一燃主编《中国近代边界史》，四川人民出版社 2007 年版，第 678 页。

④ 之前中国疆域的内部边界清晰，诸如游牧和农业区之间的界限明确，而外部边界（国界）即使有也多属于传统的习惯线，没有条约的保证。

国际关系，甚至已经有条约保证的大片领土（主要是北部边疆）也通过一系列不平等条约的签订纷纷落入俄罗斯之手。因此，将1840年鸦片战争的爆发作为中国疆域最终形成的标志是恰当的，因为从康熙二十八年（1689年）《尼布楚条约》的签订到1840年鸦片战争爆发，这一时期中国疆域和以前一样还是处于一个自然凝聚的发展过程。也就是说，尽管近现代主权国家的理论不是形成于东亚地区，但是清朝自康熙皇帝开始已经有了构建近现代主权意义上多民族国家的实践，当然"中国"成为一个主权国家的名称，既是中华民族长期为之奋斗的结果，同时也是古代中国疆域进入最后形成阶段的标志，1840年鸦片战争的爆发则标志着形成阶段的结束。[①] 遗憾的是，随着1840年鸦片战争的爆发，由英、法、俄等为首的殖民势力进入东亚建立殖民体系，清朝的辽阔疆域陷入了被蚕食鲸吞的境地，而当今960万平方公里领土是中华民族在中国共产党的领导下通过建立中华人民共和国而最终确立的。

三　追求"一体化"是清朝统治者国家治理的最终目标

清朝在实现了中华大地的"大一统"之后，吸纳和总结前代经验，在巩固和维护国家统一方面做了很多努力，其中追求国家治理体系的"一体化"是一个突出的特点。

如前所述，清朝统治者不避讳自己的"东夷"出身，且高举儒家传统的"有德者居之"的旗帜，在为清朝的"正统性"论争的同时，在总结前代的基础上也明确完善了自己的"大一统"思想，其中一项重要内容就是突破了传统"中国"和"华夷"概念的指称含义，其"天下"已经拓展为包含"中外"的"天下"，视野更为

---

① 关于古代中国疆域形成的最后期限，学界尚有许多不同的认识，考虑到鸦片战争爆发之前古代中国的疆域一直处于一个没有外来势力介入的自然发展状态，笔者将最后形成时期确定为鸦片战争爆发的1840年。参见李大龙《试论中国疆域形成和发展的分期与特点》，《中国边疆史地研究》2011年第3期。

宏大，且更重要的是清朝统治者将这种观念由一种理想逐渐贯穿到现实中用于构建以清朝皇帝为核心的“大一统”王朝政治秩序的具体实践，并在管理体制、法律制度、文化建设等诸多方面努力实践着国家治理体系的“一体化”。

在《清实录》等清代文献中经常可以见到清朝统治者对历朝各代国家治理经验的分析，可以说清朝统治者吸纳了历朝各代在国家治理尤其是边疆治理方面的经验与教训。既有对前代治理思想和治理方式的继承，也有进一步的发展，而追求“一体化”则是一个突出的表现。从国家治理体系而言，“恩威并施”和“因俗而治”大体上可以体现清朝统治体系和统治政策的总方针，而无论是针对中原农耕族群设置的省、府、州、县的管辖方式，还是北部草原地区的盟旗制度、东北地区与西北地区的军政和军府制度，以及南部地区的土司制度，都将“因俗而治”的特点表露无遗。但是，需要强调的是，清朝将盟旗制度实行于草原地区的蒙古部落本身就是对前代“统而不治”治理方式的一大进步，同时清朝针对不同族群确立的不同的管理方式和各有特点的政策中，也体现着“一体化”的努力，突出表现在以下三个方面。

第一，放弃分隔农耕和牧业区域的长城防御体系，明确提出利用蒙古力量巩固统一，这是一个创举，不仅有助于疆域整合，更有助于农耕和游牧两大群体的交融。

如何处理游牧势力对农耕区域的侵扰一直是历代中原王朝国家治理中难以彻底解决的大问题。秦朝实现“大一统”后将战国时期修筑的长城连接起来并驻兵戍守，奠定了以后历朝各代北疆以“守”为主要治理方式的基础。唐朝在汉代基础上实现更大范围的“大一统”后，将草原地区的游牧部落编为羁縻府州纳入都护府体制下进行管理，较前代是一个巨大突破，但维持的时间也只是在唐太宗和唐高宗时期数十年而已。明代朱元璋虽然推翻了元朝统治，但受国力所限，其疆域未能涵盖辽阔的草原地区，为防范蒙古势力的侵扰，长城防御体系得到强化，成为明代国家治理体系的重要一环。众所周知，努尔哈赤、皇太极是通过联姻的方式实现了和东部蒙古的联合，此举为清朝的崛起奠定了坚实基础，但入关实现中华大地的“大一统”之后，如何利用和防范蒙古依然是清朝统治者要应对的首要任务。如第三章前述，在总结前代经略经验的基础上，清朝开创性地在漠南蒙古、漠北蒙古、漠西蒙古（包括青海蒙古）地区实行盟旗制度，在将游牧部落固定在一定区域的同时，也有效地实现了防止游牧族群重新凝聚成为强大势力的作用，更有助于“大一统”国家的稳定与发展。在清朝统治者的思想中，既然没有了“中外华夷”的界限，而且草原地区的蒙古也成为国家统一的维护者，分隔游牧和农耕的长城防御线对清朝的国家统治而言自然没有了利用价值，于是我们在史书记载中就看到了在有大臣建言康熙皇帝修缮长城的时候，康熙皇帝说了如下一段话：“谕扈从诸臣曰：昔秦兴土石之工，修筑长城，我朝施恩于喀尔喀，使之防备朔方，较长城更为坚固。”[①] 放弃长城防御体系对于古代中国的边疆治理而言是一个伟大的革命，一方面人为设置的阻碍中原农耕地区和边疆草原地区融为“一体”长达两千年的长城防御体系终于结束了它的历史使命，长城内外不仅在政治地理上加速了“一体化”进程，而且在客观上也消除了游牧族群与农耕族群出现争斗的诱因，为双方的正常交流、交往与交融提供了前提，而在清朝统治者屡屡强调“一体”的政治语境下，也有助于多民族国家的稳定和发展。

第二，实施“改土归流”，加速南部地区的“一体化”进程，国家治理能力和治理体系向社会基层延伸，更加有利于多民族国家的稳定和发展。

---

① 《清太宗实录》卷151，康熙三十年四月。

虽然早在秦汉时期就将郡县管理体制推到了东到朝鲜半岛北部，北到河套地区，西到河西走廊西部，南到今越南中部的辽阔地区，但秦汉王朝在对中原和边疆的管理上还是存在较大差异。一方面代表国家的王朝势力难以深入到辽阔的边疆地区，治理方式更多的体现出“羁縻”的特点，另一方面内地和边疆管理方式的划一也需要有一个长期的发展过程。在南部地区实施土司制度流行于元代，明朝承袭，但《明史·土司传》的作者是将土司制度的源头追溯到了秦汉时期：“西南诸蛮，有虞氏之苗，商之鬼方，西汉之夜郎、靡莫、邛、莋、僰、爨之属皆是也。自巴、夔以东及湖、湘、岭峤，盘踞数千里，种类殊别。历代以来，自相君长。原其为王朝役使，自周武王时孟津大会，而庸、蜀、羌、髳、微、卢、彭、濮诸蛮皆与焉。及楚庄蹻王滇，而秦开五尺道，置吏，沿及汉武，置都尉县属，仍令自保，此即土官、土吏之所始欤。迨有明踵元故事，大为恢拓，分别司郡州县，额以赋役，听我驱调，而法始备矣。然其道在于羁縻。”可证，如果溯源的话，土司制度则直接源自于秦汉时期，是汉代郡县在西南地区实施的产物。土司制度的显著特点是土司的封授权属于王朝中央，而对地方的管理则归属于土司。就具体实施情况而言，元代以来边疆地区广泛推行的土司制度虽然顺应了当时边疆稳定的需要，避免了边疆地区出现势力较大的政权，但毕竟还带有浓重的“羁縻”色彩，土司独据一方也成为中央政令在边疆民族地区彻底贯彻的障碍，因此在明代虽然依然沿用土司制度，但“改土归流”也已经成为边疆政策改革的一项重要内容，清朝实现“大一统”后延续了明朝的这一重大举措，自雍正皇帝开始，“改土归流”成为清朝巩固和维护国家统一的一个重要政策。

清朝统治者虽然还高举“因俗而治”的旗帜，但在具体治理政策上则彻底否定了传统的“羁縻而治”思想，代之以“天下一家，满汉官民，皆朕臣子”[①]，尤其是对南部地区的治理，自雍正皇帝开始即希望通过“改土归流”等政策的推行，让国家治理能力在边疆地区的管理中更加具体而深入。如前述，随着“改土归流”政策在边疆地区的广泛推行，清朝对南部边疆的管理体系由之变得更为深入、具体，一方面加速了边疆地区治理方式的内地化趋势，另一方面也为边疆、内地的“一体化”提供了制度保障。正如有学者所指出的那样：“对封建统治来说，当初设置土司是求得在全国发展不平衡的西南少数民族地区实行间接统治，而改土归流则意在取代土司，进一步实现对这一地区的直接统治。雍正朝的改土归流即突出地表明了这一根本目的。”[②] 实际上，也可以从国家转型的视角来理解清朝的“改土归流”。康熙和雍正时期的清朝也面临着一系列的转型：在多民族国家疆域层面存在着由传统王朝国家向近现代主权国家的转变；在国家统治者属性的层面存在着由“夷狄”王朝向“中国”王朝的转换；而最高统治者皇帝个人层面则存在着由“夷狄”统治者身份向“大一统”王朝皇帝身份的转换等。在这种情况下，康熙和雍正两位皇帝应该说迫切需要确立自己的核心地位，使“普天率土之众，莫不知大一统之在我朝。悉子悉臣，罔敢越志者也”[③]，改变阻碍中央政令畅通的土司制度也由之成了必然的选择。清朝大规模的“改土归流”，客观上推动了秦始皇时期实施郡县管理体系时就已经开始的南部地区的“一体化”进程，王朝国家势力向基层延展，对于巩固和维护国家统一起着十分重要的推动作用。

第三，完善法律制度建设，将国家对边疆的治理纳入法制化轨道，实现边疆治理的“一体化”。

---

① 《清世祖实录》卷40，顺治五年八月。

② 李世愉：《清代土司制度论考》，中国社会科学出版社1998年版，第42—50页。

③ 《清世宗实录》卷86，雍正七年九月癸未。

在历朝各代中，没有哪一个王朝像清朝这么注重国家法律制度建设，尤其是在边疆地区治理过程中，先后出台了一系列法律。

清朝统治者虽然高举"因俗而治"的大旗，但为了巩固和维护国家统一，在前代基础上先后制定了《大清律例》《理藩院则例》《蒙古律例》《番例条款》《回疆则例》《西宁青海番夷成例》《酌定西藏善后章程十三条》《钦定西藏章程》等诸多法律，这是对中国传统治边思想和实践的又一大突破。从表面上看，有关边疆地区的法律制度建设体现了"因俗而治"的指导思想，但有关《大清律例》相关法律思想和条文在《蒙古律例》等边疆法律中的贯彻，和具体案例审判中适用原则的选择，依然体现着清朝统治者"一体化"的努力。实际上，早在努尔哈赤时期清朝统治者就已经有了将边疆其他部族纳入"国法"的意图。天命七年（1622 年）二月十六日，努尔哈赤赐宴蒙古科尔沁王公时说："吾国之风俗，主忠信，持法度，贤能者举之不遗，横逆者惩之不贷，无盗贼诈伪，无凶顽暴乱，是以道不拾遗，拾物必还其主，皇天所以眷顾，盖因吾国风俗如此。尔蒙古人持素珠念佛，而盗贼欺伪之行不息，是以上天不祐，使汝诸贝勒之心变乱为害，而殃及于国矣。今既归我，俱有来降之功，有才德者固优待之，无才能者亦抚育之，切毋萌不善之念，若旧恶不悛，即以国法治之。"① 天聪三年（1629 年）正月辛未，"上（皇太极）颁敕谕于科尔沁、敖汉、奈曼、喀尔喀、喀喇沁五部落，令悉遵我朝制度"②。

实现"大一统"后，通过法律的形式将《大清律例》和《理藩院则例》贯彻到《蒙古律例》等边疆法律制度中是清朝统治者一直坚持的原则。以康熙六年（1667 年）《蒙古律例》为例，第一条虽然是礼仪方面的规定，但充分体现了清朝和蒙古各部的关系：

---

① 《满洲实录》卷 7，天命七年二月。

② 《清太宗实录》卷 5，天聪三年正月辛未。

第一条“外蒙古扎萨克王、诺颜等当大典会盟审事，若派大臣，则持钤有玉玺之敕谕前往。至其国界，该境之民询问前往之大臣职名、情由，先急往告各自所属王、诺颜等。本国之王、诺颜至五里路程之地往迎。同众下马，在右边站立，俟敕谕过，骑马自后赶至。钦差大臣列于左，迎接之王、诺颜等列于右，敕谕在前。抵家之后，设香案，前往之大臣，将敕谕置于案上，左立右向。该王、诺颜等一跪三叩，跪候，前往之大臣将敕谕自案捧下，交与宣读之笔帖式，宣读之笔帖式立读。已毕，前往之大臣将敕谕置案上，王、诺颜等再行一跪三叩礼。前往之大臣将敕谕自案捧下，递与王、诺颜等，王、诺颜等两手跪接，交属下之人，行一跪三叩。拜毕，交收掌敕谕之人，王、诺颜等与前往之大臣彼此两跪两叩，安置中位，前往之大臣坐于左，王、诺颜等坐于右”，第二条“外蒙古之人等，倘为在彼未结案件而来，先不得擅自奏上，具文案件情由，告于理藩院”①，则明确了理藩院是管理蒙古各部的主要机构。

对边疆治理“一体化”的意图则主要表现为清朝统治者逐步将《大清律例》的原则贯穿到具体案例的审判中，试图从法律制度上达到边疆与内地的划一，乾隆时期对有关回疆案件的处理就十分明显。乾隆二十四年（1759 年），清朝平定大小和卓之乱，“各部归一”，“今为我属，凡事皆归我律更章”②。《清高宗实录》卷 608、648 前后两次记载了乾隆皇帝对回疆案件的处理意见，其中都有“非可尽以内地之法治也”一语，似乎表现了“修其教不易其俗，齐其政不易其宜”的传统治边精神，但同书卷 646 记载的一个案例则可以如实反映乾隆皇帝的真实想法。乾隆二十六年（1761 年）十月癸酉，“谕运机大臣等、永贵等奏，照管屯田回人伊斯拉木，

① 中国第一历史档案馆：《康熙六年〈蒙古律书〉》，《历史档案》2002 年第 4 期。

② 《西域地理图说》卷 2《官职制度》，阮明道等整理本，延边大学出版社 1992 年版，第 62 页。

因回人台因和卓之妻，辱詈起衅，刺杀台因和卓，并伤及其妻与弟，不应引照回经出财抵罪，应依斗杀律拟绞等语。伊斯拉木，以兵刃斗殴，致有杀伤，按律拟绞，情罪允当。但据奏称，伊从前随副将军富德，在阿喇巴捉生，始知将军兆惠等坚守信息，曾赏给翎顶。而回经，又有死者之家如愿受普尔一千腾格，免其抵偿等语。著询问死者亲属，情愿与否，如不愿受财，仍将伊斯拉木论抵。此案特因伊斯拉木稍有劳绩，是以格外加恩，否则按律定拟，断不姑宽，仍晓示回众知之"①。对于伊斯拉木的处理，是按照《大清律例》还是按照伊斯兰教法（回经）体现了不同的认知，虽然乾隆皇帝最终同意可以"格外加恩"，但指出需要"晓示回众知之"。据此，"非可尽以内地之法治也"的意思似乎可以理解为尽可能"以内地之法治"，因此乾隆皇帝通过法律制度追求"一体化"的意图还是表露无遗。

对于清朝的文教政策，有学者归纳为"本以武事起家却偃武修文，历经顺治、康熙、雍正、乾隆四朝皇帝可以经营提倡，以传心殿经筵日讲为皇家崇重历代文教道统之圭臬，以祀孔大典推行全国为普及儒学圣教之传承"②，虽然准确但并不全面。实际上，将儒释道融为一体，打造清代"大一统"的中华文化也是清朝统治者巩固和维护统一的重要举措。"国语骑射"虽然在清朝初期被视为清朝的立国根本，但处于统治的需要和身处汉字汉语文化圈之中的现实，以汉文化为主体将境内不同文化整合为一体是清朝统治者不得已的必然选择。清朝在文化建设方面实施的诸多政策和措施，对此第四章已经有系统概述，清朝依托儒家文化而确立并不断完善的科举制度和教育体系，自然体现出清朝统治者对汉文化的接纳，而残留至今的众多集儒释道乃至关公等文化元素为一体，散布在中华大

---

① 《清高宗实录》卷646，乾隆二十六年十月癸酉。

② 王尔敏：《近代论域探索》，中华书局2014年版，第19页。

地上的众多文化和宗教场所则是清朝对境内不同文化整合的具体体现，遗憾的是“民族国家”观念传入中国之后，清朝整合的这一结果又被分别打上了不同民族的标签，一定程度上瓦解了清朝统治者对文化整合的努力。

四　在“臣民”的框架下整合境内百姓

如前所述，清朝统治者对自己和中华大地上分布的不同族群有着清楚的认识，同时也对传统的“中外华夷”观念的存在及其对多民族国家的巩固与发展具有的制约作用有着不同以往的深刻认识，将其和疆域是否广远视为因果关系。正因为如此，与清朝实现“大一统”以及疆域明晰几乎同步的是清朝对境内百姓“臣民”（国民）身份的明确，而“臣民”（国民）界限确定的标志，除了确立对中原农耕族群的统治体系之外，还有一个更为明显的标志，即普遍存在于汉文典籍中的“薙发令”以及服饰。在中国的传统意识中划分“中国戎夷五方之民”的重要标志和依据即包括了“衣冠”，而清朝统治者的这种做法，让人不禁想到南梁大臣陈庆之认同鲜卑人所建北魏是中华代表时所言“衣冠人物尽在中原”，虽然不知道清朝统治者如此做的目的是否有谋求得到认同的意图，但此举却是清朝“臣民”塑造的一个突出外在标志，尤其是对于中原地区的汉人而言更是如此。

关于清朝实施的“薙发令”，由于在强制推行过程中导致了大量国人被屠杀，其执行过程中充满着杀戮，一直是国内学界否定清朝“正统性”的主要证据之一。冯尔康先生《清初的剃发与易衣冠——兼论民族关系史研究内容》是改革开放之后较早对此进行阐述的专论，指出：“衣冠、发式制度和习俗，既然是民族关系的一个内容，那么民族关系史的研究，也需要把它当作一项内容加以说明，即在民族关系史研究中要注意到民族的衣冠、发式在民族交往中起的作用，它是加剧了还是缩小了民族分裂，它是促进了还是阻碍了我国多民族国家的统一、巩固，是促进了还是阻碍了生产力和社会经济的发展。研究民族关系史，不注意民族习俗的影响，是很难把它搞清楚的。过往的民族关系史研究，在民族战争及其危害、少数民族汉化政策、民族矛盾在社会诸矛盾中的地位等方面是很有成绩的。对民族风习在民族关系史研究中的地位，虽也不无注意，但认识不足。各少数民族统治北方或全国时，它们的服制、发式政策，汉族对少数民族的相关政策，均未见专论，人们对清朝推行剃发易衣冠一事倒是比较重视的，但亦未有令人满意的说明。而且在论及此事时，多从少数民族统治残暴、汉人受害的角度着眼，没有能揭示推行那项政策的历史必然性和它的全部后果。"[①] 遗憾的是，尽管已经有了如此明确的认识，但冯先生在该文中却并没有对清朝初期的"薙发令"做出进一步评价。

"薙发令"的推行由于曾经导致族群之间的激烈对立而被与易服、圈地、投充和逃人牵连一起列为清朝初期的五大弊政。应该说，衣冠文化并非简单的穿衣戴帽，是中华文化"正统"的外在表示，所以"薙发令"在强制推行的过程中遭到了中原百姓的强烈反对是在情理之中的，而由此带来的八旗军队对反对者的大肆杀戮也是不争的事实，给予彻底否定也是应有的正确做法，以往的论著对此也多有详略不同的阐述，毋庸赘言。但是，强烈谴责清朝统治者在推行"薙发令"过程中所展现的残暴行为的同时，也应该注意的是清朝统治者在入关初期制定和推行"薙发令"的目的。实际上，"薙发令"并非在清军入关后才有，努尔哈赤时期就制定并一直在推行这一政策。在《满洲实录》卷 7 天命六年（1621 年）三月条

① 冯尔康：《清初的剃发与易衣冠——兼论民族关系史研究内容》，《史学集刊》1985 年第 2 期。

中有“其余官民皆薙发降”；“大小七十余城官民俱薙发降”；“今辽东官民已薙发归降”等多处“薙发降”的记载，表明在努尔哈赤时期“薙发”就已经成为加入后金的主要的外在标志。而另据《清世祖实录》卷17顺治二年（1645年）六月丙寅条载：“谕礼部曰：向来薙发之制，不即令画一，姑听自便者，欲俟天下大定，始行此制耳。今中外一家，君犹父也，民犹子也，父子一体岂可违异。若不画一，终属二心，不几为异国之人乎，此事无俟。朕言想天下臣民亦必自知也。自今布告之后，京城内外限旬日，直隶各省地方，自部文到日亦限旬日，尽令薙发。遵依者，为我国之民。迟疑者，同逆命之寇，必置重罪。若规避惜发，巧辞争辨，决不轻贷。该地方文武各官，皆当严行察验。若有复为此事渎进章奏，欲将朕已定地方人民，仍存明制，不随本朝制度者，杀无赦。其衣帽装束，许从容更易，悉从本朝制度，不得违异。该部即行傅谕京城内外，并直隶各省、府、州、县、卫、所、城堡等处。俾文武衙门官吏、师生一应军民人等，一体遵行。”如果说从《满洲实录》卷7的记载中我们尚难以全面认识“薙发”的意义，那么在顺治皇帝给礼部的指令中已经再清楚不过地表明了“薙发之制”推广的目的已经不是简单的表示“降服”，其初衷所谓“遵依者，为我国之民”已经明确地说出了“薙发令”推广的目的是整合境内族群，使之成为“我国之民”的外在符号。

在要求执行“薙发令”的同时，顺治皇帝也要求统一“衣冠”。《清世祖实录》卷19顺治二年七月戊午：“谕礼部。官民既已薙发，衣冠皆宜遵本朝之制，从前原欲即令改易，恐物价腾贵，一时措置维艰，故缓至今日。近见京城内外军民，衣冠遵满式者甚少，仍著旧时巾帽者甚多，甚非一道同风之义。尔部即行文顺天府五城御史晓示，禁止官吏纵容者访出并坐，仍通行各该抚按转行所属，一体遵行。”同书卷72顺治十年二月丙寅：“谕礼部。一代冠服，自有一代之制。本朝定制久已颁行，近见汉官人等冠服体式以及袖口宽长，多不遵制。夫满洲冠服，岂难仿效。汉人狃于习尚，因而惉懘，以后务照满式、不许异同。如仍有参差不合定式者，以违制定罪。”由这些记载可以看出，用“满洲冠服”统一境内百姓衣冠的目的和“薙发令”的制定目的一样，也是为了对境内族群的整合。

利用薙发、衣冠来实现对境内族群的整合既是综合了中国历代王朝的传统做法，更是借鉴了朱元璋在推翻元王朝统治后所采取的“胡服、胡语、胡姓一切禁止”，“百有余年胡俗悉复中国之旧矣”[①]的经验。但是，这种做法因为和很多族群尤其是中原地区汉人的文化传统相对立，在清朝实现“大一统”过程中导致了严重的族群冲突，所谓“留身不留发，留发不留身”即充分反映了冲突的激烈程度。清朝在实现了中华大地的“大一统”后，经过血与火的洗礼，“满洲冠服”和“薙发”最终还是成为清朝“臣民”突出的外在特征。

值得特别指出的是，这种整合表面上虽然具有强制认同“满洲”的特点，而长期实施的实际结果却是为境内不同族群之间的交融提供了可能，甚至作为清朝核心族群的满洲也在这种交融中丧失了对自己传统语言文字的使用，几乎在这种整合中失去了“自我”，而逐渐与汉人在文化习俗上日趋接近。也就是说，尽管清朝统治者试图以满洲的文化特点整合境内百姓，但中华传统也在改变着满洲人，而呈现的最终结果则是满洲与汉人的交融。从清代的族群关系看，族群之间的交融是缓慢的，但“薙发令”和统一“衣冠”政策的推行，不仅对于清朝明确辖境内族群的“臣民”身份起到了重要作用，而且也为将这些族群整合为“国民”提供了前提，随着清

---

① 《明太祖实录》卷30，洪武二年二月壬子。

朝由王朝国家向近现代主权国家的转型以及在列强侵逼下出现的“中华民族”称号，一定程度上是“臣民”即将转化为“国民”的标志。

总而言之，清代是多民族国家中国最终定型的关键时期，而清朝对中国传统“大一统”思想的扬弃、疆域的拓展和向主权国家的转变、“臣民”的塑造和中华文化的整合等，对于多民族国家中国的形成与发展、中华民族的形成与发展，中华文化的形成与发展具有非同一般的重要意义。清朝统治者虽然出身于“东夷”，但却在继承中国传统“大一统”思想的基础上将其发扬光大并付诸构建“大一统”王朝国家的实践，开创性地扬弃传统的“中外华夷”观念，实现了“大一统”王朝国家疆域的巩固与发展，并通过和邻国俄罗斯签订《尼布楚条约》将王朝国家疆域带入了主权国界行列，生息繁衍在中华大地上的中华民族的共同家园得以底定。值得说明的是，虽然共同家园的缔造是中华大地上所有族群共同努力的结果，但清朝集历朝各代之大成，其底定之功功不可没，值得给予高度评价，而清朝统治者在国家治理体系建构、“臣民”整合、文化塑造等诸多方面为了巩固和维护“大一统”而做出的诸多努力，更是为中原与边疆融为一体、中华民族的形成与发展、中华文化的形成与发展奠定了牢固基础。

第二节　清朝边疆经略的教训

清代国家统一经历了实现、巩固和稳定三个不同阶段，尽管每个阶段都面临着来自不同方面的制约因素和分裂的威胁，但这些因素和威胁以 1840 年为界呈现前后不同的两个来源方向，构成制约和威胁的程度也差异很大。1840 年以前，对清代国家统一构成影响的制约因素和分裂威胁主要来自于中华大地内部，基本可以看作是历代王朝争夺“正统”的延续，而清朝依靠八旗铁骑和红夷大炮的有效配合应对起来尚属于得心应手，占据明显的上风。1840 年，随着鸦片战争的爆发，西方殖民势力进入东亚争夺殖民地的行动迈向高潮，清朝的国力在近代工业革命映照下呈现极度衰弱的状态，而辽阔的边疆地区则迎来了来自于东亚域外势力史无前例的威胁。虽然之前在与俄罗斯的东扩碰撞后通过 1689 年签订《尼布楚条约》实现了国家疆域由传统王朝国家的“有疆无界”向主权国家的“有疆有界”转变，但清朝统治者沉迷于自己强大的光环中，并没有做好迎接更多外部势力尤其是域外势力挑战的准备，清朝的边疆经略在血与火的考验下则显得疲于应付。其结果则是，尽管清朝试图通过推广“新政”来改变应对这些危机的方式，保证了内蒙古、新疆、西藏等依然是清代“大一统”国家的重要组成部分，但却未能保全强盛时期 1300 万平方公里的陆地疆域，众多属国的脱离、诸多不平等条约的签订和大片领土被割占等即是突出表现。

关于清朝对边疆的经略得失，前文从第五章开始以东北、北疆、新疆、西藏、台湾、土司地区及海疆等为题分别做了系统的分析和总结，有助于我们对清朝针对不同地区而采取的经略政策及其得失有一个概要的了解和认识。对不同地区的经略虽然各有不同的特点，但都是国家治理的重要组成部分，体现着清朝统治者“大一统”国家治理的原则，其经略得失在具有个性特征的同时也有共性特点。鉴于前面有关各章都有对经略得失的评述，以下主要从宏观角度对清朝对不同边疆地区经略教训中的共性问题进行总结分析，主要体现在治理观念、开发滞后和治理能力弱化三个方面。

一 传统治边思想的固守难以适应边疆形势的变化

中国是一个传统以农业和牧业为主的陆地国家，民国时期的胡焕庸依据人口分布，以瑷珲（今黑河）和腾冲为两极，将中华大地划分为东西两部分，东部以农耕人口为主，西部则以牧业人口为主。众所周知，自战国时期出现的长城人为地将中华大地上的人群分布划为了南部地区的农耕城国和北部草原地带的游牧行国，而民国时期东农西牧的人口分布则是长期演变尤其是长城防御体系弱化后的结果。因此，在传统的治国和治边观念中，处理农耕和游牧两大群体之间的关系是一个一以贯之的话题，历代王朝为了处理和协调农耕与牧业两大群体之间的关系，在长期的实践中积累了大量的经验，既强调维护“大一统”政治体系的有效运行，同时面对不同的边疆形势也主张“守在四夷”“因俗而治”等变通治理方式，但基本上还是将两大群体分开进行治理，契丹人建立的辽朝采取“官分南、北，以国制治契丹，以汉制待汉人”[①] 即是典型代表。蒙古人建立的元朝按照降服蒙元王朝的先后顺序将境内百姓划分为蒙古、色目、汉人和南人待之以不同政策，对传统的“华夷”是一个突破，而清朝实现中华大地的“大一统”后，其“大一统”思想在元明等王朝基础上更是突破了“中外华夷”的限制并在具体实践中总结前代经验有所发展和革新，但关注点依然是在农耕和游牧两大群体的治理上，传统的重陆轻海治边观念得到了完整的继承。而在这种观念影响下巩固和维护国家“大一统”的治国和治边方略在1840年后已经难以应对西方殖民者给中国边疆乃至国家安全带来的严重危机。

清朝虽然崛起于中国的东北边疆，今天也有学者冠之以“森林帝国”或“渔猎”民族的帽子，但都无法否认满洲所建后金及清朝初期所具有的游牧王朝特性，因为“骑射”乃其立国之本，而通过联姻将蒙古人也拉入统治体系更凸显了这一特性。但是，如前所述，清朝统治者并不避讳其“东夷”身份，而是积极主动学习中原

---

① 《辽史》卷45《百官志一》，中华书局1974年版。

儒家文化，虽然初期具有游牧政权的特点，但积极吸纳历代王朝构架治理和边疆经略的经验与教训，兼备了农耕和游牧两大群体所建王朝的共有优势。不过，虽然清朝抛弃传统的“中外华夷”之分观念，试图打造“一体化”的王朝国家，且在统一和统治台湾的过程中有了经营海上岛屿的经验，但依然沉迷于开疆拓土的伟绩上，将国家治理的重点放在陆地边疆方面。如第三章所述，1840 年之前，由于没有来自东亚域外势力的直接威胁，清朝在实现“大一统”王朝的构建之后，通过行省制度完善了对中原腹心地区的有效治理，以盟旗制度将蒙古各部置于王朝的有效管辖之下，在东北、新疆、西藏等地区则以将军、驻扎大臣等军府制度实施镇抚为特征的管理方式，其外层则分布着和清朝保持藩属关系的属国。应该说，清朝实现中华大地的“大一统”后，为了巩固和维护“大一统”王朝国家的稳定和发展，在继承以“皇帝”为核心的政治秩序这一传统的“大一统”思想的核心内容基础上，构建起的由内地 18 省—将军和驻扎大臣管辖的藩部—属国三层不同管理体系构成的以清朝皇帝为核心的天下体系[①]，将中国传统的“大一统”思想发挥到了极致，清代中国陆地疆域能够达到 1300 万平方公里的极盛是其外在表现。

进入 19 世纪后，随着西方殖民势力的到来，清朝所面临的内外环境都发生了极大变化，清朝不仅要应对来自内部矛盾激化而不断出现的起事，同时也要面对域外殖民势力扩张给传统的藩属国乃至藩部地区带来的持续威胁。如果说此前康熙、雍正和乾隆时期清朝应对俄罗斯的扩张虽然被动但还属于有一定章法的话，那么晚期内外交困中的清朝只剩下了被动的应对，尤其是面对域外殖民势力的威胁更是如此，1840 年后，清朝被迫先后与英国、美国、法国、

---

① 东北作为龙兴之地没有将军管辖，虽是特殊区域，但依然可归入军府管理方式之下。

俄国、日本、意大利、西班牙、葡萄牙、荷兰等国签订了数十个不平等条约。虽然国力对比的巨大差距是造成这种状况的根本性的因素，但传统治边思想的固守也是一个值得关注的方面，主要体现在以下方面。

一是沉醉于“天朝上国”的梦幻中，对殖民势力给属国带来的威胁难以做到有效支援，导致属国区域沦为了殖民地，失去了藩卫的作用。

清朝统治者虽然舍去了传统的“中外华夷”思想，但继承和发展了源自于先秦时期为维护“大一统”天下体系运转的藩属体制。公元前221年秦朝统一六国之后，废除分封制而实施郡县制，实现了在管理体制上对辖境的划一。汉承秦制，在巩固和拓展郡县管理范围的基础上，在郡县区域的外围设置了以西域都护、护乌桓校尉、护羌校尉、使匈奴中郎将等为主的特设机构非直接管理区，再外则是接受册封的匈奴藩国区，接受管辖的民族或政权的首领则统称为“藩臣”，被汉朝统治者视为卫护郡县核心区域的“藩屏”。[①]自汉之后，设置专门机构管理边疆地区成为历代王朝维护“大一统”政治秩序运转的有效手段，清朝则在此基础上有了进一步发展，将“奉朔朝贡之国”称为“藩属”[②]，既包括了军府制度管理下的藩部，也包括了如朝鲜、琉球、安南、缅甸等“属国”。清朝对藩部的管理多数是直接的，而和“属国”的关系则多数情况下以“岁修职贡”为主，尽管按照历代王朝对藩属的传统，清朝对“属国”出现内部动乱有出兵帮助的义务，如光绪皇帝曾经“谕内阁，朝鲜为我大清藩属，二百余年岁修职贡，为中外所共知。近十数年来，该国时多内乱，朝廷字小为怀，叠次派兵前往戡定，并派员驻

---

① 参见李大龙《汉唐藩属体制研究》，中国社会科学出版社2006年版。

② 永瑢等撰：《四库全书总目》，中华书局1965年版，第605页。

扎该国都城随时保护”[①]，但并非常态，且多限于朝鲜和越南。如前述，1815年，廓尔喀因“披楞（英国）”入侵请求中国援助，清朝统治者并不了解“披楞”真实“身份”和南亚形势的变化，不愿支援廓尔喀抗击“披楞”，也未及时调整防御对象和军事部署，以致数十年后由于失去了作为“藩屏”的“属国”，中国西藏直接面临了英军的入侵。对廓尔喀是如此，对南越、缅甸甚至朝鲜都是如此。

二是重陆轻海的传统治边思想为英法等殖民势力弱化清朝“大一统”统治体系提供了便利。

尽管在中国传统的“大一统”思想中早就有了“海”的观念，且最迟在汉代就有了楼船将军等水军建制，但对陆疆的经略一直是历代王朝的重点，而中原农耕地区又是陆疆治理的核心内容。清朝在实现“大一统”的过程中，尽管因为台湾郑氏集团的存在也开始关注海洋，但并没有意识到对“大一统”国家的威胁会来自于海上，因此在近代以前有关海洋的观念与政策中“海禁”屡屡出现，而没有严格意义上的海防。

如第十章所述，清朝对海疆的经略大致分为完成对东北滨海地区的控制，实现对辽东沿海及渤海湾北部地区的控制，自入关至“三藩之乱”平定时对北至山东、南至两广沿海地区的控制，对台湾的统一四个阶段。由于清朝入关之初面临着如何实现对台湾的统一以及平息“三藩”之乱的问题，所以构建东南沿海防御和“海禁”就成了清朝前期的重要举措。一般认为顺治十二年（1655年）六月，闽浙总督屯泰奏请“沿海省分应立严禁，无许片帆入海违者立置重典”，[②] 是清朝明令申严海禁的开始，由此赋予了清朝的海疆政策一个“闭关锁国”的评价，而实际上清朝的海疆政策要解决的

① 《清德宗实录》卷344，光绪二十年七月乙亥。
② 《清世祖实录》卷92，顺治十二年六月壬申。

主要问题是实现对台湾的统一和海盗问题。如康熙四十三年（1704年），沿海地区海寇横行，“春冬啸聚海岛，秋夏扬帆出掠”，朝廷“以海寇故，欲严洋禁”，但“后思若辈游魂，何难扫涤，禁洋反张其声势，是以中止”[①]，于是改为招抚与清剿并行的对策。而在康熙二十四年（1685年），也曾经有过“今海内一统，寰宇宁谧，满汉人民俱同一体应令出洋贸易，以彰富庶之治”[②]的诏令下达。至于为学界所关注的“南洋贸易禁令”，则在雍正五年（1727年）即由于闽督高其倬上疏陈述利害而全部废止了。

清朝的“海禁”政策是否导致了“闭关锁国”在此不做进一步讨论，但防止海上贸易为割据势力和海盗获利应该是清朝统治者出台“海禁”政策的主要目的。清朝虽然没有倭寇带来的威胁，但郑氏集团割据台湾以及海盗也是清朝前期面临的主要问题，清朝海防多因袭明朝旧制或许也是这一原因所导致。如前所述，清代的水师因袭明旧制，实施巡洋会哨制度，并且形成了“七省之海疆，莫甚于广、闽、浙；广闽之海，惟闽为最”[③]的海防基本格局，这种注重东南沿海的海防格局虽然最初阻止住了英国等殖民势力对清朝的侵扰，但北部海防薄弱还是给英国等殖民势力以可乘之机，长江等海防和内河防线被突破，直接导致了清朝在鸦片战争中的惨败，逼迫清朝签署了一系列丧权辱国的不平等条约。与此同时，英、法、俄等殖民势力在越南、缅甸及北部边疆带来的威胁也日益严峻，于是在清代国家统一史上就出现了著名的“海防”与“塞防”之争。1873年，左宗棠率军由陕甘一路向西，收复了新疆，如何巩固西北边防就成了清朝廷面临的重大问题。1874年总理衙门上书同治皇帝，提议筹建海防，而左宗棠大军也迫切需要各省积欠的“协

---

① 《清圣祖实录》卷215，康熙四十三年甲申春正月。

② 《清朝文献通考》（一）卷33《市籴考二》，浙江古籍出版社1988年影印本，第5155页。

③ 《清初海疆图说》，《台湾历史文献丛刊》，台湾文献委员会1996年版，第11页。

饷”，“筹饷”由此成为“海防”与“塞防”之争的导火线。最终结果是左宗棠等人提出的“海防”“塞防”并重的主张得到了朝廷的接受，1875 年 5 月左宗棠被任命为钦差大臣督办新疆军务，而李鸿章和沈葆桢则分别被任命为北洋大臣、南洋大臣，督办海防，由此清朝的海防和塞防都得到一定程度的加强，虽然已经不能改变国家权益包括领土被蚕食鲸吞的状况，似乎也可作为道光中叶以后清朝边疆经略中的亮点。但是，注重海防和塞防建设，以及后来边疆建省、清末新政，都是清朝面对英、法、俄等殖民势力“殖民”中国而被迫做出的反应，而实际结果则是更加弱化了清朝巩固和维护多民族国家稳定和发展的能力，清朝被民国取代、藩属国的脱离和大片领土的丧失就是最直接的体现。

三是清朝统治者虽然在具体实施过程中对传统“因俗而治”的治理思想有所发展，尤其是隐含着在政治经济文化诸多方面的“一体化”努力，但针对不同群体实施不同的治理方式和政策客观上不仅削弱了这些努力，而且给人一种“隔离”政策的印象。

基于《礼记·王制》所载“凡居民材，必因天地寒暖燥湿，广谷大川异制，民生其间者异俗，刚柔轻重迟速异齐，五味异和，器械异制，衣服异宜”，形成了传统的“修其教不异其俗，齐其政不易其宜”的“因俗而治”思想。但“因俗而治”和历代王朝的“大一统”治理追求并不完全吻合，皇权只停留在对地方首领的管理上而不能深入基层是最主要的原因。元代以来在南部地区实施的土司制度就是突出表现，土司的世袭权虽然归属王朝中央，但土司地区的管理则专属于土司，“百姓只知土司，不知皇帝”，在一定程度上严重影响着“一体化”的实现。如第三章及经略各章所述，清朝针对辽阔疆域的不同群体实施着不同的治理方式和政策，体现着清朝继承了传统的“因俗而治”治理方式。但清朝也并非简单地继承，也有发展，其中以“改土归流”为代表的“一体化”的努力即是突出表现。如总章所述，“一体”是清朝统治者经常使用的词汇，仅在《清实录》中就可以检索到“一体”一词出现过3403次，显示对“一体”的追求是清朝国家治理中无处不在的，即如雍正皇帝所言：“中外者，地所画之境也；上下者，天所定之分也。我朝肇基东海之滨，统一诸国，君临天下，所承之统，尧舜以来，中外一家之统也。所用之人，大小文武，中外一家之人也，所行之政，礼乐征伐，中外一家之政也。”[①] 虽然在雍正皇帝的表述中没有出现“一体”，但“一家之统”“一家之人”“一家之政”的系列表述却是对“一体”最好的诠释。但是，清朝统治者的“一体”也有两面性，一系列“一体化”政策的实施固然为多民族国家疆域的“底定”奠定了基础，为中华民族的形成与发展、中华文化的繁荣提供了有利的内外环境，但针对不同群体实施不同的政策虽然照顾到了辽阔疆域内不同群体的实际情况，却是和“一体化”的目的相违背的，甚至可以说弱化了清朝在国家认同、民族认同和文化认同等方面“一体化”整合的努力。

如果说“因俗而治”是实现“一体化”的必要过渡阶段，它的存在会给“一体化”的实践带来一定的消极影响，那么“因俗而治”在具体实施过程中出现的“禁令”则给当今学者用“隔离”评价清朝的治理方式提供了理由。如有学者认为：“全面了解清朝的族类隔离政策之后，就可以清晰地认识到，清朝的藩属制度和羁縻制度实际上是一种封禁、封闭的制度，与民族区域自治制度有着天壤之别。清朝族类隔离政策的失败，实际上也就是古代中国皇权专制制度和华夷思想的失败。”[②] 但将清朝在“因俗而治”基础上对境内不同地区和族群实施不同的政策冠之以“族类隔离”则并不

① 《清世宗实录》卷13，雍正十一年四月己卯。

② 熊芳亮：《族类隔离：清朝民族政策的失败及其遗产》，《中国民族报》2010年8月13日第7版。

符合史实。

其一，如前所述，对不同的族群实施不同的治理方式与政策是清朝根据疆域内各族群本身所具有的文化特点及与清朝的关系而决定的。

清朝统治者源出于满洲，满洲八旗是其实现、巩固和维护“大一统”所依靠的核心力量，将“八旗满洲为我朝根本”[①] 确定为清朝的基本国策并且是应该坚守的最高原则，优渥满洲八旗王公和八旗兵丁，要求其坚持“满语”和“骑射”等即是这一原则在实践中得到贯彻的体现。蒙古虽然也是清朝得以实现“大一统”的基础，但鉴于蒙古曾经建立过实现中华大地“大一统”的王朝，所以清朝以盟旗制度管理蒙古部落，一方面是防止蒙古重新崛起，成为清朝的竞争力量，准噶尔蒙古成为清朝实现“大一统”的严重障碍就是一个突出的例证，另一方面清朝分化瓦解蒙古的同时也可以将蒙古尤其是东部蒙古各部收归己用，使之成为实现、巩固和维护“大一统”的重要力量。从清朝国家治理的实践看，这一目的应该是达到了。对满洲、蒙古各部是如此，对新疆、西藏及南部边疆的治理也基本遵循此原则，伯克制度和对达赖喇嘛等的册封、土司制度等，既有对前代治理方式的继承，更多的则是基于这些地区的文化传统。

其二，虽然存在人为设置的族群交往“禁令”，但也并非将不同族群严格“隔离”开来，不同族群间的交流交往交融依然在正常进行。

在“因俗而治”实施不同治理方式的同时，一如“海禁”一样，清朝也颁布了不少禁令，东北地区因为是“龙兴之地”被封禁，将八旗兵丁圈地或筑城安置，称之为“满城”“满营”等，这

---

① 《清世宗实录》卷12，雍正元年十月辛丑。

是众所周知的禁令。但是，清朝实施的很多“禁令”并非一以贯之、一成不变的，而且经常为适应各种情况做调整。如对东北地区的“封禁”并非严格意义上的“隔离”，也有开禁的时候。如前所述，顺治十年（1653年）清朝颁布《辽东招民开垦条例》；康熙二年（1663年）又发布了辽东招民垦地的奖励办法。奉天自康熙七年（1668年）开始编审实在行差人丁，至康熙五十年（1711年），新增实在行差人丁18623丁，增加了两倍多。[①]“满城”“满营”的设置虽然客观上也造成了“旗民”之间呈现某种“隔离”状态，但从清中叶后流传的俗称“不分满汉，但问旗民”，已经说明满洲和汉人在语言、习俗乃至血缘上交融的结果。如果是“族类隔离”是不会出现这种状况的。由此可以看出，“因俗而治”只是延缓了“满汉一家”实现的进程，冠之以“族类隔离”并不符合史实，而且这种认识也迎合了美国“新清史”学派的说法。如果将其用“族类隔离”进行否定，将无法解释多民族中国发展历史没有中断而是持续发展，最终在清代定型的历史过程，因为正是在这种“因俗而治”原则下，中华大地的众多族群交流交往交融，最终形成了中华民族，缔造了多民族国家中国和创造了灿烂的中华文化。

治理思想主导着边疆治理方式和政策，清朝在总结历代王朝治理实践的基础上对传统治理思想的继承与发展，为清朝在前期实现和巩固“大一统”提供了有效保障，但域外势力的强势介入是之前历朝各代所不曾遇到的新问题。面对周边及边疆形势的新变化，清朝统治者依然将治理的聚焦点放在中华大地内部，以构建“天朝上国”为终极目标，沉醉于远超前代的“大一统”疆域的伟绩之中，岂不知在未真正实现“一体化”的状况下，“天朝上国”的基础并不稳固，周边的“属国”更是脆弱。而鸦片战争的失败虽然迫使清

---

① 《盛京通志》卷35《户口》。

朝改变了治国方略，实施陆海兼顾的国防政策，并辅以新政改革试图恢复国力，但现实情况则是作为“藩屏”的属国已经失去，沦为了域外势力的殖民地，辽阔的边疆也已经被蚕食鲸吞，已经无法改变了。

二　边疆“封禁”与重“镇抚”轻“开发”

在传统的“民为邦本”思想影响下，历朝各代对边疆的经略注重对人的管理，而对边疆地区土地的占有则往往受制于边疆不适宜农耕等原因，并没有得到历代王朝统治者的极大关注。从历代王朝国家治理的实践看，注重以中原为中心的农耕地区而疏于对辽阔边疆地区的经略是突出的特点，主要表现为两点：一是历代王朝对以中原为中心的农耕地区实施精细化的管理与开发，而对边疆地区则以“镇抚”为主要管理方式，经济交流、交通驿站建设、教育的推广等基本围绕此目的展开，和当今所言开发不可同日而语。二是对边疆的经略受国力强弱的影响甚大，一般而言在国富民强且最高统治者“大一统”意识高涨的情况下，边疆经略会得到重视并取得显著成就，而国力衰微或边疆经略遇到困难时则主张放弃对边疆经略的意见就会成为王朝边疆经营的主导思想。如西汉成帝河平年间（前28—前25年），西南夷出现动乱，就有朝臣主张“不毛之地，亡用之民，圣王不以劳中国，宜罢郡，放弃其民，绝其王侯勿复通”[①]。不仅汉代如此，其后立国于中原地区以农耕为主的王朝概莫能外，只是源出于边疆尤其北疆草原地区的王朝略有差别。

清朝作为中国最后一个传统王朝虽然崛起于边疆，在治国思想和方略上兼有牧业和农耕王朝共同的优点，并在边疆治理思想和具体治理方式与政策上有所突破，但重“镇抚”轻“开发”的特点

---

① 《汉书》卷95《西南夷传》。

不仅依然明显，而且还出现了边疆“封禁”的情况。清朝实施的边疆“封禁”，前述各章已有不同程度的阐述，在此不再赘述，而重“镇抚”轻“开发”的表现则在多方面都有所体现。

一是清朝虽然在总结前代治理思想和政策的基础上，将“一体化”视为最终目标，但在边疆管理制度建设方面依然以军事驻防代替行政治理，镇抚的特点突出。

自汉在秦基础上建立起“大一统”王朝后，在以中原地区为核心的农耕地区设置郡县制度，实施严密的户籍管理，属于王朝中央直接管辖的区域，而郡县之外则设置了护羌校尉、护乌桓校尉、西域都护等官职领兵镇戍，对西羌、乌桓、鲜卑和西域诸国等实施羁縻统治。这些郡县之外设置的机构，仅从名称上即可看出属于军事性质的官职，其职责一如史书对西域都护职责的记述：“镇抚诸国，诛伐怀集之”①，西域诸国内部管理则沿袭了原有的治理体系，即史书所载“最凡国五十。自译长、城长、君、监、吏、大禄、百长、千长、都尉、且渠、当户、将、相至侯、王，皆佩汉印绶，凡三百七十六人”②。汉代确立的设置军事官职“镇抚”，其下则通过封授边疆民族原有首领官职赋予其“治民”的权力，这种边疆治理方式为之后的历朝各代所继承，但从多民族国家疆域形成与发展的整个历程看，直接管辖区域和镇抚区域共同构成了王朝的疆域，且王朝直接管辖的区域呈现不断向镇抚区域拓展的趋势。

如前各章所述，清朝虽然在边疆地区构建起了以盟旗制度、伯克制度、土司制度等为主体的行政管理制度，但这些制度基本属于“因俗而治”原则的具体实施，任用的官员基本是边疆民族的首领。虽然通过各种方式他们被授予了管理地方的权力，但他们依然是清朝统治者防范的对象。为了有效地控制辽阔的边疆地区，清朝在这

① 《汉书》卷70《郑吉传》。

② 《汉书》卷96上《西域传》。

些制度之上设置了具有明显军事特点的将军制度。如东北地区几经变化，最终在康熙时期确立奉天、吉林、黑龙江三个将军驻防体系，将军之下设置副都统。北部和西北边疆则依次设置了伊犁将军、乌里雅苏台将军、绥远将军、察哈尔都统、热河都统，以及科布多参赞大臣和库伦办事大臣等。西藏则设置驻藏大臣。尽管有些将军具有“统军、治民、边防、缉盗”[1]的职责，相对前代的治理有进一步深入，但限于东北和绥远、热河、察哈尔等地区，总体上看这些将军、都统和办事大臣“镇抚”的使命还是十分明显的。以“镇抚”为主的管理体制虽然照顾到了清代边疆的现实情况，但不利于国家管理体系的“一体化”和国家疆域的巩固，清末实施的边疆建省虽然是应对边疆危机的频繁出现，也是看到了以将军等为主的“镇抚”管理方式带来的弊端而做出的改革。

二是清代的边疆“开发”被动色彩浓厚，主动性的“开发”也多与清朝的“一体化”有关。

清朝的边疆开发，如第四章所述，大致可以分为三个阶段。康熙至乾隆时期为第一个阶段，随着“大一统”的实现，开发逐次展开，并取得了一定成就。嘉庆至同治为第二阶段，边疆开发呈现停滞不前甚至倒退的情况。第三个阶段则是光绪以后，尤其是清末新政的出现，开发呈现高潮。大体上也可以用初步“开发”、停滞、开发高潮来描述三个阶段的特点，之所以将第一阶段称之为“开发”，是因为这一阶段的商业贸易、移民屯垦、驿路交通、文化教育等活动都是配合清朝“一体化”政策的实施而展开的，是为清朝“大一统”的实现和巩固服务的，并非为了推动边疆地区的经济社会发展，和第三阶段以边疆经济社会发展为目的的开发并不相同。也就是说，就目的而言，清代的边疆开发第一阶段和第三阶段是存

① 马汝珩、马大正主编：《清代的边疆政策》，中国社会科学出版社1994年版，第309页。

在明显差异的，第二阶段可以视为转型的过渡阶段。清朝的边疆开发尽管可以分为三个不同的阶段，但三个阶段却有着一个共同的特征，即都是边疆形势所迫，不得已而为之。

如果说基于边疆地区特殊的地理和人文环境，商业贸易的发展还可以不完全依赖朝廷的决策，那么清朝要实现和巩固对辽阔边疆地区的统一则必须修建驿路交通、移民屯垦和兴办教育。驿路交通作为国家治理的重要内容为历朝各代所重视，新旧唐书的《地理志》对唐代的交通道路有详细的记述，而元朝则通过驿站把辽阔的疆域密切联系在一起。清朝也不例外，如第四章所述，清代中前期边疆地区的驿道、官道的设立首先是应清朝统一边疆地区的军事需要而开始的，清朝构建起了一套相对完备的台站驿传体系，包括军台、营塘、驿站、卡伦四种。[①] 移民屯垦则是秦朝就确立起来的治理边疆的重要举措，移民屯垦虽然带动了边疆地区农业的发展，但其主要目的是在解决驻军粮食供给的同时保持一支军事力量。清朝的边疆移民并非全是为了屯垦，也有牧垦，清朝将察哈尔蒙古、锡伯等移民新疆，既促进了新疆牧业的繁荣，也使之成为维护新疆稳定的重要力量。至于文化教育，清朝更是在总结前代的基础上将其在边疆治理中的作用发挥到了极致。值得强调的是，尽管清朝康熙至乾隆时期的上述举措客观上促进了边疆地区的城镇化、行省化，达到了边疆地区开发的效果，但这些举措的本意并非是促进边疆地区经济社会的发展，而是为实现和巩固统一服务，推动边疆地区与内地“一体化”的进程。

嘉庆至同治时期边疆开发停滞的直接原因是内外而来的双重危机极大地限制了清朝对边疆地区的治理能力，导致其边疆开发停滞不前甚至出现倒退。而接下来光绪时期开始之所以会出现边

① 参见马汝珩、成崇德主编《清代边疆开发》，山西人民出版社1998年版，第141页。

疆开发的高潮，也是因为第二阶段的开发停滞乃至倒退不仅将整个王朝国家推到了生死存亡的边缘，也使边疆地区陷入了一个更危险的境地，依靠自身经济社会发展抵御外来威胁成为清朝上下的共识。光绪时期开始，尤其是清末新政实施以来，边疆开发呈现政治、经济、移民、交通、文化、教育、社会风俗等全方位的开发态势，其背后的原因则是19世纪90年代，经历了内外丛生的各种危机后，为应对保疆守土等问题，不得不开始对边疆地区实行全面开发。

尽管清朝的边疆开发有着浓厚的被迫色彩，但边疆开发对于国家实现、巩固和维护统一还是有着非同一般的重要作用。在清朝于历次外敌入侵中战败割地赔款的情况下，众多的属国沦为殖民势力的殖民地，台湾被日本侵占，俄国则鲸吞了上百万平方公里的领土，但新疆、西藏和内蒙古仍是多民族国家的重要组成部分，清朝在历代王朝基础上对边疆的开发在其中发挥的作用是值得关注的。

三　治理能力弱化难以有效应对边疆危机

作为中国的最后一个王朝，无论是治理思想，还是具体的治理制度，清朝可谓集历代王朝之大成，既有突破更有创新，尽管在鸦片战争后国力衰微几到存亡边缘，大片领土被蚕食鲸吞，但也曾经有过辉煌，一如《清史稿》所言："有清崛起东方，历世五六。太祖、太宗力征经营，奄有东土，首定哈达、辉发、乌拉、叶赫及宁古塔诸地，于是旧藩扎萨克二十五部五十一旗悉入版图。世祖入关翦寇，定鼎燕都，悉有中国一十八省之地，统御九有，以定一尊。圣祖、世宗长驱远驭，拓土开疆，又有新藩喀尔喀四部八十二旗，青海四部二十九旗，及贺兰山厄鲁特迄于两藏，四译之国，同我皇风。逮于高宗，定大小金川，收准噶尔、回部，天山南北二万余里毡裘湩酪之伦，树颔蛾服，倚汉如天。

自兹以来，东极三姓所属库页岛，西极新疆疏勒至于葱岭，北极外兴安岭，南极广东琼州之崖山，莫不稽颡内乡，诚系本朝。于皇铄哉！汉、唐以来未之有也。”[①] 清朝曾经缔造了幅员 1300 万多平方公里的辽阔陆地疆域，何以在 1840 年鸦片战争失败后内部及边疆危机频发而迅速走向衰落，国力衰弱和官吏的良莠不齐所导致的治理能力弱化难以应对复杂的边疆危机也是一个重要的因素。

清朝在确立“正统”地位的同时破除“中外华夷”限制，意图整合境内百姓，在“因俗而治”旗帜下从管理体系、法律、经济、文化等诸多方面谋求边疆和内地的“一体化”以求得“大一统”的稳定与发展，治理思想和治理手段可谓达到了历代王朝的最高点。但是，好的治理思想和治理政策既需要有适应形势发展的制度保证，更需要财力支持和可靠的官吏队伍来保障具体贯彻实施，而恰恰是财政支持和官吏任用方面清朝的做法值得认真总结。

清朝在实现中华大地的“大一统”后，边疆治理过程中的经费需要内地各省提供“协饷”支持。清朝的这一做法源自于历代王朝不赋税边疆的传统。《史记·平准书》载：“汉连兵三岁，诛羌，灭南越，番禺以西至蜀南者置初郡十七。且以其故俗治，毋赋税。南阳、汉中以往郡，各以地比给初郡吏卒奉食币物，传车马被具。”《后汉书·南蛮列传》亦载：“顺帝永和元年，武陵太守上书，以蛮夷率服，可比汉人，增其租赋。议者皆以为可。”可证在汉代对边疆地区乃至“蛮夷”的经略过程中不征或少征租赋。“唐兴，初未暇于四夷，自太宗平突厥，西北诸蕃及蛮夷稍稍内属，即其部落列置州县。其大者为都督府，以其首领为都督、刺史，皆得世袭。虽贡赋版籍，多不上户部，然声教所暨，皆边州都督、都护所领，著于令式。”“贡赋版籍，多不上户部”说明唐朝沿用了这一做法。

---

① 《清史稿》卷 54《地理一》。

由此来看，清朝依靠内地提供“协饷”的做法以维持对边疆的经略是历代王朝的传统。此种做法虽然减轻了边疆地区的财政负担，但也带来了两个不利影响：一是财政仰仗内地，于王朝和边疆官吏而言对边疆开发就失去了动力，这也是清前期的边疆开发多是移民屯垦和驿站交通建设为主的原因。二是在非正常情况下“协饷”得不到保障，王朝的边疆经略就会遭遇财政危机。前述在清后期之所以出现“海防”“塞防”之争论就是因为内地提供新疆的“协饷”出现问题，以致左宗棠的西征军经费短缺所导致。对于边疆经略经费来源制度的弊端，如第八章所言，1909 年陈赞鹏在《治藏条陈》中已经有过详细论证，认为：“财政为办事之母，若财政不理，则华兵虽强，亦难以维持”；“内地协饷未必可以常恃，而亏其本源以补枝流，则天下亦无如此颠倒之政体也”。应该“早于今日立其规模，作为久计，以藏饷而理藏政”[①]。“以藏饷而理藏政”对于地广人稀、自然环境脆弱的边疆地区而言存在较大难度，但立足于推动边疆地区的开发，缓解或改变边疆治理仰仗内地财政支持应该是一个理想的治理方式。

和历朝各代一样，清朝为了保障制度和政策的贯彻执行，也十分重视整顿吏治。从清朝边疆经略过程中的官员任用上看，存在两个明显的弊端。

一是利用“罪罢”官员前往边疆，参与边疆治理。将内地因为各种原因被治罪的官员发配边疆任职是清朝的一贯做法，史载：“若文武职官犯徒以上，轻则军台效力，重则新疆当差。成案相沿，遂为定例。”[②] 新疆由此成为清朝犯重罪官员的主要安置地区。这些“犯徒以上”职官被发遣到新疆之后往往被授予实职，主管一方政

---

① 陈赞鹏：《治藏条陈》，《北洋法政学报》第九十五、九十六册，宣统元年闰二月中、下旬。

② 《清史稿》卷 143《刑法二》。

务。如那彦成、奕山、奕经、林则徐等，都是作为被发遣到新疆的官员，甚至被任用为伊犁将军之职，成为新疆的最高长官。在这些官员中，不乏能力超群者，为清朝的新疆治理做出了突出贡献，更多的则是急切地盼望被朝廷重新重用并返回内地，当然也有些则是给边疆乃至国家的稳定与发展带来了更大危险。如弈山对第一次鸦片战争失败负有责任，其被革职发送新疆后不仅任职领队大臣、参赞大臣，且两任伊犁将军。期间，和俄国订立的《中俄伊犁塔尔巴哈台通商章程》是第一个中俄不平等条约，虽然是清朝最高统治者指派的职务行为，但对俄国做出了很多让步，严重损害了国家利益。

清朝统治者十分注重新疆的吏治，如第六章所述，清朝在新疆有着严格的考察制度，在考核乌鲁木齐所属各州县官员和衙门官员的同时，新疆各地将军、办事大臣等官府衙门中办事官员，任期届满回京后仍要由原在北京主管官员“考核后再定升用”，并为新疆各地参赞、办事和领队大臣设置“专折奏事”，以强化官员之间的互相监督。但是，将“罪罢”官员委以治边重任，一方面存在潜在风险，另一方面也不利于边疆地区的吏治建设，进而危及边疆地区的稳定和发展。

二是使用旧有的官职体系弱化了治理能力，也难以达到清朝边疆治理“一体化”的目的。

如前所述，“因俗而治”是清朝国家治理的原则，在清朝实现、巩固和维护国家统一的过程中，利用边疆地区的旧有官职体系进行边疆治理是一个突出的特征，在蒙古、新疆、西藏及南部土司地区都是如此。利用旧有体系进行治理有利有弊，从清朝的治理实践看，虽然可以满足清朝实现国家统一的需要，也有助于边疆地区的稳定，但边疆地区的原有“陋规”不能适应边疆地区经济社会发展的需要，更难以满足清朝“一体化”政策的推行，改变前期吏治就成为一个必然选择。对边疆地区的吏治革新，雍正时期对南部土司地区大规模的改土归流是一个突出体现，对此前文已有详细论述，此外新疆地区伯克等的管控也属于此类。如第六章所述，清朝在新疆废除了各城大小衙门向阿奇木伯克摊派的17条陋规，并要求“各城大小臣工务当各矢天良，洁己奉公，毋得仍蹈前辙，致干咎戾”[①]，虽然是不得已而采取的办法，但对吏治改善也起到了一定作用。

总之，当今拥有960万平方公里领土、内海和边海水域面积470多万平方公里的多民族国家中国是历史长期发展的结果。如果将其视为中华民族“共同家园”的话，它是生息繁衍在中华大地上的众多民族共同缔造的。这一缔造过程中，历代王朝发挥着主导作用，但并没有纳入到历代王朝中的其他民族或政权，尤其是边疆地区出现的民族或政权也发挥着不可否认的重要作用。清朝兴起于东北边疆，明代末期中华大地的内乱为其实现中华大地的“大一统”提供了有利的政治环境，而在吸取历代王朝治理经验基础上的诸多创新，尤其是对传统“中外华夷”观念的否定，为其实现1300万平方公里陆地疆域范围的“大一统”奠定了思想基础。清朝统治者虽然视“满洲为根本”，但屡屡强调“一体”，并将其贯彻到具体的治理实践中，以谋求“大一统”国家的“一体化”为终极目标，为当今多民族国家中国的形成和发展奠定了牢固基础。不过，1840年鸦片战争爆发后，清朝在和西方殖民势力的对抗中败下阵来，尽管试图通过新政重振昔日辉煌，但仅仅维持了60余年时间，多民族国家中国就走入了民国时代。“夫以铜为镜，可以正衣冠；以古为镜，可以知兴替；以人为镜，可以明得失。”[②] 当今中国社会是历史中国的延续，为了多民族国家的稳定与发展，清朝的成功经验和失败教训都值得我们进行总结。

---

① 《那文毅公奏议》卷77。

② 《旧唐书》卷71《魏徵传》。

主要参考文献

一　史料

（一）馆藏档案

《顺治朝题本》，中国第一历史档案馆藏。

《朱批奏折》，中国第一历史档案馆藏。

《总理各国事务衙门档案》，中国第一历史档案馆藏。

《军机处满文议复档》，中国第一历史档案馆藏。

《军机处录副奏折》，中国第一历史档案馆藏。

《民政部全宗档案》，中国第一历史档案馆藏。

《寄信档》，中国第一历史档案馆藏。

《北洋政府外交部全宗档案》，台北“中研院”近代史研究所档案馆藏。

《外务部全宗档案》，台北“中研院”近代史研究所档案馆藏。

《西藏档》，台北“中研院”近代史研究所档案馆藏。

《军机处档折件》，台北“故宫博物院”藏。

《蒙古国家档案局中文档案》，台北“蒙藏委员会”藏。

（二）古籍资料

（康熙）《阳江县志》，康熙刻本。

（康熙）《广西通志》，康熙二十二年刻本。

《闽粤巡视纪略》，康熙三十八年刻本。

（康熙）《云南府志》，康熙精刻本。
（康熙）《云南通志》，康熙三十年刻本。
（康熙）《永平府志》，康熙五十年刻本。
（康熙）《漳州府志》，康熙五十四年刻本。
（康熙）《诸罗县志》，康熙五十六年序刊本。
（雍正）《太平府志》，雍正四年刻本。
（乾隆）《云南通志》，乾隆元年刻本。
（乾隆）《重修台湾县志》，乾隆十七年刊本。
（乾隆）《晋江县志》，乾隆三十年刊本。
（嘉庆）《湖南通志》，嘉庆二十五年重修本。
（嘉庆）《松江府志》，嘉庆松江府学刻本。
（清）李绂：《穆堂初稿》，道光奉国堂刻本。
（道光）《琼州府志》，道光修光绪补刊本。
（清）严如熤辑：《洋防辑要》，道光十八年来鹿堂刻本。
（乾隆）《莆田县志》，光绪五年补刊本。
（清）贺长龄编：《清经世文编》，光绪十二年思补楼重校本。
（清）吴元炳辑：《沈文肃公政书》，光绪刻本。
（康熙）《平和县志》，光绪重刊本。
（清）春元：《京口八旗志》，镇江图书馆藏光绪五年刻本。
《滇系》，光绪丁亥云南通志局刊本。
（雍正）《浙江通志》，文渊阁《四库全书》本。
（雍正）《山东通志》，文渊阁《四库全书》本。
《八旗通志》，文渊阁《四库全书》本。
《大清会典则例》，文渊阁《四库全书》本。
《平定三逆方略》，文渊阁《四库全书》本。
《亲征平定朔漠方略》，文渊阁《四库全书》本。
《钦定平定准噶尔方略》，文渊阁《四库全书》本。

《平定金川方略》，文渊阁《四库全书》本。
《钦定平定回疆擒剿逆夷方略》，文渊阁《四库全书》本。
（雍正）《四川通志》，文渊阁《四库全书》本。
（乾隆）《江南通志》，文渊阁《四库全书》本。
（同治）《上海县志》，同治十一年刊本。
（道光）《道光重纂福建通志》，同治十年刻本。
《成都县志》，同治十二年刻本。
（光绪）《镇海县志》，光绪五年刻本。
（乾隆）《福州府志》，乾隆十九年刊本。
（道光）《厦门志》，道光十九年刊本。
（嘉庆）《广东通志》，同治甲子三年重刻本。
（清）方显：《平苗纪略》，同治武昌刻本。
（清）方濬颐：《二知轩文存》，光绪四年刻本。
《西域图志》，中国民族图书馆藏石印本。
（嘉庆）《江都县续志》，光绪六年重刻本。
（光绪）《永平府志》，光绪五年刻本。
（光绪）《广州府志》，光绪五年刊本。
（光绪）《玉环厅志》，光绪六年修刊本。
（光绪）《崇明县志》，光绪七年刊本。
（清）李桓辑：《国朝耆献类征初编》，光绪十年刻本。
（光绪）《新宁县志》，光绪十九年刻本。
（光绪）《平潭厅乡土志略》，光绪三十二年铅印本抄本。
（清）谭钧培：《谭中丞奏稿》，光绪二十八年湖北粮署刻本。
（光绪）《续云南通志稿》，光绪二十七年刻本。
（光绪）《蒙古志》，光绪三十三年刊本。
（光绪）《赣榆县志》，光绪十四年刊本。
（同治）《续天津县志》，同治九年刻本。

（嘉庆）《境修赣榆县志》，嘉庆元年刻本。
（光绪）《重修天津府志》，光绪二十五年刻本。
（乾隆）《泉州府志》，光绪八年补刻本。
（清）张寿镛辑：《皇朝掌故汇编》，求实书社光绪二十八年本。
（光绪）《广东舆地图说》，宣统元年重印本。
（咸丰）《兴义府志》，宣统元年铅印本。
（清）陶思曾：《藏輶随记》，四川官印刷局宣统三年再版。
（道光）《晋江县志》，清钞本。
（清）吴汝纶、章洪钧编：《李肃毅伯奏议》，清刻本。
《史记》，中华书局 1959 年版。
《汉书》，中华书局 1962 年版。
《后汉书》，中华书局 1965 年版。
《三国志》，中华书局 1959 年版。
《晋书》，中华书局 1974 年版。
《魏书》，中华书局 1974 年版。
《旧唐书》，中华书局 1975 年版。
《新唐书》，中华书局 1975 年版。
《旧五代史》，中华书局 1976 年版。
《元史》，中华书局 1976 年版。
《明史》，中华书局 1974 年版。
《清史稿》，中华书局 1976 年版。
《清实录》，中华书局 2008 年版。
《宣统政纪》，中华书局 1987 年版。
王锺翰校注：《清史列传》，中华书局 1987 年版。
路联逵等：（民国）《万全县志》，张家口统一商行印刷部 1934 年。
刘锡蕃：《岭表纪蛮》，商务印书馆 1934 年版。
石荣暲：《库页岛志略》，蓉城仙馆 1935 年印行。

（明）田汝成：《炎徼纪闻》，商务印书馆 1936 年版。
（清）常钧：《敦煌随笔》，禹贡学会 1937 年印。
（清）盛宣怀：《愚斋存稿》，1939 年思补楼刻本。
郑资约编著：《南海诸岛地理志略》，商务印书馆 1947 年版。
中国史学会主编：《中国近代史资料丛刊·义和团》，神州国光社 1951 年版。
王铁崖编：《中外旧约章汇编》，生活·读书·新知三联书店 1957—1962 年版。
中国史学会主编：《中法战争》，上海新知识出版社 1955 年版。
中国史学会主编：《中日战争》，《中国近代史资料丛刊》，上海人民出版社 1957 年版。
张容初：《红档杂志有关中国交涉史料选译》，生活·读书·新知三联书店 1957 年版。
（清）朱寿鹏编：《光绪朝东华录》，中华书局 1958 年版。
故宫博物院明清档案部编：《义和团档案史料》上册，中华书局 1959 年版。
中国科学院历史研究所第三所主编：《锡良遗稿》，中华书局 1959 年版。
陈真：《中国近代工业史资料》第三辑，生活·读书·新知三联书店 1961 年版。
（清）六十七：《番社采风图考》，台湾银行经济研究室 1962 年版。
《清代台湾大租调查书》，台湾银行经济研究室 1963 年版。
北京大学历史系中国近现代史教研室编：《义和团运动史料丛编》第 1 辑，中华书局 1964 年版。
中国人民银行总行参事室编：《中国近代货币史资料》第 1 辑，中华书局 1964 年版。
（清）林则徐：《林则徐集》，中华书局 1965 年版。

（清）长顺修：《吉林通志》，台湾文海出版社 1965 年版。
（清）和宁：《回疆通志》，台湾文海出版社 1966 年版。
《大义觉迷录》，沈云龙主编《近代中国史料丛刊》第 36 辑，台湾文海出版社 1966 年版。
《察哈尔通志》，台湾文海出版社 1966 年版。
《清光绪朝中法交涉史料》，台湾文海出版社 1967 年版。
（清）张凯嵩：《抚滇奏疏》，台湾文海出版社 1967 年版。
钟广生：《新疆志稿》，《中国方志丛书》西部地方第 20 号，台湾成文出版社 1968 年版。
（清）钟方：《哈密志》，台湾成文出版社 1968 年影印版。
《乌里雅苏台志略》，台湾成文出版社 1968 年版。
（清）徐世昌：《退耕堂政书》，台湾成文出版社 1969 年影印版。
（清）岑毓英：《岑襄勤公奏稿》，台湾成文出版社 1969 年影印版。
（清）林葆恒编：《闽县林侍郎（绍年）奏稿》，台湾文海出版社 1969 年版。
王延熙、王树敏辑：《皇清道咸同光奏议》，沈云龙主编《近代中国史料丛刊（正编）》，台湾文海出版社 1969 年版。
（清）邓辅纶、王政慈编：《刘武慎公年谱续编》，台湾文海出版社 1970 年影印版。
（清）文庆等纂：《筹办夷务始末》，《近代中国史料丛刊》，台湾文海出版社 1973 年版。
庄金德编著：《清代台湾教育史料汇编》，台湾省文献委员会 1973 年版。
（清）李秉衡：《李忠节公（鉴堂）奏议》，台湾文海出版社 1973 年版。
（清）张凤台：《长白汇征录》，台湾成文出版社 1974 年版。
（清）姚莹：《中复堂全集》，台湾文海出版社 1974 年版。

（清）薛福成辑：《滇缅划界图说》，台湾成文出版社 1974 年版。
（清）黄叔璥：《台海使槎录》，台湾文海出版社 1978 年版。
《同文汇考原编》，台北圭庭出版社 1978 年版。
吴晗辑：《朝鲜李朝实录中的中国史料》，中华书局 1980 年版。
（清）唐才常：《唐才常集》，中华书局 1980 年版。
（清）李鸿章：《李文忠公全集》，台湾文海出版社 1980 年版。
（清）陈鸿、陈邦贤：《熙朝莆靖小纪》，《清史资料》第 1 辑，中华书局 1980 年版。
《西藏研究》编辑部编辑：《西藏志·卫藏通志》，西藏人民出版社 1982 年版。
《西藏研究》编辑部编辑：《西招图略·西藏图考》，西藏人民出版社 1982 年版。
曲阜文物管理委员会：《孔府档案选编（上册）》，中华书局 1982 年版。
张侠、杨志本等合编：《清末海军史料》，海洋出版社 1982 年版。
吴蔼宸：《历代西域诗钞》，新疆人民出版社 1982 年版。
（清）阮旻锡：《海上见闻录定本》，福建人民出版社 1982 年版。
罗正钧著，朱悦、朱子南校点：《左宗棠年谱》，岳麓书社 1983 年版。
厦门大学台湾研究所、中国第一历史档案馆编辑部：《康熙统一台湾档案史料选辑》，福建人民出版社 1983 年版。
潘喆、孙方明、李鸿彬编：《清入关前史料选辑》，中国人民大学出版社 1984—1991 年版。
（清）蒋毓英修：《台湾府志三种》，中华书局 1985 年版。
（清）总理海军事务衙门编：《大清北洋海军章程》，《近代中国史料丛刊三编》第二十七辑，台湾文海出版社 1987 年版。
（清）施琅撰、王铎全校注：《靖海纪事》，福建人民出版社 1983

年版。
辽宁省档案馆等译编:《三姓副都统衙门满文档案译编》，辽沈书社 1984 年版。
（清）魏源:《圣武记》，中华书局 1984 年版。
中国第一历史档案馆整理:《清代起居注册·康熙朝》，中华书局 1984 年版。
《嘉庆重修一统志》，上海书店 1984 年影印版。
吴丰培编:《赵尔丰川边奏牍》，四川民族出版社 1984 年版。
中国人民大学历史系、中国第一历史档案馆合编:《清代农民战争史资料选编》，中国人民大学出版社 1984 年版。
（清）李心衡:《金川琐记》，商务印书馆 1985 年版。
（清）李士桢:《抚粤政略》，沈云龙编《近代中国史料丛刊三编》第 39 辑，台湾文海出版社 1985 年版。
（清）王锡祺辑:《小方壶斋舆地丛钞》第 1 秩，杭州古籍书店 1985 年影印本。
（清）萧雄:《听园西疆杂述诗》，中华书局 1985 年版。
（清）鄂尔泰等修，李洵、赵德贵点校:《八旗通志初集》，东北师范大学出版社 1985 年版。
朱风、贾敬颜译:《汉译蒙古黄金史纲》，内蒙古人民出版社 1985 年版。
顾廷龙、叶亚廉主编:《李鸿章全集》，上海人民出版社 1985 年版。
朱有瓛主编:《中国近代学制史料》，华东师范大学出版社 1986 年版。
《钦定大清会典》，台北商务印书馆 1986 年版。
（清）吴禄贞:《延吉边务报告》，吉林文史出版社 1986 年版。
《苏都护呼伦贝尔调查八旗风俗各事务咨部报告书》，呼伦贝尔盟历史研究会 1986 年编印。

中国第一历史档案馆编：《鸦片战争档案史料》第1册，上海人民出版社1987年版。
（清）刘建封撰：《长白山江岗志略》，吉林文史出版社1987年版。
《筹议海防章程》，《台湾文献丛刊》第199种，大通书局1987年版。
（清）薛福成：《薛福成选集》，上海人民出版社1987年版。
杨建新：《古西行记选注》，宁夏人民出版社1987年版。
郭廷以、王聿均主编：《中法越南交涉档》，台北"中研院"近代史研究所1988年版。
（清）罗布桑却丹著，赵景阳译：《蒙古风俗鉴》，辽宁民族出版社1988年版。
于希贤、沙露茵选注：《云南古代游记选》，云南人民出版社1988年版。
中国社会科学院民族研究所民族史研究室、中国第一历史档案馆满文部主编：《满文土尔扈特档案译编》，民族出版社1988年版。
四川省民族研究所编：《清末川滇边务档案史料》，中华书局1989年版。
高水一：《中国朝鲜族历史研究参考资料汇编》，延边大学出版社1989年版。
中国第一历史档案馆编：《清初内国史院满文档案译编》，光明日报出版社1989年版。
中国社会科学院中国边疆史地研究中心编：《清代新疆稀见史料汇辑》，全国图书馆文献缩微复制中心1990年版。
珠荣嘎译注：《阿勒坦汗传》，内蒙古人民出版社1990年版。
中国社会科学院中国边疆史地研究中心主编：《清末蒙古史地资料荟萃》，全国图书馆文献缩微复制中心1990年版。
中国第一历史档案馆、中国社会科学院历史研究所译注：《满文老档》，中华书局1990年版。
《清会典事例》，中华书局1991年影印版。
（清）张穆撰，张正明、宋举成点校：《蒙古游牧记》，山西人民出版社1991年版。
（清）金端表纂：《刘河镇记略》，《中国地方志集成乡镇志专辑》9，江苏古籍出版社1992年版。
《中国地方志集成·四川府县志辑》，巴蜀书社1992年版。
刘民生、孟宪章、步平编：《十七世纪沙俄侵略黑龙江流域史资料》，黑龙江教育出版社1992年版。
（清）贺长龄、魏源编：《清经世文编》，中华书局1992年版。
（清）范承勋等：《云南通志》，全国图书馆缩微文献复制中心1992年版。
阮明道笺注，刘景宪译注：《西域地理图说注》，延边大学出版社1992年版。
（清）左宗棠著，罗文华校点：《左宗棠全集》，岳麓书社1992年版。
（清）倪蜕撰，李埏点校：《滇云历年传》，云南大学出版社1992年版。
（康熙）《大清会典》，台湾文海出版社1992年版。
（雍正）《大清会典》，台湾文海出版社1993年版。
张本政主编：《〈清实录〉台湾史资料专辑》，福建人民出版社1993年版。
杨昭全、孙玉梅：《中朝边界沿革及界务交涉史料汇编》，吉林文史出版社1994年版。
中国藏学研究中心等编：《元以来西藏地方与中央政府关系档案史料汇编》，中国藏学出版社1994年版。
吴丰培编：《清代藏事奏牍》，中国藏学出版社1994年版。

（清）丹津班珠尔：《多仁班智达传》，中国藏学出版社1995年版。
《中国地方志集成·西藏府县志辑》，巴蜀书社1995年版。
王希隆：《新疆文献四种辑注考述》，甘肃文化出版社1995年版。
《满洲编年纪要》，全国图书馆文献缩微复制中心1995年版。
《清初海疆图说》，《台湾文献史料丛刊》本，台湾省文献委员会1996年版。
中国第一历史档案馆编译：《康熙朝满文朱批奏折全译》，中国社会科学出版社1996年版。
中国第二历史档案馆、中国藏学研究中心合编：《西藏亚东关档案选编》，中国藏学出版社1996年版。
（清）永瑢等撰：《四库全书总目》，中华书局1965年版。
包文汉整理：《清朝藩部要略稿本》，黑龙江教育出版社1997年版。
（清）阿桂等纂修：《盛京通志》，辽海出版社1997年影印版。
中国第一历史档案馆译编：《雍正朝满文朱批奏折全译》，黄山书社1998年版。
张荣铮等点校：《钦定理藩部则例》，天津古籍出版社1998年版。
包文汉、奇·朝克图整理：《蒙古回部王公表传　第一辑》，内蒙古大学出版社1998年版。
张本义、吴青云主编：《甲午旅大文献》，大连出版社1998年版。
杨选第、金峰校注：《理藩院则例》，内蒙古文化出版社1998年版。
中国第一历史档案馆、中国藏学研究中心合编：《清初五世达赖喇嘛档案史料选编》，中国藏学出版社1998年版。
赵之恒等主编：《大清十朝圣训》，北京燕山出版社1998年版。
中国第一历史档案馆编：《雍正朝汉文谕旨汇编》，广西师范大学出版社1999年版。
内蒙古自治区档案馆编：《清末内蒙古垦务档案汇编：绥远察哈尔部分》，内蒙古人民出版社1999年版。

（清）刘锦藻撰：《清朝文献通考》，商务印书馆 1936 年版。
《钦定安南纪略》，海南出版社 2000 年版。
李春龙主编：《正续云南备征志精选点校》，云南民族出版社 2000 年版。
云南省凤庆县人民政府、凤庆县地方志办公室编：《顺宁府（县）志五部》，香港天马图书有限公司 2001 年版。
方国瑜主编：《云南史料丛刊》，云南大学出版社 2001 年版。
西藏社会科学院西藏学汉文文献编辑室编辑：《西藏地方志资料集成》，中国藏学出版社 2001 年版。
金毓黻主编：《奉天通志》，辽海出版社 2002 年版。
（清）魏一鳌辑：《北学编》，《续修四库全书》第 515 册，上海古籍出版社 2002 年版。
（清）梁廷枏撰，袁钟仁点校：《粤海关志》，广东人民出版社 2002 年版。
李国荣主编：《庚子事变清宫档案汇编》，中国人民大学出版社 2003 年版。
（清）和瑛：《三州辑略》，苗普生主编《中国西北文献丛书·二编》第 5 册，线装书局 2003 年版。
方树梅辑、李春龙等点校：《滇南碑传集》，云南民族出版社 2003 年版。
（清）尹士俍纂修、李祖基点校：《台湾志略》，九州出版社 2003 年版。
吴元丰等主编：《清代西迁新疆察哈尔蒙古满文档案全译》，新疆人民出版社 2004 年版。
《中国地方志集成·山东府县志辑》，凤凰出版社 2004 年版。
赵心愚、秦和平编：《康区藏族社会历史调查资料辑要》，四川民族出版社 2004 年版。

《国家图书馆藏历史档案文献丛刊·宪政编查馆奏稿汇订》，全国图书馆文献缩微复制中心2004年版。
《国家图书馆藏历史档案文献丛刊·清季钞电汇订》，全国图书馆文献缩微复制中心2004年版。
（清）李熙龄纂，杨磊等点校：（道光）《广南府志》，兰州大学出版社2004年版。
台湾史料集成编辑委员会编：《清代台湾方志汇刊》，远流出版事业公司2005年版。
（清）蒋良骐等：《东华录》，齐鲁书社2005年版。
（清）岑毓英撰，黄振南、白耀天标点：《岑毓英集》，广西民族出版社2005年版。
卢秀璋主编：《清末民初藏事资料选编（1877—1919）》，中国藏学出版社2005年版。
《大清五朝会典》，线装书局2006年影印版。
赵云田点校：《乾隆朝内府抄本〈理藩院则例〉》，中国藏学出版社2006年版。
季垣垣点校：《钦定巴勒布纪略》，中国藏学出版社2006年版。
季垣垣点校：《钦定廓尔喀纪略》，中国藏学出版社2006年版。
《清代方略全书》，北京图书馆出版社2006年影印版。
（清）孟保撰，黄维忠、季垣垣点校：《西藏奏疏·附〈西藏碑文〉》，中国藏学出版社2006年版。
许广智、达瓦编：《西藏地方近代史资料选辑》，西藏人民出版社2007年版。
《新纂云南通志》，云南人民出版社2007年版。
绥远通志馆编纂：《绥远通志稿》，内蒙古人民出版社2007年版。
汪前进、刘若芳主编：《清廷三大实测全图集》，外文出版社2007年版。

土观·洛桑却吉尼玛著，陈庆英、马连龙译：《章嘉国师若必多吉传》，中国藏学出版社 2007 年版。

（清）祝庆祺：《刑案汇览》，法律出版社 2007 年版。

顾廷龙、戴逸主编：《李鸿章全集》，安徽教育出版社 2007 年版。

包文汉、陶继波整理：《蒙古回部王公表传 第二辑》，内蒙古大学出版社 2008 年版。

吴禄贞：《东四盟蒙古实纪》，《内蒙古历史文献丛书》之四，远方出版社 2008 年版。

《大清一统志》，上海古籍出版社 2008 年版。

中国第一历史档案馆、海峡两岸出版交流中心编：《明清宫藏台湾档案汇编》，九州出版社 2009 年版。

中国第一历史档案馆编：《光绪宣统两朝上谕档》，广西师范大学出版社 1996 年版。

（清）陈宗海、陈度纂修：（光绪）《续修普洱府志稿》，《中国地方志集成·云南府县志辑》，凤凰出版社 2009 年版。

赵令志、郭美兰译编：《军机处满文准噶尔使者档译编》，中央民族大学出版社 2009 年版。

（清）李瀚章、裕禄等编纂：（光绪）《湖南通志》，岳麓书社 2009 年版。

（清）素尔讷等：《钦定学政全书校注》，武汉大学出版社 2009 年版。

（清）嵇璜、刘墉：《清朝文献通考》，浙江古籍出版社 2000 年版。

《归化城厅志》，中央民族大学出版社 2010 年版。

赵春晨编：《丁日昌集》，上海古籍出版社 2010 年版。

马大正等整理：《新疆乡土志稿》，新疆人民出版社 2010 年版。

（清）陈宏谋：《培远堂偶存稿》，上海古籍出版社 2010 年版。

《钦定回疆则例》，《边疆史地文献初编·西北边疆》第二辑，中央编译出版社2011年版。

（清）洪亮吉著，刘德权点校：《洪亮吉集》，中华书局2011年版。

（清）昭梿撰，冬青点校：《啸亭杂录》，上海古籍出版社2012年版。

《全国海岛保护规划》（2012年4月），《国家海洋局公报》2012年第1号。

路遥主编：《义和团运动文献资料汇编（中文卷）》上册，山东大学出版社2012年版。

（宋）李心传编撰，胡坤点校：《建炎以来系年要录》，中华书局2013年版。

《中国古代海岛文献地图史料汇编》，蝠池书院2013年版。

（清）刘锦棠、李续宾著，杨云辉校点：《刘锦棠奏稿·李续宾奏疏》，岳麓书社2013年版。

（清）刘铭传撰，马昌华、翁飞点校：《刘铭传文集》，黄山书社2014年版。

忒莫勒、乌云格日勒主编：《中国边疆研究文库·初编》之《北部边疆》，黑龙江教育出版社2014年版。

吕一燃等编：《北洋政府时期的蒙古地区历史资料》，黑龙江教育出版社2014年版。

毕奥南整理：《清代蒙古游记选辑三十四种》，东方出版社2015年版。

（清）陈宏谋辑：《五种遗规》，线装书局2015年版。

王彦威、王亮辑编，李育民、刘利民、李传斌、伍成泉点校整理：《清季外交史料》，湖南师范大学出版社2015年版。

《清代起居注册·雍正朝》，中华书局2016年版。

张生主编：《钓鱼岛问题文献集·明清文献》，南京大学出版社2016年版。

陈天赐:《西沙岛东沙岛成案汇编》,《中国南部沿海及诸岛文献史料选编》第一辑,蝠池书院2018年版。

二　今人著述

(一)论文

曾问吾:《中国历代经营西域史》,《边事研究》1935年第1卷第2—5期。
方骥:《左文襄治理新疆政策之研究》,《边铎》1935年第2卷第1期。
佘贻泽:《清代之土司制度》,《禹贡》1936年第5期。
黄慕松:《我国边政问题》,《蒙藏月报》1936年第1期。
胡巨川:《西康土司考》,《西北问题季刊》1936年第1—2期。
黄慕松:《我国边政问题》,《蒙藏月报》1936年第1期。
佚名:《西康之种族情形》,《四川月报》1936年第9卷第4期。
札奇斯钦:《近代蒙古政治地位之变迁》,《国闻周报》1937年5月3日。
王兴瑞:《清代海南岛的汉黎交易》,《社会科学论丛》1937年第2期。
江应樑:《历代治黎与开化海南黎苗之研究》,《新亚细亚》1937年第4期。
刘选民:《清代东三省移民与开垦》,《史学年报》1938年第5期。
王文萱:《清代蒙古地方政府之研究》,《边声月刊》1938年第1期。
赵留芳:《道孚县浅影》,《康导月刊》1938年创刊号。
王文萱:《清代边疆行政》,《政治季刊》1939年第2期。
楚明善:《清代之治边制度与政策》,《边政公论》1941年第1卷第2期。

黄奋生:《清代设置驻藏大臣考》,《边政公论》1941年第1卷第2期。
刘克让:《左宗棠经营新疆纪要》,《力行》1942年第5期。
丁实存:《清代驻藏大臣考》,《边政公论》1942年第11—12期。
郑鹤声:《清代对于西南宗族之抚绥》,《边政公论》1943年第6—8期。
郑鹤声:《前清康雍乾时代之理藩政策》,《边政公论》1943年第3—5期。
蒋君章:《左宗棠与西北经营》,《三民主义半月刊》1943年第2期。
谢东闵:《清代之台湾地方行政制度》,《台湾民声报》1945年第5期。
楚明善:《边政回忆与展望》,《边政公论》1945年第1期。
周国钧:《清代台湾的垦治》,《社会科学（福建永安）》1945年第2—3期。
胡寄馨:《明清时代中国与琉球之经济政治及文化关系》,《中央日报》1946年11月9日。
李震明:《台湾建置沿革志略》,《台湾月刊》1947年第7期。
姚枬:《中国与琉球的关系》,《亚洲世纪》1947年第3期。
林耀华:《川康北界的嘉戎土司》,《边政公论》1947年第2期。
鲍锡瓒:《清代乾隆时云南省所属土司考》,《水路地图审查委员会会刊》1947年第3辑。
胡寄馨:《清代台湾稻米之生产及其输入内地》,《社会科学（福建永安）》1947年第3—4期。
王兴瑞:《历代治黎政策检讨》,《珠海学报》1948年第1期。
沈达铭:《清代经营伊犁纪》,《西北通讯》1948年第1期。
陈芳芝:《清代边制述略》,《燕京学报》1948年第34期。

徐方幹:《清代台湾之糖业》,《台湾糖业季刊》1948 年第 2 期。
白寿彝:《论历史上祖国国土问题的处理》,《光明日报》1951 年 5 月 19 日。
范文澜:《试论中国自秦汉时成为统一国家的原因》,《历史研究》1954 年第 3 期。
商鸿逵:《略论清初经济恢复和巩固的过程及其成就》,《北京大学学报》1957 年第 2 期。
周一良、周良霄、许大龄、商鸿逵:《西藏是我国领土不可分割的一部分》,北京大学历史系编辑《北大史学论丛》,高等教育出版社 1958 年版。
莫修道:《论尼布楚条约》,《法学研究》1958 年第 1 期。
包尔汉:《论阿古柏政权》,《历史研究》1958 年第 3 期。
严中平:《英国鸦片贩子策划鸦片战争的幕后活动》,《近代史资料》1958 年第 4 期。
朱永嘉:《清代(1793 年)在西藏的重要措施》,《学术月刊》1959 年第 6 期。
刘大年:《论康熙》,《历史研究》1961 年第 3 期。
吕振羽:《中国历史上民族关系的几个问题》,《学术月刊》1963 年第 1 期。
商鸿逵:《论康熙平定三藩》,《历史教学》1963 年第 8 期。
陈耀祖:《明清两代之改土归流》,《边政学报》1964 年第 3 期。
刘义棠:《伯克制度研究》,《政大学报》1965 年第 11 期。
董彦平:《唐元明清四朝对西藏政策》,《国大宪政年刊》1967 年。
王人英:《台湾高山族的人口变迁》,《"中研院"民族学研究所专刊之十一》1967 年。
张大军:《中俄伊犁交涉与改订条约签订》,《春秋》1974 年第 3、5 期。

张大军:《新疆北段中俄国界研究》（一二三），《中山学术文化集刊》1974 年第 14—16 期。

钟锷:《历史真相不容歪曲——关于〈中俄尼布楚条约〉的几个问题》，《历史研究》1975 年第 2 期。

厦门大学南洋研究所南史组:《南海诸岛历来就是中国的领土》，《南洋问题》1975 年第 5 期。

杨正孝:《清代理藩院之理藩政策》，《民族与华侨论文集》1976 年第 2 期。

吕士朋:《清代的理藩院——兼论清代对蒙藏回诸族的统治》，《东海大学历史学报》1977 年第 1 期。

林恩显:《清代新疆的札萨克制度研究》，《中国地方文献年刊》1977 年。

赵春晨:《十八世纪中期清朝统一新疆地区的历史意义》，《新疆历史论文集》，新疆人民出版社 1978 年版。

胡绳:《义和团的兴起和失败》，《近代史研究》1979 年第 1 期。

翦伯赞遗作:《关于处理中国史上的民族关系问题》，《中央民族学院学报》1979 年第 Z1 期。

于福顺:《清代新疆卡伦述略》，《历史研究》1979 年第 4 期。

郭蕴华:《阿睦尔撒纳叛乱及清政府的平叛斗争》，《新疆大学学报》1979 年 Z1 期。

杜荣坤:《关于准噶尔历史人物评价问题》，《中国蒙古史学会论文选集》1980 年。

齐清顺:《关系新疆命运的一场论战：兼论左宗棠在收复新疆中的历史作用》，《新疆大学学报》1980 年第 3 期。

黄克武:《清代台湾稻作之发展》，《台湾文献》1981 年第 32 卷第 2 期。

关嘉录、王桂良、张锦堂:《清代库页费雅喀人的户籍与赏乌林制》，《社会科学辑刊》1981 年第 1 期。
吴元丰、赵志强：《锡伯族西迁概述》，《民族研究》1981 年第 2 期。
［法］J. B. 杜赫德：《测绘中国地图纪事》，葛剑雄译，《历史地理》第 2 辑，上海人民出版社 1982 年版。
邢夙麟、海阳：《关于马神甫事件》，《社会科学战线》1983 年第 3 期。
杨国桢：《清初台湾农业区域的形成》，《台湾研究集刊》1983 年第 2 期。
苏和平：《试论清初三藩的性质及其叛乱失败的原因》，《社会科学》1984 年第 5 期。
［美］李中清：《明清时期中国西南的经济发展和人口增长》，《清史论丛》第 5 辑，中华书局 1984 年版。
覃树冠：《清代广西的改土归流》，《广西师范大学学报》1985 年第 1 期。
邓锐龄：《关于琦善在驻藏大臣任上改定藏事章程问题》，《民族研究》1985 年第 4 期。
戴学稷：《清政府与马江战役》，《内蒙古大学学报》（哲学社会科学版）1985 年第 3 期。
冯尔康：《清初的剃发与易衣冠——兼论民族关系史研究内容》，《史学集刊》1985 年第 2 期。
赵轶峰：《论清统一的局限性》，《史学集刊》1986 年第 1 期。
孔立：《清代台湾人口的几个问题》，《厦门大学学报》1986 年第 4 期。
伍新福：《试论湘西苗区“改土归流”——兼析乾嘉苗民起义的原因》，《民族研究》1986 年第 1 期。
周清澍：《明成祖生母弘吉剌氏说所反映的天命观》，《内蒙古大学学报》1987 年第 3 期。
刘东海：《雍正朝在鄂西的改土归流》，《鄂西大学学报》1987 年第 4 期。
许雪姬：《清代台湾的绿营》，《“中研院”近代史研究所专刊》（54）1987 年版。
田志和：《论清代东北行政体制的改革》，《东北师大学报》（哲学社会科学版）1987 年第 4 期。
郭卫平：《从布达拉宫看西藏地方与祖国的关系》，《西藏研究》1988 年第 4 期。
朱先华：《清末西藏新设机构及其活动概述》，《中国藏学》1988 年第 2 期。
李国强：《中越陆路边界源流述略》，《中国边疆史地研究导报》1989 年第 1 期。
费孝通：《中华民族的多元一体格局》，《北京大学学报》（哲学社会科学版）1989 年第 4 期。
王希隆：《清前期吐鲁番维吾尔人迁居瓜州的几个问题》，《兰州大学学报》1989 年第 4 期。
滕新才：《吴三桂反清性质新探》，《四川师范大学学报》1990 年第 5 期。
谭其骧：《历史上的中国和中国历代疆域》，《中国边疆史地研究》1991 年第 1 期。
木芹：《清代中越边界云南段述评》，《中国边疆史地研究报告》1991 年第 1—2 期合刊。
张植荣：《论中缅边界问题》，《中国边疆史地研究报告》1991 年第 3—4 期合刊。
龙永行：《中越界务（粤越段）会谈及其勘定》，《东南亚研究》1991 年第 4 期。

何龄修:《中国近代清史学科的一位杰出奠基人——试论孟森的清史研究成就，为纪念他的诞辰一百二十周年而作》，《清史论丛》第 8 辑，中华书局 1991 年版。

景和:《〈辛丑条约〉的签订》，《历史教学》1991 年第 9 期。

丁名楠:《中印西段边界问题由来的片断考察》，《中国边疆史地研究报告》1991 年第 3—4 期合刊。

何瑜:《清代海南开发述略》，《中国边疆史地研究》1992 年第 2 期。

张植华:《清代蒙汉民族关系小议——读史札记》，《内蒙古大学学报》1992 年第 3 期。

许毅、隆武华:《试论清代前期对外贸易政策与海禁的性质》，《财政研究》1992 年第 7 期。

茅海建:《鸦片战争与不平等条约》，《历史研究》1992 年第 4 期。

黄德明:《〈威斯特伐利亚和约〉及其对国际法的影响》，《法学评论》1992 年第 5 期。

田志和:《论清代东北驻防八旗的兴衰》，《满族研究》1992 年第 2 期。

齐木德道尔吉:《昭莫多之战以后的噶尔丹》，《蒙古史研究》第四辑，内蒙古大学出版社 1993 年版。

王跃生:《清代督抚体制特征探析》，《社会科学辑刊》1993 年第 4 期。

戴清泉:《清代的闽台对渡及其影响》，《大连海运学院学报》1993 年第 3 期。

刘凤云:《一次决定历史命运的抉择——论吴三桂降清》，《清史研究》1994 年第 2 期。

田彤:《清代（1840 年前）的人口危机及对近代社会经济的影响》，《史学月刊》1994 年第 3 期。

赵云田:《〈蒙古律例〉及其与〈理藩院则例〉》,《清史研究》1995年第3期。

李之勤:《18世纪中叶至19世纪中叶清代西北边疆的巡边制度和巡边路线》,《中国历史地理论丛》1995年第3期。

杜晓黎:《归化城与蒙古草原丝路贸易》,《内蒙古文物考古》1995年Z1期。

达力扎布:《清代内扎萨克六盟和蒙古衙门设立时间蠡测》,《黑龙江民族丛刊》1996年第2期。

孙宏年:《试论十九世纪中后期西藏史地研究》,《扬州师院学报》1996年第1期。

成崇德:《清代前期边疆通论(上)》,《清史研究》1996年第3期。

齐清顺:《清朝加强和改善新疆吏治的重大举措》,《西域研究》1996年第2期。

达力扎布:《清代内扎萨克六盟和蒙古衙门设立时间蠡测》,《黑龙江民族丛刊》1996年第2期。

徐德源:《穆克登碑的性质及其凿立地点与位移述考——近世中朝边界争议的焦点》,《中国边疆史地研究》1997年第1期。

王希隆:《新疆哈密维吾尔族中的扎萨克旗制》,《西域研究》1997年第1期。

黄福才:《论清代大陆与台湾贸易各阶段的特点》,《中国经济史研究》1997年第2期。

陈孔立:《"有唐山公,无唐山妈"质疑——有关台湾早期人口性比例问题》,《台湾研究集刊》1997年第4期。

黄振南:《中法山西之役始末》,《广西社会科学》1997年第2期。

陈潮:《明清之季中韩宗藩关系探索》,《学术论坛》1997年第1期。

陈光国:《论清朝对藏区法制的立法思想和立法原则》,《青海社会科学》1997 年第 3 期。

成崇德:《清代前期边疆通论（下）》,《清史研究》1998 年第 1 期。

成崇德:《清朝边疆统一论》,《清史研究》1998 年第 2 期。

吐娜:《清朝出兵准噶尔中的察哈尔蒙古》,《内蒙古社会科学》1998 年第 6 期。

陈梧桐:《明史研究中的若干争鸣问题》,《人民日报》1998 年 6 月 20 日。

张永江:《论清代漠南蒙古地区的二元管理体制》,《清史研究》1998 年第 2 期。

王希隆:《清代新疆分封制的失败及其原因》,《西北史地》1998 年第 1 期。

孙喆:《清前期蒙古地区的人口迁入及清政府的封禁政策》,《清史研究》1998 年第 2 期。

蔡志展:《明清台湾水利开发之时空分析（1624—1894）》,《社会科教育研究》1998 年第 3 期。

李治亭:《南明史辨——评南明史》,《史学集刊》1999 年第 1 期。

姜龙范、崔永哲:《“日韩合并”与间岛朝鲜人的国籍问题——兼论中日两国在朝鲜人国籍问题上的政策纷争》,《东疆学刊》1999 年第 4 期。

高翔:《五十年来的清史研究：庆祝中华人民共和国成立五十周年》,《清史论丛》1999 年号，河北教育出版社 1999 年版。

戴逸:《论中国历史上统一与分裂》,《中国民族教育》1999 年第 3 期。

张永江、叶子民:《略论清代的属国》,《清史研究》1999 年第 4 期。

邵继勇:《明清时代边地贸易与对外贸易中的晋商》,《南开学报》1999 年第 3 期。

王思治：《简论清代的国家统一》，《光明日报》2000 年 9 月 29 日 C3 版。
苏德毕力格：《清朝对蒙政策的转变——筹划设省》，《蒙古史研究》第 6 辑，内蒙古大学出版社 2000 年版。
邓锐龄：《1720 年清军进入西藏的经过》，《民族研究》2000 年第 1 期。
刘为：《清代中朝宗藩关系下的通使往来》，《中国边疆史地研究》2000 年第 3 期。
李凤珍：《清朝对西藏与四川、青海、云南行政分界的勘定》，《西藏研究》2001 年第 1 期。
王荣国：《明清时代的海神信仰与经济社会》，博士学位论文，厦门大学，2001 年。
戴逸：《〈清史稿〉的纂修及其缺陷》，《清史研究》2002 年第 1 期。
林仁川：《明清时期台湾的稻米生产》，《中国农史》2002 年第 3 期。
孙宏年：《试论清代中越宗藩关系下的边界交涉》，梁志明主编《面向新世纪的中国东南亚学研究：回顾与展望》，香港社会科学出版社有限公司 2002 年版。
赵永春：《关于中国历史上疆域问题的几点认识》，《中国边疆史地研究》2002 年第 3 期。
袁国客：《张之洞治理海南黎族述评》，《西北第二民族学院学报》2003 年第 1 期。
钞晓鸿、郑振满：《二十世纪的清史研究》，《历史研究》2003 年第 3 期。
达力扎布：《〈蒙古律例〉及其与〈理藩院则例〉的关系》，《清史研究》2003 年第 4 期。
刁书仁：《康熙年间穆克登查边定界考辨》，《中国边疆史地研究》

2003 年第 3 期。

马大正:《中国疆域的形成与发展》,《中国边疆史地研究》2004 年第 3 期。

鞠德源:《从地图看钓鱼岛列岛的主权归属》,《地图》2004 年第 1 期。

孙宏年:《20 世纪初英国对中国西藏的侵略与西藏建省问题研究》,《西藏研究》2004 年第 3 期。

朱伦:《西方的“族体”概念系统——从“族群”概念在中国的应用错位说起》,《中国社会科学》2005 年第 4 期。

王东平:《关于清代回疆伯克制度的几个问题》,《民族研究》2005 年第 1 期。

郭成康:《清朝皇帝的中国观》,《清史研究》2005 年第 4 期。

成崇德:《论清朝疆域形成与历代疆域的关系》,《中国边疆史地研究》2005 年第 1 期。

徐春峰:《清代督抚制度的确立》,《历史档案》2006 年第 1 期。

杨建新:《“中国”一词和中国疆域形成再探讨》,《中国边疆史地研究》2006 年第 2 期。

段光达:《东北地区近代城市化问题初探》,《光明日报》2006 年 6 月 12 日。

毕奥南:《历史语境中的王朝中国疆域概念辨析——以天下、四海、中国、疆域、版图为例》,《中国边疆史地研究》2006 年第 2 期。

沈奕巨:《清末广西的边防炮台建设》,《广西地方志》2006 年第 1 期。

刘志扬、李大龙:《“藩属”与“宗藩”辨析》,《中国边疆史地研究》2006 年第 3 期。

张之恒:《中国新石器时代遗址的分布规律》,《四川文物》2007 年第 1 期。

李大龙：《“中国”与“天下”的重合：古代中国疆域形成的历史轨迹——古代中国疆域形成理论研究之六》，《中国边疆史地研究》2007 年第 3 期。
杨齐福：《清代台湾举人之概论》，《台湾研究》2007 年第 5 期。
邓锐龄：《乾隆朝第二次廓尔喀之役（1791—1792）》，《中国藏学》2007 年第 4 期。
乌云毕力格：《喀尔喀三汗的登场》，《历史研究》2008 年第 3 期。
周伟洲：《关于 19 世纪西藏与森巴战争的几个问题》，《中国边疆史地研究》2008 年第 3 期。
潘向明：《甲午黄海之役北洋海军缺乏炮弹说质疑——兼论其失利原因问题》，《清史研究》2009 年第 1 期。
陈鹏：《清代东北边疆边民姓长制度述论》，《东北史地》2009 年第 4 期。
王力：《清朝处理大小和卓问题之政策及其演变》，《伊斯兰文化》2009 年第 1 期。
杜家骥：《清代督、抚职掌之区别问题考察》，《史学集刊》2009 年第 6 期。
邓锐龄：《清乾隆朝第二次廓尔喀侵藏战争（1791—1792）史上的几个问题》，《中国藏学》2009 年第 1 期。
马孟龙：《穆克登查边与〈皇舆全览图〉编绘——兼对穆克登“审视碑”初立位置的考辨》，《中国边疆史地研究》2009 年第 3 期。
孙宏年：《试论清末国内的筹藏建议及其影响——以 1888—1911 年间论著中的建议为中心》，达力扎布主编《中国边疆民族研究》第二辑，中央民族大学出版社 2009 年版。
邓孔昭：《试论清代台湾的女性移民》，《台湾研究集刊》2010 年第 5 期。
刘正寅：《“大一统”思想与中国古代疆域的形成》，《中国边疆史地研究》2010 年第 2 期。
李芳:《清代中期新疆汉民族来源及人口问题》,《新疆大学学报》2010 年第 4 期。
彭陟焱:《论大小金川战争中碉楼的作用》,《西藏民族学院学报》(哲学社会科学版)2010 年第 2 期。
毛晓阳:《清代台湾进士名录考订》,《集美大学学报》(哲学社会科学版)2011 年第 2 期。
李大龙:《试论中国疆域形成和发展的分期与特点》,《中国边疆史地研究》2011 年第 3 期。
梁俊艳:《英国第二次入侵西藏的相关问题研究》,《社会科学战线》2011 年第 4 期。
李云泉:《再论清代朝贡体制》,《山东师范大学学报》(人文社会科学版)2011 年第 5 期。
乌云毕力格、宋瞳:《关于清代内札萨克蒙古盟的雏形——以理藩院满文题本为中心》,《清史研究》2011 年第 4 期。
孙宏年:《历史与真实:1949 年前的中越关系演变》,《世界知识》2011 年第 14 期。
李国强:《我国历代政府对南海诸岛管辖的考察》,《深圳特区报》2011 年 7 月 26 日第 B10 版。
李花子:《康熙年间穆克登立碑位置再探》,《社会科学辑刊》2011 年第 6 期。
张品端:《清代台湾书院的特征及其作用》,《台湾研究》2011 年第 3 期。
方铁:《清雍正朝改土归流的原因、策略与效用》,《河北学刊》2012 年第 3 期。
周伟洲:《清代西藏的地方行政建制研究》,《中国边疆史地研究》2012 年第 4 期。

葛兆光：《乱臣、英雄抑或叛贼？——从清初朝鲜对吴三桂的各种评价说起》，《中国文化研究》2012 年春之卷。
周喜峰：《清初黑龙江各族与雅克萨保卫战》，《明清论丛》2012 年第 1 辑。
王希隆：《张格尔之乱及其影响》，《中国边疆史地研究》2012 年第 3 期。
刘凤云：《理论与方法的推陈出新：清史研究三十年》，《史学月刊》2013 年第 1 期。
黄维忠：《论廓尔喀第三次侵藏战争》，《西藏大学学报》2013 年第 1 期。
李志茗：《中法战争中的张之洞与彭玉麟》，《厦门大学学报》（哲学社会科学版）2013 年第 6 期。
许建英、陈柱：《清政府对英国侵占洪扎的交涉及有关问题的解决》，《社会科学研究》2013 年第 5 期。
郑海麟：《〈台海使槎录〉所记“钓鱼台”、“崇爻之薛波澜”考》，《中国社会科学报》2013 年 4 月 24 日 A05 版。
徐斌：《〈中山传信录〉中有关钓鱼岛史料考述》，《海交史研究》2013 年第 1 期。
孙喆：《从中俄〈尼布楚条约〉到中朝长白山定界——穆克登查边定界动因再探》，《求是学刊》2014 年第 3 期。
王希隆：《乾隆、嘉庆两朝对白山派和卓后裔招抚政策得失述评》，《兰州大学学报》2014 年第 2 期。
周鑫：《光绪三十三年中葡澳门海界争端与晚清中国的“海权”认识》，《海洋史研究》第六辑，社会科学文献出版社 2014 年版。
吴巍巍：《清代涉台文献中的钓鱼岛资料记录及相关考证》，《海交史研究》2014 年第 1 期。
周卫平：《张格尔之乱始末》，《中国边疆学》第 2 辑，社会科学文献出版社 2014 年版。
吕文利:《古代中国的边疆管理和礼仪想象——兼论中国古代疆域版图的形成》,《紫禁城》2014 年第 10 期。
许建英:《坛庙与神祇:清代新疆汉族移民的社会文化构建》,《云南师范大学学报》2014 年第 3 期。
张曦:《试析清廷对廓尔喀首次入侵西藏原因认识的过程》,《西藏研究》2015 年第 1 期。
廖大柯:《早期西方文献中的钓鱼岛》,《暨南学报》2015 年第 3 期。
李花子:《1885 年、1887 年中朝勘界的重新认识》,《社会科学辑刊》2015 年第 1 期。
王宏斌:《清代内外洋划分及其管辖问题研究——兼与西方领海观念比较》,《近代史研究》2015 年第 3 期。
李花子:《中朝边界的形成及特点——以明清为中心》,《黑龙江社会科学》2015 年第 2 期。
马长泉:《康熙、雍正两朝中俄划界原则探析——以〈尼布楚条约〉、〈恰克图条约〉为中心》,《中国边疆史地研究》2015 年第 2 期。
王惠敏:《从清代档案看金川战略地位及其与藏区和内地的联系》,《藏学学刊》2015 年第 2 期。
李治亭:《清帝“大一统”论》,《云南师范大学学报》2015 年第 6 期。
苍铭:《清前期烟瘴对广西土司区汉官选派的影响》,《中国边疆史地研究》2015 年第 3 期。
李元晖、李大龙:《“大一统”思想的形成与实践——多民族国家中国疆域的形成和发展》,《西北民族大学学报》2016 年第 1 期。
孙文杰:《从满文寄信档看“乌什事变”真相》,《云南民族大学学报》（哲学社会科学版）2016年第6期。
黄博:《四宗六本：甘丹颇章时期西藏阿里基层政权初探》，《中国藏学》2016年第2期。
李勤璞:《“西藏”地名的起源》，《历史研究》2016年第5期。
张永攀:《乾隆末至光绪初藏哲边界相关问题研究》，《中国边疆史地研究》2016年第3期。
陈小法:《〈使琉球录〉中的钓鱼岛史料性质之研究》，《日本研究》2017年第2期。
李花子:《穆克登确定的鸭绿江二源与后世争议分水岭》，《近代史研究》2018年第5期。
卜宪群:《谈我国历史上的“大一统思想与国家治理”》，《中国史研究》2018年第2期。
袁韵:《论连横〈台湾通史〉的编纂思想》，《台湾研究》2018年第3期。
张一驰、刘凤云:《清代“大一统”政治文化的构建——以〈盛京通志〉的纂修与传播为例》，《中国人民大学学报》2018年第6期。
李治亭:《改革开放中的清史研究40年》，《社会科学战线》2018年第8期。
张健:《制度移植的动力与困境——北洋军阀时期中华民族共同体的构建路径与效应分析》，《中国边疆史地研究》2019年第2期。
李大龙:《有关清史及清代边疆研究的几点认识》，《中国史研究动态》2019年第6期。
王希隆、杨代成:《清朝统一新疆及其历史意义》，《中国边疆史地研究》2019年第1期。
张永江:《礼仪与政治：清朝礼部与理藩院对非汉族群的文化治理》，《清史研究》2019年第1期。

段金生:《土司政治与王朝治边：清初的云南土司及其治理》，《民族研究》2019 年第 2 期。

苍铭、张薇:《〈皇清职贡图〉的“大一统”与“中外一家”思想》，《云南师范大学学报》2019 年第 3 期。

易锐:《清前期“版图”概念考析》，《中国历史地理论丛》2020 年第 1 期。

邓涛:《藩部经略与直省支撑——四川在清朝治理西藏中的地位和作用》，《西藏大学学报》2020 年第 1 期。

杨念群:《“天命”如何转移：清朝“大一统”观再诠释》，《清华大学学报》2020 年第 6 期。

李金飞:《清代疆域“大一统”观念的变革——以〈大清一统志〉为中心》，《中国边疆史地研究》2020 年第 2 期。

达力扎布:《清代内外蒙古十盟会名称的固定及其时间考》，《民族研究》2020 年第 2 期。

吕文利:《试论元明清〈一统志〉的思想内涵及纂修方式》，《中国地方志》2020 年第 4 期。

孙宏年、苗鹏举:《清代西藏地方军事地理格局的演变》，《中国边疆史地研究》2020 年第 3 期。

张科:《〈西宁青海番夷成例〉实效问题探析》，《中国边疆史地研究》2020 年第 4 期。

李大龙:《中国疆域诠释视角：从王朝国家到主权国家》，《中国社会科学》2020 年第 7 期。

高翔:《中国历史文化具有一脉相承的优秀传统》，《人民日报》2020 年 10 月 26 日第 9 版。

刘伟:《达赖喇嘛谢恩折背景探究——谢恩折表明达赖喇嘛转世的认定权在中央政府》，《中华读书报》2020 年 12 月 30 日第 19 版。

张云:《清朝治理西藏章程是伪造的?》,《环球时报》2021 年 2 月 8 日第 13 版。

（二）著作

傅嵩炑:《西康建省记》,四川官印刷局 1912 年版。
吴曾祺:《清史纲要》,商务印书馆 1913 年版。
汪荣宝、徐国英:《清史讲义》,商务印书馆 1913 年版。
刘法曾:《清史纂要》,上海中华书局 1914 年版。
[日] 稻叶君山:《清朝全史》,但焘译,上海中华书局 1914 年版。
蔡郕:《清代史论》,上海会文堂书局 1915 年版。
连横:《台湾通史》,台湾通史社 1919 年版。
赵玉森:《国耻小史》,中国图书公司 1920 年版。
萧一山:《清代通史》,中华书局 1923 年版。
蒋恭民:《国耻史》,中华书局 1928 年版。
黄孝先:《中国国耻史略》,商务印书馆 1928 年版。
王金绂:《中国经济地理》,北平文化学社 1929 年版。
[英] 柏尔:《西藏之过去与现在》,宫廷璋译,竺可桢、向达校订,商务印书馆 1930 年版。
孟森:《清朝前纪》,商务印书馆 1930 年版。
贾逸君:《中国国耻地理》,北平文化学社 1930 年版。
蒋坚忍:《日本帝国主义侵略中国史》,上海联合书店 1930 年版。
曹增美:《国耻小史》,商务印书馆 1930 年版。
葛绥成:《中国近代边疆沿革考》,中华书局 1931 年版。
章勃:《日本对华之交通侵略》,上海商务印书馆 1931 年版。
李温民:《日本侵略中国史》,国民外交研究会 1932 年印行。
傅斯年:《东北史纲初稿》,国立中央研究院出版委员会 1932 年版。
蒋廷黻:《最近三百年东北外患史》,国立清华大学 1932 年版。
吕思勉:《国耻小史》,中华书局 1933 年版。

梁心:《国耻史要》，日新舆地学社 1933 年版。

李白英:《日本帝国主义侵略中国史》，上海大同书局 1933 年版。

吴兆名:《日本帝国主义与中国》，上海商务印书馆 1934 年版。

［苏］克拉米息夫:《中国西北部之经济状况》王正旺译，，商务印书馆 1934 年版。

夏光南:《元代云南史地丛考》，中华书局 1935 年版。

蒋廷黻:《中国近代史》，商务印书馆 1938 年版。

顾颉刚、史念海:《中国疆域沿革史》，长沙商务印书馆 1938 年版。

李絜非:《东北小史》，中国文化服务社 1942 年版。

郑天挺:《清史探微》，独立出版社 1946 年版。

汤子炳:《台湾史纲》，台湾印刷纸业有限公司 1946 年版。

童书业:《中国疆域沿革略》，开明书店 1946 年版。

方修德:《东北地方开发沿革及其民族》，开明书店 1948 年版。

范文澜:《中国近代史》，人民出版社 1955 年版。

钱实甫:《清代的外交机关》，生活・读书・新知三联书店 1957 年版。

［美］马士:《中华帝国对外关系史》，张文汇等译，生活・读书・新知三联书店 1957 年版。

［美］雷麦:《外人在华投资》，蒋学楷、赵康节译，商务印书馆 1959 年版。

［法］加斯东・加恩:《早期中俄关系史（1689—1730）》，江载华译，商务印书馆 1961 年版。

［英］E. G. 拉文斯坦:《俄国人在黑龙江》，陈霞飞节译，商务印书馆 1974 年版。

复旦大学《沙俄侵华史》编写组:《沙俄侵华史》，上海人民出版社 1975 年版。

中国科学院近代史研究所编:《沙俄侵华史》，人民出版社 1976

年版。
吉林师大历史系编：《沙俄侵华史简编》，吉林人民出版社 1976 年版。
李毓澍：《外蒙古撤治问题》，商务印书馆 1976 年版。
中国社会科学院近代史研究所编：《沙俄侵华史》，人民出版社 1978 年版。
《沙俄侵略中国西北边疆史》编写组：《沙俄侵略中国西北边疆史》，人民出版社 1979 年版。
黄嘉谟：《美国与台湾（1784—1895）》，《“中研院”近代史研究所专刊》（14）1979 年版。
郑天挺：《清史简述》，中华书局 1980 年版。
戴逸主编：《简明清史》，人民出版社 1980 年版。
王宏纬编：《高山王国尼泊尔》，中国社会科学出版社 1980 年版。
梁方仲编：《中国历代户口、田地、田赋统计》，上海人民出版社 1980 年版。
张大军：《新疆风暴七十年》，兰溪出版有限公司 1980 年版。
［俄］符拉基米尔佐夫：《蒙古社会制度史》，刘荣焌译，中国社会科学出版社 1980 年版。
［英］约·弗·巴德利：《俄国·蒙古·中国》，吴持哲、吴有刚译，商务印书馆 1981 年版。
中国社会科学院近代史研究所编：《沙俄侵华史》第三卷，人民出版社 1981 年版。
孟森：《明清史讲义》，中华书局 1981 年版。
李国祁：《中国现代化的区域研究：闽浙台地区（1860—1916）》，《“中研院”近代史研究所专刊》（44）1982 年版。
方国瑜：《彝族史稿》，四川民族出版社 1984 年版。
郑家度编：《广西金融史稿》上，广西民族出版社 1984 年版。

李洵、薛虹主编:《明清史》，辽宁人民出版社 1985 年版。
王辅仁、陈庆英编著:《蒙藏民族关系史略》，中国社会科学出版社 1985 年版。
叶振辉:《清季台湾开埠之研究》，标准书局 1985 年版。
胡焕庸编:《中国人口地理简编》，重庆出版社 1986 年版。
庄吉发:《清高宗十全武功研究》，中华书局 1987 年版。
尤中:《中国西南边疆变迁史》，云南教育出版社 1987 年版。
《哈萨克族简史》编写组编:《哈萨克族简史》，新疆人民出版社 1987 年版。
方国瑜:《中国西南历史地理考释》，中华书局 1987 年版。
路遇:《清代和民国山东移民东北史略》，上海社会科学院出版社 1987 年版。
［美］约翰·F. 卡迪:《东南亚历史发展》，姚楠、马宁译，上海译文出版社 1988 年版。
张羽新:《清政府与喇嘛教》，西藏人民出版社 1988 年版。
吴丰培、曾国庆:《清代驻藏大臣传略》，西藏人民出版社 1988 年版。
吴丰培、曾国庆:《清朝驻藏大臣制度的建立与沿革》，中国藏学出版社 1989 年版。
白寿彝主编:《中国通史·第一卷》，上海人民出版社 1989 年版。
赵云田:《清代蒙古政教制度》，中华书局 1989 年版。
王锺翰:《清史新考》，辽宁大学出版社 1990 年版。
翁独健主编:《中国民族关系史纲要》，中国社会科学出版社 1990 年版。
黄福才:《台湾商业史》，江西人民出版社 1990 年版。
鲍中行:《中国海防的反思：近代帝国主义从海上入侵史》，国防大学出版社 1990 年版。

陈孔立主编:《台湾研究十年》,厦门大学出版社 1990 年版。
戚其章:《甲午战争史》,人民出版社 1990 年版。
陈生玺、杜家骥:《清史研究概说》,天津教育出版社 1991 年版。
杨余练等:《清代东北史》,辽宁教育出版社 1991 年版。
潘志平:《中亚浩罕国与清代新疆》,中国社会科学出版社 1991 年版。
《清代全史》,辽宁人民出版社 1991—1993 年版。
杨公素:《中国反对外国侵略干涉西藏地方斗争史》,中国藏学出版社 1992 年版。
定宜庄:《清代八旗驻防制度研究》,天津古籍出版社 1992 年版。
王鸿宾、向南、孙孝恩主编:《东北教育通史》,辽宁教育出版社 1992 年版。
新疆维吾尔自治区交通史志编纂委员会编:《新疆古代道路交通史》,人民交通出版社 1992 年版。
吕一燃主编:《南海诸岛:地理、历史、主权》,黑龙江教育出版社 1992 年版。
田继周等:《中国历代民族政策研究》,青海人民出版社 1993 年版。
刘广安:《清代民族立法研究》,中国政法大学出版社 1993 年版。
刘光智:《云南教育简史》,贵州人民出版社 1993 年版。
云南近代史编写组:《云南近代史》,云南人民出版社 1993 年版。
杨昭全、孙玉梅:《中朝边界史》,吉林文史出版社 1993 年版。
马大正:《边疆与民族——历史断面研考》,黑龙江教育出版社 1993 年版。
厉声:《新疆对苏(俄)贸易史:1600—1990》,新疆人民出版社 1993 年版。
王锺翰主编:《中国民族史》,中国社会科学出版社 1994 年版。
刘凤云:《清代三藩研究》,中国人民大学出版社 1994 年版。

马汝珩、马大正主编：《清代的边疆政策》，中国社会科学出版社 1994 年版。
李侃、李时岳、李德征等：《中国近代史》，中华书局 1994 年版。
乔吉：《内蒙古寺庙》，内蒙古人民出版社 1994 年版。
魏良弢：《叶尔羌汗国史纲》，黑龙江教育出版社 1994 年版。
吴天颖：《甲午战前钓鱼列屿归属考——兼质日本奥原敏雄诸教授》，社会科学文献出版社 1994 年版。
黄玉生等编著：《西藏地方与中央政府关系史》，西藏人民出版社 1995 年版。
苗普生：《伯克制度》，新疆人民出版社 1995 年版。
华立：《清代新疆农业开发史》，黑龙江教育出版社 1995 年版。
阿拉腾奥其尔：《清代伊犁将军论稿》，民族出版社 1995 年版。
冯立升：《中国古代测量学史》，内蒙古大学出版社 1995 年版。
卢明辉等：《旅蒙商》，中国商业出版社 1995 年版。
张玉兴：《南明诸帝》，吉林文史出版社 1996 年版。
吕昭义：《英属印度与中国西南边疆（1774—1911 年）》，中国社会科学出版社 1996 年版。
星汉：《清代西域诗辑注》，新疆人民出版社 1996 年版。
余定邦：《东南亚近代史》，贵州人民出版社 1996 年版。
萧金松：《清代驻藏大臣》，台北唐山出版社 1996 年版。
马大正、刘逖：《二十世纪的中国边疆研究——一门发展中的边缘学科的演进历程》，黑龙江教育出版社 1997 年版。
顾诚：《南明史》，中国青年出版社 1997 年版。
葛剑雄：《中国历代疆域的变迁》，商务印书馆 1997 年版。
葛剑雄主编、曹树基：《中国移民史》第 6 卷，福建人民出版社 1997 年版。
达力扎布：《明代漠南蒙古历史研究》，内蒙古文化出版社 1997

年版。
米庆余:《琉球历史研究》，天津人民出版社 1998 年版。
李世愉:《清代土司制度论考》，中国社会科学出版社 1998 年版。
黄振南:《中法战争诸役考》，广西师范大学出版社 1998 年版。
马汝珩、成崇德主编:《清代边疆开发》，山西人民出版社 1998 年版。
新疆维吾尔自治区地方志编纂委员会等编:《新疆通志・商业志》，新疆人民出版社 1998 年版。
[英] 安东尼・吉登斯:《民族—国家与暴力》，胡宗泽等译，生活・读书・新知三联书店 1998 年版。
余定邦、喻常森等:《近代中国与东南亚关系史》，中山大学出版社 1999 年版。
顾祖成编:《明清治藏史要》，西藏人民出版社、齐鲁书社 1999 年版。
成崇德:《18 世纪的中国与世界：边疆民族卷》，辽海出版社 1999 年版。
吕淑梅:《陆岛网络：台湾海港的兴起》，江西高校出版社 1999 年版。
余定邦:《中缅关系史》，光明日报出版社 2000 年版。
周伟洲主编:《英国、俄国与中国西藏》，中国藏学出版社 2000 年版。
高翔:《近代的初曙：18 世纪中国观念变迁与社会发展》，社会科学文献出版社 2000 年版。
乌云毕力格等:《蒙古民族通史》第 4 卷，内蒙古大学出版社 2000 年版。
任乃强:《西康图经》，西藏古籍出版社 2000 年版。
马大正主编:《中国边疆经略史》，中州古籍出版社 2000 年版。

中国人民大学清史研究所编:《清史编年》，中国人民大学出版社2000年版。
施添福:《清代台湾的地域社会——竹堑地区的历史地理研究》，新竹县文化局2001年版。
田涛:《国际法输入与晚清中国》，济南出版社2001年版。
苏发祥:《清代治藏政策研究》，民族出版社2001年版。
赵云田:《中国治边机构史》，中国藏学出版社2002年版。
张羽新编:《清朝治藏典章研究》，中国藏学出版社2002年版。
[美]惠顿:《万国公法》，丁韪良译，上海书店出版社2002年版。
白新良主编:《中朝关系史：明清时期》，世界知识出版社2002年版。
王宏斌:《清代前期海防：思想与制度》，社会科学文献出版社2002年版。
管守新:《清代新疆军府制度研究》，新疆大学出版社2002年版。
王静:《中国古代中央客馆制度研究》，黑龙江教育出版社2002年版。
姜鸣:《龙旗飘扬的舰队：中国近代海军兴衰史》（增订本），生活·读书·新知三联书店2002年版。
赵云田:《北疆通史》，中州古籍出版社2003年版。
杜家骥:《清朝满蒙联姻研究》，人民出版社2003年版。
达力扎布:《明清蒙古史论稿》，民族出版社2003年版。
孙喆:《康雍乾时期舆图绘制与疆域形成研究》，中国人民大学出版社2003年版。
余太山主编:《西域通史》，中州古籍出版社2003年版。
陈庆英、高淑芬主编:《西藏通史》，中州古籍出版社2003年版。
张羽琼:《贵州古代教育史》，贵州教育出版社2003年版。
马大正等著:《古代中国高句丽历史续论》，中国社会科学出版社

2003 年版。
许涤新、吴承明：《中国资本主义发展史》，人民出版社 2003 年版。
张炜、方堃主编：《中国海疆通史》，中州古籍出版社 2003 年版。
李大龙：《汉唐藩属体制研究》，中国社会科学出版社 2003 年版。
马菁林：《清末川边藏区改土归流考》，巴蜀书社 2004 年版。
赵云田：《清末新政研究——20 世纪初的中国边疆》，黑龙江教育出版社 2004 年版。
厉声：《哈萨克斯坦及其与中国新疆的关系（15 世纪—20 世纪）》，黑龙江教育出版社 2004 年版。
闫天灵：《汉族移民与近代内蒙古社会变迁研究》，民族出版社 2004 年版。
恰白·次旦平措、诺章·吴坚、平措次仁著，陈庆英、格桑益西、何宗英、许德存译：《西藏通史——松宝石串》，西藏古籍出版社 2004 年版。
谢铁群编著：《历代中央政府的治藏方略》，中国藏学出版社 2005 年版。
多杰才旦主编：《元以来西藏地方与中央政府关系研究》，中国藏学出版社 2005 年版。
［英］约翰·霍夫曼：《主权》，陆彬译，吉林人民出版社 2005 年版。
王芸生：《六十年来中国与日本》，生活·读书·新知三联书店 2005 年版。
郝维民、齐木德道尔吉主编：《内蒙古通史纲要》，人民出版社 2006 年版。
廖祖桂、李永昌、李鹏年：《〈钦定藏内善后章程二十九条〉版本考略》，中国藏学出版社 2006 年版。
翦伯赞主编：《中国史纲要》，北京大学出版社 2006 年版。

陈孔立:《清代台湾移民社会研究》，九州出版社 2006 年版。
伍昆明主编:《西藏近三百年政治史》，鹭江出版社 2006 年版。
王世庆:《清代台湾社会经济》，联经出版事业公司 2006 年版。
夏笠:《第二次鸦片战争史》，上海书店出版社 2007 年版。
曹永年主编:《内蒙古通史》第 3 卷，内蒙古大学出版社 2007 年版。
冯智:《清代治藏军事研究》，云南民族出版社 2007 年版。
林荣贵主编:《中国古代疆域史》，黑龙江教育出版社 2007 年版。
吕一燃主编:《中国近代边界史》，四川人民出版社 2007 年版。
郑家富等:《中国历史教育地理新探索》，中央文献出版社 2007 年版。
哈斯巴根:《鄂尔多斯农牧交错区域研究（1697—1945）——以伊克昭盟准格尔旗为中心》，内蒙古大学出版社 2007 年版。
陆韧主编:《现代西方学术视野中的中国西南边疆史》，云南大学出版社 2007 年版。
杜家骥:《八旗与清朝政治论稿》，人民出版社 2008 年版。
于沛、孙宏年、章永俊、董欣洁:《全球化境遇中的西方边疆理论研究》，中国社会科学出版社 2008 年版。
杨国桢:《瀛海方程——中国海洋发展理论和历史文化》，海洋出版社 2008 年版。
王家俭:《李鸿章与北洋舰队：近代中国创建海军的失败与教训》，生活·读书·新知三联书店 2008 年版。
乌云毕力格:《十七世纪蒙古史论考》，内蒙古人民出版社 2009 年版。
珠飒:《18—20 世纪初东部内蒙古农耕村落化研究》，内蒙古人民出版社 2009 年版。
星汉:《清代西域诗研究》，上海古籍出版社 2009 年版。

华林甫：《中国历史地理学·综述》，山东教育出版社2009年版。
达力扎布主编：《中国民族史研究60年》，中央民族大学出版社2010年版。
王政尧：《清史初得》，辽宁民族出版社2010年版。
连横：《台湾通史》，商务印书馆2010年版。
刘凤云、刘文鹏编：《清朝的国家认同——“新清史”研究与争鸣》，中国人民大学出版社2010年版。
陈永明：《清代前期的政治认同与历史书写》，上海古籍出版社2011年版。
潘向明：《清代新疆和卓叛乱研究》，中国人民大学出版社2011年版。
柯志明：《番头家：清代台湾族群政治与熟番地权》，台北“中研院”社会学研究所2011年版。
高翔：《在历史的深处》，中国社会科学出版社2012年版。
郑汕：《中国边疆学概论》，云南人民出版社2012年版。
张乃根：《国际法原理》，复旦大学出版社2012年版。
［美］李中清：《中国西南边疆的社会经济：1250—1850》，林文勋、秦树才译，人民出版社2012年版。
朱昭华：《中缅边界问题研究》，黑龙江教育出版社2013年版。
邓锐龄：《清前朝治藏政策探赜》，中国藏学出版社2013年版。
李祖基：《近代台湾对外贸易研究》，厦门大学出版社2013年版。
傅林祥等：《中国行政区划通史·清代卷》，复旦大学出版社2013年版。
吕文利：《〈皇朝藩部要略〉研究》，黑龙江教育出版社2013年版。
白京兰：《一体与多元：清代新疆法律研究（1759—1911）》，中国政法大学出版社2013年版。
黑龙：《满蒙关系史论考》，民族出版社2013年版。

[美] 杰里·本特利、赫伯特·齐格勒:《新全球史》，魏凤莲译，北京大学出版社 2014 年版。

王尔敏:《近代论域探索》，中华书局 2014 年版。

周卫平:《清代新疆官制边吏研究》，新疆人民出版社 2014 年版。

许建英:《近代英国和中国新疆（1840—1911）》，黑龙江教育出版社 2014 年版。

李治国:《清代藩部宾礼研究——以蒙古为中心》，内蒙古大学出版社 2014 年版。

张永江:《清代藩部研究——以政治变迁为中心》，黑龙江教育出版社 2014 年版。

杜家骥:《杜家骥讲清代制度》，天津古籍出版社 2014 年版。

孙宏年:《清代中越关系研究（1644—1885）》，黑龙江教育出版社 2014 年版。

张海鹏、李细珠主编:《当代中国台湾史研究》，中国社会科学出版社 2015 年版。

宝音朝克图:《中国北部边疆的治理》，湖南人民出版社 2015 年版。

孙喆:《中国东北边疆的治理》，湖南人民出版社 2015 年版。

孙宏年:《中国西南边疆的治理》，湖南人民出版社 2015 年版。

许建英:《中国西藏的治理》，湖南人民出版社 2015 年版。

[日] 田山茂:《清代蒙古社会制度》，潘世宪译，内蒙古人民出版社 2015 年版。

黑龙:《准噶尔蒙古与清朝关系史研究（1672—1697）》，上海古籍出版社 2015 年版。

樊树志:《晚明史：1573—1644》，复旦大学出版社 2015 年版。

成崇德:《清代边疆民族研究》，故宫出版社 2015 年版。

王思治:《清史述论》，故宫出版社 2016 年版。

拉巴平措、陈庆英主编；《西藏通史》，中国藏学出版社 2016 年版。

哈斯巴根：《清初满蒙关系演变研究》，北京大学出版社 2016 年版。
刘江永：《钓鱼岛列岛归属考：事实与法理》，人民出版社 2016 年版。
王鹏辉：《清代民初新疆镇迪道的佛寺道观研究》，新疆人民出版社 2016 年版。
刘蒙林：《清代绥远城八旗驻防研究》，内蒙古大学出版社 2017 年版。
吕文利：《嵌入式互动：清代蒙古入藏熬茶研究》，内蒙古大学出版社 2017 年版。
［美］米华健：《嘉峪关外：1759—1864 年新疆的经济、民族和清帝国》，贾建飞译，香港中文大学出版社 2017 年版。
李大龙、李元晖：《游牧行国体制与王朝藩属互动研究》，内蒙古大学出版社 2018 年版。
李明倩：《〈威斯特伐利亚和约〉与近代国际法》，商务印书馆 2018 年版。

附录　清代国家统一史大事编年

一　1583—1644 年

皇帝纪年	公元年	事件
明万历十一年	1583 年	因图伦城的尼堪外兰引明军攻打古勒城，城破后明军误杀了努尔哈赤祖、父二人，努尔哈赤以祖、父十三副遗甲起兵攻打尼堪外兰，从此开始了统一女真各部的事业
万历二十一年	1593 年	由于努尔哈赤的建州女真势力日益强大，海西女真叶赫部首领布寨联合乌拉、辉发、哈达及蒙古科尔沁等部组建了九部联军讨伐建州女真。双方大战于古勒山，努尔哈赤大破九部联军，这次胜利为日后努尔哈赤统一女真各部奠定了基础
万历二十七年	1599 年	自努尔哈赤起兵以后，女真社会的政治、经济、军事、文化等方面得到迅速发展，努尔哈赤命额尔德尼和噶盖两人，以蒙古字母为基础创制了一种新的拼音文字——满文（称为老满文，又称无圈点满文），标志着女真社会向前迈进了一大步
万历二十九年	1601 年	努尔哈赤在女真社会旧有的狩猎组织“牛录”的基础上，将五牛录组建为一个甲喇，五个甲喇组成一个固山，设立黄、白、红、蓝四固山，后增加镶黄、镶白、镶红、镶蓝四固山，合称八旗。八旗制度“以旗统军，以旗统民”，兼具军事、行政、经济、婚姻、教育和司法功能。八旗制度既是清朝统治全国的重要军事支柱，也在巩固统一多民族国家、保卫边疆防止外来侵略等方面发挥了重要作用

续表

皇帝纪年	公元年	事件
后金天命元年	1616 年	努尔哈赤在赫图阿拉（今辽宁新宾）正式称汗，年号“天命”，国号定为“金”（史称后金），诸贝勒大臣上尊号曰“覆育列国英明汗”
天命三年四月	1618 年	努尔哈赤以“七大恨”祭天，率领军队两万人进攻明朝在辽东地区的军事重镇抚顺城，明朝守将李永芳率部出城投降，此次战役拉开了后金对明战争的序幕
天命四年二月至三月	1619 年	明朝集合十几万军队，以辽东经略杨镐为统帅，分四路向赫图阿拉发动进攻。后金军队集中优势兵力，将明军各个击破，取得了“萨尔浒大捷”，这是明末战争史上一个重要转折点
天命四年八月	1619 年	努尔哈赤发兵攻打海西女真的叶赫部，在攻克叶赫部各城之后，将其部众尽数迁往建州，选精壮男丁九千名编入八旗。至此，经过三十多年的征战，后金最终统一女真绝大部分
后金天聪二年十月	1628 年	皇太极率军攻打蒙古察哈尔部的林丹汗，不仅为日后统一漠南蒙古铺平了道路，而且打通了绕过山海关，从长城其他关隘攻入中原的军事通道
天聪三年四月	1629 年	皇太极建立“文馆”，命巴克什达海负责翻译汉文书籍，促进了中原文化在女真社会中的传播
天聪六年	1632 年	鉴于老满文中存在部分字母难以区分、使用不便的问题，皇太极命达海对老满文进行了改进，在原来的字母旁边分别加上圈和点（史称“新满文”或“圈点满文”），使得满文的完善程度和规范性大大提高
天聪九年八月	1635 年	多尔衮率军西征，察哈尔林丹汗死于西逃途中，多尔衮将林丹汗死后遗留的察哈尔部众尽数收服，而且获得了象征历代王朝正统的“传国玉玺”，最终完成对整个漠南蒙古的统一
天聪九年十月	1635 年	皇太极颁布谕令，将族名由“女真”改为“满洲”，标志着满洲作为一个共同体登上了历史舞台
天聪十年四月	1636 年	后金满、蒙、汉大臣及外藩蒙古十六部四十九位王公齐聚盛京，以三体表文上尊号，后金汗皇太极宣布即皇帝位，改国号为“大清”，改年号为“崇德”

续表

皇帝纪年	公元年	事件
清崇德三年三月	1638 年	喀尔喀蒙古三部遣使盛京，清朝皇帝命其每年进“九白之贡”，双方建立了初步的政治关系
崇德三年七月	1638 年	皇太极将蒙古衙门改为理藩院，专门处理蒙古各部的编旗、会盟、赏赐、司法等事务，日后随着疆域扩大，理藩院逐渐成为管理蒙古、西藏、新疆等地民族事务的中央机构，同时兼理与俄国的外交，对于清代统一多民族国家的巩固起到了重要作用
崇德三年八月	1638 年	盛京的莲花净土实胜寺竣工，皇太极亲率诸王、贝勒和大臣入寺祭佛。该寺贡奉了从蒙古得到的藏传佛教的战神玛哈嘎拉金佛
崇德六年	1641 年	清军平定了黑龙江上游乌鲁苏城的索伦部首领博木博果尔的叛乱，将贝加尔湖以东广大的黑龙江流域纳入治下
崇德七年二月至三月	1642 年	二月清军攻陷松山城，明朝巡抚邱民仰、总兵曹变蛟、王廷臣被俘，不屈而死，先前受命由宁远驰援锦州被困松山的明朝总督洪承畴被俘；三月，明锦州守将祖大寿开城降清，其后清军攻陷塔山、杏山二城，史称“松锦之战”。经此一役，明朝在辽东的军事防御体系完全崩溃
崇德七年十月	1642 年	五世达赖喇嘛阿旺罗桑嘉措遣使抵达盛京，受到了皇太极热情招待，加强了西藏地方与清朝廷之间的联系

二　1644—1759 年

皇帝纪年	公元年	事件
顺治元年三月至四月	1644 年	李自成率农民起义军攻克北京，崇祯皇帝于煤山自缢，明朝灭亡。同时，多尔衮率领清军从盛京出发，伺机入关，在招降了明朝辽东将领吴三桂后，与吴军合力在山海关击败李自成，取得了明清易代之际具有决定意义的山海关大战的胜利
顺治元年五月	1644 年	多尔衮率领清军由朝阳门进入北京城，宣布官仍其职，民仍其业，废除明末加派的“三饷”，为崇祯皇帝发丧，这些措施迅速稳定了北方局势，为统一中原奠定了基础

续表

皇帝纪年	公元年	事件
顺治元年十月	1644 年	多尔衮与诸王贝勒大臣商议后，决定将清朝的都城由盛京迁到北京，盛京以留都的形式继续存在。十月初一日，顺治皇帝在北京紫禁城的太和门举行了登基大典，仍用“大清”国号，年号“顺治”。清朝由原来东北一隅的地方政权，转变为继明朝之后的全国性政权
顺治二年四月	1645 年	多铎率清军追击李自成的农民军残部，在长江中游一带与农民军激战，李自成败逃湖北通山后被杀
顺治二年五月	1645 年	多铎率清军围攻扬州城，南明兵部尚书史可法拒不投降，兵败后被杀。清军占领扬州后，纵兵屠城，军民死伤不计其数，史称“扬州十日”。清军乘势渡过长江，占领南京，南明弘光帝朱由崧逃至芜湖被俘，南明弘光政权灭亡
顺治三年八月	1646 年	清军先后攻陷仙霞关、汀州，攻灭南明隆武政权，隆武皇帝及皇妃被杀于福州
顺治三年十二月	1646 年	清军攻陷广州，南明唐王朱聿键被俘缢死，绍武政权灭亡
顺治三年	1646 年	肃亲王豪格率清军入川，击败了张献忠的农民军，基本统一了西南地区
顺治四年九月	1647 年	琉球国王进贡表，恭贺顺治皇帝登极
顺治八年九月	1651 年	清军攻入舟山，南明鲁王去监国号，被郑成功接至金门
顺治九年	1652 年	顺治皇帝在北京首次举行了孔庙祭祀典礼，表明了清朝对于中国传统文化的核心——儒家文化的继承
顺治九年十二月	1653 年	五世达赖喇嘛阿旺罗桑嘉措抵达北京，在南苑觐见顺治皇帝
顺治十年七月	1653 年	清朝制定钱法，统一币制
顺治十八年三月	1661 年	在东南沿海坚持抗清的明朝将领郑成功亲率部，自金门出发，横渡台湾海峡，打败荷兰殖民者，收复了被荷兰占领的宝岛台湾
康熙元年	1662 年	平西王吴三桂杀永历帝及其眷属于昆明，南明永历政权宣告灭亡
康熙三年	1664 年	活跃于川、鄂、陕、豫诸省的抗清军队夔东十三家的领导人李来亨在清军的合围之下全家自焚，大顺军坚持多年的抗清斗争结束了

续表

皇帝纪年	公元年	事件
康熙八年	1669年	清朝将生活于黑龙江中上游的达斡尔、鄂温克、鄂伦春等狩猎民族编为布特哈八旗，各设总管管理，初编37个佐领，后增加至97个佐领。布特哈八旗负责狩猎打牲和巡边，同时兼营种地、驯鹿，成为巩固东北边防的一支重要力量
康熙十一年十二月	1672年	卫拉特蒙古准噶尔噶尔丹台吉遣使进贡，清朝按例赏赐
康熙十二年十一月至二十年十月	1673—1681年	平西王吴三桂、平南王尚可喜、靖南王耿精忠不满清朝的撤藩政策，先后起兵叛乱，各地的前明将领纷纷响应，战火波及大半个中国。康熙皇帝“剿抚并用”，从容调度，分化瓦解，耿精忠和尚之信二藩先后投降，清军逐渐扭转战局，吴军开始节节败退。康熙二十年十月，清军攻入昆明，吴三桂孙吴世璠自杀，历时八年的“三藩之乱”结束
康熙十四年三月	1675年	蒙古察哈尔部布尔尼亲王举兵反清。清朝令鄂札、图海为将，率清军出塞平定
康熙十八年	1679年	为谋求中原士人对清朝统治合法性的认同，康熙皇帝下诏开博学鸿儒科，不拘一格地招纳人才，通过撰修《明史》笼络了一批不愿意出仕的前明遗民，也促进了康熙朝文化的繁荣
康熙二十年	1681年	为加强对蒙古地方的管理，巩固北部边防，清朝在距北京350多公里的蒙古高原建立了一处皇家围猎场——木兰围场，皇帝在秋季带领王公大臣、八旗军队前往行围狩猎（史称“木兰秋狝”），围猎之际还会处理部分边疆民族地区的政务，该制延续上百年，至嘉庆年间才停止
康熙二十二年	1683年	清朝福建水师提督施琅率军横渡台湾海峡，在澎湖海战中大败台湾郑氏的军队主力，郑成功之孙郑克塽投降清军，台湾正式纳入清朝中央政府管辖之下
康熙二十二年	1683年	清朝任命萨布素为首任黑龙江将军，全称“镇守黑龙江等处地方将军”，这是清代在该地区设置的最高军政官员，驻地为齐齐哈尔。辖区东至毕占河、南至松花江，与吉林将军辖区接壤；北至外兴安岭与俄罗斯为界；西至喀尔喀接车臣汗部界。维护东北边疆稳定、抗击沙俄势力侵略是黑龙江将军的重要执掌
康熙二十三年五月	1684年	康熙皇帝下诏纂修《大清会典》

续表

皇帝纪年	公元年	事件
康熙二十三年十一月	1684 年	康熙帝在第一次南巡回京途中，亲自到山东曲阜的孔庙祭拜孔子，亲书“万世师表”匾额悬挂于大成殿，并将匾额所书四字颁发给全国各府州县的孔庙，表明了清朝尊孔崇儒的治国理念
康熙二十三年	1684 年	依据施琅的建议，清朝在台湾设置一府三县，台湾府和台湾、凤山、诸罗三县，隶属于福建省；设总兵官一员，驻兵八千；澎湖设副将一员，驻兵二千，确保了清朝对台湾长期稳定的统治
康熙二十三年	1684 年	清朝正式废除持续多年的海禁政策，准许沿海百姓出海贸易，并在东南沿海地区分别设立了粤海关、闽海关、浙海关、江海关，作为管理对外贸易和征收关税的机构，加强了对海疆的管理
康熙二十四年至二十七年	1685—1688 年	为了抵御沙俄对黑龙江流域的入侵，清朝组织了两次雅克萨自卫反击战，打败了沙俄军队，有效地遏制了沙俄势力的东侵，确保了东北边疆此后近二百年的安全和稳定
康熙二十八年七月	1689 年	雅克萨之战后，中俄就东段边界等问题进行交涉。中方代表索额图、佟国纲等与俄方代表戈洛文在尼布楚签订中俄《尼布楚条约》。条约规定：格尔必齐河、额尔古纳河及外兴安岭为中俄东段边界，乌第河地区为待议地区；两国严禁越界入侵和收纳逃人；两国人民持有护照者可以过界往来，通商贸易。条约划分了中俄两国东部边界，从法律上确立了黑龙江和乌苏里江流域包括库页岛在内的广大地区属于中国
康熙二十九年	1690 年	由于喀尔喀各部之间发生矛盾，卫拉特蒙古准噶尔部首领噶尔丹趁机率军越过杭爱山，大举进攻喀尔喀。在打败了喀尔喀土谢图汗后，一路追击至漠南蒙古，严重威胁了清朝的北方边疆安全。康熙皇帝派数万军队迎战，在乌兰布通（内蒙古克什克腾旗境内）与准噶尔军激战，准军败退，但主力仍在，继续与清朝对抗

续表

皇帝纪年	公元年	事件
康熙三十年五月	1691 年	康熙皇帝召集喀尔喀蒙古三大部、漠南蒙古四十九旗王公在多伦举行会盟，会盟妥善处理了土谢图汗和扎萨克图汗之间的矛盾，将喀尔喀三部编旗设佐，喀尔喀蒙古正式纳入清朝管辖之下
康熙三十五年二月	1696 年	清朝发兵 10 万，分东、中、西三路进击准噶尔，抚远大将军费扬古率领的西路军在漠北的昭莫多大败准噶尔，噶尔丹仅率数骑逃脱，于康熙三十六年三月十三日死于布颜图河畔之阿察阿穆塔台地
康熙三十六年	1697 年	康熙将恪靖公主下嫁土谢图汗部察珲多尔济汗的孙子敦多布多尔济，恪靖公主成为清皇室第一位与喀尔喀蒙古王公联姻的公主，对清朝统治喀尔喀蒙古起到了重要作用
康熙四十二年	1703 年	清朝开始在塞外的承德修建避暑山庄，历经康雍乾三朝近百年建成。期间，清朝皇帝不仅有相当长的时间在这里处理政务，而且经常在山庄接见蒙古、西藏、新疆等地的王公大臣，承德成为清朝除北京之外的又一个政治中心，为统一多民族国家的发展和巩固发挥了重要作用
康熙四十四年	1706 年	康熙皇帝册封二世章嘉活佛阿旺罗桑却丹为“灌顶普善广慈大国师”，并颁给金印，章嘉活佛成为漠南蒙古格鲁派的宗教领袖
康熙四十九年	1710 年	张玉书、陈廷敬开始主持编纂《康熙字典》，字典采用部首分类法，按笔画排列单字，字典全书分为十二集，以十二地支标识，每集又分为上、中、下三卷，并按韵母、声调以及音节分类排列韵母表及其对应汉字，共收录汉字 47035 个，成为我国古代字书的集大成者
康熙五十年至五十一年	1711—1712 年	清朝委派吉林打牲乌拉总管穆克登两次前往长白山会同朝鲜官员勘察边界，并于鸭绿江、图们江两江分水岭立碑定界，确立了双方在长白山地区边界的基本走向

续表

皇帝纪年	公元年	事件
康熙五十二年	1713 年	康熙皇帝册封五世班禅罗桑意希为“班禅额尔德尼”，赐金册、金印，并加封以前各世班禅，从此班禅系统的地位得到了中央政府的确认，以后历世班禅须经中央政府册封成为一项定制
康熙五十六年	1717 年	《皇舆全览图》绘制完成，绘图工程主要由耶稣会士主持，以天文观测与星象三角测量方式进行，采用梯形投影法绘制，范围东北至库页岛，东南至台湾，西至阿克苏以西叶勒肯城，北至贝加尔湖，南至海南岛，这是我国第一次采用西方科技绘制的全国舆图
康熙五十八年三月至九月	1719 年	皇十四子胤禵统率西北各路人马进兵被准噶尔控制的西藏，经过数月艰苦的行军与作战，成功将准噶尔势力驱逐出西藏，清朝将新册封的“弘法觉众”第六世达赖喇嘛格桑嘉措（后正式定为七世达赖喇嘛）护送入藏，在拉萨举行了坐床仪式，避免了准噶尔以控制西藏为手段来威胁清朝对蒙古各部的统治，实现了“驱准保藏”的战略目标
康熙五十九年	1720 年	清军为平定准噶尔叛乱进入吐鲁番，世居吐鲁番的贵族额敏和卓率众摆脱准噶尔的控制，归附清朝，从此，嘉峪关外上千里土地收入清朝版图
雍正元年六月至二年三月	1723—1724 年	青海和硕特蒙古首领罗卜藏丹津胁迫青海蒙古诸台吉发动叛乱，清军将领年羹尧领兵进伐，迅速击败了叛军，罗卜藏丹津遁逃准噶尔。战后，清朝对青海的行政建制作了重大改革，改西宁卫为西宁府，对蒙古各部编旗设佐领，设“办理青海蒙古番子事务大臣（简称西宁办事大臣）”管理青海政务，青海完全置于中央政府直接管辖之下
雍正元年	1723 年	雍正皇帝宣布实行秘密立储制度，由皇帝亲书立储谕旨一式两份，一份密封在锦匣内，安放于乾清宫“正大光明”匾后，另一份皇帝自己保存。待皇帝驾崩时，由御前大臣将两份遗旨取出，共同拆封，对证无误后当众宣布由谁继位。秘密立储制度有效解决了未采用嫡长子继承制度的清朝顺利实现最高统治权力的过渡

续表

皇帝纪年	公元年	事件
雍正二年	1724年	雍正皇帝依照康熙皇帝所颁行的《圣谕十六条》逐条释义，又于各条之下进行扩展，撰成《圣谕广训》，下令在全国普遍宣讲，提倡尊孝悌、严家治、睦宗族、和乡党、重农桑等观念，试图使理学的纲常名教、伦理道德观念深入人心，集中体现了清朝崇尚儒家、教化臣民的治国思想
雍正四年	1726年	在云贵总督鄂尔泰的建议下，清朝在西南地区开始大规模实行“改土归流”，首先逐步取消当地的土司世袭制度，任命有任期、可调动的流官进行管理，随之开展清查户口、丈量土地、核实赋税、兴办教育等事宜，加强了清朝对西南边疆的统治，促进了少数民族地区社会经济的发展
雍正六年	1728年	清朝设立驻藏大臣衙门，任命僧格、马喇为首任驻藏大臣，驻藏大臣代表中央会同达赖监理西藏地方事务，如高级僧俗官员任免，财政收支稽核，地方军队指挥，涉外事务处理，户口差役督察等。此外，驻藏大臣有权监督达赖喇嘛、班禅及其他大呼图克图转世的金瓶掣签、拈定灵童、主持坐床典礼等事宜
雍正六年	1728年	雍正皇帝设立“正音书馆”，在全国推行北京官话。他谕令福建、广东两省推行“官话”，并规定读书人若听不懂官话，不会说官话，就不能参加科举考试。虽然雍正时期此举收效有限，但对后来张之洞的“官音统一天下语言”的思想奠定了基础
雍正六年五月	1728年	清朝与俄罗斯签订《恰克图条约》，条约规定，以恰克图和鄂尔怀图山之间的鄂博作为两国边界起点，东至额尔古纳河，西至沙毕纳依岭，以南归中国，以北归俄国；重申乌第河及该处其他河流既不能议，仍保留原状，双方均不得占据这一地区
雍正七年	1729年	对准噶尔战争期间，为方便皇帝随时召见大臣商议军政大事并能保守军事机密，雍正皇帝在隆宗门内设置“军机房”(后改称军机处)，作为临时军事指挥机构。由于军机处不存定制、运行高效、保密严格，便于秉承皇帝旨意办事，因此权力不断扩大，逐渐成为处理全国军政大事的常设核心机构，至宣统三年责任内阁成立后才被撤销

续表

皇帝纪年	公元年	事件
雍正八年	1730 年	湖南人曾静因应试不中，在读浙江大儒吕留良的遗著后萌生反清思想，写信劝川陕总督岳钟琪起兵反清，遭岳钟琪揭发后被捕。雍正皇帝亲自撰写长篇诏谕，批驳吕留良反清之论以及曾静指责雍正皇帝本人的十大罪状，并将所有内容刊刻成书，命名为《大义觉迷录》，在全国范围内颁行，该书成为清代阐释“大一统”思想最为完备的官方书籍
雍正十年	1732 年	清朝在今黑龙江依兰县设立三姓副都统，辖区包括松花江下游、黑龙江下游、乌苏里江流域以及库页岛的边民，职能包括抵御沙俄、管理贡貂、管理旗务和民户，实行赈济以及管理司法事务等。三姓副都统通过设置姓长、乡长和袍官，建立起了严密的地方基层政权；通过贡貂皮赏乌林活动，加强了东北边疆和中原的联系
雍正十一年	1733 年	清朝在设乌里雅苏台定边左副将军，负责唐努乌梁海和喀尔喀四部及所附厄鲁特、辉特二部军政事务，首任将军为额驸策零。乾隆以后，将军常驻乌里雅苏台城（今蒙古扎布汗省扎布哈朗特），这是清代在漠北地区最重要的官员
乾隆二年	1737 年	清朝正式将原驻山西右玉的右卫将军移驻塞外，驻防绥远城，称绥远城将军，主要目的为镇抚蒙古乌兰察布盟、伊克昭盟，兼管内属蒙古归化城土默特二旗，是清朝维护北部边疆稳定的重要军事建置
乾隆三年	1738 年	《乾隆大藏经》（又称《清藏》《龙藏》）刊刻完成，这是我国历代官刻大藏经极为重要的一部，全藏共收录经、律、论、杂著等 1669 部，7168 卷。自宋至清，木刻汉文大藏各代频出，唯有《龙藏》经版保存至今，其印本完整者亦极鲜见，因此在世界佛教史上占有重要地位，对于佛教的中国化有着重要意义

续表

皇帝纪年	公元年	事件
乾隆四年	1739 年	二十四史中最后一部官修正史——《明史》编纂完成。从顺治朝开设明史馆起，前后历时 94 年。全书共 332 卷，记载了明代 276 年的历史。该书编纂得体、材料翔实、行文简洁，是一部水平较高的史书。通过编修《明史》，清朝不仅承续了中国“易代修史”的政治传统，也彰显了其“正统”地位
乾隆五年	1740 年	清朝规定了每年运京滇铜的正运、加运、加耗数额，“滇铜京运”自此正式成为定制。此举作为清朝的国家战略，持续百余年，维持着清朝的财政金融体系，也将偏远的云南边疆纳入全国的经济体系，促进了边疆的经济开发、文化建设和社会发展，以及各民族的交往交流交融
乾隆五年	1740 年	清朝对《大清律集解》重加修订，删除总注，逐条详校，纂成后称为《大清律例》，律文凡 436 条，附例增至 1409 条。《大清律例》成为清代最系统、最具代表性的成文法典
乾隆九年	1744 年	雍和宫改为藏传佛教寺庙，特派总理事务王大臣管理其事务，寺院中路最重要的御制碑文《喇嘛说》，则将政府参与宗教事务管理的基本国策昭示天下，也奠定了雍和宫在皇家御用寺院以及清朝管理藏传佛教事务中的核心地位
乾隆十二年至十四年	1747—1749 年	西康地区的大金川土司莎罗奔夺取小金川泽旺印信，又攻明正土司（今康定）。乾隆皇帝派张广泗和庆复进讨，后派遣讷亲到四川督师，但清军久而无功，川陕总督张广泗被清廷处死，乾隆皇帝改派岳钟琪为总兵，讨伐金川。乾隆十四年，莎罗奔请降，大金川事件初告平息
乾隆十六年	1751 年	清军入藏平定西藏郡王珠尔默特那木札勒举兵叛乱后，颁布了《酌定西藏善后章程十三条》，规定了驻藏大臣地位与达赖、班禅平等，在西藏常年驻兵，统一铸造货币，限制租税预征和乌拉的摊派，加强了中央对于西藏的控制

续表

皇帝纪年	公元年	事件
乾隆十八年	1753 年	由于准噶尔部的内乱，厄鲁特蒙古杜尔伯特部的三位首领，即车凌、车凌乌巴什、车凌蒙克率部归附清朝。乾隆皇帝在承德避暑山庄接见车凌等人，并对各级首领予以封爵赏赐。“三车凌”率部归附清朝后，参加了平定达瓦齐和阿睦尔撒纳叛乱的战争，对于清朝平定准噶尔、统一新疆起到了积极作用
乾隆十九年七月	1754 年	准噶尔辉特部台吉阿睦尔撒纳归降清朝。此前，阿睦尔撒纳在内讧中为准噶尔首领达瓦齐击败，于是同讷默库、班珠尔等贵族一道东逃喀尔喀，后率部降清
乾隆十九年十一月	1754 年	清朝在乌梁海编旗设佐，授宰桑车根、赤伦为三品总管，察达克为总管。此前乌梁海为准噶尔所属，经过清军几次用兵，至此正式纳入清朝版图
乾隆二十年二月	1755 年	清朝正式出兵平定准噶尔，以尚书班第为定北将军，阿睦尔撒纳为定边左副将军，统率北路军；以陕甘总督永常为定西将军，萨喇勒为定边右副将军，统率西路军，分两路进击准噶尔。同年五月，北路军于伊犁附近之格登山击败准噶尔，其首领达瓦齐逾天山南逃，六月由乌什伯克霍集斯擒献于清军。准噶尔政权至此覆亡
乾隆二十年四月	1755 年	吐鲁番伯克莽噶里克率回众一千户归降清朝
乾隆二十二年二月	1757 年	清朝以成衮札布为定边将军，率军出击纠集厄鲁特贵族起兵叛乱的阿睦尔撒纳。清军迅速抵达伊犁，平定了叛乱，阿睦尔撒纳逃往哈萨克。至此，彻底平定了准噶尔叛乱，清朝开始在伊犁等地建章立制，实施有效的统治措施
乾隆二十二年	1757 年	英国商人多次违反清朝禁例前往宁波贸易，乾隆宣布封闭闽、浙、江三海关对西洋各国商人的贸易，仅保留粤海关一处，由广州十三行专门负责与西洋各国的贸易；并对丝绸、茶叶等传统商品的出口量严加限制，对中国商船的出洋贸易，也规定了许多禁令

续表

皇帝纪年	公元年	事件
乾隆二十四年	1759 年	此前清军平定准噶尔，将被囚禁于伊犁的大小和卓兄弟释放，二人乘机控制了南疆，举兵自立。清军发兵征讨，大小和卓经葱岭逃入巴达克山（在今阿富汗东北部），被巴达克山首领擒杀，天山南路的广大地区正式纳入清朝的管辖之中，也标志着清朝完成了全国的统一
乾隆二十四年	1759 年	清朝在统一南疆的过程中，开始参照内地官制对回疆社会中旧有的伯克制度进行改造，例如厘定其品秩、给予俸地和燕齐、实行地域和亲属回避等。伯克制度自乾隆年间形成以来，对于回疆各城的管辖和治理起到了一定作用，成为清朝统治回疆的一种制度规范

三　1759—1840 年

乾隆二十六年	1761 年	清朝任命喀尔喀郡王桑寨多尔济为首任库伦办事大臣，确立了库伦办事大臣与乌里雅苏台将军分治漠北的格局。库伦办事大臣的设置，强化了清朝对喀尔喀各部的统治，维护了北部边疆的稳定
乾隆二十六年	1761 年	清朝在阿尔泰山东麓科布多城（今蒙古国科布多省省会）设立参赞大臣，以扎拉丰阿为首任参赞大臣，辖区为以阿尔泰山为中心的喀尔喀蒙古西部及准噶尔盆地北端的额尔齐斯河流域，西至斋桑泊（今属哈萨克斯坦），管辖游牧于此的杜尔伯特部、辉特、明阿特、乌梁海、扎哈沁各部
乾隆二十六年十一月	1761 年	清朝设察哈尔都统，管察哈尔军政及八旗察哈尔游牧之事。察哈尔都统成为清朝在蒙古地区维持统治的重要建置，也构建了漠南蒙古地区沿长城一线军事驻防体系，成为京师北部一道重要的军事屏障
乾隆二十七年	1762 年	清朝设“总管伊犁等处将军”，管辖范围包括天山南北、巴尔喀什湖以东以南，额尔齐斯河上游等地，同时节制天山南北各处参赞大臣、办事大臣、领队大臣。在新疆建省前，伊犁将军一直是新疆最高军政长官

续表

乾隆二十七年	1762 年	法国传教士蒋友仁在康熙朝《皇舆全览图》基础上，增加新疆、西藏新测绘的资料，编制乾隆《内府舆图》，因地图每五度一排，共分为十三排，也叫乾隆《十三排图》。《内府舆图》的完成，标志着我国实测地图最终覆盖了清朝的全部疆域
乾隆二十八年	1763 年	由大学士傅恒奉旨撰修的《西域同文志》修成，是书采新疆、青海和西藏地区的地名、山名、水名及各部首领谱系，每一名称都用满、汉、蒙古、藏、托忒蒙古、察合台六种文字标明，并注有汉字“三合切音”，用汉文注释语源、含义、地方沿革、人物世系等。该书的编撰是清朝实现大一统的体现，同时反映了大一统格局下“同文之治”的思想
乾隆二十八年十一月	1763 年	由傅恒、董诰等主持编修的风土地理类著作《皇清职贡图》修成。全书九卷共绘制三百种不同民族和地区的人物图像，每种皆绘男女图像两幅，共六百幅。图后附说明文字，介绍其与清朝的关系及当地风土民情
乾隆二十九年	1764 年	清朝为了加强伊犁地区防务，从盛京将军所属地区征调锡伯官兵和眷属五千余人西迁伊犁，被安置在伊犁河南岸的察布查尔地区，组建了伊犁驻防的锡伯营，成为清朝中后期西北边疆屯垦戍边的主要力量。
乾隆三十六年	1771 年	大金川土司索诺木与小金川土司僧格桑（泽旺子）再次发动反清叛乱，清朝调集大军平叛，历时五年，共投入数十万兵力，耗银七千万两，终于平定了大小金川的叛乱。此后，清朝在这一地区逐渐废除土司制，改置州县，巩固和发展了西南地区自雍正以来改土归流的成果，加强了边疆和中原的经济文化交流
乾隆三十六年	1771 年	明朝末年西迁至伏尔加河流域的卫拉特蒙古土尔扈特部因不堪沙俄政府的压迫，在首领渥巴锡的率领下，克服沿途恶劣的自然环境和沙俄军队重重截击，历经千辛万苦，胜利返回祖国。清朝调集大量牲畜、粮食和棉布接济部众，乾隆皇帝在承德避暑山庄接见渥巴锡等土尔扈特王公

续表

乾隆三十八年二月	1773年	乾隆皇帝下诏编修《四库全书》，全书分经、史、子、集四部，故名“四库”，共收录3462种图书，共计79338卷，36000余册，约8亿字，最终耗时13年编修完成。《四库全书》是中国古代最大的文化工程，是对中国古典文化进行的一次最系统、最全面的总结
乾隆四十五年	1780年	六世班禅额尔德尼罗桑贝丹益希进京为乾隆祝贺七十大寿。班禅在京期间，在宫内诵经祝寿、在雍和宫等地讲经说法，但不幸感染天花，在北京圆寂。六世班禅进京，加强了清朝中央与西藏地方政府的政治、文化联系
乾隆五十年	1785年	乾隆皇帝确定增祀晋元帝等二十五帝，撤出原祀汉桓、灵二帝。至此，历代帝王庙入祀标准及规模得以最终定型，总计奉祀三皇五帝以下至明崇祯皇帝等历代帝王188帝，从祀历代名臣79人。清朝通过对历代帝王庙入祀标准的调整和祭祀规模的确立，最终建构了一个包括少数民族王朝在内的历代帝王一脉相承、绵延不绝的完整的中华道统
乾隆五十一年十一月至五十三年正月	1786—1788年	林爽文在台湾彰化率领当地村民发动反清斗争，台湾的天地会也与林军一同起事，很快攻陷了除府城之外的全岛大部分地区。清朝派福康安率大军入台，经过数月的战斗，最终平定
乾隆五十三年	1788年	廓尔喀以贸易与边界纠纷为由，侵入西藏聂拉木、济咙等地。清朝随即调兵进剿。地方官员私自与廓尔喀议和，允诺向廓尔喀偿银赎地，并向朝廷谎报失地收复，奏凯班师
乾隆五十六年	1791年	廓尔喀以藏官爽约为名，再次入侵后藏。乾隆皇帝派福康安、海兰察等领兵入藏增援。清军成功驱逐廓尔喀，随后越过喜马拉雅山，攻入廓尔喀境内。次年六七月间，清军兵临廓尔喀首都阳布（今尼泊尔首都加德满都），廓尔喀称臣请降，许诺永不侵犯藏境
乾隆五十八年二月	1793年	在第二次驱逐廓尔喀之后，为进一步加强对西藏地方的管辖，清朝制定了《钦定藏内善后章程二十九条》，制定了规范活佛转世的“金瓶掣签”制度，改革了西藏的官制、军制、司法、边防、财政、户口、差役、涉外事务等一系列制度，成为此后清朝中央政府管理西藏事务的主要依据

续表

乾隆五十九年	1794 年	《御制五体清文鉴》修撰完成。该书为一部五种文字（满文、藏文、蒙古文、察哈台文、汉文）对照的分类辞书，全书包含政治、礼乐、职业、器物、花木、动物等诸多类别，依次列满文词语、藏文译文、蒙文译文、察合台文译文、汉文译文。该书是清代民族文化交流的桥梁，也是清代"同文之盛"民族政策的有力旁证
嘉庆十九年	1814 年	《回疆则例》编纂完成。《回疆则例》以强化中央集权、因俗施治、适时修订等为立法指导思想制定，是清代统一新疆后为有效管理回疆地区而制定颁行的一部带有鲜明特色的地方性法规，内容涉及政治、经济、宗教、军事、司法管辖等方面
嘉庆二十年	1815 年	清朝统治边疆民族地区最重要的行政法规——《理藩院则例》编纂而成。《理藩院则例》规定了理藩院的机构、职掌和编制，蒙古及其他民族地区行政区划、职官、司法等各项管理制度以及对藏传佛教的管理制度。此外，还有与俄罗斯的交涉条例等
嘉庆二十一年八月	1816 年	清代学者阮元主持校刻了《十三经注疏》，对于中国传统的儒家的十三部经典进行了注疏，注疏是关于经籍中文字正假、语词意义、音读正讹、语法修辞，以及名物、典制、史实等。在"十三经"的注释版本中阮刻本相当完备，对于中华文化整合起着重要作用
道光七年十二月	1827 年	清军收复喀什噶尔等"西四城"，生擒发动叛乱的张格尔。自嘉庆二十五年，和卓后裔张格尔开始纠集安集延等地人众入犯，道光六年攻破喀什噶尔城，其后英吉沙尔、叶尔羌、和阗陷落。清朝闻变，调遣各地官兵，以伊犁将军长龄为扬威将军，统筹平叛事宜。平定张格尔叛乱对于维护国家统一和西北边疆的稳定具有重要意义
道光十九年四月	1839 年	由于英国大量向中国输入鸦片，造成了巨大的社会危害，因此，清朝派林则徐为钦差大臣前往广东查禁鸦片。他会同两广总督邓廷桢、水师提督关天培缉拿烟贩，整顿海防，命令外国商人交出鸦片，然后在虎门当众销毁，共销毁 200 多万斤鸦片。虎门销烟展示了中华民族反对外来侵略的决心

四　1840—1912 年

道光二十年	1840 年	英国以林则徐虎门销烟等为借口，悍然发动了侵华战争。英军凭借坚船利炮，先后攻占了广州、定海、宁波、镇江，最后进逼南京下关江面，胁迫清朝议和。此即“鸦片战争”，揭开了近代中国人民反抗外来侵略的序幕
道光二十二年	1842 年	英国强迫清政府签订了中国近代史上第一个不平等条约，中英《南京条约》。主要内容有：割让香港岛；向英国赔款2100 万银元；开放广州、福州、厦门、宁波、上海五处为通商口岸，允许英人居住并设派领事；英商进出口货物的关税中国需同英国商定；废除公行制度，准许英商在华自由贸易等。后又订立《五口通商章程》和《五口通商附粘善后条款》作为《南京条约》的附约，增加了领事裁判权、片面最惠国待遇等条款。中国开始沦为半殖民地半封建社会
道光二十二年	1842 年	嘉庆《重修大清一统志》编纂完成。该书以行政区划为纲，分述各省，条目清楚，完整地勾画出清朝极盛时期版图的全貌，并对各地的军政建制、地理环境、户口田赋等一一作了叙述，引征资料丰富，考核精详，是了解和研究清代地理疆域的一部重要参考书，也是中国古代一统志编纂的集大成者
道光二十三年	1843 年	魏源编辑的《海国图志》成书，该书在林则徐编译《四洲志》基础上，几经增补，全书 100 卷，约 80 万字，提出了“师夷之长技以制夷”的思想，即学习西方先进的科学和军事技术，以抵抗西方人的侵略。该书还介绍了世界各国地理、历史、风俗、经济、政治和兵备等情况，对晚清政治、军事等方面的革新产生了积极的影响
道光二十五年十月	1845 年	清朝苏松太道与英国首任驻上海领事签订了《上海租地章程》，将上海的 830 亩土地租给英国人使用，实行“华洋分居”，英国人对土地有“永租权”。而且，英国领事对居留地内的外国人有专管之权，中国官吏无须过问；可以设立消防机关，雇用更夫维持秩序；如有必要修改，由双方官员商议。这是近代以来列强在中国强占的第一个租界

续表

道光二十七年	1847 年	流亡于浩罕的白山派和卓后裔入侵中国新疆，这次叛乱为首的七人皆为波罗尼都后裔，故称“七和卓之乱”。“七和卓”带兵攻占了喀什噶尔回城，一度包围喀什噶尔汉城和英吉沙尔。清朝调兵南下后，在英吉沙尔击溃叛军，随即收复喀什噶尔回城，“七和卓”逃回浩罕
咸丰元年至同治三年	1851—1864 年	洪秀全、杨秀清等人在广西金田村发动了反抗清朝的武装起义，建号“太平天国”，并于 1853 年攻下江宁（今南京），定都于此，改称“天京”，颁布了《天朝田亩制度》。太平天国在坚持 14 年的斗争后最终失败
咸丰五年至同治七年	1855—1868 年	捻军是太平天国运动爆发后发展起来的又一支农民武装，起源于淮北地区，因在淮北方言中将一股或一伙称作“捻”，故称捻子或捻党，成员主要是农民和手工业者。1855 年秋，各路捻军在安徽亳州会盟，推举张乐行为盟主。捻军采取流动战术，以小股分散的形式活动，互不统属，各自为战，灵活机动。捻军坚持抗清十四年，在 1868 年于山东茌平最终失败
咸丰六年至咸丰十年	1856—1860 年	鸦片战争之后，列强强迫清朝签订了一系列不平等条约，英国与法国又提出修改条约的要求，企图扩大侵略权利，被清政府拒绝。英、法共同出兵，再次发起侵略战争，即第二次鸦片战争。英法联军先后攻陷了广州、天津，进逼北京，咸丰皇帝逃往热河。联军攻占北京以后，大肆烧杀抢劫，放火烧毁了圆明园。在逼迫清政府签订了一系列不平等条约后，侵略军撤出北京，第二次鸦片战争结束
咸丰八年	1858 年	清政府与英法分别签订中英《天津条约》和中法《天津条约》，主要内容有：英、法公使驻北京；增开牛庄（后改营口）、登州（后改烟台）、台湾、淡水、潮州（后改汕头）、琼州、汉口、九江、南京、镇江等为通商口岸；允许外国人到内地游历、传教和通商；外国商船自由航行长江各口岸；修改关税税则；向英、法分别赔银 400 万两和 200 万两

续表

咸丰八年	1858 年	第二次鸦片战争期间，沙俄趁火打劫，逼迫清朝签订《瑷珲条约》，主要内容：黑龙江以北、外兴安岭以南 60 多万平方公里领土割给俄罗斯，江东六十四屯保留清朝的永久居住权和管辖权；乌苏里江以东的中国领土划为中俄共管（后来又被俄罗斯吞并）；原属中国内河的黑龙江和乌苏里江准许俄国船只航行
咸丰十年	1860 年	继《瑷珲条约》后，清朝又与俄国签订了《北京条约》，主要内容：乌苏里江以东（包括库页岛）约 40 万平方公里的领土划归俄国；中俄两国西部边界从沙宾达巴哈界牌起，经斋桑湖、特穆尔图淖尔至浩罕一线为界；俄罗斯在伊犁、塔尔巴哈台、喀什噶尔设领事官；东北新定边界地区准许两国之人自由贸易
咸丰十一年正月	1861 年	清朝成立了总理各国事务衙门，简称总理衙门。为清政府办理洋务及外交事务、派出驻外国使节，并兼管通商、海防、关税、路矿、邮电、军工、同文馆、派遣留学生等事务而特设的中央机构。总理衙门作为中国第一个正式的外交常设机构，标志着中国近代外交机构的萌生，开启了中国外交近代化的历程
同治四年	1865 年	李鸿章在上海成立了江南机器制造总局（简称江南制造局），这是洋务派创办的规模最大的军工企业。以制造枪炮、弹药、水雷等军器为主，兼营炼钢和制造简单的机器。该局创立后，不断扩充规模，最多时拥有 13 个分厂和 1 个工程处，各种工作大小机器 800 多台，厂房 2600 间，员工 3500 多人。制造局的造船部门在独立后称作江南船坞，即江南造船厂的前身
光绪二年	1876 年	中亚浩罕阿古柏趁新疆内乱之际，率军入侵新疆，建立“哲德沙尔汗国”。清朝决定出师西北，收复新疆，任命左宗棠为钦差大臣，督办新疆军务。最终消灭阿古柏政权，收复了除伊犁外的新疆大部分地区。清军收复新疆，粉碎了英、俄勾结阿古柏侵占新疆的企图，维护了中国的领土主权，具有重大历史意义

续表

光绪七年	1881 年	清朝外交公使曾纪泽与俄国签订《伊犁条约》，主要内容：清朝收回伊犁南特克斯河流域 2 万多平方千米领土，但仍失去了霍尔果斯河以西和斋桑湖以东地区；俄在肃州、吐鲁番二城增设领事，在伊犁、喀什及天山南北两路各城免税贸易；赔偿俄 900 万卢布
光绪七年	1881 年	清朝派遣吴大澂督办吉林地区防务，实行中俄边境地区的招民开垦，以充实边防，把宁古塔、珲春一带边区作为招民垦荒的中心，表明清朝开始在东北实行全面的招民垦荒。此后，大量的河北、山东等地的人口通过海路与陆路进入东北，史称“闯关东”，促进了东北边疆地区的开发，也加强了东北和内地的联系
光绪十年十月	1884 年	清朝建立新疆省，刘锦棠被任命为首任新疆巡抚，新疆政治中心由伊犁移至迪化（今乌鲁木齐）。全疆共设镇迪道、阿克苏道、喀什噶尔道、伊塔道 4 道，下辖府厅州县。废除了之前的伯克制，哈密郡王依旧世袭爵位。新疆建省是新疆行政体制的一次重大变革，对于提高新疆的政治地位，维护祖国统一，加强民族团结，促进生产力的发展，都起到了一定的积极作用
光绪十一年	1885 年	清朝与法国签订《中法新约》，主要内容有：清政府承认法国对越南的保护权；勘定中越边界，并在边界保胜以上和谅山以北指定两处为通商地点，允许法国商人在此居住并设领事；降低中国云南、广西同越南边界的进出口税率；日后中国修筑铁路应向法国商办；法军退出台湾、澎湖。条约签订后，法国侵略势力通过越南开始进入云南和广西
光绪十一年	1885 年	中法战争战争暴露出了清朝海军力量薄弱、台湾防御不强，清朝决议加强东南地区的海防，正式建立台湾省，任命刘铭传为首任台湾巡抚。将全台湾分为南、中、北及后山四路，由原来的 2 府 8 县 4 厅改为 3 府 1 州 11 县 5 厅。台湾建省具有重大的历史与现实意义，提升了台湾的行政层级和政治地位，加强了台湾和海疆的防御力量，促进了台湾的大规模开发和建设，极大地维护了国家统一

续表

光绪十二年十二月	1886 年	清朝在剿灭海南岛的“黎乱”后，颁布了张之洞拟定的《抚黎章程十二条》，主要内容：政治上剿抚兼施，设官抚治；经济上轻征薄赋，鼓励开矿，设场互市；文化上延师设学，改变旧俗。此举促进了海南岛的开发，对维护祖国海疆安全起到了积极作用
光绪二十年十月	1894 年	伟大民主革命先行者孙中山召集海外的进步华侨，在美国檀香山创建了中国第一个民主革命团体兴中会，兴中会的政治纲领为“驱逐鞑虏，恢复中华，创立合众政府”，把斗争矛头指向清政府。第一次提出了推翻封建君主专制政府、建立民主共和国的革命纲领
光绪二十年至光绪二十一年	1894—1895 年	朝鲜爆发东学党起义后，朝鲜国王难以镇压，于是向清朝求援，日本乘机也派兵到朝鲜，蓄意挑起战争。光绪二十年六月二十三日，日本不宣而战，在朝鲜丰岛海面袭击了增援朝鲜的清朝军舰，甲午战争（日本称日清战争）爆发。主要战役有黄海海战、平壤战役、旅顺战役、威海卫战役等，北洋水师全军覆灭，清朝战败，签订了《马关条约》。甲午战败给中华民族带来空前严重的民族危机，中国社会半殖民地化的程度大大加深了
光绪二十一年三月	1895 年	清朝全权代表李鸿章、李经方，日方全权代表伊藤博文、陆奥宗光在日本马关签订《马关条约》，条约规定：中国割让辽东半岛（后因三国干涉还辽而未能实行）、台湾岛及其附属各岛屿、澎湖列岛给日本，赔款 2 亿两白银。增开沙市、重庆、苏州、杭州为商埠，允许日本在中国的通商口岸投资办厂
光绪二十三年	1897 年	中国人自办的第一家银行中国通商银行在上海正式营业。成立之初，清朝即授予发行银元、银两两种钞票的特权，以为民用，作为整顿币制之中心，本国纸币与外商银行之纸币开始分庭抗礼，中国的金融大权不再完全为外商银行所把持

续表

光绪二十四年二月	1898 年	德国借口教士在山东巨野被杀，以武力强迫清政府《胶澳租借条约》，条约规定：德国租借胶州湾，租期为 99 年。租期之内，由德国管辖租借地；胶州湾沿岸百里内，德国军队可随时通过；中国政府在胶州湾沿岸百里范围内颁布法令、派驻军队，均要事先取得德国同意。德国获得修筑山东境内两条铁路权，拥有铁路沿线 30 里内地区的开矿权。山东从此变成了德国的势力范围，德国强租胶州湾拉开了 19 世纪末帝国主义瓜分中国的狂潮
光绪二十四年	1898 年	光绪皇帝下诏实行维新变法，改革政治、教育制度，发展农、工、商业等。后因慈禧发动政变，囚禁光绪帝而失败
光绪二十五年	1899 年	《大清会典舆图》编制完成，此次测绘采用了现代制图法，以大地是球体为基础，以实测经纬度确定地物之间的距离、方位。这是清代中国人独立绘制的省、府、县地图，并且已经开始由传统制图法向现代制图法转变，标志着我国制图技术的巨大进步，在中国地图发展史上有重要的意义
光绪二十六年	1900 年	“八国联军”以镇压义和团为名，派遣军队侵华，相继占领天津、廊坊、北京。慈禧和光绪皇帝出逃，联军对北京实行分区占领，纵兵抢掠 3 天，还控制了京畿周边的广大地区
光绪二十七年七月	1901 年	清政府与英、美、俄、法、德、意、日、奥、比、西、荷十一国外交代表签订《辛丑条约》，主要内容有：赔款 4.5 亿两白银（本息合计 9.8 亿两）；划定北京东交民巷为使馆界，各国驻兵保护，不准中国人居住；拆毁天津大沽口到北京沿线设防的炮台，允许各国派兵驻扎北京到山海关铁路沿线要地；清政府严禁人民参加反帝运动；改总理各国事务衙门为外务部，列六部之首。《辛丑条约》进一步加深了帝国主义对中国的全面控制和掠夺，标志着中国已完全沦为半殖民地半封建社会
光绪二十七年	1901 年	慈禧太后下令成立了以庆亲王奕劻为首的“督办政务处”，作为筹划推行新政的专门机构，史称“清末新政”。包括编练新军；倡导商业；废科举、办学堂、派留学生；改革官制；厘定法律等。新政还涉及东北、蒙古、西北和西藏各地，在一定程度上推动了中国社会的现代化

续表

光绪二十七年十一月	1901 年	清朝任命兵部侍郎贻谷为垦务大臣，负责督办内蒙古西部乌兰察布、伊克昭二盟及察哈尔八旗的垦务，揭开了清末内蒙古地区“放垦”的序幕
光绪二十九年九月	1903 年	英军上校荣赫鹏率领的近万人的武装从印度经锡金由亚东进入西藏，发动了第二次侵略西藏的战争。西藏地方政府组织武装进行了英勇抵抗，在江孜与英军发生激战，因实力悬殊而失败，英军侵占了拉萨，并与西藏地方政府签订了不平等的《拉萨条约》，攫取了许多非法利益，严重损害了中国的主权
光绪三十一年九月	1905 年	詹天佑主持修建的京张铁路开工建设，全长约 200 公里，是第一条由中国人自行设计、独立营运的铁路，打破了外国人垄断修建中国铁路的局面
光绪三十二年	1906 年	赵尔丰被任命为川滇边务大臣，开始在当地推行新政。内容包括：改土归流、建置州县、废除奴隶制残余、取缔杂税徭役、鼓励垦种、兴办工矿业、改善交通、兴办学堂、改革风俗习惯等，使川边地区的社会经济得到发展，汉藏民族联系得到加强，对巩固统一多民族国家有重要意义
光绪三十三年九月	1907 年	清朝将盛京将军改为东三省总督，兼管三省将军事务，奉天、吉林、黑龙江各设巡抚一员，各设行省公署。东三省的设立，加强了清朝对东北地区的管理，有利于东北地区政治、经济的发展
宣统元年	1909 年	《大清国籍条例》颁布，这是中国第一部有关国籍的成文法。条例由外务部会同修订法律大臣拟定，参照国外的国籍法，分为固有籍、入籍、出籍及复籍四章，共 24 条。条例以“血统”而不以“居住地”来确立国籍法的原则，促进了中国境内的满、汉、回、蒙、藏等民族的交融，也是清朝对于“中国”和“国民”观念的一次塑造
宣统三年八月	1911 年	1911 年 10 月 10 日爆发了武昌起义，起义军成立了湖北军政府，黎元洪被推举为都督，号召各省起义响应辛亥革命，促成了清王朝的土崩瓦解

续表

宣统三年十一月	1912 年	武昌起义成功后，清朝原有的 22 个行省中业已独立的 17 个省，派出代表推选孙中山为中华民国临时大总统。1912 年 1 月 1 日，孙中山宣誓就职，中华民国正式成立。1912 年 1 月至 3 月中华民国临时政府以《中华民国临时约法》为临时宪法，南京为临时首都
宣统三年十二月	1912 年	隆裕太后以宣统皇帝名义签署退位诏书，诏书云："当兹新旧代谢之际，宜有南北统一之方，即由袁世凯以全权组织临时共和政府，与民军协商统一办法，总期人民安堵，海宇乂安，仍合满、汉、蒙、回、藏五族完全领土，为一大中华民国。"宣统退位基本实现了国家政权由清朝皇室和平转移到中华民国政府，避免了南北之间的内战，保证了中国作为统一多民族国家的延续和发展

后　　记

《清代国家统一史》是中国历史研究院成立后首批重大研究项目之一，2020年又被列为国家社会科学基金项目，项目主持人为中国社会科学院中国历史研究院中国边疆研究所所长邢广程学部委员。

按照中国历史研究院的指示精神，项目组特聘国家清史编纂委员会副主任马大正研究员、国家清史编纂委员会委员李治亭研究员为顾问。两位顾问认真负责，对全书的主题思想、总体框架等提出了许多有益意见和建议，深表谢意。课题组成员则是来自国内相关研究机构和高校的相关专家，具体分工如下：

总章的撰写由李大龙编审负责，具体撰写者为李大龙编审、樊志强编辑（研究述评和主要资料部分）。

第一章的撰写由中国边疆研究所吕文利研究员负责，具体撰写者为吕文利研究员、张楠林助理研究员（部分初稿的撰写和资料校对）。

第二章的撰写由中国边疆研究所副所长孙宏年研究员负责，具体撰写者为孙宏年研究员。

第三章的撰写由中国人民大学张永江教授负责，具体撰写者为张永江教授。

第四章的撰写由河南大学柳岳武教授负责，具体撰写者为柳岳武教授。

第五章的撰写由中国人民大学孙喆教授负责，具体撰写者为孙喆教授。

第六章的撰写由中国边疆研究所吕文利研究员负责，具体撰写者为吕文利研究员。

第七章的撰写由中国边疆研究所许建英研究员负责，具体撰写者为许建英研究员。

第八章的撰写由中国边疆研究所副所长孙宏年研究员负责，具体撰写者为孙宏年研究员。

第九章的撰写由云南师范大学邹建达教授负责，具体撰写者为邹建达教授。

第十章的撰写由厦门大学水海刚教授负责，具体撰写者为水海刚教授。

第十一章的撰写由中国社会科学院近代史研究所李细珠研究员负责，具体撰写者为李细珠研究员。

第十二章的撰写由李大龙编审负责，具体撰写者李大龙编审。

主要参考文献的整理由中国边疆研究所樊志强编辑负责。

大事编年的整理由中国边疆研究所张帅助理研究员负责。

课题组全体成员团结协作，努力钻研，确保本书保质按时完成，特表谢意！

项目的总体设计多次讨论后由主持人邢广程研究员最终确定，项目成员的协调由孙宏年研究员负责，日常联络由吕文利研究员负责（张楠林、刘宇君参与），李大龙编审负责通稿，邢广程研究员最终定稿。

需要说明的是，李大龙编审协助项目主持人邢广程研究员做了通稿、定稿等工作，倾注大量心血，有鉴于此，邢广程研究员提议项目的最终成果与李大龙共同主编。

课题从立项到完成，先后举办了多次各种形式的讨论会，书稿完成后又通过各种形式征求了十余位专家的意见，结项过程中中国历史研究院又邀请了7位专家匿名审阅，提出了很多宝贵意见，不知姓名，难以一一详列表达感谢，但课题组成员会将感激之情铭记于心！

中国社会科学院院长、党组书记，中国历史研究院院长、党委书记高翔同志对《清代国家统一史》的撰写高度重视，多次听取汇报并做出重要指示，课题组全体成员深表感谢！

最后感谢中国历史研究院将《清代国家统一史》纳入“中国历史研究院学术文库”资助出版。

主编　邢广程　李大龙

2023年2月16日